2019 全国勘察设计注册工程师执业资格考试复习用书

Zhuce Daolu Gongchengshi Zhiye Zige Kaoshi
Zhuanye Kaoshi Fuxi Jiaocheng

注册道路工程师执业资格考试
专业考试复习教程

注册工程师考试复习用书编委会 编
张 铭 杨航卓 主编

人民交通出版社股份有限公司
北京

内 容 提 要

本书依据2019版注册土木工程师(道路工程)专业考试大纲编写。全书共8章:道路路线设计、路基工程、路面工程、桥梁工程、隧道工程、交叉工程、交通工程及沿线设施、道路工程施工组织与概预算。每一章包含相关规范、必备知识、典型例题、自测模拟等内容。本书内容精炼、实用、重点突出,编排符合考生的阅读习惯,可帮助考生在有限的备考时间内掌握考试所需知识,提高解题速度和准确率。

本书适合参加注册土木工程师(道路工程)专业考试的考生复习使用,也可供道路工程从业人员以及高等院校相关专业师生参考。

图书在版编目(CIP)数据

注册道路工程师执业资格考试专业考试复习教程/张铭,杨航卓主编. —北京:人民交通出版社股份有限公司,2019.4

ISBN 978-7-114-13044-1

Ⅰ. ①注… Ⅱ. ①张… ②杨… Ⅲ. ①道路工程—资格考试—自学参考资料 Ⅳ. ①U41-44

中国版本图书馆CIP数据核字(2016)第114637号

书　　名:**注册道路工程师执业资格考试专业考试复习教程**
著 作 者:张　铭　杨航卓
责任编辑:李　坤
责任校对:张　贺
责任印制:张　凯
出版发行:人民交通出版社股份有限公司
地　　址:(100011)北京市朝阳区安定门外外馆斜街3号
网　　址:http://www.ccpress.com.cn
销售电话:(010)59757973
总 经 销:人民交通出版社股份有限公司发行部
经　　销:各地新华书店
印　　刷:北京虎彩文化传播有限公司
开　　本:787×1092　1/16
印　　张:46.25
字　　数:1140千
版　　次:2019年4月　第1版
印　　次:2019年4月　第1次印刷
书　　号:ISBN 978-7-114-13044-1
定　　价:180.00元
(有印刷、装订质量问题的图书,由本公司负责调换)

前　言

注册道路工程师考试即将开考，为帮助广大考生有效复习，人民交通出版社股份有限公司特组织相关专家编写了一套复习用书，包括：《基础考试复习教程》《基础考试复习题集》《专业考试复习教程》《专业考试复习题集》。

本书为《专业考试复习教程》，以2019版考试大纲为依据，就道路工程路线设计到施工组织与概预算编制全过程，针对考试大纲的每一条知识点，进行深入的解释和阐述。本书编写过程中，编者参阅了近年来国家及交通运输部颁发的最新法规、规范和标准，并参考了全国勘察设计注册工程师执业资格考试的相关要求和命题模式，认真构思，精心编写，力图为考生提供有效的复习指导。

本书共分8章，包括：道路路线设计、路基工程、路面工程、桥梁工程、隧道工程、交叉工程、交通工程及沿线设施、道路工程施工组织与概预算。章节内容结构的设置，充分考虑了应试者的阅读习惯：第一，列出相关的考试大纲条文和规范（标准）纲目；第二，详细阐述考试必备的重点知识；第三，对考点进行分析归纳；第四，给出例题和解释，习题和答案。结构严谨，环环相扣，能有效提高考生的复习效率。

本书由重庆交通大学负责组织编写，招商局重庆交通科研设计院有限公司、林同棪国际（重庆）工程咨询有限公司、四川省公路规划勘察设计研究院有限公司、重庆市交通规划勘察设计院、重庆交通大学工程设计研究院有限公司等单位有关人员参与编写。

本书由张铭、杨航卓、丁静声统稿。参与本书编写的主要人员有：

第一章：李松青、吴进良、杨航卓、彭佳佳、冯敏霞；

第二章：丁静声、黄万坦、杨有辉、魏为成、肖博、陈闯；

第三章：丁静声、刘燕燕、余苗、王博、陈思芃、郎洄稀；

第四章：包立新、邹毅松、喻梅、孟彩霞、乌含、姚欢；

第五章：李明、贺晓铭、黄文、赵天棕、曾宜辉、张凯；

第六章：张宝玉、张铭、罗涛、李文广、陶艳、吕大伟；

第七章：张宝玉、王明刚、马艳军、张凯、张聪颖、林杰；

第八章：张铭、高传东、吕帮明、胥丹、黄佳俊。

感谢人民交通出版社股份有限公司李坤、刘彩云、王霞等编辑为本书的出版付出的辛勤劳动。

本书力求理论联系实际，注重针对性和实用性，是值得考生信任的考前辅导和培训用书。但由于编者水平有限，编写时间仓促，“错、漏、缺、重”等不足之处在所难免，对此，恳请广大读者批评指正。

本书配备视频课程，对部分重点知识进行详细的讲解。考生扫封面上的二维码，关注“注册道路工程师微课程”，可免费/付费观看相关视频课程。

预祝各位考生考试取得好成绩！

注册工程师考试复习用书编委会

2019 年 3 月

目　　录

第一章 道路路线设计

考试大纲

1 道路路线设计

1.1 一般要求

1.1.1 熟悉道路分级、设计车辆、交通量、设计速度、建筑限界、抗震设计。

1.1.2 熟悉路线设计中通行能力与服务水平的分析与运用。

1.1.3 熟悉城市道路工程无障碍设计的内容和要求。

1.1.4 熟悉现行标准、规范中有关路线设计的内容及其主要技术指标的规定。

1.1.5 了解道路勘测设计的阶段和任务。

1.2 总体设计

1.2.1 掌握总体设计的内容和目的。

1.2.2 熟悉总体设计应考虑的因素与设计要点。

1.2.3 了解城市道路工程与城市总体规划、交通专项规划、市政管线规划等的相互关系。

1.3 路线平面设计

1.3.1 掌握平面设计线形要素的组合类型及其设计方法。

1.3.2 熟悉平面设计中各线形要素的性质与作用。

1.3.3 了解各线形要素主要技术指标的规定与运用。

1.3.4 了解平面线形设计中超高、加宽、视距、回头曲线等的规定与运用。

1.4 路线纵断面设计

1.4.1 掌握纵断面设计标高与路基设计洪水频率的有关规定。

1.4.2 掌握竖曲线、最大纵坡、最小坡长、桥隧两端路线纵坡、合成坡度等的一般规定与运用。

1.4.3 熟悉纵断面的设计方法和步骤。

1.5 横断面设计

1.5.1 掌握各级道路路基标准横断面组成的特点和要求。

1.5.2 熟悉路基宽度各个组成部分,如:车道、中间带、路肩、路拱坡度、加速车道、减速车道、紧急停车带、错车道、爬坡车道、避险车道等的一般规定与运用。

1.5.3 了解横断面设计方法和要求。

1.6 线形设计

1.6.1 掌握线形设计的原则、要求和内容。

1.6.2　熟悉平、纵、横线形设计及其组合设计，线形与桥隧的配合、与沿线设施的配合、及其与环境的协调等的一般规定与运用。

1.7　选线

1.7.1　掌握不同设计阶段选线所必须遵循的原则与要点。

1.7.2　熟悉选线所包括的确定路线基本走向、路线走廊带、路线方案以至选定线位等全过程的基本设计要求和内容。

1.7.3　了解道路选线采用遥感、航测、GPS、数字技术等新技术的方法和步骤。

1.8　环境保护与景观设计

1.8.1　了解道路各分项专业环保要求。

1.8.2　了解公路环境保护技术。

1.8.3　了解道路环境影响评价的主要内容。

1.8.4　了解公路景观设计的内容。

1.9　城市管线综合

1.9.1　熟悉城市地上、下管线的类型、覆土厚度要求。

1.9.2　了解城市排水对道路工程的要求。

1.9.3　了解城市地上、下管线布置原则、管线间及管线与其他构筑物之间的最小水平距离及垂直净距。

复习笔记

第一节　概　　述

依据规范

《公路工程技术标准》(JTG B01—2014)

3.1　公路分级

3.2　设计车辆

3.3　交通量

3.4　服务水平

3.5　速度

3.6　建筑限界

3.7　抗震

《公路路线设计规范》(JTG D20—2017)

2　公路分级与等级选用

3　公路通行能力

《城市道路工程设计规范》(CJJ 37—2012)(2016 年版)

3.1　道路分级

3.2　设计速度

3.3　设计车辆

3.4　道路建筑限界

3.5　设计年限

3.7　防灾标准

4　通行能力和服务水平

《城市道路路线设计规范》(CJJ 193—2012)

3　基本规定

《无障碍设计规范》(GB 50763—2012)

3.1　缘石坡道

3.2　盲道

3.3　无障碍出入口

3.4　轮椅坡道

4.1　实施范围

4.2　人行道

4.3　人行横道

4.4　人行天桥及地道

4.5　公交车站

4.6　无障碍标识系统

《公路建设项目可行性研究报告编制办法》(交规划发〔2010〕178号)

1　公路建设项目预可行性研究报告文本格式及内容要求

2　公路建设项目工程可行性研究报告文本格式及内容要求

《公路工程基本建设项目设计文件编制办法》(交公路发〔2007〕358号)

2　设计阶段

3　初步设计

4　技术设计

5　施工图设计

重 点 知 识

一、熟悉道路等级的划分

1. 公路等级的划分

1)公路分级

公路分为高速公路、一级公路、二级公路、三级公路及四级公路等五个技术等级,见表1-1-1。

公 路 分 级　　表1-1-1

公路等级	公 路 特 性	年平均日设计交通量(辆)小客车
高速公路	专供汽车分方向、分车道行驶并应全部控制出入的多车道公路	>15000
一级公路	供汽车分方向、分车道行驶,可根据需要控制出入的多车道公路	>15000
二级公路	供汽车行驶的双车道公路	5000~15000
三级公路	供汽车、非汽车交通混合行驶的双车道公路	2000~6000
四级公路	供汽车、非汽车交通混合行驶的双车道公路或单车道公路	<2000(双) <400(单)

2)公路等级的选用

公路技术等级选用应在论证确定公路功能的基础上,结合项目所在地区的综合运输体系、远景发展规划及设计交通量论证确定,并应遵循下列原则:

(1)主要干线公路作为公路网中结构层次最高的主通道,应选用高速公路。

(2)次要干线公路作为主要干线公路的补充,应选用二级及二级以上公路。

①设计交通量达到15000辆小客车/日时,宜选用一级及一级以上公路。

②设计交通量达到10000辆小客车/日时,且沿线纵横向干扰较大,宜选用一级公路。

③设计交通量低于10000辆小客车/日时,可选用二级公路;当货车混入率较高时,宜间隔设置超车车道,减小纵向干扰。

(3)主要集散公路连接干线公路与支线公路,宜选用一级公路、二级公路。

①设计交通量达到15000辆小客车/日时,可选用一级公路。

②设计交通量在5000~15000辆小客车/日时,可选用二级公路;设计交通量达到10000

辆小客车/日，且沿线纵横向干扰较大时，宜选用一级公路。

③设计交通量低于5000辆小客车/日时，宜选用二级公路。

(4)次要集散公路服务于县乡区域交通，宜选用二级公路、三级公路。

①设计交通量达到5000俩小客车/日时，宜选用二级公路。

②设计交通量低于5000辆小客车/日时，宜选用三级公路。

(5)支线公路宜选用三级公路、四级公路。当设计交通量达到5000辆小客车/日时，宜选用二级公路。

(6)当既有公路不能满足功能需要时，应结合公路网发展规划，有计划地进行改建。

一条公路可分段选用不同的公路等级。同一公路等级可分段选用不同的设计速度、路基宽度(车道数)。但不同公路等级、设计速度、路基宽度的路段间的过渡应顺适，衔接应协调。

设计车速相同的路段应为同一设计路段，高速公路设计路段不宜小于15km，一、二级公路设计路段不宜小于10km。

2. 城市道路等级的划分

1)城市道路分级

城市道路按道路在道路网中的地位、交通功能以及对沿线的服务功能等，分为快速路、主干路、次干路和支路四个等级，见表1-1-2。

城市道路分级　表1-1-2

城市道路等级	道路在道路网中的地位与要求	功　能
快速路	快速路应中央分隔、全部控制出入、控制出入口间距及形式，应实现交通连续通行，单向设置不应少于两条车道，并应设有配套的交通安全与管理设施。快速路两侧不应设置吸引大量车流、人流的公共建筑物的出入口	交通功能
主干路	主干路应连接城市各主要分区。主干路两侧不宜设置吸引大量车流、人流的公共建筑物的出入口	交通功能为主
次干路	次干路应与主干路结合组成干路网	集散交通的功能为主，兼有服务功能
支路	支路宜与次干路和居住区、工业区、交通设施等内部道路相连接	解决局部地区交通，以服务功能为主

2)城市道路等级的确定

道路等级是道路设计的先决条件，是选择设计速度的基本条件。每条道路在路网中承担的作用应由整个路网决定。道路等级一般在规划阶段确定。在规划阶段确定道路等级后，在设计阶段，当遇到特殊情况需变更级别时，应进行技术经济论证，并报规划审批部门批准。

二、熟悉道路设计的相关基本概念

1. 设计车辆

设计车辆是指道路几何设计所采用的代表车型，其外廓尺寸、载质量和动力性能是确定道路几何参数的主要依据。

1)公路设计车辆

公路设计所采用的设计车辆包括小客车、大型客车、铰接客车、载重汽车、铰接列车,外廓尺寸规定见表1-1-3。

公路设计车辆外廓尺寸　　表1-1-3

车辆类型	总长(m)	总宽(m)	总高(m)	前悬(m)	轴距(m)	后悬(m)
小客车	6	1.8	2	0.8	3.8	1.4
大型客车	13.7	2.55	4	2.6	6.5+1.5	3.1
铰接客车	18	2.5	4	1.7	5.8+6.7	3.8
载重汽车	12	2.5	4	1.5	6.5	4
铰接列车	18.1	2.55	4	1.5	3.3+11	2.3

2)城市道路设计车辆

城市道路机动车设计车辆包括小客车、大型车、铰接车,其外廓尺寸应符合表1-1-4的规定。非机动车设计车辆的外廓尺寸应符合表1-1-5的规定。

城市道路机动车设计车辆及其外廓尺寸　　表1-1-4

车辆类型	总长(m)	总宽(m)	总高(m)	前悬(m)	轴距(m)	后悬(m)
小客车	6	1.8	2.0	0.8	3.8	1.4
大型车	12	2.5	4.0	1.5	6.5	4.0
铰接车	18	2.5	4.0	1.7	5.8+6.7	3.8

注:1. 总长:车辆前保险杠至后保险杠的距离。

2. 总宽:车厢宽度(不包括后视镜)。

3. 总高:车厢顶或装载顶至地面的高度。

4. 前悬:车辆前保险杠至前轴轴中线的距离。

5. 轴距:双轴车时,为从前轴轴中线到后轴轴中线的距离;铰接车时分别为前轴轴中线至中轴轴中线、中轴轴中线至后轴轴中线的距离。

6. 后悬:车辆后保险杠至后轴轴中线的距离。

非机动车设计车辆及其外廓尺寸　　表1-1-5

车辆类型	总长(m)	总宽(m)	总高(m)
自行车	1.93	0.60	2.25
三轮车	3.40	1.25	2.25

2. 交通量

1)设计交通量

(1)设计交通量是指拟建道路到预测年限时所能达到的年平均日交通量(辆/日),其值根据交通量预测得到,见式(1-1-1)。

$$N_d = N_0 (1+\gamma)^{n-1} \tag{1-1-1}$$

式中:N_d——设计交通量(辆/d);

N_0——起始年平均日交通量(辆/d);

γ——年平均增长率(%);

n——预测年限(年)。

年平均日交通量是一年的总交通量除以 365 天，是我国统计的公路交通量的通用单位。

(2)各级道路设计交通量的预测应符合以下规定：

①高速公路和一级公路的设计交通量预测年限为 20 年；二级公路、三级公路设计交通量预测年限为 15 年；四级公路可根据实际情况确定。

②设计交通量预测年限的起算年为该项目的计划通车年。

③设计交通量的预测应充分考虑走廊带范围内远期社会、经济的发展规划和综合运输体系的影响。

城市道路交通量达到饱和状态时的道路设计年限为：快速路、主干路应为 20 年，次干路应为 15 年，支路宜为 10 ~ 15 年。

设计交通量对确定道路等级、计算道路的计划费用或各项结构设计等有重要作用，但不宜直接用于道路几何设计。一年中的每月、每日、每小时交通量都在变化，在某些季节、某些时段可能高出年平均日交通量数倍，因此其不宜作为具体设计的依据。

2)设计小时交通量

小时交通量(辆/h)是以小时为计算时段的交通量，是确定车道数和车道宽度或评价服务水平的依据。

公路设计小时交通量宜采用年第 30 位小时交通量，也可根据当地公路小时交通量的变化特征，采用年第 30 ~ 40 位小时之间最为经济合理时位的交通量。

高速公路、一级公路的设计小时交通量($DDHV$)应按式(1-1-2)计算：

$$DDHV = AADT \times D \times K \tag{1-1-2}$$

二级公路、三级公路设计小时交通量(DHV)应按式(1-1-3)计算

$$DHV = AADT \times K \tag{1-1-3}$$

式中：$DDHV$——单向设计小时交通量(veh/h)；

DHV——设计小时交通量(veh/h)

$AADT$——预测年度的年平均日交通量(veh/d)；

D——方向不均匀系数(%)，宜取 50% ~60%，也可根据当地交通量观测资料确定；

K——设计小时交通量系数(%)，为选定时位的小时交通量与年平均日交通量的比值。

3)标准车型与车辆折算系数

标准车型：为使交通量具有可比性，通常将公路上实际的不同车型的交通量换算成标准车型交通量。交通量换算采用小客车为标准车型。各汽车代表车型及车辆折算系数规定见表 1-1-6与表 1-1-7。拖拉机和非机动车等交通量换算应符合下列规定：

(1)畜力车、人力车、自行车等非机动车按路侧干扰因素计。

(2)公路上行驶的拖拉机每辆折算为 4 辆小客车。

(3)公路通行能力分析所要求的车辆折算系数应针对路段、交叉口等形式，按不同的地形条件和交通需求，采用相应的折算系数。

公路各汽车代表车型及车辆折算系数　　表 1-1-6

汽车代表车型	车辆折算系数	说　明
小客车	1.0	座位≤19 座的客车和载质量≤2t 的货车
中型车	1.5	座位>19 座的客车和 2t<载质量≤7t 的货车
大型车	2.5	7t<载质量≤20t 的货车
汽车列车	4.0	载质量>20t 的货车

城市道路车辆换算系数　　表 1-1-7

车辆类型	小客车	大型客车	大型货车	铰接车
换算系数	1.0	2.0	2.5	3.0

3. 速度

1)设计速度

(1)设计速度的概念

设计速度是指当气候条件良好、交通密度小、汽车运行只受道路本身条件(几何要素、路面、附属设施等)的影响时,中等驾驶技术的驾驶员能保持安全顺适行驶的最大行驶速度。

设计速度是确定公路设计指标并使其相互协调的设计基准速度,是决定道路几何形状的基本依据。道路的曲线半径、超高、视距等直接与设计速度有关。同时也影响车道宽度、中间带宽度、路肩宽度等指标的确定。

(2)设计速度的选用

①公路设计速度及其选用。

公路设计速度应符合表 1-1-8 的规定。设计速度的选用应根据公路的功能与技术等级,结合地形、工程经济、预期的运行速度和沿线土地利用性质等因素综合论证确定。

公 路 设 计 速 度　　表 1-1-8

公路等级	高速公路			一级公路			二级公路		三级公路		四级公路	
设计速度(km/h)	120	100	80	100	80	60	80	60	40	30	30	20

a. 高速公路设计速度不宜低于 100km/h,受地形、地质等条件限制时,可以选用 80km/h。

b. 作为干线公路的一级公路,设计速度宜采用 100km/h;受地形、地质等条件限制,可采用 80km/h。作为集散公路的一级公路,设计速度宜采用 80km/h;受地形、地质等条件限制,可采用 60km/h。

c. 高速公路和作为干线公路的一级公路的特殊困难局部路段,且因新建工程可能诱发工程地质病害时,经论证,该局部路段的设计速度可采用 60km/h,但长度不宜大于 15km,或仅限于相邻两互通式立体交叉之间的路段。

d. 作为干线公路的二级公路,设计速度宜采用 80km/h;受地形、地质等条件限制,可采用 60km/h。作为集散的二级公路,设计速度宜采用 60km/h;受地形、地质等条件限制,可采用 40km/h。

e. 三级公路设计速度宜采用 40km/h;受地形、地质等条件限制,可采用 30km/h。

f. 四级公路设计速度宜采用30km/h；受地形、地质等条件限制，可采用20km/h。

②各级城市道路的设计速度及其运用。

各级城市道路的设计速度应符合表1-1-9的规定。

各级城市道路的设计速度　表1-1-9

道路等级	快速路			主干路			次干路			支路		
设计速度(km/h)	100	80	60	60	50	40	50	40	30	40	30	20

快速路和主干路的辅路设计速度宜为主路的0.4~0.6倍。在立体交叉范围内，主路设计速度应与路段一致，匝道及集散车道设计速度宜为主路的0.4~0.7倍。平面交叉口内的设计速度宜为路段的0.5~0.7倍。

2)运行速度

运行速度是路面平整、潮湿、自由流状态下，行驶速度累计分布曲线上对应于85%分位值的速度。

公路设计应采用运行速度进行检验。相邻路段运行速度之差应小于20km/h，同一路段运行速度与设计速度之差宜小于20km/h。

4. 建筑限界(净空)

1)概念

(1)净空

道路建筑限界又称净空，由净高和净宽两部分组成。它是为保证道路上各种车辆、人群的正常通行与安全，在一定高度和宽度范围内不允许有任何障碍物侵入的空间界线。

(2)净高

净高即净空高度，是指道路在横断面范围内保证安全通行所必须满足的竖向高度。净高应考虑汽车装载高度、安全高度及路面铺装等因素确定。一条公路应采用同一净高。高速公路、一级公路、二级公路的净高应为5.00m，三级公路、四级公路的净高应为4.50m。城市道路最小净高应符合表1-1-10的规定。

城市道路最小净高　表1-1-10

道路种类	行驶车辆类型	最小净高(m)
机动车道	各种机动车	4.5
	小客车	3.5
非机动车道	自行车、三轮车	2.5
人行道	行人	2.5

(3)净宽

净宽指道路在横断面范围内保证安全通行所必须满足的横向宽度。净宽包括行车带、路肩、中间带、绿带等宽度。路肩是在净空范围之内，因此道路上各种设施(标志、护栏等)均应设置在右路肩以外的保护性路肩上，而且必须保证其伸入部分在净高以上。设于中间带和路肩上的桥墩或门式支柱不应紧靠建筑限界设置，应留有设置防护栏位置(不小于0.5m)的余地。

2)应用图示

道路建筑限界是横断面设计的重要依据,设计时应充分研究组成路幅要素的相互关系及道路各种设施的设置规划,在有限空间内作出合理的安排。绝对不允许桥台、桥墩以及照明灯柱、护栏、信号机、标志、行道树、电杆等设施侵入道路建筑限界以内。

(1)各级公路建筑限界规定如图1-1-1所示。

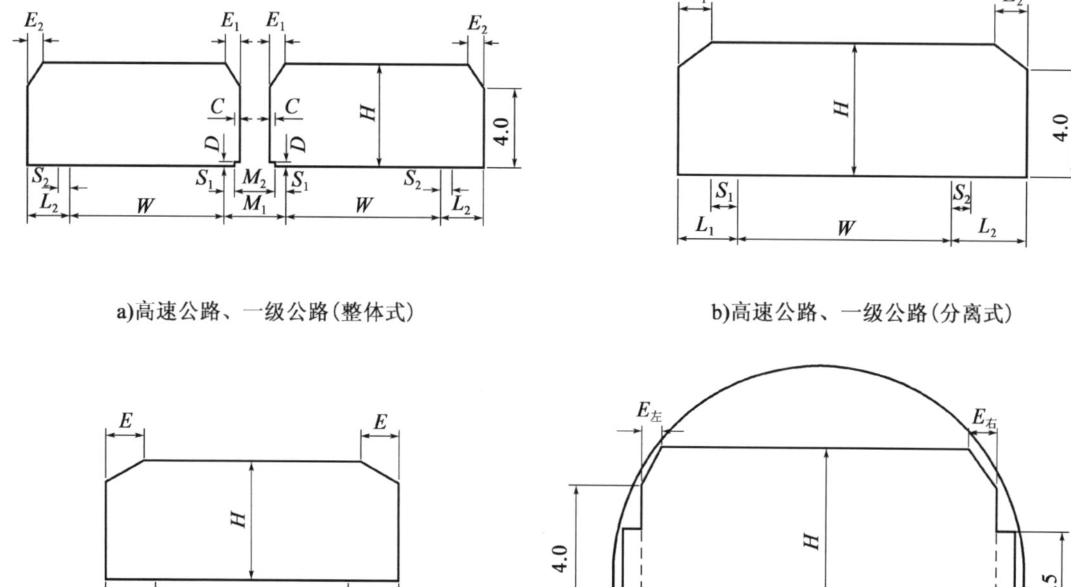

图1-1-1　公路建筑限界(尺寸单位:m)

(2)城市道路建筑限界规定如图1-1-2所示。

(3)道路建筑限界的边界线规定如图1-1-3所示。

对于一般路拱路段,上缘边界线为一条水平线,两侧边界线与水平线垂直;对于设置超高的路段,上缘边界线是与超高横坡平行的斜线,两侧边界线与超高横坡线垂直。

5.防灾标准

1)公路抗震设计规定

(1)地震动峰值加速度系数小于或等于0.05地区的公路工程,除有特殊要求外,可采用简易设防。

(2)地震动峰值加速度系数大于0.05、小于0.40地区的公路工程,应进行抗震设计。

(3)地震动峰值加速度系数大于或等于0.40地区的公路工程,应进行专门的抗震研究和设计。

(4)做过地震小区划地区的公路工程,应按主管部门审批的地震动峰值加速度系数进行抗震设计。

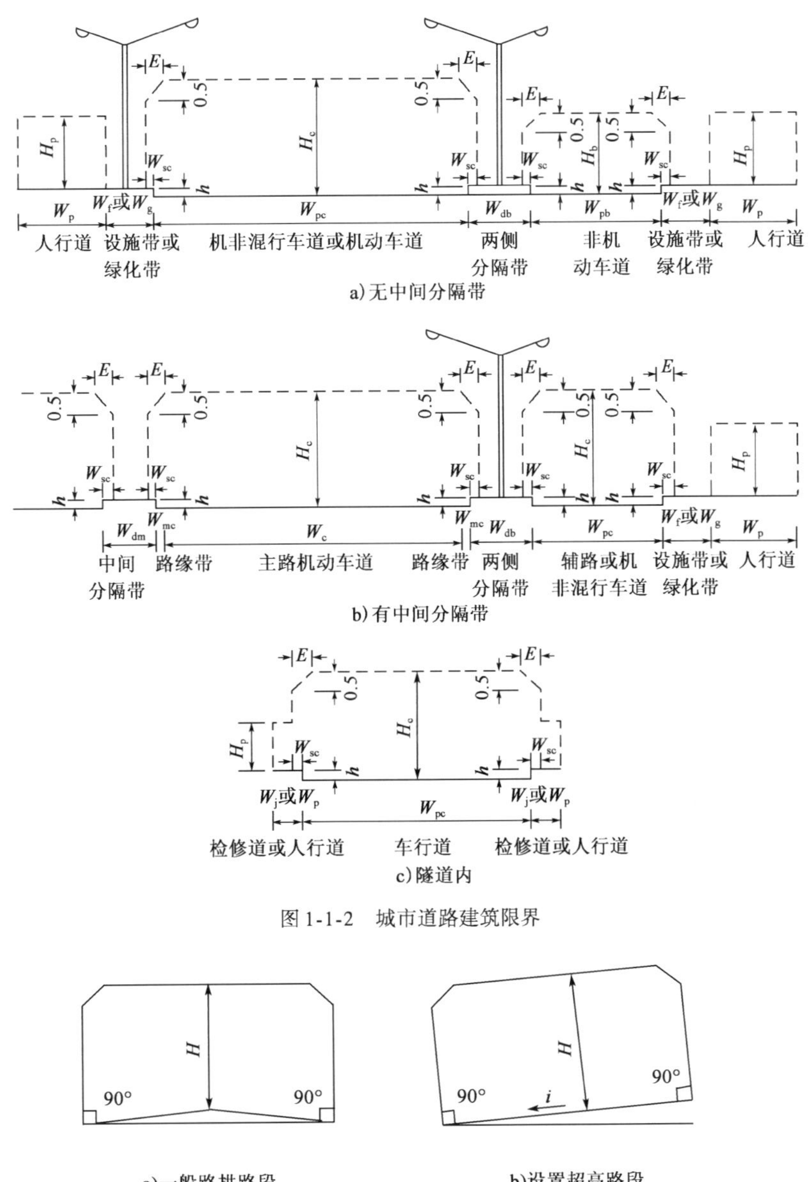

图 1-1-2　城市道路建筑限界

图 1-1-3　道路建筑限界的边界线规定

图 1-1-1 中各变量含义如下:

W——行车道宽度。

L_1——左侧硬路肩宽度。

L_2——右侧硬路肩宽度。

S_1——左侧路缘带宽度。

S_2——右侧路缘带宽度。

L——侧向宽度。二级公路的侧向宽度为硬路肩宽度；三、四级公路的侧向宽度为路肩宽度减去0.25m；设置护栏时，应根据护栏需要的宽度加宽路基。

$L_{左}$——隧道内左侧侧向宽度。

$L_{右}$——隧道内右侧侧向宽度。

C——当设计速度大于100km/h时为0.5m，小于或等于100km/h时为0.25m。

D——路缘石高度，小于或等于0.25m。一般情况下，高速公路可不设路缘石。

M_1——中间带宽度。

M_2——中央分隔带宽度。

J——检修道宽度。

R——人行道宽度。

d——检修道或人行道高度。

E——建筑限界顶角宽度，当$L \leqslant 1$m时，$E = L$；当$L > 1$m时，$E = 1$m。

E_1——建筑限界顶角宽度，当$L_1 < 1$m，$E_1 = L_1$，或$S_1 + C < 1$m，$E_1 = S_1 + C$；当$L_1 \geqslant 1$m或$S_1 + C \geqslant 1$m时，$E_1 = 1$m。

E_2——建筑限界顶角宽度，$E_2 = 1$m。

$E_{左}$——建筑限界左顶角宽度，当$L_{左} \leqslant 1$m时，$E_{左} = L_{左}$；当$L_{左} > 1$m时，$E_{左} = 1$m。

$E_{右}$——建筑限界右顶角宽度，当$L_{右} \leqslant 1$m时，$E_{右} = L_{右}$；当$L_{右} > 1$m时，$E_{右} = 1$m。

H——净空高度。

2)城市道路防灾标准

(1)道路工程应按国家规定工程所在地区的抗震标准进行设防。

(2)城市桥梁设计宜采用百年一遇的洪水频率，对特别重要的桥梁可提高到三百年一遇。

(3)道路应避开泥石流、滑坡、崩塌、地面沉降、塌陷、地震断裂活动带等自然灾害易发区；当不能避开时，必须提出工程和管理措施，保证道路的安全运行。

三、熟悉通行能力与服务水平的分析与运用

1. 通行能力的分析与运用

1)通行能力的概念

通行能力是指公路设施在正常的公路条件、交通条件和驾驶行为等情况下，在一定的时段(通常取1h)内可能通过设施的最大车辆数。将这些条件用服务水平标准来衡量时，就得到各级服务水平下的服务交通量。公路通行能力反映了公路设施所能疏导交通流的能力，是公路规划、设计和运营管理的重要参数。

2)通行能力的运用

(1)基准通行能力

基准通行能力是在基准的道路、交通、控制和环境条件下，均匀路段的一条车道或特定横断面上，特定时段内所能通过的最大小时流率，通常以pcu/h/ln(辆标准小客车/小时/车道)或pcu/h(辆标准小客车/小时)为单位。

基准通行能力是计算各种通行能力的基础。基准通行能力的计算可采用“车头时距”或“车头间距”求得。车头时距是指连续两车通过车道或道路上同一地点的时间间隔，车头间距

是指交通流中连续两车之间的距离。

(2)设计通行能力

设计通行能力是在预计的道路、交通、控制和环境管制条件下,条件基本一致的一条车道或特定横断面上,在所选用的设计服务水平下,特定时段内所能通过的最大小时流率,通常以pcu/h/ln或pcu/h为单位。因此,设计通行能力与选取的服务水平级别有关。我国按照车流运行状态,把从小交通量的自由流至交通量达到可能状态的受限制流运行范围划分为六级服务水平(城市道路划分为四级服务水平),与每一级服务水平相应的交通量称为服务交通量。

(3)实际通行能力

实际通行能力是在实际或预计的道路、交通、控制和环境条件下,已知公路设施的某车道或特定横断面上,特定时段内所能通过的最大小时流率,通常以veh/h/ln(辆自然车/小时/车道)或veh/h(辆自然车/小时)为单位。其含义是设计或评价某一具体路段时,根据该设施具体的公路几何构造、交通条件以及交通管理水平,对不同服务水平下的服务交通量(如基准通行能力或设计通行能力)按实际公路条件、交通条件等进行相应修正后的小时流率。

2.服务水平的分析与运用

1)服务水平的概念

道路服务水平是指在被规定的道路与交通条件下,根据交通量、车速、舒适、方便、经济和安全等指标,道路可向使用者(主要指汽车驾驶员)所能提供的综合效果。不同的效果反映不同的服务水平。服务水平所描述的范围是从驾驶员可自由选择行驶车速的最高服务水平起,直至路上车辆拥塞,迫使驾驶员不得不停停开开的最低服务水平为止的各种运行条件。所以,服务水平的高低可以反映出一定条件下,道路上不同车流状态和与之相应的通行能力以及驾驶员驾车的自由程度。

2)服务水平的运用

(1)公路的服务水平分为六级,各级公路设计采用的服务水平规定见表1-1-11。

各级公路设计服务水平 表1-1-11

公路等级	高速公路	一级公路	二级公路	三级公路	四级公路
服务水平	三级	三级	四级	四级	—

①一级公路用作集散公路时,设计服务水平可降低一级。

②长隧道及特长隧道路段、非机动车及行人密集路段、互通式立体交叉的分合流区段以及交织区段,设计服务水平可降低一级。

③一级服务水平,交通流处于完全自由流状态。交通量小,速度高,行车密度小,驾驶员能自由地按自己的意愿选择所需速度,行驶车辆不受或基本不受交通流中其他车辆的影响。在交通流内驾驶的自由度很大,为驾驶员、乘客或行人提供的舒适度和方便性非常优越。较小的交通事故或行车阻碍的影响容易消除,在事故路段不会产生停滞排队现象,很快就能恢复到一级服务水平。

④二级服务水平,交通流状态处于相对自由流的状态,驾驶员基本上可按照自己的意愿选择行驶速度,但是开始要注意到交通流内有其他使用者,驾驶人员身心舒适水平很高,较小交

通事故或行车阻碍的影响容易消除,在事故路段的运行服务情况比一级差些。

⑤三级服务水平,交通流处于稳定流的上半段,车辆间的相互影响变大,选择速度受到其他车辆的影响,变换车道时驾驶员要格外小心,较小交通事故仍能消除,但事故发生路段的服务质量大大降低,严重的阻塞后面形成排队车流,驾驶员心情紧张。

⑥四级服务水平,交通流处于稳定流范围下限,但是车辆运行明显地受到交通流内其他车辆的相互影响,速度和驾驶的自由度受到明显限制。交通量稍有增加就会导致服务水平的显著降低,驾驶人员身心舒适水平降低,即使较小的交通事故也难以消除,会形成很长的排队车流。

⑦五级服务水平,为交通流拥堵流的上半段,其下是达到最大通行能力时的运行状态。对于交通流的任何干扰,例如车流从匝道驶入或车辆变换车道,都会在交通流中产生一个干扰波,交通流不能消除它,任何交通事故都会形成长长的排队车流,车流行驶灵活性极端受限,驾驶人员身心舒适水平很差。

⑧六级服务水平,是拥堵流的下半段,是通常意义上的强制流或阻塞流。这一服务水平下,交通设施的交通需求超过其允许的通过量,车流排队行驶,队列中的车辆出现停停走走现象,运行状态极不稳定,可能在不同交通流状态间发生突变。

(2)城市道路服务水平分为四个等级,新建道路应按三级服务水平设计。

四、熟悉城市道路工程无障碍设计的内容和方法

1. 城市道路无障碍设计的范围

(1)城市道路无障碍设计的范围包括城市各级道路、城镇主要道路、步行街、旅游景点与城市景观带的周边道路。

(2)城市道路、桥梁、隧道、立体交叉中人行系统均应进行无障碍设计,无障碍设施应沿行人通行路径布置。

(3)人行系统中的无障碍设计主要包括人行道、人行横道、人行天桥及地道、公交车站。

2. 城市道路无障碍设施的设置规定

1)无障碍设施的设置规定

缘石坡道、盲道和轮椅坡道的设置规定见表1-1-12。

缘石坡道、盲道和轮椅坡道的设置规定　　表1-1-12

设　施	设置规定
缘石坡道	①人行道在各种路口、各种出入口位置必须设置缘石坡道; ②人行横道两端必须设置缘石坡道
盲道	①城市主要商业街、步行街的人行道应设置盲道,人行天桥及地道出入口处应设置提示盲道,设置于人行道中的行进盲道应与人行天桥及地道出入口处的提示盲道相连接; ②视觉障碍者集中区域周边道路应设置盲道; ③坡道的上下坡边缘处应设置提示盲道; ④道路周边场所、建筑等出入口设置的盲道应与道路盲道相衔接; ⑤距每段台阶与坡道的起点与终点250~500mm处应设提示盲道,其长度应与坡道、梯道相对应
轮椅坡道	①人行道设置台阶处,应同时设置轮椅坡道; ②轮椅坡道的设置应避免干扰行人通行及其他设施的使用

2）人行道处服务设施设置规定

（1）服务设施的设置应为残障人士提供方便。

（2）宜为视觉障碍者提供触摸及音响一体化信息服务设施。

（3）设置屏幕信息服务设施，宜为听觉障碍者提供屏幕手语及字幕信息服务。

（4）低位服务设施的设置，应方便乘轮椅者使用。

（5）设置休息座椅时，应设置轮椅停留空间。

3）人行横道的设置规定

（1）人行横道宽度应满足轮椅通行需求。

（2）人行横道安全岛的形式应方便乘轮椅者使用。

（3）城市中心区及视觉障碍者集中区域的人行横道，应配置过街音响提示装置。

4）人行天桥及地道处坡道与无障碍电梯的选择规定

（1）要求满足轮椅通行需求的人行天桥及地道处宜设置坡道，当设置坡道有困难时，应设置无障碍电梯。

（2）坡道的净宽度不应小于2.00m。

（3）坡道的坡度不应大于1∶12。

（4）弧线形坡道的坡度，应以弧线内缘的坡度进行计算。

（5）坡道的高度每升高1.50m时，应设深度不小于2.00m的中间平台。

（6）坡道的坡面应平整、防滑。

5）人行天桥及地道处坡道扶手设置规定

（1）人行天桥及地道在坡道的两侧应设扶手，扶手宜设上、下两层。

（2）在栏杆下方宜设置安全阻挡措施。

（3）扶手起点水平段宜安装盲文铭牌。

（4）当人行天桥及地道无法满足轮椅通行需求时，宜考虑地面安全通行。

（5）人行天桥桥下的三角区净空高度小于2.00m时，应安装防护设施，并应在防护设施外设置提示盲道。

6）公交车站处无障碍设施的设置规定

（1）公交车站处站台有效通行宽度不应小于1.50m；在车道之间的分隔带设公交车站时应方便乘轮椅者使用。

（2）站台距路缘石250～500mm处应设置提示盲道，其长度应与公交车站的长度相对应；人行道中设有盲道系统时，应与公交车站的盲道相连接。

（3）设置盲文站牌或语音提示服务设施，盲文站牌的位置、高度、形式与内容应方便视觉障碍者的使用。

7）无障碍标识系统的设置规定

（1）无障碍设施位置不明显时，应设置相应的无障碍标识系统；

（2）无障碍标志牌应沿行人通行路径布置，构成标识引导系统；

（3）无障碍标志牌的布置应与其他交通标志牌相协调。

3.城市道路无障碍设施的设计要求

1）缘石坡道的设计要求

（1）缘石坡道的坡面应平整、防滑；缘石坡道的坡口与车行道之间宜没有高差；当有高差时，高出车行道的地面不应大于10mm；宜优先选用全宽式单面坡缘石坡道。

(2)全宽式单面坡缘石坡道的坡度不应大于1∶20；三面坡缘石坡道正面及侧面的坡度不应大于1∶12；其他形式的缘石坡道的坡度均不应大于1∶12。

(3)全宽式单面坡缘石坡道的宽度应与人行道宽度相同；三面坡缘石坡道的正面坡道宽度不应小于1.20m；其他形式的缘石坡道的坡口宽度均不应小于1.50m。

2)盲道的设计要求

盲道按其使用功能可分为行进盲道和提示盲道；盲道的纹路应凸出路面4mm高；盲道铺设应连续，应避开树木(穴)、电线杆、拉线等障碍物，其他设施不得占用盲道；盲道的颜色宜与相邻的人行道铺面的颜色形成对比，并与周围景观相协调，宜采用中黄色；盲道型材表面应防滑。

(1)行进盲道

行进盲道应与人行道的走向一致；行进盲道的宽度宜为250～500mm；行进盲道宜在距围墙、花台、绿化带250～500mm处设置；行进盲道宜在距树池边缘250～500mm处设置；如无树池，行进盲道与路缘石上沿在同一水平面时，距路缘石不应小于500mm，行进盲道比路缘石上沿低时，距路缘石不应小于250mm；盲道应避开非机动车停放的位置。

(2)提示盲道

行进盲道在起点、终点、转弯处及其他有需要处应设提示盲道，当盲道的宽度不大于300mm时，提示盲道的宽度应大于行进盲道的宽度。

3)无障碍出入口的设计要求

无障碍出入口包括平坡出入口、同时设置台阶和轮椅坡道的出入口、同时设置台阶和升降平台的出入口三种类别。

无障碍出入口的地面应平整、防滑；室外地面滤水箅子的孔洞宽度不应大于15mm；同时设置台阶和升降平台的出入口只宜应用于受场地限制无法改造坡道的工程。除平坡出入口外，在门完全开启的状态下，建筑物无障碍出入口的平台的净深度不应小于1.50m；建筑物无障碍出入口的门厅、过厅如设置两道门，门扇同时开启时两道门的间距不应小于1.50m；建筑物无障碍出入口的上方应设置雨棚。

无障碍出入口的轮椅坡道及平坡出入口的坡度应符合：平坡出入口的地面坡度不应大于1∶20，当场地条件比较好时，不宜大于1∶30；同时设置台阶和轮椅坡道的出入口，轮椅坡道的坡度应符合轮椅坡道的有关规定。

4)轮椅坡道的设计要求

轮椅坡道宜设计成直线形、直角形或折返形。轮椅坡道的净宽度不应小于1.00m，无障碍出入口的轮椅坡道净宽度不应小于1.20m。轮椅坡道的高度超过300mm且坡度大于1∶20时，应在两侧设置扶手，坡道与休息平台的扶手应保持连贯，扶手应符合规范的规定。轮椅坡道的最大高度和水平长度应符合表1-1-13的规定。

轮椅坡道的最大高度和水平长度 表1-1-13

坡度	1∶20	1∶16	1∶12	1∶10	1∶8
最大高度(m)	1.20	0.90	0.75	0.60	0.30
水平长度(m)	24.00	14.40	9.00	6.00	2.40

轮椅坡道的坡面应平整、防滑、无反光。轮椅坡道起点、终点和中间休息平台的水平长度不应小于1.50m。轮椅坡道临空侧应设置安全阻挡措施。轮椅坡道应设置无障碍标志。

五、熟悉路线设计的主要技术指标

1. 公路技术标准

公路技术标准是法定的技术要求,反映了我国公路建设的技术方针,公路设计时都应当遵守。各级公路的具体标准是由各项技术指标体现的(表1-1-14)。

各级公路主要技术指标　　表1-1-14

公路等级		高速公路			一级公路			二级公路		三级公路		四级公路	
设计速度(km/h)		120	100	80	100	80	60	80	60	40	30	30	20
车道宽度(m)		3.75	3.75	3.75	3.75	3.75	3.5	3.75	3.5	3.5	3.25	3.25	3.00
车道数(条)		≥4			≥4			2		2		2(1)	
圆曲线最小半径(m)	最大超高10%	570	360	220	360	220	115	220	115	—	—	—	—
	最大超高8%	650	400	250	400	250	125	250	125	60	30	30	15
	最大超高6%	710	440	270	440	270	135	270	135	60	35	35	15
	最大超高4%	810	500	300	500	300	150	300	150	65	40	40	20
不设超高最小半径(m)	路拱≤2.0%	5500	4000	2500	4000	2500	1500	2500	1500	600	350	350	150
	路拱>2.0%	7500	5250	3350	5250	3350	1900	3350	1900	800	450	50	200
停车视距(m)		210	160	110	160	110	75	110	75	40	30	30	20
最大纵坡(%)		3	4	5	4	5	6	5	6	7	8	8	9

注:本表仅为简单汇总,所列各项指标应按有关条文规定选用。

2. 城市道路主要技术指标

当道路为货运、防洪、消防、旅游等专用道路使用时,除应满足相应道路等级的技术要求外,还应满足专用道路及通行车辆的特殊要求。各级城市道路主要技术指标见表1-1-15。

各级城市道路主要技术指标　　表1-1-15

道路等级	快速路			主干路			次干路			支路		
设计车速(km/h)	100	80	60	60	50	40	50	40	30	40	30	20
横断面形式	应采用两幅路或四幅路			宜采用四幅路或三幅路			宜采用单幅路或两幅路			宜采用单幅路		
大型车或混行车道宽(m)	3.75	3.75	3.50	3.50	3.50	3.50	3.50	3.50	3.50	3.50	3.50	3.50
小客车专用车道宽(m)	3.5	3.5	3.25	3.25	3.25	3.25	3.25	3.25	3.25	3.25	3.25	3.25
极限最小半径(m)	400	250	150	150	100	70	100	70	40	70	40	20
不设超高最小半径(m)	1600	1000	600	600	400	300	400	300	150	300	150	70
停车视距(m)	160	110	70	70	60	40	60	40	30	40	30	20
最大纵坡(%)	4	5	6	6	6	7	6	7	8	7	8	8

六、了解道路勘测设计的阶段和任务

1. 工程可行性研究阶段

公路建设项目可行性研究,是对项目建设的必要性、技术可行性、经济合理性和实施可能性进行综合性研究论证的工作,是公路建设项目前期工作的重要组成部分,是建设项目决策的主要依据。

1)公路工程可行性研究的分类

公路建设项目可行性研究,按其工作阶段分预可行性研究和工程可行性研究。编制预可行性研究报告,应以项目所在地区域经济社会发展规划、交通发展规划和其他相关规划为依据;编制工程可行性研究报告,原则上以批准的项目建议书为依据。

2)公路工程可行性研究的工作内容

(1)公路建设项目预可行性研究,要求通过实地踏勘和调查,重点研究项目建设的必要性和建设时机,初步确定建设项目的通道或走廊带,并对项目的建设规模、技术标准、建设资金、经济效益等进行必要的分析论证,编制研究报告,作为项目建议书的依据。

(2)公路建设项目工程可行性研究,要求进行充分的调查研究,通过必要的测量和地质勘探,对可能的建设方案从技术、经济、安全、环境等方面进行综合比选论证,研究确定项目起、终点,提出推荐方案,明确建设规模,确定技术标准,估算项目投资,分析投资效益,编制研究报告。工程可行性研究报告一经批准,即为初步设计应遵循的依据。

3)公路建设项目可行性研究报告的主要内容

公路建设项目可行性研究报告的主要内容应包括项目影响区域社会经济及交通运输的现状与发展、交通量预测、建设的必要性、技术标准、建设条件、建设方案及规模、投资估算及资金筹措、经济评价、实施安排、土地利用评价、工程环境影响分析、节能评价、社会评价等,特殊复杂的重大项目,还应进行风险分析。

(1)公路建设项目预可行性研究报告内容:概述;经济社会及交通运输发展现状及规划;交通量分析及预测;建设的必要性;建设条件、技术标准及建设方案;投资估算及资金筹措;经济评价;节能评价;社会评价;风险分析;问题与建议。

(2)公路建设项目工程可行性研究报告内容:概述;经济社会和交通运输发展现状及规划;交通量分析及预测;技术标准;建设方案;投资估算及资金筹措;经济评价;实施方案;土地利用评价;工程环境影响因素;节能评价;社会评价;风险分析;问题与建议。

2. 设计阶段

1)设计阶段的划分

《公路工程基本建设项目设计文件编制办法》(交公路发〔2007〕358 号)规定,公路工程基本建设项目可以采用一阶段设计、两阶段设计或三阶段设计。

公路工程基本建设项目一般采用两阶段设计,即初步设计和施工图设计。对于技术简单、方案明确的小型建设项目,可采用一阶段设计,即施工图设计;技术复杂、基础资料缺乏和不足的建设项目或建设项目中的特大桥、长隧道、大型地质灾害治理等,必要时采用三阶段设计,即初步设计、技术设计和施工图设计。

高速公路、一级公路必须采用两阶段设计。

2)各设计阶段主要内容

(1)初步设计

两阶段和三阶段设计中的初步设计,应根据批复的可行性研究报告、测设合同和初测、初勘资料编制。

初步设计阶段的目的是基本确定设计方案。必须根据批复的可行性研究报告、测设合同的要求,拟定修建原则,选定设计方案、拟定施工方案,计算工程数量及主要材料数量,编制设计概算,提供文字说明及图表资料。经审查批复后的初步设计文件,则为订购主要材料、机具、设备,安排重大科研试验项目,联系征用土地、拆迁,进行施工准备,编制施工图设计文件和控制建设项目投资等的依据。采用三阶段设计时,经审查批复的初步设计为编制技术设计文件的依据。

初步设计在选定方案时,应对路线的走向、控制点和方案进行现场核查,征求沿线地方政府、建设单位及规划、土地、环保等相关部门的意见,基本落实路线布设方案。对建设条件复杂地段的路线、路基、路面、特大桥、大桥、特长及长隧道、互通式立体交叉、服务设施,一般应选择两个或两个以上的方案进行同深度、同精度的测设工作和方案比选,提出推荐方案。

初步设计文件由十二篇和附件组成,见表1-1-16。

设计文件组成　　表1-1-16

设计篇目	设计阶段		备　注
	初步设计	施工图设计	
第一篇	总体设计	总体设计	
第二篇	路线	路线	
第三篇	路基、路面	路基、路面	
第四篇	桥梁、涵洞	桥梁、涵洞	
第五篇	隧道	隧道	
第六篇	路线交叉	路线交叉	
第七篇	交通工程及沿线设施	交通工程及沿线设施	
第八篇	环境保护与景观设计	环境保护与景观设计	
第九篇	其他工程	其他工程	
第十篇	筑路材料	筑路材料	
第十一篇	施工方案	施工组织计划	
第十二篇	设计概算	施工图预算	
附件	基本资料	基本资料	

(2)技术设计

三阶段设计中的技术设计,应根据批复的初步设计、测设合同和定测、详勘资料编制。

技术设计阶段的目的是对重大、复杂的技术问题通过科学试验、专题研究,加深勘探调查及分析比较,解决初步设计中未解决的问题,落实技术方案,计算工程数量,提出修正的施工方案,修正设计概算,批准后则为编制施工图设计的依据。

公路工程建设项目技术设计文件,应根据技术设计的目的与要求以及工程需要解决的技术问题,参照有关规定编制。

(3)施工图设计

两阶段设计中的施工图设计,应根据批复的初步设计、测设合同和定测、详勘(含补充定测、详勘)资料编制。三阶段设计中的施工图设计,应根据批复的技术设计、测设合同和补充定测、补充详勘资料编制。

施工图设计阶段的目的是根据初步设计(或技术设计)批复意见、测设合同,进一步对所审定的修建原则、设计方案、技术决定加以具体和深化,最终确定各项工程数量,提出文字说明和适应施工需要的图表资料以及施工组织计划,并编制施工图预算。

一阶段施工图设计应根据可行性研究报告批复意见、测设合同的要求,拟定修建原则,确定设计方案和工程数量,提出文字说明和图表资料以及施工组织计划,编制施工图预算,满足审批的要求,适应施工的需要。

施工图设计文件由十二篇和附件组成,见表1-1-16。

考点分析

本节的主要考点有:道路分级的依据与等级的确定;设计车辆、交通量、速度、通行能力与服务水平、建筑限界、防灾标准等概念;通行能力与服务水平的分析与运用;道路的主要技术指标;城市道路工程无障碍设计的内容和方法。合理确定道路等级、辨析路线设计的基本概念是本节的重点。在路线设计中运用通行能力与服务水平是本节的难点。

例题解析

例1 公路等级划分时,设计交通量指的是以下哪个交通量? ( )

(A)各种车辆折合成中型载重汽车的远景设计年限年平均昼夜交通量

(B)各种车辆折合成小客车的远景设计年平均日设计交通量

(C)混合车辆的年平均日设计交通量

(D)各种车辆折合成半挂车的远景设计年限年平均昼夜交通量

分析

根据《公路工程技术标准》(JTG B01—2014),各等级公路的年平均日设计交通量均采用小客车。故本题选B。

例2 某高速公路设计时,根据实际情况需要分段选用不同的设计速度,其分段长度不宜小于以下哪个选项? ( )

(A)10km　　(B)15km　　(C)20km　　(D)30km

分析

根据《公路工程技术标准》(JTG B01—2014),设计车速相同的路段应为同一设计路段,高速公路设计路段不宜小于15km,一、二级公路设计路段不宜小于10km。故本题选B。

例3　关于设计车辆的说法,以下哪个选项是错误的?　(　　)

(A)公路设计所采用的设计车辆包括小客车、大型客车、铰接客车、载重汽车共四种车辆类型

(B)城市道路机动车设计车辆包括小客车、大型车、铰接车三种车辆类型

(C)设计车辆是指道路几何设计所采用的代表车型

(D)城市道路非机动车设计车辆的外廓尺寸有明确规定

分析

公路设计所采用的设计车辆包括小客车、大型客车、铰接客车、载重汽车、铰接列车共五种车辆类型,而非四种。故本题选A。

例4　确定车道数和车道宽度或评价服务水平的依据的交通量,是指以下哪个交通量?　(　　)

(A)年平均日交通量　　(B)设计交通量

(C)高峰小时交通量　　(D)设计小时交通量

分析

年平均日交通量是一年的总交通量除以365天,是我国统计的公路交通量的通用单位。设计交通量是指拟建道路到预测年限时所能达到的年平均日交通量,设计交通量对确定道路等级、计算道路的计划费用或各项结构设计等有重要作用,但不宜直接用于道路几何设计。采用高峰小时交通量作为确定车道数和车道宽度或评价服务水平的依据则太浪费。设计小时交通量是以小时为计算时段的交通量,是确定车道数和车道宽度或评价服务水平的依据。故本题选D。

例5　道路设计时,决定道路几何形状(如道路的曲线半径、超高)的基本依据是以下哪个选项?　(　　)

(A)设计荷载　　(B)设计车辆

(C)设计速度　　(D)设计交通量

分析

设计荷载用于结构设计。设计车辆是确定道路几何参数的主要依据,如车道宽度等。设计交通量对确定道路等级、计算道路的计划费用或各项结构设计等有重要作用,但不宜直接用

于道路几何设计。设计速度是决定道路几何形状的基本依据。道路的曲线半径、超高、视距等直接与设计速度有关，同时也影响车道宽度、中间带宽度、路肩宽度等指标的确定。故本题选C。

例6 道路交通的运行状态保持在某一设计的服务水平时，公路设施通过车辆的最大小时流率称为以下哪种通行能力？（ ）

(A)基准通行能力　　(B)实际通行能力

(C)设计通行能力　　(D)基本通行能力

分析

基准通行能力是指在基准的道路、交通、控制和环境条件下，公路设施在五级服务水平时所能通过的最大小时流率，即理论上所能通行的最大小时流率。

设计通行能力是指在设计某一公路设施时，根据对交通运行质量的要求，即相应于设计服务水平，公路设施通过车辆的最大小时流率，也称为基本通行能力。因此，设计通行能力与选取的服务水平级别有关。

实际通行能力是指在设计或评价某一具体路段时，根据该设施具体的公路几何构造、交通条件以及交通管理水平，对不同服务水平下的服务小时流率（如基准通行能力或设计通行能力）按实际公路条件、交通条件等进行相应修后的小时流率。

故本题选C。

例7 盲道设计时，在行进盲道在起点、终点、转弯处及其他有需要处应设什么形状的提示盲道？（ ）

(A)条形　　(B)圆形　　(C)方形　　(D)棱形

分析

圆形比较方便盲人触感，《无障碍设计规范》(GB 50763—2012)对提示盲道的触感圆点规格有明确要求。故本题选B。

例8 城市道路人行道设计时，人行道在各种路口、各种出入口位置必须设置的无障碍设施是以下哪种设施？（ ）

(A)标志　　(B)缘石坡道　　(C)指示灯　　(D)斑马线

分析

根据《无障碍设计规范》(GB 50763—2012)规定，人行道在各种路口、各种出入口位置必须设置缘石坡道。标志、指示灯、斑马线均不是无障碍设施。故本题选B。

例9 城市中心、商业区、居住区及公共建筑设置的人行天桥与人行地道，应设坡道和提示盲道；当设坡道有困难时应设置以下哪种设施？（ ）

(A)楼梯　　(B)扶手

(C)无障碍电梯　　　　(D)自动扶梯

分析

根据《无障碍设计规范》(GB 50763—2012)规定，要求满足轮椅通行需求的人行天桥及地道处宜设置坡道，当设置坡道有困难时，应设置无障碍电梯。楼梯、扶手、自动扶梯均不能替代坡道以满足相关需求。故本题选C。

例10　公路建设项目前期工作正确的程序是以下哪个选项？　　　(　　)

(A)项目建议书→预可行性研究→工程可行性研究

(B)预可行性研究→工程可行性研究→项目建议书

(C)工程可行性研究→预可行性研究→项目建议书

(D)预可行性研究→项目建议书→工程可行性研究

分析

根据《公路建设项目可行性研究报告编制办法》(交规划发〔2010〕178号)规定，公路建设项目预可行性研究作为项目建议书的依据，编制工程可行性研究报告，原则上以批准的项目建议书为依据。故本题选D。

例11　设计单位在编制设计文件时，编制概算应在以下哪个阶段进行？　　　(　　)

(A)工程可行性研究阶段　　　　(B)施工图设计阶段

(C)技术设计阶段　　　　(D)初步设计阶段

分析

工程可行性研究阶段应编制估算，初步设计阶段应编制概算，技术设计阶段应编制修正概算，施工图设计阶段应编制预算。故本题选D。

例12　关于城市道路机动车设计车辆，以下说法正确的有哪些？　　　(　　)

(A)城市道路机动车设计车辆包括小客车、大型车、铰接车

(B)所有设计车辆的长度都不同

(C)所有设计车辆的宽度都相同

(D)在设计过程中，设计车辆是确定车道宽度等道路几何参数的主要依据

分析

小客车宽度为1.8m，大型车宽度为2.5m，铰接车宽度为2.5m，故选项C错误。选项ABD均符合《城市道路工程设计规范》(CJJ 37—2012)规定。故本题选ABD。

例13　城市道路设计中，无障碍设施的设计一般包括以下哪些设施？　　　(　　)

(A)盲道　　(B)缘石坡道　　(C)轮椅坡道　　(D)自动扶梯

分析

自动扶梯是非残疾人使用的设施,残疾人应使用无障碍电梯,选项D错误。盲道、缘石坡道、轮椅坡道均属于残疾人使用的设施,属于无障碍设施的设计。故本题选ABC。

例14 某二级公路,无隧道,无大型地质灾害,桥梁最大跨径(多孔跨径总长)680m,其设计阶段中应进行以下哪些设计? ( )

(A)初步设计　　(B)技术设计

(C)施工图设计　　(D)方案设计

分析

根据《公路工程基本建设项目设计文件编制办法》(交公路发〔2007〕358号),公路工程基本建设项目一般采用两阶段设计,即初步设计和施工图设计。对于技术简单、方案明确的小型建设项目,可采用一阶段设计,即施工图设计;技术复杂、基础资料缺乏和不足的建设项目或建设项目中的特大桥、长隧道、大型地质灾害治理等,必要时采用三阶段设计,即初步设计、技术设计和施工图设计。根据本项目实际情况,应按二阶段进行设计。故本题选AC。

自测模拟

(第1~8题为单选题,第9、10题为多选题)

1. 公路技术等级选用应是在论证确定什么的基础上,并结合项目所在地区的综合运输体系、远景发展规划及设计交通量论证确定的? ( )

(A)公路功能　　(B)公路性质

(C)公路任务　　(D)地形条件

2. 城市道路分为快速路、主干路、次干路和支路四个等级,其等级划分的依据是以下哪个选项? ( )

(A)按道路在道路网中的地位、交通功能以及对沿线的服务功能

(B)按道路设计交通量、交通功能以及对沿线的服务功能

(C)按道路在道路网中的地位、交通功能以及红线宽度

(D)按道路的任务和交通量以及道路在道路网中的地位

3. 城市道路主干路在道路交通量达到饱和状态时的道路设计年限为以下哪个选项? ( )

(A)10年　　(B)15年

(C)20年　　(D)30年

4. 设计交通量预测的起算年为以下哪个选项? ( )

(A)该项目可行性研究报告中的计划通车年
(B)该项目可行性研究报告中设计完成年
(C)该项目开始实施当年
(D)该项目计划竣工年

5. 西南地区某山区高速公路设计,其应采用服务等级为以下哪个等级?　(　　)
(A)一级　(B)二级
(C)三级　(D)高速级

6. 关于道路建筑限界的说法,以下错误的选项是哪个?
(A)道路建筑限界又称净空,由净高和净宽两部分组成。
(B)二级公路的路肩宽度在净空范围之外
(C)一条公路应采用同一净高
(D)高速公路、一级公路、二级公路的净高应为5.00m

7. 人行道没有树池,行进盲道与路缘石上沿在同一水平面时,行进盲道距离缘石不应小于多少米?　(　　)
(A)0.10m　(B)0.20m
(C)0.30m　(D)0.50m

8. 设计单位在编制设计文件时,编制预算应在以下哪个阶段?　(　　)
(A)工可研阶段　(B)施工图设计阶段
(C)技术设计阶段　(D)初步设计阶段

9. 城市道路人行系统中的无障碍设计的范围包括以下哪些地点?　(　　)
(A)人行横道　(B)人行天桥及地道
(C)公交车站　(D)城市广场

10. 编制公路建设项目预可行性研究报告的依据包括以下哪些选项?　(　　)
(A)项目建议书
(B)项目所在地区域经济社会发展规划
(C)交通发展规划
(D)其他相关规划

参考答案

1. A　2. A　3. C　4. A　5. C　6. B　7. D　8. B　9. ABC
10. BCD

第二节　总体设计

依据规范

《公路路线设计规范》(JTG D20—2017)

4.1　一般规定

4.2　公路功能与技术标准

4.3　建设规模与建设方案

4.4　环境保护与资源节约

《城市道路路线设计规范》(CJJ 193—2012)

4.1　总体设计一般规定

重点知识

一、掌握总体设计的内容和目的

1. 总体设计的概念

总体设计是在综合考虑建设规模、设计标准的前提下,运用先进科学技术的理论和方法,对全线总体布局以及各专业设计的配套协调方面做出的综合设计。

各级公路应做好总体设计,正确处理公路与相关路网、交通节点的关系。合理设置各类出入口、交叉和构造物。各类构造物的造型与布置应合理、适用、经济。

城市道路快速路、主干路、大桥和特大桥、隧道、交通枢纽应进行总体设计,其他道路可根据相关因素、重要程度进行总体设计。快速路(如采用高架、隧道、路堑、地面等道路形式),主干路(如采用主辅路断面布置、快捷路交通管理等形式)、大桥及特大桥、隧道、交通枢纽等项目,系统性强、设计面广、协调量大、工程较复杂,项目与各专业之间、与旁邻工程的关联性较强,该类工程应进行总体设计,做好总体布置方案,并要在设计文件中,以一定形式表达出来。其他道路若涉及与轨道交通、地下空间,大型地下管线、城市景观等协调,以及需要分段、分期设计的道路,可按相关因素进行总体设计。

2. 总体设计的内容

1)可行性研究阶段总体设计应完成以下主要工作内容:

(1)根据总体设计应考虑的主要因素,结合项目建设条件和特点,提出总体设计指导思想,有针对性地制定项目总体设计原则。

(2)根据预测交通量和建设条件综合确定项目的技术标准、道路等级及建设规模。

(3)根据项目区域的地形、地质、水文、气象等自然条件,确定路线走向和走廊带方案,拟定重大工程方案。

(4)根据公路在区域路网中的作用,确定路线起终点、主要控制点及与其他相交公路的连接关系。

(5)提出设计阶段应进一步深化研究的总体设计问题。

2)设计阶段总体设计应完成以下主要工作内容：

(1)在充分研究可行性研究报告批复意见的基础上，根据总体设计的主要影响因素，结合项目建设条件和特点，有针对性地制定总体设计原则；分析项目的重点、难点，提出相应的可行性对策。

(2)路线起、终点及与其他公路(含规划公路)的衔接方式应符合路网规划的要求，起、终点位置及建设方案应考虑为后续项目接线和具体工程实施预留足够的长度，至少应延伸至路线两个平曲线以上，并达到初步设计的工作深度。

(3)应根据公路功能、设计交通量、沿线地形、地质条件等论证确定公路等级、设计速度和设计路段；不同设计路段的衔接位置应适应衔接路段的过渡及前后一定长度范围内的线形设计；不同设计路段的衔接点宜选择在平面交叉或互通式立交的交通量变化处，也可选择在平纵线形良好、视野开阔的路段；高速公路、一级公路应分别对左、右路幅进行线形设计，通过渐变中央分隔带宽度完成过渡。

(4)总体设计应对路线方案进行综合比选。不同地形条件路线方案比选要点如下：

①平原微丘区路线方案比选应考虑项目与区域路网的关系，路线控制点应以交通源及交通枢纽为基础，路线宜尽可能近捷，同时应考虑占地、拆迁、噪声及景观等因素。

②山岭重丘区路线方案比选应考虑路线与地形、地质、水文、生态、水资源等自然条件的关系，路线控制点的选择应以安全和环境保护为原则，对整体式与分离式路基、高路堤与高架桥、深路堑与隧道等典型工程方案，根据其特点、适用性和内在联系，及其对路线方案和平纵面布置、路基土石方数量、环境保护、道路景观、工程可靠度、工程造价等的影响，从定性、定量两个方面综合比选。

(5)公路路线平、纵、横面设计的合理性应采用运行速度进行检验；公路安全设施应根据运行速度的检验结果有针对性地设置；工程设计方案应根据建设条件合理确定，应采取必要的工程措施，确保工程设计的可靠度。

(6)一般路段和特殊路段的横断面应根据交通量和交通组成合理确定，其要点如下：

①高速公路、一级公路应根据设计交通量论证确定车道数；具有集散功能的一级公路、二级公路应根据混合交通量及其交通组成论证设置慢车道的条件，并确定设置方式、横断面形式和宽度。

②高速公路、一级公路一般情况下应按照减小工程量、节省占地并方便交通运营管理等原则采用整体式路基，位于丘陵、山区时，应结合地形、地质、生态等自然条件和桥梁、隧道方案的布设及考虑降低工程造价，保护自然环境的因素，论证采用分离式路基的可行性。

③对于设置爬坡车道、避险车道等特殊路段，应从路线平纵面布设、交通量及交通组成、通行能力及工程设置合理性等方面综合论证其设置位置和横断面宽度及组成参数。

(7)大型桥梁、隧道、交叉、管理养护等设施的位置、间距及其设计方案应根据其功能合理确定，其要点如下：

①大型设施的间距应满足相关要求，各个设施之间的过渡应顺畅，必要时应采取切实可行的措施，确保交通安全。

②大型设施的设计方案应考虑与其他设施之间的相互联系，做到全面协调、总体可行。

③大型桥梁、隧道工程应做好两端接线设计；平面交叉、互通式立交设施应做好连接线设计；管理养护及服务设施的设置位置及规模应与区域路网中的服务设施相匹配。

④交叉工程应根据沿线居民的生产、生活方式现状及其发展趋势，论证确定实施和预留方案，并正确处理沿线交叉工程与其他运输方式的关系。

⑤路线布设及平面交叉、互通式立体交叉的设置应有利于与其他运输方式形成综合运输网络；与铁路、水路、管道等运输方式的交叉工程应满足相关设施正常运营和发展规划的要求。

(8)平原区公路应尽量降低路基高度，采用低路堤设计方案，减小取土数量，节省公路占地，合理确定工程取土、弃土方案；山岭区公路不宜采用高填深挖路基，应结合路线布设合理确定工程设施、取、弃土场和植被恢复设计方案，防止发生水土流失等次生灾害。

(9)路线平纵面设计及工程方案的确定应以节省占地为原则，基本农田区的路段应采取必要的工程措施节约耕地；山岭、丘陵区的路段宜根据弃土情况提出造地还田方案。

(10)路线平纵面设计应充分考虑沿线环境及景观因素，合理确定路基、防护、排水、取土、弃土等设计方案，防止水土流失，保护自然环境。

(11)收费公路应充分论证收费制式，合理确定收费方式、主线收费站位置及其与被交公路的交叉方式等；高速公路的收费方案应考虑与区域路网收费体系的配合。

(12)分期修建的公路工程，必须按远期规划的技术标准做出总体设计，制定分期修建方案，做出相应设计。

3. 总体设计的目的

公路总体设计应协调公路工程项目外部与内部各专业间的关系，确定本项目及其各分项的技术标准、建设规模、主要技术指标和设计方案，使之成为完整的系统工程，符合安全、环保、可持续发展的总体目标，保障用路者的安全，提高公路交通的服务质量。

城市道路设计的各个阶段均应贯穿有总体设计，其系统、全面地协调道路工程项目外部与内部各专业间的关系，确定本项目及其各分项的技术标准、建设规模、主要技术指标和设计方案，并应符合安全、环保、可持续发展的总体目标。

二、熟悉总体设计应考虑的因素与设计要点

1. 总体设计应考虑的因素

(1)根据路线在路网中的位置、功能，综合考虑路线走廊带范围的远期社会、经济发展，城市、工矿企业的现状与规划，铁路、水路、航空、管道的布局，自然资源状况等，确定本项目起讫点、主要控制点以及与之相互平行、交叉等项目的衔接关系。

(2)科学确定技术标准，合理运用技术指标，注意地区特性与差异，精心做好路线设计，必要时宜进行安全性评价，以保障行车安全。因条件受限制而采用上限(或下限)技术指标值或对线形组合设计有难度的路段，应采用运行速度进行检验，并采取相应技术对策。

(3)应在查明路线走廊带的自然环境、地形、地质等条件的基础上，认真研究路线方案或工程建设同生态环境、资源利用的关系，采取工程防护与生态防护相结合等技术措施，减少对生态的影响程度，加强恢复力度，最大限度地保护环境。

(4)做好同综合运输体系、农田与水利建设、城市规划等的协调与配合，充分利用线位资

源，合理确定建设规模，切实保护耕地，使走廊带的自然资源得以充分利用，公路建设得以可持续发展。

(5)总体协调公路工程各专业间、相邻行业间和社会公众间的关系，其设计界面、接口等应符合相关法规、标准、规范的要求或规定，并注意听取社会公众意见。

(6)路线方案比选应对设计、施工、养护、营运、管理的各阶段，从安全、环保、可持续发展理念，运用全寿命周期成本分析方法进行论证，采用综合效益佳、服务质量好的设计方案。

2. 公路总体设计的要点

1)公路功能与技术标准

(1)应根据国家和地区路网结构与规划、地区特点、交通特性和建设目标等综合分析公路在公路网中的地位和作用，论证确定公路功能。

(2)应根据公路功能，结合交通量及建设条件综合论证确定公路的技术等级。同一公路项目可根据功能和交通量变化，论证分析采用不同的技术等级。

(3)应根据公路功能、交通组成、车型比例，确定设计车辆。

(4)高速公路和一级公路应根据公路功能、设计交通量，确定公路基本路段的车道数，车道数增加时应按双数增加。

(5)各级公路可根据项目沿线地形、地质与自然条件变化，分段选用设计速度，并应符合下列规定：

①同一设计速度的路段长度不宜过短，同一公路中不同设计速度的变化不应频繁。

②不同技术等级、不同设计速度路段相互衔接的位置或地点，应选择在大型构造物、互通式立体交叉、平面交叉、沿线主要村镇节点的前后，或路侧环境条件明显变化处。

(6)应根据路段设计速度、沿线地形、地质、环境和交通需求等因素，合理确定路线平纵面、视距、超高、加宽等主要控制指标。

(7)应根据公路技术等级、设计交通量、沿线环境和横断面各组成部分的功能综合确定公路路基横断面组成及宽度。

(8)改扩建公路应采用改扩建后的公路技术标准和指标，对于利用原有公路的路段，因提高设计速度可能诱发工程地质病害、增加工程造价或对环境保护、文物有不利影响时，经论证该局部路段可维持原设计速度和指标，其长度高速公路不宜大于15km，一级、二级公路不宜大于10km，但不应降低技术等级。

2)建设规模与建设方案

(1)应根据公路路网和公路功能，综合考虑路线走廊带范围的铁路、水路、航空、管道等综合交通运体系的布局与规划，城市、工矿企业的现状与发展规划，自然资源开发利用状况等，研究路线起终点、主要控制点、路线长度、交叉数量、管理与服务设施配置等，确定建设规模。

(2)应根据项目的总体建设规模、控制性工程施工条件、交通量发展需求和项目资金筹措情况等相关因素，论证确定项目的建设方式。采用分期修建方式时，应符合下列要求：

①必须在综合分析论证的基础上作出总体设计和分期实施计划，分期修建的项目应使前期工程在后期仍能充分利用，并为后期工程的修建留有余地和创造有利条件。

②在论证采用分期建设方式时，除考虑交通量发展需求和项目资金条件外，还应充分考虑整个施工期内项目建设对周边环境、沿线群众出行、交通组织、安全等的影响。

③高速公路根据路网规划、交通量等因素,可采用纵向分段或按工程项目分段或按工程项目分期修建的方式。高速公路整体式路基路段,不得采用分期分幅的建设方式。高速公路和一级公路分离式路基路段经论证可采用分期分幅的建设方式,先期建成的一幅按双向交通通行时,应按二级公路通车条件进行管理,且限制速度不应超过 80km/h。

(3)公路路基横断面形式应符合下列规定:

①高速公路和一级公路应根据沿线地形、地质等条件,选用整体式路基断面形式或分离式路基断面形式。必要时,应对采用整体式与分离式路基、高低路堤、半桥半隧等路线方案进行比选论证。

②在戈壁、沙漠和草原等地区,高速公路和一级公路宜选择宽中央分隔带、低路基、缓边坡、宽浅边沟等形式。

③二级公路、三级公路、四级公路应选择整体式路基断面形式。

④一级公路、二级公路应根据功能、混合交通量及其交通组成论证设置慢车道的条件,并确定其设置方式、横断面形式与宽度。

⑤公路不同断面形式及宽度变化应设置必要的过渡段,其位置宜选择在城镇、交叉等节点。

⑥公路路基横断面布置应满足交通工程和安全设施等设置的需求。

(4)公路与邻近铁路、管线的相互布置关系,应在调查掌握铁路及各类管线设施的走向、位置的基础上合理确定,并应符合下列要求:

①应合理减少公路与铁路、管线等的交叉次数。必须交叉时,应论证确定交叉位置和方式,采用较大的交叉角度,同时确保铁路、管线及其附属设施不得侵入公路建筑限界、不得影响公路视距。

②当公路与铁路和管线设施平行相邻时,应保持必要的距离,且保证铁路、管线及其附属设施不得进入公路两侧建筑控制区范围。

(5)公路项目与沿线相关公路的交叉方式,应根据公路功能、等级及交通组织方式综合确定,并应符合下列要求:

①承担干线功能的公路,应充分结合既有路网条件,通过合并、分流、设置辅道等措施,减少各类交叉数量、加大交叉间距,提高公路通行的效率和安全性。

②高速公路与其他等级公路交叉时,必须采用立体交叉方式。应视交通流转换需求论证采用互通式立体交叉或分离式立体交叉。

③一级公路与其他一级及一级以下公路交叉时,应根据其所承担的主要功能确定交叉方式。承担干线功能时,与交通量大的公路相交宜采用立体交叉方式;承担集散功能时,应控制平面交叉间距,减少平面交叉的数量。

④二级、三级、四级公路与其他二级及二级以下公路交叉时,可采用平面交叉方式。

⑤一级及一级以下公路穿越或靠近城镇路段,应根据沿线实际情况考虑设置必要的隔离设施。

(6)交通工程及沿线设施应与主体工程同步设计,并应根据公路功能及等级、交通组织方式及安全与运营管理等需要,合理确定公路收费站场、服务区、停车区等管理和服务设施的位置、形式、间距和配置规模。必要时,可根据交通量等发展需求,论证采用一次规划、分期建设的方案。

(7)路线方案应由面到带、由带到线考虑各类影响因素,通过综合论证确定,并应符合下列要求:

①应查明沿线地质、水文情况,重大自然灾害、地质病害的分布、范围、状态及其对工程的影响程度。对路线方案选择有重大影响的地质灾害,应进行综合评估,并对绕避、穿越及处治方案进行比选论证。

②应研究特大桥、特长隧道等布置方案对路线走廊带及线位布局的影响,并进行方案比选论证。一般桥梁和隧道,其布设宜服从路线总体走向和几何线形设计等要求。

③对于公路路基高填深挖的路段,应进行高填路基与桥梁、深挖路堑与隧道方案的综合比选论证。

(8)改扩建公路应遵循利用与改造相结合的原则,应在原有公路交通安全性评价,以及原有路基、桥梁、隧道检测与评价的基础上,综合论证对既有路线和构造物等的利用原则和利用方案,合理、充分地利用原有工程,并应符合下列要求:

①对于改扩建期间维持交通的项目,应基于相关路网条件,分析提出项目建设期间交通流组织与疏导方案,最大限度减少项目施工对既有交通出行的影响,保证交通安全。高速公路改扩建项目维持通车路段,服务水平可降低一级,设计速度不宜低于60km/h。

②沙漠、戈壁、草原等小交通量地区的高速公路分离式断面路段利用现有二级公路改建为一幅时,其设计洪水频率可维持原标准不变,并应根据需要设置区域交通出行的辅道。

③公路改扩建项目应充分利用公路废旧材料,节约工程建设资源。

3)环境保护与资源节约

(1)应坚持保护优先、以防为主、以治为辅、综合治理的原则,严格执行工程建设项目环境影响评价、水土保持方案编制和环境保护"三同时"制度,在总体设计中落实环境保护相关措施和意见,结合项目实际协调好公路建设与环境的关系,减少对环境的不利影响。

(2)应加强路线走廊带、路线方案的综合比选,将土地压占、矿产压覆等资源占用和高边坡开挖、压占河道等环境影响作为方案选择的重要指标,优先选择资源占用少、环境影响小的方案。

(3)应合理设置取土场,路侧取土不宜距离路基过近,取土场避免直接开挖路侧山坡坡体。当路基、隧道弃方或弃渣量大时,应结合项目施工组织设计最大限度利用弃方和弃渣;难以利用时,应合理设置弃土、弃渣场地,做好专项设计,保证其稳定,防止水土流失。

(4)应加强对路域施工范围及取弃土场地的表土收集与利用,做好对取弃土场、施工便道等临时用地的植被保护与恢复。

(5)应加强服务区、停车区等公路附属设施生产、生活污水处理能力,采用先进工艺,保证污水达标回用或集中收集存放,达到水资源循环利用;在公路运营、管理与服务设施设计中,应合理利用风能、太阳能、地热能等可再生能源。

(6)应加强对钢材、复合材料等的循环利用;推进粉煤灰、建筑废料等在公路路基填筑及混凝土浇筑中的综合利用;倡导对沥青、水泥混凝土路面及结构物拆除构件等的再生利用。

3.城市道路总体设计要点

(1)路线走向应符合城市路网总体规划。确定工程起终点位置时,应有利于相邻工程及后续项目的衔接,或拟定具体实施设计方案。

(2)设计速度应根据道路等级、功能定位和交通特性,并结合沿线地形、地质与自然条件等因素,经论证确定。当不同设计速度衔接时,路段前后的线形技术指标应协调与配合。

(3)快速路、主干路应根据预测交通量进行通行能力和服务水平评价,并结合定性分析,确定机动车车道数规模。非机动车车道数、人行道宽度也可根据预测交通量和使用要求,按通行能力论证确定。

(4)横断面布置应根据道路等级、红线宽度、交通组织和建设条件等,划分机动车道、非机动车道、人行道、分车带、设施带、绿化带等宽度,并应满足地下管线综合布置要求;特殊断面还应包括停车带、港湾式公交停靠站、路肩和排水沟的宽度。

(5)高架路或隧道的设置应根据道路等级、相交道路或铁路的间距、交通组织以及道路用地、地形地质、沿线环境等实施条件,经多方案比选和技术经济论证,确定总体设计方案以及布设长度、横断面布置、匝道和出入口布置、结构形式、衔接段设计等。

(6)交叉口节点设置应根据相交道路等级、使用要求、交通流量流向、车流运行特征、控制条件以及社会经济效益、环境等因素,合理确定交叉口的位置、间距、分类、选型、交通组织和交叉口用地范围等;并应在交叉口范围内提出行人、非机动车系统和公交站点的布置方案。

(7)跨江、跨河桥梁应结合航道或水利部门提出的通航、排洪等控制要求,进行总体布置以及环境景观、附属设施的配套设计。

(8)人行过街设施应根据道路等级、横断面形式、车流量、行人过街流量和流线确定,可分别采用人行横道、人行天桥或人行地道的形式,并应提出设置行人过街设施的规模及配套要求。

(9)公共交通设施应结合公交线网规划设计,提出公交专用道、公交站点的布置形式。

(10)道路设计应分别对路段、交叉口、出入口提出机动车、非机动车、行人以及客车、公交车、货车的交通组织设计方案。

(11)交通安全和管理设施应按主体工程的技术标准、建设规模及项目交通特性,确定其相应的技术标准、设施等级、设置内容和设计方案,并应协调各设施间的衔接与配合。

(12)分期修建的道路工程,应按远期规划的技术标准进行总体设计,并应制定分期修建的设计方案,应近远期工程相结合。

三、了解城市道路工程与城市总体规划、交通专项规划、市政管线规划等的相互关系

1. 城市总体规划

城市规划是指城市人民政府依据国民经济和社会发展规划以及当地的自然环境、资源条件、历史情况、现状特点,统筹兼顾、综合部署,为确定城市的规模和发展方向,实现城市的经济和社会发展目标,合理利用城市土地,协调城市空间布局等所作的一定期限内的综合部署和具体安排。城市规划是对城市空间资源的合理配置,而道路红线正是保证合理配置的最有效手段。根据《中华人民共和国城乡规划法》以及《城市规划编制办法》,城市规划分为总体规划和详细规划两个阶段。详细规划又分为控制性详细规划和修建性详细规划。

城市总体规划是城市在一定时期内发展的计划和各项建设(或各项物质要素)的总体部

署。是城市规划编制工作的第一阶段,也是城市建设和管理的依据。城市总体规划确定了道路网络,其他用地规划也基本确定了道路红线。总体规划纲要应当包括下列内容:①市域城镇体系规划纲要,内容包括:提出市域城乡统筹发展战略;确定生态环境、土地和水资源、能源、自然和历史文化遗产保护等方面的综合目标和保护要求,提出空间管制原则;预测市域总人口及城镇化水平,确定各城镇人口规模、职能分工、空间布局方案和建设标准;原则确定市域交通发展策略。②提出城市规划区范围。③分析城市职能、提出城市性质和发展目标。④提出禁建区、限建区、适建区范围。⑤预测城市人口规模。⑥研究中心城区空间增长边界,提出建设用地规模和建设用地范围。⑦提出交通发展战略及主要对外交通设施布局原则。⑧提出重大基础设施和公共服务设施的发展目标。⑨提出建立综合防灾体系的原则和建设方针。

控制性详细规划的编制工作,应依据已经依法批准的城市总体规划,考虑相关专项规划的要求,确定建设地区的土地使用性质和使用强度的控制指标、道路和工程管线控制性位置以及空间环境控制的规划要求。对具体地块的土地利用和建设提出控制指标,作为建设主管部门(城乡规划主管部门)作出建设项目规划许可的依据。控制性详细规划应当包括下列内容:①确定规划范围内不同性质用地的界线,确定各类用地内适建、不适建或者有条件地允许建设的建筑类型。②确定各地块建筑高度、建筑密度、容积率、绿地率等控制指标;确定公共设施配套要求、交通出入口方位、停车泊位、建筑后退红线距离等要求。③提出各地块的建筑体量、体型、色彩等城市设计指导原则。④根据交通需求分析,确定地块出入口位置、停车泊位、公共交通场站用地范围和站点位置、步行交通以及其他交通设施。规定各级道路的红线、断面、交叉口形式及渠化措施、控制点坐标和标高。⑤根据规划建设容量,确定市政工程管线位置、管径和工程设施的用地界线,进行管线综合。确定地下空间开发利用具体要求。⑥制定相应的土地使用与建筑管理规定。

修建性详细规划的编制工作,依据已经依法批准的控制性详细规划,对所在地块的建设提出具体的安排和设计。修建性详细规划的编制内容包括:①建设条件分析及综合技术经济论证。②建筑、道路和绿地等的空间布局和景观规划设计,布置总平面图。③对住宅、医院、学校和托幼等建筑进行日照分析。④根据交通影响分析,提出交通组织方案和设计。⑤市政工程管线规划设计和管线综合。⑥竖向规划设计。⑦估算工程量、拆迁量和总造价,分析投资效益。用以具体指导各项建筑和工程设施的设计和施工。

城市总体规划和城市综合交通规划是城市发展的战略体现,而控制性详细规划和道路工程专项规划正是规划管理的控制点,所有规划管理控制基本上以这一阶段规划为依据。控制性详规中的道路交通规划一般只确定红线、横断面、坐标、高程等,深度还不足以合理指导施工图的设计。

2. 城市道路交通规划

城市道路交通规划必须以城市总体规划为基础,满足土地使用对交通运输的需求,发挥城市道路交通对土地开发强度的促进和制约作用。城市道路交通规划应包括城市道路交通发展战略规划和城市道路交通综合网络规划两个组成部分。

城市道路交通发展战略应包括下列内容:①确定交通发展目标和水平。②确定城市交通方式和交通结构。③确定城市道路交通综合网络布局、城市对外交通和市内的客货运设施的选址和用地规模。④提出实施城市道路交通规划过程中的重要技术经济对策。⑤提出有关交通发展政策和交通需求管理政策的建议。

城市道路交通综合网络规划应包括下列内容:①确定城市公共交通系统、各种交通的衔接方式、大型公共换乘枢纽和公共交通场站设施的分布和用地范围。②确定各级城市道路红线宽度、横断面形式、主要交叉口的形式和用地范围,以及广场、公共停车场、桥梁、渡口的位置和用地范围。③平衡各种交通方式的运输能力的运量。④对网络规划方案作技术经济评估。⑤提出分期建设与交通建设项目排序的建议。

3. 城市工程管线综合规划

城市工程管线综合规划是综合协调各类工程管线,安排工程管线各自的合理空间,解决管线之间矛盾的有效途径,为管线的设计、施工和管理提供良好的条件,是城市基础设施的有效保证。城市工程管线综合规划应能够指导各工程管线的工程设计,并应满足工程管线的施工、运行和维护的要求。

城市工程管线综合规划的主要内容应包括:①协调各工程管线布局;确定工程管线的敷设方式。②确定工程管线敷设的排列顺序和位置,确定相邻工程管线的水平间距、交叉工程管线的垂直间距。③确定地下敷设的工程管线控制高程和覆土深度等。

工程管线综合规划应符合下列规定:①工程管线应按城市规划道路网布置。②各工程管线应结合用地规划优化布局。③工程管线综合规划应充分利用现状管线及线位。④工程管线应避开地震断裂带、沉陷区以及滑坡危险地带等不良地质条件区。区域工程管线应避开城市建成区,且应与城市空间布局和交通廊道相协调,在城市用地规划中控制管线廊道。

管线综合规划是在总规的基础上编制的,如果已编制有控制性详细规划,应与详细规划衔接与协调。

4. 道路工程规划

道路工程规划就是从交通的角度出发,对原有的道路红线进行优化和最终定位,对道路交通进行设计,从而直接指导工程的实施,方便规划的管理控制。道路工程专项规划是道路施工图的前一道工序,没有这个环节,道路在实施使用时就易出现功能不全的问题,例如,路口、路段通行能力不匹配,公交停靠站无法做成港湾式或无处布置,横断面布设不合理等。

道路工程规划的主要内容包括:①地面道路(公路)工程的规划控制。②高架道路工程的规划控制。③城市桥梁、隧道、立交桥等的规划控制。具体内容包括道路的等级、红线位置、桥隧的宽度、净空、道路走向及坐标、道路横断面、城市道路高程、道路交叉口、路面结构类型、道路附属设施、以及其他交通设施等,是道路交通工程施工图的上道工序。直接指导施工图设计并作为规划管理的确定依据。道路工程规划是交通规划的具体实施体现。各项交通规划、政策研究分析、交通改善措施等,最后均需落实到工程规划上。市政管线规划一般应与道路工程规划同步完成,构成工程规划的完整文件。

考点分析

本节的主要考点有:总体设计概念及应考虑的因素,公路、城市道路总体设计要点,公路总体设计主要工作内容,城市道路总体设计的主要内容。

例题解析

例 1　对公路路线设计、几何指标和线形组合设计进行分析检验，分析检验所采用的速度应采用以下哪种速度？　（　　）

(A)设计速度　(B)运行速度
(C)最大速度　(D)平均速度

分析

根据《公路路线设计规范》(JTG D20—2017)，公路设计应运用运行速度方法，对路线设计、几何指标和线形组合设计进行分析检验，检验运行速度的协调性和一致性。采用运行速度进行分析检验，考虑了绝大部分车辆的实际情况，故本题选 B。

例 2　关于总体设计中，对公路路基横断面形式要求的说法，错误的选项是以下哪一项？　（　　）

(A)在戈壁、沙漠和草原等地区，高速公路和一级公路宜选择宽中央分隔带、低路基、缓边坡、宽浅边沟等形式
(B)二级公路、三级公路、四级公路应选择整体式路基断面形式
(C)一级公路、二级公路应根据功能、混合交通量及其交通组成论证设置避险车道的条件，并确定其设置方式、横断面形式与宽度
(D)公路路基横断面布置应满足交通工程和安全设施等设置的需求

分析

一级公路、二级公路应根据功能、混合交通量及其交通组成论证设置慢车道的条件，并确定其设置方式、横断面形式与宽度。故本题选 C。

例 3　按照《城市道路路线设计规范》(CJJ 193—2012)要求，应进行总体设计的城市道路项目包括以下哪些选项？　（　　）

(A)主干路　(B)支路
(C)大桥　(D)隧道

分析

根据《城市道路路线设计规范》(CJJ 193—2012)规定，城市道路快速路、主干路、大桥和特大桥、隧道、交通枢纽应进行总体设计，其他道路可根据相关因素、重要程度进行总体设计。应进行总体设计的城市道路项目不包括支路，选项 B 错误。故本题选 ACD。

例 4　关于公路总体设计要点，以下说法正确的选项有哪些？　（　　）

(A)收费公路应在论证收费制式的基础上，确定收费方式、主线收费站位置及其同被交

公路的交叉型式等

(B)交通安全和管理设施应按主体工程的技术标准、建设规模及项目交通特性,确定其相应的技术标准、设施等级、设置内容和设计方案,并应协调各设施间的衔接与配合

(C)设计速度应根据道路等级、功能定位和交通特性,并结合沿线地形、地质与自然条件等因素,经论证确定。当不同设计速度衔接时,路段前后的线形技术指标应协调与配合

(D)高速公路、一级公路一般情况下宜采用分离式路基

分析

高速公路、一级公路一般情况下宜采用整体式路基,选项 D 错误。故本题选 ABC。

例 5 以下属于公路可行性研究阶段总体设计主要工作内容的选项有哪些? ( )

(A)提出交通组织设计方案

(B)提出总体设计指导思想,有针对性地制定项目总体设计原则

(C)综合确定项目的技术标准、道路等级及建设规模

(D)拟定重大工程方案

分析

可行性研究阶段总体设计主要工作内容包括根据总体设计应考虑的主要因素,结合项目建设条件和特点,提出总体设计指导思想,有针对性地制定项目总体设计原则;根据预测交通量和建设条件综合确定项目的技术标准、道路等级及建设规模;根据项目区域的地形、地质、水文、气象等自然条件,确定路线走向和走廊带方案,拟定重大工程方案;根据公路在区域路网中的作用,确定路线起终点、主要控制点及与其他相交公路的连接关系;提出设计阶段应进一步深化研究的总体设计问题。提出交通组织设计方案属于城市道路的总体设计主要工作内容。故本题选 BCD。

自测模拟

(第 1、2 题为单选题,第 3 ~5 题为多选题)

1. 按照《城市道路路线设计规范》(CJJ 193—2012)要求,应进行总体设计的城市道路项目不包括以下哪个选项? ( )

(A)交通枢纽　　(B)次干路

(C)大桥　　(D)特大桥

2. 城市道路总体设计中应确定技术标准、建设规模、主要技术指标;主要排水技术标准不包括以下哪个选项? ( )

(A)雨水设计重现期　(B)径流系数
(C)污水量　(D)雨水管管径

3. 总体设计应论证确定建设规模及建设方案，总体设计还应论证以下哪些内容？(　　)
(A)公路功能　(B)技术标准
(C)交通量　(D)工程造价

4. 跨江、跨河桥梁应结合航道或水利部门提出的通航、排洪等控制要求，在总体设计时除进行总体布置外，还要进行哪些配套设计？(　　)
(A)环境景观的配套设计　(B)桥梁基础的配套设计
(C)附属设施的配套设计　(D)施工方案的配套设计

5. 城市道路总体设计的主要内容包括以下哪些选项？(　　)
(A)论证收费制式
(B)明确道路性质、功能定位、服务对象
(C)确定技术标准、建设规模、主要技术指标
(D)确定工程范围、总体方案和道路用地，并协调与相邻工程的衔接

参考答案

1. B　2. D　3. AB　4. AB　5. BCD

第三节　路线平面设计

依据规范

《公路工程技术标准》(JTG B01—2014)
4　路线
《公路路线设计规范》(JTG D20—2017)
7.1　一般规定
7.2　直线
7.3　圆曲线
7.4　回旋线
7.5　圆曲线超高
7.6　圆曲线加宽
7.7　四级公路的超高、加宽过渡段
7.8　平曲线长度

7.9　视距
7.10　回头曲线
9.1　一般规定
9.2　平面线形设计

《城市道路工程设计规范》(CJJ 37—2012)(2016 年版)

6.2　平面设计

《城市道路路线设计规范》(CJJ 193—2012)

6.2　直线
6.3　平曲线
6.4　圆曲线超高
6.5　圆曲线加宽

重点知识

一、熟悉路线平面设计各线形要素

1. 直线

1)直线的特点(表 1-3-1)

直线的特点　　表 1-3-1

项　目	内　　容
优点	两点之间距离最短;具有短捷、直达的印象;行驶受力简单,方向明确,驾驶操作简易;测设简单方便;在直线上设构造物更具经济性
缺点	直线单一无变化,与地形及线形自身难以协调;过长的直线在交通量不大且景观缺乏变化时,易使驾驶人员感到单调、疲倦;在直线纵坡路段,易错误估计车间距离、行车速度及上坡坡度;易对长直线估计得过短或产生急躁情绪,超速行驶

2)直线的标准(表 1-3-2)

直线的标准　　表 1-3-2

项　目	内　　容
公路直线标准	(1)直线的长度不宜过长,受地形条件或其他特殊情况限制而采用长直线时,应结合沿线具体情况采取相应的技术措施; (2)两圆曲线间以直线径相连接时,直线的长度不宜过短: ①设计速度大于或等于 60km/h 时,同向圆曲线间最小直线长度(以 m 计)以不小于设计速度(以 km/h 计)的 6 倍为宜;反向圆曲线间的最小直线长度(以 m 计)以不小于设计速度(以 km/h 计)的 2 倍为宜; ②设计速度小于或等于 40km/h 时,可参照上述规定执行
城市道路直线标准	(1)两相邻平曲线间的直线段最小长度应大于或等于缓和曲线最小长度; (2)两圆曲线间以直线径向连接时,直线的长度宜符合下列规定: ①当设计速度大于或等于 60km/h 时,同向圆曲线间最小直线长度(以 m 计)不宜小于设计速度(以 km/h 计)数值的 6 倍;反向圆曲线间最小直线长度(以 m 计)不宜小于设计速度(以 km/h 计)数值的 2 倍; ②当设计速度小于 60km/h 时,可不受上述限制

3)直线的运用

(1)直线的运用应注意同地形、环境的协调与配合,采用直线线形时,其长度不宜过长。

(2)农田、河渠规整的平坦地区、城镇近郊规划等以直线条为主体时,宜采用直线线形。

(3)特长、长隧道或结构特殊的桥梁等构造物所处的路段,以及路线交叉点前后的路段宜采用直线线形。

(4)双车道公路为超车所提供的路段宜采用直线线形。

2. 圆曲线

1)圆曲线的特点(表1-3-3)

圆曲线的特点 表1-3-3

项目	内容
优点	(1)曲线上任意点的曲率半径 R = 常数,曲率 $1/R$ = 常数,故测设和计算简单; (2)曲线上任意一点都在不断地改变着方向,比直线更能适应地形、地物和环境的变化
缺点	(1)汽车在圆曲线上行驶要受到离心力的作用,而且往往要比在直线上行驶多占用道路宽度; (2)汽车在小半径的圆曲线内侧行驶时,视距条件较差,视线受到路堑边坡或其他障碍物的影响较大,因而容易发生行车事故

2)圆曲线的标准

(1)圆曲线最小半径

圆曲线半径计算公式为:

$$R = \frac{v^2}{127(\mu \pm i_h)} \tag{1-3-1}$$

式中:v——设计车速(km/h);

μ——横向力系数,其值受汽车行驶的稳定性、乘客的舒适性和运营的经济性等因素的影响;极限值为路面与轮胎之间的摩阻系数;

i_h——路面的横向坡度,无超高时为路拱横坡,有超高时为超高横坡。

公路圆曲线最小半径见表1-3-4,城市道路圆曲线最小半径见表1-3-5。高速公路、一级公路最大超高值为8%和10%,正常情况下采用8%;对设计速度高,或经验算运行速度高的路段宜采用10%。二、三、四级公路限定最大超高为8%是适宜的。但对于积雪冰冻地区,考虑我国以货车为主的特点,限定最大超高为6%比较安全。城市区域考虑到非机动车等通行特点,公路项目最大超高不宜大于4%。

公路圆曲线最小半径 表1-3-4

设计速度(km/h)		120	100	80	60	40	30	20
设超高的最小半径(m)	最大超高10%	570	360	220	115	—	—	—
	最大超高8%	650	400	250	125	60	30	15
	最大超高6%	710	440	270	135	60	35	15
	最大超高4%	810	500	300	150	65	40	20
不设超高最小半径(m)	路拱≤2.0%	5500	4000	2500	1500	600	350	150
	路拱≥2.0%	7500	5250	3350	1900	800	450	200

城市道路圆曲线最小半径 表 1-3-5

设计速度(km/h)		100	80	60	50	40	30	20
不设超高最小半径(m)		1600	1000	600	400	300	150	70
设超高最小半径(m)	一般值	650	400	300	200	150	85	40
	极限值	400	250	150	100	70	40	20

注:"一般值"为正常情况下的采用值;"极限值"为条件受限制时,可采用的值。

(2)平曲线最小长度

各级公路平曲线最小长度理论上至少应该不小于3倍回旋线最小长度,即保证设置最小长度的回旋线后,仍保留一段相同长度的圆曲线。公路平曲线最小长度见表1-3-6。城市道路平曲线最小长度见表1-3-7。

公路平曲线最小长度 表 1-3-6

设计速度(km/h)		120	100	80	60	40	30	20
平曲线最小长度(m)	一般值	600	500	400	300	200	150	100
	最小值	200	170	140	100	70	50	40

注:"一般值"为正常情况下的采用值;"最小值"为条件受限制时可采用的值。

城市道路平曲线最小长度 表 1-3-7

设计速度(km/h)		100	80	60	50	40	30	20
平曲线最小长度(m)	一般值	260	210	150	130	110	80	60
	极限值	170	140	100	85	70	50	40
圆曲线最小长度(m)		85	70	50	40	35	25	20

(3)小转角平曲线最小长度

为避免造成视觉错误、保证行车安全,在进行平曲线设计时应避免设置小于7°的转角。当条件受到限制时,在转角等于或小于7°处应设置较长的平曲线。公路小转角平曲线最小长度见表1-3-8。城市道路小转角平曲线最小长度见表1-3-9。

公路转角等于或小于7°时的平曲线长度 表 1-3-8

设计速度(km/h)	120	100	80	60	40	30	20
平曲线长度(m)	$1400/\alpha$	$1200/\alpha$	$1000/\alpha$	$700/\alpha$	$500/\alpha$	$350/\alpha$	$280/\alpha$

注:表中α为路线转角值(°),当$\alpha<2°$时,按$\alpha=2°$计算。

城市道路小转角平曲线最小长度 表 1-3-9

设计速度(km/h)	100	80	60
平曲线最小长度(m)	$1200/\alpha$	$1000/\alpha$	$700/\alpha$

3)圆曲线的运用

(1)设置圆曲线时应与地形相适应,宜采用超高为2%~4%对应的圆曲线半径。

(2)条件受限制时,可采用大于或接近于圆曲线最小半径的"一般值";地形条件特殊困难而不得已时,方可采用圆曲线最小半径的"极限值",并应采取措施保证视距的要求。

(3)设置圆曲线时,应同相衔接路段的平、纵线形要素相协调,使之构成连续、均衡的曲线线形，避免小半径圆曲线与陡坡相重合的线形。

(4)当交点转角不得已小于7°时，应按规定设置足够长的曲线。

4)圆曲线的计算

如图1-3-1所示为单圆曲线，曲线要素计算如下：

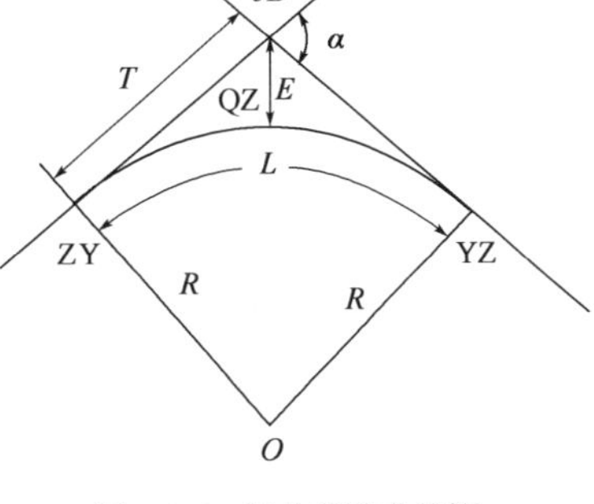

图1-3-1　圆曲线要素计算

切线长：$$T = R \cdot \tan\frac{\alpha}{2} \tag{1-3-2}$$

圆曲线长：$$L = \frac{\pi}{180} \cdot \alpha \cdot R \tag{1-3-3}$$

外距：$$E = R\left(\sec\frac{\alpha}{2} - 1\right) \tag{1-3-4}$$

校正值：$$J = 2T - L \tag{1-3-5}$$

圆曲线有三个主点桩(ZY、QZ、YZ)，其里程桩号计算如下：

直圆点：$$\mathrm{ZY} = \mathrm{JD} - T \tag{1-3-6}$$

圆直点：$$\mathrm{YZ} = \mathrm{ZY} + L \tag{1-3-7}$$

曲中点：$$\mathrm{QZ} = \mathrm{YZ} - \frac{L}{2} \tag{1-3-8}$$

校核交点里程：$$\mathrm{JD} = \mathrm{QZ} + \frac{J}{2} \tag{1-3-9}$$

3. 缓和曲线

1)缓和曲线的特点

缓和曲线是设置在直线和圆曲线之间或半径相差较大的两个转向相同的圆曲线之间的一种曲率连续变化的曲线。缓和曲线是道路平面线形三要素之一。缓和曲线的特点见表1-3-10。

缓和曲线的特点　　表1-3-10

项目	内　　容
优点	(1)缓和曲线曲率渐变，设于直线与圆曲线间，其线形符合汽车转弯时的行车轨迹，从而使线形缓和，消除了曲率突变点； (2)由于曲率渐变，使道路线形顺适美观，有良好的视觉效果和心理作用感； (3)在直线和圆曲线间加入缓和曲线后，使平面线形更为灵活，线形自由度提高，更能与地形、地物及环境相适应、协调、配合，使平面线形布置更加灵活、经济、合理
缺点	与圆曲线相比，缓和曲线测设及施工放样均较复杂

2)缓和曲线的作用及选择

(1)缓和曲线的作用

曲率连续变化，便于车辆遵循；离心加速度逐渐变化，旅客感觉舒适；超高横坡度及加宽逐渐变化，行车更加平稳；与圆曲线配合，增加线形美观。

(2)缓和曲线的基本要求

①可行性好：它的线形应符合行驶轨迹，它的几何特征应满足汽车轨迹的三条几何特征。

②缓和性好：是指缓和曲线要有一定长度，如太短，驾驶员操作紧张，旅客不舒适，线形不

协调。

③计算方便，公式简单：便于在设计、施工中使用。

(3)缓和曲线的选择

凡满足缓和曲线性质的曲线均可作为缓和曲线，这些曲线有：回旋线、三次抛物线、双纽线、n次抛物线、正弦形曲线等。但世界各国使用回旋线居多，我国《公路工程技术标准》(JTG B01—2014)与《城市道路工程设计规范》(CJJ 37—2012)规定缓和曲线采用回旋线。回旋线基本符合了缓和曲线的三条基本要求，而其他曲线的公式较复杂，使用不方便。

①回旋线的方程式：$rl = C$，为了量纲一致，令 $C = A^2$，则 $r \cdot l = C = A^2$，即 $A = \sqrt{Rl_s}$。A 称为回旋曲线参数，表示回旋线曲率变化的缓急程度。

②三次抛物线的方程式：$rx = C$。三次抛物线用作为缓和曲线只能在 $\beta \leqslant 24°$ 的条件下。

③双纽线方程式：$ra = C$。双纽线的极角为45°时，曲率半径最小。此后半径增大至原点，全程转角达到270°。因此，当曲线转角较大、半径较小时，例如在回头曲线或立体交叉的匝道上可以采用双纽线设置整个曲线，代替两段缓和曲线和一段主曲线。

回旋线、三次抛物线和双纽线在极角较小(5°～6°)时，几乎没有差别。随着极角的增加，三次抛物线的长度比双纽线的长度增加得快些，而双纽线的长度又比回旋线的长度增加得快些。回旋线的曲率半径减小得最快，而三次抛物线则减小最慢。从保证汽车平顺过渡的角度来看，三种曲线都可以作为缓和曲线。

3)缓和曲线的最小长度

(1)从控制方向操作的最短时间考虑

缓和曲线的长度太短，使驾驶员操作不便，所以应保证驾驶员在缓和曲线上操作有一定的行程时间。缓和曲线的最小长度为：

$$l_{smin} = vt = \frac{V}{3.6}t \tag{1-3-10}$$

(2)离心加速度变化率应限制在一定范围内

汽车行驶在缓和曲线上，其离心加速度随缓和曲线曲率变化而变化，如变化过快将会使旅客感受到横向的冲击。缓和曲线上离心加速度的变化率为：

$$a_s = \frac{a}{t} = \frac{v^2}{Rt} = \frac{V^3}{47Rls} \tag{1-3-11}$$

式中：V——汽车行驶速度(km/h)；

v——汽车行驶速度(m/s)；

R——圆曲线半径(m)；

t——汽车在缓和曲线上行驶时间(s)。

由上述关系得出缓和曲线长度的计算公式为：

$$l_s = \frac{V^3}{47Ra_s} \tag{1-3-12}$$

把离心加速度的变化率控制在0.5～0.6m/s² 之间较为适当。根据公路设计车速，按式(1-3-10)、式(1-3-12)，即可计算出最小缓和曲线长度，规定值见表1-3-11、表1-3-12。

公路缓和曲线最小长度　　表 1-3-11

设计速度(km/h)	120	100	80	60	50	40	30	20
缓和曲线最小长度(m)	100	85	70	50	45	35	25	20

城市道路缓和曲线最小长度　　表 1-3-12

设计速度(km/h)	100	80	60	50	40	30	20
缓和曲线最小长度(m)	85	70	50	45	35	25	20

4)缓和曲线省略

(1)直线与圆曲线间缓和曲线的省略

《公路路线设计规范》(JTG D20—2017)规定,当圆曲线半径大于或等于表 1-3-4 中不设超高的圆曲线最小半径时可不设缓和曲线;四级公路可将直线与圆曲线径相连接,在圆曲线两端的直线上设置超高缓和段、加宽缓和段。

《城市道路工程设计规范》(CJJ 37—2012)规定当计算行车速度小于 40km/h 时,可以省略缓和曲线;大于 40km/h 时,如半径大于不设缓和曲线的最小圆曲线半径时(表 1-3-13),缓和曲线可以省略。

不设缓和曲线的最小圆曲线半径　　表 1-3-13

设计速度(km/h)	100	80	60	50	40
不设缓和曲线的最小圆曲线半径(m)	3000	2000	1000	700	500

(2)半径不同的圆曲线间缓和曲线的省略

①两圆曲线半径均大于不设超高的圆曲线最小半径时,可以省略缓和曲线。

②小圆半径大于表 1-3-14 规定,且符合下列条件之一者,可以省略缓和曲线。

复曲线中小圆临界曲线半径　　表 1-3-14

设计速度(km/h)	120	100	80	60	40	30
临界圆曲线半径(m)	2100	1500	900	500	250	130

a. 小圆按最小回旋线长度设回旋线时,大圆与小圆的内移值之差小于 0.10m 时;

b. 设计速度大于或等于 80km/h,大圆半径(R_1)与小圆半径(R_2)之比小于 1.5 时;

c. 设计速度小于 80km/h,大圆半径(R_1)与小圆半径(R_2)之比小于 2 时。

二、掌握平面线形设计方法

1. 平面线形设计的一般要求

(1)平面线形应直捷、连续、均衡,并与地形相适应,与周围环境相协调。

(2)受条件限制采用长直线时,应结合具体情况采用相应的技术措施。

(3)连续的圆曲线间应采用适当的曲线半径比。

(4)各级公路不论转角大小均应敷设曲线,并宜选用加大的圆曲线半径,转角过小时,不应设置较短的圆曲线。

(5)两同向曲线间应设有足够长度的直线;两反向曲线间不应设置短直线段。

(6)六车道及以上高速公路和作为干线的一级公路,同向或反向圆曲线间插入的直线长度，还应符合路基外侧边缘超高过渡渐变率规定的要求。

(7)设计速度小于或等于 40km/h 的双车道公路，两相邻反向圆曲线无超高时可径相衔接，无超高有加宽时应设置长度不小于 10m 的加宽过渡段；两相邻反向圆曲线设有超高时，地形条件特殊困难路段的直线长度不小于 15m。

(8)设计速度小于或等于 40km/h 的双车道公路，应避免连续急弯的线形。地形条件特殊困难不得已而设置时，应在曲线间按规定插入规定长度的直线或回旋线。

2. 平面线形要素的组合

1)简单形(表 1-3-15)

简 单 形 表 1-3-15

项目	内容	
图形	平面图	曲率图
概念	当一个弯道由直线与圆曲线组合时叫简单型曲线，即按直线—圆曲线—直线的顺序组合	
运用要求	(1)简单形组合曲线在 ZY 和 YZ 点处有曲率突变点，对行车不利，当半径较小时，该处线形也不顺适； (2)一般限于四级公路采用。在其他等级公路中，当平曲线半径大于不设超高半径时，省略缓和曲线后也可以构成简单型	

2)基本形(表 1-3-16)

基 本 形 表 1-3-16

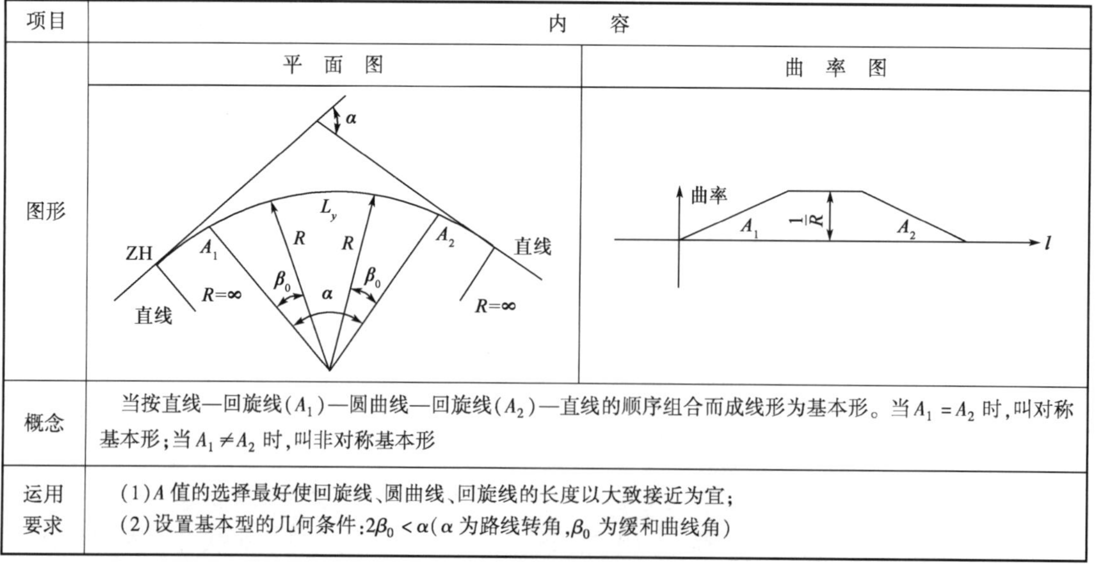

项目	内容	
图形	平面图	曲率图
概念	当按直线—回旋线(A_1)—圆曲线—回旋线(A_2)—直线的顺序组合而成线形为基本形。当 $A_1=A_2$ 时，叫对称基本形；当 $A_1 \neq A_2$ 时，叫非对称基本形	
运用要求	(1)A 值的选择最好使回旋线、圆曲线、回旋线的长度以大致接近为宜； (2)设置基本型的几何条件：$2\beta_0 < \alpha$(α 为路线转角，β_0 为缓和曲线角)	

3)凸形(表 1-3-17)

凸　形　　表 1-3-17

项目	内容	
图形	平面图	曲率图
	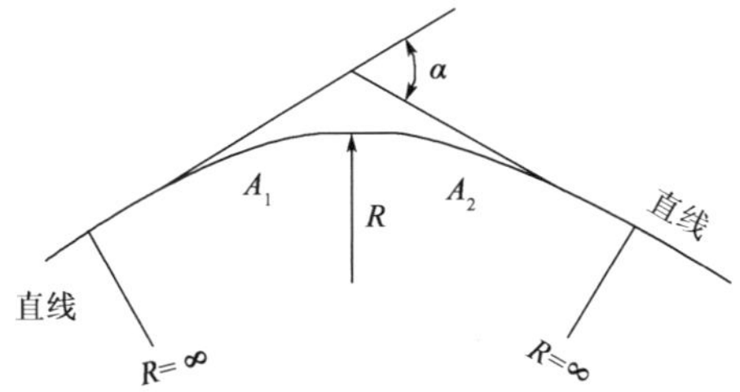 直线 A_1 R A_2 直线 α R=∞ R=∞	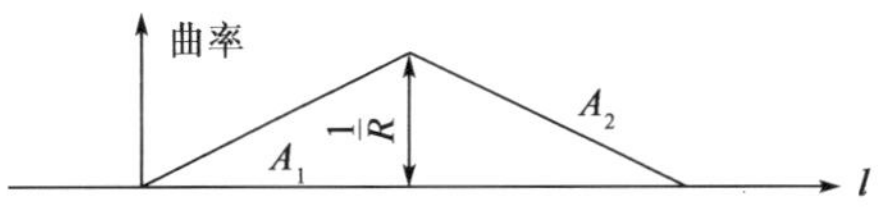 曲率 A_1 $\frac{1}{R}$ A_2 l
概念	两同向回旋线在曲率相同处径相衔接的组合形式称为凸形曲线	
运用要求	凸形曲线只有在路线严格受地形限制,且对接点的曲率半径相当大时方可采用。设置凸形曲线的几何条件是:$2\beta_0=\alpha$。 (1)凸形曲线的回旋线参数及其对接点的曲率半径,应分别符合容许最小回旋参数和圆曲线最小半径的规定; (2)对接点附近的 0.3v(以 m 计;其中 v 为设计速度,按 km/h 计)长度范围内,应保持以对接点的曲率半径确定的路拱横坡度	

4)复合形(表 1-3-18)

复　合　形　　表 1-3-18

项目	内容	
图形	平面图	曲率图
	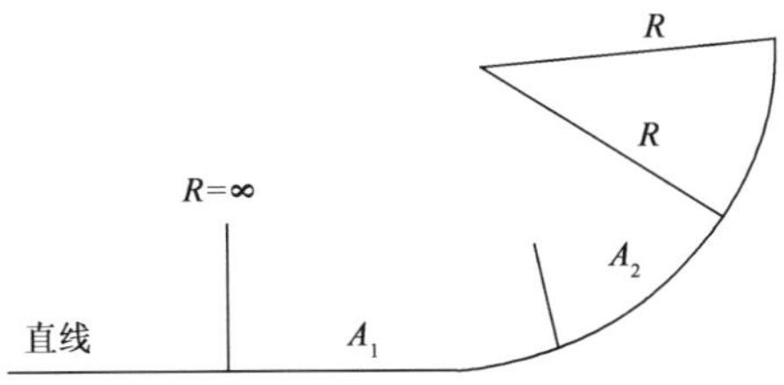 R R R=∞ A_2 直线 A_1	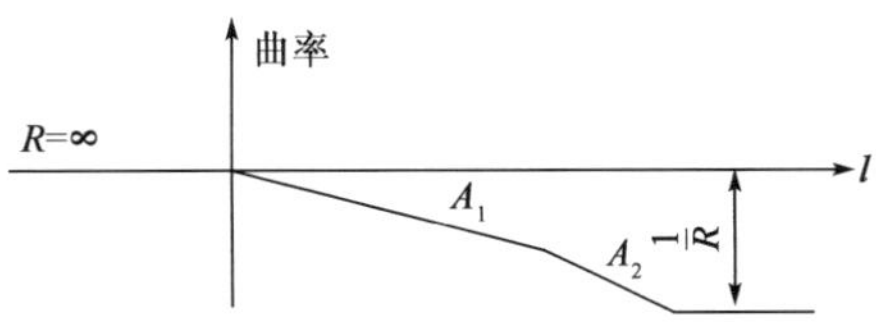 曲率 R=∞ l A_1 A_2 $\frac{1}{R}$
概念	采用两个或两个以上同向回旋线在曲率相同处径相连接而组合为复合曲线	
运用要求	(1)复合曲线的两个回旋线参数之比以小于 1.5 为宜; (2)复合曲线在受地形条件限制,或互通式立体交叉的匝道设计中可采用	

5)S形(表1-3-19)

S　形　　表1-3-19

项目	内容	
	平面图	曲率图
图形	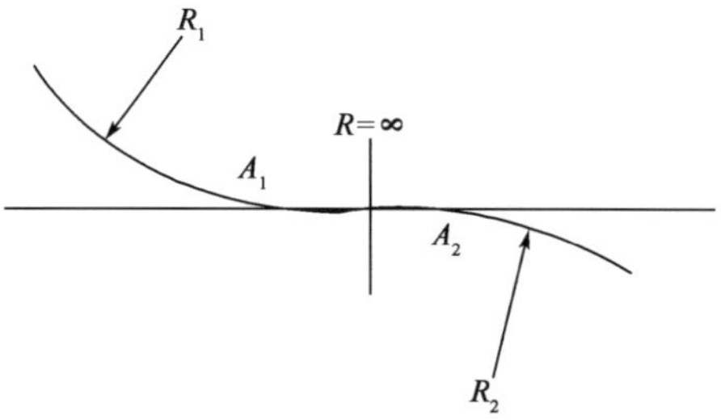 R_1　A_1　$R=\infty$　A_2　R_2	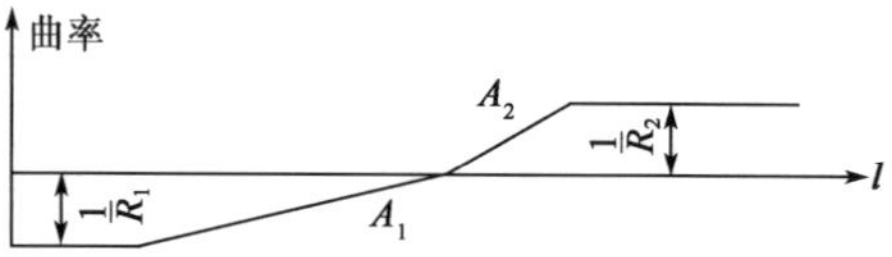 曲率　A_2　$\frac{1}{R_2}$　l　$\frac{1}{R_1}$　A_1
概念	两个反向圆曲线用两段反向回旋线连接的组合形式	
运用要求	(1)S形曲线的两回旋线参数A_1与A_2宜相等; (2)当采用不同的回旋线参数时,A_1与A_2之比应小于2.0,有条件时以小于1.5为宜;当$A_2 \leq 200$时,A_1与A_2之比应小于1.5; (3)两圆曲线半径之比不宜过大,以$R_1/R_2 \leq 2$为宜(R_1为大圆曲线半径;R_2为小圆曲线半径)	

6)C形(表1-3-20)

C　形　　表1-3-20

项目	内容	
	平面图	曲率图
图形	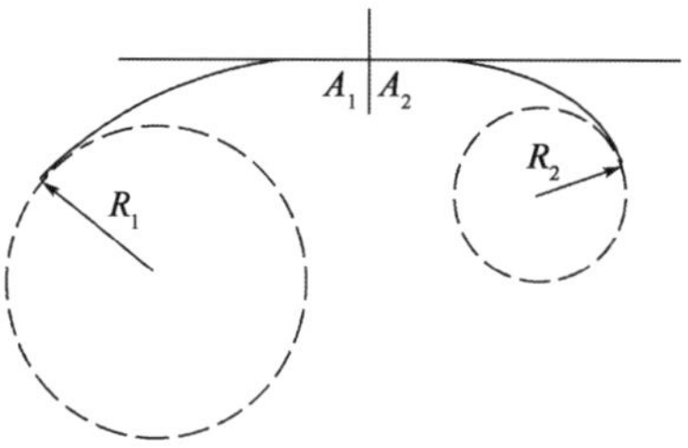 A_1　A_2　R_2　R_1	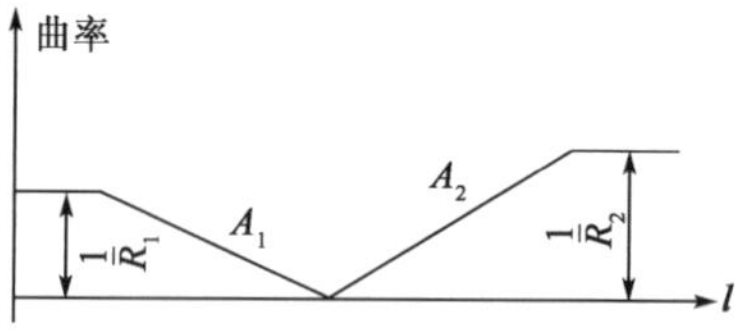 曲率　A_2　A_1　$\frac{1}{R_1}$　$\frac{1}{R_2}$　l
概念	同向曲线的两回旋线在曲率为零处径相衔接的形式称为C形曲线	
运用要求	(1)C形曲线仅限于地形条件特殊困难,路线严格受限制时方可采用; (2)两个回旋线参数可相等,也可不相等	

7)复曲线(表 1-3-21)

复　曲　线　　　　表 1-3-21

项目	内　　容	
图形	平面图	曲率图
	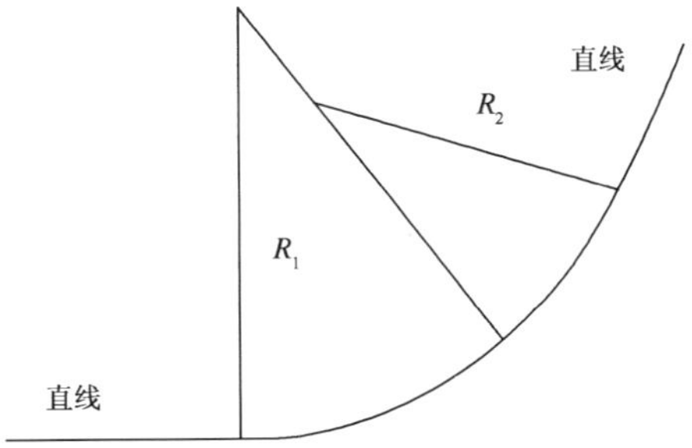	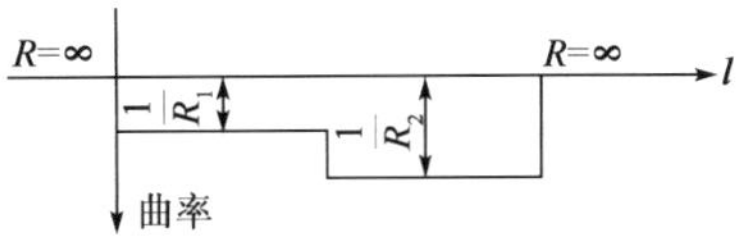
	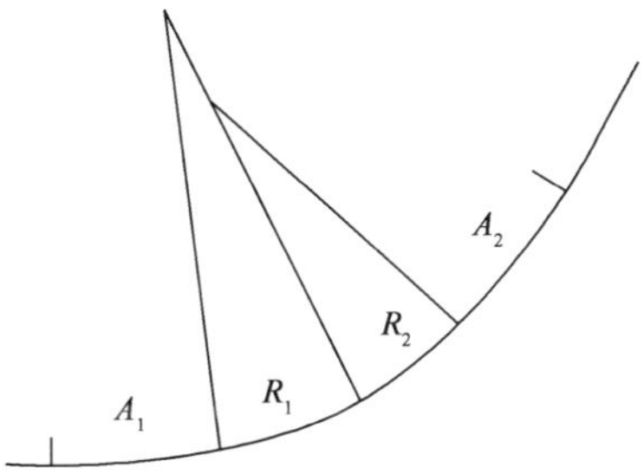	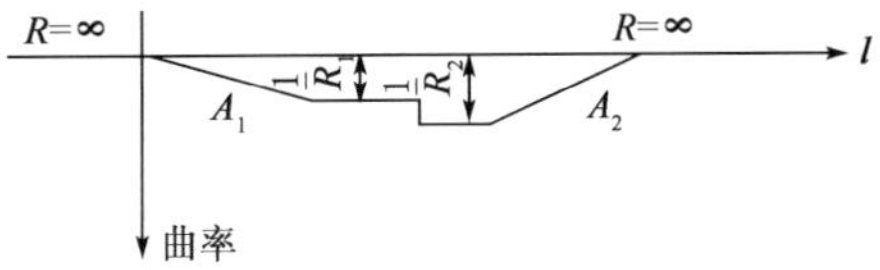
	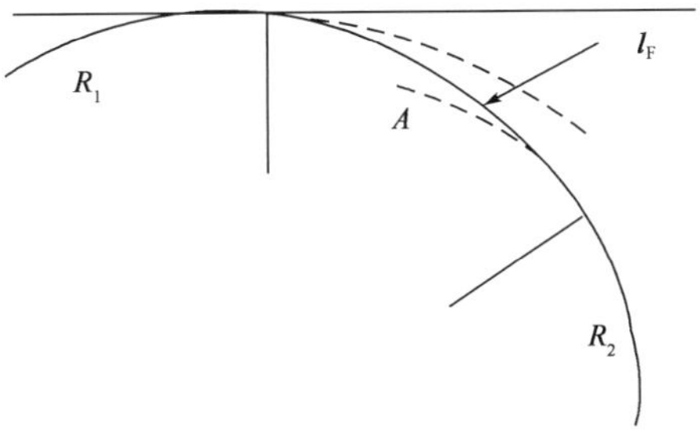	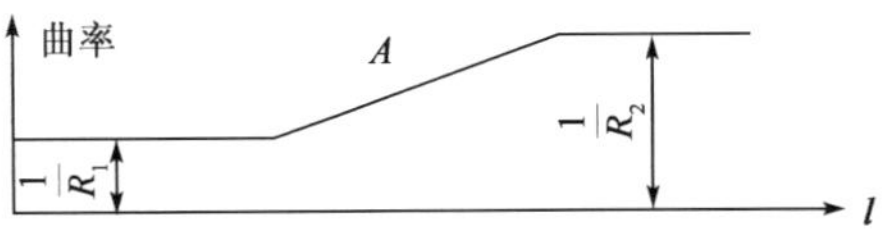
概念	复曲线是指两个或两个以上半径不同,转向相同的圆曲线径相连接($l_F=0$)或插入缓和曲线($l_F\neq 0$)的组合曲线,后者又叫卵形曲线	
运用要求	当 l_S 和 l_F 的省略条件均符合,用第一类复曲线;当仅符合 l_F 的省略条件,用第二类复曲线;当 l_S 和 l_F 的省略条件均不符合,用第三类复曲线(卵形曲线)。卵形曲线的要求如下: (1)卵形曲线的回旋线参数宜选 $R_2/2\leqslant A\leqslant R_2$($R_2$ 为小圆曲线半径); (2)两圆曲线半径之比,以 $R_2/R_1=0.2\sim0.8$ 为宜; (3)两圆曲线的间距,以 $D/R_2=0.003\sim0.03$ 为宜(D 为两圆曲线间的最小间距)	

3. 回头曲线

回头曲线的设计要求见表 1-3-22。

回 头 曲 线 表 1-3-22

<table>
<tr><th>项目</th><th>内　　容</th></tr>
<tr><td>图形
平面图</td><td>R_1 R_0 R_2</td></tr>
<tr><td>概念</td><td>回头曲线指在山区公路为克服高差，在同一坡面上展线时所采用的，其圆心角一般接近或大于180°的曲线</td></tr>
<tr><td>宜设置回头曲线的地形条件</td><td>(1)横坡较缓，相邻有较低鞍部的山包或平坦的山脊，回头曲线可绕行山包或切梁展线；
(2)工程地质与水文地质条件良好，一般横坡缓于1:2.5的地形平缓的山坡；
(3)地形开阔，横坡较缓的山沟或山坳，且山沟和山坳的长度应满足各级公路转点之间的直线长度要求</td></tr>
<tr><td>运用
要求</td><td>(1) 越岭路线应利用有利地形自然展线，避免设置回头曲线。三级公路、四级公路在自然展线无法争取需要的距离以克服高差，或因地形、地质条件所限不能采取自然展线时，可采用回头曲线。
(2)回头曲线应尽量满足会车视距(两倍停车视距)要求，如达不到会车视距要求，且清除边坡、开挖视距台或加大圆曲线半径工程过大时，可采用设置标志或分道行驶保证停车视距等措施，保证行车安全；
(3)回头曲线前后的线形应连续、均匀、通视良好，两端宜布设过渡性曲线，且应设置限速标志、交通安全设施等；两相邻回头曲线之间应有较长的距离，当设计速度为40km/h、30km/h、20km/h时，一个回头曲线的终点至下一个回头曲线起点之间的距离分别不应小于200m、150m、100m；回头曲线的各项技术指标应根据地形条件按下表选用：
<table>
<tr><td>主线设计速度(km/h)</td><td colspan="2">40</td><td>30</td><td>20</td></tr>
<tr><td>回头曲线设计速度(km/h)</td><td>35</td><td>30</td><td>25</td><td>20</td></tr>
<tr><td>圆曲线最小半径(m)</td><td>40</td><td>30</td><td>20</td><td>15</td></tr>
<tr><td>回旋线最小长度(m)</td><td>35</td><td>30</td><td>25</td><td>20</td></tr>
<tr><td>超高横坡度(%)</td><td>6</td><td>6</td><td>6</td><td>6</td></tr>
<tr><td>双车道路面加宽值(m)</td><td>2.5</td><td>2.5</td><td>2.5</td><td>3.0</td></tr>
<tr><td>最大纵坡(%)</td><td>3.5</td><td>3.5</td><td>4.0</td><td>4.5</td></tr>
</table>
注：设计速度为40km/h的公路根据地形条件可选用35km/h或30km/h的回头曲线设计速度</td></tr>
</table>

三、了解平曲线加宽设计

1. 加宽的计算及标准

加宽计算及标准见表 1-3-23。

加宽的计算及标准 表 1-3-23

项目	内　　容
概念	汽车在曲线路段上行驶时，靠近曲线内侧后轮行驶的曲线半径最小，靠曲线外侧的前轮行驶的曲线半径最大。为适应汽车在平曲线上行驶时，后轮轨迹偏向曲线内侧的需要，在平曲线内侧相应增加的路面、路基宽度称为曲线加宽(又称弯道加宽)

续上表

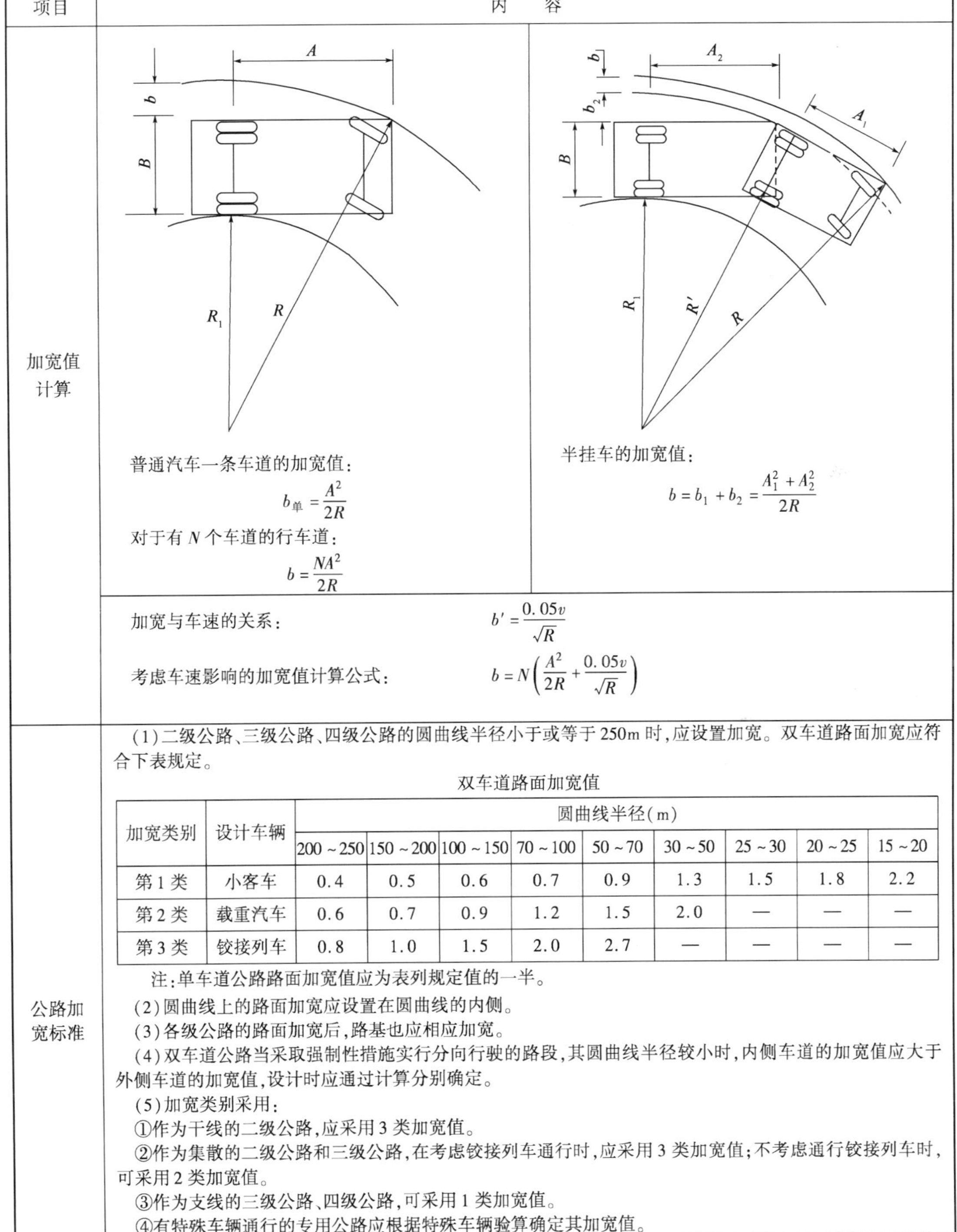

项目	内　　容
加宽值计算	普通汽车一条车道的加宽值：$b_{单}=\dfrac{A^2}{2R}$ 对于有 N 个车道的行车道：$b=\dfrac{NA^2}{2R}$ 半挂车的加宽值：$b=b_1+b_2=\dfrac{A_1^2+A_2^2}{2R}$ 加宽与车速的关系：$b'=\dfrac{0.05v}{\sqrt{R}}$ 考虑车速影响的加宽值计算公式：$b=N\left(\dfrac{A^2}{2R}+\dfrac{0.05v}{\sqrt{R}}\right)$
公路加宽标准	(1)二级公路、三级公路、四级公路的圆曲线半径小于或等于250m时，应设置加宽。双车道路面加宽应符合下表规定。

双车道路面加宽值

加宽类别	设计车辆	圆曲线半径(m)								
		200～250	150～200	100～150	70～100	50～70	30～50	25～30	20～25	15～20
第1类	小客车	0.4	0.5	0.6	0.7	0.9	1.3	1.5	1.8	2.2
第2类	载重汽车	0.6	0.7	0.9	1.2	1.5	2.0	—	—	—
第3类	铰接列车	0.8	1.0	1.5	2.0	2.7	—	—	—	—

注：单车道公路路面加宽值应为表列规定值的一半。

(2)圆曲线上的路面加宽应设置在圆曲线的内侧。

(3)各级公路的路面加宽后，路基也应相应加宽。

(4)双车道公路当采取强制性措施实行分向行驶的路段，其圆曲线半径较小时，内侧车道的加宽值应大于外侧车道的加宽值，设计时应通过计算分别确定。

(5)加宽类别采用：

①作为干线的二级公路，应采用3类加宽值。

②作为集散的二级公路和三级公路，在考虑铰接列车通行时，应采用3类加宽值；不考虑通行铰接列车时，可采用2类加宽值。

③作为支线的三级公路、四级公路，可采用1类加宽值。

④有特殊车辆通行的专用公路应根据特殊车辆验算确定其加宽值。

加宽过渡段：

(1)设置回旋线或超高过渡段时，加宽过渡段长度应采用与回旋线或超高过渡段长度相同的数值；

(2)不设回旋线或超高过渡段时，加宽过渡段长度应按渐变率为1:15且长度不小于10m的要求设置

续上表

<table>
<tr><td>项目</td><td colspan="12">内　容</td></tr>
<tr><td rowspan="7">城市道路加宽标准</td><td colspan="12">(1)当圆曲线半径小于或等于250m时,应在圆曲线范围内设置加宽;
(2)圆曲线上的路面加宽应设置在圆曲线的内侧;当受条件限制时,次干路、支路可在圆曲线的两侧加宽;
(3)圆曲线范围内的加宽应为不变的全加宽值,两端应设置加宽缓和段,圆曲线每条车道的加宽值见下表:
圆曲线每条车道的加宽值</td></tr>
<tr><td rowspan="2">加宽类型</td><td rowspan="2">汽车前悬加轴距(m)</td><td rowspan="2">车型</td><td colspan="9">圆曲线半径(m)</td></tr>
<tr><td>200 < R≤250</td><td>150 < R≤200</td><td>100 < R≤150</td><td>80 < R≤100</td><td>70 < R≤80</td><td>50 < R≤70</td><td>40 < R≤50</td><td>30 < R≤40</td><td>20 < R≤30</td></tr>
<tr><td>1</td><td>0.8 +3.8</td><td>小客车</td><td>0.30</td><td>0.30</td><td>0.35</td><td>0.40</td><td>0.40</td><td>0.45</td><td>0.50</td><td>0.60</td><td>0.75</td></tr>
<tr><td>2</td><td>1.5 +6.5</td><td>大型车</td><td>0.40</td><td>0.45</td><td>0.60</td><td>0.65</td><td>0.70</td><td>0.90</td><td>1.05</td><td>1.30</td><td>1.80</td></tr>
<tr><td>3</td><td>1.7 +5.8 +6.7</td><td>铰接车</td><td>0.45</td><td>0.60</td><td>0.75</td><td>0.90</td><td>0.95</td><td>1.25</td><td>1.50</td><td>1.90</td><td>2.75</td></tr>
<tr><td colspan="12">加宽过渡段:
(1)当设置缓和曲线或超高缓和段时,加宽缓和段长度应采用与缓和曲线或超高缓和段长度相同的数值;
(2)当不设缓和曲线或超高缓和段时,加宽缓和段长度应按加宽侧路面边缘宽度渐变率为1:15 ~1:30计算,且长度不应小于10m</td></tr>
</table>

2. 加宽过渡方式

加宽过渡方式见表1-3-24。

加宽过渡方式　　表1-3-24

加宽过渡方法	计算图式	特点与适用条件
比例过渡	HY、ZH、b_{jx}、b_j、L_z、L_j $b_{jx}=\frac{L_x}{L}b$	(1)比例过渡简单易作,但经加宽以后的路面内侧与行车轨道不符,过渡段的起终点出现转折,对于路容也不美观; (2)可用于二、三、四级公路
高次抛物线过渡	$b_{jx}=(4k^3-3k^4)b$ 式中:$k=\frac{L_x}{L}$	(1)用这种方法处理以后的路面内侧边缘圆滑、美观; (2)适用于对路容有一定要求的高速公路和一级公路

续上表

加宽过渡方法	计算图式	特点与适用条件
回旋线过渡	用回旋线计算公式，只是终点的曲率半径是：$R_1=R-\frac{B}{2}-b$	（1）在过渡段上插入回旋线，这样不但中线上有回旋线，而且加宽以后的路面边线也是回旋线，与行车轨迹相符，保证了行车的顺适与线形的美观；（2）适用于高速公路和一、二级公路的下列路段：位于大城市近郊的路段；桥梁、高架桥、挡土墙、隧道等构造物处；设置各种安全防护设施的路段
直线与圆弧相切过渡	$\alpha=\frac{-L_j+\sqrt{L_j^2+2(R-b)b_j}}{R-b}$ $b_{jx}=L_x\tan\alpha$	（1）为消除加宽缓和段内侧边线与圆曲线起、终点的明显折点，采用路面加宽边缘线与圆曲线上路面加宽后边缘线圆弧相切的方法；（2）适用于四级公路人工构造物路段

四、了解平曲线超高设计

1. 超高及其作用

为抵消车辆在平曲线路段上行驶时所产生的离心力，将路面做成外侧高内侧低的单向横坡形式，称为平曲线超高。合理地设置超高，可以全部或部分抵消离心力，提高汽车在曲线上行驶的稳定性与舒适性。

2. 超高横坡度

超高的横坡度应根据设计速度、圆曲线半径、路面类型、自然条件和车辆组成等情况确定，必要时应按运行速度予以验算。计算公式如下：

$$i_c=\frac{v^2}{127R}-\mu \tag{1-3-13}$$

各级公路圆曲线部分的最大超高值：高速公路、一级公路最大超高值为8%和10%，正常情况下采用8%；对设计速度高，或经验算运行速度高的路段宜采用10%。二、三、四级公路限定最大超高为8%是适宜的。但对于积雪冰冻地区，考虑我国以货车为主的特点，限定最大超高为6%比较安全。城市区域考虑到非机动车等通行特点，公路项目最大超高不宜大于4%。城市道路最大超高横坡度见表1-3-25。

城市道路最大超高横坡度　　表1-3-25

设计速度（km/h）	100,80	60,50	40,30,20
最大超高横坡度（%）	6	4	2

注：积雪或冰冻地区的道路应根据实际情况适当折减。

3. 超高方式

超高方式见表 1-3-26。

超 高 方 式 表 1-3-26

类型	超高方式及图式	超高过程	适用条件
无中间带道路	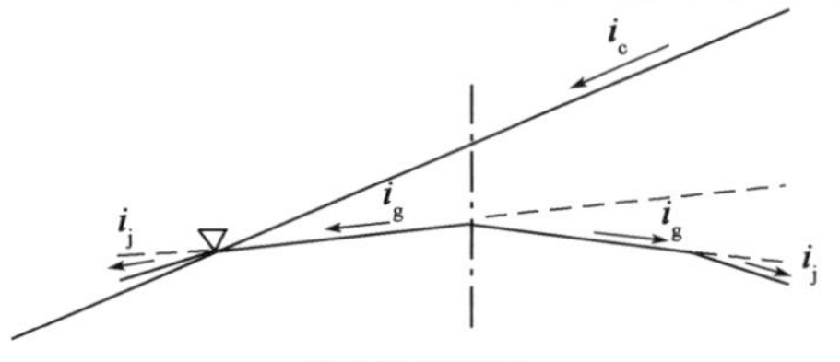 绕内边线旋转	先将外侧车道绕路中线旋转，待达到与内侧车道构成单向横坡后，整个断面再绕未加宽前的内侧车道边线旋转，直至超高横坡值	宜用于新建公路
	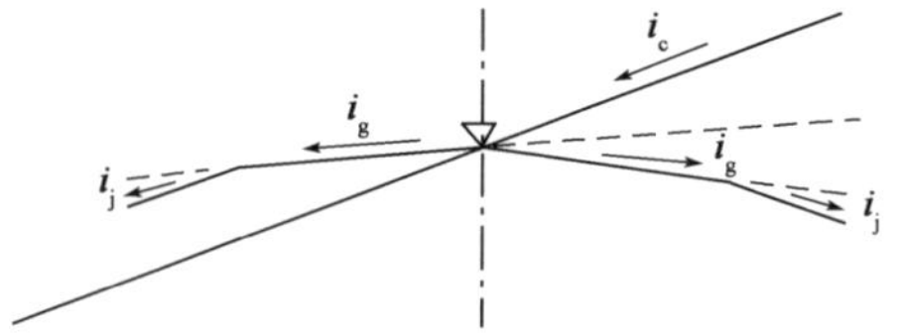 绕中线旋转	先将外侧车道绕路中线旋转，待达到与内侧车道构成单向横坡后，整个断面绕中线旋转，直至超高横坡度	可用于改建公路； 宜用于横断面形式为单幅路或三幅路的城市道路
	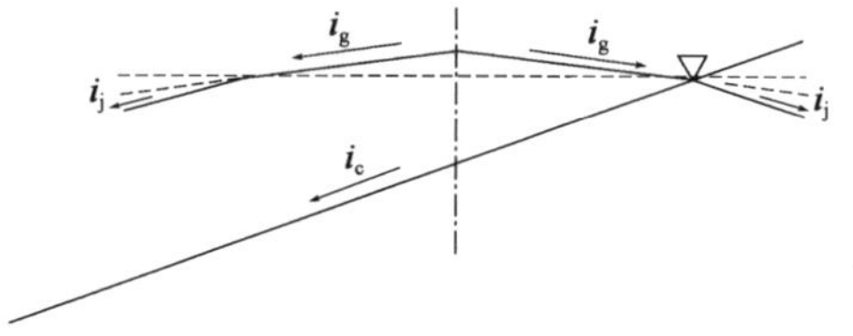 绕外边缘旋转	先将外侧车道绕外边缘旋转，与此同时，内侧车道随中线的降低而相应降低，待达到单向横坡后，整个断面仍绕外侧车道边缘旋转，直至超高横坡度	可用于路基外缘高程受限制或路容美观有特殊要求的公路工程
有中间带道路	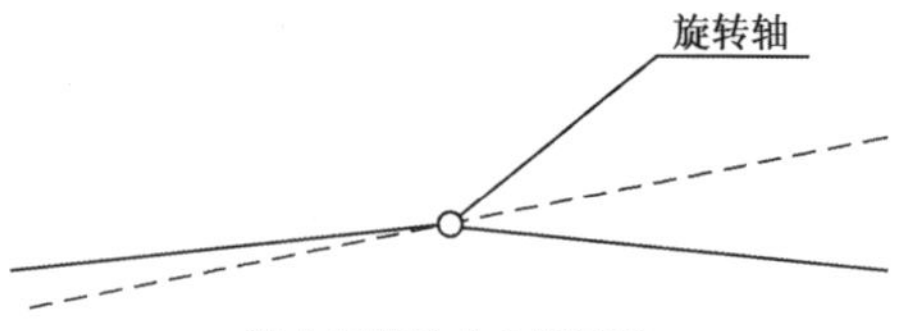 绕中间带的中心线旋转	先将外侧行车道绕中央分隔带边缘旋转，待达到与内侧行车道构成单向横坡后，整个断面一同绕中心线旋转，直至超高横坡度值。此时中央分隔带呈倾斜状	可用于中间带宽度较小时的公路
	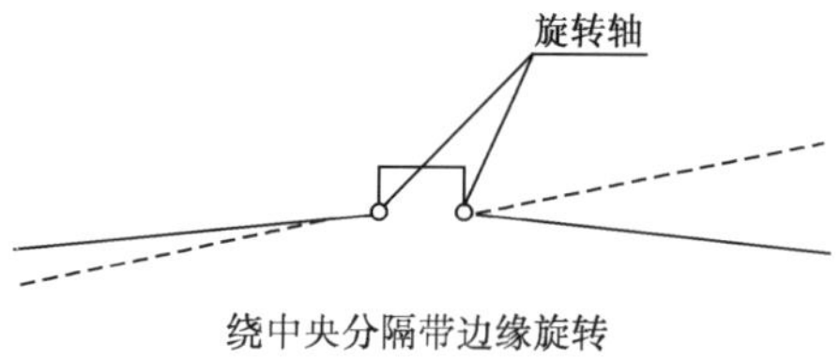 绕中央分隔带边缘旋转	将两侧行车道分别绕中央分隔带边缘旋转，使之各自成为独立的单向超高断面，此时中央分隔带维持原水平状态	有中间带的公路均可采用； 宜用于双幅及四幅的城市道路
	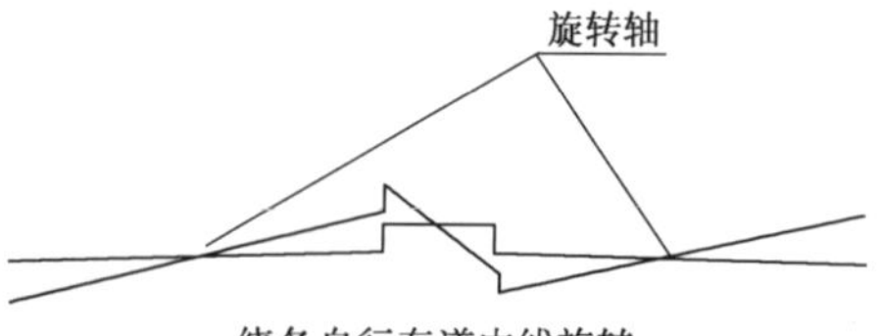 绕各自行车道中线旋转	将两侧行车道分别绕各自的中心线旋转，使之各自成为独立的单向超高断面，此时中央分隔带两边缘分别升高与降低而成为倾斜断面	用于车道数大于4条的公路

4. 超高过渡段

超高设于圆曲线范围内，两端用过渡段与直线相连。从直线段的双向横坡渐变到圆曲线路段具有超高单向横坡的渐变段称为超高过渡段。

为了行车舒适性和排水，对超高过渡段长度必须加以规定。通常按控制设超高后行车道外边缘的渐变率来计算。双车道公路的超高过渡段长度按下式计算：

$$L_c = \frac{B' \cdot \Delta i}{p} \tag{1-3-14}$$

式中：L_c——超高过渡段长度（m）；

B'——旋转轴至行车道（设路缘带时为路缘带）外侧边缘的宽度（m）；

Δi——超高坡度与路拱坡度代数差（%）；

p——超高渐变率（又称附加纵坡），即旋转轴线与行车道（设路缘带时为路缘带）外侧边缘线之间相对升降的比率，其规定值见表 1-3-27。

超高渐变率　　表 1-3-27

设计速度（km/h）		120	100	80	60	40	30	20
超高渐变率	绕中线旋转	1/250	1/225	1/200	1/175	1/150	1/125	1/100
	绕边线旋转	1/200	1/175	1/150	1/125	1/100	1/75	1/50

为了行车的舒适，超高过渡段应不小于按上式计算的长度。超高过渡宜在回旋线全长范围内进行。超高过渡宜采用线性过渡。当回旋线较长时，其超高过渡段应设在回旋线的某一区段范围内，超高过渡段的纵向渐变率不得小于 1/330，全超高断面宜设在缓圆点或圆缓点处。在确定超高过渡段长度 L_c 时应考虑以下几点：

（1）一般的情况下，在确定缓和曲线长度时，已经考虑了超高过渡段所需的最短长度，当计算出的 $L_c < L_s$，只要超高渐变率 $P \geqslant 1/330$，超高过渡段长度 L_c 一般就取缓和曲线长度 L_s，即 $L_c = L_s$。

（2）在高等级公路设计中，因照顾线形的协调性，在平曲线中一般配置较长的缓和曲线。为了避免在缓和曲线全长范围内均匀过渡超高而造成路面横向排水不畅，超高的过渡仅在缓和曲线的某一区段内进行。即超高过渡起点可从缓和曲线起点（$R = \infty$）至缓和曲线上不设超高的最小半径之间的任一点开始，至缓和曲线终点结束。此时 $L_c < L_s$。

（3）若计算出的 $L_c > L_s$，此时应修改平面线形，使 $L_s \geqslant L_c$。当平面线形无法修改时，可将超高过渡起点前移，即超高过渡在缓和曲线起点前的直线路段开始，路面外侧以适当的超高渐变率逐渐抬高，使横断面在 ZH（或 HZ 点）渐变为向内倾斜的单向路拱横坡（临界断面）。

（4）未设缓和曲线的四级公路，若圆曲线上设有超高和加宽，则应设置超高、加宽过渡段。四级公路的超高、加宽过渡段长度应分别按超高和加宽的有关规定计算，取其较长者，但最短应符合渐变率为 1∶15 且不小于 10m 的要求。四级公路的超高、加宽过渡段应设在紧接圆曲线起点或终点的直线上。受地形条件或其他特殊情况限制时，可将超高、加宽过渡段的一部分插入曲线，但插入曲线内的长度不得超过超高、加宽过渡段长度的一半。不同半径的同向圆曲线径相连接构成的复曲线，其超高、加宽过渡段应对称地设在衔接处的两侧。

5. 超高值

平曲线上设置超高以后，道路中线和内、外侧边线与设计高程之差 h，应予以计算并列于

"路基设计表"中,以便于施工。

1)无中间带的公路

无中间带的公路超高值的计算公式(设计高程在路基边缘)列于表1-3-28和表1-3-29。

绕内边线旋转超高值计算公式　　表1-3-28

<table>
<tr><th colspan="2" rowspan="2">超高位置</th><th colspan="2">计 算 公 式</th><th rowspan="2">备　注</th></tr>
<tr><th>$x \leqslant x_0$</th><th>$x > x_0$</th></tr>
<tr><td rowspan="3">圆曲线上</td><td>外缘 h_c</td><td colspan="2">$b_J i_J + (b_J + B) i_h$</td><td rowspan="6">(1)计算结果均为与设计高之差;
(2)临界断面距过渡段起点:
$x_0 = \frac{i_G}{i_h} L_c$
(3)x 距离处的加宽值:
$b_x = \frac{x}{L_c} b$</td></tr>
<tr><td>中线 h'_c</td><td colspan="2">$b_J i_J + \frac{B}{2} i_h$</td></tr>
<tr><td>内缘 h''_c</td><td colspan="2">$b_J i_J - (b_J + b) i_h$</td></tr>
<tr><td rowspan="3">过渡段上</td><td>外缘 h_{cx}</td><td colspan="2">$b_J (i_J - i_G) + [b_J i_G + (b_J + B) i_h] \frac{x}{L_c} \left(或 \approx \frac{x}{L_c} h_c\right)$</td></tr>
<tr><td>中线 h'_{cx}</td><td>$b_J i_J + \frac{B}{2} i_G$</td><td>$b_J i_J + \frac{B}{2} \cdot \frac{x}{L_c} i_h$</td></tr>
<tr><td>内缘 h''_{cx}</td><td>$b_J i_J - (b_J + b_x) i_G$</td><td>$b_J i_J - (b_J + b_x) \frac{x}{L_c} i_h$</td></tr>
</table>

绕中线旋转超高值计算公式　　表1-3-29

<table>
<tr><th colspan="2" rowspan="2">超高位置</th><th colspan="2">计 算 公 式</th><th rowspan="2">备　注</th></tr>
<tr><th>$x \leqslant x_0$</th><th>$x > x_0$</th></tr>
<tr><td rowspan="3">圆曲线上</td><td>外缘 h_c</td><td colspan="2">$b_J (i_J - i_G) + \left(b_J + \frac{B}{2}\right)(i_G + i_h)$</td><td rowspan="6">(1)计算结果均为与设计高之差;
(2)临界断面距过渡段起点:
$x_0 = \frac{2 i_G}{i_G + i_h} L_c$
(3)x 距离处的加宽值:
$b_x = \frac{x}{L_c} b$</td></tr>
<tr><td>中线 h'_c</td><td colspan="2">$b_J i_J + \frac{B}{2} i_G$</td></tr>
<tr><td>内缘 h''_c</td><td colspan="2">$b_J i_J + \frac{B}{2} i_G - \left(b_J + \frac{B}{2} + b\right) i_h$</td></tr>
<tr><td rowspan="3">过渡段上</td><td>外缘 h_{cx}</td><td colspan="2">$b_J (i_J - i_G) + \left(b_J + \frac{B}{2}\right)(i_G + i_h) \frac{x}{L_c} \left(或 \approx \frac{x}{L_c} h_c\right)$</td></tr>
<tr><td>中线 h'_{cx}</td><td>$b_J i_J + \frac{B}{2} i_G$(定值)</td><td></td></tr>
<tr><td>内缘 h''_{cx}</td><td>$b_J i_J - (b_J + b_x) i_G$</td><td>$b_J i_J + \frac{B}{2} i_G - \left(b_J \frac{B}{2} + b_x\right) \frac{x}{L_c} i_h$</td></tr>
</table>

表1-3-28和表1-3-29中各变量的含义如下:

B——路面宽度;

b_J——路肩宽度;

i_G——路拱坡度;

i_J——路肩坡度;

i_h——超高横坡度;

L_c——超高过渡段长度(或缓和曲线长度);

l_0——路基坡度由 i_J 变为 i_G 所需的距离,一般可取 1.0m;

x_0——与路拱同坡度的单向超高点到超高过渡段起点的距离;

x——超高过渡段中任一点至起点的距离;

h_c——路肩外缘最大抬高值;

h'_c——路中线最大抬高值;

h''_c——路基内缘最大降低值;

h_{cx}——x 距离处路基外缘抬高值;

h'_{cx}——x 距离处路基中线抬高值;

h''_{cx}——x 距离处路基内缘降低值;

b——圆曲线加宽值;

b_x——x 距离处路基加宽值。

以上长度单位均为 m。

2)有中间带的公路

设有中间带公路的超高方式有三种:

(1)绕中央分隔带边缘旋转。

(2)绕各自行车道中心旋转。

(3)绕中间带中心旋转。

在实际的设计中应用较多的是第一种和第二种方法,在超高过程中,内外侧同时从超高缓和段起点开始绕各自旋转轴旋转,外侧逐渐抬高,内侧逐渐降低,直到 HY(或 YH)点达到全超高。计算公式列于表 1-3-30 和表 1-3-31。

绕中央分隔带边缘旋转超高值计算公式　　　　表 1-3-30

<table>
<tr><th colspan="2">超高位置</th><th>计算公式</th><th>x 距离处行车道横坡值</th><th>备　注</th></tr>
<tr><td rowspan="2">外侧</td><td>C</td><td>$\left(\frac{B}{2}+b_2\right)i_x-\left(\frac{B}{2}+b_1\right)i_x$</td><td rowspan="2">$i_x=\frac{i_G+i_h}{L_c}x-i_G$</td><td rowspan="4">(1)计算结果为与设计高之高差;
(2)设计高程为中央分隔带外侧边缘的高程;
(3)加宽值 b_x 按加宽计算公式计算;
(4)当 $x=L_c$ 时,为圆曲线上的超高值</td></tr>
<tr><td>D</td><td>$-\left(\frac{B}{2}+b_1\right)(i_x+i_z)$</td></tr>
<tr><td rowspan="2">内侧</td><td>D</td><td>$\left(\frac{B}{2}+b_1\right)(i_x-i_z)$</td><td rowspan="2">$i_x=\frac{i_b-i_G}{L_c}x+i_G$</td></tr>
<tr><td>C</td><td>$-\left(\frac{B}{2}+b_x+b_2\right)i_x-\left(\frac{B}{2}+b_1\right)i_z$</td></tr>
</table>

绕各自行车道中心旋转超高值计算公式　　　　表 1-3-31

<table>
<tr><th colspan="2">超高位置</th><th>计算公式</th><th>x 距离处行车道横坡值</th><th>备　注</th></tr>
<tr><td rowspan="2">外侧</td><td>C</td><td>$(b_1+B+b_2)i_x$</td><td rowspan="2">$i_x=\frac{i_G+i_h}{L_c}x-i_G$</td><td rowspan="4">(1)计算结果为与设计高之高差;
(2)设计高程为中央分隔带外侧边缘的高程;
(3)加宽值 b_x 按加宽计算公式计算;
(4)当 $x=L_c$ 时,为圆曲线上的超高值</td></tr>
<tr><td>D</td><td>0</td></tr>
<tr><td rowspan="2">内侧</td><td>D</td><td>0</td><td rowspan="2">$i_x=\frac{i_h-i_G}{L_c}x+i_G$</td></tr>
<tr><td>C</td><td>$-(b_1+B+b_x+b_2)i_x$</td></tr>
</table>

6. 超高设计图

超高设计图(图 1-3-2)是简化了的超高过渡的纵断面图,该图是以旋转轴为横坐标轴,纵坐标是相对高程。为使超高更加清晰,纵坐标是夸大了的。

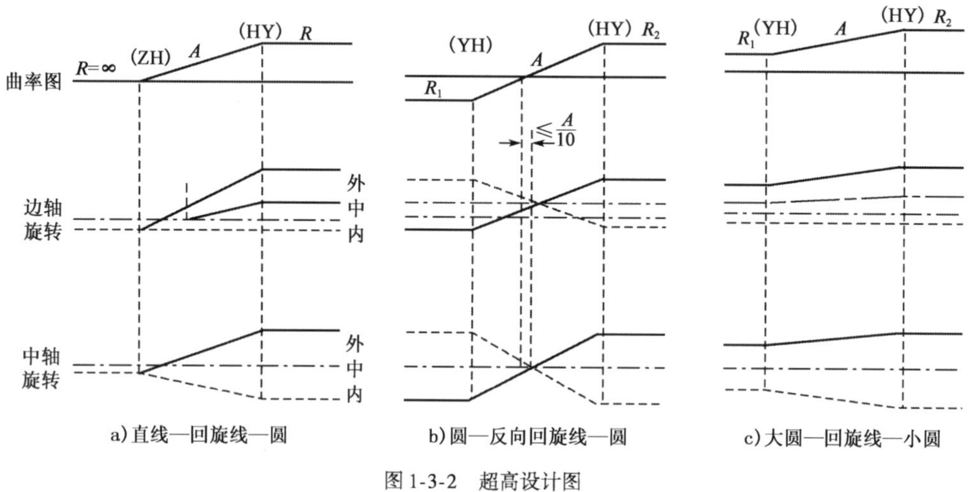

图 1-3-2 超高设计图

1)基本型曲线的超高设计图

从缓和曲线(等于超高渐变段长)起点开始超高,外侧逐渐抬高,内侧逐渐降低,至缓和曲线终点超高达到全值,其间变化是直线的,这符合缓和曲线上的曲率变化规律,也符合行车离心力的变化规律。在路面外侧边线抬高过程中,与中线相交一次,说明此点路面外侧横坡为0,于横向排水不利。

2)两相邻曲线是反向的超高设计图

如按图 1-3-2a)处理,即路面要由单坡断面变为双坡断面,又要由双坡断面变为单坡断面,则路面外侧边线要与中线相交两次,于排水和路容都不利。可改为按图 1-3-2b)处理,即由一个曲线的全超高过渡到另一个曲线的反方向全超高,中间是面到面的过渡,在整个过渡过程中,横断面始终是单坡断面,没有固定旋转轴。这样处理后,只出现一次零坡断面,于排水和路容都有利。

3)两相邻曲线是同向的超高设计图

如按图 1-3-2b)处理,则路面外侧边线要与中线相交两次,于排水和路容都不利,而且对曲线外侧汽车的舒适性影响很大。改为按图 1-3-2c)处理,即由一个曲线的全超高过渡到另一个曲线的同方向全超高,中间是面到面的过渡,在整个过渡过程中,外侧路面始终向内倾斜,与内侧路面构成单坡断面。这样处理后,不出现零坡断面,于排水、路容和行车都有利。

五、了解视距的规定与运用

视距是指从车道中心线上 1.2m 的高度,能看到该车道中心线上高为 0.1m 的物体顶点的距离,是该车道中心线量得的长度。在道路设计中保证足够的行车视距,是确保行车安全、快速、增加行车安全感、提高行车舒适性的重要措施。

（1）高速公路、一级公路的视距应采用停车视距。高速公路、一级公路的一般路段，每条车道的停车视距应不小于表1-3-32的规定。

高速公路、一级公路停车视距　　表1-3-32

设计速度(km/h)	120	100	80	60
停车视距(m)	210	160	110	75

（2）二级公路、三级公路、四级公路的视距应采用会车视距。受地形条件或其他特殊情况限制而采取分道行驶措施的路段，可采用停车视距。会车视距与停车视距应不小于表1-3-33的规定。

二级、三级、四级公路会车视距与停车视距　　表1-3-33

设计速度(km/h)	80	60	40	30	20
会车视距(m)	220	150	80	60	40
停车视距(m)	110	75	40	30	20

（3）二级公路、三级公路、四级公路双车道公路，应间隔设置满足超车视距的路段。具有干线功能的二级公路宜在3min的行驶时间内，提供一次满足超车视距要求的超车路段。超车视距最小值应符合表1-3-34的规定。

超车视距最小值　　表1-3-34

设计速度(km/h)		80	60	40	30	20
超车视距最小值(m)	一般值	550	350	200	150	100
	极限值	350	250	150	100	70

注："一般值"为正常情况下的采用值；"极限值"为条件受限时可采用的值。

（4）高速公路、一级公路以及大型车比例高的二级公路、三级公路的下坡路段，应采用下坡段货车停车视距对相关路段进行检验。各级公路下坡段货车停车视距应不小于表1-3-35的规定。

下坡段货车停车视距(单位：m)　　表1-3-35

设计速度(km/h)		120	100	80	60	40	30	20
纵坡坡度(%)	0	245	180	125	85	50	35	20
	3	265	190	130	89	50	35	20
	4	273	195	132	91	50	35	20
	5	—	200	136	93	50	35	20
	6	—	—	139	95	50	35	20
	7	—	—	—	97	50	35	20
	8	—	—	—	—	—	35	20
	9	—	—	—	—	—	—	20

（5）各级公路的互通式立体交叉、服务区、停车区、客运汽车停靠站等各类出口路段应满足识别视距要求，并应符合下列规定：

①不同设计速度对应的识别视距宜符合表1-3-36的规定。

识别视距　　表 1-3-36

设计速度(km/h)	120	100	80	60
识别视距(m)	350(460)	290(380)	230(300)	170(240)

注:括号中为行车环境复杂、路侧出口提示信息较多时应采取的视距值。

②受地形、地质条件限制的路段,识别视距可用 1.25 倍的停车视距,但应进行必要的限速控制和管理措施。

考点分析

本节主要考点有:直线、圆曲线及缓和曲线的标准及运用,圆曲线要素计算、主点桩号计算;平面线形设计中平面线形要素的组合(简单形、基本形、凸形、复合形、S 形、C 形、复曲线)的概念、设计标准及设计方法;加宽、超高的标准及计算。其中各项平面线形设计要素的计算是本节的重点。

例题解析

例 1　《公路路线设计规范》(JTG D20—2017)规定直线的长度不宜过长,其主要原因是以下哪个选项?　(　　)

(A)长直线安全性差　　(B)工程量大

(C)对环境破坏大　　(D)美观性差

分析

长直线工程量与对环境破坏不一定都大,要看具体情况;长直线美观性差与否,也不能一概而论;但长直线易使驾驶人员感到单调、疲倦;在直线纵坡路段,易错误估计车间距离、行车速度及上坡坡度,易对长直线估计得过短或产生急躁情绪,超速行驶,易发生事故。故本题选 A。

例 2　一级公路的三个最小半径规定值,极限最小半径 R_m,一般最小半径 R_T,不设超高最小半径 R_P,其大小关系正确的是以下哪个选项?　(　　)

(A)$R_P > R_T > R_m$　　(B)$R_m > R_P > R_T$

(C)$R_P > R_m > R_T$　　(D)$R_m > R_T > R_P$

分析

各等级公路中,极限半径均是三个最小半径中的最值,不设超高最小半径是三个最小半径中的最大值。故本题选 A。

例 3　横向力系数 μ 在计算平曲线最小半径时,取值最小的是以下哪个半径?　(　　)

(A)一般最小半径　　(B)极限最小半径
(C)不设超高最小半径　　(D)复曲线的临界半径

分析

横向力系数μ与平曲线半径成反比,μ值最小,则半径值为最大,这四个半径值中,不设超高最小半径值最大。故本题选C。

例4　某二级公路设计,交点5为单交点圆曲线,该曲线未设置缓和曲线,该圆曲线半径应大于等于以下哪个选项?（　　）

(A)极限最小半径　　(B)一般最小半径
(C)不设超高的最小半径　　(D)临界半径

分析

《公路路线设计规范》(JTG D20—2017)规定,当圆曲线半径大于或等于不设超高的圆曲线最小半径时可不设缓和曲线;四级公路可将直线与圆曲线径相连接,在圆曲线两端的直线上设置超高缓和段、加宽缓和段。故本题选C。

例5　为满足缓和曲线在视觉上应有平顺感,以下关于半径、缓和曲线、回旋曲线参数三者的关系中,正确的选项是哪个?（　　）

(A)$\frac{L_S}{3}<R\leqslant L_S$　　(B)$R\leqslant A\leqslant 3R$

(C)$R\leqslant L_S\leqslant 3R$　　(D)$\frac{R}{3}\leqslant A\leqslant R$

分析

回旋线参数宜依据地形条件及线形要求确定,并与圆曲线半径相协调。回旋线参数A与圆曲线半径R之间的关系为:$\frac{R}{3}\leqslant A\leqslant R$。故本题选D。

例6　在直线与半径为200m的圆曲线之间设置长度为50m的回旋曲线,则该回旋曲线参数为多少米?（　　）

(A)50m　　(B)100m
(C)150m　　(D)200m

分析

回旋曲线参数$A=\sqrt{Rl_s}=\sqrt{200\times 50}=100\text{m}$。故本题选B。

例7　某平曲线HZ桩号为K2+500,其中切线长与平曲线长分别为100m与195m,则JD

桩号为多少？（　　）

(A) K2 +400　　(B) K2 +405

(C) K2 +395　　(D) K2 +500

分析

HZ = JD − T + L, JD = HZ + T − L = K2 +500 +100 −195 = K2 +405。故本题选 B。

例 8　当两反向曲线间设置有短直线段时，应将线形调整，以下合理的调整方案是哪个？（　　）

(A) 将线形调整为复合形　　(B) 将线形调整为凸形

(C) 将线形调整为 S 形　　(D) 将线形调整为 C 形

分析

两反向曲线的组合有 S 形、C 形、复曲线，而 C 形、复曲线均为同向曲线的组合。故本题选 C。

例 9　关于各级公路平曲线不设置加宽的条件，正确的选项是以下哪个选项？（　　）

(A) 平曲线半径大于一般最小半径　　(B) 不通行集装箱运输的公路

(C) 平曲线半径大于 250m　　(D) 公路地处平原地区

分析

根据《公路路线设计规范》(JTG D20—2017) 规定，当圆曲线半径小于或等于 250m 时，应在圆曲线范围内设置加宽。故本题选 C。

例 10　某级公路平曲线半径 $R = 60$m，$l_s = 40$m，采用第 1 类加宽，圆曲线路段加宽 W = 1.2m，加宽过渡方式按直线比例，缓和曲线上距 ZH 点 15m 处加宽值为多少米？（　　）

(A) 0　　(B) 0.45m

(C) 0.80m　　(D) 0.86m

分析

$b_{jx} = \frac{L_x}{L} b = \frac{15}{40} \times 1.2 = 0.45$m。故本题选 B。

例 11　设计时，决定某圆曲线加宽取值要考虑多个因素，以下哪个选项是正确的？（　　）

(A) 公路等级、半径与超高横坡

(B) 公路等级、设计速度与平曲线半径

(C) 平曲线长度、公路等级与平曲线半径

(D) 设计车型、加宽缓和段长度与平曲线半径

分析

查表确定圆曲线加宽值时，要根据公路等级与设计速度确定加宽类别，再根据半径查加宽值。故本题选 B。

例 12 某公路直线部分的路拱横坡度为 2%，则该公路圆曲线部分最小超高横坡度应是以下哪个选项？ （ ）

(A)2% (B)2.5%

(C)5% (D)非定值

分析

公路圆曲线部分最小超高横坡度等于路拱横坡度。故本题选 A。

例 13 某新建二级公路，其超高方式一般应采用以下哪个选项？ （ ）

(A)绕中间带的中心旋转 (B)绕中线旋转

(C)绕行车道外边缘旋转 (D)绕内边轴旋转

分析

二级公路属于无中间带的公路，选项 A 错误。绕中线旋转用于改建公路，绕行车道外边缘旋转用于特殊路段，选项 B、C 错误。绕内边轴旋转一般用于新建公路。故本题选 D。

例 14 以下关于城市道路直线标准规定的说法中，正确的选项有哪些？ （ ）

(A)两相邻平曲线间的直线段最小长度应大于或等于 6s 行程

(B)两圆曲线间以直线径向连接时，且设计速度大于或等于 60km/h 时，同向圆曲线间最小直线长度（以 m 计）不宜小于设计速度（以 km/h 计）数值的 6 倍

(C)两圆曲线间以直线径向连接时，且设计速度大于或等于 60km/h 时，反向圆曲线间最小直线长度（以 m 计）不宜小于设计速度（以 km/h 计）数值的 2 倍

(D)当设计速度小于 60km/h 时，反向圆曲线间最小直线长度可不受限

分析

根据《城市道路路线设计规范》(CJJ 193—2012)规定，两相邻平曲线间的直线段最小长度应大于或等于缓和曲线最小长度。故选项 A 错误。两圆曲线间以直线径向连接时，直线的长度宜符合下列规定：①当设计速度大于或等于 60km/h 时，同向圆曲线间最小直线长度（以 m 计）不宜小于设计速度（以 km/h 计）数值的 6 倍；反向圆曲线间最小直线长度（以 m 计）不宜小于设计速度（以 km/h 计）数值的 2 倍。②当设计速度小于 60km/h 时，可不受上述限制。故本题选 BCD。

例 15 关于圆曲线的运用，下列哪些说法是正确的？ （ ）

(A)地形条件特殊困难而不得已时，方可采用圆曲线最小半径的“极限值”

(B)条件受限制时,应采用超高为2% ~4%的圆曲线半径

(C)避免小半径圆曲线与陡坡相重合的线形

(D)设置圆曲线时,应同相衔接路段的平、纵线形要素相协调

分析

条件受限制时,采用超高为2% ~4%的圆曲线半径时工程量大而不经济,可采用大于或接近于圆曲线最小半径的"一般值"。故选项B说法错误。其他均符合《公路路线设计规范》(JTG D20—2017)规定。故本题选ACD。

例16 根据《城市道路工程设计规范》(CJJ 37—2012)规定,可以省略缓和曲线的条件有以下哪些选项? ( )

(A)当计算行车速度小于40km/h时

(B)半径大于不设缓和曲线的最小圆曲线半径时

(C)半径大于不设超高的最小圆曲线半径时

(D)道路等级为支路

分析

《城市道路工程设计规范》(CJJ 37—2012)规定当计算行车速度小于40km/h时,可以省略缓和曲线;大于40km/h时,如半径大于不设缓和曲线的最小圆曲线半径,缓和曲线可以省略。半径大于不超高的最小圆曲线半径,是公路省略缓和曲线的条件,选项C错误;道路等级为支路,其设计速度有40km/h、30km/h、20km/h三个,在40km/h时,其半径要大于500m,方可省略缓和曲线,选项D错误。故本题选AB。

例17 凡满足缓和曲线性质的曲线均可作为缓和曲线,这些曲线包括以下哪些选项? ( )

(A)回旋曲线　　(B)复曲线

(C)三次抛物线　　(D)双纽曲线

分析

凡满足缓和曲线性质的曲线均可作为缓和曲线,这些曲线有:回旋线、三次抛物线、双纽线、n次抛物线、正弦形曲线等。复曲线是两个圆曲线的组合,不能作为缓和曲线。故本题选ACD。

例18 由平面线形三要素不同的交叉组合,平面组合线形有以下哪些类别? ( )

(A)凹形　　(B)C形　　(C)复合形　　(D)凸形

分析

凹形曲线只在纵断面里面存在,选项A错误。S形、C形、复合形、凸形均由平面线形三要

素组成。故本题选 BCD。

例 19　某旅游区四级公路,要求路容美观,平曲线加宽过渡的方式宜采用以下哪些形式?（　　）

(A)比例过渡　(B)高次抛物线过渡
(C)回旋线过渡　(D)直线与圆弧相切过渡

分析

比例过渡在过渡段的起终点出现转折,对于路容不美观,其他几种均无转折,加宽后路边线美观。故本题选 BCD。

例 20　确定超高的横坡度应考虑的因素有哪些?（　　）

(A)设计速度　(B)路面类型
(C)竖曲线半径　(D)自然条件

分析

超高的横坡度应根据设计速度、圆曲线半径、路面类型、自然条件和车辆组成等情况确定,必要时应按运行速度予以验算。计算公式如下:

$$i_c = \frac{v^2}{127R} - \mu$$

设计速度、圆曲线半径直接影响超高的横坡度,路面类型、自然条件与横向力系数有关,也需要考虑。竖曲线半径与超高的横坡度无关。故本题选 ABD。

自测模拟

(第 1 ~ 14 题为单选题,第 15 题为多选题)

1. 某公路的设计速度 $v = 60$km/h,两圆曲线间以直线径向连接,同向圆曲线间最小直线长度(以 m 计)不宜小于多少米?（　　）

(A)120　(B)360　(C)540　(D)600

2. 当设计车速≥60km/h 时,两圆曲线间以直线径相连接,反向曲线间的直线最小长度(以 m 计)以不小于设计车速(以 km/h 计)的 n 倍为宜,其中 n 为多少?（　　）

(A)2　(B)4　(C)6　(D)8

3. 小转角平曲线与一般平曲线相比,其特殊的标准规定是以下哪个选项?（　　）

(A)切线长　(B)平曲线长度
(C)平竖曲线半径比值　(D)缓和曲线长

4. 各级公路平曲线最小长度标准的制定，是按回旋线最小长度的多少倍进行控制的？（　　）

(A)1　(B)2　(C)3　(D)4

5. 已知某 JD 桩号为 K7 +777.77，转角为 22°22′，缓和曲线长度为 50m，半径 R 为 300m。平曲线终点 HZ 里程为多少？（　　）

(A)K7 +693.34　(B)K7 +860.51

(C)K7 +862.14　(D)K7 +865.66

6. 当采用回旋线作为缓和曲线时，若回旋线参数 $A=60$m，连接的圆曲线半径 $R=90$m，则回旋线设计长度应为多少？（　　）

(A)40m　(B)50m　(C)60m　(D)90m

7. 平面对称凸形曲线，其缓和曲线长 l_s，则正确的 HZ 点里程计算表达式是以下哪个选项？（　　）

(A)$HZ=QZ+J/2$　(B)$HZ=JD+T$

(C)$HZ=JD-T$　(D)$HZ=ZH+2l_s$

8. 公路卵形曲线的两圆曲线半径，大半径不宜大于小半径的多少倍？（　　）

(A)2　(B)4　(C)5　(D)6

9. 某单交点需要设置成凸形曲线，应满足的几何条件是以下哪个选项？（　　）

(A)$2\beta_0=\alpha$　(B)$\beta_0=\alpha$

(C)$2\beta_0<\alpha$　(D)$2\beta_0>\alpha$

10. 交点 26 与交点 27 构成 S 形曲线，交点 26 与交点 27 采用不同的回旋线参数，JD27 的 $A=180$m，则该两个回旋线参数的比值应受到限制，正确的比值是以下哪个选项？（　　）

(A)1.5　(B)2　(C)2.5　(D)3

11. 两相邻回头曲线之间应有较长的距离，当设计速度为 40km/h 时，一个回头曲线的终点至下一个回头曲线起点之间的距离应受到限制，最小的距离是以下哪个选项？（　　）

(A)100m　(B)150m

(C)200m　(D)300m

12. 某有集装箱半挂车通行的三级公路，设计速度 $v=40$km/h，平曲线半径 $R=100$m，缓和曲线 $l_s=50$m，加宽过渡方式按直线比例进行过渡，则从 ZH 点开始 20m 处加宽值为多少米？（　　）

(A)0.32　(B)0.36　(C)0.60　(D)0.90

13. 某有集装箱半挂车通行的新建三级公路(v = 40km/h)一弯道为右转弯,该曲线最大加宽值为1.5m,加宽过渡方式按高次抛物线过渡。其主点里程为:ZH点里程为K1+843.95,HZ点里程为K1+978.93,HY点里程为K1+888.95,YH点里程为K1+933.93。K1+860的加宽值为多少米?（　　）

(A)0.20　　(B)0.30

(C)0.54　　(D)0.62

14. 某二级公路,设计速度60km/h,路面宽7m,路肩宽1.5m,路拱横坡为2%,路肩横坡为3%,路基设计高程在路中线,超高过渡绕中线旋转,加宽过渡按直线比例。某圆曲线半径为300m,超高坡度为6%,QZ点里程为K2+320.25,路基设计高程为100m。K2+320.25的路基内侧的高程为多少米?（　　）

(A)99.70　　(B)99.81

(C)100.00　　(D)100.30

15. 可以省略公路缓和曲线 l_s 的条件是以下哪些选项?（　　）

(A)当半径大于或等于不设超高的圆曲线最小半径

(B)当半径大于或等于一般最小圆曲线半径

(C)当半径大于或等于临界最小圆曲线半径

(D)四级公路的圆曲线半径

参考答案

1.B　2.A　3.B　4.B　5.B　6.A　7.D　8.C　9.A　10.A

11.C　12.C　13.A　14.A　15.AD

第四节　路线纵断面设计

依据规范

《公路路线设计规范》(JTG D20—2017)

8.1　一般规定

8.2　纵坡

8.3　坡长

8.4　爬坡车道

8.5　合成坡度

8.6　竖曲线

《公路工程技术标准》(JTG B01—2014)

4 路线

《城市道路工程设计规范》(CJJ 37—2012)(2016 年版)

7.1 一般规定

《城市道路路线设计规范》(CJJ 193—2012)

7.2 纵坡

7.3 坡长

7.4 合成坡度

7.5 竖曲线

《城市桥梁设计规范》(CJJ 11—2011)

3 基本规定

重点知识

一、掌握纵断面设计高程与路基设计洪水频率

1.纵断面设计高程

1)公路设计高程

新建公路的路基设计高程:高速公路和一级公路宜采用中央分隔带的外侧边缘高程;二级公路、三级公路、四级公路宜采用路基边缘高程,在设置超高、加宽路段为设超高、加宽前该处边缘高程。

改建公路的路基设计高程:宜按新建公路的规定执行,也可视具体情况而采用中央分隔带中线或行车道中线高程。

2)城市道路设计高程

对城市道路而言,纵断面设计高程宜采用道路设计中线处的路面设计高程,当有中央分隔带时可采用中央分隔带外侧边缘线处的路面设计高程;纵断面设计应参照城市竖向规划控制高程,并适应临街建筑立面布置,确定沿线地面水的排除;纵断面设计应满足路基稳定、管线覆土、防洪排涝等要求。

2.路基设计洪水频率

(1)沿河及可能受水浸淹的路段,按设计高程推算的最低侧路基边缘高程,应高出表 1-4-1 规定洪水频率计算水位壅水高、波浪侵袭高和高出 0.50m 的安全高度。

公路路基设计洪水频率 表 1-4-1

公路等级	高速公路	一级公路	二级公路	三级公路	四级公路
设计洪水频率	1/100	1/100	1/50	1/25	按具体情况确定

(2)沿水库上游岸边的路段,按设计高程推算的最低侧路基边缘高程应考虑水库水位升高后地下水位壅升,以及水库淤积后壅水曲线抬高及浪高的影响;在寒冷地区还应考虑冰塞壅水对水位增高的影响。

(3)大、中桥桥头引道(在洪水泛滥范围内)按设计高程推算的最低侧路基边缘高程,应高于该桥设计洪水位(并包括壅水和浪高)至少0.50m;小桥涵附近的按设计高程推算的最低侧路基边缘高程应高于桥(涵)前壅水水位至少0.50m(不计浪高)。

(4)城市道路中,其桥梁设计宜采用百年一遇的洪水频率,对特别重要的桥梁可提高到三百年一遇。城市中防洪标准较低的地区,当按百年一遇或三百年一遇的洪水设计频率设计,导致桥面高程较高而引起困难时,可按相交河道或排水沟渠的规划洪水频率设计,但应确保桥梁结构在百年一遇或三百年一遇洪水频率下的安全。

二、掌握坡度、坡长、竖曲线等的一般规定与运用

1.纵坡坡度的基本规定与运用

1)最大纵坡度

最大纵坡是道路纵坡设计的极限值,是纵面线形设计的一项重要指标。最大纵坡的大小将直接影响路线的长短、使用质量、行车安全以及运营成本和工程的经济性。制定最大纵坡主要是依据汽车的动力特性、道路等级、自然条件、车辆行驶安全以及工程、运营经济等因素进行确定。根据上述因素,考虑到工程经济及我国车辆的具体情况,《公路工程技术标准》(JTG B01—2014)和《城市道路路线设计规范》(CJJ 193—2012)分别对我国公路和城市道路的最大纵坡做出了规定,具体见表1-4-2。

最大纵坡度　　表1-4-2

<table>
<tr><td colspan="3">设计速度(km/h)</td><td>120</td><td>100</td><td>80</td><td>60</td><td>50</td><td>40</td><td>30</td><td>20</td></tr>
<tr><td rowspan="3">最大纵坡(%)</td><td colspan="2">公路</td><td>3</td><td>4</td><td>5</td><td>6</td><td>—</td><td>7</td><td>8</td><td>9</td></tr>
<tr><td rowspan="2">城市道路</td><td>一般值</td><td>—</td><td>3</td><td>4</td><td>5</td><td>5.5</td><td>6</td><td>7</td><td>8</td></tr>
<tr><td>极限值</td><td>—</td><td>4</td><td>5</td><td colspan="2">6</td><td>7</td><td colspan="2">8</td></tr>
</table>

设计速度为120km/h、100km/h、80km/h的高速公路,受地形条件或其他特殊情况限制时,经技术经济论证,最大纵坡可增加1%;改扩建公路设计速度为40km/h、30km/h、20km/h的利用原有公路的路段,经技术经济论证,最大纵坡可增加1%;四级公路位于海拔2000m以上或积雪冰冻地区的路段,最大纵坡不应大于8%。大、中桥上的纵坡不宜大于4%,桥头引道纵坡不宜大于5%;位于城镇混合交通繁忙处的桥梁,桥上及桥头引道纵坡均不得大于3%。隧道内的纵坡应大于0.3%并小于3%,但短于100m的隧道不受此限;高速公路、一级公路的中、短隧道,当条件受限制时,经技术经济论证后,最大纵坡可适当加大,但不宜大于4%;隧道内的纵坡宜设置成单向坡,地下水发育的隧道及特长、长隧道宜采用人字坡。

对于城市道路,除快速路外的其他等级道路,受地形条件或其他特殊情况限制时,经技术经济论证后,最大纵坡极限值可增加1.0%;非机动车道最大纵坡不宜大于2.5%,困难时不应大于3.5%,并按本章表1-4-7规定限制坡长;特大桥、大桥、中桥的桥面纵坡不宜大于4.0%,桥头引道纵坡不宜大于5.0%;隧道内的道路最大纵坡不宜大于3.0%,困难时不应大于5.0%,隧道出入口外的接线道路纵坡宜坡向洞外。

2)最小纵坡

为了保证挖方地段、设置边沟的低填方地段和横向排水不畅地段的纵向排水,防止积水渗

入路基而影响其稳定，规定各级公路的长路堑路段以及其他横向排水不畅的路段，均应采用不小于0.3%的纵坡。当必须设计水平坡(0%)或小于0.3%的纵坡时，边沟排水设计应与纵坡设计一起综合考虑，其边沟应做纵向排水设计，在城市道路中一般可采用设置锯齿形偏沟或采取其他排水措施来处理。

3)平均纵坡

在道路设计中，平均纵坡是指一定路线长度范围内，路线两端点的高差与路线长度的比值，计算公式见式(1-4-1)。平均纵坡是衡量路线线形设计质量的重要指标之一。从汽车行驶方便和安全出发，为了合理利用最大纵坡、坡长和缓和坡段的规定，还要控制平均纵坡。平均纵坡是在宏观上控制路线纵坡。

$$i_p = \frac{H}{l} \tag{1-4-1}$$

式中：i_p——平均纵坡；

l——路线长度(m)；

H——路线长度两端的高差(m)。

公路工程技术标准》(JTG B01—2014)规定，二级及二级以下公路的越岭路线连续上坡(或下坡)路段，相对高差为200~500m时，平均纵坡不应大于5.5%；相对高差大于500m时，平均纵坡不应大于5%。任意连续3km路段的平均纵坡不应大于5.5%。

《公路路线设计规范》(JTG D20—2017)规定，高速公路、一级公路连续长、陡下坡路段的平均坡度与连续坡长不宜超过表1-4-3的规定；超过时，应进行交通安全性评价，提出路段速度控制和通行管理方案，完善交通工程和安全设施，并论证增设货车强制停车区。

连续长、陡下坡的平均坡度与连续坡长 表1-4-3

平均坡度(%)	<2.5	2.5	3.0	3.5	4.0	4.5	5.0	5.5	6.0
连续坡长(km)	不限	20.0	14.8	9.3	6.8	5.4	4.4	3.8	3.3
相对高差(m)	不限	500	450	330	270	240	220	210	200

4)高原纵坡折减

在海拔高度较高地区，汽车发动机的功率会因空气稀薄而降低，相应地降低了汽车的爬坡能力。《公路路线设计规范》(JTG D20—2017)规定，设计速度小于或等于80km/h位于海拔在3000m以上高原地区公路最大纵坡应予以折减，折减值见表1-4-4。最大纵坡折减后小于4%时应采用4%。

高原纵坡折减值 表1-4-4

海拔高度(m)	3000~4000	>4000~5000	5000以上
折减值(%)	1	2	3

《城市道路路线设计规范》(CJJ 193—2012)规定，海拔3000m以上高原城市道路的最大纵坡度推荐值按表列数值减小1%，当最大纵坡折减后小于4%时，仍可采用4%。

5)合成坡度

道路在平曲线路段，纵向有纵坡且横向又有超高时，则最大坡度在纵坡和超高横坡所合成的方向上，这时的最大坡度称为合成坡度，如图1-4-1所示。其值可按下式计算：

$$I = \sqrt{i^2 + i_h^2} \tag{1-4-2}$$

式中：I——合成坡度；

i——路线纵坡；

i_h——超高横坡。

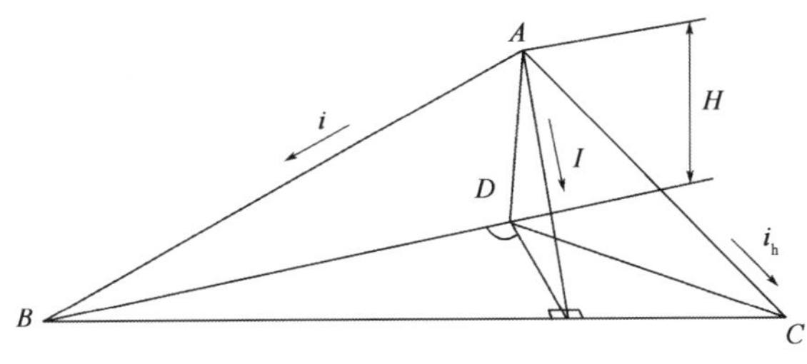

图 1-4-1　合成坡度

在陡坡急弯处，若合成坡度过大，将产生附加阻力、汽车重心偏移等不良现象，给行车安全带来影响，为防止汽车沿合成坡度方向滑移，应对由超高横坡和路线纵坡组成的合成坡度加以限制。

《公路路线设计规范》（JTG D20—2017）和《城市道路路线设计规范》（CJJ 193—2012）对公路和城市道路合成坡度的规定见表 1-4-5 和表 1-4-6。

公路最大合成坡度　　表 1-4-5

公路技术等级	高速公路、一级公路				二级公路、三级公路、四级公路				
设计速度（km/h）	120	100	80	60	80	60	40	30	20
合成坡度值（%）	10.0	10.0	10.5	10.5	9.0	9.5	10.0	10.0	10.0

城市道路合成坡度　　表 1-4-6

计算行车速度（km/h）	100，80	60，50	40，30	20
合成坡度（%）	7	7	7	8

当陡坡与小半径圆曲线相重叠时，宜采用较小的合成坡度。特别是下述情况，其合成坡度必须小于 8%：

①冬季路面有积雪、结冰的地区；

②自然横坡较陡峻的傍山路段；

③非汽车交通量较大的路段。

在超高过渡的变化处，合成坡度不应设置为 0%。当合成坡度小于 0.5% 时，应采取综合排水措施。

在城市道路中，积雪地区各级道路的合成坡度应小于或等于 6%；在超高缓和段的变化处，当合成坡度小于 0.5% 时，应采取综合排水措施，以保证排水通畅。

2. 纵坡坡长的基本规定与运用

1）最大坡长限制

坡长限制，系根据汽车动力性能来确定的。长距离的陡坡对汽车行驶不利。连续上坡，发动机过热影响机械效率,从而使行驶条件恶化;下坡则因刹车频繁而危及行车安全,因此,应对陡坡的长度有所限制。

(1)公路最大坡长限制见表1-4-7。

不同纵坡的最大坡长(单位:m)　　表1-4-7

纵坡坡度(%)	设计速度(km/h)						
	120	100	80	60	40	30	20
3	900	1000	1100	1200	—	—	—
4	700	800	900	1000	1100	1100	1200
5	—	600	700	800	900	900	1000
6	—	—	500	600	700	700	800
7	—	—	—	—	500	500	600
8	—	—	—	—	300	300	400
9	—	—	—	—	—	200	300
10	—	—	—	—	—	—	200

(2)城市道路最大坡长限制见表1-4-8、表1-4-9。

城市道路坡长限制　　表1-4-8

计算行车速度(km/h)	100	80	60			50			40		
纵坡度(%)	4	5	6	6.5	7	6	6.5	7	6.5	7	8
纵坡限制坡长(m)	700	600	400	350	300	350	300	250	300	250	200

城市道路非机动车车行道纵坡限制坡长(单位:m)　　表1-4-9

车种 / 坡度(%)	自 行 车	三轮车、板车
3.5	150	—
3	200	100
2.5	300	150

当道路连续上坡或下坡时,为了改善汽车在较陡坡道上行驶的不利状况,避免长时间使用低档爬坡,减轻汽车机件负荷和减少下坡汽车刹车次数,降低制动器过高的温度,使行车缓和。

各级公路的连续上坡路段,应根据载重汽车上坡时的速度折减变化,在不大于表1-4-7规定的纵坡长度之间设置缓和坡段,设计速度小于或等于80km/h时,缓和坡段的纵坡应不大于3%,设计速度大于80km/h时,缓和坡段的纵坡应不大于2.5%。缓和坡段的长度应大于表1-4-10各级公路最小坡长的规定。

城市道路连续上坡或下坡路段,应在不大于表1-4-8规定的纵坡长度之间设置纵坡缓和段。缓和段的坡度不应大于3.0%,其长度应符合表1-4-11城市道路纵坡坡段最小长度的规定。

2)最小坡长限制

最小坡长是指相邻两个变坡点之间的最小长度。若其长度过短,就会使变坡点个数增加,行车时颠簸频繁,当坡度差较大时还容易造成视觉的中断,视距不良,从而影响到行车的平顺性和安全性。另外,从线形的几何构成来看,纵断面是由一系列的直坡段和竖曲线所构成,若坡长过短,则不能满足设置最短竖曲线这一几何条件的要求。为使纵断面线形不致因起伏频繁而呈锯齿形的状况,并便于平面线形的合理布设,故应对纵坡的最小长度做出限制。最小坡长通常以计算行车速度行驶 9 ~ 15s 的行程作为规定值。一般在计算行车速度大于或等于 60km/h 时取 9s,计算行车速度为 40km/h 时取 11s,计算行车速度为 20km/h 时取 15s。

(1)公路最小坡长限制见表 1-4-10。

各级公路最小坡长 表 1-4-10

设计速度(km/h)	120	100	80	60	40	30	20
最小坡长(m)	300	250	200	150	120	100	60

(2)城市道路最小坡长限制见表 1-4-11。

城市道路纵坡坡段最小长度 表 1-4-11

设计速度(km/h)	100	80	60	50	40	30	20
最小坡长(m)	250	200	150	130	110	85	60

3. 竖曲线的运用

纵断面上两个坡段的转折处,为了行车安全、舒适以及视距的需要用一段曲线缓和,称为竖曲线。竖曲线的线形有圆曲线、抛物线,在使用范围上,两者没有任何差别。我国道路设计一般采用圆曲线。

1)竖曲线要素的计算公式

竖曲线长度 L 或竖曲线半径 R:

$$L = R \cdot \omega \quad 或 \quad R = \frac{L}{\omega} \tag{1-4-3}$$

$$\omega = i_2 - i_1$$

竖曲线切线长 T:

$$T = \frac{L}{2} = \frac{R\omega}{2} \tag{1-4-4}$$

竖曲线上任意一点 h:

$$h = \frac{x^2}{2R} \tag{1-4-5}$$

竖曲线外距 E:

$$E = \frac{T^2}{2R} \quad 或 \quad E = \frac{R\omega^2}{8} = \frac{L\omega}{8} = \frac{T\omega}{4} \tag{1-4-6}$$

式中各符号如图 1-4-2 所示。

2)竖曲线最小半径

竖曲线的最小半径或最小长度受缓和冲击、时间行程和视距三个因素影响。

(1)凸形竖曲线的最小半径和最小长度

凸形竖曲线最小长度应以满足停车视距要求为主,按竖曲线长度 L 和停车视距 S_T 的关系分为两种情况。

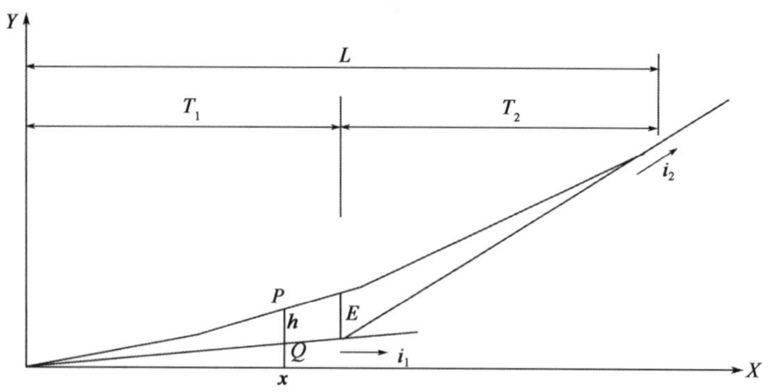

图 1-4-2 竖曲线要素示意图

①当 $L < S_T$ 时(图 1-4-3)

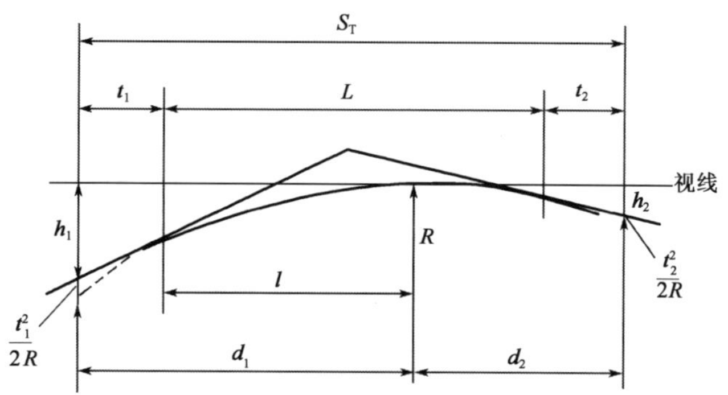

图 1-4-3 凸形竖曲线计算图式($L < S_T$)

$$h_1 = \frac{d_1^2}{2R} - \frac{t_1^2}{2R}$$

$$h_2 = \frac{d_2^2}{2R} - \frac{t_2^2}{2R}$$

则:

$$\begin{cases} d_1 = \sqrt{2Rh_1 + t_1^2} \\ d_2 = \sqrt{2Rh_2 + t_2^2} \end{cases} \tag{1-4-7}$$

式中:R——竖曲线半径(m);

h_1——驾驶员视线高,即目高,$h_1 = 1.2\text{m}$;

h_2——障碍物高,即物高,$h_2 = 0.1\text{m}$。

由 $t_1 = d_1 - l = \sqrt{2Rh_1 + {t_1}^2} - l$,得:$t_1 = \frac{Rh_1}{l} - \frac{l}{2}$

由 $t_2 = d_2 - (L - l) = \sqrt{2Rh_2 + {t_2}^2} - (L - l)$,得:

$$t_2 = \frac{Rh_2}{L - l} - \frac{L - l}{2}$$

视距长度:

$$S_T = t_1 + L + t_2 = \frac{Rh_1}{l} + \frac{L}{2} + \frac{Rh_2}{L-1} \tag{1-4-8}$$

$$L_{min} = 2S_T - \frac{2(\sqrt{h_1} + \sqrt{h_2})^2}{\omega} = 2S_T - \frac{4}{\omega} \tag{1-4-9}$$

②当 $L \geqslant S_T$ 时(图 1-4-4)

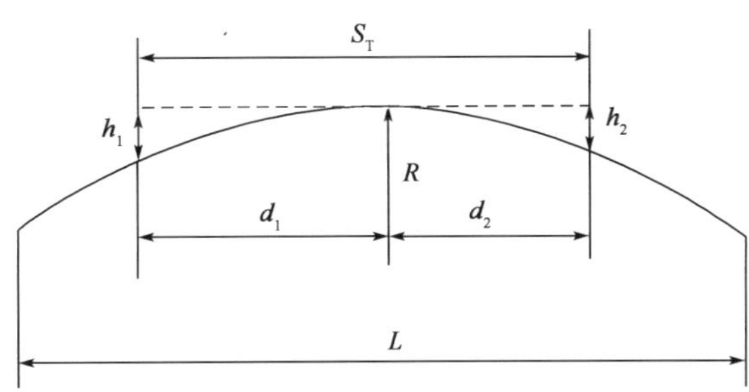

图 1-4-4　凸形竖曲线计算图式($L \geqslant S_T$)

$$h_1 = \frac{d_1^2}{2R}$$

$$h_2 = \frac{d_2^2}{2R}$$

则：

$$\begin{cases} d_1 = \sqrt{2Rh_1} \\ d_2 = \sqrt{2Rh_2} \end{cases} \tag{1-4-10}$$

$$S_T = d_1 + d_2 = \sqrt{2R}(\sqrt{h_1} + \sqrt{h_2}) \tag{1-4-11}$$

$$L_{min} = \frac{S_T^2 \omega}{2(\sqrt{h_1} + \sqrt{h_2})^2} = \frac{S_T^2 \omega}{4} \tag{1-4-12}$$

(2)凹形竖曲线最小半径和最小长度

凹形竖曲线的最小长度,应满足两种视距的要求:一是保证夜间行车安全,前灯照射应有足够的距离;二是保证跨线桥下行车有足够的视距。

(3)公路与城市道路最小半径与最小长度的规定见表 1-4-12 与 1-4-13。

公路竖曲线最小半径和最小长度　　表 1-4-12

设计速度(km/h)		120	100	80	60	40	30	20
凸形竖曲线半径(m)	极限值	11000	6500	3000	1400	450	250	100
	一般值	17000	10000	4500	2000	700	400	200
凹形竖曲线半径(m)	极限值	4000	3000	2000	1000	450	250	100
	一般值	6000	4500	3000	1500	700	400	200
竖曲线长度(m)	极限值	100	85	70	50	35	25	20
	一般值	250	210	170	120	90	60	50

城市道路竖曲线最小半径和最小长度　　表 1-4-13

项　目	设计速度(km/h)	100	80	60	50	40	30	20
凸形竖曲线(m)	极限值	6500	3000	1200	900	400	250	100
	一般值	10000	4500	1800	1350	600	400	150
凹形竖曲线(m)	极限值	3000	1800	1000	700	450	250	100
	一般值	4500	2700	1500	1050	700	400	150
竖曲线长度(m)	极限值	85	70	50	40	35	25	20
	一般值	210	170	120	100	90	60	50

三、熟悉纵断面设计方法及步骤

1. 纵断面设计的一般要求

为了使纵坡达到经济合理的目的,必须全面掌握勘测资料,结合选线的意图进行综合分析、比较,确定较为合理的坡度及坡长。因此,纵坡设计应满足以下要求:

(1)纵面线形应平顺、圆滑、视觉连续,并与地形相适应,与周围环境相协调。

(2)纵坡设计应考虑填挖平衡,并利用挖方就近作为填方,以减轻对自然地面横坡与环境的影响。

(3)相邻纵坡之代数差小时,应采用大的竖曲线半径。

(4)连续设置长、陡纵坡的路段,上坡方向应满足通行能力的要求,下坡方向应考虑行车安全,并结合前后路段各技术指标设置情况,采用运行速度对连续上坡方向的通行能力及下坡方向的行车安全性进行检验。

(5)路线交叉处前后的纵坡应平缓。

(6)位于积雪冰冻地区的公路,应避免采用陡坡。

(7)平原地形的纵坡应均匀、平缓。丘陵地形的纵坡应避免过分迁就地形而起伏过大。越岭线的纵坡应力求均匀,不宜采用最大值或接近最大值的坡度,更不宜连续采用不同纵坡最大坡长值的陡坡夹短距离缓坡的纵坡线形。山脊线和山腰线,除结合地形不得已时采用较大的纵坡外,在可能条件下应采用平缓的纵坡。

(8)设计速度大于或等于60km/h 的公路,竖曲线设计宜采用长的竖曲线和长直线坡段的组合。有条件时宜采用大于或等于表 1-4-14 所列视觉所需要的竖曲线半径值。

视觉所需要的最小竖曲线半径值　　表 1-4-14

设计速度(km/h)	竖曲线半径(m)	
	凸形	凹形
120	20000	12000
100	16000	10000
80	12000	8000
60	9000	6000

(9)竖曲线应选用较大的半径。当条件受限制时,宜采用大于或接近于竖曲线最小半径的“一般值”;地形条件特殊困难而不得已时,方可采用竖曲线最小半径的“极限值”。

(10)同向竖曲线间,特别是同向凹形竖曲线之间,直线坡段接近或达到最小坡长时,宜合并设置为单曲线或复曲线。

(11)双车道公路在有超车需求的路段,应考虑超车视距要求,采用较大的凸形竖曲线半径或设置必要的标志、标线等设施。

2. 纵断面设计要点

纵断面设计的主要内容是根据道路等级、沿线自然条件和构造物控制高程等,确定路线合适的高程、各坡段的纵坡度和坡长,并设计竖曲线。基本要求是纵坡均匀平顺、起伏和缓、坡长和竖曲线长短适当、平面与纵面组合设计协调,以及填挖经济、平衡。这些要求虽在选、定线阶段有所考虑,但要在纵面设计中具体加以实现。

1)关于纵坡极限值的运用

根据汽车动力特性和考虑经济等因素制定的极限值,设计时不可轻易采用,应留有余地;在受限制较严,如越岭线为争取高度、缩短路线长度或避开艰巨工程等,才有条件的采用。好的设计应尽量考虑人的视觉、心理上的要求,使驾驶员有足够的安全感、舒适感和视觉上的美感。一般讲,纵坡缓些为好,但为了路面和边沟排水,最小纵坡不应低于0.3%~0.5%。

2)关于最短坡长

坡长是指纵断面两边坡点之间的水平距离,坡长不宜过短,以不小于设计速度9s的行程为宜。对连续起伏的路段,坡度应尽量小,坡长和竖曲线应争取极限值的1倍或2倍以上。避免锯齿形的纵断面,以使增重与减重变化不致太频繁,于路容美观方面也应以此为宜。

3)各种地形条件下的纵坡设计

(1)平原、微丘地形的纵坡应均匀平缓,注意保证最小填土高度和最小纵坡的要求。丘陵地形应避免过分迁就地形而起伏过大,注意纵坡应顺适不产生突变。

(2)山岭、重丘地形的沿河线应尽量采用平缓纵坡、坡长不应超过限制长度,纵坡不宜大于6%,注意路基控制高程的要求。

(3)越岭线的纵坡力求均匀,尽量不采用极限或接近极限的坡度,更不宜在连续采用极限长度的陡坡之间夹短的缓和坡段;越岭路一般不应设置反坡;满足平均坡度的要求。

(4)山脊线和山腰线除结合地形不得已采用较大纵坡外,在可能条件下纵坡应缓些。

4)关于竖曲线半径的选用

竖曲线以选用较大半径为宜,当受限制时可采用一般最小值,特殊困难方可用极限最小值。坡差小时应尽量采用大的竖曲线半径。

5)关于相邻竖曲线的衔接

相邻两个同向凹形或凸形竖曲线,特别是同向凹形竖曲线之间,如直坡段不长应合并为单曲线或复曲线,避免出现断背曲线,这样要求对行车是有利的,如图1-4-5a)所示。

相邻反向竖曲线之间,为使增重与减重间和缓过渡,中间最好插入一段直坡段。若两竖曲线半径接近极限值时,这段直坡段至少应为设计速度的3s行程;当半径比较大时,也可直接连接,如图1-4-5b)所示。

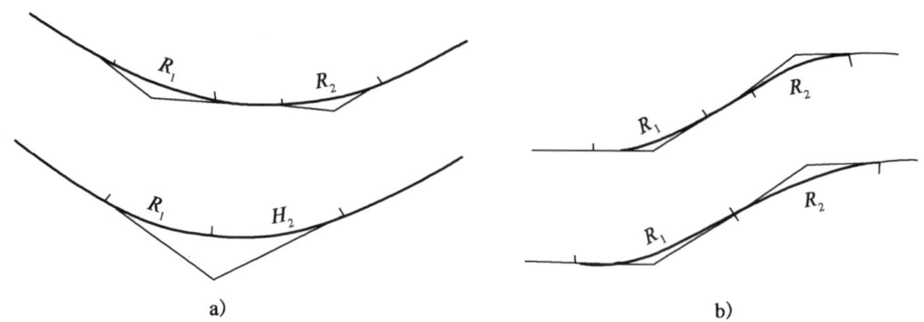

图 1-4-5　相邻竖曲线的衔接

3.纵断面设计的方法步骤

1)准备工作

纵坡设计前,应根据中桩和水准记录点绘出路线纵断面图的地面线,绘出平面直线、平曲线示意图,写出每个中桩的桩号和地面高程以及沿线土壤地质说明资料,并熟悉和掌握全线有关勘测设计资料,领会设计意图和要求。

2)标注控制点

所谓控制点,就是指影响纵坡设计的高程控制点。"控制点"可分为两类。一类是属于控制性的"控制点",控制路线纵坡设计时必须通过它或限制从其上方或下方通过。这类控制点主要有公路路线的起终点、垭口、重要桥梁及特殊涵洞、隧道的控制高程,重要城镇通过位置的高程以及受其他因素限制而使路线必须通过的控制点高程等;对于城市道路控制点是指城市桥梁桥面高程控制点、立交桥桥面高程控制点、铁路道口高程(按铁路轨顶高程计算)、平面交叉相交中心点控制高程、重要建筑物的地坪高程、满足重要管线最小覆土厚度的控制高程等。

对于山区公路,还应根据路基填挖平衡要求来选择控制中心处填挖的高程点,为第二类即属于参考性的"控制点",即经济点。其含义是:如果纵坡设计线刚好通过该点,则在相应的横断面上将形成填挖面积大致相等的纵坡设计。

当地面横坡很陡,必须作挡土墙时,当采用某一设计高程使该断面按 1m 长度计施工的土石方与挡土墙费用总和最省,该高程为其经济点。设计时"经济点"通常用"路基横断面透明模板"来确定,如图 1-4-6 所示。

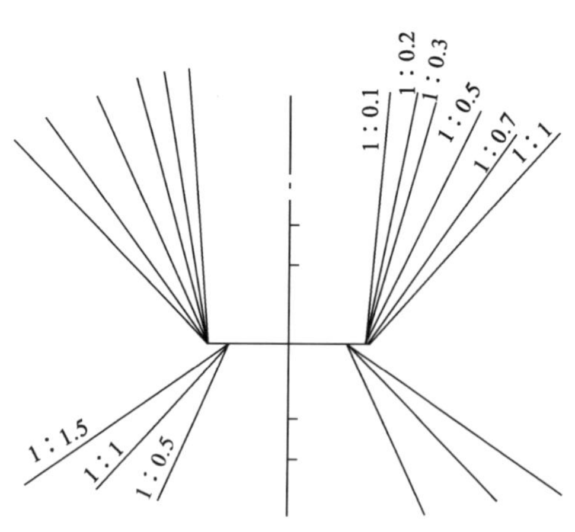

图 1-4-6　路基横断面透明模板

"路基横断面透明模板"可用透明描图纸或透明胶片制成,其上按横断面图的比例绘出路基宽度(挖方路段尚应包括两侧边沟的宽度)和各种不同坡度的边坡线(上为挖方,下为填方)。使用时将"路基横断面透明模板"扣在绘好地面线的横断面图上,使中线重合,根据地面横坡的大小,上下移动"模板",使填方和挖方面积大致相等或工程造价最经济,此时,"模板"上的路基顶面与该中桩的地面高之间的高差就是经济填挖值。将此值按比例点绘到纵断面图的相应中桩位置上，即为该断面的“经济点”。纵坡线通过的经济点越多，则工程量就越少，投资就越省。

3）试坡

试坡主要是在已标出“控制点”和“经济点”的纵断面图上，根据技术标准、选线意图，结合地面起伏情况，本着以“控制点”为依据。照顾多数“经济点”的原则，在这些点位间进行穿插和截弯取直，试定出若干坡度线。经过对各种可能的坡度线方案进行反复比较，最后选出既符合技术标准，又能满足控制点要求，而且土石方数量较省的设计线作为初定坡度线；再将前后坡度线延长交会，即可定出各变坡点的初步位置。

4）调坡

调坡主要从以下两方面进行：

（1）结合选线意图进行调坡。将试坡线与选线时所考虑的坡度进行比较，两者应基本相符。若有脱离实际情况或考虑不周现象，则应全面分析，找出原因，权衡利弊，决定取舍。

（2）对照技术标准或规范进行调坡。详细检查设计最大纵坡、坡长限制、纵坡折减以及平纵线形组合是否符合技术标准或规范的要求。特别要注意陡坡与平曲线、竖曲线与平曲线、桥头接线、路线交叉、隧道及渡口码头等地方的坡度是否合理，发现问题及时调整修正。

调整坡度线的方法有抬高、降低、延长、缩短纵坡线和加大、减小纵坡度等。调整时应以少脱离控制点、少变动填挖为原则，以便调整后的纵坡与试定纵坡基本相符。

5）核对

核对主要在有控制意义的特殊横断面上进行。如选择高填深挖、挡土墙、重要桥涵及人工构造物以及其他重要控制点的断面等。其做法是：在纵断面图上直接由厘米格读出相应桩号的填挖高度，将此值用“路基横断面透明模板”套在相应横断面地面线上，检查若有填挖过大、坡脚落空、挡墙过高、桥涵填土不够以及其他边坡不稳现象，则需调整坡度线。核对是保证纵面设计质量的重要环节，对某些复杂地段，如山区横坡陡峻的傍山线，这一工作尤为重要。

6）定坡

纵坡设计在经调整核对无误后即可定坡。所谓定坡，就是逐段把坡度线的坡度值、变坡点位置（桩号）和高程确定下来。变坡点一般要调整到 10m 整桩段上。变坡点的高程则是根据坡度、坡长一次计算确定的。

7）设置竖曲线

拉坡时已考虑了平、纵组合问题，该步是根据技术标准、平纵组合是否平衡等确定竖曲线半径，计算竖曲线要素。

8）设计高程的推算

根据已定的纵坡和变坡点的设计高程及竖曲线半径，即可计算出各桩号的设计高程。中桩设计高程与对应原地面高程之差即为路基施工高度，当两者之差为“+”，则是填方，两者之差为“-”，则是挖方。

4. 纵断面图的绘制

路线纵断面图可以看成由两部分组成：一是图的上半部，二是图的下半部。上半部主要用来绘制地面线和纵坡设计线，下半部主要用来填写有关数据。图中自上而下分别有直线与平曲线、里程及桩号、地面高程、设计高程、填挖高度值、坡度/坡长、土壤地质说明等内容。

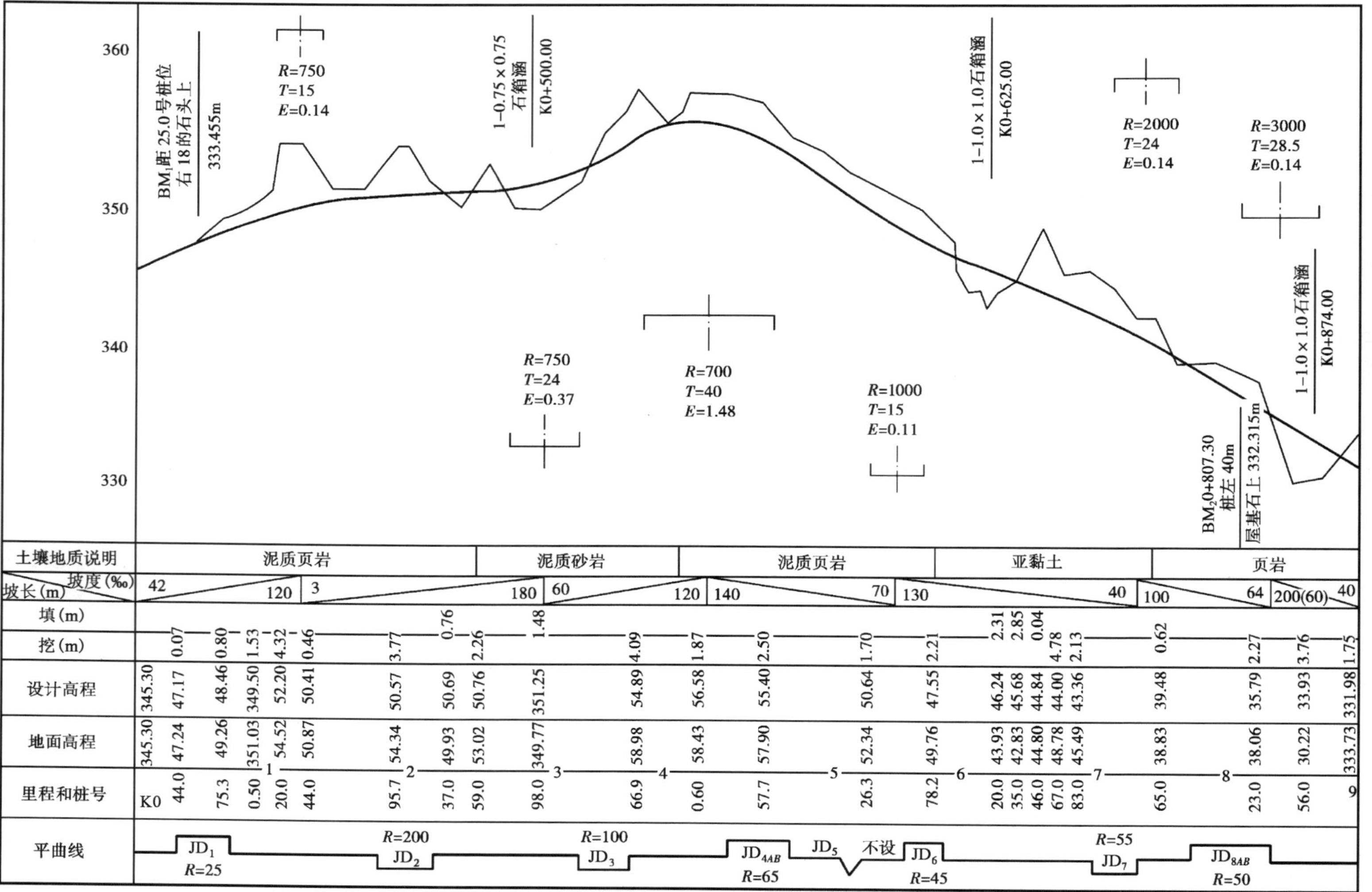

图1-4-7 公路路线纵断面设计图

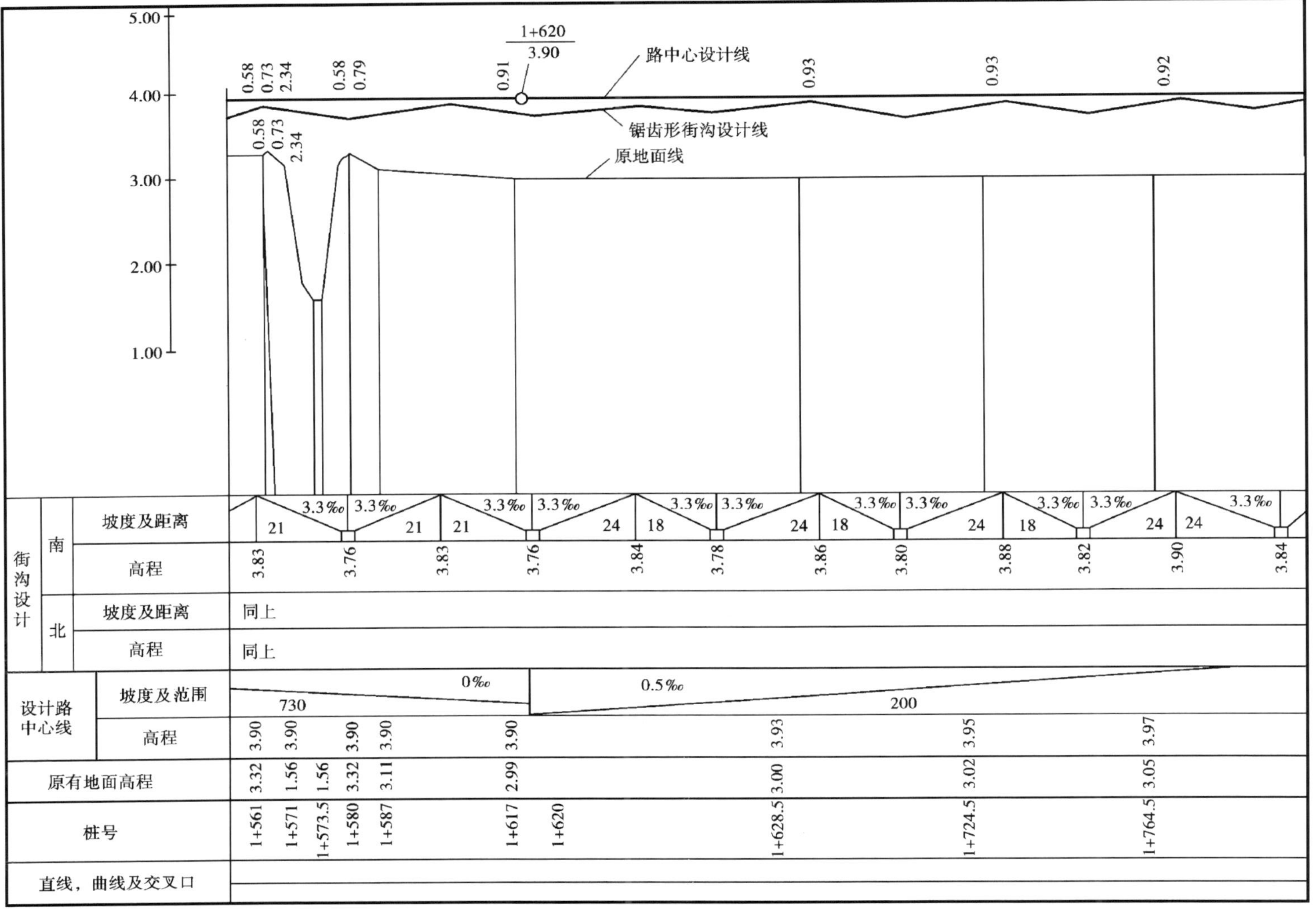

图1-4-8 城市道路路线纵断面设计图

此外,在纵断面图上应将下列内容在适当的位置绘制出来:竖曲线位置及其要素,沿线桥涵及人工构造物的位置、结构类型及孔径,与公路、铁路交叉的桩号及路名,沿线跨越的河流名称、位置、常水位及最高洪水位,水准点位置、编号和高程,断链桩位置、桩号及长短链关系等。公路纵断面如图1-4-7所示,城市道路纵断面如图1-4-8所示。

考点分析

为使纵断面设计经济合理,其设计需综合考虑,包括纵坡均匀平顺、起伏和缓、坡长和竖曲线长短适当、平面与纵面组合设计协调,以及填挖经济、平衡等。

本节主要掌握纵断面设计高程的规定,掌握竖曲线、最大纵坡、最小坡长、桥隧两端路线纵坡、合成坡度等的一般规定与运用,熟悉纵断面的设计方法和步骤。

竖曲线设计是纵坡设计的重要内容之一,设计的合理与否不仅关系到纵断面本身,同时也影响整个平纵组合的合理性。本节需要考生会计算竖曲线要素以及桩号的设计高程;竖曲线最小半径和最小长度的计算是一个比较繁琐的过程,考生需对其有一定的了解。

纵断面的设计直接影响工程的经济性、行车的舒适性和安全性、道路的耐久性和稳定性,对其设计要点要有深刻的认识,包括坡度极限值、最小坡长、各种地形纵坡设计、竖曲线半径以及竖曲线衔接。纵断面设计方法步骤是本节需要考生熟悉的内容,尤其是纵断面设计过程的具体阐述,是道路设计的重要组成部分。

例题解析

例1 设有中间带的高速公路和一级公路,其路基设计高程是哪个选项? ( )

(A)路面中线高程　　(B)路面边缘高程

(C)路缘带外侧边缘高程　　(D)中央分隔带外侧边缘高程

分析

根据《公路路线设计规范》(JTG D20—2017)第8.1.1条,对于新建的高速公路和一级公路采用中央分隔带外侧边缘高程。故本题选D。

例2 市政道路的路基设计高程宜采用哪个选项? ( )

(A)路面中线高程　　(B)路面边缘高程

(C)路缘带外侧边缘高程　　(D)中央分隔带外侧边缘高程

分析

根据《城市道路工程设计规范》(CJJ 37—2012)第7.1条,纵断面设计高程宜采用道路设计中线处的路面设计高程。故本题选A。

例 3　公路与城市道路的大桥、中桥桥面纵坡以及桥头引道纵坡分别不宜大于以下哪个选项？（　　）

(A)3%,4%　　(B)4%,5%　　(C)5%,6%　　(D)5%,5%

分析

根据《公路工程技术标准》(JTG B01—2014)第 4 小节与《城市道路路线设计规范》(CJJ 193—2012)第 7.2 条规定，大桥、中桥的桥面纵坡不宜大于 4.0%，桥头引道纵坡不宜大于 5.0%。故本题选 B。

例 4　当城市道路中纵坡必须小于以下哪个选项时，其一般可采用设置锯齿形偏沟或采取其他排水措施来处理？（　　）

(A)0　　(B)0.1%　　(C)0.2%　　(D)0.3%

分析

《城市道路路线设计规范》(CJJ 193—2012)第 7.2 条规定，道路纵坡不应小于 0.3%；当特殊困难纵坡小于 0.3% 时，一般可采用设置锯齿形偏沟或采取其他排水措施来处理。故本题选 D。

例 5　关于平均纵坡，正确的说法是哪个选项？（　　）

(A)平均纵坡是指一定长度的路段范围内，所有纵坡坡度的平均值

(B)平均纵坡是指一定长度的路段范围内，所有上坡坡度的平均值

(C)平均纵坡是指一定长度的路段范围内，所有下坡坡度的平均值

(D)平均纵坡是指一定长度的路段范围内，路线在纵向所克服的高差与路线长度之比

分析

平均纵坡计算公式为：

$$i_p = \frac{H}{l}$$

式中：i_p——平均纵坡；

l——路线长度(m)；

H——路线长度两端的高差(m)。

故本题选 D。

例 6　竖曲线最小半径的决定主要考虑的是哪个选项？（　　）

(A)凸形竖曲线是考虑缓冲要求　　(B)凹形竖曲线是考虑停车视距要求

(C)凸形竖曲线是考虑停车视距要求　　(D)凸形竖曲线是考虑夜间行车要求

分析

①凸形竖曲线最小长度应以满足停车视距要求为主。

②凹形竖曲线的最小长度,应满足两种视距的要求:一是保证夜间行车安全,前灯照射应有足够的距离;二是保证跨线桥下行车有足够的视距。

③为对汽车在竖曲线上行驶时的离心加速度应加以控制,凸形、凹形竖曲线都考虑缓冲的要求。

故本题选 C。

例 7 各级公路中,一般最小半径约为极限最小半径的多少倍? ( )

(A)0.5 ~1.0 倍　(B)1.0 ~1.5 倍

(C)1.5 ~2.0 倍　(D)2.0 ~2.5 倍

分析

根据《公路工程技术标准》(JTG B01—2014)第 4 节规定的一般最小半径约为极限最小半径的 1.5 ~2.0 倍。故本题选 C。

例 8 当公路的设计速度为 60km/h 时,其竖曲线最小长度是哪个选项? ( )

(A)40m　(B)50m　(C)60m　(D)70m

分析

根据《公路工程技术标准》(JTG B01—2014)第 4 节规定,设计速度为 60km/h 的公路的竖曲线最小长度为 50m。故本题选 B。

例 9 下列说法,正确的是哪个选项? ( )

(A)道路纵坡越陡越好,这样有利于道路路面和边沟排水

(B)锯齿形的纵断面对于控制行车速度是有利的,这样可以降低道路事故的发生率

(C)竖曲线应选用较大半径为宜,当受限制时可采用一般最小值,特殊困难方可用极限最小值。坡差小时应尽量采用小的竖曲线半径

(D)相邻反向竖曲线之间,为使增重与减重间和缓过渡,中间最好插入一段直坡段

分析

①道路一般情况下应纵坡缓些为好,但为了路面和边沟排水,最小纵坡不应低于 0.3% ~ 0.5%。

②道路纵断面设计时应避免锯齿形的纵断面,以使增重与减重变化不致太频繁,于路容美观方面也应以此为宜。

③竖曲线应选用较大半径为宜,当受限制时可采用一般最小值,特殊困难方可用极限最小值。坡差小时应尽量采用大的竖曲线半径。

故本题选 D。

例 10 下列关于纵断面设计步骤正确的是哪个选项? ( )

(A)准备工作—标注控制点—试坡—调坡—核对—定坡—设置竖曲线—设计高程的推算
(B)准备工作—标注控制点—试坡—核对—调坡—定坡—设置竖曲线—设计高程的推算
(C)准备工作—标注控制点—试坡—调坡—设计高程的推算—核对—定坡—设置竖曲线
(D)标注控制点—准备工作—试坡—调坡—核对—定坡—设置竖曲线—设计高程的推算

分析

道路纵断面的设计步骤的为:准备工作—标注控制点—试坡—调坡—核对—定坡—设置竖曲线—设计高程的推算。故本题选 A。

例 11　下列高程不属于城市道路控制点的是哪个选项?　(　　)

(A)平面交叉相交中心点控制高程
(B)重要管线最小覆土厚度的控制高程
(C)垭口
(D)铁路轨顶高程

分析

控制点是指影响纵坡设计的高程控制点,可分为两类:第一类是属于控制性的"控制点",第二类是属于参考性的"控制点",即经济点。对于城市道路控制点是指城市桥梁桥面高程控制点、立交桥桥面高程控制点、铁路道口高程(按铁路轨顶高程计算)、平面交叉相交中心点控制高程、重要建筑物的地坪高程、满足重要管线最小覆土厚度的控制高程等。故本题选 C。

例 12　下列关于纵坡设计的说法,有误的是哪几项?　(　　)

(A)纵断面设计应合理确定设计高程的位置
(B)机动车和非机动车混合行驶的道路,宜按机动车行驶的纵坡度进行控制
(C)山岭、丘陵地形的纵坡应避免过分迁就地形而起伏过大,连续上下坡段应设置反坡
(D)穿城镇的公路及城市道路的纵坡设计时,应充分考虑城镇的及城市的竖向规划控制高程,并适应临街建筑立面布置,确定沿线范围地面水的排除

分析

机动车和非机动车混合行驶的道路,宜按非机动车行驶的纵坡度进行控制;山岭、丘陵地形的纵坡应避免过分迁就地形而起伏过大,连续上下坡段不应设置反坡,控制纵坡坡度,保证行车顺畅。故本题选 BC。

例 13　当高速公路设计速度为 80km/h 时,其最大合成坡度为 10.5%,但当遇到以下哪些情况时,其最大合成坡度不能超过 8%?　(　　)

(A)冬季路面有积雪、结冰的地区　(B)自然横坡较陡峻的傍山路段
(C)非汽车交通量较大的路段　(D)积水较多的山洼地带

分析

根据《公路路线设计规范》(JTG D20—2017)第8.5条规定,当陡坡与小半径圆曲线相重叠时,宜采用较小的合成坡度。特别是下述情况,其合成坡度必须小于8%。

①冬季路面有积雪、结冰的地区;

②自然横坡较陡峻的傍山路段;

③非汽车交通量较大的路段。

故本题选ABC。

例14 道路纵断面绘制包括下列哪些选项? ( )

(A)直线与平曲线 (B)地面高程

(C)设计高程 (D)坡长限制

分析

路线纵断面图分为上下两部分。上半部主要用来绘制地面线和纵坡设计线,下半部主要用来填写有关数据。图中自上而下分别有直线与平曲线、里程及桩号、地面高程、设计高程、填挖高度值、坡度/坡长、土壤地质说明等内容。

此外,在纵断面图上应在适当的位置绘制:竖曲线位置及其要素,沿线桥涵及人工构造物的位置、结构类型及孔径,与公路、铁路交叉的桩号及路名,沿线跨越的河流名称、位置、现有水平及最高洪水位,水准点位置、编号和高程,断链桩位置、桩号及长短链关系等。故本题选ABC。

自测模拟

(第1~4题为单选题,第5、6题为多选题)

1. 二级公路路基设计高程是哪个选项? ( )

(A)路面中线高程 (B)路面边缘高程

(C)路基边缘高程 (D)中央分隔带外侧边缘高程

2. 在长路堑、低填以及其他横向排水不畅的路段,为了保证排水,防止水分渗入路基,最小纵坡 i 应满足的条件是哪个选项? ( )

(A)$i \geqslant 0.05\%$ (B)$i \geqslant 0.1\%$ (C)$i \geqslant 0.2\%$ (D)$i \geqslant 0.3\%$

3. 下列不属于纵断面设计的控制指标的是哪个选项? ( )

(A)最大最小纵坡 (B)平均纵坡 (C)最大最短坡长 (D)坡度角

4. 在纵断面设计中,当需要设置变坡点时,变坡点桩号一般设置在下列哪个选项整桩号上。 ( )

(A)5m (B)10m (C)20m (D)50m

5. 公路纵断面上坡度线设计时应符合的技术指标包括下列哪些选项？（　　）
（A）最大纵坡　（B）合成纵坡　（C）反坡　（D）最短坡长

6. 凹形竖曲线最小半径的确定主要考虑哪几个因素？（　　）
（A）凸形竖曲线是考虑缓冲要求
（B）凹形竖曲线是考虑停车视距要求
（C）凹形竖曲线是考虑夜间行车要求
（D）凹形竖曲线是考虑保证跨线桥下行车有足够的视距

参考答案

1. C　2. D　3. D　4. B　5. ABD　6. CD

第五节　横断面设计

依据规范

《公路工程技术标准》（JTG B01—2014）

4.0.2　车道宽度
4.0.3　各级公路车道数
4.0.4　中间带
4.0.5　路肩宽度

《公路路线设计规范》（JTG D20—2017）

6.1　一般规定
6.2　车道
6.3　中间带
6.4　路肩
6.5　路拱坡度

《城市道路工程设计规范》（CJJ 37—2012）（2016 年版）

5.1　一般规定
5.2　横断面布置
5.3　横断面的组成和宽度
5.4　路拱和横坡
5.5　缘石

《城市道路路线设计规范》（CJJ 193—2012）

5.1　一般规定
5.2　横断面布置

重点知识

道路横断面是指中线以上各点沿法向的垂直剖面，它由横断面设计线和地面线组成，其中横断面设计线包括行车道、路肩、分隔带、边沟、边坡、截水沟、护坡道以及取土坑、弃土堆、环境保护设施等。城市道路的横断面由机动车道、非机动车道、人行道、绿带、分车带等组成，路线设计中所讨论的横断面设计只限于与行车道有关的部分，即两侧路肩外缘之间各组成部分的宽度、横向坡度等问题。

一、掌握各级道路路基标准横断面组成的特点和要求

1. 公路路基标准横断面组成的特点和要求

公路路基标准横断面组成框架如图 1-5-1 所示。各级公路的路基标准横断面组成如图 1-5-2 所示。

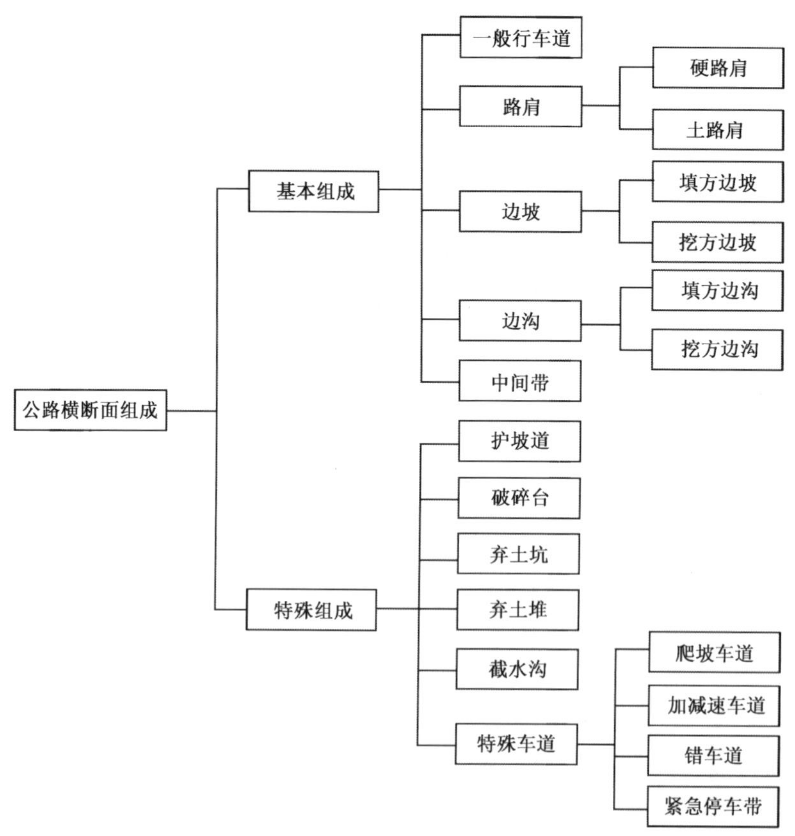

图 1-5-1 公路横断面组成框图

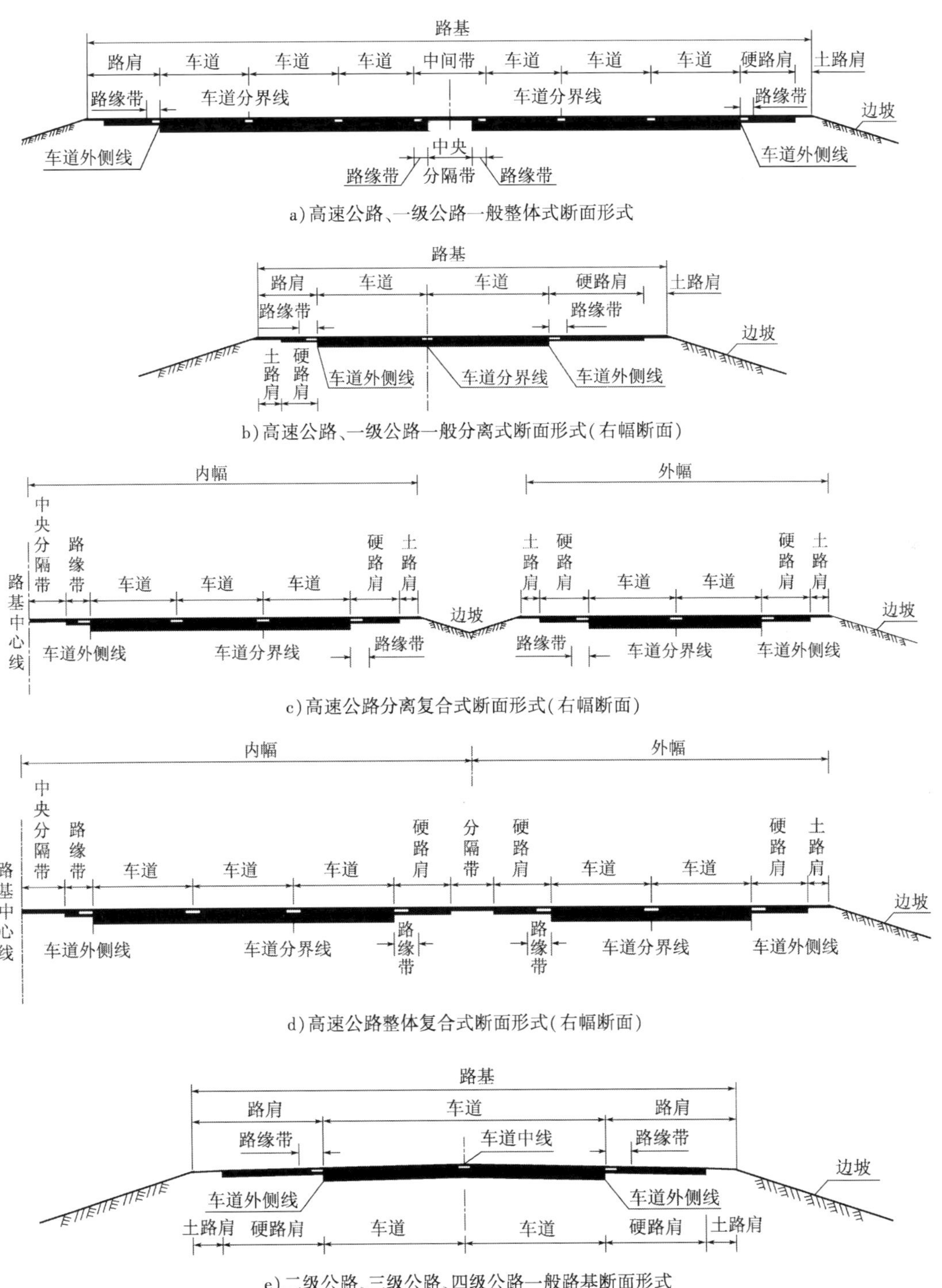

a)高速公路、一级公路一般整体式断面形式

b)高速公路、一级公路一般分离式断面形式(右幅断面)

c)高速公路分离复合式断面形式(右幅断面)

d)高速公路整体复合式断面形式(右幅断面)

e)二级公路、三级公路、四级公路一般路基断面形式

图1-5-2　公路横断面的组成图示

(1)高速公路、一级公路的路基标准横断面分为整体式路基和分离式路基两类。整体式路基的标准横断面应由车道、中间带(中央分隔带、左侧路缘带)、路肩(右侧硬路肩、土路肩)

等部分组成。分离式路基的标准横断面应由车道、路肩(右侧硬路肩、左侧硬路肩、土路肩)等部分组成。

(2)二级公路路基的标准横断面应由车道、路肩(右侧硬路肩、土路肩)等部分组成。

(3)三级公路、四级公路路基的标准横断面应由车道、路肩等部分组成。

2. 城市道路路基标准横断面组成的特点和要求

城市道路横断面组成框架如图 1-5-3 所示,城市道路路基标准的横断面组成如图 1-5-4 所示。

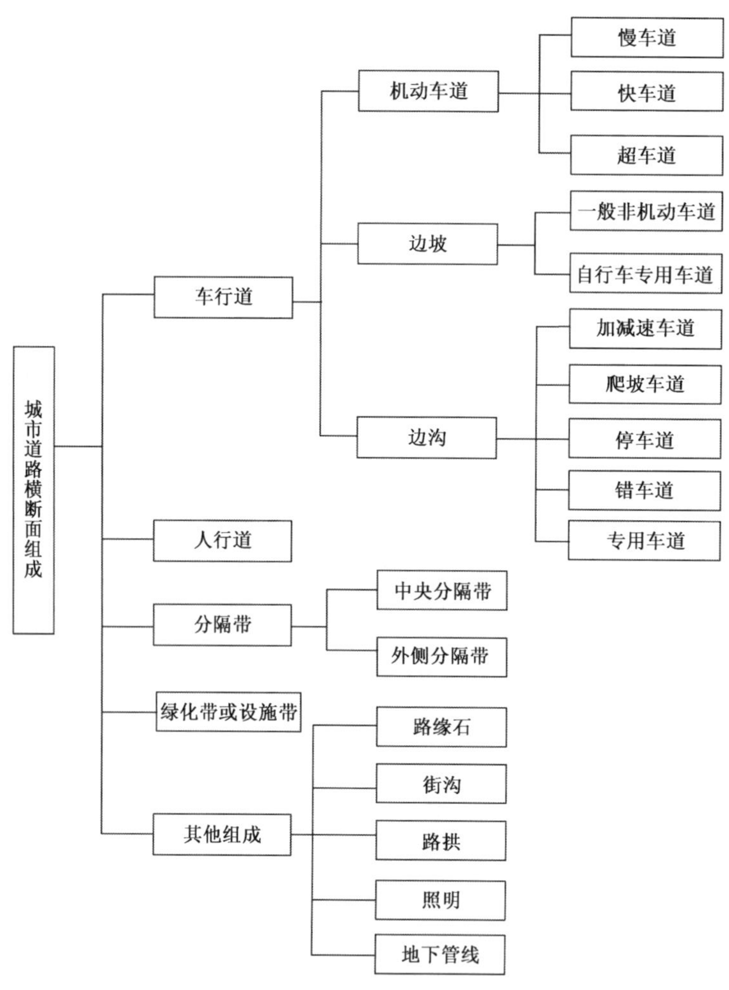

图 1-5-3　城市道路横断面组成框图

1)城市道路路基标准横断面组成的特点

城市道路的横断面宜由机动车道、非机动车道、人行道、分车带、设施带、绿化带等组成,特殊断面还包括应急车道、路肩和排水沟等。其中在行车断面上,供汽车、无轨电车、摩托车等机动车行驶的部分称为机动车道,供自行车、三轮车、板车等非机动车行驶的部分称为非机动车道,还有供人步行使用的人行道,分隔各种车道的分隔带及绿化带。

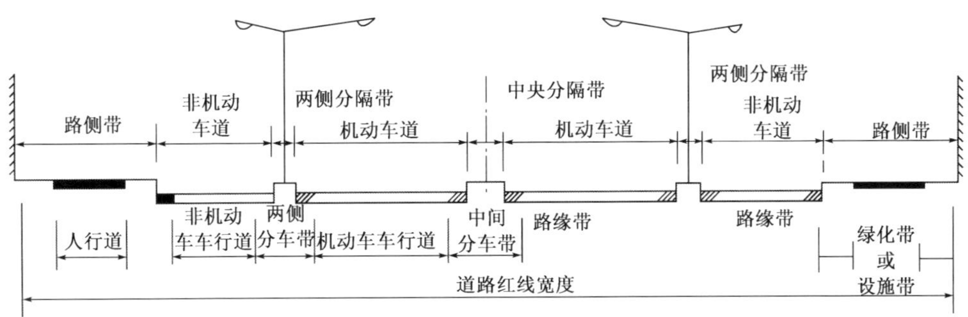

图 1-5-4　城市道路路基标准横断面组成

从城市道路布置形式上看，横断面可分为单幅路、两幅路、三幅路及特殊形式的断面，如图 1-5-5所示。单幅路俗称为“一块板”道路，即把所有车辆都组织在同一个车道上混合行驶，行车道在道路的中央；两幅路俗称“两块板”道路，即利用隔离带或分隔墩在交通组织上起到分流渠化作用，使机动车分道分向行驶，也可不画线，快慢车混合行驶；三幅路俗称“三块板”道路，即用隔离带或分隔墩把车行道分隔为三块，中间的为双向行驶的机动车道，两侧为单向行驶的非机动车道；四幅路俗称“四块板”道路，是在三幅形式的基础上，再把中间的机动车道分隔为二，分向行驶。

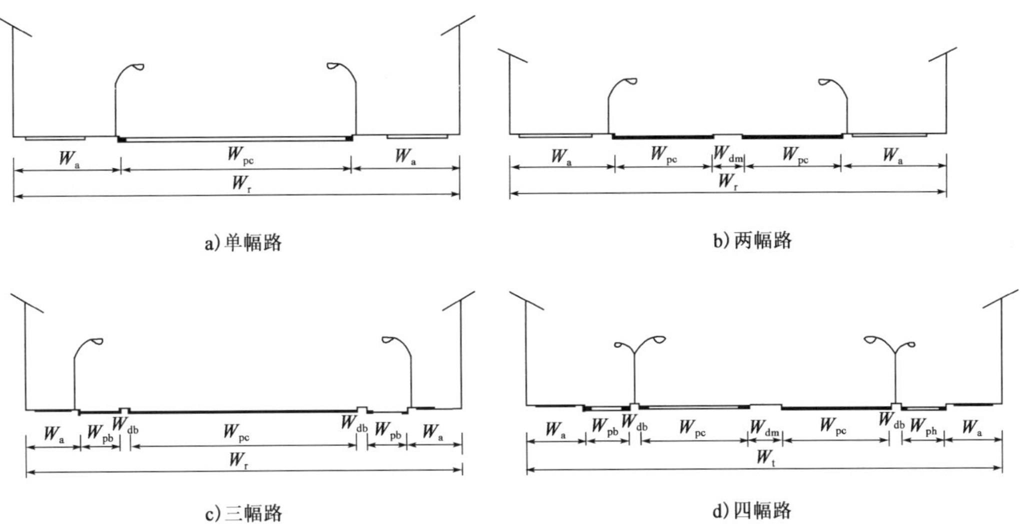

图 1-5-5　城市道路横断面布置形式

2) 城市道路路基标准横断面组成的要求

(1) 当快速路两侧设置辅路时，应采用四幅路；当两侧不设置辅路时，应采用两幅路。

(2) 主干路宜采用四幅或三幅路；次干路宜采用单幅路或两幅路，支路宜采用单幅路。

(3) 对设置公交专用车道的道路，横断面布置应结合公交专用车道位置和类型全断面综合考虑，并应优先布置公交专用车道。

(4) 同一条道路宜采用相同形式的横断面，当道路横断面变化时，应设置过渡段。

(5) 桥梁与隧道横断面形式、车行道及路缘带宽度应与路段相同。

(6)特大桥、大中桥分隔带宽度可适当缩窄,但应满足设置桥梁防护设施要求。

二、熟悉路基宽度各个组成部分的一般规定与运用

1. 公路路基横断面形式及横断面中各个组成部分的一般规定

(1)公路路基横断面形式应根据公路功能、技术等级、交通量和地形等条件确定。各级公路一般路基横断面形式示例如图 1-5-2 所示,并应符合下列规定:

①高速公路、一级公路应根据需要采用整体式或分离式路基断面形式。

②双向十车道及以上车道数的高速公路可采用复合式断面形式。

③二级公路、三级公路、四级公路应采用整体式路基断面形式。

(2)公路路基横断面中各组成部分宽度应根据公路技术等级、交通量与交通组成、横断面各组成部分的功能综合确定,并应符合下列规定:

①公路路基宽度为车道宽度与路肩宽度之和。当设有中间带、加(减)速车道、爬坡车道、紧急停车带、错车道、超车道、侧分隔带、非机动车道(或慢车道)和人行道等时,应包括上述部分的宽度。

②非机动车、行人密集公路和城市出入口的公路,可根据需要设置侧分隔带、非机动车道和人行道。

③一级公路在慢行车辆较多时,可利用右侧硬路肩(宽度不足时应加宽)设置慢车道,并应在车道与慢车道之间设置隔离设施。

④二级公路在慢行车辆较多时,可根据需要采用加宽硬路肩的方式设置慢车道,并应增加必要的交通安全设施,加强交通组织管理。

2. 公路路基宽度各个组成部分的运用

1)车道

车行道是道路上供汽车行驶的部分,车道是在车行道上单一纵列车辆行驶的部分。

(1)车道宽度

车道宽度是指在道路上供一列车辆安全运行、顺适行驶所需要的宽度,包括设计车辆的外廓宽度和错车、超车或并列行驶所必须的余宽等。车行道宽度根据设计速度确定,见表 1-5-1。

车行道宽度 表 1-5-1

设计速度(km/h)	120	100	80	60	40	30	20
车行道宽度(m)	3.75	3.75	3.75	3.50	3.50	3.25	3.00

①八车道及以上公路在内侧车道(内侧第 1、2 车道)仅限小客车通行时,其车道宽度可采用 3.5m。

②以通行中、小型客运车辆为主且设计速度为 80km/h 及以上的公路,经论证车道宽度可采用 3.5m。

③四级公路采用单车道时,车道宽度应采用 3.5m。

④设置慢车道的二级公路,慢车道宽度应采用 3.5m。

⑤需要设置非机动车道和人行道的公路,非机动车道和人行道的宽度,宜视实际情况确定。

(2)车道数

各级公路的基本车道数应符合表1-5-2的规定,并应符合下列规定:

各级公路的基本车道数　　表1-5-2

公路技术等级	高速公路、一级公路	二级公路	三级公路	四级公路
车道数(条)	≥4	2	2	2(1)

①高速公路、一级公路各路段车道数应根据设计交通量、设计通行能力确定,且应不小于四车道。当车道数增加时,应按双数、两侧对称增加。

②二级公路、三级公路应为双车道。

③四级公路一般路段应采用双车道,交通量小或工程特别艰巨的路段可采用单车道。

(3)爬坡车道

爬坡车道是指设置在道路上坡路段,供慢速上坡车辆行驶用的车道,如图1-5-6示。

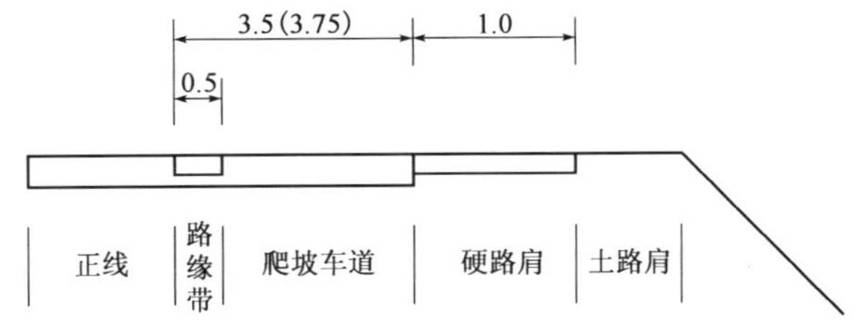

图1-5-6　爬坡车道(尺寸单位:m)

高速公路、一级公路以及二级公路在连续上坡段设置爬坡车道时,其宽度不应小于3.5m,且不大于4.0m。六车道及以上的高速公路、一级公路可不设爬坡车道。

高速公路、一级公路的爬坡车道应紧靠车道的外侧设置。条件受限时,爬坡车道路段右侧硬路肩宽度应不小于0.75m。

二级公路的爬坡车道应紧靠车道的外侧设置,可利用硬路肩宽度。当需保留原来供非汽车交通行驶的硬路肩时,该部分应移至爬坡车道的外侧。

(4)加(减)速车道

加速车道是指供车辆驶入高速车流之前加速用的车道,如图1-5-7所示。减速车道是指供车辆驶离高速车流之后减速用的车道,如图1-5-8所示。

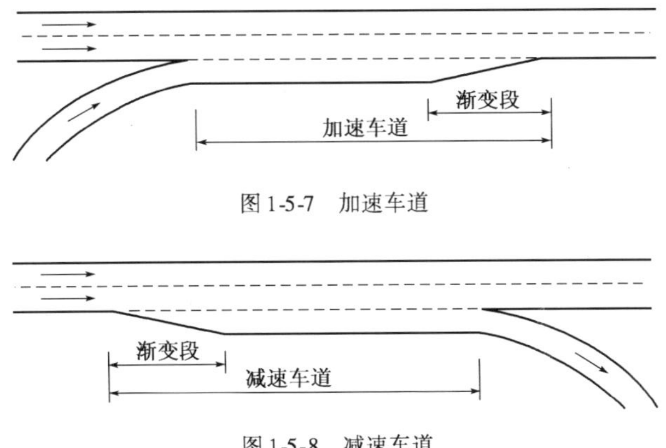

图1-5-7　加速车道

图1-5-8　减速车道

高速公路、一级公路的互通式立体交叉、服务区、停车区、客运汽车停靠站、管理与养护设施、观景台等与主线相衔接处,应设置加速车道和减速车道,加(减)速车道宽度应为3.50m。

二级公路在服务区、停车区、客运汽车停靠站、管理与养护设施、加油站、观景台等的各类出入口处,应设置过渡段。

(5)错车道

错车道是指在单车道道路上,可通视的一定距离内,供车辆交错避让用的一段加宽车道,如图1-5-9示。四级公路路基宽度采用单车道时,应在不大于300m的距离内选择有利地点设置错车道,并使驾驶者能看到相邻两错车道之间的车辆。设置错车道路段的路基宽度应不小于6.5m,有效长度应不小于20m。

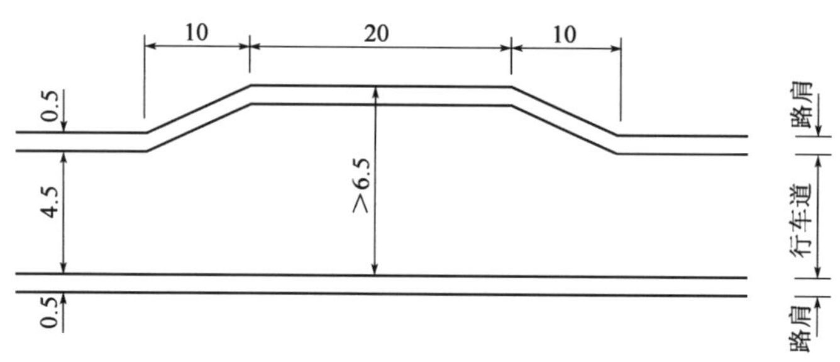

图1-5-9 错车道(尺寸单位:m)

(6)避险车道

避险车道指在长陡下坡路段行车道外侧增设的供速度失控车辆驶离正线安全减速的专用车道。连续长、陡下坡路段,应结合交通安全性评价论证设置避险车道。避险车道应设置在长、陡下坡路段的右侧视距良好的适当位置,其宽度不应小于4.50m。有条件时,宜在避险车道右侧平行设置救援车道。

2)中间带

中间带是由两侧的路缘带和中央分隔带组成的地带,其中路缘带是指路肩或中间带的组成部分,与行车道相连接,用行车道的外侧标线或不同的路面颜色划分的带状部分;分隔带则是沿道路纵向设置的分隔车行道用的带状设施,位于路中线位置的称为中央分隔带,位于路中线两侧的称为外侧分隔带,如图1-5-10所示。分离式路基应在适当位置设横向连接道,以供养护、维修或抢险时使用。

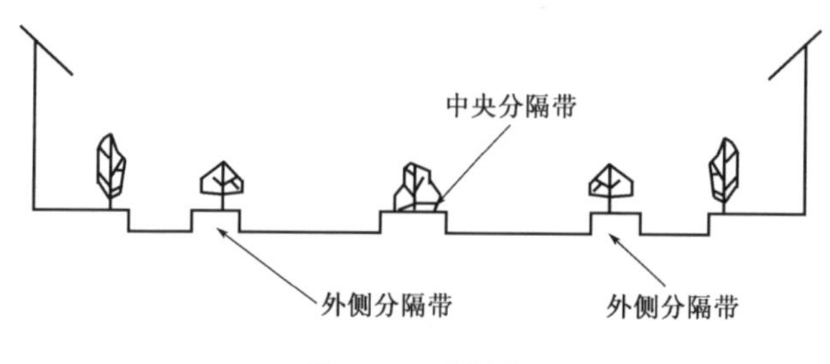

图1-5-10 分隔带

(1)整体式路基的中间带宽度

高速公路和一级公路整体式断面必须设置中间带。中间带宽度规定见表1-5-6,高速公路作为干线的一级公路,中央分隔带宽度应根据公路项目中央分隔带的功能确定,作为集散的一级公路,中央分隔带宽度应根据中间隔离设施的宽度决定。

高速公路、一级公路整体式路基断面必须设置中间带,中间带由两条左侧路缘带和中央分隔带组成,并应符合下列规定:

①高速公路和作为干线的一级公路,中央分隔带宽度应根据公路项目中央分隔带功能确定。

②作为集散的一级公路,中央分隔带宽度应根据中间隔离设施的宽度确定。

③左侧路缘带宽度不应小于表1-5-3的规定。

左侧路缘带宽度　　表1-5-3

设计速度(km/h)		120	100	80	60
左侧路缘带宽度(m)	一般值	0.75	0.75	0.50	0.50
	最小值	0.50	0.50	0.50	0.50

注:1.“一般值”为正常情况下的采用值。

2.设计速度为120km/h,100km/h,受地形、地物限制的路段或多车道公路内侧仅限小型车辆通行的路段,可论证采用“最小值”。

(2)分离式路基间的最小间距

分离式路基间的间距应满足设置必要的排水和安全防护设施等的需要,且与地形和周围景观相配合。

(3)中央分隔带开口

互通式立体交叉、隧道、特大桥、服务区等构造物前后,以及整体式路基、分离式路基的分离(汇合)处,应设置中央分隔带开口,其设置应符合下列规定:

①中央分隔带开口间距应视需要而定,最小间距应不小于2km。

②中央分隔带开口长度不宜大于40m;八车道及以上车道数的高速公路开口长度可适当增长,但不应大于50m。中央分隔带开口处应设置活动护栏。

③中央分隔带开口应设置在通视良好的路段,开口设于曲线路段时,该圆曲线的超高值不宜大于3%。

④当中央分隔带宽度小于3.0m时,其开口端部的形式可采用半圆形;当中央分隔带宽度大于或等于3.0时,宜采用弹头形。

3)路肩

路肩是指位于车行道外缘至路基外缘,具有一定宽度的带状部分(包括硬路肩和土路肩),为保持车行道的功能和临时停车使用,并作为路面的横向支承。

(1)右侧路肩

各级公路的右侧路肩宽度应符合表1-5-4的规定。

①高速公路、一级公路应在右侧硬路肩宽度内设右侧路缘带,其宽度为0.50m。

②二级公路的硬路肩可供非汽车交通使用。非汽车交通量较大的路段,可采用全铺的方式,以充分利用。

右侧路肩宽度 表 1-5-4

公路技术等级(功能)		高速公路			一级公路(干线功能)	
设计速度(km/h)		120	100	80	100	80
右侧硬路肩宽度(m)	一般值	3.00(2.50)	3.00(2.50)	3.00(2.50)	3.00(2.50)	3.00(2.50)
	最小值	1.50	1.50	1.50	1.50	1.50
土路肩宽度(m)	一般值	0.75	0.75	0.75	0.75	0.75
	最小值	0.75	0.75	0.75	0.75	0.75
公路技术等级(功能)		一级公路(集散功能)和二级公路		三级公路、四级公路		
设计强度(km/h)		80	60	40	30	20
右侧硬路肩宽度(m)	一般值	1.50	0.75	—	—	—
	最小值	0.75	0.25			
土路肩宽度(m)	一般值	0.75	0.75	0.75	0.50	0.25(双车道) 0.50(单车道)
	最小值	0.50	0.50			

注:1. 正常情况下,应采用"一般值";在设爬坡车道、变速车道及超车道路段,受地形、地物等条件限制路段及多车道公路特大桥,可论证采用"最小值"。

2. 高速公路和作为干线的一级公路以通行小客车为主时,右侧硬路肩宽度可采用括号内数值。

3. 高速公路局部设计速度采用60km/h 的路段,右侧硬路肩宽度不应小于1.5m。

③二级公路、三级公路、四级公路在路肩上设置的标志、防护设施等不得侵入公路建筑限界,必要时应加宽路肩。

(2)左侧路肩

①高速公路、一级公路的分离式路基,应设置左侧路肩,其宽度规定见表1-5-5。左侧硬路肩内含左侧路缘带,左侧路缘带宽度为0.5m。

高速公路、一级公路分离式路基的左侧路肩宽度 表 1-5-5

设计速度(km/h)	120	100	80	60
左侧硬路肩宽度(m)	1.25	1.00	0.75	0.75
左侧土路肩宽度(m)	0.75	0.75	0.75	0.50

②高速公路整体式路基双向八车道及以上路段,宜设置左侧硬路肩,其宽度应不小于2.5m。

③高速公路分离式路基单幅同向四车道及以上的路段,左侧硬路肩宽度不宜小于2.5m。

(3)紧急停车带

紧急停车带是指在高速公路和一级公路上,供车辆临时发生故障或其他原因紧急停车使用的临时停车地带,如图1-5-11所示。

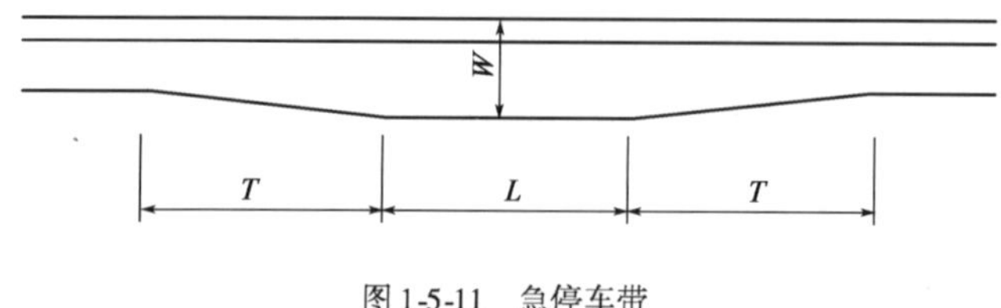

图1-5-11 急停车带

①高速公路和作为干线的一级公路的右侧硬路肩宽度小于 2.50m 时，应设置紧急停车带。紧急停车带宽度不应小于 3.5 m，有效长度不应小于 40m，间距不宜大于 500m，并在其前后设置不短于 70m 的过渡段。

②高速公路、一级公路的特大桥、特长隧道，根据需要可设置紧急停车带，其间距不宜大于 750m。

③二级公路根据需要可设置紧急停车带，其间距宜按实际情况确定。

4）路拱坡度

路拱是指路面横断面的两端与中间线形成一定坡度的拱起形状，横坡是指路幅和路侧带各组成部分的横向坡度，指路面、分隔带、人行道、绿化带等的横向倾斜度，以百分率表示。

（1）高速公路、一级公路整体式路基的路拱宜采用双向路拱坡度，由路中央向两侧倾斜。位于中等强度降雨地区时，路拱坡度宜为 2%，位于降雨强度较大地区时，路拱坡度可适当增大。

（2）高速公路、一级公路分离式路基的路拱，宜采用单向横坡，并向路基外侧倾斜，也可采用双向路拱坡度；积雪、冰冻地区，宜采用双向路拱坡度。

（3）双向六车道及以上车道数的公路，当超高过渡段的路拱坡度过于平缓时，可采用双向路拱坡度。路拱坡度过于平缓路段应进行路面排水分析。

（4）二级公路、三级公路、四级公路的路拱应采用双向路拱坡度，由路中央向两侧倾斜。路拱坡度应根据路面类型和当地自然条件确定，但不应小于 1.5%。

（5）硬路肩、土路肩横坡。

①直线路段的硬路肩应设置向外倾斜的横坡，其坡度值应与车道横坡值相同。路线纵坡平缓，且设置拦水带时，其横坡值宜采用 3%～4%。

②曲线路段内、外侧硬路肩横坡的横坡值及其方向：当曲线超高小于或等于 5% 时，其横坡值和方向应与相邻车道相同；当曲线超高大于 5% 时，其横坡值应不大于 5%，且方向相同。

③硬路肩的横坡应随邻近车道的横坡一同过渡，其过渡段的纵向渐变率应控制在 1/330～1/150 之间。

④土路肩的横坡：位于直线路段或曲线路段内侧，且车道或硬路肩的横坡值大于或等于 3% 时，土路肩的横坡应与车道或硬路肩横坡值相同；小于 3% 时，土路肩的横坡应比车道或硬路肩的横坡值大 1% 或 2%。位于曲线路段外侧的土路肩横坡，应采用 3% 或 4% 的反向横坡值。

⑤中型以上桥梁及隧道区段的硬路肩横坡值，应与车道相同。

3. 城市道路路基宽度各个组成部分的一般规定

（1）城市道路横断面设计应按道路等级、服务功能、交通特性、结合各种控制条件，在规划红线宽度范围内合理布设。

（2）横断面形式应根据设计速度、交通量、交通组成、交通组织方式等条件选择，并应满足年限内的交通需求。

（3）横断面设计应与轨道交通线路、环保设施、地上杆线及地下管线等协调。

（4）横断面设计应结合沿线地形、两侧建筑物及用地性质进行布置，并应分别满足机动车道、非机动车道、人行道、分车带等宽度的规定。

(5)横断面设计应满足远期交通功能需要,分期修建时应近远期结合,使近期工程成为远期工程的组成部分,并应预留管线位置,控制道路用地,给远期实施留有余地,城市建成区不宜分期修建。

(6)改建道路应采取工程措施与道路交通管理相结合的方法布设横断面。

4. 城市道路路基宽度各个组成部分的运用

1)机动车道宽度

城市道路机动车道路面宽度包括车行道宽度及两侧路缘带宽度,单幅路及三幅路采用中间分隔带或双黄线分隔对向交通时,机动车道路面宽度还应包括分隔物或双黄线的宽度。一条机动车道最小宽度应符合表1-5-6要求。

一条机动车道最小宽度 表1-5-6

车型及车道类型	设计速度(km/h)	
	>60	≤60
大型车或混行车道(m)	3.75	3.75
小客车专用车道(m)	3.50	3.25

2)非机动车道宽度

非机动专用道路面宽度应包括车道宽度及两侧路缘带宽度,单向不宜小于3.5m,双向不宜小于4.5m。与机动车道合并设置的非机动车道,车道数单向不应小于2条,宽度不应小于2.5m。一条非机动车道的最小宽度要求见表1-5-7。

一条非机动车道最小宽度 表1-5-7

车辆种类	自行车	三轮车
非机动车道宽度(m)	1.0	2.0

非机动车、行车密集公路和城市出入口的公路,可根据需要设置侧分隔带、非机动车道和人行道。

3)路侧带

路侧带可由人行道、绿化带、设施带等组成,如图1-5-12所示,路侧带设计符合下列规定:

(1)人行道宽度必须满足行人安全顺畅通过得要求,并应设置无障碍设施。人行道最小宽度符合表1-5-8的规定。

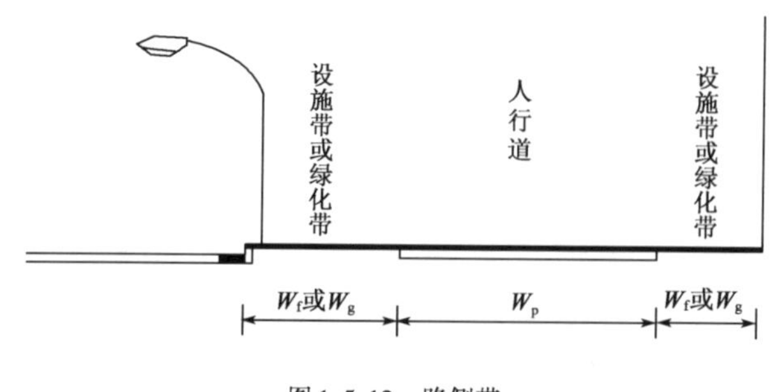

图1-5-12 路侧带

人行道最小宽度 表1-5-8

项目	人行道最小宽度(m)	
	一般值	最小值
各级道路	3.0	2.0
商业或公共场所集中路段	5.0	4.0
火车站、码头附近路段	5.0	4.0
长途汽车站	4.0	3.0

(2)绿化带的宽度应符合现行行业标准《城市道路绿化规划与设计规范》(CJJ 75)的相关要求。当绿化带内设置雨水调蓄设施时,绿化带的宽度还应满足所设置设施的宽度要求。

(3)设施带宽度应包括设置护栏、照明灯柱、标志牌、信号灯、城市公共服务设施等的要求,各种设施布局应综合考虑。设施带可与绿化带结合设置,但应避免各种设施与树木间的干扰。

4)分车带

分车带按其在横断面中的不同位置与功能,可分为中间分车带(简称中间带)及两侧分车带(简称两侧带),分车带由分隔带及两侧路缘带组成。分隔带应采用立缘石围砌,需要考虑防撞要求时,应采用相应等级的防撞护栏。当需要在道路分隔带中设置雨水调蓄设施时,立缘石的设置形式应满足排水的要求。

5)路肩

采用边沟排水的道路应在路面外侧设置保护性路肩,中间设置排水沟的道路应设置左侧保护性路肩,保护性路肩宽度自路缘带外侧算起,快速路不应小于0.75m;其他等级不应小于0.50m;当有少量行人时,不应小于1.50m。路肩宽度应满足设置护栏、地上杆柱、交通标志基础的要求。

6)路拱与横坡

路拱是指路面的横向断面做成中央高于两侧,具有一定坡度的拱起形状。路拱横坡则指路拱横向的倾斜度,以百分率表示。道路横坡应根据路面宽度、路面类型、纵坡及气候条件确定,宜采用1.0%~2.0%。快速路及降雨量大的地区宜采用1.5%~2.0%。严寒积雪地区、透水路面宜采用1.0%~1.5%。保护性路肩横坡度可比路面横坡度加大1.0%。单幅路应根据道路宽度采用单向或双向路拱横坡;多幅路应采用由路中线向两侧的双向路拱横坡、人行道宜采用单向横坡,坡向应朝向雨水设施设置位置的一侧。采用单向坡时一般采用直线形路拱,双向坡时应采用抛物线加直线的路拱。

7)缘石

路面边缘与其他构造物分界处的标石。缘石应设置在中间分隔带、两侧分隔带及路侧带两侧,缘石可分为立缘石和平缘石。立缘石宜设置在中间分隔带、两侧分隔带及路侧带两侧。当设置在中间分隔带及两侧分隔带时,外露高度宜为15~20cm;当设置在路侧带两侧时,外露高度宜为10~15cm。排水式立缘石尺寸、开孔形状等应根据设计汇水量计算确定。平缘石宜设置在人行道与绿化带之间,以及有无障碍要求的路口或人行横道范围内。

三、了解横断面设计方法和要求

1.横断面设计方法

(1)在计算纸上绘制横断面的地面线。地面线是在现场测绘的,若是纸上定线,可从大比例尺的地形图上内插获得。在计算机辅助设计中,可通过数字化仪或数字地面模型自动获得。横断面图的比例一般是 1∶200。

(2)从“路基设计表”中抄入路基中心填挖高度,对于有超高和加宽的曲线路段,还应抄入“左高右高”、“左宽”、“右宽”等数据。

(3)根据现场调查所得来的“土壤、地质、水文资料”,参照“标准横断面图”,画出路幅宽度、填或挖的边坡坡线,在需要设置各种支挡工程和防护工程的地方画出该工程结构的断面示意。

(4)根据综合排水设计,画出路基边沟、截水沟、排灌渠等的位置和断面形式,必要时须注明各部分尺寸。此外,对于取土坑、弃土堆、绿化等也尽可能画出。经检查无误后,修饰描绘如图 1-5-13 所示。

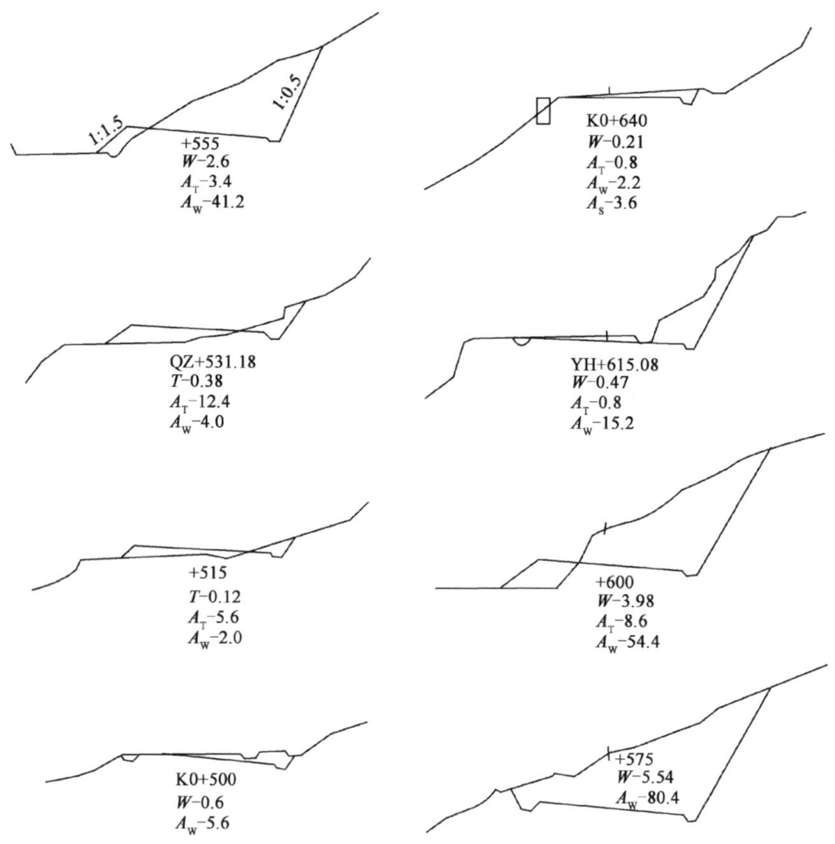

图 1-5-13　路基横断面设计图

对于分离式断面的公路和具有变速车道、爬坡车道、避险车道、紧急停车道的断面,可参照上述步骤绘制。一条道路的横断面图数量较大,为提高手工绘制的工作效率,可事先制作若干透明模板。但根本的解决办法是使用“路线 CAD”,它不但能准确自动绘制横断面图,而且能自动解算横断面面积。

上面所介绍的横断面设计方法,仅限于在“标准横断面图”范围以内的断面设计,其操作比较机械,所以形象化地称之为“戴帽子”。对特殊情况下的横断面,如高填、深挖、特殊地址、陡坡路基、浸水路基等,则必须按照路基工程中所讲述的原理和方法进行特殊设计,绘图比例尺也应按需要采用。

2. 横断面设计要求

公路横断面的组成除包括与行车有关的路幅外,还包括与路基工程、排水工程、环保工程有关的各种设施。

这些设施的位置和尺寸均应在横断面设计中有所体现。路基横断面形式和尺寸实际上在确定路线平面位置时就已经有了考虑,在纵断面设计中又根据路线标准和地形条件对路基的合理高度,特别是工程艰巨路段仔细作了分析研究,拟定了横断面方案。因此,施工图设计阶段的横断面设计是在总结上述工作的基础上把它具体化,绘制横断面设计图纸,作为计算土石方数量和日后施工的依据。

横断面设计,必须结合地形、地质、水文等条件,本着节约用地的原则,选用合理的断面形式,以满足行车顺适、工程经济、路基稳定且便于施工和养护的要求。

考 点 分 析

道路横断面设计是道路几何设计的重点。横断面是指中线以上各点沿法向的垂直剖面,公路横断面主要包括行车道、路肩、中间带等组成。城市道路的横断面包括机动车道、非机动车道、人行道、分隔带和绿化带等。高速公路、一级公路和二级公路还有爬坡车道、避险车道等;高速公路、一级公路的出入口还有变速车道等;与公路横断面相比,城市道路路基宽度的组成还包括路拱与横坡及路缘石等。本节需要考生掌握各级道路横断面组成的特点和要求,熟悉路基宽度各个组成部分的一般规定与运用,并了解道路横断面的设计方法和要求。

例 题 解 析

例 1　根据《公路路线设计规范》(JTG D20—2017)第 6.1.1 条,公路路基标准横断面组成,高速公路、一级公路的整体式路基标准横断面的组成是哪个选项?　(　　)

(A)行车道、中间带、左侧路缘带、右侧路肩

(B)行车道、中央分隔带、右侧路缘带、右侧硬路肩、右侧土路肩

(C)行车道、中间带、右侧硬路肩、土路肩

(D)行车道、中央分隔带、左侧路缘带、左侧硬路肩、土路肩

分析

本题考查高速公路、一级公路的整体式路基标准横断面的组成。根据《公路路线设计规范》(JTG D20—2017)第 6.1.1 条,高速公路、一级公路的整体式路基标准横断面由行车道、中间带(中央分隔带、左侧路缘带)、路肩(右侧硬路肩、土路肩)。故本题选 C。

例 2　设置有错车道的公路,其等级是哪个选项?　(　　)

(A)一级公路　　(B)二级公路

(C)三级公路　　(D)四级公路

分析

本题考查错车道的设置。故本题选 D。

例 3　关于机动车行车道宽度的说法,错误的是哪个选项?　(　　)

(A)机动车道包括快车道和慢车道

(B)双车道公路有两条车道,行车道宽度包括汽车宽度和富余宽度

(C)富余宽度是指对向行驶两车厢之间的安全间隙、汽车轮胎到路面边缘的安全距离

(D)行车道的富余宽度与车速无关

分析

本题考查行车道宽度确定的原理。富余宽度由对向行驶两车厢之间的安全间隙和汽车轮胎到路面边缘的安全距离组成,向行驶两车厢之间的安全间隙和汽车轮胎到路面边缘的安全距离均与行车速度有关,所以富余宽度与行车速度有关。故本题选 D。

例 4　根据《城市道路路线设计规范》(CJJ 193—2012)第 5.3.2 条对非机动车道的规定,以下哪个选项的说法正确?　(　　)

(A)非机动车道数宜根据自行车设计交通量与每条自行车道设计通行能力计算确定

(B)三轮车行驶的非机动车道宽度最小为 1.5m

(C)非机动车道路面宽度应为非机动车道宽度及两侧各 0.5m 之和

(D)非机动车道数单向不宜小于 3 条

分析

根据《城市道路路线设计规范》(CJJ 193—2012)第 5.3.2 条,对非机动车道的规定,三轮车行驶的非机动车道宽度最小为 2m,故 B 错误。非机动车道路面宽度应为非机动车道宽度及两侧各 0.25m 之和,故 C 错误。非机动车道数单向不宜小于 2 条。故本题选 A。

例 5　设计一条专为自行车行驶的非机动车道,其宽度最小是哪个参数?　(　　)

(A)1.5m　　(B)2m　　(C)1m　　(D)1.25m

分析

根据《城市道路路线设计规范》(CJJ 193—2012)第 5.3.2 条,一条非机动车道最小宽度规定,可知本题选 C。

例 6　枢纽互通式立体交叉的加减速车道宽度最好选用以下哪个选项?　(　　)

(A)3.5m　　(B)2.5m　　(C)3m　　(D)3.75m

分析

高速公路、一级公路的互通式立体交叉、服务区、停车区、公共汽车停靠站、管理与养护设施等与主线衔接出入口出处的加减速车道宽度应为 3.5m。枢纽互通式立体交叉的加减速车道宽度宜为 3.75m。故本题选 D。

例 7　避险车道是在长陡坡路段正线行车道____坡方向____侧为失控车辆增设的专用车道。（　　）

(A)上;左　　(B)上;右　　(C)下;左　　(D)下;右

分析

本题考查避险车道的概念。避险车道是在长陡坡路段正线行车道下坡方向右侧为失控车辆增设的专用车道。故本题选 D。

例 8　视距计算中,"目高"驾驶员的视线高度为____,"物高"障碍物的高度为____。（　　）

(A)1m;0.2m　　(B)1m;0.1m　　(C)1.2m;0.2m　　(D)1.2m;0.1m

分析

本题考查"目高"和"物高"的基本概念。"目高"是指驾驶人员眼睛距地面的高度,规定以车体较低的小客车为标准,据实测采用 1.2m。"物高"指路面上障碍物的高度,道路上可能出现的障碍物,除了迎面来车外,还有横穿道路的行人、前面车辆掉下的货物及因挖方边坡塌方落下的石头等。考虑汽车底盘离地的最小高度在 0.14 ~ 0.2m 之间,规定物高为 0.1m,故本题选 D。

例 9　如图,该横断面面积大约是以下哪个选项?（　　）

(A) nb　　(B) $\sum h_i$　　(C) $\sum bh_i$　　(D) $\sum bh_i/2$

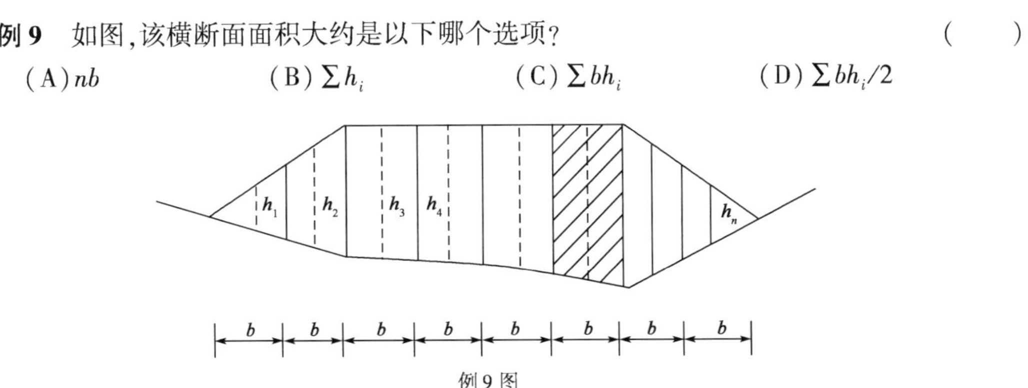

例 9 图

分析

本题考查常用横断面面积计算方法中的积距法,根据其计算公式:

$$A = bh_1 + bh_2 + \cdots + bh_n = b\sum_{i=1}^{n} h_i$$

可知,例 9 图所示横断面面积为 $\sum bh_i$。故本题选 C。

例 10 如图,该段填方路基两断面的断面积分别为 F_1、F_2,路段长为 L,则该段土方量是哪个选项? ( )

(A)$(F_1+F_2)L$ (B)$\frac{1}{2}(F_1+F_2)L$ (C)F_1+F_2 (D)F_1F_2L

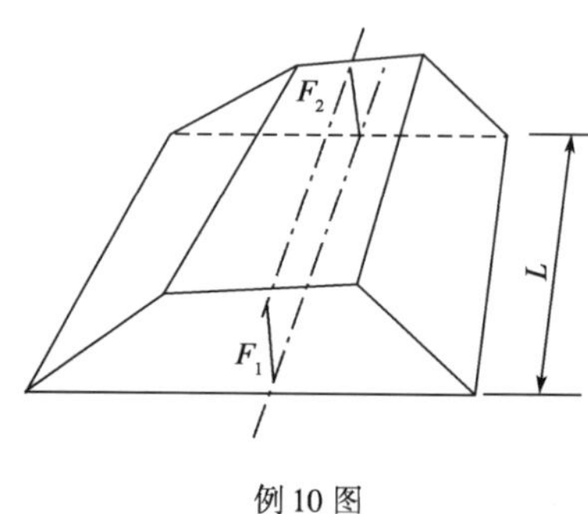

例 10 图

分析

本题考查常用土石方数量的计算方法中的平均断面法,根据其计算公式:$V=\frac{1}{2}(F_1+F_2)L$。可知,图中土石方体积为$\frac{1}{2}(F_1+F_2)L$。故本题选 B。

例 11 关于城市道路的组成,下列哪些选项的说法正确? ( )

(A)城市道路上供各种车辆行驶的部分统称行车道

(B)城市道路各组成部分相互联系和影响,其位置的安排和宽度的确定必须首先保证车辆和行人的安全畅通

(C)城市道路路线设计中,纵断面设计是矛盾的主要方面

(D)城市道路各组成部分位置的确定暂不需考虑与自然景观的协调性

分析

本题考查城市道路的组成。城市道路路线设计中,横断面设计是矛盾的主要方面,选项 C 错误。城市道路各组成部分位置确定的同时需要考虑与自然景观协调性,选项 D 错误。故本题选 AB。

例 12 关于路拱横坡,下列哪些选项的说法正确? ( )

(A)路拱对排水有利,对行车不利,同时给乘客带来不舒适的感觉

(B)高速公路应采用值较小的路拱横坡

(C)分离式路基每侧行车道只设置单向路拱即可

(D)路拱的形式有抛物线、直线接抛物线形、折线形

分析

高速公路和一级公路由于其路面较宽,迅速排除路面积水尤为重要。所以当此种公路处

于降雨强度较大的地区时，应采用值较高的横坡，故 B 错误。分离式路基，每侧行车道可设置双向路拱，有利于排水。在降雨量不大的地区可采用单向横坡，并向路基外侧倾斜。但在积雪冻融地区，应设置双向路拱。C 选项说法过于绝对，应分情况讨论，所以 C 错误。故本题选 AD。

例 13 根据《城市道路路线设计规范》(CJJ 193—2012)第 5.3.1 条，城市机动车道中，单幅路及三幅路采用中间分隔物或交通标线分隔对向交通时，机动车道路面宽度包括下列哪些选项？ ( )

(A)机动车道宽度 (B)分隔物宽度

(C)两侧路缘带宽度 (D)照明设施宽度

分析

根据《城市道路路线设计规范》(CJJ 193—2012)第 5.3.1 条，机动车道路面宽度应为机动车宽度及两侧路缘带宽度之和。单幅路及三幅路采用中间分隔物或交通标线分隔对向交通时，机动车道路面宽度还应包括分隔物宽度或交通标线宽度。本题主要考查分隔物和标线分隔宽度，对照明设施宽度没有相关讨论。故本题选 ABC。

例 14 人行道宽度的确定应考虑哪些因素？ ( )

(A)道路形状 (B)行人流量

(C)绿化 (D)沿街道建筑性质及布设公用设施

分析

人行道宽度应根据道路类别、功能、行人流量、绿化、沿街道建筑性质及布设公用设施要求等确定。故本题选 BCD。

例 15 以下哪些地方可以设置加减速车道？ ( )

(A)高速公路的立体交叉衔接处 (B)高速公路主线与服务区的衔接处

(C)一级公路客运汽车停靠站 (D)二级公路与城市道路的衔接处

分析

高速公路、一级公路的互通式立体交叉、服务区、停车区、公共汽车停靠站、管理与养护设施等与主线衔接出入口出处，应设置加减速车道。故本题选 ABC。

例 16 根据《公路路线设计规范》(JTG D20—2017)的规定，以下关于爬坡车道的说法，正确的是哪几项？ ( )

(A)高速公路、一级公路爬坡车道长度大于 500m 时，按规定在其右侧设置紧急停车带

(B)二级公路连续上坡路段中，当上坡路段的设计通行能力大于设计小时交通量时，宜在上坡方向行车道右侧设置爬坡车道

(C)对于四车道高速公路,经设置爬坡车道与改善主线纵坡不设爬坡车道技术经济比较论证,设置爬坡车道的效益费用比、行车安全性较优时,宜在上坡方向行车道右侧设置爬坡车道

(D)爬坡车道的曲线加宽应按一个车道曲线加宽规定执行

分析

根据《公路路线设计规范》(JTG D20—2017)第8.4.1条,四车道高速公路、四车道一级公路以及二级公路连续上坡路段,符合下列情况之一者,宜在上坡方向行车道右侧设置爬坡车道:

①沿连续上坡方向载重汽车的运行速度降低至下表的容许最低速度以下时;

②当上坡路段的设计通行能力小于设计小时交通量时;

③经设置爬坡车道与改善主线纵坡不设爬坡车道技术经济比较论证,设置爬坡车道的效益费用比、行车安全性较优时。

故B错误,C正确。

根据《公路路线设计规范》(JTG D20—2017)第8.4.3条和第8.4.4条,A、D正确。

故本题选ACD。

例17 根据《公路工程技术标准》(JTG B01—2014),下列哪些选项说法错误? ( )

(A)双车道公路应间隔设置满足会车视距的路段

(B)积雪冰冻地区的停车视距必须增长

(C)互通式立交、服务区、停车区、公共汽车停靠站等各类出、入口应满足识别视距要求

(D)高速公路、一级公路以及大型车比例较低的二、三级公路,应采用货车停车视距对相关路段进行检验

分析

根据《公路工程技术标准》(JTG B01—2014)第4.0.15条。双车道公路应间隔设置满足超车视距的路段,而不是会车视距。故A错误。积雪冰冻地区的停车视距宜适当增长,故B错误。D选项中,大型车比例较高的二、三级公路应采用货车停车视距对相关路段进行检验,而不是大型车比例较低的二、三级公路,故D错误。

故本题选ABD。

例18 以下关于横断面设计方法的说法哪几项正确? ( )

(A)根据现场调查所得来的“土壤、地质、水文资料”,参照“标准横断面图”,画出路幅宽度、填或挖的边坡坡线,在需要设置各种支挡工程和防护工程的地方画出该工程结构的断面示意

(B)地面线是在现场测绘的,若是纸上定线,可从大比例尺的地形图上内插获得

(C)不须画出取土坑、弃土堆、绿化等

(D)可以在计算机辅助设计中,地面线也可通过数字化仪或数字地面模型自动获得

分析

根据横断面设计方法，步骤①在计算纸上绘制横断面的地面线。地面线是在现场测绘的，若是纸上定线，可从大比例尺的地形图上内插获得，故 B 正确。步骤③根据现场调查所得来的“土壤、地质、水文资料”，参照“标准横断面图”，画出路幅宽度、填或挖的边坡坡线，在需要设置各种支挡工程和防护工程的地方画出该工程结构的断面示意，故 A 正确。步骤④对于取土坑、弃土堆、绿化等也尽可能画出，故 C 错误。在计算机辅助设计中，地面线可通过数字化仪或数字地面模型自动获得，横断面图的比例一般是 1:200，故 D 正确。

故本题选 ABD。

例 19　城市道路横断面设计图上应绘出的内容包括下列哪些选项？　(　　)

(A)标线宽度　　(B)行车道和人行道

(C)断建或改建的地下管道等　　(D)绿带和照明

分析

城市道路横断面设计图一般要用的比例尺为 1:100 或 1:200，在图上应绘出红线宽度、行车道、人行道、绿带、照明、断建或改建的地下管道等各组成部分的位置和宽度，以及排水方向、路面横坡等。故本题选 BCD。

例 20　下列土石方调配方法公式中，哪些选项正确？　(　　)

(A)横向调运 + 纵向运输 + 借方 = 填方

(B)横向调运 + 纵向运输 + 弃方 = 挖方

(C)挖方 + 借方 = 填方 + 弃方

(D)挖方 -（横向调运 + 纵向运输）= 填方 +（横向调运 + 纵向运输）

分析

土石方调配后进行检查复核的公式：①横向调运 + 纵向运输 + 借方 = 填方；②横向调运 + 纵向运输 + 弃方 = 挖方；③挖方 + 借方 = 填方 + 弃方。故本题选 ABC。

自测模拟

（第 1 ~ 13 题为单选题，第 14 ~ 20 题为多选题）

1. 下列不属于主线横断面的是哪个选项？　(　　)

(A)行车道　　(B)路缘带

(C)分车带　　(D)路旁建筑物

2. 设置路拱的作用是下列哪个选项？　(　　)

(A)提高行车稳定性　　(B)排除路面上雨水

(C)提高行车舒适性　　　　(D)便于施工

3. 关于人行道的说法,下列哪个选项正确? (　　)

(A)人行道的宽度一般值都一样

(B)步行道的宽度即人行道的宽度

(C)人行道通常布设在道路两侧,宽度必须一致

(D)骑楼式人行道适用于旧城原行车道和人行道均显狭窄的道路上

4. 避险车道的位置一般设置于哪个路段? (　　)

(A)连续长陡下坡路段　　　　(B)超高路段

(C)视距不良路段　　　　(D)病害路段

5. 下列属于高速公路爬坡车道的平面布置是哪个选项? (　　)

(A)

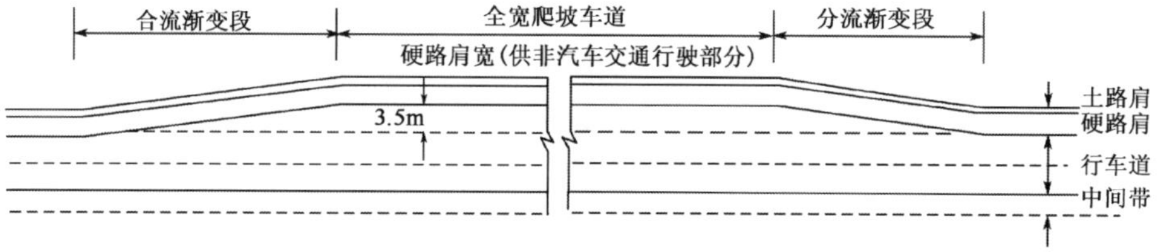

合流渐变段　全宽爬坡车道　分流渐变段
硬路肩宽(供非汽车交通行驶部分)
3.5m
土路肩
硬路肩
行车道
中间带

(B)

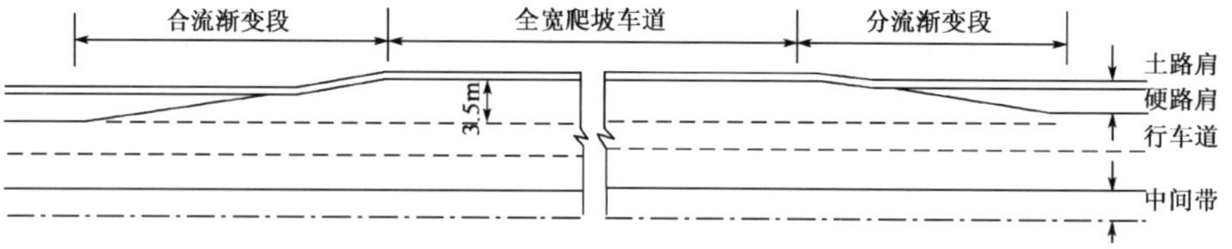

合流渐变段　全宽爬坡车道　分流渐变段
3.5m
土路肩
硬路肩
行车道
中间带

(C)

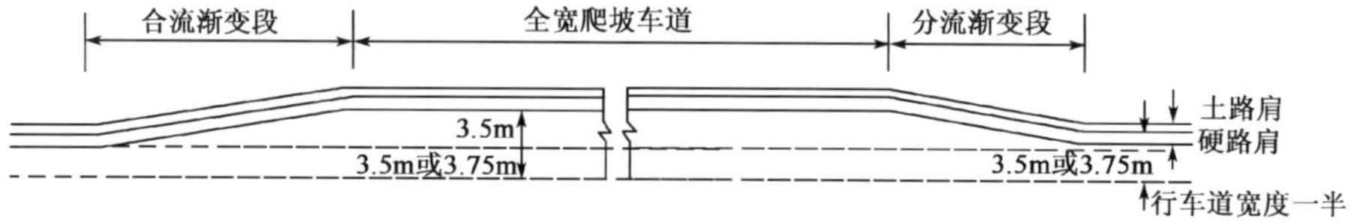

合流渐变段　全宽爬坡车道　分流渐变段
3.5m
3.5m或3.75m
3.5m或3.75m
土路肩
硬路肩
行车道宽度一半

(D)以上都不对

6. 高速公路、一级公路应满足下列哪个选项的要求? (　　)

(A)行车视距　　　　(B)超车视距

(C)停车视距　　　　(D)会车视距

7. 关于视距的说法,下列错误的是哪个选项? (　　)

(A)二级公路视距应采用会车视距。受地形条件或其他特殊情况限制而采取分道行驶措施的路段,可采用停车视距

(B)具有干线功能的二级公路宜在3min的行驶时间内,提供一次满足超车视距要求的

超车路段

(C)高速公路、一级公路以及大型车比例高的二级公路、三级公路的上坡路段，应采用上坡段货车停车视距对相关路段进行检验

(D)各级公路的互通式立体交叉、服务区、停车区、客运汽车停靠站等各类出口路段应满足识别视距要求

8. 在一辆车高速行驶过程中，前方突然出现紧急情况，驾驶员立即采取制动措施，反应时间为 2.5s，汽车行驶速度为 120km/h，制动距离 55m，则停车视距是哪个选项？ ( )

(A)128m (B)138m

(C)148m (D)118m

9. 路基根据横断面挖填可以分为几类，具体分类是哪个选项？ ( )

(A)3 类；路堤，路堑，半填半挖路基

(B)2 类；填方路基，挖方路基

(C)2 类；路堤，路堑

(D)2 类；凸形路基，凹形路基

10. 在确定借土填方的经济运距时，假设借土单价为 B，远运运费单价为 T，免费运距为 $L_{免}$，那么其经济运距 L 经是哪个选项？ ( )

(A)$L_{经}=B/T+L_{免}$ (B)$L_{经}=T/B+L_{免}$

(C)$L_{经}=B/T-L_{免}$ (D)$L_{经}=T/B-L_{免}$

11. 计价方数量的计算公式是哪个选项？ ( )

(A)废方数量 + 借方数量

(B)挖方数量 + 填方数量 − 借方数量 − 废方数量

(C)挖方数量 + 填方数量

(D)挖方数量 + 填方数量 − 废方数量

12. 用平均断面法计算土石方数量，其结果与实际结果相比一般是哪个选项？ ( )

(A)相等 (B)偏小

(C)有时偏大，有时偏小 (D)偏大

13. 已知桩号 K1 +000 的挖方断面积为 $60m^2$，K1 +020 的挖方断面积为 $20m^2$，则按平均断面法计算两桩号之间的挖方体积是哪个选项？ ( )

(A)$200m^3$ (B)$800m^3$

(C)$600m^3$ (D)$1230m^3$

14. 关于不同城市道路横断面特点的说法，下列哪些选项正确？ ( )

(A)单幅路占地少，投资省

(B)双幅路断面将对向行驶的车辆分开，造价较高

(C)三幅路占地较多，只有当红线宽度等于或大于40m时才能满足车道布置要求

(D)四幅路将机动车和非机动车分开，占地和造价都比三幅路高，适用于主干道和快速路

15. 机动车道宽度根据哪些因素确定？ ( )

(A)行驶车辆宽度 (B)规划交通量

(C)交通组成 (D)汽车行驶速度

16. 根据《城市道路路线设计规范》(CJJ 193—2012)第5.3.8条，以下关于城市道路路肩的说法，哪些选项正确？ ( )

(A)路肩宽度应满足设置护栏、地上杆柱、交通标志基础的要求

(B)采用边沟排水的道路应在路面内设路肩

(C)路肩可采用泥质或简易铺装

(D)设计速度为80km/h的道路保护性路肩最小宽度为0.75m

17. 根据《城市道路路线设计规范》(CJJ 193—2012)第5.4.1条，确定路拱设计应考虑下列哪些选项？ ( )

(A)路面材料 (B)路面类型

(C)设计速度 (D)纵坡

18. 下列哪些选项属于避险车道长度制定的依据？ ( )

(A)车辆下坡行驶速度 (B)避险车道纵坡

(C)路面宽度 (D)坡床集料面

19. 根据《公路路线设计规范》(JTG D20—2006)规定，关于超车视距的说法，下列哪些选项正确？ ( )

(A)三、四级公路的视距应满足超车视距

(B)具有干线功能的二级公路宜在500m的行驶距离内，提供一次满足超车视距要求的超车路段

(C)二级公路、三级公路、四级公路的超车视距有一般值和最小值的规定

(D)除具有干线功能的二级公路外，其他双车道可根据情况间隔设置具有超车视距的路段

20. 下列属于土石方调配原则的是哪些选项？ ( )

(A)在半填半挖的断面中，应首先考虑在本路段内移挖作填进行横向平衡，多余的土石方再作纵向调配，以减少总的运量

(B)土石方调配应考虑桥涵位置对施工运输的影响，一般大沟不作跨越运输，同时应注意施工的可能与方便，尽可能避免和减少上坡运土

(C)在土石方调配中，应优先考虑纵向调配，其次再考虑横向调配

(D)为使调配合理,必须根据地形情况和施工条件,选用适当的运输方式,确定合理的经济运距,用以分析工程用土是调运还是外借

参考答案

1.D　2.B　3.D　4.A　5.B　6.C　7.C　8.B　9.A　10.A
11.C　12.D　13.B　14.ACD　15.BCD　16.AD　17.BCD　18.ABD
19.CD　20.ABD

第六节　线形设计

依据规范

《公路工程技术标准》(JTG B01—2014)

4　路线

4.0.1　一般规定

6.0.8　桥梁及其引道的平、纵、横技术指标

8.0.4　隧道及其洞口两端路线的平、纵、横技术指标

《公路路线设计规范》(JTG D20—2017)

9.1　一般规定

9.2　平面线形设计

9.3　纵面线形设计

9.4　横断面设计

9.5　线形组合设计

9.6　线形与桥、隧的配合

9.7　线形与沿线设施的配合

9.8　线形与环境的协调

《城市道路工程设计规范》(CJJ 37—2012)(2016年版)

6.4　线形组合设计

13.2.5　桥梁及其引道的平、纵、横技术指标

13.3.5　隧道及其洞口两端的道路平、纵、横技术指标

16　绿化和景观

《城市道路路线设计规范》(CJJ 193—2012)

8　线形组合设计

8.5　线形与环境的协调

重点知识

一、掌握线形设计的原则、要求和内容

1. 线形设计的原则

(1)公路线形设计应做好平面、纵断面、横断面三者间的组合,并同自然环境相协调。

(2)线形设计除应符合行驶力学要求外,尚应考虑用路者的视觉、心理与生理方面的要求,提高汽车行驶的安全性、舒适性与经济性。

(3)线形设计的要求与内容应随公路功能和设计速度的不同而各有侧重。

(4)路线交叉前后的线形应选用较高的平、纵技术指标,使之具有较好的通视条件。

(5)各级公路均应采用运行速度方法,对平、纵线形组合设计、技术指标的协调性和一致性、视距以及路线视觉连续性等进行检验,依此优化线形设计、调整技术指标、完善交通工程与安全设施。

2. 线形设计的要求和内容

线形设计的要求与内容应随公路功能和设计速度的不同而各有侧重。

(1)高速公路和具干线功能的一、二级公路,应注重立体线形设计,做到线形连续、指标均衡、视觉良好、景观协调、安全舒适。设计速度越高,线形设计组合所考虑的因素应越周全,以提供高的服务质量。

(2)具集散功能的一、二级公路,应根据混合交通情况确定公路横断面布置设计,并注重路线交叉等处的线形设计组合,以保障通视良好,行驶通畅、安全。

(3)设计速度等于或小于40km/h的双车道公路,在保证行驶安全的前提下,应正确地运用线形要素的规定值(含最大、最小值),合理地组合各线形要素,或采取设置相应交通工程设施等技术措施,以充分发挥投资效益。

(4)遵循以设计路段确定公路等级、设计速度的原则,其设计路段的长度不宜过短,且线形技术指标应保持相对均衡。

(5)不同设计路段相衔接处前后的平、纵、横技术指标,应随设计速度由高向低(或反之)而逐渐由大向小(或反之)变化,使行驶速度自然过渡。相衔接处附近不宜采用该路段设计速度的最小或最大平、纵技术指标值。

二、熟悉平面线形设计的一般规定与运用

1. 平面线形设计的一般规定

(1)平面线形应直捷、连续、均衡,并与地形相适应,与周围环境相协调。

(2)受条件限制采用长直线时,应结合具体情况采用相应的技术措施。

(3)连续的圆曲线间应采用适当的曲线半径比。

(4)各级公路不论转角大小均应敷设曲线,并宜选用加大的圆曲线半径,转角过小时,不

应设置较短的圆曲线。

(5)两同向曲线间应设有足够长度的直线;两反向曲线间不应设置短直线段。

(6)六车道及以上高速公路和作为干线的一级公路,同向或反向圆曲线间插入的直线长度,还应符合路基外侧边缘超高过渡渐变率规定的要求。

(7)设计速度小于或等于40km/h的双车道公路,两相邻反向圆曲线无超高时可径相衔接,无超高有加宽时应设置长度不小于10m的加宽过渡段;两相邻反向圆曲线设有超高时,地形条件特殊困难路段的直线长度不小于15m。

(8)设计速度小于或等于40km/h的双车道公路,应避免连续急弯的线形。地形条件特殊困难不得已而设置时,应在曲线间按规定插入规定长度的直线或回旋线。

2. 平面线形设计中直线的运用

(1)直线的运用应注意同地形、环境的协调和配合。采用直线线形时,其长度不宜过长。

(2)农田、河渠规整的平坦地区、城镇近郊规划等以直线条为主体时,宜采用直线线形。

(3)特长、长隧道或结构特殊的桥梁等构造物所处的路段,以及路线交叉点前后的路段宜采用直线线形。

(4)双车道公路为超车所提供的路段宜采用直线线形。

3. 平面线形设计中圆曲线的运用

(1)设置圆曲线时应与地形相适应,宜采用超高为2%~4%对应的圆曲线半径。

(2)条件受限时,可采用大于或接近于圆曲线最小半径的“一般值”;地形条件特殊困难而不得已时,方可采用圆曲线最小半径的“极限值”,并采取措施保障视距的要求。

(3)设置圆曲线时,应同相衔接路段的平、纵线形要素相协调,使之构成连续、均衡的曲线线形,并避免小半径圆曲线与陡坡相重合的线形。

(4)当交点转角不得已小于7°时,应按规定设置足够长的曲线。

4. 平面线形设计中回旋线的运用

(1)设计速度大于或等于60km/h时,回旋线应作为线形要素之一加以运用。回旋线—圆曲线—回旋线的长度以大致接近为宜。两个回旋线的参数值亦可以根据地形条件设计成非对称的曲线,但 $A_1 : A_2$ 不应大于2.0。

(2)回旋线参数宜依据地形条件及线形要求确定,并与圆曲线半径相协调。在确定回旋线参数时,宜在下述范围内选定:$R/3 \leq A \leq R$,但:

①当 R 小于100m时,A 宜大于或等于 R。

②当 R 接近于100m时,A 宜等于 R。

③当 R 较大或接近于3000m时,A 宜等于 $R/3$。

④当 R 大于3000m时,A 宜小于 $R/3$。

(3)两反向圆曲线径相衔接或插入的直线长度不足时,可用回旋线将两反向圆曲线连接组合为S形曲线。

①S形曲线的两回旋线参数 A_1 与 A_2 宜相等。

②当采用不同的回旋线参数时，A_1 与 A_2 之比应小于 2.0，有条件时以小于 1.5 为宜。当 $A_2 \leqslant 200$ 时，A_1 与 A_2 之比应小于 1.5。

③两圆曲线半径之比不宜过大，以 $R_1/R_2 \leqslant 2$ 为宜（R_1 为大圆曲线半径；R_2 为小圆曲线半径）。

(4)两同向圆曲线径相衔接或插入的直线长度不足时，可用回旋线将两同向圆曲线连接组合为卵形曲线。

①卵形曲线的回旋线参数宜选 $R_2/2 \leqslant A \leqslant R_2$（$R_2$ 为小圆曲线半径）。

②两圆曲线半径之比，以 $R_2/R_1 = 0.2 \sim 0.8$ 为宜。

③两圆曲线的间距，以 $D/R_2 = 0.003 \sim 0.03$ 为宜（D 为两圆曲线间的最小间距）。

(5)受地形条件限制时，可将两同向回旋线在曲率相同处径相衔接而组合为凸形曲线。凸形曲线只有在路线严格受地形限制，且对接点的曲率半径相当大时方可采用。

①凸形曲线的回旋线参数及其对接点的曲率半径，应分别符合容许最小回旋参数和圆曲线最小半径的规定。

②对接点附近的 $0.3v$（以 m 计；其中 v 为设计速度，按 km/h 计）长度范围内，应保持以对接点的曲率半径确定的路拱横坡度。

(6)受地形条件或其他特殊情况限制时，可将两同向圆曲线的回旋线曲率为零处径相衔接而组合为 C 形曲线。C 形曲线仅限于地形条件特殊困难，路线严格受限制时方可采用。

(7)受地形条件限制时，大半径圆曲线与小半径圆曲线相衔接处，可采用两个或两个以上同向回旋线在曲率相同处径相连接而组合为复合曲线。复合曲线的两个回旋线参数之比以小于 1.5 为宜。复合曲线在受地形条件限制，或互通式立体交叉的匝道设计中可采用。

三、熟悉纵断面线形设计的一般规定与运用

1. 纵面线形设计的一般规定

(1)纵面线形应平顺、圆滑、视觉连续，并与地形相适应，与周围环境相协调。

(2)纵坡设计应考虑填挖平衡，并利用挖方就近作为填方，以减轻对自然地面横坡与环境的影响。

(3)相邻纵坡之代数差小时，应采用大的竖曲线半径。

(4)连续设置长、陡纵坡的路段，上坡方向应满足通行能力的要求，下坡方向应考虑行车安全，并结合前后路段各技术指标设置情况，采用运行速度对连续上坡方向的通行能力及下坡方向的行车安全性进行检验。

(5)路线交叉处前后的纵坡应平缓。

(6)位于积雪冰冻地区的公路，应避免采用陡坡。

2. 纵面线形设计中纵坡值的应用

(1)纵断面线形设计时应充分结合沿线地形等条件，宜采用平缓的纵坡，最小纵坡不宜小于 0.3%。对于采用平坡或小于 0.3% 的纵坡路段，应进行专门的排水设计。

(2)各级公路不宜采用最大纵坡值和不同纵坡最大坡长值，只有在为争取高度利用有利地形，或避开工程艰巨地段等不得已时，方可采用。

3. 纵面线形设计中纵坡设计的要求

(1)平原地形的纵坡应均匀、平缓。

(2)丘陵地形的纵坡应避免过分迁就地形而起伏过大。

(3)越岭线的纵坡应力求均匀，不应采用最大值或接近最大值的坡度，更不宜连续采用不同纵坡最大坡长值的陡坡夹短距离缓坡的纵坡线形。

(4)山脊线和山腰线，除结合地形不得已时采用较大的纵坡外，在可能条件下应采用平缓的纵坡。

4. 纵面线形设计的一般规定

(1)设计速度大于或等于60km/h的公路，竖曲线设计宜采用长的竖曲线和长直线坡段的组合。有条件时宜采用大于或等于表1-6-1所列视觉所需要的竖曲线半径值。

视觉所需要的竖曲线半径值　　表1-6-1

设计速度(km/h)	竖曲线半径(m)	
	凸形	凹形
120	20000	12000
100	16000	10000
80	12000	8000
60	9000	6000

(2)竖曲线应选用较大的半径。当条件受限制时，宜采用大于或接近于竖曲线最小半径的"一般值"；地形条件特殊困难而不得已时，方可采用竖曲线最小半径的"极限值"。

(3)同向竖曲线间，特别是同向凹形竖曲线之间，直线坡段接近或达到最小坡长时，宜合并设置为单曲线或复曲线。

(4)双车道公路在有超车需求的路段，应考虑超车视距要求，采用较大的凸形竖曲线半径或设置必要的标志、标线等设施。

四、熟悉横断面设计的一般规定与运用

(1)公路横断面设计应最大限度地降低路堤高度，减小对沿线生态的影响，保护环境，使公路融入自然。条件受限制不得已而出现高填、深挖时，应同桥梁、隧道、分离式路基等方案进行论证比选。

(2)路基断面布设应结合沿线地面横坡、自然条件、工程地质条件等进行设计。自然横坡较缓时，以整体式路基断面为宜。横坡较陡、工程地质复杂时，高速公路宜采用分离式路基断面。

(3)整体式路基的中间带宽度宜保持等值。当中间带的宽度根据需要增宽或减窄时，应采用左右分幅线形设计。条件受限制，且中间带宽度变化小于3.0m时，可采用渐变过渡，过

渡段的渐变率不应大于1/100。

(4)整体式路基分为分离式路基或分离式路基汇合为整体式路基时,其中间带的宽度增宽或减窄时,应设置过渡段。其过渡段以设置在圆曲线半径较大的路段为宜。

(5)公路横断面设计应注重路侧安全,做好中间带、加(减)速车道、路肩以及渠化、左(右)转弯车道、交通岛等各组成部分的细节设计。在有条件的地区或路段,积极采用宽中央分隔带、低路基、缓边坡、宽浅边沟等断面形式。

(6)中间带的设计。

①中央分隔带形式:中央分隔带宽度大于或等于3.0m时宜用凹形;中央分隔带宽度小于3.0m时可采用凸形;对于存在风沙和风雪影响的路段,宜采用平齐式。

②中央分隔带缘石:中央分隔带宽度大于或等于3.0m,或存在风沙和风雪影响的路段,宜采用平齐式;中央分隔带宽度小于3.0m,可采用平齐式或斜式。高速公路、一级公路中央分隔带不得采用栏式缘石。

③中央分隔带表面处理:中央分隔带宽度大于或等于3.0m时宜植草皮;中央分隔带宽度小于3.0m时可栽灌木或铺面封闭。

(7)公路横断面范围内的排水设计应自成体系、满足功能要求。设置在紧靠车道的边沟,其断面宜采用浅碟形或漫流等方式;当采用矩形或梯形边沟时,应加盖板。

(8)冬季积雪路段、工程地质病害严重路段等可适当加宽路基,以改善行车条件。

五、熟悉线形组合设计的一般规定与运用

1. 线形组合设计的原则

(1)线形组合设计中,各技术指标除应分别符合平面、纵断面规定值外,还应考虑横断面对线形组合与行驶安全的影响。应避免平面、纵断面、横断面的最不利值的相互组合的设计。

(2)在确定平面、纵断面的各相对独立技术指标时,各自除应相对均衡、连续外,应考虑与之相邻路段的各技术指标值的均衡、连续。

(3)线形组合设计除应保持各要素间内部的相对均衡与变化节奏的协调外,还应注意同公路外部沿线自然景观的适应和地质条件等的配合。

(4)路线线形应能自然地诱导驾驶者的视线,并保持视线的连续性。

2. 线形组合设计的一般要求

(1)平、纵线形宜相互对应,且平曲线宜比竖曲线长。当平、竖曲线半径均较小时,其相互对应程度应较严格;随着平、竖曲线半径的同时增大,其对应程度可适当放宽;当平、竖曲线半径均大时,可不严格相互对应。

(2)长直线不宜与坡陡或半径小且长度短的竖曲线组合。

(3)长的平曲线内不宜包含多个短的竖曲线;短的平曲线不宜与短的竖曲线组合。

(4)半径小的圆曲线起、讫点,不宜接近或设在凸形竖曲线的顶部或凹形竖曲线的底部。

(5)长的竖曲线内不宜设置半径小的平曲线。

(6)凸形竖曲线的顶部或凹形竖曲线的底部,不宜同反向平曲线的拐点重合。

(7)复曲线、S形曲线中的左转圆曲线不设超高时,应采用运行速度对其安全性予以验算。

(8)应避免在长下坡路段、长直线路段或大半径圆曲线路段的末端接小半径圆曲线的组合。

六、熟悉线形与桥隧配合的一般规定与运用

1.桥头引道与桥梁线形设计的一般要求

(1)桥梁及其引道的位置、线形应与路线线形相协调,使之视野开阔,视线诱导良好。各项技术指标应符合路线布设与总体设计的相关规定。

(2)高速公路、一级公路和承担干线功能的二级公路上的桥梁线形应与路线线形相协调,且连续、流畅。

(3)桥梁、涵洞等人工构筑物同路基的衔接,其平、纵线形应符合路线布设的有关规定。

2.隧道洞口连接线与隧道线形设计的一般要求

(1)隧道的位置与隧道洞口连接线应与路线线形相协调,以利行车的安全与舒适。各项技术指标应符合路线布设与总体设计的相关规定。

(2)当设置曲线隧道时,宜采用不设超高的平曲线半径;受条件限制需采用设超高的平曲线时,其超高值不宜大于4%,并需对停车视距进行验算,避免采用需加宽的平曲线半径。

(3)隧道洞口外连接线应与隧道洞口内线形相协调,隧道洞口内外侧不小于3s设计速度行程长度范围的平、纵线形应一致。特殊困难路段,经技术经济比较论证后,洞口内外平面线可采用回旋曲线,但应加强线形诱导设施。洞口的纵面线形宜采用直线坡段,需设置竖曲线时,宜采用较大的竖曲线半径。

(4)高速公路、一级公路上的隧道分为上、下行分离的双洞时,其洞口连接线的布设应与路线整体线形相协调,并就近在适宜位置设置联络车道。

(5)隧道洞口同路基的衔接应符合路线布设的有关规定;隧道内外路基宽度不一致时,应在隧道进口外设置不少于3s设计速度行程长度的过渡段,且过渡段的最小长度不应小于50m。

七、熟悉线形与沿线设施配合的一般规定与运用

(1)线形设计应考虑收费站、服务区、停车区、客运汽车停靠站等沿线设施布设的要求。

(2)主线收费站范围内路线宜为直线或不设超高的曲线,不应将收费站设置在凹形竖曲线的底部或连续下坡的中底部。

(3)路线设计时应考虑标志、标线的设置;交通安全设施应与路线同步设计,充分体现路线设计意图。路侧设计受限制的路段,应合理设置相应防护设施。

八、熟悉线形与环境协调的一般规定与运用

(1)线形设计应充分考虑到速度对视觉的影响,设计速度高的公路,线形设计和周围环境配合的要求应更高。

(2)公路线形应充分利用地形、自然风景,尽量少改变周围的地貌、地形、天然森林、建筑物等景观,使公路与自然融为一体,最大限度地保护环境。

(3)公路防护工程应采用工程防护与生态防护相结合的方式,减少对自然景观的影响,加大恢复力度,使公路工程与自然环境相和谐。

(4)宜适当放缓路堑边坡或将边坡的变坡点修整圆滑,使其接近于自然地面,增进路容美观。

(5)公路两侧的绿化应作为诱导视线、点缀风景以及改造环境的一种措施而进行专门设计。

考点分析

线形设计是道路路线设计的重点。本节重点掌握线形设计的原则、要求和内容,在此基础上熟悉平、纵、横线形设计及其组合设计,线形与桥隧的配合、与环境的协调等的一般规定与应用。

例题解析

例1 关于平纵组合,不正确的是哪个选项? ( )

(A)平曲线和竖曲线的大小不必保持均衡

(B)避免在凸形竖曲线的顶部插入小半径的平曲线

(C)避免在凹形竖曲线的底部插入小半径的平曲线

(D)一个平曲线内,必须避免纵面线形的反复凸凹

分析

根据《城市道路工程设计规范》(CJJ 37—2012)6.4.2 第 3 条,平、纵面线形应相互对应,技术指标大小均衡连续,以及与之相邻路段各技术指标的均衡、连续。故本题选 A。

例2 下列平、纵组合中适宜的组合是哪个选项? ( )

(A)①④ (B)②⑥

(C)③⑥ (D)④⑤

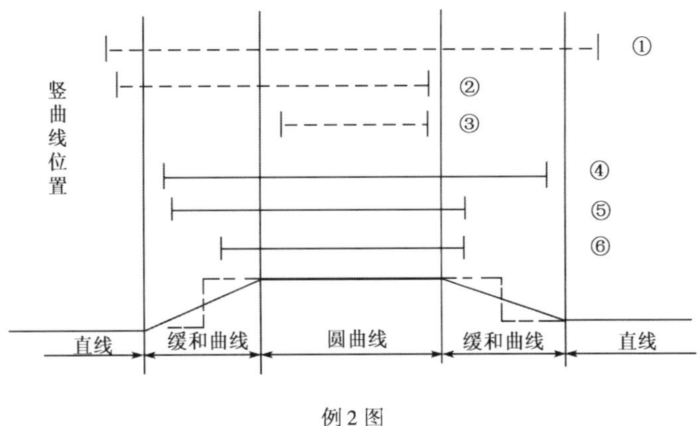

例2图

分析

根据《城市道路路线设计规范》(CJJ 193—2012)8.2.1 第3条平曲线与竖曲线宜相互对应,且平曲线长度宜大于竖曲线长度。图中,① ② ③组合不当,④ ⑤ ⑥组合不当。故本题选D。

例3　下列平、纵组合中正确的是哪个选项?　(　　)

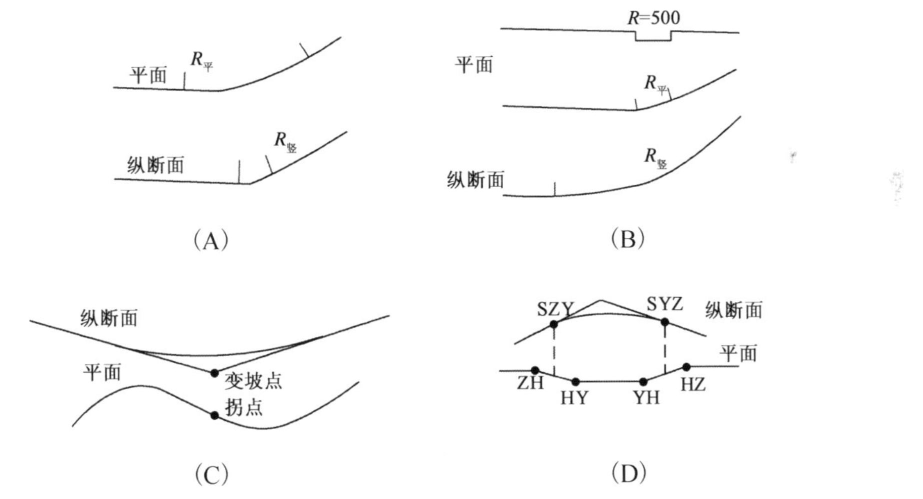

分析

①根据《城市道路路线设计规范》(CJJ 193—2012)8.2.1 第2条,平、纵、横组合设计应保持线形的视觉连续性,自然诱导驾驶员视线。图示为较长的大半径平曲线与竖曲线组合,造成视线中断。

②根据《城市道路路线设计规范》(CJJ 193—2012)8.2.2 第1条,在凹形竖曲线的底部不应插入急转的平曲线。根据《公路路线设计规范》(JTG D20—2017)9.5.2 第5条长的竖曲线内不宜设置半径小的平曲线。

③根据《公路路线设计规范》(JTG D20—2017)9.5.2 第6条,凸形竖曲线的顶部与凹形

竖曲线的底部,不宜同反向平曲线的拐点重合。

④据《城市道路路线设计规范》(CJJ 193—2012)8.2.1 第 3 条,平曲线与竖曲线宜相互对应,且平曲线长度宜大于竖曲线长度。即通常说的“平包竖”。

故本题选 D。

例 4 下列说法正确的是哪个选项? ( )

(A)平曲线半径不大于 1000m 竖曲线的半径为平曲线半径的 10 ~ 20 倍

(B)将暗弯与凸形竖曲线组合

(C)将凹形竖曲线底部或凸形竖曲线顶部与反向平曲线拐点对应重合

(D)小转角平曲线宜与坡度角较大的凹形竖曲线组合

分析

根据《城市道路工程设计规范》(CJJ 37—2012)6.4.2 第 3 条,平、纵面线形应相互对应,技术指标大小均衡连续;暗弯与凸形竖曲线和明弯与凹形竖曲线的组合是合理的;根据《公路路线设计规范》(JTG D20—2017)9.5.2 第 6 条凸形竖曲线顶部与凹形竖曲线底部,不宜同反向平曲线拐点重合;根据《城市道路工程设计规范》(CJJ 37—2012)6.4.2 第 1 条,线形组合设计应使线形在视觉上能自然地诱导驾驶员视线,并应保持视觉的连续性,小转角平曲线宜与坡度角较大的凹形竖曲线组合,容易形成“暗凹”现象。故本题选 A。

例 5 线形设计检验与评价中,常运用的速度是哪个选项? ( )

(A)运行速度

(B)行程车速

(C)设计速度

(D)地点车速

分析

运行速度常用来检验线形设计质量和安全性。故本题选 A。

例 6 对于一般路段,大、中桥上的纵坡不宜大于____,桥头引道纵坡不宜大于____。 ( )

(A)3%;4%

(B)4%;5%

(C)5%;6%

(D)4%;3%

分析

根据《公路路线设计规范》(JTG D20—2017)8.2.4 条,大、中桥上的纵坡不宜大于 4%,桥头引道纵坡不宜大于 5%。故本题选 B。

例7　下列说法错误的是哪个选项？（　　）

（A）桥梁上设置防撞护栏时，桥路衔接处的外侧护栏在平面上应该为同一线形

（B）当桥面纵坡大于3.0%时，桥上可不设置排水口

（C）当桥面宽度与路段的道路横断面总宽度不一致时，应设置宽度渐变段；路面边缘斜率可采用1:1～1:5，折点处应圆润

（D）对于城市桥梁桥上纵坡，非机动车道不宜大于2.5%，机动车道不宜大于4%

分析

根据《城市道路路线设计规范》（CJJ 193—2012）8.3.1第3条，桥面车行道宽度应与两端道路的车行道宽度相一致，当桥面宽度与路段的道路横断面总宽度不一致时，应在道路范围内设置宽度渐变段；路面边缘斜率可采用1:15～1:30，折点处应圆润。题中路面边缘斜率采用1:1～1:5故错误。故本题选C。

例8　某高速公路跨线桥，桥梁路面设计高程为492.360m，桥梁上部建筑结构高度为1.5m，桥上路面结构摊铺厚度为16cm，请问高速公路①处的路面高程最少是哪个选项？（　　）

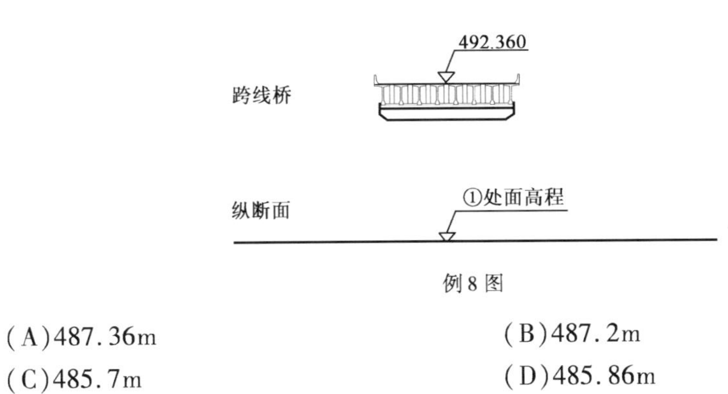

例8图

（A）487.36m　　（B）487.2m

（C）485.7m　　（D）485.86m

分析

梁底控制点高程=桥下路面高程（包括预留的路面补强厚度）+道路净空要求；桥梁路面设计高程=梁底控制点高程+桥梁上部建筑结构高度+桥上路面结构厚度。根据《公路工程技术标准》（JTG B01—2014）3.6.1第3条高速公路、一级公路、二级公路的净高位5.00m；三级公路、四级公路的净高应为4.50m。492.360－1.5－5－0.16=485.7m。故本题选C。

例9　下列说法不正确的是哪个选项？（　　）

（A）小桥与涵洞处的纵坡应按路线规定进行设计。小桥涵允许设置在纵坡路段或竖曲线上，但为保证路线的平顺性，因尽量避免小桥涵处"驼峰式"纵坡

（B）位于城镇混合交通繁忙处的大、中桥梁，其桥头两端的引道纵坡应与桥上纵坡相同，纵坡值不宜大于4%，长度不宜小于3s行程

(C)大、中桥一般不宜设置竖曲线,桥头两端在不得已设置竖曲线时,其起、终点应设在距桥头10m以外

(D)桥梁路线跨越河道的交角以正交布设为好,当不得已需要斜交时,桥梁与河道交角一般不应小于60°

分析

根据《公路路线设计规范》(JTG D20—2017)8.2.4第4条,位于城镇混合交通繁忙处的桥梁,桥上纵坡与桥头引道纵坡均不得大于3%。题中纵坡值是不宜大于4%故错误。故本题选B。

例10 某隧道起点桩号为K8+100终点桩号为K8+969,隧道内合理的纵坡范围应是哪个选项? ( )

(A)0.3%~3%　　(B)0.5%~3%

(C)0.5%~5%　　(D)0.3%~5%

分析

根据《公路工程技术标准》(JTG B01—2014)8.0.4第4条隧道内纵坡应小于3%,大于0.3%,但短于100m的隧道可以不受此限制。故本题选A。

例11 关于隧道外接线的说法,错误的是哪个选项? ( )

(A)隧道洞口内外各3s设计速度行程长度范围内的平面线形应保持一致,即平面线形宜处于同一直线、圆曲线或缓和曲线内

(B)当隧道进出口纵坡较大时,应避免在进出口段设置小半径平曲线

(C)分离式双洞隧道洞口外均应设置转向车道,对于特长及长隧道应在洞口外适应位置设置联络通道,形式可采用交叉"X"形;对于中、短隧道宜结合路段中央分隔带开口合并设置联络通道,其形式可采用简易"II"形

(D)当隧道洞门内外路基宽度变化较大时,洞口外相接路段应设置距洞口不小于3s设计速度行程长度,且不小于50m的过渡

分析

根据《公路工程技术标准》(JTG B01—2014)8.0.4第3条　洞口内外各3S设计速度行程长度范围的平、纵线形应一致。特殊困难地段,经技术经济比较论证后,洞口内外平曲线可采用缓和曲线,但应加强线形诱导设施。即适宜的平面线形不包括缓和曲线。故本题选A。

例12 某城市双洞隧道长1200m,下列关于该隧道的说法,正确的是哪个选项? ( )

(A)当需要在通机动车的隧道中设置非机动车道时,必须设安全隔离设施

(B)洞口外道路应满足视距的要求,当引道设中央分隔带时,应采用停车视距

(C)考虑城市用地问题,在洞口外不宜设置联络通道

(D)对该隧道应拟定发生交通火灾事故的应急处理预案可不设置隧道管理用房

分析

根据《城市道路工程设计规范》(CJJ 37—2012)13.3.4 规定长度大于 1000m,行驶机动车的隧道,严禁在同一孔内设置非机动车道。13.3.10 规定长度大于 1000m 的隧道应设隧道管理用房。

根据《公路工程技术标准》(JTG B01—2014)表 8.0.2 该隧道为长隧道(长度大于 1000m),据《城市道路路线设计规范》(CJJ 193—2012)8.3.2 第 4 条在长、特长的双洞隧洞,宜在洞口外的合适位置设置联络车道。第 5 条当隧道洞口连接段设中央分隔带时,应采用停车视距。故本题选 B。

例 13 下列关于山区公路设计,错误的是哪个选项? ( )

(A)挖方深度较大时,宜进行路堑与隧道方案的比选论证

(B)路线通过山间谷地、路基高度较大时,应进行高路堤方案与高架桥方案的比选论证

(C)防护工程应采用工程防护和生态防护相结合的方式,对于弱风化岩质边坡宜采用拱架护坡加挂网植草美化边坡环境

(D)地面横坡较陡时,可采用分离式断面以减少土石方量,降低对环境的破坏

分析

根据《公路路线设计规范》(JTG D20—2017)9.8.2,公路线形设计应充分利用地形、自然风景,尽量减少改变周围的地形、地貌、天然森林、建筑物等景观,使公路与自然融为一体,最大限度地保护环境。题中 ABD 措施有利于环境保护。

根据《公路路线设计规范》(JTG D20—2017)9.8.3,公路防护工程应采用工程防护和生态防护相结合的方式,减少对自然环境景观的影响,加大恢复力度,使公路工程与自然环境相协调。题中岩质边坡不适合种草。对于全风化或强风化的土质边坡可采用拱架护坡加挂网植草,对于边坡稳定性不足或弱风化岩质边坡等不适宜草籽生长路段可采用护面墙等形式。故本题选 C。

例 14 下列关于不同等级城市道路景观设计,错误的是哪个选项? ( )

(A)快速路的辅路应反映城市形象,应以车行者视觉感受为主

(B)主干路应反映区域特色,车型和步行者视觉感受应兼顾

(C)次干路应反映街道特色和商业文化氛围,尺度应以行人视觉感受为主,兼顾车型者的视觉感受

(D)支路应反映社区生活场景、街道的生活氛围。绿化应以自然种植方式为主

分析

根据《城市道路工程设计规范》(CJJ 37—2012)16.3.2 第 1 条,快速路应反映城市形象,

应以车行者视觉感受为主,而不是快速路的辅路。故本题选 A。

自测模拟

(第 1~18 题为单选题,第 19、20 题为多选题)

1. 根据经验,平曲线半径如果不大于 1000m,竖曲线半径大约为平曲线半径的 n 倍,便可达到线形的均衡性。其中 n 是哪个选项? ( )

(A)3~5 (B)7~9

(C)10~20 (D)1~2

2. 某二级公路的一段路线,其主点里程如下表所示,一般情况下,变坡点设置在哪个选项,平纵组合是较好的? ( )

交点	ZH	HY	QZ	YH	HZ
JD11	K2 +894.84	K2 +954.84	K2 +998.15	K3 +041.45	K3 +101.45
JD12	K3 +101.45	K3 +161.45	K3 +203.16	K3 +244.87	K3 +304.87

(A)K2 +900

(B)K3 +101.45

(C)K3 +200

(D)K3 +310

3. 关于平、纵面线形组合设计,下列哪些选项正确? ( )

(A)当竖曲线与平曲线组合时,竖曲线宜包含平曲线

(B)要保持平曲线与竖曲线大小的均衡

(C)一个平曲线内,必须避免纵断面线形的反复凸凹

(D)竖曲线的顶、底部可插入小半径的平曲线

4. 某新建高速公路平、纵指标均满足规范要求,在 K48 处为 S 形曲线,该路段弯多、坡长,在 S 形曲线上方为长约 10km 左右的连续下坡,路面未设置任何减速设施,通车后不久便在此路段发生多起交通事故。针对该路段,不合适的改进措施是哪个选项? ( )

(A)增设交通警告标志,尤其加强 S 形曲线起点及以上一段距离内交通警告标志的设置

(B)S 形曲线相对该路段实际情况而言,平曲线半径较小,为典型的长下坡接小半径平曲线的平、纵组合线形,应对该路段进行改线处理

(C)对沿线的路面设置一定的减速带

(D)对沿线的重车进行超载控制,增加该路段的加水点,同时增设紧急停车区域

5. 下列平纵组合适宜的是哪个选项？　(　　)

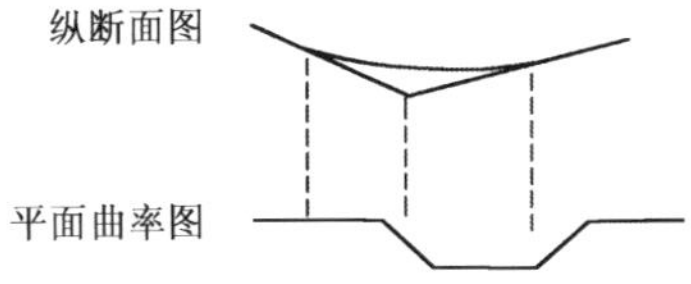

6. 平、纵、横综合设计的工作次序是哪个选项？　(　　)

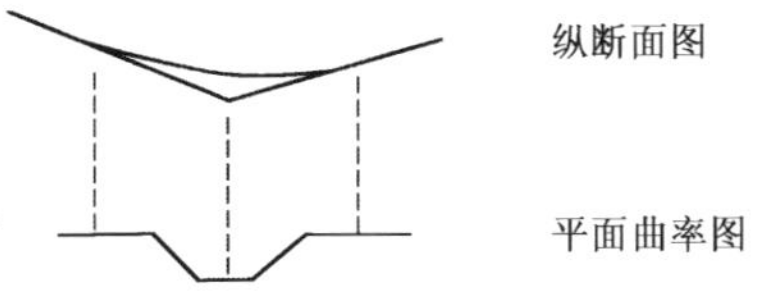

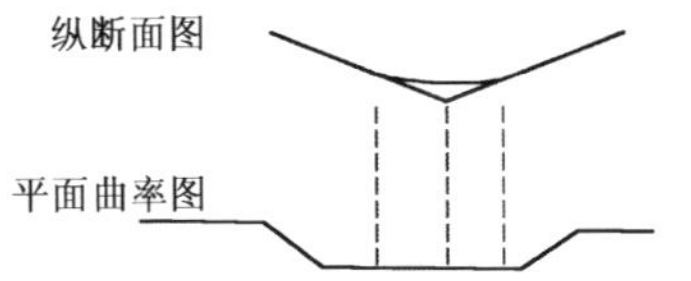

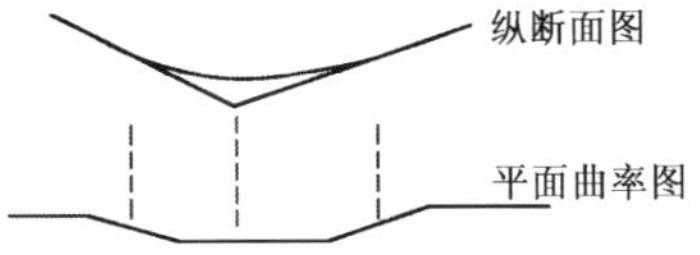

①路线走向选定；②平面线形设计；③平纵线形组合设计；④纵断面线形设计。

(A)①②③④　(B)②④③①

(C)①②④③　(D)④①②③

7. 线形设计检验与评价中，常运用的速度是哪个选项？　(　　)

①运行速度；②行程车速；③设计速度；④地点车速；⑤可能速度。

(A)①⑤　(B)①②　(C)①③　(D)①④

8. 道路跨越支流的桥头布线中，属于直跨方案优点的是哪个选项？　(　　)

(A)路线短　(B)线形好

(C)标准较高　(D)基础埋深较浅

9. 下列说法错误的是哪个选项？　(　　)

(A)桥面车行道宽度可与两端道路的车行道宽度不一致

(B)桥头引道及桥头路的纵坡可略大于桥面纵坡

(C)桥梁纵坡应始终与路线纵坡一致，避免整个路线纵断面线形在较短距离内连续改变

(D)桥梁路线布设平面可采用直线、平曲线；纵面也可采用直线、竖曲线

10. 某二级公路设计速度为60km/h，隧道起点桩号为K3+120，终点桩号为K3+215，则该隧道内最大纵坡可达到哪个值？　(　　)

(A)3%　(B)4%　(C)5%　(D)6%

11. 某隧道长1000m，下列隧道内适宜的平纵指标组合是哪个选项？　(　　)

(A)平面线形为直线和坡度为0.2%的纵断面设计线

(B)平面线形为直线和坡度为4%的纵断设计线

(C)平面线形为不设超高曲线和坡度为2.5%的纵断设计线

(D)平面线形为设加宽曲线和坡度为2%的纵断设计线

12. 隧道及洞口两端路线应均衡、连续,洞口内外侧各一段距离内平、纵线形应当一致。某水下隧道长1526.320m,设计速度为60km/h,那么该隧道内外连接线所采用平面线形及长度适宜的是哪个选项? ( )

(A)300m的直线 (B)380m的缓和曲线

(C)500m的设超高圆曲线 (D)380m的不设超高圆曲线

13. 隧道纵断面的线形,应以行车安全,排水、通风、防灾效果好为前提,并考虑施工期间排水、出渣、材料运输等要求规定,下面关于隧道纵断面线形设计错误的是哪个选项? ( )

(A)在需设机械通风的隧道内纵坡宜缓一些,以提高汽车行驶速度,有利于运营通风;有条件时宜将隧道内纵坡的上坡方向与常年风向一致,以利通风

(B)隧道内的纵坡可设置成单向坡,地下水发育的隧道及特长和长隧道可用人字坡

(C)隧道内大型车比例较高时,将严重影响隧道的通行能力,此时应在隧道内设设置爬坡车道以增加隧道的通行能力

(D)短于100m的隧道,纵坡与隧道外路线的纵坡要求相同

14. 下列说法不正确的是哪个选项? ( )

(A)隧道内纵坡应小于3%,大于0.3%

(B)隧道内的纵坡可设置成单向坡

(C)地下水发育的隧道及特长和长隧道可用人字坡

(D)一级公路隧道内应满足会车视距要求

15. 当需要拦截山坡或边坡上流向弃土场的汇水时,宜设置截水沟。截水沟宜设置在弃土场几米以外? ( )

(A)4m (B)5m (C)6m (D)7m

16. 下列关于线形与环境协调的说法,错误的是哪个选项? ( )

(A)公路两侧的绿化应该作为诱导视线的一种措施,专门进行设计

(B)当路面横坡较陡时,为保持路基与线形的一致,不应采用分离式路基

(C)在确保边坡稳定的前提下,边坡防护可采用植物防护与工程防护相结合的方式

(D)填方坡脚以及挖方边口均应修整为弧形,以增加植被的覆盖能力

17. 下列关于线形与环境协调的措施,错误的是哪个选项? ( )

(A)避免长的平、纵直线相互组合,这种线形单调、鼓噪,容易使司机驾驶疲劳

(B)为减少对自然和景观的影响,道路纵坡应与地面坡度接近,尽量避免做高路堤或深堑

(C)地面横坡较陡时,可采用分离式断面以减少土石方量,降低对环境的破坏

(D)路线应尽可能减少破坏公路周围的地形,避免大填大挖,减少土石方工程量,土石方应就地选择位置弃取

18. 对于地形较陡的横断面设计,下列措施中不适宜的是哪个选项?（　　）

(A)采用不同宽度的中央分隔带　　(B)采用不同宽度的路面宽度

(C)采用高低路基　　(D)采用半路半桥

19. 下列说法错误的是哪些选项?（　　）

(A)线形组合时应选择适宜的合成坡度,避免急弯与陡坡相互重合的线形

(B)在两个凹形竖曲线间注意不要插入短直线

(C)平、竖曲线都较短时也应使平纵曲线重合,一一对应

(D)平纵线形配合,一个大的竖曲线内不宜设置两个以上的平曲线;一个长的平曲线中也不宜包含多个短的竖曲线

20. 下列关于线形一致性检验与评价的说法,哪些选项正确?（　　）

(A)线形设计的要求与内容应随道路功能和设计速度的不同而不同

(B)线形设计应综合考虑公路的平面、纵断面、横断面三者之间的关系,做到平面顺适、纵面均衡、横断面合理。必要时可用公路透视图进行分析与评价

(C)各级公路平、纵技术指标变化较大路段,或条件受限制时采用平、纵指标最大值的路段或平、纵线形组合有异议的路段,应采用设计速度进行检验

(D)采用三维虚拟数字仿真技术进行线形合理性检验

参考答案

1. D　2. C　3. D　4. B　5. D　6. C　7. A　8. D　9. C　10. D
11. C　12. D　13. C　14. D　15. B　16. B　17. D　18. B　19. BC　20. ABD

第七节　选　　线

依据规范

《公路路线规范》(JTG D20—2017)

5　选线

《公路勘测规范》(JTG C10—2007)

6　航空摄影测量

7　数字地面模型

重点知识

一、掌握不同设计阶段选线所必须遵循的原则与要点

1. 公路选线总原则

(1)确定路线走廊带应考虑走廊带内各种运输体系及不同层次路网间的分工与配合,按照其功能统筹规划,近远期结合、合理布局。

(2)必须由面到带、由带到线,在对地形地貌、地质水文、气候气象、环境敏感区等调查与勘察的基础上论证、确定路线方案。同一起、终点的路段内有多个可行路线方案时,应对各设计方案进行综合比选。

(3)应考虑同农田与水利建设、矿产资源开发和城市发展等规划的配合。

(4)应充分利用建设用地,严格保护农用耕地;应保护生态环境、并同当地景观相协调。

(5)应尽可能避让不可移动文物、水源地和自然保护区。

(6)应保持与易燃、易爆等危险源及污染源间的安全距离。

(7)公路改扩建工程应注重节约资源,坚持利用与改扩建相结合的原则,充分利用原有工程。

2. 公路选线的一般要求

(1)对路线所经区域、走廊带及其沿线的工程地质和水文地质应进行深入调查、勘察,查清其对公路工程的影响程度。遇有不良工程地质的地段应视其对路线的影响程度,分别对绕、避、穿等方案进行比选论证。

(2)调查沿线各类敏感点及矿产资源,并研究其对路线方案的影响,合理选择线位。

(3)高速公路和一级公路与沿线主要交通源衔接,应利用区域路网或新建连接道路。

(4)二级公路、三级公路在遵循项目总体功能和走向的基础上,应尽量避免穿越城镇。

(5)应协调桥梁、隧道、互通式立体交叉、服务区等构造物的位置和高程等关系。

(6)应综合考虑与相关公路、铁路、输电线路、油气管道等的平行或交叉关系,合理利用走廊带资源,节约占地。

(7)平原区选线宜采用较高的技术指标,尽量避免采用长直线或小偏角平曲线。

(8)山岭区选线应充分利用地形条件,合理确定垭口位置,应尽量避免高填深挖等现象。

(9)沿河(溪)线选线时,应根据设计洪水位,结合地形、地质合理确定线位高程,必要时应对桥梁与路基方案进行比选论证。

3. 初步设计阶段选线的原则

(1)应全面了解掌握路线所经区域城镇布局和经济发展规划,路线方案选择应以最大限度地带动区域经济发展,创造最大经济效益为目标。

(2)公路路线方案选择应与其他铁路、水运、管道等各种运输方式协调、互补,发挥最佳的综合运输效益。

(3)针对路线所经区域的自然生态环境、地形、地质等条件,按拟定的控制点由面到带、由

带到线、由浅入深、由整体到局部进行比较、优化和论证。

(4)应根据公路功能和使用任务,全面权衡、分清主次,正确处理影响控制点的诸多因素之间的相互关系,并注意因局部难点的突破引起主次关系变化对整体带来的影响。

(5)对路线所经区域、走廊带及其沿线的工程地质和水文地质应进行深入调查、勘察,对于滑坡、崩塌、岩堆、泥石流、岩溶、软土、泥沼等不良工程地质地段应视其对路线的影响程度,论证比选采用绕避或穿越方案;当采用穿越方案时,应选择合适的位置,采用最短路径通过,并采取切实可行的工程措施。

(6)公路选线应充分利用建设用地,严格保护农用耕地。

(7)公路选线应与自然景观相协调,保护生态环境,尽量远离稀有动植物保护区,避免切断动物迁徙通道,无法避免时,应设置足够数量的动物通道或天桥。

(8)高速公路、具有干线功能的一级公路通过作为路线控制点的城镇时,应与城市发展规划相协调,宜与城市环线或支线相连接;新建的二级、三级公路应与城镇周边路网布设相协调,不宜穿越城镇。

(9)选线工作应从三维角度考虑公路的平、纵、横立体线形的组合与合理搭配,并考虑挖方材料的利用和取、弃土场的分布。

(10)不同标准路段之间的过渡应考虑平、纵线形的渐变性;路线起、终点前后路段应合理衔接。

4. 技术设计阶段选线的原则

技术设计阶段应针对特长隧道、特大桥梁和特大地质灾害及特殊地基等工程,进一步补充完善初步设计阶段的各种资料,重点补充地质资料,特长隧道隧址、桥梁基础尽量选在地质情况良好的位置。

(1)特长隧道应尽量避免穿越复杂的工程地质和水文地质等不良地质地段;若须通过时,应有切实可行的工程措施;隧道洞口应避免设置在滑坡、崩塌、岩堆、危岩落石、泥石流等不良地质及排水困难的沟谷低洼处或不稳定的悬崖陡壁处;避免在隧道洞口形成高边坡和高仰坡。

(2)当隧道的长度和位置与隧道进、出口路段技术指标和工程规模等关系密切、敏感时,应再次进行大范围的路线方案核定,不可遗漏任何可行的隧址方案。

(3)隧址位置应有利于通风口和出渣口的设置,在不影响整体使用功能和不过多降低线形指标的前提下宜充分考虑施工及运营等综合因素。

(4)特大桥梁桥址线位与河流交叉关系应满足通航和泄洪的要求;特大桥梁桥址线位应综合考虑桥头两端的引道设置,不可遗漏任何有价值的方案。

(5)桥梁的线形应与桥址周围环境相融合,在不过多增加桥梁设计、施工难度和费用的前提下应考虑采用优美线形,提高桥梁的整体美观效果。

(6)路线布设应有利于特大地质灾害、特殊地基的处理和整治。

5. 施工图设计阶段选线的原则

施工图设计阶段选线、定线应以线位的优化、细化为核心。

(1)对初步设计阶段(或技术设计阶段)推荐的路线方案应进行全面核查、审定,当有较大幅度的线位调整时,应重新确定路线方案。

（2）路线线位的优化和调整应确保路基横断面、路基填土高度、边坡高度和坡率的合理布设和支挡防护工程的安全可靠，并考虑土石方数量的综合平衡。

（3）路线起、终点的平面和纵断面设计应前后延伸至少两个平曲线，并进行同深度测量，确保接线准确并无遗留问题。

（4）重点复杂路段应事先测量路线控制点、纸上精确定位、现场放线逐桩核查，确保线位合理。

二、熟悉选线所包括的确定路线基本走向、路线走廊带、路线方案以至选定线位等全过程的基本设计要求和内容

1. 路线控制点

（1）路线起、终点，必须连接的城镇、重要园区、工矿企业、综合交通枢纽，以及特定的特大桥、特长隧道等的位置，应为路线基本走向的控制点。

（2）特大桥、大桥、特长隧道、长隧道、互通式立体交叉、铁路交叉等的位置，应为路线走向控制点，原则上应服从路线基本走向。

（3）中、小桥涵，中、短隧道，以及一般构造物的位置应服从路线走向。

2. 路线基本走向

路线方案是由路线控制点决定的。路线控制点可以是路线起、终点；必须连接的城镇、工矿企业，以及桥梁、隧道、互通式立体交叉、铁路交叉等的位置。其中路线起、终点，必须连接的城镇、工矿企业，以及特定的特大桥、特长隧道等的位置，是项目建议书中指定的路线必经之地，也是最主要的控制点。那么由这些控制点所决定的大的路线方案即称为路线基本走向。

在路线基本走向控制点间，还有若干对路线方案起一定控制因素的点或位置，如大桥、长隧道、互通式立体交叉、铁路交叉等的位置，河流的哪一岸、城镇的某一侧、同一山岭的哪一垭口、垭口的哪一侧展线等。这些控制点都将决定路线的局部方案，因此由这些控制点所决定的路线方案即称路线走向。

至于中、小桥涵，中、短隧道，以及一般构造物的位置，对路线方案而言，一般不起控制作用。故在确定其位置时，应服从路线走向。

3. 选线方法

（1）公路选线可采用纸上定线或现场定线的方法。高速公路、一级公路采用纸上定线时，必须现场核定。二级公路、三级公路、四级公路可采用现场定线；有条件或地形条件受限制时，可采用纸上定线或纸上移线并现场核定的方法。

（2）公路选线应在广泛搜集与路线方案有关的规划、计划、统计资料，相关部门的各种地形图、地质、气象等资料的基础上，深入调查、勘察，并运用遥感、航测、卫星定位、数字技术等技术，确保其勘察工作的广度、深度和质量，不应遗漏有价值的路线方案。

4. 选线应考虑的因素

（1）必须由面到带、由带到线，由浅入深反复比较论证。

（2）处理好全局与局部的关系，注意局部难点突破给全局带来的影响。

(3)注重工程地质调查、勘察,查清对公路工程的影响程度,并采取相应工程措施。

(4)根据《中华人民共和国土地管理法》规定,国家实行土地用途管制制度,将土地分为农用地、建设用地和未利用地。严格限制农用地转为建设用地,控制建设用地总量,对耕地实行特殊保护。建设用地是指建造建筑物、构筑物的土地,包括城乡住宅和公共设施用地、工矿用地、交通水利设施用地、旅游用地、军事设施用地等。

(5)保护文物。根据《中华人民共和国文物保护法》规定,古文化遗址、古墓葬、古建筑、石窟寺、石刻、壁画、近代现代重要史迹和代表性建筑等为"不可移动文物",根据其历条文说明史、艺术、科学价值,可以分别确定为全国重点文物保护单位,省级文物保护单位,市、县级文物保护单位,并予以保护。鉴于古文化遗址、古墓葬等未发掘前很难判断其准确位置,故应根据文物保护单位的等级,认真调查,尽可能地予以避让。

(6)保护环境。

(7)协调同路线控制点的衔接。

(8)选线时就应考虑平、纵、横面的相互间组合与合理配合。

5. 平原区选线

(1)正确处理道路与农业的关系。

平原区农田成片,渠道纵横交错,选线应从支援农业着眼,处理好以下问题:

①平原区新建道路要占用农田,但要尽量做到少占和不占高产田;

②路线应与农田水利建设相配合,有利农田灌溉,尽可能少和灌溉渠道相交,把路线布置在渠道上方非灌溉的一侧或渠道尾部;

③当路线靠近河边低洼的村庄时,应争取靠河岸布线。

(2)合理考虑路线与城镇的联系。

①国防公路和等级较高公路,应尽量避免穿越城镇,工业区及较密集的居民点;

②一般沟通县、乡、村直接为农业运输服务的公路,经地方同意也可穿越城镇;

③路线应尽量避开重要的电力电信设施。

(3)处理好路线和桥位的关系。

①特大桥是路线基本走向的控制点,大桥原则上应服从路线总方向并满足桥头接线的要求;

②中、小桥和涵洞位置应服从路线走向;

③路线跨河修建渡口时,应在路线走向基本确定后选择渡口位置。

(4)注意土壤水文条件。

(5)正确处理新、旧路的关系。

(6)尽量靠近建筑材料产地。

6. 山岭区选线

1)沿河线

山区河流,谷底一般不宽,两岸台地宽窄不一,谷坡时缓时陡,有时为浅滩和悬崖峭壁。河流多呈弯曲状,凹岸较陡而凸岸较缓,如沿一侧而行,陡岸缓岸相间出现。两岸均为陡崖处为峡谷,开阔处常有较宽台地,多是山区仅有的良好耕地。

(1)路线布局:沿河线的路线布局,主要解决河岸选择,高度选择和桥位选择三个问题。

(2)几种河谷地形条件下的选线:开阔河谷;山嘴或河湾;陡崖峭壁河段;河床纵坡陡峭的河段。

2)越岭线

越岭线指翻越山岭布设的路线。其特点是需要克服很大高差,路线长度和平面位置主要取决于路线纵坡的安排。

(1)垭口选择。

(2)过岭高程选择。

(3)垭口两侧路线展线。

3)山脊线

大体上沿山脊布设的路线,称为山脊线。山脊线一般具有土石方工程小、水文和地质情况好、桥涵构造物较少等优点。

(1)山脊线布局。

①控制垭口选择;

②侧坡选择;

③试坡布线。

(2)山脊布线常有三种情况。

①控制垭口间平均纵坡不超过规定;

②控制垭口间有支脉横隔;

③控制垭口间平均纵坡超过规定。

7.丘陵区选线

1)丘陵地区的自然特征和路线特征

丘陵地区主要特征是:脉络和水系都不如山岭区那样明显。路线线形和平原区比较,平面上迂回转折,有较小半径的弯道,纵面上起伏和偶尔有较陡的坡道。由于受地形限制小,所经路线的可能方案比较多。其中微丘地形近似平原;重丘则近似于山岭。在技术标准方面,微丘比平原区稍紧一点,各项技术指标与平原区相同;重丘则比山岭区稍松一点,各项技术指标与山岭区相同。

2)丘陵地区的布线原则与要求

(1)微丘区选线

①应充分利用地形,处理好平、纵线形的组合;

②不应迁就微小地形,造成线形迂回曲折;

③不宜采用长直线,造成纵面线形起伏。

(2)重丘区选线

①路线随地形布设,应注意横向填挖平衡;

②平、纵、横三面应综合设计;

③注意少占耕地,不占良田;

④遇冲沟比较发育的地段,根据公路的性质与要求选择合理的路线方案;

⑤地质不良地段,应以绕避为主。

3)丘陵地区的布线要点

①平坦地带—走直线;

②斜坡地带—走匀坡线；

③起伏地带—走中间。

三、了解道路选线采用遥感、航测、GPS、数字技术等新技术的方法和步骤

1. 遥感技术

RS 是在远离目标的情况下判定、量测并分析目标性质的一种技术。具体说来，就是根据电磁波理论，应用现代技术在不用与研究对象直接接触的情况下，从高空或远距离通过传感器接收地面物体对电磁波的反射信号，并将这些信号记录下来，进行人工加工与处理，最后对研究对象的性质、特点和数量进行分析和判读，这些过程统称为遥感技术。有如下步骤：

(1)图像制作与专题图像信息提取。

(2)遥感工程地质解译与分析。

(3)野外验证和重点地段野外调查。

(4)综合分析与成果编制。

2. 航空测量

航空测量指从空中由飞机等航空器拍摄地面照片。利用航空摄影测量方法采集数据能直观地确定地表形态，工作环境好，可随意和方便地控制地形点的分布和密度，获取的地形信息可靠、精度高。有如下三个步骤：

(1)航空摄影。

(2)航测外业。

(3)航测内业。

3. GPS

目前，GPS 定位技术在道路工程中主要用于：布设各等级的路线带状平面控制网；桥梁、隧道平面控制网；航测外业平面高程控制测量等。

在公路选线工作中，GPS 的主要作用是对航空照片和卫星照片等遥感图像进行定位和地面矫正。遥感数据在精度上还不够，因此需要 GPS 矫正。随着载波相位差分 GPS 技术的发展，高精度实时动态 GPS 定位技术在道路工程中的应用受到了极大的关注。例如，机载 GPS 在航空摄影测量中的应用、实时动态定位(RTK)技术在道路施工放样中的应用都在试验之中，并取得了可喜的成果。显然，随着这些技术的日渐成熟，实时动态载波相位差分技术必然会给道路测量带来一次新的、更深刻的变革。

4. 数字技术

公路数字地面模型应能满足任意点或断面的地面高程插值计算，等高线生成，距离、坡度、面积、体面的量算以及路线平面图、地形透视图的制图等要求。有如下步骤：

(1)数据获取。

(2)数据编辑和预处理。

(3)DTM 构建。

(4)DTM 成果应用。

考点分析

本节主要内容是不同设计阶段选线所必须遵循的原则与要点；选线所包括的确定路线基本走向、路线走廊带、路线方案以至选定线位等全过程的基本设计要求和内容。

重点掌握道路选线的原则、平原区与山岭区路线布设要点、山区公路展线及其展线的基本形式。熟悉选线所包括的确定路线基本走向、路线走廊带、路线方案以至选定线位等全过程的基本设计要求和内容。了解道路选线采用遥感、航测、GPS、数字技术等新技术的方法和步骤。

例题解析

例1 下列关于公路选线原则的说法，哪个选项正确？（　　）

(A)路线设计不应因工程量的大量增加而降低技术指标。

(B)路线应与农业配合，做到少占地。

(C)为保证行车安全、舒适、快速，公路造价应有所提高。

(D)路线设计中应深入调查，从而根据资料选定最优路线方案。

分析

路线设计应做到指标均衡不突变，不应不顾工程量的增加而片面追求采用高指标。保证行车安全、舒适、快速前提下，应该使工程数量减小、降低造价、营运费用少、效益好。路线方案应该多方面论证、比选的基础上，选定最优方案因此ACD说法有误。故本题选B。

例2 图所示区域内，准备修建从A城到B城的公路，在图示的四条公路路线备选方案中，最佳方案是哪个？（　　）

(A)1　　(B)2　　(C)3　　(D)4

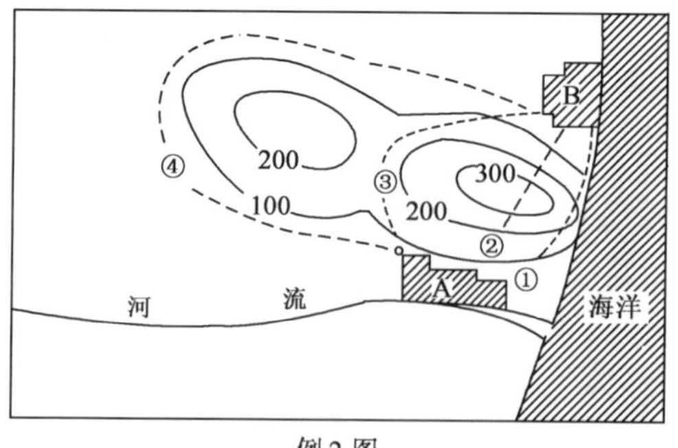

例2图

分析

由于3方案地形相对平缓，因此较其他方案是最优的。故本题选C。

例 3 某公路干线，根据公路网规划要求按二、三级路标准进行视察，共视察了四个方案，各方案的主要技术经济指标汇总如表，则哪个方案为最优选择？（ ）

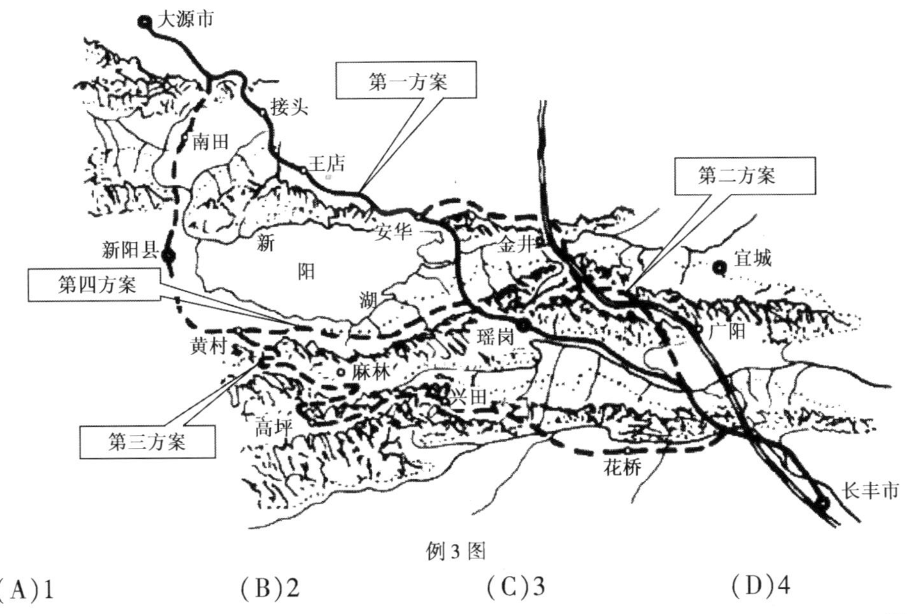

例 3 图

(A)1　　(B)2　　(C)3　　(D)4

主要技术经济指标汇总　　例 3 表

指标		第一方案	第二方案	第三方案	第四方案
工程数量	次高级路面(10^3m^2)	5303	5582	4440	5645
	大、中桥(m/座)	1542/16	1802/20	1057/13	1207/15
	小桥(m/座)	1084/57	846/54	980/52	1566/82
	涵洞(道)	977	959	1091	1278
	挡土墙(m^3)	73530	53330	99770	111960
	隧道(m/处)	300/1	—	290/1	—
材料	钢材(t)	1539	1963	1341	1469
	木材(m^3)	18237	19052	18226	19710
	水泥(t)	30609	39159	31288	33638
劳动力(万工日)		1617	1773	1750	1920
总造价(万元)		5401	5674	5189	5966
比较结果		推荐			

分析

比选结果，第三、四方案路线过于偏离总方向，较第一、二方案长 100～300km，虽能多联系两、三个县、市，但对发展地区经济所起的作用不大。而且第三方案线形指标较低，将来改建难以提高；第四方案又与现有高压电缆线连续干扰，不易解决。因而第三、四方案不宜采用。第二方案虽路线最短，但与铁路严重干扰，且用地较多。最后推荐路线较短，线形标准较高，用地最省，造价也较低的第一方案。故本题选 A。

例4 平原区选线应合理考虑路线与城镇的关系,一般选用哪项? ( )

(A)穿过城镇 (B)离开城镇 (C)靠近城镇 (D)远离城镇

分析

平原区有较多的城镇村庄,工业及其他设施,选线应以绕避为主,尽量不破坏或减少破坏,并采用较高的技术指标通过。故本题选C。

例5 关于越岭线,正确的选项是哪个? ( )

(A)相对高差200~500m时,二、三、四级公路越岭线平均纵坡以接近5.5%为宜

(B)越岭线路线布局以平面设计为主

(C)越岭线按以直线方向为主导的原则布线

(D)越岭线应走在直连线与匀坡线之间

分析

在越岭线布局中,相对高差200~500m时,二、三、四级公路越岭线平均纵坡以接近5.5%为宜。故本题选A。

例6 在具有较陡横坡的地带,两个已定控制点间,如无地形、地物、地质上的障碍,路线应沿以下哪种线形布设? ( )

(A)直线 (B)均坡线 (C)圆曲线 (D)抛物线

分析

本题是考察丘陵地区布线要点,参见复习内容。本题选B。

例7 如今3S技术已广泛应用于公路的选线,3S分别指哪项? ( )

(A)GLONASS 、RS、GIS (B)GPS、RS、GIS

(C)GPS、RS、GLONASS (D)GPS、Erdas、GIS

分析

3S指GPS(全球定位系统)、RS(遥感)、GIS(地理信息系统),而GLONASS是俄罗斯研制的另一种导航系统,Erdas是一种处理遥感图像处理系统软件。故本题选B。

自测模拟

(第1~8题为单选题,第9、10题为多选题)

1. 下列对于纸上选线说法错误的是哪一项? ( )

(A)实地敷设导线 (B)实测地形图 (C)现场选定路线 (D)实地放线

2. 在选线过程中一般作为路线总方向的控制点的是哪一项？（　　）

(A)已建成公路　　(B)特殊大桥桥位

(C)山地平原　　(D)特长隧道口

3. 对于道路选线的一般步骤，下列说法有误的是哪一项？（　　）

(A)确定走向　　(B)全面布局　　(C)逐步安排　　(D)具体定线

4. 路线遇平坦地带，如无地质、地物障碍影响，可按平原区哪种形式为主导的原则布线？（　　）

(A)直线　　(B)全面布局　　(C)均坡线　　(D)圆曲线

5. 若两个已知控制点间，遇障碍时路线会突破直线与均坡线的范围，为避障碍中间应增加一个已定控制点，原来两定点间分割成两段，在这两段分别按____之间的原则通过。（　　）

(A)直连线与直连线　　(B)直连线与匀坡线

(C)匀坡线与匀坡线　　(D)直连线与缓和曲线

6. 遥感的英文简称是哪一项？（　　）

(A)GIS　　(B)GPS　　(C)RS　　(D)GLONASS

7. 某项目工程为1km长的已有山区公路硬化设计，现需要该原有公路的线型数据。宜采用以下哪种技术获取边线地形？（　　）

(A)全站仪　　(B)GPS-rtk

(C)遥感卫星获取影像　　(D)无人机航拍

8. DTM的是以下哪一项的英文简称？（　　）

(A)数字地面模型　　(B)数字高程模型

(C)层次地形模型　　(D)地理信息模型

9. 以下有关平原区选线的说法，哪几项是正确的？（　　）

(A)布线要有利于造田、护田，以支援农业

(B)不片面要求路线顺直而占用大面积的良田

(C)桥位中线应尽可能与洪水主流流向斜交

(D)在排水不良的地带布线，要注意保证路基最小填土高度

10. 关于山脊线，正确的有哪几项？（　　）

(A)水源和建筑材料充足　　(B)山脊线是一种大体沿山脊布设的路线

(C)土石方工程量小　　(D)水文地质条件一般较好

参考答案

1.C　2.B　3.A　4.A　5.B　6.C　7.A　8.A　9.ABD　10.BD

第八节　环境保护与景观设计

依据规范

《公路工程环境保护设计规范》(JTG B04—2010)

3.2　设计要点

6.2　声环境污染防治

6.3　环境空气污染防治

6.4　水环境污染防治

8.2　水土流失防治措施

《城市道路工程设计规范》(CJJ 37—2012)

16.3　景观

《城市道路绿化规划与设计规范》(CJJ 75—97)

《公路建设项目环境影响评价规范》(JTG B03—2006)

重点知识

一、了解道路各分项专业设计中的环境保护设计要点

1.不同区域公路环境保护设计要点

应结合公路地形、地物条件,针对路线所处区域的不同环境特征和不同的环境保护对象,进行相应的技术方案必选。

(1)在平原地区,公路环境保护设计的重点在于:

①降低路基高度,保护土地资源;合理设置通道,减小公路对当地居民出行及景观的影响;

②减少取土、弃土方式对土地利用方式、土壤耕作条件和农田水利排灌系统的影响;

③减少路面汇水对养殖业水体的影响。

(2)在地形条件复杂的山区,公路环境保护设计的重点在于:

①重视桥隧方案的选用,减少高路堤和深路堑对自然景观、植被及地质条件的影响;

②减小公路对珍稀动植物的影响;

③重视路基开挖、取弃土对水土保持的影响;

④严禁大爆破作业及乱挖、乱弃,预防诱发地质灾害;

⑤注意路基开挖对受国家保护、不可移动文物等的影响;

⑥注意隧道工程对当地原有水资源的影响。

(3)绕城公路或接城市出入口公路环境保护设计的重点在于：

①公路与城市规划的协调；

②减小拆迁工程数量；

③方便当地居民的出行；

④选择、利用、创造、改善环境景观；

⑤采取综合措施，减少交通噪声、废气、废水等对环境的污染。

2. 线形设计中的环境保护设计要点

公路线形设计应注重安全、环保、社会等因素，科学确定技术标准，合理运用技术指标，注重下列要求：

(1)公路自身线形的协调、公路线形与结构物的协调及公路线形与环境的协调，公路平、纵线形组合满足汽车速度协调性的要求；

(2)合理控制互通式立交规模，减少工程量和占地，合理运用互通式立交匝道指标，满足车流顺畅运行的要求。

3. 路基路面设计中的环境保护设计要点

路基路面设计应结合工程地质条件，因地制宜，就地取材，综合考虑下列因素：

(1)合理选择路基高度，有条件时宜采用低路堤和浅路堑方案，路基边坡应顺应自然；

(2)重视路基及弃土场范围内的表土保护与利用；

(3)充分利用现有料场，新设料场应考虑其位置、开采方式、数量等对坡面植被、河水流向和水土保持等的影响；

(4)弃方应集中堆弃，重视弃放的位置、数量等对自然环境的影响；

(5)路基路面综合排水工程设施应自成体系，不得与当地排灌系统相互干扰；

(6)路基防护形式应根据当地的自然条件合理选用，有条件时宜采用植物防护；水土流失严重或边坡稳定条件较差时，宜采用工程防护与植物防护相结合的方法，并重视表面植被防护。

4. 公路交叉环境保护设计要点

公路交叉环境保护设计应根据公路网规划和相交公路状况，针对自然地形、地质条件以及社会环境等特点，结合公路交叉主题工程，综合考虑确定方案，并符合下列规定：

(1)互通式立交设计应在满足公路交叉使用功能的同时，考虑交叉形式、布局的美观；立交区综合排水系统应与路线综合排水系统统一考虑。

(2)互通式立交的匝道边坡宜放缓，设土质边沟或不设边沟，贴近自然，充分与环境协调。

(3)互通式立交主线桥和匝道桥应进行上跨与下穿的方案比选，上跨主线结构物的跨径应合理布置、主线两侧宜设置边孔；合理确定桥上纵坡及桥头路基高度。

(4)分离式立交桥的结构形式应考虑行车视距和视觉效果，与周围环境相协调。

5. 桥隧环境保护设计要点

桥隧环境保护设计应结合地质、水文、气象、地震等情况，考虑施工和运营环境进行多方案论证，并符合下列要求：

(1)桥隧位置的选择应综合考虑接线设计，与周围山川、沟谷等自然景观协调；桥梁的导流设施应自然平顺;隧道洞口总体布置应贴近自然,洞门不宜过分进行人工化修饰。

(2)隧址应避开或保护储水结构层和蓄水层,保护地下水径流和地表植被。

6. 沿线设施专业设计中的环境保护设计要点

服务设施、管理设施的位置、规模应充分考虑人性化,结合自然景观合理确定。其设计应符合下列要求:

(1)服务设施、管理设施的位置应避让饮用水源二级以上保护区。

(2)服务区、停车区应合理布设,充分考虑驾乘人员的需求。

(3)对生活废水、废弃物等应进行综合治理。

(4)污染防治措施应进行多方案比选。

(5)拟分期实施的防污染设施应综合论证,并注意近期和远期有机结合。

(6)应结合区域路网、地形、景观和地域文化等环境进行景观设计。

二、了解公路环境保护技术

1. 声环境污染防治

1)交通噪声主要防治对策

交通噪声污染防治措施应根据环境敏感点的性质、位置、规模、当地条件及工程特点进行工程费用与环境效益分析,综合比较确定。防治对策主要有:

(1)调整公路线位。

(2)利用工程弃方降噪。

(3)建筑物设置隔声设施。

(4)设置声屏障。

(5)栽植绿化林带。

(6)拆迁建筑物或调整其使用功能。

2)声屏障设计要点

公路距环境敏感点较近、用地受限且环境噪声超标5dB以上时,可采用声屏障。声屏障设计应符合以下规定:

(1)可参照现行《声屏障声学设计和测量规范》(HJ/T 90—2004)的有关规定。

(2)路堤地段声屏障应设在靠近声源处,声屏障内侧距路肩边缘不宜大于2.0m;路堑地段宜设在靠近坡顶1.5~2.5m处;桥梁地段可结合护栏一并设置。

(3)声屏障高度不宜超过5m;当噪声衰减需要声屏障高度超过5m时,可将声屏障的上部做成折形或弧形,将端部伸向公路,以增大有效高度。

(4)声屏障的外延长度不宜小于受保护对象到声屏障距离的2倍;当声屏障长度大于1km时,应设紧急疏散口。

(5)声屏障材料应具备隔声、高强、低眩、耐久、耐火、耐潮等性能,单位面积质量应大于$10kg/m^2$。

(6)声屏障临近公路一侧的表面应减少对声波、光波的反射,其形式和色彩应与周围环境相协调。

(7)声屏障结构设计应做强度计算和抗倾覆稳定性验算。

3)隔音绿化林带设计要点

城镇、风景区附近或有景观要求的路段,宜采用绿化林带。绿化林带设计应符合以下规定:

(1)绿化林带应结合自然环境、公路景观、水土保持规划等进行栽植。

(2)绿化林带宽度不宜小于10m,长度不应小于环境敏感点沿公路方向的长度,并根据当地自然条件选择枝繁叶茂、生长迅速的常绿树种;乔、灌木应搭配密植,乔木高度不宜低于7.0m,灌木不低于1.5m。

2. 水环境污染防治

公路经过饮用水水源地及对水环境质量有较高要求的水体时,应符合以下规定:

(1)公路线位应设置在饮用水水源一级保护区以外。

(2)经过饮用水水源保护区时,应在驶入和驶出点设置警示标志牌。

(3)在饮用水水源保护区内不得设置沥青混合料及混凝土搅拌站;不得堆放或倾倒任何含有害物质的材料或废弃物;不得在饮用水水源保护区内取土、弃土、破坏土壤植被。

(4)经过饮用水水源保护区、执行《地表水环境质量标准》(GB 3838—2002)Ⅰ～Ⅱ类标准的水体及《海水水质标准》(GB 3097—1997)中的一类海域时,路面径流雨水排入该类水体之前应设置沉淀池处理。

(5)公路桥梁跨越饮用水水源保护区、执行《地表水环境质量标准》(GB 3838—2002)Ⅰ～Ⅱ类标准的水体及《海水水质标准》(GB 3097—1997)中的一类海域时,桥面排水宜排至桥梁两端,并设置沉淀池处理。

沿线设施污水处理应符合以下规定:

(1)沿线设施污水的处理及排放应根据受纳水体的功能确定。

(2)沿线设施污水用于农田灌溉时,应符合现行《农田灌溉水质标准》(GB 5084—2005)的规定;当地下水埋藏深度小于1.5m时,不应使用污水灌溉。

(3)当沿线设施污水用于回用时,其水质应满足现行《城市污水再生利用 城市杂用水水质》(GB/T 18920—2002)的要求。

3. 环境空气污染防治

施工期间空气污染防治应符合以下规定:

(1)沥青混合料应集中场站搅拌,其设备污染物排放应符合现行《公路环境保护设计规范》(JTG B04—2010)的规定;搅拌场站距环境敏感点的距离不宜小于300m,并应设置在当地施工季节最小频率风向的被保护对象的上风侧。

(2)石灰、粉煤灰等路用粉状材料宜采用袋装、罐装方式运输,当采用散装方式运输时应采取遮盖措施;该类材料的堆放应有遮盖或适时洒水措施以防止扬尘污染。

(3)混合料拌和宜采用集中拌和方式,拌和站距环境敏感点的距离不宜小于200m,并应设置在当地施工季节最小频率风向的被保护对象的上风侧。

(4)施工组织设计中应考虑对施工路段及便道,适时洒水,减轻扬尘污染。

4. 水土保持技术

公路工程的桥梁导流设施、路基路面排水、路基防护、泥石流和滑坡防治、公路绿化、防风固沙和防洪等工程，应充分考虑水土保持措施。其设计重点在于：

(1)桥台形式和位置的选择不宜压缩河床断面，其导流设施应与河岸自然衔接。

(2)路基路面排水设施应系统完善，自成体系，宜远截远送，因势利导。

(3)路基防护、泥石流和滑坡防治等宜选择刚性结构与柔性结构相结合，多层防护与生态植被防护相结合的方法，标本兼职，综合治理。

(4)公路绿化、防风固沙和防洪等工程宜乔灌草相结合，种植与养护并重，优先选择乡土植物，减少养护成本，注重水土保持时效。

临时工程水土保持措施宜根据当地的自然条件，长远结合、综合考虑。其重点如下：

(1)公路施工临时占用的土地，应将表土收集存放，待施工完成后，再将表土回覆原场地表层，进行复垦或绿化；生态环境脆弱或植被恢复困难地区，宜将原地表表层覆盖的植被加以保护和利用。

(2)当施工期开挖路堑和填筑路基的裸露边坡易产生水土流失时，应及时在施工中修筑边沟、截水沟、排水沟等排水工程，局部区域应根据需要设置拦挡设施、沉沙设施或有效的覆盖设施。

(3)对于桥梁基础施工过程中产生的泥浆和临时弃渣，应采取临时防护措施；在基础钻孔位置附近宜设置沉沙池和临时排水沟排除池中积水，沉沙池可根据沉沙量设置单级多级；对于扩大基础开挖基坑产生的土石，应采用沙包临时拦挡，待完工后用于回填基坑及平整场地，多余的废弃土石应运至弃土场。

(4)临时工程开挖边坡的上侧应设置截水沟，下侧应设置排水沟，防止水流冲刷造成水土流失和对下游各类设施产生不利影响。

(5)施工结束后应根据当地的自然情况进行土地整治。

三、了解道路环境影响评价的主要内容

1. 公路的社会影响

1)路线走向分析

(1)起点、终点位置分析。是否方便地方居民出行，是否会由于公路修建吸引的大量交通量给起、终点带来交通拥挤问题，起、终点安全设施如何，是否会增加本地区的交通事故。

(2)路线走向主要控制点分析。对主要控制点的乡镇，是否会为道路使用者提供更多的便利条件。

2)土地资源的利用与地区资源的开发

(1)建设用地分析。公路建设必然要占用土地，改变原有农业用地的功能。

(2)地区资源开发分析。公路修建后的交通便利会使沿线各地区的土地功能发生巨大的变化，使沿线土地增值，同时改变原有的单一种植形式，有利于土地资源开发，使未被利用的土地发挥其利用功能。

3)居民生活环境分析

(1)拆迁及安置分析。公路修建会造成一定数量的拆迁，可能会增加搬迁居民的负担，搬迁居民与以前邻居联系减少，存在学生上学及居民就业问题。

(2)人口分布特征。公路建设对地方经济产生的影响，会使人口的结构及需求发生改变。

(3)居民生活的影响。公路修建形成了一种天然隔阂，也许会改变原有居民间的交往方

式,对居民的生产活动会造成一定的影响。

4)区域经济布局及产业结构的影响

公路提供了良好的交通运输条件,为沿线区域的资源开发和经济发展奠定了坚实基础,形成了区位优势。公路对区域经济的影响体现在以下几个方面:

(1)促进地区农业产品发展。

(2)促进经济(工业)小区的兴起和建设。

(3)促进沿线商业的繁荣。

(4)促进沿线产业结构优化。

2. 噪声、废气影响

1)噪声影响分析

噪声是现代生活方式中产生的对人们的生活、工作及心理、生理上有不利影响的声音。对于公路建设项目而言,存在建设期和运营期两个阶段的噪声影响,影响区域主要是敏感地区(学校、住宅区、商、业区、公园等),其影响程度通过分贝值来描述。

2)废气的影响

汽车尾气排放的污染物主要有一氧化碳、氮氧化物、碳氢化合物、醛及含铅颗粒物,在一定程度上对动物产生不良影响。汽车废气排放量与汽车行驶状态有关,随着形成速度的提高,一氧化碳和碳氢化合物的排放量减少,氮氧化合物的排放量相对增加。废气排放对环境的影响除了与排放量有关,还与气象条件密切相关,气象条件决定了污染物扩散和稀释程度。描述废气对环境影响的指标是在各类型车辆的污染物排放量基础上,在一定气象条件下所形成污染物的浓度分布。

3. 工程地质水文影响

公路建设中深挖路堑、高填路基和处理水文地质不良路段,可能为引起塌方、滑坡等现象,造成水土流失、土壤质量和地质条件的不稳定。为了分析公路建设对工程水文地质带来的影响程度,需通过对地形、地貌、地质、水文等现状进行调查,分析工程对水质、土壤质量及地质环境的影响。

4. 生态影响

工程项目主要通过两个途径影响生态系统,第一条途径是施工活动对自然环境造成非污染性破坏,使环境发生物理变化而对生物产生影响;第二条途径是由于排放的污染物通过大气、水体、土壤等环境介质,进入生物体产生危害。公路建设对生态造成的影响应综合上述两条途径进行分析。

四、了解公路景观设计的内容

景观设计应包括道路景观、桥梁景观、隧道景观、立交景观、道路配套设施以及道路红线范围内和道路风貌、环境密切相关的设施景观。

(1)道路景观的设计应符合下列规定:

①快速路及标志性道路应反映城市形象。景观设施尺度宜大气、简洁明快;绿化配置强调统一;道路范围视线开阔。应以车行者视觉感受为主。

②立交选型应兼顾城市景观要求,立交范围的景观设计应突出识别性,体现城市特点。

③主干路、次干路及快速路的辅路应反映区域特色。景观设施宜简化、尺度适中、道路范围视线良好,车行和步行者视觉感受兼顾。

④次干路应反映街道特色和商业文化氛围。景观设施宜多样化,绿化配置多层次且不强调统一。尺度应以行人视觉感受为主,兼顾车行者视觉感受。

⑤支路应反映社区生活场景、街道的生活氛围。景观设施小品宜生活化,绿化配置宜生动活泼,多样化,应以自然种植方式为主。

⑥滨水道路应以亲水性和休闲服务为主,有条件时,在道路和水岸之间宜布置绿地,保护河岸原始的景观。

⑦风景区道路应避免大量挖填,应保护天然植被,景观设计应以借景为主,宜将道路和自然风景融为整体。

⑧步行街应以宜人尺度设置各种景观要素。景观设施应以休闲、舒适为主,绿化配置应多样化,铺砌宜选用地方材料。

⑨道路范围内的各种设施应符合整体景观的要求,宜进行一体化设计,集约化布置。

⑩公交站台应提供宜人的候车环境,宜强调识别性并与周边环境相协调。

(2)桥梁景观的设计应符合下列规定:

①跨江河的大桥应结合自然环境和城市空间进行设计,宜展示桥梁的结构之美,注重其与整体环境和谐。

②跨线桥梁应结合道路景观和街道建筑景观进行设计,应体现轻巧、空透。注重其细部设计。涂装色彩应与环境相协调。

③人行天桥应体现结构轻盈,造型美观。

④桥头广场、公共雕塑、桥名牌、栏杆、灯具和铺装等桥梁附属设施,宜统一设计。

(3)隧道景观的设计应符合下列规定:

①洞门设计应突出标志性,便于记忆,并应与周边景观和谐统一。

②洞身内部应考虑车行者视觉感受,装饰应自然简洁。

考点分析

本节内容是公路环保与景观设计的基础知识的简要概述,考试大纲对本节提出了解公路各分项专业环保要求和了解环保技术、环境影响评价、景观设计内容等要求,不属于重要考点,其中公路各分项专业环保要求是本节的重点。

例题解析

例1 公路路线设计应尽量绕避各类环境敏感点,关于绕避距离的确定,下述哪一项是正确的? ( )

(A)高速公路中心线距医院、疗养院、学校宜大于100m

(B)沥青混合料搅拌场站宜设置在以环境敏感点为中心、半径不小于300m的圆周范围之外

(C)对于饮用水地表河流水源地,公路桥位应位于集中式生活饮用水取水口上、下游100m以外

(D)公路中心线距省级(含)以上自然保护区缓冲区的边缘不宜小于100m

分析

公路中心线距医院、疗养院、学校宜大于200m;沥青混合料应集中场站搅拌,搅拌场站距环境敏感点的距离不宜小于300m,并应设置在当地施工季节最小频率风向的被保护对象的上风侧;对于饮用水地表河流水源地,公路桥位应位于集中式生活饮用水取水口上游1000m以外,下游100m以外。故本题选D。

例2　降低道路交通振动的主要措施是下列哪一个? (　　)

(A)橡胶沥青混凝土路面　　(B)防振沟

(C)提高和改善路面的平整度　　(D)防振墙

分析

由于路面的不平整是道路交通振动的主要激振因素,因而提高和改善路面的平整度是降低道路交通振动的主要措施。故本题选C。

例3　某公路路线经过湿地路段,为了提高路基的承载力和保证公路两侧地下水的相互流动,可以采用哪一项措施? (　　)

(A)设置截水沟　　(B)设置沉沙措施

(C)设置砂砾换填土层　　(D)设置框格护坡

分析

利用透水性材料(砂砾或碎石)进行换土,能提高路基的承载力和保证公路两侧地下水的相互流动,减轻路基对地下水的阻隔影响。设置截水沟、沉沙措施和框格护坡,能减少水土流失。故本题选C。

例4　为了降低公路交通噪声污染,可以根据环境敏感点的性质、位置、规模、当地条件及工程特点,选用哪些防治措施? (　　)

(A)利用工程弃方降噪　　(B)设置声屏障

(C)栽植绿化林带　　(D)设置挡土墙

分析

挡土墙是道路路基支挡防护结构,不属于交通噪声污染防治措施。故本题选ABC。

例5　下列选项中哪几项是高速公路污水处理设施设计时需要采取的合理措施? (　　)

(A)高速公路设计时,选用适合大水量处理的接触氧化工艺

(B)服务区应在隔油池设计时,可考虑设计成隔油沉沙池

(C)污水处理设备设计时,应采用全自动控制

(D)高速公路服务区为防止配套设施耗电、占地过多,不应增设中水使用及回用设施

分析

高速公路设计时建议选用适合小水量处理的接触氧化工艺,且高速公路服务区可在污水处理的同时增加中水并回用,在处理污水的同时创造经济效益、节约水资源。故本题选 BC。

自测模拟

(第 1、2 题为单选题,第 3 题为多选题)

1. 在道路选线工作中应该遵循的环境保护原则,不包括下列哪一项? ( )

(A)应做到按地形选线、按地质选线

(B)应选择有利于环境保护或对环境影响小的方案

(C)应选择少占耕地,有利于社会协调发展的方案

(D)把工程本身和投资放到第一取舍的位置

2. 在进行公路路基路面专业设计时,从环境保护设计角度,关于设计师应注意的要点,下列描述错误的是哪一项? ( )

(A)合理选择路基高度,有条件时宜采用低路堤和浅路堑方案,路基边坡应顺应自然

(B)在山区采用多种边坡防治技术稳定边坡,防治水土流失

(C)路基路面综合排水工程设施充分利用当地的排灌系统

(D)集中取土场应及时绿化,恢复植被或复垦

3. 关于声屏障设计的规定,以下正确的有哪几项? ( )

(A)桥梁地段的声屏障可以结合护栏一并设置

(B)当噪声衰减需要声屏障高度超过 5m 时,可将声屏障的上部做成折形或弧形,将端部伸向公路,以增大有效高度

(C)声屏障长度大于 1km 时,应设紧急疏散口

(D)声屏障结构设计是否进行强度计算和抗倾覆稳定性验算,应根据实际需要决定

参考答案

1. D　2. D　3. ABD

第九节　城市管线综合

依据规范

《城市工程管线综合规划规范》(GB 50289—2016)

4.1　直埋、保护管及管沟敷设

5　架空敷设

《城市道路工程设计规范》(CJJ 37—2012)(2016 年版)

15.1　一般规定

15.2　管线

15.3　排水

《防洪标准》(GB 50201—2014)

6.2　公路

《城市防洪工程设计规范》(GB/T 50805—2012)

2.1　城市防洪工程等别和防洪标准

重点知识

一、熟悉城市地上、下管线的类型、覆土厚度要求

1. 城市工程管线的类型

城市工程管线种类多而复杂,根据性能和用途、输送方式、敷设方式、弯曲程度等有不同的分类。按工程管线敷设方式分类有架空线、地铺管线、地埋管线。

(1)架空线:指通过地面支撑设施在空中布线的工程管线。如架空电力线,架空电话线。

(2)地铺管线:指在地面铺设明沟或盖板明沟的工程管线,如雨水沟渠,地面各种轨道。

(3)地埋管线:指在地面以下有一定覆土深度的工程管线,根据覆土深度不同,地下管线又可分为深埋和浅埋两类。划分深埋和浅埋主要决定于有水的管道和含有水分的管道在寒冷的情况下是否怕冰冻;土壤冰冻的深度。所谓深埋,是指管道的覆土深度大于 1.5m 者,如我国北方的土壤冰冻线较深,给水、排水、湿煤气等管道属于深埋一类;热力管道、电信管道、电力电缆等不受冰冻的影响,可埋设较浅,属于浅埋一类。

2. 城市工程管线的最小覆土深度

严寒或寒冷地区给水、排水、再生水、直埋电力及湿燃气等工程管线应根据土壤冰冻深度确定管线覆土深度;非直埋电力、通信、热力及干燃气等工程管线以及严寒或寒冷地区以外地区的工程管线应根据土壤性质和地面承受荷载的大小确定管线的覆土深度。

工程管线的最小覆土深度应符合表 1-9-1 的规定。当受条件限制不能满足要求时,可采

取安全措施减少其最小覆土深度。

工程管线的最小覆土深度(m) 表 1-9-1

管线名称		给水管线	排水管线	再生水管线	电力管线		通信管线		直埋热力管线	燃气管线	管沟
					直埋	保护管	直埋及塑料、混凝土保护管	钢保护管			
最小覆土深度	非机动车道(含人行道)	0.60	0.60	0.60	0.70	0.50	0.60	0.50	0.70	0.60	—
	机动车道	0.70	0.70	0.70	1.00	0.50	0.90	0.60	1.00	0.90	0.50

注:聚乙烯给水管线机动车道下的覆土深度不宜小于1.00m。

二、了解城市排水对道路工程的要求

1. 城市防洪对道路工程的要求

有防洪任务的城市,其防洪工程的等别应根据防洪保护对象的社会经济地位的重要程度和人口数量按表1-9-2的规定划分为四等;城市防洪工程设计标准应根据防洪工程等别、灾害类型,按表1-9-3的规定选定。

城市防洪工程等别 表 1-9-2

城市防洪工程等别	分等指标	
	防洪保护对象的重要程度	防洪保护区人口(万人)
Ⅰ	特别重要	≥150
Ⅱ	重要	≥50 且 <150
Ⅲ	比较重要	>20 且 <50
Ⅳ	一般重要	≤20

注:防洪保护区人口指城市防洪工程保护区的常住人口。

城市防洪工程设计标准 表 1-9-3

城市防洪工程等别	设计标准(年)			
	洪水	涝水	海潮	山洪
Ⅰ	≥200	≥20	≥200	≥50
Ⅱ	≥100 且 <200	≥10 且 <20	≥100 且 <200	≥30 且 <50
Ⅲ	≥50 且 <100	≥10 且 <20	≥50 且 <100	≥20 且 <30
Ⅳ	≥20 且 <50	≥5 且 <10	≥20 且 <50	≥10 且 <20

注:1. 根据受灾后的影响、造成的经济损失、抢险难易程度以及资金筹措条件等因素合理确定。
2. 洪水、山洪的设计标准指洪水、山洪的重现期。
3. 涝水的设计标准指相应暴雨的重现期。
4. 海潮的设计标准指高潮位的重现期。

公路的各类建筑物、构筑物应根据公路的功能和相应的交通量分为四个防护等级,其防护等级和防洪标准应按表1-9-4确定。

公路各类建筑物、构筑物的防护等级和防洪标准　　表 1-9-4

防护等级	公路等级	分等指标	防洪标准[重现期(年)]							
			路基	桥涵				隧道		
				特大桥	大、中桥	小桥	涵洞及小型排水构筑物	特长隧道	长隧道	中、短隧道
Ⅰ	高速	专供汽车分向、分车道行驶并应全部控制出入的多车道公路,年平均日交通量为 25000～100000 辆	100	300	100	100	100	100	100	100
	一级	供汽车分向、分车道行驶,并可根据需要控制出入的多车道公路,年平均日交通量为 15000～55000 辆								
Ⅱ	二级	供汽车行驶的双车道公路,年平均日交通量为 5000～15000 辆	50	100	100	50	50	100	50	50
Ⅲ	三级	供汽车行驶的双车道公路,年平均日交通量为 2000～6000 辆	25	100	50	25	25	50	50	25
Ⅳ	四级	供汽车行驶的双车道或单车道公路,双车道年平均日交通量 2000 辆以下,单车道年平均日交通量 400 辆以下	—	100	50	25	—	50	25	25

注:年平均日交通量指将各种汽车折合成小客车后的交通量。

2. 城市排水对道路工程的要求

(1)城市建成区内道路排水应采用管道形式,城市外围道路可采用边沟排水,设计时应根据区域排水规划、道路设计和沿线地形环境条件综合选择。

(2)道路的地面水必须采取可靠的排除措施,应保证路面水迅速排除;当道路的地下水可能对道路造成不良影响时,应采取适当的排除或阻隔措施。道路结构层内可根据需要采取适当的排水或隔水措施。

(3)城市道路地面雨水径流量应按照设计暴雨强度进行计算。道路排水采用的暴雨强度的重现期应根据气候特征、地形条件、道路类别和重要程度等因素确定,并应符合下列规定:

①对城市快速路、重要的主干路、立交桥区和短期积水即能引起严重后果的道路,宜采用 3～5 年;其他道路宜采用 0.5～3 年,特别重要路段和次要路段可酌情增减。

②当道路排水工程服务于周边地块时,重现期的取值还应符合地块的规划要求。

(4)道路雨水口的形式、设置间距和泄水能力应满足道路排水要求。雨水口的布置方式应确保有效收集雨水,雨水不应流入路口范围,不应横向流过车行道,不应由路面流入桥面或隧道。一般路段应按适当间距设置雨水口,路面低洼点应设置雨水口,易积水地段的雨水口宜适当加大泄水能力。

(5)边坡底部应设置边沟等排水设施,路堑边坡顶部必要时应设置截水沟;隧道内当需将结构渗漏水、地面冲洗废水和消防废水等排至洞外时,应设置排水设施;当洞外水可能进入隧道内时,洞口上方应设置截水、排水设施。

(6)排水设计应符合现行国家标准《室外排水设计规范》(GB 50014)的规定。

三、了解城市地上、地下管线布置原则，管线间、管线与其他构筑物之间的最小水平距离及垂直净距

1. 城市工程管线布置原则

(1)工程管线的平面位置和竖向位置均应采用城市统一的坐标系统和高程系统。

(2)工程管线应按城市规划道路网布置；各工程管线应结合用地规划优化布局；工程管线应充分利用现状管线及线位。

(3)工程管线应避开地震断裂带、沉陷区以及滑坡危险地带等不良地质条件区。

(4)区域工程管线应避开城市建成区，且应与城市空间布局和交通廊道相协调，在城市用地规划中控制管线廊道。

(5)管线带的布置应与道路或建筑红线平行。同一管线不宜自道路一侧转到另一侧。

(6)减少与铁路、道路的交叉，若交叉时应正交，若斜交不得小于45°。

(7)地下管线避让原则：压力管线宜避让重力流管线；易弯曲管线宜避让不宜弯曲管线；分支管线宜避让主干管线；小管径管线宜避让大管径管线；临时性管线宜避让永久性管线。

(8)在满足生产、安全、检修的条件下节约用地，工程管线可共架、共沟布置。

(9)工程管线共沟敷设原则：热力管不与电力、通信电缆和压力管道共沟；排水管道布置在沟底；腐蚀性介质管道的标高要低于其他管线；易燃、易爆、有毒、有腐蚀的管道不能共沟敷设，严禁与消防水管共沟敷设；凡可能产生互相影响的管线，均不应共沟敷设。

2. 城市工程管线敷设要求

管线类别、管线走向、规模容量、预留接口和敷设方式应满足城市总体规划和管线工程专业规划的要求，并为远期发展适当留有余地，且应统筹安排各类管线，合理分配管道走廊，合理处理管线交叉，满足相关专业技术规范的要求。

1)架空敷设要求

(1)沿城市道路架空敷设的工程管线，其线位应根据规划道路的横断面确定，并不应影响道路交通、居民安全以及工程管线的正常运行。

(2)架空敷设的工程管线应与相关规划结合，节约用地并减小对城市景观的影响。

(3)架空线线杆宜设置在人行道上距路缘石不大于1.0m的位置，有分隔带的道路，架空线线杆可布置在分隔带内，并应满足道路建筑限界要求。

(4)架空电力线与架空通信线宜分别架设在道路两侧。

(5)架空电力线及通信线同杆架设应符合下列规定：

①高压电力线可采用多回线同杆架设。

②中、低压配电线可同杆架设。

③高压与中、低压配电线同杆架设时，应进行绝缘配合的论证。

④中、低压电力线与通信线同杆架设应采取绝缘、屏蔽等安全措施。

(6)架空金属管线与架空输电线、电气化铁路的馈电线交叉时，应采取接地保护措施。

(7)工程管线跨越河流时，宜采用管道桥或利用交通桥梁进行架设，并应符合下列规定：

①利用交通桥梁跨越河流的燃气管线压力不应大于0.4MPa。

②工程管线利用桥梁跨越河流时,其规划设计应与桥梁设计相结合。

2)地下敷设要求

(1)工程管线应根据道路的规划横断面布置在人行道或非机动车道下面。位置受限制时,可布置在机动车道或绿化带下面。

(2)工程管线在道路下面的规划位置宜相对固定,分支线少、埋深大、检修周期短和损坏时对建筑物基础安全有影响的工程管线应远离建筑物。工程管线从道路红线向道路中心线方向平行布置的次序宜为:电力、通信、给水(配水)、燃气(配气)、热力、燃气(输气)、给水(输水)、再生水、污水、雨水。

(3)工程管线在庭院内由建筑线向外方向平行布置的顺序,应根据工程管线的性质和埋设深度确定,其布置次序宜为:电力、通信、污水、雨水、给水、燃气、热力、再生水。

(4)沿城市道路规划的工程管线应与道路中心线平行,其主干线应靠近分支管线多的一侧。工程管线不宜从道路一侧转到另一侧。

道路红线宽度超过40m的城市干道宜两侧布置配水、配气、通信、电力和排水管线。

(5)各种工程管线不应在垂直方向上重叠敷设。

(6)沿铁路、公路敷设的工程管线应与铁路、公路线路平行。工程管线与铁路、公路交叉时宜采用垂直交叉方式布置;受条件限制时,其交叉角宜大于60°。

(7)河底敷设的工程管线应选择在稳定河段,管线高程应按不妨碍河道的整治和管线安全的原则确定,并应符合下列规定:

①在Ⅰ级~Ⅴ级航道下面敷设,其顶部高程应在远期规划航道底标高2.0m以下。

②在Ⅵ级、Ⅶ级航道下面敷设,其顶部高程应在远期规划航道底标高1.0m以下。

③在其他河道下面敷设,其顶部高程应在河道底设计高程0.5m以下。

3.管线间及管线与其他构筑物之间的最小水平净距及垂直净距

1)管线间及管线与其他构筑物之间的最小水平净距

地下敷设时,工程管线之间及其与建(构)筑物之间的最小水平净距应符合表1-9-5的规定。当受道路宽度、断面以及现状工程管线位置等因素限制难以满足要求时,应根据实际情况采取安全措施后减少其最小水平净距。大于1.6MPa的燃气管线与其他管线的水平净距应按现行国家标准《城镇燃气设计规范》(GB 50028)执行。工程管线与综合管廊最小水平净距应按现行国家标准《城市综合管廊工程技术规范》(GB 50838)执行。

对于埋深大于建(构)筑物基础的工程管线,其与建(构)筑物之间的最小水平距离,应按下式计算,并折算成水平净距后与表1-9-5的数值比较,采用其较大值。

$$L = \frac{H - h}{\tan\alpha} + \frac{B}{2} \tag{1-9-1}$$

式中:L——管线中心至建(构)筑物基础水平距离(m);

H——管线敷设深度(m);

h——建(构)筑物基础底砌置深度(m);

B——沟槽开挖宽度(m);

α——土壤内摩擦角(°)。

架空敷设时,架空管线之间及其与建(构)筑物之间的最小水平净距应符合表1-9-6的规定。

工程管线之间及其与建(构)筑物之间的最小水平净距(单位:m)　　表 1-9-5

序号	管线及建(构)筑物名称			1	2		3	4	5					6	7		8		9	10	11	12			13	14	15
				建(构)筑物	给水管线		污水、雨水管线	再生水管线	燃气管线					直埋热力管线	电力管线		通信管线		管沟	乔木	灌木	地上杆柱			道路侧石边缘	有轨电车钢轨	铁路钢轨(或坡脚)
					$d\leq$200mm	$d>$200mm			低压	中压		次高压			直埋	保护管	直埋	管道、通道				通信照明及<10kV	高压铁塔基础边				
										B	A	B	A										≤35kV	>35kV			
1	建(构)筑物			—	1.0	3.0	2.5	1.0	0.7	1.0	1.5	5.0	13.5	3.0	0.6		1.0	1.5	0.5	—		—			—	—	—
2	给水管线	$d\leq$200mm		1.0	—		1.0	0.5	0.5			1.0	1.5	1.5	0.5		1.0		1.5	1.5	1.0	0.5	3.0		1.5	2.0	5.0
		$d>$200mm		3.0			1.5																				
3	污水、雨水管线			2.5	1.0	1.5	—	0.5	1.0	1.2		1.5	2.0	1.5	0.5		1.0		1.5	1.5	1.0	0.5	1.5		1.5	2.0	5.0
4	再生水管线			1.0	0.5		0.5	—	0.5			1.0	1.5	1.0	0.5		1.0		1.5	1.0		0.5	3.0		1.5	2.0	5.0
5	燃气管线	低压	$P<0.01$MPa	0.7	0.5		1.0	0.5	$DN\leq$300mm 0.4 $DN>$300mm 0.5					1.0	0.5	1.0	0.5	1.0	1.0	0.75		1.0	1.0	2.0	1.5	2.0	5.0
		中压 B	0.01MPa $\leq P\leq0.2$MPa	1.0			1.2												1.5								
		中压 A	0.2MPa $<P\leq0.4$MPa	1.5																							
		次高压 B	0.4MPa $<P\leq0.8$MPa	5.0	1.0		1.5	1.0						1.5	1.0		1.0		2.0	1.2				5.0	2.5		
		次高压 A	0.8MPa $<P\leq1.6$MPa	13.5	1.5		2.0	1.5						2.0	1.5		0.5		4.0								
6	直埋热力管线			3.0	1.5		1.5	1.0	1.0			1.5	2.0	—	2.0		1.0		1.5	1.5		1.0	(3.0 >330kV 5.0)		1.5	2.0	5.0
7	电力管线	直埋		0.6	0.5		0.5	0.5	0.5			1.0	1.5	2.0	0.25	0.1	<35kV 0.5 ≥35kV 2.0		1.0	0.7		1.0	2.0		1.5	2.0	10.0(非电气化3.0)
		保护管							1.0						0.1	0.1											

续上表

序号	管线及建(构)筑物名称			1	2		3	4	5					6	7		8		9	10	11	12			13	14	15
				建(构)筑物	给水管线		污水、雨水管线	再生水管线	燃气管线					直埋热力管线	电力管线		通信管线		管沟	乔木	灌木	地上杆柱			道路侧石边缘	有轨电车钢轨	铁路钢轨(或坡脚)
					$d \le$ 200 mm	$d >$ 200 mm			低压	中压		次高压			直埋	保护管	直埋	管道、通道				通信照明及<10kV	高压铁塔基础边				
										B	A	B	A										≤35kV	>35kV			
8	通信管线	直埋		1.0	1.0		1.0	1.0	0.5			1.0	1.5	1.0	<35kv 0.5 ≥35kV 2.0		0.5		1.0	1.5	1.0	0.5	0.5	2.5	1.5	2.0	2.0
		管道、通道		1.5					1.0																		
9	管沟			0.5	1.5		1.5	1.5	1.0	1.5		2.0	4.0	1.5	1.0		1.0		—	1.5	1.0	1.0	3.0		1.5	2.0	5.0
10	乔木			—	1.5		1.5	1.0	0.75			1.2		1.5	0.7		1.5		1.5	—		—	—		0.5	—	—
11	灌木				1.0		1.0										1.0		1.0								
12	地下杆柱	通信照明及<10kV		—	0.5		0.5	0.5	1.0					1.0	1.0		0.5		1.0	—		—			0.5	—	—
		高压塔基础边	≤35kV		3.0		1.5	3.0	1.0					3.0(>330kV 5.0)	2.0		0.5		3.0	—							
			>35kV						2.0			5.0					2.5										
13	道路侧石边缘			—	1.5		1.5	1.5	1.5			2.5		1.5	1.5		1.5		1.5	0.5		0.5			—	—	—
14	有轨电车钢轨			—	2.0		2.0	2.0	2.0					2.0	2.0		2.0		2.0	—		—			—	—	—
15	铁路钢轨(或坡脚)			—	5.0		5.0	5.0	5.0					5.0	10.0(非电气化3.0)		2.0		3.0	—		—			—	—	—

注:1. 地上杆柱与建(构)筑物最小水平净距应符合规范表5.0.8的规定。
2. 管线距建筑物距离,除次高压燃气管道为其至外墙面外均为其至建筑物基础,当次高压燃气管道采取有效的安全防护措施或增加管壁厚度时,管道距建筑物外墙面不应小于3.0m。
3. 地下燃气管线与铁塔基础边的水平净距,还应符合现行国家标准《城镇燃气设计规范》(GB 50028)地下燃气管线和交流电力线接地体净距的规定。
4. 燃气管线采用聚乙烯管材时,燃气管线与热力管线的最小水平净距应按现行行业标准《聚乙烯燃气管道工程技术规程》(CJJ 63)执行。

架空管线之间及其与建(构)筑物的之间的最小水平净距(单位:m) 表 1-9-6

名称		建(构)筑物(凸出部分)	通信线	电力线	燃气管道	其他管道
电力线	3kV 以下边导线	1.0	1.0	2.5	1.5	1.5
	3~10kV 边导线	1.5	2.0	2.5	2.0	2.0
	35~66kV 边导线	3.0	4.0	5.0	4.0	4.0
	110kV 边导线	4.0	4.0	5.0	4.0	4.0
	220kV 边导线	5.0	5.0	7.0	5.0	5.0
	330kV 边导线	6.0	6.0	9.0	6.0	6.0
	500kV 边导线	8.5	8.0	13.0	7.5	6.5
	750kV 边导线	11.0	10.0	16.0	9.5	9.5
通信线		2.0	—	—	—	—

注:架空电力线与其他管线及建(构)筑物的最小水平净距为最大计算风偏情况下的净距。

2)工程管线间的最小垂直净距

当工程管线交叉敷设时,管线自地表面向下的排列顺序宜为:通信、电力、燃气、热力、给水、再生水、雨水、污水。给水、再生水和排水管线应按自上而下的顺序敷设。工程管线交叉点高程应根据排水等重力流管线的高程确定。

地下敷设时,工程管线交叉时的最小垂直净距,应符合表 1-9-7 的规定。当受现状工程管线等因素限制难以满足要求时,应根据实际情况采取安全措施后减少其最小垂直净距。

工程管线交叉时的最小垂直净距(单位:m) 表 1-9-7

序号	管线名称		给水管线	污水、雨水管线	热力管线	燃气管线	通信管线		电力管线		再生水管线
							直埋	保护管及通道	直埋	保护管	
1	给水管线		0.15								
2	污水、雨水管线		0.40	0.15							
3	热力管线		0.15	0.15	0.15						
4	燃气管线		0.15	0.15	0.15	0.15					
5	通信管线	直埋	0.50	0.50	0.25	0.50	0.25	0.25			
		保护管、通道	0.15	0.15	0.25	0.15	0.25	0.25			
6	电力管线	直埋	0.50*	0.50*	0.50*	0.50*	0.50*	0.50*	0.50*	0.25	
		保护管	0.25	0.25	0.25	0.15	0.25	0.25	0.25	0.25	
7	再生水管线		0.50	0.40	0.15	0.15	0.15	0.15	0.50*	0.25	0.15
8	管沟		0.15	0.15	0.15	0.15	0.25	0.25	0.50*	0.25	0.15
9	涵洞(基底)		0.15	0.15	0.15	0.15	0.25	0.25	0.50*	0.25	0.15
10	电车(轨底)		1.00	1.00	1.00	1.00	1.00	1.00	1.00	1.00	1.00
11	铁路(轨底)		1.00	1.20	1.20	1.20	1.50	1.50	1.00	1.00	1.00

注:1. * 用隔板分隔时不得小于 0.25m。

2. 燃气管线采用聚乙烯管材时,燃气管线与热力管线的最小垂直净距应按现行行业标准《聚乙烯燃气管道工程技术规程》(CJJ 63)执行。

3. 铁路为时速大于等于 200km/h 客运专线时,铁路(轨底)与其他管线最小垂直净距为 1.50m。

架空敷设时,架空管线之间及其与建(构)筑物之间的最小垂直净距应符合表1-9-8的规定。高压架空电力线路规划走廊宽度可按表1-9-9确定。

架空管线之间及其与建(构)筑物之间的最小垂直净距(单位:m)　　表1-9-8

名称		建(构)筑物	地面	公路	电车道(路面)	铁路(轨顶)		通信线	燃气管道 $P \leq 1.6$MPa	其他管道
						标准轨	电气轨			
电力线	3kV以下	3.0	6.0	6.0	9.0	7.5	11.5	1.0	1.5	1.5
	3～10kV	3.0	6.5	7.0	9.0	7.5	11.5	2.0	3.0	2.0
	35kV	4.0	7.0	7.0	10.0	7.5	11.5	3.0	4.0	3.0
	66kV	5.0	7.0	7.0	10.0	7.5	11.5	3.0	4.0	3.0
	110kV	5.0	7.0	7.0	10.0	7.5	11.5	3.0	4.0	3.0
	220kV	6.0	7.5	8.0	11.0	8.5	12.5	4.0	5.0	4.0
	330kV	7.0	8.5	9.0	12.0	9.5	13.5	5.0	6.0	5.0
	500kV	9.0	14.0	14.0	16.0	14.0	16.0	8.5	7.5	6.5
	750kV	11.5	19.5	19.5	21.5	19.5	21.5	12.0	9.5	8.5
通信线		1.5	(4.5)5.5	(3.0)5.5	9.0	7.5	11.5	0.6	1.5	1.0
燃气管道 $P \leq 1.6$MPa		0.6	5.5	5.5	9.0	6.0	10.5	1.5	0.3	0.3
其他管道		0.6	4.5	4.5	9.0	6.0	10.5	1.0	0.3	0.25

注:1. 架空电力线及架空通信线与建(构)物及其他管线的最小垂直净距为最大计算弧垂情况下的净距。
2. 括号内为特指与道路平行,但不跨越道路时的高度。

高压架空电力线路规划走廊宽度　　表1-9-9

(单杆单回或单杆多回)

线路电压等级(kV)	走廊宽度(m)	线路电压等级(kV)	走廊宽度(m)
1000(750)	90～110	220	30～40
500	60～75	66,110	15～25
330	35～45	35	15～20

考点分析

城市管线综合设计是城市道路设计中的重要组成部分,应熟悉城市地上、地下管线的类型、覆土厚度要求;了解城市排水对道路工程的要求;了解城市地上、地下管线布置原则、管线间及管线与其它构筑物之间的最小水平距离及垂直净距。

例题解析

例1　城市道路管线按照埋设方式分为架空管线、地埋管线、地铺管线。对于地理管线,以多少米深,划分为深埋管线和浅埋管线?　　(　　)

(A)1.0　　(B)1.5

(C)2.0　　(D)2.5

分析

本题是考察地下埋设管道深埋、浅埋的分界点,这点在考点上有提到,是1.5m。故本题选B。

例2　拟修建一条城市道路,道路为双向四车道,路宽约20m,则埋设直径150mm的给水管时,与建筑物的最小水平间距是多少米?　　(　　)

(A)0.5　　(B)1.0

(C)1.5　　(D)2.0

分析

查表1-9-5,给水管的直径为150mm,小于200mm,此时给水管与建筑物的间距最小为1.0m。故本题选B。

例3　在城市防洪工程中,防洪保护对象的重要程度非常重要,防洪保护区人口介于50~150万之间,此防洪工程等别为几等?　　(　　)

(A)Ⅰ　　(B)Ⅱ

(C)Ⅲ　　(D)Ⅳ

分析

根据《城市防洪工程设计规范》(GB/T 50805—2012)表2.1.1,城市防洪分为四等,城市等别按人口指标分为:一等城市,人口大于或等于150万人;二等城市,人口为50~150万人;三等城市,人口为20~50万人;四等城市,人口小于或等于20万人。按保护对象重要性分为:一等特别重要,二等重要,三等比较重要,四等一般重要。故本题选B。

例4　防洪堤防(墙)的设计要求中,下列哪项符合要求?　　(　　)

(A)黏性土土堤的填筑标准按压实度确定,1级堤防的压实度不应小于0.6

(B)非黏性土堤的填筑标准按相对密度确定,低于6m的3级及3级以下堤防的相对密度不应小于0.94

(C)当堤身的高度大于6m时,宜在背水坡设置马道,其宽度不应小于2m

(D)黏性土土堤的填筑标准按压实度确定,低于6m的3级及3级以下堤防的压实度不应小于0.6

分析

防洪堤防(墙)的设计要求中,黏性土土堤的填筑标准按压实度确定,1级堤防的压实度不应小于0.94,低于6m的3级及3级以下堤防的压实度不应小于0.9,非黏性土堤的填筑标准按相对密度确定，低于6m的3级及3级以下堤防的相对密度不应小于0.6；当堤身的高度大于6m时，宜在背水坡设置马道，其宽度不应小于2m。故本题选C。

例5 2级堤防工程防洪标准重现期的设定年限应为多少年？（ ）

(A)≥200 (B)200~100
(C)100~50 (D)50~20

分析

根据《堤防工程设计规范》(GB 50286—2013)表3.1.3中可查得：2级堤防工程，防洪标准重现期的设定年限应为100~50年。故本题选C。

例6 下列不属于城市防洪措施的是哪一项？（ ）

(A)行政区 (B)截洪沟
(C)排涝泵 (D)排洪沟

分析

城市的防洪、防涝工程设施主要有防洪堤墙、排洪沟、截洪沟、防洪闸和排涝设施。防洪堤用于河道，防洪墙多用于城市中心。故本题选A。

例7 已知有一防护堤等级为2级，是一个土石防护堤，设计洪水位为Z，防护堤前因风而引起的水面壅水高为e，风浪在防护堤堤坡上的爬高为R，则防护堤堤顶在河道洪水位以上的超高Y为多少？（ ）

(A)$Z+R-e+1$ (B)$Z+R+1$
(C)$Z+R-e+0.7$ (D)$Z+R+0.7$

分析

根据《城市防洪工程设计规范》(GB/T 50805—2012)式(5.1.4)，防护堤堤顶在河道洪水位以上的超高$Y=Z+R-e+A$，根据《堤防工程设计规范》(GB 50286—2013)表3.2.1，土石防护堤的等级为1,2,3,4(5)级时，其对应A值分别为1.5，1.0，0.7，0.5。故本题选A。

自测模拟

(第1~7题为单选题，第8题为多选题)

1.埋设于1.5m以下的管线称为什么？（ ）

(A)深埋管线 (B)浅埋管线
(C)地埋管线 (D)架空管线

2. 我国北方的土壤冰冻线较深,给水、排水、湿煤气等管道属于哪种管线? ( )

(A)深埋管线 (B)浅埋管线

(C)地铺管线 (D)可弯曲管线

3. 工程管线从道路红线向道路中心线方向平行布置的次序宜为哪一项? ( )

(A)电力、通信、给水(配水)、燃气(配气)、热力、燃气(输气)

(B)电力、通信、热力、给水(配水)、燃气(配气)、燃气(输气)

(C)给水(配水)、电力、通信、燃气(配气)、燃气(输气)、热力

(D)通信、电力、给水(配水)、燃气(配气)、燃气(输气)、热力

4. 在寒冷地区,工程管线应根据____来确定管线的埋置深度。 ( )

(A)土壤的性质 (B)地面荷载

(C)管线的种类 (D)室外温度

5. 下列关于城市直埋管线布置说法错误的是哪一项? ( )

(A)工程管线应和道路中心线平行

(B)工程管线可以从道路一侧转到道路另一侧

(C)燃气管一般布置在管线较少的一侧

(D)工程管线可以布置在机动车车道下面

6. 下列关于架空敷设管线布置说法错误的是哪一项? ( )

(A)同一类性质的工程管线宜合杆架设

(B)架空线杆应设置在人行道上距离路缘石不大于1m的位置

(C)有分车带的道路,架空线杆应布置在分车带外

(D)工程管线跨越河流时,宜采用管道桥

7. 遇到两个给水管交叉时,这两个管线的垂直净距至少为____m。 ( )

(A)0.10 (B)0.15

(C)0.2 (D)0.25

8. 城市道路管线按照埋设方式分为哪几种? ( )

(A)架空管线 (B)地埋管线

(C)地铺管线 (D)深埋管线

参考答案

1.C 2.A 3.A 4.A 5.D 6.C 7.B 8.ABC

第二章 路基工程

考试大纲

2 路基工程

2.1 总论

2.1.1 掌握路基设计的基本内容、路基土的工程性质。

2.1.2 掌握路基干湿类型的划分与确定方法，公路自然区划，路基设计指标 CBR、回弹模量(动态和静态)及压应变。

2.1.3 了解路基的破坏形式与原因。

2.2 一般路基设计

2.2.1 掌握路基、高路堤、一般路堤及深路堑和一般路堑的设计原则及要点；与路床(路基结构)设计要点。

2.2.2 熟悉路基填料选择的原则及最小强度和最大粒径要求；路基最小填土高度要求及原因。

2.2.3 了解路基边坡坡度的确定依据；填石路基、砌石路基、护肩、护脚的构造与使用条件；轻质材料路堤的用途、适用条件及常用轻质材料种类；工业废渣路堤的使用条件；路基压实的影响因素、压实度测定方法与压实标准。

2.2.4 了解路基拓宽改建时的主要工程问题、拓宽形式及适用条件。

2.3 路基边坡稳定性设计

2.3.1 掌握边坡稳定性验算所需土性参数及确定原则。

2.3.2 了解边坡稳定性分析的三种工况及使用条件，工程地质比拟法，简化 Bishop 法与不平衡推力法的适用条件。

2.4 路基排水设计

2.4.1 掌握边沟、截水沟、排水沟的构造以及加固类型；渗沟的类型、构造及适用条件。

2.4.2 掌握路基排水设计的目的与一般原则；排水明沟的水力计算方法。

2.4.3 熟悉路基地面排水设施和地下排水设施的使用条件；排水系统综合设计的内容与要求。

2.5 路基防护、加固与支挡结构设计

2.5.1 掌握植物防护与工程防护的作用；重力式挡墙的构造要求和稳定性验算。

2.5.2 熟悉路基坡面主要防护与支挡工程的类型与适用条件；各种挡墙的使用条件与场合；重力式挡土墙土压力计算方法。

2.5.3 了解加筋土挡墙和钢筋混凝土轻型挡墙的构造；路基冲刷防护工程的类型与适

用条件。

2.6　特殊路基工程

2.6.1　熟悉软土路基设计;滑坡防治措施和综合治理。

2.6.2　了解红黏土与高液限土、黄土、膨胀土、盐渍土、季节冻土、崩塌、泥石流、岩溶、风沙、雪害等地段路基工程问题。

复习笔记

复习笔记

第一节 概 述

依据规范

《公路工程技术标准》(JTG B01—2014)

5 路基路面

《公路自然区划标准》(JTJ 003—86)

《公路路基设计规范》(JTG D30—2015)

《公路土工试验规程》(JTG E40—2007)

3 土的工程分类

11 土的天然稠度试验

17 土的承载比(CBR)试验

18 土的回弹模量试验

重点知识

路基是按照路线位置和一定技术要求修筑的带状构造物,是路面的基础,承受由路面传来的行车荷载并将其扩散到地基,是公路的承重主体。高于原地面高程的填方路基称为路堤,低于原地面高程的挖方路基称为路堑。

一、掌握路基设计的基本内容

1. 路基设计基本要求

(1)路基工程应具有足够的强度、稳定性和耐久性。

(2)路基设计应做好公路沿线工程地质勘查试验工作,查明沿线水文、地质条件,获取设计所需要的岩土物理力学参数。

(3)路基设计应根据公路的功能和等级,遵循因地制宜、就地取材、节约土地、保护环境的原则,通过技术经济综合比选,合理确定路基方案,做好综合设计。

(4)路基设计应贯彻国家有关技术经济政策,积极慎重地采用新技术、新结构、新材料和新工艺。

2. 路基设计基本内容

1)一般路基设计

相对于特殊路基设计,通常认为一般路基设计可以结合当地的地形、地质情况,直接选用典型断面图或设计规定,不必进行个别论证和验算。一般路基设计主要包括选择路基断面形式,确定路基宽度与路基高度;选择路堤填料与压实标准;确定边坡形状与坡度等。

2)路基边坡稳定性设计

路基稳定性分析包括路堤堤身的稳定性、路堤和地基的整体稳定性、路堤沿倾斜地面(地基)或软弱层带滑动的稳定性等内容。通过稳定性分析与验算,以寻求安全可靠、经济合理的路基结构形式和稳定的边坡坡度值,或据以确定边坡与地基的加固措施,做出合理的路基结构设计。

3)路基排水设计

水的作用加剧了路基和路面结构的破坏,使路面使用性能迅速恶化,缩短了它们的使用寿命。路基排水设计的目的,就是通过设置相应的排水设施,采取拦截、隔断、疏干等措施,把影响路基强度和稳定性的地表水和地下水排放到路基范围以外的适当地点,从而降低路基土的湿度,使路基常年处于干燥状态,确保路基路面具有足够的强度和稳定性。

4)路基防护与加固设计

路基防护与加固设计的重点是路基边坡,特别是不良地质与水文地段及沿河路基的边坡。有时,对附近可能危害路基的河流和山坡也应进行必要的防护,以保证防护加固工程能正常地工作。防护与加固工程是路基工程的一个组成部分,除专门用来支挡路基的结构物外,一般防护工程承受外力的能力很小,有的则完全不能承受外力的作用。因此,要求路基边坡本身基本稳定,否则不但路基得不到防护,而且连防护工程也会遭到破坏。各级公路应根据当地气候、水文、地形、地质条件及筑路材料分布情况,采取工程防护和植物防护相结合的综合措施,防治路基病害,保证路基稳定,并与周围环境景观相协调。

5)特殊路基设计

特殊路基设计应考虑地质和环境等因素对路基的影响,以及这些因素的发展变化规律,路基病害整治应遵循以防为主、防治结合、力求根治的原则,通过综合技术经济比较,因地制宜,采取合理的整治方案和有效的工程措施。

二、掌握路基土的工程性质

1.路基土的分类

我国公路用土依据土的颗粒组成特征、土的塑性指标和土中有机质存在的情况,分为巨粒土、粗粒土、细粒土和特殊土四类。土的颗粒组成特征用不同粒径粒组在土中的百分含量表示。不同粒组的划分界限及范围见表 2-1-1。土分类总体系包括四类并且细分为 12 种,如图 2-1-1所示。

粒组划分表

表 2-1-1

粒径 200	60	20	5	2	0.5	0.25	0.075	0.002(mm)	
巨粒组		粗粒组						细粒组	
漂石(块石)	卵石(小块石)	砾(角砾)			砂			粉粒	黏粒
		粗	中	细	粗	中	细		

巨粒组质量多于总质量 50% 的土称为巨粒土。巨粒土又分为漂石土和卵石土。

粗粒组分砾类土和砂类土两种。粗粒组中砾粒组质量多于砂粒组质量的土称为砾类土。粗粒组中砾粒组质量少于或等于砂粒组质量的土称为砂类土。

细粒组土粒质量多于或等于总质量 50% 的土称为细粒土。细粒土中粗粒组质量小于总质量25%的土称为粉质土或黏质土。粗粒组质量为总质量25%～50%的土称为含粗粒的粉质土或含粗粒的黏质土。有机质含量多于或等于总质量的5%，且少于总质量10%的土称为有机质土。

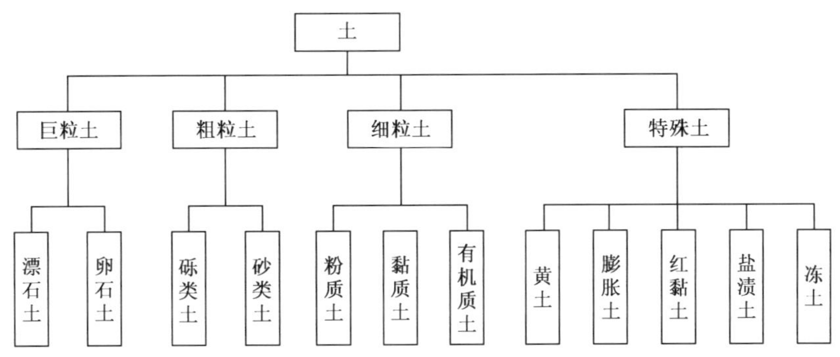

图2-1-1　土分类总体系

特殊土包括黄土、膨胀土、红黏土、盐渍土和冻土。黄土属低液限黏土，$w_L<40\%$；膨胀土属高液限黏土，$w_L>50\%$；红黏土属高液限粉土，$w_L>55\%$。盐渍土按土层中平均总盐量分为弱盐渍土、中盐渍土、强盐渍土、过盐渍土。冻土按冻结状态持续时间分为多年冻土、隔年冻土和季节性冻土。

2. 路基土的工程性质

公路用土具有不同的工程性质，在选择路基填筑材料，以及修筑稳定土路面结构层时，应根据不同的土类分别采取不同的工程技术措施。

1）巨粒土

巨粒土有很高的强度及稳定性，是填筑路基的很好材料。对于漂石土，在码砌边坡时，应正确选用边坡值，以保证路基稳定。对于卵石土，填筑时应保证有足够的密实度。

2）粗粒土

砾类土由于粒径较大，内摩擦力亦大，因而强度和稳定性均能满足要求。级配良好的砾类土混合料，密实度好。对于级配不良的砾类土混合料，填筑时应保证密实度，防止由于空隙大而造成路基积水、不均匀沉陷或表面松散等病害。

砂类土又可分为砂、含细粒土砂（或称砂土）和细粒土质砂（或称砂性土）三种。砂和砂土无塑性，透水性强，毛细水上升高度很小，具有较大的摩擦系数，强度和水稳定性均较好。但由于其黏性小，易松散，压实困难，需要振动法或灌水法才能压实。为克服这一缺点，可添加一些黏质土，以改善其使用质量。砂性土既含有一定数量的粗颗粒，使路基具有足够的强度和水稳定性，又含有一定数量的细粒土，使其具有一定的黏性，不致过分松散。一般遇水干得快，不膨胀，干时有足够的黏结性，扬尘少，容易被压实。因此，砂性土是修筑路基的良好材料。

3）细粒土

粉质土为最差的筑路材料。它含有较多的粉土粒，干时稍有黏性，但易被压碎，扬尘性大，浸水时很快被湿透，易成稀泥。粉质土的毛细作用强烈，上升高度快，毛细水上升高度一般可达0.9～1.5m，在季节性冰冻地区，水分积聚现象严重，造成严重的冬季冻胀，春融期间出现翻浆，故又称翻浆土。如遇粉质土,特别是在水文条件不良时,应采取一定的措施,改善其工程性质。

黏质土透水性很差,黏聚力大,因而干时坚硬,不易挖掘。它具有较大的可塑性、黏结性和膨胀性,毛细管现象也很显著,用来填筑路基比粉质土好,但不如砂性土。浸水后黏质土能较长时间保持水分,因而承载能力小,对于黏质土,如在适当的含水率时加以充分压实并有良好的排水设施,筑成的路基也能获得稳定。

有机质土(如泥炭、腐殖土等)不宜作路基填料,如遇有机质土均应在设计和施工上采取适当措施。

4)特殊土

黄土属大孔和多孔结构,具有湿陷性;膨胀土受水浸湿发生膨胀,失水则收缩;红黏土失水后体积收缩量较大;盐渍土潮湿时承载力很低。因此,特殊土也不宜作路基填料。

三、掌握公路自然区划

由于我国地幅辽阔,又是一个多山国家,从北向南分处于寒带、温带和热带。从青藏高原到东部沿海高程相差4000m以上,因此自然因素变化极为复杂。不同地区自然条件的差异同公路建设有密切关系。为了区分各地自然区域的筑路特性,经过长期研究,制定了《公路自然区划标准》(JTJ 003—86),全国公路自然区划图如图2-1-2所示。该区划是根据以下三个原则制定的:

1)道路工程特征相似性原则

即在同一区划内,在同样自然条件下筑路具有相似性,例如,北方不利季节主要是春融时期,有翻浆病害;南方不利季节在雨季,有冲刷、水毁等病害。

2)地表气候区域差异性原则

即地表气候是地带性差异与非地带性差异的综合结果。通常,地表气候随当地纬度而变,如北半球,北方寒冷,南方温暖,这称为地带性差异。除此之外,还与高程变化有关,即沿垂直方向变化,如青藏高原,由于海拔高,与纬度相同的其他地区相比,气候更加寒冷,称为非地带性差异。

3)自然气候因素的综合性和主导性相结合的原则

即自然气候的变化是各种因素综合作用的结果,但其中又有某种因素起主导作用。例如,道路冻害是水和热综合作用的结果,但在南方,有水而没有寒冷气候的影响,不会有冻害,说明温度起主导作用;西北干旱地区与东北潮湿区,同样都有负温度,但前者冻害轻于后者,说明水起主导作用。

根据《公路自然区划标准》(JTJ 003—86)的规定,我国公路自然区划分为三个等级。

一级自然区划首先将全国划分为多年冻土、季节冻土和全年不冻土三大地带,再根据水热平衡和地理位置,划分为冻土、湿润、干湿过渡、湿热、潮暖、干旱和高寒七个一级区域。二级自然区划的是在一级区划的基础上以潮湿系数为主进一步划分。三级自然区划是在二级自然区划内划分更低一级的区域或类型单元。

1.一级自然区划

根据不同地理、气候、构造、地貌界线的交错和叠合,全国分为七个一级自然区的代号与名称见表2-1-2。

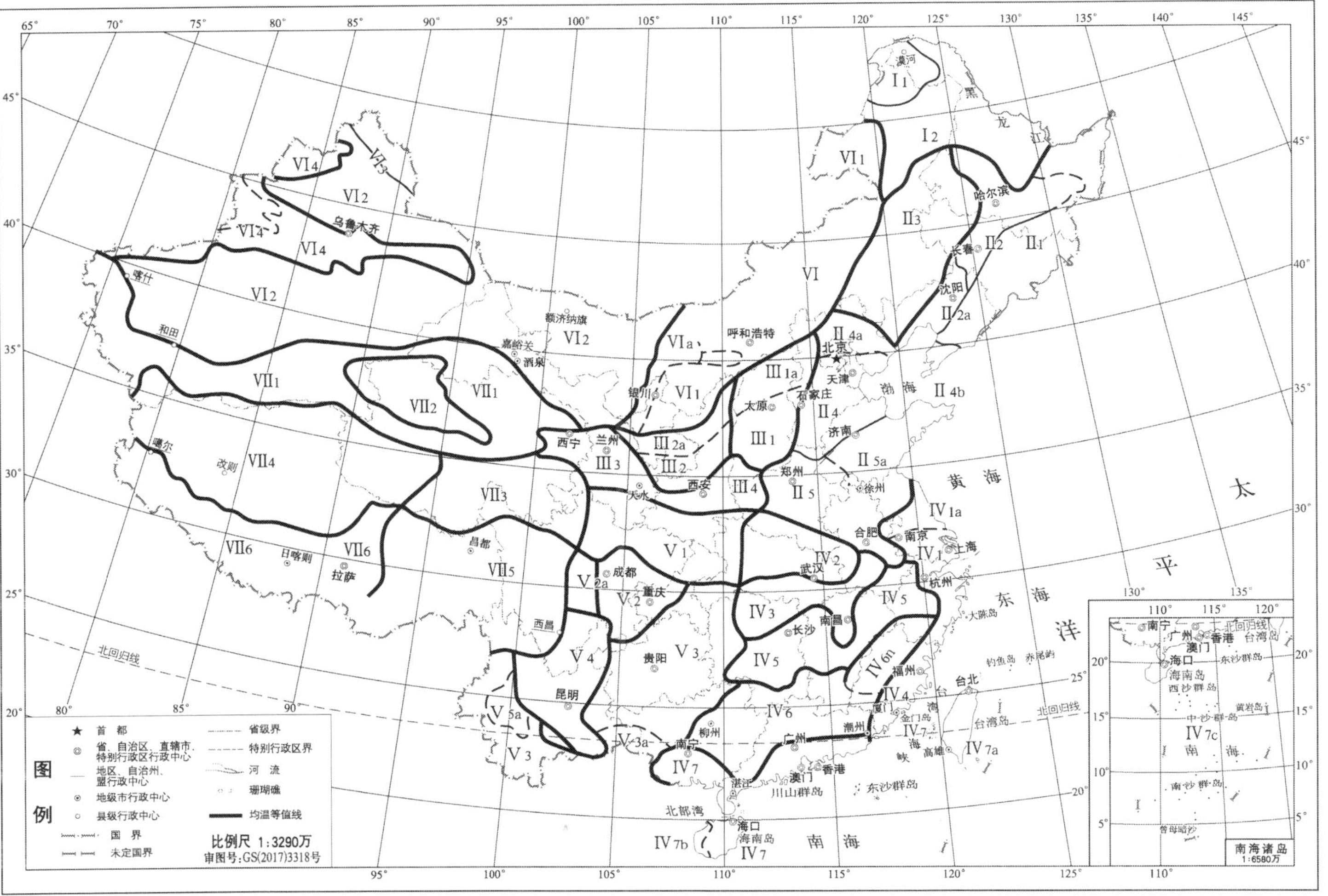

图2-1-2　全国公路自然区划图

[注：本图同本社《路基路面工程》（黄晓明主编，第6版）图1-18；审图号：GS(2017)3318号]

一级自然区划　表 2-1-2

Ⅰ区	北部多年冻土区	Ⅴ区	西南潮暖区
Ⅱ区	东部湿润季冻区	Ⅵ区	西北干旱区
Ⅲ区	黄土高原干湿过渡区	Ⅶ区	青藏高寒区
Ⅳ区	东南湿热区		

2. 二级自然区划

二级自然区划是在一级自然区划范围内进一步划分，其主要依据是潮湿系数 K。所谓潮湿系数，是指年降水量 R 与年蒸发量 Z 之比，即 $K = R/Z$，据此划分为六个潮湿等级，见表 2-1-3。

潮湿等级与潮湿系数关系　表 2-1-3

潮湿等级	潮湿类型	潮湿系数
1	过湿	$K>2.0$
2	中湿	$2.0 \geqslant K>1.5$
3	润湿	$1.5 \geqslant K>1.0$
4	润干	$1.0 \geqslant K>0.5$
5	中干	$0.5 \geqslant K>0.25$
6	过干	$K \leqslant 0.25$

根据二级自然区划的主要因素与标志，在全国七个一级自然区内又分为 33 个二级区和 19 个二级副区(亚区)，共有 52 个二级自然区。

全国公路自然区划一、二级区名称见表 2-1-4。

公路自然区划一、二级区名称表　表 2-1-4

Ⅰ　北部多年冻土区
- $Ⅰ_1$　连续多年冻土区
- $Ⅰ_2$　岛状多年冻土区

Ⅱ　东部湿润季冻区
- $Ⅱ_1$　东北东部山地湿冻区
  - $Ⅱ_{1a}$　三江平原副区
- $Ⅱ_2$　东北中部山前平原重冻区
  - $Ⅱ_{2a}$　辽河平原冻融交替副区
- $Ⅱ_3$　东北西部润干冻区
- $Ⅱ_4$　海滦中冻区
  - $Ⅱ_{4a}$　冀北山地副区
  - $Ⅱ_{4b}$　旅大丘陵副区
- $Ⅱ_5$　鲁豫轻冻区
  - $Ⅱ_{5a}$　山东丘陵副区

Ⅲ　黄土高原干湿过渡区
- $Ⅲ_1$　山西山地、盆地中冻区
  - $Ⅲ_{1a}$雁北张宣副区
- $Ⅲ_2$　陕北典型黄土高原中冻区
  - $Ⅲ_{2a}$　榆林副区
- $Ⅲ_3$　甘东黄土山地区
- $Ⅲ_4$　黄渭间山地、盆地轻冻区

Ⅳ　东南湿热区
- $Ⅳ_1$　长江下游平原润湿区
  - $Ⅳ_{1a}$　盐城副区
- $Ⅳ_2$　江淮丘陵山地润湿区
- $Ⅳ_3$　长江中游平原中湿区
- $Ⅳ_4$　浙闽沿海山地中湿区
- $Ⅳ_5$　江南丘陵过湿区
- $Ⅳ_6$　武夷南岭山地过湿区
  - $Ⅳ_{6a}$　武夷副区
- $Ⅳ_7$　华南沿海台风区
  - $Ⅳ_{7a}$　台湾山地副区
  - $Ⅳ_{7b}$　海南岛西部润干副区
  - $Ⅳ_{7c}$　南海诸岛副区

Ⅴ　西南潮暖区
- $Ⅴ_1$　秦巴山地润湿区

续上表

Ⅴ$_2$ 四川盆地中湿区	Ⅵ$_4$ 天山—界山山地区
Ⅴ$_{2a}$ 雅安、乐山过湿副区	Ⅵ$_{4a}$ 塔城副区
Ⅴ$_3$ 三西、贵州山地过湿区	Ⅵ$_{4b}$ 伊犁河谷副区
Ⅴ$_{3a}$ 滇南、桂西润湿副区	Ⅶ 青藏高寒区
Ⅴ$_4$ 川、滇、黔高原干湿交替区	Ⅶ$_1$ 祁连—昆仑山地区
Ⅴ$_5$ 滇西横断山地区	Ⅶ$_2$ 柴达木荒漠区
Ⅴ$_{5a}$ 大理副区	Ⅶ$_3$ 河源山原草甸区
Ⅵ 西北干旱区	Ⅶ$_4$ 羌塘高原冻土区
Ⅵ$_1$ 内蒙草原中干区	Ⅶ$_5$ 川藏高山峡谷区
Ⅵ$_{1a}$ 河套副区	Ⅶ$_6$ 藏南高山台地区
Ⅵ$_2$ 绿洲—荒漠区	Ⅶ$_{6a}$ 拉萨副区
Ⅵ$_3$ 阿尔泰山地冻土区	

3. 三级自然区划

三级自然区划是二级自然区划的进一步划分。

三级自然区划方法有两种：一是以地表的地貌、水温和土质类型为依据，将二级自然区划细分为若干个具有相似性的区域单元；另一种是以水热、地理和地貌为标志，分为若干更低级区域的区域划分。三级自然区划未列入全国性的区划中，由各省区结合当地自然情况自行划分。

各级区划的范围不同，在公路工程中的应用亦各有侧重，一级自然区划主要为全国性的公路总体规划和设计服务；二级自然区划主要为各地的公路路基路面设计、施工、养护提供较全面的地理、气候依据和有关参数，如土基和路面材料的回弹模量、路基临界高度、土基压实标准等。

四、掌握路基干湿类型的划分与确定方法

1. 路基平衡湿度状态

路基湿度状态受大气降水和蒸发、地下水、温度和路面结构及其透水程度等多种因素的影响。许多观测资料表明，在路面完工后 2 ~ 3 年内，路基的湿度变化逐渐趋近于某种平衡湿度状态。依据路基的湿度来源，可将路基的平衡湿度状态分为干燥、中湿和潮湿三类。为了保证路基路面结构的稳定性，新建公路路床应处于干燥或中湿状态。

2. 路基湿度状态表征方法

由于饱和度既反映了含水率，也包含了密实度的影响，路基土的湿度状态采用饱和度来表征。饱和度按下式确定：

$$S_r = \frac{w_v}{1 - \dfrac{\gamma_s}{G_s\gamma_w}} \quad 或 \quad S_r = \frac{w}{\dfrac{\gamma_w}{\gamma_s} - \dfrac{1}{G_s}} \tag{2-1-1}$$

式中：S_r——饱和度（%）；

w_v——体积含水率(%)；

w——质量含水率(%)；

γ_s、γ_w——土的干密度和水的密度(kg/m^3)；

G_s——土的相对密度。

路基平衡湿度的预估主要基于非饱和土力学的土—水特征曲线(饱和度或含水率—基质吸力关系曲线)。受地下水控制的,采用地下水位模型预估路基基质吸力;受气候因素控制的,采用湿度指数 *TMI* 模型预估路基基质吸力。

潮湿类路基的平衡湿度可根据路基土组类别及地下水位高度,按表 2-1-5 确定距地下水位不同高度处的饱和度。

各路基土组距地下水位不同高度处的饱和度(单位:%)　　表 2-1-5

土　组	计算点距地下水或地表长期积水水位的距离(m)						
	0.3	1.0	1.5	2.0	2.5	3.0	4.0
粉土质砾(GM)	69~84	55~69	50~65	49~62	45~59	43~57	—
黏土质砾(GC)	79~96	64~83	60~79	56~75	54~73	52~71	—
砂(S)	95~80	70~50	—	—	—	—	—
粉土质砂(SM)	79~93	64~77	60~72	56~68	54~66	52~64	—
黏土质砂(SC)	90~99	77~87	72~83	68~80	66~78	64~76	—
低液限粉土(ML)	94~100	80~90	76~86	83~73	71~81	69~80	—
低液限黏土(CL)	93~100	80~93	76~90	73~88	70~86	68~85	66~83
高液限粉土(MH)	100	90~95	86~92	83~90	81~89	80~87	—
高液限黏土(CH)	100	93~97	90~93	88~91	86~90	85~89	83~87

注:1. 对于砂(SW、SP),D_{60}大时平衡湿度取低值,D_{60}小时平衡湿度取高值。

2. 对于其他含细粒的土组,通过 0.075mm 筛的颗粒含量大和塑性指数高时,取高值,反之,取低值。

干燥类路基的平衡湿度可根据路基所在自然区划的湿度指标 *TMI* 和土组类别确定。根据表 2-1-6 插值查取该地区相应的路基饱和度。

各路基土在不同 *TMI* 值时的饱和度(单位:%)　　表 2-1-6

土　组	*TMI*					
	-50	-30	-10	10	30	50
砂(S)	20~50	25~55	27~60	30~65	32~67	35~70
粉土质砂(SM) 黏土质砂(SC)	45~48	62~68	73~80	80~86	84~89	87~90
低液限粉土(ML)	41~46	59~64	75~77	84~86	91~92	92~93
低液限黏土(CL)	39~41	57~64	75~76	86	91	92~94
高液限粉土(MH)	41~42	61~62	76~79	85~88	90~92	92~95
高液限黏土(CH)	39~51	58~69	85~74	86~92	91~95	94~97

注:1. 砂的饱和度取值与 D_{60} 相关,D_{60} 大时(接近 2mm)取低值,D_{60} 小时(接近 0.25mm)取高值。

2. 粉质土砂、黏土质砂或细粒土的饱和度取值与细粒土含量和塑性指数相关,细粒土含量高、塑性指数大时取低值,反之取高值。

中湿类路基的平衡湿度可参照图 2-1-3，先分路基工作区上部和下部确定其平衡湿度，再以厚度加权平均计算路基平衡湿度。

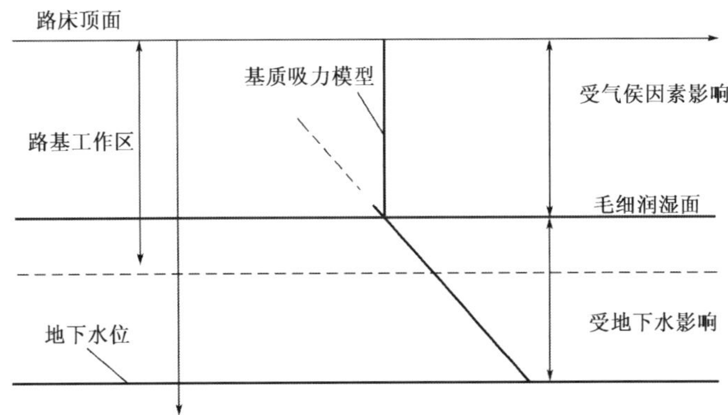

图 2-1-3 中湿类路基的湿度状况

五、掌握路基设计的常用指标

路基在外力作用下将产生变形，路基强度是指路基抵抗外力作用的能力，亦即抵抗变形的能力。在一定应力作用下，变形愈大，土基强度愈低；反之，则表明土基强度愈高。根据对土基简化的力学模型不同，以及土体破坏的原因不同，国内外表征土基强度的指标主要有以下几种。

1. 回弹模量

1）静态回弹模量 E_0

把土基简化为一弹性半空间体，用回弹模量 E_0 表征其应力—应变特性，并作为土基的强度指标。为模拟车轮印迹的作用，通常以圆形刚性承载板压入土基的方法测定其回弹模量 E_0，如图 2-1-4 所示。

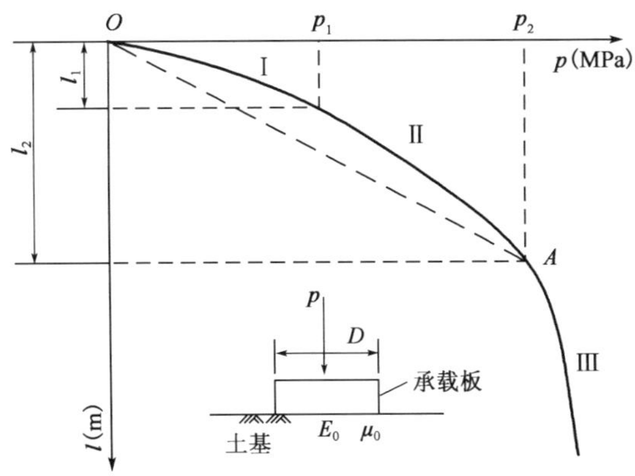

图 2-1-4 土基的应力—应变关系曲线

根据弹性力学原理,用圆形刚性承载板测试计算土基回弹模量的公式为:

$$E_0 = \frac{\pi}{4}\frac{pD}{l}(1-\mu_0^2) \tag{2-1-2}$$

式中:E_0——土基的回弹模量(MPa);

p——承载板压强(MPa);

D——载板的直径(m);

l——承载板下的土基回弹变形值(m);

μ_0——土的泊松比,一般取0.35。

设计中以此回弹模量作为设计标准。但由于承载板测试回弹模量的野外测试速度较慢,因此工程中常用标准汽车作前进卸载试验,根据测得的回弹变形(弯沉值 l_0)计算土基回弹模量值:

$$E_0' = \frac{pd}{l_0}(1-\mu_0^2)\times 0.712 \tag{2-1-3}$$

式中:p——标准试验车的轮胎压力(MPa);

d——试验车轮迹当量圆直径(cm);

l_0——土基不利季节的计算弯沉值(cm),取平均值加两倍方差。

与用承载板作加载测试相比,两者结果相差不大,但后者测试工作大为简化,且两个回弹模量之间可以建立关系进行换算。

2)动态回弹模量 M_R

路基动态回弹模量是利用动三轴试验仪在规定的加载条件下测定路基土与粒料的模量。

计算动态回弹模量的公式为:

$$M_R = \frac{\sigma_0}{\varepsilon_0} \tag{2-1-4}$$

式中:M_R——路基土或粒料动态回弹模量(MPa)。

$$\sigma_0 = \frac{P_i}{A} \tag{2-1-5}$$

式中:σ_0——轴向应力幅值(MPa);

P_i——最后5次加载循环中轴向试验荷载平均幅值(N);

A——试件径向横断面面积,可取试件上下端面面积平均值(mm^2)。

$$\varepsilon_0 = \frac{\Delta_i}{l_0} \tag{2-1-6}$$

式中:ε_0——可恢复轴向应变幅值(mm/mm);

Δ_i——最后5次加载循环中可恢复轴向变形平均幅值(mm);

i_0——位移传感器的量测间距(mm)。

2. 加州承载比

加州承载比是早年由美国加利福尼亚州(California)提出的一种评定土基及其他路面材

料承载力的指标。承载能力以材料抵抗局部荷载压入变形的能力表征，并采用高质量标准碎石为标准，它们的相对比值即为 CBR(California Bearing Ratio)值。

试验时，用一个端部面积为 19.35cm²的标准压头，以 0.127cm/min 的速度压入土中。记录每贯入 0.254cm(0.1in)时的单位压力，直到总深度达到 1.27cm 为止，此时的贯入单位压力与达到该贯入深度时的标准压力之比即得土基的 CBR 值，即：

$$CBR = \frac{p}{p_s} \times 100 \tag{2-1-7}$$

式中：p——对应于某一贯入深度的土基单位压力(MPa)；

p_s——与土基贯入深度相同的标准单位压力(MPa)，见表 2-1-7。

标准压力值　　表 2-1-7

贯入度(cm)	0.254	0.508	0.762	1.016	1.270
标准压力(MPa)	7.03	10.55	13.36	16.17	18.23

CBR 试验设备有室内试验与室外试验两种。室内 CBR 试验装置如图 2-1-5 所示。试件按路基施工时的含水率及压实度要求在试筒内制备，并在加载前浸泡在水中饱水 4d。为模拟路面结构对土基的附加应力，在浸水过程中及压入试验时，在试件顶面施加环形砝码，其重量根据预计的路面结构重量确定，但不得小于45.3N。试件浸水至少淹没顶部 2.54cm。CBR 值的野外试验方法基本与室内试验相同，但其压入试验直接在土基顶面进行。

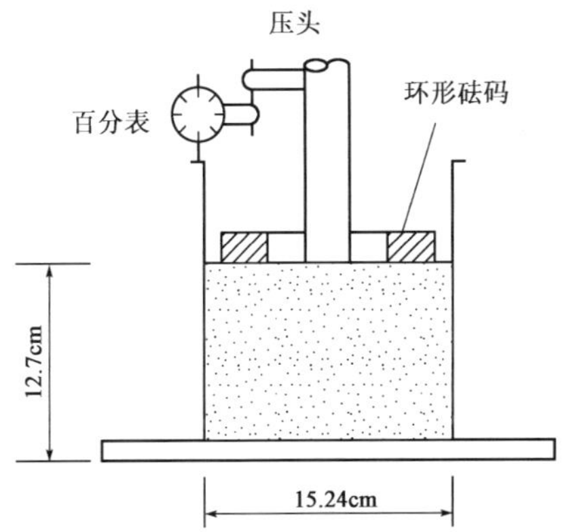

图 2-1-5　室内 CBR 试验装置

3. 土基反应模量

在刚性路面设计中，除用弹性模量表征土基强度(刚度)外，亦常用土基反应模量 K_0作为指标。该力学模型假设地基上任一点的反力与该点的挠度成正比，而与其他点无关，即土基相当于由互不联系的弹簧组成。这种地基力学模型首先由捷克工程师文克勒(E. Winkler)提出，因此，又叫文克勒地基模型。地基反应模量 K_0为压力 p 与沉降 l 之比，即：

$$K_0 = \frac{p}{l} \quad (\mathrm{N/cm^3}) \tag{2-1-8}$$

地基反应模量 K_0值，用承载板试验确定。承载板的直径规定为 76cm。测试方法与回弹模量测试方法类似，但采用一次加载法，施加的最大荷载有两种方法控制：当地基较为软弱时，用 0.127cm 的沉降控制承载板的荷载；若地基较为坚硬，沉降难以达到 0.127cm 时，以单位压力 p = 70kPa 控制承载板的荷载。

六、了解路基的破坏形式与原因

1. 路基破坏形式

路基在各种自然因素及行车荷载作用下，常发生变形，最后导致破坏。其破坏形式多种多样,原因也错综复杂。常见的破坏形式见表2-1-8。

路基破坏形式　　表2-1-8

破坏形式			表现形式
路堤变形破坏	路堤沉陷	堤身下陷	路基表面在垂直方向产生较大的沉落
		地基下陷	在路基自重作用下地基下沉或向两侧挤出
	边坡滑塌	溜方	少量土体沿土质边坡向下移动所形成
		滑坡	一部分土体在重力作用下沿某一滑动面滑动
	路堤沿山坡滑动		路基整体或局部沿陡坡地面向下移动
路堑变形破坏	边坡剥落		表土层和风化岩层从坡面上剥落后向下滚落
	边坡碎落		岩石碎块沿坡面向下滚落
	边坡滑坍		边坡土体或岩石沿一定滑动面整体向下滑动
	边坡崩塌		高陡斜坡上岩体或土体倒塌、倾倒或坠落
特殊地质水文条件下的破坏			滑坡、岩堆、泥石流、雪崩、岩溶、地震等

2. 路基破坏原因

路基破坏的原因是多方面的,各种变形破坏既有各自特点,又往往具有共同原因,大致可归纳为以下几个方面。

(1)不良的工程地质和水文地质条件,如地质构造复杂,岩层走向及倾角不利,岩性松软,风化严重,土质较差,地下水位较高以及其他特殊不良地质灾害等。

(2)不利的水文与气候因素,如降雨量大、洪水猛烈、干旱、冰冻、积雪或温差特大等。

(3)设计不合理,如断面尺寸不符合设计标准要求,包括边坡取值不当,挖填布置不符合要求,最小填土高度不足,未进行合理的防护、加固和排水设计等。

(4)施工不符合规范要求,如填筑顺序不当,土基压实不足,盲目采用大型爆破以及不按设计要求和操作规程施工,工程质量不满足标准等。

上述原因中,地质条件是影响路基工程质量和产生病害的基本前提,水是造成路基病害的主要原因。为此,必须强调设计前应详细地进行地质与水文的勘察工作,针对具体条件及各种因素的综合作用,采取正确的设计方案与施工方法,消除或尽可能减少路基病害,确保路基工程达到规定的质量要求。

考点分析

路基是按照路线位置和一定技术要求修筑的带状构造物。路基作为路面的基础,承受由路面传来的行车荷载,同时受自然环境的作用影响。路基由路基结构和路基设施组成,路基结构是指路面结构层之下的路基范围;路基设施是指为保证路基本体结构性能的稳定性而采用的必要的附属工程设施,它包括排水设施和防护支挡加固设施。路基设计应根据各地自然条件特点，确定好路基干湿类型，并对路基设计指标进行有效控制。本节主要要求考生掌握路基设计的基本内容、路基土的工程性质，掌握路基干湿类型划分及确定、路基设计指标，并了解路基的破坏形式与原因。

例题解析

例 1　砂性土是填筑路基良好的材料主要是因为：（　　）

（A）具有较大的可塑性、黏结性和膨胀性

（B）毛细作用强烈，易被压碎

（C）遇水干得快，不膨胀，易被压实

（D）透水性差，黏聚力大，保水效果好

分析

砂性土既含有一定数量的粗颗粒，使路基具有足够的强度和水稳定性，又含有一定数量的细粒土，使其具有一定的黏性，不致过分松散。一般遇水干得快，不膨胀，干时有足够的黏结性，扬尘少，容易被压实。因此砂性土是修筑路基的良好材料。故本题选 C。

例 2　按规范规定，土的承载比（CBR）试验，贯入杆端面直径应符合下列哪个选项的规定？（　　）

（A）20mm　　（B）30mm

（C）40mm　　（D）50mm

分析

《公路土工试验规程》（JTG E40—2007）承载比（CBR）试验规定，贯入杆为端面直径 50mm、长约 100mm 的金属杆。故本题选 D。

例 3　路基常见的病害中，由于山坡陡基底的摩阻力不足引起的病害是哪一项？（　　）

（A）路堤沉陷　　（B）路堤沿山坡滑动

（C）边坡滑坍　　（D）路堤边坡剥落

分析

路堤沿山坡滑动是因为在较陡的山坡上填筑路基，填方与原地面之间的抗剪力很小，在自重和荷载作用下，路基整体或局部有可能沿原地面向下移动。故本题选 B。

例 4　某高速公路路基工程项目，对路基填料现场取样进行 CBR 试验，试验结果见下表。试问按照《公路土工试验规程》（JTG E40—2007）确定的该路基土的 CBR 值最接近下列哪个选项？（　　）

例 4 表

平均百分表读数(0.01mm)	49.8	100.2	149.4	200.6	249.8	300.6	350.0	400.2	450.8	500.3	550.6	599.9
单位压力(kPa)	129	321	502	652	819	922	1000	1065	1100	1172	1218	1298

(A)9.63%　　(B)9.74%

(C)10.32%　　(D)11.65%

分析

近似计算 $CBR_{2.5}=\frac{819}{7000}\times100\%=11.65\%$，$CBR_5=\frac{1172}{10500}\times100\%=11.11\%$，可取 $CBR_{2.5}$ 作为该土的 CBR 值。故本题选 D。

例 5　用承载板测定土基回弹模量值，测得各级承载板压力值总和为 3.5MPa，相应回弹变形值总和为 1.805cm，试问按照《公路土工试验规程》(JTG E40—2007) 确定的该路基土的回弹模量值最接近下列哪个选项？（　　）

(A)25MPa　　(B)30MPa

(C)35MPa　　(D)40MPa

分析

土基回弹模量的公式为：$E_0=\frac{\pi}{4}\frac{pD}{l}(1-\mu_0^2)$，本题中 $p=3.5\text{MPa}$，$l=1.805\text{cm}$，$D=0.3\text{m}$，$\mu_0=0.35$，代入公式，可得 $E_0=40.07\text{MPa}$。故本题选 D。

例 6　[2010 岩土真题] 某公路工程，承载比(CBR)三次平行试验成果见下表。

例 6 表

贯入量(0.01mm)		100	150	200	250	300	400	500	750
荷载强度(kPa)	试件 1	164	224	273	308	338	393	442	496
	试件 2	136	182	236	280	307	362	410	460
	试件 3	183	245	313	357	384	449	493	532

表中三次平行试验土的干密度满足规范要求，则据上述资料确定的 CBR 值应为下列何项数值？（　　）

(A)4.0%　　(B)4.2%

(C)4.4%　　(D)4.5%

分析

依据《公路土工试验规程》(JTG E40—2007)：

$$CBR_{2.5}=\frac{p}{7000}\times100\%,\ CBR_{5.0}=\frac{p}{10500}\times100\%$$

第一次：$CBR_{2.5}=4.4\%$，$CBR_{5.0}=4.2\%$

第二次：$CBR_{2.5}=4.0\%$，$CBR_{5.0}=3.9\%$

第三次：$CBR_{2.5}=5.1\%$，$CBR_{5.0}=4.7\%$

三次试验中，$CBR_{5.0}$均不大于$CBR_{2.5}$

平均值 $\bar{x}=4.5\%$，标准差 $s=\sqrt{\frac{1}{n-1}\sum_{i=1}^{n}(x_i-\bar{x})^2}=0.56$

变异系数 $C_v=\frac{s}{\bar{x}}=\frac{0.56}{4.5}=12.4>12\%$

故应去掉偏离大的值（$CBR_{2.5}=5.1\%$），取剩下两个值的平均值：

$$CBR_{2.5}=(4.4+4.1)/2=4.2\%$$

故本题选 B。

例 7 重庆市某高速公路路基工程项目，测得土的塑限含水率为 13.9%，塑性指数为 17，含水率为 15.94%，则该路基土的干湿类型可判别为：（ ）

(A)干燥 (B)中湿

(C)潮湿 (D)过湿

分析

由塑性指数 $I_p=w_L-w_p$，可得该土的液限含水率 w_p为 30.9%，土的平均稠度由公式$\overline{w}_c=\frac{w_L-w_m}{w_L-w_p}$可计算出$\overline{w}_c=0.88$。在全国公路自然区划图 2-1-2 中查得重庆市属于 V 区（西南潮暖区），该区的干燥和中湿、中湿和潮湿、潮湿和过湿的分界稠度 w_{c1}、w_{c2}、w_{c3}分别为 1.08、0.86、0.77，可判定该土的干湿类型为中湿。故本题选 B。

例 8 ［2011 岩土真题］下列关于土的液性指数 I_L和塑性指数 I_p的叙述，哪些是正确的？（ ）

(A)两者均为土的可塑性指标

(B)两者均为土的固有属性，和土的现时状态无关

(C)塑性指数代表土的可塑性，液性指数反映土的软硬度

(D)液性指数和塑性指数成反比

分析

可依据《土力学》（第三版，东南大学、浙江大学、湖南大学、苏州科技学院合编）中塑性指数和液性指数的定义判断。其中 B 选项中液性指数和土的现时含水率有关。故本题选 AC。

例 9 ［2009 岩土真题］关于文克勒地基模型，下列选项哪些是正确的？（ ）

(A)文克勒地基模型研究的是均质弹性半无限体

(B)假定地基由独立弹簧组成

(C)基床系数是地基土的三维变形指标

(D)文克勒地基模型可用于计算地基反力

分析

文克勒地基模型认为地基表面任一点的沉降与该点单位面积上所受的压力成正比。这个假设实际上是把地基模拟为刚性支座上一系列独立的弹簧。文克勒地基模型没有反映地基的变形连续性,当地基表面在某一点承受压力时,实际上不仅在该点局部产生沉陷,而且也在相邻区域产生沉陷。由于没有考虑地基的连续性,故文克勒地基模型假设不能全面反映地基梁的实际情况,特别对于密实厚土层地基和整体岩石地基,将会引起较大的误差。但是,如果地基的上部为较薄的土层,下部为坚硬岩石,则地基情况与土中的弹簧模型比较相近,这时将得出比较满意的结果。故本题选 BD。

自测模拟

(第 1~3 题为单选题,第 4、5 题为多选题)

1. [2011 岩土真题]下列关于文克勒地基模型的叙述,哪一项是正确的? ( )

(A)基底某点的沉降与作用在基底的平均压力成正比

(B)刚性基础的基底反力土按曲线规律变化

(C)柔性基础的基底反力土按直线规律变化

(D)地基的沉降只发生在基底范围内

2. 根据《公路路基设计规范》(JTG D30—2015),对于碎石填方路堤,下列哪一项可以用作路堤填筑? ( )

(A)膨胀性岩石　　(B)盐化岩石

(C)易溶性岩石　　(D)软质岩石

3. [2005 岩土真题]采用塑限含水率 $w_p = 18\%$ 的粉质黏土作填土土料修建公路路基,分层铺土碾压时,下列哪一种含水率相对比较合适? ( )

(A)12%　　(B)17%

(C)22%　　(D)25%

4. [2014 岩土真题] 某路堤采用黏性土进行碾压填筑,当达到最佳含水率时对压实黏性土相关参数的表述,下列哪些选项是正确的? ( )

(A)含水率最小　　(B)干密度最大

(C)孔隙比最小　　(D)重度最大

5. [2006 岩土真题]下列关于填筑土最佳含水率的说法中哪些选项是正确的? ( )

(A)在一定的击实功能作用下,能使填筑土达到最大干密度所需的含水率称为最佳含水率

(B)最佳含水率总是小于压实后的饱和含水率

(C)填土的可塑性增大,其最佳含水率减小

(D)随着夯实功能的增大,其最佳含水率增大

参考答案

1.D　2.D　3.B　4.BC　5.AB

第二节　一般路基设计

依据规范

《公路工程技术标准》(JTG B01—2014)

5　路基路面

《公路工程质量检验评定标准　第一册　土建工程》(JTG F80/1—2017)

4　路基土石方工程

《公路路基设计规范》(JTG D30—2015)

3　一般路基设计

6　路基拓宽改建

《公路土工试验规程》(JTG E40—2007)

5　土的含水率试验

6　土的密度试验

8　颗粒分析试验

16　土的击实试验

《高速公路改扩建设计细则》(JTG/T L11—2014)

5　总体设计

7　路基

《公路路基路面现场测试规程》(JTG E60—2008)

5　压实度

重点知识

一、掌握路基设计原则及要点

(1)路基设计应根据公路沿线气候、水温、地形地貌、地质、地震、筑路材料等资料,做好沿

线地质、路基填料勘察试验工作，查明地层岩土性质、厚度、空间分布特点及其有关物理力学参数。

(2)路基设计宜避免高填深挖。不能避免时，当路基中心填方高度超过 20m 或中心挖方深度超过 30m 时，宜结合路线方案与桥梁、隧道等结构物或分离式路基进行方案比选。

(3)沿河及受水浸淹的路基边缘高程，应高出规定设计洪水频率的计算水位加壅水高度、波浪侵袭高度及 0.5m 的安全高度之和。

(4)路基设计应根据当地自然条件和工程地质条件，选择适当的路基横断面形式和边坡高度。沿河路基不宜侵占河道，应根据冲刷情况，设置必要的防护支挡工程，并妥善处理路基废方，避免河床堵塞、河流改道或冲毁沿线构造物、农田、房屋等。

(5)路基填料应满足路基强度和回弹模量的要求。土石方调配设计应对移挖作填、集中取(弃)土、填料改良处理等方案进行技术经济比较，充分利用挖方材料，节约土地。

(6)路基设计应控制路基工后沉降量。对软弱地基、路基与桥涵结构物连接处、路基填挖交界处、高路堤、陡坡路堤等，应采取综合措施，防止路基不均匀变形。

(7)路基设计应考虑水和冰冻对路基性能的影响，设置完善的防排水系统或防冻害设施，以及必要的路基防护工程。

(8)高速公路和一级公路的高路堤、陡坡路堤和深路堑等均应采用动态设计。动态设计必须以完整的施工设计图为基础，适用于路基施工阶段。

二、掌握路床(路基结构)设计要点

1. 路床(路基结构)与路基工作区

路床是指路面底面以下一定范围内的路基部分，其中 0 ~ 30cm 范围为上路床，对于轻、中等及重交通公路，30 ~ 80cm 范围为下路床，对于特重、极重交通公路，30 ~ 120cm 范围为下路床。路床厚度应根据交通量及其轴载组成确定。路基结构通常指路面结构层以下路基工作区深度范围内的路基部分。路基结构与路床的范围基本一致，均以路基工作区深度为确定依据。

路基工作区是指汽车荷载通过路面传递到路基的应力与路基土自重应力之比大于 0.1 的应力分布深度范围。在工作区范围内的路基，对于支承路面结构和车轮荷载影响较大；在工作区范围以外的路基，影响逐渐减少。路基工作区可以用式(2-2-1)进行计算。由式(2-2-1)可见，路基工作区随车轮荷载的加大而加深。路基工作区内，土基的强度和稳定性对保证路面结构的强度和稳定性极为重要，对工作区深度范围内的土质选择及路基压实度均应提出较高的要求。路基工作区的深度按下式计算：

$$Z_a = \sqrt[3]{\frac{KnP}{\gamma}} \tag{2-2-1}$$

式中：Z_a——路基工作区的深度(m)；

P——一侧轮重荷载(kN)；

K——系数，取 $K=0.5$；

γ——土的重度(kN/m^3)；

n——系数，$n=5\sim10$。

2. 路床(路基结构)设计要点

1)路基回弹模量设计值的确定

路基应以路床顶面回弹模量为设计指标,以路床顶面压应变为验算指标,并应符合:①路基在平衡湿度状态下,路床顶面回弹模量不应低于现行《公路沥青路面设计规范》(JTG D50—2017)和《公路水泥混凝土路面设计规范》(JTG D40—2011)的有关规定;②沥青路面路床顶面竖向压应变的计算值应满足沥青路面永久变形的控制要求;③水泥混凝土路面路床顶面竖向压应变可不作控制。

新建公路路基回弹模量设计值 E_0 应按式(2-2-2)确定,并应满足式(2-2-3)的要求。

$$E_0 = K_s K_\eta M_R \tag{2-2-2}$$

$$E_0 \geqslant [E_0] \tag{2-2-3}$$

式中:E_0——平衡湿度状态下路基回弹模量设计值(MPa);

$[E_0]$——路面结构设计的回弹模量要求值(MPa);

M_R——标准状态下路基动态模量值(MPa);

K_s——路基回弹模量湿度调整系数,为平衡湿度(含水率)状态下的回弹模量与标准状态下的回弹模量之比;

K_η——干湿循环或冻融循环条件下路基土模量折减系数,通过试验确定。初步设计时,非冰冻地区可根据土质类型、失水率确定,季节冻土区可根据冰冻温度、含水率确定,折减系数可取0.7~0.95。非冰冻区粉质土、黏质土,失水率大于30%,取小值,反之取较大值;粗粒土取大值。季节冻土地区粉质土、黏质土冻结温度低于-15℃,冻前含水率高,取小值,反之取较大值;粗粒土取大值。

2)标准状态下路基回弹模量的确定

(1)路基填料的回弹模量应按路基土动态回弹模量标准试验方法通过试验获得。

(2)受试验条件限制时,可根据土组类别及粒料类型由表2-2-1、表2-2-2查取回弹模量参考值。

标准状态下路基土回弹模量参考值 表2-2-1

土　组	取值范围(MPa)	土　组	取值范围(MPa)
砾(G)	100~135	粉土质砂(SM)	65~95
含细粒土砾(GF)	100~130	黏土质砂(SC)	60~90
粉土质砾(GM)	100~125	低液限粉土(ML)	50~90
黏土质砾(GC)	95~120	低液限黏土(CL)	50~85
砂(S)	95~125	高液限粉土(MH)	30~70
含细粒土砂(SF)	80~115	高液限黏土(CH)	20~50

注:1. 对砾和砂,D_{60}(通过率为60%时的颗粒粒径)大时,模量取高值;D_{60}小时,模量取低值。

2. 对其他含细粒土的土组,小于0.075mm颗粒含量大和塑性指数高时,模量取低值;反之,模量取高值。

3. 相同条件下,轻、中等及重交通荷载时路基土回弹模量取较小值,特重、极重交通条件下取较大值。

标准状态下粒料回弹模量参考值　　表 2-2-2

粒料类型	取值范围(MPa)	粒料类型	取值范围(MPa)
级配碎石	180～400	级配碎石	150～300
非筛分碎石	180～220	天然砂砾	100～140

(3)初步设计阶段,也可按式(2-2-4)、式(2-2-5)由填料的 CBR 值估算标准状态下填料的回弹模量值:

$$M_R = 17.6\mathrm{CBR}^{0.64} \quad (2 < \mathrm{CBR} \leq 12) \tag{2-2-4}$$

$$M_R = 22.1\mathrm{CBR}^{0.55} \quad (12 < \mathrm{CBR} < 80) \tag{2-2-5}$$

3)路基平衡湿度预估方法

公路建成通车后,路基在地下水、降雨、蒸发、冻结和融化等因素作用下,湿度达到相对稳定的平衡状态,此时湿度称为平衡湿度。路基平衡湿度状态可依据路基的湿度来源分为潮湿、中湿、干燥等三类,并按下列条件判别路基湿度状态:

(1)地下水或地表水长期积水的水位高,路基工作区均处于地下水毛细润湿影响范围内,路基平衡湿度由地下水或地表水长期积水的水位升降所控制,路基湿度状态可定为潮湿类路基。潮湿类路基的平衡湿度可根据路基土组类别及地下水位高度确定。

(2)地下水位很低,路基工作区处于地下水毛细润湿面之上,路基平衡湿度由气候因素所控制,路基湿度状态可定为干燥类路基。干燥类路基的平衡湿度可根据路基所在自然区划的湿度指标 TMI 和土组类别确定。

(3)中湿类路基的湿度兼受地下水和气候因素影响,路基工作区被地下水毛细润湿面分为上、下两部分,下部受地下水毛细润湿的影响,上部则受气候因素影响。中湿类路基的平衡湿度,先分路基工作区上部和下部分别确定其平衡湿度,再以厚度加权平均计算路基的平衡湿度。地下水毛细润湿面之上的路基工作区上部,按路基土组类别及 TMI 值确定其平衡湿度;地下水毛细润湿面以下的路基工作区下部,则按路基土组类别和距地下水位的距离确定其平衡湿度。

当路基湿度状态、路基填料 CBR、路床回弹模量和竖向压应变等不能满足要求时,应根据气候、土质、地下水赋存和料源等条件,经技术经济比选后,对路床采取下列处理措施:

(1)可采用粗粒土或低剂量无机结合料稳定土等进行换填,并合理确定换填深度。

(2)对细粒土可采用砂、砾石、碎石等进行掺和处治,或采用无机结合料进行稳定处治。细粒土处治设计应通过物理力学试验,确定处治材料及其掺量、处治后的路基性能指标等。

(3)水文地质条件不良的土质挖方路基或者潮湿状态填方路基,应采取设置排水垫层、毛细水隔离层、地下排水渗沟等措施。

(4)季节冻土地区各级公路的中湿、潮湿路段,应结合路面结构进行路基结构的防冻验算。必要时,应设置防冻垫层或保温层。

三、熟悉路基填料选择原则与最小强度和最大粒径要求

1. 路基填料选择原则

(1)路堤宜选用级配较好的砾类土、砂类土等粗粒土作为填料。

(2)泥炭、淤泥、冻土、强膨胀土、有机质土及易溶盐超过允许含量的土等,不得直接用于填筑路基;季节冻土地区路床及浸水部分的路堤不应直接采用粉质土填筑。

(3)液限大于50%、塑性指数大于26的细粒土,不得直接作为路堤填料。

(4)浸水路堤、桥涵台背和挡土墙背宜采用渗水性良好的填料。在渗水材料缺乏的地区,采用细粒土填筑时,可采用无机结合料进行稳定处治。

2. 路基填料最小强度和最大粒径要求

1)路床填料要求

路床填料应均匀,最大粒径应小于100mm。其最小承载比应符合表2-2-3的规定。

路床填料最小承载比要求　　表2-2-3

路基部位		路面底面以下深度(m)	填料最小承载比CBR(%)		
			高速公路、一级公路	二级公路	三、四级公路
上路床		0~0.3	8	6	5
下路床	轻、中等及重交通	0.3~0.8	5	4	3
	特重、极重交通	0.3~1.2	5	4	—

注:1. 该表CBR试验条件应符合现行《公路土工试验规程》(JTG E40—2007)的规定。

2. 年平均降雨量小于400mm地区,路基排水良好的非浸水路基,通过试验论证可采用平衡湿度状态的含水率作为CBR试验条件,并应结合当地气候条件和汽车荷载等级,确定路基填料CBR控制标准。

2)路堤填料要求

路堤填料最大粒径应小于150mm。路堤填料最小承载比应符合表2-2-4的规定。

路堤填料最小承载比要求　　表2-2-4

路基部位		路面底面以下深度(m)	填料最小承载比CBR(%)		
			高速公路、一级公路	二级公路	三、四级公路
上路堤	轻、中等及重交通	0.8~1.5	4	3	3
	特重、极重交通	1.2~1.9	4	3	—
下路堤	轻、中等及重交通	1.5以下	3	2	2
	特重、极重交通	1.9以下			

注:1. 当路基填料CBR值达不到表列要求时,可掺石灰或其他稳定材料处理。

2. 当三、四级公路铺筑沥青混凝土和水泥混凝土路面时,应采用二级公路的规定。

四、熟悉路基最小填土高度要求及原因

路基高度是指路堤的填筑高度或路堑的开挖深度。由于原地面沿横断面方向往往是倾斜的,因此在路基宽度范围内,两侧的高差常有差别。路基高度为路基中心线处设计高程与原地面高程之差,而路基两侧边坡的高度则为填方坡脚或挖方坡顶与路基边缘的相对高差。所以路基高度有中心高度与边坡高度之分。

路基的填挖高度,是在路线纵断面设计时,综合考虑路线纵坡要求、路基稳定性和工程经济等因素确定的。从路基的强度和稳定性要求出发,路基上部土层应处于干燥或中湿状态,路基高度应根据临界高度并结合公路沿线具体条件和排水及防护措施确定路堤的最小填土高度。

为保证路基稳定,应尽量满足路基临界高度的要求,若路基高度低于按地下水位或地面积水位计算的临界高度,可视为矮路堤。矮路堤通常处于行车荷载应力作用区范围内,同时经受着地面和地下水不利水温状态的影响。有时为了增强路基路面的综合强度与稳定性,需要另外增加投资加强路面结构或增设地下排水设施。究竟如何合理确定路基的高度,需要进行综合比较后才可择优取用。

沿河及受水浸淹的路基,其高度应根据技术标准所规定的设计洪水频率(表 2-2-5),求得设计水位,再增加 0.5m 的余量。如果河道因设置路堤而压缩过水面积,致使上游有壅水,或河面宽阔而有风浪,就应再增加壅水高度和波浪冲上路堤的高度(即波浪侵袭高度)。所以沿河浸水路堤的高度,应高出上述各值之和,以保证路基不致淹没,并据此进行路基的防护与加固。

路基设计洪水频率 表 2-2-5

公路等级	高速公路	一级公路	二级公路	三级公路	四级公路
路基设计洪水频率	1/100	1/100	1/50	1/25	按具体情况确定

注:区域内唯一通道的公路路基设计洪水频率可采用高一个等级公路的标准。

五、了解路基边坡坡度的确定依据

由于填挖情况的不同,路基横断面的典型形式可归纳为路堤、路堑、填挖结合三种类型。路堤是指高于原地面的填方路基,路堑是指低于原地面的挖方路基,此两者是路基的基本类型。当天然地面横坡大,且路基较宽,需一侧开挖而另一侧填筑时,为填挖结合路基,也称为半填半挖路基。在丘陵或山区公路上,填挖结合是路基横断面的主要形式。

1. 路堤

路堤按填土高度划分情况见表 2-2-6。

路 堤 类 型 表 2-2-6

类型	填土高度	特 点	设 计 要 点
矮路堤	小于 1.0 ~ 1.5m	易受地面水和地下水的影响	满足最小填土高度要求,选好路基临界高度,做好地基压实或处治措施,地下降水和两侧排水
一般路堤	1.5 ~ 18m	常见,比较稳定	按典型横断面图或设计规范进行设计,较陡地面横坡可适当挖台阶或设置护脚
高路堤	大于 18m(土质) 大于 20m(石质)	填方数量大,占地多	为使路基稳定和横断面经济合理,需进行个别设计

1)一般路堤

设计时,路堤高度应满足:①公路等级所对应的路基设计洪水频率及其设计洪水位;②不宜小于中湿状态路基临界高度;③季节冻土地区不宜小于当地路基冻深。路堤边坡形式和坡率应根据填料的物理力学性质、边坡高度和工程地质条件确定。当地质条件良好,边坡高度不大于 20m 时,其边坡坡率不宜陡于表 2-2-7 规定值。

路堤边坡坡率 表2-2-7

填料类别	边坡坡率	
	上部高度($H \leq 8$m)	上部高度($H \leq 12$m)
细粒土	1:1.5	1:1.75
粗粒土	1:1.5	1:1.75
巨粒土	1:1.3	1:1.5

2)高路堤与陡坡路堤

高路堤、陡坡路堤应作为独立工点进行勘察设计,设计应在掌握场地水文地质条件、填料来源及其性质的基础上,进行地基处理、结构形式、排水设施、边坡防护等综合设计。施工过程中应根据实际情况变化,及时调整设计,保证路基稳定。边坡形式和坡率应根据地形与工程地质条件、路基边坡高度、填料性质等,结合经济与环保因素,经稳定分析计算确定。断面形式宜采用台阶式。

2. 路堑

路堑常见的断面形式见表2-2-8。

路堑形式 表2-2-8

形式	特点	设计要点
全挖式	两侧都有挖方边坡	边坡坡脚处必须设置边沟,边坡上方应设置一道或多道截水沟
台口式	陡峻山坡上的半路堑	路中线宜向内侧移动,尽量避免路基外侧的少量填方
半山洞式	整体性的坚硬岩层	注意确保岩层稳定并且保证建筑空间限界

1)一般路堑

土质路堑边坡形式及坡率应根据工程地质与水文地质条件、边坡高度、排水防护措施、施工方法等,结合自然稳定边坡、人工边坡的调查及力学分析综合确定。边坡高度不大于20m时,边坡坡率不宜陡于表2-2-9规定值。

土质路堑边坡坡率 表2-2-9

土的类别		边坡坡率
黏土、粉质黏土、塑性指数大于3的粉土		1:1
中密以上的中砂、粗砂、砾砂		1:1.5
卵石土、碎石土、圆砾土、角砾土	胶结和密实	1:0.75
	中密	1:1

岩质路堑边坡形式及坡率应根据工程地质与水文地质条件、边坡高度、排水防护措施、施工方法等,结合自然稳定边坡、人工边坡的调查综合确定。必要时可采用稳定分析方法予以验算。边坡高度不大于30m时,无外倾软弱结构面的边坡需先确定岩体类型,边坡坡率可按表2-2-10确定。对有外倾弱结构面的岩质边坡、坡顶边缘附近有较大荷载的边坡、边坡高度超过表2-2-10范围的边坡等,边坡坡率应按深路堑的有关规定通过稳定性分析计算确定。

岩质路堑边坡坡率　　表 2-2-10

边坡岩体类型	风化程度	边坡坡率	
		$H<15$m	15m≤H≤30m
Ⅰ类	未风化、微风化	1:0.1～1:0.3	1:0.1～1:0.3
	弱风化	1:0.1～1:0.3	1:0.3～1:0.5
Ⅱ类	未风化、微风化	1:0.1～1:0.3	1:0.3～1:0.5
	弱风化	1:0.3～1:0.5	1:0.5～1:0.75
Ⅲ类	未风化、微风化	1:0.3～1:0.5	—
	弱风化	1:0.5～1:0.75	—
Ⅳ类	弱风化	1:0.5～1:1	—
	强风化	1:0.75～1:1	—

注:1. 有可靠资料和经验时,可不受本表限制。
2. Ⅳ类强风化包括各类风化程度的极软岩。

路堑设计时,若挖方边坡较高,则可根据不同的土质、岩石性质和稳定要求开挖成折线式或台阶式边坡,边沟外侧应设置碎落台,其宽度不宜小于1.0m;台阶式边坡中部应设置边坡平台,其宽度不宜小于2m。边坡坡顶、坡面、坡脚和边坡中部平台应设置地表排水系统。当边坡土质潮湿或地下水露头时,应根据实际情况设置渗沟或仰斜式排水孔,或在上游沿垂直地下水流设置排水隧洞等排导设施。

2)深路堑

深路堑边坡宜采用折线式或台阶式边坡。台阶式边坡中部应设置边坡平台,边坡平台的宽度不宜小于2m。坚硬岩石边坡可不设平台,其边坡坡率可调查附近已建工程的人工边坡及自然边坡情况,根据边坡稳定性分析综合确定。

边坡防护设计应根据边坡地质和环境条件、边坡高度及公路等级,采取工程防护与植物防护的综合措施。稳定性差的边坡应设置综合支挡工程,并采用分层开挖、分层稳定和坡脚预加固技术。

应设置完善的边坡地表和地下排水系统,及时引排地表水和地下水。季节冻土边坡地下水丰富时,应对地下水排水口采取保暖措施。

高速公路、一级公路深路堑及不良地质、特殊岩土地段挖方边坡应进行施工监测,监测设计应明确监测路段、监测项目、监测点的数量及位置、监测要求等。监测周期应为公路建成运营后不少于一年。

3. 填挖结合路基

位于山坡上的路基,通常取路中心的高程接近原地面高程,以减少土石方数量,避免高填深挖和保持土石方数量的横向填挖平衡,从而形成填挖结合路基(半填半挖路基)。若处理得当,填挖结合路基稳定可靠,是比较经济的路基横断面形式。填挖结合路基常见的断面形式见表2-2-11。

填挖结合路基形式　　表 2-2-11

形　　式	适用条件
一般填挖路基	填方部分的原地面横坡为 1:5 ~ 1:2.5 时
护肩路基	填方部分的局部路段,如遇原地面的短缺口
砌石护坡路基	填方量较大,可就近利用废弃的石方时
砌石护墙路基	
挡土墙路基	为确保路基稳定或压缩用地宽度时
半山桥路基	填方部分悬空,而纵向又有埋深较浅的基岩时

填挖结合路基兼有路堤和路堑两者的特点,因此均应满足前述路堤和路堑的设计要求。

挖方区为土质或软质岩石时,应对挖方区路床范围不符合要求的土质或软质岩石进行超挖换填或改良处治;填方区宜采用渗水性好的材料填筑,必要时,可在填挖交界结合部路床范围铺设土工格栅。当挖方区为硬质岩石时,填方区宜采用填石路堤。

填方区地表横坡陡于 1:2.5 时,应按陡坡路堤进行设计。当路基稳定性不足时,应采取改善基底条件或设置支挡工程等措施。

六、了解填石路基、砌石路基、护肩与护脚的构造与使用条件

1.填石路基

1)填石路堤设计原则

(1)硬质岩石、中硬岩石可用作路床、路堤填料;软质岩石可用作路堤填料,不得用于路床填料;膨胀性岩石、易溶性岩石和盐化岩石等不得用于路堤填筑。

(2)填石路堤应做好断面设计、结构设计和排水设计,保证填石路堤有足够的强度和稳定性。

(3)填石路堤施工前,应通过试验路段,确定填石路堤合适的填筑层厚、压实工艺以及质量控制标准。

2)填石料类型

填石料可根据石料饱和抗压强度按表 2-2-12 进行分类。

岩石分类表　　表 2-2-12

岩石类型	单轴饱和抗压强度(MPa)	代表性岩石
硬质岩石	≥60	①花岗岩、闪长岩、玄武岩等岩浆岩类; ②硅质、铁质胶结的砾岩及砂岩、石灰岩、白云岩等沉积岩类; ③片麻岩、石英岩、大理岩、板岩、片岩等变质岩类
中硬岩石	30 ~ 60	
软质岩石	5 ~ 30	①凝灰岩等喷出岩类; ②泥砾岩、泥质砂岩、泥质页岩、泥岩等沉积岩类; ③云母片岩或千枚岩等变质岩类

3)填石路堤使用条件

(1)填石路堤顶部最后一层填石料的铺筑层厚不得大于 0.40m,最大粒径不得大于 150mm,其中小于 5mm 的细料含量不应少于 30%,且铺筑层表面应无明显孔隙、空洞。填石路

堤上部采用其他材料填筑时,可视需要设置土工布作为隔离层。

(2)填石路堤可采用与土质路堤相同的断面形式,边坡坡率不宜陡于表2-2-13的规定,边部可采用码砌。码砌厚度宜为1~2m,码砌石块最小尺寸不应小于300mm。边坡较高时,可在边坡中部设置宽度1~3m的平台。

填石路堤边坡坡率　　表2-2-13

填石料种类	边坡高度(m)			边坡坡率	
	全部高度	上部高度	下部高度	上部高度	下部高度
硬质岩石	20	8	12	1:1.1	1:1.3
中硬岩石	20	8	12	1:1.3	1:1.5
软质岩石	20	8	12	1:1.5	1:1.75

(3)风化岩石和软质岩石填筑路堤时,路床应采用硬质岩的碎石或其他符合要求的材料填筑,并应采取路堤边部包边封闭或加筋、底部设置排水垫层、顶部设置防渗层等措施,防止填石路堤产生湿化变形。

(4)软弱地基上填石路堤,应与软土地基处理设计综合考虑。

2. 砌石路基

砌石路基是利用开挖的石料修筑的路基,是比较经济的干砌片石工程,砌体与路基成为整体,可用于三、四级公路。砌石应选用当地不易风化的片、块石砌筑,内侧填石,岩石风化严重或软质岩石路段不宜用砌石路基。砌石顶宽不应小于0.8m,基底面应向内倾斜,砌石高度不宜超过15m。砌石内、外坡率不宜陡于表2-2-14规定值。

砌石边坡坡率　　表2-2-14

序　号	高度(m)	内坡坡度	外坡坡度
1	≤5	1:0.3	1:0.5
2	≤10	1:0.5	1:0.67
3	≤15	1:0.6	1:0.75

砌石路基设计时应注意:

(1)砌石高度H一般为2~15m,岩石地基上护肩的襟边宽度不宜小于0.5m,坚实的粗粒土地基上护肩的襟边宽度不宜小于1.0m。

(2)砌石顶部0.5m高度范围,应采用M7.5浆砌片石砌筑。

(3)为增加砌体整体稳定性,当砌体高度超过8m,其底层应采用M7.5浆砌片石砌筑,高度为0.5m;砌体中部每隔4m需增设一层0.5m厚M7.5浆砌片石水平肋带。

(4)砌石墙背填料应全部采用片碎石填筑,不得填筑细粒土。

(5)受洪水影响的沿河砌石路基,整个砌体应采用M7.5浆砌片石砌筑。

3. 护肩与护脚

1)护肩路基

坚硬岩石地段较陡山坡上的半填半挖路基,当填方不大,但边坡伸出较远不易修筑时,可修筑护肩。护肩路基的护肩高度不宜超过2m,顶面宽度不应侵占硬路肩或行车道及路缘带的路面范围。

护肩路基设计时应注意：

(1)护肩墙背填料应全部采用碎石填筑,不得填筑细粒土。

(2)为提高护肩的稳定性,高速公路、一级公路护肩应全部采用M7.5浆砌片石砌筑;其他等级公路护肩顶部0.5m高度范围内,应全部采用M7.5浆砌片石砌筑。

2)护脚路基

当填方路基受地形地物限制或路基稳定性不足时,可设置护脚或挡土墙。护脚高度不宜超过5m,受水浸淹的路堤护脚,应予防护或加固。当护脚全部采用M7.5浆砌片石砌筑时,需与挡土墙进行经济比较,选用圬工体积较小的方案。

七、了解轻质材料路堤及工业废渣路堤

1.轻质材料路堤

1)轻质材料路堤的用途与适用条件

(1)用途

轻质材料可用作需减少路堤重度或土压力的路堤填料,其应用范围包括软土地基上路堤、桥涵与挡土墙构造物台(墙)背路堤、拓宽路堤、修复沉陷或失稳路堤等,但不宜用于洪水淹没地段。

(2)适用条件

①轻质材料路堤结构设计应采取有效的防护措施,轻质材料不得直接裸露。路基横断面可采用设置支挡结构的直立式路堤或包边护坡的斜坡式路堤,轻质材料填筑厚度应根据工后沉降计算确定。

②轻质材料路堤与一般填土路堤之间应设置过渡段。过渡段应采用台阶式衔接,台阶高度宜为0.5~1.0m,坡比宜为1:1~1:2。

③软土地区轻质材料路堤设计应进行路堤稳定性与地基沉降计算。

④轻质材料填筑区位于地下水位以下,或受到洪水淹没时,应按规定进行抗浮稳定性验算。

2)常用轻质材料路堤设计要求

(1)土工泡沫塑料轻质材料路堤

①根据汽车荷载和上覆路基路面荷载等作用影响,在土工泡沫塑料块体与路面之间、多层土工泡沫塑料块体之间,每隔2~3m或4~6层,应设置浇筑钢筋混凝土板和防渗土工布,钢筋混凝土板厚度宜为0.10~0.15m。

②土工泡沫塑料块体底部应设置砂砾垫层,厚度宜为0.2~0.3m。必要时可在砂砾垫层上下界面铺设透水土工布。

③土工泡沫塑料路堤设计应进行材料抗压强度验算。

④土工泡沫塑料路堤设计除应进行路堤整体稳定性计算之外,尚应计算土工泡沫塑料块体之间的滑动稳定性和土工泡沫塑料路堤底板位置的滑动稳定性。

(2)泡沫轻质土路堤

①泡沫轻质土路堤直立填筑高度不宜大于15m,最小填筑高度不宜小于1.0m。当地面横

坡较大或用于路堤加宽时,填筑体底面宽度不宜小于2.0m。

②泡沫轻质土路堤顶面宜设置镀锌铁丝网和土工膜,并应延伸至一般路堤侧不小于2.0m。泡沫轻质土高度大于1.0m时,宜在距其顶面0.5m处增设一层镀锌铁丝网。

③直立式路堤高度小于3m时,坡面可采用水泥混凝土预制块防护;当高度大于3m时,应采用钢筋混凝土挡墙。

④软土地段泡沫轻质土路堤,应沿路堤纵向设置变形缝,其间距宜为10~20m,缝宽宜为10~20mm,并填塞泡沫塑料板。

⑤地下水位以下的泡沫轻质土仅用于控制沉降时,可不采取隔断地下水的防水措施;用于地下结构或地下管线减载时,宜采取隔断、疏通地下水的防、排水措施。

⑥泡沫轻质土路堤设计计算时,不同环境条件和工程条件下泡沫轻质土的相关性能指标取值应符合要求。

⑦地基沉降计算时,总沉降修正系数宜取1.0~1.1。当地基土承载力大于2倍的路堤荷载时,取小值。

⑧泡沫轻质土路堤除应进行路堤整体稳定性计算之外,当路堤底面存在斜面或泡沫轻质土填筑区高宽比大于1且高度大于3m时,尚应按有关规定进行抗滑动、抗倾覆稳定性验算。

⑨用于地下结构或管线顶部减载换填时,泡沫轻质土自重和其他荷载的总和应小于地下结构或管线所能承受最大荷载的0.9倍。

(3)粉煤灰路堤

①粉煤灰路堤可全部采用粉煤灰或灰土分层间隔填筑,边坡和路肩应设置土质护坡;上路床范围应采用土质填筑,也可与路面结构层相结合,采用石灰土、二灰土等路面底基层材料做封顶层。

②土质护坡时,应根据施工季节和降雨量,设置必要的排水渗沟,渗沟外围应设置反滤层。

③粉煤灰路堤底部应离开地下水位或地表长期积水位0.5m以上,否则应设置隔离层。隔离层厚度不宜小于0.3m,隔离层横坡不宜小于3%。

④粉煤灰路堤压实度标准应通过试验确定。

⑤高度大于5.0m的粉煤灰路堤,应验算路堤自身的稳定性,其抗滑安全系数应符合规定。

2.工业废渣路堤

1)工业废渣路堤使用条件

(1)工业废渣用于路堤填筑时,必须符合国家现行环境保护的有关规定,严禁采用含有有害物质的工业废渣作为路堤填料。

(2)高炉矿渣、钢渣、煤矸石等可用于路堤填筑的工业废渣,应符合下列要求:

①高炉矿渣、钢渣应分解稳定,粒径符合规定要求,具有足够的强度。浸水膨胀率不应大于2.0%,压蒸粉化率不应大于5.0%,钢渣中金属铁含量不应大于2.0%,游离氧化钙含量应小于3.0%。应采用堆存一年以上的陈渣。

②未经充分氧化与陈化、塑性指数大于10的煤矸石不宜直接用于填筑高速公路和一级公

路路堤。性能较差的煤矸石应通过改良,并经试验论证后方可采用。

③煤矸石中主要成分 SiO_2、Al_2O_3 和 FeO_3 的总含量之和不应低于70%,烧失量不应大于20%。煤矸石中不宜含有杂质。

(3)使用其他工业废渣填筑路堤时,应通过试验论证并经相关主管部门批准,方可使用。

(4)工业废渣不应用于浸水路段,以及洪水浸淹部位。

2)工业废渣路堤结构设计要求

(1)工业废渣路堤应采用封闭式路堤结构,对边坡和路肩采取土质护坡保护措施,在土质护坡中设置排水渗沟,渗沟外围应设置反滤层。

(2)工业废渣路堤上路床范围内采用土质填筑,也可与路面结构层相结合,采用无机结合料稳定土路面底基层材料作封顶层。

(3)工业废渣路堤底部应高于地下水位或地表长期积水位0.5m以上,并设置隔离层。隔离层厚度不宜小于0.5m。隔离层填料可选用塑性指数不小于6,且满足强度要求的黏性土。

(4)当工业废渣路堤高度超过4m时,可在路堤中部设置土质夹层。

八、了解路基压实的影响因素、压实度测定方法与压实标准

1.路基压实的影响因素

1)路基压实的意义与机理

路基施工破坏土体的天然状态,致使结构松散,颗粒重新组合。为使路基具有足够的强度与稳定性,必须予以压实,以提高其密实程度。所以路基的压实工作,是路基施工过程中的一个重要工序,亦是提高路基强度与稳定性的根本技术措施。

土是三相体,土粒为骨架,颗粒之间的孔隙为水分和气体所占据。压实的目的,在于使土粒重新组合,彼此挤紧,孔隙减少,土的单位重力提高,形成密实整体,最终使路基强度增加,稳定性提高。这一点已为无数试验反复证明。大量试验和工程实践还证明:土基压实后,路基的塑性变形、渗透性、毛细水作用与隔温性能等,均有明显改善。

2)影响路基压实效果的主要因素

路基压实的效果受很多因素影响,对具有塑性的细粒土,影响压实效果的因素有内因和外因两方面:内因主要是土质和含水率,外因主要是压实功能、压实机具和压实方法等。

(1)含水率对压实效果的影响

在路基压实过程中,如能控制工地现场含水率为最佳含水率,就能获得最好的压实效果。试验表明,一般塑性土的最佳含水率(按轻型击实标准)大致相当于该种土液限含水率的0.58~0.62倍,平均约为0.6倍。

(2)土质对压实效果的影响

不同的土质具有不同的最佳含水率及最大干密度。分散性(液限、黏性)较高的土,其最佳含水率较高而最大干密度较低;砂类土的压实效果优于黏质土。其机理在于土粒愈细,比面积愈大,土粒表面水膜所需之水分亦愈多,加之黏土中含有亲水性较高的胶体物质所致。砂类土的颗粒粗,呈松散状态,水分易散失,故最佳含水率的概念对砂质土没有多大的实际意义。

(3)压实功能对压实效果的影响

压实功能系指压实机具重量、碾压次数、作用时间等。压实功能是影响压实效果的又一重要因素。通常对同一种土,随着压实功能的增大,最佳含水率会随之减小,而最大干密度随之增加。因此,增大压实功能是提高土基密实度的方法之一,然而这种方法有一定局限性,因为压实功能增加到一定程度后,土的密度增长就不明显了,因此最经济的办法是严格控制工地现场含水率,使碾压在接近最佳含水率时进行,这样便能容易地达到规定的压实度。

(4)压实工具和压实方法对压实效果的影响

不同的压实机具,其压力传布作用深度不同,因而压实效果也不同。通常夯击式作用深度最大,振动式次之,静力碾压式最浅。

不同压实厚度其压实效果也不同。通常情况下,夯击不宜超过20cm,8~12t光面碾不宜超过20~30cm。压实作用时间愈长,土密实度愈高,但随时间进一步加长,其密实度的增长幅度会逐渐减小,故压实时,要求压实机具以较低速度行驶,以便达到预期的压实效果。

2. 压实度测定方法

1)挖坑灌砂法

该法适用于在现场进行基层(或底基层)、砂石路面及路基土的各种材料压实层的密度和压实度检测。但不适用于填石路堤等有大孔洞或大孔隙的材料压实层的压实度检测。当集料的最大粒径小于13.2mm,测定层的厚度不超过150mm时,宜采用ϕ100mm的小型灌砂筒测试。当集料的最大粒径等于或大于13.2mm,但不大于31.5mm,测定层的厚度不超过200mm时,宜采用ϕ150mm的大型灌砂筒测试。

2)核子密湿度仪法

该法适用于现场用核子密湿度仪以散射法或直接透射法测定路基或路面材料的密度和含水率,并计算施工压实度。用于测定沥青混合料面层的压实密度或硬化水泥混凝土等难以打孔材料的密度时,宜使用散射法;用于测定土基、基层材料或非硬化水泥混凝土等可以打孔材料的密度及含水率时,应使用直接透射法。核子密湿度仪是现场检测压实度较常用的一种方法,仪器按规定方法标定后,其检测结果可作为工程质量评定与验收的依据。

3)环刀法

该法适用于测定细粒土及无机结合料稳定细粒土的密度。但对无机结合料稳定细粒土,其龄期不宜超过2d,且宜用于施工过程中的压实度检验。

3. 土基压实标准

土基野外施工,受种种条件限制,不能达到室内标准击实试验所得的最大干重度,而应予适当降低。路基压实是衡量路基施工质量的一个重要指标。压实度K是指筑路材料压实后的干重度γ与标准最大干重度γ_0之比,以百分数表示,即:

$$K=\frac{\gamma}{\gamma_0}\times 100\% \tag{2-2-6}$$

1)路床压实标准

路床应分层铺筑,碾压密实。压实度应符合表2-2-15的规定。

路床压实度要求　　表 2-2-15

路基部位		路面底面以下深度(m)	路床压实度(%)		
			高速公路、一级公路	二级公路	三、四级公路
上路床		0~0.3	≥96	≥95	≥94
下路床	轻、中等及重交通	0.3~0.8	≥96	≥95	≥94
	特重、极重交通	0.3~1.2	≥96	≥95	—

注:1. 表列压实度系按现行《公路土工试验规程》(JTG E40—2007)重型击实试验所得最大干密度求得的压实度。
2. 当三、四级公路铺筑沥青混凝土和水泥混凝土路面时,其压实度应采用二级公路压实度标准。

2)路堤压实标准

路堤也应分层铺筑,均匀压实。压实度应符合表 2-2-16 的规定。

路堤压实度要求　　表 2-2-16

路基部位		路面底面以下深度(m)	路堤压实度(%)		
			高速公路、一级公路	二级公路	三、四级公路
上路堤	轻、中等及重交通	0.8~1.5	≥94	≥94	≥93
	特重、极重交通	1.2~1.9	≥94	≥94	—
下路堤	轻、中等及重交通	1.5 以下	≥93	≥92	≥90
	特重、极重交通	1.9 以下			

注:1. 表列压实度系按现行《公路土工试验规程》(JTG E40—2007)重型击实试验所得最大干密度求得的压实度。
2. 当三、四级公路铺筑沥青混凝土和水泥混凝土路面时,其压实度应采用二级公路压实度标准。
3. 路堤采用粉煤灰、工业废渣等特殊填料,或处于特殊干旱或特殊潮湿地区时,在保证路基强度和回弹模量要求的前提下,通过试验论证,压实度标准可降低 1~2 个百分点。

3)填石路堤压实标准

不同强度的石料,应分别采用不同的填筑层厚和压实控制标准。填石路堤的压实质量标准宜用孔隙率作为控制指标。硬质石料、中硬石料、软质石料的压实质量控制标准分别见表 2-2-17~表 2-2-19。

硬质石料压实质量控制标准　　表 2-2-17

路基部位	路面底面以下深度(m)	摊铺层厚(mm)	最大粒径(mm)	压实干密度(kg/m^3)	孔隙率(%)
上路堤	0.80~1.50(1.20~1.90)	≤400	小于层厚 2/3	由试验确定	≤23
下路堤	>1.50(>1.90)	≤600	小于层厚 2/3	由试验确定	≤25

注:"路面底面以下深度"栏,括号中数值分别为特重、极重交通的上路堤、下路堤的深度范围。

中质石料压实质量控制标准　　表 2-2-18

路基部位	路面底面以下深度(m)	摊铺层厚(mm)	最大粒径(mm)	压实干密度(kg/m^3)	孔隙率(%)
上路堤	0.80~1.50(1.20~1.90)	≤400	小于层厚 2/3	由试验确定	≤22
下路堤	>1.50(>1.90)	≤500	小于层厚 2/3	由试验确定	≤24

注:"路面底面以下深度"栏,括号中数值分别为特重、极重交通的上路堤、下路堤的深度范围。

软质石料压实质量控制标准　　表 2-2-19

路基部位	路面底面以下深度(m)	摊铺层厚(mm)	最大粒径(mm)	压实干密度(kg/m^3)	孔隙率(%)
上路堤	0.80~1.50(1.20~1.90)	≤300	小于层厚	由试验确定	≤20
下路堤	>1.50(>1.90)	≤400	小于层厚	由试验确定	≤22

注:"路面底面以下深度"栏,括号中数值分别为特重、极重交通的上路堤、下路堤的深度范围。

九、了解路基拓宽改建时的主要工程问题、拓宽形式及适用条件

1. 主要工程问题

目前改扩建研究中存在的工程问题主要为:旧路改扩建后,在新旧路基衔接位置容易产生纵向裂缝。这主要是由于旧路路基已经沉降多年,基本稳定,而新建路基沉降时间短,有一定的工后沉降,新旧路基衔接处必将产生不均匀沉降,而这种不均匀沉降引起的路面结构层内附加应力超过了材料的抗拉强度或界面强度,从而产生纵向裂缝,导致路面的破坏。

2. 拓宽形式及适用条件

根据拓宽路基与既有路基的空间相对位置不同,拓宽拼接方案可分为三大类:拼接式、分离式和混合式,并可细分为六小类。不同拓宽方式各有优缺点,有不同的适用条件,如图 2-2-1 和表 2-2-20 所示。目前国内高速公路拓宽的形式以双侧拓宽为主,少数路段(主要是大跨径桥梁

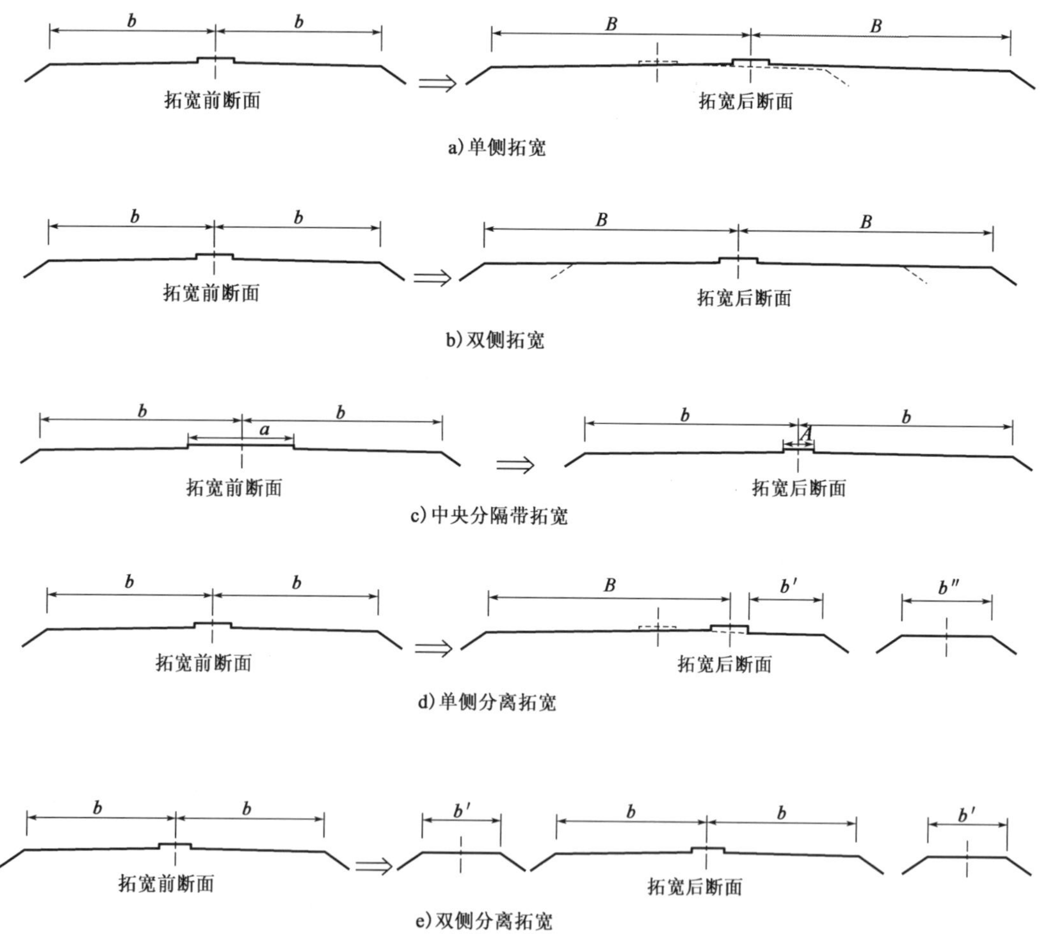

图 2-2-1 拓宽形式图示

结构部分)采用双侧分离式拓宽。如果既有高速公路中央分隔带有预留拓宽车道,则可采用中央分隔带拓宽方式。如果既有高速公路沿线较长路段(一般大于5km)没有立交,并且因受用地、工期以及交通组织等条件限制,则可采用分离式拓宽形式。

拓宽形式分类表 表2-2-20

拓宽形式			优点	缺点
拼接拓宽	单侧拓宽	图2-2-1a)	将既有公路的设计线移到路肩,新加宽部分平纵面标准与既有公路保持一致,工程施工组织也较方便	既有公路路拱横坡、中央分隔带等调整难度大,若不调整,排水设施、互通、服务设施、上跨分离式立交需作大规模的改建,既有公路双向横坡需要调整为单向横坡,构造物处难以处理; 互通立交、服务设施改建难度大; 拓宽路基对原有路基沉降影响较大,新旧路基、构造物间存在不均匀沉降,拼接比较困难; 横向下穿道路或通航河流可能存在通行(通航)净空不满足的情况
	双侧拓宽	图2-2-1b)	平面、纵面、路拱横坡等与既有公路相协调; 工程量最小,占土较少,其他设施改建工程量小	存在路基路面、桥梁构筑物拼接的技术问题;拓宽路基对原有路基沉降变形产生影响。加宽宽度小时不利施工; 新旧路基、构造物间存在不均匀沉降,拼接比较困难; 横向下穿道路或通航河流可能存在通行(通航)净空不满足的情况
	中央拓宽	图2-2-1c)	平纵几乎不用调整,最易实施,交通组织无须改变; 工程量最小,占土较少,其他设施改建工程量小	中央分隔带必须事先预留足够的宽度,否则无法实施
分离拓宽	单侧拓宽	图2-2-1d)	相当于分离式路基,加宽侧的布置相对自由; 可采用低路堤方案; 拓宽路基对原有路基的沉降影响较小	既有公路双向横坡需要调整为单向横坡,构造物处难以处理; 分离拓宽侧的立交进出的交通组织很难处理; 工程量大,占地大
	双侧拓宽	图2-2-1e)	不存在路基路面拼接技术问题; 可采用低路堤,减小拓宽路基对原有路基沉降影响	如果要全线采用,由于互通、服务设施前后不能采用该方式,会导致平面线形指标的明显降低; 采用路基分离,工程费用均高于两侧整体式加宽方案,车道数越少越不经济; 单向形成两条路,交通组织需要改变; 立交进出的交通组织很难处理; 占地大
混合拓宽	双侧拼接与分离	图2-2-1b)+e)	兼顾b)+e)的优点	路线形成分合流段落,交通组织复杂,安全性降低;拼接部分路基、构造物拼接比较困难;分离部分单向形成两条路,交通功能不好

考点分析

一般路基通常指在良好的地质与水文等条件下，填方高度和挖方深度不大的路基。一般路基位置、横断面形式及边坡坡度设计，不仅是路基土石方数量平衡问题，而且直接影响到路基的安全稳定和环境保护。设计时，应遵循"不破坏就是最大的保护"的理念，合理地控制路基填、挖方边坡高度，因地制宜，确定路基横断面形式及边坡坡度。另外，应根据公路功能、交通荷载等级及路基性能要求，合理选择路基填料，充分利用挖方材料，是路基填料设计的重要内容。本节主要要求考生掌握路基(路堤和路堑)、路床(路基结构)的设计原则和设计要点，熟悉路基填料的选择原则和强度要求，了解路基边坡坡度的确定依据和路基压实及压实标准，填石路堤、轻质材料路堤、工业废渣路堤的用途及使用条件，路基拓宽改建主要工程问题、拓宽形式及适用条件。

例题解析

例1 路基的设计指标应采用路床顶面的哪个指标？ (　　)

(A)压应变　　(B)回弹模量

(C)总变形　　(D)回弹变形

分析

《公路路基设计规范》(JTG D30—2015)第3.2.4条规定：路基应以路床顶面回弹模量为设计指标，以路床顶面压应变为验算指标。故本题选B。

例2 关于地基表层处理设计，下列符合规范要求的选项是哪个？ (　　)

(A)地面横坡缓于1:2.5时，可直接填筑路堤

(B)地面横坡陡于1:2.5时，原地面应挖台阶

(C)受地下水影响的路堤可采用换填、加筋等方法处理

(D)低路堤应对地基表层土进行超挖、分层回填压实

分析

依据《公路路基设计规范》(JTG D30—2015)第3.3.6条，本题选D。

例3 下列关于高路堤与陡坡路堤设计要求的描述，哪个选项是不正确的？ (　　)

(A)断面形式宜采用台阶式

(B)应进行路基稳定性计算分析

(C)宜预留一年的沉降期，减少工后沉降

(D)监测周期应为公路建成营运后不少于一年

分析

《公路路基设计规范》(JTG D30—2015)第3.6.13条规定:应加强高路堤与陡坡路堤的沉降控制。必要时,可进行增强补压、铺设土工合成材料等综合措施,并宜预留一个雨季的沉降期,减少工后沉降。故本题选C。

例4 某公路K3+532~K3+856段拟采用填石路堤进行施工,设计单位针对填石路堤进行了相应的设计和要求,下列哪一项的要求是正确的? ( )

(A)填石路堤的压实质量标准宜用压实度作为控制指标

(B)对填石料进行抗压强度试验,并作为路床和路堤的填料

(C)不同强度的石料,分别采用不同的填筑厚度和压实控制标准

(D)填石路堤顶部最后一层填石料的铺筑层厚不得大于0.5m

分析

依据《公路路基设计规范》(JTG D30—2015)第3.8.1条~第3.8.5条,本题选C。

例5 [2007岩土真题]高速公路填方路基对于填土压实度的要求,下面哪个选项的判断是正确的? ( )

(A)上路床≥下路床≥上路堤≥下路堤

(B)上路堤≥下路堤≥上路床≥下路床

(C)下路床≥上路床≥下路堤≥上路堤

(D)下路堤≥上路堤≥下路床≥上路床

分析

依据《公路路基设计规范》(JTG D30—2015)表3.2.3和表3.3.4,可知本题选A。

例6 某高速公路桥台台背拟采用透水性、级配良好、能够充分压实的砾石土进行回填,回填高度约15m,与桥台连接处的路堤过渡段压实度要求不小于96%。试问按照《公路路基设计规范》(JTG D30—2015)确定的该路堤过渡段最接近下列哪个选项? ( )

(A)26~40m (B)33~50m (C)45~60m (D)52~70m

分析

《公路路基设计规范》(JTG D30—2015)第3.3.7条规定:二级及二级以上公路路堤与桥台、横向构造物(涵洞、通道)连接处应设置过渡段。过渡段路基压实度不应小于96%,并应做好填料、地基处理、台背防排水系统等综合设计。过渡段宜按下式确定。

$$L = (2 \sim 3)H + (3 \sim 5)$$

式中:L——过渡段长度(m);

H——路基填土高度(m)。

经计算可得该路堤过渡段长度在33～50m之间。故本题选B。

自测模拟

(第1题为单选题,第2、3题为多选题)

1.［2007岩土真题］在土的击实试验中,下列哪个选项的说法是正确的? （ ）

(A)击实功能越大,土的最优含水率越小

(B)击实功能越大,土的最大干密度越小

(C)在给定的击实功能下,土的干密度始终随含水率增加而增加

(D)在给定的击实功能下,土的干密度与含水率关系不大

2.［2005岩土真题］对黏性土材料进行压实试验时,下列哪些说法是错误的? （ ）

(A)在一定的击实功能作用下,能使填筑土料达到最大干密度所对应的含水率为最优含水率

(B)与轻型击实仪比较,采用重型击实仪进行试验得到的土料最大干密度较大

(C)填土的塑限含水率增大,其最优含水率减小

(D)随着击实功能的增大,填土最优含水率增大

3.［2005岩土真题］在膨胀土地区,公路挖方边坡设计应遵循以下哪些原则? （ ）

(A)尽量避免高边坡,一般应在10m以内

(B)边坡坡率应缓于1:1.5

(C)高边坡不设平台,一般采用一坡到顶

(D)坡脚要加固,可采用换填压实法等

参考答案

1.A　2.CD　3.ABD

第三节　路基边坡稳定性设计

依据规范

《公路工程技术标准》(JTG B01—2014)

5　路基路面

《公路路基设计规范》(JTG D30—2015)

3　一般路基设计

《公路土工试验规程》(JTG E40—2007)

22　土的直接剪切试验

23　土的三轴压缩试验

25　粗粒土和巨粒土的最大干密度试验

26　粗粒土的直接剪切试验

27　粗粒土的单轴压缩试验

《高速公路改扩建设计细则》(JTG/T L11—2014)

5　总体设计

7　路基

《工程岩体试验方法标准》(GB/T 50266—2013)

《工程岩体分级标准》(GB/T 50218— 2014)

《公路工程抗震规范》(JTG B02—2013)

8　路基

重点知识

一、掌握边坡稳定性验算所需土性参数及确定原则

1. 影响路基边坡稳定性的因素

根据土力学原理,路基边坡滑坍是由于边坡土体中的剪应力超过其抗剪强度所产生的剪切破坏。因此,凡是使土体剪应力增加或抗剪强度降低的因素,都可能引起边坡滑坍。这些因素可归纳为以下几点。

(1)边坡的岩土性质。岩土的抗剪强度首先取决于岩土的性质,岩土性质不同则其抗剪强度亦不同。对路堑边坡而言,除与土或岩石的性质有关外,还与岩石的风化破碎程度和形状有关。

(2)水的活动。水是影响边坡稳定性的主要因素,边坡的破坏总是或多或少地与水的活动有关。土体的含水率增加,既降低了土体的抗剪强度,又增加了土内的剪应力。在浸水情况下,还有浮力和动水压力作用,使边坡处于最不利状态。

(3)边坡的几何形状。边坡的高度、坡度等直接关系到边坡的稳定条件,高大、陡直的边坡,因重心高,稳定条件差,易发生滑坍或其他形式的破坏。

(4)地震及其他振动荷载。

2. 边坡稳定性分析的计算参数及确定原则

1)高路堤与陡坡路堤

高路堤与陡坡路堤稳定性分析的强度参数应根据填料来源、场地情况及分析工况的需要,选择有代表性的土样进行室内试验,并结合现场情况确定。试验方法应符合下列要求:

(1)路基填土的强度参数 c、φ 值,可采用直剪快剪或三轴不排水剪试验获得。不同工况下试样制备要求见表2-3-1。当路基填料为粗粒土或填石料时,应采用大型三轴试验仪或大型直剪试验仪进行试验。

路堤填土强度参数试验试样制备要求 表 2-3-1

分析工况	试样要求	适用范围
正常工况	采用填筑含水率和填筑密度；当难以获得填筑含水率和填筑密度时，或进行初步稳定分析时，密度采用要求达到的密度，含水率采用击实曲线上要求密度对应的较大含水率	用于新建路堤
	取路基原状土	用于已建路堤
非正常工况Ⅰ	同正常工况试样要求，但要预先饱和	用于降雨入渗影响范围内的填土
非正常工况Ⅱ	同正常工况试样要求	—

(2)地基土参数 c、φ 值，宜采用直剪固结快剪或三轴固结不排水试验获得。

(3)分析高路堤沿斜坡地基或软弱层带滑动的稳定性时，应结合场地条件，选择控制性层面的土层试验获得强度参数 c、φ 值。可采用直剪快剪或三轴不固结不排水剪试验。当存在地下水影响时，应采用饱水试件进行试验。

2)深路堑

边坡岩土体力学参数可按下列方法确定：

(1)岩体和结构面抗剪强度指标宜根据现场原位试验确定。试验应符合现行《工程岩体试验方法标准》(GB/T 50266—2013)的规定。当无条件进行试验时，可采用现行《工程岩体分级标准》(GB/T 50218—2014)、表 2-3-2 和反分析等方法综合确定。

结构面抗剪强度指标标准值 表 2-3-2

结构面类型		结构面结合程度	内摩擦角 φ(°)	黏聚力 c(MPa)
硬性结构面	1	结合好	>35	>0.13
	2	结合一般	35 ~ 27	0.13 ~ 0.09
	3	结合差	27 ~ 18	0.09 ~ 0.05
软弱结构面	4	结合很差	18 ~ 12	0.05 ~ 0.02
	5	结合极差(泥化层)	根据地区经验确定	

注：1. 表中数值已考虑结构面的时间效应。
2. 极软岩、软岩取表中低值。
3. 岩体结构面连通性差时，取表中高值。
4. 岩体结构面浸水时，取表中低值。

(2)岩体结构面的结合程度可按表 2-3-3 确定。

结构面的结合程度 表 2-3-3

结合程度	结构面特征
好	张开度小于 1mm，胶结良好，无充填；张开度 1 ~ 3mm，硅质或铁质胶结
一般	张开度小于 1 ~ 3mm，钙质胶结；张开度大于 3mm，表面粗糙，钙质胶结
差	张开度小于 1 ~ 3mm，表面平直，无胶结；张开度大于 3mm，岩屑充填或岩屑夹泥质充填
很差、极差(泥化层)	表面平直光滑，无胶结；泥质充填或泥夹岩屑充填，充填物厚度大于起伏差；分布连续的泥化夹层；未胶结的或强风化的小型断层破碎带

(3)边坡岩体性能指标标准值可按地区经验确定。重要边坡应通过试验确定。

(4)岩体内摩擦角可由岩块内摩擦角标准值按岩体裂隙发育程度与表2-3-4所列的折减系数的乘积确定。

边坡岩体内摩擦角折减系数　表2-3-4

边坡岩体特性	内摩擦角的折减系数	边坡岩体特性	内摩擦角的折减系数
裂隙不发育	0.90～0.95	裂隙发育	0.80～0.85
裂隙较发育	0.85～0.90	碎裂结构	0.75～0.80

(5)土体力学参数宜采用原位剪切试验、原状土样室内剪切试验及反算分析等方法综合确定。

(6)土质边坡按水土合算原则计算时,地下水位以下的土宜采用三轴试验土的自重固结不排水抗剪强度指标;按水土分算原则计算时,地下水位以下的土宜采用土的有效抗剪强度指标。

二、了解边坡稳定性分析的三种工况及适用条件

1.高路堤与陡坡路堤

高路堤指路基填土边坡高度大于20m的路堤,陡坡路堤指地面斜坡陡于1:2.5的路堤。高路堤与陡坡路堤设计时,应进行路基稳定性计算分析。分析时,应考虑以下三种工况:

(1)正常工况:路基投入运营后经常发生或持续时间长的工况。

(2)非正常工况Ⅰ:路基处于暴雨或连续降雨状态下的工况。

(3)非正常工况Ⅱ:路基遭遇地震等荷载作用的工况。

各等级公路高路堤与陡坡路堤稳定系数不得小于表2-3-5所列稳定安全系数值。对非正常工况Ⅱ,路基稳定性分析方法及稳定性安全系数应符合现行《公路工程抗震规范》(JTG B02—2013)的规定。

高路堤与陡坡路堤稳定安全系数　表2-3-5

分析内容	地基强度指标	分析工况	稳定安全系数	
			二级及二级以上公路	三、四级公路
路堤的堤身稳定性、路堤和地基的整体稳定性	采用直剪的固结快剪或三轴固结不排水剪指标	正常工况	1.45	1.35
		非正常工况Ⅰ	1.35	1.25
	采用快剪指标	正常工况	1.35	1.30
		非正常工况Ⅰ	1.25	1.15
路堤沿斜坡地基或软弱层滑动的稳定性	—	正常工况	1.30	1.25
		非正常工况Ⅰ	1.20	1.15

注:区域内唯一通道的三、四级公路重要路段,高路堤与陡坡路堤稳定安全系数可采用二级公路的标准。

2.深路堑

深路堑指土质挖方边坡高度大于20m或岩石挖方边坡高度大于30m的路堑。边坡稳定性计算应考虑下列三种工况。对季节冻土边坡,尚应考虑冻融的影响。

(1)正常工况:边坡处于天然状态的工况。

(2)非正常工况Ⅰ:边坡处于暴雨或连续降雨状态下的工况。

(3)非正常工况Ⅱ:边坡处于地震等荷载作用状态下的工况。

各等级公路路堑边坡稳定系数不得小于表2-3-6所列稳定安全系数值。对非正常工况Ⅱ,路堑边坡稳定性分析方法及稳定安全系数应符合现行《公路工程抗震规范》(JTG B02—2013)的规定。

路堑边坡稳定安全系数 表2-3-6

分析工况	稳定安全系数	
	高速公路、一级公路	二级及二级以下公路
正常工况	1.20~1.30	1.15~1.25
非正常工况Ⅰ	1.10~1.20	1.05~1.15

注:1.路堑边坡地质条件复杂或破坏后危害严重时,稳定安全系数取大值;地质条件简单或破坏后危害较轻时,稳定安全系数可取小值。

2.路堑边坡破坏后的影响区域内有重要建筑物(桥梁、隧道、高压输电塔、油气管道等)、村庄和学校时,稳定安全系数取大值。

3.施工边坡的临界稳定安全系数不应小于1.05。

三、了解工程地质比拟法、简化Bishop法与不平衡推力法的适用条件

1.工程地质比拟法

工程地质比拟法是指把所要研究的边坡与已取得勘察资料、建筑经验、地质条件类似的边坡进行对照,并作出工程地质评价的方法,又称工程地质类比法。工程地质比拟法属于实践经验的对比,根据不同土类及其所处的状态,经过长期的生产实践和大量的资料调查,拟定边坡稳定值参考数据,在设计时,将影响边坡稳定性的因素作比拟,采用类似条件下的稳定边坡值。一般情况下,土质边坡的设计先按力学分析法进行验算,再以工程地质法予以校核。岩石或碎石土类边坡主要采用工程地质比拟法,有条件时也以力学分析法进行校核。

2.简化Bishop法

毕肖普(Bishop)法是改进的圆弧条分法,适用于一般黏性土组成的路堤堤身稳定性、路堤和地基的整体稳定性或路堑边坡的稳定性验算。毕肖普在圆弧条分法基础上提出了该简化方法。这一方法仍然保留了滑裂面的形状为圆弧形和通过力矩平衡条件求解的特点,但在确定土条底部法向力时,考虑了条间力的作用。计算简图如2-3-1所示。其基本假定为:

(1)假定滑动面为圆弧滑动面,将滑动土体分为n条竖向土条,并假定每个土条为不变形的刚体。

(2)土条竖直侧向力$X_i = X_{i+1} = 0$,侧向力与水平向的夹角$\beta=0$,即土条两侧作用力均为水平。

(3)忽略成对条间力(X_i和E_i)产生的力矩。

《公路路基设计规范》(JTG D30—2015)要求高路堤与陡坡路堤宜采用简化毕肖普法进行路堤堤身稳定性、路堤和地基的整体稳定性分析计算。其稳定系数F_s按式(2-3-1)计算。

$$F_s = \frac{\sum [c_i b_i + (W_i + Q_i)\tan\varphi_i]/m_{\alpha i}}{\sum (W_i + Q_i)\sin\alpha_i} \tag{2-3-1}$$

式中：F_s——路堤稳定性系数；

b_i——第 i 个土条宽度(m)；

α_i——第 i 个土条底滑面的倾角(°)；

c_i、φ_i——第 i 个土条滑弧所在土层的黏聚力(kPa)和内摩擦角(°)，依滑弧所在位置，取对应土层的黏聚力和内摩擦角；

$m_{\alpha i}$——系数，按式(2-3-2)计算，式中各符号的意义同前；

$$m_{\alpha i} = \cos\alpha_i + \frac{\sin\alpha_i \tan\varphi_i}{F_s} \tag{2-3-2}$$

W_i——第 i 个土条重力(kN)；

Q_i——第 i 个土条垂直方向外力(kN)。

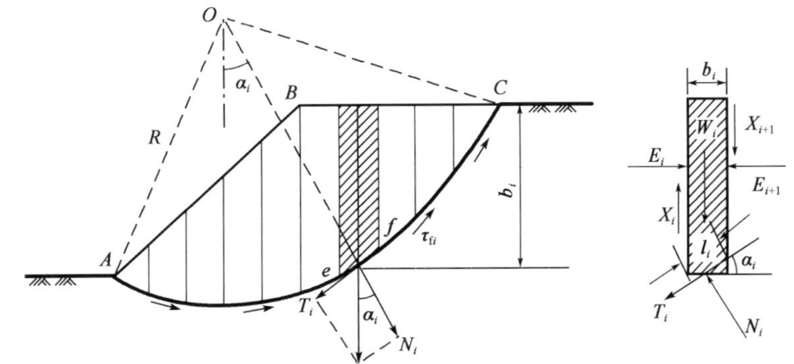

图 2-3-1 简化毕肖普法计算图式

3. 不平衡推力法

不平衡推力法又称折线法，或称传递系数法，适用于滑动面为折线或其他形状的边坡稳定性验算。计算简图如图 2-3-2 所示。

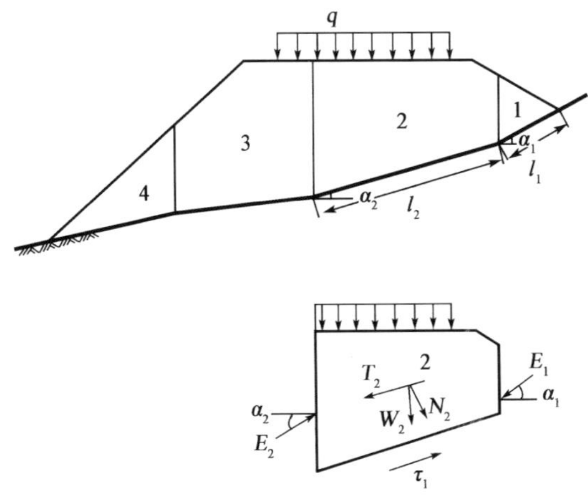

图 2-3-2 不平衡推力法计算图示

该方法有两个基本假定：

(1)每个分条范围内的滑动面为一直线段,即整个滑体是沿着折线滑动。进行边坡稳定计算时,可根据基岩面的实际情况,分割成若干直线段,每个直线段则成为一分条。

(2)分条间的反力平行于该分条的滑动面,且作用点在分隔面的中央。

《公路路基设计规范》(JTG D30—2015)要求路堤沿斜坡地基或软弱层带滑动的稳定性分析采用不平衡推力法。稳定系数按式(2-3-3)、式(2-3-4)计算。

$$E_i = W_{Qi}\sin\alpha_i - \frac{1}{F_s}(c_i l_i + W_{Qi}\cos\alpha_i\tan\varphi_i) + E_{i-1}\psi_{i-1} \tag{2-3-3}$$

$$\psi_i = \cos(\alpha_{i-1} - \alpha_i) - \frac{\tan\varphi_i}{F_s}\sin(\alpha_{i-1} - \alpha_i) \tag{2-3-4}$$

式中：W_{Qi}——第 i 个土条的重力与外加竖向荷载之和(kN)；

α_i——第 i 个土条底滑面的倾角(°)；

c_i、φ_i——第 i 个土条底的黏聚力(kPa)和内摩擦角(°)；

l_i——第 i 个土条底滑面的长度(m)；

α_{i-1}——第 $i-1$ 个土条底滑面的倾角(°)；

E_{i-1}——第 $i-1$ 个土条传递给第 i 个土条的下滑力(kPa)。

用式(2-3-3)和式(2-3-4)逐条计算,直至第 n 条的剩余推力为零,由此确定稳定系数 F_s。

4. 直线法

直线法适用于砂土和土质砂(两者合称砂类土)的边坡稳定性验算,土的抗力以摩擦阻力为主,黏结力甚小,边坡破坏时,滑动破裂面近似平面。

如图 2-3-3 所示,填方边坡土楔体 ABD 沿破裂面 AD 滑动,其稳定系数 K 按式(2-3-5)计算。

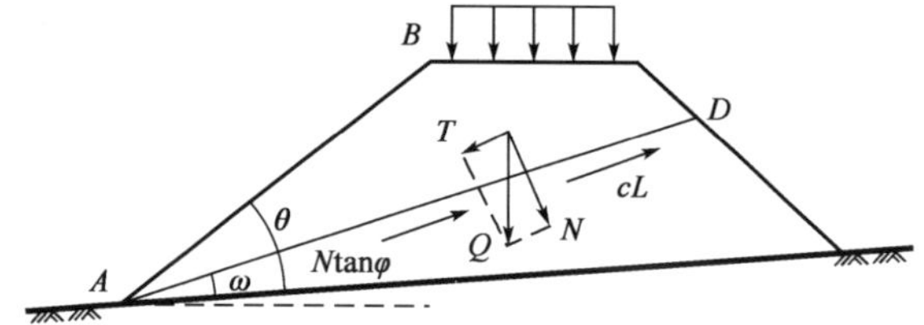

图 2-3-3　直线法验算边坡稳定性计算图示

$$K = \frac{R}{T} = \frac{Nf + cL}{T} = \frac{Q\cos\omega\tan\varphi + cL}{Q\sin\omega} \tag{2-3-5}$$

式中：ω——破裂面对水平面的倾角(°)；

φ——填料的内摩擦角(°)；

f——破裂面上土体的摩擦系数,$f = \tan\varphi$；

L——破裂面 AD 的长度(m)；

N——破裂面的法向分力(kN)；

T——破裂面的切向分力(kN)；

c——破裂面上土体的黏结力(kPa)；

Q——滑动体的重力(kN),包括车辆荷载。

考点分析

高路堤、陡坡路堤和深路堑设计时，应进行路基稳定性计算分析。路基稳定性分析时涉及地基土、路基填土、控制性层面等强度参数的确定以及稳定性分析方法的选取。影响高路基稳定性的因素很多，也很复杂，无法在稳定性计算中完全考虑到。在计算分析的基础上，结合场地条件和工程地质类比法，进行综合判断，分析评价高路基的稳定性。本节主要要求考生掌握边坡稳定性验算所需的各种参数及确定原则，了解边坡稳定性分析的三种工况及使用条件，各种稳定性分析方法计算原理及适用条件。

例题解析

例 1　简化毕肖普法是改进的圆弧条分法，其分析边坡稳定性的特点是下列哪个选项？（　　）

(A)不断减低岩土体的抗剪强度指标

(B)不断增加荷载直至边坡达到破坏

(C)稳定系数定义为抗滑力与滑动力之比

(D)考虑了土条条间力的作用

分析

简化毕肖普法是改进的圆弧条分法。由于圆弧条分法略去了条间力的作用，因此严格地说，对每一土条不能满足力的平衡条件，而且土条本身也不满足力矩平衡条件，只满足整个土体的力矩平衡条件。为克服前述圆弧条分法存在的不足，毕肖普考虑了条间力的作用，提出了新的稳定性分析方法。故本题选 D。

例 2　某高填方路基，已知：路基顶宽 10m，路基填土为粉质中液限亚黏土，土的黏聚力 $c=10\text{kPa}$，内摩擦角 $\varphi=24°$，重度 $\gamma=17\text{kN/m}^3$，车辆荷载为公路—Ⅰ级荷载。边坡稳定性分析计算时，将车辆荷载换算成当量土柱高最接近下列哪个选项？（　　）

(A)0.8m　　(B)0.9m　　(C)1.0m　　(D)1.1m

分析

《公路工程技术标准》(JTG B01—2014)第 7.0.4 条规定：车的重力 $Q=550\text{kN}$；车辆前后轮最大轴距 $L=3+1.4+7+1.4+0.2=13\text{m}$；荷载横向分布宽度 $B=Nb+(N-1)m+d=2\times1.8+1.3+0.6=5.5\text{m}$。路基填料的重度 $\gamma=17\text{kN/m}^3$；横向分布的车辆数 $N=2$。代入当量土柱高度 h_0 的计算式：$h_0=\dfrac{NQ}{LB\gamma}=\dfrac{2\times550}{13\times5.5\times17}=0.90\text{m}$。故本题选 B。

例 3　有一高填方路基，路基顶宽 10m，路基边坡高度 15m，边坡坡度 1∶1.5，路基横断面图如图所示。已知路基填料为砂类土，土的黏聚力 $c=0.98\text{kPa}$，内摩擦角 $\varphi=35°$，重度 $\gamma=18.62\text{kN/m}^3$，边坡土楔体 ABC 沿破裂面 AB 滑动。试问按直线法分析该路堤边坡稳定系数最接近下列哪个选项？　　(　　)

(A)1.25m　　(B)1.33m　　(C)1.46m　　(D)1.57m

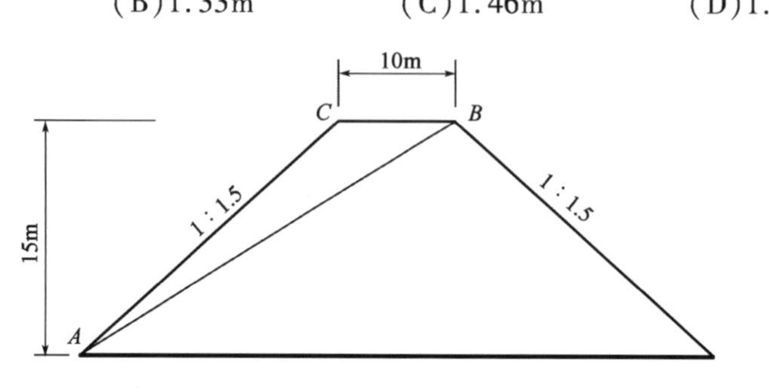

例 3 图

分析

破裂面对水平面的倾角 $\tan\omega=\dfrac{15}{10+15\times1.5}=0.462$，得到 $\omega=24.78°$

滑动体的重力 $Q=18.62\times\left(0.5\times10\times15+\dfrac{2\times550}{13\times5.5\times18.62}\times10\right)=1550.3\text{kN/m}$

破裂面 AB 的长度 $L=\sqrt{15^2+32.5^2}=35.79\text{m}$

稳定系数 $K=\dfrac{R}{T}=\dfrac{Nf+cL}{T}=\dfrac{Q\cos\omega\tan\varphi+cL}{Q\sin\omega}$

$$=\frac{1550.3\times0.908\times0.7+0.98\times35.79}{1550.3\times0.419}=1.571$$

故本题选 D。

例 4　[2004 岩土真题]散粒填土堤边坡坡高 $H=4\text{m}$，土堤填料重度 $\gamma=20\text{kN/m}^3$，内摩擦角 $\varphi=35°$，黏聚力忽略不计($c\approx0$)，试问土堤边坡坡脚 β 必须接近下列哪一个角度时，边坡稳定性系数 K 才能接近于 1.25？　　(　　)

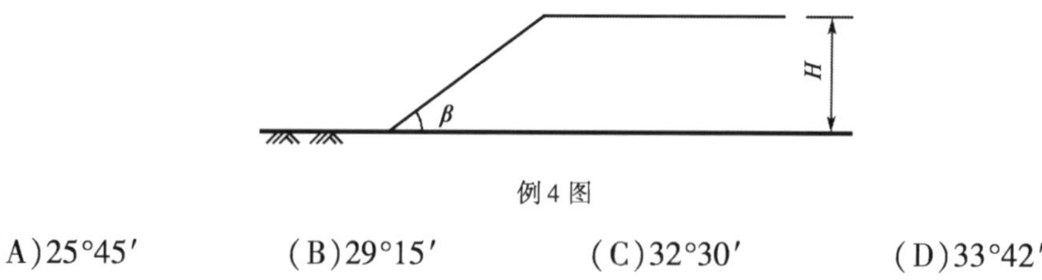

例 4 图

(A)25°45′　　(B)29°15′　　(C)32°30′　　(D)33°42′

分析

对于 $c=0$ 的散粒填料边坡，稳定系数 $K=\dfrac{\tan\varphi}{\tan\beta}$，则：

$$\beta \leqslant \arctan\left(\frac{\tan\varphi}{k}\right) = \arctan\left(\frac{\tan 35^\circ}{1.25}\right) = 29^\circ 15'$$

故本题选 B。

例 5　[2014 岩土真题]某公路路堑，存在一折线形均质滑坡，计算参数见表，若滑坡推力安全系数为 1.20。第一块滑体剩余下滑力传递到第二滑体的传递系数为 0.85，在第三块滑体后设置重力式挡墙，按《公路路基设计规范》（JTG D30—2015）计算作用在该挡墙上的每延米的作用力最接近下列哪个选项？（　　）

例 5 表

滑块编号	下滑力（kN/m）	抗滑力（kN/m）	滑面倾角
①	5000	2100	35°
②	6500	5100	26°
③	2800	3500	26°

（A）3900kN　　（B）4970kN

（C）5870kN　　（D）6010kN

分析

依据《公路路基设计规范》（JTG D30—2015）第 7.2.2 条。

$$\psi_i = \cos(\alpha_{i-1} - \alpha_i) - \sin(\alpha_{i-1} - \alpha_i)\tan\varphi_i$$

即 $0.85 = \cos(35^\circ - 26^\circ) - \sin(35^\circ - 26^\circ) \times \tan\varphi_2$，解得 $\tan\varphi_2 = 0.88$

$\psi_3 = \cos(26^\circ - 26^\circ) - \sin(26^\circ - 26^\circ)\tan\varphi_3 = 1.00$

$T_i = F_s W_i \sin\alpha_i + \psi_i T_{i-1} - W_i \cos\alpha_i \tan\varphi_i - c_i L_i$

$T_1 = 1.2 \times 5000 + 0 - 2100 = 3900\text{kN}$

$T_2 = 1.2 \times 6500 + 0.85 \times 3900 - 5100 = 6015\text{kN}$

$T_3 = 1.2 \times 2800 + 1.00 \times 6015 - 3500 = 5875\text{kN}$

故本题选 C。

例 6　[2006 岩土真题]公路路基设计中，确定岩土体抗剪强度时，下列哪些选项的取值方法是正确的？（　　）

（A）路堤填土的 c、φ 值，宜用直剪快剪或三轴不排水剪切试验获得

（B）岩体结构面的 c、φ 取值时，宜考虑岩体结构面的类型和结合程度

（C）土质边坡按水土分算原则计算时，地下水位以下土的 c、φ 值，宜采用三轴自重固结不排水剪切强度指标

（D）边坡岩体内摩擦角应按岩体裂隙发育程度进行折减

分析

依据《公路路基设计规范》（JTG D30—2015）第 3.6.8 条和第 3.7.3 条，本题选 ABD。

例7 [2004岩土真题]下列选项中哪些是影响路堤稳定性的主要因素? ( )

(A)路堤高度 (B)路堤宽度

(C)路堤两侧坡度 (D)填土压实度

分析

由《公路路基设计规范》(JTG D30—2015)第3.6.9条及条文说明可知选项D正确。第3.6.10条,路堤稳定性分析包括路堤堤身的稳定性、路堤和地基的整体稳定性、路堤沿斜坡地基或软弱层带滑动的稳定性。前两种采用简化毕肖普法,最后一种采用不平衡推力法,可知路堤稳定性与路堤高度与坡度有关。故本题选ACD。

例8 [2013岩土真题]滑坡稳定性计算常用的方法有瑞典圆弧法、瑞典条分法、毕肖普法及简布法,下列关于这些方法的论述哪些选项是正确的? ( )

(A)瑞典圆弧法仅适用于$\varphi=0$的均质黏性土坡

(B)简布法仅适用于圆弧滑动面的稳定性计算

(C)毕肖普法和简布法计算的稳定系数比较接近

(D)瑞典条分法不仅满足滑动土体整体力矩平衡条件,也满足条块间的静力平衡条件

分析

简布法适用于任意滑裂面;瑞典条分法只满足整体的力矩平衡,不满足条块间的力矩平衡。故本题选AC。

例9 [2012岩土真题]关于计算滑坡推力的传递系数法,下列哪些叙述是不正确的? ( )

(A)依据每个条块静力平衡关系建立公式,但没有考虑力矩平衡

(B)相邻条块滑面之间的夹角大小对滑坡推力计算结果影响不大

(C)划分条块时需要考虑地面线的几何形状特征

(D)所得到的滑坡推力方向是水平的

分析

传递系数法考虑了条块间的静力平衡,但没有考虑力矩平衡;由传递系数法公式可知,滑面之间的夹角对滑坡推力计算结果影响较大;划分条块不需要考虑地面线的几何形状,应考虑滑面的几何形状;滑坡推力方向与滑动面方向一致,不一定是水平的。故本题选BCD。

自测模拟

(第1~5题为单选题,第6~8题为多选题)

1.[2005岩土真题]有一砂土坡,其砂土的内摩擦角$\varphi=35°$,坡度为1:1.5,当采用直线滑

裂面进行稳定分析时,下面哪一个滑裂面所对应的安全系数最小?(α 为滑裂面与水平地面间夹角) ( )

(A)$\alpha=25°$ (B)$\alpha=29°$ (C)$\alpha=31°$ (D)$\alpha=33°$

2.[2004 岩土真题]一用砂性土填筑的路堤,高 3m、顶宽 26m、边坡坡率 1:1.5,现采用直线滑动面法验算其边坡稳定性。已知填土的内摩擦角 $\varphi=30°$,黏聚力 $c=0.1\text{kPa}$,如假设滑动面的倾角 $\alpha=25°$,已算得作用在滑动面上的土体重 $W=52.2\text{kN/m}$,滑动面的长度 $L=7.1\text{m}$,此时,稳定系数 K 最接近下列数值中的哪一个? ( )

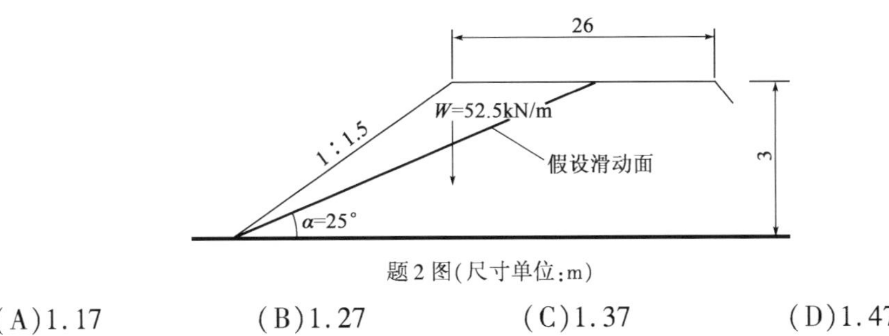

题 2 图(尺寸单位:m)

(A)1.17 (B)1.27 (C)1.37 (D)1.47

3.[2007 岩土真题]采用瑞典圆弧法(简单条分法)分析边坡稳定性,计算得到的安全系数和实际边坡的安全系数相比,下列说法中哪一选项是正确的? ( )

(A)相等 (B)不相关

(C)偏大 (D)偏小

4.[2009 岩土真题]某饱和软黏土边坡已出现明显变形迹象(可以认为在 $\varphi_u=0$ 的整体圆弧法计算中,其稳定系数 $K_1=1.0$)。假设有关参数如下:下滑部分 W_1 的截面面积为 30.2m^2,力臂 $d_1=3.2\text{m}$,滑体平均重度为 17kN/m^3。为确保边坡安全,在坡脚进行了反压,反压体 W_3 的截面面积为 9.0m^2,力臂 $d_3=3.0$,重度为 20kN/m^3。在其他参数都不变的情况下,反压后边坡的稳定系数 K_2 最接近于下列哪一选项? ( )

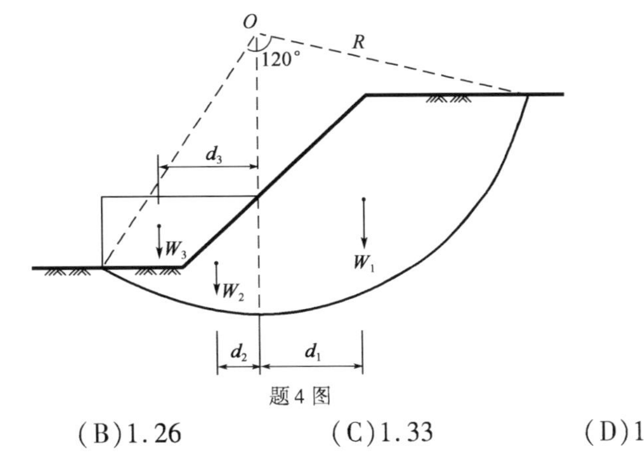

题 4 图

(A)1.15 (B)1.26 (C)1.33 (D)1.59

5. [2012 岩土真题]图示的岩石边坡坡高 12m,坡面 AB 坡率为 1:0.5,坡顶 BC 水平,岩体重度 $\gamma=23\text{kN/m}^3$。已查此处坡体内软弱夹层形成的滑面 AC 的倾角为 $\beta=42°$,测得滑面材料饱水时的内摩擦角 $\varphi=18°$。问边坡的滑动安全系数为 1.0 时,滑动的黏结力最接近下列哪个选项的数值? ( )

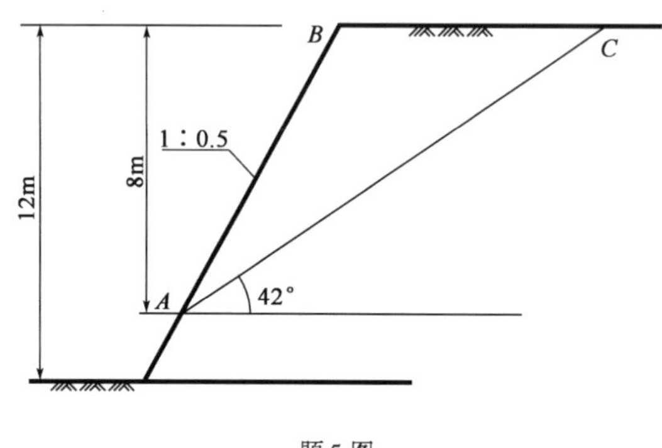

题 5 图

(A)21kPa (B)16kPa
(C)25kPa (D)12kPa

6. [2004 岩土真题]对于饱和软土,用不固结不排水抗剪强度($\varphi_u=0$)计算地基承载力时,下列各因素中对计算结果有影响的是哪几项? ( )

(A)基础宽度 (B)土的重度
(C)土的抗剪强度 (D)基础埋置深度

7. [2005 岩土真题]下列哪些选项是直接剪切试验的特点? ( )

(A)剪切面上的应力分布简单
(B)固定剪切面
(C)剪切过程中剪切面积有变化
(D)易于控制排水

8. [2004 岩土真题]从下列关于土坡稳定性的论述中指出哪些观点是正确的? ( )

(A)砂土土坡($c=0$ 时)的稳定性与坡高无关
(B)黏性土土坡的稳定性同坡高有关
(C)所有土坡都可适用按圆弧滑动的整体稳定性分析方法
(D)简单条分发假定不考虑土条间的作用力

参考答案

1. D　2. B　3. D　4. C　5. B　6. BCD　7. BC　8. ABD

第四节 路基排水设计

依据规范

《公路工程技术标准》(JTG B01—2014)

5 路基路面

《公路工程质量检验评定标准 第一册 土建工程》(JTG F80/1—2017)

5 排水工程

《公路路基设计规范》(JTG D30—2015)

4 路基排水

《公路排水设计规范》(JTG/T D33—2012)

1 总则

3 总体要求

4.5 坡面排水

6 路界地下排水

9 水文与水力计算

重点知识

一、掌握边沟、截水沟、排水沟的构造以及加固类型

1. 边沟的构造

边沟断面形式选择时既要考虑地形地质条件、边坡高度、汇水面积及排水功能,也要注意边沟形式对路侧安全和环境景观的影响,因地制宜,合理选用。边沟的断面形式有三角形、浅碟形、U 形、梯形、矩形、带盖板矩形、暗埋式边沟等,如图 2-4-1 所示。当路基边坡高度不大、汇水面积较小时,优先采用三角形、浅碟形边沟。边沟断面尺寸需根据地形、地貌、汇水面积、暴雨强度、路基强度等,经过水文、水力计算,并结合当地经验确定。

梯形边沟是最常用的一种形式,底宽与深度一般不小于 0.4m,沟壁内侧边坡 1:1 ~ 1:1.5,外侧边坡通常与路基挖方边坡一致。矩形边沟用于人工施工的坚硬岩石路堑地段。三角形边沟用于机械化施工的土质边沟,沟壁内侧边坡 1:2 ~ 1:3,外侧边坡 1:1 ~ 1:2。流线型边沟用于沙漠、雪害地区。高速公路、一级公路挖方路段的矩形边沟,在不设护栏地段,应设置带泄水孔的钢筋混凝土盖板或增设路侧护栏。

边沟水流不应滞留在沟内,必须尽快排除,使水流不危害路基。边沟沟底纵坡宜与路线纵坡一致,并不宜小于 0.3%,困难情况下,可减小至 0.1%。在路线纵坡小于最小排水纵坡路段、设置超高的平曲线路段、凹形竖曲线等处,要对边沟的排水纵坡进行检算。

梯形、矩形边沟出水口的间距不宜超过 500m,多雨地区不宜超过 300m,三角形边沟不宜

超过200m。边沟水流通过出水口引向路基范围以外或排入天然河道。

当边沟冲刷强度超过明沟最大允许流速时,应采取必要的防滑加固措施。在边沟水流最大允许流速范围内,通常优先选用植物防护;当超过最大允许流速、可能产生冲刷时,可根据流速大小,选用换填砂砾、卵石、片碎石等间接加固方式,或干砌片石、浆砌片石(混凝土块)、现浇混凝土等直接加固方式。

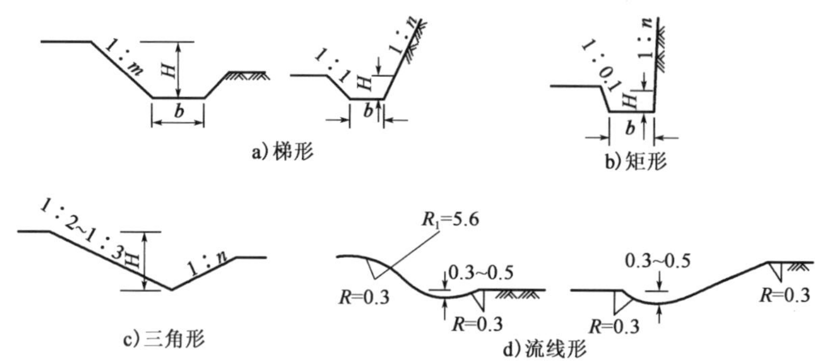

图2-4-1　边沟的横断面形式示意图(单位:m)

2. 截水沟的构造

截水沟是多雨地区、山岭和丘陵地区路基排水的重要设施之一,设置在挖方路基边坡坡顶以外或山坡路堤上方的适当位置,用以拦截流向路基的地表水,减轻边沟的水流负担,保护挖方边坡和填方坡脚不受水流冲刷和损害。

截水沟的断面形式应结合设置位置、排水量、地形及边坡情况确定,沟底纵坡不宜小于0.3%。可采用梯形或矩形断面。采用梯形断面时,底宽不小于0.5m,深度通过设计流量确定,同时不小于0.5m,沟壁边坡坡度视土质而定,如图2-4-2所示。当山坡覆盖层较薄而又松散时,截水沟的沟底应设置在基岩或稳定土层上。若山体横坡较陡,截水沟最低一侧边缘的开挖深度不能满足设计要求时,可培筑土埂。土埂顶宽1~2m,背水面坡1:1~1:1.5,若土埂基底横坡较陡,可将地表开挖成0.5~1.0m宽的台阶,如图2-4-3所示。在地形陡峭的个别地段,设置一般截水沟将导致开挖破坏范围太大,或地质条件不良时,可用浆砌片石或混凝土预制截水沟,如图2-4-4所示。

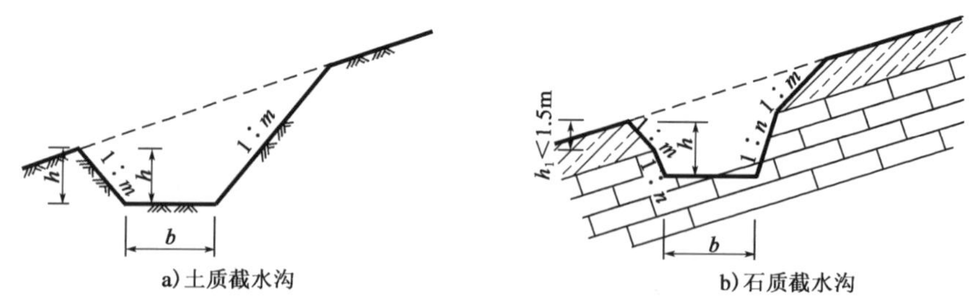

图2-4-2　截水沟的横断面图例

挖方路基的堑顶截水沟应设置在坡口5m以外,并宜结合地形进行布设。在软弱地层(如松散土层、破碎岩层)路段还应考虑挖方边坡的高度,即该距离为边坡高度值再加5m,同时不小于10m。若路堑坡顶有弃土堆时,截水沟边缘应距弃土堆坡脚1~5m,弃土堆坡脚离路堑坡顶不小于 10m,如图 2-4-5 所示。对于降雨量较大的深挖方路堑,还应在路堑边坡平台内侧设置截水沟。

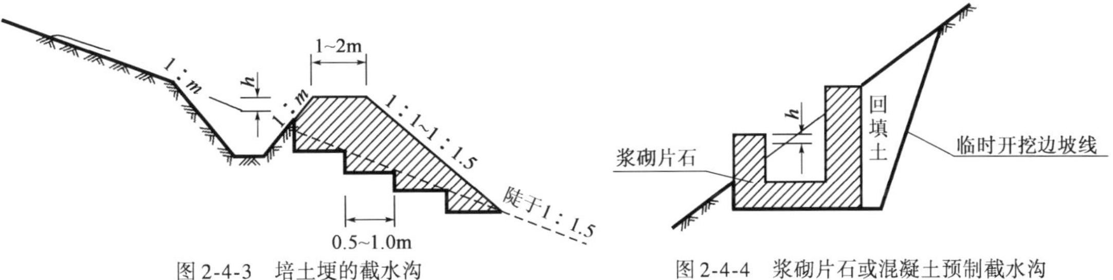

图 2-4-3 培土埂的截水沟　　图 2-4-4 浆砌片石或混凝土预制截水沟

填方路堤上方的截水沟距填方坡脚的距离应不小于 2m,路堤与截水沟之间的空隙用开挖截水沟的弃土填筑,并将顶面做成向截水沟倾斜 2% 的横坡(见图 2-4-6)。

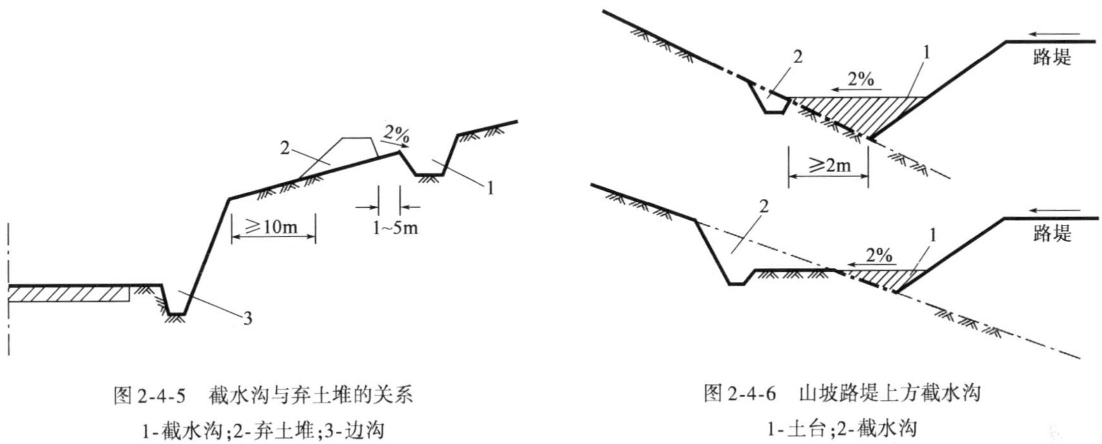

图 2-4-5 截水沟与弃土堆的关系
1-截水沟;2-弃土堆;3-边沟

图 2-4-6 山坡路堤上方截水沟
1-土台;2-截水沟

截水沟长度超过 500m 时,宜在中间适当位置处增设泄水口,通过急流槽分流引排,泄水口间距 200 ~ 500m 为宜。截水沟的水流通过出水口排入自然山沟或直接引到桥涵进口处,不宜引入路堑边沟。截水沟的出水口应与其他排水设施平顺衔接,必要时可设置跌水或急流槽等排水设施。

截水沟的沟底和沟壁要求平整密实、不滞流、不渗水,必要时予以加固和铺砌。

3. 排水沟的构造

排水沟的断面形式应结合地形、地质条件确定,一般采用梯形断面,深度与底宽均不应小于 0.5m。排水沟的沟壁坡率视土质而定,一般土层为 1∶1 ~ 1∶1.5。

排水沟的长度不宜大于 500m。排水沟的沟底纵坡不宜小于 0.3%,与其他排水设施的连接应顺畅。水流排入河道或沟渠时,为防止对原水道产生冲刷或淤积,两者水流流向应成小于 45°的锐角相交,并设半径为 10 倍排水沟顶宽的圆弧,如图 2-4-7 所示。

排水设施的连接应顺畅,易受水流冲刷的排水沟应视实际情况采取防护、加固措施。

4. 加固类型

为防止水流渗漏和对沟渠的冲刷,应对排水沟渠进行加固。路基排水沟渠的防护加固类型有多种,设计时可综合考虑沟渠土质、水流速度、沟底纵坡等条件,参照表 2-4-1 和表 2-4-2 选用。

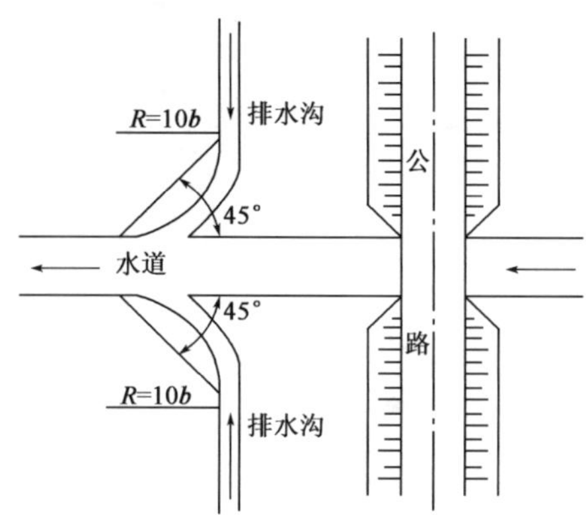

图 2-4-7　排水沟与水道的连接

土质沟渠加固类型　　　　表 2-4-1

加固类型		名　称	铺砌厚度(cm)
简易式	草皮式	平铺草皮	单层
		竖铺草皮	叠铺
	筑捣式	沟底沟壁夯实	—
		水泥砂浆抹平层	2~3
		石灰三合土抹平层	3~5
		黏土碎(砾)石加固层	10~15
		石灰三合土碎(砾)石加固层	10~15
干砌式		干砌片石	15~25
		干砌片石砂浆勾缝	15~25
		干砌片石砂浆抹平	20~25
浆砌式		浆砌片石	20~25
		混凝土预制块	6~10
		砖砌水槽	沟底两层砖

浆砌式加固不仅可防止水流对沟渠的冲刷,还可起防渗作用;简易式和干砌式加固不能防止水的渗漏。

沟渠加固类型与沟底纵坡有关,设计时可参考表 2-4-2 使用。

加固类型与沟底纵坡关系　　　　表 2-4-2

纵坡(%)	<1	1~3	3~5	5~7	>7
加固类型	不加固	①土质好,不加固; ②土质不好,简易加固	简易加固或干砌式加固	干砌式或浆砌式加固	浆砌式加固或改用跌水

各类排水设施的设计应满足适用功能要求,结构安全可靠,便于施工、检查和养护。排水设施所用材料的强度应不低于表 2-4-3 的要求。

排水构造物材料强度要求　　表 2-4-3

材料类型	最低强度要求		适用范围
	非冰冻区、轻冻区	中冻区、重冻区	
片石	MU30	MU30	沟底和沟壁铺砌
水泥砂浆	M7.5	M10	浆砌、抹面、勾缝
水泥混凝土	C20	C25	混凝土构件
	C15	C15	混凝土基础

注：轻冻区——冻结指数小于 800 的地区；
中冻区——冻结指数为 800 ~ 2000 的地区；
重冻区——冻结指数大于 2000 的地区。

二、掌握渗沟的类型、构造及适用条件

1. 渗沟的类型及构造

渗沟根据材料和结构形式，可分为填石渗沟、管式渗沟、洞式渗沟、边坡渗沟和支撑渗沟、无砂混凝土渗沟等。不同类型渗沟的适用条件和排水能力也不相同，设计时应根据水文地质条件和地下水流量，合理选用渗沟形式。

1）填石渗沟

填石渗沟也称盲沟，一般用于流量不大、渗沟较短的地段。填石渗沟较易淤塞，设计时应考虑淤塞失效问题。由于排水层阻力较大，其纵坡不宜小于 1%。

2）管式渗沟

管式渗沟，一般设于地下引水较长的地段，但渗沟过长时，应加设横向泄水管，将渗沟内的水流分段排除。沟底最小纵坡不宜小于 0.5%，以免淤积。最大流速一般以不大于 1.0m/s 为宜。管式渗沟的排水管管径不宜小于 150mm。

3）洞式渗沟

洞式渗沟用于地下水流量较大，或缺乏水管时。即在沟底设置石砌涵洞，洞口大小依设计流量而定。沟底最小纵坡为 0.5%，有条件时适当采用较大纵坡，以利排水。

洞式及管式渗沟一般适用于地下水流量较大、引水较长的地段。条件允许时，应优先采用管式渗沟。洞式渗沟施工麻烦，质量不易保证，目前多采用管式渗沟代替填石渗沟和洞式渗沟。

以上三种形式的渗沟均由排水层（石缝或管、洞）、反滤层和封闭层所组成，如图 2-4-8 所示。

4）边坡渗沟、支撑渗沟

边坡渗沟、支撑渗沟主要用于疏干潮湿的土质路堑边坡坡体和引排边坡上局部出露的上层滞水或泉水，坡面采用干砌片石覆盖，确保边坡干燥、稳定。

边坡渗沟、支撑渗沟应垂直嵌入边坡坡体，根据边坡情况可按条带状、分岔形或拱形布设。边坡渗沟间距宜为 6 ~ 10m，渗沟宽度宜为 1.2 ~ 1.5m；支撑渗沟的横向间距宜为 6 ~ 8m，沟深不宜小于 1.5m，沟宽不宜小于 1.5m。边坡渗沟、支撑渗沟基底宜呈阶梯状，基础宜采用浆砌片石。沟内应回填透水性材料，回填料外周应设置反滤层，沟顶部可采用干砌片石铺砌。边坡

渗沟下部出水口宜采用干砌片石垛支撑,如图 2-4-9 所示。

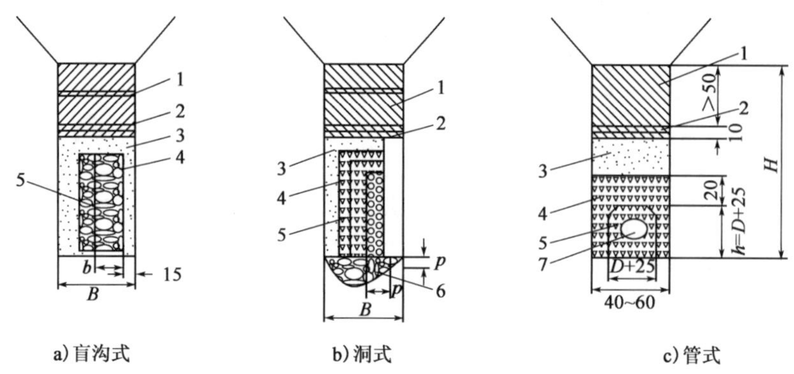

图 2-4-8 渗沟结构图示(尺寸单位:cm)

1-黏土夯实;2-双层反铺草皮;3-粗砂;4-石屑;5-碎石;6-浆砌片石沟洞;7-预制混凝土管

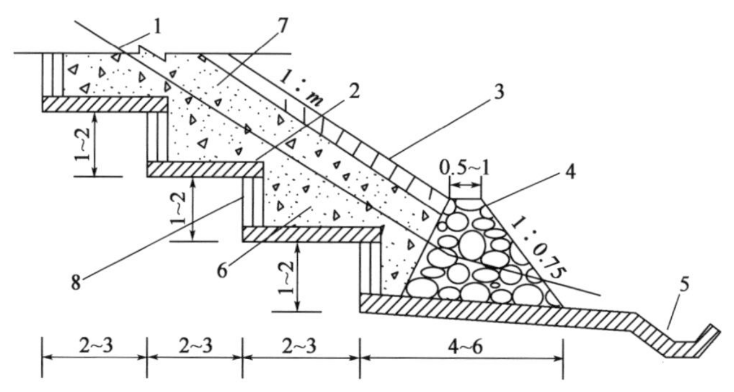

图 2-4-9 边坡渗沟布置和构造示意图(尺寸单位:m)

1-干湿土层分界线;2-浆砌片石铺砌;3-干砌片石覆盖;4-干砌片石垛;5-边沟;6-沟内回填粗粒料;7-上部回填细粒料;8-反滤织物或反滤层

5)无砂混凝土渗沟

无砂混凝土既可作为反滤层,也可作为渗沟,是近几年在公路地下排水设施中应用的新型排水设施。用无砂混凝土作为透水的井壁和沟壁以替代施工较复杂的反滤层和渗水孔设备,并可承受适当的荷载,具有透水性和过滤性好、施工简便、省料等优点。预制无砂混凝土板块作为反滤层,用在卵砾石、粗中砂含水层效果良好;用于细颗粒土地层,通常在无砂混凝土板块外侧铺设土工织物作为反滤层,用以防止细粒土堵塞无砂混凝土块的空隙。

渗沟材料应采用洁净的砂砾、粗砂、碎石、片石,其中小于 2.36mm 细粒料含量不得大于 5%,回填料外围应设置反滤层。渗沟位于路基范围外时,透水性回填料顶部应覆盖厚度不小于 0.15m 的不透水材料。渗沟能否起到良好的排水作用,反滤层的设计和施工是关键。渗沟沟壁应设置透水土工织物或中粗砂反滤层,渗水管可选用带孔的 HPPE 管、PVC 管、PE 管、软式透水管、无砂混凝土等。

渗沟的埋置深度应根据地下水位、需下降的水位高度及含水层介质的渗透系数等因素考虑确定。截水渗沟的基底宜埋入隔水层内不小于 0.5m。边坡渗沟、支撑渗沟的基底宜设置在含水层以下较坚实的土层上。渗沟出水口应高出地表排水沟常水位 0.2m 以上,寒冷地区的渗沟出水口,应采取防冻措施。

2. 各类渗沟的适用条件

渗沟类型应根据地下水赋存条件、渗流量、使用部位及排水距离等,按表 2-4-4 确定。

各类渗沟适用条件　　表 2-4-4

渗沟类型	适用条件
填石渗沟、无砂混凝土渗沟	可用于地下水流量不大、排水距离较短的地段
管式渗沟	可用于地下水流量较大、地下水位埋藏浅、地下排水距离较长的地段
洞式渗沟	可用于地下水流量大、埋藏深的地段

三、熟悉路基地表排水设施和地下排水设施的使用条件

1. 地表排水设施的使用条件

路基地表排水设施设计时,对于降雨的重现期:高速公路、一级公路应采用 15 年,其他公路应采用 10 年。各类地表排水设施的断面尺寸应满足设计排水流量的要求,沟顶应高出沟内设计水面 0.2m 以上。

路基地表排水设施包括边沟、截水沟、排水沟、跌水与急流槽、蒸发池、油水分离池、排水泵站等。

1)边沟

边沟分为路堑边沟和路堤边沟,位于路肩或护坡道外侧,用来于汇集和排除路面、路肩及边坡范围的地表水。边沟断面形式和尺寸应根据降雨强度、汇水面积、地形地质条件以及对路侧安全与环境的影响程度等确定。

2)截水沟

截水沟根据路基填挖情况和所处位置可以分为路堤截水沟、堑顶截水沟和边坡平台截水沟。截水沟用来拦截和排除路基横断面上方流向路基的地表水,需防止其流向路堑冲刷路堑边坡,同时还应考虑防止汇集于截水沟内的水流渗漏而影响边坡稳定。挖方路基的堑顶截水沟设置在坡口 5m 以外。填方地段斜坡上方的路堤截水沟距路堤坡脚的距离,不应小于 2m。当堑顶上方汇水面积小时,通常不设截水沟。

3)排水沟

排水沟是将边沟、截水沟、取(弃)土坑和路基附近低洼处汇集的水引向路基以外,排入附近的天然沟谷、自然水道或桥涵,以形成完整的路基排水系统。排水沟应尽可能远离路基,平面顺直,转弯处应为圆滑的弧形,使排水畅通。

4)跌水与急流槽

水流通过坡度大于 10%、水头高差大于 1.0m 的陡坡地段或特殊陡坎地段时,宜设置跌水或急流槽。由于纵坡陡、水流冲刷力强,跌水与急流槽的结构必须稳固,并设置相应的防护与加固设施。急流槽底纵坡应与地形结合,进水口应予防护加固,出水口应采取消能措施,防止冲刷。急流槽底应设置防滑平台和凸榫,防止基底滑动。

5)蒸发池

气候干旱且路域范围排水困难地段,可利用沿线的取土坑或专门设置蒸发池汇集地表水。为避免影响路基稳定和路侧安全,蒸发池边缘与路基之间的距离应不小于 5m,且应设置隔离

网、踏步等安全防护设施。蒸发池的容量应以一个月内汇入池中的雨水能及时完成渗透与蒸发作为设计依据。蒸发池的设计水位应低于排水沟沟底高程。

6)油水分离池

水环境敏感地段路基排水沟出口宜设置油水分离池。油水分离宜采用沉淀法处理,污水进入前应先通过格栅和沉砂池。油水分离池的大小应根据所在路段排水沟汇入水量确定,保证流入分离池的油水能有足够的时间分离或过滤净化。

2. 地下排水设施的使用条件

路基地下排水设施,按其作用与使用条件的不同,主要有暗沟(管)、渗沟、渗井、渗水隧洞、仰斜式排水孔和检查疏通井等。地下排水设施的类型、位置及尺寸应根据工程地质和水文地质条件确定,并与地表排水设施相协调。

1)暗沟(管)

暗沟(管)是设置在地表以下引导水流的沟道,用于排除路基范围内出露的泉水或集中的地下水流,无渗水和汇水的功能。

暗沟(管)沟底的纵坡不宜小于1%,出口处应加大纵坡,并应高出地表排水沟常水位0.2m以上,不容许出现倒灌现象。寒冷地区的暗沟应做防冻保温处理。施工时宜由下游向上游施工,并应随挖、随撑、随填。在冬季为防止冻结,要求冰冻地区暗沟的埋置深度应大于当地的冰冻深度,以保证一年四季排水畅通。

暗沟(管)应在路基填土前或开挖后,根据排水量及地形、地质条件确定断面尺寸,如图2-4-10所示。暗沟宜采用矩形断面,井壁和沟底、沟壁宜采用浆砌片石或水泥混凝土预制块砌筑,沟顶应设置混凝土或石盖板,盖板顶面上的填土厚度不应小于0.5m。暗沟设计时,要加强反滤设计,在泄水孔盖板上或暗管外壁铺设防渗土工布,土工布外侧铺设砂砾或碎石,防止暗沟淤塞。

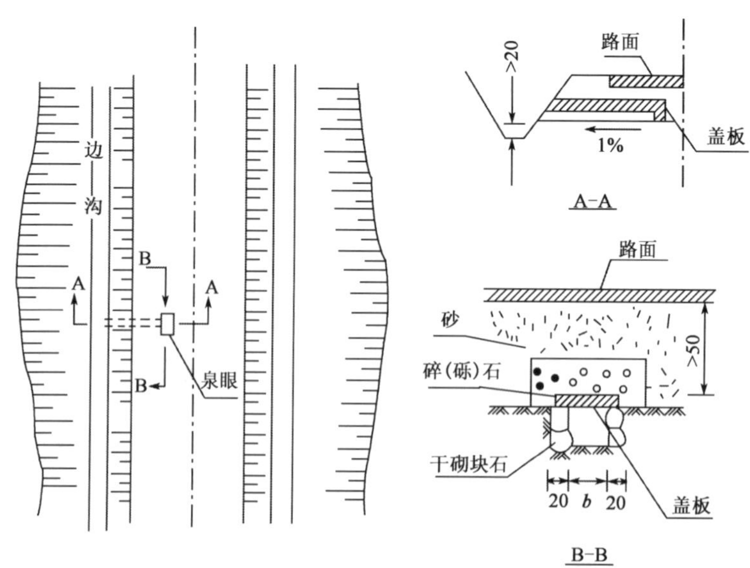

图2-4-10 暗沟结构示意图(尺寸单位:cm)

2)渗沟

有地下水出露的挖方路基、斜坡路堤、路基填挖交界结合部以及地下水位埋深小于0.5m的低路堤等路段,应设置排水渗沟。渗沟埋置深度应根据地下水位、需降低的水位高度及含水层介质的渗透系数等确定。截水渗沟的基底埋入隔水层内不宜小于0.5m。边坡渗沟、支撑渗沟的基底,宜设置在含水层以下较坚实的土层上。在水文地质条件复杂容易产生冻害地段,渗沟的排水管应设置在路基冻结深度以下不小于0.25m处。

3)渗井

渗井可用于拦截、引排有固定含水层的深层地下水,以及排出下挖式通道的地表水。渗井按其渗水方向不同,可分为排水渗井与集水渗井两类,公路工程中常用排水渗井,如图2-4-11所示。排水渗井的作用是将地下含水层中的水或地表水通过竖井,渗入地下透水层中排除,从而降低地下水位或疏干地表水。

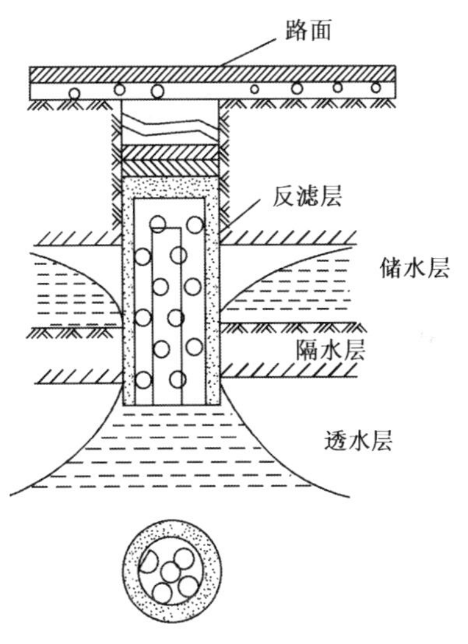

图2-4-11　渗井结构与布置图例

用于拦截和引排地下水的渗井,宜成井群布设,并与其他排水设施配合使用。渗井排列方向宜垂直于渗流方向,深度宜穿过含水层,断面尺寸与间距应通过渗流计算确定。渗井内部宜采用洁净的砂砾、碎石等填充。井壁与填充料之间应设反滤层。

用于排除下挖式通道(如立交桥的下穿通道)地表水的渗井,距离路堤坡脚不宜小于10m,渗井尺寸根据下挖式通道的排水量通过水力计算确定。渗井宜采用钢筋混凝土管或波纹管,上部为集水井,下部渗透井。渗透井选用洁净的砂砾、片碎石等充填,其中小于2.36mm颗粒含量不大于5%,井壁四周应设置反滤层。

4)仰斜式排水孔

仰斜式排水孔是采用小直径的排水管在边坡体内排出深层地下水的一种有效方法,一般用于排泄坡体内有固定的含水层、坡面上有集中地下水出露的地下水,通常成群布置,疏干坡体地下水的效果较好。

仰斜式排水孔的直径一般为75~150mm,仰角不宜小于6°,长度应伸至地下水富集部位或潜在滑动面层。孔内透水管直径一般为50~100mm,可选用软式透水管或带孔的PVC、PP、PE塑料管等材料。仰斜式排水孔进水口及渗水管段应包裹透水土工布,防止堵塞水孔。

5)检查井和疏通井

为保证地下排水设施的长期有效性,需要进行定期养护维修。因此,对暗沟(管)、渗沟等需要设置检查井、疏通井。

一般情况下,渗沟每隔30m,渗水隧洞每隔120m和平面转弯、纵坡变坡点等处,宜设置检查井、疏通井。兼起渗井作用的检查井的井壁外,应设置反滤层。检查井的直径不宜小于1m,井内应设检查梯,井口应设井盖,当深度大于20m时,应增设护栏等安全设备。

6)地下排水设施类型的选择

地下排水设施类型应根据地下水类型、含水层埋藏深度、地层渗透性、地下水对环境的影响,并考虑与地表设施协调等因素来选择,且应符合表2-4-5的规定。

各类排水设施适用条件 表2-4-5

类 型	适用条件
渗沟	有地下水出露的挖方路基、斜坡路堤、路基填挖交替地段,当地下水埋藏浅或无固定含水层时
边坡渗沟、支撑渗沟	赋存有地下水的坡面,当坡体土质潮湿、无集中地下水但危及路基安全时
渗井	当地下水埋藏深或地下含水层较多,但路基水量不大,且渗沟难以布置地段
暗沟(管)	路基基底范围内有泉水外涌时
仰斜式排水孔	当坡面有集中地下水时

四、熟悉排水系统综合设计的要求与内容

1.综合排水设计的作用

前述各种排水设施,均针对某一水源,为满足某一方面的要求而设置。在实际工程中,由于自然条件、路线布置及其他人为因素的不同,情况往往比较复杂,对于某些重点路段则需要进行路基排水的综合设计,以提高排水效果,发挥各类排水设施的优点,降低工程费用。

实践经验证明,排水系统综合设计的好坏,对路基稳定性的影响很大。特别是在多雨的山区、黄土高原地区、寒冷潮湿地带,水网密布、地基软弱的平原区,以及水文地质条件不良等情况下,修建高等级道路时,更应重视路基排水的综合设计。

综合设计的含义,应包括地表排水与地下排水设施的协调配合,路基排水设施与桥涵等泄水结构物的合理布置,排水工程与防护加固工程的相互配合,以及路基排水与沿线农田水利规划及有关其他基本建设项目之间的联系,但主要目的在于确保路基的强度与稳定性。

2.综合排水设计的基本要求

(1)流向路基的地表水和地下水,需在路基范围以外的适当地点,设置截水沟、排水沟或渗沟进行拦截,并引至指定地点。路基范围内的水源,分别采用边沟、渗沟、渗井与排水沟予以排除。路基排水一般向低洼一侧排除,必须横跨路基时,尽量利用拟设的桥涵,必要时增设涵洞。水流落差较大时,应设置跌水或急流槽。总之,因地制宜和综合治理,是路基排水综合设计的基本要求之一。

(2)对于明显的天然沟槽,宜依沟设涵,不必勉强改沟与合并。对于沟槽不明显的漫流,应在上游设置束流设施,加以调节,汇集成沟,导流排除。对于较大水流,注意因势利导,不可轻易改变流向,必要时配以防护加固工程,进行分流或束流。

(3)为了提高截流效果,减少工程量,地表沟渠宜大体沿等高线布置,尽可能使沟渠垂直于流水方向,且应力求短捷,水流通畅。沟渠转弯处要求以圆曲线相接,以减小水流的阻力。

(4)各种排水设施,必须地基稳固,不得渗漏或滞留,并具有适当纵坡,以控制与保持适当

的流速。沟槽的基底与沟底及沟壁,必要时应予加固,不得溢水渗水,防止损害路基,引起水土流失。

(5)路基排水综合设计,必须事先做好调查研究工作,查明水源和有关现状,测绘现场地形图,进行必要的水文水力计算,做出总体规划,提出总体布置方案,逐段逐项进行细部设计计算,并进行效益分析与经济核算。

(6)应合理选定各种排水设施的类型和位置,恰当确定排水功能,还应密切注意各种排水设施的衔接,使之构成统一完整的排水系统。

3. 综合排水设计的内容

路基排水系统综合设计的成果用路基、路面排水系统布置图表示。一般在公路排水困难地段应绘制本图,比例尺根据需要确定。高速公路、一级公路绘在路线平面总体设计图内。

图 2-4-12 ~ 图 2-4-14 为路基排水的三个综合设计图例。

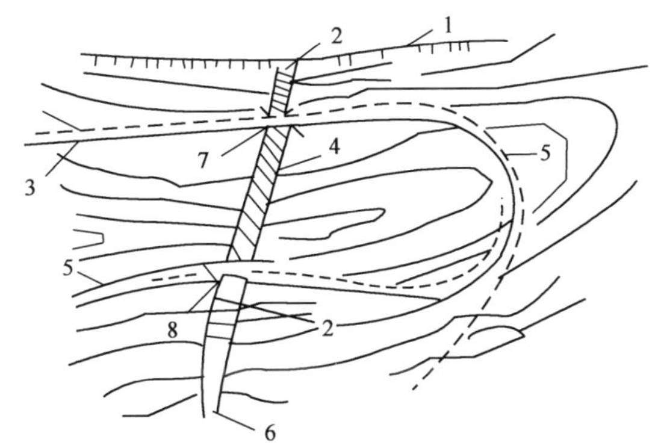

图 2-4-12 回头曲线路段综合排水图例

1-截水沟;2-跌水;3-路线;4-急流槽;5-边沟;6-排水沟;7-上线涵洞;8-下线涵洞

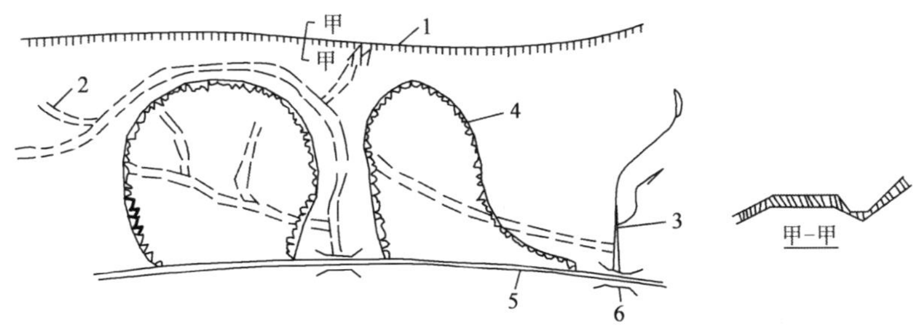

图 2-4-13 滑坡路段综合排水图例

1-截水沟;2-排水沟;3-自然沟;4-滑坡土体边界;5-路线;6-涵洞

图 2-4-15 为某路段路基综合排水设计平面布置图图例。

综合排水系统布置图的主要内容:

(1)在路线平面图上绘出路堤坡脚线和路堑坡顶线,标明路侧取土坑和弃土堆的位置。

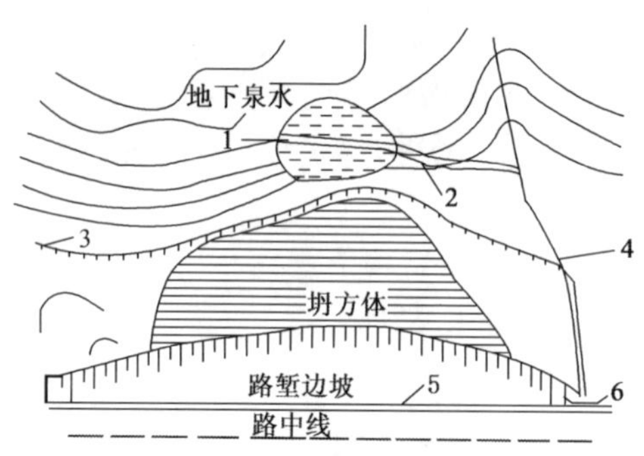

图 2-4-14　边坡塌方路段综合排水图例

1-渗沟;2-排水沟;3-截水沟;4-自然沟;5-边沟;6-涵洞

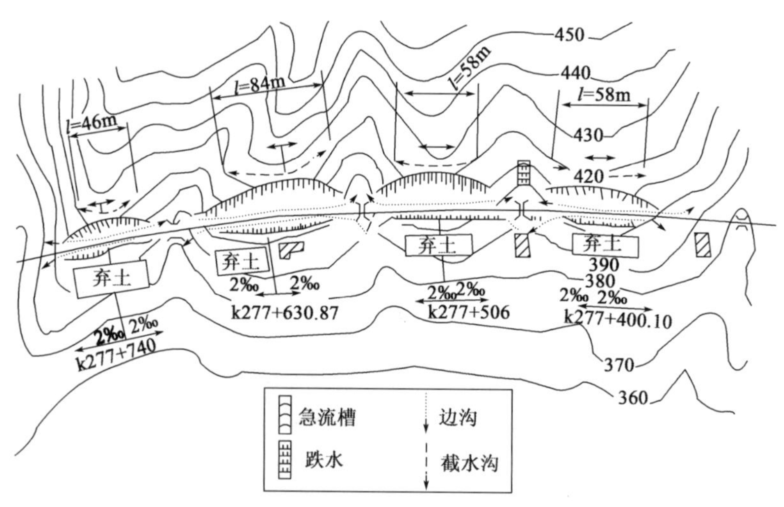

图 2-4-15　路基综合排水设计平面布置图例

(2)在路基的上方山坡上可设置截水沟等拦截地表径流,截水沟宜大体沿等高线布置,与地表水流方向基本垂直。

(3)路基两侧按需要设置边沟,必要时采用路肩排水和中央分隔带排水系统,汇集并排除道路表面的雨水。

(4)根据沿线地下水的情况,设置必要的地下排水设施。

(5)将拦截或汇集的水流,用排水沟、急流槽引排到指定的河沟、桥涵等处。

(6)选定桥涵位置,使排水设施与桥涵连成一个完整的排水系统。对穿过路基的河沟,一般均应设置桥涵,不轻易改沟并涵,降低排水效果。

路基综合排水系统设计,除在一般的路线平纵面图上分别标明排水设施的名称、地点、中心里程桩号、沟底纵坡、路径或宽度、长度、流向、进出口、挡水结构等有关事项外,特殊复杂的排水地段还应绘制细部设计图。

五、掌握路基排水设计的目的与一般原则

1. 路基排水设计的目的

水是诱发路基病害的主要因素，防排水系统设置不完善、不合理，排水设施过水断面不足，以及地下排水设施因选型不当而过早失效，都会引发严重的路基病害。水的作用会加剧路基和路面结构的破坏，使公路使用性能迅速恶化，缩短其使用寿命。因此，在实际的公路设计过程中，必须十分重视路基的排水设计。

路基排水系统的设置应以保障结构稳定和行车安全为目的，通过设置相应的排水设施，采取拦截、隔断、疏干等措施，把影响路基强度和稳定性的地表水和地下水排放到路基范围以外的适当地点，从而降低路基土的湿度，使路基常年处于干燥状态，确保路基路面具有足够的强度和稳定性。

2. 路基排水设计的一般原则

(1)路基排水设计应遵循总体规划、合理布局、少占农田、环境保护的原则，并与当地排灌系统协调，有利农田灌溉。

(2)路基排水设计应全面规划，与路基防护、地基处理以及特殊路基地区(段)的其他处治措施综合设计。

(3)路基排水应防、排、截相结合，并与路面、桥梁、涵洞、隧道等防排水系统相协调，形成完善的综合排水系统。排水困难地段，可采取降低地下水位、设置隔离层等措施。

(4)施工场地的临时性排水设施，应尽可能与永久性排水设施相结合。各类排水设施的设计应满足使用功能要求，结构安全可靠，便于施工、检查和养护维修。

(5)路基排水要结合当地水文条件和道路等级等具体情况，注意就地取材，以防为主，既要稳固适用，又必须讲究经济效益。

六、掌握排水明沟的水力计算方法

1. 水文计算

设计径流量是排水设施设计的基本依据，与汇水面积、平均降雨强度、径流系数等因素有关。

1)基本计算公式

路界内各项排水设施所需排泄的设计径流量可按式(2-4-1)计算确定。

$$Q = 16.67\psi q_{p,t} F \tag{2-4-1}$$

式中：Q——设计径流量(m^3/s)；

ψ——径流系数；

F——汇水面积(km^2)；

$q_{p,t}$——设计重现期和降雨历时内的平均降雨强度(mm/min)。

2)径流系数

径流系数是指径流量占总降水量的百分比，受降雨强度、降雨历时、地表覆盖状况、土壤种

类和湿度等多种因素的影响,可按表2-4-6确定。当汇水区域内有多种类型的地表时,应分别为每种类型选取径流系数后,按相应的面积大小取加权平均值。

径流系数 ψ 表2-4-6

地表类型	径流系数 ψ	地表类型	径流系数 ψ
沥青混凝土路面	0.95	陡峻的山地	0.75~0.90
水泥混凝土路面	0.90	起伏的山地	0.60~0.80
透水性沥青路面	0.60~0.80	起伏的草地	0.40~0.65
粒料路面	0.40~0.60	平坦的耕地	0.45~0.60
粗粒土坡面和路肩	0.10~0.30	落叶林地	0.35~0.60
细粒土坡面和路肩	0.40~0.65	针叶林地	0.25~0.50
硬质岩石坡面	0.70~0.85	水田、水面	0.70~0.80
软质岩石坡面	0.50~0.75		

3)设计重现期和降雨历时内的平均降雨强度

设计降雨的重现期根据公路等级和排水类型按表2-4-7确定。

设计降雨的重现期(单位:年) 表2-4-7

公路等级	路面和路肩表面排水	路界内坡面排水
高速公路和一级公路	5	15
二级及二级以下公路	3	10

当地气象站有10年以上自记雨量资料时,宜利用气象站观测资料,经统计分析,确定相关参数后按式(2.4.2)计算设计重现期和降雨历时内的平均降雨强度。

$$q_{p,t}=\frac{\alpha_p}{(t+b)^n} \tag{2-4-2}$$

其中

$$\alpha_p=c+d\lg P$$

式中: t——降雨历时(min);

P——重现期(年);

b、n、c、d——回归系数。

当地缺乏自记雨量资料时,可利用标准降雨强度等值线图和有关转换系数,按式(2-4-3)计算降雨强度。

$$q_{p,t}=c_p c_t q_{5,10} \tag{2-4-3}$$

式中:$q_{5,10}$——5年重现期和10min降雨历时的标准降雨强度(mm/min),按公路所在地区查图获得;

c_p——重现期转换系数,为设计降雨重现期降雨强度 q_p 与标准重现期降雨强度 q_5 的比值(q_p/q_5),按公路所在地区由表2-4-8查取;

c_t——降雨历时转换系数,为降雨历时 t 的降雨强度 q_t 与10min降雨历时的降雨强度

q_{10}的比值(q_t/q_{10}),按公路所在地区的60min转换系数c_{60}由表2-4-9查取。

重现期转换系数 c_p 表2-4-8

地区		重现期P(年)			
		3	5	10	15
海南、广东、广西、云南、贵州、四川东、湖南、湖北、福建、江西、安徽、江苏、浙江、上海、台湾		0.86	1.00	1.17	1.27
黑龙江、吉林、辽宁、背景、天津、河北、山西、河南、山东、四川西、西藏		0.83	1.00	1.22	1.36
内蒙古、陕西、甘肃、宁夏、青海、新疆	非干旱区	0.76	1.00	1.34	1.54
	干旱区*	0.71	1.00	1.44	1.72

注:*干旱区约相当于5年一遇10min降雨强度小于0.5mm/min的地区。

降雨历时转换系数 c_t 表2-4-9

c_{60}	降雨历时t(min)										
	3	5	10	15	20	30	40	50	60	90	120
0.30	1.40	1.25	1.00	0.77	0.64	0.50	0.40	0.34	0.30	0.22	0.18
0.35	1.40	1.25	1.00	0.80	0.68	0.55	0.45	0.39	0.35	0.26	0.21
0.40	1.40	1.25	1.00	0.82	0.72	0.59	0.50	0.44	0.40	0.30	0.25
0.45	1.40	1.25	1.00	0.84	0.76	0.63	0.55	0.50	0.45	0.34	0.29
0.50	1.40	1.25	1.00	0.87	0.80	0.68	0.60	0.55	0.50	0.39	0.33

降雨历时是指降雨引起的径流由汇水区最远点到设计控制点的汇流时间,其值为由汇水区最远点到排水设施处的坡面汇流历时和在沟或管内由入口时间到控制点时间的沟管径流历时之和。

(1)坡面汇流历时

坡面汇流历时可按式(2-4-4)计算确定:

$$t_1 = 1.445\left(\frac{sL_p}{\sqrt{i_p}}\right)^{0.467} \quad (L_p \leqslant 370\text{m}) \tag{2-4-4}$$

式中:t_1——坡面汇流历时(min);

L_p——坡面流的长度(m);

i_p——坡面流的坡度;

s——地表粗度系数,按地表情况查表2-4-10确定。

地表粗度系数 s 表2-4-10

地表状况	粗度系数s	地表状况	粗度系数s
沥青路面、水泥混凝土路面	0.013	牧草地、草地	0.40
光滑的不透水地面	0.02	落叶树林	0.60
光滑的压实土地面	0.10	针叶树林	0.80
稀疏草地、耕地	0.20		

(2)沟管内汇流历时

沟管内汇流历时的计算,应在断面尺寸、坡度变化点或者有支沟(支管)汇入处分段,分别计算各段的汇流历时,再叠加而得,按式(2-4-5)计算。当沿程有旁侧入流时,第一段沟管的平均流速可用该段沟管的末断面流速乘折减系数0.75计算,其余各段可用上、下端断面流速的平均值计算。

$$t_2=\sum_{m=1}^{n}\left(\frac{l_m}{60v_m}\right) \tag{2-4-5}$$

式中:t_2——沟管内汇流历时(min);

n、m——分段数和分段序号;

l_m——第 m 段的长度(m);

v_m——第 m 段沟管的平均流速(m/s),可按式(2-4-8)计算确定,也可按式(2-4-6)近似估算。

$$v_m=20i_m^{0.6} \tag{2-4-6}$$

式中:i_m——第 m 段沟管的平均坡度。

计算路表排水时,单向三车道及以下的路面汇流历时可取5min;单向三车道以上的路面汇流历时按公式计算,可不计沟管内汇流历时。

设计径流量的计算过程可参照图2-4-16中的步骤进行计算。

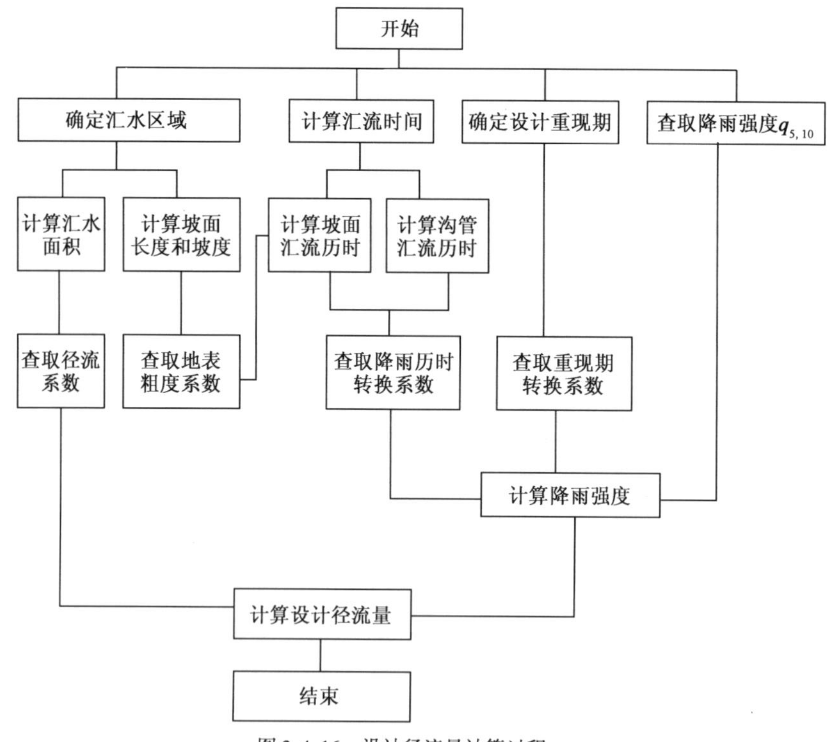

图2-4-16 设计径流量计算过程

2. 水力计算

排水沟渠的设计应使沟具有合理的断面形状和尺寸,既能满足排泄设计流量的需要,又不致引起冲刷和淤积,所以要求沟的计算包括断面计算和流速检验两方面内容。

1)基本计算公式

沟的泄水能力 Q_c 可按式(2-4-7)计算:

$$Q_c = vA \tag{2-4-7}$$

式中:v——水流的平均流速(m/s);

A——过水断面面积(m^2),各种沟过水断面的面积计算可由《公路排水设计规范》(JTG/T D33—2012)查得。

2)平均流速

沟内的平均流速 v 的计算,在《公路排水设计规范》(JTG/T D33—2012)中进行了简化,可按式(2-4-8)计算。

$$v = \frac{1}{n}R^{\frac{2}{3}}I^{\frac{1}{2}} \tag{2-4-8}$$

式中:n——沟壁或管壁的粗糙系数,可按表 2-4-11 查取;

R——水力半径(m),各种沟或管的水力半径计算式可参考《公路排水设计规范》(JTG/T D33—2012)附录 B;

$$R = \frac{A}{\rho} \tag{2-4-9}$$

ρ——过水断面湿周(m);

I——水力坡度,无旁侧入流的明沟,水力坡度可采用沟的底坡,有旁侧入流的明沟,水力坡度可采用沟段的水面坡降。

沟壁或管壁的粗糙系数 *n* 表 2-4-11

沟或管类别	n	沟或管类别	n
塑料管(聚氯乙烯)	0.010	土质明沟	0.022
石棉水泥管	0.012	带杂草土质明沟	0.027
水泥混凝土管	0.013	砂砾质明沟	0.025
陶土管	0.013	岩石质明沟	0.035
铸铁管	0.015	植草皮明沟(流速 0.6m/s)	0.050 ~ 0.090
波纹管	0.027	植草皮明沟(流速 1.8m/s)	0.035 ~ 0.050
沥青路面(光滑)	0.013	浆砌片石明沟	0.025
沥青路面(粗糙)	0.016	干砌片石明沟	0.032
水泥混凝土路面(镘抹面)	0.014	水泥混凝土路面(镘抹面)	0.015
水泥混凝土路面(拉毛)	0.016	水泥混凝土路面(拉毛)	0.012

3)最佳水力横断面

最佳水力横断面又称经济横断面,是指在既定设计流量的条件下,与允许最大流量相对应的水流最小横断面面积。在其他参数均不变的情况下,使设计的沟渠横断面具有最小的湿周,可实现最佳水流断面。经计算,可得到沟渠底宽 b 与水深 h 的最佳比例关系为:

$$\frac{b}{h} = 2(\sqrt{1 + m^2} - m) \tag{2-4-10}$$

据此可得不同边坡率 m 条件下，沟渠的最佳宽深比，如表 2-4-12 所列，可供设计沟渠断面时参考。

水力最佳断面的宽深比 表 2-4-12

边坡率 m	0	0.25	0.5	0.75	1.00	1.25	1.50	2.00	3.00
b/h	2	1.56	1.24	1.00	0.83	0.70	0.61	0.47	1.32

4）最小和最大允许流速

明沟的最小允许流速为 0.4m/s。明沟的最大允许流速，可根据沟壁材料和水深修正系数确定。不同沟壁材料在水深为 0.4 ~ 1.0m 时的最大流速可按表 2-4-13 取用；其他水深的最大允许流速，应乘以表 2-4-14 中相应的水深修正系数。

明沟的最大允许流速（单位：m/s） 表 2-4-13

明沟类别	亚砂土	亚黏土	干砌片石	浆砌片石	黏土	草皮护面	水泥混凝土
允许最大流速	0.8	1.0	2.0	3.0	1.2	1.6	4.0

最大允许流速的水深修正系数 表 2-4-14

水深 h(m)	$\leqslant 0.4$	$0.4 < h \leqslant 1.0$	$1.0 < h < 2.0$	$h \geqslant 2.0$
修正系数	0.85	1.00	1.25	1.40

考点分析

水是诱发路基病害的主要因素。防排水系统设置不完善、不合理，排水设施过水断面不足，以及地下排水设施因选型不当而过早失效等，都会引发严重的路基病害。公路路基排水设计包括地表排水和地下排水两大部分。地表排水主要是排出路基范围内的地表径流、地表积水、边坡雨水及公路邻近地带影响路基稳定的地表水，地下排水主要是排出流向路基的地下水或降低地下水位。本节主要要求考生掌握地表排水设施（边沟、截水沟、排水沟）和地下排水设施（暗沟、渗沟）的类型、构造及适用条件，掌握路基排水设计的目的与一般原则，以及相应的水文水力计算方法。

例题解析

例 1 在坡面排水设施中，主要用于汇集和排除路面、路肩和边坡坡面上流下的表面水的排水结构是以下哪一项？ （ ）

(A)急流槽 (B)边沟

(C)截水沟 (D)渗沟

分析

由《公路排水设计规范》(JTG/T D33—2012)第4.5.1条可知,本题选B。

例2　下列关于地表排水设施和地下排水设施的说法,不符合规范规定的是哪一项?（　　）

(A)路界地表排水不宜流入桥面、隧道内

(B)地表排水设施的地基应密实稳定

(C)必要时可以将地表水排放到地下排水设施内

(D)地下排水设施应采取反滤措施防止堵塞和失效

分析

由《公路排水设计规范》(JTG/T D33—2012)第4.1.2条、4.1.4条、6.1.4条和6.1.7条可知,本题选C。

例3　特殊地区路基地段及特殊路段应特别注意排水设施的设计,下列对于特殊路基排水的说法正确的是哪一项?（　　）

(A)盐渍土地区二级以上的公路,宜采用二布一膜,且需设上下保护层

(B)对于膨胀土地区地下水位较高的路段,宜在坡脚挡土墙墙踵处设置渗沟

(C)黄土地区,三角形和碟形边沟的长度不宜超过300m,沟底纵坡度不应小于0.5%

(D)对于多年冻土含土冰层地段区,排水沟内侧边缘至保温护道坡脚的距离不宜小于10m

分析

由《公路排水设计规范》(JTG/T D33—2012)第8.1.4条、8.2.6条、8.3.3条、8.4.4条分析知,本题选B。

例4　胶东地区修建一条二级公路,路基宽度12m,路面选用水泥混凝土面层。其中一段路线为岩石路堑,路线纵坡为1%,边坡坡脚和路肩边缘之间设矩形边沟,请确定设计径流量。计算示意如图所示。

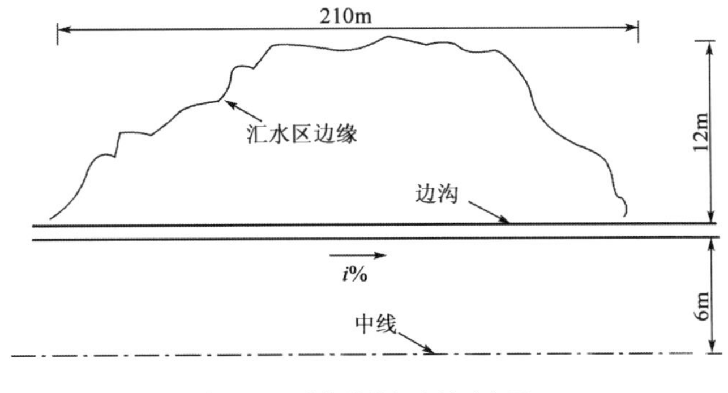

例4图　计算设计径流量示意图

结合相关规范,试计算该边沟内的设计流速和设计径流量最接近哪一项? ( )

(A)0.75m/s,0.10m³/s (B)0.35m/s,0.47m³/s

(C)1.25m/s,0.16m³/s (D)1.50m/s,0.20m³/s

分析

根据公式(2-4-1),计算各参数如下:

(1)汇水面积和径流系数

汇水区域在路堑坡面一侧的面积为1650m²。查表2-4-6,确定硬质岩石坡面径流系数$\psi_1=0.70$,水泥混凝土路面的径流系数$\psi_2=0.90$。汇水区域在路面一侧的面积为$210\times6=1260\text{m}^2$。

因此,总的汇水面积为$F=1650+1260=2910\text{m}^2$,汇水区的径流系数为:

$$\psi=\frac{1650\times0.70+1260\times0.90}{1650+1260}=0.787$$

(2)汇流历时

假设汇流历时为10min。

(3)降雨强度

查表2-4-7,取设计重现期为10年。

查表2-4-8,该地区10年重现期的重现期转换系数$c_\text{p}=1.22$。查《公路排水设计规范》(JTG/T D33—2012),胶东地区5年重现期10min降雨历时的降雨强度$q_{5,10}=2.2$,60min降雨强度转换系数$c_{60}=0.40$。查表2-4-9,可知10min降雨历时的转换系数$c_{10}=1.0$。

因此,根据公式(2-4-3),10年重现期10min降雨历时的降雨强度为:

$$q=1.22\times1.0\times2.2=2.68\text{mm/min}$$

(4)设计径流量

将以上参数实际数值代入公式(2-4-1),可得设计径流量:

$$Q=16.67\times0.787\times2.68\times2910\times10^{-6}=0.1023\text{m}^3/\text{s}$$

(5)检验汇流历时

查表2-4-10,路堑边坡的粗糙度系数可取$s=0.02$,水泥混凝土路面的粗糙度系数取$s=0.013$。根据公式路堑边坡坡面(设坡度为1:0.2,坡面流长度为15m)的汇流历时为:

$$t_1=1.445\left(\frac{0.02\times15}{\sqrt{5}}\right)^{0.467}=0.57\text{min}$$

混凝土路面(横坡为2%,坡面流长度为6m)的坡面汇流历时为:

$$t_1=1.445\left(\frac{0.013\times6}{\sqrt{0.02}}\right)^{0.467}=1.09\text{min}$$

设边沟的底宽为0.4m,水深为0.4m,查规范计算得到水力半径$R=0.13\text{m}$。查表2-4-11,岩石边沟的粗糙度系数$n=0.035$。根据公式(2-4-8),计算得到边沟内的平均流速:

$$v=\frac{1}{0.035}0.13^{\frac{2}{3}}0.01^{\frac{1}{2}}=0.75\text{m/s}$$

根据公式(2-4-5),沟管内汇流历时为:

$$t_2=\frac{210}{60\times0.75}=4.67\text{min}$$

因此,总的汇流历时 $t=t_1+t_2=1.09+4.7=5.76\text{min}<10\text{min}$。

确定设计径流量的方法,可以采用推理法、统计分析法、地区分析法或现场评断法,本例中采用推理法,这是应用最为广泛的一种方法。

降雨历时(即 t_1+t_2)越短,根据表2-4-9降雨历时转换系数 c_t 越大,最后所求得的设计径流量就越大。降雨历时的确定可以先设定一个数值,之后再进行检验。本例中先设定为10min,之后经计算得到 t 为5.8min。如降雨历时取5min,则偏保守。在确定 t_1 时,有2个数值即路堑边坡和混凝土路面的坡面汇流历时,这里应取大值,在这种情况下设计断面处的径流量才能达到最大。

沟管内平均流速的确定也可以采用公式(2-4-6)近似估算,但有时计算结果相差较大。

本题选A。

例5 某新沟渠设计,要求纵坡固定,以最大容许流速为准。已知 $i=0.7\%$,采用干砌片石对称梯形断面,$m=1.25$,$Q_s=1.80\text{m}^3/\text{s}$。试用最佳过水断面法确定断面尺寸。 ( )

(A)宽为0.27m,深为0.60m (B)宽为0.42m,深为0.75m

(C)宽为0.48m,深为0.68m (D)宽为0.64m,深为0.80m

分析

(1)计算有关参数

查表2-4-12可知,当 $m=1.25$ 时,水力最佳断面宽深比为0.7,即 $b=0.7\text{h}$。查表2-4-13,$v_{\max}=2.0\text{m/s}$。查表2-4-11,$n=0.032$。

由式(2-4-7),$A=Q_s/v_{\max}=0.9\text{m}^2$,又由 $A=bh+1.25h^2=1.95h^2$,知:

$$h=0.68m,b=0.48\text{m}$$

(2)实际流速与流量

查《公路排水设计规范》(JTG/T D33—2012)附录B,$R=0.34\text{m}$

由式(2-4-8):

$$v=\frac{1}{0.032}0.34^{\frac{2}{3}}0.007^{\frac{1}{2}}=1.27\text{m/s}$$

$$Q=vA=1.15\text{m}^3/\text{s}$$

(3)验算

流速 $v=1.27\text{m/s}$,小于最大流速 $v_{\max}=2.0\text{m/s}$,大于最小流速 $v_{\min}=0.4\text{m/s}$;

流量 $Q=1.15\text{m}^3/\text{s}$,小于 $Q_s=1.80\text{m}^3/\text{s}$。

故本题选C。

例中实际流速的计算是参照《公路排水设计规范》(JTG/T D33—2012)中的公式进行的,规范中对实际流速计算进行了简化。也可参考《公路设计手册·路基》中的计算方法。

例6 地下排水的目的是为了提供稳定的路基和坡体,提高路堤基底的承载能力。下列需要考虑采用地下排水设施的有哪几项? ( )

(A)地下水位高,而路堤填土高度又受到限制

(B)稳定的土质路堑边坡坡体的含水率很大时
(C)路堑开挖后的基顶高程离地下水位很近时
(D)填挖交替路段,接近路堑的路堤基底遇有含水层出露

分析

由《公路排水设计规范》(JTG/T D33—2012)第6.1.1条,土质路堑边坡坡体的含水率很大时,但路堑边坡稳定,不易产生坡体滑动,此时可不需要考虑设置地下排水设施。故本题选ACD。

例7 渗井是重要的路基地下排水设施,下列关于渗井设计符合规范要求的是哪几项? ( )

(A)用于拦截和引排地下水的渗井,宜成井群布设
(B)用于拦截和引排地下水的渗井,渗井排列方向宜平行于渗流方向
(C)用于排除下挖式通道地表水的渗井,距离路堤坡脚不宜小于5m
(D)用于排除下挖式通道地表水的渗井,渗井尺寸应根据下挖式通道的排水量通过水力计算确定

分析

由《公路路基设计规范》(JTG D30—2015)第4.3.7条可知,本题选AD。

例8 常用的地下排水设施的特点是排水量不大,主要是以渗流方式汇集水流并就近排出路基范围以外,下列地下排水设施设计符合要求的有哪几项? ( )

(A)排水垫层材料宜选用天然砂砾或中粗砂,厚度不宜小于1.0m
(B)暗沟、暗管沟底的纵坡不宜小于0.3%
(C)截水渗沟的基底埋入隔水层内不宜小于0.5m
(D)用于排除下挖式通道地表水的渗井,距离路堤坡脚不宜小于10m

分析

依据《公路路基设计规范》(JTG D30—2015)第4.3条。排水垫层厚度不宜小于0.3m。暗沟、暗管沟底的纵坡不宜小于1.0%。截水渗沟的基底埋入隔水层内不宜小于0.5m。用于排除下挖式通道地表水的渗井,距离路堤坡脚不宜小于10m。故本题选CD。

自测模拟

(第1~6题为单选题)

1. 地下排水设施设计应注意防止路界及附近地表水下渗补给地下水,下列关于地下排水的说法正确的是哪一项? ( )

(A)地下排水设施出水口处水流应处于有压状态

(B)公路毗邻地带的地表土土质疏松,或岩土有天然裂隙,可采用黏土填塞裂隙
(C)可以将地表水排放到地下排水设施内
(D)对非饱和松散岩土可采用渗水试验确定含水层的渗透系数

2. 排水设施应根据地下水类型、含水层埋藏深度、底层渗透性及地下水对路基的影响进行设计,下列说法正确的是哪一项? ( )
(A)在盛产石料地区,可采用洞式渗沟在路基范围外拦截地下水
(B)地下排水沟管应尽可能采用较小的纵坡坡度,特别是出水口宜减小纵坡坡度
(C)路基基底局部范围有泉水外涌时,宜设置明渠或渗沟将水引排至路堤坡脚外或路堑边沟内
(D)全井壁和沟壁可采用浆砌片石砌筑,沟顶设置混凝土或石盖板,且盖板顶面上的填土厚度不应小于30cm

3. 各类排水设施的设计应当满足使用功能要求,结构安全可靠,下列关于排水设施的设计正确的是哪一项? ( )
(A)当坡面有集中地下水时,可设置仰斜式排水孔
(B)填石渗沟、管式渗沟、洞式渗沟最小纵坡度不宜下于0.5%
(C)在水文地质条件复杂易产生冻害地段,渗沟的排水管应设置在路基冻结深度以下不小于0.2m处
(D)对于地下水流量较大,地下水位埋藏浅、地下排水距离较长的地段,可以使用无砂混凝土渗沟

4. 公路构造物、下穿道路沿线设施排水是路基保持长期稳定性的重要组成部分,下列关于公路沿线设施排水构造物的说法正确的是哪一项? ( )
(A)泄水口宜设置在桥面行车道边缘处,泄水口最大间距不宜超过15m
(B)跨越一般河流、水沟、桥梁,桥面水排流泄水口后可通过泄水管直接向下排放
(C)泄水管可采用铸铁管、塑料管或钢管,内径不小于150cm
(D)桥(涵)台构造物的泄水孔可采用铸铁管或塑料管,内径宜为5~15cm

5. 我国自然地理差异较大,特殊地区路基设计过程中必须充分考虑排水设施的设置,下列关于特殊路基段排水正确的是哪一项? ( )
(A)无排水条件的路段,当地下水位较低时,宜设置反压护道隔水
(B)荒漠盐滩、耕地稀少的路段,可采设置蒸发池,蒸发池边缘距路基坡脚宜小于10m
(C)对渗水的土质滑坡和浅层滑坡,可采用树枝状排水沟
(D)中、强盐渍土路段,路基受到地面水或地下水影响时,填方路基可采用沥青或土工膜等材料设置隔断层

6. 某地区修建高速公路,选用沥青混凝土路面,单侧路面和路肩横向排水的宽度为

11.25m，坡度为2%。路线纵向坡度为1%。拟在路肩外边缘设置拦水带，如图所示。初拟定出水口间距 $l=50$m，假设汇流历时为5min。试根据材料回答下列问题：

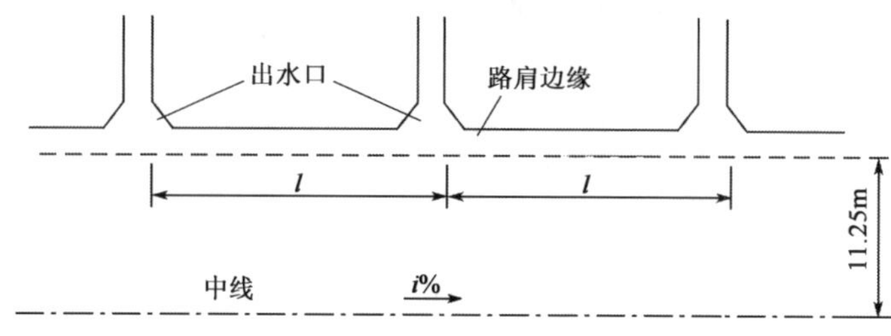

题6图　计算设计径流量示意图

(1)下列关于该地区降雨强度 q 的计算结果，最接近哪一项？（　　）

(A)2.50mm/min　(B)3.50mm/min　(C)2.90mm/min　(D)4.20mm/min

(2)下列关于设计径流量 Q，汇流历时 t 检验，最合理的说法是哪一项？（　　）

(A) $Q=0.0312\text{m}^3/\text{s}$；汇流历时 $t=2.07\text{min}<5\text{min}$

(B) $Q=0.0312\text{m}^3/\text{s}$；汇流历时 $t=5.27\text{min}>5\text{min}$

(C) $Q=0.0624\text{m}^3/\text{s}$；汇流历时 $t=2.07\text{min}<5\text{min}$

(D) $Q=0.0624\text{m}^3/\text{s}$；汇流历时 $t=5.27\text{min}>5\text{min}$

参考答案

1.D　2. A　3.A　4.B　5.D　6.(1)B;(2)A

第五节　路基防护、加固与支挡结构设计

依据规范

《公路工程技术标准》(JTG B01—2014)

5　路基路面

《公路工程质量检验评定标准　第一册　土建工程》(JTG F80/1—2017)

6　挡土墙、防护及其他砌筑工程

《公路路基设计规范》(JTG D30—2015)

5　路基防护与支挡

《建筑边坡工程技术规范》(GB 50330—2013)

《建筑地基基础设计规范》(GB 50007—2011)

《土工合成材料应用技术规范》(GB/T 50290—2014)

《公路土工合成材料应用技术规范》(JTG/T D32—2012)

重点知识

一、掌握植物防护与工程防护的作用

一般把防止冲刷和风化，主要起隔离作用的工程措施称为防护工程；把防止路基或山体因重力作用而坍滑，主要起支承作用的支挡结构物称为加固工程。路基防护与加固设施，主要有边坡坡面防护、沿河路基防护与加固等。坡面防护，主要是保护路基边坡表面免受雨水冲刷，减缓温差及湿度变化的影响，防止和延缓软弱岩土表面的风化、碎裂、剥蚀演变进程，从而保护路基边坡的整体稳定性，在一定程度上，还可兼顾路基美化和协调自然环境。

坡面防护类型有植物防护、骨架植物防护和工程防护。

1. 植物防护

植物防护可美化路容，协调环境，调节边坡土的湿度与温度，起到固结和稳定边坡的作用。它对于坡高不大、边坡比较平缓的土质坡面而言，是一种简易有效的防护措施。其方法包括植草或喷播植草、铺草皮、种植灌木和喷混植生。

2. 骨架植物防护

骨架植物防护，骨架是起固坡、防冲刷的作用，骨架可采用拱形、人字形或方格形浆砌片石或水泥混凝土骨架，也可采用多边形水泥混凝土空心块，骨架内植草或喷播植草。

3. 工程防护

当不宜使用植物护坡或考虑就地取材时，采用砂石、水泥、石灰等矿质材料进行坡面防护是常用的防护形式。其方法包括喷护、挂网喷护、干砌片石护坡、浆砌片石护坡和护面墙。

二、掌握重力式挡土墙的构造要求和稳定性验算

1. 挡土墙构造要求

重力式挡土墙主要由墙身、基础、排水设施和伸缩缝等几部分构成。挡土墙墙身断面形式有仰斜式、垂直式、俯斜式、凸形折线式和衡重式几种，如图 2-5-1 所示。基础宜采用明挖基础，基础最小埋置深度不应小于 1.0m。墙身应设置倾向墙外且坡度不小于 4% 的排水孔，墙背应设置反滤层。具有整体式墙面的挡土墙应设置伸缩缝和沉降缝。挡土墙与路堤之间可采用锥坡连接，路堑挡土墙端部应嵌入路堑坡体内。路肩式挡土墙的顶面宽度不应侵占行车道及路缘带或硬路肩的路基宽度范围，其顶面应设置护栏。

2. 挡土墙稳定性验算

1）作用在挡土墙的力系（荷载）

作用在挡土墙上的力系，按其作用性质分为永久作用（主要力系）、可变作用（附加力系）和偶然作用（特殊力）。

主要力系永久作用是经常作用于挡土墙的各种力，包括：

（1）挡土墙自重 G 及位于墙上的恒载。

(2)墙后土体的主动土压力 E_a(包括作用在墙后填料破裂棱体上的荷载,简称超载)。

(3)基底的法向力 N 和摩擦力 T。

(4)墙前土体的被动土压力 E_p。

(5)预加力、混凝土收缩及徐变、基础变形影响力等。

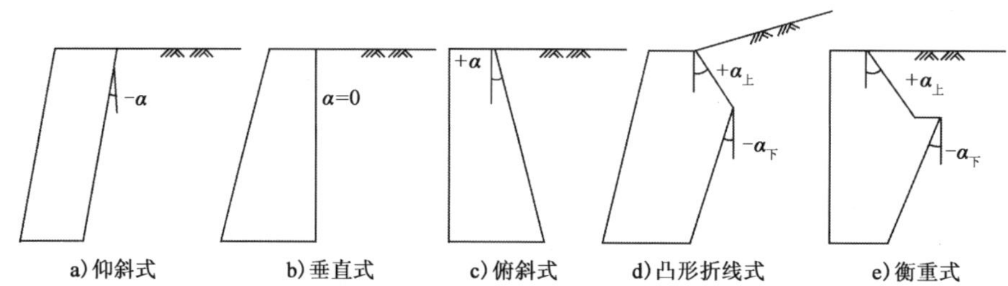

图 2-5-1 重力式挡土墙的断面形式

对于浸水挡土墙而言,永久作用中尚应包括常水位时的静水压力和浮力。

可变作用(附加力系)是指车辆荷载引起的土侧压力、人群荷载与人群荷载引起的土侧压力、施工荷载、温度应力,以及季节性地作用于挡土墙的各种力(例如洪水时的静水压力和浮力、动力压力、波浪冲击力,以及冻胀压力等)。

偶然作用(特殊力)是偶然出现的各种荷载力,例如地震力、水流漂浮物的撞击力、滑坡与泥石流作用力,以及作用于墙顶栏杆上的车辆碰撞力等。

各种作用(荷载)的取舍,应根据挡土墙所处的具体工作条件,按最不利组合作为设计的依据,具体见表 2-5-1。

常用作用(或荷载)组合 表 2-5-1

组合	作用(或荷载)名称
Ⅰ	挡土墙结构重力、墙顶上的有效永久荷载、填土重力、填土侧压力及其永久荷载组合
Ⅱ	组合Ⅰ与基本可变荷载相组合
Ⅲ	组合Ⅱ与其他可变荷载、偶然荷载相组合

注:1. 洪水与地震力不同时考虑。

2. 冻胀力、冰压力与流水压力或波浪压力不同时考虑。

3. 车辆荷载与地震力不同时考虑。

2)稳定性验算的项目和控制指标

在规定的墙高范围内,验算挡土墙的抗滑动和抗倾覆稳定时,验算项目和稳定系数控制指标见表 2-5-2。

抗滑动和抗倾覆的稳定系数 表 2-5-2

荷载情况	验算项目	稳定系数
荷载组合Ⅰ、Ⅱ	抗滑动 K_c	1.3
	抗倾覆 K_0	1.5
荷载组合Ⅲ	抗滑动 K_c	1.3
	抗倾覆 K_0	1.3
施工阶段验算	抗滑动 K_c	1.2
	抗倾覆 K_0	1.2

挡土墙的滑动稳定方程应满足式(2-5-1)的要求,抗滑稳定系数应按式(2-5-2)计算。

$$[1.1G+\gamma_{Q1}(E_y+E_x\tan\alpha_0)-\gamma_{Q2}E_P\tan\alpha_0]\mu+(1.1G+\gamma_{Q1}E_y)\tan\alpha_0-\gamma_{Q1}E_x+\gamma_{Q2}E_P>0 \tag{2-5-1}$$

$$K_c=\frac{[N+(E_x-E_P')\tan\alpha_0]\mu+E_P'}{E_x-N\tan\alpha_0} \tag{2-5-2}$$

式中:G——位于基底以上的重力(kN),浸水挡土墙的浸水部分应计入浮力;

E_y——墙后主动土压力的竖向分量(kN);

E_x——墙后主动土压力的水平分量(kN);

E_P——墙前被动土压力的水平分量(kN),当为浸水挡土墙时,$E_P=0$;

E_P'——墙前被动土压力水平分量的0.3倍(kN);

α_0——基底倾斜角(°),基底为水平时,$\alpha_0=0$;

γ_{Q1},γ_{Q2}——主动土压力分项系数、墙前被动土压力分项系数;

μ——基底与地基间的摩擦系数。

挡土墙的倾覆稳定方程应满足式(2-5-3)的要求,抗倾覆稳定系数应按式(2-5-4)计算。

$$0.8GZ_G+\gamma_{Q1}(E_yZ_x-E_xZ_y)+\gamma_{Q2}E_pZ_p>0 \tag{2-5-3}$$

$$K_0=\frac{GZ_G+E_yZ_x+E_p'Z_p}{E_xZ_y} \tag{2-5-4}$$

式中:Z_G——墙身重力、基础重力、基础上填土的重力及作用于墙顶的其他荷载的竖向力合力重心到墙趾的距离(m);

Z_x——墙后主动土压力的竖向分量到墙趾的距离(m);

Z_y——墙后主动土压力的水平分量到墙趾的距离(m);

Z_P——墙前被动土压力的水平分量到墙趾的距离(m);

其余符号意义同前。

三、熟悉路基坡面主要防护与支挡工程的类型与适用条件

1.防护工程的类型及适用条件

坡面防护工程应在稳定的边坡上设置,防护类型的选择应根据气候条件、岩土性质、边坡高度、边坡坡率、水文地质条件、环境保护、水土保持要求等因素,按表2-5-3经技术经济比较后选择适宜的防护措施。

坡面防护工程类型及适用条件 表2-5-3

防护类型	亚 类	适用条件
植物防护	植草或喷播植草	可用于坡率不陡于1:1的土质边坡防护。当边坡较高时,植草可与土工网、土工网垫结合防护
	铺草皮	可用于坡率不陡于1:1的土质边坡或全风化、强风化的岩石边坡防护
	种植灌木	可用于坡率不陡于1:0.75的土质、软质岩石和全风化岩石边坡防护
	喷混植生	可用于坡率不陡于1:0.75的砂性土、碎石土、粗粒土、巨粒土及风化岩石边坡防护,边坡高度不宜大于10m

续上表

防护类型	亚　类	适用条件
骨架植物防护	—	可用于坡率不陡于1:0.75的土质和全风化、强风化的岩石边坡防护
工程防护	喷护	可用于坡率不陡于1:0.5的易风化但未遭强风化的岩石边坡防护，高速公路、一级公路和环境景观要求高的公路不宜采用
	挂网喷护	可用于坡率不陡于1:0.5的易风化、破碎的岩石边坡防护，高速公路、一级公路和环境景观要求高的公路不宜采用
	干砌片石护坡	可用于坡率不陡于1:1.25的土质边坡或岩石边坡防护
	浆砌片石护坡	可用于坡率不陡于1:1的易风化的岩石和土质边坡防护
	护面墙	可用于坡率不陡于1:0.5的土质和易风化剥落的岩石边坡防护

2. 支挡工程的类型及适用条件

挡土墙设计应根据路基横断面、地形、地质条件和地基承载能力，合理确定挡土墙位置、起讫点、长度和高度，并按表2-5-4进行技术经济比较后，选择适宜的挡土墙类型。

挡土墙类型及适用条件　　表2-5-4

挡土墙类型	适用条件
重力式挡土墙	适用于一般地区、浸水地段和高烈度区的路堤和路堑等支挡工程。墙高不宜超过12m，干砌挡土墙的高度不宜超过6m
半重力式挡土墙	适用于不宜采用重力式挡土墙的地下水位较高或较软弱的地基上。墙高不宜超过8m
石笼式挡土墙	可用于地下水较多的土质、风化破碎岩石地段
悬臂式挡土墙	宜在石料缺乏、地基承载力较低的填方路段采用。墙高不宜超过5m
扶壁式挡土墙	宜在石料缺乏、地基承载力较低的填方路段采用。墙高不宜超过15m
锚杆挡土墙	宜用于墙高较大的岩质路堑地段。可用作抗滑桩挡土墙。可采用肋柱式或板壁式单级墙或多级墙。每级墙高不宜大于8m，多级墙的上、下级墙体之间应设置宽度不小于2m的平台
锚定板挡土墙	宜使用在缺少石料地区的路肩墙或路堤式挡土墙，但不应建于滑坡、坍塌、软土及膨胀土地区。可采用肋柱式或板壁式，墙高不宜超过10m。肋柱式锚定板挡土墙可采用单级墙或双级墙，每级墙高不宜大于6m，上、下级墙体之间应设置宽度不小于2m的平台。上下两级墙的肋柱宜交错布置
加筋土挡土墙	可分为面板加筋土挡土墙和无面板土工格栅加筋土挡土墙。有面板加筋土挡土墙可用于一般地区的路肩式挡土墙、路堤式挡土墙，无面板土工格栅加筋土挡土墙可用于一般地区的路堤式挡土墙，但均不应修建在滑坡、水流冲刷、崩塌等不良地质地段；高速公路、一级公路墙高不宜大于12m，二级及二级以下公路不宜大于20m；当采用多级墙时，每级墙高不宜大于10m，上、下级墙体之间应设置宽度不小于2m的平台
柱板式挡土墙	用于表土及强风化层较薄的均质岩石地基、挡土墙高度可较大，也可用于地震区的路堑或路堤支挡或滑坡等特殊地段的治理

四、熟悉各种挡土墙的使用条件与场合

路基工程中，各类支挡结构的建筑费用较高，故路基设计时，应与其他可能的工程方案进行经济比较，择优选定。各种挡土墙的使用条件与场合见表2-5-5。

挡土墙的使用场合　　表 2-5-5

名　称	示　意　图	使用场合
路堑挡土墙	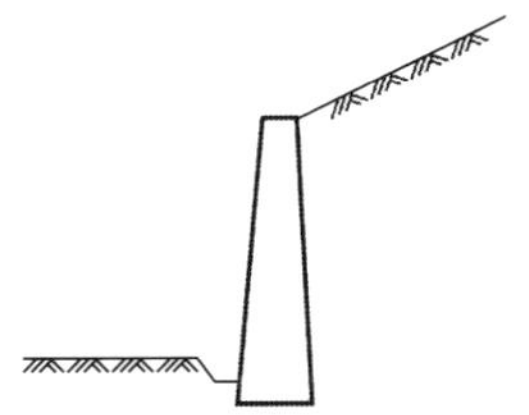	①在山坡陡峻处，用以减少挖方数量，降低边坡高度，避免山坡因开挖而失去稳定； ②在地质不良地段，用以支挡可能滑坍的山坡山体
路堤挡土墙	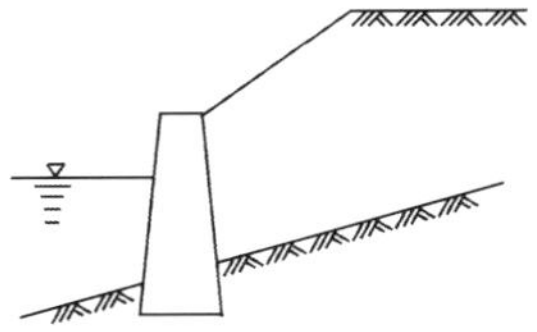	①在陡山坡上填筑路堤时，用以支挡路堤下滑； ②收缩坡脚，避免与其他建筑物相互干扰，减少填方量； ③保证沿河路堤不受水流冲刷
路肩挡土墙	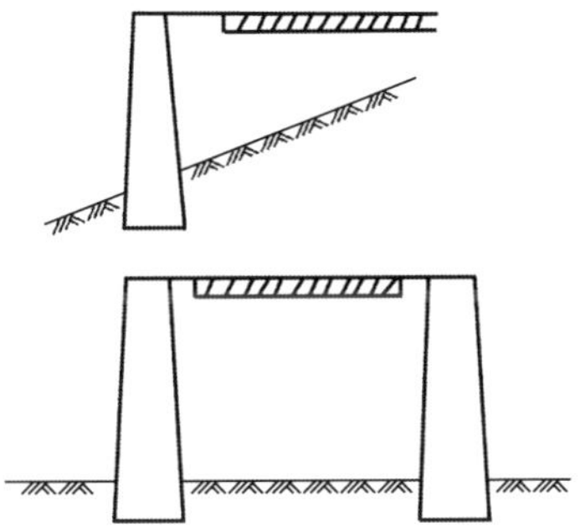	①支挡陡坡路堤下滑； ②抬高公路路基高程； ③收缩坡脚，减少占地，减少填方量
山坡挡土墙	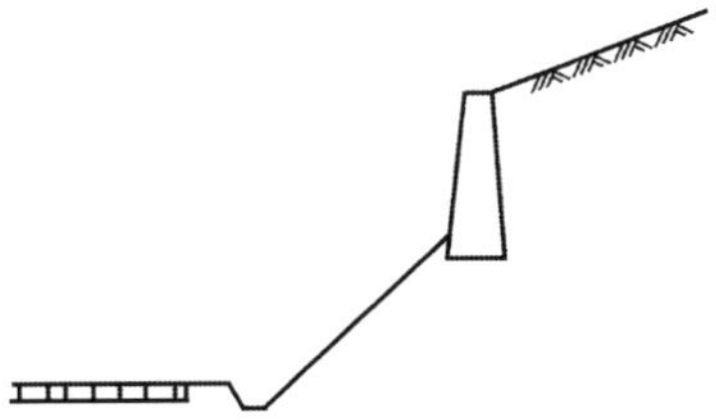	支挡山坡覆盖层或滑坡下滑
桥头挡土墙	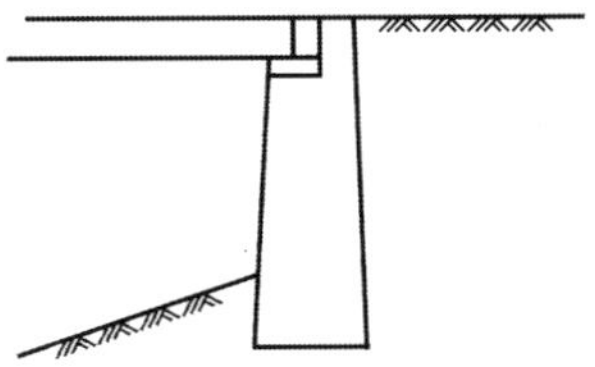	支承桥梁上部建筑及保证桥头填土稳定

五、熟悉重力式挡土墙土压力计算方法

1. 作用于挡土墙的土压力类型

土压力是挡土墙承受的主要荷载。挡土墙的位移情况不同,可以形成不同性质的土压力。如图2-5-2所示,当挡土墙向外移动(位移或倾覆)时,土压力随之减小,直到墙后土体沿破裂面下滑而处于极限平衡状态,此时作用于墙背的土压力称为主动土压力;当挡土墙向墙后土体方向挤压移动,土压力随之增大,土体被推移向上滑动处于极限平衡状态,此时土体对挡土墙的抗力称为被动土压力;挡土墙处于原来位置不动时,土压力介于两者之间,称为静止土压力。采用哪种性质的土压力作为挡土墙设计荷载,要根据挡土墙的具体条件而定。

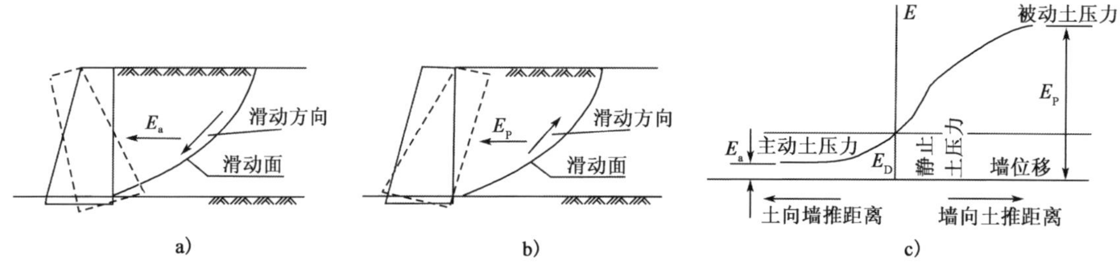

图2-5-2　三种不同性质的土压力

主动土压力按库仑理论计算,是挡土墙承受的主要荷载,设计时应取一定的安全系数。对于墙趾前的被动土压力,在一般情况下不予考虑,以保安全;有时可部分考虑墙趾前的被动土压力。

2. 计算库仑主动土压力的一般公式

库仑理论的基本假定为:

(1)当挡土墙向前滑移时(图2-5-3),墙后土体将形成一个沿墙背和破裂平面向下滑动的棱体(或称土楔),此时土楔处于主动应力状态。

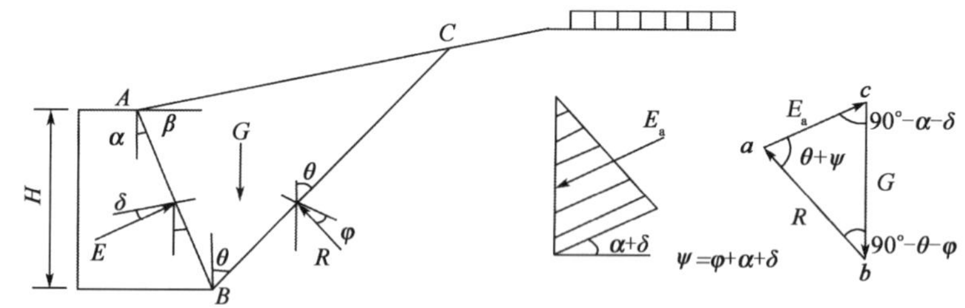

图2-5-3　库仑主动土压力计算

(2)墙后土体为均质松散颗粒,粒间仅有摩阻力而无黏结力存在。挡土墙和土楔都是无压缩或拉伸变形的刚体。

(3)土楔刚形成时,土楔在自重与墙背反力,及破裂面反力的作用下保持静力平衡,故土体处于极限平衡状态。

根据静力平衡原理,作用于挡土墙墙背的最大主动土压力按式(2-5-5)计算。

$$E_a = \frac{1}{2}\gamma H^2 K_a \tag{2-5-5}$$

式中:E_a——每米墙长的主动土压力(kN);

γ——墙后填土的重度(kN/m³);

H——挡土墙的高度(m);

K_a——主动土压力系数,其大小取决于边界条件。

土压力的水平分力和垂直分力按式(2-5-6)计算。

$$\begin{cases} E_x = E_a \cdot \cos(\alpha + \delta) \\ E_y = E_a \cdot \sin(\alpha + \delta) \end{cases} \tag{2-5-6}$$

式中:E_x、E_y——分别为土压力的水平分力和垂直分力(kN);

α——墙背倾斜角,俯斜墙背为正,仰斜墙背为负;

δ——墙背与填土间的摩擦角,即外摩擦角。

六、了解加筋土挡土墙和钢筋混凝土轻型挡土墙的构造

1.加筋土挡土墙构造

加筋土挡土墙是利用加筋土技术修建的支挡结构物。加筋土是一种在土中加入拉筋的复合土,它利用拉筋与土之间的摩擦作用,改善土体的变形条件并提高土体的工程性能,从而达到稳定土体的目的。加筋土挡土墙由填料、在填料中布置的拉筋以及面板三部分组成。在公路工程中,加筋土挡土墙可分为有面板加筋土挡土墙和无面板加筋土挡土墙。

1)有面板加筋土挡土墙

加筋土挡土墙墙面宜采用钢筋混凝土预制件,厚度不应小于80mm。前面的平面线形可采用直线、折线和曲线,相邻墙面间的内夹角不宜小于70°。墙面应设置混凝土基础,其宽度不应小于0.40m,厚度不应小于0.20m,基础埋置深度不应小于0.60m。基底不宜设置纵坡,可做成水平或结合地形做成台阶形。拉筋材料宜采用土工格栅、复合土工带或钢筋混凝土板带。筋带与面板的连接应坚固可靠,并与筋带有相同的耐腐蚀性能。双面加筋土挡土墙的筋带应错开铺设,避免重叠。加筋土挡土墙宜采用渗水性良好的中粗砂、砂砾或碎石填筑,填料与筋带直接接触部分不应含有尖锐棱角的块体,填料最大粒径不应大于100mm。对危害加筋土挡土墙稳定的地表水或地下水,应设置完善的防排水设施。

2)无面板加筋土挡土墙

无面板加筋土高度大于10m时,应设置多级加筋土挡土墙;当挡土墙基础受水流影响可能产生冲刷时,洪水位以下浸水墙体应采用重力式挡土墙。土工格栅宜采用高密度聚乙烯(HDPE)、土工格栅、聚酯(PET)焊接土工格栅。土工格栅加筋层间距、筋材长度、加筋坡面坡率等应通过外部稳定性和内部稳定性计算确定。加筋土挡土墙填料和排水设计应符合有关规定。

2.钢筋混凝土轻型挡土墙构造

1)悬臂式挡土墙

钢筋混凝土悬臂式挡土墙是由立壁和板底组成,具有三个悬臂,即立壁、趾板和踵板,同时固定在中间夹块上。墙的稳定性依靠墙身自重和踵板上的填土重量来保证,而趾板的设置又显著地增加了抗倾覆力矩的力臂,因此结构形式比较经济。

2)锚杆挡土墙

锚杆挡土墙是由钢筋混凝土墙面和钢锚杆组成,依靠锚固在稳定地层内的锚杆对墙面的水平拉力以保持墙身的稳定,墙面一般是由预制的立杆和挡土板组成,为板柱式墙,也可以就地浇筑成整体的板壁式墙。使用的锚杆主要有楔缝式锚杆和灌浆式锚杆两种。

3)锚定板挡土墙

锚定板挡土墙是由钢筋混凝土墙面、钢拉杆、锚定板以及其间的填土共同形成的一种组合挡土结构,其借助于埋在填土内的锚定板的抗拔力,来平衡挡土墙墙背水平土压力,从而改变挡土墙的受力状态,达到轻型的目的。墙面是由挡土板和立柱组成,挡土板通常为钢筋混凝土矩形板或槽形板,有时也可采用混凝土拱板。在墙高范围内,立柱可设一级或多级,当采用多级立柱时,相邻立柱上可布置单根、双根或多根拉杆。

七、了解路基冲刷防护工程的类型与适用条件

沿河路基受水流冲刷时,应根据河流特性、水流性质、河道地貌、地质等因素,结合路基位置,按表2-5-6经技术经济比较后,选用适宜的防护工程类型或采取导流或改移河道等措施。

冲刷防护工程类型及使用条件　　表2-5-6

防护类型		使用条件
植物防护		可用于允许流速为1.2~1.8m/s、水流方向与公路路线近似平行、不受洪水主流冲刷的季节性水流冲刷地段防护。经常浸水或长期浸水的路堤边坡,不宜采用
砌石或混凝土护坡		可用于允许流速为2~8m/s的路堤边坡防护
土工织物软体沉排、土工模袋		可用于允许流速为2~3m/s的沿河路基冲刷防护
石笼防护		可用于允许流速为4~5m/s的沿河路堤坡脚或河岸防护
浸水挡墙		可用于允许流速为5~8m/s的峡谷急流和水流冲刷严重的河段
护坦防护		可用于沿河路基挡土墙或护坡的局部冲刷深度过大、深基础施工不便的路段
抛石防护		可用于经常浸水且水深较大的路基边坡或坡脚以及挡土墙、护坡的基础防护
排桩防护		可用于局部冲刷深度过大的河湾或宽浅性河流的防护
导流	丁坝	可用于宽浅性河流,保护河岸或路基不受水流直接冲蚀而产生破坏
	顺坝	可用于河床断面较窄、基础地质条件较差的河岸或沿河路基防护,以调整水流曲度和改善流态

考点分析

路基长期受自然因素的作用影响,岩土在不利水文条件作用下,物理力学性质发生改变,导致路基产生病害。为保证路基具有足够的强度和稳定性,路基防护、支挡、加固是不可缺少

的工程措施。路基防护与加固设施,主要有边坡坡面防护、沿河路基防护与加固等,而路基支挡结构类型主要包括重力式挡土墙和各类轻型支挡结构形式。应重点掌握路基防护与加固工程的作用、类型与适用条件,各种支挡结构形式的构造要求、使用条件、土压力计算与稳定性验算等内容。

例题解析

例1 [2007岩土真题]为增加土质路堤边坡的整体稳定性,以下哪一种措施的效果是不明显的? ( )

(A)放缓边坡坡率

(B)提高填筑土体的压实度

(C)用土工格栅对边坡加筋

(D)坡面植草防护

分析

植草护坡主要用于坡面冲刷防护,与其他三项工程措施相比,效果最不明显。故本题选D。

例2 [2009岩土真题]坡率为1:2的稳定的土质路基边坡,按《公路路基设计规范》(JTG D30—2015),公路路基坡面防护最适合采用哪种方式? ( )

(A)植物防护

(B)锚杆网格喷浆(混凝土)防护

(C)预应力锚索混凝土框架植被防护

(D)对坡面全封闭的抹面防护

分析

由《公路路基设计规范》(JTG D30—2015)第5.2.1条~第5.2.4条可知,本题选A。

例3 [2007岩土真题]对于土质、软岩或强风化硬质岩的路堑边坡,采用圬工骨架加草皮防护与全封闭的浆砌片石护坡相比,以下选项中哪一种认识是不正确的? ( )

(A)有利于降低防护工程费用

(B)有利于抵御边坡岩土体的水平力

(C)有利于边坡生态环境的恢复

(D)有利于排泄边坡岩土体中的地下水

分析

圬工骨架加草皮防护可以有效降低防护工程费用,且利于地下水的排泄,恢复生态。故本题选 B。

例 4 ［2004 岩土真题］挡土墙的稳定性验算不应包括下列哪一项要求？（　　）

(A)抗倾覆　　(B)地基承载力

(C)地基变形　　(D)整体滑动

分析

由《建筑地基基础设计规范》(GB 50007—2011)第 6.7.5 条可知，本题选 C。

例 5 ［2009 岩土真题］图示挡土墙，墙高$H=6$m。墙后砂土厚度$h=1.6$m，已知砂土的重度为 17.5kN/m^3，内摩擦角为 30°，黏聚力为零。墙后黏性土的重度为18.5kN/m^3，内摩擦角为 18°，黏聚力为 10kPa。按朗肯主动土压力理论，试问作用于每延米墙背的总主动土压力 E_a 最接近下列哪个选项的数值？（　　）

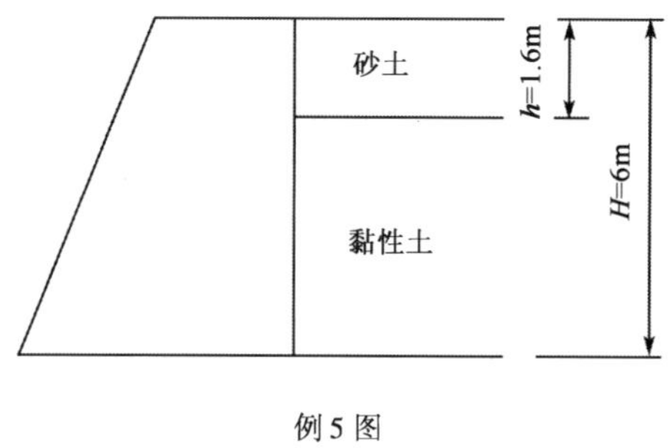

例 5 图

(A)82kN　　(B)92kN　　(C)102kN　　(D)112kN

分析

$$K_{a砂}=\tan^2(45°-\frac{\varphi_{砂}}{2})=\tan^2(45°-\frac{30°}{2})=1/3$$

$$K_{a黏}=\tan^2(45°-\frac{\varphi_{黏}}{2})=\tan^2(45°-\frac{18°}{2})=0.528$$

$$z_0=\frac{2c_{黏}}{\gamma_{砂}\sqrt{K_{a黏}}}=\frac{2\times10}{17.5\times\sqrt{0.528}}=1.527\text{m}\approx1.6\text{m}$$

取近似解：
$$E_{a砂}=\frac{1}{2}\gamma_{砂}K_{a砂}h^2=\frac{1}{2}\times17.5\times\frac{1}{3}\times1.6^2=7.5\text{kN}$$

$$E_{a黏}=\frac{1}{2}\gamma_{黏}K_{a黏}(H-h)^2=\frac{1}{2}\times18.5\times0.528\times(6-1.6)^2=94.6\text{kN}$$

$$E_a=E_{a砂}+E_{a黏}=7.5+94.6=102\text{kN}$$

故本题选 C。

例 6 ［2010 岩土真题］图示挡土墙，墙背竖直光滑，墙后填土水平，上层填 3m 厚的中砂，重度为 18kN/m^3，内摩擦角 28°；下层填 5m 厚的粗砂，重度为 19kN/m^3，内摩擦角 32°。试问

5m 粗砂层作用在挡土墙上的总主动压力最接近于下列哪个选项？（　）

(A) 172kN/m　(B) 168kN/m　(C) 162kN/m　(D) 156kN/m

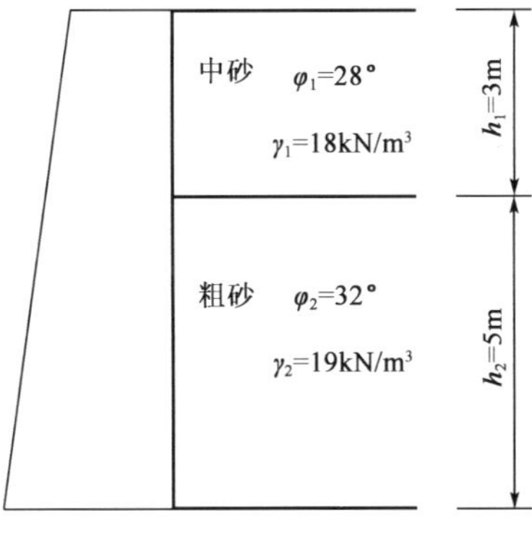

例 6 图

分析

$$K_{a2}=\tan^2(45°-\frac{32°}{2})=0.31$$

$$e_{a2顶}=\sigma_1 K_{a2}=18\times3\times0.31=16.7\text{kPa}$$

$$e_{a2底}=\sigma_2 K_{a2}=(18\times3+19\times5)\times0.31=46.2\text{kPa}$$

$$E_{a2}=\frac{1}{2}(e_{a2顶}+e_{a2底})\times h_2=\frac{1}{2}\times(16.7+46.2)\times5=157.3\text{kN/m}$$

故本题选 D。

例 7　[2004 岩土真题]重力式挡土墙如图所示。土对挡土墙基底的摩擦系数 $\mu=0.4$，墙背填土对挡土墙背的摩擦角 $\delta=15°$。问挡土墙的抗滑移稳定性系数最接近下列哪一个数值？（　）

(A) 1.20　(B) 1.25　(C) 1.30　(D) 1.35

分析

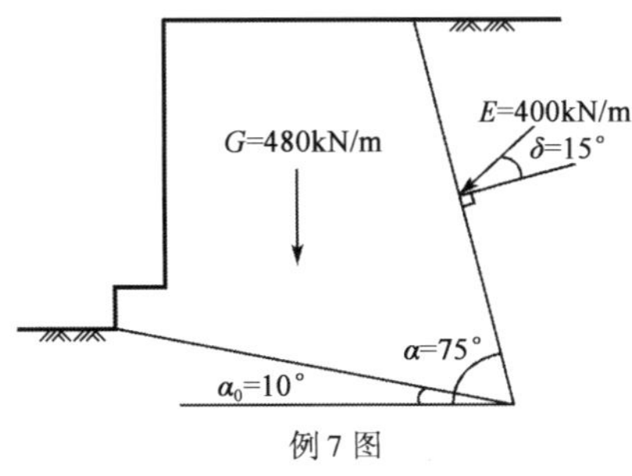

例 7 图

$$G_n=G\cos\alpha_0=480\times\cos10°=473\text{kN/m}$$

$$G_t=G\sin\alpha_0=480\times\sin10°=83\text{kN/m}$$

$$E_{at}=E_a\sin(\alpha-\alpha_0-\delta)=400\times\sin(75°-10°-15°)=306\text{kN/m}$$

$$E_{an}=E_a\cos(\alpha-\alpha_0-\delta)=400\times\cos(75°-10°-15°)=257\text{kN/m}$$

$$K=\frac{(G_{n}+E_{an})\mu}{E_{at}-G_{t}}=\frac{(473+257)\times0.4}{306-83}=1.31$$

故本题选 C。

例 8 ［2010 岩土真题］某重力式挡土墙如图所示。墙重为 767kN/m，墙后填砂土，$\gamma=17\text{kN/m}^3$，$c=0$，$\varphi=32°$；墙底与地基间的摩擦系数 $\mu=0.5$；墙背与砂土间的摩擦角 $\delta=16°$，用库仑土压力理论计算此墙的抗滑稳定安全系数最接近下面哪一个选项？（　　）

(A)1.23　(B)1.83　(C)1.68　(D)1.60

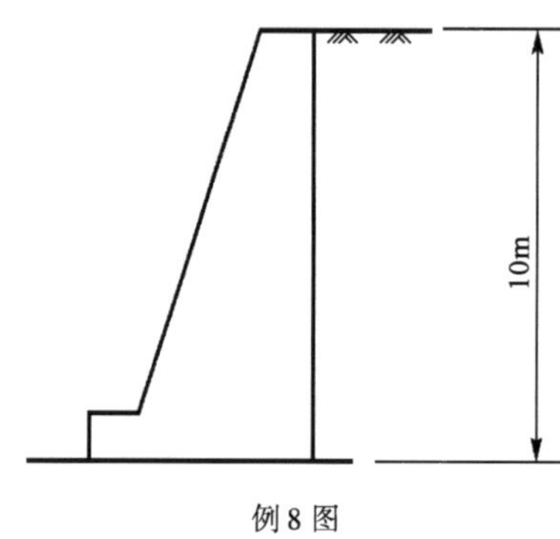

例 8 图

分析

$$K_{a}=\frac{\cos^{2}32°}{\cos16°\times\left[1+\sqrt{\dfrac{\sin(32°+16°)\times\sin32°}{\cos16°}}\right]}=\frac{0.72}{0.96\times2.7}=0.278$$

$$E_{a}=\frac{1}{2}\times0.278\times10^{2}\times17=236$$

$$E_{az}=E_{a}\cdot\cos16°=236\times\cos16°=227$$

$$E_{az}=E_{a}\cdot\sin16°=236\times\sin16°=65$$

$$K=\frac{(G+E_{az})\cdot\mu}{E_{ax}}=\frac{(767+65)\times0.5}{227}=1.83$$

故本题选 B。

例 9 ［2011 岩土真题］重力式挡土墙断面如图所示。墙基底倾角为 6°，墙背面与竖直方向夹角为 20°。用库仑土压力理论计算得到每延米的总主动压力 $E_{a}=200\text{kN/m}$，墙体每延米自重 300kN/m，墙底与地基土间摩擦系数为 0.33，墙背面与填土间摩擦角为 15°。计算该重力式挡土墙的抗滑稳定安全系数最接近下列哪个选项？（　　）

(A)0.50　(B)0.66　(C)1.10　(D)1.20

分析

《建筑地基基础设计规范》(GB 50007—2011)式(6-7-5-1)

$$F_{s}=\frac{(G_{n}+E_{an})\mu}{E_{at}-G_{t}}$$

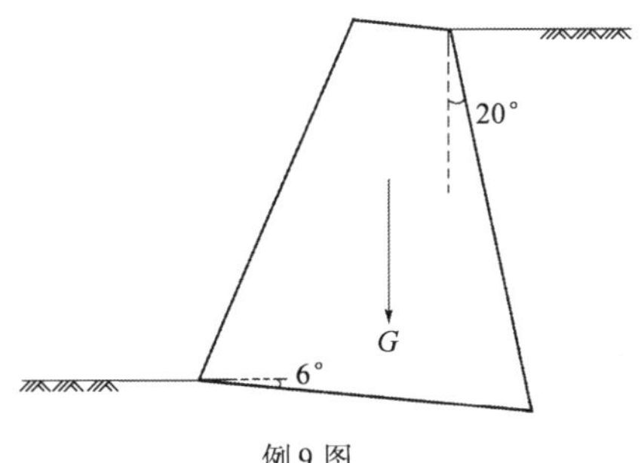

例9图

$$G_n = G\cos6° = 298.4\text{kN}, G_t = G\sin6° = 31.4\text{kN}$$

$$E_{an} = 200\cos(70° - 6° - 15°) = 131\text{kN}, E_{at} = 200\sin(70° - 6° - 15°) = 150.3\text{kN}$$

$$F_s = \frac{(298.4 + 131) \times 0.33}{150.3 - 31.4} = 1.190$$

故本题选D。

注意:如果未考虑墙底倾斜,则会选其他错误答案。

例10 [2004岩土真题]一墙面直立、墙顶面与土堤顶面齐平的重力式挡土墙墙身高3m,顶宽1.0m,底宽1.6m。已知墙背主动土压力的水平分力 $E_x = 175\text{kN/m}$,竖向分力 $E_y = 55\text{kN/m}$,墙身自重 $W = 180\text{kN/m}$。请问此墙的抗倾覆稳定性系数最接近下列哪个数值? ( )

(A)1.05　(B)1.12

(C)1.2　(D)1.3

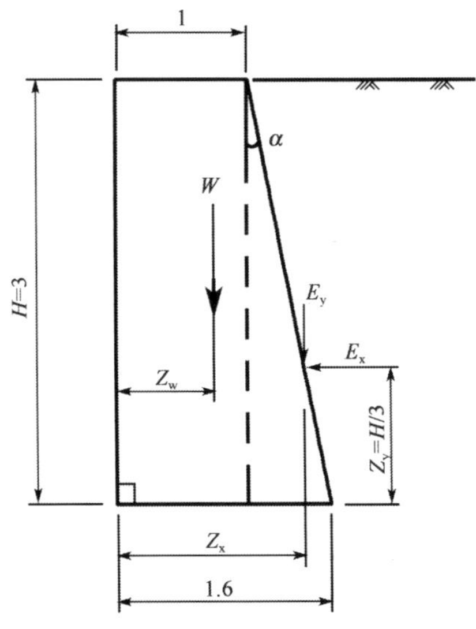

例10图(尺寸单位:m)

分析

$$Z_y=\frac{H}{3}=1\text{m},\tan\alpha=\frac{1.6-1.0}{3}=0.2$$

$$Z_x=\beta-Z_y\tan\alpha=1.6-1\times0.2=1.4\text{m}$$

$$Z_w=0.66\text{m}$$

$$K=\frac{WZ_w+E_yZ_y}{E_xZ_y}=\frac{180\times0.66+55\times1.4}{175\times1}=1.119\approx1.12$$

故本题选 B。

例 11　[2012 岩土真题]图示某建筑浆砌石挡土墙，重度为 22kN/m^3，墙高 6m，底宽 2.5m，顶宽 1m，墙后填料重度为 19kN/m^3，黏聚力 20kPa，内摩擦角 15°，忽略墙背与填土的摩阻力，地表均布荷载 25kPa。问该挡土墙的抗倾覆稳定安全系数最接近下列哪个选项？　(　　)

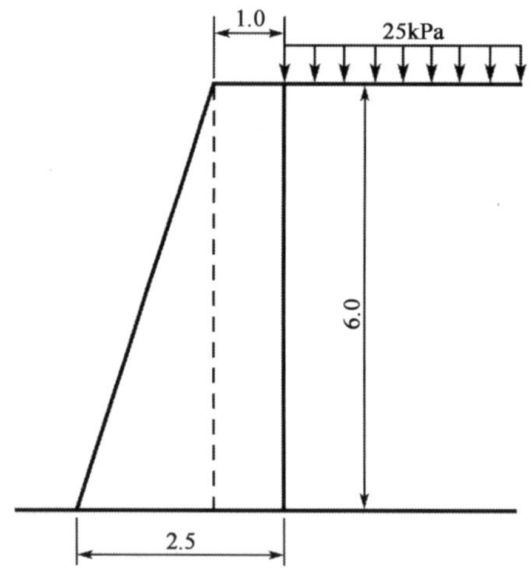

例 11 图(尺寸单位：m)

(A)1.5　　(B)1.8　　(C)2.0　　(D)2.2

分析

$$K_a=\tan^2(45°-\frac{15°}{2})=0.59,z_0=\frac{2c}{\gamma\sqrt{K_a}}-\frac{q}{\gamma}=\frac{2\times20}{19\sqrt{0.59}}-\frac{25}{19}=1.43\text{m}$$

墙底土压力强度：

$$e_a=(\gamma h+q)K_a-2c\sqrt{K_a}=(19\times6+25)\times0.59-2\times20\times\sqrt{0.59}=51.29\text{kPa}$$

$$E_a=\frac{1}{2}\times(6-1.43)\times51.29=117.2\text{kPa}$$

作用点至墙底距离：

$$\frac{6-1.43}{3}=1.52\text{m}$$

挡土墙自重：

$$G=1\times6\times22+\frac{1}{2}\times(2.5-1)\times6\times22=132+99=231\text{kN/m}$$

挡墙自重到墙趾的距离：

$$x=\frac{132\times(2.5-0.5)+99\times\frac{2}{3}\times(2.5-1)}{231}=1.57\text{m}$$

抗倾覆稳定安全系数： $K=\frac{231\times1.57}{117.2\times1.53}=2.02$

故本题选C。

例12 ［2004岩土真题］下列关于土压力影响因素的分析意见中，哪些观点中包含有不正确的内容？（　　）

（A）当土与挡土墙墙背间摩擦角增大时，主动土压力减小，被动土压力减小

（B）墙顶填土的重度增大时，主动土压力增大，被动土压力增大

（C）土的内摩擦角增大时，主动土压力增大，被动土压力减小

（D）土的黏聚力增大时，主动土压力减小，被动土压力增大

分析

当土与挡土墙墙背间摩擦角增大时，主动土压力减小，被动土压力增大，选项A错误。土的内摩擦角增大时，主动土压力减小，被动土压力增大，选项C错误。故本题选AC。

例13 ［2012岩土真题］重力式挡土墙设计工程中，可采取下列哪些措施提高该挡土墙的抗滑移稳定性？（　　）

（A）增大挡土墙断面尺寸　　（B）墙底做成逆坡

（C）直立墙背上做卸荷台　　（D）基础之下换土做砂石垫层

分析

《建筑边坡工程技术规范》（GB 50330—2013）第11.2.3～11.2.5条条文说明。当抗滑移稳定性不满足要求时，可采取增大挡土墙断面尺寸、墙底做成逆坡、换土做砂石垫层等措施。选项C可以提高抗倾覆稳定性。故本题选ABD。

例14 ［2013岩土真题］根据《建筑边坡工程技术规范》（GB 50330—2013），下列有关边坡支护形式适用性的论述，哪些是正确的？（　　）

（A）锚杆挡土墙不宜在高度较大且无成熟工程经验的新填方边坡中应用

（B）变形有严格要求的边坡和开挖土石方危及边坡稳定性的边坡不宜采用重力式挡土墙

（C）扶壁式挡土墙在填方高度10～15m的边坡中采用是较为经济合理的

（D）采用坡率法时应对边坡环境进行整治

分析

由《建筑边坡工程技术规范》(GB 50330—2013)第9.1.4条条文说明,第11.1.3条及其条文说明,第12.1.2条、第14.1.4条可知,本题选ABD。

例15 [2010岩土真题]已知矩形基础底面的压力为线性分布,宽度方向最大边缘压力为基底平均压力的1.2倍,基础的宽度为B,长度为L,基础底面积为A,抵抗矩为W,传至基础底面的竖向力为N,力矩为M,问下列哪些说法是正确的? ( )

(A)偏心距$e<\frac{B}{6}$

(B)宽度方向最小边缘压力为基底平均压力的0.8倍

(C)偏心距$e<\frac{W}{N}$

(D)$M=\frac{NB}{6}$

分析

$$p_{\max}=p(1+\frac{6e}{b})=1.2p,\frac{6e}{b}=0.2,\text{得 }e=\frac{b}{30}<\frac{b}{6},\text{选项 A 正确;}$$

$$p_{\max}+p_{\min}=2p,p_{\min}=0.8p,\text{选项 B 正确;}$$

$$e=\frac{M}{F+G}=\frac{M}{N},M=eN=\frac{Nb}{30},\text{选项 C、D 错误。}$$

故本题选AB。

注意:因为计算的是宽度方向,在$W=\frac{b^2l}{6}$中,平方项为偏心方向的边。

自测模拟

(第1~10题为单选题)

1. 为增加土质路堤边坡的整体稳定性,下列选项中措施效果最不明显的是哪一项? ( )

(A)坡面植草防护　　(B)提高路基土的压实度

(C)放缓边坡坡率　　(D)用土工格栅进行加固

2. [2008岩土真题]关于主动、被动土压力系数,下列哪个选项的说法是正确的? ( )

(A)主动土压力系数随土的内摩擦角增大而增大

(B)被动土压力系数随土的内摩擦角增大而增大

(C)主动土压力系数随土的黏聚力增大而增大

(D)被动土压力系数随土的黏聚力增大而增大

3.[2014 岩土真题]关于计算挡土墙所受的土压力的论述,下列哪个选项是错误的?(　　)

(A)采用朗肯土压力理论可以计算墙背上各点的土压力强度,但算得的主动土压力偏大

(B)采用库仑土压力理论求得的是墙背上的总土压力,但算得的被动土压力偏小

(C)朗肯土压力理论假设墙背与填土间的摩擦角 δ 应小于填土层的内摩擦角 φ,墙背倾角 ε 不大于 $45° - \varphi/2$

(D)库仑土压力理论假设填土为无黏性土,如果倾斜式挡土墙的墙背倾角过大,可能会产生第二滑裂面

4.[2009 岩土真题]选择加筋土挡土墙的拉筋材料时,下列哪个选项是拉筋不需要的性能?(　　)

(A)抗拉强度大

(B)与填料之间有足够的摩擦力

(C)有较好的耐久性

(D)有较大的延伸率

5.[2010 岩土真题]下列哪个选项不得用作加筋土挡土墙的填料?(　　)

(A)砂土　(B)块石土　(C)砾石土　(D)碎石土

6.[2006 岩土真题]重力式挡土墙的断面如图所示,墙基底倾角为 6°,墙背面与竖向夹角为 20°,用库仑土压力理论计算得到单位长度的总主动土压力为 E_a = 200kN/m,墙体单位长度自重为 300kN/m,墙底与地基土间摩擦系数为 0.33,墙背面与土的摩擦角为 15°。该重力式挡土墙的抗滑稳定安全系数最接近下列哪一选项?(　　)

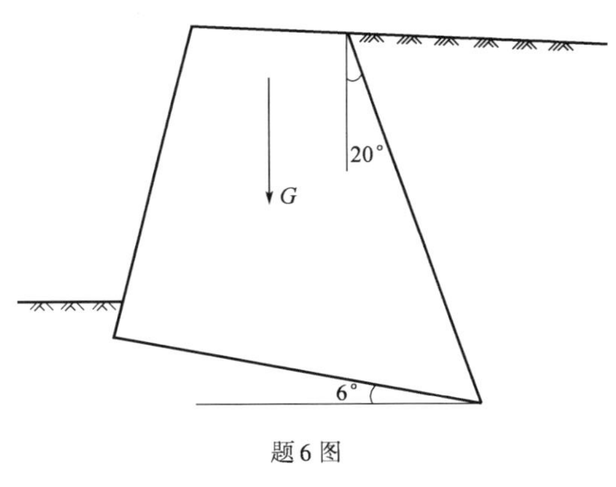

题 6 图

(A)0.50　(B)0.66　(C)1.10　(D)1.20

7.[2009 岩土真题]山区重力式挡土墙如图所示,自重为 200kN/m,经计算,墙背主动土压力水平分力为 E_x = 200kN/m,竖向分力 E_y = 80kN/m。挡土墙基底倾角 15°,基底摩擦系数 0.65。该墙的抗滑移稳定安全系数最接近于下列哪个选项的数值?(不计墙前土压力)(　　)

(A)0.9　(B)1.3　(C)1.7　(D)2.2

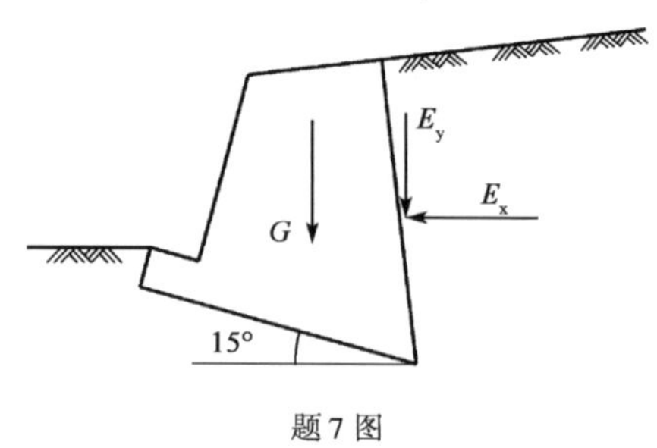

题7图

8. [2005 岩土真题]有一墙背垂直的重力式挡土墙，墙后填土由上下两层土组成，如图所示。γ、c、φ 分别表示土的重度、黏聚力和内摩擦角，如果 $c_1 \approx 0$，$c_2 > 0$，问只有在下列哪一种情况下，用朗肯土压力理论计算得到的墙后主动土压力分布才有可能从上而下为一条连续的直线？（　　）

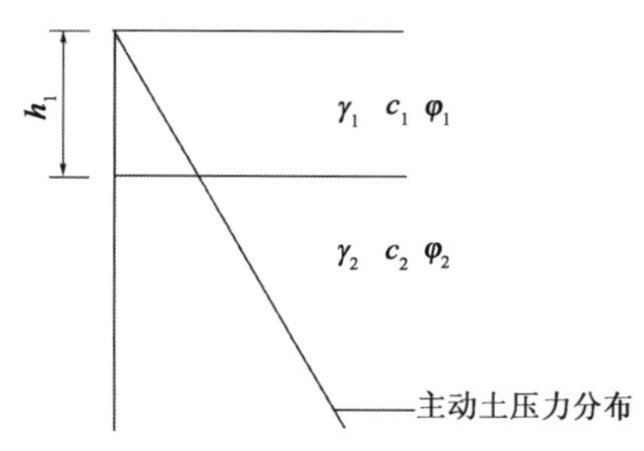

题8图

(A) $\gamma_1 > \gamma_2$, $\varphi_1 > \varphi_2$　　(B) $\gamma_1 > \gamma_2$, $\varphi_1 < \varphi_2$

(C) $\gamma_1 < \gamma_2$, $\varphi_1 > \varphi_2$　　(D) $\gamma_1 < \gamma_2$, $\varphi_1 < \varphi_2$

9. [2010 岩土真题]某 5m 高的重力式挡土墙墙后填土为砂土，如图所示。如果下面不同含水率的四种情况都达到了主动土压力状态：

①风干砂土；

②含水率为 5% 的湿润砂土；

③水位与地面齐平，成为饱和砂土；

④水位达到墙高的一半，水位以下为饱和砂土。

按墙背的水、土总水平压力（$E = E_a + E_w$）大小排序，下面哪个选项的排序是正确的？

（　　）

(A) ① > ② > ③ > ④　　(B) ③ > ④ > ① > ②

(C) ③ > ④ > ② > ①　　(D) ④ > ③ > ① > ②

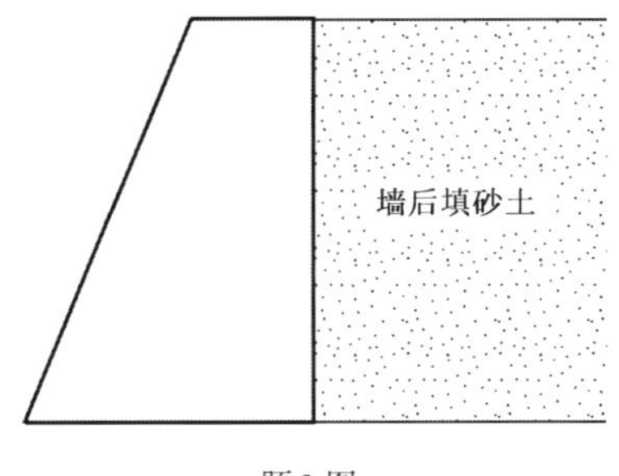

题9图

10.［2012岩土真题］挡土墙墙背直立、光滑，填土与墙顶平齐。墙后有二层不同的砂土($c=0$)，其重度和内摩擦角分别为γ_1、φ_1、γ_2、φ_2，主动土压力p_a沿墙背的分布形式如图所示。由图可以判断下列哪个选项是正确的？（　　）

(A)$\gamma_1>\gamma_2$　　(B)$\gamma_1<\gamma_2$　　(C)$\varphi_1>\varphi_2$　　(D)$\varphi_1<\varphi_2$

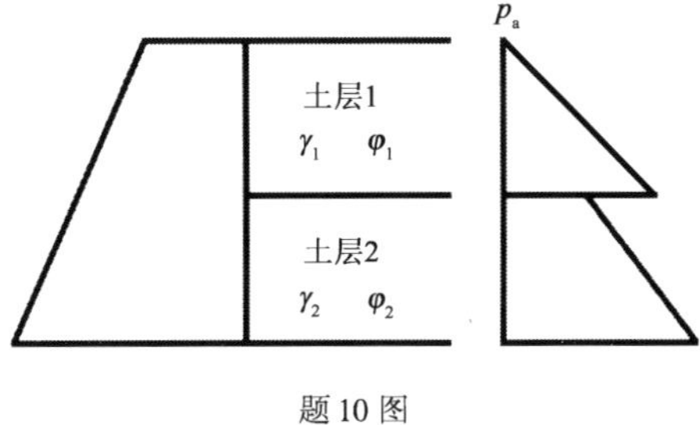

题10图

参考答案

1. A　2. B　3. C　4. D　5. B　6. D　7. C　8. A　9. B　10. D

第六节　特殊路基工程

依据规范

《公路工程技术标准》(JTG B01—2014)

5　路基路面

《公路路基设计规范》(JTG D30—2015)

6　特殊路基

《公路排水设计规范》(JTG/T D33—2012)

8　特殊地区及特殊路段排水

《建筑地基处理技术规范》(JGJ 79—2012)

重点知识

一、熟悉软土路基设计

软土一般是指由细粒土组成的孔隙比大、天然含水率高、压缩性高、强度低和具有灵敏结构性的土层。

1. 设计原则

(1)应调查收集沿线的地形、地貌、工程地质、水文地质、气象、地震等资料,按《公路工程地质勘察规范》(JTG C20—2011)的有关规定,采用适宜的勘探方法进行综合勘探试验和现场原位测试,并进行统计与分析,合理确定软土物理力学性质指标。

(2)软土地基上路堤稳定系数应符合表2-6-1的要求。当计算的稳定系数小于表2-6-1规定值时,应针对稳定性进行地基处理设计。

稳定安全系数容许值 表2-6-1

指 标	固结应力法		改进总强度法		简化 Bishop 法、Janbu 法
	不考虑固结	考虑固结	不考虑固结	考虑固结	
直剪快剪指标	1.1	1.2	—	—	—
静力触探、十字板剪指标	—	—	1.2	1.3	—
三轴有效剪切指标	—	—	—	—	1.4

注:当需要考虑地震力时,表列稳定安全系数减少0.1。

(3)路基工后沉降应符合表2-6-2的要求。当不能满足表2-6-2的要求时,应针对沉降进行处治设计。

容许工后沉降(单位:m) 表2-6-2

公 路 等 级	工 程 位 置		
	桥台与路堤相邻处	涵洞、箱涵、通道处	一般路段
高速公路、一级公路	≤0.10	≤0.20	≤0.30
作为干线公路的二级公路	≤0.20	≤0.30	≤0.50

2. 软土地基沉降计算

(1)对用于计算沉降的压缩层,其底面应在附加应力与有效自重应力之比不大于0.15处。

(2)行车荷载对沉降的影响,对于高路堤可忽略不计。

(3)主固结沉降S_c应采用分层总和法计算。

(4)总沉降S宜采用沉降系数m_s与主固结沉降按式(2-6-1)计算:

$$S = m_s S_c \tag{2-6-1}$$

式中:m_s——沉降系数,与地基条件、荷载强度、加荷速率等因素有关,其范围值为1.1~1.7。

(5)总沉降也可由瞬时沉降S_d、主固结沉降S_c及次固结沉降S_s之和计算,即:

$$S = S_d + S_c + S_s \tag{2-6-2}$$

(6)任意时刻地基的沉降量,考虑主固结随时间的变化过程,按下式计算:

$$S_t = (m_s - 1 + U_t)S_c \tag{2-6-3}$$

$$S_t = S_d + S_c U_t + S_s \tag{2-6-4}$$

式中:U_t——地基平均固结度,采用太沙基一维固结理论解计算

3. 软土稳定性验算

(1)软土地基路堤的稳定验算可采用瑞典圆弧法中的有效固结力法或改进总强度法,有条件时也可采用简化 Bishop 法或 Janbu 法。

(2)验算时应按施工期和运营期的荷载分别计算稳定系数。施工期的荷载只考虑路堤自重,运营期的荷载应包括路堤自重、路面的增重及行车荷载。

二、熟悉滑坡防治措施和综合治理

滑坡是指斜坡岩土体在重力作用下沿一定的软弱面或较弱带整体下滑的现象。

1. 设计原则

(1)应查明滑坡地形地貌、地质条件、性质、成因类型、规模等,分析评价滑坡稳定状况、发展趋势和对公路工程的危害程度,采取有效措施,保证路基施工和运营安全。

(2)对规模大、性质复杂、变形缓慢的滑坡,且路线难以绕避时,可采取总体规划、分期整治的方案。

(3)滑坡防治应根据滑坡区工程地质条件、类型、规模、稳定性及对公路危害程度,以及公路的重要性和施工条件等,采取排水、减载、反压与支挡工程的综合治理措施。

(4)高边坡、特殊岩土和存在不利结构面的边坡,应采取必要的预防措施,避免产生工程滑坡。

2. 滑坡稳定性分析

滑坡稳定性分析应采用工程地质类比法和力学计算相结合的方法,并应符合下列要求:

(1)滑坡稳定性计算应考虑三种情况。

①正常工况:边坡处于天然状态的工况。

②非正常工况Ⅰ:边坡处于暴雨或连续降雨状态下的工况。

③非正常工况Ⅱ:边坡处于地震等荷载作用状态下的工况。

(2)滑坡稳定安全系数不得小于表 2-6-3 所列稳定安全系数值。对非正常工况Ⅱ,路基稳定性分析方法及稳定安全系数应符合《公路工程抗震规范》(JTG B02—2013)的规定。

滑坡稳定安全系数 表 2-6-3

公路等级	滑坡稳定安全系数	
	正常工况	非正常工况Ⅰ
高速公路、一级公路	1.20~1.30	1.10~1.20
二级公路	1.15~1.20	1.10~1.15
三级、四级公路	1.10~1.15	1.05~1.10

注:1. 滑坡地质条件复杂或危害程度严重时,稳定安全系数取大值;地质条件简单或危害程度较轻时,稳定安全系数可取小值。

2. 滑坡影响区域内有重要建筑物(桥梁、隧道、高压输电塔、油气管道等)、村庄和学校时,稳定安全系数取大值。

3. 临时工程或抢险应急工程,滑坡防治工程设计按正常工况考虑,稳定安全系数可取 1.05。

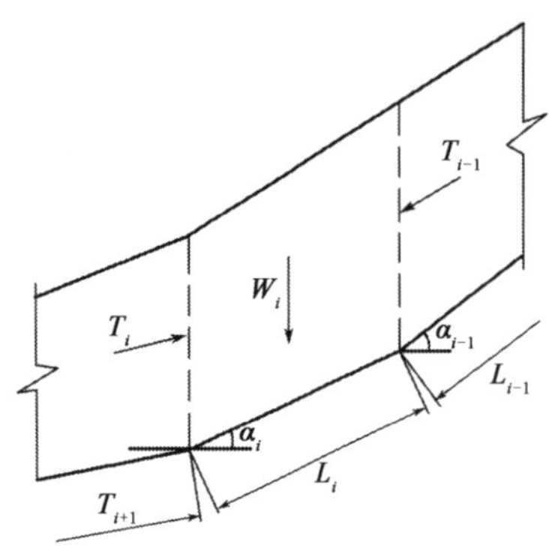

图 2-6-1 剩余下滑力计算图式

(3)滑坡稳定性分析应考虑的荷载：滑体重力、滑坡体上建筑物等产生的附加荷载、地下水产生的静水压力和动水压力、汽车荷载等永久荷载，以及地震作用力、作用在滑体上的施工临时荷载。

(4)滑面岩土抗剪强度取值，宜根据室内试验资料、监测成果反分析值、极限平衡反分析值、工程地质类比和当地经验等综合分析确定。必要时，应进行现场试验。

(5)滑坡剩余下滑力可采用传递系数法，按公式(2-6-5)计算。条块作用力系如图 2-6-1 所示，当 $T_i<0$ 时，应取 $T_i=0$。当滑坡体最后一个条块的剩余下滑力小于或等于 0 时，滑坡稳定；当大于 0 时，滑坡不稳定。

$$T_i=F_s W_i\sin\alpha_i+\psi_i T_{i-1}-W_i\cos\alpha_i\tan\varphi_i-c_i L_i \tag{2-6-5}$$

$$\psi_i=\cos(\alpha_{i-1}-\alpha_i)-\sin(\alpha_{i-1}-\alpha_i)\tan\varphi_i \tag{2-6-6}$$

式中：T_i、T_{i-1}——第 i 和第 $i-1$ 滑块剩余下滑力(kN/m)；

F_s——稳定安全系数；

W_i——第 i 滑块的自重力(kN/m)；

α_i、α_{i-1}——第 i 和第 $i-1$ 滑块对应滑面的倾角(°)；

ψ_i——传递系数；

φ_i——第 i 滑块滑面内摩擦角(°)；

c_i——第 i 滑块滑面岩土黏聚力(kN/m)；

L_i——第 i 滑块滑面长度(m)。

3. 排水

(1)地表排水设计应在滑坡后缘的稳定土层上设置环形截水沟；滑坡范围较大时，宜在滑坡体范围内设置树枝状排水沟。地表裂缝地段的排水沟应采取防裂和防渗措施，并对整个滑坡范围的地表裂缝采用黏土或水泥浆进行封填。

(2)地下排水设计应根据滑动面位置及形态、滑坡所在山坡流域水文地质条件及地下水动态特征，因地制宜，采用渗沟、暗沟、仰斜式排水孔或排水隧道等排水措施。

(3)截水渗沟平面布置应垂直地下水流的方向，并修建在滑坡范围 5m 以外的稳定土体上。渗沟的迎水面应设反滤层，背水面应设防渗隔离层。

4. 减载与反压

(1)推移式滑坡或由错落转化的滑坡，宜采用滑坡后缘减载、前缘反压措施。

(2)滑床具有上陡下缓形状，滑坡后缘及两侧的地层相对稳定，不致因减载开挖而引起滑坡向后缘和两侧发展时，宜采用减载措施。

(3)滑坡前缘有较长的抗滑段，宜利用减载弃方反压；路基位于滑坡前缘时，宜采用路堤通过。在滑坡或滑带上具有卸载鼓胀开裂的情况下，不应采用减载措施。

(4)减载时，应考虑滑坡后部和两侧山体的稳定性，防止后缘产生新的滑动。

(5)填土反压时，应防止堵塞滑坡前缘地下渗出通道，并应考虑基底的稳定性。必要时，应进行地基处理。

5. 抗滑挡土墙

(1)抗滑挡土墙宜设置在滑坡前缘。必要时,可与排水、减载、锚固等措施联合使用。

(2)抗滑挡土墙应根据滑坡剩余下滑力和库仑土压力两者之中的大值设计,其高度和基础埋深应防止滑体从墙顶滑出或从基底以下土层滑移的可能。

(3)抗滑挡土墙基础埋深较大、土体稳定性较差时,应采取临时支挡措施。其施工应分段进行,保证滑坡在施工期间的稳定和施工安全。

6. 抗滑桩

(1)抗滑桩宜以单排布置为主。当滑坡推力较大时,可对滑坡进行分段阻滑。弯矩较大时,应采用预应力锚杆抗滑桩。

(2)抗滑桩桩长宜小于35m。对于滑带埋深大于25m的滑坡,应充分论证抗滑桩阻滑的可能性。

7. 预应力锚杆

(1)预应力锚杆锚固段应置于滑面以下的稳定地层中。

(2)预应力锚杆承压结构应根据滑坡体岩土性质和承载力确定,宜采用钢筋混凝土框架或地梁。其坡面应采取防止表土被雨水冲刷、局部溜塌的措施。

三、了解红黏土与高液限土、黄土、膨胀土、盐渍土、季节冻土、崩塌、泥石流、岩溶、风沙、雪害等地段路基工程问题

(1)红黏土与高液限土具有高液限、高塑性、高含水率、高孔隙率、较高强度和较低压缩性的特点。压缩困难、干缩开裂和边坡稳定性差是工程的主要问题。

(2)黄土是一种粉粒为主、多孔隙、天然含水率小、呈黄红色、含钙质的黏质土。湿陷性是黄土的主要工程问题。黄土的湿陷性是在外荷载或自重的作用下受水浸湿后产生的湿陷变形。湿陷性随深度、含水率、干容重的增大或孔隙比的减小而减小。

(3)膨胀土是一种含亲水性矿物,并具有明显的吸水膨胀与失水收缩性的高塑性黏土。膨胀土的胀缩特性主要受具有晶层结构的蒙脱石类黏土矿物影响。在大气影响下,湿度变化引起膨胀土产生膨胀与收缩,土体开裂,降雨入渗,强度降低,产生较大的膨胀压力,造成边坡变形破坏。

(4)盐渍土地区公路在地表水、地下水、环境温度及动载变化的综合作用下,极易产生盐胀、翻胀及溶陷等病害,病害的产生是盐、水、温相互作用的结果,盐分是导致盐渍土具有盐胀、溶陷等病害的根源。路基病害防治需从改善路基和地基中盐、水、温等条件入手,降低路基含盐量,或者防治路基中盐分的侵入,限制路基填料的含盐量,尤其是路堤上层的含盐量对治理盐渍土病害尤为关键。因此,重点做好路基、地基的防盐、隔水、排水设计。

(5)季节冻土地区路基受地下、地表水的影响,冬季宜产生冻胀,导致路面平整度下降,春季的融化导致路基的强度大幅下降,在汽车循环荷载作用下,路基易产生弹簧和沉陷,轻者影响道路的使用寿命,严重的会导致道路的冻胀翻浆。路基病害的主要根源之一是路基的冻胀和融沉,对冻胀影响程度较大的因素分别是:地下水、土质、温度。

(6)崩塌是指斜坡上的不稳定岩土体在重力、地震、降雨或其他外力作用下,从高陡坡突

然向下崩落,堆积于斜坡坡脚,具有明显的拉断和倾覆现象。它是在陡峻斜坡上发生的一种突然而又剧烈的动力地质现象,通过冲击、掩埋等方式对斜坡下方的公路、桥梁等构造物造成严重危害。崩塌滚石灾害的形成要具备斜坡地形地貌、地层岩性与结构面三方面的条件,诱发因素包括地震、降雨与人类活动等。

(7)泥石流是挟带大量泥沙、石块的间歇性洪流,主要因降雨、冰雪融化而诱发,具有多发性。布设路基线位时,首先要绕避处于活动频繁的大型、特大型泥石流,以及淤积严重的泥石流沟,并远离泥石流堵塞河流严重地段的河段。路线通过泥石流堆积扇应根据扇面淤积率确定路基设计高程,不得在泥石流扇上挖沟设桥或作路堑。

(8)岩溶对路基的危害:溶洞顶板坍塌引起路基下沉和破坏;岩溶地面坍塌对路基稳定性产生破坏;反复泉与间歇泉浸泡路基;引起路基沉陷、坍塌或冒浆;突然性的地下涌水冲毁路基等。首先要从地质条件上弄清岩溶的发展规律和分布规律,慎重确定路线的布局和位置。一般情况下,要尽量设法绕避危害严重的、大型的、不易查清的岩溶地段;对危害较轻的中、小型岩溶地段,路基宜布设在岩溶范围较窄、易于处理的地段。

(9)风沙地区公路路基病害主要是沙埋和风蚀。沙埋主要有两类:一是风沙流通过路基时,因风速减弱而引起沙粒堆积,掩埋路基;二是沙丘移动而掩埋路基。风蚀是风沙直接吹蚀路基坡面的沙粒或土粒,导致路基宽度和高度减小,以及坡面被掏空和坍塌等。为防止路基沙害,需根据风沙地貌特点、风沙运动特征,结合地形、风向、风力、路线与风向的夹角等条件,合理确定路基的位置及其横断面形式,并对路基进行工程与植物防护。

(10)雪害:公路雪害主要分为风吹雪和雪崩。风吹雪是指降雪时或降雪后,风力达到一定强度(风速4~5m/s)时,雪粒随风运动,形成风雪流。其危害主要有积雪阻车和风流雪遮挡视线。雪崩是指在重力影响下,山坡积雪崩塌,埋压公路,阻断通行。深厚的积雪和陡坡是雪崩形成的必要条件。雪崩的物质基础是山坡的积雪,不稳定积雪的滑落就成为雪崩。

考点分析

特殊路基包括特殊岩土路基、不良地质路基,以及受水、气候等自然因素影响强烈、需要作特殊设计的路基。特殊岩土包括软土、红黏土、高液限土、膨胀土、黄土、盐渍土、多年冻土、沙漠等;不良地质包括滑坡、崩塌、岩堆、泥石流、岩溶、采空区等;特殊条件下路基是指受水或气候等自然因素影响剧烈的路基,包括雪害、涎流水、滨海、水库地段路基和季节冻土地区路基。本节主要要求考生熟悉软土路基设计,滑坡防治措施和综合治理,了解各特殊路基工程问题。

例题解析

例1 [2012岩土真题]关于滑坡治理中抗滑桩的设计,下列哪一说法是正确的?(　　)

(A)作用在抗滑桩上的下滑力作用点位于滑面以上三分之二滑体厚度处

(B)抗滑桩竖向主筋应全部通长配筋

(C)抗滑桩一般选择矩形断面主要是为了施工方便

(D)对同一抗滑桩由悬臂式变更为在桩顶增加预应力锚索后,嵌固深度可以减小

分析

抗滑桩上的推力分布可为矩形、三角形、梯形,下滑力作用点根据推力分布确定;抗滑桩主要是受弯作用,在实际设计中,纵向主筋不是按通长配筋;选择矩形断面主要是为了获得较大的抗弯截面模量,抗滑桩截面长边方向与滑动方向一致,当滑动方向不能确定时可采用圆形截面;对抗滑桩施加预应力锚索后,抗滑桩的弯矩和剪力减小,相应嵌固深度可以减小。故本题选 D。

例 2　[2012 岩土真题]下列关于膨胀土地区的公路路堑边坡设计的说法,哪项不正确?　(　　)

(A)可采用全封闭的相对保温防渗措施以防发生浅层破坏

(B)应遵循缓坡率、宽平台、固坡脚的原则

(C)坡高低于 6m、坡率 1∶1.75 的边坡都可以不设边坡宽平台

(D)强膨胀土地区坡高 6m、坡率 1∶1.75 的边坡设置的边坡宽度平台应大于 2m

分析

由《公路路基设计规范》(JTG D30—2015)第 7.9.7 条可知,本题选 A。

例 3　[2013 岩土真题]下列关于柔性网边坡防护的叙述中哪个选项是错误的?　(　　)

(A)采用柔性网防护解决不了边坡的整体稳定性问题

(B)采用柔性网对边坡进行防护的主要原因是其具有很好的透水性

(C)柔性网分主动型和被动型两种

(D)柔性网主要适用于岩质边坡防护

分析

《公路路基设计规范(JTG D30—2015)释义手册》第 244~245 页,柔性网按其作用分为主动型和被动型。主动柔性网可以对岩石施加压力,被动柔性网不对岩石施加压力,起支挡落石作用。故本题选 B。

例 4　[2012 岩土真题]高速公路穿越泥石流地区时,下列防治措施中哪项是不宜采用的?　(　　)

(A)修建桥梁跨越泥石流沟　　(B)修建涵洞让泥石流通过

(C)泥石流沟谷的上游修建拦挡坝　　(D)修建格栅坝拦截小型泥石流

分析

由《公路路基设计规范》(JTG D30—2015)第 7.5.2 条可知,本题选 B。

例 5 [2014 岩土真题]某公路路堤位于软土地区,路基中心高度为 3.5m,路基填料重度为 $20kN/m^3$,填土速率约为 0.04m/d。路线地表下 0 ~ 2.0m 为硬塑黏土,2.0 ~ 8.0m 为流塑状态软土,软土不排水抗剪强度为 18kPa,路基地基采用常规预压方法处理,用分层总和法计算的地基主固结沉降量为 20cm。如公路通车时软土固结度达到 70%,根据《公路路基设计规范》(JTG D30—2015),则此时的地基沉降量最接近下列哪个选项? ( )

(A)14cm (B)17cm

(C)19cm (D)20cm

分析

《公路路基设计规范》(JTG D30—2015)第 7.7.2 条。

$$\begin{aligned} m_s &= 0.123\gamma^{0.7}(\theta H^{0.2} + \upsilon H) + Y \\ &= 0.123 \times 20^{0.7} \times (0.9 \times 3.5^{0.2} + 0.025 \times 3.5) + 0 \\ &= 1.246 \end{aligned}$$

$$S_t = (m_s - 1 + U_t) S_c = (1.246 - 1 + 0.7) \times 20 = 18.92\text{cm}$$

故本题选 C。

例 6 [2010 岩土真题]根据勘察资料和变形监测结果,某滑坡体处于极限平衡状态,且可分为 2 个条块(如图所示),每个滑块的重力、滑动面长度和倾角分别为:$G_1 = 500kN/m$,$L_1 = 12m$,$\beta_1 = 30°$;$G_2 = 800kN/m$,$L_2 = 10m$,$\beta_2 = 10°$。现假设各滑动面的内摩擦角标准值 φ 均为 10°,滑体稳定系数 $K = 1.0$,如采用传递系数法进行反分析求滑动面的黏聚力标准值 c,其值最接近下列哪一选项? ( )

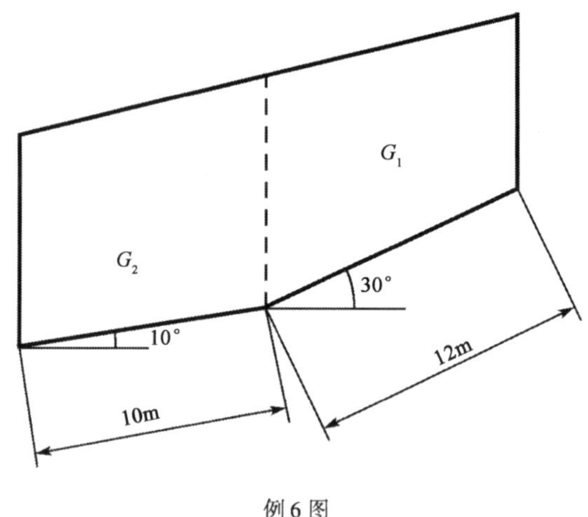

例 6 图

(A)7.4kPa (B)8.6kPa

(C)10.5kPa (D)14.5kPa

分析

《建筑地基基础设计规范》(GB 50007—2011)第 6.4.3 条。

$$F_1 = \gamma_t G_{1t} - G_{1n}\tan\varphi_1 - c_1 L_1$$
$$= 500 \times \sin30° - 500 \times \cos30° \times \tan10° - c \times 12 = 174 - 12c$$

$$\varphi = \cos(\beta_{n-1} - \beta_n) - \sin(\beta_{n-1} - \beta_n)\tan\varphi_n$$
$$= \cos(30° - 10°) - \sin(30° - 10°) \times \tan10° = 0.8794$$

$$F_2 = F_1\psi + \gamma_t G_{2t} - G_{2n}\tan\varphi_2 - c_2 L_2$$
$$= (174 - 12c) \times 0.8794 + 1 \times 800 \times \sin10° - 800 \times \cos10° \times \tan10° - c \times 10$$
$$= 152.7 - 20.55c$$
$$= 0$$

得 $c = 7.43\text{kPa}$

故本题选 A。

例 7 [2009 岩土真题]公路软弱地基处理的下列方法中,哪些选项适用于较大深度范围内的素填土地基? ( )

(A)强夯 (B)堆载预压

(C)换填垫层 (D)挤密桩

分析

强夯处理的有效深度一般为 10cm 以内;换填垫层处理深度一般不超过 3m;堆载预压可达几十米,适用于深厚软土。挤密桩可处理深度宜为 3~15m。故本题选 BD。

例 8 [2006 岩土真题]在进行软土地基公路路堤稳定性验算和沉降计算中,下列选项中哪些意见是正确的? ( )

(A)应按路堤填筑高度和地基条件分段进行

(B)应考虑车辆动荷载对沉降的影响

(C)为保证填至设计标高,应考虑施工期、预压期内地基沉降而需多填筑的填料的影响

(D)应考虑车辆荷载对路堤稳定性的影响

分析

由《公路路基设计规范》(JTG D30—2015)第 7.7.2 条和第 7.7.3 条可知,本题选 ACD。

例 9 [2009 岩土真题]软土地区修建公路路基路堤采用反压护道措施,下列选项哪些说法正确? ( )

(A)反压护道应与路堤同时填筑

(B)路堤两侧反压护道的宽度必须相等

(C)路堤两侧反压护道的高度越高越有利

(D)采用反压护道的主要作用是保证路堤稳定性

分析

《公路路基设计规范》(JTG D30—2015)第7.7.5条。反压护道的主要目的是为了保证路堤的整体稳定性,反压护道一般采用单级形式,多级形式对于稳定性作用不大;路堤两侧的护道宽度应通过验算确定,其抗剪切指标采用快剪法或十字板剪切试验获得;护道的高度一般为路基高度的1/2~1/3,不得超过路基的极限填筑高度,两侧护道应同时填筑。当软土地基较薄,下卧层硬土具有明显横向坡度时,应采用不同宽度反压。故本题选AD。

例10 [2014岩土真题]下列有关滑坡体受力分析的叙述中,哪些选项是错误的? ( )

(A)滑坡滑动的原因一定是滑坡体上任何部位的滑动都大于抗滑力

(B)地震力仅作为滑动力考虑

(C)对反翘的抗滑段,若地下水上升至滑面以上,滑面处的静水压力会全部转化为滑动力

(D)在主滑段进行削方减载,目的使在抗滑力不变的情况下,减小滑动力

分析

滑坡滑动的原因是滑坡体最后一个条块的剩余下滑力大于零,滑动力大于抗滑力;地震力一般作为最不利情况考虑;反翘的抗滑段,地下水上升至滑面以上时,滑面处的静水压力一部分转化为滑动力,一部分转化为抗滑力;主滑段进行削方减载减小滑体自重,减小下滑力。故本题选AC。

例11 [2013岩土真题]下列关于红黏土特征的表述中哪些选项是正确的? ( )

(A)红黏土失水后易出现裂隙

(B)红黏土具有膨胀土一样的胀缩性

(C)红黏土往往有上硬下软的现象

(D)红黏土为高塑性的黏土

分析

《工程地质手册》(第四版)第447、448页,红黏土的胀缩性能主要以收缩为主。故本题选ACD。

例12 [2004岩土真题]为防止自重湿陷性黄土所产生的路基病害,需要进行工程处理,一般可以采用下列哪几种处理措施? ( )

(A)路基两侧的排水沟应进行严格的防渗处理

(B)采用地下排水沟排除地下水

(C)采用预浸水法消除地基土的湿陷性

(D)采用重锤夯实、强夯或挤密法消除地基土的湿陷性

分析

由《公路路基设计规范》(JTG D30—2015)第7.10.1条第5款可知选项A正确;由第7.9.4条第4款可知选项D正确。选项B排除地下水有误,应排除地表水。由《湿陷性黄土地区建筑规范》(GB 50025—2004)第6.5节可知选项C正确。故本题选ACD。

例13　[2011岩土真题]盐渍土具有下列选项的哪些特征?　(　　)

(A)具有溶陷性和膨胀性

(B)具有腐蚀性

(C)易溶盐溶解后,与土体颗粒进行化学反应

(D)盐渍土的力学强度随总含盐量的增加而增加

分析

由《工程地质手册》(第四版)第498、503页可知,本题选AB。

例14　[2004岩土真题]季节性冻土地区形成路基翻浆病害的主要原因有哪些?(　　)

(A)地下水位过高及毛细水上升

(B)路基排水条件差,地表积水,路基土含水率过高

(C)路面结构层厚度达不到按允许冻胀值确定的防冻层厚度要求

(D)采用了粗粒土填筑路基

分析

路基翻浆多发生在我国北方地区,路基在冰冻春融期,因地下水位高,排水不畅,土质不良,含水过多,造成路基湿软,强度下降,在行车的反复作用下,路基出现弹软、裂缝、冒泥浆等翻浆现象。故本题选ABC。

例15　[2012岩土真题]在多年冻土地区修建路堤,下列哪些选项的说法是正确的?

(　　)

(A)路堤的设计应综合考虑地基的融化沉降量和压缩沉降量,路基预留加宽和加高值应按照竣工后的沉降量确定

(B)路基最小填土高度要满足防止冻胀翻浆和保证冻土上限不下降的要求

(C)填挖过渡段、低填方地段在进行换填时,换填厚度应根据基础沉降变形计算确定

(D)根据地下水情况,采取一定措施,排除对路基有害的地下水

分析

由《公路路基设计规范》(JTG D30—2015)第7.12.2条、第7.12.7条可知,本题选ABD。

例16 ［2014 岩土真题］公路通过泥石流地区时，可采取跨越、排导和拦截等措施，下列选项中哪些属于跨越措施？（　）

(A)桥隧　　(B)过水路面

(C)渡槽　　(D)格栅坝

分析

《公路路基设计规范》(JTG D30—2015)第7.5.2条。渡槽属排导措施，格栅坝属拦截措施。故本题选AB。

例17 ［2004 岩土真题］岩溶地区地基处理应遵循的原则是以下哪几项？（　）

(A)重要建筑物宜避开岩溶强烈发育区

(B)对不稳定的岩溶洞穴，可根据洞穴的大小、埋深，采用清爆换填、梁板跨越等地基处理

(C)防止地下水排水通道堵塞造成水压力对地基的不良影响

(D)对基础下岩溶水及时填塞封堵

分析

由《工程地质手册》(第四版)第531、532页可知选项B、C正确。由《建筑地基基础设计规范》(GB 50007—2011)第6.6.3条可知A选项正确。故本题选ABC。

自测模拟

(第1～6题为单选题，第7～10题为多选题)

1.［2007 岩土真题］软土地基上的填方路基设计时，最关注的沉降量是下列哪一选项？（　）

(A)工后沉降量　　(B)最终沉降量

(C)瞬时沉降量　　(D)固结沉降量

2.［2007 岩土真题］某滑坡整治方案主要采用上、下两排大直径抗滑桩，下列施工顺序中哪个选项是合理的？（　）

(A)先施工上排桩，后施工下排桩，并从滑坡两侧向中间跳挖

(B)先施工下排桩，后施工上排桩，并从滑坡两侧向中间跳挖

(C)先施工上排桩，后施工下排桩，并从滑坡中间向两侧跳挖

(D)先施工下排桩，后施工上排桩，并从滑坡中间向两侧跳挖

3.［2014 岩土真题］下列哪种措施不适用于公路膨胀土路堤边坡防护？（　）

(A)植被防护　　(B)骨架植物

(C)浆砌毛石护面　　　　　　　　　　(D)支撑渗沟加拱形骨架植物

4. [2007 岩土真题]在膨胀土路堤边坡的防护措施中,下列哪个选项的措施是不适用的?（　　）

(A)植物　　　　　　　　　　(B)骨架植物

(C)浆砌片石　　　　　　　　(D)支撑渗沟加拱形骨架植物

5. [2010 岩土真题]在软土地基上快速填筑一路堤,建成后 70d 观测的平均沉降为 120mm;140d 观测的平均沉降为 160mm。已知如果固结度 $U_t \geqslant 60\%$,可按照太沙基的一维固结理论公式 $U=1-0.81e^{-\alpha t}$ 预测其后期沉降量和最终沉降量,试问此路堤最终沉降量 s 最接近于下面哪个选项?（　　）

(A)180mm　　　　　　　　　(B)200mm

(C)220mm　　　　　　　　　(D)240mm

6. [2005 岩土真题]某一滑动面为折线形的均质滑坡,其主轴断面及作用力参数如图和表所示,取滑坡推力计算安全系数 $\gamma_t=1.05$,则第③块滑体剩余下滑力 F_3 最接近于下列哪个数值?（　　）

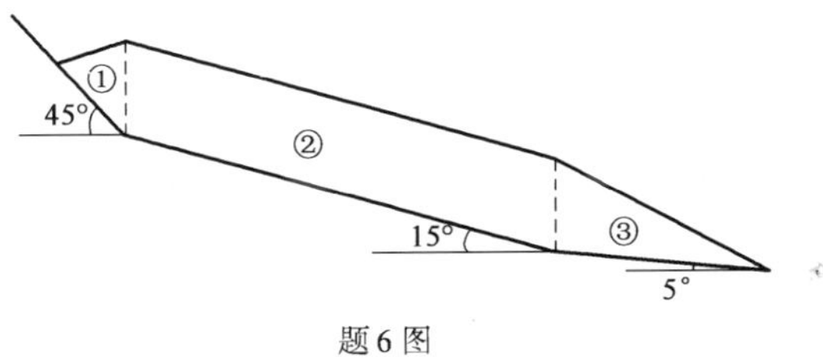

题 6 图

题 6 表

序号	下滑力 T_i(kN/m)	抗滑力 R_i(kN/m)	传递系数 ψ_j
①	3.5×10^4	0.9×10^4	0.756
②	9.3×10^4	8.0×10^4	0.947
③	1.0×10^4	2.8×10^4	

(A)1.36×10^4kN/m　　　　　(B)1.80×10^4kN/m

(C)1.91×10^4kN/m　　　　　(D)2.79×10^4kN/m

7. [2010 岩土真题]对软土地基采用堆载预压法加固时,以下哪个说法是正确的?（　　）

(A)超载预压是指预压荷载大于加固地基以后的工作荷载

(B)多级堆载预压加固时,在一级预压荷载作用下,地基土的强度增长满足下一级荷载下地基稳定性要求时方可施加下一级荷载

(C)堆载预压法加固时,当地基固结度符合设计要求时,方可卸载

(D)对堆载预压后的地基,应采用标贯试验或圆锥动力触探试验等方法进行检测

8.[2011 岩土真题]在软弱地基上修建的土质路堤,采用下列哪些选项的工程措施可加强软土地基的稳定性? ( )

(A)在路堤坡脚增设反压护道

(B)加大路堤坡脚

(C)增加填筑体的密实度

(D)对软弱地基进行加固处理

9.[2004 岩土真题]为减少在软弱地基上的建筑物沉降和不均匀沉降,下列哪几项措施是有效的? ( )

(A)调整各部分的荷载分布、基础宽度和埋置深度

(B)选用较小的基底压力

(C)增强基础强度

(D)选用轻型结构及覆土少、自重轻的基础形式

10.[2004 岩土真题]在下列各项中,哪些属于不稳定滑坡的地貌特征? ( )

(A)滑坡后壁较高,植被良好

(B)滑坡体上台坎明显,土体比较松散

(C)滑坡两侧的自然沟谷切割较深,谷底基岩出露

(D)地面泉水和湿地较多,滑坡舌部泉水流量不稳定

参考答案

1.A 2.A 3.C 4.C 5.B 6.C 7.ABC 8.AD 9.ABD 10.BD

第三章　路 面 工 程

3　路面工程

3.1　总论

3.1.1　掌握路面基本性能要求及影响因素;路面的结构层次与功能;路面的分级、分类及相应面层类型。

3.1.2　熟悉汽车荷载和环境影响因素对路面的影响;路面排水设计。

3.2　沥青路面

3.2.1　掌握沥青路面的种类、特点及选择;沥青路面设计的内容;沥青路面结构组合设计;沥青路面的破坏状态及设计标准;沥青路面厚度计算。

3.2.2　掌握沥青路面改建设计。

3.2.3　了解沥青路面设计理论与方法。

3.3　水泥混凝土路面

3.3.1　掌握水泥混凝土路面的种类、特点;水泥混凝土路面设计的内容;水泥混凝土路面结构组合设计。

3.3.2　熟悉水泥混凝土路面平面布置与接缝设计;水泥混凝土路面厚度设计;水泥混凝土路面加铺层设计。

3.3.3　了解水泥混凝土路面设计理论与方法。

复习笔记

第一节 概 述

依据规范

《公路工程技术标准》(JTG B01—2014)

5 路基路面

《公路工程质量检验评定标准 第一册 土建工程》(JTG F80/1—2017)

7 路面工程

《公路沥青路面设计规范》(JTG D50—2017)

3 设计标准

4 结构组合设计

《公路水泥混凝土路面设计规范》(JTG D40—2011)

3 设计参数

4 结构组合设计

《城市道路工程设计规范》(CJJ 37—2012)(2016 年版)

12.3 路面

《公路排水设计规范》(JTG/T D33—2012)

4 路界地表排水

5 路面内部排水

重点知识

路面是在路基顶面的行车部分用各种混合料铺筑而成的层状结构物。沥青路面是用沥青材料作结合料黏结矿料修筑面层与各类基层(有时含功能层)所组成的路面。水泥混凝土路面是指以水泥混凝土做面层(配筋或不配筋)的路面。

一、掌握路面基本性能要求及影响因素

1. 路面基本性能要求

1)承载能力

行驶在路面上的车辆,通过车轮把荷载传给路面,在路面结构内部产生应力、应变及位移。如果路面结构整体或某一组成部分的强度或抗变形能力不足以抵抗这些应力、应变及位移,则路面会出现断裂、沉陷,路表面会出现波浪或车辙,使路况恶化,服务水平下降。因此,要求路面结构整体及其各组成部分都具有与行车荷载相适应的承载能力。结构承载能力包括强度与刚度两方面。路面结构应具有足够的强度以抵抗车轮荷载引起的各个部位的各种应力,如压应力、拉应力、剪应力等,保证不发生压碎、拉断、剪切等各种破坏。路面整体结构或各个结构层应具有足够的刚度,使得在车轮荷载作用下不发生过量的变形,保证不发生车辙、沉陷或波

浪等各种病害。

2)稳定性

路面结构袒露在大气之中,经常受到大气温度、降水和湿度变化的影响。结构物的物理、力学性质将随之发生变化,处于另外一种不稳定状态。路面结构能否经受这种不稳定状态,而保持工程设计所要求的几何形态及物理力学性质,称为路面结构的稳定性。路面的稳定性包括高温稳定性、低温稳定性和水稳定性。

3)耐久性

路面在车辆荷载的反复作用下与大气水温周期性的重复作用下,路面使用性能将逐年下降,强度与刚度将逐年衰变,路面材料的各项性能也可能由于老化衰变,而引起路面结构的损坏。因此,提高路面的耐久性,保持其强度、刚度,几何形态经久不衰,除了精心设计、精心施工、精选材料之外,要把长年的养护、维护、恢复路面使用性能的工作放在重要的位置。

4)表面平整度

路面表面平整度是影响行车安全、舒适及运输效益的重要使用性能。不平整的路面会增大行车阻力,并使车辆产生附加的振动作用。这种振动作用会造成行车颠簸,影响行车的速度和安全、驾驶的平稳和乘客的舒适。同时,振动作用还会对路面施加冲击力,加剧路面和汽车机件的损坏和轮胎的磨损,并增大油料的消耗。而且,不平整的路面还会积滞雨水,加速路面的破坏。因此,为了减少振动冲击力,提高行车速度和增进行车舒适性、安全性,路面应保持一定的平整度。

5)表面抗滑性能

路面表面要求平整但不宜光滑,汽车在光滑的路面上行驶时,车轮与路面之间缺乏足够的附着力或摩擦力。雨天高速行车、紧急制动或突然起动、爬坡、转弯时,车轮易产生空转或打滑,致使行车速度降低,油料消耗增多,甚至引起严重的交通事故。对于高速公路高速行车道,要求具有较高的抗滑性能。

2. 路面影响因素

1)行车荷载

行车荷载是造成路面结构损伤的主要成因。为了保证设计的路面结构达到预计的功能,具有良好的结构性能,应对行驶的汽车做分析,包括汽车轮重与轴重的大小与特性;不同车辆车轴的布置;设计期限内,汽车轴型的分布以及车轴通行量逐年增长的规律;汽车静态荷载与动态荷载特性比较等。

2)环境因素

路面结构直接暴露在大气之中,除直接承受车轮荷载作用外,还经常受水、温度、阳光、空气等自然因素的影响。其中温度和湿度是对路面结构有重要影响的自然环境因素。路面结构的温度和湿度状况随周围环境的变化而变化,路面体系的性质与状态也随之发生变化。路面材料的强度与刚度随路面结构内部温度和湿度的变化有时会有大幅度的增减。

3)路面材料

路面材料的力学性能对路面的使用性能和使用寿命有重要的影响。路面结构的破坏,不外乎是变形过大或应力超过材料强度而引起的。因此,为了对路面结构进行受力分析,并做到合理地使用路面材料,必须研究路面材料受力时的响应。路面材料的力学特性主要有强度特性、变形累积特性和疲劳特性。

二、掌握路面结构层次与功能

通常路面结构按照各层位功能的不同,划分为三个层次,即面层、基层和路基(垫层)。如图 3-1-1 所示。

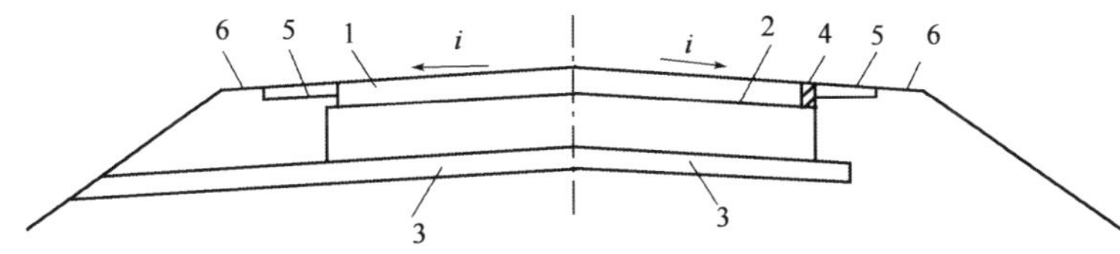

图 3-1-1　路面结构层次划分示意图

1-面层;2-基层(有时包括底基层);3-路基(垫层);4-路缘石;5-加固路肩;6-土路肩;i-路拱横坡度

1. 面层

面层是直接同行车和大气接触的表面层,它承受较大行车荷载的垂直力和水平剪切力的作用,同时还受到降水的侵蚀和气温变化的影响。因此,同其他层次相比,面层应具备较高的结构强度以抵抗垂直应力作用;较高的抗变形能力以抵抗剪切作用;较好的水稳定性以抵抗水损害和很好的温度稳定性以抵抗车辙;其表面还应有良好的抗滑性和平整度。

修筑面层所用的材料主要有:水泥混凝土、沥青混凝土、沥青碎(砾)石混合料、砂砾或碎石掺土或不掺土的混合料以及块料等。

沥青面层有时分两层或三层铺筑,如高速公路沥青面层总厚度 18 ~ 20cm,可分为上、中、下三层铺筑,并根据各分层的要求采用不同的级配。沥青面层主要承受垂直应力和剪切应力,因此沥青面层材料设计主要考虑抗车辙和抗剪切,路面上面层和中面层主要应考虑耐久和抗滑特性,应选择抗车辙和抗剪切性能好的材料。

水泥混凝土路面分上下两层铺筑,分别采用不同强度等级的水泥混凝土。水泥混凝土路面上可加铺 4cm 沥青混凝土形成复合式结构。

但是砂石路面上所铺的 2 ~ 3cm 厚的磨耗层或 1cm 厚的保护层,以及厚度不超过 lcm 的简易沥青表面处治,不能作为一个独立的层次,应看作是面层的一部分。

2. 基层

基层主要承受由面层传来的车辆荷载的作用力(包括垂直力和拉应力),将垂直力扩散到下面的垫层和土基中去;承受拉应力作用并维持良好的耐久性。因此,基层是路面结构中的承重层,应具有一定的强度和刚度,并具有良好的抵抗疲劳破坏的能力。基层遭受大气因素的影响虽然比面层小,但是仍然有可能经受地下水和通过面层渗入雨水的浸蚀,所以基层结构应具有足够的水稳定性。基层表面虽不直接供车辆行驶,但仍然要求有较好的平整度,这是保证面层平整性的基本条件。由于基层一般受到拉应力的作用,因此,必须保证基层的疲劳寿命满足设计要求。基层或底基层主要承受拉应力或拉应变,因此基层或底基层材料主要应考虑其抗疲劳特性。如果基层或底基层采用粒料材料,则必须考虑垂直力作用产生的永久变形。

修筑基层的材料主要有各种结合料(如石灰、水泥或沥青等)稳定土或稳定碎(砾)石、贫水泥混凝土、各种工业废渣（如煤渣、粉煤灰、矿渣、石灰渣等）和土、砂、石所组成的混合料等，天然砂砾、各种碎石或砾石、片石、块石或圆石可以作为底基层材料，提高基层的整体抗冰冻、抗水侵害和承载能力。

基层厚度太厚时，为保证工程质量可分为两层或三层铺筑。当采用不同材料来修筑基层（或底基层）时，应根据基层（或底基层）的受力特点和结构要求，合理使用当地材料来修筑。

3. 功能层

为保证面层和基层不受路基水温状况变化所造成的不良影响，必要时应设置功能层。功能层介于路基与基层之间，它的主要功能是改善路基的湿度和温度状况。

修筑功能层的材料，强度要求不一定高，但水稳定性和隔温性能要好。常用的功能层材料：一类是由松散粒料（如粗砂、砂砾、碎石等）组成的透水性材料层或防冻层；另一类是用水泥或石灰稳定土等修筑的稳定类材料层，还有封层、黏层、透层及应力吸收层。

三、掌握路面面层类型及路面分类

1. 路面面层类型及适用范围

通常按路面面层的使用品质、材料组成类型以及结构强度和稳定性，将路面分为沥青混凝土路面、水泥混凝土路面、沥青贯入路面、沥青碎石路面、沥青表面处治路面和砂石路面，如表 3-1-1 所示。

路面面层类型及适用范围 表 3-1-1

面 层 类 型	适 用 范 围
沥青混凝土路面	高速公路、一级公路、二级公路、三级公路、四级公路
水泥混凝土路面	高速公路、一级公路、二级公路、三级公路、四级公路
沥青贯入、沥青碎石、沥青表面处治路面	三级公路、四级公路
砂石路面	四级公路

1）沥青混凝土和水泥混凝土路面

沥青混凝土和水泥混凝土路面的特点是路面平整度好，强度高，稳定性好，使用寿命长，能保证高速行车，能适应繁重的交通量。该类路面养护费用少，运输成本低，但初期建设投入大，需要用质量高的材料来修筑。

2）沥青贯入、沥青碎石、沥青表面处治路面

沥青贯入、沥青碎石、沥青表面处治路面与高级路面相比，强度和刚度较差，使用寿命较短，所适应的交通量较小，其初期建设投资虽较沥青混凝土和水泥混凝土路面小，但需要定期养护，养护费用和运输成本均较高。

3）砂石路面

砂石路面的强度和刚度低，使用期限短，易扬尘，仅适应较小的交通量。砂石路面的初期建设投资虽然较低，但养护工作量大，需要经常维修才能延长使用年限，运输成本高。

2. 路面分类

路面类型可以从不同角度来划分，一般都按面层所用的材料区分，如水泥混凝土路面、沥

青路面、砂石路面等。但是在工程设计中,主要从路面结构的力学特性的相似性出发,可以将路面结构划分为沥青混凝土路面、复合式路面和水泥混凝土路面(也称刚性路面)三类。根据基层材料类型及组合的不同,又将沥青混凝土路面划分为柔性基层沥青路面、半刚性基层沥青路面、组合式基层沥青路面、刚性基层沥青路面。

1)沥青结合料类基层、粒料类基层(也称柔性基层)沥青路面

柔性基层沥青路面的总体结构刚度较小,在车辆荷载作用之下产生的表面变形较半刚性基层沥青路面大。虽然路面结构某层的抗拉强度较低,但通过合理的结构组合和厚度设计,可以保证路面结构整体具有很强的抵抗荷载作用的能力。同时通过各结构层将车辆荷载传递给路基,可使路基承受的压应力控制在一定的范围内。路基路面结构主要靠抗压强度和抗剪强度承受车辆荷载的作用。柔性基层沥青路面主要包括各种未经处理的粒料基层和各类沥青层组成的路面结构。

2)无机结合料类基层(也称半刚性基层)沥青路面

用水泥、石灰等无机结合料处治的土或碎(砾)石及含有水硬性结合料的工业废渣修筑的基层,在前期具有柔性基层的力学性质,而后期的强度和刚度均有较大幅度的增长,但是最终的强度和刚度仍小于水泥混凝土。由于这种材料的刚度处于柔性基层与刚性基层之间,因此把这种基层和铺筑在它上面的沥青面层统称为半刚性基层沥青路面。

3)组合式基层沥青路面

沥青路面的基层含有无机结合料稳定材料、水泥混凝土材料等刚度较大或相对较大的材料,但是在沥青层与刚度相对较大的材料之间夹有柔性材料,如沥青混凝土层+级配碎石+无机结合料稳定材料层的路面结构、沥青混凝土层+级配碎石+普通水泥混凝土材料层的路面结构、沥青混凝土层+级配碎石+碾压式水泥混凝土材料层的路面结构等。

4)水泥混凝土基层(也称刚性基层)沥青路面

复合式路面是用水泥混凝土[包括普通混凝土(JPCP)、钢筋混凝土(JRCP)、连续配筋混凝土(CRCP)、钢纤维混凝土、预应力混凝土、装配式混凝土、碾压混凝土]做基层,沥青混凝土做面层的路面结构。水泥混凝土具有强度高、稳定性好等特点,沥青混凝土具有行车舒适、噪声小等特点,这种复合式路面可以避免各自的缺点,具有良好的使用性能和耐久性。普通混凝土(JPCP)、钢筋混凝土(JRCP)基层沥青路面,由于接缝处的反射裂缝,对使用性能有一定的影响;连续配筋混凝土基层(CRCP)沥青混凝土路面由于连续的配筋将水泥混凝土的裂缝宽度约束在一定的范围内(一般要求小于1mm),故其有良好的使用性能和耐久性,但必须采取措施保证沥青层与沥青层、沥青层与水泥混凝土层之间有良好的黏结状态。

5)水泥混凝土路面

水泥混凝土路面主要指用水泥混凝土[包括普通混凝土(JPCP)、钢筋混凝土(JRCP)、连续配筋混凝土(CRCP)、钢纤维混凝土、预应力混凝土、装配式混凝土、碾压混凝土]做面层的路面结构。水泥混凝土的强度高,与其他筑路材料相比,抗弯拉强度高,并且有较高的弹性模量,故呈现出较大的刚性。在车辆荷载作用下,水泥混凝土结构层处于板体工作状态,竖向弯沉较小,路面结构主要靠水泥混凝土板的抗弯拉强度承受车辆荷载,通过板体的扩散分布作用,传递给基础上的单位压力较柔性路面小得多。

四、熟悉汽车荷载和环境影响因素对路面的影响

1. 汽车荷载对路面的影响

1) 车型分类与交通数据调查

汽车荷载既是路基路面的服务对象,又是造成路基路面结构损伤的主要原因。它是不断移动着的、具有振动和冲击影响的动荷载。汽车荷载的特性包括:汽车轮重与轴重的大小与特性、车轴的布置、汽车轴载的时间分布特性、汽车静态与动态荷载特性等。路面设计中车辆轴型根据轮组和轴组类型可分为7类(表3-1-2),车辆类型根据轴型组合可分为11类(表3-1-3)。

轴型分类　　表3-1-2

轴型编号	轴型说明	轴型编号	轴型说明
1	单轴(每侧单轮胎)	5	双联轴(每侧双轮胎)
2	单轴(每侧双轮胎)	6	三联轴(每侧单轮胎)
3	双联轴(每侧单轮胎)	7	三联轴(每侧双轮胎)
4	双联轴(每侧各一单轮胎、双轮胎)		

车辆类型分类　　表3-1-3

车型编号	说　明	主要车型及图示		其他车型
1类	2轴4轮车辆	11型车		
2类	2轴6轮及以上客车	12型客车	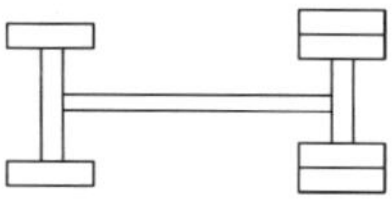	15型客车
3类	2轴6轮整体式货车	12型货车	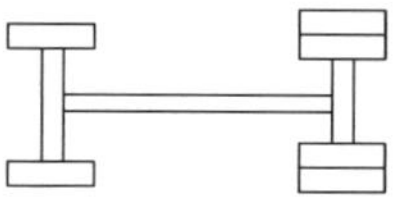	
4类	3轴整体式货车 (非双前轴)	15型	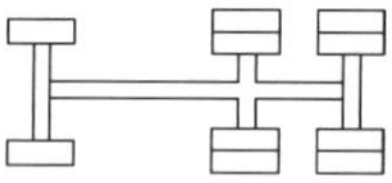	
5类	4轴及以上整体式货车 (非双前轴)	17型	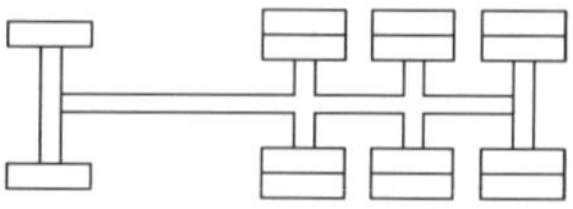	
6类	双前轴整体式货车	112型 115型	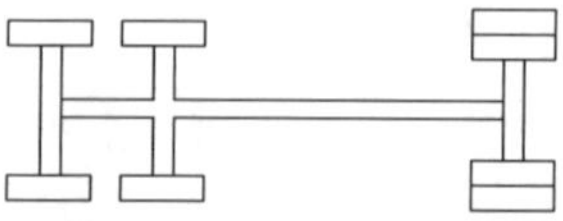	117型

续上表

车型编号	说　　明	主要车型及图示		其他车型
7 类	4 轴及以下半挂货车（非双前轴）	125 型	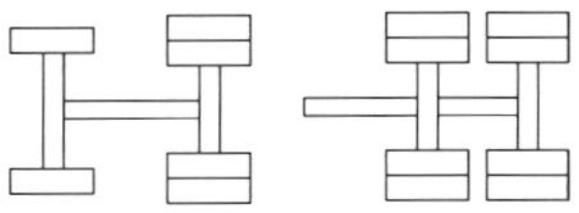	122 型
8 类	5 轴半挂货车（非双前轴）	127 型 155 型	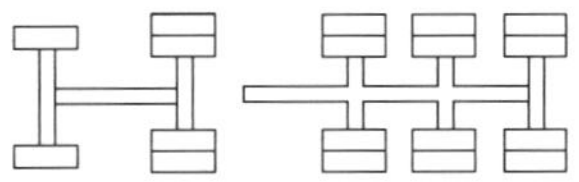	
9 类	6 轴及以上半挂货车（非双前轴）	157 型	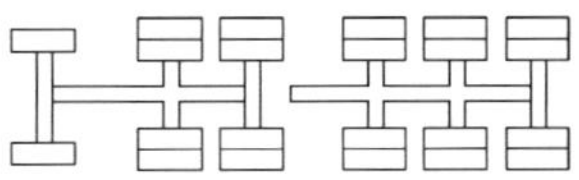	
10 类	双前轴半挂式货车	1127 型	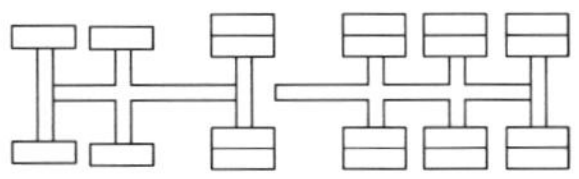	1122 型 1125 型 1155 型 1157 型
11 类	全挂货车	1522 型 1222 型	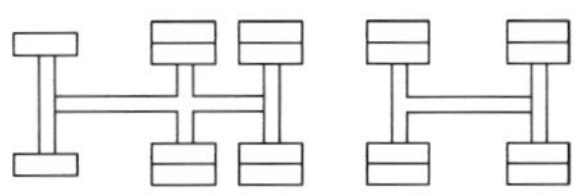	

交通数据调查应包括交通量及增长率、方向系数、车道系数、车辆类型组成、轴组组成和轴重等。公路初期交通量和其他参数可参照可行性研究报告等有关交通量预测资料，结合当地交通观测站的观测和统计资料，或通过实地设立站点进行观测和统计。交通量的年平均增长率可依据公路等级和功能以及地区经济和交通发展情况等，通过调查分析确定。方向系数宜根据不同方向上实测交通量数据确定，无实测数据时可在 0.5 ~ 0.6 范围内选取。沥青路面的车道系数可以按下列三个水平确定：水平一，根据现场交通量观测资料统计设计方向不同车道上车辆的数量，确定车道系数；水平二，采用当地的经验值；水平三，采用表 3-1-4 的推荐值。改建设计应采用水平一，新建路面设计可采用水平二或水平三。

车 道 系 数　　表 3-1-4

单向车道数	1	2	3	≥4
高速公路	—	0.70 ~ 0.85	0.45 ~ 0.60	0.40 ~ 0.50
其他等级公路	1.00	0.50 ~ 0.75	0.50 ~ 0.75	—

注：交通受非机动车和行人影响严重时取低限，反之取高值。

可通过实地设立站点进行各类车辆的轴型调查和轴重测定，或者利用该地区或相似类型公路已有称重站的车型、轴型和轴重测定统计资料，获取设计公路的车辆类型、轴型和轴重组成数据。对于水泥路面，还需要获取最重轴载和货车中占主要份额特重车型轴载。对于沥青路面，车辆类型分布系数可按三个水平确定：水平一，根据交通观测资料分析 2 类 ~ 11 类车型所占的百分比，得到车辆类型分布系数；水平二，根据交通历史数据或经验数据按照表 3-1-5 确定公路 TTC 分类，采用该 TTC 分类车辆类型分布系数当地经验值；水平三，根据交通历史数据或经验数据按表 3-1-5 确定公路 TTC 分类，采用表 3-1-6 规定的车辆类型分布系数。

公路 TTC 分类标准(%) 表 3-1-5

TTC 分类	整体式货车比例	半挂式货车比例
TTC1	<40	>50
TTC2	<40	<50
TTC3	40~70	>20
TTC4	40~70	<20
TTC5	>70	—

注:表中整体式货车为表 3-1-3 中 3 类~6 类车,半挂式货车为表 3-1-3 中 7 类~10 类车。

不同 TTC 分类车辆类型分布系数(%) 表 3-1-6

车辆类型	2 类	3 类	4 类	5 类	6 类	7 类	8 类	9 类	10 类	11 类
TTC1	6.4	15.3	1.4	0.0	11.9	3.1	16.3	20.4	25.2	0.0
TTC2	22.0	23.3	2.7	0.0	8.3	7.5	17.1	8.5	10.6	0.0
TTC3	17.8	33.1	3.4	0.0	12.5	4.4	9.1	10.6	8.5	0.7
TTC4	28.9	43.9	5.5	0.0	9.4	2.0	4.6	3.4	2.3	0.1
TTC5	9.9	42.3	14.8	0.0	22.7	2.0	2.3	3.2	2.5	0.2

2)标准轴载

汽车对道路的作用可分为停驻状态和行驶状态两种状态下的作用。当汽车处于停驻状态时,对路面的作用为静态作用,主要是由轮胎传给路面的垂直压力 P,它的大小受汽车轮胎的内压力 p、轮胎的刚度和轮胎与路面的接触的形状、轮载的大小等因素的影响。轮胎与路面的接触形状在工程设计中以圆形接触面积表示。将车轮荷载简化为当量的圆形均布荷载,并采用轮胎内压力作为轮胎接触压力 p。当量圆半径可按式(3-1-1)确定:

$$\delta = \sqrt{\frac{P}{\pi p}} \tag{3-1-1}$$

对于双轮组车轴,若每一侧的双轮用一个圆表示,称为单圆荷载;如用两个圆表示,则称为双圆荷载。单圆荷载的当量圆直径 D 和双圆荷载的直径 d,分别按式(3-1-2)、式(3-1-3)计算:

$$D = \sqrt{\frac{8P}{\pi p}} = \sqrt{2}d \tag{3-1-2}$$

$$d = \sqrt{\frac{4P}{\pi p}} \tag{3-1-3}$$

汽车的总重量通过车轴与车轮传递给路面,所以路面结构的设计主要以轴重作为荷载标准。我国现行《公路沥青路面设计规范》(JTG D50—2017)和《公路水泥混凝土路面设计规范》(JTG D40—2011)均以双轮组单轴载 100kN 作为标准轴载,以 BZZ-100 表示。标准轴载的计算参数见表 3-1-7。

标准轴载计算参数 表 3-1-7

标 准 轴 载	BZZ-100	标 准 轴 载	BZZ-100
标准轴载 P(KN)	100	单轮传压面当量圆直径 d(cm)	21.30
轮胎接地压强 p(MPa)	0.70	两轮中心距(cm)	1.5d

当汽车处于行驶状态时除了施加给路面垂直静压力之外，还给路面施加水平力、振动力。此外，由于汽车以较快的速度通过，这些动力影响还有瞬时性的特征。汽车荷载对路面的多次重复作用也是一项重要的动态影响。路面承受一次轮载作用和承受多次重复轮载作用的效果并不一样。对于弹性材料，在重复荷载作用下，呈现出材料的疲劳性质，也就是材料的强度将随荷载重复次数的增加而降低。对于弹塑性或黏弹性材料，如土基和柔性路面，在重复荷载作用下，将呈现出变形的逐渐增大，称为变形的累积。所以对于路面设计，不仅要重视静轴载与动轴载的量值，道路通行的各类轴载的数量也是重要的因素。

道路上通行的车辆不仅具有不同的类型和轴重，而且通行的交通量也是变化的。因此，交通量与交通荷载组成均是随机变量，随着时间、地点以及年限不同都在变化。路面结构设计中，为了准确衡量交通量，使交通量具有可比性，并准确考虑和计算车辆荷载对路面的综合累计损伤作用，必须分车型和轴型调查，确定各车型和轴型间的关系，寻求其换算系数，并通过适当的方式将不同车型和轴型换算成标准车型与轴型。

3）轴载换算

（1）轴载换算方法基本原则

不同轴载在同一路面结构上重复作用不同次数后，使结构层永久变形量或疲劳破坏达到相同极限状态。在一定轴载范围下，不同轴载对路面的作用效果可以互相换算。在进行换算时，应该遵循两项原则：第一，换算以达到相同临界状态为标准。第二，对某一种交通组成，不论以哪种轴载标准进行换算，由换算所得轴载作用次数计算的路面厚度相同。我国现行沥青路面设计方法中采用沥青混合料层疲劳寿命、无机结合料稳定层疲劳寿命、沥青混合料层永久变形和路基永久变形为主要设计标准，因此，轴载换算时考虑了沥青混合料层层底拉应变、无机结合料稳定层层底拉应力、沥青混合料层永久变形量和路基顶面竖向压应变为指标的轴载换算方法。我国现行水泥混凝土路面设计方法中则采用水泥混凝土面板底面的弯拉应力为指标进行轴载换算。

（2）沥青路面的轴载换算方法

各类车辆当量设计轴载换算系数可以按三个水平确定，高速公路和一级公路的改建设计应采用水平一，其他情况可采用水平二或水平三。

①水平一，采用称重设备连续采集设计车道上车辆类型轴型组成和轴重数据，按下列步骤分析各类车辆当量换算系数：

a. 分别统计2类～11类车辆单轴单胎、单轴双胎、双联轴和三联轴的数量，除以各类车辆总量，按式（3-1-4）计算各类车辆中不同轴型平均轴数。

$$NAPT_{mi} = \frac{NA_{mi}}{NT_m} \tag{3-1-4}$$

式中：$NAPT_{mi}$——m类车辆中i种轴型的平均轴数；

NA_{mi}——m类车辆中i种轴型总数；

NT_m——m类车辆总数；

i——分别为单轴单胎、单轴双胎、双联轴和三联轴；

m——2类～11类车。

b. 按式（3-1-5）计算2类～11类车辆不同轴型在不同轴重区间所占的百分比，得到不同轴型的轴重分布系数,即轴载谱。确定轴载谱时,单轴单胎、单轴双胎、双联轴和三联轴应分别间隔2.5kN、4.5kN、9.0kN和13.5kN划分轴重区间。

$$ALDF_{mij}=\frac{ND_{mij}}{NA_{mi}} \tag{3-1-5}$$

式中:$ALDF_{mij}$——m类车辆中i种轴型在j级轴重区间的轴重分布系数;

ND_{mij}——m类车辆中i种轴型在j级轴重区间的数量;

NA_{mi}——m类车辆中i种轴型的数量。

c.按式(3-1-6)计算2类~11类车辆各种轴型在不同轴重区间的当量设计轴载换算系数,计算时取各轴重区间中点值作为该轴重区间代表轴重。按式(3-1-7)计算各类车辆当量设计轴载换算系数:

$$EALF_{mij}=c_1c_2\left(\frac{P_{mij}}{P_s}\right)^b \tag{3-1-6}$$

式中:P_s——设计轴载(kN);

P_{mij}——m类车辆中i种轴型在j级轴重区间的单轴轴载(kN),对双联轴和三联轴,为平均分配到每根单轴的轴载质量;

b——换算指数。分析沥青混合料层疲劳和沥青混合料层永久变形时,$b=4$;分析路基永久变形时,$b=5$;分析无机结合料稳定层疲劳时,$b=13$;

c_1——轴组系数,前后轴间距大于3m时,分别按单个轴计算,轴间距小于3m时,按表3-1-8取值;

c_2——轮组系数,双轮组为1.0,单轮时取4.5。

轴组系数取值 表3-1-8

设计指标	轮—轴型	c_1取值
沥青混合料层层底拉应变、沥青混合料层永久变形量	双联轴	2.1
	三联轴	3.2
路基顶面竖向压应变	双联轴	4.2
	三联轴	8.7
无机结合料稳定层层底拉应力	双联轴	2.6
	三联轴	3.8

$$EALF_m=\sum_i\left[NAPT_{mi}\sum_j\left(EALF_{mij}\times ALDF_{mij}\right)\right] \tag{3-1-7}$$

式中:$EALF_m$——m类车辆的当量设计轴载换算系数;

$NAPT_{mi}$——m类车辆中i种轴型的平均轴数;

$ALDF_{mij}$——m类车辆中i种轴型在j级轴重区间的轴重分布系数;

$EALF_{mij}$——m类车辆中i种轴型在j级轴重区间当量设计轴载换算系数,根据式(3-1-6)计算确定。

②水平二和水平三,按式(3-1-8)确定各类车辆的当量设计轴载换算系数。式(3-1-8)中非满载车和满载车的比例和当量设计轴载换算系数,水平二时取当地经验值,水平三时取

表 3-1-9 和表 3-1-10 所列全国经验值。

$$EALF_m = EALF_{ml} \times PER_{ml} + EALF_{mh} \times PER_{mh} \tag{3-1-8}$$

式中：$EALF_{ml}$——m 类车辆中非满载车的当量设计轴载换算系数；

$EALF_{mh}$——m 类车辆中满载车的当量设计轴载换算系数；

PER_{ml}——m 类车辆中非满载车所占的百分比；

PER_{mh}——m 类车辆中满载车所占的百分比。

2 类 ~ 11 类车辆非满载车与满载车比例　　表 3-1-9

车　型	非满载比例	满载比例
2 类	0.80 ~ 0.90	0.10 ~ 0.20
3 类	0.85 ~ 0.95	0.05 ~ 0.15
4 类	0.60 ~ 0.70	0.30 ~ 0.40
5 类	0.70 ~ 0.80	0.20 ~ 0.30
6 类	0.50 ~ 0.60	0.40 ~ 0.50
7 类	0.65 ~ 0.75	0.25 ~ 0.35
8 类	0.40 ~ 0.50	0.50 ~ 0.60
9 类	0.55 ~ 0.65	0.35 ~ 0.45
10 类	0.50 ~ 0.60	0.40 ~ 0.50
11 类	0.60 ~ 0.70	0.30 ~ 0.40

2 类 ~ 11 类车辆当量设计轴载换算系数　　表 3-1-10

车型	沥青混合料层层底拉应变、沥青混合料层永久变形量		无机结合料稳定层层底拉应力		路基顶面竖向压应变	
	非满载车	满载车	非满载车	满载车	非满载车	满载车
2 类	0.8	2.8	0.5	35.5	0.6	2.9
3 类	0.4	4.1	1.3	314.2	0.4	5.6
4 类	0.7	4.2	0.3	137.6	0.9	8.8
5 类	0.6	6.3	0.6	72.9	0.7	12.4
6 类	1.3	7.9	10.2	1505.7	1.6	17.1
7 类	1.4	6.0	7.8	553.0	1.9	11.7
8 类	1.4	6.7	16.4	713.5	1.8	12.5
9 类	1.5	5.1	0.7	204.3	2.8	12.5
10 类	2.4	7.0	37.8	426.8	3.7	13.3
11 类	1.5	12.1	2.5	985.4	1.6	20.8

③当量设计轴载累计作用次数。

根据前述确定的车辆当量设计轴载换算系数，按式(3-1-9)确定初始年设计车道日平均当量轴次 N_1。

$$N_1 = AADTT \times DDF \times LDF \times \sum_{m=2}^{11} (VCDF_m \times EALF_m) \tag{3-1-9}$$

式中：$AADTT$——2 轴 6 轮及以上车辆的双向年平均日交通量（辆/日）；

DDF——方向系数；

LDF——车道系数；

m——车辆类型编号；

$VCDF_m$——m 类车辆类型分布系数；

$EALF_m$——m 类车辆的当量设计轴载换算系数。

根据初始年设计车道日平均当量轴次 N_1、设计使用年限等，按式（3-1-10）计算设计车道上的当量设计轴载累计作用次数 N_e。

$$N_e = \frac{[(1+\gamma)^t - 1] \times 365}{\gamma} N_1 \tag{3-1-10}$$

式中：N_e——设计使用年限内设计车道上的当量设计轴载累计作用次数（次）；

t——设计使用年限（年）。新建沥青路面结构设计使用年限不应低于表 3-1-11 的规定，应根据公路等级、经济、交通荷载等级等因素综合确定。改建路面结构设计可根据工程实际情况选取适宜的设计使用年限；

γ——设计使用年限内交通量的年平均增长率；

N_1——初始年设计车道日平均当量轴次（次/d）。

各级公路的沥青路面结构设计使用年限（单位：年）　　表 3-1-11

公路等级	设计使用年限	公路等级	设计使用年限
高速公路、一级公路	15	三级公路	10
二级公路	12	四级公路	8

（3）水泥路面的轴载换算方法

水泥混凝土路面结构设计也以 100kN 的单轴—双轮组荷载作为标准设计轴载，并以水泥混凝土面板底面的弯拉应力为指标进行轴载换算。

①以轴型为基础的换算方法

各类车辆按轴型称重和统计时，可采用以轴型为基础的轴载当量换算系数法计算分析设计车道使用初期的设计轴载日作用次数。随机统计 3000 辆 2 轴 6 轮及以上车辆中单轴、双轴和三联轴等不同轴型出现的单轴次数，并分别称取其单轴轴载。可按单轴轴重级位统计整理后得到轴载谱，并按式（3-1-11）计算确定不同轴重级位的设计轴载当量换算系数。

$$k_{p,i} = \left(\frac{P_i}{P_s}\right)^{16} \tag{3-1-11}$$

式中：$k_{p,i}$——不同单轴轴重级位 i 的设计轴载当量换算系数；

P_i——单轴，单轮、单轴—双轮组、双轴—双轮组或三轴—双轮组轴型中单轴级位 i 的轴重；

P_s——设计轴载的轴重。

依据单轴轴载谱和相应的设计轴载当量换算系数，可按式（3-1-12）计算得到设计车道使用初期的设计轴载日作用次数。

$$N_s = ADTT \frac{n}{3000} \sum_i (k_{p,i} \cdot p_i) \tag{3-1-12}$$

式中：N_s——设计车道的设计轴载日作用次数[轴次/(车道·日)]；

$AADT$——设计车道的年平均日货车交通量[辆/(车道·日)]；

n——随机调查3000辆2轴6轮以上车辆中出现的单轴总轴数；

p_i——单轴轴重级位 i 的频率(以分数计)。

②以车辆类型为基础的换算方法

以车辆类型为基础进行各种轴型的轴载称重和统计时，可采用车辆当量轴载系数法计算分析设计车道使用初期的设计轴载日作用次数。

可将2轴6轮及以上车辆分为整车、半挂和多挂3大类，每类车再按轴数细分，分别按车型称重后得到单轴轴载谱。可由式(3-1-11)和式(3-1-13)计算得到各类车辆的设计轴载当量换算系数。

$$k_{p,k} = \sum_i k_{p,i} \cdot p_i \tag{3-1-13}$$

式中：$k_{p,k}$——k 类车辆的设计轴载当量换算系数；

p_i——k 类车辆单轴轴重级位 i 的频率(以分数计)。

依据调查所得的车辆类型组成数据，可按式(3-1-14)计算确定设计车道使用初期的设计轴载日作用次数。

$$N_s = ADTT \times \sum_k (k_{p,k} \cdot p_k) \tag{3-1-14}$$

式中：p_k——k 类车辆的组成比例(以分数计)。

③当量设计轴载累计作用次数

设计基准期内水泥混凝土路面设计车道临界荷位处所承受的设计轴载累计作用次数，可按照式(3-1-15)计算确定。

$$N_e = \frac{N_s \cdot [(1+g_r)^t - 1] \times 365}{g_r} \cdot \eta \tag{3-1-15}$$

式中：N_e——设计基准期内车道所承受的设计轴载累计作用次数(轴次/车道)；

t——设计基准期(a)。各级公路水泥混凝土路面结构的设计基准期应符合表3-1-12的规定；

g_r——基准期内货车交通量的年平均增长率(以分数计)；

η——临界荷位处的车辆轮迹分布系数，按表3-1-13选用。

各级公路水泥混凝土路面结构的设计基准期　　表3-1-12

公路等级	高速	一级	二级	三级	四级
设计基准期(a)	30		20	15	10

水泥混凝土路面轮迹横向分布系数　　表3-1-13

公路等级		纵缝边缘处
高速公路、一级公路、收费站		0.17～0.22
二级及二级以下公路	行车道宽>7m	0.34～0.39
	行车道宽≤7m	0.54～0.62

注：车道、行车道较窄或者交通量较大时，取高值；反之，取低值。

4）交通荷载分级

由于不同等级的道路承受不同的交通荷载作用，为了判别道路承受荷载的轻重，《公路沥青路面设计规范》（JTG D50—2017）和《公路水泥混凝土路面设计规范》（JTG D40—2011）分别进行了交荷载等级的划分。

沥青路面结构设计采用多项设计指标，不同设计指标分别采用不同的轴载换算参数，从而对应不同的当量设计轴载累计作用次数。如采用当量设计轴载累计作用次数划分交通荷载等级，需针对各设计指标分别提出划分标准，应用不便。此外，不同等级公路设计使用年限不同，日平均交通量无法反映设计使用年限内累计交通量。因此，沥青路面以设计使用年限内累计大型客车和货车交通量之和划分交通荷载等级，如表3-1-14所示。

沥青路面设计交通荷载等级 表3-1-14

设计交通荷载等级	极重	特重	重	中等	轻
设计使用年限内设计车道累计大型客车和货车交通量（$\times 10^6$，辆）	≥50.0	50.0~19.0	19.0~8.0	8.0~4.0	<4.0

注：大型客车和货车为2类~11类车。

水泥混凝土路面设计车道在设计基准期内所承受的交通荷载作用，按设计基准期内设计车道临界荷位处所承受的设计轴载累计作用次数分为5级，分级范围见表3-1-15。

水泥混凝土路面交通荷载分级 表3-1-15

交通荷载等级	极重	特重	重	中等	轻
设计基准期内设计车道承受设计轴载（100kN）累计作用次数 N_e（10^4）	$>1\times10^6$	1×10^6~2000	2000~100	100~3	<3

2. 环境因素对路面的影响

路面结构直接暴露在大气之中，经受环境因素的影响。温度和湿度是对路面结构有重要影响的环境因素，路面结构的温度和湿度状况随周围环境的变化而变化，路面性质和状态也随之发生变化。

1）温度对路面的影响

沥青混凝土及其他沥青混合料的强度、刚度和变形能力随气温的变化而产生明显变化。温度升高时，沥青的黏滞度降低，矿料之间的黏结力削弱，导致沥青强度降低；沥青路面在低温时强度虽然增大，但其变形能力却因刚性的增大而降低。气温下降，特别是急骤降温时，会在路面结构上产生温度梯度，路面面层遇降温而收缩的趋势会受到其下部层次的约束在面层产生拉应力，开始时由于沥青混合料的劲度相对较低，其拉应力较小，但是随着进一步降温，在低温状态下，沥青混合料的劲度增加，从而伴随着收缩趋势的进一步增强，导致拉应力超过沥青混凝土的强度，造成面层开裂。

水泥混凝土路面受温差影响，由于温差所引起的体积变化如果受到约束，将会产生很大的温度应力，通常将水泥混凝土路面划分为一定尺寸的板块，设置接缝来减小温度应力。温度升高时，板顶面温度较其底面高，板顶膨胀变形较板底的大，则中部隆起，气温升高引起的中部隆起受到限制时，板底面出现拉引力。温度下降时，板顶面温度较其底面板低，板顶收缩变形较板底大，因而板的边缘翘起，当温度下降引起的板四周翘起受阻时，板顶面出现拉应力。因此，每昼夜内温度梯度的变化会使面板出现膨胀和收缩变形趋势，导致白天隆起、夜晚下凹，称为温度翘曲，翘曲变形受阻会导致路面板产生膨胀或翘曲应力，因此，温度是水泥混凝土路面必须考虑的因素。

2)湿度对路面的影响

路基土和路面材料的强度与刚度随路面结构湿度的变化有时会有大幅度的增减，路基土和路面材料的体积随路面结构湿度的升降而引起膨胀和收缩，且沿路面结构深度呈不均匀，如果这种不均匀的胀缩受到约束，路面结构会产生湿度应力，加之，路基土和路面材料几何性质和物理性质随路面结构湿度产生变化，使得路面结构设计复杂化。

路面结构的强度、刚度及稳定性在很大程度上取决于路基的湿度变化。如在北方季节性冰冻地区，冰冻开始时，路基水分向冻结线积聚形成冻胀，春暖融冻初期形成翻浆的现象较普遍；在南方非冰冻区，当雨季来临时，未能及时排除的地面积水和离地面很近的地下水将路基土浸润而软化，路基的软化将进一步影响路面结构层强度、刚度和稳定性变化。

面层的透水性对路面湿度有很大影响，若采用不透水的面层结构，将减少降水和蒸发的影响。在道路完工二、三年内，路面结构湿度逐渐趋向稳定，对于透水的面层结构，若不作专门处理，则路面结构湿度状况将受到降水和蒸发的影响而产生季节性的变化。

路肩以下路基湿度的季节性变化对路面结构也有影响。通常在路面边缘以内 1m 左右，湿度开始增大，直至路面边缘与路肩下的湿度相当。路肩如果经过处治，防止雨水渗入，则路面下土基湿度将趋向于稳定，从而保证路面结构层稳定。

五、熟悉路面排水设计

1.路界地表排水设计

1)路面表面排水设计

(1)路堑地段路面表面水应通过横向排流的方式汇集于边沟内。

(2)路堤较高且边坡坡面未作防护，或坡面虽有防护措施但仍有可能冲刷的路段，应采用路面集中排水系统排除路表水。

(3)路线纵坡平缓、汇水量不大、路堤较低且边坡坡面不易受到冲刷的路段，以及设置了具有截、排水功能的骨架护坡的高填方路段，可采用路面横向分散漫流排水方式排除路表水。

(4)设置拦水带汇集路表水时，高速公路及一级公路的设计积水宽度不得超过右侧车道边缘；二级及二级以下公路不得超过右侧车道中心线。当硬路肩宽度较窄、汇水量大或拦水带形成的过水断面不足时，可采用沿土路肩设置 U 形路肩边沟等措施加大过水断面。路肩边沟采用水泥混凝土等预制铺筑。

(5)采用路面横向分散漫流方式排除路表水时，宜对土路肩及坡面进行加固。

2)中央分隔带排水设计

(1)中央分隔带表面未采用铺面封闭时，分隔带内部宜设置由防水层、纵向排水渗沟、集水槽和横向排水管等组成的防排水系统，如图 3-1-2 所示。宽度大于 3m 的中央分隔带表面宜设置成浅碟形，横向坡度宜为 1:4 ~ 1:6。

(2)中央分隔带排水渗沟在通信管道之下，渗沟顶面与回填土之间应设置反滤层，渗沟两侧及底部应设置防水层。宜采用管式渗沟,渗沟材料及设计符合相关规定,横向排水管宜采用直径为 100 ~ 200mm 的塑料管。

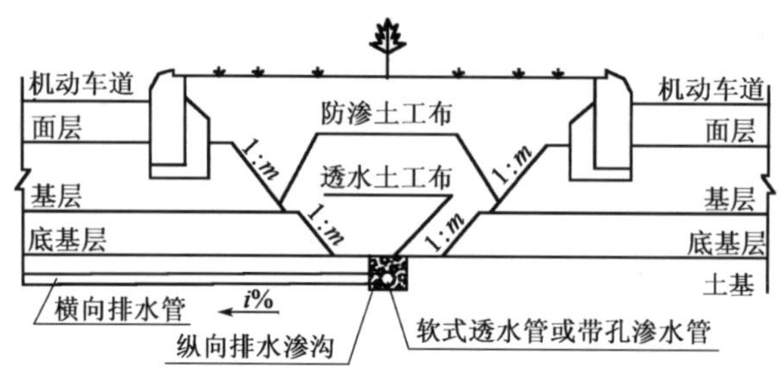

图 3-1-2　不铺面中央分隔带防排水系统示意图

(3)降雨量较小、中央分隔带较窄时,中央分隔带可采用表面铺面封闭分散排水。分隔带铺面应采用两侧外倾的横坡,坡度宜与横向坡度相同,铺面材料可采用沥青处治材料或其他封闭材料,如图 3-1-3 所示。

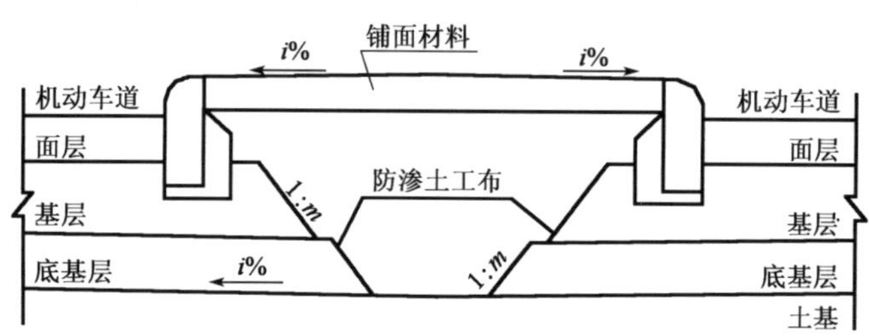

图 3-1-3　设铺面中央分隔带防排水系统示意图

(4)中央分隔带回填土与路面结构之间应设置防水层。

3)超高段排水设计

(1)超高段外侧排水,可根据降雨量及路面宽度,采取经内侧路面排除或设置地下水设施排除方案,并应符合以下规定:

①年降水量小于 400mm 的地区,双向四车道公路,可采用在中央分隔带设开口明槽方案,路面水流经内侧路面排除。

②年降水量大于或等于 400mm 的地区,或车道数超过四车道,外侧路面水宜通过地下排水系统排除。

(2)超高路段的地下排水系统由纵向集水沟(管)、集水井、检查井、横向排水管、急流槽等组成。

(3)纵向集水沟(管)、集水井及检查井等排水设施应在中间带内设置,不得侵入行车道。

(4)纵向集水沟(管)可采用缝隙式集水沟(管)、碟形浅沟或设带孔盖板的矩形沟等形式。沟底纵坡宜与路线纵坡一致,且不应小于 0.3%。

(5)集水井的形式、数量和间距应根据超高路段的外侧半幅路面汇水面积、流量及出水口的泄流能力确定。集水井的间距宜为 20 ~ 50m,纵向集水沟(管)串联集水井的个数不宜超过

3 个。路线纵坡小于0.3%的路段,可增加集水井数量。

(6)纵向集水沟、集水井及检查井等的盖板材料应采用钢筋混凝土、铸铁或钢筋加强的复合材料,材料强度和盖板厚度应根据设计汽车荷载等级计算确定。

2.路面内部排水设计

1)一般规定

(1)路面内部排水系统可由路面边缘排水系统、排水基层或排水垫层单独或组合构成。

(2)遇到下列情况之一,宜设置路面内部排水系统:

①年降水量为600mm以上的湿润多雨地区,路床由渗透系数不大于10^{-4}mm/s的细粒土填筑的高速、一级或重要的二级公路。

②路基两侧有滞水,可能渗入路面结构内。

③重冰冻地区,路床为粉性土的潮湿路段。

④现有公路路面改建或路基改善工程,需排除积滞在路面结构内的水。

(3)路面内部排水设计符合以下规定:

①路面内部排水系统中各种排水设施的设计排泄量均应不小于路面表面水渗入量的2倍,下游排水设施的泄水能力应超过上游排水设施的泄水能力。

②排水设施应能避免被渗流从路面结构、路基或路肩中带来的细颗粒堵塞。

③系统的排水功能不应随时间很快降低。

(4)路表面渗入路面结构的水量大,仅设置路面边缘排水系统难以迅速排除时,可在面层下设置排水基层,地下水丰富的低填和挖方路段的路基顶面应设置排水垫层。

行车道路面表面水渗入路面结构的量,可按路面类型分别由式(3-1-16)、式(3-1-17)计算确定:

水泥混凝土路面
$$Q_p = K_c\left(n_z + n_h \frac{B}{L_c}\right) \tag{3-1-16}$$

沥青路面
$$Q_p = K_a B \tag{3-1-17}$$

式中:Q_p——纵向每延米行车道路表面水渗入量[$m^3/(d \cdot m)$];

K_c——每延米水泥混凝土路面接缝或裂缝的表面水设计渗入率[$m^3/(d \cdot m)$];可取为$0.36m^3/(d \cdot m)$;

K_a——每平方米沥青路面的表面水设计渗入率[$m^3/(d \cdot m)$],可取为$0.15m^3/(d \cdot m)$;

B——单向坡度路面的宽度(m);

L_c——水泥混凝土路面的横缝间距(即板长)(m);

n_z——B范围内纵向接缝的条数(包括路面与路肩之间的接缝);对不设置中央分隔带的双向横坡路段,公路路脊处的接缝(全幅中间接缝)按0.5条计;对设置中央分隔带的非超高路段,路面与中央分隔带间的接缝按1条计;

n_h——L_c范围内横向接缝和裂缝的条数。

2)路面边缘排水系统

路面边缘排水系统应沿路面结构外侧边缘设置,宜有透水性填料集水沟、纵向排水管、横向出水管和过滤织物等组成,如图3-1-4所示。

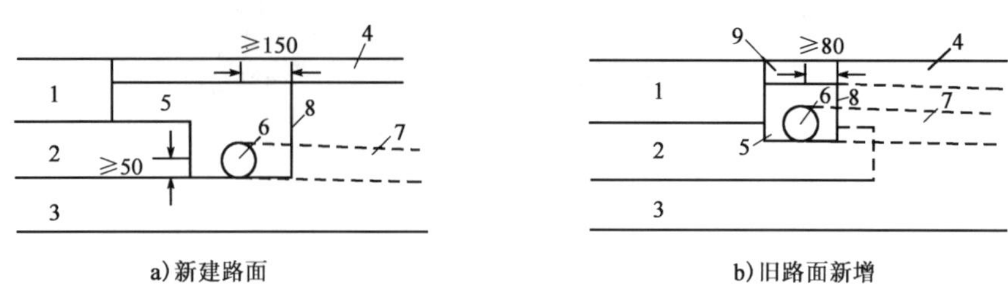

图3-1-4　边缘排水系统示意图(尺寸单位:mm)

1-面层;2-基层;3-垫层;4-路肩面层;5-集水沟;6-排水管;7-出水管;8-反滤织物;9-回填路肩面层

3)排水路面

采用开级配沥青混合料表面层,或设置粒料、开级配或半开级配混合料等排水层、防冻层时,可采用横贯整幅路基的形式,或设置边缘排水系统。

考点分析

路面是各种混合料铺筑于路基顶面供车辆行驶的层状结构物,其直接承受行车荷载的反复作用,同时受大气温度、湿度等自然环境因素及路面铺筑材料性能的影响。路面横断面由行车道、硬路肩或土路肩组成,自上而下结构层次由面层、基层和路基(垫层)构成。路面结构层所选材料,应满足强度稳定性和耐久性要求。因此,根据所设计道路的等级和任务,合理选择路面结构,精心设计,使路面在设计年限内具有良好的使用性能,提供良好的行驶条件和服务水平。本节要求考生掌握路面基本性能要求及影响因素,路面的结构层次与功能,路面面层类型及路面分类;熟悉汽车荷载和环境影响因素对路面的影响及路面排水设计等相关知识。

例题解析

例1　沥青混凝土路面设计中,要求路面表面具有足够平整度的原因是以下哪个选项?(　　)

(A)提高行车速度和行车安全性和舒适性

(B)减小车轮荷载作用下产生的永久性变形

(C)增加车轮和路面之间的附着力和摩擦力

(D)延长路面在荷载和自然环境作用下的使用寿命

分析

提高行车速度和行车安全性和舒适性体现了路面表面具有足够平整度。减小车轮荷载作用下产生的永久性变形体现了路面要求足够的稳定性。增加车轮和路面之间的附着力和摩擦力相应提高了路面抗滑性能。故本题选A。

例2　路面结构受到大气中温度、降水等自然环境因素的剧烈变化可能产生病害,下列关

于环境因素造成路面病害的说法正确的是哪个选项？（　　）

(A)高温季节沥青路面易产生软化，在车轮荷载作用下产生可塑性变形

(B)高温季节水泥混凝土易发生结构变形产生过大应力，导致路面弯曲破坏

(C)北方冰冻地区，低温冰冻季节，半刚性基层会因为低温收缩产生大量裂缝

(D)路面结构内部湿度状态的变化，便会导致水泥混凝土路面发生唧泥现象

分析

大气温度周期性的变化对路面结构的稳定性有重要影响，高温季节沥青路面软化，在车轮荷载作用下产生永久性变形；水泥混凝土结构在高温季节因结构变形产生过大内应力，导致路面弯曲破坏。北方冰冻地区，在低温冰冻季节，水泥混凝土路面、沥青路面、半刚性基层由于低温收缩产生大量裂缝，最终失去承载能力。大气降水使得路面结构内部的湿度状态发生变化，水泥混凝土路面，如果不能及时将水分排出结构层，会发生唧泥现象，冲刷基层，导致结构层提前破坏。沥青混凝土路面中水分的浸蚀，会引起沥青结构层剥落，结构松散。故本题选C。

例3　增加车轮和路面之间的附着力和摩擦力的性能，是为了使路面具有以下哪种特征？（　　）

(A)足够的稳定性　　(B)足够的抗滑性

(C)足够的平整性　　(D)足够的耐久性

分析

路面表面要求平整但不宜光滑，汽车在光滑的路面上行驶时，车轮与路面之间缺乏足够的附着力或摩擦力。因此，增加车轮和路面之间的附着力和摩擦力的性能是为了使路面具有足够的抗滑性。故本题选B。

例4　路面排水设计应根据公路等级、降水量和路线纵坡等因素，合理选择排水方案，下列关于路面排水的选项正确的是哪个选项？（　　）

(A)设置了截、排水功能的骨架护坡的高填方路段，应采用集中排水方式排除路表水

(B)在纵坡较大的路段上，对称式泄水口的泄水能力优于非对称式泄水口的泄水能力

(C)采用级配碎石时，排水基层厚度可以为130mm

(D)水泥混凝土面层的排水基层，宜采用水泥处治开级配碎石，其最大粒径宜为16mm

分析

由《公路排水设计规范》(JTG/T D33—2012)第4.2.1条、第4.2.3条和第5.3.2条可知，本题选C。

例5　我国路面设计规范中规定的标准轴载为100kN，轮胎接地压强为0.7MPa，试问单圆荷载的当量圆直径D最接近的选项是哪一个？（　　）

(A)0.202m　　(B)0.213m

(C)0.302m　　(D)0.313m

分析

标准轴载为100kN,则双轮组车轴中,轮载 $P=100/4=25\text{kN}$,轮胎接地压强 $p=700\text{kPa}$,代入公式 $D=\sqrt{\frac{8P}{\pi p}}$,得单圆荷载的当量圆直径 D 为0.302m。故本题选C。

例6　公路自然区划Ⅲ区新建一条高速公路,路基土为黄土,采用普通混凝土面层和碾压混凝土基层组成的复合式路面,单幅路面宽11.75m,经交通调查分析得知,设计车道使用初期标准轴载日作用次数为3600次,取交通量年平均增长率为7%,试问该高速公路的交通荷载为下列哪一项?　(　　)

(A)极重交通荷载　　(B)特重交通荷载

(C)重交通荷载　　(D)中等交通荷载

分析

高速公路设计基准期为30年,安全等级为一级,按《公路水泥混凝土路面设计规范》(JTG D40—2011)中表A.2.4,临界荷位处的车辆轮迹横向分布系数取0.22,由计算得到设计基准期内设计车道标准荷载累计作用次数为 N_e。

$$N_e=\frac{N_s\times[(1+g_r)^t-1]\times365}{g_r}\times\eta=\frac{3600\times[(1+0.07)^{30}-1]\times365}{0.07}\times0.22=2.38\times10^7\text{次}$$

依据《公路水泥混凝土路面设计规范》(JTG D40—2011)中表3.0.7分级,可知该高速公路交通荷载等级为特重交通荷载等级。故本题选B。

例7　在一定轴载范围下,不同轴载对路面的作用效果可以互相换算。在进行换算时,应该遵循哪些原则?　(　　)

(A)等破坏原则　　(B)等变形原则

(C)等强度原则　　(D)等厚度原则

分析

在进行换算时,应该遵循两项原则:第一,换算以达到相同临界状态为标准(等破坏原则)。第二,对某一种交通组成,不论以哪种轴载标准进行换算,由换算所得轴载作用次数计算的路面厚度相同(等厚度原则)。故本题选AD。

例8　高速公路面层一般可采用的下列哪些材料?　(　　)

(A)水泥混凝土　　(B)水泥稳定碎石

(C)沥青混凝土　　(D)沥青表面处治

分析

修筑面层所用的材料主要有:水泥混凝土、沥青混凝土、沥青碎(砾)石混合料、砂砾或碎石掺土或不掺土的混合料以及块料等。高速公路一般选择水泥混凝土和沥青混凝土。故本题选 AC。

例 9 某新建一级公路,路面面层采用沥青混凝土,基层和底基层均采用水泥稳定碎石,双向四车道,根据 OD 分析,断面大型客车和货车交通量为 3500 辆/日,交通量年平均增长率为 6.5%,设计年限 15 年。根据对路段每辆车实际收集到的轴载组成数据,经统计分析后,得到如例 9 表(1)所示的车辆类型分布系数。

车辆类型分布系数 例 9 表(1)

车辆类型	2 类	3 类	4 类	5 类	6 类	7 类	8 类	9 类	10 类	11 类
车辆类型分布系数(%)	6.4	15.3	1.4	0	11.9	3.1	16.3	20.4	25.2	0.0

(1)问沥青混合料层层底拉应变和永久变形量分析时,初始年设计车道日平均当量轴次 N_1 最接近下列哪个选项? ( )

(A)3033 (B)3118

(C)3576 (D)4069

(2)对应沥青混合料层层底拉应变和永久变形量的当量设计轴载累计作用次数 N_e 最接近下列哪个选项?( )

(A)1.62×10^7 (B)1.62×10^8

(C)2.75×10^7 (D)2.75×10^8

分析

各类车辆当量设计轴载换算时可采用水平二和水平三。由表 3-1-9 查得 2 类 ~11 类车辆非满载与满载比例(取中值),见例 9 表(2)中的第二行和第四行,由表 3-1-10 查得对应沥青混合料层层底拉应变和永久变形量的 2 类 ~11 类车辆当量设计轴载换算系数,见例 9 表(2)中的第三行和第五行。利用式(3-1-8),计算得到各类车辆的当量设计轴载换算系数,见例 9 表(2)中第六行。由题意知,双向年平均日交通量 $AADTT=3500$ 辆/日,方向系数 DDF 取 0.55,车道系数 LDF 取 0.5,代入公式(3-1-9),得到初始年设计车道日平均当量轴次 N_1 为 3118 次。故本题(1)选 B。

计算数据和计算结果 例 9 表(2)

车辆类型	2 类	3 类	4 类	5 类	6 类	7 类	8 类	9 类	10 类	11 类
非满载车百分比 PER_{ml}	0.85	0.9	0.65	0.75	0.55	0.7	0.45	0.6	0.55	0.65
非满载当量轴载换算系数 $EALF_{ml}$	0.8	0.4	0.7	0.6	1.3	1.4	1.4	1.5	2.4	1.5
满载车百分比 PER_{mh}	0.15	0.1	0.35	0.25	0.45	0.3	0.55	0.4	0.45	0.35

续上表

车辆类型	2类	3类	4类	5类	6类	7类	8类	9类	10类	11类
满载当量轴载换算系数 $EALF_{mh}$	2.8	4.1	4.2	6.3	7.9	6	6.7	5.1	7	12.1
当量设计轴载换算系数 $EALF_m$	1.1	0.77	1.925	2.025	4.27	2.78	4.315	2.94	4.47	5.21
$EALF_m \times VCDF_m$	0.070	0.118	0.027	0	0.508	0.086	0.703	0.600	1.126	0

将交通量年平均增长率 $\gamma=6.5\%$，设计使用年限 $t=15$，代入公式(3-1-10)，得

$$N_e=\frac{[(1+\gamma)^t-1]\times365}{\gamma}\cdot N_1=\frac{[(1+0.065)^{15}-1]\times365}{0.065}\times3118=2.75\times10^7\text{ 次}$$

故本题(2)选C。

自测模拟

（第1~8题为单选题）

1. 路面的使用性能中服务水平或行驶质量可以通过主观或主观和客观相结合的方法进行评价，路面安全性主要指路面表面的抗滑能力。评定水泥混凝土路面面层抗滑能力的指标时可采用以下哪一项？（　　）

(A)横向力系数　　(B)国际平整度指数

(C)构造深度　　(D)摩擦系数

2. 基层是指设置在面层之下，并与面层一起将行车荷载的反复作用传递到底基层、垫层、土基，起承重作用的结构层次。下列关于基层的说法最合理的是哪一项？（　　）

(A)级配碎石常用于三级公路以上的基层和底基层

(B)热拌沥青碎石宜用于重交通及以上的公路基层和底基层

(C)贯入式沥青碎石宜用于中等交通及以上的公路基层或底基层。

(D)填隙碎石适用于各级公路的基层和底基层。

3. 温度和湿度因素是造成路面结构产生破坏的主要原因，下列最合理的说法是哪一项？（　　）

(A)总体上，沥青混凝土的动态回弹模量随温度的升高而升高

(B)温度应力是决定水泥混凝土路面板产生破坏的主要因素

(C)气温升高，水泥混凝土路面板顶部温度高于底部温度，板顶膨胀变形较大，板中隆起，反之，则板的角隅翘起，从而使路面板内产生翘曲应力

(D)路面面层结构内不同深度处的温度随气温的变化呈周期性变化，升降的幅度随深度的增加而减少，其峰值的出现也随深度的增加而越来越滞后

4. 按照空隙率的大小，沥青碎石混合料的级配类型可分为密级配、半开级配及开级配。下列关于级配适用性的说法最合理的是哪一项？（　　）

(A) 开级配沥青碎石混合料不适于排水基层

(B) 半开级配沥青碎石混合料具有承重和一定的排水能力

(C) 基层用开级配沥青碎石的公称最大粒径宜等于或大于 37.5mm

(D) 半开级配和开级配沥青碎石的结合料宜用黏度较低的沥青

5. 半刚性基层、底基层应具有足够的强度和稳定性、较小的收缩变形和较强的抗冲刷能力，下列关于半刚性基层的说法正确的是哪一项？（　　）

(A) 石灰稳定集料类材料宜用于各级公路的基层、底基层

(B) 高速公路、一级公路的基层或上基层宜选用骨架密实型混合料

(C) 对于冰冻地区、多雨潮湿区，石灰粉煤灰稳定集料类材料宜用于高速公路、一级公路的基层或底基层

(D) 半刚性基层和底基层材料强度，以规定温度下保湿养生 5d、浸水 2d 后的 7d 无侧限抗压强度

6. 在路面设计中，将车轮荷载简化为当量的圆形均布荷载，并近似采用轮胎内压力作为轮胎接触压力 p，若作用在车轮上的荷载为 P，按我国现行的路面设计规范中规定的标准轴载 BZZ-100 的 P 为 25kN，p 为 700kPa，试问双圆荷载和单圆荷载的当量圆半径 d 和 D 分别为下列哪一项？（　　）

(A) 0.213m，0.213m

(B) 0.213m，0.302m

(C) 0.302m，0.302m

(D) 0.213m，0.214m

7. 路面排水设计是道路排水设计重要组成部分，下列关于路面排水设计正确的是哪一项？（　　）

(A) 高等级公路车道数较多时，宜采用较大的泄水口间距

(B) 路肩表面的横向坡度宜小于 3%，行车道路面横向坡度宜小于 2%

(C) 当路肩采用水泥混凝土面层时，可设在路肩内侧边缘内；当路肩采用沥青面层时，可设在路肩外侧边缘内

(D) 集水沟和集水管的纵坡宜与路线纵坡相同，但不宜小于 0.25%

8. 某新建二级公路，路面面层采用沥青混凝土，基层和底基层均采用水泥稳定碎石，双向两车道，根据 OD 分析，断面大型客车和货车交通量为 2000 辆/日，交通量年平均增长率为 7.0%，设计年限 12 年。根据对路段每辆车实际收集到的轴载组成数据，经统计分析后，得到如题 8 表所示的车辆类型分布系数。

车辆类型分布系数 题8表

车辆类型	2类	3类	4类	5类	6类	7类	8类	9类	10类	11类
车辆类型分布系数(%)	22.0	23.3	2.7	0	8.3	7.5	17.1	8.5	10.6	0

(1)该公路上行驶的车辆类型很多,必须把不同类型轴载的作用次数换算成标准轴载的作用次数,结合路面设计交通量特点,下列关于标准轴载的说法最合理的是哪一项? ( )

(A)我国沥青路面设计采用双轮组单轴载110kN作为标准轴载,以BZZ表示

(B)设计年限是一个计算累计标准当量轴次的基准年限,各级公路的设计年限即为使用年限或路面的使用寿命

(C)沥青路面设计时,交通量可根据累计标准轴次或每车道、每日平均大型客车及中型以上的各种货车交通量,选择一个较高的交通等级作为交通等级

(D)沥青路面结构设计计算中采用设计年限内设计车道累计大型客车和货车交通量,由此确定路面结构所承受的交通荷载等级

(2)问无机结合料稳定层层底拉应力分析时,初始年设计车道日平均当量轴次 N_1 最接近下列哪个选项? ( )

(A)8.65×10^4　　(B)9.77×10^4

(C)1.03×10^5　　(D)$2.14\times\times10^5$

(3)对应无机结合料稳定层层底拉应力的当量设计轴载累计作用次数 N_e 最接近下列哪个选项? ( )

(A)6.38×10^8　　(B)7.85×10^8

(C)8.92×10^8　　(D)9.88×10^8

(4)问路基顶面竖向压应变当量分析时,初始年设计车道日平均当量轴次 N_1 最接近下列哪个选项? ( )

(A)1030　　(B)1780

(C)2380　　(D)2630

(5)对应路基顶面竖向压应变当量的当量设计轴载累计作用次数 N_e 最接近下列哪个选项? ( )

(A)1.15×10^7　　(B)1.55×10^7

(C)2.15×10^7　　(D)2.55×10^7

(6)结合现行规范,该公路最接近的交通等级是哪一项? ( )

(A)特重交通　　(B)重交通

(C)中交通　　(D)轻交通

参考答案

1.C　2.A　3.D　4.B　5.B　6.B　7.C　8.(1)D;(2)B;(3)A;(4)C;(5)B;(6)B

第二节 沥青路面

依据规范

《公路工程技术标准》(JTG B01—2014)

5 路基路面

《公路工程质量检验评定标准 第一册 土建工程》(JTG F80/1—2017)

7 路面工程

《公路沥青路面设计规范》(JTG D50—2017)

《城市道路工程设计规范》(CJJ 37—2012)(2016 年版)

12.3 路面

12.4 旧路面补强和改建

《公路沥青路面施工技术规范》(JTG F40—2004)

《公路路面基层施工技术细则》(JTG/T F20—2015)

《公路工程无机结合料稳定材料试验规程》(JTG E51—2009)

《公路工程沥青与沥青混合料试验规程》(JTG E20—2011)

《高速公路改扩建设计细则》(JTG/T L11—2014)

8 路面

重点知识

沥青路面是指铺筑沥青面层的路面结构。这种路面结构刚度较小,在车辆荷载作用下容易产生较大的弯沉变形,因此也称为柔性路面。

一、掌握沥青路面的种类、特点及选择

1.沥青路面的种类

依据不同的分类方法,沥青路面可以分为多种类型。

(1)按强度构成原理可将沥青路面分为密实型和嵌挤型两大类。

密实型沥青路面要求矿料的级配按最大密实原则设计,其强度和稳定性主要取决于混合料的黏聚力和内摩阻力。

嵌挤类沥青路面要求采用颗粒尺寸较为均一的矿料,路面的强度和稳定性主要依靠骨料颗粒之间相互嵌挤所产生的内摩阻力,而黏聚力则起着次要的作用。

(2)按施工工艺的不同,沥青路面分为层铺法、路拌法和厂拌法三类。

层铺法沥青路面是用分层洒布沥青,分层铺撒矿料和碾压的方法修筑的沥青路面。

路拌法沥青路面是在路上用机械将矿料和沥青材料就地拌和摊铺和碾压密实而成的沥青面层。

厂拌法沥青路面是将规定级配的矿料和沥青材料在工厂用专用设备加热拌和,然后送到工地摊铺碾压而成的沥青路面。

(3)根据沥青路面的技术特性,沥青面层可分为沥青混凝土、热拌沥青碎石、乳化沥青碎石混合料、沥青贯入式、沥青表面处治五种类型。此外,还有沥青玛蹄脂碎石路面。

①沥青混凝土路面是指用沥青混凝土作面层的路面。

②沥青碎石路面是指用沥青碎石作面层的路面。

③乳化沥青碎石混合料是以乳化沥青为结合料,采用冷拌的方式形成的混合料。

④沥青表面处治路面是指用沥青和集料按层铺法或拌和法铺筑而成的沥青路面。

⑤沥青贯入式路面是指用沥青贯入碎(砾)石作面层的路面。

⑥沥青玛蹄脂碎石路面是指用沥青玛蹄脂碎石混合料作面层或抗滑层的路面。

2. 沥青路面的特点

沥青路面的优点:具有表面平整、无接缝、行车舒适、耐磨、振动小、噪声低、施工期短、养护维修简便、适宜于分期修建。

沥青路面的缺点:高温季节沥青路面会软化,在车轮荷载作用下可产生永久变形,产生诸如波浪、推移、车辙、泛油、黏轮等病害;低温季节沥青路面容易收缩开裂。

3. 沥青路面的选择

选择沥青路面的类型,一方面要根据任务要求(道路的等级、交通量、使用年限、修建费用等)和工程特点(施工季节、施工期限、基层状况等),另一方面还应考虑材料供应情况、施工机具、劳力和施工技术条件等因素。一般而言,沥青混凝土路面适用于各级公路的沥青面层;沥青表面处治适用于三级、四级公路的面层,旧沥青面层上加铺罩面或抗滑层、磨耗层等;沥青贯入式路面适用于二级及二级以下公路的沥青面层;乳化沥青碎石适用于三级、四级公路的沥青面层,二级公路养护罩面以及各级公路的调平层。沥青路面面层材料宜按表 3-2-1 选用;基层和底基层材料可参照表 3-2-2 选用。

面层材料的交通荷载等级和层位 表 3-2-1

材料类型	适用交通荷载等级和层位
连续级配沥青混合料	各交通荷载等级的表面层、中面层和下面层
沥青玛蹄脂碎石混合料	极重、特重和重交通荷载等级的表面层, 对抗滑有特殊要求的表面层
厂拌热再生沥青混合料	各交通荷载等级的表面层、中面层和下面层
上拌下贯沥青碎石	中等、轻交通荷载等级的面层
沥青表面处治	中等、轻交通荷载等级的表面层

基层和底基层材料的交通荷载等级和层位 表 3-2-2

类型	材料类型	适用交通荷载等级和层位
无机结合料稳定类	水泥稳定级配碎石或砾石、 水泥粉煤灰稳定级配碎石或砾石、 石灰粉煤灰稳定级配碎石或砾石	各交通荷载等级的基层和底基层
	水泥稳定未筛分碎石或砾石、 石灰粉煤灰稳定未筛分碎石或砾石、 石灰稳定未筛分碎石或砾石	轻交通荷载等级的基层、 各交通荷载等级的底基层

续上表

类　　型	材料类型	适用交通荷载等级和层位
无机结合料稳定类	水泥稳定土、石灰稳定土、石灰粉煤灰稳定土	轻交通荷载等级的基层、各交通荷载等级的底基层
粒料类	级配碎石	重及重以下交通荷载等级的基层、各交通荷载等级的底基层
	级配砾石、未筛分碎石、天然砂砾、填隙碎石	中等和轻交通荷载等级的基层、各交通荷载等级的底基层
沥青结合料类	密级配沥青碎石、半开级配沥青碎石、开级配沥青碎石	极重、特重和重交通荷载等级的基层
	沥青贯入碎石	重及重以下交通荷载等级的基层
水泥混凝土	水泥混凝土或贫混凝土	极重、特重交通荷载等级的基层

二、掌握沥青路面设计的内容

1. 各结构层材料组成设计

针对各结构层在路面结构中所起的作用，依据当地材料供应情况，选择满足结构层性能要求的混合料，进行原材料的选择、混合料配合比设计和设计参数的测试与确定。通过材料组成设计，使沥青面层具有足够的高温抗车辙、低温抗开裂、抗老化，同时满足平整度、抗滑、抗疲劳等性能，基层具有稳定、耐久、较高的承载能力，各功能层达到规定的功能要求。

2. 沥青路面结构组合设计

根据道路的交通繁重程度，结合当地环境条件和材料供应情况，合理选择和安排沥青路面的结构层次，包括功能层、基层和面层的结构类型和厚度。各结构层按照强度和刚度自上而下递减的规律，以使各结构层材料的效能得到充分发挥，防止或减轻沉陷、车辙开裂等病害，承受预期交通荷载作用，满足使用性能要求的路面结构。另外，还需进行必要的路肩设计和排水设计。

3. 沥青路面结构验算

根据公路等级、材料类型与参数及当地的气候水文地质条件，应按设计标准的要求，确定满足设计年限内使用要求所需的沥青路面各层厚度和路面结构方案。

4. 沥青路面改建设计

对路面现有结构状况和强度调查基础上，判断是否需要加强或预估剩余使用寿命，分析路面损坏的原因及提出处理措施，选定改建方案。

5. 桥面铺装设计

主要包括水泥混凝土桥面铺装和钢桥面铺装设计。

三、掌握沥青路面结构组合设计

1. 结构组合设计基本原则

沥青路面结构组合设计应根据道路的交通等级与气象、水文等自然因素，合理选择与安排路面结构各个层次，确保在设计使用期内，承受行车荷载与自然因素的共同作用，充分发挥各结构层的最大效能，使整个路面结构满足技术经济合理的要求。路面结构组合设计应遵循以下原则：

(1)保证路面表面品质长期稳定。在整个设计使用期内，表面抗滑安全性能、平整度、抗车辙性能等各项指标均稳定在允许范围之内。

(2)路面各结构层的强度、抗变形能力与各层次的力学响应相匹配，由于车轮荷载与温度、湿度变化产生的各项应力或应变由上到下发生变化。因此，通常面层承受较高的压应力或剪应力，应具有较高的强度或模量和抗变形能力。基层承受拉力，应具有较好的疲劳性能。

(3)直接经受温度、湿度等自然因素变化而造成强度、稳定性下降的结构层次应提高其抵御能力。

(4)充分利用当地材料，节约外运材料，做好优化选择，降低建设与养护费用。

路面结构组合设计应针对各种路面结构组合的力学特性、功能特性及其长期性能衰变规律和损坏特点，遵循路基路面综合设计的理念，保证路面结构的安全、耐久和全寿命周期经济合理。路面结构层可由面层、基层、底基层和必要的功能层组合而成。面层采用不同材料分层铺筑时，可分为表面层、中面层和下面层。在设计使用年限内，路面应不发生由于疲劳导致的结构破坏，面层可进行表面功能修复。应加强层间结合，根据需求在沥青混合料层间设置黏层，在沥青混合料层与其他材料层间设置透层、封层。应采取路面结构的防水、排水措施，阻止降水渗入路面结构层。

2. 沥青路面结构组合

路面结构类型可按基层材料性质分为无机结合料稳定类基层沥青路面、粒料类基层沥青路面、沥青结合料类基层沥青路面和水泥混凝土基层沥青路面四类。应根据交通荷载等级和路基状况等因素，结合路面材料特性和结构特性，选择路面结构类型。总体而言，无机结合料稳定类基层沥青路面适用于各种交通荷载等级，粒料类基层沥青路面适用于重及以下交通荷载等级，沥青结合料类基层沥青路面适用于各种交通荷载等级，水泥混凝土基层沥青路面适用于重及以上交通荷载等级。路基湿度状态为中湿或潮湿时，宜采用粒料类底基层或设置粒料类路基改善层。

路面结构组合的选择需要充分考虑各种路面结构组合的材料特性和结构特性、主要损坏类型及性能衰变规律。不同结构组合的沥青路面主要损坏类型如表 3-2-3 所示。

无机结合料稳定类基层沥青路面承载能力高，适应于各种交通荷载等级，主要病害是无机结合料稳定层疲劳开裂和面层反射裂缝。反射裂缝处雨水、雪水渗入后容易出现唧泥、基层脱空等损坏。采用粒料底基层或设置粒料类路基改善层等，可减轻反射裂缝处的唧泥、脱空。选用抗裂性能好的无机结合料稳定材料、增加沥青混合料层厚度，或在基层上设置沥青碎石层或级配碎石层、设置具有吸收应力或加筋作用的功能层可以起到减少或延缓反射裂缝的作用。

沥青路面主要损坏类型　　表 3-2-3

结构类型	粒料类基层沥青路面、底基层采用粒料的沥青结合料类基层沥青路面			无机结合料稳定类基层沥青路面、底基层采用无机结合料稳定材料的沥青结合料类基层沥青路面	
沥青混合料层厚度(mm)	≥150	150～50	≤50	≥150	<150
主要损坏类型	沥青混合料层永久变形、沥青混合料层疲劳开裂	沥青混合料层疲劳开裂、沥青混合料层永久变形	车辙	车辙、基层疲劳开裂、面层反射裂缝	基层疲劳开裂、面层反射裂缝
季冻地区	面层低温开裂				

粒料类基层沥青路面无反射裂缝问题，但沥青面层承受更大的弯拉作用，沥青面层疲劳是主要损坏指标。此外，此类结构沥青面层、粒料层和路基都可能产生永久变形，需关注路面车辙问题。

沥青结合料类基层沥青路面适用各种交通荷载等级，底基层采用无机结合料稳定类材料时，性能类似于无机结合料稳定类基层沥青路面，由于沥青混合料层较厚，路面承载能力更强，且具有更好的延缓反射裂缝能力。底基层采用粒料类材料时，性能类似于粒料类基层沥青路面。

水泥混凝土基层沥青路面具有较高承载能力，适用于重及重以上交通荷载等级公路。除水泥混凝土路面常见损坏外，此类路面结构主要病害是水泥混凝土板接缝处沥青面层反射裂缝和沥青面层永久变形。

多雨地区的无机结合料稳定类基层和水泥混凝土基层沥青路面，路面出现反射裂缝后易发展为唧泥、脱空等，从而加速路面状况恶化。有必要采取如在无机结合料稳定类基层或水泥混凝土基层下方铺设粒料排水层或设置粒料类路基改善层等措施，减少唧泥、脱空损坏。

选定结构组合类型后，可根据交通荷载等级参照表 3-2-4 ～ 表 3-2-9 初选各结构层厚度。结构层厚度应根据交通荷载等级、路基承载能力等因素选择。交通荷载等级高、路基承载能力弱时宜取靠近高限的厚度或参照一个交通荷载等级的路面厚度范围，反之可靠近低限取值或参照一个交通荷载等级路面厚度范围。

无机结合料稳定类基层(粒料类底基层)路面厚度范围(单位：mm)　　表 3-2-4

交通荷载等级	极重、特重	重	中等	轻
面层	250～150	250～150	200～100	150～20
基层(无机结合料稳定类)	600～350	550～300	500～250	450～150
底基层(粒料类)	200～150			

无机结合料稳定类基层(无机结合料稳定类底基层)路面厚度范围(单位：mm)　　表 3-2-5

交通荷载等级	极重、特重	重	中等	轻
面层	250～120	250～100	200～100	150～20
基层(无机结合料稳定类)	500～250	450～200	400～150	500～200
底基层(无机结合料稳定类)	200～150			—

粒料类基层(粒料类底基层)路面厚度范围(单位:mm)　　表 3-2-6

交通荷载等级	重	中等	轻
面层	350~200	300~150	200~100
基层(粒料类)	450~350	400~300	350~250
底基层(粒料类)	200~150		

沥青结合料类基层(粒料底基层)路面厚度范围(单位:mm)　　表 3-2-7

交通荷载等级	重	中等	轻
面层	150~120	120~100	80~40
基层(沥青结合料类)	250~200	220~180	200~120
底基层(粒料类)	400~300	400~300	350~250

沥青结合料类基层(无机结合料稳定类底基层)路面厚度范围(单位:mm)　　表 3-2-8

交通荷载等级	极重、特重	重	中等	轻
面层	120~100	120~100	100~80	80~40
基层(沥青结合料类)	180~120	150~100	150~100	100~80
底基层(无机结合料稳定类)	600~300	600~300	550~250	450~200

沥青结合料类基层(粒料+无机结合料底基层)路面厚度范围(单位:mm)　　表 3-2-9

交通荷载等级	极重、特重	重	中等	轻
面层	120~100	120~100	100~80	80~40
基层(沥青结合料类)	240~160	180~120	160~100	100~80
底基层(粒料类)	200~150	200~150	200~150	200~150
底基层(无机结合料类)	400~200	400~200	350~200	250~150

3. 沥青路面面层结构

沥青面层直接经受车轮荷载反复作用和各种自然因素影响,并将荷载传递到基层以下的结构层。因此,沥青面层应满足功能性和结构性的使用性能要求,沥青面层可为单层、双层、三层。双层结构分为表面层、下面层,三层结构分为表面层、中面层、下面层。

1)面层结构要求

沥青面层应具有平整、抗车辙、抗疲劳开裂、抗低温开裂和抗水损坏等性能,表面层混合料尚应具有抗滑和耐磨损性能,密级配沥青混合料表面层应具有低透水性能。

高速公路、一级公路一般选用三层沥青面层结构。为满足上述要求,应精心选择沥青面层混合料。通常认为密实型中粒式或细粒式沥青混合料(如AC-13、AC-16)最宜用于表面层,它的空隙率一般为3%~5%。在这个范围内,可以防止水害及冻害。又由于它保留一定的空隙率,热季不会泛油,表面层切忌使用空隙率大于6%的半密实型混合料。此外密级配沥青混合料的抗裂性、疲劳强度和耐久性均较优越。对于重交通和特重交通等级,普通热拌和沥青混合料不能满足使用要求时,可从材料和沥青混凝土结构上改善,如采用改性沥青和SMA-10、

SMA-13 等混合料。对抗滑、排水和降噪有特殊要求的表面层可采用开级配沥青混合料，表面层下应设置防水层，防水层可采用改性乳化沥青或改性沥青等。

沥青中面层和下面层经受着与沥青上面层相同的不利工作环境，唯平整性和抗滑性方面的要求略低一些，因此对沥青混合料的选择同样有较高的要求，特别是在密实防水和抗剪切变形等方面的要求也很高，通常选用密实型中粒式和粗粒式混合料(如 AC-20、AC-25)。对于特重交通等级或者炎热地区，常采用改性沥青。

二级、三级以下等级公路一般采用双层式沥青面层。即上面层与下面层，沥青混合料的选择，除了沥青混凝土之外，也可选用热拌沥青碎石(ATB)或沥青贯入式结构，再加上表面封层。三级、四级公路一般可采用双层沥青表面处治结构。

2)面层厚度要求

沥青面层在路面结构层中价格最高，一般情况下对沥青面层厚度应有所控制，但是也不宜过薄。从压实效果来看，各种类型的沥青层最小压实厚度与它的公称最大粒径相关。连续级配沥青混合料和沥青玛蹄脂碎石混合料的结构层厚度不宜小于集料公称最大粒径的 2.5 倍，开级配沥青混合料的结构层厚度不宜小于集料公称最大粒径的 2.0 倍。若小于最小厚度，则压实效果不好。我国沥青路面设计规范对不同粒径沥青混合料的最小层厚规定如表 3-2-10 所示。

不同粒径沥青混合料层厚　　表 3-2-10

沥青混合料类型	以下集料公称最大粒径沥青混合料的层厚(mm)，不小于					
	4.75	9.5	13.2	16.0	19.0	26.5
连续级配沥青混合料	15	25	35	40	50	75
沥青玛蹄脂碎石	—	30	40	50	60	—
开级配沥青混合料	—	20	25	30	—	—

沥青贯入碎石层的厚度宜为 40 ~ 80mm，乳化沥青贯入式路面的厚度不宜超过 50mm，上拌下贯式路面的拌和层厚度不宜小于 25mm。沥青表面处治可分为单层、双层和三层，单层表面处治厚度宜为 10 ~ 15mm，双层表面处治厚度宜为 15 ~ 25mm，三层表面处治厚度宜为25 ~ 30mm。

3)面层材料要求

路面材料依据其自身的属性以及所在路面结构层位不同而有不同的设计参数要求，用于结构设计的参数主要包括模量和泊松比。泊松比一般比较稳定，在路面设计时一般对特定的材料选用一定的泊松比，如土基材料的泊松比取 0.40、无黏结粒料材料的泊松比取 0.35、无机结合料稳定类材料的泊松比取 0.25、密级配沥青混合料的泊松比取 0.25、开级配与半开级配沥青混合料的泊松比取 0.40、水泥混凝土材料的泊松比取 0.15 等。路面材料的模量值是表征材料刚度特性的指标，常用的测试方法有压缩试验、劈裂试验、弯拉试验等。由于路面结构材料具有非线性特性，路面结构模量根据计入变形的不同，分为形变模量和回弹模量，形变模量中的变形包括回弹变形和塑性变形，回弹模量中的变形仅考虑材料的回弹变形。

路面材料应根据公路等级、交通荷载等级、气候条件、各结构层功能要求和当地材料特性等，在技术经济论证基础上进行设计并确定材料设计参数。路面结构层材料设计参数的确定可分为三个水平:水平一,通过室内试验实测确定;水平二,利用已有经验关系式确定,目前只有沥青混合料动态模量有对应的经验关系式;水平三,参照典型数值确定。高速公路和一级公路的施工图设计阶段宜采用水平一,其他设计阶段可采用水平二或水平三;二级及二级以下公路可采用水平二或水平三。

路面材料设计参数确定时,沥青结合料应采用道路石油沥青或其加工产品,沥青类型应根据公路等级、气候条件、交通荷载等级、结构层位和施工条件等确定。极重、特重和重交通荷载等级公路、气候条件严酷地区公路,以及连续长陡纵坡路段,中面层和表面层宜采取优化混合料级配、选用改性沥青或添加外掺剂等措施。开级配沥青混合料表面层宜采用高黏沥青或橡胶沥青,并采用适量消石灰或水泥替代矿粉。表面层沥青混合料公称最大粒径不宜大于16.0mm,中面层和下面层沥青混合料公称最大粒径不宜小于16.0mm,基层沥青碎石公称最大粒径不宜小于26.5mm。

参照《公路沥青路面施工技术规范》(JTG F40—2004)的有关规定,沥青混合料的材料性能要求主要包括高温性能、低温性能以及水稳性能。在我国《公路沥青路面设计规范》(JTG D50—2017)中还要求测定和验算沥青混合料的贯入强度。

高速公路和一级公路沥青混合料应按照《公路工程沥青及沥青混合料试验规程》(JTG E20—2011) T 0719 试验方法在规定的试验条件下进行车辙试验,并符合表3-2-11的要求,二级公路可参照执行。在此基础上,还应采用单轴贯入试验测定沥青混合料贯入强度。对于无机结合料稳定类基层沥青路面、底基层采用无机结合料稳定类材料的沥青结合料类基层沥青路面和水泥混凝土基层沥青路面的沥青混合料贯入强度宜满足式(3-2-1)的要求;对于粒料类基层沥青路面和底基层采用粒料的沥青结合料类基层沥青路面,沥青混合料贯入强度宜满足式(3-2-4)的要求。

沥青混合料车辙试验动稳定度技术要求(单位:次/mm)　　表3-2-11

<table>
<tr><td colspan="2">气候条件与技术指标</td><td colspan="9">相应于以下气候分区所要求的动稳定度技术要求</td><td rowspan="4">试验方法</td></tr>
<tr><td colspan="2" rowspan="3">七月平均最高气温(℃)及气候分区</td><td colspan="4">>30</td><td colspan="4">20~30</td><td><20</td></tr>
<tr><td colspan="4">1. 夏炎热区</td><td colspan="4">2. 夏热区</td><td>3. 夏凉区</td></tr>
<tr><td>1-1</td><td>1-2</td><td>1-3</td><td>1-4</td><td>2-1</td><td>2-2</td><td>2-3</td><td>2-4</td><td>3-2</td></tr>
<tr><td colspan="2">普通沥青混合料,不小于</td><td colspan="2">800</td><td colspan="2">1 000</td><td>600</td><td colspan="3">800</td><td>600</td><td rowspan="5">T 0719</td></tr>
<tr><td colspan="2">改性沥青混合料,不小于</td><td colspan="2">2 800</td><td colspan="2">3 200</td><td>2 000</td><td colspan="3">2 400</td><td>1 800</td></tr>
<tr><td rowspan="2">SMA混合料,不小于</td><td>普通沥青</td><td colspan="9">1 500</td></tr>
<tr><td>改性沥青</td><td colspan="9">3 000</td></tr>
<tr><td colspan="2">OGFC混合料,不小于</td><td colspan="9">1 500(中等、轻交通荷载等级)、3 000(重及以上交通荷载等级)</td></tr>
</table>

注:1. 气候分区的确定应符合现行《公路沥青路面施工技术规范》(JTG F40)的有关规定。

2. 当其他月份的平均最高气温高于七月时,可使用该月平均最高气温。

3. 在特殊情况下,对钢桥面铺装、重载车特别多或纵坡较大的长距离上坡路段、厂矿专用道路,可酌情提高动稳定度要求。

4. 对炎热地区或特重及以上交通荷载等级公路,可根据气候条件和交通状况适当提高试验温度或增加试验荷载。

$$R_{\tau s} \geqslant \left(\frac{0.31\lg N_{e5} - 0.68}{\lg[R_a] - 1.31\lg T_d - \lg\psi_s + 2.50}\right)^{1.86} \tag{3-2-1}$$

式中：$[R_a]$——沥青混合料层容许永久变形量(mm)，根据公路等级，参照表(3-2-24)确定；

N_{e5}——设计使用年限内或通车至首次针对车辙维修的期限内，月平均气温大于0℃的月份，设计车道当量设计轴载累计作用次数，按本规范附录A计算；

T_d——设计气温(℃)，为所在地区月平均气温大于0℃的各月份气温平均值；

ψ_s——路面结构系数，根据式(3-2-2)计算：

$$\psi_s = (0.52h_a^{-0.003} - 317.59h_b^{-1.32})E_b^{0.1} \tag{3-2-2}$$

h_a——沥青混合料层的厚度(mm)；

h_b——无机结合料稳定层或水泥混凝土层的厚度(mm)；

E_b——无机结合料稳定层或水泥混凝土层的模量(MPa)；

$R_{\tau s}$——各沥青混合料层的综合贯入强度，根据式(3-2-3)确定：

$$R_{\tau s} = \sum_{i=1}^{n} w_{is} R_{\tau i} \tag{3-2-3}$$

$R_{\tau i}$——第i层沥青混合料的贯入强度(MPa)，根据《公路沥青路面设计规范》(JTG D50—2017)附录F所列方法试验确定，普通沥青混合料一般为0.4～0.7MPa，改性沥青混合料一般为0.7～1.2MPa；

n——沥青混合料层的层数；

w_{is}——第i层沥青混合料的权重，为第i层厚度中点剪应力与各层厚度中点剪应力之和的比值($w_{is} = \frac{\tau_i}{\sum_{i=1}^{n}\tau_i}$)。沥青混合料层为1层时，$w_1$取1.0；沥青混合料层2层时，自上而下，$w_1$可取0.48，$w_2$可取0.52；沥青混合料层为3层时，自上而下，$w_1$、$w_2$和$w_3$可分别取0.35、0.42和0.23。

$$R_{\tau g} \geqslant \left(\frac{0.35\lg N_{e5} - 1.16}{\lg[R_a] - 1.62\lg T_d - \lg\psi_g + 2.76}\right)^{1.38} \tag{3-2-4}$$

式中：ψ_g——路面结构系数，根据式(3-2-5)计算：

$$\psi_g = 20.16h_a^{-0.642} + 820\,916h_b^{-2.84} \tag{3-2-5}$$

$R_{\tau g}$——路面各层沥青混合料的综合贯入强度，根据式(3-2-6)确定：

$$R_{\tau g} = \sum_{i=1}^{n} w_{ig} R_{\tau i} \tag{3-2-6}$$

w_{ig}——第i层沥青混合料的权重，为第i层厚度中点的剪应力与各层厚度中点剪应力之和的比值$\left(w_{ig} = \frac{\tau_i}{\sum_{i=1}^{n}\tau_i}\right)$。沥青混合料层为1层时，$w_1$取1.0；沥青混合料层2层时，自上而下，$w_1$可取0.44，$w_2$可取0.56；沥青混合料层为3层时，自上而下，$w_1$、$w_2$和$w_3$可分别取0.27、0.36和0.37；

其他符号意义同式(3-2-1)～式(3-2-3)。

二级及二级以上公路公称最大粒径不大于 19.0mm 的沥青混合料,宜按照《公路工程沥青及沥青混合料试验规程》(JTG E20—2011) T 0715 试验方法,在温度为 -10℃、加载速率为 50mm/min 条件下进行小梁弯曲试验。沥青混合料的破坏应变宜符合表 3-2-12 的规定。季节性冻土地区高速公路和一级公路表面层沥青低温性能还应满足下列指标要求:

(1)分析连续 10 年最低气温平均值,作为路面低温设计温度。路面低温设计温度提高 10℃的试验条件下,沥青弯曲梁流变试验蠕变劲度 S_t 不宜大于 300MPa,且蠕变曲线斜率 m 不宜大于 0.30。

(2)当蠕变劲度 S_t 在 300 ~ 600MPa 范围内,且蠕变曲线斜率 m 大于 0.30 时,增加沥青直接拉伸试验,其断裂应变不宜小于 1%。

(3)以上都不满足时,采用弯曲梁流变试验和直接拉伸试验确定沥青临界开裂温度,临界开裂温度不宜高于路面低温设计温度。

沥青混合料低温弯曲试验破坏应变技术要求 表 3-2-12

气候条件与技术指标	相应于下列气候分区所要求的破坏应变(με)									试验方法
年极端最低气温(℃)及气候分区	< -37.0		-37.0 ~ -21.5			-21.5 ~ -9.0		> -9.0		
	1.冬严寒区		2.冬寒区			3.冬冷区		4.冬温区		
	1-1	2-1	1-2	2-2	3-2	1-3	2-3	1-4	2-4	
普通沥青混合料,不小于	2 600		2 300			2 000				T 0715
改性沥青混合料,不小于	3 000		2 800			2 500				

注:气候分区的确定应符合现行《公路沥青路面施工技术规范》(JTG F40—2004)的有关规定。

沥青混合料应按照《公路工程沥青及沥青混合料试验规程》(JTG E20—2011) T 0709 和 T 0729 试验方法,分别测试浸水马歇尔试验残留稳定度和冻融劈裂试验残留强度比检验水稳定性。两项指标应符合表 3-2-13 的规定。水稳定性不满足要求时,可采取掺入消石灰、水泥或抗剥落剂,采用饱和石灰水处理集料,或更换集料等措施,改善集料与沥青的黏附性,提高沥青混合料的抗水损害性能。

沥青混合料水稳定性技术要求 表 3-2-13

沥青混合料类型		相应于以下年降雨量(mm)的技术要求(%)		试验方法
		≥500	<500	
浸水马歇尔试验残留稳定度(%)				
普通沥青混合料,不小于		80	75	T 0709
改性沥青混合料,不小于		85	80	
SMA 混合料,不小于	普通沥青	75		
	改性沥青	80		
冻融劈裂试验的残留强度比(%)				
普通沥青混合料,不小于		75	70	T 0729
改性沥青混合料,不小于		80	75	
SMA 混合料,不小于	普通沥青	75		
	改性沥青	80		

沥青结合料类材料的主要结构设计参数是动态压缩模量，用于结构设计验算的动态压缩模量应依据相应的水平确定：水平一，按照现行《公路工程沥青及沥青混合料试验规程》(JTG E20—2011)T 0738 的沥青混合料单轴压缩动态模量试验进行测定，取平均值，试验温度选用 20℃，面层沥青混合料加载频率采用 10Hz，基层沥青混合料加载频率采用 5Hz；水平二，采用式(3-2-7)计算确定沥青混合料动态压缩模量，适用于采用道路石油沥青和常规级配的沥青混合料；水平三，参照表 3-2-14 确定沥青混合料动态压缩模量。

$$\lg E_a = 4.59 - 0.02f + 2.58G^* - 0.14P_a - 0.041V - 0.03VCA_{DRC} - 2.65 \times 1.1^{\lg f}G^* \cdot f^{-0.06} - 0.05 \times 1.52^{\lg f}VCA_{DRC} \cdot f^{-0.21} + 0.0031f \cdot P_a + 0.0024V \tag{3-2-7}$$

式中：E_a——沥青混合料动态压缩模量(MPa)；

f——试验频率(Hz)；

G^*——60℃、10rad/s 下沥青动态剪切复数模量(kPa)；

P_a——沥青混合料的油石比(%)；

V——压实沥青混合料的空隙率(%)；

VCA_{DRC}——捣实状态下粗集料的松装间隙率(%)。

常用沥青混合料 20℃条件下动态压缩模量取值范围(单位：MPa)　　表 3-2-14

沥青混合料类型	沥青种类			
	70 号道路石油沥青	90 号道路石油沥青	110 号道路石油沥青	SBS 改性沥青
SMA10、SMA13、SMA16	—	—	—	7500 ~ 12000
AC10、AC13	8000 ~ 12000	7500 ~ 11500	7000 ~ 10500	8500 ~ 12500
AC16、AC20、AC25	9000 ~ 13500	8500 ~ 13000	7500 ~ 12000	9000 ~ 13500
ATB25	7000 ~ 11000	—	—	—

注：1. ATB25 为 5Hz 条件下动态压缩模量，其他沥青混合料为 10Hz 条件下动态压缩模量。

2. 沥青黏度大、级配好或空隙率小时取高值，反之取低值。

4. 沥青路面基层结构

沥青路面的基层承担着沥青面层向下传递的全部荷载，还承受着由于土基水温状况多变而发生的地基支承能力变化的敏感性，使之不致影响沥青面层的正常工作。与沥青面层相比，由于基层不直接与车轮和大气接触，相对于路面表面性能有关的材料性能指标(如抗滑性能、抗剪切变形等)可以略为放宽。

沥青路面的基层按材料和力学特性的不同可以分为柔性基层(粒料类或沥青结合料类)、半刚性基层(无机结合料稳定类)和刚性基层(水泥混凝土)三种。

1)基层结构要求

基层结构是承上启下保证路面结构耐久、稳定的承重结构层，因此要求基层(底基层)应具有足够的承载能力、抗疲劳开裂性能、足够的耐久性和水稳定性。对沥青结合料类和粒料类材料基层还应具有足够的抗永久变形能力。

近年来再生工程实践表明，冷再生沥青混合料可实现既有路面铣刨材料的回收利用(或就地再生利用)，性能可满足各交通荷载等级的基层或底基层要求。厂拌热再生沥青混合料具有与新拌沥青混合料基本相当的路用性能，与冷再生混合料相比造价较高，用作基层时，推荐用于极重、特重和重交通荷载等级公路。

在交通、环境各方面工作条件都十分恶劣的情况下，可以考虑各种基层组合使用。如地基承载力不佳，交通特别繁重，雨水集中，路基排水不良，可以考虑半刚性基层和柔性基层组合应用，采用半刚性基层下层，柔性基层上层，一方面提高结构承载力，减轻沥青面层荷载应力；同时发挥柔性基层变形协调，利于渗水排水的优势，使路面始终保持良好工作状态，还可避免横向裂缝反射到面层。对于严重超载的沥青路面，除了采用组合基层之外，也可以采用配钢筋的混凝土板或连续配筋混凝土板作基层的沥青路面。为了减少或延缓反射裂缝，在无机结合料稳定层与沥青结合料类材料层间可设置级配碎石层、半开级配层或开级配沥青碎石层，设置级配碎石层后，需注意验算沥青混合料层疲劳开裂寿命。

沥青路面的水泥混凝土基层应符合现行《公路水泥混凝土路面设计规范》(JTG D40—2011)的有关规定。

2)基层厚度要求

基层结构的厚度主要应满足强度与刚度的设计要求，在厚度设计时，应逐层进行验算。除此之外，还应考虑施工的可实施性和材料规格对厚度的影响。一般情况下，基层的厚度应大于混合料最大粒径的4倍，同时还应考虑压实机具的功能，通常取能一次压密的最佳厚度。若基层厚度超过最佳厚度，可分几层铺筑，每层厚度接近最佳厚度。不同材料基层和底基层厚度宜符合表3-2-15的规定。

基层和底基层厚度 表3-2-15

材料种类	集料公称最大粒径(mm)	厚度(mm)，不小于
密级配沥青碎石 半开级配沥青碎石 开级配沥青碎石	19.0	50
	26.5	80
	31.5	100
	37.5	120
沥青贯入碎石	—	40
贫混凝土	31.5	120
无机结合料稳定类	19.0、26.5、31.5、37.5	150
	53.0	180
级配碎石 级配砾石 未筛分碎石、天然砂砾	26.5、31.5、37.5	100
	53.0	120
填隙碎石	37.5	75
	53.0	100
	63.0	120

3)基层材料要求

(1)无机结合料稳定类材料

无机结合料稳定类材料用于高速公路、一级公路基层时，公称最大粒径不宜大于31.5mm；

用于高速公路和一级底基层或二级及二级以下公路基层时,公称最大粒径不宜大于37.5mm;用于二级及二级以下公路底基层时,公称最大粒径不宜大于53.0mm。水泥稳定类材料水泥剂量宜为3.0% ~6.0% 。贫混凝土集料粒径不宜大于31.5mm;水泥剂量不得少于170kg/m^3,28d弯拉强度标准值宜控制在2.0~2.5MPa范围内。

无机结合料稳定类材料的主要材料设计参数为7d无侧限抗压强度,其强度标准如表3-2-16所示。冻土地区高速公路和一级公路的石灰粉煤灰稳定类基层,还应按现行《公路工程无机结合料稳定材料试验规程》(JTG E51—2009)中T 0858的有关规定进行材料抗冻性能检验,其残留抗压强度比应符合表3-2-17的要求。

无机结合料稳定类材料7d无侧限抗压强度标准(代表值)(单位:MPa) 表3-2-16

材料	结构层	公路等级	极重、特重交通	重交通	中等、轻交通
水泥稳定类	基层	高速公路、一级公路	5.0~7.0	4.0~6.0	3.0~5.0
		二级及二级以下公路	4.0~6.0	3.0~5.0	2.0~4.0
	底基层	高速公路、一级公路	3.0~5.0	2.5~4.5	2.0~4.0
		二级及二级以下公路	2.5~4.5	2.0~4.0	1.0~3.0
水泥粉煤灰稳定类	基层	高速公路、一级公路	4.0~5.0	3.5~4.5	3.0~4.0
		二级及二级以下公路	3.5~4.5	3.0~4.0	2.5~3.5
	底基层	高速公路、一级公路	2.5~3.5	2.0~3.0	1.5~2.5
		二级及二级以下公路	2.0~3.0	1.5~2.5	1.0~2.0
石灰粉煤灰稳定类	基层	高速公路、一级公路	≥1.1	≥1.0	≥0.9
		二级及二级以下公路	≥0.9	≥0.8	≥0.7
	底基层	高速公路、一级公路	≥0.8	≥0.7	≥0.6
		二级及二级以下公路	≥0.7	≥0.6	≥0.5
石灰稳定类	基层	二级及二级以下公路	—	—	≥0.8[a]
	底基层	高速公路、一级公路	—	—	≥0.8
		二级及二级以下公路	—	—	0.5~0.7[b]

注:a 在低塑性土(塑性指数小于7)地区,石灰稳定砂砾和碎石的7d龄期无侧限抗压强度应大于0.5MPa(100g平衡锥测液限)。

b 低限用于塑性指数小于7的黏土,高限用于塑性指数大于或等于7的黏土。

石灰粉煤灰稳定类材料抗冻性能技术要求 表3-2-17

气候区	重冻区	中冻区
残留抗压强度比(%)	≥70	≥65

无机结合料稳定类材料的主要结构设计参数为弯拉强度和弹性模量,结构验算时应依据相应的水平确定:水平一,采用弯拉强度试验以及中间段法单轴压缩试验测定。弯拉强度和弹性模量的测定应符合现行《公路工程无机结合料稳定材料试验规程》(JTG E51—2009)中T 0851的有关规定。测试时水泥稳定类、水泥粉煤灰稳定类材料试件的龄期应为90d,石灰稳定类、石灰粉煤灰稳定类材料试件的龄期应为180d。弯拉强度和弹性模量应取用测试数据的平均值;水平三,参照表3-2-18确定弯拉强度和弹性模量。

无机结合料稳定类材料的弯拉强度和弹性模量取值范围(单位:MPa)　　表3-2-18

材　　料	弯拉强度	弹性模量
水泥稳定粒料、水泥粉煤灰稳定粒料、石灰粉煤灰稳定粒料	1.5～2.0	18 000～28 000
	0.9～1.5	14 000～20 000
水泥稳定土、水泥粉煤灰稳定土、石灰粉煤灰稳定土	0.6～1.0	5 000～7 000
石灰土	0.3～0.7	3 000～5 000

注:结合料用量高、材料性能好、级配好或压实度大时取高值,反之取低值。

交通运输部西部交通建设科技项目"基于多指标的沥青路面结构设计方法研究"课题对比了无机结合料稳定类材料室内测试的弹性模量和采用落锤式弯沉仪FWD弯沉盆反算的结构层模量,前者为后者的2倍,故引入模量调整系数,将室内弹性模量调整为路面结构模量。因此,结构验算时,无机结合料稳定类材料弹性模量应乘以结构层模量调整系数0.5。

(2)粒料类材料

高速公路和一级公路基层粒料公称最大粒径不宜大于26.5mm;底基层采用级配碎石或级配砂砾时,公称最大粒径不宜大于31.5mm;底基层采用天然砂砾时,公称最大粒径不宜大于53.0mm。二级及二级以下公路的基层、底基层粒料公称最大粒径不宜大于53.0mm。填隙碎石公称最大粒径宜为层厚的1/2～2/3,填隙碎石用于基层时,骨料公称最大粒径不应超过53.0mm;用于底基层时,骨料公称最大粒径不应超过63.0mm。防冻层所用砂砾、碎石材料的最大粒径不应超过53.0mm。级配碎石和级配砂砾中通过0.075mm筛孔的颗粒含量不宜大于5%,不满足要求时,可用天然砂替代部分细集料。

基层、底基层级配碎石的*CBR*值应符合表3-2-19的有关规定。级配砾石或天然砂砾用于基层时,*CBR*值不应小于80。级配砾石或天然砂砾用于底基层时,对极重、特重和重交通荷载等级,*CBR*值不应小于80;对中等交通荷载等级,*CBR*值不应小于60;对轻交通荷载等级,*CBR*值不应小于40。

级配碎石*CBR*值　　表3-2-19

结构层	公路等级	极重、特重交通	重交通	中等、轻交通
基层	高速公路、一级公路	≥200	≥180	≥160
	二级及二级以下公路	≥160	≥140	≥120
底基层	高速公路、一级公路	≥120	≥100	≥80
	二级及二级以下公路	≥100	≥80	≥60

最佳含水率和与压实度要求相应的干密度条件下的粒料回弹模量应依据相应的水平确定:水平一,采用重复加载三轴压缩试验测定,取回弹模量试验结果的均值;水平三,按粒料类型和层位参照表3-2-20确定粒料回弹模量取值。

粒料回弹模量取值范围(单位:MPa) 表3-2-20

材料类型和层位	最佳含水率和与压实度要求相应的干密度条件下	经湿度调整后
级配碎石基层	200~400	300~700
级配碎石底基层	180~250	190~440
级配砾石基层	150~300	250~600
级配砾石底基层	150~220	160~380
未筛分碎石层	180~220	200~400
天然砂砾层	105~135	130~240

注:材料性能好、级配好或压实度大时取高值,反之取低值。

研究表明,施工完成后粒料层湿度逐渐降低,最终达到湿度平衡状态,因此参照美国力学经验法路面设计指南(MEPDG),我国现行《公路沥青路面设计规范》(JTG D50—2017)中,粒料层的回弹模量在结构验算时由粒料回弹模量乘以湿度调整系数后得到,湿度调整系数可在1.6~2.0范围内选取。粒料回弹模量应取用最佳含水率和与压实度要求相应的干密度条件下的试验值。压实度要求应符合《公路路面基层施工技术细则》(JTG/T F20—2015)的有关规定。

5.沥青路面功能层

1)路基改善层

为提高路基顶面回弹模量或改善路基湿度状态而设置的粒料层或无机结合料稳定层,一般将其归类为路基,称为路基改善层。

2)垫层

沥青路面垫层结构位于基层以下,主要用于路基状况不良的路段,以确保路面结构不受路基中滞留的自由水的浸蚀以及冻融的危害。通常认为路基处于以下状况时,应专门设置垫层。

(1)地下水位高,排水不良,路基经常处于潮湿、过湿状态的路段。

(2)排水不良的土质路堑,有裂隙水、泉眼等水文不良的岩石挖方路段。

(3)季节性冰冻地区的中湿、潮湿路段,可能产生冻胀需设防冻垫层的路段。

(4)基层或底基层可能受污染以及路基软弱的路段。

从垫层的设置目的与功能出发,垫层可分为以下几类:

(1)防水垫层。

(2)排水垫层。

(3)防污垫层。

(4)防冻垫层。

当路基处于潮湿、过湿状态,土质不良,粉土的含量高,在毛细水作用下水分将自下而上渗入底基层和基层结构的情况下,为隔断地下水源而应设置防水垫层。防水垫层应不含粉土、黏土的成分,主要采用粗砂、砂砾、矿渣等粗粒材料铺筑。在垫层以下应铺设不透水层(如透水系数低的黏土层及土工织物反滤层),防止自下而上的渗透和污染。

排水垫层的功能主要是排除通过路基顶面渗入的潜水、泉水和毛细上升水,排水垫层的材料规格、要求、排水能力和结构层厚度均应满足路面结构排水设计的规定与要求，通过设计计算确定。排水垫层与路基路面排水系统的衔接、出口的设置等都应按照设计要求选定。排水垫层以下应设置土工织物反滤层，严防路基土通过地下水进入排水垫层，污染结构降低排水功能。若排水垫层同时也承担着排除地面渗入路面结构的雨水的功能.则排水层与底基层交界面上亦应设置反滤层，以防止基层材料的有害成分污染排水层，影响其排水功能的发挥。

对于地处软土地带的潮湿路段，为了防止路基土侵入路面污染结构，可设置防污垫层作为隔离层，以保护路面结构。通常采用土工合成材料与粒料分多层间隔铺筑，即可达到防污的效果。有时将防污垫层设置在防水垫层及排水垫层以下，两种垫层同时使用，可取得良好效果。

在季节性冰冻地区，当冻深较大，不能满足防冻层验算要求时。在这种路段应设置防冻垫层，以保护路面结构不受冻胀和翻浆的危害。防冻层应采用隔温性能良好，导热系数低的材料，如级配碎石等。防冻厚度与路基干湿类型、路基土类、道路冻深以及路面结构材料的热物理性能有关。

3)结合层

沥青路面各结构层之间应紧密结合，不因层间滑动或松散而丧失结构的整体效应。

(1)沥青结合料类材料层间应设置黏层。在铺上层之前彻底清扫下层表面的灰尘、泥土、油污等有可能破坏层间结合的有害物质，然后设黏层沥青。极重、特重和重交通荷载等级路面的黏层宜采用改性乳化沥青、道路石油沥青或改性沥青；中等和轻交通荷载等级路面的黏层可选用乳化沥青；水泥混凝土板与沥青面层间的黏层宜采用改性沥青。

(2)在沥青结合料类材料层与其他材料层间应设置封层，宜设置透层。无机结合料稳定类或冷再生类材料结构层与沥青结合料类结构层之间宜设置封层，封层可采用单层沥青表面处治或稀浆封层等，单层表面处治封层的结合料可采用改性沥青、道路石油沥青或乳化沥青；当设置改性沥青应力吸收层时，可不再设封层，改性沥青应力吸收层中改性沥青宜采用橡胶沥青。粒料类基层和无机结合料稳定类基层顶面宜设置透层，透层沥青应具有良好的渗透性，可采用稀释沥青和乳化沥青等。

(3)透层沥青、黏层沥青、单层表面处治下封层、稀浆封层下封层的材料规格、用量应根据地区气候特点，施工季节和结构类型的不同，按《公路沥青路面施工技术规范》(JTG F40—2004)的要求选定。

6. 沥青路面对路基要求

路基应稳定、密实和均匀，具有足够的承载能力。填方路基的填料选择、路床的压实度以及填方路堤的基底处理等应符合现行《公路路基设计规范》(JTG D30—2015)的规定。

多雨地区土质路堑和强风化岩石路段，应加强填挖交界处及路堑段的排水设计，以改善路基的水文状况。岩石或填石路基顶面应设置整平层，厚度宜为 200 ~ 300mm。路床应处于干燥或中湿状态，并应采取措施防止地表水或地下水的侵入。

路基顶面回弹模量的确定应符合现行《公路路基设计规范》(JTG D30—2015)的有关规定。路基顶面回弹模量应符合表 3-2-21 的规定。不满足要求时，应采取改变填料、设置粒料类或无机结合料稳定类路基改善层，或采用石灰或水泥处理等措施提高路基顶面回弹模量。

路基顶面回弹模量(单位:MPa)　　表 3-2-21

交通荷载等级	极重	特重	重	中等、轻
回弹模量,不小于	70	60	50	40

四、掌握沥青路面的破坏状态及设计标准

1. 破坏状态

1)沉陷

沉陷是路面在车轮作用下表面产生的较大凹陷变形,有时凹陷两侧有隆起现象出现。当沉陷严重时,超过了结构的变形能力,在结构层受拉区产生开裂而形成纵裂,并有可能逐渐发展成网裂。造成路面沉陷的主要原因是路基土的压缩。当路基土的承载能力较低时,不能承受从路面传至路基表面的车轮压力,便产生较大的的垂直变形即沉陷。

为控制路基土的压缩引起路面的沉陷,可选用路基土的垂直压应力或垂直压应变作为设计标准,如:

$$\begin{cases}\sigma_{z0} \leqslant [\sigma_{z0}] \\ \varepsilon_{z0} \leqslant [\varepsilon_{z0}]\end{cases} \tag{3-2-8}$$

式中:σ_{z0}、ε_{z0}——路基表面由车轮荷载作用产生的垂直应力或应变,可用层状弹性体系理论求得;

$[\sigma_{z0}]$、$[\varepsilon_{z0}]$——路基土的容许垂直压应力或应变,其数值同土基的特性(弹性模量)和车轮荷载作用次数有关。

2)车辙

车辙是路面的结构层及土基在行车重复荷载作用下的补充压实以及结构层材料的侧向位移产生的累积永久变形。这种变形出现在行车轮迹处,即形成路面的纵向带状凹陷。车辙是沥青路面的主要破坏形式。因为沥青路面的使用寿命较长,即使每一次行车荷载作用产生的残余变形量很小,但多次重复作用累积起来的残余变形总和也会很大,足以影响车辆的正常行驶。

沥青路面的车辙同荷载应力大小、重复作用次数以及结构层和土基的性质有关。根据观测试验结果,国外已提出了表征上述关系的经验公式和设计指标。有代表性的控制车辙深度的指标有两种:一种是路面各结构层包括土基的残余变形总和;另一种是路基顶面的垂直变形。

对于前一种,可表示为:

$$L_{re} \leqslant [L_{re}] \tag{3-2-9}$$

式中:L_{re}——路面的计算总残余变形,可由各结构层残余变形经验公式确定(各层应力由层状弹性体系理论计算);

$[L_{re}]$——容许总残余变形,由使用要求确定。

路基顶面的垂直应变标准,可表示为:

$$\varepsilon_{E0} \leqslant [\varepsilon_{E0}] \tag{3-2-10}$$

式中:ε_{E0}——路基顶面的垂直应变,可由层状弹性体系理论求得;

$[\varepsilon_{E0}]$——路基顶面容许垂直应变,可由路基残余变形和荷载应力、应力重复次数及路基土弹性模量之间的经验关系确定。

3)疲劳开裂

开裂是沥青路面常见的一种破坏类型。疲劳开裂的特点是:路面无显著的永久变形,开裂开始大都是形成细而短的横向开裂,继而逐渐展成网状,开裂的宽度和范围不断扩大。产生疲劳开裂的原因,是沥青结构层受车轮荷载的反复弯拉作用,使沥青结构层底面产生的拉应变(或拉应力)值超过材料的疲劳强度,底面开裂,并逐渐向表面发展。

沥青结构层达到临界疲劳状态时所承受的荷载重复次数称为疲劳寿命。某一种路面结构层疲劳寿命的大小,主要取决于所受到的重复应变(或应力)大小,同时也与路面的环境因素有关。通过室内试验和现场路段的观测,可以建立路面或结构层材料承受重复荷载次数与重复应变(或应力)大小之间的关系,即疲劳方程或疲劳曲线。因而可根据路面的设计使用年限求得累计荷载作用次数,由疲劳方程确定路面结构层所容许的重复应变(或应力)的大小。

以疲劳开裂作为设计标准时,用结构层底面的拉应变或拉应力不超过相应的容许值控制设计,即

$$\varepsilon_r \leqslant [\varepsilon_R] \tag{3-2-11}$$

或

$$\sigma_r \leqslant [\sigma_R] \tag{3-2-12}$$

式中:ε_r、σ_r——分别为按层状弹性体系理论计算的结构层底面的最大拉应变和拉应力;

ε_R、σ_R——分别为由疲劳方程确定的该结构层容许拉应变和容许拉应力。

4)推移

当沥青路面受到较大的车轮水平荷载作用时(如经常启动或制动路段及弯道、坡度变化处等),路面表面可能出现推移和拥起。造成这种破坏的原因是,车轮荷载引起的重直力和水平力的综合作用,使结构层内产生的剪应力超过材料的抗剪强度,同时也与行驶车轮的冲击、振动有关。

为防止沥青面层表面产生推移和拥起,可用面层抗剪强度标准控制设计,也就是在车轮的垂直力和水平力的共同作用下,面层中可能产生的最大剪应力 τ_{max},应不得超过材料的容许剪应力 τ_R,即

$$\tau_{max} \leqslant [\tau_R] \tag{3-2-13}$$

这项设计标准通常用于停车站、交叉口等车辆频繁制动地段及紧急制动路段高温情况下的沥青路面设计。对于同沥青混合料的黏聚力和内摩擦角有关的容许剪应力 τ_R。其取值应考虑路面的温度状况。

5)低温缩裂

路面结构中某些整体性结构层在低温时,由于材料收缩受限制而产生较大的拉应力,当它超过材料相应条件下的抗拉强度时便产生开裂。由于路面的纵向尺度远大于横向,低温收缩时侧向约束不大,故这种开裂般为横向间隔性的裂缝,严重时才发展为纵向裂缝。在冰冻地区,沥青面层和用无机结合料稳定的整体性基层,冬季可能出现这种开裂。

低温缩裂是一项同荷载因素无关的设计指标,即低温时结构层材料因收缩受约束而产生的温度应力 σ_{rt}应不大于该温度时材料的容许拉应力 σ_{tR},即

$$\sigma_{rt} \leqslant \sigma_{tR} \tag{3-2-14}$$

6）路面弯沉

路面弯沉是路面在垂直荷载作用下产生的垂直变形。一般认为，路面弯沉不仅能够反映路面各结构层及土基的整体强度和刚度，而且与路面的使用状态存在一定的内在联系，同时弯沉值的测定也比较方便。但是弯沉并不能与路面具体病害建立力学对应关系，且无法作为对比不同路面结构使用寿命或者性能的依据。由于路面结构类型的多样性和路面性能影响因素的复杂性，我国现行沥青路面设计规范仅将其作为路基和路面的验收指标。

当设计路面结构时，可以计算出其路基和路表验收完成弯沉值 l_R，对施工完成的路基和路表采用落锤式弯沉仪进行弯沉测试，获得路基和路表实测代表弯沉值 l_0，实测代表弯沉值不应超过验收弯沉值，即

$$l_0 \leqslant l_R \tag{3-2-15}$$

2. 设计指标

设计指标主要是从力学响应的角度提出的控制指标，应能涵盖路面结构的主要病害类型，设计控制标准是指路面结构根据设计指标的破坏过程和破坏机理所达到的极限状态。路面结构设计中结构组合若满足了控制指标的极限状态，就能保证路面结构在设计使用期内正常工作，不致出现破坏的极限状态。

沥青路面结构在车轮荷载作用下各结构层的应力分布十分复杂，理论计算和大量的试验验证表明：

（1）层位较高的刚性基层和半刚性基层，由于刚性板体结构效应，极限拉应力一般出现在刚性基层或半刚性基层板的底部，产生初始裂缝并进一步发展形成断裂裂缝，从而诱发沥青面层的应力重分布，裂缝向上反射引起面层破坏。

（2）对于设置半刚性下基层的路面结构，通常在下基层底部产生初始裂缝，然后向上逐渐扩展到基层和沥青面层。

（3）对于柔性基层沥青路面，当柔性基层材料以沥青结合料为主时，沥青结合料基层底部会承受主要的拉应力；当柔性基层材料以粒状结构为主时，粒料基层不承受拉应力，沥青面层会承受较大的拉应力。因此，柔性基层沥青路面，整个路面结构的极限状态主要出现在沥青混合料层底部，形成初始裂缝并逐步扩展，最终沥青面层形成断裂裂缝。

（4）对于沥青混合料层以及路基，在轮迹荷载的竖向压应力和剪应力作用下，会产生不可恢复的永久变形；当使用刚性或者半刚性基层时，永久变形主要发生在沥青混合料层；当使用柔性基层时，永久变形可能会在整个结构范围内累积。

路面设计指标的选取应当与沥青路面结构层的主要力学响应相适应，并用于控制其主要病害的发生。经过国内外工程界长期观察和研究，路面结构在车轮荷载作用下结构层极限拉应力一般发生在层底，某结构层的拉应力（一般为第一主应力）达到并超过该层材料的抗拉极限强度时，首先在轮载下方产生初始裂缝，随着车轮的反复多次作用，初始裂缝逐步延伸，并在垂直方向扩展，导致路面表面产生各种裂缝，进一步发展则成为局部范围或大面积的损坏；与此同时，对于沥青路面结构，即使每一次行车荷载作用产生的残余变形量很小，但多次重复作用累积起来的残余变形总和也会很大，足以影响车辆的正常行驶。因此，我国沥青路面结构设计选用沥青混合料层层底拉应变、无机结合料稳定层层底拉应力、沥青混合料层永久变形量以

及路基顶面竖向压应变作为结构设计的重要控制指标。以控制沥青混合料层的疲劳开裂、无机结合料稳定层的疲劳开裂以及沥青层的永久变形。

对于季节性冻土地区,为了防止路面结构的低温开裂和冻融病害,沥青面层的低温开裂指数以及路面结构的防冻厚度也是重要性能控制指标。低温开裂指数 CI 是指沥青路面竣工验收时 100m 调查单元内横向裂缝条数,贯穿全幅的裂缝按 1 条计,未贯穿且长度超过一个车道宽度的裂缝按 0.5 条计,不超过一个车道宽度的裂缝不计入。

我国《公路沥青路面设计规范》(JTG D50—2017)规定路面结构验算时应根据路面结构组合,参照表 3-2-22 选择设计指标。选择单轴—双轮 100kN 作为标准轴载,基于双圆均布垂直荷载作用下的弹性层状连续体系理论,各设计指标应选用表 3-2-23 规定的竖向位置处的力学响应,并按图 3-2-1 所示计算点位置,选取 A、B、C 和 D 四点位置计算的最大力学响应量。根据弹性层状体系理论,沥青混合料层层底拉应变、无机结合料稳定层层底拉应力、沥青混合料层竖向压应力和路基顶面竖向压应变的计算公式,分别如式(3-2-16) ~式(3-2-19)所示。

不同结构组合路面的设计指标 表 3-2-22

基层类型	底基层类型	设计指标[a]
无机结合料稳定类	粒料类	无机结合料稳定层层底拉应力、沥青混合料层永久变形量
	无机结合料稳定类	
沥青结合料类	粒料类	沥青混合料层层底拉应变、沥青混合料层永久变形量、路基顶面竖向压应变
	无机结合料稳定类	沥青混合料层永久变形量、无机结合料稳定层层底拉应力
粒料类[b]	粒料类	沥青混合料层层底拉应变、沥青混合料层永久变形量、路基顶面竖向压应变
	无机结合料稳定类	沥青混合料层层底拉应变、沥青混合料层永久变形量、无机结合料稳定层层底拉应力
水泥混凝土[c]	—	沥青混合料层永久变形量

注:a. 季节性冻土地区应增加沥青面层低温开裂验算和防冻厚度验算。

b. 在沥青混合料层与无机结合料稳定层间设置粒料层时,应验算沥青混合料层疲劳开裂寿命。

c. 水泥混凝土基层应按现行《公路水泥混凝土路面设计规范》(JTG D40—2011)设计。

各设计指标对应的力学响应及其竖向位置 表 3-2-23

设计指标	力学响应	竖向位置
沥青混合料层层底拉应变	沿行车方向的水平拉应变	沥青混合料层层底
无机结合料稳定层层底拉应力	沿行车方向的水平拉应力	无机结合料稳定层层底
沥青混合料层永久变形量	竖向压应力	沥青混合料层各分层顶面
路基顶面竖向压应变	竖向压应变	路基顶面

$$\varepsilon_{a} = p\,\overline{\varepsilon}_{a}$$

$$\overline{\varepsilon}_{a} = f\left(\frac{h_1}{\delta},\frac{h_2}{\delta},\cdots,\frac{h_{n-1}}{\delta};\frac{E_2}{E_1},\frac{E_3}{E_2},\cdots,\frac{E_0}{E_{n-1}}\right) \tag{3-2-16}$$

$$\sigma_t = p\,\bar{\sigma}_t$$

$$\bar{\sigma}_t = f\left(\frac{h_1}{\delta},\frac{h_2}{\delta},\cdots,\frac{h_{n-1}}{\delta};\frac{E_2}{E_1},\frac{E_3}{E_2},\cdots,\frac{E_0}{E_{n-1}}\right) \tag{3-2-17}$$

$$p_i = p\,\bar{p}_i$$

$$\bar{p}_i = f\left(\frac{h_1}{\delta},\frac{h_2}{\delta},\cdots,\frac{h_{n-1}}{\delta};\frac{E_2}{E_1},\frac{E_3}{E_2},\cdots,\frac{E_0}{E_{n-1}}\right) \tag{3-2-18}$$

$$\varepsilon_z = p\,\bar{\varepsilon}_z$$

$$\bar{\varepsilon}_z = f\left(\frac{h_1}{\delta},\frac{h_2}{\delta},\cdots,\frac{h_{n-1}}{\delta};\frac{E_2}{E_1},\frac{E_3}{E_2},\cdots,\frac{E_0}{E_{n-1}}\right) \tag{3-2-19}$$

式中：ε_a——沥青混合料层底拉应变(10^{-6})；

$\bar{\varepsilon}_a$——理论拉应变系数；

σ_t——无机结合料稳定层的层底拉应力(MPa)；

$\bar{\sigma}_t$——理论拉应变系数；

p_i——沥青混合料第 i 分层顶面竖向压应力(MPa)；

$\bar{p}_i$——理论压应力系数；

ε_z——路基顶面竖向压应变(10^{-6})

$\bar{\varepsilon}_z$——理论竖向压应变系数；

p,δ——标准轴载的轮胎接地压强(MPa)和当量圆半径(mm)；

E_0——路基顶面回弹模量(MPa)；

$h_1,h_2,\cdots,h_{n-1}$——各结构层厚度(mm)；

$E_1,E_2,\cdots,E_{n-1}$——各结构层模量(MPa)。

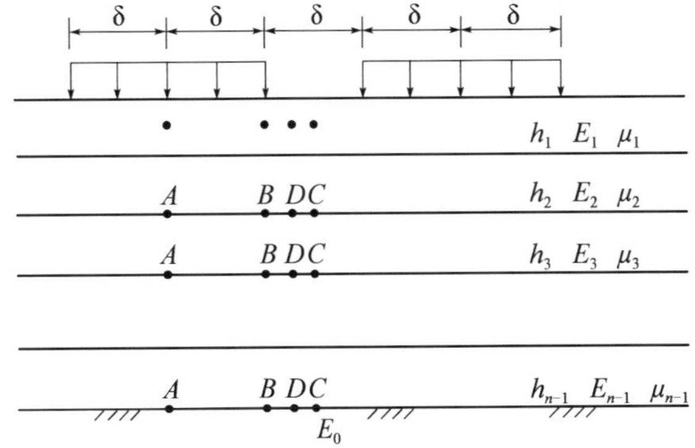

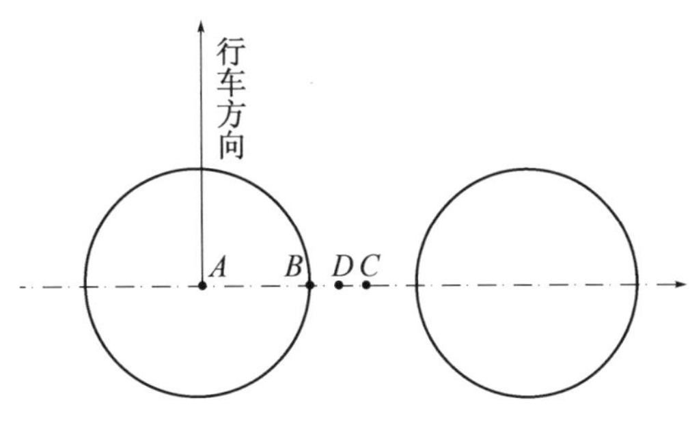

图 3-2-1 力学响应计算点位置图示

我国早期的规范一直以路表弯沉值作为主导设计指标。在早期交通荷载轻、交通量小、路面薄且结构单一的背景下，路表弯沉能够较好地反映路面承载能力，控制路基永久变形，作为设计指标是合适的。随着路面结构层厚度增加和结构组合多样化，路表弯沉作为设计指标的不足逐渐显现。不同类型路面结构，弯沉值大的路面结构并不一定比弯沉值小的使用寿命短或性能差，因而弯沉值无法作为评判不同路面结构性能优劣的依据。但是，弯沉测试方法已经广为熟知，测试设备较为普及，因此，我国当前的沥青路面结构设计中，弯沉不再作为设计指标,但是仍然作为路基和路面的交工验收指标。

3. 设计标准

沥青路面在车轮反复多次作用之下,沥青面层和刚性、半刚性材料层的层底拉应力超过极限,形成初始裂缝并逐步扩展至断裂的过程,属疲劳断裂损伤。因此,针对我国主要的沥青路面结构,我国《公路沥青路面设计规范》(JTC D50—2017)规定以沥青混合料层层底拉应变和无机结合料层层底拉应力为设计指标,以沥青混合料层和无机结合料层的疲劳开裂寿命为设计标准。基于沥青混合料层层底拉应变计算的沥青混合料层疲劳开裂寿命应小于基于沥青混合料层层底拉应变换算得到的设计年限内当量设计轴载累计作用次数。基于无机结合料稳定层层底拉应力计算的无机结合料稳定层疲劳开裂寿命应小于基于无机结合料稳定层层底拉应力换算得到的设计年限内当量设计轴载累计作用次数。

对于沥青路面结构,即使每次行车荷载作用产生的残余变形量很小,但多次重复作用累积起来的残余变形总和也会很大,足以影响车辆的正常行驶。因此,从控制沥青路面结构永久变形角度,我国《公路沥青路面设计规范》(JTG D50—2017)要求基于设计年限内当量设计轴载累计作用次数计算的沥青混合料永久变形量应不大于表 3-2-24 所列容许永久变形量。同时,路基顶面竖向压应变不应大于基于设计年限内当量设计轴载累计作用次数计算获得的容许竖向压应变。

沥青混合料层容许永久变形量(单位:mm)　　表 3-2-24

基 层 类 型	沥青混合料层容许永久变形量	
	高速、一级公路	二级、三级公路
无机结合料稳定类基层、水泥混凝土基层和底基层为无机结合料稳定类的沥青混合料基层	15	20
其他基层	10	15

对于季节性冻土地区的沥青路面结构,沥青面层低温开裂指数不宜大于表 3-2-25 所列数值。

低温开裂指数要求　　表 3-2-25

公路等级	高速、一级公路	二级公路	三级、四级公路
低温开裂指数 CI,不大于	3	5	7

除了对上述路面使用性能设计指标的要求,高速公路、级公路以及山岭重丘区二级和三级公路的路面在交工验收时,其抗滑技术指标应满足表 3-2-26 的技术要求,路基顶面和路表的实测代表弯沉值应不超过其各自的验收弯沉值。

抗 滑 技 术 要 求　　表 3-2-26

年平均降雨量(mm)	交工检测指标值	
	横向力系数 SFC_{60}^{a}	构造深度 TD^{b}(mm)
>1 000	≥54	≥0.55
500 ~ 1 000	≥50	≥0.50
250 ~ 500	≥45	≥0.45

注:a. 横向力系数 SFC_{60}——用横向力系数测试车,在 60km/h ± 1km/h 车速下测定。

b. 构造深度 TD——用铺砂法测定。

五、掌握沥青路面结构验算

路面结构组合应先初拟方案，并按规范规定进行路面结构验算，再结合工程经验和经济分析选定路面结构方案。对于二级及二级以下公路，当交通荷载等级为中等、轻水平时，可依据所在地区经验结构合理选择路面设计方案。新建沥青路面结构验算包括下列主要内容：

(1)依据交通数据调查以及轴载换算方法，调查分析交通参数，计算获取设计使用年限内设计车道在不同控制指标(沥青混合料层层底拉应变，沥青混合料层永久变形量，无机结合料层层底拉应力，路基顶面竖向压应变)下的当量设计轴载累计作用次数，确定交通荷载等级。

(2)根据路基土类型、地下水位高度确定路基干湿类型和湿度状况，结合现行《公路路基设计规范》(JTG D30—2015)的有关规定确定路基顶面回弹模量及必要的路基改善措施。

(3)根据设计要求，收集所在地区的常用路面结构组合和材料性质要求，分析影响路面结构设计的其他因素，初拟路面结构组合与厚度方案，选取设计指标。

(4)确定各结构层模量等设计参数，检验粒料的 *CBR* 值，无机结合料稳定类材料的无侧限抗压强度，沥青低温性能要求，沥青混合料的低温破坏应变、动稳定度、贯入强度和水稳定性等。

(5)收集工程所在地区气温资料，确定各设计指标对应的温度调整系数或等效温度。

(6)采用多层弹性体系理论程序计算各设计指标的力学响应量。

(7)进行路面结构验算。包括沥青混合料层开裂验算，无机结合料稳定层疲劳开裂验算，沥青混合料层永久变形量验算，路基顶面竖向压应变验算，以及低温开裂指数验算，防冻厚度验算，验算结果不符合要求时，调整路面结构方案重新验算，直至符合为止。

(8)对通过结构验算的路面结构进行技术经济分析，选定路面结构方案。

(9)计算设计路面结构的路基顶面验收弯沉值和路表验收弯沉值，用于路面交(竣)工验收。

沥青路面结构验算的流程可按图 3-2-2 进行。

1. 温度调整系数和等效温度

一般分两个步骤确定温度调整系数和等效温度，首先确定基准路面结构温度调整系数和等效温度，然后进行结构层厚度和模量修正，得到不同结构路面的温度调整系数和等效温度。

不同气温状况下基准路面结构的损坏，转换成标准温度(20℃)条件下基准路面结构的等效破坏，得到基准路面结构温度调整系数。部分地区各类路面结构设计指标的基准结构温度调整系数以及沥青混合料层的等效温度，可参照《公路沥青路面设计规范》(JTG D50—2017)表 G.1.2 取用。其他地区的基准结构温度调整系数和沥青混合料层的等效温度，可按气温条件相近地区的系数值取用，气温资料取连续 10 年的平均值。

当路面结构沥青面层或基层(含底基层)由两层或两层以上不同材料结构层组成时，可以按式(3-2-20)和式(3-2-21)分别换算成当量沥青面层和当量基层，从而简化为由当量沥青面层、当量基层和路基构成的三层路面结构。对采用沥青结合料类基层的路面，将基层换算至当量沥青面层，超过 2 层时，重复利用式(3-2-20)和式(3-2-21)自上而下逐层换算，简化为由当量沥青面层、当量基层和路基构成的三层路面结构。

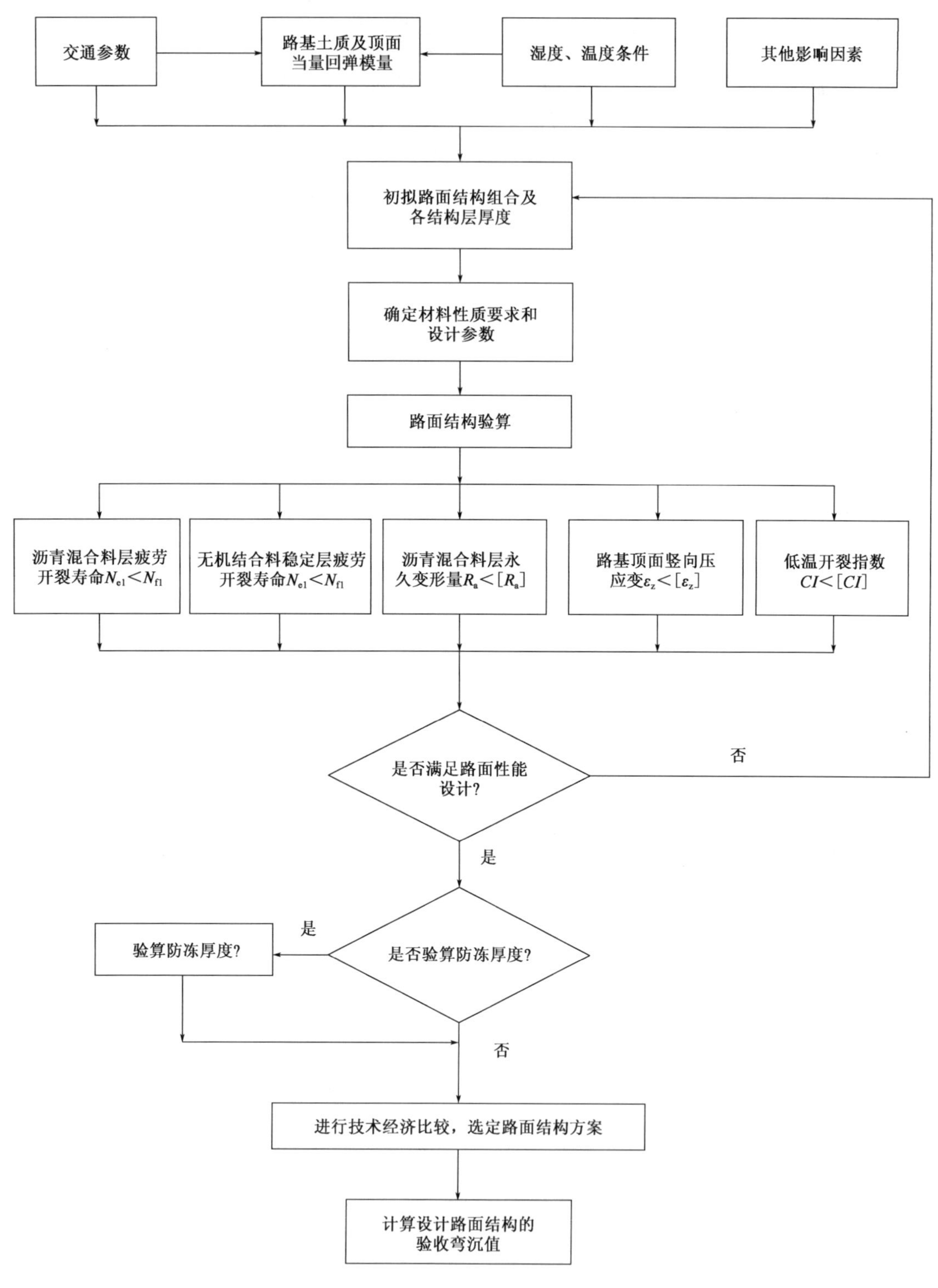

图 3-2-2　路面结构验算流程图

$$h_i^* = h_{i1} + h_{i2} \tag{3-2-20}$$

$$E_i^* = \frac{E_{i1}h_{i1}^3 + E_{i2}h_{i2}^3}{(h_{i1} + h_{i2})^3} + \frac{3}{h_{i1} + h_{i2}}\left(\frac{1}{E_{i1}h_{i1}} + \frac{1}{E_{i2}h_{i2}}\right)^{-1} \tag{3-2-21}$$

式中：h_i^*，E_i^*——当量层厚度（mm）和模量（MPa），下标 $i = \mathrm{a}$ 为沥青面层，$i = \mathrm{b}$ 为基层。

路面结构的温度调整系数，应根据式（3-2-22）～式（3-2-36）计算。

$$k_{\mathrm{T}i} = A_{\mathrm{h}}A_{\mathrm{E}}\hat{k}_{\mathrm{T}i}^{1+B_{\mathrm{h}}+B_{\mathrm{E}}} \tag{3-2-22}$$

式中：$k_{\mathrm{T}i}$——温度调整系数；下标 $i = 1$ 对应沥青混合料层疲劳开裂分析，$i = 2$ 对应无机结合料稳定层疲劳开裂，$i = 3$ 对应路基顶面竖向压应变分析。

$\hat{k}_{\mathrm{T}i}$——基准路面结构温度调整系数。

A_{h}、B_{h}、A_{E}、B_{E}——与面层、基层厚度和模量有关的函数，按式（3-2-23）、式（3-2-24）计算。

沥青混合料层疲劳开裂：

$$A_{\mathrm{E}} = 0.76\lambda_{\mathrm{E}}^{0.09} \tag{3-2-23}$$

$$A_{\mathrm{h}} = 1.14\lambda_{\mathrm{h}}^{0.17} \tag{3-2-24}$$

$$B_{\mathrm{E}} = 0.14\ln(\lambda_{\mathrm{E}}/20) \tag{3-2-25}$$

$$B_{\mathrm{h}} = 0.23\ln(\lambda_{\mathrm{h}}/0.45) \tag{3-2-26}$$

无机结合料稳定层疲劳开裂：

$$A_{\mathrm{E}} = 0.10\lambda_{\mathrm{E}} + 0.89 \tag{3-2-27}$$

$$A_{\mathrm{h}} = 0.73\lambda_{\mathrm{h}} + 0.67 \tag{3-2-28}$$

$$B_{\mathrm{E}} = 0.15\ln(\lambda_{\mathrm{E}}/1.14) \tag{3-2-29}$$

$$B_{\mathrm{h}} = 0.44\ln(\lambda_{\mathrm{h}}/0.45) \tag{3-2-30}$$

路基顶面竖向压应变：

$$A_{\mathrm{E}} = 0.006\lambda_{\mathrm{E}} + 0.89 \tag{3-2-31}$$

$$A_{\mathrm{h}} = 0.67\lambda_{\mathrm{h}} + 0.70 \tag{3-2-32}$$

$$B_{\mathrm{E}} = 0.12\ln(\lambda_{\mathrm{E}}/20) \tag{3-2-33}$$

$$B_{\mathrm{h}} = 0.38\ln(\lambda_{\mathrm{h}}/0.45) \tag{3-2-34}$$

式中：λ_{E}——面层与基层当量模量之比，按式（3-2-35）计算：

$$\lambda_{\mathrm{E}} = \frac{E_{\mathrm{a}}^*}{E_{\mathrm{b}}^*} \tag{3-2-35}$$

λ_{h}——面层与基层当量厚度之比，按式（3-2-36）计算。

$$\lambda_{\mathrm{h}} = \frac{h_{\mathrm{a}}^*}{h_{\mathrm{b}}^*} \tag{3-2-36}$$

分析沥青混合料永久变形量时，沥青混合料层的等效温度应按式（3-2-37）计算。

$$T_{pef} = T_{\xi} + 0.016h_a \tag{3-2-37}$$

式中：T_{pef}——沥青混合料层等效温度(℃)；

h_a——沥青混合料层厚度(mm)；

T_{ξ}——基准等效温度。

2. 沥青混合料层疲劳开裂验算

基于沥青混合料的柔性特征，一般采用沥青混合料层层底拉应变计算和控制沥青混合料层的疲劳开裂寿命。研究表明薄沥青混合料层适宜采用常应变加载模式疲劳开裂模型，厚沥青混合料层适宜采用常应力加载模式疲劳开裂模型，介于中间厚度的沥青混合料层，需要在两者之间建立过渡关系。我国现行《公路沥青路面设计规范》(JTG D50—2017)在大量常应力加载模式和常应变加载模式疲劳试验的基础上，综合国内外大量加速加载试验路的疲劳数据，建立了基于沥青混合料层层底拉应变的沥青混合料层疲劳开裂寿命计算模型，见式(3-2-38)，为了考虑不同加载模式的过渡与转换，在该模型中引入了疲劳开裂加载模式系数。

$$N_{f1} = 6.32 \times 10^{15.96-0.29\beta} k_a k_b k_{T1}^{-1} \left(\frac{1}{\varepsilon_a}\right)^{3.97} \left(\frac{1}{E_a}\right)^{1.58} (VFA)^{2.72} \tag{3-2-38}$$

式中：N_{f1}——沥青混合料层疲劳开裂寿命(轴次)；

β——目标可靠指标，根据公路等级按表3-2-27取值；

k_a——季节性冻土地区调整系数，按表3-2-28采用内插法确定；

k_b——疲劳加载模式系数，按式(3-2-39)计算：

$$k_b = \left[\frac{1 + 0.3E_a^{0.43}(VFA)^{-0.85} e^{0.024h_a - 5.41}}{1 + e^{0.024h_a - 5.41}}\right]^{3.33} \tag{3-2-39}$$

E_a——沥青混合料20℃时的动态压缩模量(MPa)；

VFA——沥青混合料的沥青饱和度(%)，根据混合料设计结果或按现行《公路沥青路面施工技术规范》(JTG F40—2004)的有关规定确定；

h_a——沥青混合料层厚度(mm)；

k_{T1}——温度调整系数；

ε_a——沥青混合料层层底拉应变(10^{-6})。根据弹性层状体系理论计算获取。

目标可靠度和目标可靠指标 表3-2-27

公路等级	高速公路	一级公路	二级公路	三级公路	四级公路
目标可靠度(%)	95	90	85	80	70
目标可靠指标β	1.65	1.28	1.04	0.84	0.52

季节性冻土地区调整系数 k_a 表3-2-28

冻　　区	重　冻　区	中　冻　区	轻　冻　区	其 他 地 区
冻结指数 F(℃·d)	≥2 000	2 000～800	800～50	≤50
k_a	0.60～0.70	0.70～0.80	0.80～1.00	1.00

沥青混合料层的疲劳开裂寿命应大于基于沥青混合料层层底拉应变的设计使用年限内设计车道的当量设计轴载累计作用次数。否则，应调整路面结构方案，重新验算，直至满足要求。

3. 无机结合料稳定层疲劳开裂验算

基于无机结合料稳定类材料的半刚性特征，一般采用无机结合料稳定层层底拉应力计算和控制无机结合料稳定层的疲劳开裂寿命。我国《公路沥青路面设计规范》(JTG D50)在归纳水泥稳定砂砾、水泥稳定碎石、水泥稳定土和石灰粉煤灰稳定碎石四种常用混合料大量疲劳开裂试验结果的基础上，建立了无机结合料稳定粒料和稳定土的疲劳开裂计算模型，如式(3-2-40)所示。由于缺少足够的现场数据，无机结合料稳定层疲劳开裂模型的验证工作难度较大。在大量无机结合料稳定基层沥青路面结构调研基础上，归纳整理了包含公路等级、交通荷载参数和路基回弹模量等因素的不同工况下无机结合料稳定类基层沥青路面典型结构。对比调研的路面典型结构损坏状况与上述疲劳开裂模型分析结果，引入现场综合修正系数 k_c，以反映室内性能模型与现场疲劳开裂损坏间的差异。

$$N_{f2} = k_a k_{T2}^{-1} 10^{a-b\frac{\sigma_t}{R_s}+k_c-0.57\beta} \tag{3-2-40}$$

式中：N_{f2}——无机结合料稳定层的疲劳开裂寿命(轴次)；

k_a——季节性冻土地区调整系数，按表 3-2-28 确定；

k_{T2}——温度调整系数；

R_s——无机结合料稳定类材料的弯拉强度(MPa)；

a、b——疲劳试验回归参数，按表 3-2-29 确定；

k_c——现场综合修正系数，按式(3-2-41)确定；

$$k_c = c_1 e^{c_2(h_a+h_b)} + c_3 \tag{3-2-41}$$

c_1、c_2、c_3——参数，按表 3-2-30 取值；

h_a、h_b——分别为沥青混合料层和计算点以上无机结合料稳定层厚度；

β——目标可靠指标，根据公路等级按表 3-2-27 取值；

σ_t——无机结合料稳定层的层底拉应力(MPa)，根据弹性层状体系理论计算获取。

无机结合料稳定层疲劳破坏模型参数 表 3-2-29

材料类型	a	b
无机结合料稳定粒料	13.24	12.52
无机结合料稳定土	12.18	12.79

现场综合修正系数 k_c 相关参数 表 3-2-30

	新建路面结构层或改建工程既有路面结构层		改建工程加铺层	
材料类型	无机结合料稳定粒料	无机结合料稳定土	无机结合料稳定粒料	无机结合料稳定土
c_1	14.0	35.0	18.5	21.0
c_2	-0.0076	-0.0156	-0.01	-0.0125
c_3	-1.47	-0.83	-1.32	-0.82

无机结合料稳定层的疲劳开裂寿命应大于基于无机结合料稳定层层底拉应力为指标进行轴载换算得到的设计使用年限内设计车道的当量设计轴载累计作用次数。否则，应调整路面结构组合或层厚，重新验算，直至满足要求。

4. 沥青混合料层永久变形量验算

我国《公路沥青路面设计规范》(JTG D50—2017)依据多种沥青混合料,在不同温度、压力等条件下的大量有效车辙试验结果,建立了包含荷载作用次数、温度、竖向压应力、层厚和车辙试验永久变形量等参数的沥青混合料层永久变形预估模型,并利用国内 10 余条公路多年车辙数据和 5 个试验段车辙数据对该模型进行了修正和验证。

考虑沥青路面不同深度处应力分布和不同沥青混合料层抗车辙性能的差异,规定分层计算永久变形量。各分层永久变形累加值与沥青混合料层总的永久变形量间的差异考虑在综合修正系数中 k_R。

对路面设计使用年限内的永久变形量进行预估时,应当使用基于沥青混合料层永久变形量指标进行轴载换算获取的设计使用年限内设计车道上当量设计轴载累计作用次数,进行永久变形量计算。然而,结构分析需综合考虑路面的养护、维修工作。对交通量大、重载比例高的项目,路面设计使用年限内有时需要针对车辙进行一次或一次以上维修,此时用于计算沥青混合料层永久变形量的设计车道上当量设计轴载累计作用次数为通车至首次维修的期限内当量设计轴载累计作用次数。

按照我国沥青路面设计规范规定,首先对路面结构中的各沥青混合料层进行分层:表面层,采用 10 ~ 20mm 作为一分层;第二层沥青混合料层,每分层厚度应不大于 25mm;第三层沥青混合料层,每一分层厚度应不大于 100mm;第四层及其以下沥青混合料层,作为一个分层。然后,根据标准条件下的车辙试验,得到各层沥青混合料的车辙试验永久变形量,按式(3-2-42)计算各分层的永久变形量和沥青混合料层总的永久变形量。

$$R_a = \sum_{i=1}^{n} R_{ai} \tag{3-2-42}$$

$$R_{ai} = 2.31 \times 10^{-8} k_{Ri} T_{pef}^{2.93} p_i^{1.80} N_{e3}^{0.48} (h_i/h_0) R_{0i}$$

式中:R_a——沥青混合料层永久变形量(mm);

R_{ai}——分层 i 永久变形量(mm);

n——分层数;

k_{Ri}——综合修正系数。

T_{pef}——沥青混合料层永久变形等效温度;

N_{e3}——沥青混合料层永久变形设计使用年限内,设计车道上设计轴载累计作用次数;

h_i——第 i 分层厚度(mm);

h_0——车辙试验试件的厚度(mm);

R_{0i}——第 i 分层沥青混合料在试验温度为 60℃,压强为 0.7MPa,加载次数为 2520 次时,车辙试验永久变形量(mm);

k_{Ri}——综合修正系数,按式(3-2-43) ~ 式(3-2-45)计算;

$$k_{Ri} = (d_1 + d_2 \cdot z_i) \cdot 0.973\,1^{z_i} \tag{3-2-43}$$

$$d_1 = -1.35 \times 10^{-4} h_a^2 + 8.18 \times 10^{-2} h_a - 14.50 \tag{3-2-44}$$

$$d_2 = 8.78 \times 10^{-7} h_a^2 - 1.50 \times 10^{-3} h_a + 0.90 \tag{3-2-45}$$

z_i——沥青混合料层 i 分层深度(mm),第一分层取为 15mm,其他分层为路表距沥青分层中点的深度;

h_a——沥青混合料层厚度(mm),h_a 大于200mm时,取200mm;

p_i——沥青混合料层 i 分层顶面竖向压应力(MPa),根据弹性层状体系理论计算获取。

验算得到的沥青混合料层永久变形量应满足表3-2-33要求。否则,应调整沥青混合料设计,直至满足要求。满足沥青混合料层容许永久变形量要求的沥青混合料,尚应满足施工技术规范要求的标准车辙试验的动稳定度要求,其永久变形量 R_0 的稳定度可用作沥青混合料的质量要求和施工控制指标。标准车辙试验温度为60℃,压强为0.7MPa,试件厚度为50mm,加载次数为2 520次时沥青混合料的动稳定度 DS,可根据永久变形量 R_0 按式(3-2-46)计算。

$$DS = 9365R_0^{-1.48} \tag{3-2-46}$$

式中:DS——沥青混合料动稳定度(次/mm)。

5. 路基顶面竖向压应变验算

路基顶面竖向压应变是粒料类基层沥青路面和底基层为粒料的沥青结合料类基层沥青路面的重要设计指标。国外相关设计方法一般通过控制路基顶面竖向压应变防止路基产生过大的永久变形,并采用试验路或现场观测数据拟合竖向压应变与交通荷载参数的关系。我国粒料类基层沥青路面应用较少,缺乏足够的实测数据。为此,整理了AASHO试验路的路面结构资料以及轴载作用次数等数据,建立了路基顶面竖向压应变与100kN轴载作用次数间的经验关系式,经调整和修正,建立了路基顶面容许竖向压应变的计算模型,如式(3-2-47)所示。

$$[\varepsilon_z] = 1.25 \times 10^{4-0.1\beta}(k_{T3}N_{e4})^{-0.21} \tag{3-2-47}$$

式中:$[\varepsilon_z]$——路基顶面容许竖向压应变(10^{-6});

β——目标可靠指标,根据公路等级按表3-2-27取值;

N_{e4}——设计使用年限内设计车道上的当量设计轴载累计作用次数(轴次);

k_{T3}——温度调整系数。

对于选定的路面结构根据弹性层状体系理论计算出的路基顶面竖向压应变应小于容许压应变值。否则,调整路面结构方案,重新验算,直至满足要求。

6. 沥青面层低温开裂指数验算

季节性冻土地区沥青路面低温开裂是常见病害。我国沥青路面设计规范采用经验法,分析了东北地区多个路段沥青性质、路面结构、路基土质类型等与路面低温开裂状况的关系,参考加拿大Haas模型,建立了路面低温开裂指数预估模型,如式(3-2-48)所示。

$$CI = 1.95 \times 10^{-3}S_t\lg b - 0.075(T + 0.07h_a)\lg S_t + 0.15 \tag{3-2-48}$$

式中:CI——沥青面层低温开裂指数;

T——路面低温设计温度(℃),为连续10年年最低气温平均值;

S_t——在路面低温设计温度加10℃试验温度条件下,表面层沥青弯曲梁流变试验加载180s时蠕变劲度(MPa);

h_a——沥青混合料层厚度(mm);

b——路基类型参数,砂 $b=5$,粉质黏土 $b=3$,黏土 $b=2$。

沥青面层的低温开裂指数值,应满足表3-2-25的要求。否则,应改变所选用的沥青材料,直至满足要求。

7. 防冻厚度验算

季节性冻土地区路基为中湿或潮湿状态时，应按照式(3-2-49)计算公路多年最大冻深。根据公路多年最大冻深，按表3-2-31的规定验算路面的防冻厚度，路面结构厚度小于表3-2-31规定的最小防冻厚度时，应增设防冻层，使其满足最小防冻厚度的要求。

$$Z_{max} = abcZ_d \tag{3-2-49}$$

式中：Z_{max}——公路多年最大冻深(mm)；

Z_d——大地多年最大冻深(mm)，根据调查资料确定；

a——大地冻深范围内路基、路面各层材料热物性系数，按表3-2-32确定；

b——路基湿度系数，按表3-2-33确定；

c——路基断面形式系数，根据表3-2-34按内插法确定。

沥青路面结构最小防冻厚度(单位：mm)　　表3-2-31

路基土质	基层、底基层材料类型	对应于以下公路多年最大冻深 Z_{max}(mm)和路基干湿类型的最小防冻厚度							
		中湿				潮湿			
		500~1000	1000~1500	1500~2000	>2000	500~1000	1000~1500	1500~2000	>2000
黏性土、细亚砂土	粒料类	400~450	450~500	500~600	600~700	450~550	550~600	600~700	700~800
	水泥或石灰稳定类、水泥混凝土	350~400	400~450	450~550	550~650	400~500	500~550	550~650	650~750
	水泥粉煤灰或石灰粉煤灰稳定类、沥青结合料类	300~350	350~400	400~500	500~550	350~450	450~500	500~550	550~700
粉性土	粒料类	450~500	500~600	600~700	700~750	500~600	600~700	700~800	800~1000
	水泥或石灰稳定类、水泥混凝土	400~450	450~500	500~600	600~700	450~550	550~650	650~700	700~900
	水泥粉煤灰或石灰粉煤灰稳定类、沥青结合料类	300~400	400~450	450~500	500~650	400~500	500~600	600~650	650~800

注：1. 在《公路自然区划标准》(JTJ 003—1986)中，对潮湿系数小于0.5的地区，Ⅱ、Ⅲ、Ⅳ等干旱地区的防冻厚度可比表中值减少15%~20%。

2. 对Ⅱ区砂性土路基防冻厚度应相应减少5%~10%。

3. 公路多年最大冻深大时，靠近上限取值，反之靠近下限取值。

4. 基层、底基层采用不同材料类型时，按厚度较大的材料类型确定。

路基、路面材料热物性系数 *a* 表 3-2-32

路基材料	黏质土	粉质土	粉土质砂	细粒土质砂、黏土质砂	含细粒土质砾(砂)
热物性系数	1.05	1.10	1.20	1.30	1.35
路面材料	水泥混凝土	沥青结合料类	级配碎石	二灰或水泥稳定粒料	二灰及水泥土
热物性系数	1.40	1.35	1.45	1.40	1.35

路基湿度系数 *b* 表 3-2-33

干 湿 类 型	干　　燥	中　　湿	潮　　湿
湿度系数	1.0	0.95	0.90

路基断面形式系数 *c* 表 3-2-34

填挖形式和高(深)度	路基填土高度					路基挖方深度			
	零填	<2m	2~4m	4~6m	>6m	<2m	2~4m	4~6m	>6m
断面形式系数	1.0	1.02	1.05	1.08	1.10	0.98	0.95	0.92	0.90

8. 设计路面结构的验收弯沉值

宜采用落锤式弯沉仪进行路基验收，落锤式弯沉仪荷载为 50kN，荷载盘半径为 150mm。路基顶面验收弯沉值 l_g 应按式(3-2-50)计算。路基顶面实测代表弯沉值 l_0 应符合式(3-2-51)的要求。

$$l_g = \frac{176pr}{E_0} \tag{3-2-50}$$

式中：l_g——路基顶面验收弯沉值(0.01mm)；

p——落锤式弯沉仪承载板施加荷载(MPa)；

r——落锤式弯沉仪承载板半径(mm)；

E_0——平衡湿度状态下路基顶面回弹模量(MPa)。

$$l_0 \leqslant l_g \tag{3-2-51}$$

式中：l_g——路基顶面验收弯沉值(0.01mm)；

l_0——路段内实测的路基顶面弯沉代表值(0.01mm)，以 1~3km 为一评定路段，按式(3-2-52)计算：

$$l_0 = (\bar{l}_0 + \beta \cdot s)K_1 \tag{3-2-52}$$

式中：$\bar{l}_0$——路段内实测的路基顶面弯沉平均值(0.01mm)；

s——路段内实测路基顶面弯沉标准差(0.01mm)；

β——目标可靠指标，根据公路等级按表 3-2-27 取值；

K_1——路基顶面弯沉湿度影响系数，根据当地经验确定。

路表验收弯沉值 l_a，应根据设计路面结构，采用弹性层状体系理论按式(3-2-53)计算。路面结构层参数应与路面结构验算时相同。路基顶面回弹模量应采用平衡湿度状态下路基顶面回弹模乘以模量调整系数 k_l，用以协调理论弯沉与实测弯沉的差异。

$$l_a = p\bar{l}_a \tag{3-2-53}$$

$$\overline{l}_a = f\left(\frac{h_1}{\delta},\frac{h_2}{\delta},\cdots,\frac{h_{n-1}}{\delta};\frac{E_2}{E_1},\frac{E_3}{E_2},\cdots,\frac{k_l E_0}{E_{n-1}}\right)$$

式中：$\overline{l}_a$——理论弯沉系数；

k_l——基顶面回弹模量调整系数，无机结合料稳定类基层沥青路面和水泥混凝土基层沥青路而，取 0.5；粒料类基层沥青路面和沥青结合料类基层沥青路面，当采用无机结合料稳定底基层时，取 0.5，否则取 1.0；

E_0——平衡湿度状态下路基顶面回弹模量（MPa）。

其他符号意义同式(3-2-16)。

路面交（竣）工时应对路表弯沉值进行检测。检测时需要考虑对弯沉进行湿度和温度修正。落锤式弯沉仪中心点弯沉代表值应符合式(3-2-54)要求。

$$l_0 \leqslant l_a \tag{3-2-54}$$

式中：l_a——路表验收弯沉值(0.01mm)；

l_0——路段内实测的路表弯沉代表值（0.01mm），以 1 ~ 3km 为一评定路段，按式(3-2-55)计算：

$$l_0 = (\overline{l}_0 + \beta \cdot s)K_1 K_3 \tag{3-2-55}$$

式中：$\overline{l}_0$——路段内实测路表弯沉平均值(0.01mm)；

s——路段内实测路表弯沉标准差(0.01mm)；

β——目标可靠指标，根据公路等级按表 3-2-27 取值；

K_1——路表弯沉湿度影响系数，根据实测弯沉值通过反算得到路基模量值，再对路基模量进行修正得到结构模量值，然后得出测试状态下弯沉湿度修正系数 K_1，或者根据当地经验确定；

K_3——路表弯沉温度影响系数，按式(3-2-56)确定：

$$K_3 = e^{[9\times10^{-6}(\ln E_0 - 1)h_a + 4\times10^{-3}](20-T)} \tag{3-2-56}$$

式中：T——弯沉测定时沥青结合料类材料层中点实测或预估温度（℃）；

h_a——路沥青结合料类材料层厚度（mm）；

E_0——平衡湿度状态下路基顶面回弹模量（MPa）。

六、熟悉沥青路面改建设计

沥青路面随着使用时间的延续，其使用性能和永载能力不断降低，超过设计使用年限后便不能满足正常行车的要求，而需补强或改建。当原有路面需要提高等级时，对不符合技术标准的路段应先进行线形改善，改线路段应按新建路面设计。加宽路面、提高路基、调整纵坡的路段应视具体情况按新建或改建路面设计，在原有路面补强时，按改建路面设计。路面补强设计工作包括既有路面调查与分析、改建方案确定以及改建路面结构验算。

1. 既有路面调查与分析

对使用中的路面进行结构状况的调查与评定，其目的主要是了解路面现有结构状况和强度，据以判断是否需要加强或预估剩余使用寿命，分析路面损坏的原因及提出处理措施，提出针对性改建对策。

既有路面调查与分析应包括下列主要内容：

(1)收集既有路面及其排水设施的设计、施工及历史养护维修情况等技术资料。

(2)调查分析交通量、轴载组成和增长率等交通荷载参数。

(3)调查路面破坏状况，包括路面病害类型、严重程度、范围和数量等。

(4)采用落锤式动态弯沉仪或其他弯沉仪检测评价既有路面结构承载力。

(5)采用钻芯、探坑取样、路面雷达、切割等方式，调查分析既有路面厚度、层间结合及病害程度情况，并取样进行室内试验，测定试件模量、强度等，分析路面材料组成与退化情况。

(6)对因路基问题导致路面损坏的路段，取样调查路基土质类型、含水率和 *CBR* 值等，分析路基稳定性和承载力等。

(7)调查沿线气候条件、地下水及路基路面排水状况。

(8)调查沿线跨线桥、隧道净空要求及其他影响路面改建设计的要求。

既有路面损坏状况的评定应符合现行《公路技术状况评定标准》(JTG 5210—2018)和《公路养护技术规范》(JTG H10—2009)的有关规定，可结合路面损坏特点采用路面横向裂缝间距、纵向裂缝率、网裂面积率和修补面积率等指标进行补充评价。

2. 改建方案

基于既有路面调查与分析，经技术经济分析后，结合工程经验确定适应预期交通荷载等级和使用性能要求的改建设计方案。确定改建设计方案时，应充分利用既有路面结构性能，减少废弃材料，并积极、稳妥地再生利用既有路面材料。改建设计应采用动态设计理念，工程实施阶段逐段调查分析现场路况，动态调整改建方案。并应考虑施工期交通组织设计和临时安全设施设计。改建方案设计的一般要求如下：

(1)应根据不同路段路面状况和损坏程度，对既有路面采取相应的处理方案。

(2)既有路面处理可采用局部病害处治、整体性处理的方式或局部病害处治与整体性处理相结合的方式，并应符合下列规定：既有路面破损不严重且结构性能较好的路段可参照现行《公路沥青路面养护技术规范》(JTJ 073.2—2001)对局部病害处治后加铺；既有路面破损严重或结构性能不足的路段，宜采用整体性处理方式，处理深度和范围应根据路面破损程度、层位和处理工艺确定。

(3)改建方案应充分利用既有路面结构和材料，可视具体情况选择经局部病害处治后直接加铺一层或多层改建方案、将既有路面铣刨至某一结构层或将既有路面就地再生后再加铺一层或多层改建方案。

(4)既有路面存在较多裂缝时，应采取减缓反射裂缝的措施。

(5)既有路面出现因内部排水不良引起的水损坏时，应改善或重置路面防排水系统。加铺层与既有路面间应采取设置黏层或封层等层间结合措施。

(6)加铺层材料组成和技术要求应符合新料设计参数的相应要求。再生材料技术要求应符合现行《公路沥青路面再生技术规范》(JTG F41—2008)的有关规定。

3. 改建路面结构验算

改建路面结构验算步骤与流程与新建路面结构类似，主要区别在于，与新建路面结构相比，改建路面结构验算需要依据既有路面是否破损严重或结构性能不足来确定既有路面结构

设计参数,以及是否需要对既有路面结构进行验算。改建路面结构验算包括下列主要内容:

(1)调查分析设计使用年限内预期的交通荷载参数,并确定交通荷载等级。依据交通数据调查以及轴载换算方法,调查分析交通参数,计算获取设计使用年限内设计车道在不同控制指标(沥青混合料层层底拉应变,沥青混合料层永久变形,无机结合料层层底拉应力,路基顶面竖向压应变)下的当量设计轴载累计作用次数,并确定交通荷载等级。

(2)对既有路面技术状况进行调查和分析。充分调查和分段评估既有路面状况,分析路面损坏原因,提出针对性改建对策。

(3)分段初拟改建方案。根据路况调查结果,对既有路面进行分段,结合当地工程经验,分段初拟适应预期交通荷载等级和使用性能要求的改建方案。

(4)既有路面破损不严重且结构性能较好,采用直接加铺方案或铣刨至某一结构层再加铺方案时,应同时对既有路面结构层和加铺层进行结构验算。加铺层的设计参数应按新建路面结构确定。既有路面结构层的设计参数应按下列要求确定:

将既有路面简化为由沥青结合料类材料层、无机结合料稳定层或粒料层和路基组成的三层体系,利用弯沉盆反演或芯样实测的方法确定各层的结构模量。

既有路面无机结合料稳定层弯拉强度,宜根据现场取芯实测的无侧限抗压强度按式(3-2-57)计算,无条件时,可根据既有路面整体强度、基层和面层损坏状况,结合当地经验确定。

$$R_s = 0.21R_c \tag{3-2-57}$$

式中:R_s——无机结合料稳定类材料试件的弯拉强度(MPa);

R_c——无机结合料稳定类材料试件的无侧限抗压强度(MPa)。

(5)既有路面破损严重或结构性能不足时,无论采用直接加铺方案还是采用铣刨至某一结构层再加铺方案,均应对加铺层进行结构验算。加铺面层的设计参数应按新建路面结构确定。既有路面或铣刨后留用的路面结构层不再进行结构验算,其顶面当量回弹模量应按式(3-2-58)计算。

$$E_d = \frac{176pr}{l_0} \tag{3-2-58}$$

式中:E_d——平衡湿度状态下路基顶面回弹模量(MPa);

p——落锤式弯沉仪承载板施加荷载(MPa);

r——落锤式弯沉仪承载板半径(mm);

l_0——落锤式弯沉仪承载板中心点弯沉值(0.01mm)。

(6)按照新建路面要求,检验加铺层材料的性能设计参数是否符合要求,如检验加铺层粒料的 *CBR* 值,无机结合料稳定类材料的无侧限抗压强度,沥青低温性能要求,沥青混合料的低温破坏应变、动稳定度、贯入强度和水稳定性等。

(7)收集工程所在地区气温资料,确定各设计指标相应的温度调整系数或等效温度。

(8)采用多层弹性体系理论程序计算各设计指标的力学响应量。

(9)进行路面结构验算。沥青混合料层疲劳开裂验算,无机结合料稳定层疲劳开裂验算,沥青混合料层永久变形量验算,路基顶面竖向压应变验算,低温开裂指数验算以及最小防冻厚度验算等,均应符合各自的设计标准要求,验算不满足要求时,调整路面改建方案重新验算,直至符合要求为止。

(10)对通过结构验算的路面结构进行技术经济分析,选定路面改建方案。

(11)计算改建路面结构的路表验收弯沉值,用于路面交(竣)工验收。

改建路面结构验算应按图 3-2-3 所示的流程进行。

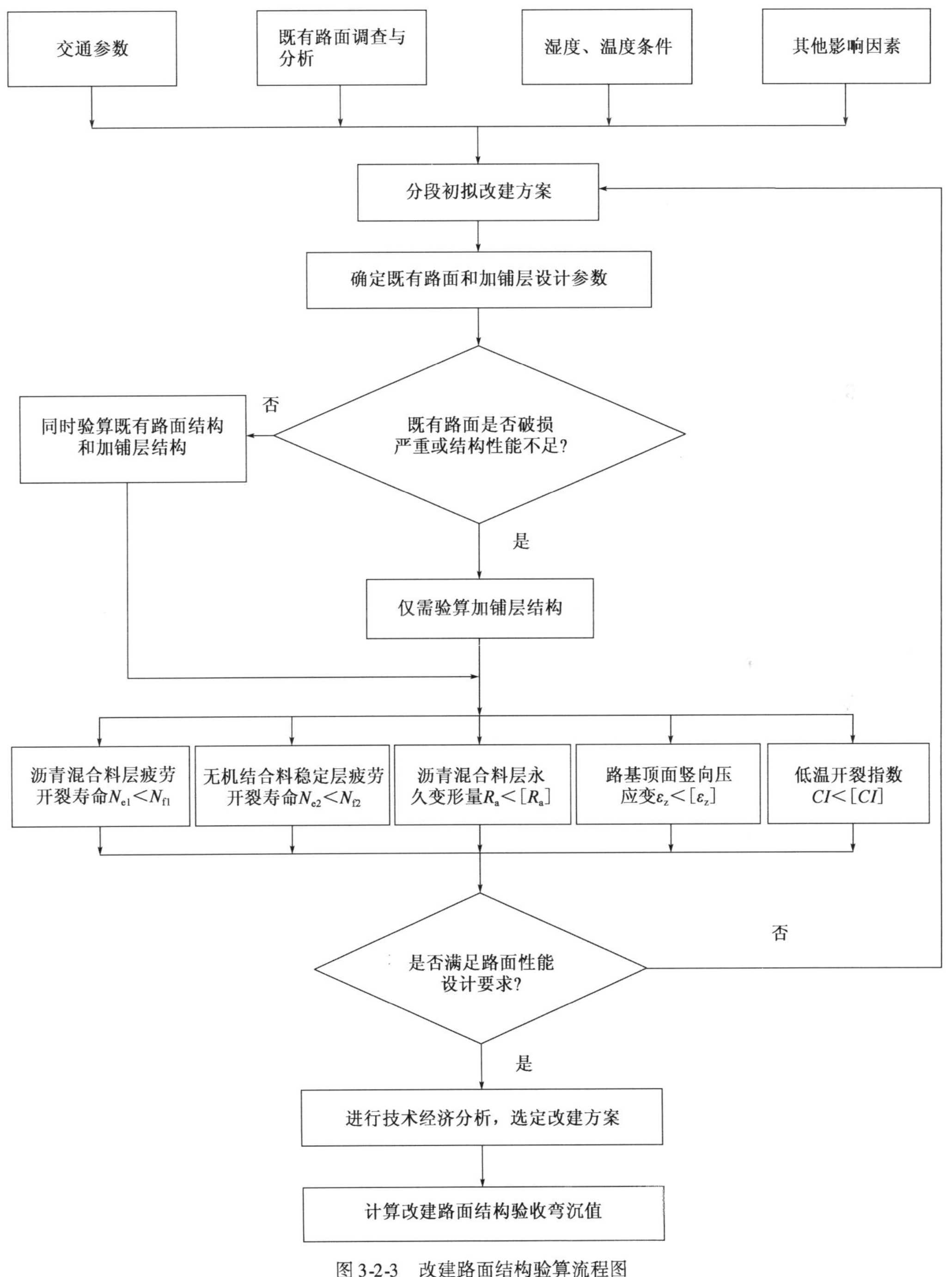

图 3-2-3　改建路面结构验算流程图

七、了解沥青路面设计理论与方法

我国沥青路面设计规范规定沥青路面设计理论以弹性层状体系理论为基础。弹性层状体系是由若干个弹性层组成,上面各层具有一定厚度,最下一层为弹性半空间体。应用弹性力学方法求解弹性层状体系的应力、变形和位移等分量,求解时引入如下一些假设:

(1)各层连续、完全弹性、均质、各向同性以及位移和形变微小的。

(2)最下一层在水平方向和垂直向下方向为无限大,其上各层厚度为有限、水平方向为无限大。

(3)各层在水平方向无限远处及最下一层向下无限深处,其应力、形变和位移为零。

(4)不计自重。

当前世界各国众多的沥青路面设计方法基本上可分为两类:一类是以经验或试验为依据的经验法,其著名代表是美国加州承载比法(CBR 法)和美国各州公路工作者协会设计方法(AASHO 法);一类是以力学分析为基础,同时考虑环境因素、交通条件和路面材料特性的理论法,如英荷壳牌(SHELL)法、美国地沥青协会(AI)法。理论法大多采用弹性层状体系理论分析沥青路面结构的应力、形变和位移,并可以运用电子计算机技术,因此理论法具有广阔的应用发展前景。我国现行沥青路面设计方法,正是基于弹性层状体系理论进行沥青路面结构设计与计算的方法。

考 点 分 析

沥青路面是我国路面的主要形式,沥青路面设计应保证路面具有与公路等级相适应的服务功能,即路面行驶的安全性、舒适性和路面的耐久性。要达到这些服务功能的要求,必须从材料性质要求和设计参数、结构组合设计、路面结构验算等进行精心设计,才可能使路面具有良好的使用品质。本节主要要求考生掌握沥青路面的种类、特点及选择,沥青路面设计的内容,沥青路面结构组合设计,沥青路面的破坏状态及设计标准,沥青路面厚度计算;熟悉沥青路面的改建设计,了解沥青路面设计理论与方法等相关知识。

例 题 解 析

例 1　水泥混凝土基层沥青路面的设计指标是下列哪个选项?　(　　)

(A)沥青混合料层永久变形量

(B)沥青混合料层层底拉应变

(C)路基顶面竖向压应变

(D)沥青混合料层层底拉应力

分析

依据现行《公路沥青路面设计规范》(JTG D50—2017),水泥混凝土基层沥青路面的设计指标是沥青混合料层永久变形量。故本题选 A。

例 2　季节性冻土地区高速公路的沥青路面结构，面层低温开裂指数不宜大于下列哪个选项？（　　）

(A)1　　(B)3

(C)5　　(D)7

分析

依据现行《公路沥青路面设计规范》(JTG D50—2017)，高速公路、一级公路沥青面层低温开裂指数不宜大于 3，二级公路不宜大于 5，三级、四级公路不宜大于 7。故本题选 B。

例 3　下列哪个选项中的沥青路面基层不能适用于特重、极重交通荷载等级？（　　）

(A)无机结合料稳定类　　(B)粒料类

(C)沥青结合料类　　(D)水泥混凝土

分析

依据现行《公路沥青路面设计规范》(JTG D50—2017)。无机结合料稳定类基层沥青路面适用于各种交通荷载等级，粒料类基层沥青路面适用于重及以下交通荷载等级，沥青结合料类基层沥青路面适用于各种交通荷载等级，水泥混凝土基层沥青路面适用于重及以上交通荷载等级。故本题选 B。

例 4　沥青混合料层永久变形量的力学响应是下列哪个选项？（　　）

(A)水平拉应变　　(B)竖向压应变

(C)水平拉应力　　(D)竖向压应力

分析

依据现行《公路沥青路面设计规范》(JTG D50—2017)。沥青混合料层永久变形量对应的力学响应是竖向压应力。故本题选 D。

例 5　满足沥青混合料层容许永久变形量要求的沥青混合料尚应满足下列哪个选项的要求？（　　）

(A)贯入强度　　(B)回弹模量

(C)动稳定度　　(D)压缩模量

分析

依据现行《公路沥青路面设计规范》(JTG D50—2017)。满足沥青混合料层容许永久变形量要求的沥青混合料，尚应满足施工技术规范要求的标准车辙试验的动稳定度要求，其永久变形量 R_0 的稳定度可用作沥青混合料的质量要求和施工控制指标。故本题选 C。

例6 沥青路面设计应采取技术措施,加强路面各结构层之间的结合,提高路面结构的整体性,避免产生层间滑移,下列关于沥青路面层间结合设计正确的是哪个选项?（　　）

(A)沥青层之间应设透层,透层沥青应具有良好的渗透性能

(B)各种基层上应设置黏层沥青。黏层沥青可用改性乳化沥青

(C)无机结合料稳定类基层顶面宜设置透层

(D)当设置改性沥青应力吸收层时,宜再设封层

分析

依据现行《公路沥青路面设计规范》(JTG D50—2017),粒料类基层和无机结合料稳定类基层顶面宜设置透层,透层沥青应具有良好的渗透性,可采用稀释沥青和乳化沥青等。本题选C。

例7 沥青混合料是沥青和集料组成的混合料,沥青混合料的特性取决于沥青和集料各自的特性及混合在一起的特性,下列关于沥青混合料材料选择正确有哪些选项?（　　）

(A)沥青标号的选择主要结合当地使用经验确定

(B)粗集料应优先选择碎石或碎砾石并与沥青具有良好的黏附性

(C)细集料应光滑、洁净、干燥,并允许含有少量杂质

(D)连续长陡坡路段中面层沥青混合料宜优先采用改性沥青

分析

依据现行《公路沥青路面设计规范》(JTG D50—2017)。沥青标号的选择应根据公路等级、气候条件、交通量及其组成、路线线形、面层结构与层次、施工工艺等因素,并结合当地使用经验确定。沥青路面的粗集料应选用碎石,也可选用经轧制的碎砾石,粗集料与沥青应具有良好的黏附性。沥青混合料中的细集料,可选用机制砂、天然砂、石屑配置。细集料应具有一定棱角性,洁净、干燥、无风化、无杂质。极重、特重和重交通荷载等级公路、气候条件严酷地区公路,以及连续长陡纵坡路段,中面层和表面层宜采取优化混合料级配、选用改性沥青或添加外掺剂等措施。故本题选BD。

例8 下列关于沥青路面面层材料选择的说法,正确的有哪些选项?（　　）

(A)沥青玛蹄脂碎石不能用于抗滑面层

(B)沥青混凝土适用于各级公路的沥青面层

(C)开级配沥青混合料可用于中面层和下面层

(D)沥青表面处治可用于抗滑面层

分析

沥青玛蹄脂碎石路面是指用沥青玛蹄脂碎石混合料作面层或抗滑层的路面。沥青混凝土路面适用于各级公路的沥青面层;沥青表面处治适用于三级、四级公路的面层,旧沥青面层上加铺罩面或抗滑层、磨耗层等。对抗滑、排水和降噪有特殊要求的表面层可采用开级配沥青混

合料。故本题选 BD。

例 9　下列关于沥青路面结构组合原则的叙述,正确的是哪些选项?　(　　)

(A)沥青面层的抗压回弹模量应尽量大,以避免在外部荷载反复作用下产生过大的变形

(B)路面各结构层的强度、抗变形能力与各层次的力学响应相匹配

(C)各结构层间的模量比要有合理的组合,基层的模量可以比面层的模量大

(D)无机结合料稳定层与沥青结合料类材料层间不可设置级配碎石层

分析

通常面层承受较高的压应力或剪应力,应具有较高的强度或模量和抗变形能力。基层承受拉力,应具有较好的疲劳性能。基层结构是承上启下保证路面结构耐久、稳定的承重结构层。在无机结合料稳定层与沥青结合料类材料层间可设置级配碎石层、半开级配层或开级配沥青碎石层,目的是为了减少或延缓反射裂缝。故本题选 BC。

例 10　为减少无机结合料稳定类基层收缩开裂和反射裂缝,下列合理的做法有哪些?　(　　)

(A)增加透层和封层厚度

(B)减小沥青混合料层厚度

(C)在基层上设置级配碎石层

(D)在基层上设置应力吸收层

分析

依据现行《公路沥青路面设计规范》(JTG D50—2017),当采用无机结合料稳定类基层时,选用抗裂性能好的无机结合料稳定材料、增加沥青混合料层厚度,或在基层上设置沥青碎石层或级配碎石层、设置具有吸收应力或加筋作用的功能层可以起到减少基层收缩开裂和路面反射裂缝的作用。故本题选 CD。

例 11　某高速公路路面采用沥青路面,面层总厚度为 180mm,基层和底基层均采用水泥稳定碎石,总厚度为 600mm,弹性模量均值为 20000MPa,该地区月平均气温大于 0℃的月份气温平均值为 18.4℃,设计车道当量设计轴载累计作用次数为 4.62×10^7 次,为特重交通荷载等级。

(1)在确定沥青混合料贯入强度时,该路面结构系数最接近下列哪一选项?　(　　)

(A)0.565　　(B)1.221

(C)1.663　　(D)2.196

(2)满足该路面结构沥青混合料层容许永久变形量的贯入强度不应小于下列哪个选项?　(　　)

(A)0.365MPa　　(B)0.785MPa

(C)1.055MPa　　(D)1.395MPa

分析

计算路面结构系数，将 $h_a=50$，$h_b=150$，$E_b=20000$，代入式(3-2-2)，得

$$\begin{aligned}\psi_s &= (0.52h_a^{-0.003}-317.59h_b^{-1.32})E_b^{0.1}\\ &=(0.52\times 50^{-0.003}-317.59\times 150^{-1.32})\times 20000^{0.1}\\ &=1.221\end{aligned}$$

故本题(1)选 B。

计算贯入强度，查表 3-2-24，得该路面结构沥青混合料层容许永久变形量 $[R_a]=15\text{mm}$，并将结构系数 $\psi_s=0.237$，设计温度 $T_d=18.4℃$，$N_{e5}=4.62\times10^7$ 次，代入式(3-2-1)，得

$$\begin{aligned}R'_{TS} &= \left(\frac{0.31\lg N_{e5}-0.68}{\lg[R_a]-1.31\lg T_d-\lg\psi_s+2.50}\right)^{1.86}\\ &=\left(\frac{0.31\lg(6400000)-0.68}{\lg(15)-1.31\lg(18.4)-\lg(0.237)+2.50}\right)^{1.86}\\ &=0.785\text{MPa}\end{aligned}$$

故本题(2)选 B。

例 12　西南地区某高速公路路基交工时，采用落锤式弯沉仪进行弯沉验收，落锤式弯沉仪荷载为 50kN，荷载盘半径为 150mm。标准状态下的路基回弹模量为 75MPa，湿度调整系数为 1.1，路基顶面验收弯沉值最接近下列哪个数值？　　(　　)

(A)186.3(0.01mm)

(B)201.6(0.01mm)

(C)233.0(0.01mm)

(D)252.4(0.01mm)

分析

求落锤式弯沉仪承载板施加荷载 p：

$$p=\frac{P}{A^2}=\frac{50\times1000}{\pi\times150^2}=0.707\text{MPa}$$

求平衡湿度状态下路基顶面回弹模量 E_0：

$$E_0=K_S\cdot M_R=1.1\times73=80.3\text{MPa}$$

求路基顶面验收弯沉值：

$$l_g=\frac{176pr}{E_0}=\frac{176\times0.707\times150}{80.3}=233.0(0.01\text{mm})$$

故本题选 C。

例 13　上海市某新建高速公路采用水泥稳定碎石基层沥青路面，面层采用三层结构，分别为 4cm 厚 AC13 沥青混凝土、6cm 厚 AC20 沥青混凝土和 8cm 厚 AC25 沥青混凝土；基层、底基层分别采用水泥稳定碎石和级配碎石。问分析该公路沥青混合料层永久变形量时，沥青混合料层的等效温度最接近下列哪个选项？　　(　　)

(A)23.06℃　　(B)24.13℃

(C)25.38℃　　(D)26.47℃

分析

沥青混合料层永久变形量分析时，沥青混合料层的等效温度计算：首先，查《公路沥青路面设计规范》(JTG D50—2017)表G.1.2，得上海市基准等效温度 $T_\xi=22.5$℃；沥青混合料层的厚度 $h_a=40+60+80=180$mm；然后，将 $T_\xi=22.5$℃，$h_a=180$mm 代入式(3-2-37)，可得：

$$T_{pef}=T_\xi+0.016h_a=22.5+0.016\times180=25.38℃$$

故本题选C。

例14　重庆市某新建二级公路采用水泥稳定级配碎石基层沥青路面，面层采用两层结构，分别为AC16沥青混凝土和AC20沥青混凝土，基层为水泥稳定级配碎石，弯拉强度为1.8MPa，底基层为级配碎石，具体设计资料如下表所示，荷载等级属于重交通荷载等级。(　　)

路面设计资料　　例14表

结构层	材料类型	厚度(mm)	结构层模量(MPa)
面层	AC16 沥青混凝土	40	10000
	AC20 沥青混凝土	60	9000
基层	水泥稳定级配碎石	360	12000
底基层	级配碎石	200	300

(1)为方便路面结构验算及相应的分析，需将两层或两层以上不同面层(或基层)材料换算成当量面层(或基层)，问该路面面层换算成当量面层的厚度和模量最接近下列哪个选项？(　　)

(A)90，9478　　(B)100，9478

(C)90，9953　　(D)100，9953

(2)无机结合料稳定层疲劳开裂分析时，需计算温度调整系数，其结果最接近下列哪一项？(　　)

(A)0.22　　(B)0.55

(C)1.14　　(D)1.50

(3)无机结合料稳定层疲劳开裂分析时，需计算现场综合修正系数，其结果最接近下列哪一项？(　　)

(A)－1.25　　(B)1.25

(C)－1.05　　(D)1.05

(4)若根据弹性层状体系理论计算得到的无机结合料稳定层的层底拉应力为0.25MPa，该结构层的疲劳开裂寿命最接近下列哪一项？(　　)

(A)5.65×10^8　　(B)5.65×10^9

(C)6.33×10^8　　(D)6.33×10^9

分析

将沥青面层各层的厚度和模量代入式(3-2-20)和式(3-2-21),计算沥青路面面层当量厚度和当量模量,得

$$h_a^* = h_{a1} + h_{a2} = 60 + 40 = 100\text{mm}$$

$$E_a^* = \frac{E_{a1}h_{a1}^3 + E_{a2}h_{a2}^3}{(h_{a1} + h_{a2})^3} + \frac{3}{h_{a1} + h_{a2}}\left(\frac{1}{E_{a1}h_{a1}} + \frac{1}{E_{a2}h_{a3}}\right)^{-1}$$

$$= \frac{10000 \times 40^3 + 9000 \times 60^3}{(40 + 60)^3} + \frac{3}{40 + 60}\left(\frac{1}{10000 \times 40} + \frac{1}{9000 \times 60}\right)^{-1}$$

$$= 9478\text{MPa}$$

故本题(1)选 B。

无机结合料稳定层疲劳开裂分析时,温度调整系数的计算,首先利用式(3-2-35)计算面层与基层当量模量比值 λ_E,式(3-2-36)计算面层与基层当量厚度的比值 λ_h,然后利用式(3-2-27)~式(3-2-30)计算与面层、基层厚度和模量有关的系数和指数 A_h, B_h, A_E, A_E,查表得基准路面结构温度调整系数 $\hat{k}_{T2} = 1.46$,最后利用式(3-2-22)求取温度调整系数 K_{T2}。

$$\lambda_E = \frac{E_a^*}{E_b} = 9478/12000 = 0.79$$

$$\lambda_h = \frac{h_a^*}{h_b} = 100/360 = 0.28$$

$$A_E = 0.10\lambda_E + 0.89 = 0.10 \times 0.79 + 0.89 = 0.99$$

$$A_h = 0.73\lambda_h + 0.67 = 0.73 \times 0.28 + 0.67 = 0.87$$

$$B_E = 0.15\ln(\lambda_E/1.14) = 0.15 \times \ln(0.79/1.14) = -0.055$$

$$B_h = 0.44\ln(\lambda_h/0.45) = 0.44 \times \ln(0.28/0.45) = -0.21$$

$$K_{T2} = A_h A_E \hat{k}_{T2}^{1+B_h+B_E} = 0.87 \times 0.99 \times 1.46^{1-0.21-0.055} = 1.14$$

故本题(2)选 C。

无机结合料稳定层疲劳开裂分析时,现场综合修正系数的计算,首先查表 3-2-30,得到参数 c_1, c_2, c_3,分别为 14.0,-0.0076,-1.47,然后代入式(3-2-41),得现场综合修正系数,即

$$k_c = c_1 e^{c_2(h_a+h_b)} + c_3 = 14.0 \times e^{-0.0076\times(100+360)} - 1.47 = -1.05$$

故本题(3)选 C。

无机结合料稳定层的疲劳开裂寿命计算,首先查表 3-2-28,重庆市不属于季节性冻土地区,$k_a = 1.00$;查表 3-2-29,得疲劳试验回归参数 $a = 13.24$,$b = 12.52$;查表 3-2-27 得与该公路等级(二级公路)相应的目标可靠指数 $\beta = 1.04$,由题意知弯拉强度 $R_s = 1.8\text{MPa}$,无机结合料稳定层的层底拉应力 $\sigma_t = 0.25\text{MPa}$,题(3)的现场综合修正系数 $k_c = -1.05$,代入式(3-2-40),得结构层的疲劳开裂寿命 N_{f2},即

$$N_{f2} = k_a k_{T2}^{-1} 10^{a-b\frac{\sigma_t}{R_s}+k_c-0.57\beta}$$

$$= 1 \times 1.14^{-1} \times 10^{13.24-12.52\times\frac{0.25}{1.8}-1.05-0.57\times1.04}$$

$$= 6.33 \times 10^9$$

故本题(4)选 D。

自测模拟

(第1~6题、第11和12题为单选题,第7~10为多选题)

1. 岩石或填石路基顶面应设置调平层,厚度范围宜接近下列哪个选项?　(　　)

(A)100~200mm　　(B)200~300mm

(C)300~400mm　　(D)400~500mm

2. 沥青结合料类材料层间应设置下列哪个选项?　(　　)

(A)黏层　　(B)上封层

(C)透层　　(D)下封层

3. 密级配沥青混合料表面层应具有的性能是指下列哪个选项?　(　　)

(A)抗车辙　　(B)高透水

(C)耐磨耗　　(D)低透水

4. 对抗滑、排水或降噪有特殊要求的表面层可采用下列哪个选项?　(　　)

(A)密级配沥青混合料　　(B)沥青玛蹄脂碎石

(C)开级配沥青混合料　　(D)改性乳化沥青碎石

5. 沥青路面结构验算时,无机结合料稳定类路面结构层模量调整系数取下列哪一个选项?

(　　)

(A)0.5　　(B)1.5

(C)2.0　　(D)2.5

6. 既有路面破损不严重且结构性能较好,采用直接加铺方案或铣刨至某一结构层再加铺方案时,下述说法中哪个正确?　(　　)

(A)仅对加铺层进行结构验算

(B)仅对既有路面结构层进行结构验算

(C)加铺层的设计参数应按既有路面结构确定

(D)应同时对既有路面结构层和加铺层进行结构验算

7. 无机结合料稳定类基层沥青路面的设计指标有哪些选项?　(　　)

(A)沥青混合料层永久变形量

(B)无机结合料稳定层层底拉应力

(C)沥青混合料层层底拉应变

(D)路基顶面竖向压应变

8. 路基顶面回弹模量不满足要求时,可以采用下列选项中的哪些措施进行处治? ( )

(A)改变填料　　(B)设置级配碎石层

(C)采用石灰处理　　(D)增加基层厚度

9. 路基湿度状态为中湿或潮湿时,路面结构层宜采用下列哪些选项? ( )

(A)粒料类底基层

(B)粒料类基层

(C)粒料类路基改善层

(D)无机结合料稳定类底基层

10. 沥青混合料需进行车辙试验的公路等级,下列选项哪些是正确的? ( )

(A)高速公路　　(B)一级公路

(C)二级公路　　(D)三级公路

11. 某高速公路路面采用沥青路面,面层厚度为180mm,基层采用级配碎石,厚度为600mm,该地区月平均气温大于0℃的月份气温平均值为20.8℃,设计车道当量设计轴载累计作用次数为4.62×10^7次,荷载等级为特重交通荷载等级。

(1)在确定沥青混合料贯入强度时,该路面结构系数最接近下列哪个选项? ( )

(A)0.316　　(B)0.517

(C)0.729　　(D)1.064

(2)满足该路面结构沥青混合料层容许永久变形量的贯入强度不应小于下列哪个选项? ( )

(A)0.517　　(B)0.717

(C)1.063　　(D)1.352

12. 重庆市某新建二级公路采用级配碎石基层沥青路面,面层采用两层结构,分别为AC13沥青混凝土和AC25沥青混凝土,基层和底基层均采用级配碎石,具体设计资料如表3-2-35所示,荷载等级为重交通荷载等级。

路面设计资料　　题12表

结构层	材料类型	厚度(mm)	结构层模量(MPa)
面层	AC13 沥青混凝土	40	9000
	AC25 沥青混凝土	80	10000
基层	级配碎石	300	500
底基层	级配碎石	200	300

(1)该路面结构沥青面层换算成当量面层的厚度和模量最接近下列哪个选项? ( )

(A)80mm;9350MPa　　(B)120mm;9350MPa

(C)80mm;9503MPa　　(D)120mm;9503MPa

(2)该路面结构基层(含底基层)换算成当量基层的厚度和模量最接近下列哪个选项？
( )

(A)350mm;348MPa　(B)350mm;384 MPa

(C)500mm;348MPa　(D)500mm;384MPa

(3)该公路路基顶面竖向压应变分析时,路面结构的温度调整系数最接近下列哪个选项？
( )

(A)0.51　(B)1.11　(C)1.52　(D)2.20

(4)若路基顶面竖向压应变分析时的当量设计轴载累计作用次数为 1.4×10^{7} 次,则该公路路基顶面的容许竖向压应变最接近下列哪个选项？ ( )

(A)167.2$\mu\varepsilon$　(B)188.9$\mu\varepsilon$　(C)304.2$\mu\varepsilon$　(D)334.6$\mu\varepsilon$

(5)该路面沥青混合料层疲劳开裂分析时,路面结构的温度调整系数最接近下列哪个选项？
( )

(A)1.27　(B)1.72　(C)2.27　(D)2.72

(6)若测得该路面沥青混合料的沥青饱和度为65%,问沥青混合料层疲劳开裂验算时,混合料疲劳加载模式系数最接近下列哪个选项？ ( )

(A)0.78　(B)0.87　(C)1.08　(D)1.17

(7)若根据弹性层状体系理论计算得沥青混合料层层底拉应变为103.9$\mu\varepsilon$,问该路面沥青混合料层疲劳开裂寿命最接近下列哪个选项？ ( )

(A)7.26×10^{6} 轴次　(B)8.62×10^{6} 轴次

(C)7.26×10^{7} 轴次　(D)8.62×10^{7} 轴次

参考答案

1.B　2.A　3.D　4.C　5.A　6.D　7.AB　8.ABC　9.AC
10.AB　11.(1)C;(2)B　12.(1)D;(2)D;(3)B;(4)C;(5)A;(6)B;(7)B

第三节　水泥混凝土路面

依据规范

《公路工程技术标准》(JTG B01—2014)

5　路基路面

《公路工程质量检验评定标准　第一册　土建工程》(JTG F80/1—2017)

7　路面工程

《公路水泥混凝土路面设计规范》(JTG D40—2011)

《城市道路工程设计规范》(CJJ 37—2012)(2016年版)

12.3 路面

12.4 旧路面补强和改建

《公路水泥混凝土路面施工技术细则》(JTG/T F30—2014)

《公路路面基层施工技术细则》(JTG/T F20—2015)

《公路工程无机结合料稳定材料试验规程》(JTG E51—2009)

《公路水泥混凝土路面接缝材料》(JT/T 203—2014)

《公路水泥混凝土路面再生利用技术细则》(JTG/T F31—2014)

《公路水泥混凝土路面养护技术规范》(JTJ 073.1—2001)

《高速公路改扩建设计细则》(JTG/T L11—2014)

8 路面

重点知识

一、掌握水泥混凝土路面的种类及特点

1. 水泥混凝土路面的种类

水泥混凝土路面是指以水泥混凝土做面层(配筋或不配筋)的路面,这种路面结构具有刚度大、强度高等力学特性,因此亦称刚性路面。

按组成材料或施工方法不同,可分为以下几种。

(1)普通混凝土路面:指除接缝区、局部范围边缘和角隅外均不配筋的水泥混凝土路面。

(2)钢筋混凝土路面:指为防止可能产生的裂缝缝隙张开,板内配置纵、横向钢筋或钢筋网的水泥混凝土路面。

(3)连续配筋混凝土路面:指沿纵向配置连续的钢筋,除了在与其他路面交接处或邻近构造物处设置胀缝以及视施工需要设置施工缝外,不设横向缩缝的水泥混凝土路面。

(4)预应力混凝土路面:指事先在工作截面上施加压应力,以提高它的抗弯拉强度及承受荷载能力的水泥混凝土路面。

(5)装配式混凝土路面:指预制的水泥混凝土板块现场装配形成的水泥混凝土路面。

(6)钢纤维混凝土路面:指在混凝土中掺入钢纤维的水泥混凝土路面。

(7)碾压混凝土路面:是采用沥青混凝土路面的主要施工机械将单位用水量较少的干硬性水泥混凝土摊铺、碾压成型的一种混凝土路面。

(8)裸石(露石)混凝土路面:是一种将面层混凝土中的粗集料外露成非光滑表面的路面。

目前使用最广泛的是除路面接缝区和局部范围外面层内均不配钢筋的普通混凝土路面。

2. 水泥混凝土路面的特点

水泥混凝土路面的优点:具有较高的抗折强度和抗压强度以及抗磨耗能力;水稳定性和热

稳定性均较好,不但没有沥青路面那样的"老化"现象,而且其强度随着时间的延长而逐渐提高;耐久性好,使用年限一般为30年;耐磨性好,水泥混凝土路面在较长的时间内能保持较好的路面使用品质;养护费用少;路面能见度好,有利于夜间行车。

水泥混凝土路面的缺点：首先水泥混凝土路面有许多接缝,增加了施工和养护的复杂性,易引起行车跳动,影响行车的舒适性;同时,接缝又是路面的薄弱部位,容易引起路面板的错台、破裂和路面基层的破坏;其次,对水泥和水的需要量大(拌和用水和养生用水),这给水泥供应不足和缺水地区带来较大的困难;当混凝土路面破损后,修复困难,且影响交通。此外,混凝土需要湿法养生,开放交通迟,行车时的噪声比沥青路面大。

二、掌握水泥混凝土路面设计的内容

1)路面结构组合设计

应依据公路等级、交通荷载、路基条件、当地温度和湿度状况及使用性质要求选择及组合。

2)各结构层材料组成设计

针对各结构层在路面结构中所起的作用,依据当地材料供应情况,选择满足结构层性能要求的混合料,进行配合比设计和确定设计参数。通过材料组成设计,使面层混凝土具有足够的弯拉强度及抗疲劳性能,基层具有良好的抗冲刷性能和一定的刚度,垫层达到要求的稳定性及一定的刚度。

3)面层接缝构造和配筋设计

根据混凝土面层内产生的荷载应力和温度应力进行面层的平面尺寸设计。依据接缝的作用,选择缩缝、胀缝或施工缝等类型,确定接缝的间距,布设接缝的位置,设计接缝的构造,包括传力杆、拉杆的布置及填缝材料的确定,板内的配筋量确定和配筋布置。

4)面层厚度设计

根据公路等级、材料类型与参数及当地的气候水文地质条件,应按设计标准的要求,确定满足设计使用期内使用要求所需的混凝土面层厚度。

5)路面排水设计

根据路面排水要求及表面排水或内部排水设施的作用与设置条件,选择路面结构排水系统的布设方案,确定排水设施的构造尺寸和材料规格要求。

6)路肩设计

确定路肩铺面的结构层次、各结构层的类型和厚度。

此外,面层还应具有抗滑、耐磨、平整及减轻车辆轮胎噪声等表面特性。

三、掌握水泥混凝土路面结构组合设计

1.路基

混凝土面层刚度大,要求路基应稳定、密实、均质,并为路面提供均匀支撑,即路基在环境和荷载作用下产生尽可能小的不均匀变形。

路堤设计高程应尽可能超过中湿状态的路基临界高度,使路床处于中湿或干燥状态。路床顶面的综合回弹模量值,轻交通荷载等级不得低于40MPa,中等或重交通荷载等级不得低于60MPa,特重或极重交通荷载等级时不得低于80MPa。路基综合回弹模量值不满足此值要求时,应选用粗粒土或低剂量石灰或水泥稳定土做路床或上路床填料;当路基工作区底面接近或低于地下水位时,采取更换填料、设置排水渗沟等措施;水文地质条件不良的土质路堑,应采取地下排水措施。

高液限黏土及含有机质的细粒土不应用作高速公路和一级公路的路床填料或二级公路和二级以下公路的上路床填料;高液限粉土、塑性指数大于16或膨胀率大于3%的低液限黏土不应用作高速公路和一级公路的上路床填料;因条件限制必须采用上述土做填料时,应掺加水泥、粉煤灰或石灰等结合料进行改善。

季节性冰冻地区的中湿、潮湿类和过湿类路基,当冰冻线深度达到路基的易冻胀土层时,在易冻胀土层上应设置防冻垫层或用不易冻胀土置换冰冻线深度范围内的易冻胀土。

对于岩石或填石路床顶面应铺设整平层。整平层可采用碎石和石屑或低剂量水泥稳定粒料,其厚度视路床顶面不平整程度而定,一般不小于10cm。

2. 垫层

为改善土基的湿度和温度状况,在下述情况下需在基层或底基层下设置垫层:

(1)季节性冰冻地区,路面总厚度小于表3-3-1中最小防冻厚度要求时,应设防冻垫层,使路面结构厚度符合要求。

水泥混凝土路面最小防冻厚度(单位:m) 表3-3-1

路基干湿类型	路基土质	当地最大冰冻深度(m)			
		0.50~1.00	1.01~1.50	1.50~2.00	>2.00
中湿路基	低、中、高液限黏土	0.30~0.50	0.40~0.60	0.50~0.70	0.60~0.95
	粉土,粉质低、中液限黏土	0.40~0.60	0.50~0.70	0.60~0.85	0.70~1.10
潮湿路基	低、中、高液限黏土	0.40~0.60	0.50~0.70	0.60~0.90	0.75~1.20
	粉土,粉质低、中液限黏土	0.45~0.70	0.55~0.80	0.70~1.00	0.80~1.30

注:冻深小或填方路段,或者基、垫层为隔湿性能良好的材料,可采用低值;冻深大或挖方及地下水位高的路段,或者基、垫层为隔湿性能较差的材料,应采用高值;冻深小于0.50m的地区,一般不考虑结构层防冻厚度。

(2)水文地质条件不良的土质路堑,路床土湿度较大时,宜设置排水垫层。

(3)路基可能产生不均匀沉降或不均匀变形时,可加设半刚性垫层。

垫层的宽度应与路基同宽,其最小厚度不得小于150mm。防冻垫层和排水垫层宜采用碎石、砂砾等颗粒材料。

3. 基层和底基层

基层和底基层应具有足够的抗冲刷能力和适当的刚度。按交通等级、结构层组合要求和材料供应条件,各交通等级宜选用的基层类型见表3-3-2。混凝土预制块面层应采用水泥稳定粒料。

各交通荷载等级的基层、底基层材料类型 表3-3-2

交通等级 基层类型	极重、特重	重	中等、轻
基层	贫混凝土、碾压混凝土 沥青混凝土	密级配沥青稳定碎石 水泥稳定碎石	级配碎石 水泥稳定碎石 石灰、粉煤灰稳定碎石
底基层	级配碎石,水泥稳定碎石,石灰、粉煤灰稳定碎石		未筛分碎石、级配砾石或不设

碾压混凝土基层和贫混凝土基层上应铺设沥青混凝土夹层,厚度不宜小于40mm。无机结合料稳定碎石基层上应设置封层,封层可采用单层沥青表面处治或适宜的膜层材料等。采用单层沥青表面处治时,厚度不小于6mm。

在湿润和多雨地区,路基为低透水性细粒土的高速公路和一级公路,或者承受特重或重交通的二级公路,宜采用排水基层和纵向边缘排水系统排出渗入水,以减少渗入水对基层的冲刷作用,排水基层可选用多孔隙的开级配水泥稳定碎石或开级配沥青稳定碎石。设置排水基层时,其下应设置由水泥稳定粒料或者密级配粒料组成的不透水底基层,底基层顶面宜铺设沥青封层或防水土工织物。

承受极重、特重或重交通荷载的路面,基层下应设置底基层;承受中等或轻交通荷载时,可不设底基层。当基层采用无机结合料稳定材料,且上路床由细粒土组成时,应在基层下设置粒料类底基层,小于0.075mm颗粒含量宜少于7%。

硬路肩采用混凝土面层时,基层的结构与厚度应与行车道相同。基层的宽度应比混凝土面层每侧宽出300mm(小型机具施工时)或650mm(滑模式摊铺机施工时)。

碾压混凝土基层应设置与混凝土面层相对应的接缝。弯拉强度超过1.5MPa的贫混凝土基层会产生收缩裂缝,应设置与混凝土面层相对应的横向缩缝,而一次摊铺宽度大于7.5m时,还应设置纵向缩缝。

4.面层

水泥混凝土面层一般采用设接缝的普通混凝土。可能产生不均匀沉降时,应采用接缝设置传力杆的钢筋混凝土面层。

行车舒适性要求高的高速公路可视需要选用连续配筋混凝土面层或沥青上面层与连续配筋混凝土或横缝设传力杆的普通混凝土下面层组成的复合式面层。复合式面层的厚度不宜小于40mm,水泥混凝土下面层的计算厚度,应满足极限状态设计表达式的要求。水泥混凝土下面层与沥青混凝土上面层之间应设置黏层。

在高程受限制路段、收费站、混凝土加铺层和桥面铺装等处可选用钢纤维混凝土。钢纤维混凝土的钢纤维体积率为0.6%~1.0%,面层厚度宜为普通混凝土面层厚度的0.65~0.75倍,按钢纤维掺量确定。特重或重交通荷载时,其最小厚度应为180mm,中等或轻交通荷载时,其最小厚度为160mm。

碾压混凝土只能用于二级及二级以下公路的面层(特重和重交通荷载除外)。矩形或异形混凝土预制块面层,适用于服务区停车场、二级及二级以下公路桥头引道沉降未稳定段。矩形块的长度宜为200~250mm,宽度宜为100~125mm。厚度宜为80~150mm。预制块下砂垫层的厚度宜为30~50mm。

水泥混凝土面层厚度，根据交通等级、公路等级和参数变异水平等级，按极限状态设计表达式计算，并以最重轴载和最大温度梯度综合作用下不产生疲劳断裂作为验算标准。各种混凝土面层的设计厚度应依据计算厚度加6mm磨耗后，按10mm向上取整数。表3-3-3可供路面结构组合设计及初拟面层厚度时参考。

水泥混凝土面层厚度的参考范围 表3-3-3

交通荷载等级	极重	特重				重			
公路等级	—	高速	一级		二级	高速	一级		二级
变异水平等级	低	低	中	低	中	低	中	低	中
面层厚度(mm)	≥320	320～280	300～260	280～240			270～230	260～220	

交通荷载等级	中等				轻	
公路等级	二级		三、四级		三、四级	
变异水平等级	高	中	高	中	高	中
面层厚度(mm)	250～220	240～210		230～200	220～190	210～180

混凝土路面表面构造应采用刻槽、压槽、拉槽或拉毛等方法制作。构造深度在交工验收时满足表3-3-4的要求。

各级公路水泥混凝土面层的表面构造深度要求(单位:mm) 表3-3-4

公路等级	高速公路、一级公路	二、三、四级公路
一般路段	0.7～1.1	0.5～1.0
特殊路段	0.8～1.2	0.6～1.1

表3-3-4中特殊路段对于高速公路和一级公路，指立交、平交或变速车道等处，对于其他等级公路指急弯、陡坡、交叉口或集镇附近。此外，年降雨量600mm以下的地区，表列数值可适当降低。

四、熟悉水泥混凝土路面平面布置与接缝设计

1. 水泥混凝土路面平面布置

水泥混凝土路面平面布置图根据路面类型的不同有所区别，比较典型的平面布置图如图3-3-1所示，主要由混凝土板、工作缝、胀缝、缩缝、拉杆、传力杆、纵横向边缘钢筋和角隅钢筋组成。

2. 水泥混凝土路面接缝设计

水泥混凝土路面接缝设计的主要内容是确定接缝间距、布置和构造，接缝传荷能力及缝隙的填封。

1)纵向接缝

(1)纵缝间距：纵缝间距通常按车道宽度确定。带有路缘带的高速公路和一级公路，板宽可按车道和路缘带的宽度确定。纵向接缝间距宜在3.0～4.5m范围内选用。一次铺筑宽度小于路面宽度时，应设置纵向施工缝。一次铺筑宽度大于4.5m时，应设置纵向缩缝。

(2)纵缝布置：纵缝应与路线平行。在路面等宽的路段内或路面变宽路段的等宽部分，纵

缝的间距和形式应保持一致。路面变宽段的加宽部分与等宽部分之间，以纵向施工缝隔开，加宽板在变宽段起终点处的宽度不应小于1m。

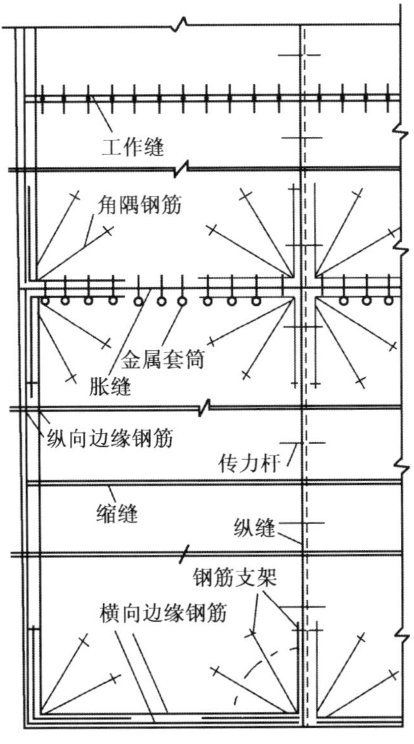

图3-3-1 水泥混凝土路面平面布置

(3)纵缝构造：纵向施工缝采用设拉杆平缝形式，上部应锯切槽口，深度为30～40mm，宽度为3～8mm，槽内灌塞填缝料，构造如图3-3-2a)所示。

纵向缩缝采用假缝形式，锯切的槽口深度应大于施工缝的槽口深度，以保证混凝土在干缩或温缩时能在槽口下位置处开裂。采用粒料基层时，槽口深度应为板厚的1/3；采用半刚性基层时，槽口深度为板厚的2/5。其构造如图3-3-2b)所示。

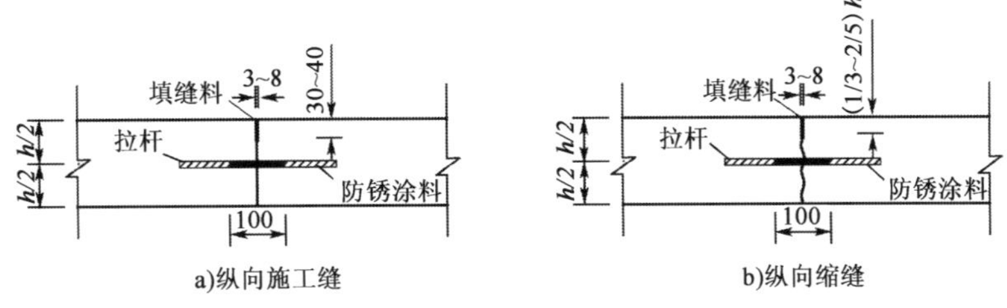

图3-3-2 纵缝构造(尺寸单位：mm)

(4)拉杆：拉杆应采用螺纹钢筋，设在板厚中央，并应对拉杆中部100mm范围内进行防锈处理。拉杆的直径、长度和间距，可参照表3-3-5选用。施工布设时，拉杆间距应按横向接缝的实际位置予以调整，最外侧的拉杆距横向接缝的距离不得小于100mm。

连续配筋混凝土面层的纵缝拉杆可由板内横向钢筋延伸穿过接缝代替。

拉杆的直径、长度和间距 表 3-3-5

面层厚度(mm)	拉杆直径(mm)	拉杆长度(mm)	到自由边或未设拉杆纵缝的距离(m)					
			3.00	3.50	3.75	4.50	6.00	7.5
			拉杆间距(mm)					
200 ~ 250	14	700	900	800	700	600	500	400
260 ~ 300	16	800	900	800	700	600	500	400

2)横向接缝

(1)横缝间距:普通水泥混凝土面层宜取 4 ~ 6m,面板的长宽比不宜超过 1.35,平面面积不宜大于 $25m^2$,碾压混凝土或钢纤维面层宜为 6 ~ 10m,钢筋混凝土面层宜为 6 ~ 15m,面板的长宽比不宜超过 2.5,平面面积不宜大于 $45m^2$。

(2)横缝布置:每日施工结束或因临时原因中断施工时,必须设置横向施工缝,其位置应尽可能选在缩缝或胀缝处。

在邻近桥梁或其他固定构造物处或其他道路相交处应设置横向胀缝。设置的胀缝条数,视膨胀量大小而定。低湿浇筑混凝土面层或选用膨胀性高的集料时,宜酌情确定是否设置胀缝。

(3)横缝构造

①横向缩缝。横向缩缝可以等间距或变间距布置,一般采用假缝形式,缩缝缝隙宽度为 3 ~ 8mm,设传力杆时槽口深度宜为面层厚度的 1/4 ~ 1/3,不设传力杆时槽口深度宜为面板厚的 1/5 ~ 1/4,槽内填塞填缝料。二级及二级以下公路的槽口可一次锯切成型,高速公路和一级公路的槽口宜二次锯切成型,在第一次锯切缝的上部宜增设宽 7 ~ 10mm 的浅槽口,槽口下部应设置背衬垫条,上部应用填缝料灌填,构造如图 3-3-3 所示。

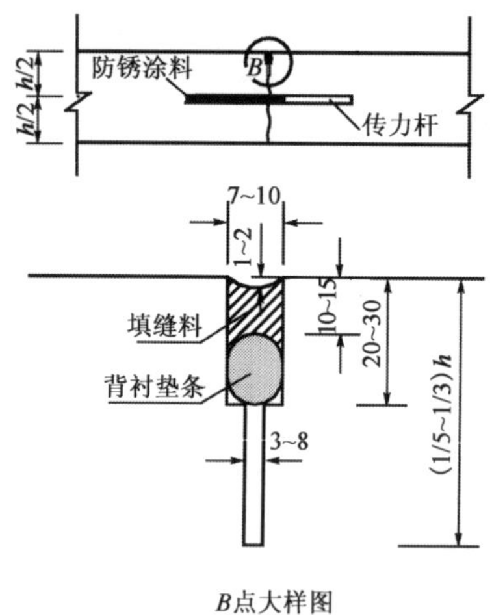

图 3-3-3 二次锯缝切槽口构造(单位尺寸:mm)

对于极重、特重和重交通荷载公路的横向缩缝,中等和轻交通荷载公路邻近胀缝或自由端部的 3 条缩缝,收费广场的横向缩缝,应采用设传力杆假缝形式,其构造如图 3-3-4a)所示。其他情况可采用不设传力杆假缝形式,其构造如图 3-3-4b)所示。

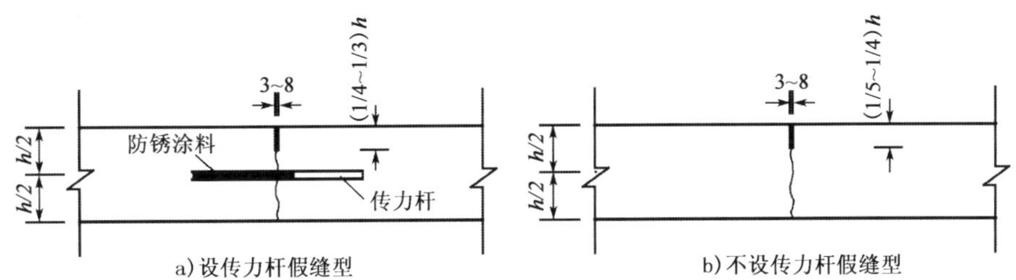

图 3-3-4　横向缩缝构造(单位尺寸:mm)

②胀缝。胀缝缝隙宽 20 ~ 25mm,缝隙上部浇灌填缝料,下部设置填缝板,中部设置可滑动的传力。传力杆一半以上长度的表面涂覆沥青膜,外面再套 0.4mm 厚的聚乙烯膜,且杆的一端加金属套,内留 30mm 的空隙,填以泡沫塑料或纱头;带套的杆段在相邻板交错布置。传力杆应在基层预定的位置上设置钢筋支架予以固定。胀缝的构造如图 3-3-5 所示。

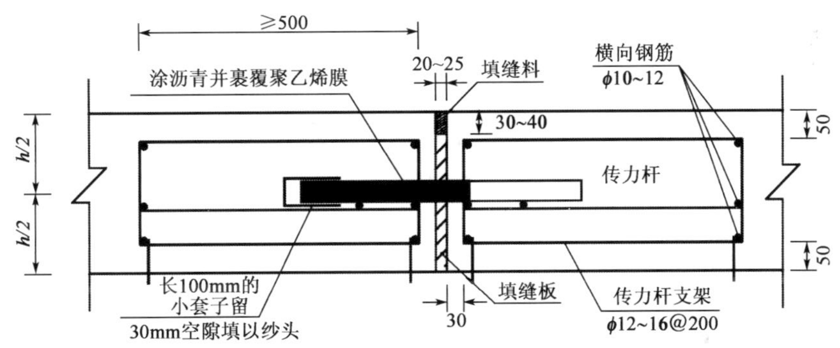

图 3-3-5　胀缝构造(单位尺寸:mm)

③施工缝。设在缩缝处的施工缝,采用传力杆的平缝形式,其构造见图 3-3-6a);设在胀缝处的施工缝,其构造与胀缝相同。遇有困难需设在缩缝之间时,施工缝采用拉杆的企口缝形式,其构造见图 3-3-6b)。

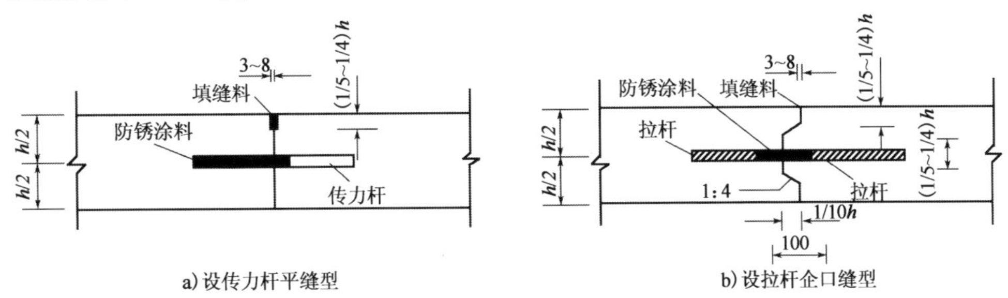

图 3-3-6　横向施工缝构造(尺寸单位:mm)

④传力杆。传力杆应采用光面钢筋,设在板厚中央,且保证传力杆的一半长度能够自由滑动,其尺寸和间距可按表 3-3-6 选用。最外侧传力杆距纵向接缝或自由边的距离为 150 ~ 250mm。

传力杆尺寸和间距(单位:mm)　　表 3-3-6

面层厚度	传力杆直径	传力杆最小长度	传力杆最大间距
220	28	400	300
240	30	400	300
260	32	450	300
280	32 ~ 34	450	300
≥300	34 ~ 36	500	300

⑤交叉口接缝布设。交叉口接缝布设时,保持主要道路的接缝位置和形式全线贯通,而后考虑次要道路的接缝布设如何与主要道路相协调,并适当调整交叉口范围内主要道路的横缝位置。

两条道路正交时,各条道路直道部分均保持本身纵缝的连贯,相交路段内各条道路的横缝位置按相对道路的纵缝间距作相应变动,保证两条道路的纵横缝垂直相交,互不错位。两条道路斜交时,主要道路直道部分保持纵缝的连贯,相交路段内的横缝位置按次要道路的纵缝间距作相应变动,保证与次要道路的纵缝相连接。相交道路弯道加宽部分的接缝布置,应不出现或少出现错缝和锐角板。当出现错缝、锐角板时,宜加设防裂钢筋和角隅补强钢筋。

此外,在次要道路弯道加宽段起终点断面处的横向接缝,应采用胀缝形式。膨胀量大时,应在直线段连续布置 2 ~ 3 条胀缝。

3)端部处理

(1)板边和角隅补强。混凝土面层自由边缘下基础薄弱或接缝为未设传力杆的平缝时,主线与匝道相接或与其他路面相接时,可在面层边缘的下部配置钢筋。通常选用 2 根直径为 12 ~ 16mm 的螺纹钢筋,置于面层底面之上 1/4 厚度处,并不小于 50mm,间距为 100mm。为加强锚固能力,钢筋两端向上弯起,如图 3-3-7 所示。

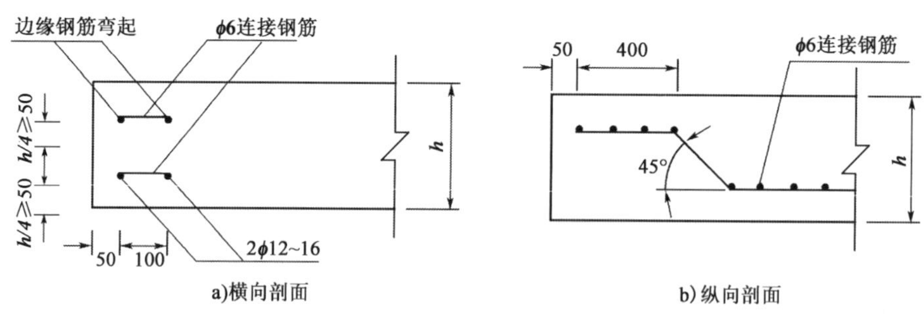

图 3-3-7　边缘钢筋布置(尺寸单位:mm)

承受特重交通荷载的胀缝、施工缝和自由边的面层角隅及锐角面层角隅,宜配置角隅钢筋。通常选用 2 根直径为 12 ~ 16mm 的螺纹钢筋,置于面层上部,距顶面不小于 50mm,距边缘为 100mm,如图 3-3-8 所示。

在交叉口处,对无法避免形成的锐角,宜设置双层钢筋网补强,以避免板角断裂。钢筋布置在板的上下部,距板顶或板底 50 ~ 70mm 为宜,如图 3-3-9 所示。

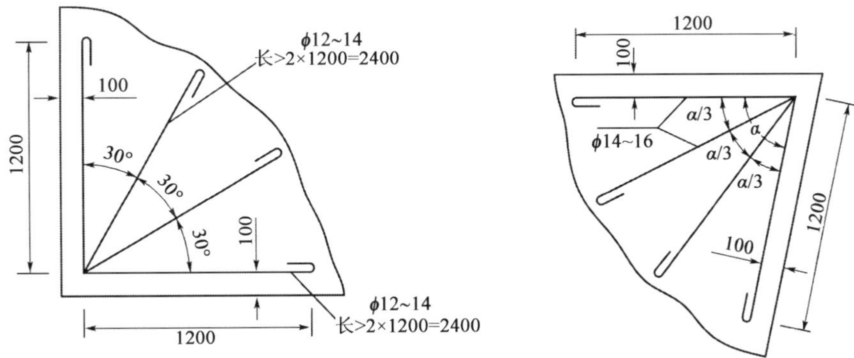

图 3-3-8　角隅钢筋布置(尺寸单位:mm)

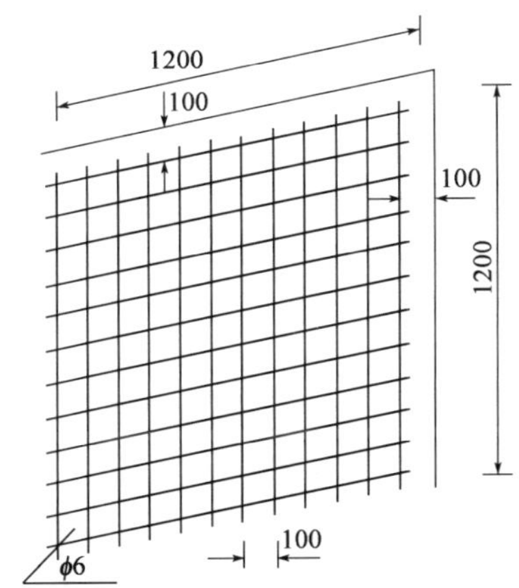

图 3-3-9　钢筋网补强布置(尺寸单位:mm)

(2)混凝土路面与固定构造物相衔接。混凝土路面与固定构造物相衔接的胀缝无法设置传力杆时,可在临近构造物的板端部内配置单层或双层钢筋网,或在长度为 6 ~ 10 倍板厚的范围内逐渐将板厚增加 20% 。

混凝土面层下有箱形构造物横向穿越,其顶面至面层底面的距离小于 800mm,在构造物顶宽及两侧各 $1.5H + 1.5$m 且不小于 4m 的范围内,混凝土面层内应布设双层钢筋网,上下层钢筋网各距面层顶面和底面 1/4 ~ 1/3 厚度处,如图 3-3-10 所示。

构造物顶面至面层底面的距离为 800 ~ 1600mm 时,在上述长度范围内的混凝土面层中应布设单层钢筋网。钢筋网设在距顶面 1/4 ~ 1/3 厚度处,如图 3-3-11 所示。钢筋直径为 12mm,纵向钢筋间距 100mm,横向钢筋间距 200mm。配筋混凝土面层与相邻混凝土面层之间设置传力杆缩缝。

混凝土面层下有圆形管状构造物横向穿越,其顶面至面层底面的距离小于 1200mm 时,在构造物两侧各 $1.5H + 1.5$m 且不小于 4m 的范围内,混凝土面层内应设单层钢筋网,钢筋网设在距面层顶面 1/4 ~ 1/3 厚度处,如图 3-3-12 所示。钢筋尺寸和间距及传力杆接缝设置与箱形构造物相同。

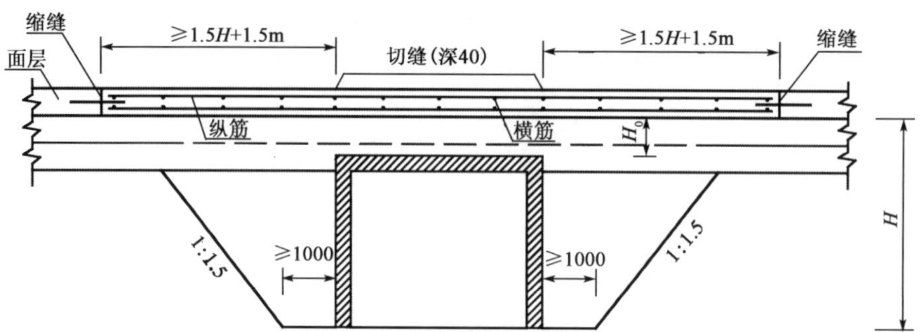

图 3-3-10 箱形构造物横穿公路处的面层配筋(H_0 <800mm)(尺寸单位:mm)

H-面层底面到构造物底面的距离;H_0-面层底面到构造物的距离

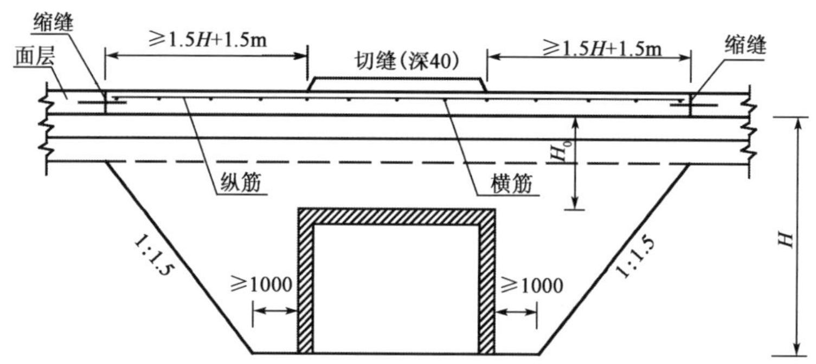

图 3-3-11 箱形构造物横穿公路处的面层配筋(H_0 =800~1600mm)(尺寸单位:mm)

H-面层底面到构造物底面的距离;H_0-面层底面到构造物的距离

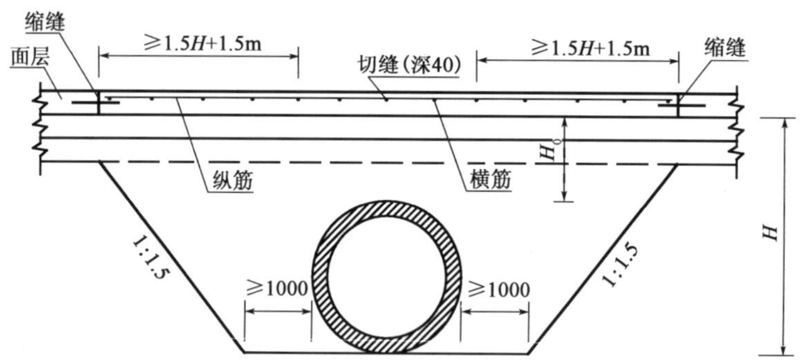

图 3-3-12 圆形构造物横穿公路处的面层配筋(H_0 ≤1200mm)(尺寸单位:mm)

H-面层底面到构造物底面的距离;H_0-面层底面到构造物的距离

(3)混凝土路面与桥梁相接。混凝土路面与桥梁相接,桥头设有搭板时,应在搭板与混凝土面层板之间设置长 6~10m 的钢筋混凝土面层过渡板。过渡板与搭板之间的接缝采用设拉杆平缝形式,过渡板与混凝土面板间的横缝采用设传杆胀缝形式(图 3-3-13)。膨胀量大时,应连续设置2~3 条设传力杆胀缝。当桥梁为斜交时,钢筋混凝土板的锐角部分应采用钢筋网补强。桥头未设搭板时,宜在混凝土面层与桥台之间设置长 10~15m 的钢筋混凝土面板,或设置由混凝土预制块或沥青路面过渡段，其长度不小于8m。

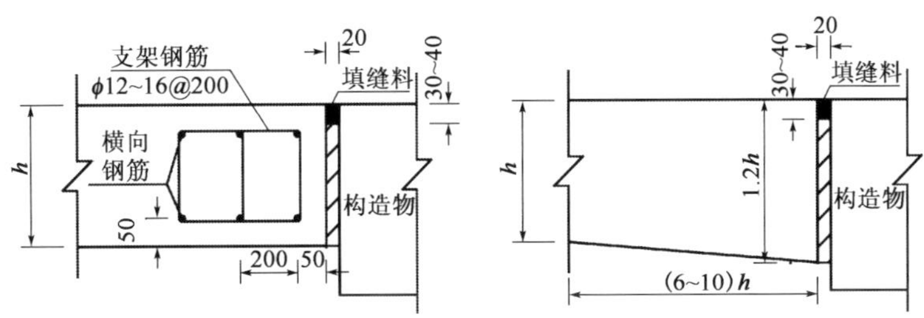

图3-3-13 邻近构造物胀缝构造(尺寸单位:mm)

(4)混凝土路面与沥青路面相接。混凝土路面与沥青路面相接时，其间应设置至少3m长的过渡段。过渡段的路面采用两种路面呈阶梯状叠合布置，其下面铺设的变厚度混凝土过渡板的厚度不得小于200mm，如图3-3-14所示。

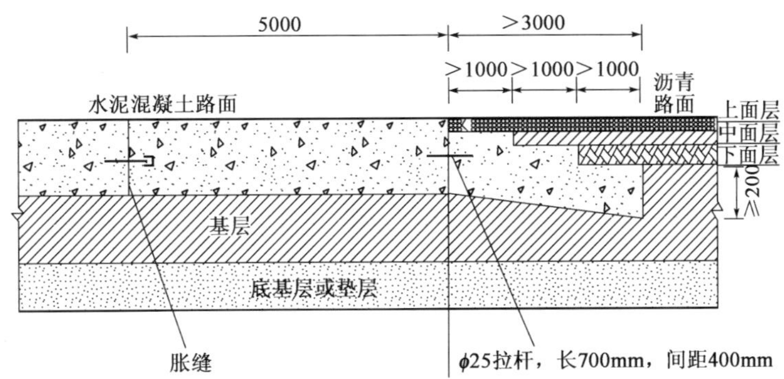

图3-3-14 混凝土与沥青路面相接段的构造布置(尺寸单位:mm)

过渡板与混凝土面层相接处的接缝内设置直径25mm、长700mm、间距400mm的拉杆。混凝土面层毗邻该接缝的1~2条横向接缝应设置胀缝。

(5)连续配筋混凝土面层与其他构造物连接。连续配筋混凝土面层与其他类型路面或构造物相连接的端部，应设置锚固结构。端部锚固结构可采用钢筋混凝土地梁或宽翼缘工字钢梁接缝等形式。钢筋混凝土地梁依据路基土的强弱宜采用3~5个，梁宽400~600mm，梁高1200~1500mm，间距5000~6000mm；地梁与连续配筋混凝土面层应连成整体。其构造如图3-3-15所示。宽翼缘工字钢梁的底部应锚入钢筋混凝土枕梁内，工字钢梁的尺寸、锚入深度应依据连续配筋混凝土路面厚度选择，枕梁宜长3000mm、厚200mm；钢梁腹板与连续配筋混凝土面层端部间应填入胀缝材料。其构造如图3-3-16所示。

(6)接缝填封材料及技术要求。接缝填封材料按使用性能分为接缝板和填缝料两类。

胀缝接缝板应具有能适应混凝土板膨胀收缩、施工时不变形、复原率高和耐久性好等性能，其技术要求应符合表3-3-7的规定，且各类胀缝板吸水后的压缩应力不应小于不吸水时的90%；木板应去除结疤，沥青浸泡后木板厚度应为(20~25)mm±1mm。高速公路和一级公路宜选用塑胶、泡沫橡胶板或沥青纤维板，其他等级公路可选用各种胀缝板。

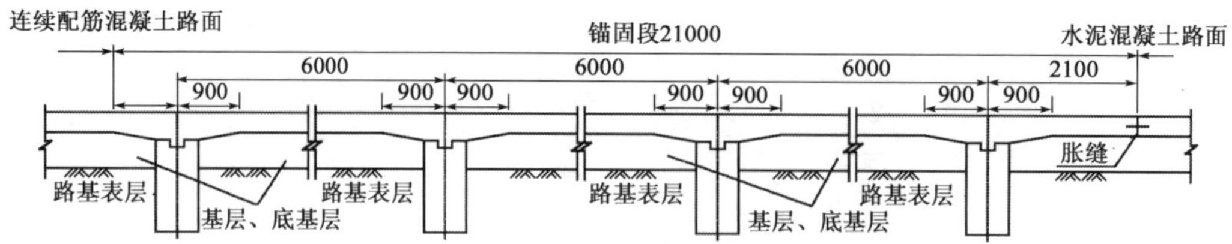

a)锚固段的纵断面(地梁应贯穿路面全宽)

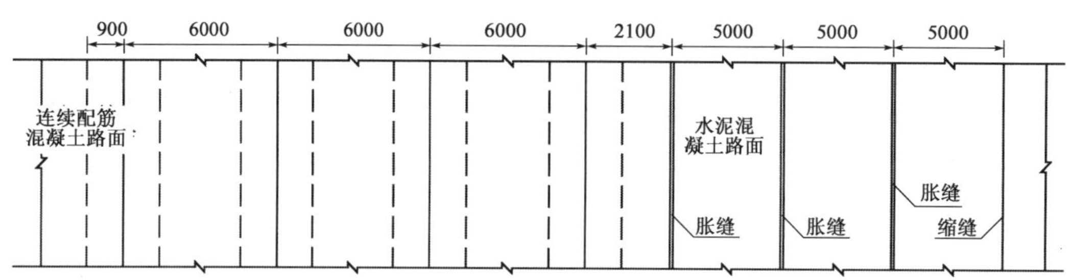

b)锚固段与毗邻板的平面图

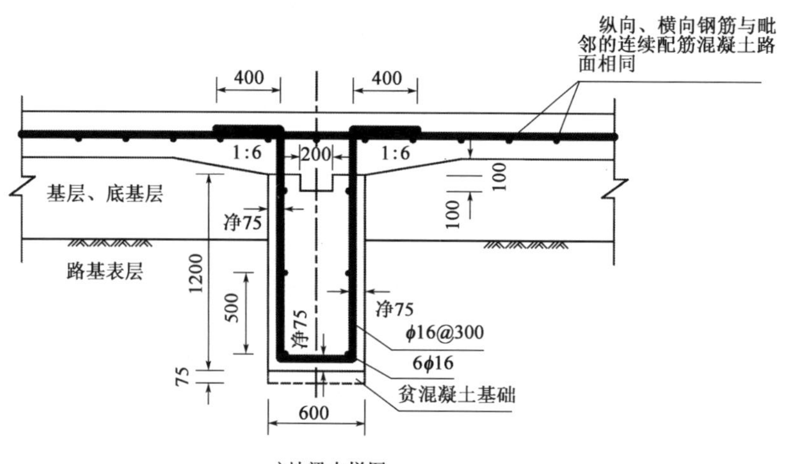

c)地梁大样图

图3-3-15　钢筋混凝土地梁锚固(尺寸单位:mm)

胀缝板的技术要求　　表3-3-7

试验项目	胀缝板种类		
	木材类	塑胶、橡胶泡沫类	纤维类
压缩应力(MPa)	5.0~20.0	0.2~0.6	2.0~10.0
弹性复原率(%)	≥55	≥90	≥65
挤出量(mm)	<5.5	<5.0	<3.0
弯曲荷载(N)	100~400	0~50	5~40

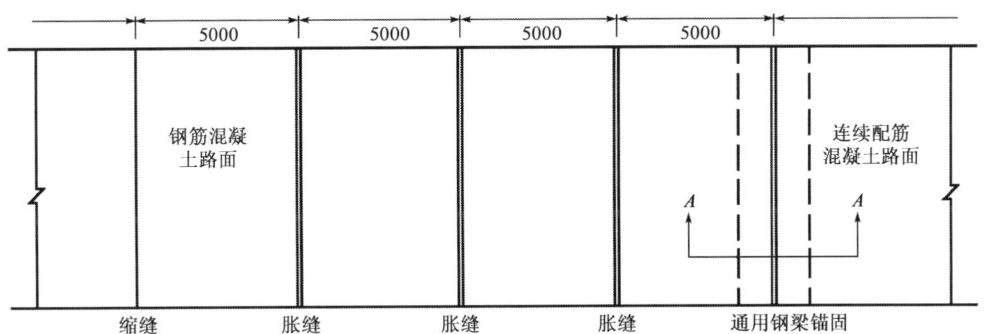

a)锚固段与毗邻板平面图

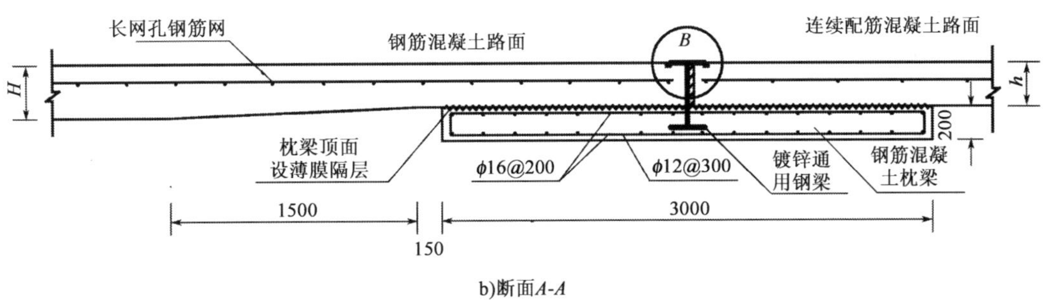

b)断面A-A

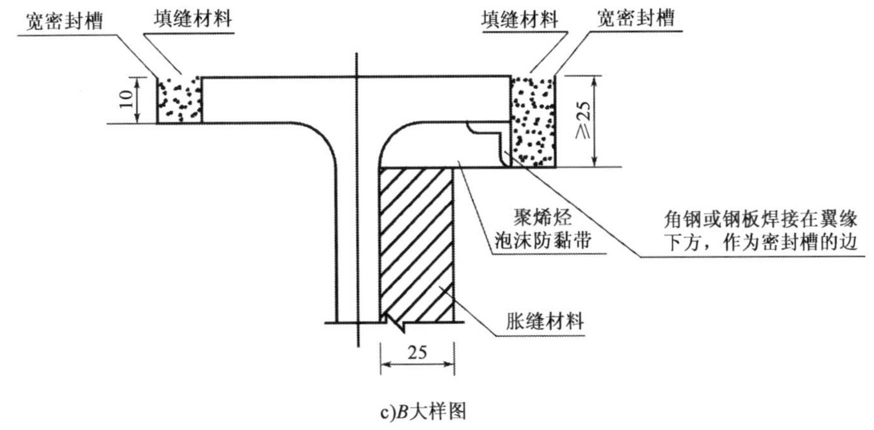

c)B大样图

图 3-3-16　宽翼缘工字钢梁锚固(尺寸单位:mm)

接缝填缝料应与混凝土接缝槽壁黏结牢固、回弹性好、不溶于水、不渗水,高温时不挤出、不流淌、抗嵌挤能力强、耐老化龟裂,负温拉伸量大,低温时不脆裂、耐久性好,具有一定抵抗砂石嵌入能力,便于施工操作,其技术指标应符合表3-3-8的规定。

填缝料的技术要求 表 3-3-8

填缝料类型	试验项目	低弹性型	高弹性型	常用材料
常温施工式填缝料	失黏(固化)时间(h)	6~24	3~16	聚(氨)酯，硅树脂类，氯丁橡胶类，沥青橡胶类等
	弹性复原率(%)	≥75	≥90	
	流动度(mm)	0	0	
	(-10℃)拉伸量(mm)	≥15	≥25	
	与混凝土黏结强度(MPa)	≥0.2	≥0.4	
	黏结延伸率(%)	≥200	≥400	
加热施工式填缝料	针入度(0.01mm)	<50	<90	沥青玛蹄脂类，聚氯乙烯胶泥类，改性沥青类等
	弹性复原率(%)	≥30	≥60	
	流动度(mm)	<5	<2	
	(-10℃)拉伸量(mm)	≥10	≥15	

注：低弹性型适宜在气候严寒、寒冷地区使用；高弹性型适宜在气候炎热、温暖地区使用。

高速公路、一级公路宜选用硅酮类、聚氨酯类填缝料，二级及二级以下公路可选用聚氨酯、橡胶沥青或改性沥青类填缝料。

五、熟悉水泥混凝土路面厚度设计

1. 设计参数

1) 安全等级与目标可靠度

各级公路水泥混凝土路面结构的设计安全等级及相应的设计基准期、目标可靠指标和目标可靠度，应符合表 3-3-9 的规定。

可靠度设计标准 表 3-3-9

公路等级	高 速	一 级	二 级	三 级	四 级
安全等级	一级		二级	三级	
设计基准期(a)	30		20	15	10
目标可靠度(%)	95	90	85	80	70
目标可靠指标	1.64	1.28	1.04	0.84	0.52

2) 变异水平等级与变异系数

各安全等级路面材料性能和结构尺寸参数的变异水平分为高、中、低三级。高速公路、一级公路的变异水平等级宜为低级，二级公路的变异水平等级应不大于中级。各变异水平等级主要设计参数的变异系数变化范围，应符合表 3-3-10 的规定。

变异系数 c_v 的范围 表 3-3-10

变异水平等级	低	中	高
水泥混凝土弯拉强度	$0.05 \leq c_v \leq 0.10$	$0.10 < c_v \leq 0.15$	$0.15 < c_v \leq 0.20$
基层顶面当量回弹模量	$0.15 \leq c_v \leq 0.25$	$0.25 < c_v \leq 0.35$	$0.35 < c_v \leq 0.55$
水泥混凝土面层厚度	$0.02 \leq c_v \leq 0.04$	$0.04 < c_v \leq 0.06$	$0.06 < c_v \leq 0.08$

3)极限状态设计表达式

混凝土路面结构设计应以面层板在规定的设计基准期内,在规定行车荷载和温度梯度综合作用下,不产生疲劳断裂作为设计标准,并以最重轴载和最大温度梯度综合作用下,不产生极限断裂作为验算标准。极限状态设计表达式为:

$$\gamma_r(\sigma_{pr}+\sigma_{tr})\leqslant f_r \tag{3-3-1}$$

$$\gamma_r(\sigma_{p,max}+\sigma_{t,max})\leqslant f_r \tag{3-3-2}$$

上述式中:γ_r——可靠度系数(表3-3-11),依据所选目标可靠度、变异水平等级及变异系数通过计算确定;

σ_{pr}——行车荷载疲劳应力(MPa);

σ_{tr}——温度梯度疲劳应力(MPa);

$\sigma_{p,max}$——最重轴载在临界荷位处产生的最大荷载应力(MPa);

$\sigma_{t,max}$——所在地区最大温度梯度在临界荷位处产生的最大温度翘曲应力(MPa);

f_r——水泥混凝土弯拉强度标准值(MPa)。

可靠度系数　　表3-3-11

变异水平等级	目标可靠度(%)			
	95	90	85	80
低	1.20~1.33	1.09~1.16	1.04~1.08	—
中	1.33~1.50	1.16~1.23	1.08~1.13	1.04~1.07
高	—	1.23~1.33	1.13~1.18	1.07~1.11

注:变异系数在表3-3-11所示的变化范围的下限时,可靠度系数取低值;上限时,取高值。

贫混凝土或碾压混凝土基层应以设计基准期内行车荷载不产生疲劳断裂作为设计标准,极限状态设计表达式为:

$$\gamma_r\sigma_{bpr}\leqslant f_{br} \tag{3-3-3}$$

式中:σ_{bpr}——基层内产生的行车疲劳应力(MPa);

f_{br}——基层材料的弯拉强度标准值(MPa)。

4)标准轴载和轴载换算

水泥混凝土路面结构设计以100kN的单轴双轮组荷载作为标准轴载P_s。对于极重交通荷载等级的水泥混凝土路面,宜选用货车中占主要份额特重车型的轴载作为设计轴载。各级轴载作用次数N_i,可按式(3-3-4)换算为设计轴载的作用次数N_s:

$$N_s=\sum_{i=1}^{n}N_i\left(\frac{P_i}{P_s}\right)^{16} \tag{3-3-4}$$

式中:N_s——设计轴载的作用次数;

n——各种轴型和轴载级位数;

N_i——第i级轴载的作用次数;

P_i——第i级轴载重(kN),联轴按每一根轴载单独计;

P_s——设计轴载重(kN)。

5)标准轴载累计作用次数和交通分级

(1)设计基准期内标准轴载累计作用次数。设计基准期内水泥混凝土路面设计车道临界荷位处所承受的设计轴载累计作用次数,可按式(3-3-5)确定:

$$N_e = \frac{N_s \times [(1+g_r)^t - 1] \times 365}{g_r}\eta \tag{3-3-5}$$

式中：N_e——设计基准期内设计车道所承受的设计标准轴载累计作用次数(轴次/车道)；

g_r——基准期内交通量年平均增长率(以分数计)；

t——设计基准期，按表3-3-10取值；

η——临界荷位处的车辆轮迹横向分布系数，按表3-3-12选用。

车辆轮迹横向分布 表3-3-12

公路等级	高速公路、一级公路、收费站	二级及二级以下公路	
		行车道宽>7.0m	行车道宽≤7.0m
η	0.17~0.22	0.34~0.39	0.54~0.62

注：车道或行车道宽或者交通量较大时，取低值；反之，取高值。

(2)交通分级。水泥混凝土路面所承受的轴载作用，按设计基准期内设计车道所承受的标准轴载累计作用次数分为5级，分级范围见表3-3-13。

交通荷载分级 表3-3-13

交通荷载等级	极重	特重	重	中等	轻
设计基准期内设计车道承受设计轴载(100kN)累计作用次数 N_e(10^4)	$>1\times10^6$	1×10^6~2000	2000~100	100~3	<3

6)水泥混凝土的设计强度和设计弯拉模量

水泥混凝土的设计强度以28d龄期的弯拉强度控制，各交通等级要求的混凝土弯拉强度标准值不得低于表3-3-14的规定。

水泥混凝土弯拉强度标准值 表3-3-14

交通荷载等级	极重、特重、重	中等	轻
水泥混凝土的弯拉强度标准值(MPa)	≥5.0	4.5	4.0
钢纤维混凝土的弯拉强度标准值(MPa)	≥6.0	5.5	5.0

7)温度梯度

根据公路所在地的公路自然区划，按表3-3-15选用水泥混凝土面层的最大温度梯度标准值 T_g。

最大温度梯度标准值 T_g 表3-3-15

公路自然区划	Ⅱ、Ⅴ	Ⅲ	Ⅳ、Ⅵ	Ⅶ
最大温度梯度(℃/m)	83~88	90~95	86~92	93~98

注：海拔高时，取高值；湿度大时，取低值。

8)基层顶面当量回弹模量

水泥混凝土路面结构分析应采用弹性地基板体理论。除粒料类基层外，其他各类基层与混凝土面层应按分离式双层板模型进行结构分析。粒料类基层及各类底基层和垫层，应与路基一起视为多层弹性地基，以地基顶面的当量回弹模量表征。

2.混凝土板应力分析及厚度计算

1)力学模型

按基层和面层的类型和组合的不同，路面结构分析可分别采用下述力学模型：

(1)弹性地基单层板模型——适用于粒料基层上混凝土面层。旧沥青路面加铺混凝土面层;面层板底面以下部分按弹性地基处理。

(2)弹性地基双层板模型——适用于无机结合料类基层或沥青类基层上混凝土面层。旧混凝土路面上加铺分离式混凝土面层;面层和基层或者新旧面层作为双层板,基层底面以下或者旧面层底面以下部分按弹性地基处理。

(3)复合板模型——适用于两层不同性能材料组成的面层或基层复合板。旧混凝土路面上加铺结合式混凝土面层,两层不同性能材料组成的层间黏结的面层,作为弹性地基上的单层板或者弹性地基上双层板的上层板;无机结合料类基层或沥青类基层与无机结合料类底基层组成的基层,作为弹性地基上双层板的下层板。

混凝土面层板的临界荷位位于纵缝边缘中部。基层板的临界荷位与面层板相同。

2)弹性地基单层板

(1)荷载应力。设计轴载在面层板临界荷位处产生的荷载疲劳应力应按式(3-3-6)确定。

$$\sigma_{pr} = k_r k_f k_c \sigma_{ps} \tag{3-3-6}$$

式中:σ_{pr}——设计轴载在面层板临界荷位处产生的荷载疲劳应力(MPa);

σ_{ps}——设计轴载在四边自由板临界荷位处产生的荷载应力(MPa),按《公路水泥混凝土路面设计规范》(JTG D40—2011)B.2.2条确定;

k_r——考虑接缝传荷能力的应力折减系数,采用混凝土路肩时,$k_r = 0.87 \sim 0.92$(路肩面层与路面面层等厚时取低值,减薄时取高值);采用柔性路肩或土路肩时,$k_r = 1$;

k_f——考虑设计基准期内荷载应力累计疲劳作用的疲劳应力系数,按《公路水泥混凝土路面设计规范》(JTG D40—2011)B.2.3条确定;

k_c——考虑计算理论与实际差异以及动载等因素影响的综合系数,按公路等级查表3-3-16确定。

综 合 系 数 k_c　　表3-3-16

公路等级	高速公路	一级公路	二级公路	三、四级公路
k_c	1.15	1.10	1.05	1.00

设计轴载在四边自由板临界荷位处产生的荷载应力 σ_{ps}应按式(3-3-7)计算。

$$\sigma_{ps} = 1.47 \times 10^{-3} r^{0.70} h_c^{-2} P_s^{0.94} \tag{3-3-7}$$

$$r = 1.21 \left(\frac{D_c}{E_t}\right)^{\frac{1}{3}} \tag{3-3-8}$$

$$D_c = \frac{E_c h_c^3}{12(1 - v_c^2)} \tag{3-3-9}$$

式中:P_s——设计轴载的单轴重(kN);

h_c、E_c、v_c——混凝土面层板的厚度(m)、弯拉弹性模量(MPa)和泊松比;

r——混凝土面层板的相对刚度半径(m),按式(3-3-8)计算;

D_c——混凝土面层板的截面弯曲刚度(MN·m),按式(3-3-9)计算;

E_t——板底地基当量回弹模量(MPa),新建公路按《公路水泥混凝土路面设计规范》

(JTG D40—2011)B.2.4 条确定,旧柔性路面上加铺混凝土面层按《公路水泥混凝土路面设计规范》(JTG D40—2011)B.2.5 条确定。

设计基准期内的荷载疲劳应力系数 k_f 应按式(3-3-10)计算。

$$k_f = N_e^{\lambda} \tag{3-3-10}$$

式中:N_e——设计基准期内设计轴载累计作用次数,按《公路水泥混凝土路面设计规范》(JTG D40—2011)附录 A 式(A.2.4)计算;

λ——材料疲劳指数,普通混凝土、钢筋混凝土、连续配筋混凝土,$\lambda = 0.057$;碾压混凝土和贫混凝土,$\lambda = 0.065$;钢纤维混凝土,按式(3-3-11)计算。

$$\lambda = 0.053 - 0.017\rho_f \frac{l_f}{d_f} \tag{3-3-11}$$

式中:ρ_f——钢纤维的体积率(%);

l_f——钢纤维的长度(mm);

d_f——钢纤维的直径(mm)。

新建公路的板底地基当量回弹模量 E_t 应按式(3-3-12)计算。

$$E_t = \left(\frac{E_x}{E_0}\right)^{\alpha} E_0 \tag{3-3-12}$$

$$\alpha = 0.86 + 0.26\ln h_x \tag{3-3-13}$$

$$E_x = \frac{\sum_{i=1}^{n}(h_i^2 E_i)}{\sum_{i=1}^{n} h_i^2} \tag{3-3-14}$$

$$h_x = \sum_{i=1}^{n} h_i \tag{3-3-15}$$

式中:E_0——路床顶综合回弹模量(MPa);

α——与粒料层总厚度 h_x 有关的回归系数,按式(3-3-13)计算;

E_x——粒料层的当量回弹模量(MPa),按式(3-3-14)计算;

h_x——粒料层的总厚度(m),按式(3-3-15)计算;

n——粒料层的层数;

E_i、h_i——第 i 结构层的回弹模量(MPa)与厚度(m)。

在旧沥青混凝土路面上铺筑水泥混凝土面层时,原沥青混凝土路面顶面的地基综合当量回弹模量 E_t 可根据落锤式弯沉仪(荷载 50kN、承载板半径 150mm)的中心点弯沉的测定结果,按式(3-3-16)计算确定,或根据贝克曼梁(后轴重 100kN 的车辆)的弯沉测定结果,按式(3-3-17)计算确定。

$$E_t = 18621/w_0 \tag{3-3-16}$$

$$E_t = 13739 w_0^{-1.04} \tag{3-3-17}$$

$$w_0 = \overline{w} + 1.04 s_w \tag{3-3-18}$$

式中:w_0——路段代表弯沉值(0.01mm),按式(3-3-18)计算;

$\overline{w}$——路段弯沉平均值(0.01mm);

s_w——路段弯沉的标准差(0.01mm)。

最重轴载在面层板临界荷位处产生的最大荷载应力,应按式(3-3-19)计算。

$$\sigma_{p,max}=k_r k_c \sigma_{pm} \tag{3-3-19}$$

式中:$\sigma_{p,max}$——最重轴载 P_m 在面层板临界荷位处产生的最大荷载应力(MPa);

σ_{pm}——最重轴载 P_m 在四边自由板临界荷位处产生的最大荷载应力(MPa),按式(3-3-7)计算,式中的设计轴载 P_s 改为最重轴载 P_m(以单轴计,kN)。

(2)温度应力在面层板临界荷位处产生的温度疲劳应力应按式(3-3-20)计算。

$$\sigma_{tr}=k_t \sigma_{t,max} \tag{3-3-20}$$

式中:σ_{tr}——面层板临界荷位处的温度疲劳应力(MPa);

$\sigma_{t,max}$——最大温度梯度时面层板产生的最大温度应力(MPa),按《公路水泥混凝土路面设计规范》(JTG D40—2011)B.3.2 条确定;

k_t——考虑温度应力累计疲劳作用的温度疲劳应力系数,按《公路水泥混凝土路面设计规范》(JTG D40—2011)B.3.4 条确定。

最大温度梯度时混凝土面层板最大温度应力 $\sigma_{t,max}$ 应按式(3-3-21)计算。

$$\sigma_{t,max}=\frac{\alpha_c E_c h_c T_g}{2}B_L \tag{3-3-21}$$

式中:α_c——混凝土的线膨胀系数,根据粗集料的岩性查表取用;

T_g——公路所在地 50 年一遇的最大温度梯度,查表取用;

B_L——综合温度翘曲应力和内应力的温度应力系数,按《公路水泥混凝土路面设计规范》(JTG D40—2011)B.3.3 条确定。

综合温度翘曲应力和内应力的温度应力系数 B_L 应按式(3-3-22)计算。

$$B_L=1.77e^{-4.48h_c}C_L-0.131(1-C_L) \tag{3-3-22}$$

$$C_L=1-\frac{\sinh t\cos t+\cosh t\sin t}{\cos t\sin t+\sinh t\cosh t} \tag{3-3-23}$$

$$t=\frac{L}{3r} \tag{3-3-24}$$

上述式中:C_L——混凝土面层板的温度翘曲应力系数,按式(3-3-23)计算;

L——面层板的横缝间距,即板长(m);

r——面层板的相对刚度半径(m)。

温度疲劳应力系数 k_t 应按式(3-3-25)计算。

$$k_t=\frac{f_r}{\sigma_{t,max}}\left[a_t\left(\frac{\sigma_{t,max}}{f_r}\right)^{b_t}-c_t\right] \tag{3-3-25}$$

式中:a_t、b_t 和 c_t——回归系数,按所在地区的公路自然区划查表 3-3-17 确定。

回归系数 a_t、b_t 和 c_t　　表 3-3-17

系数	公路自然区划					
	Ⅱ	Ⅲ	Ⅳ	Ⅴ	Ⅵ	Ⅶ
a_t	0.828	0.855	0.841	0.871	0.837	0.834
b_t	1.323	1.355	1.323	1.287	1.382	1.270
c_t	0.041	0.041	0.058	0.071	0.038	0.052

3）弹性地基双层板

（1）荷载应力。面层板或上面层板的荷载疲劳应力 σ_{pr} 应按式（3-3-6）计算。其中，荷载疲劳应力系数 k_f、应力折减系数 k_r 和综和系数 k_c 的确定方法，与单层板的相同；设计轴载 P_s 在上层板临界荷位处产生的荷载应力 σ_{ps} 应按式（3-3-26）确定。

$$\sigma_{ps} = \frac{1.45 \times 10^{-3}}{1 + D_b/D_c} r_g^{0.65} h_c^{-2} P_s^{0.94} \tag{3-3-26}$$

$$D_b = \frac{E_b h_b^3}{12(1 - v_b^2)} \tag{3-3-27}$$

$$r_g = 1.21\left(\frac{D_c + D_b}{E_t}\right)^{\frac{1}{3}} \tag{3-3-28}$$

式中：D_b——下层板的截面弯曲刚度（MN・m），按式（3-3-27）计算；

h_b、E_b、v_b——下层板的厚度（m）、弯拉弹性模量（MPa）和泊松比；

r_g——双层板的总相对刚度半径（m），按式（3-3-28）计算；

h_c、D_c——上层板的厚度（m）和截面弯曲刚度（MN・m），按式（3-3-9）计算。

贫混凝土或碾压混凝土基层板或者下面层板的荷载疲劳应力，应按式（3-3-29）计算。其中，疲劳应力系数 k_f 和综合系数 k_c 的确定方法与单层板的确定方法相同；设计轴载 P_s 在下层板临界荷位处产生的荷载应力应按式（3-3-30）计算。

$$\sigma_{bpr} = k_f k_c \sigma_{bps} \tag{3-3-29}$$

$$\sigma_{bps} = \frac{1.41 \times 10^{-3}}{1 + D_c/D_b} r_g^{0.68} h_b^{-2} P_s^{0.94} \tag{3-3-30}$$

式中：σ_{bpr}——下层板的荷载疲劳应力（MPa）；

σ_{bps}——设计轴载 P_s 在下层板临界荷位处产生的荷载应力（MPa）。

最重轴载在上层板临界荷位处产生的最大荷载应力应按式（3-3-19）计算。其中，应力折减系数 k_r 和综合系数 k_c 应按《公路水泥混凝土路面设计规范》（JTG D40—2011）B.2.1 条确定；最重轴载在四边自由板临界荷位处产生的最大荷载应力应按式（3-3-26）计算，式中的设计轴载 P_s 改为最重轴载 P_m（以单轴计，kN）。

（2）温度应力。上层板的温度疲劳应力 σ_{tr}、最大温度翘曲应力 $\sigma_{t,max}$、综合温度翘曲应力和内应力作用的温度应力系数 B_L 的计算式与单层板的相同，应分别按式（3-3-20）、式（3-3-21）、式（3-3-22）计算，式（3-3-22）中的温度翘曲应力系数 C_L 应按《公路水泥混凝土路面设计规范》（JTG D40—2011）B.5.2 条确定。下层板的温度疲劳应力不需计算分析。

上层板的温度翘曲应力系数应按式（3-3-31）计算。

$$C_L = 1 - \left(\frac{1}{1 + \xi}\right)\frac{\sinh t\cos t + \cosh t\sin t}{\cos t\sin t + \sinh t\cosh t} \tag{3-3-31}$$

$$t = \frac{L}{3r_g} \tag{3-3-32}$$

$$\xi = -\frac{(k_n r_g^4 - D_c) r_\beta^3}{(k_n r_\beta^4 - D_c) r_g^3} \tag{3-3-33}$$

$$r_\beta = \left[\frac{D_c D_b}{(D_c + D_b) k_n}\right]^{\frac{1}{4}} \tag{3-3-34}$$

$$k_n = \frac{1}{2}\left(\frac{h_c}{E_c} + \frac{h_b}{E_b}\right)^{-1} \tag{3-3-35}$$

式中：ξ——与双层板结构有关的参数，按式(3-3-33)计算；

r_β——层间接触状况参数(m)，按式(3-3-34)计算；

k_n——面层与基层之间竖向接触刚度，上下层之间不设沥青混凝土夹层或隔离层时按式(3-3-35)计算；设沥青混凝土夹层或隔离层时，k_n取3000MPa/m。

(3)复合板应力。面层复合板的荷载疲劳应力和最大荷载应力计算，与单层板或上层板完全相同，只需用面层复合板的截面弯曲刚度$\tilde{D}_c$和等效厚度$\tilde{h}_c$替代单层板或上层板的弯曲刚度D_c和厚度h_c即可，板相对刚度半径r或r_g应依据面层复合板弯曲刚度$\tilde{D}_c$重新计算。面层复合板弯曲刚度$\tilde{D}_c$应按式(3-3-36)计算，等效厚度$\tilde{h}_c$应按(3-3-37)计算。

$$D_c = \frac{E_{c1} h_{c1}^3 + E_{c2} h_{c2}^3}{12(1 - v_{c2}^2)} + \frac{(h_{c1} + h_{c2})^2}{4(1 - v_{c2}^2)}\left(\frac{1}{E_{c1} h_{c1}} + \frac{1}{E_{c2} h_{c2}}\right)^{-1} \tag{3-3-36}$$

$$\tilde{h}_c = 2.42\sqrt{\frac{\tilde{D}_c}{E_{c2} d_x}} \tag{3-3-37}$$

$$d_x = \frac{1}{2}\left[h_{c2} + \frac{E_{c1} h_{c1}(h_{c1} + h_{c2})}{E_{c1} h_{c1} + E_{c2} h_{c2}}\right] \tag{3-3-38}$$

式中：E_{c1}、h_{c1}——面层复合板上层的弯拉弹性模量(MPa)和厚度(m)；

E_{c2}、v_{c2}、h_{c2}——面层复合板下层的弯拉弹性模量(MPa)、泊松比和厚度(m)；

d_x——面层复合板中性轴至下层底部的距离(m)，按式(3-3-38)计算。

面层复合板的疲劳温度应力计算和疲劳温度应力系数与单层板相同。最大温度应力$\sigma_{t,max}$应按式(3-3-39)计算。

$$\sigma_{t,max} = \frac{\alpha_c T_g E_{c2}(h_{c1} + h_{c2})}{2} B_L \zeta \tag{3-3-39}$$

$$\zeta = 1.77 - 0.27\ln\left(\frac{h_{c1} E_{c1}}{h_{c2} E_{c2}} + 18\frac{E_{c1}}{E_{c2}} - 2\frac{h_{c1}}{h_{c2}}\right) \tag{3-3-40}$$

式中：B_L——面层复合板的温度应力系数，按式(3-3-22)计算，其中，面层板厚度h_c取面层复合板的总厚度(h_{c1} + h_{c2})，式(3-3-22)中温度翘曲应力系数C_L，单层板时按式(3-3-23)计算，双层板时按《公路水泥混凝土路面设计规范》(JTG D40—2011)B.5.2条确定；

ζ——面层复合板的最大温度应力修正系数，按式(3-3-40)计算。

基层复合板的弯曲刚度应按式(3-3-41)计算。以此弯曲刚度替代《公路水泥混凝土路面设计规范》(JTG D40—2011)B.4.1条和B.5.2条中的弯曲刚度，计算双层板的荷载应力和温度应力。

$$D_{b0}=D_{b1}+D_{b2} \tag{3-3-41}$$

$$\sigma_{bpr}=\frac{\widetilde{\sigma}_{bpr}}{1+D_{b2}/D_{b1}} \tag{3-3-42}$$

式中：D_{b0}——基层复合板的弯曲刚度（MN·m）；

D_{b1}、D_{b2}——基层和底基层的弯曲刚度（MN·m），分别按基层和底基层的厚度 h_{b1} 和 h_{b2} 以及弹性模量 E_{b1} 和 E_{b2}，由式(3-3-29)计算得到；

$\widetilde{\sigma}_{bpr}$——按式(3-3-30)计算得到的基层复合板的名义荷载应力，其中，以基层厚度 h_{b1} 替代式中基层厚度 h_b，以复合板弯曲刚度 D_{b0} 替代式中基层板弯曲刚度 D_b。

基层为贫混凝土或碾压混凝土时，复合板中基层的荷载疲劳应力 σ_{bpr} 应按式（3-3-42）计算。其他类型基层不需进行荷载疲劳应力计算。

3. 厚度计算流程

水泥混凝土路面概率型设计方法，以路面结构的总开裂率为控制指标，以式(3-3-1)作为路面结构极限状态表达式。具体设计步骤如下：

(1)根据相关的设计资料，进行路面结构组合设计，初拟路面结构，包括路床、垫层、基层和面层的材料类型和厚度，并按表3-3-3所列的水泥混凝土面层厚度建议范围，依据交通等级、公路等级和所选变异水平等级初选混凝土板厚度。

(2)按照初拟路面结构的组合情况，选择相应的结构分析模型。

(3)参照图3-3-17所示的混凝土板厚度计算流程，分别计算混凝土面层板（单层板或双层板）的最大轴载产生的最大荷载应力、设计轴载产生的荷载疲劳应力、最大温度梯度产生的最大温度应力和温度疲劳应力。

(4)当荷载疲劳应力同温度疲劳应力之和与可靠度系数的乘积，同时，最大荷载应力同最大温度应力之和与可靠度系数的乘积，小于混凝土弯拉强度标准值，即满足式(3-3-1)和式(3-3-2)的要求时，则初选厚度可作为混凝土板的计算厚度。

(5)贫混凝土或碾压混凝土基层或者双层板的下面层，需要计算其荷载疲劳应力，并检验荷载疲劳应力与可靠度系数的乘积是否小于其材料的弯拉强度标准值，即应满足式(3-3-4)。

(6)如不能同时满足式(3-3-1)~式(3-3-3)应改选混凝土板厚度和调整基层类型或(和)厚度，重新计算，直到满足式(3-3-1)~式(3-3-3)为止。

(7)设计厚度加6mm磨损厚度后，应按10mm向上取整，作为路面的设计厚度。

六、熟悉水泥混凝土路面加铺层设计

加铺层设计工作包括旧路面结构损坏状况调查和评定、加铺层方案确定、旧路面结构参数的确定以及加铺层厚度的计算。当原有路面需要提高等级时，对不符合技术标准的路段应进行线形改善，改线路段应按新建路面设计。

1. 路面结构状况评定及加铺层方案

1)原有混凝土路面的技术调查

在加铺层设计之前，必须对旧混凝土路面进行全面技术调查，其主要内容如下。

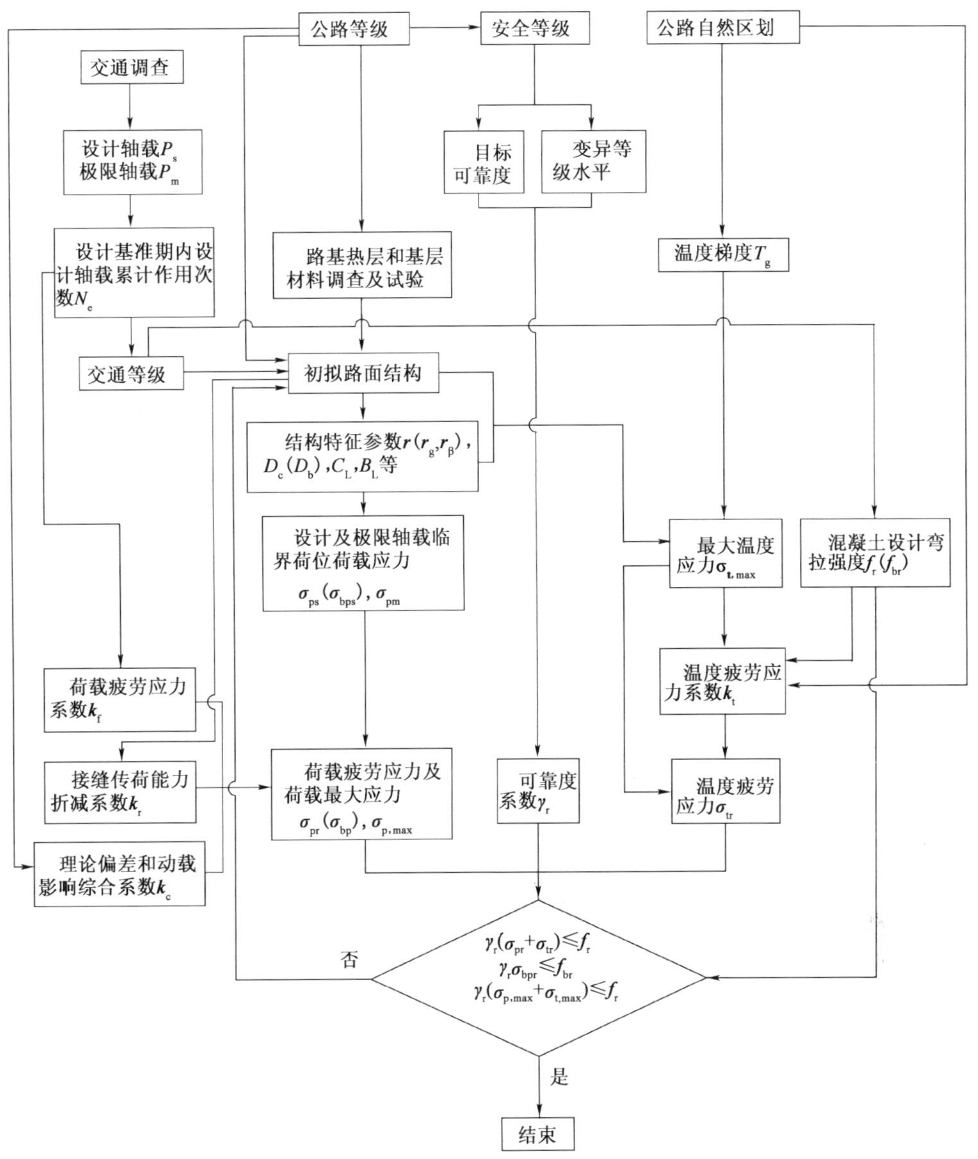

图 3-3-17　混凝土路面板厚度计算流程图

(1)公路修建和养护技术资料：路面结构和材料组成、接缝构造及养护历史等。

(2)路面损坏状况：损坏类型、轻重程度、范围及修补措施等。

(3)路面结构强度：路表弯沉、接缝传荷能力、板底脱空状况、面层厚度和混凝土强度等。

(4)已承受的交通荷载及预计的交通需求：交通量、轴载组成及增长率等。

(5)环境条件：沿线气候条件、地下水位以及路基和路面的排水状况等。

(6)桥隧净空：沿线跨线桥以及隧道的净空要求等。

2)路面使用状况调查与评定

(1)路面损坏状况。旧混凝土路面损坏状况采用断板率和平均错台量两项指标来评定。断板率的调查和计算可按现行《公路水泥混凝土路面养护技术规范》(JTJ 073.1—2001)进行，记录调查路段内不同轻重等级的各种断板块数，并以断板块数占调查路段总板块数的百分率表示断板率。

错台调查宜采用错台仪量测接缝两侧板边的高程差，量测点的位置在错台严重车道右侧边缘内 300mm 处，以调查路段内各条接缝高程差的平均值表示该路段的平均错台量。设备条件不具备时，亦可采用角尺进行量测，但精度难以保证。

根据调查路段内断板率和平均错台量，可以评定路面损坏状况的轻重程度等级，供决策养护和改建措施时参考。路面损坏状况评级标准见表 3-3-18。

路面损坏状况分级标准　　表 3-3-18

等级	优良	中	次	差
断板率(%)	≤5	5～10	10～20	>20
平均错台量(mm)	≤3	3～7	7～12	>12

对于断板率较低的高速公路和一级公路，应采用断板率和平均错台量两项评定指标。对于断板率较高的其他等级公路，当错台病害对行车安全和行驶质量的影响并非主要因素时，可仅采用断板率作为评定指标。当两项指标不一致时，以最不利指标作为最终评定等级。

(2)接缝传荷能力。旧混凝土面层板的接缝传荷能力采用弯沉测试法调查评定。弯沉测试采用落锤式弯沉仪。测定接缝传荷能力的试验荷载应接近于设计轴载的一侧轮载(50kN)，将荷载施加在邻近接缝的路面表面，实测接缝两侧边缘的弯沉值。按式(3-3-43)计算传荷系数：

$$k_j = \frac{w_u}{w_l} \times 100\% \tag{3-3-43}$$

式中：k_j——接缝传荷系数(%)；

w_u——未受荷板接缝边缘处的弯沉值(0.01mm)；

w_l——受荷板接缝边缘处的弯沉值(0.01mm)。

根据调查路段内接缝的传荷系数测定结果，评定路面接缝的平均传荷能力(表 3-3-19)。

接缝传荷能力分级标准　　表 3-3-19

等级	优良	中	次	差
接缝传荷系数 k_j(%)	>80	56～80	31～55	<31

(3)板底脱空状况评定。板底脱空的调查可根据面层板角隅处的多级荷载弯沉测试结果，并综合考虑唧泥和错台发展程度以及接缝传荷能力进行判别，也可采用雷达、声波检测仪器检测底板脱空状况。

3)加铺层方案的选择

加铺层应根据使用要求及旧混凝土路面的状况，选用分离式或结合式水泥混凝土加铺结构，或沥青混凝土加铺结构，经技术经济比较后选定。加铺层结构类型的确定原则如下：

(1)当旧混凝土路面的损坏状况和接缝传荷能力评定等级为优良，面层板的平面尺寸及接缝布置合理，路拱横坡符合要求时，可采用结合式混凝土加铺层方案、分离式混凝土加铺方案或沥青混凝土加铺方案。

(2)当旧混凝土路面的损坏状况和接缝传荷能力评定等级为中等以上时，或者新旧混凝土板的平面尺寸不同、接缝形式或位置不对应或路拱横坡不一致时，应采用分离式混凝土加铺层或沥青混凝土加铺方案。

(3)当旧混凝土路面的损坏状况和接缝传荷能力评定等级为次等以上时，可采用沥青混凝土加铺层方案。

(4)加铺时必须对旧水泥混凝土路面进行处治，应更换破碎板、修补和填封裂缝，压浆填封板底脱空，磨平错台，清除旧混凝土面层表面的松散碎屑、油迹或轮胎擦痕，剔除接缝中失效的填缝料和杂物，并重新封缝。

(5)加铺时，对于检测有明显板底脱空的路段，应采用压浆材料填封板底脱空，浆体材料应具备流动性好、早期强度高、无离析、无泌水、无收缩等特性。

(6)当旧水泥混凝土面层损坏情况严重时，宜选用打裂压稳方案或碎石化方案处治旧混凝土路面。根据公路等级和交通状况，将处治后的旧路面用做改建路面的基层或底基层。

(7)打裂压稳方案，打裂后应使75%以上的旧混凝土板产生不规则开裂，相邻裂缝形成的块状面积为0.4~0.6m^2；碎石化改建方案，破碎后75%以上的旧混凝土板破碎成最大尺寸小于400mm的颗粒。

2. 旧混凝土路面结构参数的确定

旧混凝土路面结构参数是通过钻孔取样和弯沉或承载板等测试手段，取得混凝土板的厚度、弯拉强度和模量、基层顶面的综合回弹模量等有关设计参数，为加铺层厚度计算做准备。

1)旧混凝土面层厚度

根据钻孔取出的圆柱形试件的高度，按式(3-3-44)计算旧混凝土面层厚度：

$$h_e = \bar{h}_e - 1.04s \tag{3-3-44}$$

式中：h_e——旧混凝土面层量测厚度的标准值(mm)；

$\bar{h}_e$——旧混凝土面层量测厚度的均值(mm)；

s——旧混凝土面层厚度量测值标准差(mm)。

2)旧混凝土面层弯拉强度

旧混凝土弯拉强度可采用钻孔芯样的劈裂试验测定结果，通过劈裂强度与弯拉强度的关系式计算确定：

$$f_r = 1.87 f_{sp}^{0.87} \tag{3-3-45}$$

$$f_{sp} = \bar{f}_{sp} - 1.04 s_{sp} \tag{3-3-46}$$

式中：f_r——旧混凝土弯拉强度标准值(MPa)；

f_{sp}——旧混凝土劈裂强度标准值(MPa)；

$\bar{f}_{sp}$——旧混凝土劈裂强度测定值的均值(MPa)；

s_{sp}——旧混凝土劈裂强度测定值的标准差(MPa)。

3)旧混凝土弯拉弹性模量

旧混凝土面层的弯拉弹性模量标准值采用式(3-3-47)计算确定：

$$E_c = \frac{10^4}{0.0915 + \dfrac{0.9634}{f_r}} \tag{3-3-47}$$

式中：E_c——旧混凝土的弯拉弹性模量标准值(MPa)。

4)旧混凝土路面基层顶面的当量回弹模量

旧混凝土路面基层顶面的当量回弹模量标准值,宜采用落锤式弯沉仪(标准荷载100kN、承载板半径150mm)量测板中荷载作用下的弯沉曲线,按式(3-3-48)确定:

$$E_t = 100e^{3.60 + 24.03w_0^{-0.057} - 15.63SI^{0.222}} \tag{3-3-48}$$

$$SI = \frac{1}{w_0}(w_0 + w_{300} + w_{600} + w_{900}) \tag{3-3-49}$$

式中: E_t——基层顶面的当量回弹模量标准值(MPa);

SI——路面结构的荷载扩散系数;

w_0、w_{300}、w_{600}、w_{900}——距离荷载中心0mm、300mm、600mm和900mm处的计算回弹弯沉值(0.01mm)。

当采用落锤式弯沉仪的条件受到限制时,也可选择在清除断裂混凝土板后的基层顶面进行梁式弯沉测量后反算,或根据基层钻芯的材料组成及性能情况依经验确定。

3. 水泥混凝土加铺层结构设计

根据加铺层与旧混凝土面层结合方式的不同,混凝土加铺层可分为分离式和结合式两种结构形式。

1)分离式

在旧混凝土面层与加铺层之间应设置隔离层,隔离层材料可选用沥青混凝土,隔离层的厚度不宜小于40mm。加铺层的接缝形式和位置,应按新建混凝土面层的要求布置。普通混凝土、钢筋混凝土、连续配筋混凝土加铺层的厚度不宜小于180mm,钢纤维混凝土加铺层的厚度不宜小于140mm。

加铺层和旧混凝土面层应力分析,应按分离式双层板进行,旧混凝土板的厚度、混凝土的弯拉强度和弹性模量标准以及基层顶面当量回弹模量标准值,应采用旧混凝土路面实测值,按确定旧混凝土路面结构参数的方法确定,加铺层混凝土的弯拉强度标准值符合表3-3-14,加铺层的设计厚度,应按加铺层和旧混凝土板的应力满足式(3-3-1)与式(3-3-2)。

2)结合式

结合式加铺层铺筑前宜采用铣刨、喷射高压水或钢珠、酸蚀等方法,打毛清理混凝土面层表面,并在清理后的表面涂敷黏结剂,使加铺层与旧混凝土面层结合成整体。结合式加铺层厚度不宜小于80mm,加铺层的接缝形式和位置应与旧混凝土面层的接缝完全对应和对齐,加铺层内可以不设拉杆和传力杆。

加铺层和旧混凝土面层应力分析,应按结合式双层板进行,旧混凝土板的厚度、混凝土的弯拉强度和弹性模量标准以及基层顶面当量回弹模量标准值,应采用旧混凝土路面实测值,按确定旧混凝土路面结构参数的方法确定,加铺层的设计厚度,旧混凝土板的应力满足式(3-3-1)与式(3-3-2)。

4. 沥青加铺层结构设计

1)沥青加铺层的结构

沥青加铺层可设单层或双层沥青面层,至少有一层采用密级配沥青混合料,可根据需要设置调平层,在路面边缘宜设置内部排水系统。沥青加铺层与原水泥混凝土面板之间宜洒布改性沥青，加强层间结合，避免层间滑移。

可以根据气温、荷载、旧混凝土路面承载能力、接缝传荷能力采取增加沥青加铺层厚度，在加铺层中掺加纤维和橡胶沥青等改性剂，在旧水泥混凝土板顶面或加铺层内设置应力吸收层、聚酯玻纤布或者土工织物夹层等措施减缓反射裂缝。

沥青加铺层下层采用大粒径沥青碎石，沥青加铺层厚度应兼顾混合料的公称最大粒径相匹配和减缓反射裂缝要求来确定。高速公路和一级公路的最小厚度宜为100mm，其他等级公路的最小厚度宜为80mm。

2）应力分析

加铺层下旧混凝土面层应力分析中，混凝土板是主要承载层，其作用类似于普通混凝土面层。通过对有沥青上面层的混凝土板使用三维有限元分析法，得出了荷载应力与温度应力的修正公式及有关计算系数，并绘制出计算诺模图。计算时，应先求沥青上面层的混凝土板的应力，之后再考虑沥青上面层的影响，从而得到沥青上面层的混凝土板的荷载应力和温度应力。

旧混凝土板的厚度、混凝土的弯拉强度和弹性模量标准以及基层顶面当量回弹模量标准值，应采用旧混凝土路面实测值，按确定旧混凝土路面结构参数的方法确定，旧混凝土板的应力满足式(3-3-1)与式(3-3-2)。

5. 旧沥青路面加铺水泥混凝土路面

旧沥青路面可采用水泥混凝土加铺层。加铺层铺筑前应对较严重的车辙、壅包进行铣刨，对坑槽和网裂较严重的路段进行补强，在旧沥青面层与水泥混凝土加铺层之间设置调平层。调平材料可选用沥青混凝土。普通混凝土、钢筋混凝土、连续配筋混凝土加铺层的厚度不宜小于180mm，钢纤维混凝土加铺层的厚度不宜小于140mm。

旧沥青路面顶面当量回弹模量可按《公路水泥混凝土路面设计规范》(JTG D40—2011)B.2.5计算确定，并按照新建水泥混凝土路面进行加铺层设计，超薄水泥混凝土加铺层的厚度宜为80～130mm，面板平面尺寸宜为2.5m×1.0m，切缝深度宜为面层板厚的1/4～1/3，缝宽宜为3～5mm，无需封缝。

七、了解水泥混凝土路面设计理论与方法

水泥混凝土面板具有较高的力学强度，在车辆荷载作用下变形小，按照现行的设计理论，混凝土板在弹性阶段工作，因此在力学图式上可以把水泥混凝土路面结构看成是弹性地基上的小挠度薄板，用弹性地基板进行分析计算。

路面结构设计方法可大致分为经验—力学法和力学—经验法两类。我国水泥混凝土路面结构设计方法属于力学—经验法。

按设计指标和参数分为确定型和概率型，确定型设计法是水泥混凝土路面传统的设计方法，即输入定值的材料和结构参数、交通参数及环境参数等，通过结构计算得到在设计使用期内满足设计指标要求所需的面层厚度。我国94版《公路水泥混凝土路面设计规范》(JTJ 012—1994)采用的设计方法即为一种确定型的设计方法。

概率型设计方法引入可靠度的概念，将材料和结构参数的变异性及交通荷载参数的变异性引入结构设计方法，可以估计设计方法的总方差及各项设计变量的不确定性在总方差中所占的比重，并使设计结果同施工质量管理和控制水平相关联，从而可以更确切地选定路面结构

的相关参数,有针对性地提出改善主要设计参数变异性的设计或施工措施。《公路水泥混凝土路面设计规范》(JTG D40—2002)及目前使用的《公路水泥混凝土路面设计规范》(JTG D40—2011)均引入了结构可靠度的概念,改确定型设计方法为概率型设计方法。

考点分析

水泥混凝土路面是我国高等级路面的主要形式,水泥混凝土路面设计方案应根据公路的功能和等级,结合当地气候、水文、地质、材料、建设和养护条件、工程实践经验及环境保护等,通过综合分析确定。水泥混凝土路面结构,应按规定的安全等级和目标可靠度要求,在设计基准期内承受预期的交通荷载作用,适应所处的自然环境,满足预定的使用性能要求。水泥混凝土路面设计主要包括结构组合设计、结构层厚度设计、材料组成设计、接缝构造设计、钢筋配置设计等内容。本节主要要求考生掌握水泥混凝土路面的种类、特点,水泥混凝土路面设计的内容,水泥混凝土路面结构组合设计;熟悉水泥混凝土路面平面布置与接缝设计,水泥混凝土路面厚度设计,水泥混凝土路面加铺层设计;了解水泥混凝土路面设计理论与方法等相关知识。

例题解析

例1 某公路主要经过软基地带,设计中已经对软基进行处理,但考虑到特殊的地质和气候特征,仍然有产生不均匀沉降的可能性,设计人员拟订的路面类型为水泥混凝土路面,下列拟订路面结构最为合理的方案是哪一项? ( )

(A)普通水泥混凝土路面,加厚

(B)连续配筋混凝土路面,适当减薄厚度

(C)钢筋混凝土路面,采用与不配筋的普通混凝土路面相同的厚度

(D)钢纤维混凝土路面,采用与不配筋的普通混凝土路面相同的厚度

分析

依据《公路水泥混凝土路面设计规范》(JTG D40—2011)第4.5.2条规定,水泥混凝土面层一般采用设接缝的普通混凝土。可能产生不均匀沉降时,应采用接缝设置传力杆的钢筋混凝土面层。由于钢筋混凝土路面配筋后并不能够提高路面板的抗弯拉情况。因此路面板的厚度采用与不配筋的普通混凝土路面相同的设计厚度。故本题选C。

例2 下图为典型水泥混凝土横断面设计图,其中左断面采用编号2形式的基层,右断面采用编号7形式的基层,其根本原因在于以下哪一项? ( )

(A)路面的透水性要求不一样

(B)路面结构层厚实要求不一样

(C)路面结构层施工方法不一样

(D)路面结构承受的荷载不一样

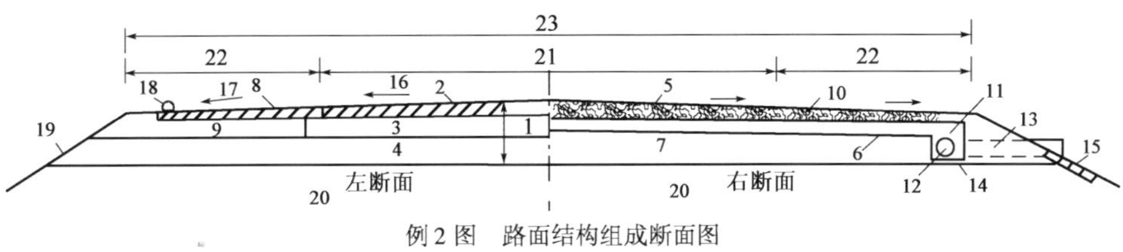

例2图　路面结构组成断面图

分析

左断面未设路面内部排水设施，且采用沥青路面路肩结构，右断面为设置路面内部排水设施和采用水泥混凝土路肩的路面。故本题选A。

例3　在水泥混凝土路面结构设计中，对面层材料组成设计要求正确的是以下哪一项？（　　）

(A)足够的抗冲刷性能和一定的刚度

(B)足够的弯拉强度及抗疲劳性能

(C)足够的稳定性和耐久性

(D)足够的弯拉强度和耐久性

分析

依据《公路水泥混凝土路面设计规范》(JTG D40—2011)条文说明第4.4.1条规定，通过各个结构层组成设计，使面层混凝土具有足够的弯拉强度和抗疲劳性，基层具有良好的抗冲刷性能和一定的刚度，垫层达到要求的稳定性和一定的刚度。故本题选B。

例4　某三级公路处于季节性冰冻地区，路基属于中湿型高液限黏土，当地最大冰冻深度为1.5～2.0m，最小防冻要求厚度为0.5～0.7m，设计拟订的水泥混凝土板厚20cm，水泥稳定细粒土30cm，下列垫层拟订方案比较经济合理的是哪一项？（　　）

(A)5cm　　(B)10cm

(C)15cm　　(D)25cm

分析

依据《公路水泥混凝土路面设计规范》(JTG D40—2011)第3.0.9条规定，在季节性冰冻地区，路面总厚度小于防冻厚度要求时，应以垫层厚度补足，以防止翻浆现象的发生。水泥板20cm，基层30cm，最小防冻要求50～70cm，本题考虑为高液限黏土，故最好选择上限，考虑垫层施工工艺性和经济性，综合选择15cm，总厚度65cm，满足最小防冻要求。故本题选C。

例5　某高速公路路基为低透水性细粒土，处于湿润多雨地区，现拟订基层结构类型，较为合理的方案是以下哪一项？（　　）

(A)贫混凝土16cm上基层+20cm水泥稳定碎石底基层

(B)密级配水泥稳定碎石20cm上基层+20cm级配粒料底基层

(C)沥青稳定碎石10cm上基层+密级配水泥稳定碎石20cm底基层

(D)沥青混凝土6cm上基层+开级配沥青稳定碎石20cm底基层

分析

依据《公路水泥混凝土路面设计规范》(JTG D40—2011)第4.4.3条规定:在湿润和多雨地区,路基为低透水性细粒土的高速公路和一级公路,或者承受特重或重交通荷载的二级公路,宜采用排水基层和纵向边缘排水系统排出渗入水,以减少渗入水对基层的冲刷作用,排水基层可选用多孔隙的开级配水泥稳定碎石、沥青稳定碎石或碎石,其孔隙率约20%。设置排水基层时,其下应设置由水泥稳定粒料或者密级配粒料组成的不透水底基层,底基层顶面宜铺设沥青封层或防水土工织物。需考虑增设厚度一般为200mm的底基层。故本题选C。

例6 某公路设计标准轴载累计作用次数为2500×10^4,路面结构采用水泥混凝土,在面板的自由端部,设计的接缝结构类型为以下哪一项? ( )

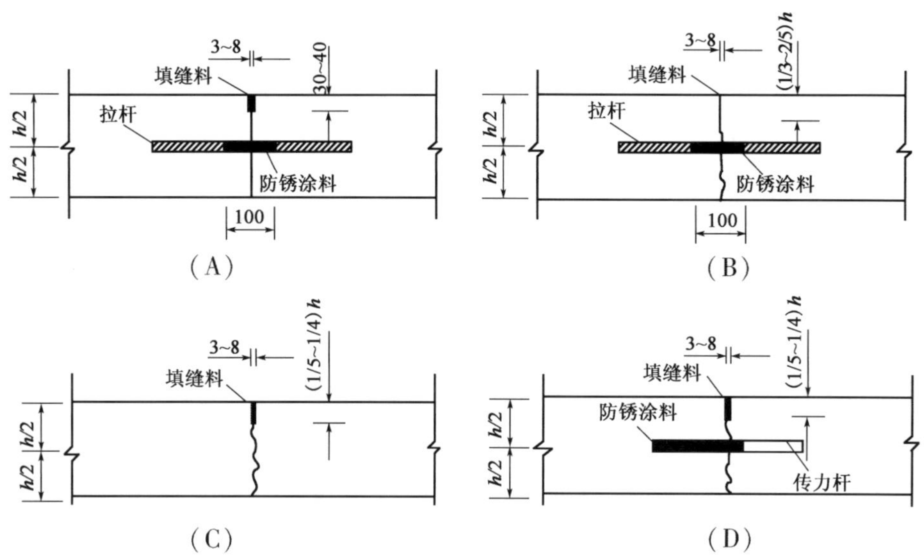

分析

依据《公路水泥混凝土路面设计规范》(JTG D40—2011)第3.0.7条、第5.2.2条和第5.5.3条规定,设计标准轴载累计作用次数为2500×10^4属于特重交通荷载,在混凝土设计中为保证混凝土路面的使用寿命,对特重和重交通荷载公路、收费广场以及邻近胀缝或自由端部的3条缩缝,应采用设传力杆假缝形式,其构造如选项D所示。故本题选D。

例7 下列关于混凝土路面胀缝设计说法正确的是哪一项? ( )

(A)胀缝可设置为不设传力杆的假缝形式

(B)在邻近桥梁或固定构造物时,应尽量不设胀缝

(C)胀缝应尽量少设或不设,但当板厚尺寸≥20cm,并在夏季施工时,必须设置胀缝

(D)在与其他类型路面相连接处、板厚变化处、隧道口、小半径曲线处均应设置胀缝

分析

本题出自《公路水泥混凝土路面设计规范》(JTG D40—2011)中第5.3.4和第5.4条文,选项A中,胀缝应设置传力杆;选项B中,在邻近桥梁或固定构造物时,应设置胀缝;选项C中,但当板厚尺寸≥20cm,并在夏季施工时,可不设置胀缝。故本题选D。

例8 下列路面结构可采用弹性地基双层板模型进行分析的是哪一项? ( )

(A)粒料基层上混凝土面层

(B)旧沥青路面加铺混凝土面层

(C)无机结合料类基层上混凝土面层

(D)沥青类基层与无机结合料类底基层组成的基层

分析

根据《公路水泥混凝土路面设计规范》(JTG D40—2011)中B.1.1规定及B.1混凝土板厚度计算示例1,按基层和面层类型和组合的不同,路面结构分析可分别采用下述力学模型:

(1)弹性地基单层板模型——适用于粒料基层上混凝土面层。旧沥青路面加铺混凝土面层;面层板底面以下部分按弹性地基处理。

(2)弹性地基双层板模型——适用于无机结合料类基层或沥青类基层上混凝土面层。旧混凝土路面上加铺分离式混凝土面层;面层和基层或者新旧面层作为双层板,基层底面以下或者旧面层以下部分按弹性地基处理。

(3)复合板模型——适用于两层不同性能材料组成的面层或基层复合板。旧混凝土路面上加铺结合式混凝土面层,两层不同性能材料组成的层间黏结的面层,作为弹性地基上的单层板或者弹性地基上双层板的上层板;无机结合料类基层或沥青类基层与无机结合料类底基层组成的基层,作为弹性地基上双层板的下层板。

故本题选C。

例9 某地拟新建一条连接两个地级市的二级公路省道,路线总长58km,双向四车道,路面宽度为16m,该地属公路自然规划Ⅳ区,路基为低液限黏土,路床顶距地下水位平均高度1.8m,当地的粗集料以花岗岩为主。拟采用普通水泥混凝土路面,查得设计基准期为20年。根据相关规范,初拟订该普通水泥混凝土路面结构组合为:普通水泥混凝土路面板(平面尺寸为5m×4m,面层厚度22cm)+级配碎石基层(20cm)+路基(综合回弹模量为64MPa)。其中级配碎石基层回弹模量为300MPa,普通混凝土面层的弯拉强度标准值为4.5MPa,相应的弯拉弹性模量为29GPa,泊松比为0.15,粗集料为花岗岩的混凝土线膨胀系数为1.0×10^{-5}/℃。

根据上文材料回答下列问题:

(1)下列关于板底地基综合回弹模量计算正确的是哪一项? ( )

(A)采用弹性地基单层板模型计算,板底地基综合回弹模量计算值为126.69MPa

(B)采用弹性地基双层板模型计算,板底地基综合回弹模量计算值为126.69MPa

(C)采用弹性地基单层板模型计算,板底地基综合回弹模量计算值为136.32MPa

(D)采用弹性地基双层板模型计算,板底地基综合回弹模量计算值为136.32MPa

(2)已知设计轴载为100kN,应力折减系数 $k_r = 0.87$,综合系数 $k_c = 1.05$,荷载疲劳系数 $k_f = 2.16$,地基综合回弹模量取题(1)中所求计算值,则该普通混凝土面层的计算荷载疲劳应力 σ_{pr} 与最大荷载应力 $\sigma_{p,max}$ 为以下哪一项? (　　)

(A)$\sigma_{pr} = 4.013\text{MPa}$, $\sigma_{p,max} = 2.439\text{MPa}$

(B)$\sigma_{pr} = 3.60\text{MPa}$, $\sigma_{p,max} = 2.439\text{MPa}$

(C)$\sigma_{pr} = 3.60\text{MPa}$, $\sigma_{p,max} = 2.783\text{MPa}$

(D)$\sigma_{pr} = 4.013\text{MPa}$, $\sigma_{p,max} = 2.783\text{MP}$

(3)已知Ⅳ区最大温度梯度取88℃/m,面层板的温度翘曲应力系数 $C_L = 0.7993$,综合温度翘曲应力和内应力的温度应力系数 $B_L = 0.5017$,温度疲劳应力系数 $k_t = 0.394$。则下列关于最大温度应力 $\sigma_{t,max}$ 与温度疲劳应力 σ_{tr} 计算正确的是哪一项? (　　)

(A)$\sigma_{t,max} = 0.55\text{MPa}$,$\sigma_{tr} = 1.408\text{MPa}$

(B)$\sigma_{t,max} = 0.401\text{MPa}$,$\sigma_{tr} = 1.017\text{MPa}$

(C)$\sigma_{t,max} = 1.408\text{MPa}$,$\sigma_{tr} = 0.55\text{MPa}$

(D)$\sigma_{t,max} = 1.017\text{MPa}$,$\sigma_{tr} = 0.401\text{MPa}$

(4)关于该混凝土面板初拟面层计算厚度(22cm)是否需要调整,下列说法正确的是哪一项? (　　)

(A)初拟面层计算厚度22cm满足结构极限状态要求,不需要调整

(B)初拟面层计算厚度22cm不满足结构极限状态要求,可调整面层计算厚度为24cm

(C)初拟面层计算厚度22cm满足结构极限状态要求,但结构优化空间很大,可调整面层计算厚度为26cm

(D)初拟面层计算厚度22cm不满足结构极限状态要求,可调整面层计算厚度为26cm

答案

(1)A;(2)B;(3)C;(4)A

分析

具体设计过程如下,所有公式及表格编号均对应《公路水泥混凝土路面设计规范》(JTG D40—2011),请自行查阅。

(1)交通分析

由表3.0.1知,二级公路的设计基准期为20年,安全等级为二级。由附录A表A.2.4知,临界荷位处的车辆轮迹横向分布系数取0.36。按式(A.2.4)计算得到设计基准期内设计

车道设计轴载累计作用次数：

$$N_s = \frac{N_a \times [(1+g_r)^t - 1] \times 365}{g_r} \times \eta$$

$$= \frac{164 \times [(1+0.05)^{20} - 1] \times 365}{0.05} \times 0.36$$

$$= 712558 \text{ 次}$$

由表3.0.7知，属中等交通荷载等级。

(2)初拟路面结构

由表3.0.2知，施工质量变异水平选择中级。根据二级公路、中等交通荷载等级和中级变异水平，查表4-3，初拟普通混凝土面层厚度为0.22m，基层选用级配碎石，厚0.20m。普通混凝土板的平面尺寸为5.0m×4.0m，纵缝为设拉杆的平缝，横缝为不设传力杆的假缝，路肩面层与行车道面层等厚并设拉杆相连。

(3)路面材料参数确定

按表3.0.8，取普通混凝土面层的弯拉强度标准值为4.5MPa，相应弯拉弹性模量与泊松比为29GPa、0.15。查附录E表E.0.3-2，粗集料为花岗岩的混凝土线膨胀系数 $\alpha_c = 10 \times 10^{-5}/℃$

查表E.0.1-1，取低液限黏土路基回弹模量80MPa。查表E.0.1-2，取距地下水位1.8m时的湿度调整系数为0.80，由此得到路床顶综合回弹模量80×0.80=64MPa。查表E.0.2-1，取级配碎石基层回弹模量为300MPa。按附录B式(B.2.4-1)～式(8.2.4-4)计算板底地基当量回弹模量如下：

$$E_x = \sum_{i=1}^{n}(h_i^2 E_i) / \sum_{i=1}^{n} h_i^2 = \frac{h_1^2 E_1}{h_1^2} = 300\text{MPa}$$

$$h_x = \sum_{i=1}^{n} h_i = h_1 = 0.20\text{m}$$

$$\alpha = 0.26\ln(h_x) + 0.86 = 0.26 \times \ln(0.20) + 0.86 = 0.442$$

$$E_t = \left(\frac{E_x}{E_0}\right)^{\alpha} E_0 = \left(\frac{300}{64}\right)^{0.442} \times 64 = 126.69\text{MPa}$$

板底地基当量回弹模量 E_t 为126.69MPa。

普通混凝土面层的弯曲刚度 D_c 按式(B.2.2-3)计算，相对刚度半径 r 按式(B.2.2-2)计算。

$$D_c = \frac{E_c h_c^3}{12(1-v_c^2)} = \frac{29000 \times 0.22^3}{12 \times (1-0.15^2)} = 26.3\text{MN} \cdot \text{m}$$

$$r = 1.21\sqrt[3]{\frac{D_c}{E_t}} = 1.21 \times \sqrt[3]{\frac{26.3}{126.7}} = 0.716\text{m}$$

(4)荷载应力

按式(B.2.2-1)计算设计轴载和最重荷载在临界荷位处产生的荷载应力：

$$\sigma_{ps}=1.47\times10^{-3}r^{0.70}h_c^{-2}P_s^{0.94}=1.47\times10^{-3}\times0.716^{0.70}\times0.22^{-2}\times100^{0.94}$$
$$=1.824\text{MPa}$$

$$\sigma_{pm}=1.47\times10^{-3}r^{0.70}h_c^{-2}P_m^{0.94}=1.47\times10^{-3}\times0.716^{0.70}\times0.22^{-2}\times150^{0.94}=2.670\text{MPa}$$

按式(B.2.1)计算荷载疲劳应力，按式(B.2.6)计算最大荷载应力：

$$\sigma_{pr}=k_rk_ck_f\sigma_{ps}=0.87\times1.05\times2.16\times1.824=3.60\text{MPa}$$

$$\sigma_{p,max}=k_rk_c\sigma_{pm}=0.87\times1.05\times2.670=2.439\text{MPa}$$

其中，考虑接缝传荷能力的应力折减系数 $k_r=0.87$(B.2.1条)；综合系数 $k_c=1.05$(表B.2.1)；疲劳应力系数 $k_f=N_e^{\lambda}=712558^{0.057}=2.16$[式(B.2.3-1)]。

(5)温度应力

由表3.0.10知，最大温度梯度取88℃/m。按式(B.3.3-1)～式(B.3.3-3)计算综合温度翘曲应力和内应力的温度应力系数 B_L。

$$t=\frac{L}{3r}=\frac{5}{3\times0.716}=2.328\text{rad}$$

$$C_L=1-\frac{\sinh t\cdot\cos t+\cosh t\cdot\sin t}{\cos t\cdot\sin t+\sinh t\cdot\cosh t}=1-\frac{\sinh2.328\times\cos2.328+\cosh2.328\times\sin2.328}{\cos2.328\times\sin2.328+\sinh2.328\times\cosh2.328}$$

$$=1-\frac{5.0758+0.2103}{0.406+26.3012}=1-0.2007=0.7993$$

$$B_L=1.77e^{-4.48h_c}C_L-0.131(1-C_L)$$
$$=1.77e^{-4.48\times0.22}\times0.7993-0.131\times(1-0.7993)$$
$$=1.77\times0.3732\times0.7993-0.131\times0.2007$$
$$=0.5017$$

按式(B.3.2)计算最大温度应力：

$$\sigma_{t,max}=\frac{\alpha_cE_ch_cT_g}{2}B_L$$
$$=\frac{1\times10^{-5}\times29000\times0.22\times88}{2}\times0.5017$$
$$=1.408\text{MPa}$$

温度疲劳应力系数 k_t 按式(B.3.4)计算，其中Ⅳ区，a_t、b_t 和 c_t 分别为0.843、1.323、0.058，则温度疲劳应力系数：

$$k_t=\frac{f_r}{\sigma_{t,max}}\left[a_t\left(\frac{\sigma_{t,max}}{f_r}\right)^{b_t}-c_t\right]$$

$$= \frac{4.5}{1.408} \times \left[0.843 \times \left(\frac{1.408}{4.5} \right)^{1.323} - 0.058 \right]$$

$$= 0.394$$

再由式(B.3.1)计算温度疲劳应力：

$$\sigma_{tr} = k_t \sigma_{t,max} = 0.394 \times 1.408 = 0.55\text{MPa}$$

(6)结构极限状态校核

查表3.0.1并参照条文说明表3-1，二级公路、中等变异水平条件下的可靠度系数 γ_r 取1.06。

按式(3.0.4-1)和式(3.0.4-2)校核路面结构极限状态是否满足要求。

$$\begin{cases} \gamma_r(\sigma_{pr} + \sigma_{tr}) = 1.06 \times (3.60 + 0.55) = 4.40\text{MPa} \leqslant f_r = 4.5\text{MPa} \\ \gamma_r(\sigma_{p,max} + \sigma_{t,max}) = 1.06 \times (2.44 + 1.41) = 4.08\text{MPa} \leqslant f_r = 4.5\text{MPa} \end{cases}$$

考虑到22cm板厚时，疲劳极限状态的综合疲劳应力达4.40MPa，与材料的弯拉强度标准值相差2%左右，结构厚度进一步优化的空间不大，取计算值为22cm。

综上，因为单层级配碎石基层属粒料类材料，因此选择弹性地基上的单层板模型，板底地基综合回弹模量计算值为126.69MPa，题(1)中选项A正确；题(2)中 $\sigma_{pr} = 3.60\text{MPa}$，$\sigma_{p,max} = 2.439\text{MPa}$，选项B正确；题(3)中 $\sigma_{t,max} = 1.408\text{MPa}$，$\sigma_{tr} = 0.55\text{MPa}$，选项C正确；题(4)中，初拟面层计算厚度22cm满足结构极限状态要求，不需要调整，选项A正确。

例10 某设计院设计一条公路，采用了水泥混凝土路面和沥青混凝土路面两种路面结构形式，为保证两种路面结构的有效衔接，下列选项中正确的过渡形式是哪几项？(图中尺寸单位为mm)　　(　　)

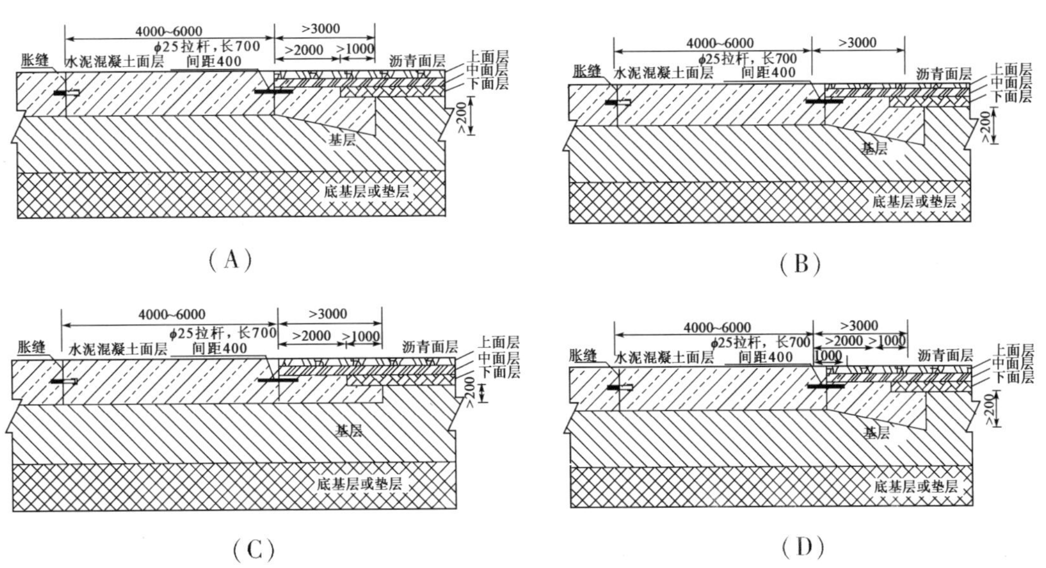

(A)　　(B)

(C)　　(D)

分析

依据《公路水泥混凝土路面设计规范》(JTG D40—2011)第5.5.3条。混凝土路面与沥青路面相接时,其间应设置至少3m长的过渡段。过渡段的路面采用两种路面呈阶梯状叠合布置,其下面铺设的变厚度混凝土过渡板的厚度不得小于200mm。过渡板与混凝土面层相接处的接缝内设置直径25mm、长700mm、间距400mm的拉杆。混凝土面层毗邻该接缝的1~2条横向接缝应设置胀缝。故本题选AD。

例11 下列哪些路面应设置横向缩缝? ( )

(A)钢筋混凝土路面 (B)连续配筋混凝土路面

(C)钢纤维混凝土路面 (D)复合式混凝土路面

分析

本题出自《公路水泥混凝土路面设计规范》(JTG D40—2011)中6.3.1条说明,连续配筋混凝土路面在路面纵向配有足够数量的不间断连续钢筋,以控制混凝土路面板因纵向收缩而产生的横向裂缝的宽度。因此,连续配筋混凝土路面不设横向胀缝和缩缝。故本题选ACD。

自测模拟

(第1~11题为单选题,第12~14题为多选题)

1. 某公路为改建二级公路,部分路基利用原有道路结构,原道路结构路基状态良好,基本没有沉降和变形,原设计拟订垫层为20cm级配碎石,专家在设计审查中发现新填路基部分可选填料的压实性能不太理想,现要求设计单位对垫层设计方案进行修改,垫层结构最为合理的修改方案是以下哪一项? ( )

(A)原有级配碎石加厚设计

(B)改为级配砂砾加厚设计

(C)原有级配碎石加设5%水泥稳定土

(D)原有级配碎石加设3%水泥稳定土

2. 某二级公路设计标准轴载累计作用次数为30×10^4,从经济性和技术性考虑,下列可选择的路面结构类型为哪一项? ( )

(A)钢纤维混凝土 (B)碾压混凝土

(C)矩形混凝土预制块 (D)连续配筋沥青混凝土

3. 下列接缝构造图属于哪种类型? ( )

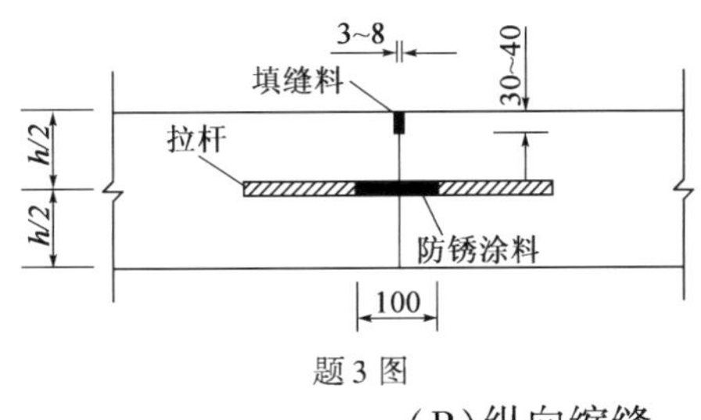

题3图

(A)纵向施工缝　　(B)纵向缩缝
(C)横向缩缝　　(D)横向胀缝

4. 水泥混凝土路面的排水基层宜采用以下哪一项？ (　　)
(A)开级配碎石　　(B)沥青处治开级配碎石
(C)水泥处治开级配碎石　　(D)未筛分碎石

5. 下列关于路肩与行车道面层说法错误的是哪一项？ (　　)
(A)路肩混凝土面层与行车道混凝土面层应设置拉杆相连，二者的横向缩缝应连通
(B)行车道混凝土面层宜宽出外侧车道边缘线0.6m
(C)行车道面层为连续配筋混凝土时，路肩混凝土面层的横向缩缝间距应为4.5m
(D)路肩铺面的基层和底基层应采用与行车道路面结构相同的材料类型和厚度

6. 下列关于钢筋混凝土路面，说法正确的是哪一项？ (　　)
(A)钢筋混凝土路面可不设置接缝
(B)钢筋混凝土路面纵横向钢筋可采用直径相同的钢筋
(C)相比于普通混凝土路面，钢筋混凝土路面配筋后能显著提高路面板的抗弯拉强度
(D)钢筋混凝土路面配制钢筋的目的主要是为了增加板体的抗弯拉强度，从而减薄面板的厚度

7. 下列关于连续配筋混凝土路面，说法正确的是哪一项？ (　　)
(A)由于混凝土的收缩变形被连续钢筋所约束，连续配筋混凝土路面不会产生横向裂缝
(B)横向连续钢筋的作用是约束变形，分担截面弯拉应力
(C)纵向连续钢筋是根据混凝土的体积收缩而引起的钢筋受力状态来设置的
(D)连续配筋混凝土路面的纵向、横向钢筋宜采用光面钢筋

8. 某新建一级公路，处于多雨地区，地勘报告表明该地区地下水位高、排水不良。路基由低透水性的细粒土组成，设计采用普通水泥混凝土路面，则下列关于该混凝土路面设计说法错误的是哪一项？ (　　)
(A)该公路水泥混凝土面层的表面构造深度可取1.0mm
(B)该混凝土路面的排水基层可采用开级配水泥稳定碎石

(C)应设置厚度为120mm的排水垫层

(D)为满足路面排水要求,行车道路面横坡坡度宜为1% ~2%,路肩表面的横向坡度宜为2% ~3%

9. 下列关于水泥混凝土路面横向接缝说法错误的是哪一项? (　　)

(A)每日施工结束或临时原因中断施工时,都必须设置横向施工缝

(B)横向缩缝可等间距或变间距布置,且应采用假缝形式

(C)设在缩缝处的施工缝,其构造应与缩缝相同

(D)横向胀缝的传力杆应采用光圆钢筋

10. 在公路自然规划Ⅳ区新建一条一级公路,路基土为低液限粉土,路床顶距地下水位1.0m,当地粗集料以砾石为主。拟采用普通混凝土面层,基层采用水泥稳定砂砾。经交通调查分析得知,设计轴载为 $P_s = 100\text{kN}$,最重荷载 $P_m = 180\text{kN}$,设计车道使用初期标准轴载日作用次数为3200,交通量年平均增长率为5%。根据相关规范,初拟订该普通水泥混凝土路面结构组合为:普通水泥混凝土路面板(平面尺寸为5m×3.75m,面层厚度26cm)+水泥稳定砂砾基层(20cm)+级配砾石底基层(18cm)+路基(综合回弹模量为80MPa)。其中普通混凝土面层的弯拉强度标准值为5.0MPa,相应弯拉弹性模量标准值为31GPa,泊松比为0.15;砾石粗集料混凝土的线膨胀系数为 1.0×10^{-6}/℃;低液限粉土的回弹模量取为100MPa,距地下水位1.0m时的湿度调整系数为0.80;水泥稳定砂砾基层的弹性模量取2000MPa,泊松比取0.20;级配砾石底基层回弹模量取250MPa,泊松比取0.35。

根据上文材料回答下列问题:

(1)下列关于板底综合地基回弹模量计算,正确的是哪一项? (　　)

(A)采用弹性地基单层板模型计算,板底地基综合回弹模量计算值为128.2MPa,板底地基综合回弹模量 E_t 取为125MPa

(B)采用弹性地基双层板模型计算,板底地基综合回弹模量计算值为128.2MPa,板底地基综合回弹模量 E_t 取为125MPa

(C)采用弹性地基单层板模型计算,板底地基综合回弹模量计算值为116.3MPa,板底地基综合回弹模量 E_t 取为115MPa

(D)采用弹性地基双层板模型计算,板底地基综合回弹模量计算值为116.3MPa,板底地基综合回弹模量 E_t 取为115MPa

(2)已知应力折减系数 $k_r = 0.87$,综合系数 $k_c = 1.10$,荷载疲劳系数 $k_f = 2.584$,则该普通混凝土面层的计算荷载疲劳应力 σ_{pr} 与最大荷载应力 $\sigma_{p,max}$ 为以下哪一项? (　　)

(A) $\sigma_{pr} = 4.22\text{MPa}$, $\sigma_{p,max} = 2.51\text{MPa}$　　(B) $\sigma_{pr} = 4.22\text{MPa}$, $\sigma_{p,max} = 2.41\text{MPa}$

(C) $\sigma_{pr} = 3.59\text{MPa}$, $\sigma_{p,max} = 2.41\text{MPa}$　　(D) $\sigma_{pr} = 3.59\text{MPa}$, $\sigma_{p,max} = 2.51\text{MPa}$

(3)已知Ⅳ区最大温度梯度取92℃/m,面层板的温度翘曲应力系数 $C_L = 0.833$,综合温度翘曲应力和内应力的温度应力系数 $B_L = 0.438$,温度疲劳应力系数 $k_t = 0.442$。则下列关于最

大温度应力 $\sigma_{t,max}$ 与温度疲劳应力 σ_{tr} 计算正确的是哪一项? ( )

(A) $\sigma_{t,max}=1.79\text{MPa}, \sigma_{tr}=0.79\text{MPa}$ (B) $\sigma_{t,max}=1.79\text{MPa}, \sigma_{tr}=0.442\text{MPa}$

(C) $\sigma_{t,max}=2.21\text{MPa}, \sigma_{tr}=0.442\text{MPa}$ (D) $\sigma_{t,max}=2.21\text{MPa}, \sigma_{tr}=0.79\text{MPa}$

(4)关于拟订的由计算厚度0.26m的普通混凝土面层与厚度0.20m的水泥稳定砂砾基层组成的路面结构是否满足要求,下列说法正确的是哪一项? ( )

(A)满足要求,该路面结构既可以承受设计基准期内荷载应力和温度应力的综合疲劳作用,也可以承受最重荷载在最大温度梯度时的一次作用

(B)不满足要求,该路面结构既不能承受设计基准期内荷载应力和温度应力的综合疲劳作用,也不能承受最重荷载在最大温度梯度时的一次作用

(C)不满足要求,该路面结构只可以承受设计基准期内荷载应力和温度应力的综合疲劳作用,不可以承受最重荷载在最大温度梯度时的一次作用

(D)不满足要求,该路面结构只可以承受最重荷载在最大温度梯度时的一次作用,不可以承受设计基准期内荷载应力和温度应力的综合疲劳作用

11. 公路自然规划Ⅳ区的一条已建一级公路,原混凝土面层厚0.26m,板长5m,纵缝为设拉杆平缝,横缝为设传力杆假缝,基层为厚0.20m的水泥稳定砂砾。经交通调查分析得知,设计轴载 $P_s=100\text{kN}$,最重荷载 $P_m=200\text{kN}$,设计车道目前设计轴载日作用次数为7000,已建成通车10年。经调查评定,路面损坏状况和接缝传荷能力的分级标准为优良,无板底脱空。旧混凝土路面结构参数调查结果:弯拉强度实测标准值为4.5MPa,弯拉弹性模量标准值为29GPa,基层顶面回弹模量标准值为100MPa。拟加铺沥青混凝土面层,以改善路面的使用性能。初拟沥青混凝土面加铺层厚度为0.1m,由40mm细粒式沥青混凝土和60mm粗粒式沥青混凝土两层组成。其中,混凝土面层的弯拉强度标准值为4.5MPa,相应弯拉弹性模量为29MPa,泊松比为0.15;粗集料为砾石的混凝土热膨胀系数为 $10\times10^{-6}/℃$;基层顶面当量回弹模量 E_t 取100MPa。

(1)已知系数 $\zeta_a=1.53$,应力折减系数 $k_r=0.87$,综合系数 $k_c=1.10$,荷载疲劳系数 $k_f=2.596$,则混凝土面层的计算荷载疲劳应力 σ_{pr} 与最大荷载应力 $\sigma_{p,max}$ 为以下哪一项? ( )

(A) $\sigma_{pr}=3.264\text{MPa}$, $\sigma_{p,max}=2.521\text{MPa}$

(B) $\sigma_{pr}=2.976\text{MPa}$, $\sigma_{p,max}=2.521\text{MPa}$

(C) $\sigma_{pr}=3.264\text{MPa}$, $\sigma_{p,max}=2.413\text{MPa}$

(D) $\sigma_{pr}=2.976\text{MPa}$, $\sigma_{p,max}=2.413\text{MPa}$

(2)已知有沥青上面层时温度梯度 $T_g=53℃/\text{m}$,面层板的温度翘曲应力系数 $C_L=0.748$,综合温度翘曲应力和内应力的温度应力系数 $B_L=0.380$,温度疲劳应力系数 $k_t=0.129$,系数 $\zeta_a'=0.675$。则下列关于最大温度应力 $\sigma_{t,max}$ 与温度疲劳应力 σ_{tr} 计算正确的是以下哪一项? ( )

(A) $\sigma_{tma}=0.759\text{MPa}, \sigma_{tra}=0.105\text{MPa}$

(B) $\sigma_{tma}=0.759\text{MPa}, \sigma_{tra}=0.126\text{MPa}$

(C) $\sigma_{tma}=0.810\text{MPa}, \sigma_{tra}=0.126\text{MPa}$

(D) $\sigma_{tma}=0.810$MPa, $\sigma_{tra}=0.105$MPa

(3)关于初拟沥青混凝土加铺层厚度(0.1m)是否满足要求,下列说法正确的是哪一项? ( )

(A)满足要求,旧混凝土面层不仅可以承受设计基准期内荷载应力和温度应力的综合疲劳作用,也可以承受最重轴载在最大温度梯度时的一次作用

(B)不满足要求,旧混凝土面层仅可以承受设计基准期内荷载应力和温度应力的综合疲劳作用,不能承受最重轴载在最大温度梯度时的一次作用

(C)不满足要求,旧混凝土面层仅可以承受最重轴载在最大温度梯度时的一次作用,不能承受设计基准期内荷载应力和温度应力的综合疲劳作用

(D)不满足要求,旧混凝土面层既不能承受设计基准期内荷载应力和温度应力的综合疲劳作用,也不能承受最重轴载在最大温度梯度时的一次作用

12. 拟新建二级公路,公路处于自然区划Ⅱ区,交通调查设计车道使用初期标准轴载日作用次数为2100,交通量年增长率为5%,车辆轮迹横向分布系数为0.39,路基为黏质土,采用普通水泥混凝土路面,则该公路基层材料类型应选择以下哪几项? ( )

(A)级配碎石　　(B)石灰、粉煤灰稳定碎石

(C)密集配沥青稳定碎石　　(D)水泥稳定碎石

13. 某城市道路工程项目实施水泥混凝土路面工程,施工项目部对其水泥混凝土道路路面的构造进行了系统分析,并且决定在不同的地段,根据需要设置路基、垫层、基层以及面层等,以求施工达到最佳效果。

根据以上场景,回答下列问题:

(1)水泥混凝土特重交通道路的底基层宜选用以下哪几项? ( )

(A)级配砾石　　(B)级配碎石

(C)石灰、粉煤灰稳定碎石　　(D)水泥稳定碎石

(2)不适合用做水泥混凝土路基填料的是以下哪几项? ( )

(A)高液限黏土　　(B)塑性指数大于16的低液限黏土

(C)无机结合稳定材料　　(D)高液限粉土

(3)该道路某路段路面结构下埋有地下设施,则应采用下列哪种面层? ( )

(A)连续配筋混凝土面层　　(B)碾压混凝土板面层

(C)钢纤维混凝土板面层　　(D)钢筋混凝土面层

(4)中、轻交通道路基层宜选择以下哪几项? ( )

(A)贫混凝土　　(B)密级配沥青稳定碎石

(C)级配碎石　　(D)石灰粉煤灰稳定碎石

14. 下列关于水泥混凝土路面纵向接缝说法错误的是哪几项? ( )

(A)一次铺筑宽度小于路面宽度时,应设置纵向缩缝

(B)一次铺筑宽度大于4.5m时,应设置纵向施工缝

(C)纵向缩缝应采用设拉杆假缝形式,拉杆采用光圆钢筋,并设在板中央

(D)行车道路面与混凝土硬路肩之间的纵向接缝必须设置拉杆

参考答案

1. D 2. B 3. B 4. C 5. D 6. B 7. C 8. C 9. C

10. (1)B;(2)C;(3)A;(4)A 11. (1)C;(2)D;(3)A 12. CD 13. (1)BCD;(2)ABC;(3)D;(4)CD 14. ABC

第四章　桥 梁 工 程

考试大纲

4　桥梁工程

4.1　一般要求

4.1.1　掌握桥梁的设计原则;桥梁设计荷载种类及其组合。

4.1.2　掌握桥梁的组成与分类;桥梁纵、横断面设计及平面布置;桥梁勘测、设计内容。

4.2　桥面构造

4.2.1　熟悉桥面组成与布置;桥面铺装与桥面防排水设施作用、布设;桥面伸缩缝构造与选型。

4.2.2　了解人行道、栏杆(防撞护栏)与照明设施设计。

4.3　梁桥的构造与设计

4.3.1　掌握弯桥、斜桥、坡桥的受力特点与构造。

4.3.2　熟悉连续梁桥、先简支后连续结构桥梁受力特点、构造设计。

4.3.3　熟悉简支梁桥受力特点、构造设计。

4.4　桥梁支座与墩台

4.4.1　掌握桥梁支座及墩台类型。

4.5　涵洞

4.5.1　掌握涵洞布置原则;涵洞的结构设计。

4.5.2　熟悉涵洞的类型、构造与选型。

4.6　桥涵水文

4.6.1　掌握气象站、水文站的观测资料搜集和历史洪水痕迹调查。

4.6.2　熟悉水位、流速、流量、设计洪水频率及设计水位、通航水位、设计流量计算。

4.6.3　了解河流的特征,河段分类。

4.7　桥位选择与布置

4.7.1　熟悉桥位选择原则。

4.7.2　了解综合考虑水文、地质、气象、水利、通航、环境等影响因素,合理选择桥位。

4.8　大中桥桥孔设计

4.8.1　熟悉按设计洪水频率和桥位河段的特征,进行桥长设计与孔跨布置。

4.8.2　了解结合桥位河段地形、地质、河段类型、桥梁上部结构、墩台基础型式、桥梁冲刷深度、调治构造物布置等综合经济比选确定桥位。

4.9　墩台冲刷计算及基础埋深

4.9.1　掌握天然冲刷、一般冲刷、局部冲刷的计算方法;确定墩台基底最小埋置深度。

复习笔记

第一节　概　　述

依据规范

《公路工程技术标准》(JTG B01—2014)

《公路桥涵设计通用规范》(JTG D60—2015)

《城市桥梁设计规范》(CJJ 11—2011)

《海轮航道通航标准》(JTS 180-3—2018)

《内河通航标准》(GB 5139—2014)

重点知识

一、熟悉桥梁的基本组成与分类

1. 桥梁的基本组成

桥梁是线路跨越河流、峡谷、道路等障碍的一种人工结构物。桥梁通常由上部结构、下部结构、支座及附属设施等组成(图4-1-1)。

上部结构是在线路中断时跨越障碍的桥跨结构。

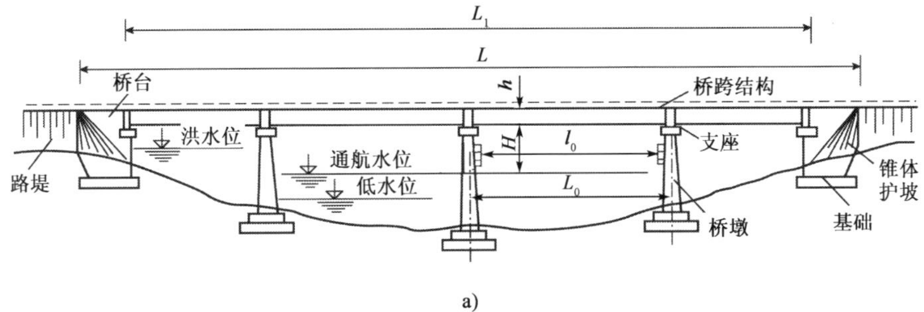

a)

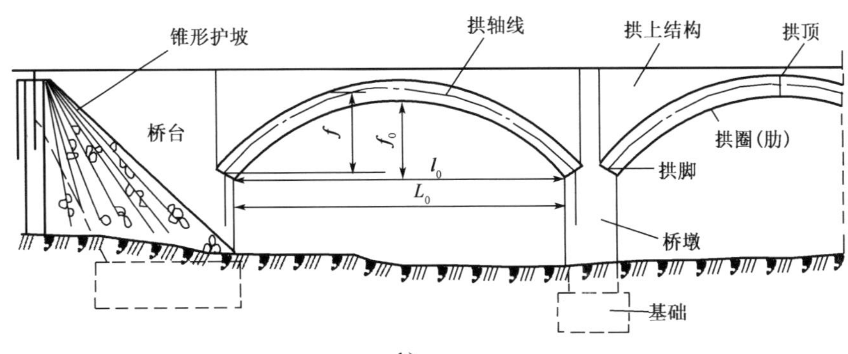

b)

图4-1-1　桥梁的基本组成

下部结构用于支承上部结构，包括桥墩、桥台和基础。

桥墩和桥台是支承上部结构并将其传来的恒载和车辆等活载再传至基础的结构物。通常设置在桥两端的称为桥台，设置在桥跨中间部分的称为桥墩。桥台除了上述作用外，还与路堤相衔接，并抵御路堤土压力，防止路堤填土的坍落。单孔桥只有两端的桥台，而没有中间桥墩。桥墩和桥台底部的奠基部分，称为基础，基础承担了从桥墩和桥台传来的全部荷载，这些荷载包括竖向荷载以及地震力、船舶撞击墩身等引起的水平荷载。

支座是设在上部结构与下部结构之间的一种传力装置。它不仅要将荷载传递给桥梁墩台，而且要保证上部结构按设计的力学图式自由变形。基本附属设施包括桥面系、桥梁与路堤衔接处的桥头搭板和锥形护坡等。

如图 4-1-1 所示，桥梁的基本术语如下。

1）水位

（1）低水位：水位变动的河流，在枯水季节的最低水位。

（2）高水位：河流在洪峰季节出现的最高水位。

（3）设计洪水位：按《公路桥涵设计通用规范》（JTG D60—2015）（以下简称《桥规》）规定的设计洪水频率计算所得的最高洪水位。

（4）通航水位：指在各级航道中能保持船舶正常航行时的最高和最低水位。

2）跨径

（1）净跨径。对于梁式桥，净跨径 l_0 是指设计洪水位上相邻两桥墩（或桥台）之间的净距；对于拱式桥，则是指每孔拱跨两个拱脚截面最低点（即起拱线）之间的水平距离。

（2）计算跨径。对具有支座的桥梁，计算跨径 l 是指桥跨结构两端支座中心之间的距离；对拱式桥，则是指主拱圈两拱脚截面形心点之间的水平距离。桥跨结构的力学计算以计算跨径为基准。

（3）总跨径。总跨径 $\sum l_0$ 是多孔桥梁中各孔净跨径的总和，也称桥梁孔径，它反映桥下宣泄洪水的能力。

（4）标准跨径。对梁式桥，标准跨径 l_b 是指两相邻桥墩中线之间的距离，或桥墩中线到桥台台背前缘之间的距离；对拱式桥，标准跨径就是净跨径。

3）桥梁全长 L 与桥梁总长 L_1

桥梁全长 L 是指桥梁两个桥台侧墙或八字墙尾端点之间的距离。对于无桥台的桥梁，为桥面系行车道的全长。桥梁总长 L_1，则是指两桥台台背前缘间的距离。在路段中，各桥梁全长的总量反映该路段的建设难度。

4）桥梁高度、桥梁建筑高度与容许建筑高度

（1）桥梁高度，简称桥高，是指桥面到低水位之间的高差，或是桥面与桥下道路路面之间的距离。桥高在某种程度上反映桥梁施工的难易程度。

（2）建筑高度 h 是指桥上行车路面（或轨顶）高程到桥跨结构最下缘之间的垂直距离。它与桥梁体系、桥跨结构形式等有关。

（3）容许建筑高度是指公路或铁路定线中所确定的桥面或轨顶高程与桥下通航或行车净空顶部高程之差。显然，桥梁的建筑高度不得大于其容许建筑高度，否则就不能保证桥下通航或行车要求。

5)桥下净空高度

设计洪水位、设计通航水位或桥下道路路面到桥跨结构最下缘之间的距离 H 称为桥下净空高度。桥下净空高度应能保证安全排洪需要,并不得小于该河流通航所规定的净空高度以及桥下道路所需要的净空高度。

6)拱轴线

拱圈各截面形心点的连线称为拱轴线。

7)净矢高与计算矢高

净矢高 f_0 是指拱顶截面下缘到两拱脚截面下缘最低点(起拱线)之连线的垂直距离;拱顶截面形心至两拱脚截面形心之连线的垂直距离则称为计算矢高 f,桥跨结构的力学计算以计算矢高为基准。

8)矢跨比

矢跨比(又称拱矢度),是指拱圈的计算矢高 f 与计算跨径 l 之比,它是反映拱桥力学特性的重要指标。而拱桥的净矢高与净跨径之比,则称为净矢跨比,即 f_0/l_0。

2. 桥梁的分类

1)按桥梁的基本结构体系分类

桥梁的分类方式很多,按桥梁的基本结构体系分类,可归纳为以下五种。

(1)梁式桥

梁式桥是一种在竖向荷载作用下无水平反力的结构(图 4-1-2)。由于桥梁主要作用(恒载和活载等)的作用方向与承重结构的轴线接近垂直,故与同样跨径的其他结构体系相比,梁内弯矩最大,通常需要抗弯能力强的材料(如钢筋混凝土、预应力混凝土、钢材等)来建造。常用的梁式桥包括:简支梁桥、连续梁桥、悬臂梁桥、T 形刚构桥、连续刚构桥。

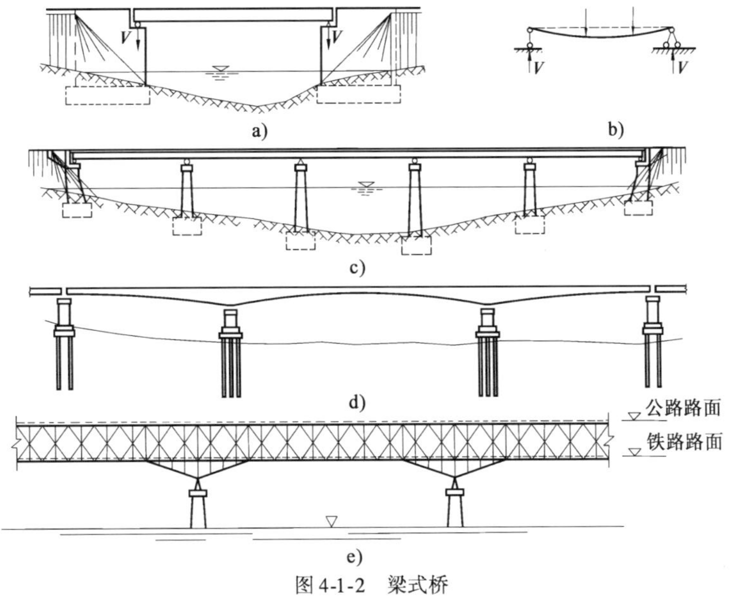

图 4-1-2 梁式桥

(2)拱式桥

拱式桥的主要承重结构是主拱圈(图 4-1-3)。在竖向荷载(恒载和活载等)作用下,拱的两端支承处(拱脚处)除有竖向反力外,还有水平推力[图 4-1-3b)],正是该水平推力的存在,显著降低了竖向作用所引起的拱圈弯矩。因此,与同跨径的梁桥相比,拱桥的弯矩和变形要小得多,拱以受压为主。鉴于拱桥的承重结构以受压为主,可选用抗压能力强的圬工材料(如砖、石、混凝土)、钢筋混凝土和钢材来建造拱桥。

由于推力的存在,拱桥通常需建造在地基条件较好的桥址上。对于软弱地基上的拱桥,可采用无推力的组合体系拱,即由系杆来承受拱的推力。

按照行车道处在拱结构立面位置的不同,拱桥分为上承式[图 4-1-3a)]、中承式[图 4-1-3c)]和下承式[图 4-1-3d)]。

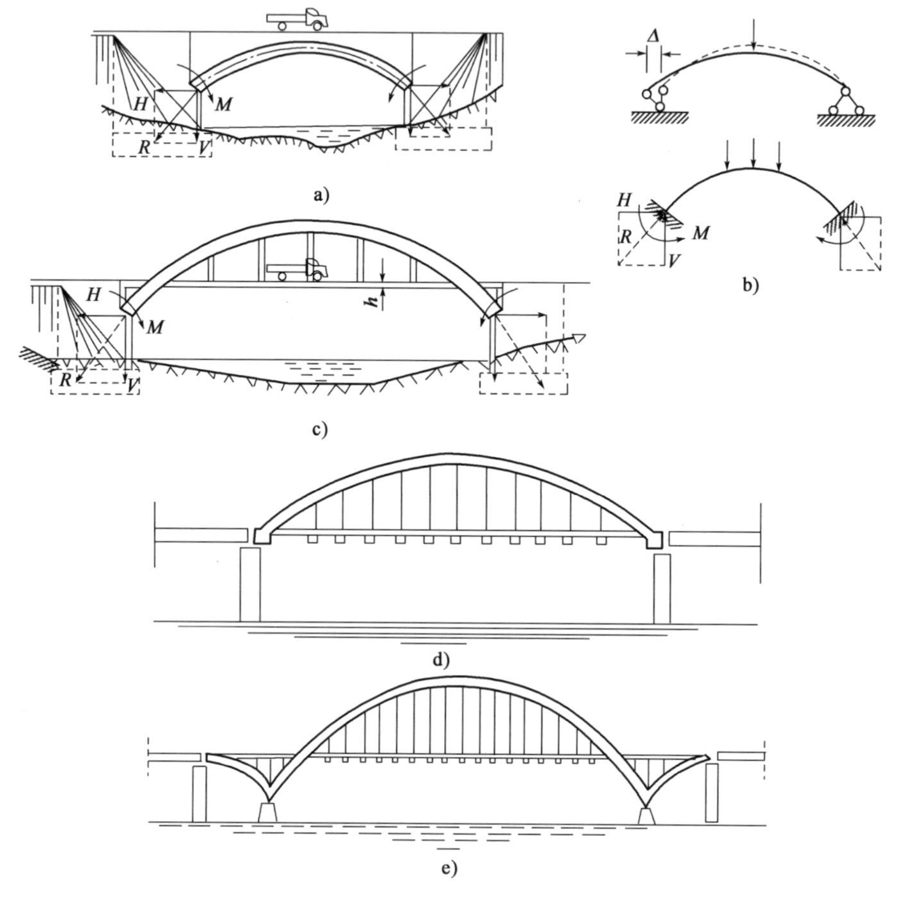

图 4-1-3 拱式桥

按主拱圈与行车道系结构之间相互作用的性质和影响程度,拱桥分为简单体系拱桥和组合体系拱桥。简单体系拱桥中,行车道系不与主拱圈一起承受荷载,桥上全部荷载由主拱圈单独承担,墩台或基础承受拱的水平推力。简单体系拱又包括三铰拱、两铰拱、无铰拱三种静力体系。组合体系拱桥中,行车道系与主拱圈按不同的构造方式构成一个整体共同承受荷载。组合体系拱又分为有推力的组合体系拱和无推力的组合体系拱。无推力的组合体系拱桥中,拱的推力由系杆承受,墩台不承受水平推力。

按主拱圈所采用的截面形式分为:板拱桥、肋(实心肋、箱肋、管肋)拱桥、箱形拱桥。

按拱上建筑的形式分为：实腹式拱桥、空腹式拱桥。

按拱轴线的形式分为：圆弧线拱桥、抛物线拱桥、悬链线拱桥。

按主拱圈所使用的建筑材料分为：圬工（砖、石、混凝土）拱桥、钢筋混凝土拱桥、钢拱桥、钢管混凝土拱桥。

（3）刚架桥

刚架桥（图4-1-4）是梁（或板）和立柱（或竖墙）固结形成的一种刚架结构。由于两者是刚性连接，在竖向荷载作用下，在柱脚具有水平反力［图4-1-4b）］，梁内产生弯矩的同时还有轴力，其受力状态介于梁桥与拱桥之间。因此，对于同样的跨径，在相同荷载作用下，刚架桥的正弯矩要比一般梁桥的小。根据这一特点，刚架桥的建筑高度可以做得小些，适用于需要较大桥下净空和建筑高度受到限制的情况，如立交桥、跨线桥等。

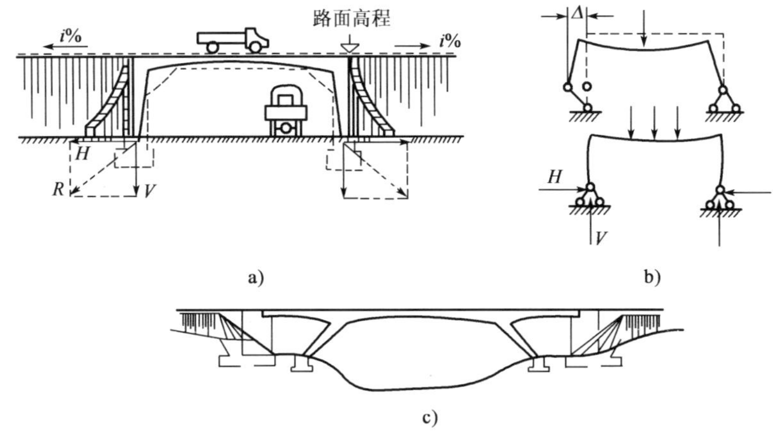

图4-1-4　刚架桥

刚架桥必须要有良好的地基条件，或用较深的基础和用特殊的构造措施来抵抗水平推力的作用。对钢筋混凝土刚架桥，梁柱刚接处较易开裂。

当跨越陡峭河岸和深邃峡谷时，修建斜腿刚架桥往往既经济合理，又造型轻巧美观［图4-1-4c）］，由于斜腿墩柱置于岸坡上，有较大斜角，在主梁跨度相同的条件下，斜腿刚架桥的桥梁跨度比门式刚架桥要大得多。

（4）悬索桥

悬索桥（图4-1-5），又称吊桥，是最古老的桥梁形式之一，按主缆的锚固方式分为地锚式悬索桥和自锚式悬索桥两类。传统的悬索桥通常为地锚式，以悬挂在桥塔上的强大缆索作为主要承重结构，加劲梁自重及其他作用通过吊杆传递给锚固于地锚中的主缆，使主缆承受拉力，因此，缆索需用高强钢丝编制，以发挥其优越的抗拉能力。

自锚式悬索桥是把主缆直接锚固于主梁梁端，由主梁来承担主缆的水平分力，从而省去了庞大的锚锭，但自锚式悬索桥需在主梁施工完后才能架设，避免主梁承受过大的水平力，自锚式悬索桥适合于中小跨径的悬索桥。

现代悬索桥广泛采用高强度钢丝编制的主缆，借助钢材优异的抗拉性能，能跨越其他桥型无与伦比的特大跨度，适宜于大跨及超大跨度桥梁。但悬索桥整体刚度小，随着悬索桥向超大跨度发展，其抗风稳定性需要解决。

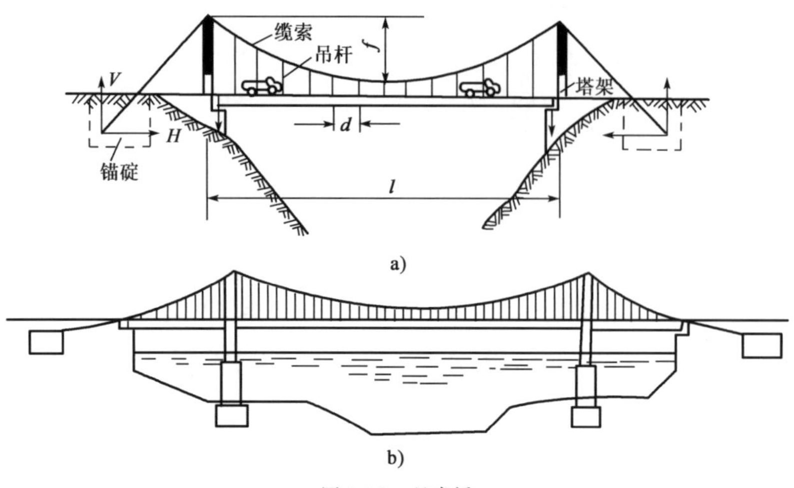

图 4-1-5　悬索桥

(5)组合体系桥

组合体系桥是指承重结构由两种基本体系,或一种基本体系与某些构件组合而成的桥梁。

斜拉桥(图 4-1-6)是由梁、索、塔组合而成的结构体系。其受力特点为斜拉索将主梁的恒载及作用于其上的其他荷载传递到桥塔,再通过桥塔传入地基。由于斜拉索在桥跨内增加了弹性支承,减小了主梁内弯矩而使主梁尺寸大大减小,降低了结构自重,故拥有超越梁式桥的跨越能力。此外,斜拉桥的结构整体刚度要比悬索桥大,因此,在相同的荷载作用下,结构的变形小,斜拉桥抗风稳定性通常优于悬索桥,且不需要集中锚锭构造。设计中,斜拉桥可根据桥位处地形地质、水文、通航等情况,布置为单塔、双塔或多塔斜拉桥。

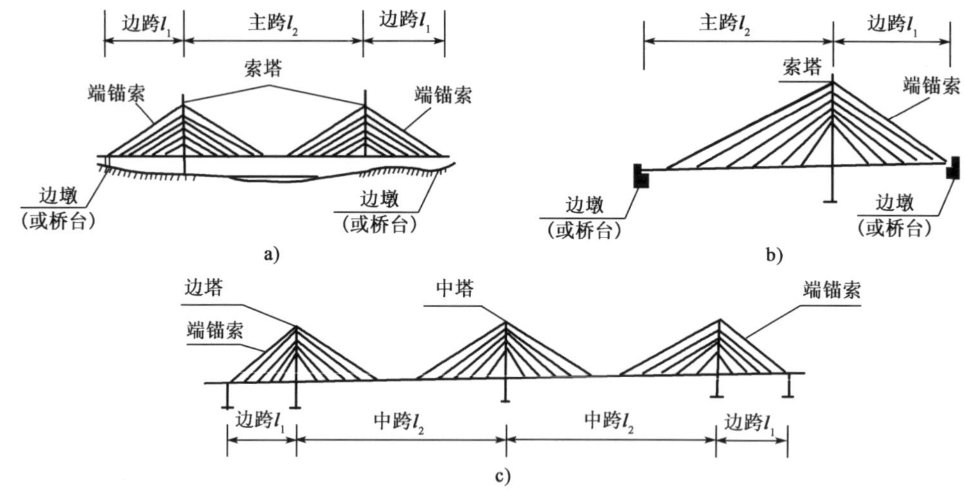

图 4-1-6　斜拉桥

此外,还有如梁拱组合桥、斜拉桥与连续刚构组合而成的协作体系桥、斜拉桥与悬索桥组合而成的吊拉组合桥等。

2)桥梁的其他分类方法

除了上述按结构体系划分,桥梁还有以下其他分类。

(1)按用途来划分,有公路桥、铁路桥、公铁两用桥、农用桥、人行桥、渡槽桥及其他专用桥梁(如通过轻轨、管路、电缆等)。

(2)按承重结构所用的材料来划分,有木桥、钢桥、圬工桥(包括砖、石、混凝土桥)、钢筋混凝土桥、预应力混凝土桥、钢混组合桥等。

(3)按跨越障碍的性质来划分,有跨河桥、跨海桥、跨线桥(立体交叉)、高架桥(指以桥代替路堤的桥梁)、跨谷桥、栈桥等。

(4)按桥梁全长和跨径不同来划分,有特大桥、大桥、中桥和小桥。根据《桥规》规定,公路桥梁规模划分见表4-1-1。

(5)按桥梁平面线形来划分,有直桥、弯桥、斜桥。

桥梁涵洞分类　　表4-1-1

桥梁分类	多孔跨径总长L(m)	单孔跨径L_k(m)
特大桥	$L>1000$	$L_k \geqslant 150$
大桥	$100 \leqslant L \leqslant 1000$	$40 \leqslant L_k < 150$
中桥	$30 < L < 100$	$20 \leqslant L_k < 40$
小桥	$8 \leqslant L \leqslant 30$	$5 \leqslant L_k < 20$
涵洞	—	$L_k < 5$

二、掌握桥梁的总体设计

1.桥梁的规划设计原则

桥梁是路线的重要组成部分,常称为道路的枢纽,尤其是大、中桥梁对当地政治、经济、国防等具有重要意义,因此,应根据所设计桥梁的使用任务、性质和所在线路的远景发展需要,按照安全、耐久、适用、环保、经济和美观的原则,考虑因地制宜、就地取材、便于施工和养护等因素,进行全寿命设计。公路桥梁设计应符合《公路工程技术标准》(JTG B01—2014)、《桥规》等现行规范的要求。

1)安全性的要求

桥梁设计应确保安全性,保证桥梁结构在施工过程(制造、运输、安装)、成桥状态具有足够的强度、刚度、稳定性。桥梁结构的强度应使全部构件及其连接构造的材料抗力或承载能力具有足够的安全储备。对于刚度要求,应使桥梁在设计作用(荷载)下的变形不超过规范规定的容许值,以免挠度过大而影响使用以及危及桥梁结构的安全。桥梁结构的稳定性要求是使桥梁结构在各种作用(包括静荷载、动荷载)下具有能保持原来的形状和位置的能力。

2)耐久性的要求

耐久性是指需要保证桥梁结构在设计使用年限内的长期安全性和适用性要求。采用的建筑材料,应具有良好的耐久性,尽可能降低服役期的养护维修费用。公路桥梁主体结构和可更换部件的设计使用年限应不低于《桥规》中表1.0.4的规定。

3)使用性的要求

桥梁必须满足结构功能要求。要有足够的承载能力,既能保证行车畅通、舒适和安全,又能满足未来交通量增长的需要。建在通航河流或需跨越其他线路的桥梁,桥下净空应满足泄洪、安全通航或通车的要求。对重要桥梁，还应考虑战时国防的要求；在特定地区，尚应能满足特定条件下的特殊要求（如抗风、抗震、防撞等）。

4）环保性的要求

桥梁建设须在不破坏环境的前提下进行。桥梁设计应按《公路环境保护设计规范》（JTG B04—2010）要求，客观评估桥梁建设对当地生态环境（地形地质、植被、水文、生物、空气质量等）、人文环境的影响。项目建设中及成桥后的环境空气质量、声环境质量、地表水环境质量等都必须达到国家相关规范的要求。确保施工期间鱼类、植被、文物等不遭受破坏，生活用水、空气质量等达到国家安全标准。

5）经济性的要求

桥梁设计应体现经济上的合理性。既要考虑桥梁建设时的费用，又要考虑在使用期间养护维修费用最省，且经久耐用。因此，选用的结构形式要便于施工和制造，能够采用先进的建筑材料、施工技术和施工机械，以便缩短工期，保证工程质量和施工安全，提高经济效益。

6）美观上的要求

一座桥梁应具有优美的外形，与周围环境相协调。在满足功能要求的情况下，选用最佳的结构形式，使其纯正、清爽、稳定。对城市桥梁和游览区的桥梁，可较多地考虑建筑艺术上的要求做景观设计，桥梁设计应反映时代风貌，符合城市规划要求，并与环境协调。但是不能片面追求豪华的细部装饰而造成浪费，美丽的桥梁应对人们产生积极的影响。

2. 桥梁的建设程序

桥梁设计程序与内容应符合《公路工程基本建设项目设计文件编制办法》要求。

我国大型桥梁的设计包括工程可行性研究、初步设计、技术设计和施工图设计四个阶段。

1）工程可行性研究

桥梁工程可行性研究是在桥梁初步设计之前的规划设计阶段，包括工程预可行性研究和可行性研究两个部分，主要解决一座桥梁建设的必要性、可行性与经济性问题。必要性研究是论证桥梁建设在国民经济中的和交通工程中的作用；可行性研究是通过水文、地质、交通量与增长率、使用性质等的调查研究，确定桥位、桥梁设计标准、规模，同时处理好桥梁与河道、航运，城市规划及环境的关系；经济性研究是确定投资控制等宏观要求，解决资金来源及偿还问题。

桥梁的规划设计必须进行一系列的野外勘测和资料收集工作。对跨越河流的桥梁一般应做以下几个方面的工作：

（1）调查研究桥梁的具体任务。调查桥上的交通种类、荷载等级、实际交通量和增长率、需要的车道数目或行车道的宽度以及人行道的要求；调查桥上有无需要通过各类管道（如电力、通讯线、水管和煤气管等）。

（2）桥位选择。大、中桥的桥位选择原则上应服从路线的走向，路桥综合考虑。一方面从整个路线或路线网的观点来看，应尽量避免或减少因车辆绕道而增加的运输费用；另一方面，从桥梁本身的经济性和稳定性出发，应尽量选择在河道顺直、水流稳定、河面较窄、地质良好、冲刷较少的河段上，以降低造价和养护费用，并防止因冲刷过大而发生桥梁倒塌。此外一般应尽量避免桥梁与河流斜交，以免增加桥梁长度而提高造价。

对小桥涵的位置应服从路线走向，当遇到不良地形、地质和水文条件时，应采取适当处理措施,不应因此而改变路线。

大、中桥一般选择2~3个桥位,进行各方面的比较,然后选择出最合理的桥位。

(3)测量桥位附近的地形,绘制地形图供设计和施工使用。

(4)地质钻探。通过钻探调查桥位附近的地质情况,并将钻探资料绘成地质剖面图,作为基础设计的重要依据。为使地质资料更接近实际,可以根据初步拟定的桥梁分孔方案在墩台附近布置钻探。对于所遇到的不良地质现象,如滑坡、断层、溶洞、裂隙等,应予以注明。

(5)调查和测量河流的水文情况,为确定桥梁的桥面高程、跨径和基础埋置深度提供依据,其内容包括:

①河道性质。了解河道是静水河还是流水河,有无潮水,河床及两岸的冲刷和淤积,以及河道的自然变迁和人工规划的情况。北方地区还要了解季节性河流的具体性质。

②测量桥位处河床断面。

③调查、了解洪水位的多年历史资料,通过分析推算设计洪水位。公路桥梁设计洪水频率根据公路等级以及桥梁规模(安全等级)分别采用。详见《桥规》中第3.2.9条相关规定。

④测量河床比降,调查河槽各部分的形态高程和粗糙率等,计算流速、流量等有关的资料,通过计算确定设计水位下的平均流速和流量,结合河道性质可以确定桥梁所需要的最小总跨径,选择通航孔的位置、墩台基础形式及埋置深度。

⑤根据《桥规》要求,同航运部门了解和协商,确定设计通航水位和通航净空,根据通航要求与设计洪水位,确定桥梁的分孔与桥跨底缘设计高程。

⑥调查当地建筑材料(砂、石料等)的来源、水泥钢材的供应情况以及水陆交通的运输情况。

⑦调查了解施工单位的技术水平、施工机械等装备状况,以及施工现场的动力设备和电力供应情况。

⑧调查新建桥位上、下游有无老桥,其桥型布置和使用情况等。

上述各项野外勘测与调查研究工作,有的可同时进行,有的则需相互交错进行,如进行桥孔地形测量、地质钻探和水文调查需要先有桥位或比较桥位;为选择桥位又必须有一定的地形、地质和水文资料等。因此各项工作必须相互渗透,交错进行。

桥梁规划设计中涉及因素很多,必须经过充分的调查研究,从客观实际出发,具体分析,才能做出合理的设计方案,提出正确的计划任务书。

2)初步设计

桥梁初步设计又称方案设计,主要是在批复的桥梁工程可行性研究报告基础上,根据安全、耐久、适用、环保、经济和美观的原则,考虑因地制宜、就地取材、便于施工和养护等因素,进行桥梁方案设计,拟定结构形式(体系、分孔、桥型布置)及主要构造尺寸,确定需要的附属结构物、主要建筑材料数量指标,选择施工方案,进行工程抗震设计、桥梁耐久性设计及措施,通航河流防撞设计,特大桥或重要桥梁的景观设计,并据此编制工程概算与文字说明、图表资料等技术文件,报送上级主管部门审批。初步设计的概算应作为控制建设项目投资和以后编制施工预算的依据。

(1)进一步开展水文、勘测工作。在初步设计阶段要通过进一步水文工作提供基础设计和施工所需要的水文资料。如施工期间各月可能的高、低水位和相应的流速(各个墩位处同一时期流速有所不同),以及河床可能的最大冲刷和施工时可能的冲刷等。

本阶段的勘测工作称为“初勘”。在初勘中应建立以桥位中心线为轴线的控制三角网，提供桥址范围内1∶2000地形图。勘探工作一般在桥轴线上的陆地及水上布置必要的钻孔，必要时还要在桥轴线的上、下游适当布置一些钻孔，以便探明岩层构造情况及其变化。根据钻探取得的资料确定岩性、强度及基岩风化程度，覆盖层的物理、力学指标，以及地下水位情况等。

(2)桥型方案比选。桥型方案比选是初步设计阶段的中心工作，在工程可行性研究报告中推荐的桥型方案基础上，进行多个方案比较。各方案均要求提供桥型布置图，图上必须标明桥跨布置，主要高程，上、下部结构形式及工程数量。对推荐方案，还要提供上、下部结构布置图，以及一些主要的及特殊部位的构造细节处理图。各类结构均需提出可行的施工方案，并经过检算。方案比选必须有科学依据，推荐的桥型方案应满足安全、耐久、适用、环保、经济和美观等要求。

(3)施工方案与工程概算。施工方案直接影响桥梁结构受力、建设工期以及工程概算，在初步设计中必须明确施工方案，提出设计概算，设计总概算一般应控制在批复(工程可行性研究报告)的总投资内。

(4)形成初步设计文件。

3)技术设计

桥梁技术设计是针对新型桥梁、特大型桥梁、技术复杂桥梁而言。技术设计根据初步设计批复意见，对重大、复杂的技术问题通过科学试验、专题研究，进一步勘探、分析比较，解决初步设计中未解决的问题，落实技术方案，提出修正的施工方案及修正的概算等，为施工图设计提供依据。

4)施工图设计

桥梁施工图设计是在批准的初步设计中所核定的修建原则、技术方案、技术决定和总投资额等基础上进一步加以具体化。在这一设计阶段中，必须对桥梁结构及各部分构件进行详细的设计计算，绘制施工详图，编制施工组织设计和工程预算。

以上为大型桥梁工程的设计程序及内容，对于修建任务紧急的一般桥梁建设项目，或技术要求简单的中、小桥建设项目，可以采用一阶段设计，即以扩大的初步设计来包含三阶段或两阶段设计的主要内容。

3. 桥梁的纵、横断面设计及平面布置

1)桥梁的纵断面设计

桥梁纵断面设计内容主要包括：确定桥梁的总跨径、桥梁分孔、桥面高程与桥下净空、桥梁纵坡布置以及基础的埋置深度等。

(1)桥梁总跨径的确定

对跨河桥梁，桥梁总跨径一般根据水文计算确定。由于桥梁墩台和台后路堤压缩了河床，使桥下过水面积减少，流速增大，引起河床冲刷，所以，总跨径必须保证桥下有足够的排洪面积，使河床不产生过大的冲刷；同时，为了使桥梁的总跨径不致因桥孔设计长度过大而增加太多，一般允许存在一定范围内的冲刷。因此，桥梁总跨径不能机械地根据计算和规定的冲刷系数来确定，必须根据具体情况分别对待。如当桥梁墩台基础埋置较浅时，桥梁总跨径应大一些，甚至接近于洪水泛滥宽度，以避免河床过多的冲刷而引起桥梁破坏。对于深基础，允许出

现较大冲刷，则可适当压缩桥下排洪面积，以减小桥梁总跨径。山区河流流速本来已很大，应尽可能少压缩或不压缩河床，因为当台后路堤和锥体护坡伸入河床时，就难以承受高速的冲刷。平面宽滩河流虽然可允许较大的压缩，但必须注意壅水对河滩路堤以及附近农田和建筑物可能造成的危害。

(2)桥梁的分孔

桥梁总跨径确定以后，需要进一步作分孔布置。对于一座较大的桥梁，究竟应分几孔，各孔的跨径大小，各跨径的比例关系，有几个墩需落在河中，哪些是通航孔，哪些不是通航孔等问题，要根据通航要求、地形与地质条件、水文情况、结构体系、技术经济、施工技术以及美观等条件综合确定。

桥梁的分孔直接关系到桥梁的造价。跨径和孔数不同时，上部结构和墩台的总造价是不相同的。跨径愈大，孔数愈少，上部结构的造价就愈高；反之，则上部结构的造价将降低，而墩台的造价可能增加。设计时应尽量采用使桥梁上部结构和下部结构的总造价最低的跨径，即所谓的经济跨径。因此，当墩台较高或地质不良，以及基础工程较复杂而造价较高时，桥梁跨径应布置得大一些；当桥墩较矮或地基较好时，跨径应选得小一些。在实际工程中，可对不同的跨径布置进行粗略的方案比较，以选择最经济的跨径和孔数。

对通航河流，分孔时应首先考虑航道等级及桥下通航净宽的要求。通航海轮的桥梁孔径布置应满足现行《海轮航道通航标准》(JTS 180-3—2018)的规定。通航内河桥梁的孔径布置应满足现行《内河通航标准》(GB 50139—2014)的规定，并应充分考虑河床演变和不同通航水位航迹线的变化。当通航净宽大于按经济造价所确定的跨径时，将通航桥孔的跨径按通航净宽来确定，其余的桥孔跨径则选用经济跨径。桥梁的通航孔应布置在航行最方便以及习惯性通航的河域。对于有通航要求的变迁性河流，应考虑航道位置可能发生变化，应设几个通航孔，一般需根据通航论证确定。城市桥梁孔径确定还应注意符合城市规划中的河道及(或)航道整治规划要求。

桥涵孔径的设计应考虑桥位上下游已建或拟建桥涵和水工建筑物的状况及其对河床演变的影响。桥涵孔径设计尚应注意河床地形，不宜过分压缩河道、改变水流天然状态。桥涵孔径的设计必须保证设计洪水以内的各级洪水及流冰、泥石流、漂流物等安全通过，并应考虑壅水、冲刷对上下游的影响，确保桥涵附近路堤的稳定。

在平原地区的宽阔河流上修建多孔桥梁时，通常在主河槽部分按需要布置跨径较大的通航孔，而在两岸浅滩部分按经济跨径进行分孔。如果经济跨径较通航要求还大，则通航孔也应取较大跨径。

桥梁的分孔是一个非常复杂的问题，各种各样的条件和要求往往发生矛盾。例如：跨径在100m以下的公路桥梁，为了尽可能符合标准跨径，不得不放弃采用按经济要求确定的孔径；从战备要求出发，需要将全桥各孔的跨径做成一样，并且跨径不能太大，以便于抢修和互换；有时为避开深水区或不良地质地段(如软土层、溶洞、岩石破碎带等)而可能将跨径加大。

为了使结构受力合理和用材经济，分孔布置时应有合理的跨径比例。如对于三跨连续梁桥，中跨与边跨之比约为1.00:(0.65~0.80)；对于五跨连续梁桥，中跨、次边跨、边跨之比约为1.00:0.90:0.65，并通常做成奇数跨。而对于拱桥，从有利于结构受力考虑，最好采用等跨分孔布置。

在有的情况下，为了避免在水中搭脚手架和临时墩，可以加大跨径；在山区建桥时，往往采用大跨径桥梁跨越深谷，以免在谷底建造高桥墩。

桥梁的跨径还与施工能力有关，所选用的较大跨径虽然在技术和经济上均是合理的，但由于缺乏必要的施工技术能力和机械设备，不得不放弃较大跨径方案而选用较小跨径。

桥梁分孔还应考虑美观要求，特别对城市桥梁或景区桥梁，应对不同分孔方案进行比较，找到与环境相协调的桥型与分孔布置。

总之，分孔问题是桥梁设计中最基本、最复杂的问题，必须进行深入的全面的分析，才能定出比较完善的方案。

(3)桥面高程的确定

桥面高程依据桥梁所在路线纵断面、设计洪水位、桥下通航或通车净空、桥下泄洪、桥梁建筑高度等因素来确定。桥面高程的确定还应考虑波浪、壅水、水拱、河湾凹岸水面超高等因素引起的桥下水位升高和河床淤积的影响。

桥面最低高程必须同时满足路线纵断面(两岸地形)、泄洪净空、桥下通航净空、桥下通车(或人)净空要求。

包括坡桥、斜桥在内的所有桥梁，无论桥梁多长，坡度多大，全桥最低的桥面高程应同时满足下列要求：

①桥梁所在路线要求：根据路线纵断面设计提出，通常是满足泄洪、通航与通车要求的。

②桥下泄洪要求：桥面高程 $H \geqslant$ 设计洪水位 H_d + 泄洪净空高度 H_W + 建筑高度 H_B。

③桥下通航要求：桥面高程 $H \geqslant$ 通航水位 H_n + 通航净空高度 H_m + 建筑高度 H_B。

④桥下通行要求：桥面高程 $H \geqslant$ 桥下路线高程(最高点) + 通车(或人行)净空高度 H_C + 建筑高度 H_B。

非通航河流桥下净空桥应根据计算水位(设计水位计入壅水、浪高等)或最高流冰水位加安全高度确定，详见《桥规》第3.4.3条相关规定，非通航河流桥下最小净空见表4-1-2。无铰拱的拱脚允许被设计洪水淹没，但不宜超过拱圈高度的2/3，且拱顶底面至计算水位的净高不得小于1.0m。

非通航河流最小桥下净空　　表4-1-2

桥梁的部位		高出计算水位(m)	高出最高流冰面(m)
梁底	洪水期无大漂流物	0.50	0.75
	洪水期有大漂流物	1.50	—
	有泥石流	1.00	—
支承垫石顶面		0.25	0.50
有铰拱拱脚		0.25	0.25

在不通航和无流筏的水库区域内，梁底面或无铰拱拱顶底面离开水面的高度不应小于计算浪高的0.75倍加上0.25m。

在通航及通行木筏的河流上，必须设置保证桥下安全通航的通航孔。在此情况下，桥跨结构下缘的高程应高出自设计通航水位算起的通航净空高度。所谓通航净空，就是在桥孔中垂直于流水方向所规定的空间界限，即图4-1-7中虚线所示的多边形图。任何结构构件或航运设施均不得伸入其内。根据《内河通航标准》(GB 50139—2014)进行桥孔布置及通航净空尺寸确定,同时应充分考虑河床演变及不同通航水位航迹线的变化。

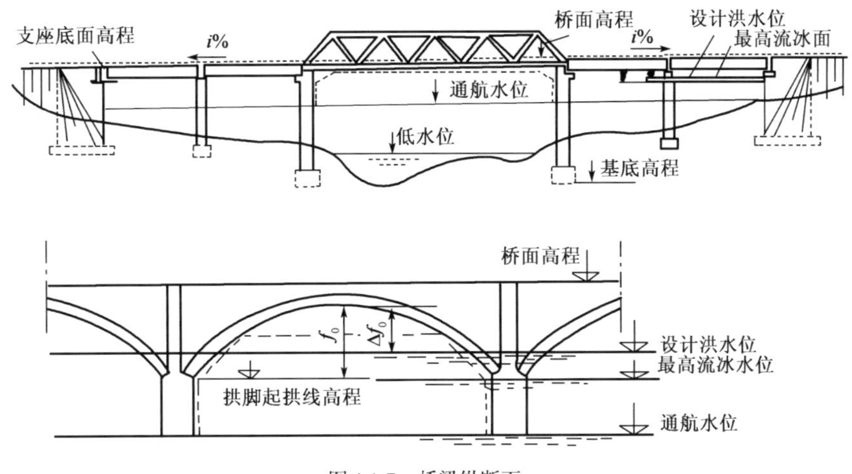

图 4-1-7 桥梁纵断面

在设计跨越线路(铁路或公路)的立体交叉时,桥跨结构底缘的高程应高出《公路工程技术标准》(JTG B01—2014)第 3.6.1 条规定的桥下道路车辆行车净空高度,并满足《桥规》第3.4.5条规定的桥下净空要求。

(4)桥梁纵坡设计

当桥梁受到两岸地形限制时,允许修建坡桥,但桥上纵坡不宜大于4%,桥头引道纵坡不宜大于5%;桥头两端引道的线形应与桥梁的线形相匹配。位于城镇混合交通繁忙处的桥梁,桥上纵坡及桥头引道纵坡均不得大于3%;对易结冰、积雪的桥梁,桥上纵坡不宜大于3%。

桥梁的基础埋置深度需根据桥梁的结构体系、基础形式及地质状况按《公路桥涵地基与基础设计规范》(JTG D63—2007)的要求确定。

2)桥梁的横断面设计

桥梁横断面设计主要包括:决定桥面净空、桥面宽度和桥跨结构横截面的布置。桥面宽度取决于车辆和行人的交通需要。《公路工程技术标准》(JTG B01—2014)第 3.6.1 条规定了公路桥面净空限界图式及桥面布置尺寸规定。

城市桥梁以及位于大、中城市近郊的公路桥梁的桥面净空尺寸,应结合城市实际交通量和今后发展的要求来确定,详见《城市桥梁设计规范》(CJJ 11—2011)的规定。

在弯道上的桥梁应按路线要求予以加宽超高。

公路桥梁人行道和自行车道的设置应符合《桥规》第 3.4.2 条规定。人行道、自行车道与行车道之间,应设护栏或路缘石等分隔设施。一个自行车道的宽度应为1.0m;当单独设置自行车道时,不宜小于两个自行车道的宽度。人行道的宽度宜为 1.0m;大于 1.0m 时,按 0.5m 的级差增加,漫水桥和过水路面可不设人行道。路缘石高度可取用0.25 ~ 0.35m。当跨越急流、大河、深谷、重要道路、铁路、主要航道,或桥面常有积雪、结冰时,其路缘石高度宜取用较大值。

高速公路、一级公路上的桥梁宜设计为上、下行分离的独立桥梁。

3)桥梁的平面布置

桥梁的线形及桥头引道要保持平顺,使车辆能平稳通过。特大桥、大桥应综合考虑路线总体走向、桥区地质、地形、安全通行、通航、已有建筑设施、环境敏感区等因素,宜采用较高的平曲线指标。中小桥涵线形设计应符合路线设计的总体要求。

桥梁纵轴线宜与洪水主流流向正交。对通航河流上的桥梁,其墩台沿水流方向的轴线应与最高通航水位时的主流方向一致。当斜交不能避免时,交角不宜大于5°;当交角大于5°且斜桥正做时,墩(台)边缘净距宜按《桥规》第3.2.3条的要求确定。

4. 桥梁的方案比选

对一定的建桥条件,在满足基本要求的情况下可以做出多种不同的设计方案,为获得安全、耐久、适用、环保、经济和美观的桥梁设计,必须通过技术经济综合比较,才能提出科学、合理的设计方案。

1)拟定桥梁方案

根据设计要求与水文计算,在桥轴河床断面上进行分孔布置和拟定桥型图式。只要基本满足要求和具有一定实施可能性的图式均用同样比例(初拟图式时其比例可小些)绘制在桥址断面上,一般应给出跨径、矢高、主要高程、桥梁全长等。初拟图式时思路要广,宁可多画几个图式,也不要遗漏可能的桥型和布置,桥梁图式既应体现民族风格、传统形式、习惯做法,又要尽可能多地采用新材料、新结构、新工艺,以促进桥梁的不断发展。

2)方案初选

一定建桥条件下,一般不止一个桥梁图式,少则5~6个,多则10多个。方案初选的任务就是从所有可能的图式中,选出与设计要求最接近的具有一定可比性的几个方案(一般为2~4个),进一步做技术经济比较。

方案初选主要从定性的角度考虑,一般应从如下几方面对桥梁图式进行评价。

(1)设计要求:包括桥梁的功能、桥下净空,上级主管部门或业主对桥梁形式、施工工期、工程造价等的特定要求等。

(2)受力性能及设计:主要从结构体系的力学性能看桥梁方案受力是否合理、明确,力学分析与设计上是否存在困难,是否需要进行专门研究,体系性能是否具有先进性等。

(3)使用性能:桥梁建成后是否具有良好的使用性能,包括行车舒适性、耐久性等。

(4)施工:主要考虑所拟桥梁图式在施工上是否存在某些困难(结合当时、当地的施工条件及承包商的施工能力考虑),能否满足工期要求,是否具有较大的风险性以及对投资有何影响等。

(5)材料:主要考虑建桥材料的供应情况。

(6)美观:桥梁建成后与周围环境是否协调,特别是城市桥梁的美观问题往往可能成为方案取舍的关键。

(7)养护与维修:考虑桥梁在使用中是否需要经常性维护,对交通有何影响以及维护费用等。

(8)造价与工期:从现有经验与有关估算办法估计工程造价与工期,舍去明显不符合要求的方案。

(9)地域性影响:在选择方案时还应考虑桥梁所在地区有关部门及人士的习惯与接受能力等。

上述各影响因素往往不是独立的，而是相互关联、相互矛盾的，所以，对某个方案的取舍必须按照适用、经济、安全和美观的设计原则综合考虑。

3）编制方案

编制方案的目的在于提供从众多桥梁图式中选出的2～4个比较技术经济指标，以便经过相互比较，科学地从中选出最优方案。这些指标包括：主要材料（钢、木、水泥）用量、劳动力（包括专业技术工种）数量、全桥总造价（分上、下部结构列出）、工期、养护费用、运营条件、有无困难工程、要否特种机具、美观等。为了获得上述的前三项指标，通常可充分利用已有资料或通过一些简便的近似验算，对每一方案拟定结构主要尺寸，并计算主要工程数量。有了工程数量，乘以相应的材料和劳动定额以及扩大单价，就不难得出每个方案的所需材料和劳动力数量，并估算全桥造价。其他的一些问题，虽难得到数量指标，也应进行适当的概略评价。每个方案应绘出河床断面及地质分层立面图和横断面图。

4）技术经济比较和最优方案选定

设计方案的评价和比较，是要全面考虑上述各项指标，综合分析每一方案的优缺点，最后选一个符合当前条件的最佳的推荐方案。有时，占优势的方案还可吸取其他方案的优点，从而进一步得到改善，如果改动较多时，甚至最后中选的方案可能是集聚各方案长处的另一新方案。技术经济比较一般采用图表方式进行。

一般说来，造价低、材料省、耐久性好、劳动力少并且桥型美观的方案应为优秀方案，但实际上并不尽然，因为，有时当其他技术因素或使用要求上升为设计的主要矛盾时，就不得不放弃较为经济的方案。所以在比较时必须从任务书提出的要求、所给的原始资料以及施工等条件中，找出所要面临的关键问题，分清主次，才能探索出适合于各具体情况的最佳方案。

在方案比较中，除了绘制方案比较图外，还应编写方案比较说明书。其中着重阐明编制方案的主要原则、拟定图式和从中选出比较方案的理由、方案比较的综合评价、对于推荐方案的较详细说明等。有关为拟定结构主要尺寸所作的各种计算资料、三材指标和造价计算等依据的文件名称（如概算定额、各种费率标准），以及各种批文、纪要等均作为附件载入说明书中。

对于路线上的桥梁，同样需要按照上述过程进行方案比选。鉴于路线上的桥梁量大、面广，面临的条件较为简单，所以，一般采用常规、成熟的通用桥型，其方案比选过程可适当简化。

三、掌握桥梁的设计作用

桥梁的设计作用是指施加在结构上的集中力或分布力（直接作用，也称为荷载）和引起结构外加变形或约束变形的原因（间接作用）。在桥梁的设计中，作用的种类，形式和大小选择是否恰当，关系到桥梁结构在其有限寿命期限内的安全性，也关系到桥梁建设费用的合理性。

我国对桥梁设计作用规定依行业部门的不同而异。公路桥梁设计应根据《桥规》的要求确定桥梁的设计作用及作用效应组合。

1. 公路桥梁设计作用的分类及取值

1）公路桥梁设计作用的分类

根据《桥规》，公路桥涵设计采用的作用分为永久作用、可变作用、偶然作用和地震作用四类，见表4-1-3。

作用分类 表 4-1-3

序 号	分 类	名 称
1	水久作用	结构重力(包括结构附加重力)
2		预加力
3		土的重力
4		土侧压力
5		混凝土收缩、徐变作用
6		水浮力
7		基础变位作用
8	可变作用	汽车荷载
9		汽车冲击力
10		汽车离心力
11		汽车引起的土侧压力
12		汽车制动力
13		人群荷载
14		疲劳荷载
15		风荷载
16		流水压力
17		冰压力
18		波浪力
19		温度(均匀温度和梯度温度)作用
20		支座摩阻力
21	偶然作用	船舶的撞击作用
22		漂流物的撞击作用
23		汽车撞击作用
24	地震作用	地震作用

2)作用的代表值

公路桥涵设计时,对不同的作用应按规定采用不同的代表值。永久作用的代表值为其标准值。永久作用标准值可根据统计、计算,并结合工程经验综合分析确定。

可变作用的代表值包括标准值、组合值、频遇值和准永久值。组合值、频遇值和准永久值可通过可变作用的标准值分别乘以组合值系数 ψ_c、频遇值系数 ψ_f 和准永久值系数价 ψ_q 来确定。偶然作用取其设计值作为代表值,可根据历史记载、现场观测和试验,并结合工程经验综合分析确定,也可根据有关标准的专门规定确定。

地震作用的代表值为其标准值。地震作用的标准值应根据现行《公路工程抗震规范》(JTG B02—2013)的规定确定。

作用的代表值与作用分项系数相乘,可得到作用设计值。

2. 永久作用

在设计基准期内始终存在且其量值变化与平均值相比可以忽略不计的作用,或其变化是单调的并趋于某个限值的作用,称为永久作用,亦称恒载。永久作用包括结构重力、作用于结构上的土重及土侧压力、基础变位作用、水浮力、长期作用在结构上的人工预加力以及混凝土收缩徐变作用。

结构重力包括结构自重及桥面铺装、附属设备等附加重力。结构重力标准值可通过结构重度乘以体积而得,《桥规》中表 4.2.1 列出了常用材料的重度。

在结构进行正常使用极限状态设计和使用阶段构件应力计算时,预加力应作为永久作用计算其主效应和次效应,并计入相应阶段的预应力损失,但不计由于预加力偏心距增大引起的附加效应。在结构进行承载能力极限状态设计时,预加力不应作为作用,应将预应力钢筋作为结构抗力的一部分。但在连续梁等超静定结构中,应考虑预加力引起的次效应。

土的重力及土压力可按《桥规》第 4.2.3 条的公式计算。

基础底面位于透水性地基上的桥梁墩台,当验算稳定性时,应考虑设计水位的浮力;当验算地基承载力时,可仅考虑低水位的浮力,或不考虑水的浮力。基础嵌入不透水性地基的桥梁墩台可不考虑水的浮力。作用在桩基承台底面的浮力,应考虑全部底面积。对桩嵌入不透水地基并灌注混凝土封闭者,不应考虑桩的浮力,在计算承台底面浮力时应扣除桩的截面面积。当不能确定地基是否透水时,应以透水或不透水两种情况与其他作用组合,取其最不利者。

外部超静定的混凝土结构、钢和混凝土的组合结构等应考虑混凝土收缩及徐变的作用。混凝土的收缩应变终极值可按现行《公路钢筋混凝土及预应力混凝土桥涵设计规范》(JTG 3362—2018)的规定计算。混凝土徐变的计算,可假定徐变与混凝土应力呈线性关系。计算混凝土圬工拱圈的收缩作用效应时,如考虑徐变影响,作用效应可乘以折减系数 0.45。

3. 可变作用

在设计基准期内其量值随时间而变化,且变化值与平均值相比不可忽略不计的作用,称为可变作用。

公路桥梁的可变作用包括汽车荷载、汽车冲击力、汽车离心力、汽车引起的土侧压力、汽车制动力、人群荷载、疲劳荷载、风荷载、流水压力、冰压力、波浪力、温度作用、支座摩阻力。

1)汽车荷载

《公路工程技术标准》(JTG B01—2014)第 7.0.1 条将汽车荷载分为公路—Ⅰ级和公路—Ⅱ级两个等级,分为车道荷载和车辆荷载两种类型。车道荷载用于桥梁结构整体分析计算,车辆荷载用于桥梁结构局部分析和涵洞、桥台、挡土墙土压力等的分析计算。车道荷载与车辆荷载的作用不得相互叠加。

(1)车道荷载

如图 4-1-8 所示,车道荷载由均布荷载和集中荷载组成,公路—Ⅰ级车道荷载均布荷载标准值为 q_k = 10.5kN/m,集中荷载标准值 P_k 取值见表 4-1-4。计算剪力效应时,上述集中荷载标准值 P_k 应乘以系数 1.20。公路—Ⅱ级车道荷载的均布荷载标准值 q_k 和集中荷载标准值 P_k 按公路—Ⅰ级车道荷载的 0.75 倍采用。

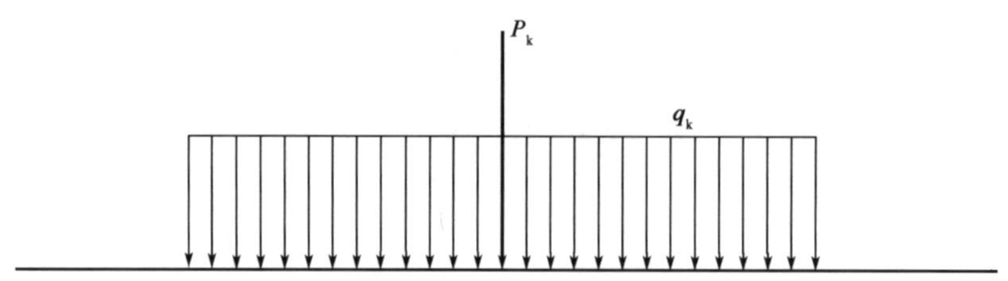

图 4-1-8 车道荷载

集中荷载标准值 P_k 取值 表 4-1-4

计算跨径 L_0(m)	$L_0 \leqslant 5$	$5 < L_0 < 50$	$L_0 \geqslant 50$
P_k(kN)	270	$2(L_0 + 130)$	360

注:计算跨径 L_0,设支座的为相邻两支座中心间的水平距离;不设支座的为上、下部结构相交面中心间的水平距离。

车道荷载的均布荷载标准值应满布于使结构产生最不利效应的同号影响线上;集中荷载标准值只作用于相应影响线中一个影响线峰值处。

车道荷载横向分布系数应按图 4-1-9 所示布置的车道荷载进行计算。

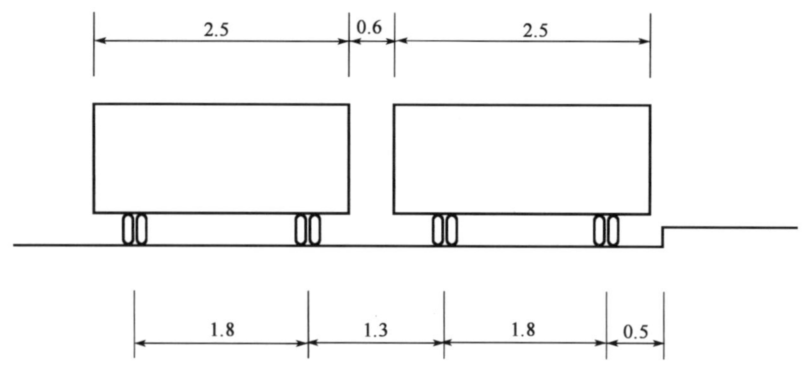

图 4-1-9 车辆荷载横向布置(尺寸单位:m)

(2)车辆荷载

公路—Ⅰ级和公路—Ⅱ级汽车荷载采用相同的车辆荷载标准值。车辆荷载的立面、平面尺寸如图 4-1-10 所示,主要技术指标规定见表 4-1-5。

车辆荷载的主要计算指标 表 4-1-5

项　目	单位	技术指标	项　目	单位	技术指标
车辆重力标准值	kN	550	轮距	m	1.8
前轴重力标准值	kN	30	前轮着地宽度及长度	m	0.3×0.2
中轴重力标准值	kN	2×120	中、后轮着地宽度及长度	m	0.6×0.2
后轴重力标准值	kN	2×140	车辆外形尺寸(长×宽)	m	15×2.5
轴距	m	3+1.4+7+1.4	—	—	—

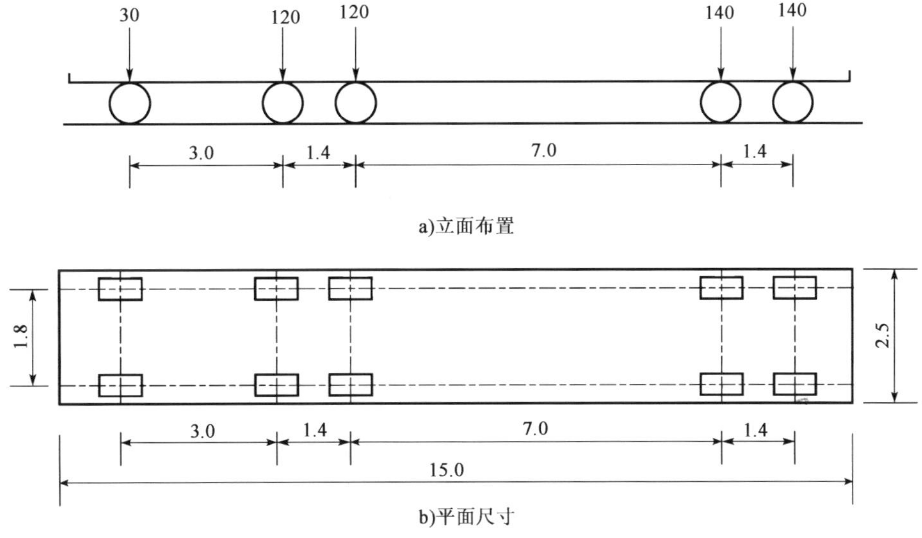

图 4-1-10 车辆荷载立面、平面尺寸(尺寸单位:m;荷载单位:kN)

各级公路桥涵设计采用的汽车荷载等级按表 4-1-6 采用,桥涵设计车道数按表 4-1-7 确定。

汽车荷载等级 表 4-1-6

公路技术等级	高速公路	一级公路	二级公路	三级公路	四级公路
汽车荷载等级	公路—Ⅰ级	公路—Ⅰ级	公路—Ⅰ级	公路—Ⅱ级	公路—Ⅱ级

注:1. 二级公路作为集散公路且交通量小、重型车辆少时,其桥辆设计可采用公路—Ⅱ级荷载。
2. 对交通组成中重载交通比重较大的公路,宜采用与该公路交通组成相适应的汽车荷载模式进行结构整体和局部验算。

桥涵设计车道数 表 4-1-7

桥面宽度 W(m)		桥涵设计车道数
车辆单向行驶时	车辆双向行驶时	
$W<7.0$		1
$7.0\leqslant W<10.5$	$60.\leqslant W<14.0$	2
$10.5\leqslant W<14.0$		3
$14.0\leqslant W<17.5$	$14.0\leqslant W<21.0$	4
$17.5\leqslant W<21.0$		5
$21.0\leqslant W<24.5$	$21.0\leqslant W<28.0$	6
$24.5\leqslant W<28.0$		7
$28.0\leqslant W<31.5$	$28.0\leqslant W<35.0$	8

横桥向布置多车道汽车荷载时,应考虑汽车荷载的折减;布置一条车道汽车荷载时,应考虑汽车荷载的提高。横向车道布载系数应符合表 4-1-8 的规定。多车道布载的荷载效应不得小于两条车道布载的荷载效应。大跨径桥梁上的汽车荷载应考虑纵向折减。当桥梁计算跨径大于 150m 时,应按表 4-1-9 规定的纵向折减系数进行折减。当为多跨连续结构时,整个结构

应按最大的计算跨径考虑汽车荷载效应的纵向折减。

横向车道布载系数 表 4-1-8

横向布载车道数(条)	1	2	3	4	5	6	7	8
横向车道布载系数	1.20	1.00	0.78	0.67	0.60	0.55	0.52	0.50

纵向折减系数 表 4-1-9

计算跨径 L_0(m)	纵向折减系数	计算跨径 L_0(m)	纵向折减系数
$150 < L_0 < 400$	0.97	$800 \leq L_0 < 1000$	0.94
$400 \leq L_0 < 600$	0.96	$L_0 \geq 1000$	0.93
$600 \leq L_0 < 800$	0.95	—	—

2)汽车冲击力

当汽车在桥上行驶的时候,会引起桥梁的振动,这种由于汽车荷载的动力作用而使结构的内力和变形加大的现象,称为汽车冲击作用。汽车冲击力为汽车荷载乘以冲击系数μ,《桥规》中第4.3.2条对汽车冲击作用做以下规定:

(1)钢桥、钢筋混凝土及预应力混凝土桥、圬工拱桥等上部构造和钢支座、板式橡胶支座、盆式橡胶支座及钢筋混凝土柱式墩台,应计算汽车的冲击作用。

(2)填料厚度(包括路面厚度)大于或等于0.5m的拱桥、涵洞以及重力式墩台不计冲击力。

(3)支座的冲击力,按相应的桥梁取用。

(4)汽车荷载的冲击力标准值为汽车荷载标准值乘以冲击系数μ。

(5)冲击系数μ可按下式计算:

当$f < 1.5$Hz时

$$\mu = 0.05$$

当1.5Hz$\leq f \leq$14Hz时

$$\mu = 0.1767\ln f - 0.0157$$

当$f > 14$Hz时

$$\mu = 0.45$$

式中:f——结构基频(Hz)。

(6)汽车荷载的局部加载及在T梁、箱梁悬臂板上的冲击系数采用0.3。

3)汽车离心力

曲线桥应计算汽车荷载引起的离心力。汽车荷载离心力标准值按《桥规》中第4.3.3条规定的车辆荷载(不计冲击力)标准值乘以离心系数C计算。

计算多车道桥梁的汽车荷载离心力时,车辆荷载标准值应乘以表4-1-8规定的横向车道布载系数。离心力着力点在桥面以上1.2m处;为计算简便也可移至桥面上,不计由此引起的作用效应。

4)汽车荷载引起的土压力

汽车荷载引起的土压力采用车辆荷载加载,并可按《桥规》中第4.3.4条的规定计算。

计算涵洞顶上汽车荷载引起的竖向土压力时,车轮按其着地面积的边缘向下作30°角分布。当几个车轮的压力扩散线相重叠时,扩散面积以最外边的扩散线为准。

5)汽车制动力

汽车制动力是汽车在桥梁上刹车时为克服自身惯性而在车轮与桥面之间产生的滑动摩擦力。汽车荷载制动力应按下列规定计算和分配:

(1)汽车荷载制动力按同向行驶的汽车荷载(不计冲击力)计算,并应按表4-1-9的规定,以使桥梁墩台产生最不利纵向力的加载长度进行纵向折减。一个设计车道上由汽车荷载产生的制动力标准值按车道荷载标准值在加载长度上计算的总重力的10%计算,但公路—Ⅰ级汽车荷载的制动力标准值不得小于165kN,公路—Ⅱ级汽车荷载的制动力标准值不得小于90kN。

(2)同向行驶双车道的汽车荷载制动力标准值应为一个设计车道制动力标准值的2倍,同向行驶三车道应为一个设计车道的2.34倍,同向行驶四车道应为一个设计车道的2.68倍。

(3)制动力的着力点在桥面以上1.2m处,计算墩台时,可移至支座铰中心或支座底座面上。计算刚构桥、拱桥时,制动力的着力点可移至桥面上,但不应计因此而产生的竖向力和力矩。

(4)设有板式橡胶支座的简支梁、连续桥面简支梁或连续梁排架式柔性墩台,应根据支座与墩台的抗推刚度的刚度集成情况分配和传递制动力。设有板式橡胶支座的简支梁刚性墩台,应按单跨两端的板式橡胶支座的抗推刚度分配制动力。

(5)设有固定支座、活动支座(滚动或摆动支座、聚四氟乙烯板支座)的刚性墩台传递的制动力,按《桥规》中表4.3.5的规定采用。每个活动支座传递的制动力,不应大于其摩阻力;当大于摩阻力时,按摩阻力计算。

6)人群荷载

人群荷载标准值应按下列规定采用:

(1)人群荷载标准值应根据表4-1-10采用,对跨径不等的连续结构,以最大计算跨径为准。非机动车、行人密集的公路桥梁,人群荷载标准值取上述标准值的1.15倍。专用人行桥梁,人群荷载标准值为3.5kN/m^2。

人群荷载标准值　　表4-1-10

计算跨径 L_0(m)	$L_0 \leqslant 50$	$50 < L_0 < 150$	$L_0 \geqslant 150$
人群荷载(kN/m^2)	3.0	$3.25 - 0.005L_0$	2.5

(2)人群荷载在横向应布置在人行道的净宽度内,在纵向施加于使结构产生最不利荷载效应的区段内。

(3)人行道板(局部构件)可以一块板为单元,按标准值4.0kN/m^{2}的均布荷载计算。

(4)计算人行道栏杆时,作用在栏杆立柱顶上的水平推力标准值取0.75kN/m,作用在栏杆扶手上的竖向力标准值取1.0kN/m。

7)疲劳荷载

公路桥梁钢结构部分应根据需要进行抗疲劳设计。疲劳荷载的计算模型应按《桥规》中第4.3.7条的规定确定。

8)风荷载

风荷载标准值应按现行《公路桥梁抗风设计规范》(JTG/T 3360—2018)的规定计算。

9)流水压力

作用于桥墩上的流水压力标准值应按《桥规》中第4.3.9条的规定确定。

10)波浪力

位于外海、海湾、海峡的桥梁结构,下部结构设计必要时应考虑波浪力的作用影响。波浪力的大小宜通过开展专题研究来确定。

11)冰压力

作用于桥墩上的冰压力按《桥规》中第4.3.11条的规定确定。

12)温度作用

桥梁处于自然环境中,会受到温度作用的影响。对于超静定结构,因位移受到约束,会在结构中引起次内力。温度作用时的材料线膨胀系数及作用标准值,可按《桥规》中第4.3.12条的规定取用。

13)支座摩阻力

支座摩阻力是上部结构因温度变化而产生的力。

4.偶然作用

在设计基准期内不一定出现,而一旦出现其量值很大,且持续时间很短的作用,称为偶然作用。偶然作用包括船舶的撞击作用、漂流物的撞击作用及汽车的撞击作用。

通航水域中的桥梁墩台,设计时应考虑船舶的撞击作用,其撞击作用设计值可按《桥规》中第4.4.1条的规定采用。内河船舶撞击作用设计值见表4-1-11。

内河船舶撞击作用设计值 表4-1-11

内河航道等级	船舶吨级DWT(t)	横桥向撞击作用(kN)	顺桥向撞击作用(kN)
四	500	550	450
五	300	400	350
六	100	250	200
七	50	150	125

有漂流物的水域中的桥梁墩台,设计时应考虑漂流物的撞击作用,其横桥向撞击力设计值可按《桥规》中第4.4.2条的规定计算,漂流物的撞击作用点假定在计算通航水位线上桥墩宽度的中点。

桥梁结构必要时可考虑汽车的撞击作用。汽车撞击力设计值在车辆行驶方向应取1000kN,在车辆行驶垂直方向应取500kN,两个方向的撞击力不同时考虑。撞击力应作用于行车道以上1.2m处,直接分布于撞击涉及的构件上。

对设有防撞设施的结构构件,可视防撞设施的防撞能力,对汽车撞击力设计值予以折减,但折减后的汽车撞击力设计值不应低于上述规定值的1/6。

5.地震作用

公路桥梁地震作用应符合现行《公路工程抗震规范》(JTG B02—2013)和《公路桥梁抗震设计细则》(JTG/T B02-01—2008)的规定。

6. 作用效应组合

1)作用效应组合的原则

公路桥涵结构设计应考虑结构上可能同时出现的作用,按承载力极限状态、正常使用极限状态进行作用组合,均应按下列原则取其最不利组合效应进行设计:

(1)只有在结构上可能同时出现的作用,才进行组合。当结构或结构构件需做不同受力方向的验算时,则应以不同方向的最不利的作用组合效应进行计算。

(2)当可变作用的出现对结构或结构构件产生有利影响时,该作用不应参与组合。实际不可能同时出现的作用或同时参与组合概率很小的作用,按表4-1-12规定不考虑其参与组合。

可变作用不同时组合表 表4-1-12

作用名称	不与该作用同时参与组合的作用
汽车制动力	流水压力、冰压力、波浪力、支座摩阻力
流水压力	汽车制动力、冰压力、波浪力
波浪力	汽车制动力、流水压力、冰压力
冰压力	汽车制动力、流水压力、波浪力
支座摩阻力	汽车制动力

(3)施工阶段的作用组合,应按计算需要及结构所处条件而定,结构上的施工人员和施工机具设备均应作为可变作用加以考虑。组合式桥梁,当把底梁作为施工支撑时,作用组合效应宜分两个阶段计算,底梁受荷为第一个阶段,组合梁受荷为第二个阶段。

(4)多个偶然作用不同时参与组合。

(5)地震作用不与偶然作用同时参与组合。

2)承载能力极限状态设计

公路桥涵结构按承载能力极限状态设计时,对持久设计状况和短暂设计状况应采用作用的基本组合,对偶然设计状况应采用作用的偶然组合,对地震设计状况应采用作用的地震组合,并应符合下列规定:

(1)基本组合

基本组合是将永久作用设计值与可变作用设计值相组合。作用基本组合的效应设计值可按式(4-1-1)计算:

$$S_{ud}=\gamma_0 S(\sum_{i=1}^{m}\gamma_{G_i}G_{ik},\gamma_{Q_1}\gamma_L Q_{1k},\psi_c\sum_{j=2}^{n}\gamma_{Lj}\gamma_{Q_j}Q_{jk}) \tag{4-1-1a}$$

$$S_{ud}=\gamma_0 S(\sum_{i=1}^{m}G_{id},Q_{1d},\sum_{j=2}^{n}Q_{jd}) \tag{4-1-1b}$$

式中:S_{ud}——承载能力极限状态下作用基本组合的效应设计值;

$S(\quad)$——作用组合的效应函数;

γ_0——结构重要性系数,按《桥规》中表4.1.5-1规定的结构设计安全等级采用,按持久状况和短暂状况承载能力极限状态设计时,公路桥涵结构设计安全等级应不低于《桥规》中表4.1.5-1的规定,对应于设计安全等级一级、二级和三级分别取1.1、1.0和0.9;

γ_{G_i}——第 i 个永久作用的分项系数，应按《桥规》中表4.1.5-2的规定采用；

G_{ik}、G_{id}——第 i 个永久作用的标准值和设计值；

γ_{Q_1}——汽车荷载(含汽车冲击力、离心力)的分项系数。采用车道荷载计算时取 $\gamma_{Q_1}=1.4$，采用车辆荷载计算时，其分项系数取 $\gamma_{Q_1}=1.8$。当某个可变作用在组合中其效应值超过汽车荷载效应时，则该作用取代汽车荷载，其分项系数取 $\gamma_{Q_1}=1.4$；对专为承受某作用而设置的结构或装置，设计时该作用的分项系数取 $\gamma_{Q_1}=1.4$；计算人行道板和人行道栏杆的局部荷载，其分项系数也取 $\gamma_{Q_1}=1.4$；

Q_{1k}、Q_{1d}——汽车荷载(含汽车冲击力、离心力)的标准值和设计值；

γ_{Q_j}——在作用组合中除汽车荷载(含汽车冲击力、离心力)、风荷载外的其他第 j 个可变作用的分项系数，取 $\gamma_{Q_j}=1.4$，但风荷载的分项系数取 $\gamma_{Q_j}=1.1$；

$Q_{jk}Q_{jd}$——在作用组合中除汽车荷载(含汽车冲击力、离心力)外的其他第 j 个可变作用的标准值和设计值；

ψ_c——在作用组合中除汽车荷载(含汽车冲击力、离心力)外的其他可变作用的组合值系数，取 $\psi_c=0.75$；

$\psi_c Q_{jk}$——在作用组合中除汽车荷载(含汽车冲击力、离心力)外的第 j 个可变作用的组合值；

γ_{Lj}——第 j 个可变作用的结构设计使用年限荷载调整系数。公路桥涵结构的设计使用年限按现行《公路工程技术标准》(JTG B01—2014)取值时，可变作用的设计使用年限荷载调整系数取 $\gamma_{Lj}=1.0$；否则，γ_{Lj}取值应按专题研究确定。

当作用与作用效应可按线性关系考虑时，作用基本组合的效应设计值 S_{ud}可通过作用效应代数相加计算。设计弯桥时，当离心力与制动力同时参与组合时，制动力标准值或设计值按70%取用。

(2)偶然组合

偶然组合是将永久作用标准值与可变作用某种代表值、一种偶然作用设计值相组合。与偶然作用同时出现的可变作用，可根据观测资料和工程经验取用频遇值或准永久值。

作用偶然组合的效应设计值可按式(4-1-2)计算：

$$S_{ad}=S\left(\sum_{i=1}^{m}G_{ik},A_d,(\psi_{f1}或\psi_{q1})Q_{1k},\sum_{j=2}^{n}\psi_{qj}Q_{jk}\right) \tag{4-1-2}$$

式中：S_{ad}——承载能力极限状态下作用偶然组合的效应设计值；

A_d——偶然作用的设计值；

ψ_{f1}——汽车荷载(含汽车冲击力、离心力)的频遇值系数，取 $\psi_{f1}=0.7$；当某个可变作用在组合中其效应值超过汽车荷载效应时，则该作用取代汽车荷载，人群荷载 $\psi_f=1.0$，风荷载 $\psi_f=0.75$，温度梯度作用 $\psi_f=0.8$，其他作用 $\psi_f=1.0$；

$\psi_{f1}Q_{1k}$——汽车荷载的频遇值；

ψ_{q1}、ψ_{qj}——第1个和第 j 个可变作用的准永久值系数，汽车荷载(含汽车冲击力、离心力)$\psi_q=0.4$，人群荷载 $\psi_q=0.4$，风荷载 $\psi_q=0.75$，温度梯度作用 $\psi_q=0.8$，其他作用 $\psi_q=1.0$；

$\psi_{q1}Q_{1k}$、$\psi_{qj}Q_{jk}$——第1个和第 j 个可变作用的准永久值。

(3)地震组合

作用地震组合的效应设计值应按现行《公路工程抗震规范》(JTG B02—2013)的有关规定计算。

3)正常使用极限状态设计

公路桥涵结构按正常使用极限状态设计时,应根据不同的设计要求,采用作用的频遇组合或准永久组合,并应符合下列规定:

(1)频遇组合

频遇组合是将永久作用标准值效应与汽车荷载频遇值效应、其他可变作用准永久值效应相组合。作用频遇组合的效应设计值可按式(4-1-3)计算:

$$S_{fd}=S(\sum_{i=1}^{m}G_{ik},\psi_{f1}Q_{1k},\sum_{j=2}^{n}\psi_{qj}Q_{jk}) \tag{4-1-3}$$

式中:S_{fd}——作用频遇组合的效应设计值;

ψ_{f1}——汽车荷载(不计汽车冲击力)频遇值系数,取 $\psi_{f1}=0.7$;当某个可变作用在组合中其效应值超过汽车荷载效应时,则该作用取代汽车荷载,人群荷载 $\psi_{f1}=1.0$,风荷载 $\psi_{f}=0.75$,温度梯度作用 $\psi_{f}=0.8$,其他作用 $\psi_{f}=1.0$。

(2)准永久组合

准永久作用组合是将永久作用标准值效应与可变作用准永久值效应相组合。作用准永久组合的效应设计值可按下式计算:

$$S_{qd}=S(\sum_{i=1}^{m}G_{ik},\sum_{j=1}^{n}\psi_{qj}Q_{jk}) \tag{4-1-4}$$

式中:S_{qd}——作用准永久组合的效应设计值;

ψ_{qj}——第 j 个可变作用效应的准永久值系数,汽车荷载(不计汽车冲击力)取 0.4,人群荷载取 0.4,风荷载取 0.75,温度梯度作用取 0.8,其他作用取 1.0;

Q_{jk}——第 j 个可变作用效应的标准值。

当作用与作用效应可按线性关系考虑时,作用准永久组合的效应设计值 S_{qd} 可通过作用效应代数相加计算。

钢结构构件抗疲劳设计时,除特别指明外,各作用应采用标准值,作用分项系数应取为 1.0。

结构构件当需进行弹性阶段截面应力计算时,除特别指明外,各作用应采用标准值,作用分项系数应取为 1.0,各项应力限值应按各设计规范规定采用。

验算结构的抗倾覆、滑动稳定时,稳定系数、各作用的分项系数及摩擦系数,应根据不同结构按各有关桥涵设计规范的规定确定。

在具体桥梁设计中,根据《桥规》中第 3.1.4 条的规定,公路桥涵应根据不同种类的作用及其对桥涵的影响、桥涵所处的环境条件,考虑以下四种设计状况,进行极限状态设计:

①持久状况应进行承载能力极限状态和正常使用极限状态设计。

②短暂状况应进行承载能力极限状态设计,可根据需要进行正常使用极限状态设计。

③偶然状况应进行承载能力极限状态设计。

④地震状况应进行承载能力极限状态设计。

考点分析

本小节主要介绍了桥梁的主要组成部分、基本术语及分类、桥梁设计的基本原则与建设程序、桥梁方案总体设计的各项内容和具体要求。主要考点有:

(1)关于桥梁的基本术语较多,可以成为考点的概念题较多,必须熟练掌握。

(2)对桥梁五大体系的基本力学特点、适用范围应该熟练掌握,并能区分各体系之间的不同之处。

(3)桥梁建设的四个阶段的主要内容和要求应该熟悉;桥梁纵、横断面设计和平面布置是桥梁总体布置图的主要内容,其中桥梁总跨径、桥梁分孔、桥面高程的确定方法是最基本的内容,要结合现行规范的相应要求熟练掌握。

本节的考点较多,应紧密结合《桥规》第4章仔细区分各项作用的设计要求及设计取值。

例题解析

例1 梁式桥与拱式桥在受力特征上最大的区别在于哪一项? ( )

(A)在竖向荷载作用下,梁式桥有水平反力产生,拱式桥有水平反力产生

(B)在竖向荷载作用下,梁式桥有水平反力产生,拱式桥无水平反力产生

(C)在竖向荷载作用下,梁式桥无水平反力产生,拱式桥有水平反力产生

(D)在竖向荷载作用下,梁式桥无水平反力产生,拱式桥无水平反力产生

分析

本题主要是测试考生对梁桥与拱桥的力学特点的认识。拱桥区别于梁桥的最大特点就是在竖向荷载作用下,梁式桥无水平反力产生,拱式桥有水平反力产生。桥梁的五大基本结构体系在力学特点上有本质区别,需要逐一掌握。故本题选C。

例2 如图所示的梁式桥(尺寸单位:cm),计算跨径为____m,桥梁净跨径为____m,标准跨径为____m,桥梁全长为____ m。 ( )

(A)24.46;23.5;25;35.5　　(B)24.46;23.5;25;37

(C)23.5;24.46;25;37　　(D)23.5;24.6;25;35.5

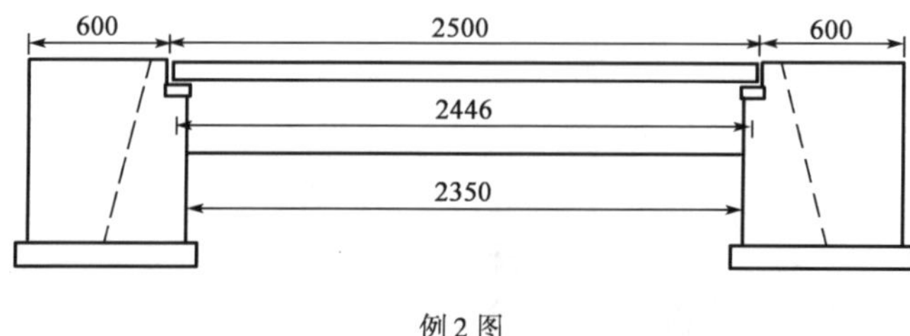

例2图

分析

根据以下定义：

桥梁计算跨径：对具有支座的桥梁，计算跨径 l 是指桥跨结构两端支座中心之间的距离。本桥计算跨径 $l=24.46\text{m}$。

净跨径：对于梁式桥，净跨径 l_0 是指设计洪水位上相邻两桥墩(或桥台)之间的净距。本桥净跨径 $l_0=23.50\text{m}$。

标准跨径：对梁式桥，标准跨径 l_b 是指两相邻桥墩中线之间的距离，或桥墩中线到桥台台背前缘之间的距离。本桥标准跨径 $l_b=25\text{m}$。

桥梁全长 L：指桥梁两个桥台侧墙或八字墙尾端点之间的距离。本桥桥梁全长 $L=25+6+6=37\text{m}$。

故本题选 B。

例 3　桥梁的经济跨径是下列哪一个？　(　　)

(A)上部结构造价最低的跨径　(B)下部结构造价最低的跨径

(C)桥梁全长最短的跨径　(D)上、下部结构总造价最低的跨径

分析

本题是测试桥梁分孔的各项要求中，考生对经济性要求的理解，使桥梁上、下部结构总造价最低的分孔方式，才是最经济的分孔方式。故本题选 D。

例 4　某桥设计要求的通航等级为内河Ⅳ级航道，最高通航水位为 1500m，桥梁建筑高度 3m，则桥面高程 H 应该满足以下哪个条件？　(　　)

(A)大于 1511m　(B)小于 1511m

(C)大于 1503m　(D)大于 1505m

分析

(1)查现行《内河通航标准》(GB 50139—2014)，得内河Ⅳ级航道的通航净高为 $H_M=8\text{m}$。

(2)根据《桥规》的规定，桥面高程的确定应满足桥下通航要求，因此，桥面高程 H 应该大于最高通航水位、航道净高、桥梁建筑高度三者之和，即桥面高程 $H>1500+8+3=1511\text{m}$。故本题选 A。

例 5　水的浮力和基础变位作用属于哪一种作用？　(　　)

(A)永久作用　(B)可变作用

(C)偶然作用　(D)可变作用和永久作用

分析

本题主要测试考生对公路作用分类的掌握，水的浮力和基础变位作用容易被误认为是可变作用，根据规范的分类，它们都属于永久作用。故本题选 A。

例6 一座标准跨径为30m、行车道宽度为9m的桥梁,当用公路—Ⅰ车道荷载布载时,最多可布置几个车道? ( )

(A)3个 (B)2个 (C)4个 (D)1个

分析

本题主要测试考生对公路车道荷载的横向布置,行车道宽度9m的桥梁为双车道布置,因此B为正确答案。对《桥规》中第4.3.1条中关于汽车荷载计算图式、荷载等级、布载方式及纵横向折减应熟练掌握。故本题选B。

例7 在桥梁设计中,汽车冲击系数是按下面哪个参数来设计的? ( )

(A)桥梁全长 (B)标准跨径

(C)结构基频 (D)桥面高程

分析

本题主要测试考生对汽车冲击力的基本概念及其计算方法的理解程度。汽车冲击作用是因汽车通过桥梁时引起桥梁振动而使结构的内力和变形加大的现象,主要与桥梁的振动频率相关。故本题选C。

例8 多孔简支梁桥通常选择下面哪些布置方式? ( )

(A)等跨布置 (B)单孔跨度不宜超过50m

(C)标准跨径 (D)不等跨布置

分析

简支梁桥为各跨单独受力的结构体系,跨越能力较小,单孔跨度超过50m后结构自重内力较大;为简化设计和施工,通常采用等跨布置,并选用标准跨径。故本题选ABC。

自测模拟

(第1~3题为单选题,第4题为多选题)

1. 桥台与桥墩在承受荷载方面最大的区别在于哪一项? ( )

(A)桥台需承受浮力 (B)桥台需承受风力

(C)桥台可调节水流 (D)桥台需承受土侧压力和附加侧压力

2. 桥梁平面布置主要体现桥梁的哪一项? ( )

(A)高程 (B)平面线形

(C)横断面 (D)桥面铺装

3. 在桥梁设计中，结构整体分析应该采用以下哪种汽车作用？（　　）

(A)车道荷载　　(B)车辆荷载

(C)车轮荷载　　(D)多个集中力

4. 在公路桥梁作用效应组合中，不能与流水压力同时组合的作用有以下哪些选项？（　　）

(A)汽车制动力　　(B)冰压力

(C)波浪力　　(D)风荷载

参考答案

1. D　2. B　3. A　4. ABC

第二节　桥面构造

依据规范

《公路桥涵设计通用规范》(JTG D60—2015)

《公路排水设计规范》(JTG/T D33—2012)

重点知识

一、熟悉桥面组成与布置

1. 桥面组成

公路桥梁的桥面部分主要由桥面铺装、桥面排水防水系统、桥面伸缩装置、人行道、路缘石、栏杆或防撞护栏及照明系统等构成(图4-2-1)。桥面构造部分直接与车辆、行人相接触，它对桥梁的承重结构起保护作用的同时，还对桥梁的使用功能、外观等起着重要作用。因此，桥面构造设计同样须遵循“安全、耐久、适用、环保、经济和美观”的原则。

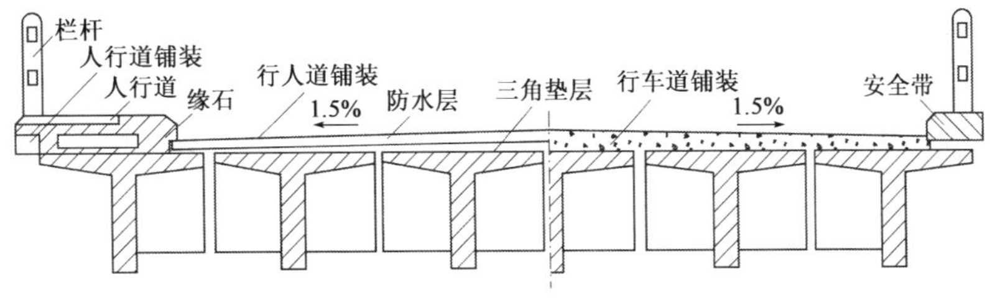

图4-2-1　桥面构造横断面图

2. 桥面布置

在桥梁的总体设计中,应根据道路等级、桥梁宽度及行车行人要求等条件确定桥面布置方案。目前公路与城市桥梁的桥面布置主要有双向车道布置、分车道布置和双层桥面布置等几种形式。

1)双向车道布置

双向车道布置是将行车道的上下行交通布置在同一桥面上(图 4-2-1)。在桥面上,上下行交通有划线分隔,因此没有明显的界限。桥面上允许机动车与非机动车同时通过,同样采用划线分隔。由于在桥面上同时存在上下行车辆及机动车与非机动车混合行驶,故车辆的行驶速度只能是中速或低速,对于交通量较大的道路,还可能形成交通滞流状态。因此,双向车道布置主要适用于道路等级较低、车流量较小、桥面较窄的公路桥梁。

2)分车道布置

分车道布置是设置中央分隔带或采用分离式主梁,将行车道的上下行交通在桥梁上进行分隔布置。因此上下行交通互不干扰,可提高行车速度,便于交通管理。但在桥面布置上需要增加一些附属设施,同时桥面宽度也相应要加宽。

分车道布置可在桥面上设置中央分隔带,用以分隔上下行车辆[图 4-2-2a)];也可采用分离式主梁布置[图 4-2-2b)]。分车道布置除对上下行交通分隔外,也可将机动车与非机动车道分隔、行车道与人行道分隔。

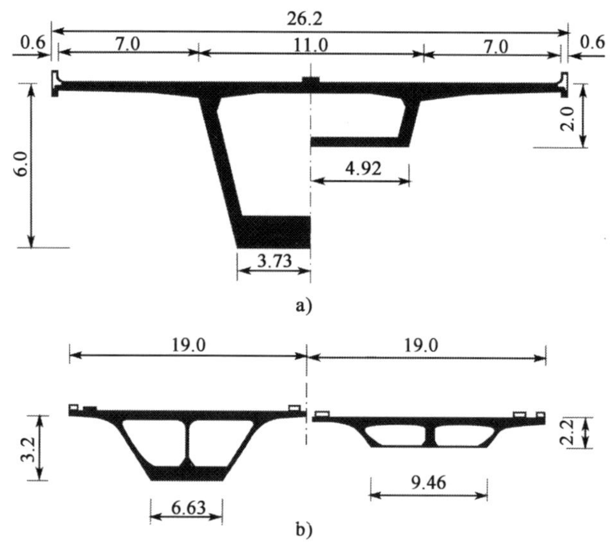

图 4-2-2 分车道布置(尺寸单位:m)

高速公路、一级公路上的桥梁宜设计为上、下行分离的独立桥梁。

3)双层桥面布置

双层桥面布置(图 4-2-3)是桥梁结构在空间上设置成两个不在同一平面上的桥面构造,在钢桥上已普遍采用。双层桥面布置可以使不同的交通严格分道行驶,提高了车辆和行人的通行能力,并便于交通管理。同时,可充分利用桥梁净空,在满足相同交通要求下,可减小桥梁宽度、缩短引桥长度,获得较好的经济效益。

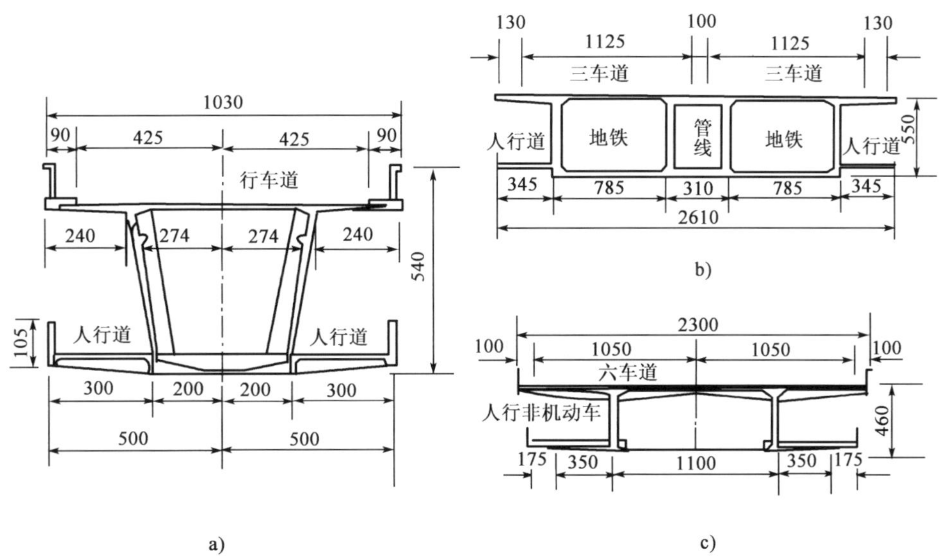

图 4-2-3 双层桥面布置(尺寸单位:cm)

二、熟悉桥面铺装

桥面铺装,即行车道铺装,是桥面上车轮直接接触的部分,其主要功能为:

(1)保护主梁行车道板部分不受车辆轮胎(或履带)的直接磨耗。

(2)分布车辆轮重等集中荷载,使主梁受力均匀。

(3)防止主梁遭受雨水的侵蚀。

(4)改善行车条件。

桥面铺装在桥梁恒重中占有较大比重,特别在中小跨径的桥梁及较宽的桥中尤为突出,因此在设计中应尽可能地减轻桥面铺装的重量,以提高桥梁承受外荷载的能力。

桥面铺装应与桥梁上部结构综合考虑,协调设计,且有完善的防水、排水系统。

1. 桥面纵、横坡的设置

为避免桥面积水影响行车条件及侵蚀桥梁的承重结构,提高结构的耐久性,需要在桥面设置纵、横坡度,将桥面积水迅速排出。《桥规》中第 3.5.1 条规定:桥上纵坡不宜大于 4%,桥头引道纵坡不宜大于 5%;桥头两端引道的线形应与桥梁的线形相匹配。位于城镇混合交通繁忙处的桥梁,桥上纵坡及桥头引道纵坡均不得大于 3%;对易结冰、积雪的桥梁,桥上纵坡不宜大于 3%。

桥面沿横向通常设置成 1.5% ~3.0% 的双向横坡;对设有超高的弯桥,则将桥面设置为单向横坡。桥面横坡的设置方式主要有以下四种。

1)墩台顶部设置横坡[图 4-2-4a)]

在桥梁墩台的顶部设置横坡,行车道板倾斜布置,在整个桥宽上采用等厚的铺装层,既可节省铺装材料又能减轻恒载,这种设置方式适用于板桥和就地浇筑的肋板式梁桥。

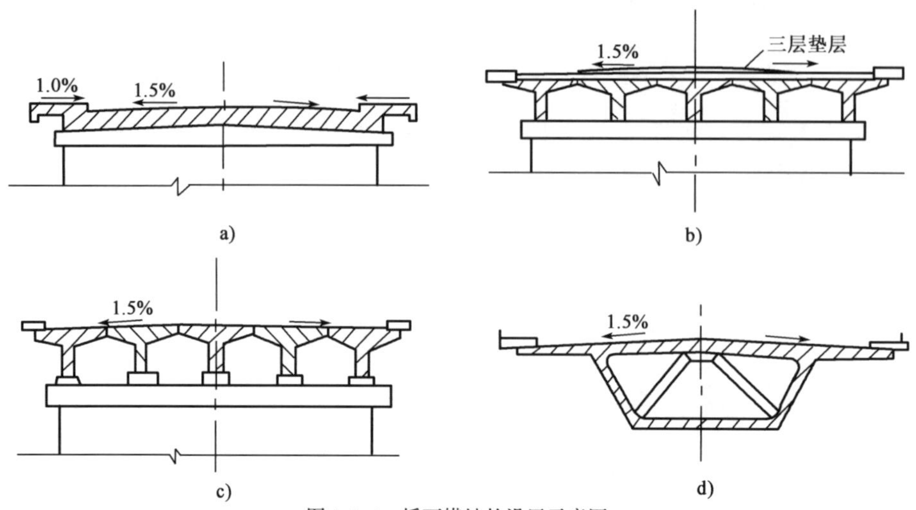

图 4-2-4　桥面横坡的设置示意图

2)采用不等厚的铺装层形成横坡[4-2-4b)]

在装配式的肋梁桥中,为了使主梁构造简单,方便架设和拼装施工,可以设置一层不等厚的三角垫层来形成横坡,再铺设等厚度铺装层。这种横坡设置方式,混凝土用量较多并增加了桥梁的自重,一般适用于桥面较窄的桥梁。

3)利用支座垫石形成横坡[图 4-2-4c)]

对于如 T 形梁桥等肋板式梁桥,通过调整支座垫石高度形成横坡,这样桥面铺装层就可以做成等厚度而形成桥面横坡。这种设置方式,减轻了桥面铺装的重量,施工也较为简单方便,因而在高速公路被广泛使用。

4)将行车道板倾斜形成横坡[图 4-2-4d)]

在较宽的桥梁(城市桥梁或高等级公路上的桥梁)中,为减轻桥面铺装层的重量,可将行车道板设计倾斜而形成桥面横坡。这种设置横坡的方式,主梁的构造和施工稍复杂,箱形梁桥横坡设置主要采用该方式。

2. 桥面铺装的类型

由于桥面铺装直接与车轮接触,因此要求桥面铺装具有足够的刚度、抗裂性、抗滑抗车辙、不透水性能,且行车舒适。目前,桥面铺装主要有以下几种形式。

1)普通水泥混凝土或沥青混凝土铺装

对于小跨径桥梁,通常直接在桥面上铺筑 5 ~ 8cm 的普通水泥混凝土或沥青混凝土铺层,同时需对行车道板顶部作防水处理。一般要求铺装层混凝土的强度等级不低于桥面板混凝土的强度等级。为了防滑和减弱光线的反射,以利于行车,通常将桥面铺装层拉毛形成粗糙表面。

高速公路和一、二级公路桥梁的沥青混凝土桥面铺装层厚度不宜小于 7cm;二级以下公路桥梁的沥青混凝土桥面铺装层厚度不宜小于 5cm。沥青混凝土桥面铺装尚应符合现行《公路沥青路面设计规范》(JTG D50—2017)的有关规定。水泥混凝土桥面铺装面层(不含整平层和垫层)的厚度不宜小于 8cm,混凝土强度等级不应低于 C40。水泥混凝土桥面铺装层内应配置钢筋网。钢筋直径不应小于 8mm,间距不宜大于 10cm。水泥混凝土桥面铺装尚应符合现行《公路水泥混凝土路面设计规范》(JTG D40—2011)的有关规定。

混凝土铺装的造价低、耐磨性能好，适用于重载交通，但养生期较长，且日后修补不便。沥青混凝土铺装质量轻、维修养护方便、铺筑后只需养生几个小时就可开放交通，但易老化和变形。高速公路和一级公路上的特大桥、大桥的桥面铺装宜采用沥青混凝土桥面铺装，钢桥面通常采用沥青混凝土铺装。

2）防水混凝土铺装

对于没有设置专门防水层的桥梁，可在桥面板上铺筑8～10cm厚的防水混凝土作为铺装层。防水混凝土可分为普通防水混凝土和外加剂防水混凝土，普通防水混凝土从材料和施工两个方面来抑制和减少混凝土内部孔隙的生成，改变孔隙的特征，堵塞渗水通道，不依赖其他附加防水措施，仅依靠混凝土自身的密实性来达到防水的目的；外加剂防水混凝土是依靠添加少量的有机或无机外加剂来改善混凝土的和易性，提高密实性和抗渗性。防水混凝土强度等级一般不低于桥面板混凝土的强度等级，其上一般不另设面层。但为了延长桥面的使用寿命，宜在顶面铺筑2cm厚的沥青表面处治，同时作为修补的磨耗层。防水混凝土铺装的设置应具有良好的防裂性和抗渗性。

3）具有贴式防水层的水泥混凝土或沥青混凝土铺装

在防水程度要求高或桥面处于主梁负弯矩区段可能出现裂纹的桥梁上，通常在铺装层下设置贴式防水层。贴式防水层可以是油毛毡或麻织物与沥青黏合而成，也可以是其他专用防水卷材，厚度1～2cm。为防止贴式防水层因铺筑和翻修路面而遭到破坏，在防水层上需用厚约4cm的细集料混凝土作为保护层。施工中应防止防水层空鼓、滑动剥离造成防水功能障碍。该铺装形式造价高、施工复杂，因此，应视当地气温、雨量和桥梁结构等具体情况，经技术经济综合分析选用。

改性沥青黏结料或高分子聚合物沥青防水涂层，由于其优越的黏结性、弹塑性和耐热性以及施工方便等优点，目前在各种大型桥梁中得到了广泛应用。

三、熟悉桥面排水设施

为避免桥面积水渗入梁体影响结构的耐久性，保证行车舒适，除应设置桥面纵横坡外，还需要通过设置桥面排水系统将雨水迅速排出。

桥面排水应满足现行《公路排水设计规范》(JTG/T D33—2012)的有关规定。一般可按下面原则设置桥面排水设施。

桥面纵坡 $i \geq 2\%$，桥长 $L \leq 50$m 时，桥上不必设置专门的泄水孔道，雨水可直接流至桥头从引道上排出，为防止雨水冲刷引道路基，应在桥头引道的两侧设置注水槽；桥面纵坡 $i \geq 2\%$ 而桥长 $L > 50$m 时，宜在桥上每隔12～15m设置一个泄水管。

当桥面纵坡 $i < 2\%$ 时，则宜在桥上每隔6～8m设置一个泄水管，泄水管的过水面积通常是每平方米桥面不少于2～3cm^2。

泄水管可沿行车道两侧左右对称布置，也可交错布置，应紧靠缘石，并设积水坑；也可布置在人行道下面，此时需要在人行道块件上预留横向进水孔，并在泄水管周围设置相应的聚水槽，泄水管顶部应采用格栅盖板，其顶面应比周围桥面铺装低5～10mm。公路桥梁上常采用的泄水管道主要有以下几种形式。

1)金属泄水管

金属泄水管适用于具有贴式防水层的铺装结构。图4-2-5所示为一种比较完备的铸铁泄水管。泄水管内径一般为10~15cm,管体下端应伸出行车道板底面至少15~20cm,以免主梁受到雨水侵蚀。漏斗部分可做成圆形,亦可做成长方形。安装泄水管时,要特别注意管体与防水层的结合,必要时应采用专门防水措施,避免雨水沿管体与结构接触面渗漏。铸铁泄水管使用效果好,构造较为复杂。

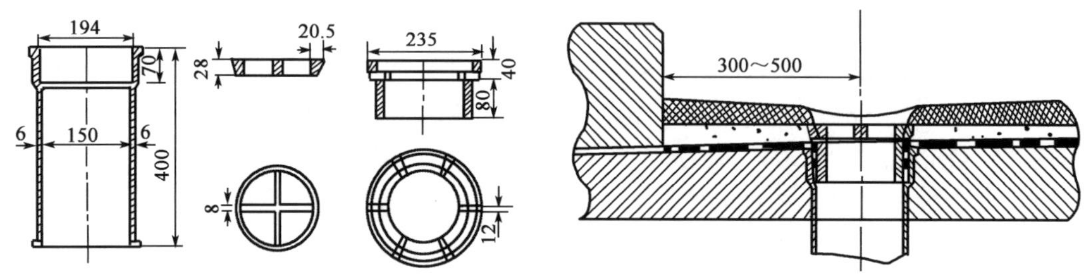

图4-2-5 金属泄水管构造(尺寸单位:mm)

2)钢筋混凝土泄水管

钢筋混凝土泄水管适用于采用防水混凝土桥面铺装的桥梁。其构造如图4-2-6所示。为使焊接于栅板上的短钢筋锚固在混凝土中,可将金属栅板直接作为钢筋混凝土管的端模板。这种预制的钢筋混凝土泄水管构造简单,节约钢材用量,较为经济。

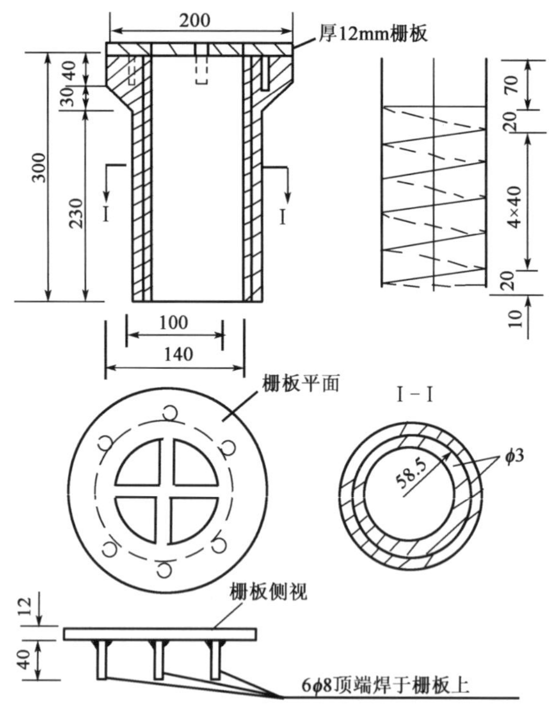

图4-2-6 钢筋混凝土泄水管构造(尺寸单位:mm)

3)横向排水管道

对于降雨量较少地区的小跨径桥梁,有时为了简化构造和节省材料,也可直接在行车道两侧的防撞护栏或路缘石上预留横向泄水孔,并用铁管或塑料管等将水排出桥外。这种排水管道构造简单,但因其坡度平缓,排水量较小,容易被堵塞。管口应设积水坑,横向排水管的上缘不得高于行车道铺装表面,应有一定坡度,末端应伸出桥外5~10cm。

4)PVC 泄水管

PVC 泄水管是以树脂为主要原料,加入适量助剂,经挤压或注塑成型的一种产品。由于其具有抗腐蚀、耐候性好、质量轻、施工方便、维修费用低等优点,在桥梁工程中得到了广泛应用。

5)封闭式排水系统

对于城市桥梁,立交桥,公路跨线桥,水源保护区、名胜风景区的公路桥梁,为保持桥梁外形美观及利于桥下行车行人安全舒适,应设计封闭式排水系统,将排水管直接引向地面或地下排水系统(图 4-2-7)。

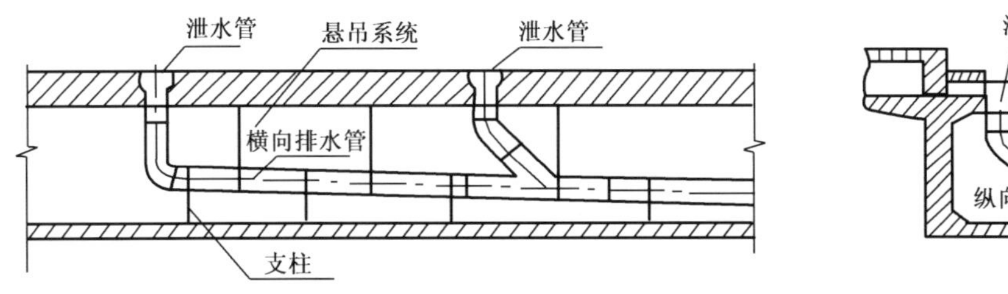

图 4-2-7 封闭式排水系统示意图

对于小跨径桥梁,纵向排水管在箱梁中或在主梁腹板侧面通往桥墩,并用管道引向地面。在活动支座处,竖向管道的连接应使桥梁的纵向活动不受影响。对于较大跨径的桥梁,纵向排水管可通向一个设置在台帽上的大漏斗集中排水。

如需要在桥墩上布置排水管道,应尽可能布置在墩壁的槽中或桥墩内部的箱室中。当桥墩很高时,排水管应每隔 20~30m 设置伸缩缝,且管道有可靠的固定,并在墩脚处设置一个消除下落能量的装置。

排水管道不能直接预埋在混凝土内,以防在寒冷气候因水管堵塞而冻裂混凝土;应在混凝土中预留孔道或埋入直径较大的套管,然后再铺设排水管道,一旦有损也可及时更换。当管道通过行车道板悬臂板等截面高度较小区域时,可将管道做成扁平形状。

在箱梁或桥墩中设置的排水管道系统,应预设 2~3 个排水线路,以防一条管道受阻或爆裂而影响整个排水功能。

四、熟悉桥面伸缩装置

为了保证桥梁在活载作用、混凝土收缩与徐变、温度变化等因素影响下按其静力图式自由变形,需要在两主梁梁端之间以及梁端与桥台台背之间设置伸缩缝,并安装伸缩装置。高速公路、一级公路上的多孔梁(板)桥宜分联采用结构连续,或分联采用桥面连续,在两联之间及桥台处设置伸缩装置。

1. 对伸缩装置的要求

在桥梁的设计与施工中,伸缩装置应满足以下要求:

(1)在平行、垂直于桥梁轴线的两个方向,均能自由伸缩变形。

(2)车辆在伸缩缝处能平稳通过,噪声较小。

(3)具有能够安全防水和排水的构造。

(4)伸缩缝装置与梁体牢固连接,部件要有足够的强度、刚度和耐久性,应考虑冲击作用和反复作用对疲劳的影响。

(5)施工和安装方便。

(6)养护、维修、更换方便。

伸缩装置的材料及成品的技术要求应符合交通行业标准《公路桥梁伸缩装置通用技术条件》(JT/T 327—2016)的有关规定。

需要注意的是,在伸缩缝附近的栏杆或护栏结构也应断开,以便相应地自由变形。

2. 伸缩装置的伸缩量

伸缩装置安装后的伸缩量,可考虑以下因素进行计算:

(1)温度上升引起的梁体伸长量 Δ_t^+。

(2)温度下降引起的梁体缩短量 Δ_t^-。

(3)混凝土收缩引起的梁体缩短量 Δ_s^-。

(4)混凝土徐变引起的梁体缩短量 Δ_c^-。

(5)制动力引起的板式橡胶支座剪切变形而导致的伸缩缝开口量 Δ_b^-。

(6)制动力引起的板式橡胶支座剪切变形而导致的伸缩缝闭口量 Δ_b^+。

对于大跨径桥梁,必要时还应计入因荷载作用、梁体上下部温差等因素所引起梁端转角产生的伸缩缝变形量。

伸缩缝具体的变形量计算、选型及安装详见现行《公路钢筋混凝土及预应力混凝土桥涵设计规范》(JTG 3362—2018)第8.8条相应规定。

3. 伸缩装置的类型

公路桥梁伸缩装置主要有以下几种类型:

1)钢制式伸缩装置

钢制式伸缩装置是由钢材装配而成,是能直接承受车轮荷载的一种构造。过去多用于钢桥,现在也用于混凝土梁桥。常见的有钢板叠合式伸缩装置和钢梳齿形伸缩装置(图4-2-8)。钢板叠合式伸缩装置由矩形的钢板叠合而成;钢梳齿形伸缩装置由两块悬臂齿形面板啮合而成,伸缩量可达20~40cm,这种伸缩装置的结构刚度较大,抗冲击力强,但钢材用量大,防水性稍差,容易堵塞灰尘杂物等,在城市立交桥等不容许桥下渗水的桥梁中,需采取相应的防水措施。

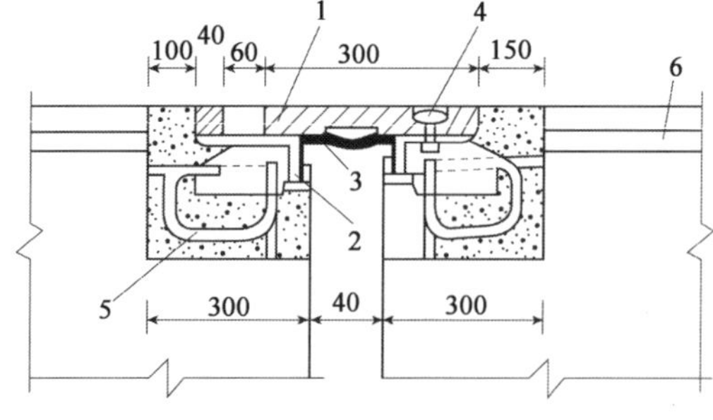

图4-2-8 钢板叠合式伸缩装置示意图(尺寸单位:mm)
1-钢板;2-角钢;3-排水导槽;4-沉头螺钉;5-锚固钢筋;6-桥面铺装

2)橡胶伸缩装置

利用橡胶既富于弹性,又易于胶贴和胶结,同时橡胶板是厂制成品,安装使用方便等优点,可将各种断面形状的优质橡胶带作为伸缩缝的填嵌材料。这种伸缩缝构造不仅能满足变形要求,还具有良好的吸振作用,能显著减小活载的动力作用，行驶性能好；具有防水功能，不必设置排水溜槽，简化了接缝构造和安装工艺，并能显著节约钢材。

目前橡胶伸缩装置主要有以下两种形式。

（1）由橡胶、钢板或角钢硫化为一体的板式橡胶伸缩装置

如图4-2-9所示，板式橡胶伸缩装置是利用橡胶材料剪切模量低的原理设计制造而成，剪切式橡胶伸缩体设有上下凹槽，橡胶体内埋设承重钢板和锚固钢板，并设有预留螺栓孔，通过螺栓孔与两端连成整体。它是依靠上下凹槽间的橡胶体剪切变形来满足梁体结构的相对位移；橡胶体内预埋钢板，跨越梁端间隙，承受车辆荷载。橡胶伸缩体两侧预埋两块锚固钢板，通过螺栓与梁端连接的受力原理形成。通常适用于伸缩量不超过6cm的公路桥梁。

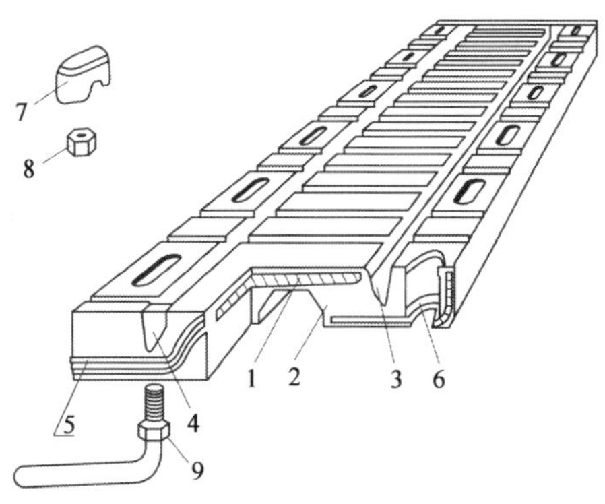

图4-2-9　板式橡胶伸缩装置一般构造

1-橡胶；2-加筋钢板；3-伸缩用槽；4-止水块；5-嵌合部；6-螺帽垫板；7-腰型盖帽；8-螺帽；9-螺栓

（2）由橡胶板和钢托组合而成的组合式橡胶伸缩装置

组合式橡胶伸缩装置通常适用于伸缩量不超过12cm的公路桥梁。

组合式橡胶伸缩装置不宜用于高速公路、一级公路上的桥梁工程。

3）模数式伸缩装置

板式橡胶制品这一类伸缩装置，很难满足大位移量的要求；钢制型的伸缩装置，又很难做到密封不透水，而且容易造成对车辆的冲击，影响车辆的行驶性能。因此，出现了利用吸震缓冲性能好又容易做到密封的橡胶材料，与强度高、刚性好的异型钢材组合，在大位移量情况下能承受车辆荷载的各种类型模数式桥梁伸缩装置系列。这类伸缩装置，其构造相同点是：由V形截面或其他截面形状的橡胶密封条（带），嵌接于异型边梁钢和中梁钢内组成可伸缩的密封体，异型钢梁直接承受车辆荷载，且可根据要求的伸缩量，随意增加中梁钢和密封胶条（带），加工组装成各种规格的伸缩装置系列产品。其伸缩体由中梁钢和80mm的单元橡胶密封带组合而成，可根据伸缩量需要进行模数组合，能用于伸缩量为160～2000mm的公路桥梁。图4-2-10所示为V形橡胶材料与型钢组成的模数式伸缩装置。

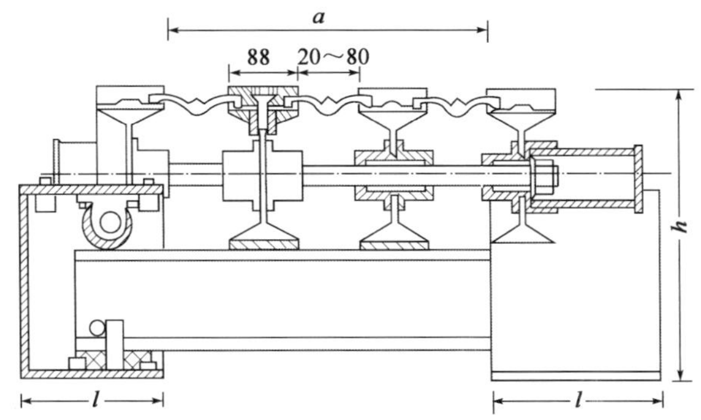

图4-2-10　模数式伸缩装置示意图（尺寸单位：mm）

4)无缝式伸缩装置

无缝式伸缩装置,是接缝构造不伸出桥面时,在桥梁端部的伸缩间隙中填入弹性材料并铺上防水材料,然后在桥面铺装层铺装黏弹性复合材料,使伸缩接缝处的桥面铺装与其他铺装部分形成一个连续体,以连接缝的沥青混凝土等材料的变形承受伸缩的一种构造。如我国常用的桥面连续型、TST 弹塑体等。这类伸缩装置的主要特点为:①能适应桥梁上部构造的伸缩变形和小量转动变形;②将使桥面铺装形成连续体,行车时不致产生冲击、振动等,舒适性较好;③形成多重防水构造,防水性好;④在寒冷地区,易于机械化除雪养护,不至于破坏接缝;⑤施工简单,易于维修和更换。

这种接缝仅适用于伸缩量较小的桥梁部位,适用范围有限。

五、了解安全带、人行道、栏杆、护栏及照明系统

城市桥梁或位于人流拥挤地区的桥梁,通常需要设置人行道。人行道的宽度根据人流交通量确定,人行道的宽度宜为 1.0m;大于 1.0m 时,按 0.5m 的级差增加。

高速公路上的桥梁不宜设人行道。一、二、三、四级公路上桥梁的人行道和自行车道的设置,应根据需要而定,并应与前后路线布置协调。

1. 安全带

不设人行道的桥梁,两边应设置宽度不小于 0.25m,高度为 25 ~ 35cm 的安全带。当跨越急流、大河、深谷、重要道路、铁路、主要航道,或桥面常有积雪、结冰时,其路缘石高度宜取用较大值。目前许多桥梁设计中,为了保证行车安全,安全带的高度已经用到 40cm。

安全带可以做成预制块件或与桥面铺装层一起现浇。预制的安全带有矩形截面[图 4-2-11a)]和肋板式截面[图 4-2-11b)]两种。对于现浇安全带,每隔 2.5 ~ 3m 宜设置一断缝,以免其参与主梁受力而遭破坏。

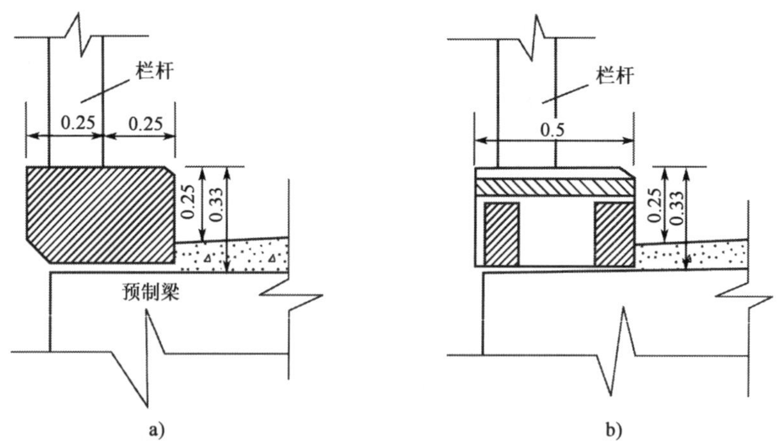

图 4-2-11　矩形和肋板式安全带(尺寸单位:m)

2. 人行道

人行道构造类型按施工方法可分为:预制装配式、部分装配和部分现浇的混合式。

预制装配式的人行道是将人行道做成预制块件安装,预制块件可分为整体式和分块式两种。预制装配式的人行道具有构件标准化、拼装方便等优点,在各种结构形式的桥梁上采用广

泛。按安装在桥上的形式可分为搁置式(图4-2-12)和悬臂式(图4-2-13)两种人行道。

需要注意的是,人行道在桥面断缝处也必须设置伸缩缝。

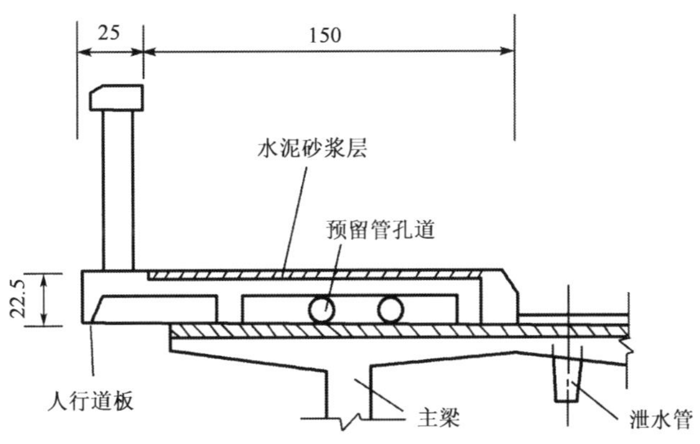

图4-2-12　搁置式人行道(尺寸单位:cm)

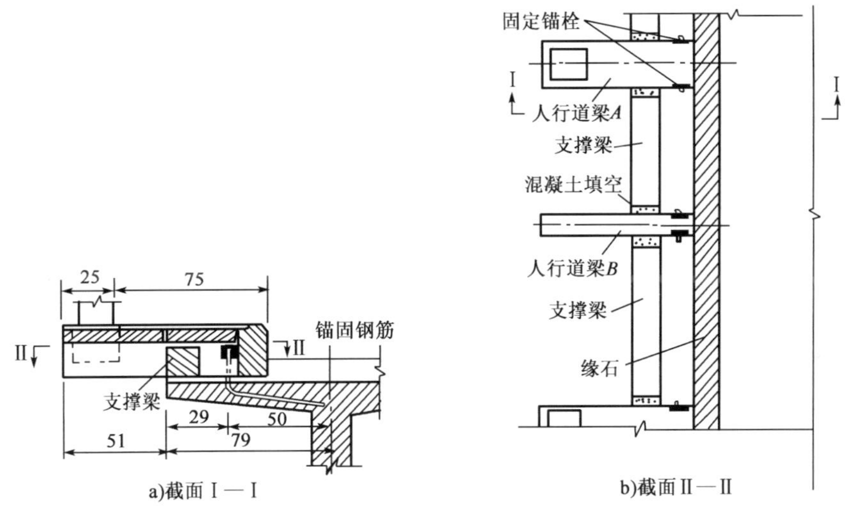

图4-2-13　悬臂式人行道(尺寸单位:cm)

3. 栏杆、护栏

为保证车辆、行人安全通行,应在桥梁上设置栏杆或防撞护栏。栏杆的设计,除应满足受力要求外,尚应注意美观,栏杆高度不应小于1.1m,栏杆的间距一般为1.6~2.7m。

栏杆可用混凝土、钢筋混凝土、钢、铸铁或钢与混凝土混合材料制作。形式上可分为节间式和连续式。节间式栏杆由立柱、扶手及横挡组成,扶手支承于立柱上,节间式栏杆便于预制安装,能配合灯柱设计,但对于不等跨分孔的桥梁,划分困难。连续式具有连续的扶手,一般由扶手、栏杆板(柱)及底座构成,有规则的栏杆板,富有节奏感,简洁、明快,但自重较大。

栏杆的设计首先应考虑结构安全可靠,选材合理,栏杆柱或栏杆底座要直接与混凝土中的预埋件焊牢,以增强抗冲能力。其次,栏杆应尽量设计成标准件,要经济实用,工序简单,互换方便。此外,栏杆的艺术处理应根据桥梁的类别提出不同要求。公路桥梁的栏杆要求简洁明快,栏杆的材料和尺度要与主体工程相匹配。对于城市桥梁,栏杆结构设计讲究艺术造型,应与周围环境和桥梁本身相协调。

栏杆在桥面伸缩缝处应设置断缝。

护栏是一种纵向吸能结构,通过自体变形或车辆爬高来吸收碰撞能量,从而改变车辆行驶方向、阻止失控车辆跃出桥外。按其碰撞后的变形程度,可分为刚性护栏、柔性护栏和半刚性护栏。

1)刚性护栏

刚性护栏是一种基本不变形的护栏结构。混凝土护栏是其主要代表形式,由一定形状的混凝土块互相连接而组成墙式结构,通过失控车辆碰撞后爬高并转向来吸收碰撞能量。

钢筋混凝土墙式护栏(图4-2-14)构造简单,施工方便,便于养护,使用性能较好,是特大桥、大桥及汽车专用公路桥梁上使用最广泛的防撞护栏形式。钢筋混凝土墙式护栏应选择强度高、耐磨好的混凝土材料,并必须保证有足够的钢筋混凝土保护层厚度。钢筋混凝土墙式护栏宜每隔5~8m设置一断缝,以免出现不规则开裂。

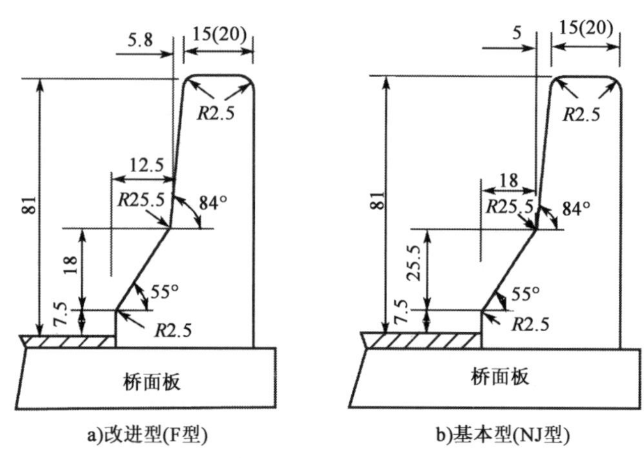

图4-2-14 钢筋混凝土墙式护栏(尺寸单位:cm)

2)柔性护栏

柔性护栏是一种具有强大缓冲能力的韧性结构。缆索护栏(图4-2-15)是其主要代表形式,由数根施加初拉力的缆索固定于端柱上面而组成钢缆结构,主要靠缆索的拉应力来抵抗车辆的碰撞荷载、吸收碰撞能量。

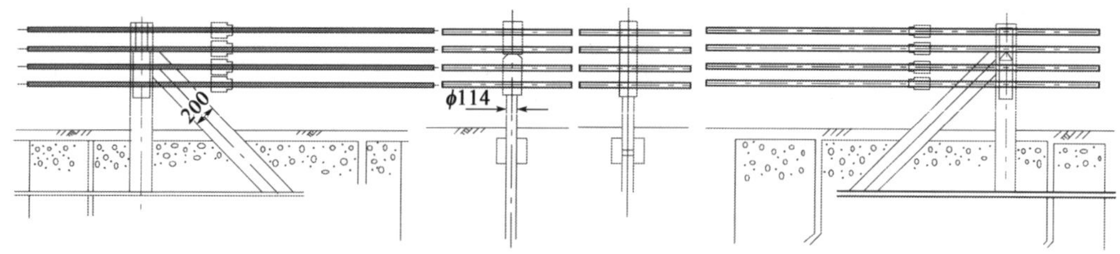

图4-2-15 缆索护栏(尺寸单位:mm)

3)半刚性护栏

半刚性护栏是一种连续的梁柱式护栏结构,具有一定的强度和刚度。波形护栏是其主要代表形式,由相互拼接的波纹状钢板和立柱构件组成连续梁柱结构,利用底基、立柱、波纹状钢板的变形来吸收碰撞能量,并迫使失控车辆改变方向。

组合式护栏(图4-2-16)是钢筋混凝土墙式护栏和金属护栏的一种组合形式,它兼有墙式护栏的坚固和金属护栏的美观,缺点是金属易锈蚀。

设置护栏的桥梁,桥梁护栏与桥面板应进行可靠连接。根据护栏形式,可采用直接埋入式、地脚螺栓和预埋钢筋的连接方式。桥梁护栏设置应符合现行《公路交通安全设施设计规范》(JTG D81—2017)的相关规定。

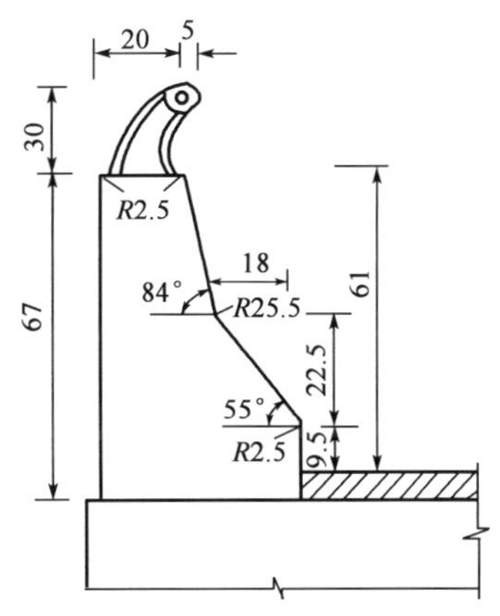

图4-2-16 组合式护栏(尺寸单位:cm)

4.照明系统

在城市及城郊地区的桥梁,行人和车辆较多,应设置照明系统。照明设施应做到维修方便、照明度适当、防止炫光、灯具美观大方,使行车安全舒适、景观悦目。

桥梁照明系统布置方式有分散照明、集中照明及集中照明与分散照明混合三种。

除了上述桥面构造部分,桥梁还应根据相关规范的规定进行防雷设计,设置避雷设施。

位于桥面上的拉索、吊杆、拱肋等受力构件应设置必要的防撞保护设施。

特大桥、大桥、中桥可根据需要设置防火、导航设备以及养护工房、库房和守卫房等,必要时可设置紧急电话。

桥梁在跨越公路和铁路部分还应设置防抛网。

考点分析

本小节主要介绍了桥面构造各组成部分的构造与设计。

桥面构造是影响桥梁使用功能和外观的重要部分。对桥面横坡的几种设置方式要熟悉;桥面伸缩装置的作用、构造及选用需要熟练掌握。人行道、栏杆的设计要求需要了解。

例题解析

例1 以下不属于混凝土桥梁的桥面部分的是哪一个? ( )

(A)桥面铺装　　(B)人行道

(C)伸缩缝　　(D)承台

分析

本题主要测试桥面的组成。桥面铺装、人行道、伸缩缝均属于桥面构造部分,承台属于墩台基础部分。故本题选D。

例2 桥面铺装的作用主要有哪几种? ( )

(A)保护主梁不被车辆直接磨耗　　(B)分布车轮荷载

(C)防止主梁遭受雨水侵蚀　　(D)防止主梁开裂

分析

本题测试桥梁铺装的主要作用，保护主梁、分布车轮荷载、防止主梁遭受雨水侵蚀及改善行车条件是桥面铺装的主要作用；主梁是梁式桥的主要承重结构，其强度和刚度不由桥面铺装控制。故本题选ABC。

例3　桥面横坡常采用的设置形式有哪几种？（　　）

(A)墩顶倾斜　　(B)设置不等厚的铺装层

(C)横隔梁的倾斜　　(D)支座垫石调整

分析

题中ABD三种方式都是桥面横坡的设置方法，区别在于各用于不同场合，除此之外，人行道板的倾斜也可设置横坡。故本题选ABD。

自测模拟

（第1、2题为单选题，第3题为多选题）

1. 多跨简支梁桥在进行桥面连续处理后，在竖向荷载作用下，其结构体系是哪一种？（　　）

(A)简支梁　　(B)悬臂梁

(C)T形刚构　　(D)连续梁

2. 设置桥面伸缩缝处，为保证伸缩装置的伸缩位移，所有桥梁上部结构构造应该如何处理？（　　）

(A)刚性连接　　(B)铰接

(C)断开　　(D)扣环现浇湿接头

3. 对公路桥梁无缝式伸缩装置，下面哪些选项正确？（　　）

(A)使桥面铺装形成连续体　　(B)易于维修和更换

(C)适用于大跨度和超大跨度桥梁　　(D)承载力大，适合于重载交通

参考答案

1. A　　2. C　　3. AB

第三节　梁桥的构造与设计

依据规范

《公路钢筋混凝土及预应力混凝土桥涵设计规范》(JTG 3362—2018)

9　构造规定

9.1　一般规定

9.2　板

9.3　梁

9.4　预应力混凝土上部结构

重点知识

一、熟悉梁桥的基本组成及受力特点

梁桥由桥跨结构、墩(台)及基础三部分组成。桥跨结构又称桥孔结构或上部结构。墩(台)、基础统称为下部结构。支座设置在桥梁的上部结构与墩(台)之间。梁桥立面示意图如图4-3-1所示。

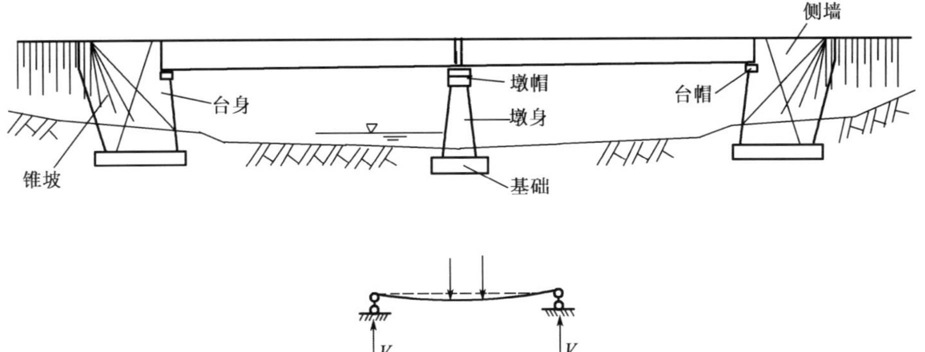

图4-3-1　梁桥立面示意图

梁桥的承重结构是梁,是以梁的抗弯能力来承受荷载的,在垂直荷载作用下,支承处仅产生竖向反力。

通常20m以下跨径的梁桥采用钢筋混凝土结构。20m以上跨径的梁桥均采用预应力混凝土结构,跨径在10～20m之间的板梁桥也普遍采用预应力混凝土结构。

二、熟悉混凝土梁桥的基本类型

1.按梁桥承重结构的静力体系划分

梁式桥体系,梁分简支梁、悬臂梁和连续梁。利用悬臂梁和刚架的受力特点,形成了T形

刚构。综合连续梁和T形刚构的受力特点，形成了连续刚构。

1）简支梁桥

如图4-3-2所示，简支梁桥受力简单，梁中只有正弯矩，体系温度变化、混凝土收缩徐变、张拉预应力等均不会在梁中产生附加内力，设计计算方便，最易设计成各种标准跨径的装配式结构。

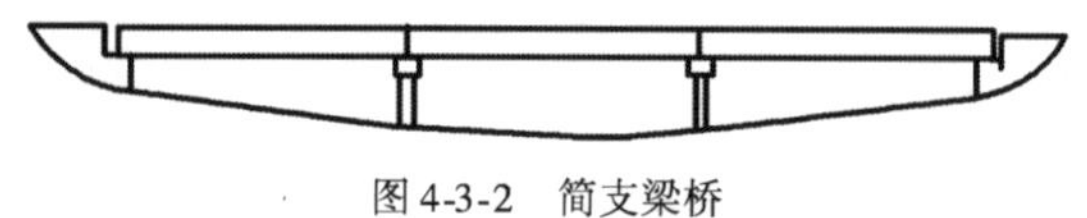

图4-3-2　简支梁桥

由于简支梁是静定结构，结构内力不受地基变形的影响，对基础要求较低，适用于在地基较差的桥址上建桥。

在多孔简支梁桥中，相邻桥孔各自受力，便于预制、架设，简化施工管理，施工费用低。各孔简支梁梁端与梁端之间、梁端与桥台之间设置伸缩缝装置，为减少伸缩缝装置，使行车平整舒适，可采用桥面连续构造。

2）悬臂梁桥

将简支梁梁体加长，并越过支点就成为悬臂梁桥。仅梁的一端悬出的称为单悬臂梁，如图4-3-3b）所示；两端均悬出的称为双悬臂梁，如图4-3-3a）、c）所示。使用悬臂梁的桥型至少有三孔。对图4-3-3a）所示的桥型，由于悬臂梁端通过搭板与路堤相连，对行车不利，目前已基本不采用。

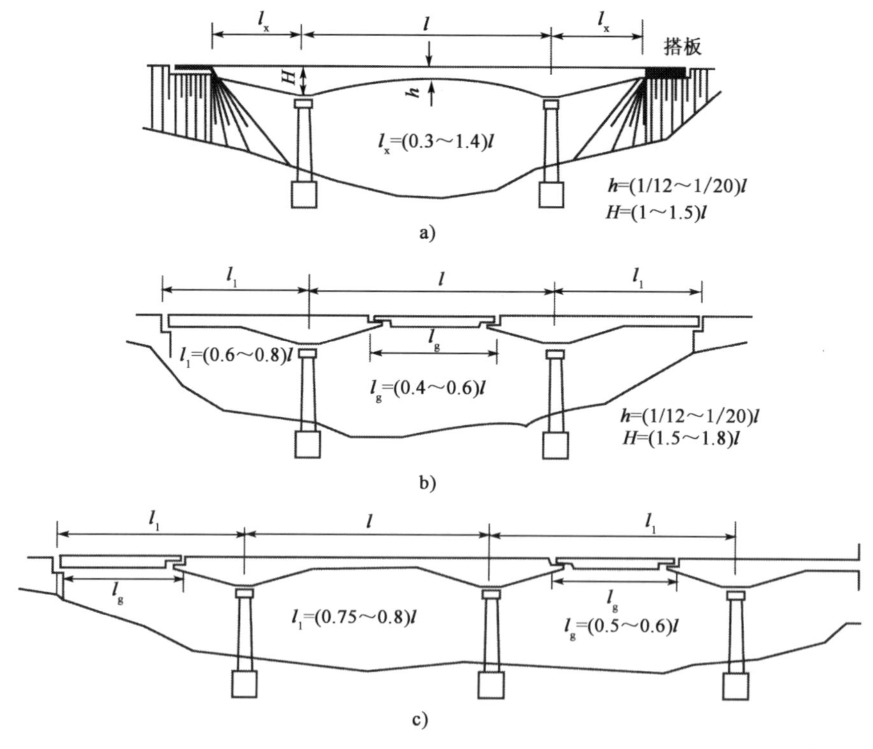

图4-3-3　悬臂梁桥

3)连续梁桥

如图 4-3-4 所示,将简支梁梁体在支点上连续而成连续梁,即主梁连续跨过两跨或两跨以上的桥梁。这种体系的主要特点是承重结构不间断地连续跨越多个桥孔而形成超静定结构,基础不均匀沉降将在结构中产生附加内力,因此,对桥梁基础要求较高,通常宜用于地基较好的场合。此外,箱梁截面局部温差,混凝土收缩、徐变及预加应力均会在结构中产生附加内力。

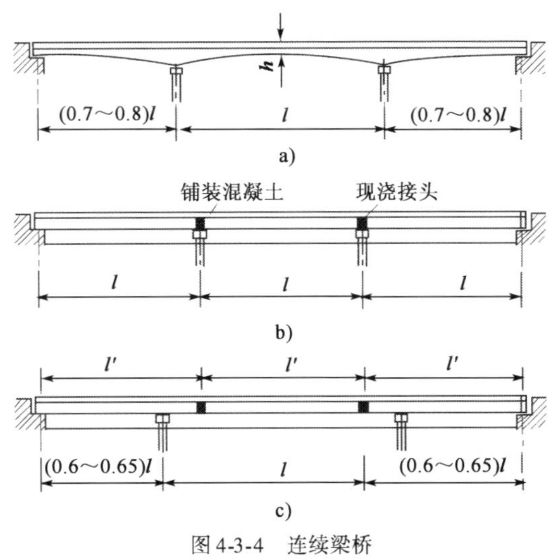

图 4-3-4　连续梁桥

4)T 形刚构桥

如图 4-3-5 所示,T 形刚构桥是一种墩梁固接,具有悬臂受力特点的梁式桥。因墩上两侧伸出悬臂,形同“T”字而得名。T 形刚构桥由于伸缩缝太多,对行车不利,目前已基本不采用。

5)连续刚构桥

如图 4-3-6 所示,连续刚构桥由连续梁体与薄壁桥墩固接而成,它综合了连续梁桥和 T 形刚构桥的受力特点。随着墩高的增加,薄壁桥墩对上部梁体的嵌固作用越来越小,逐步蜕化为柔性墩的作用,对柔性墩的设计必须考虑上部梁体变形(转动与纵向位移)对它的影响。

图 4-3-5　T 形刚构桥

图 4-3-6　连续刚构桥

2. 按梁桥承重结构的截面形式划分

1)板桥

板桥的承重结构就是矩形截面的钢筋混凝土或预应力混凝土板。主要特点是构造简单,施工方便,建筑高度小。

(1)整体式实心板桥

如图 4-3-7 所示,整体式实心板具有形状简单、施工方便、建筑高度小、结构整体刚度大等优点,但施工时需现浇混凝土,受季节气候影响,又需模板与支架。从受力要求看,截面材料不经济、自重大,所以只在小跨板桥使用。

(2)装配式实心板桥

如图 4-3-8 所示,装配式实心板在小跨径桥中应用最广,它由多块预制的实心板条通过板间企口缝拼装而成。

图 4-3-7　整体式实心板横截面示意图

图 4-3-8　装配式实心板横截面示意图

(3)整体式空心板桥

在整体式实心板基础上,在板横截面上挖空形成整体式空心板,与整体式实心板相同条件下,其自重减轻,承载能力进一步增强,但施工较为复杂。

(4)装配式空心板桥

如图 4-3-9 所示,装配式空心板在小跨径桥中应用广泛,它由多块预制的空心板条通过板间企口缝拼装而成。

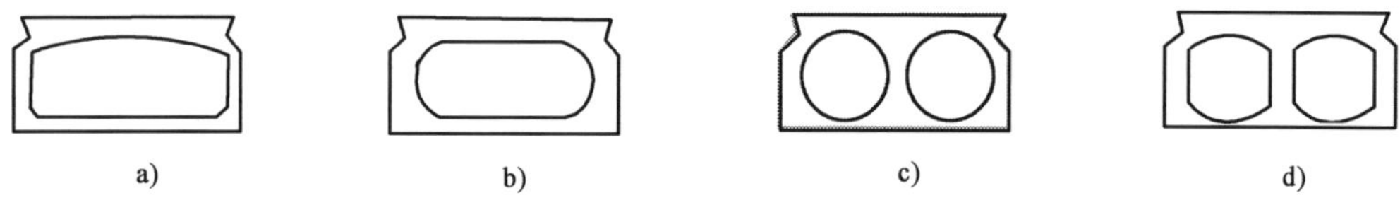

图 4-3-9　空心板横截面示意图

2)肋梁式桥

如图 4-3-10 所示,梁肋(或称腹板)与顶部的翼板(或称桥面板)结合在一起作为承重结构。肋梁相对自重较轻,对仅承受正弯矩作用的简支梁而言,不但充分扩展了混凝土桥面板的

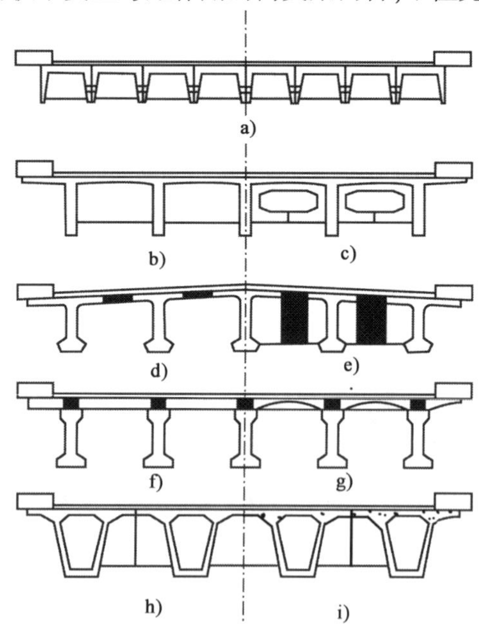

图 4-3-10　肋梁式桥横截面示意图

a)Π形肋梁桥;b)~e)T 形梁桥;f)、g)组合 T 形梁桥;h)、i)小箱梁桥

抗压能力，而且有效地发挥了集中布置在梁肋下部的受力钢筋的抗拉作用，从而使结构构造与受力性能达到理想的结合。与板桥相比，对于梁肋较高的肋梁桥来说，由于混凝土抗压和钢筋受拉所形成的力臂较大，因而肋梁桥也具有更大的抵抗荷载弯矩的能力。

(1)整体式肋梁式桥

如图4-3-11所示，整体式肋梁式桥在采用支架施工时，可以根据钢筋混凝土体积最小的经济原则来确定截面尺寸，多采用双T形主梁截面布置形式，较少采用多T形主梁截面布置形式，以求施工简便，降低模板制作费用。

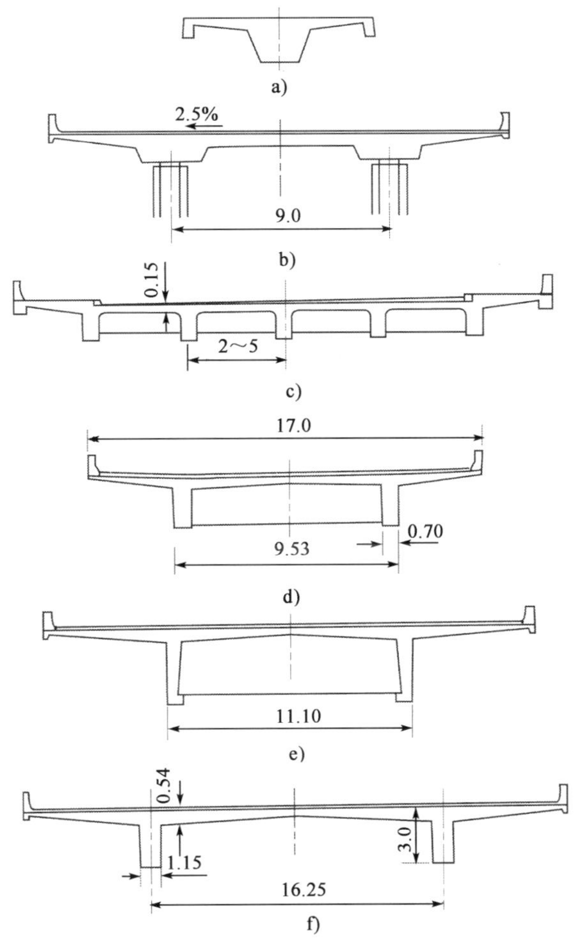

图4-3-11 整体式T形截面(尺寸单位：m)

(2)装配式肋梁式桥

如图4-3-10e)所示，装配式肋梁式桥使用最广泛，是通过将多根预制肋梁式梁横向拼装而成。

(3)小箱梁桥

如图4-3-10h)所示，分体小箱梁是空心板结构的一种发展，分体箱在同等跨径下梁高比T梁矮，吊装时自稳能力强，但自重较大，对吊装能力要求较高。

3)箱形梁桥

如图4-3-12所示，横截面呈一个或几个闭合箱形的梁桥称为箱形梁桥。箱形梁桥除了梁肋(腹板)和上部翼缘板外,还具有底板,因此提供了承受正、负弯矩足够的混凝土拉压区。箱形梁桥的另一重要特点是,在截面积一定的情况下能获得较大的抗弯惯性矩,而且抗扭刚度也特别大,在偏心活载作用下箱梁的受力比较均匀,因此箱形截面主要适用于较大跨径的悬臂梁和连续梁,也可用来修建全截面均参与受力的预应力混凝土简支梁桥。

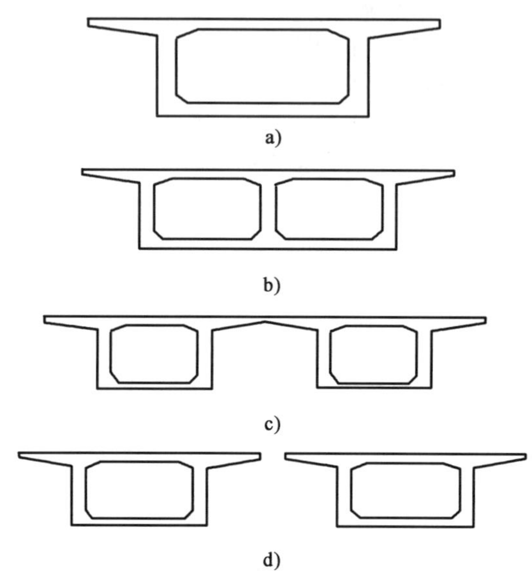

图 4-3-12 箱形梁桥横截面

三、熟悉简支梁(板)桥受力特点与构造设计

1. 简支板桥

1)整体式板桥的构造

整体式板桥的横截面通常采用等厚度的矩形截面。整体式板桥的跨径与板宽相差不大,在车辆荷载作用下处于双向受力状态,因此除了配置纵向受力钢筋(直径不应小于 10mm,简支板跨中和连续板支点处主钢筋间距不应大于 200mm)以外,还需在板内设置垂直于主钢筋的横向分布钢筋(设于主钢筋内侧,其直径不应小于 8mm,间距不应大于 200mm,截面积不宜小于板的截面积的 0.1%)。主钢筋可在沿板高中心纵轴线的 1/4 ~ 1/6 计算跨径处按 30° ~ 45°弯起。通过支点的不弯起的主钢筋,每米板宽内不应少于三根,并不应少于主钢筋截面积的 1/4。

2)装配式板桥的构造

(1)矩形实心板桥

实心板桥应用广泛,但跨径通常不超过 8m(0.75m、1.0m、1.25m、1.5m、2.0m、2.5m、3.0m、4.0m、5.0m、6.0m 和 8.0m)。

(2)空心板桥

空心板桥的顶板和底板厚度均不应小于 80mm。空心板的空洞端部应予填封。钢筋混凝土空心简支板桥的标准跨径不宜大于 13m;预应力混凝土空心简支板桥的标准跨径不宜大于 25m。

2.简支T梁桥

T形梁应设跨端和跨间横隔梁。预制T形梁翼缘悬臂端的厚度不应小于100mm;当预制T形梁之间采用横向整体现浇连接时,其悬臂端厚度不应小于140mm。T形梁的腹板宽度不应小于160mm。

1)钢筋混凝土T形简支梁桥构造布置

钢筋混凝土T形简支梁标准跨径不宜大于16m。

2)预应力混凝土T形简支梁桥构造布置

预应力混凝土T形简支梁的梁肋下部通常要加宽做成马蹄形,以便预应力钢束的布置满足局部承压需要。为了配合钢丝束的起弯,在梁端能布置预应力锚头,在靠近支点处腹板也要加厚至与马蹄部分同宽,加宽范围最好在一倍梁高(离锚固端)左右,这样就形成了沿纵向腹板厚度发生变化、马蹄部分也逐渐加高的变截面T梁。

目前,预应力混凝土T形简支梁的最大标准跨径为50m。

除主要的纵向预应力筋外,预应力混凝土梁内还有架立钢筋、箍筋、水平分布钢筋、承受局部应力的钢筋及翼板钢筋等普通钢筋。

与预应力钢筋协同配置的非预应力钢筋:

图4-3-13a)表示当梁中预应力筋在两端不便弯起时,为防止张拉阶段梁端顶部可能开裂而布置的受拉钢筋。

图4-3-13b)表示对于自重比恒载与活载小得多的梁,在预加力阶段跨中部分的上翼缘可能会开裂,因而也可在跨中顶部加设无预应力纵向受力钢筋,这种钢筋在运营阶段还能加强混凝土的抗压能力,在破坏阶段则可提高梁的安全度。

图4-3-13c)表示在跨中部分下翼缘内设置的钢筋,一般是在全预应力中为了加强混凝土承受预加压力的能力。

图4-3-13d)表示对于部分预应力梁也往往利用布置在下翼缘的纵向钢筋来补足极限强度的需要,并且这种钢筋对于配置无黏结预应力筋的梁能起到分散裂缝的作用。

此外,非预应力的钢筋还能增加梁在反复荷载作用下的疲劳极限强度。

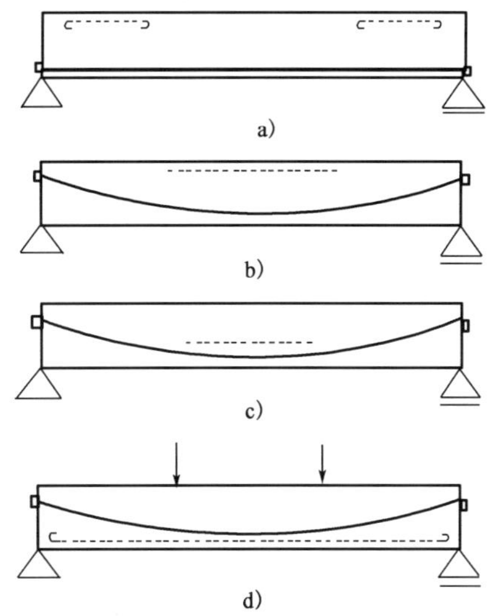

图4-3-13 非预应力纵向受力钢筋(虚线)的布置

四、熟悉连续梁桥受力特点与构造设计

连续梁桥受力后,梁体内的弯矩和剪力将沿桥跨产生连续不断的效应,一孔受载,多孔受力。在自重作用下,由于支点负弯矩的卸载作用,跨中正弯矩显著减小,因此,可以节省材料,适用于大、中跨径桥梁。连续梁在每个墩台上纵向只需一个(一排)支座,可相应减少桥墩的尺寸,同时连续梁具有变形缓和、接缝少、有利于高速行驶等优点。但连续梁桥为超静定结构,支座变位将引起结构内力变化,所以,一般适用于地质良好的桥位处。

1. 连续梁桥类型与受力特点

不论是钢筋混凝土连续梁桥还是预应力混凝土连续梁桥,在立面上都可以做成等跨和不等跨、等高和不等高(变截面)(图4-3-14)。由于预应力筋在结构内能起到调整内力的作用,因此,预应力混凝土连续梁在孔径布置和截面形式等方面可供选择的范围,比钢筋混凝土连续梁要大得多。此外,混凝土连续梁桥的结构形式与施工工艺有密切联系。

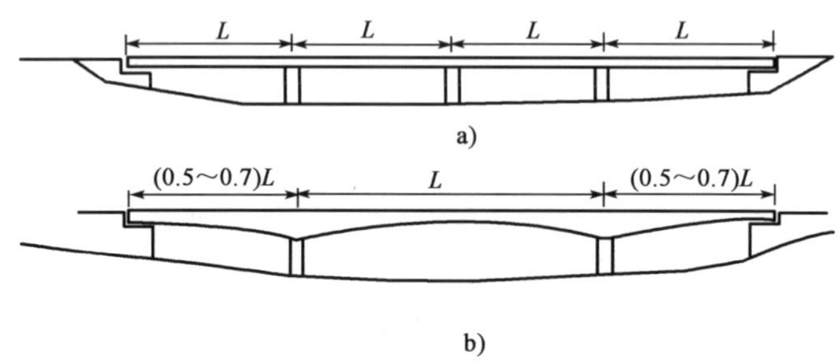

图4-3-14　等高和不等高(变截面)连续梁

对中、小跨径的钢筋混凝土连续梁,常采用等截面形式和支架现浇施工;而对中、小跨径的预应力混凝土连续梁桥,当采用顶推法施工时,往往设计成等跨等高的连续梁桥。

不等跨变高度混凝土连续梁桥是大跨度桥梁最常用的结构形式。当加大靠近支点附近的梁高做成变截面时,可以有效降低跨中的设计弯矩,同时又能适应抵抗支点处大剪力的要求,又对恒载引起的截面内力和桥下通航的净空要求影响不大,这就是为什么连续梁桥比简支梁或悬臂梁桥跨越能力更大的原因。

连续梁桥边跨与中跨之比将直接影响梁体内力沿跨径分布的均匀性,同时,边跨与中跨之比与施工工艺有关。如采用支架施工,需考虑边中跨正弯矩之比,即使边跨与中跨的最大正弯矩基本相等,受力均匀合理。采用悬臂施工时,则需考虑边支点反力(边跨长度过短则边跨端支点支座将会产生负反力)和边跨现浇段支架条件,除边跨一部分悬臂施工外,剩余部分需另搭设支架施工,为缩短支架长度,边跨长度取不超过中跨长度的0.65倍为宜。对适合采用现场搭设支架现浇的桥梁,边中跨之比取0.8是经济合理的。通常,对三跨连续梁,边跨长度取中跨长度的(0.65~0.8)倍,减小这一比值,能使中跨区段只有正弯矩值,可布置单筋,既简化了构造,又比较经济。对五跨连续梁,边跨、次边跨、中跨理想之比为0.65∶0.9∶1.0,为方便设计与施工,常取0.65∶1.0∶1.0。

2. 横截面形式及主要尺寸

1)钢筋混凝土连续梁桥

钢筋混凝土连续梁一般采用低矮的多室箱梁。

2)预应力混凝土连续梁桥

预应力混凝土连续梁桥的截面形式,中等跨径桥梁可采用空心板、T形梁等,大跨径桥梁一般采用箱形截面。

3. 纵断面布置

1)钢筋混凝土连续梁桥

钢筋混凝土连续梁因需要有支架施工,且受支点负弯矩引起梁顶面拉应力的限制,跨径不大,钢筋混凝土箱形截面连续梁标准跨径不宜大于 30m。钢筋混凝土连续梁桥常采用等截面形式,其梁高在跨径的 1/15 ~ 1/25 之间。

2)预应力混凝土连续梁桥

从结构受力性能看,等跨连续梁要比不等跨的连续梁差一些,当采用顶推或者先简支后连续的施工方法时,则等跨结构受力性能较差,所带来的欠缺完全可以通过施工经济效益的提高来得到补偿。

对于采用顶推法、先简支后连续法、移动模架法、整孔架设法施工的桥梁,一般都采用等高梁。

从预应力混凝土连续梁桥的受力特点来分析,连续梁的立面以采取变高度的布置为宜。连续梁在恒、活载作用下,支点截面将出现较大的负弯矩,从绝对值来看,支点截面的负弯矩往往大于跨中截面的正弯矩,因此采用变高度梁能较好地符合梁的内力分布规律。同时,采用悬臂法施工的连续梁,变高度梁又与施工的内力状态相吻合。变高度梁的截面变化规律可采用圆弧线、二次抛物线和折线。

4. 钢筋布置

1)钢筋混凝土连续梁桥

钢筋混凝土连续梁桥需根据结构计算设置主梁纵向抗弯钢筋、主梁抗剪钢筋、翼板抗弯钢筋等,并根据构造要求设置构造钢筋。

2)预应力混凝土连续梁桥

除普通钢筋外,中、小跨径预应力混凝土连续梁桥一般仅需布置纵向预应力筋,用于抵抗纵向弯矩。对于大跨径预应力混凝土连续梁,根据需要可采用纵向、横向和竖向三向预应力体系。其中纵向预应力筋采用钢绞线,用于抵抗纵向弯矩,纵向下弯预应力筋还可抵抗部分剪力;横向预应力筋采用钢绞线,用于抵抗桥面板横向弯矩;竖向预应力筋采用高强精轧螺纹钢筋或钢绞线,用于抵抗剪力,竖向布置在腹板内。

五、熟悉简支变连续梁桥受力特点与构造设计

先简支后桥面连续结构:先架设预制梁(板)(简支状态),后通过现浇墩顶主梁(板)顶部部分混凝土跨缝结构及桥面铺装形成连续桥面。使用状态仍为简支体系。

先简支后连续梁桥:先将预制梁(板)简支架设,后通过现浇混凝土湿接头将相邻跨主梁在墩顶连为一体,形成连续梁。

先简支后连续刚构桥:先预制梁(板)简支架设,后通过现浇混凝土湿接头将相邻跨主梁以及墩帽在墩顶连为一体,形成墩梁固接的刚构桥。

1. 先简支后连续体系桥特点

1)先简支后桥面连续梁桥

由于多跨简支梁桥伸缩缝多,不利高速行车,所以设计了先简支后桥面连续结构。先简支后桥面连续结构属于静定体系,单跨受力。简支梁桥在桥面连续后,减少了伸缩缝数量,获得了比较长的连续桥面,在水平力作用下各跨通过桥面连续构造传递分配水平力,在垂直力的作

用下保持了简支梁桥的受力特性(图 4-3-15)。

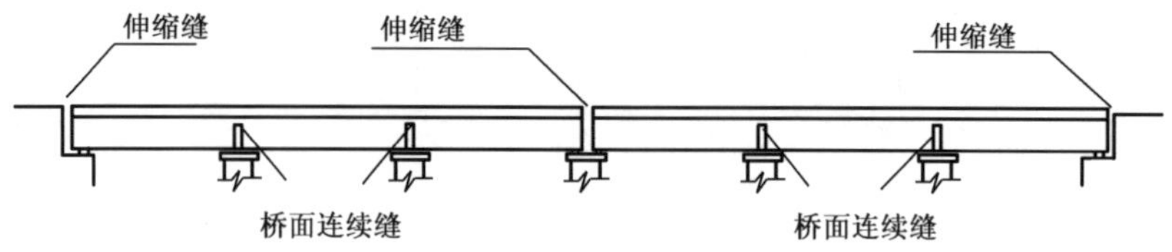

图 4-3-15　先简支后桥面连续梁桥构造

桥面连续措施的实质,就是将简支上部构造在其桥面连续处施行铰接。桥面连续处的桥面部分应当具有适应车辆荷载作用所需的柔性,并应有足够的强度来承受因温度变化和制动作用所产生的纵向力。这样,桥面连续的多孔简支梁桥,在竖直荷载作用下的变形状态属于简支体系;而在纵向水平力作用下则属于连续梁体系。

2)先简支后连续梁桥

先简支后连续梁桥在施工中属于简支结构,在使用中属于连续梁受力体系,对基础要求高,服役期受力性能和行车舒适性方面比简支梁桥或先简支后桥面连续结构梁桥更优越(图 4-3-16)。

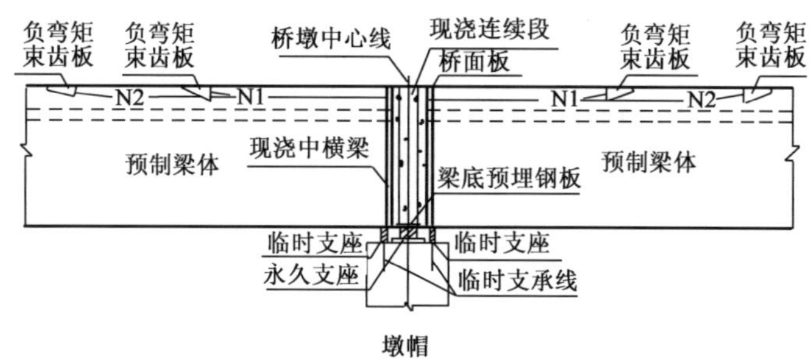

图 4-3-16　先简支后连续梁构造

3)先简支后连续刚构桥

先简支后连续刚构桥在施工中属于简支结构,在使用中属于连续刚构受力体系,对基础要求高,温度、混凝土收缩徐变影响大,服役期受力性能和行车舒适性方面比简支梁桥或先简支后桥面连续梁桥更优越。伸缩缝及支座数量减少使管养成本更低。桥梁处于纵坡上时可以限制上部结构向下坡端的水平位移(图 4-3-17)。

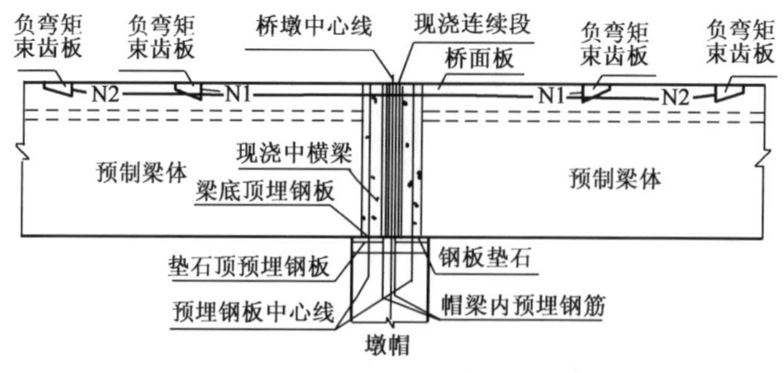

图 4-3-17　先简支后连续刚构桥构造

2. 先简支后连续体系桥总体设计

(1)一联跨数一般不超过5跨。

(2)当桥梁跨径不小于30m,桥梁纵坡在2.5%(含2.5%)以上时,只要墩梁刚度比适合于墩梁固接,原则上采用先简支后连续刚构桥。对在上述条件以外的桥梁同样首先考虑先简支后连续刚构桥方案,以便减少支座维护、更换等工作。

(3)对于跨径不大于20m的空心板桥,可采用先简支后桥面连续梁桥;对于跨径不大于25m的T梁桥,可采用先简支后连续梁钢筋混凝土结构桥;其他跨径的梁桥原则上应采用先简支后连续梁预应力混凝土结构桥及先简支后连续刚构预应力混凝土结构桥。对先简支后连续刚构桥,为加强墩梁固接效果,墩梁固接处可考虑设置竖向预应力筋。

(4)先简支后连续梁支承方式设计,有墩顶纵向双排支座与墩顶纵向单排支座之分,如图4-3-18所示。从支座受力及耐久性、桥墩受力以及连续结构受力明确来看,单排支座支承方式更有利;从施工方便以及回避因墩顶连续质量问题而出现落梁来讲,双排支座的采用也有合理性,对于双排支座,建议采用板式橡胶支座。

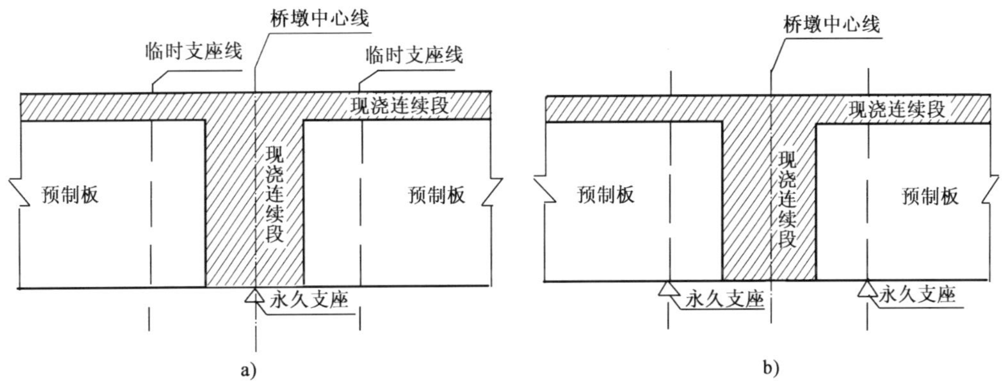

图4-3-18 墩顶双排支座与墩顶单排支座

(5)原则上不采用主梁(板)二次浇筑成型的设计方案,即少采用组合梁。基本梁、板体一律采用一次预制成型,裸梁上现浇的混凝土层仅起调平作用,不作为结构性混凝土层(不考虑参与主梁受力),其厚度在8cm以上。当现浇调平层小于6cm时,设置钢筋网后将可能起到反作用,宜采用柔性纤维混凝土。

(6)简支T梁翼板横坡应与桥梁横坡一致,即使在弯道上也应如此,以便桥梁空间几何状态控制。

3. 先简支后连续梁桥及先简支后连续刚构桥的连续构造

(1)先简支后连续梁的构造,是通过先简支架设预制的T梁或空心板基本构件,然后通过浇筑墩顶湿接头形成结构连续构造,其连续构造包括以下两种:

一种是钢筋混凝土连续构造,即将墩顶相邻梁(板)端预留伸出的钢筋连接,浇筑接头混凝土实现连接。由于钢筋混凝土连接构造在墩顶负弯矩作用下开裂难以避免,所以仅用于小跨径桥梁。

另一种是预应力混凝土连续构造,即除将墩顶相邻梁(板)端预留伸出的钢筋连接外,在浇筑接头混凝土实现连接后,再通过预留孔道施加二次预应力,用于跨径20~50m梁桥。如

图 4-3-16 所示。

(2)先简支后连续刚构,是先简支架设预制的 T 梁或空心板基本构件,并焊接设于墩顶和预制构件端部下缘的预埋件使上部结构与墩帽固接,然后浇筑墩顶湿接头(包括连接纵向、竖向普通钢筋),形成墩梁固接,施加接头二次预应力,必要时张拉墩梁固接用的竖向预应力。如图 4-3-17 所示。

六、熟悉梁桥构造要求

由于桥梁结构非常复杂,上述梁桥构造设计介绍仅在于主要受力构件的重点部位,后续桥梁计算验算也很难完全实现任何局部构造都得到准确分析与验算,为确保桥梁设计可靠、施工方便、使用安全耐久,必须对桥梁结构构造、钢筋构造设计等做出相应规定。

对于梁(板)桥构造设计,《公路钢筋混凝土及预应力混凝土桥涵设计规范》(JTG 3362—2018)第 9.1 ~9.4 条做出了规定,其中,普通钢筋和预应力钢筋的最小混凝土保护层厚度、钢筋混凝土结构纵向受力钢筋最小配筋率、预应力结构中竖向预应力筋间距、箍筋的配置等属于强制性条文,必须严格执行。同时,对钢筋混凝土板、梁结构构造、适用跨径范围、钢筋构造等作出了明确规定,对预应力混凝土结构配筋等作出的要求对确保设计可靠性十分重要,在无其他更可靠的处理办法情况下,一般均应满足相关条款要求。

七、熟悉斜板桥受力特点与构造

1. 整体斜板桥

整体斜板桥是小跨径斜桥常用的结构形式,整体斜板桥构造简单,建筑高度小,力的传递路线也较短。弹性斜交板分析理论比正交板理论复杂得多,用它来计算实际使用荷载作用下斜板桥的内力和变形是不方便的。迄今为止,国内外许多学者从不同的角度出发对斜板进行理论和试验研究,提出了一些计算方法。计算机技术的发展为斜板计算提供了有效手段和方法。对于从事设计和施工的工程技术人员来讲,要正确地运用这些方法进行计算和配筋,必须在参考和分析研究成果的基础上,正确地理解和把握斜板在荷载作用下的实际工作性能。

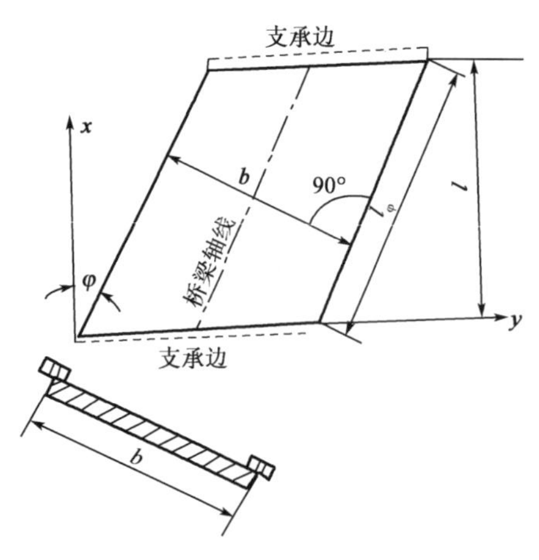

图 4-3-19 斜板的尺寸图

1)影响斜板桥受力的因素

(1)斜交角

斜交角有两种表示方法:一种是桥梁轴线与支承边垂线的夹角 φ(图 4-3-19),另一种是桥梁轴线和支承线的夹角。前者越大表示斜交的程度越大,后者则相反。

斜交角大小直接关系到斜桥的受力特性,φ 越大,斜桥的特点越明显。《公路钢筋混凝土及预应力混凝土桥涵设计规范》(JTG 3362—2018)规定,当$\varphi \leq 15°$时,可按正交板计算,计算跨径为:当 $l_\varphi/b \leq 1.3$时,按两支承轴线间垂直距离的正跨径计算;当$l_\varphi/b > 1.3$时,按顺桥向纵轴线的斜跨径计算;以上l_φ 为斜跨径,b 为垂直于桥纵轴线的板宽。

(2)宽跨比 b/l

设 b 为垂直于桥纵轴线的板宽，l 为垂直于支承线的跨径。宽跨比越大，斜板相对宽度越大，斜桥的特点越明显；宽跨比较小的斜桥，其跨中受力行为接近于正桥，只是在支承线附近断面才显示出斜桥的特性。

(3)支承形式

支座个数的多少，支承形式的变化，包括横桥向是否可以转动或移动、是否采用弹性支承等，对斜板的内力分布有明显的影响。

2)斜板桥的受力特点

(1)简支斜板的纵向主弯矩比跨径为斜跨长 l_{φ}(图 4-3-19)、宽度为 b 的矩形板要小，并随斜交角 φ 的增大而减小。图 4-3-20 显示了简支斜板在均布荷载作用下的弯矩与矩形板的弯矩的比值随 φ 的变化规律。

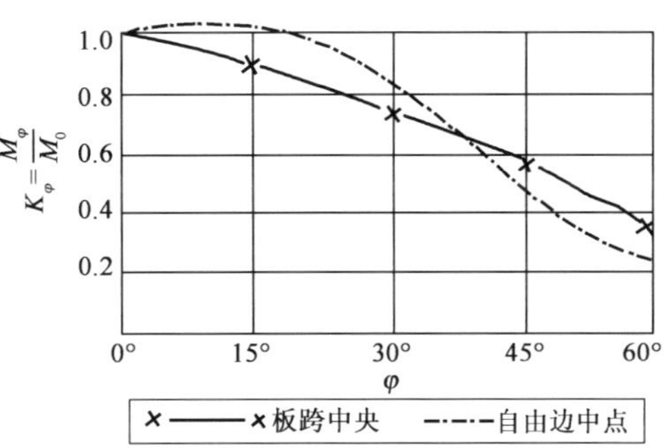

图 4-3-20　斜板与正板在均布荷载作用下弯矩的比较

(2)斜板的荷载有向支承边的最短距离传递分配的趋势。宽跨比较小时，主弯矩方向朝支承边的垂直方向偏转；宽跨比较大时，板中央的主弯矩几乎垂直于支承边，边缘的主弯矩平行于自由边(图 4-3-21)。

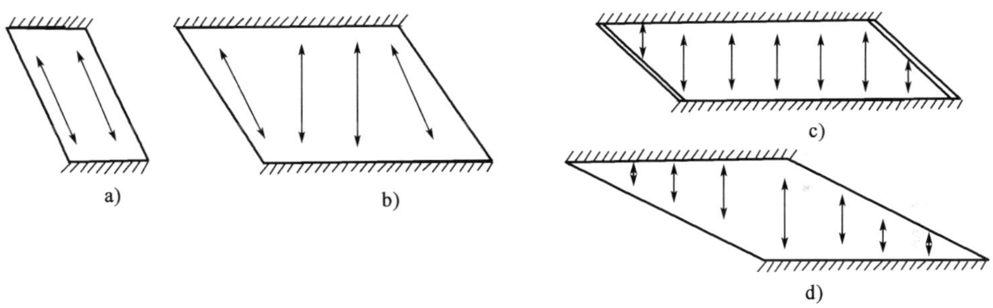

图 4-3-21　斜板中的主弯矩方向

(3)纵向最大弯矩的位置随 φ 角的增大从跨中向钝角部位移动。图 4-3-22 中板面上的实线表示 $\varphi=50°$时的最大弯矩位置，图中还示意出 φ 为 30°和 70°时的相应位置。

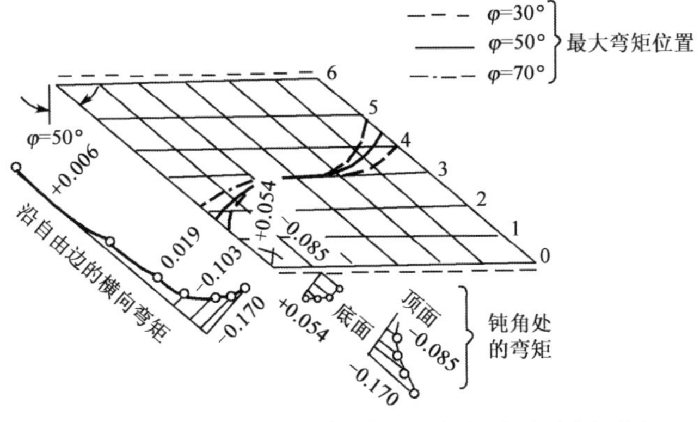

图 4-3-22　均布荷载下最大弯矩位置的变动和钝角处弯矩分布

(4)斜板中除了斜跨径方向的主弯矩外,在钝角部位的角平分线垂直方向上将产生接近于跨中弯矩值的负弯矩(图 4-3-22),其值随 φ 角的增大而增加,但分布范围较小,并迅速消减。

(5)斜板的最大纵向弯矩虽比相应的正板小,但横向弯矩却比正板大得多,跨中部分的横向弯矩尤其突出。横向弯矩的增加量大致上可以认为等于纵向弯矩的减小量。

(6)斜板在支承边上的反力很不均匀。钝角角隅处的反力可能比正板大数倍,而锐角处的反力有所减少,甚至出现负反力。对于正板,支座的个数越多,每个支座分得的反力就越小;但对于斜板,支座的个数越多,反力越集中于钝角。理论和试验研究发现,采用弹性支承可以使斜板的支承反力分布趋于均匀,且钝角上缘的负弯矩也有所减小。

(7)斜板的受力行为可以用图 4-3-23 所示的以 *ABCD* 为支点的 Z 字形连续梁来比拟;跨中点 *E* 处的弯矩大致在 *BC* 方向上最大;在钝角点 *B* 和 *C* 处产生较大的负弯矩和支点反力;在支承线 *AB* 和 *CD* 上增加支座对支承边的横向弯矩有较大影响,而对跨中点 *E* 处的弯矩影响不大。

(8)斜板的扭矩分布很复杂,板边存在较大的扭矩,抗扭刚度对扭矩的影响与正桥有很大区别。图 4-3-24 为均布荷载作用于 $\varphi=45°$的斜板上时的扭矩图。

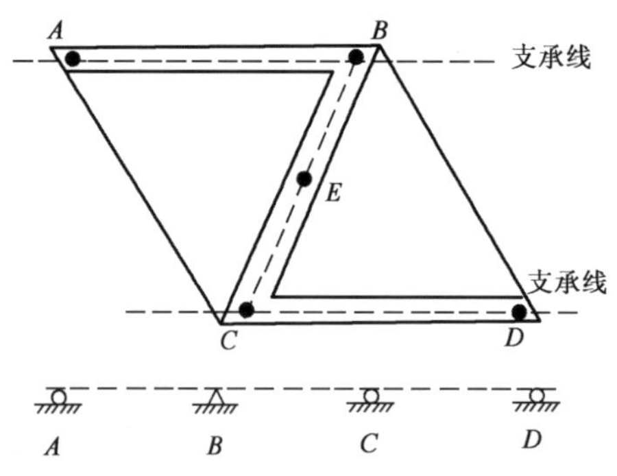

图 4-3-23 比拟 Z 字形连续梁

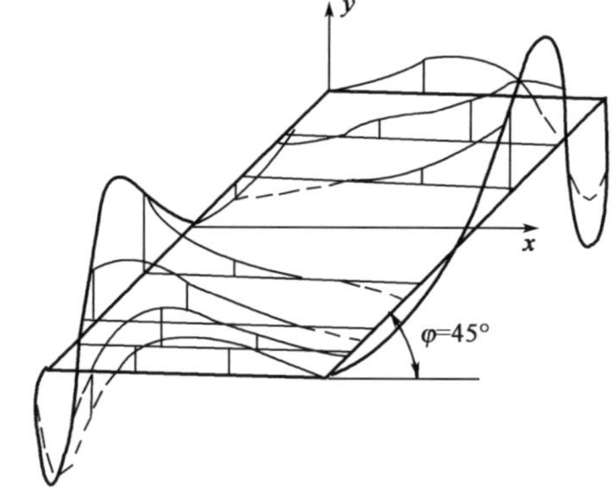

图 4-3-24 斜交角为 45°的简支斜板在满布均布荷载下的扭矩图

3)斜板桥的钢筋布置及构造特点

斜板桥的钢筋布置与斜板的受力特性直接相关。

当 $l_{\varphi} \leq 1.3b$ 时,意味着桥梁宽度较大,对于纵向钢筋,板中央垂直于支承边布置,边缘平行于自由边布置;横向钢筋平行于支承边布置。常见的钢筋布置方式有两种:一种是渐变布置[图 4-3-25a)],另一种是重叠布置[图 4-3-25b)]。斜交角较小时($\varphi<30°$),纵向钢筋可以完全平行于自由边布置[图 4-3-25c)];斜交角较大时($\varphi>30°$),可以完全垂直于支承边布置[图 4-3-25d)]。

当 $l_{\varphi}>1.3b$ 时,为窄斜板桥。纵向钢筋平行于自由边布置;对于横向钢筋,跨中垂直于自由边布置,两端平行于支承边布置,如图 4-3-26 所示。

为抵抗自由边的扭矩,在距自由边一倍板厚的范围内设置加强箍筋(图 4-3-25)。

在钝角顶面 $l_{\varphi}/5$ 范围内,应在角平分线的垂直方向设置抵抗负弯矩的钢筋。单位宽度内钢筋数量 A_{gl} 可按式(4-3-1)计算:

$$A_{gl} = KA_g \tag{4-3-1}$$

式中：A_g——每米桥宽的主钢筋数量；

K——与 φ 有关的系数，按表 4-3-1 取值。

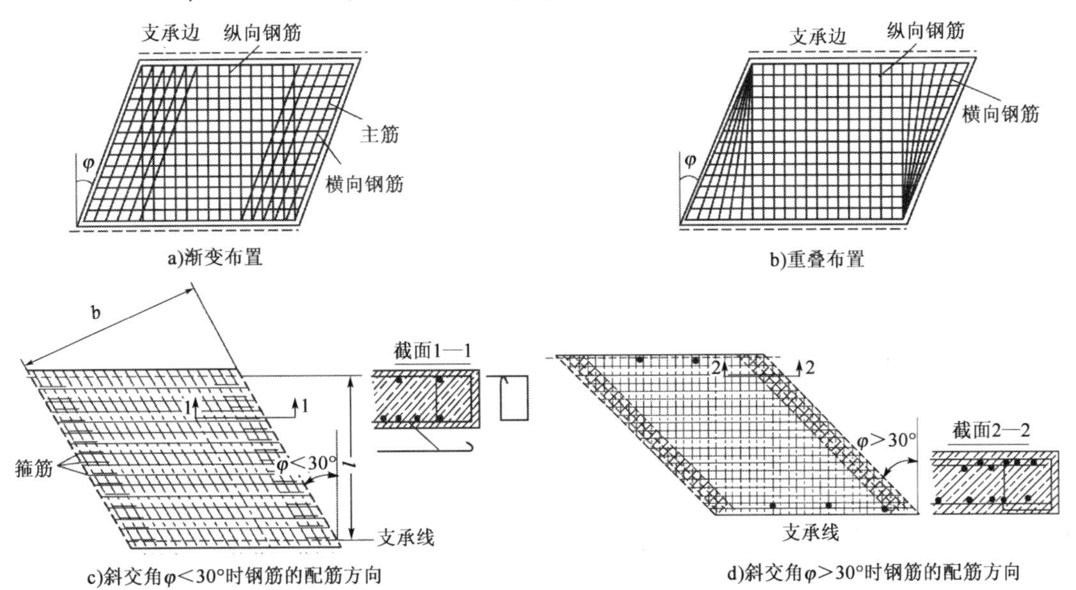

a)渐变布置　b)重叠布置

c)斜交角φ<30°时钢筋的配筋方向　d)斜交角φ>30°时钢筋的配筋方向

图 4-3-25　斜板桥的钢筋布置

K　值　表 4-3-1

φ	K
0° ~ 15°	0.6
15° ~ 30°	0.8
30° ~ 45°	1.0

为抵抗支反力，在钝角底面平行于角平分线方向设置附加钢筋（图 4-3-27）。

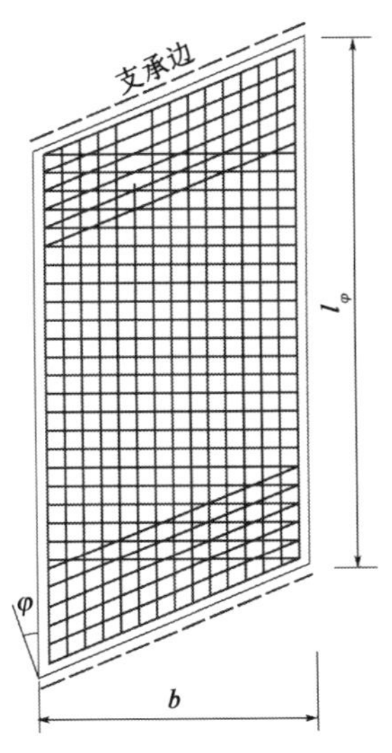

图 4-3-26　$l_\varphi > 1.3b$ 时的钢筋布置

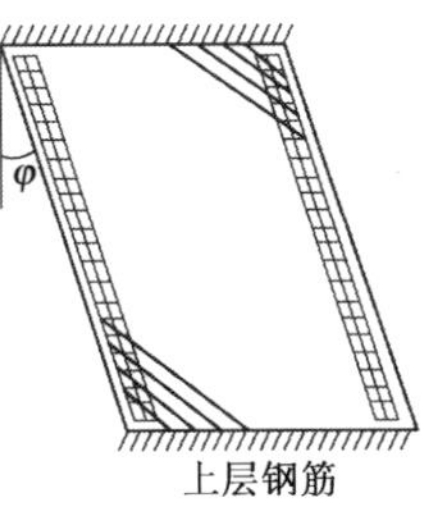

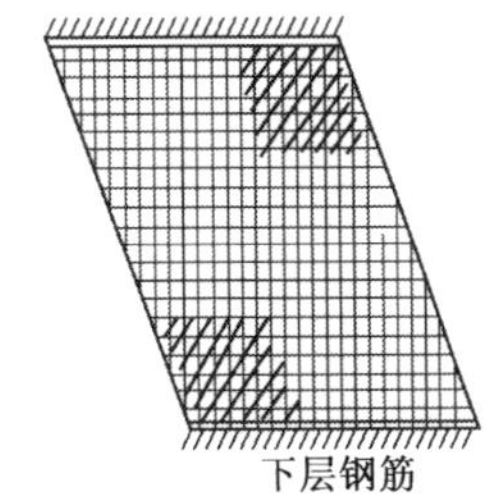

图 4-3-27　钝角部位的加强钢筋

斜板桥在使用过程中，在平面内有向锐角方向转动的趋势，如果板的支座未被有效锚固，应加强锐角处桥台顶部的耳墙，以免遭挤裂。

2. 装配式斜板桥

装配式斜板桥是指通过预制斜交空心板，然后吊装形成的板桥。由于预制斜交空心板宽度小（一般为 1m），就单块板来讲，其受力与预制正交空心板相似。

装配式斜板桥同样可视为铰接板桥，借助荷载横向分布系数进行内力计算。

装配式斜板端部须根据斜交角度的不同设置适当的普通加强钢筋，参见整体斜板桥钢筋布置。

八、熟悉斜梁桥受力特点与构造

斜梁桥是指由多根纵梁与横梁组成的斜格子梁桥，横梁与纵梁可以斜交，也可以正交（图 4-3-28）。

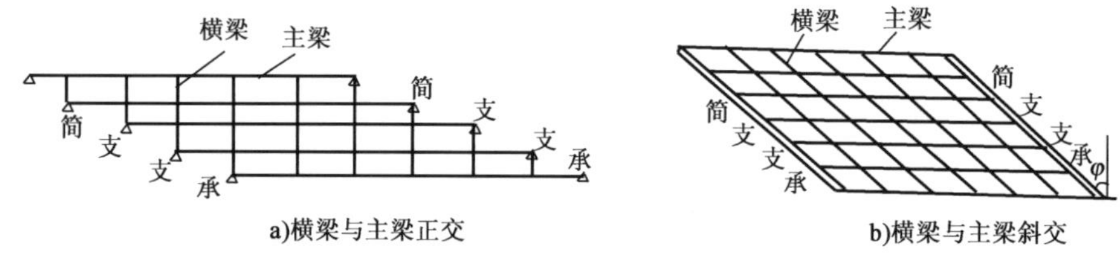

图 4-3-28　简支斜梁桥

对于由纵梁与横梁组成的斜梁桥，虽然成格子形的离散结构，但是，在梁距不太大且设一定数量横梁的情况下，斜梁桥仍然显示出与斜板类似的受力特点。主要表现为：

（1）随着斜交角的增大，纵梁弯矩减小，而横梁的弯矩增大，边梁弯矩的减小比中梁明显，且均布荷载比集中荷载明显。

（2）正交横梁斜梁桥的横向分布性能比斜交横梁桥好，并且横向刚度越大，横向分布性能越好。

（3）在对称荷载作用下，同一根主梁上的弯矩不对称，弯矩峰值向钝角方向靠拢，边梁尤其明显。

（4）横梁和桥面的刚度越大，斜交的影响就越大，斜桥的特征就越明显。

像正交桥那样，采用单梁计算主梁内力，然后通过横向分布系数考虑活载的偏载作用，仍然是思路简单、清晰的方法之一。但是，必须指出的是，斜梁桥很难满足影响面纵横向各截面分别相似的要求，因此，该方法的近似性比正交大。

九、熟悉平面弯桥受力与构造特点

1. 弯桥的受力特点

弯梁在发生竖向弯曲时，由于平面曲率的存在，必然产生扭矩，而这种扭矩作用又将导致弯梁的挠曲变形，“弯—扭”存在耦合作用。这一作用使弯桥具有以下受力特点：

（1）由于弯—扭耦合，弯桥的变形比同样跨径直线桥要大，外边缘梁的挠度大于内边缘梁的挠度,曲率半径越小、桥越宽,上述特征越明显。

(2)与直线桥不同,弯桥即使截面在对称荷载作用下也会产生较大的扭转,通常会使外梁超载,内梁卸载,内外梁产生应力差别;由多片截面相同的弯梁构成的弯梁桥在自重情况下也存在扭矩。

(3)弯桥的支点反力与直线桥相比,曲线外侧大、内侧变小,内侧甚至出现负反力(翘起来)。当曲率半径及恒载较小时,设计上应注意控制内侧支点的负反力,必要时应在构造上采取相应的措施,如设置拉压支座,同时应防止外侧支座超载。

(4)弯桥梁间横梁除具有直线桥中横梁同样的作用外,还是保持全桥稳定的重要构件,与直线桥相比,其刚度一般较大。

(5)弯桥中预应力效应对支反力的分配有较大影响,计算支座反力时必须考虑预应力效应的影响。同时,预应力张拉及长期使用中存在较大的径向崩力,必须设置足够的防崩钢筋,以免混凝土遭受破坏。

2. 影响弯桥受力的主要因素

1)圆心角 φ_0

主梁的弯曲程度是影响弯桥受力最重要的因素,但是曲率半径并不能全面反映弯曲程度,曲率半径相同时,跨径越大,弯曲程度越大。全面反映主梁弯曲程度的参数是圆心角,它是跨长与半径的比值,反映了与跨径有关的相对弯曲关系。如果桥梁跨长一定,主梁圆心角的大小就代表了梁的曲率,圆心角越大,曲率半径就越小,所显示的弯桥的受力特征就越明显。当 $\varphi_0 \leqslant 30°$时,可以忽略扭转对挠度的影响。实际上,当 $\varphi_0 \leqslant 50°$时,弯梁的纵向弯矩可以用跨径为 $l = r\varphi_0$(l-曲梁弧长即跨径,r-曲率半径)的直线梁近似计算。

2)桥宽与曲率半径

偏心布置在弯桥桥面上的汽车荷载将产生扭矩,由于弯扭耦合作用又将产生弯矩。偏心荷载对弯桥的内力有较大影响,因此,在进行弯桥计算时,除考虑 φ_0 外,还应充分考虑桥梁宽度因素。当桥宽较大、曲率半径较小时,还应注意到曲梁内外弧长相差较大,外侧恒载比内侧大得多,即使是对称截面,恒载也会产生向曲线外侧翻转的均布力矩。

3)弯扭刚度比 $k = EI/GI_d$

在弯桥中,主梁的弯扭刚度比与结构的受力和变形状态直接相关。对于弯桥,随 $k = EI/GI_d$ 值的增大,因曲率因素导致的扭转变形显著增大,因此,在抗弯刚度 EI 满足要求的前提下,宜尽量增大截面抗扭刚度 GI_d 以减小扭转引起的变形,所以,曲线梁桥宜采用抗扭惯矩较大的箱形截面。

4)扇性惯矩 EI_w

严格地说,曲梁除圆形或正方形截面外,变形后截面不能保持为平面,在结构分析中应考虑薄壁效应。对于混凝土结构,薄壁效应并不明显,且一般箱形梁的形状接近于正方形,如果 $k = L\sqrt{GI_d/EI_w} \geqslant 30$,则横截面的翘曲变形不大,可以不考虑薄壁效应。

3. 弯桥的支承布置形式

1)竖向支承布置

弯桥可以采用多种支承布置形式。对于单跨弯桥,也可以采用多种形式,一种为简支静定

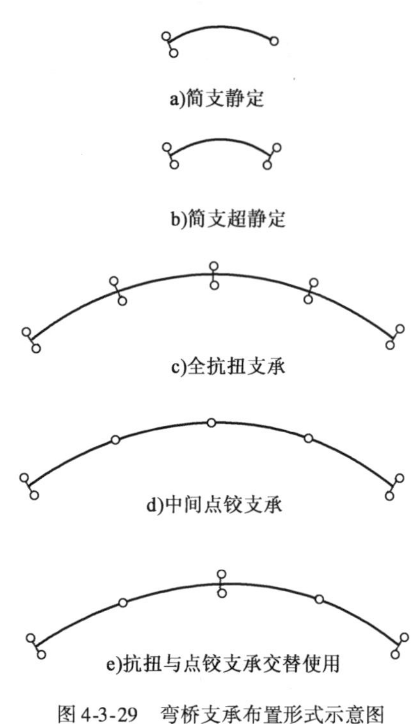

图 4-3-29　弯桥支承布置形式示意图

结构，另一种为简支超静定结构（曲梁）（图 4-3-29），还可以采用两端均完全嵌固的支承形式。静定形式的简支弯桥在实际中是不可取的，因为不能抗扭的梁端将产生扭转变形，这给设置伸缩缝带来困难。支承形式须根据具体设计条件而定。

从理论上讲，连续弯桥所有支承均可以采用点铰支承，但是，在荷载作用下，梁端将产生扭转变形，从而在梁端与桥台背墙间产生上下相对变形，这将导致伸缩缝破坏。为了保证伸缩缝正常工作，一般在各联弯梁两端（桥台或桥墩处）设置能抵抗外扭矩的抗扭支座，中间支承可以采用抗扭支承、点铰支承，或交替使用两种支承形式（图 4-3-29）。

2）水平约束的布置

弯桥的平面内变形可以分为两种性质：由温度变化和混凝土收缩所引起的径向变形，属于弧段膨胀或缩短性质［图 4-3-30a)］，变形后圆心角不变，曲率半径由 $r_0 \rightarrow r$；由预加力和混凝土徐变引起的属于切向变形［图 4-3-30b)］，其曲率半径不变，圆心角由 $\varphi_0 \rightarrow \varphi$。后者没有横桥向的变形，与通常的支座和伸缩缝布置不矛盾；但是温度变化和收缩在各活动支座处引起纵桥向和横桥向的变形，给伸缩缝的活动带来困难。

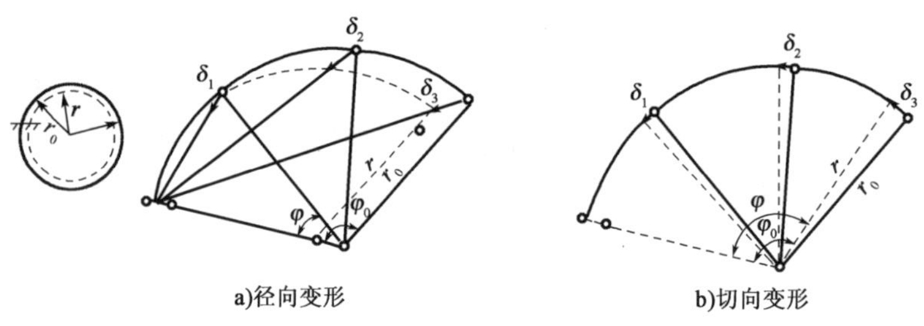

图 4-3-30　弯桥的平面内变形

为了限制横向变形，桥墩台将承受很大的横向水平力，必然增加下部结构的造价，同时主梁也要承担一定的横向弯矩。如果所有中间桥墩均设置多向活动支座（图 4-3-31），而在活动端仅限制径向位移，允许发生切向位移和平面扭转，经计算分析，径向约束力可显著减小，同时下部结构承担的横桥向弯矩也大大降低，而活动端的平面旋转角极小，这对于使用橡胶型伸缩缝不会有困难。

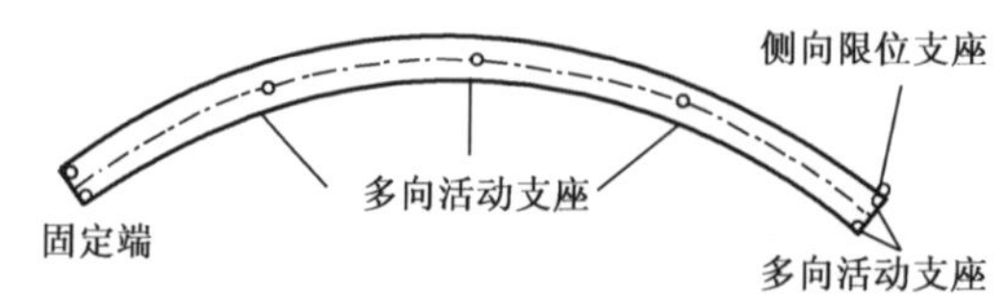

图 4-3-31　中间桥墩均设置多向活动支座连续曲梁支承布置示意图

保证弯桥的纵向自由收缩变形非常重要，因为一旦纵向伸缩被限制，弯桥将类似于平面内的拱桥，产生很大的水平推力，同时产生较大的侧向水平位移，造成桥梁损坏。因此，必须在设计中预留足够的伸缩缝变形量及支座允许变形量，在施工和使用过程中保证伸缩缝及支座的正常工作。

十、熟悉异形桥梁受力特点与构造

在高速公路立交及城市高架道路的分叉区段，不可避免地会出现一些异形结构。常见的有变宽度桥、两边支承斜角不等的直斜桥及弯斜桥、支承边呈折线形的多边形斜桥等（图 4-3-32）。

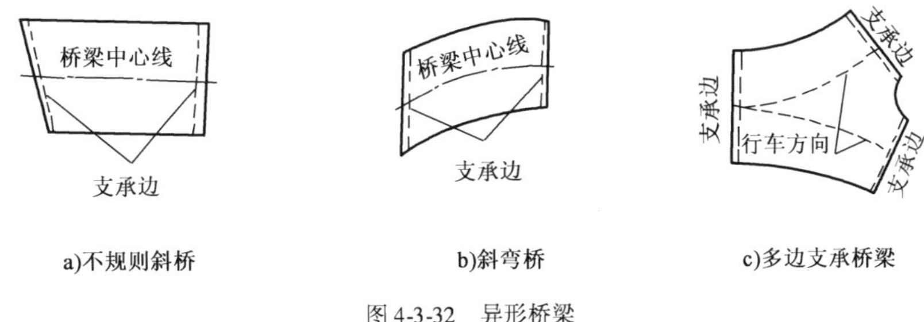

a)不规则斜桥　b)斜弯桥　c)多边支承桥梁

图 4-3-32　异形桥梁

异形桥梁受力复杂，尚无成熟的简化计算方法，通常是整个设计中较难处理的部分。在设计中可遵循下列原则：

（1）在结构布置设计中，尽量使异形结构部分相对独立，使其对规则结构的影响最小。

（2）通过计算或试验分析，使结构的主结构或主筋布置方向尽量与主弯矩方向一致。

（3）在支承边应设置与支承线方向平行的横梁或横隔板。

（4）异形桥梁的支承反力在同一支承边是不均匀的，支座布置时应充分考虑这一因素，避免出现支座超载或脱空现象。

异形桥梁的受力分析较为复杂，传统的解析分析方法难以解决问题。对于形状变异不大的桥梁可以近似地按照相应的规则桥梁计算；随着结构分析技术的进步，目前已有多种有限元方法可以对复杂形状的异形桥梁进行数值分析，如再辅以模型试验分析，可以得到足够精确的结果。

十一、熟悉坡桥

随着道路等级的提高，坡桥无处不在。路线上的桥梁，其坡度决定于路线纵坡。与平桥不同，坡桥结构存在下滑趋势，从而易对桥梁支座产生剪切破坏，高程较低端伸缩缝易破坏，墩台身受到不利影响，设计时应特别注意。

桥梁设计时，无论桥梁坡度大小，必须从构造上保证支座处于水平状态，图 4-3-33 所示即为通过支座上垫板与梁体底缘形成一定角度的方式保证成桥状态支座处于水平，其中，主梁预制时上垫板与梁体底缘之间的预设角度需通过预测分析得出。

由于坡桥支座寿命普遍较短，所以，在先简支后连续梁设计时，对于坡度在 2.5% 以上的桥梁，只要墩高适应连续刚构受力要求，均宜采用先简支后刚构（墩梁固结）梁桥，以避免支座问题（边支点除外）。

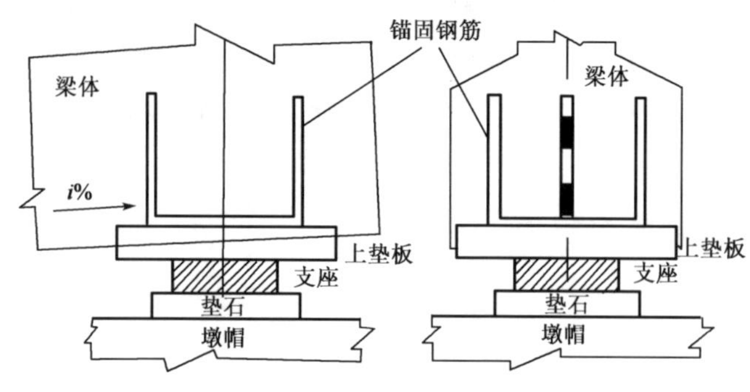

a)支座顺桥向布置　　b)支座横桥向布置

图 4-3-33　坡桥支座布置图

考点分析

根据大纲的规定,本节要求:

(1)熟悉简支梁桥受力特点、构造设计。

(2)熟悉连续梁桥、先简支后连续结构梁桥受力特点、构造设计。

(3)熟悉弯桥、斜桥、坡桥的受力特点与构造。

这一节主要是要求熟悉标准跨径在 50m 及以下的中、小跨径梁式桥梁的受力特点及构造设计。可以作为考点的内容主要是熟悉各种基本概念。

例题解析

例 1　对 T 形截面梁跨端及跨间横隔梁的设置,下列哪种说法正确?　(　　)

(A)跨端及跨间横隔梁都不需设置　　(B)跨端及跨间横隔梁都必须设置

(C)只需设置跨端横隔梁　　(D)只需设置跨间横隔梁

分析

早期的高速公路 T 形梁桥有采用不设跨间横隔梁的构造,主要为施工方便,设计单位认为通过了结构计算,使用没问题,但实际运营使用中病害严重。桥梁计算、验算很难完全实现任何局部构造都得到准确分析与验算,为确保桥梁设计可靠、施工方便、使用安全耐久,必须对桥梁结构构造、钢筋构造设计等做出相应规定。《公路钢筋混凝土及预应力混凝土桥涵设计规范》(JTG 3362—2018)第 9.3.1-1 条规定"在装配式 T 梁桥中,应设跨端和跨间横隔梁。"故本题选 B。

例 2　梁式桥按承重结构的横截面划分,下面哪一个选项是错误的?　(　　)

(A)板桥　　(B)简支梁桥

(C)肋板式梁桥　　(D)箱形梁桥

分析

选项B表示桥梁体系,不符合题意。故本题选B。

例3 对于超静定的连续梁桥,当加大靠近支点附近的梁高而做成变截面梁时,跨中设计弯矩将如何变化? (　　)

(A)降低　　(B)不变

(C)提高　　(D)可能降低,也可能提高

分析

选项A符合超静定结构受力特点。故本题选A。

例4 装配式T形简支梁桥内配置箍筋的作用,下面哪一种说法最合适? (　　)

(A)增大主梁的抗弯刚度

(B)能提高主梁正截面强度

(C)防止因混凝土收缩而导致梁表面出现裂缝

(D)增强主梁的抗剪能力

分析

箍筋的一个主要作用是用于斜截面抗剪。故本题选D。

例5 对于高速公路上的多孔简支架设的梁(板)桥,为了减少伸缩缝数量并有利于行车舒适,可分联采用桥面连续构造,每一联桥梁结构在汽车荷载竖向力作用时,是按下列哪一种结构体系来计算各孔主梁内力的? (　　)

(A)连续梁　　(B)简支梁

(C)连续刚构　　(D)T形刚构

分析

一联先简支后桥面连续结构,在汽车竖向力作用下,各孔主梁仍是按简支结构体系受力。故本题选B。

例6 一座施工时有体系转换的连续梁桥,关于其主梁自重内力计算方法,下列哪一项是正确的? (　　)

(A)与体系转换的情况及施工方法、顺序有关

(B)与体系转换的情况及施工方法、顺序无关

(C)只与体系转换的情况有关,与施工方法、顺序无关

(D)只与施工方法、顺序有关,与体系转换的情况无关

分析

连续梁桥主梁自重内力计算与体系转换的情况及施工方法、顺序有关。故本题选 A。

例 7 某简支梁桥计算跨径为35m,桥面布置为:7m(净宽) + 2×1.0m(人行道),横截面如下图所示,主梁沿纵向设置了 5 道横隔梁,且横隔梁刚度很大。试用偏心压力法计算在公路—I 级荷载作用下 1 号主梁的跨中截面弯矩。(已知:冲击系数为 $1+\mu=1.25$,公路—I 级汽车车道荷载 $q_k = 10.5\text{kN/m}$;计算跨径为 35m 时 $P_k = 330\text{kN}$。)

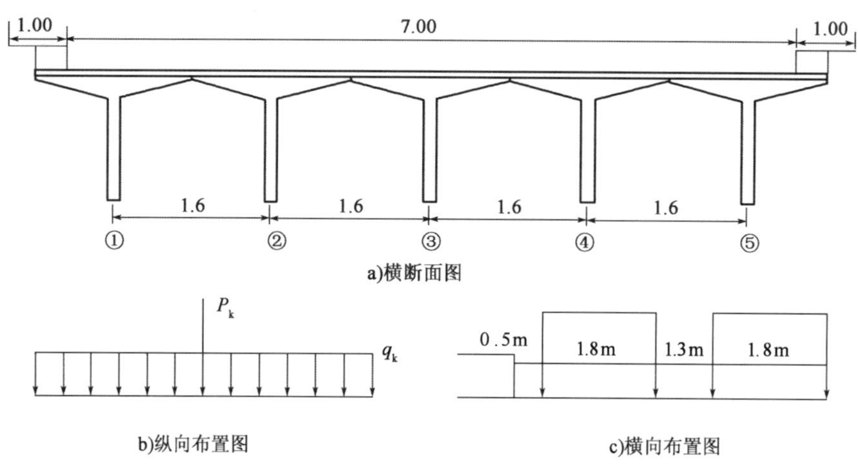

例 7 图　公路—I 级汽车车道荷载纵横向布置图

分析

由于 $\dfrac{l}{B} = \dfrac{35}{1.6\times5} = 4.375 > 2$,因此可按偏心压力法计算横向分布系数。

$$\sum_{i=1}^{5} a_i^2 = a_1^2 + a_2^2 + a_3^2 + a_4^2 + a_5^2 = 2\times[(2\times1.6)^2 + 1.6^2] = 25.6\text{m}^2$$

1 号主梁的影响线竖标为:

$$\eta_{11} = \frac{1}{n} + \frac{a_1^2}{\sum\limits_{i=1}^{5} a_i^1} = \frac{1}{5} + \frac{(2\times1.6)^2}{25.6} = 0.6$$

$$\eta_{15} = \frac{1}{n} - \frac{a_5^2}{\sum\limits_{i=1}^{5} a_i^1} = \frac{1}{5} - \frac{(2\times1.6)^2}{25.6} = -0.2$$

绘制 1 号梁跨中荷载影响线,见例 7 解图(1)。

因此,车辆荷载的横向分布系数为:

$$m_{cq} = \frac{1}{2}\times(0.575 + 0.35 + 0.1875 - 0.0375) = 0.5375$$

计算 1 号梁跨中弯矩影响线,并加载,见例 7 解图(2)。

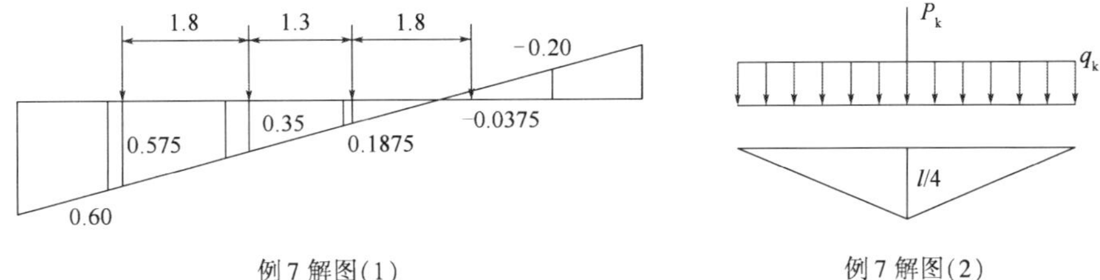

例7 解图(1)

例7 解图(2)

公路—I 级汽车车道荷载作用下,1 号梁跨中弯矩为:

$$\begin{aligned}M &= m(1+\mu)(P_k \cdot \eta + q_k \cdot \omega)\\&= 0.5375 \times 1.25 \times (330 \times 35/4 + 10.5 \times 35^2/8)\\&= 0.671875 \times (2887.5 + 1607.8125)\\&= 3020.3\text{kN} \cdot \text{m}\end{aligned}$$

例8 试用图乘法(或其他合适的方法)计算图示结构中指定截面的位移,设 EI =常数,求 C 点的竖向位移 Δ_{CY} 和 A 点的转角 φ_A。

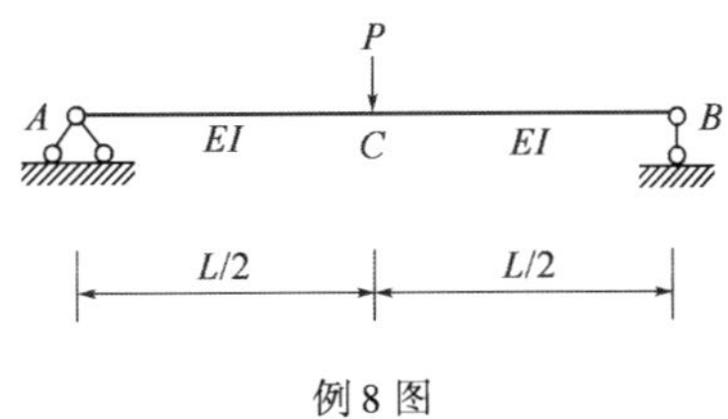

例8 图

分析

假设虚拟状态,绘制虚拟状态和实际状态弯矩图,见下图。

①求 Δ_{CY}

$$\Delta_{CY} = \frac{1}{EI}\left(\frac{1}{2} \times \frac{L}{2} \times \frac{L}{4} \times \frac{PL}{6} \times 2\right) = \frac{PL^3}{48EI}(\downarrow)$$

②求 φ_A

$$\varphi_A = \frac{\frac{1}{2} \times L \times \frac{PL}{4} \times \frac{1}{2}}{EI} = \frac{PL^2}{16EI}\text{(顺时针转)}$$

a)Δ_{CY}的$\overrightarrow{M}$图　b)M_P图　c)φ_A的$\overrightarrow{M}$图

例8 解图

自测模拟

（第1～3题为单选题）

1. 为保证装配式T梁各主梁之间连接成整体，共同参与受力，下列哪一项设置是正确的？（　　）

(A)牛腿　　(B)横隔梁
(C)桥面铺装钢筋网　　(D)伸缩缝

2. 对于高速公路上的多孔简支架设的梁(板)桥，为了减少伸缩缝数量并有利于行车舒适，可分联采用先简支后结构连续的体系，每一联桥梁结构在汽车荷载竖向力作用时，是按下列哪一种结构体系来计算各孔主梁内力的？（　　）

(A)连续梁　　(B)简支梁
(C)单悬臂梁　　(D)双悬臂梁

3. 先简支后桥面连续构造的实质，就是将一联多孔简支上部构造在其桥面连续处施行铰接，据此，以下哪一项不正确？（　　）

(A)桥面连续处能传递水平力　　(B)桥面连续处不传递弯矩
(C)桥面连续处桥面铺装是连续的　　(D)桥面连续处桥面铺装是不连续的

参考答案

1. B　　2. B　　3. B

第四节　梁桥支座与墩台

依据规范

《公路桥涵设计通用规范》(JTG D60—2015)

3.6　构造要求

《公路钢筋混凝土及预应力混凝土桥涵设计规范》(JTG 3362—2018)

9　构造规定

9.1　一般规定

9.6　柱、墩台和桩基承台

9.7　支座和伸缩装置

《公路桥梁板式橡胶支座》(JT/T 4—2004)

《公路桥梁板式橡胶支座规格系列》(JT/T 663—2006)

《公路桥梁盆式支座》(JT/T 391—2009)

《公路桥梁球形支座规格系列》(JT/T 854—2013)

重点知识

掌握桥梁支座及墩台类型

1.桥梁支座

1)概述

梁式桥在桥跨结构和墩台之间需设置支座,其作用为:①传递上部结构的支承反力,包括恒载和活载引起的竖向力和水平力;②保证结构在活载、温度变化、混凝土收缩和徐变等因素作用下的自由变形,以使上、下部结构的实际受力情况符合结构的静力图示(图4-4-1)。

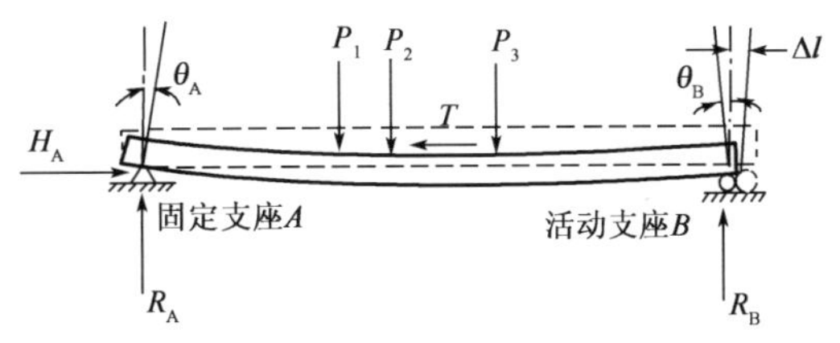

图4-4-1　简支梁的静力图式

梁式桥的支座分成固定(铰)支座和活动(铰)支座两种。固定(铰)支座既要将主梁固定在墩台上并传递竖向力和水平力,又要保证主梁发生挠曲时在支承处能自由转动,如图4-4-1所示左端。活动(铰)支座仅传递竖向力,同时保证主梁在支承处既能自由转动,又能水平移动,如图4-4-1所示右端。

在梁的单个支承点上,如单片预制梁、独立箱梁等,纵桥向只能设置1个支座,横桥向支座数不应大于2,确保结构受力明确。

对于多跨简支梁桥,相邻两跨简支梁的固定(铰)支座不宜集中布置在同一个桥墩上,但若个别桥墩较高时,为减小水平力引起的桥墩弯矩,可将相邻两跨的活动(铰)支座集中布置其上。对于坡桥,宜将固定(铰)支座高程较低的墩台上。对于连续梁桥,为使全梁的纵向变形分散在梁的两端,宜将固定(铰)支座设置在靠中间的支点处,但若中间支点处桥墩较高,且左右梁长不对称,其水平受力将不利,此时,可根据具体情况将固定(铰)支座布置在其他合适的墩台上。

此外,对于特别宽的梁桥,应设置沿纵向和横向均能移动的全方位活动(铰)支座。对于弯桥,则应考虑活动(铰)支座沿弧线方向移动的可能性。对于处在地震地区的梁桥,其支座构造设计还应考虑桥梁防震和减震设施的需要。

2)支座的类型与构造

梁式桥支座使用最多的是橡胶支座,在低等级道路小桥上也有采用油毛毡等简易支座的情况,钢支座也时有采用。橡胶支座设计应符合《公路桥梁板式橡胶支座》(JT/T 4—2004)及《公路桥梁盆式支座》(JT/T 391—2009)的有关规定。

(1)普通板式橡胶支座

板式橡胶支座由数层薄橡胶片与薄钢板镶嵌、黏合、压制而成。它具有足够的竖向刚度,以承受垂直荷载,能将上部结构的反力可靠地传递给墩台;有良好的弹性和偏压变形性能,能

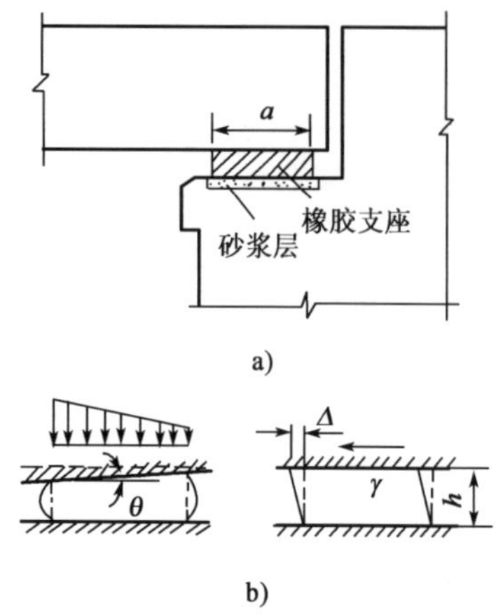

图 4-4-2　板式橡胶支座活动机理

适应梁端的转动需要；有较大的剪切变形，能满足上部结构水平位移需要。板式橡胶支座的活动机理是：利用橡胶的不均匀弹性压缩实现转角 θ，利用其剪切变形实现水平位移 Δ，如图 4-4-2 所示。

普通板式橡胶支座一般无固定支座与活动支座之区别，所有纵向水平力和位移由各个支座均匀分配。必要时也可采用高度不同的橡胶板来调节各支座传递的水平力和水平位移，但支座的长、宽、高尺寸应该满足《公路钢筋混凝土及预应力混凝土桥涵设计规范》（JTG 3362—2018）（简称《桥规》）第 8.7 条及第 9.7 条的相关规定。

普通板式橡胶支座区分为矩形板式橡胶支座（代号 GJZ）（图 4-4-3）、圆形板式橡胶支座（代号 GYZ）（图 4-4-4）。普通板式橡胶支座的橡胶材料与使用地区的温度条件有关，常温型橡胶支座，应采用氯丁橡胶（CR）生产，适用温度为 −25 ~ +60℃。不得使用天然橡胶代替氯丁橡胶。也不允许在氯丁橡胶中掺入天然橡胶；耐寒型橡胶支座，应采用天然橡胶（NR）生产，适用温度为 −40 ~ +60℃。

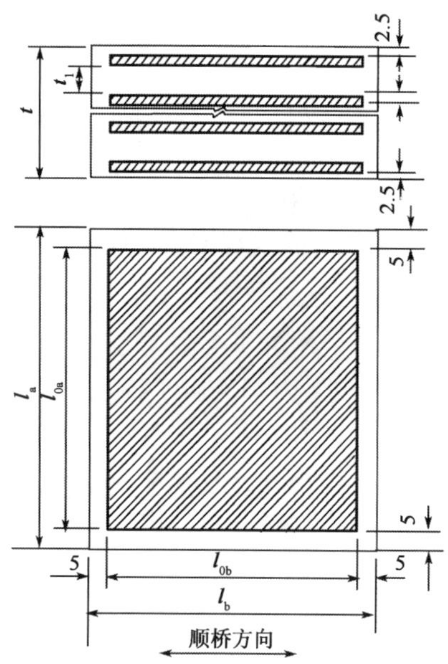

图 4-4-3　矩形板式橡胶支座（尺寸单位：mm）

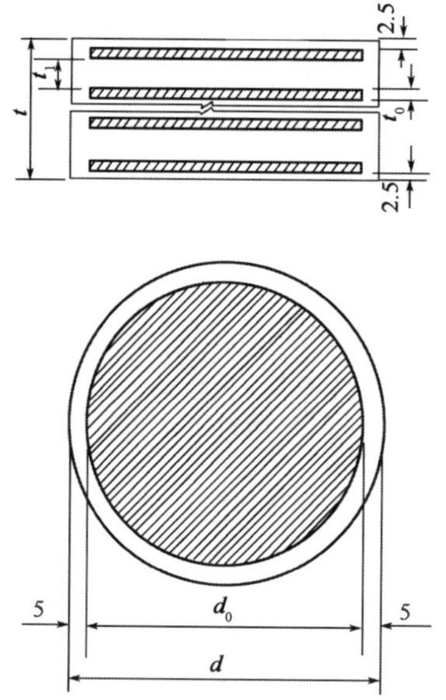

4-4-4　圆形板式橡胶支座（尺寸单位：mm）

（2）四氟滑板橡胶支座

四氟滑板橡胶支座就是在普通板式橡胶支座上按照支座尺寸大小粘贴一块厚 2 ~ 4mm 的聚四氟乙烯板，除具有普通板式橡胶支座的竖向刚度与压缩变形以及能承受垂直荷载及适应梁端转动外，还能利用聚四氟乙烯板与梁底粘贴的不锈钢板间摩阻系数非常小的特点，使桥梁上部结构水平位移不受限制，如图 4-4-5 和图 4-4-6 所示。此外，这种支座还可在顶推、横移等施工中作滑板使用。四氟滑板橡胶支座代号矩形为 $GJZF_4$、圆形为 $GYZF_4$。

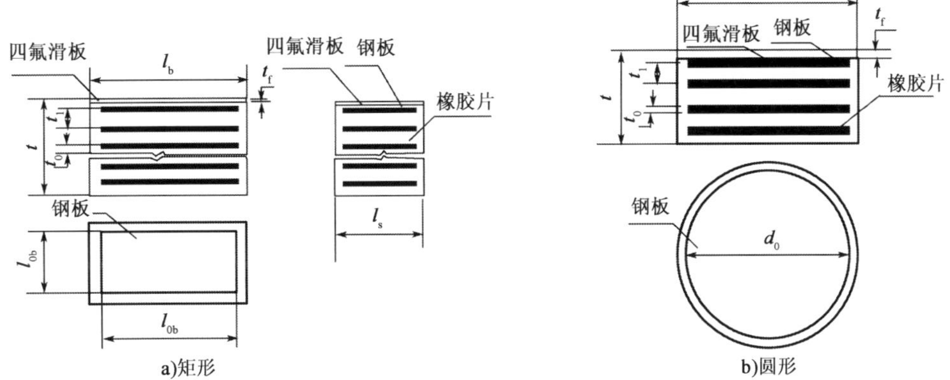

图 4-4-5 四氟滑板橡胶支座

t_1-中间橡胶层厚度；t_0-单层钢板厚度；t_f-四氟滑板厚度

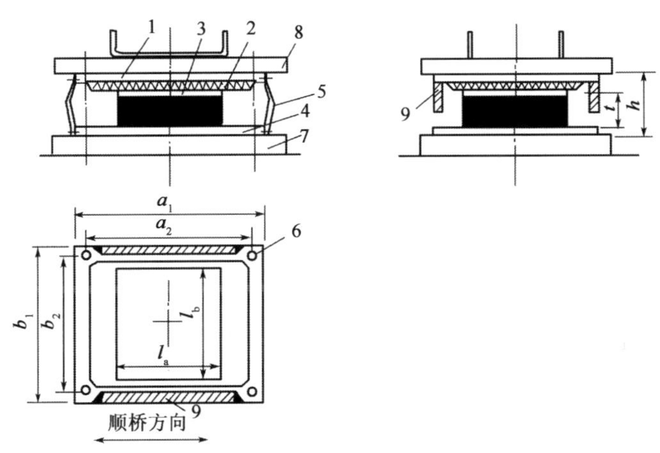

图 4-4-6 四氟滑板橡胶支座组装示意图

1-上钢板；2-不锈钢板；3-四氟滑板支座（GJZF$_4$、GYZF$_4$）；4-下钢板；5-防尘罩；6-锚固螺栓；7-支座垫石；8-梁底预埋钢板；9-导向板

(3)具有锚固装置的板式橡胶支座

当要求板式橡胶支座各向固定，但能转动时，可在上下钢板的短边上设固定措施，即在下底板上焊上强大的钢撑，其顶部的销钉伸入顶板的孔中起锚固作用，见图 4-4-7a)。如需支座纵向移动和横向可转动，可在顶板上预留纵向槽，允许销钉在其中纵向移动。当支座厚度较小时，可只设销钉而不再设钢撑，见图 4-4-7b)。

根据《公路桥涵设计通用规范》(JTG D60—2015)第 3.6.8 条，桥梁不宜采用带球冠的板式橡胶支座或坡形板式橡胶支座。

(4)盆式橡胶支座

盆式橡胶支座是钢构件与橡胶组合而成的桥梁支座，具有承载能力大、水平位移量大、转动灵活等特点，《公路桥梁盆式支座》(JT/T 391—2009)适用的盆式支座承载力为 0.4 ~ 60MN。

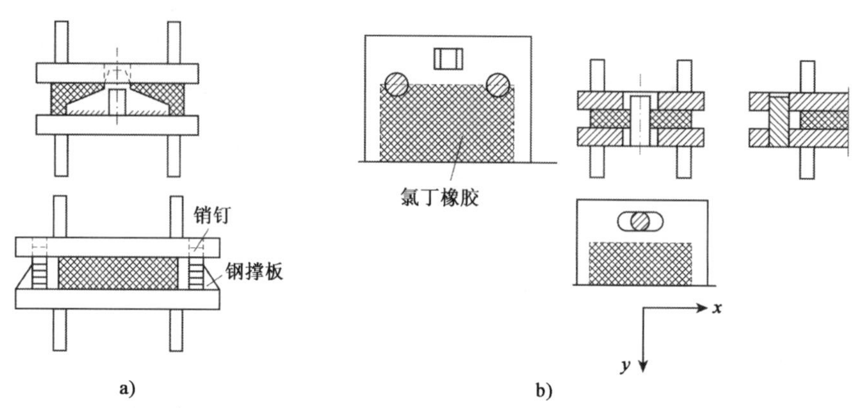

图 4-4-7　具有锚固装置的板式橡胶支座

①盆式橡胶支座按使用性能分类

双向活动支座(多向活动支座)(图 4-4-8):具有竖向承载、竖向转动和双向滑移性能,代号为 SX。

单向活动支座(图 4-4-9):具有竖向承载、竖向转动和单一方向滑移性能,代号为 DX。

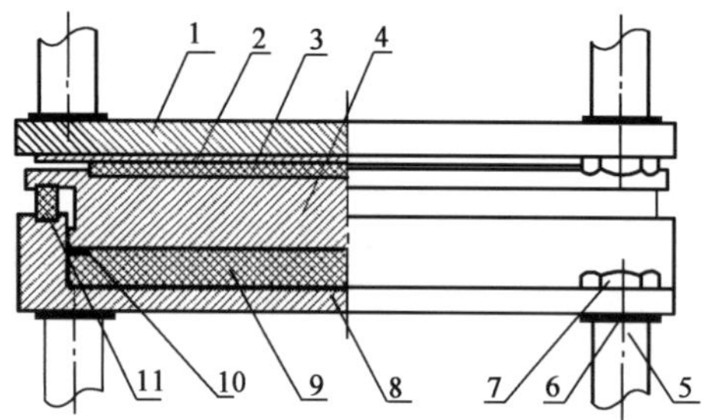

图 4-4-8　双向活动支座结构示意图(未示防尘围板)

1-顶板;2-不锈钢冷轧钢板;3-聚四氟乙烯板;4-中间钢板;5-套筒;6-垫圈;7-锚固螺栓;8-钢盆;9-橡胶板;10-黄铜密封圈;11-防尘圈

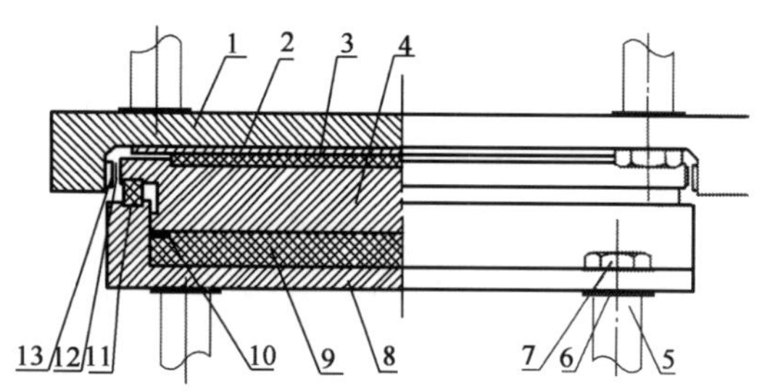

图 4-4-9　单向活动支座结构示意图(未示防尘围板)

1-顶板;2-不锈钢冷轧钢板;3-聚四氟乙烯板;4-中间钢板;5-套筒;6-垫圈;7-锚固螺栓;8-钢盆;9-橡胶板;10-黄铜密封圈;11-防尘圈;12-SF-1 导向滑条;13-侧向不锈钢条

固定支座(图 4-4-10):具有竖向承载和竖向转动性能,代号为 GD。

减震型固定支座(图 4-4-11):具有竖向承载、竖向转动和减震性能,代号为 JZGD。

减震型单向活动支座(图 4-4-12):具有竖向承载、竖向转动、单一方向滑移和减震性能,代号为 JZDX。

盆式橡胶支座按适用温度范围分为常温型支座,适用于 $-25 \sim +60$℃;耐寒型支座,适用于 $-40 \sim +60$℃,代号为 F。

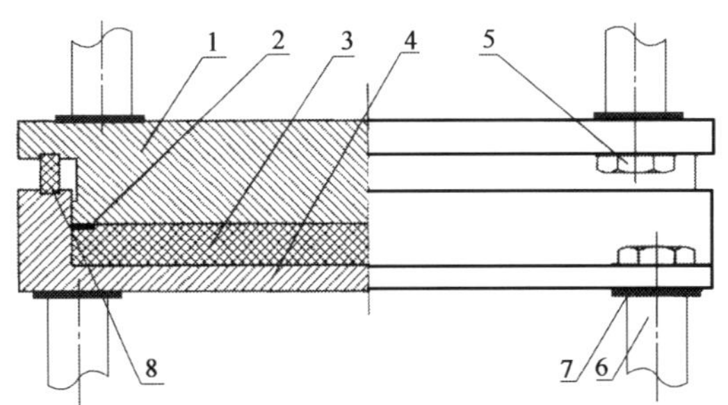

图 4-4-10　固定支座结构示意图(未示防尘围板)

1-顶板;2-黄铜密封圈;3-橡胶板;4-钢盆;5-锚固螺栓;6-套筒;7-垫圈;8-防尘圈

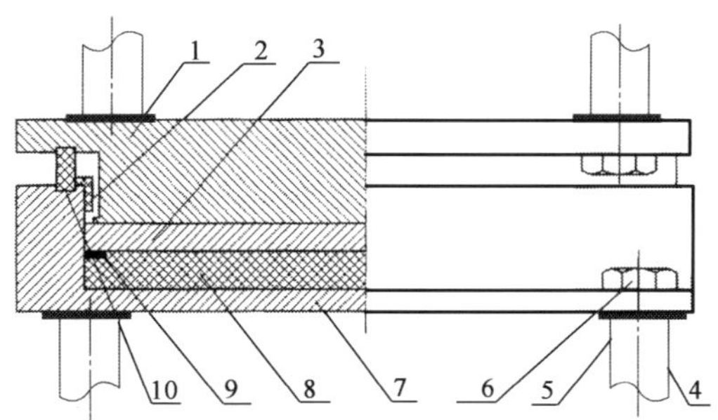

图 4-4-11　减震型固定支座结构示意图(未示防尘围板)

1-顶板;2-高阻尼橡胶;3-下衬板;4-套筒;5-垫圈;6-锚固螺栓;7-钢盆;8-橡胶板;9-黄铜密封圈;10-防尘圈

②盆式橡胶支座的结构形式

双向活动支座和单向活动支座由顶板、不锈钢冷轧钢板、聚四氟乙烯板、中间钢板、黄铜密封圈、橡胶板、钢盆、锚固螺栓、防尘圈和防尘围板等组成。

固定支座由顶板、黄铜密封圈、橡胶板、钢盆、锚固螺栓、防尘圈和防尘围板等组成。

(5)球形支座

球形钢支座传力可靠,转动灵活,它不但具备盆式橡胶支座承载能力大、允许支座位移大等特点,而且能更好地适应支座大转角的需要。由于其各向转动性能一致,适用于宽桥、曲线桥,并且它不用橡胶承压,不存在橡胶老化对支座转动性能的影响,特别适用于低温区。

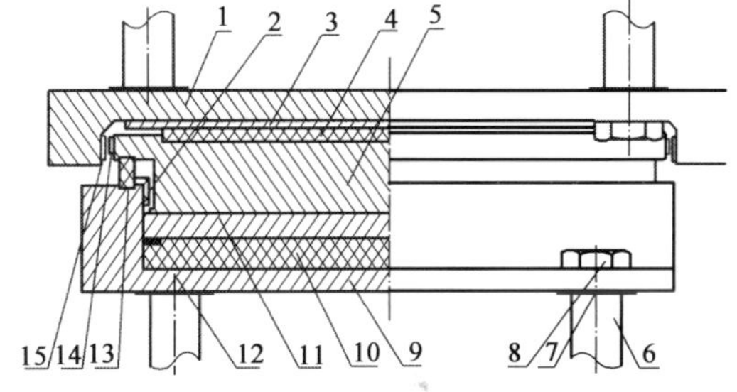

图 4-4-12　减震型单向活动支座结构示意图(未示防尘围板)

1-顶板;2-高阻尼橡胶;3-不锈钢冷轧钢板;4-聚四氟乙烯板;5-中间钢板;6-套筒;7-垫圈;8-锚固螺栓;9-钢盆;10-橡胶板;11-下衬板;12-黄铜密封圈;13-防尘圈;14-SF-1 导向滑条;15-侧向不锈钢条

公路桥梁球形支座分类应符合 GB/T 17955—2009 中 3.1 的规定。双向活动支座(GQZ-SX)结构示意图见图 4-4-13;单向活动支座(GQZ-DX)结构示意图见图 4-4-14;固定支座(GQZ-GD)结构示意图见图 4-4-15。

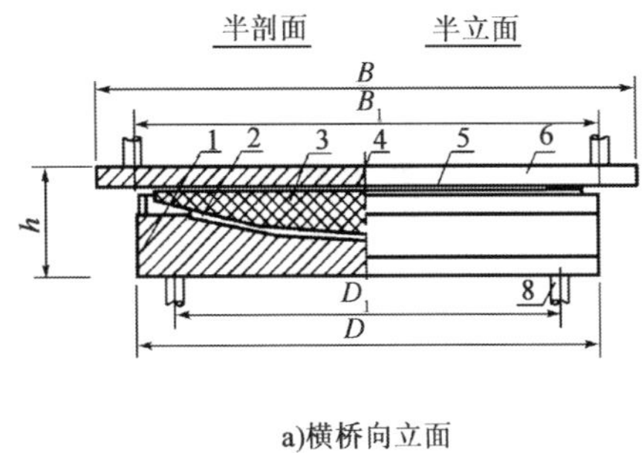

a)横桥向立面

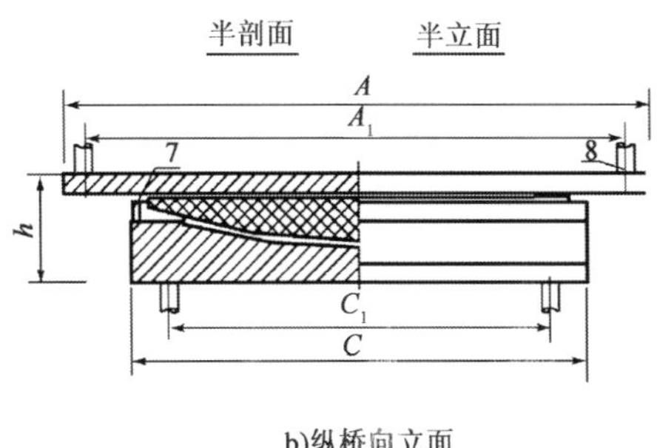

b)纵桥向立面

图　4-4-13

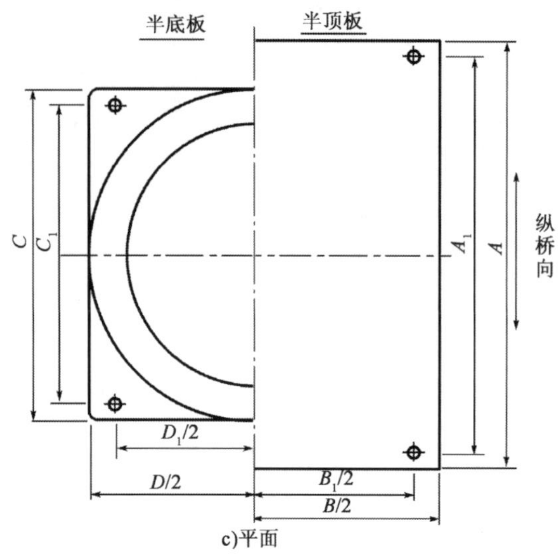

c)平面

图 4-4-13 双向活动支座结构示意图

1-下底盆;2-球面聚四氟乙烯板;3-球型钢衬板;4-圆形平面聚四氟乙烯板;5-平面不锈钢板;6-上顶板;7-钢挡圈;8-锚固螺栓

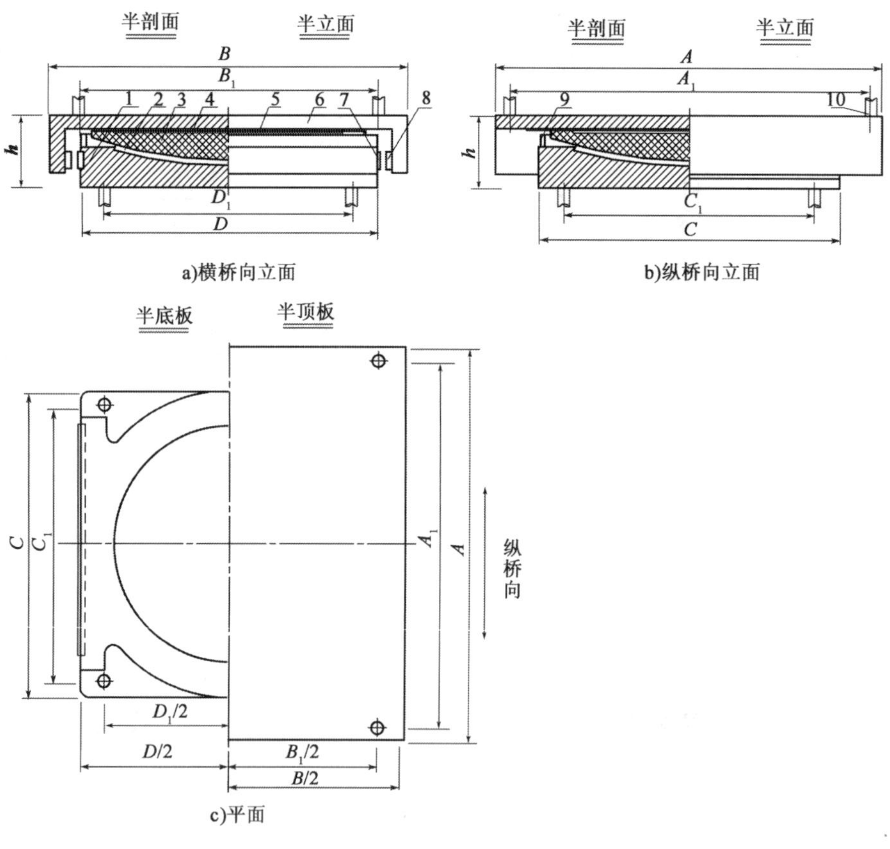

c)平面

图 4-4-14 单向活动支座结构示意图

1-下底盆;2-球面聚四氟乙烯板;3-球型钢衬板;4-圆形平面聚四氟乙烯板;5-平面不锈钢板;6-上顶板;7-侧向滑条;8-不锈钢侧向滑条;9-钢挡圈;10-锚固螺栓

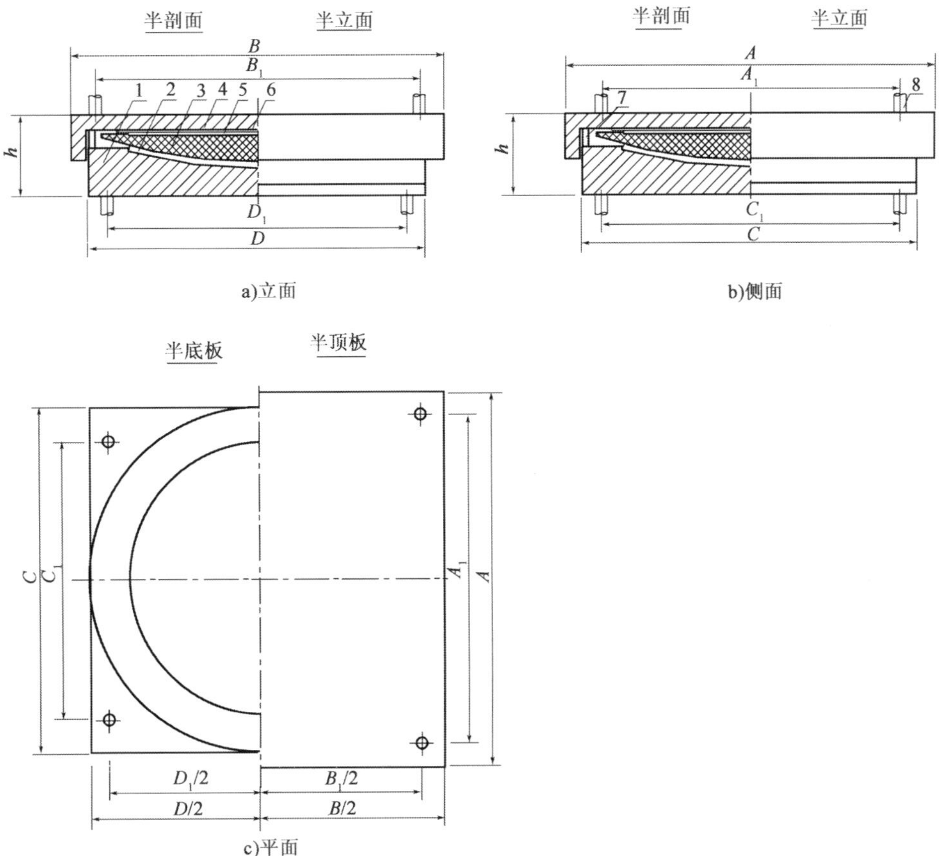

图4-4-15　固定支座结构示意图

1-下底盆;2-球面聚四氟乙烯板;3-球面钢衬板;4-上顶板;5-平面聚四氟乙烯板;6-不锈钢板;7-防尘密封圈;8-锚固螺栓

2. 桥梁墩台

1)概述

桥梁墩(台)由墩(台)帽、墩(台)身和基础三部分组成(图4-4-16)。

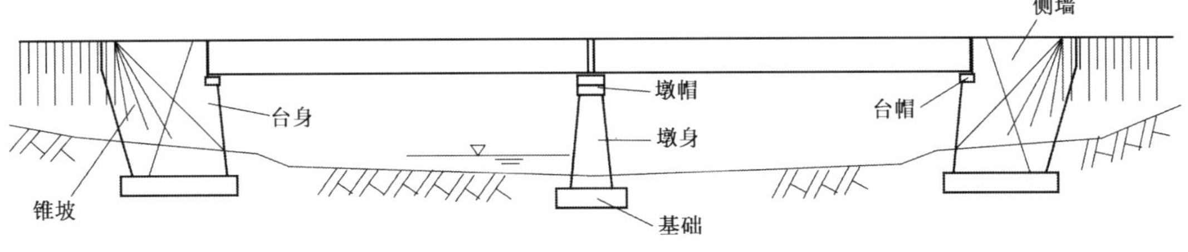

图4-4-16　桥梁墩(台)结构组成图

尽管桥梁墩台的类型繁多,但常用的墩、台形式大体可以归纳为两大类。

(1)重力式墩、台

重力式墩、台依靠自身的重量来平衡外力而保持其稳定,因此,墩、台身比较厚实,当用天然石材或片石混凝土砌筑时,可以不配置钢筋;当用混凝土浇筑时,混凝土墩台身宜设置表层钢筋网,其截面面积在水平方向和竖直方向均不小于250mm²/m。重力式墩、台适用于地基良好的大、中型桥梁,或流冰、漂浮物较多的河流中。在砂石料丰富的地区,小桥也往往采用重力式墩、台。重力式墩、台的主要缺点是圬工体积较大,因而其自重和阻水面积也较大,对地基要求较高。

(2)轻型墩、台

属于这类墩、台的形式很多,而且都有各自的特点和使用条件,选用时必须根据桥位处的地形、地质、水文和施工条件等因素综合考虑确定。由于轻型墩、台的刚度小,受力后允许有一定范围内的弹性变形,因此,所用建筑材料大多以钢筋混凝土和少量配筋的混凝土为主,但也有一些轻型墩台,通过验算后可以用石料砌筑。

2)桥墩

(1)重力式桥墩

重力式桥墩在公路梁桥和拱桥中应用较为普遍。它们除了在墩帽构造上有所差别以外,其他部分的构造外形大致相同。

①梁桥重力式桥墩

梁桥重力式桥墩的墩帽是桥墩顶端的传力部分,它通过支座承托上部构造、并将相邻两孔桥跨结构的自重和活载传到墩身上。因此,墩帽的强度要求较高,一般都用C20以上的钢筋混凝土。墩帽平面尺寸的合理确定,将直接影响墩身的平面尺寸和材料的选用。当顺桥向的墩帽宽度较小而桥墩又较高时,墩身就显得很薄,因此,需要采用钢筋混凝土结构。另一方面,如果墩身在横桥向的长度较小,或者做成柱子形式,那么又会反过来影响着墩帽(或称帽梁)的受力、尺寸及其配筋数量。墩帽和台帽厚度,对特大、大跨径桥梁不应小于50cm;中、小跨径桥梁不应小于40cm。设置支座的墩帽和台帽上应设置支座垫石。与支座底板边缘相对的支座垫石边缘应向外展出10~20cm。墩帽的四周较墩身出檐宽度宜为5~10cm。

墩帽内应设置受力钢筋或构造钢筋,钢筋直径一般为8~16mm,采用间距为15~25cm的网格布置。在支座垫石内也应设置水平钢筋网,钢筋直径为8~12mm,网格距离为7~10cm,这样使支座传来的很大集中力能较均匀地分布到墩身上,如图4-4-17所示。

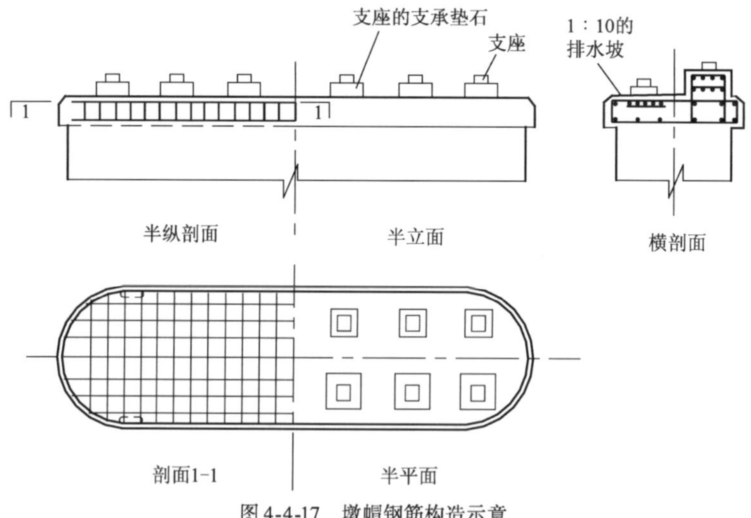

图4-4-17　墩帽钢筋构造示意

在一些宽桥或者墩身较高的桥梁中,为了节省墩身及基础的圬工体积,常常利用挑出的悬臂或托盘来缩短墩身横桥向长度,做成悬臂式或托盘式墩帽(图4-4-18)。

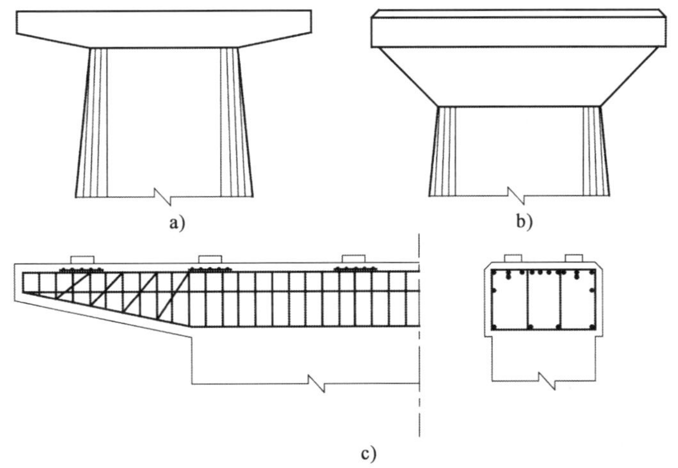

图 4-4-18　悬臂式和托盘式墩帽

墩身是桥墩的主体。实体式桥墩墩身的顶宽,小跨径桥梁不宜小于 0.8m(采用轻型桥台的桥梁的桥墩不宜小于 0.6m);中跨径桥梁不宜小于 1.0m;特大、大跨径桥梁的墩身顶宽应视上部构造类型而定。侧坡一般采用 20∶1 ~30∶1(竖∶横),小跨径桥梁的桥墩也可采用直坡。

墩身通常由块石、混凝土或钢筋混凝土材料建造。为了便于水流和漂浮物通过,墩身平面形状可以做成圆端形或尖端形;无水的岸墩或高架桥墩可以做成矩形。

此外,在一些高大桥墩中,为了减小圬工体积,节约材料,或为了减轻自重,降低基底的承压应力,也可将墩身内部作为空腔体,即所谓空心桥墩。这种桥墩在外形上与实体重力式桥墩无大的差别(图 4-4-19),只是自重较实体重力式的轻,因此,它介于重力式桥墩和轻型桥墩之间。

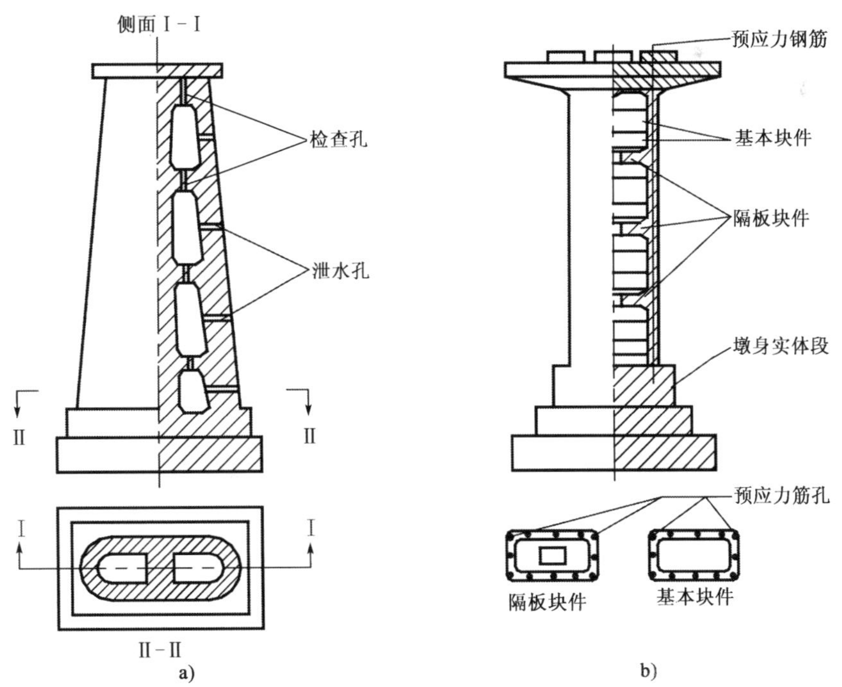

图 4-4-19　空心桥墩构造示意

②拱桥重力式桥墩

拱桥是一种有水平推力的结构,拱圈传给桥墩上的力,除了垂直力以外,还有较大的水平推力,这是与梁桥的最大不同之处。从抵御结构自重水平力的能力来看,拱桥桥墩又可以分为普通墩和单向推力墩两种。普通墩除了承受相邻两跨结构传来的垂直反力外,一般不承受结构自重水平推力,或者当相邻两孔不相同时只承受经过相互抵消后尚余的不平衡推力。单向推力墩又称制动墩,它的主要作用是当一侧的桥孔因某种原因遭到毁坏时,能承受住单向的结构自重水平推力,以保证另一侧的拱桥不致遭到倾塌;在多跨连拱施工时,为了拱架的多次周转,或者当缆索吊装设备的工作跨径受到限制,为了能按桥台与某墩之间或者按某两个桥墩之间作为一个施工段进行分段施工,在此情况下也要设置能承受部分结构自重单向推力的制动墩。单向推力墩宜每隔3~5孔设置一个。由此可见,为了满足结构强度和稳定性的要求,普通墩的墩身可以做得薄一些[图4-4-20a)~c)],单向推力墩则要做得厚实一些[图4-4-20d)]。

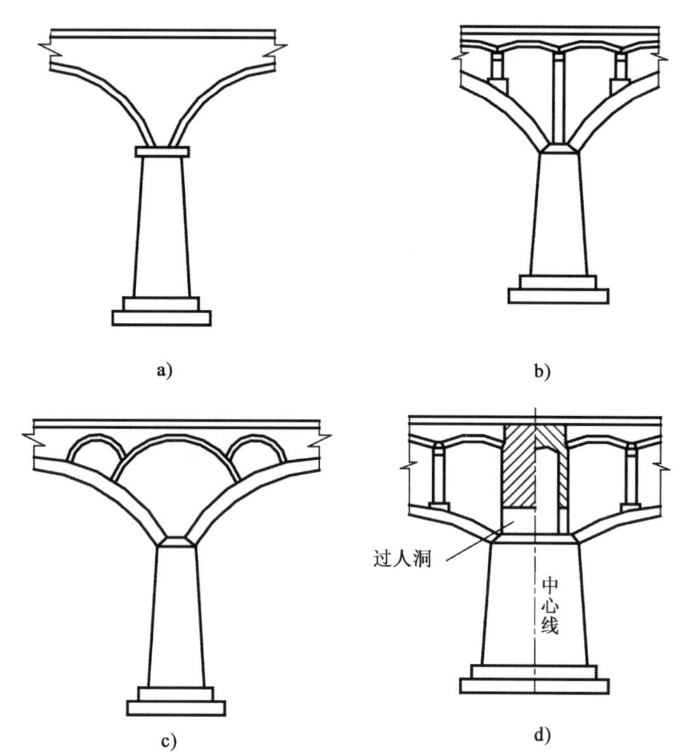

图4-4-20 拱桥普通墩与推力墩

拱桥桥墩与梁桥桥墩的一个不同点在于梁桥桥墩的顶面要设置传力的支座,而拱桥桥墩在其顶面的边缘需设置呈倾斜面的拱座,直接承受由拱圈传来的压力,故无铰拱的拱座总是设计成与拱轴线呈正交的斜面。由于拱座承受着较大的拱圈压力,一般采用C30以上的整体式混凝土、混凝土预制块或MU40以上的块石砌筑。肋拱桥的拱座由于压力比较集中,应用强度等级高的混凝土及数层钢筋网加强;装配式肋拱的拱座,也可预留供插入拱肋的孔槽(图4-4-21),就位以后再浇灌混凝土封固。为了加强肋底与拱座的联结,底部可设U形槽浇灌混凝土,混凝土应不低于C30。有时孔底或孔壁还应增设一些加固钢筋网。

当桥墩两侧孔径相等时，则拱座均设置在桥墩顶部相同的起拱线高程上，有时考虑桥面的纵坡，两侧的起拱线高程可以略有不同。当桥墩两侧的孔径不等，结构自重水平推力不平衡时，需将拱座设置在不同的起拱线标高上。此时，桥墩墩身可在推力小的一侧变坡或增大边坡。从外形美观上考虑，变坡点宜设在常水位以下(图4-4-22)。墩身两侧边坡和梁桥一样，一般也为20∶1～30∶1(竖∶横)。

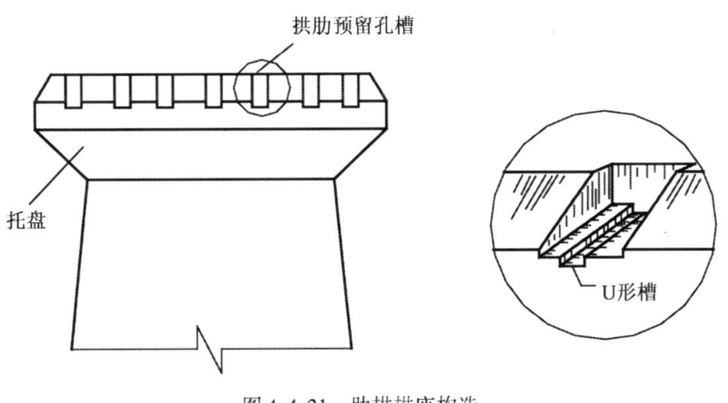

图4-4-21　肋拱拱座构造

(2)轻型桥墩

①梁桥轻型桥墩

当地基土质条件较差时，为了减轻地基负担，或减轻墩身重量，节约圬工材料，常常采用各种形式的轻型桥墩。轻型桥墩的墩帽尺寸及构造也由上部结构及其支座尺寸等要求来确定，这与重力式桥墩并无多大差异。

图4-4-23为钢筋混凝土薄壁桥墩，墩身直立，其厚度与高度的比值较小(一般为1/10～1/15或30～50cm)，墩身内配置有适量的钢筋，含钢量约为60kg/m^3。薄壁桥墩的特点是圬工体积小，结构轻巧，比重力式桥墩可节约圬工量70%左右，且施工简便，外形美观，过水性良好，故适用于地基土软弱的地区。缺点是当采用现浇混凝土时，需耗费用于立模的材料和一定数量的钢筋。

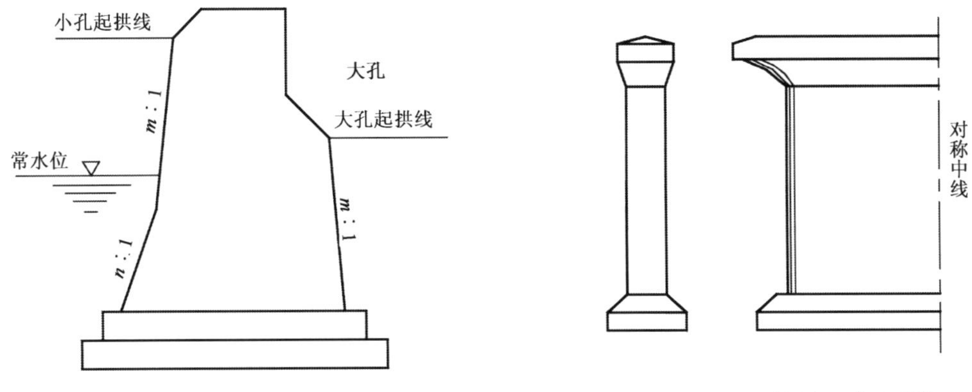

图4-4-22　起拱线高程不同的拱座设置

图4-4-23　钢筋混凝土薄壁桥墩

图4-4-24为轻型实体桥墩，轻型实体桥墩较多采用圆端形，墩帽采用不低于C25的混凝土加φ8 mm的构造钢筋。墩帽在平面上的尺寸随墩身顶部尺寸而定。墩帽高度不小于25～

30cm。墩帽四周挑檐宽度为5cm,周边做成5cm倒角。

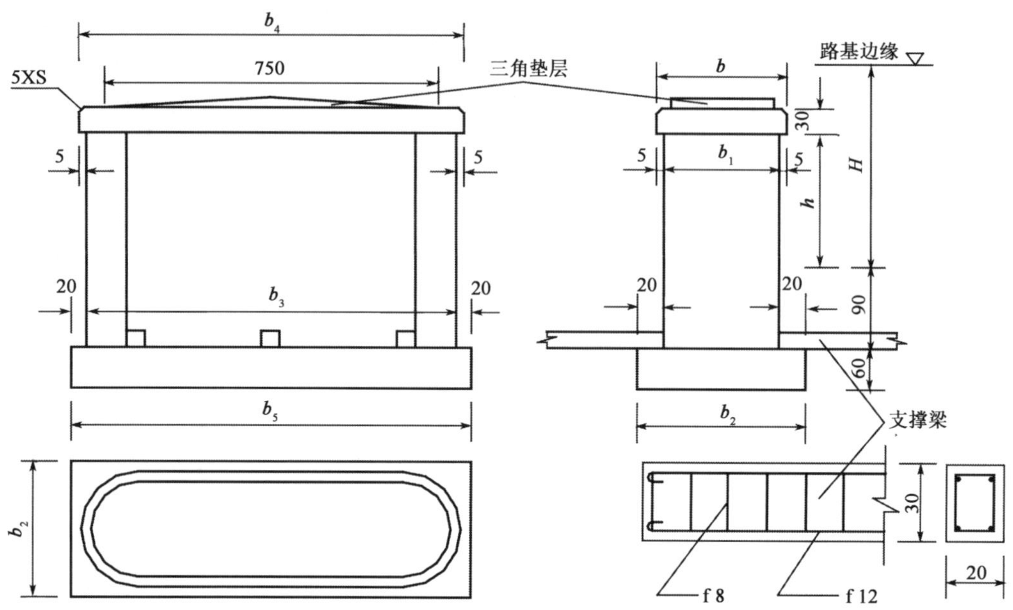

图4-4-24 轻型实体桥墩构造图(尺寸单位:cm)

图4-4-25为柱式桥墩,柱式桥墩由分离的两根或多根立柱所组成,是桥梁中采用较多的桥墩形式之一。它的外形美观,圬工体积少,而且重量较轻。

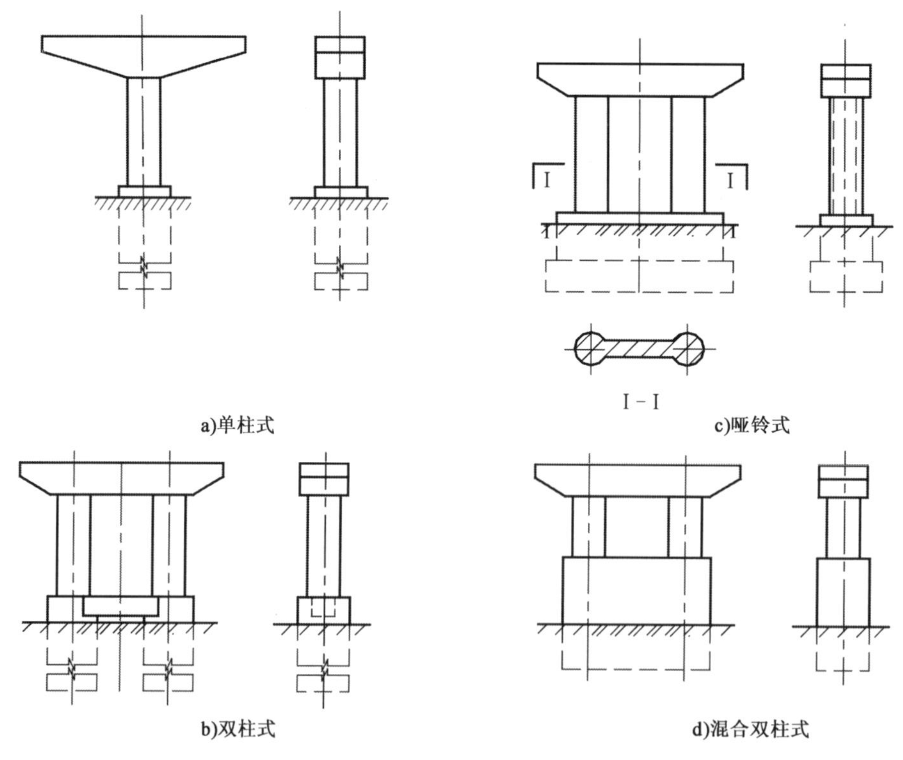

图4-4-25 柱式桥墩

桩(地面以下)、柱(地面以上)和盖梁组成的桥墩称作桩柱式,目前使用非常广泛。除在桩顶处设置地系梁外,当柱(墩身)高度较大时,需布置横系梁,以增加墩柱的稳定性,横系梁间距一般控制在15m左右。桩柱尺寸需根据跨径大小、作用等级、地质情况等综合确定。

盖梁横截面形状一般为矩形,就地浇筑。必要时也可采用预制安装的盖梁及预应力混凝土盖梁。盖梁各截面尺寸与配筋需通过计算确定。《桥规》(JTG 3362—2018)第9.6条做出了详细规定。

②拱桥轻型桥墩

拱桥轻型桥墩一般为配合钻孔灌注桩基础的桩柱式桥墩。从外形上看,它与梁桥上的桩柱式桥墩非常相似(图4-4-26)。当拱桥跨径在10m左右时,常采用两根直径为1m的钻孔灌注桩;跨径在20m左右时可采用两根直径为1.2m或3根直径为1m的钻孔灌注桩;跨径在30m左右时可采用3根直径为1.2~1.3m的钻孔灌注桩。桩墩较高时,应在桩间设置横系梁,以增强桩柱刚性。桩柱式桥墩一般采用单排桩,如是高墩而且拱桥跨径在40~50m以上,可采用双排桩[图4-4-26b)],桩顶设置承台,与墩柱联成整体。如果柱与桩直接连接,则应在桩柱接合处设置横系梁。若柱高大于6~8m时,还应在柱的中部设置横系梁。

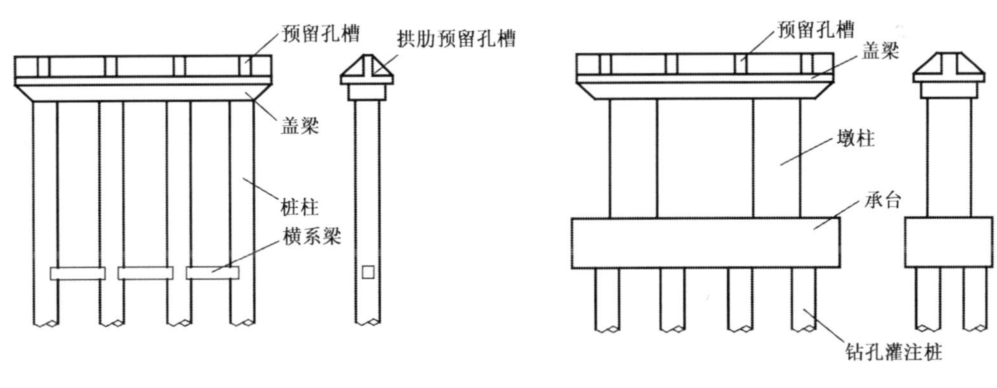

图4-4-26　拱桥桩柱式桥墩

在采用轻型桥墩的多孔拱桥中,每隔3~5孔应设单向推力墩。

3)桥台

(1)重力式桥台

重力式桥台也称实体式桥台,它主要靠自重来平衡台后的土压力。桥台台身可采用块石、片石混凝土或混凝土等砌(浇)筑。

梁桥和拱桥上常用的重力式桥台为U形桥台,它们由台帽、台身和基础三部分组成。由于台身是由前墙和两个侧墙构成的U形结构,故而得名,如图4-4-27所示。从图中比较可以看出,二者除在台帽部分有所差别外,其余部分基本相同;从尺寸上看,拱桥桥台一般较梁桥者要大。U形桥台的优点是构造简单,可以用混凝土或片石、块石砌筑,适用于填土高度在4~10m的单孔及多孔桥梁;缺点是桥台体积和自重较大,增加了对地基承载力的要求。此外,桥台两个侧墙之间的填土不易压实,容易发生沉降,积水、结冰后冻胀使侧墙产生裂缝,因此要用渗水性较好的砂砾夯填,并做好台后排水措施。

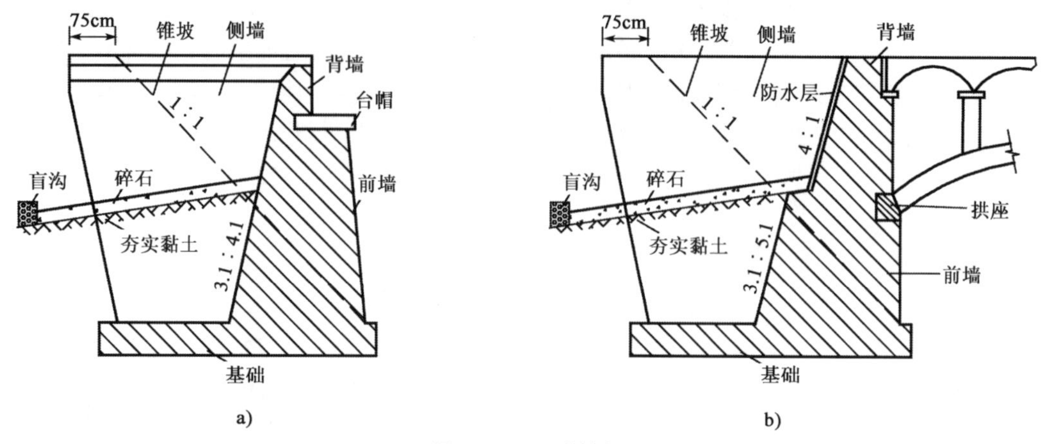

图 4-4-27 U 形桥台

背墙的顶宽不宜小于 50cm，背墙一般做成垂直的，并与两侧墙连接。如果背墙放坡时，则在靠路堤一侧的坡度与台身一致。在台帽放置支座部分的构造尺寸、钢筋配置及混凝土强度可按相应的墩帽构造进行设计。

拱桥桥台只在向河心的一侧设置拱座，其构造和尺寸可参照相应桥墩的拱座拟定。对于空腹式拱桥，在前墙顶面上还要砌筑背墙，用来挡住路堤填土和支承腹拱。

台身由前墙和侧墙构成。前墙正面多采用直立或 10∶1的斜坡，背面坡度一般采用 3∶1 ~ 4∶1。侧墙与前墙结合成一体，兼有挡土墙和支撑墙的作用。侧墙外侧一般是直立的，内侧设 3∶1 ~4∶1的斜坡。侧墙长度视桥台高度和锥坡坡度而定，前墙的下缘一般与锥坡下缘相齐，因此，桥台越高、锥坡越坦，侧墙则越长。侧墙尾段，应有不小于 0.75m 的长度伸入路堤中，以保证与路堤有良好的衔接。台身宽度通常与路基宽度相同。侧墙的尾端除最上段 1.0m 采用竖直外，以下部分可采用 4∶1 ~8∶1的倒坡(图 4-4-28)。当侧墙尾端与路堤挡墙相接时或处于挖方地段时，侧墙尾端均为竖直(图 4-4-29)。根据地形变化，U 形台可采用阶梯式(图 4-4-30)。

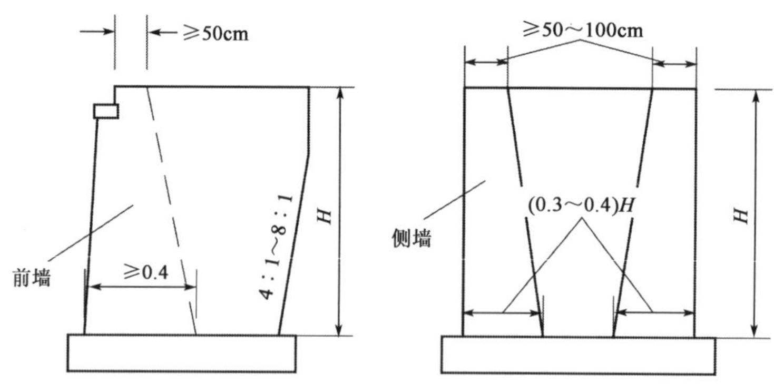

图 4-4-28 U 形桥台尺寸图

图 4-4-31 为梁桥埋置式桥台，埋置式桥台将台身埋置于台前溜坡内，不需要另设翼墙，仅由台帽两端耳墙与路堤衔接。埋置式桥台台身为圬工或混凝土实体，台帽及耳墙采用钢筋混凝土，当台前溜坡有适当保护不被冲毁时，可考虑溜坡填土的主动土压力。因此，埋置式桥台圬工数量较省，但由于溜坡伸入桥孔，压缩了河道，或者为了不压缩河道，就需要增加桥长。它

适用于桥头为浅滩,溜坡受冲刷较小,填土高度在10m以下的中等跨径桥梁中使用。

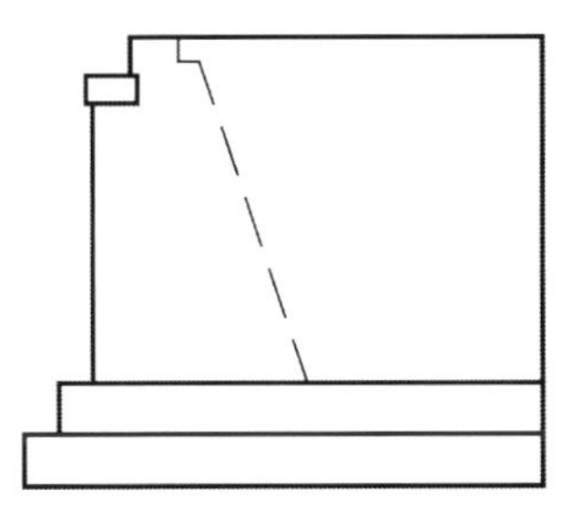

图4-4-29　尾端竖直U形桥台

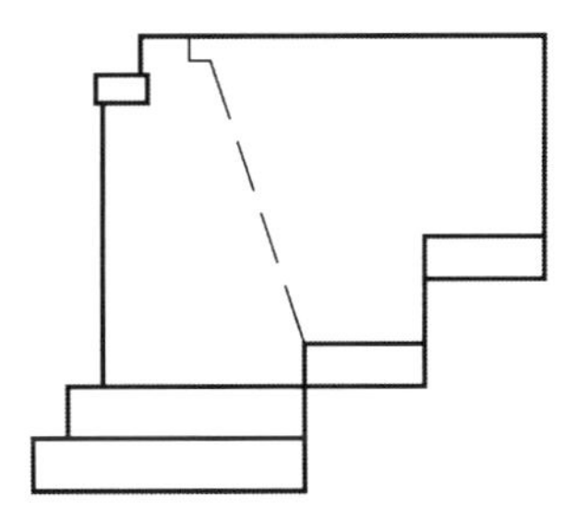

图4-4-30　阶梯式U形桥台

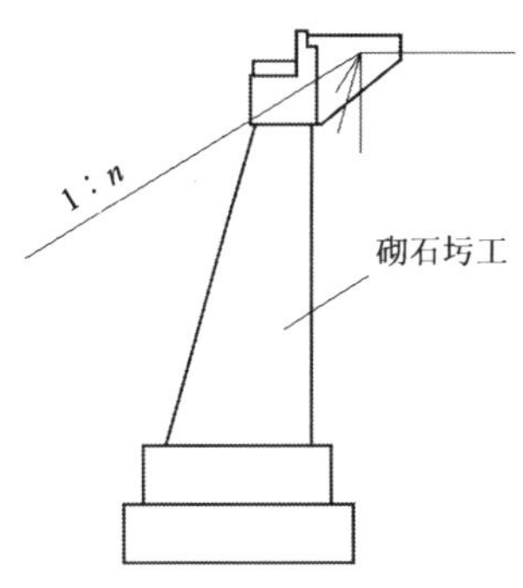

图4-4-31　重力式埋置式桥台

(2)轻型桥台

①梁桥轻型桥台

与重力式桥台不同,轻型桥台力求体积轻巧、自重要小,它借助结构物的整体刚度和材料强度承受外力,达到节省材料,降低对地基强度的要求和扩大应用范围的目的,为在软土地基上修建桥台开辟了经济可行的途径。

图4-4-32为设有支撑梁的轻型桥台,适用于小跨径桥梁,轻型桥台与轻型桥墩配合使用时桥跨孔数不宜超过3孔,单孔跨径不大于13m,多孔全长不宜大于20m。这种桥台的特点是,台身为直立的薄壁墙,厚度不宜小于0.6m,台身两侧有翼墙。在两桥台下部设置钢筋混凝土支撑梁,上部结构与桥台通过锚栓连接,于是便构成四铰框架结构系统,并借助梁端台后的被动土压力来保持稳定。

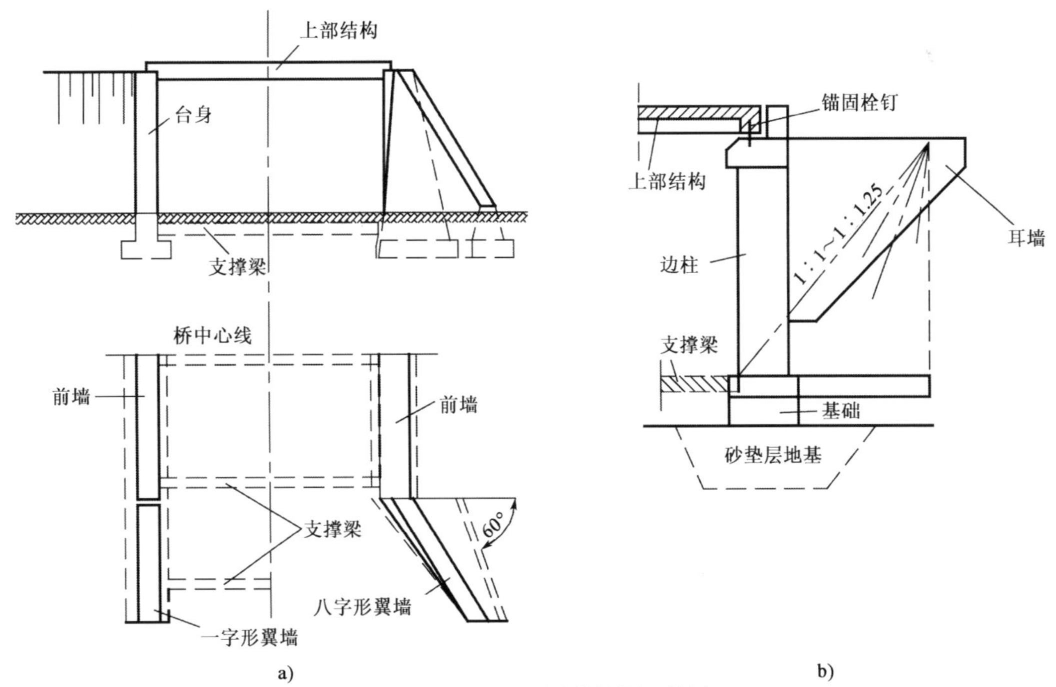

图4-4-32　设置地下支撑梁的轻型桥台

一字形或八字形轻型桥台的台身均为圬工砌体,当桥梁跨径不超过6m,台高不超过4m时,可用M15浆砌块石;当跨径大于6m,台高大于4m时,需用混凝土浇筑。台身厚度(包括一字翼墙)不宜小于60cm。对于八字翼墙其顶面宽度,混凝土不宜小于30cm,块石砌体不宜小于50cm;其端部顶面应高出地面20cm。台帽为钢筋混凝土,台帽内的预埋栓钉应与上部结构互相锚固。

图4-4-33为轻型埋置式桥台,轻型埋置式桥台的布置方式及优缺点与重力式埋置式桥台相似,但其台身圬工量较少,对地基的适应性较好。按台身的结构形式,轻型埋置式桥台可以分为肋形埋置式[图4-4-33a)、b)];双柱式[图4-4-33c)、d)];框架式(图4-4-33e)、f)]。

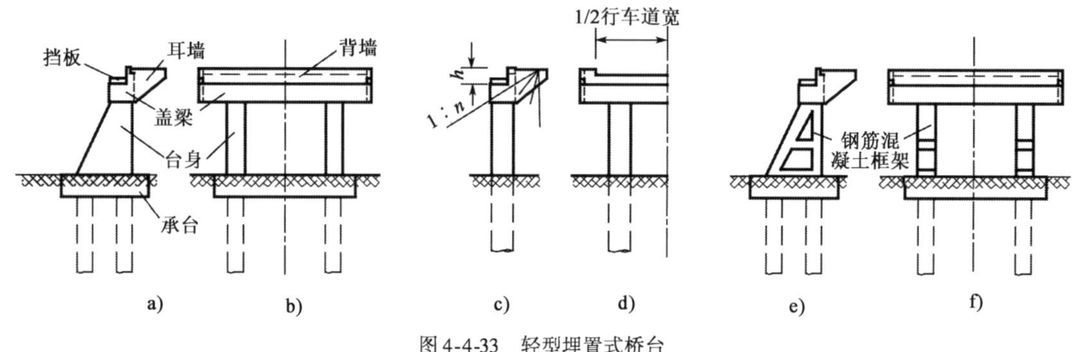

图4-4-33　轻型埋置式桥台

肋形埋置式(又称墙式)桥台台身由两块后倾式的肋板与顶面帽梁联结而成。台高在10m及10m以上者设系梁。帽梁、系梁和耳墙均需配置钢筋,并采用C25混凝土。台身与帽梁、台身与基础之间只需布置少量接头钢筋,台身采用C20混凝土。根据地基情况。基础可采用桩接承台的形式,也可采用普通扩大基础的形式。

桩柱式埋置式桥台对于各种土壤地基都适宜。根据桥宽和土基承载能力可以采用双柱、三柱或多柱的形式。柱与钻孔桩相连的称为桩柱式;柱子嵌固在普通扩大基础之上的称立柱式;完全由一排钢筋混凝土桩和桩顶盖(或帽)梁联结而成的称柔性桩台。桩柱式桥台的台帽及耳墙采用C25钢筋混凝土,桩柱采用C20钢筋混凝土。桩柱式桥台一般适用范围是:桥孔跨径8~20m,填土高度3~5m。当填土高度大于5m时,宜采用框架式埋置式桥台。

框架式桥台既比桩柱式桥台有更好的刚度,又比肋形埋置式桥台挖空率更高,更节约圬工体积。由于这种桥台结构本身存在着斜杆,能够产生水平分力以平衡土压力,加之基底较宽,又通过系梁联成一个框架体,所以稳定性较好,可用于填土高度在5m以上的桥台,并与跨径为16m和20m的梁式上部结构配合应用。其不足之处是必须用双排桩基,钢筋水泥用量均较桩柱式的要多。

图4-4-34为钢筋混凝土薄壁桥台,钢筋混凝土薄壁桥台是由扶壁式挡土墙和两侧的薄壁侧墙构成。挡土墙由厚度不小于15cm(一般为15~30cm)的前墙和间距为2.5~3.5m的扶壁所组成。台顶由竖直小墙和支于扶壁上的水平板构成,用以支承桥跨结构。两侧薄壁可以与前墙垂直,有时也做成与前墙斜交。前者称U形薄壁桥台,后者称八字形薄壁桥台。这种桥台不仅可以减少圬工体积40%~50%,同时因自重减轻而减小了对地基的压力。故适用于软弱地基的条件,但其构造和施工比较复杂,并且钢筋用量也较多。

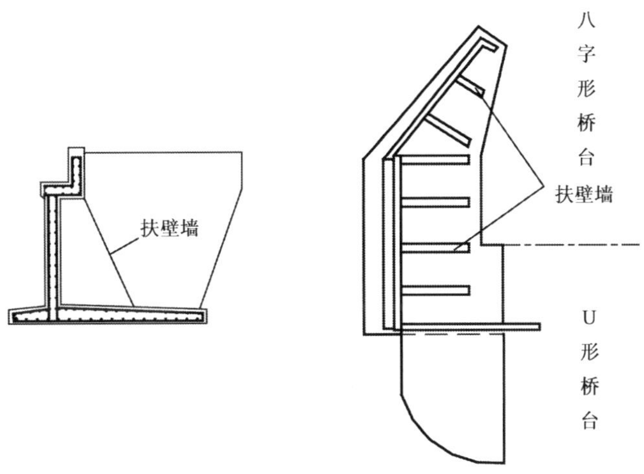

图 4-4-34　钢筋混凝土薄壁桥台

②拱桥轻型桥台

拱桥轻型桥台适用于 13m 以内的小跨径拱桥和桥台水平位移量很小的情况。其工作原理是:当桥台受到拱的推力后,便发生绕基底形心轴而向路堤方向的转动,此时台后的土便产生抗力来平衡拱的推力,从而使桥台的尺寸大大地小于实体重力式桥台(约为 65%)。常用的轻型桥台有八字形桥台,以及由此派生出来的∏形、E 形等背撑式桥台。

图 4-4-35a)为八字形桥台,八字形桥台的构造简单,台身由前墙和两侧的八字翼墙构成。两者间通常留沉降缝分砌。前墙可以是等厚度的,也可以是变厚度的。变厚度台身的背坡为 2∶1 ~4∶1。翼墙的顶宽一般为 40cm,前坡为 10∶1,后坡为 5∶1。为了防止基底向河心滑动,基础应有一定的埋置深度。台后填土必须分层夯实,做好防护措施,防止受水流侵蚀冲刷。

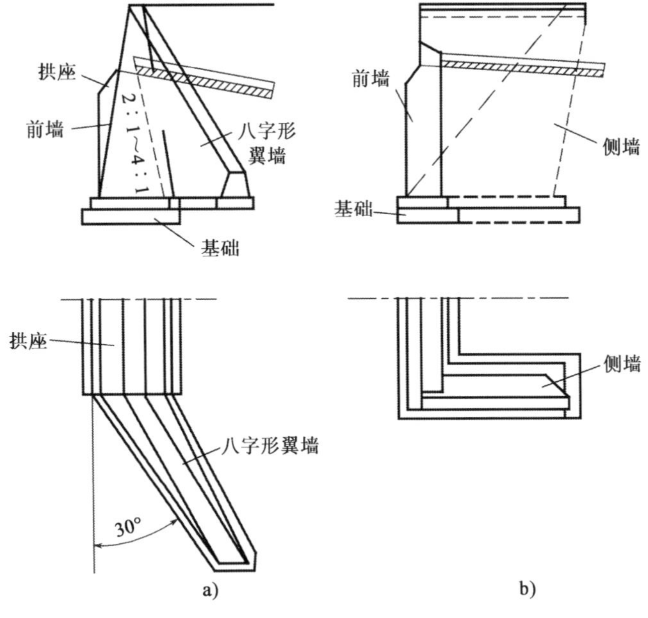

图 4-4-35　八字形和 U 形轻型桥台

图4-4-35b)为U字形轻型桥台,U字形轻型桥台是由前墙和平行于车行方向的侧墙组成,构成U字形的水平截面。它与U形重力式桥台的差别是,后者是靠扩大桥台底面积,以减小基底压力,并利用基底与地基的摩阻力和适当利用台背侧土压力,以平衡拱的水平推力,因此基础底面积较轻型桥台的要大,通常从前墙一直延伸到侧墙尾端,侧墙与前墙连成整体,而与拱上侧墙断开。U字形轻型桥台前墙的构造和八字形桥台相同,但侧墙却是拱上侧墙的延伸,它们之间应设变形缝,以适应桥的可能变位。轻型桥台侧墙的顶宽一般为50cm,内侧坡度为5:1,若有人行道,则上端做成等厚直墙,直到与按5:1内坡相交为止,以下仍用5:1的坡度。

考点分析

根据大纲的规定,这一节主要是要求掌握支座及墩台类型。可以作为考点的内容主要是掌握桥梁支座及墩台的各种类型。

例题解析

例1 下列哪一选项不属于重力式桥台? ( )

(A)双柱式桥台 (B)实体埋置式桥台

(C)八字式桥台 (D)U形桥台

分析

双柱式桥台为轻型桥台。故本题选A。

例2 跨径大而墩的高度小的连续刚构桥常采用的桥墩类型是下列哪一项? ( )

(A)实体重力式墩 (B)水平抗推刚度较小的桥墩

(C)水平抗推刚度较大的桥墩 (D)对主梁嵌固作用大的桥墩

分析

跨径大而墩的高度小的连续刚构桥要利用水平抗推刚度较小的桥墩的柔性来适应桥梁的纵向变形。故本题选B。

例3 重力式桥台的主要特点是依靠下列哪一项来平衡外力而保持其稳定? ( )

(A)台后土压力 (B)自身重量

(C)台内填土 (D)锥坡填土

分析

重力式桥台主要依靠自身重量来平衡外力而保持其稳定。故本题选B。

例 4 普通板式橡胶支座的水平位移的实现,下列哪一项的解释最合理? ( )

(A)通过支座与梁底相对滑动实现的

(B)通过支座与墩台面间的相对滑动实现的

(C)通过支座橡胶剪切变形实现水平位移

(D)通过支座钢板剪切变形实现水平位移

分析

由普通板式橡胶支座的活动机理可知,本题选 C。

例 5 桥跨下部结构不包括下列哪一项? ( )

(A)桥墩　(B)桥台　(C)支座系统　(D)基础

分析

桥跨下部结构包括桥墩、桥台和基础。故本题选 C。

例 6 桥台的组成不包括下列哪一项? ( )

(A)台帽　(B)台身　(C)基础　(D)支座

分析

桥台由台帽、台身和基础组成。故本题选 D。

例 7 位于河流中的桥墩,其墩身横截面形状不宜采用下列哪一种? ( )

(A)圆端形　(B)尖端形　(C)圆形　(D)矩形

分析

矩形不利于抵抗冲刷,适于无水岸墩。故本题选 D。

例 8 支座按其容许变形的可能性,下列哪一项不合适? ( )

(A)固定支座　(B)单向支座

(C)多向支座　(D)拉力支座

分析

题意是支座按其容许变形来划分。故本题选 D。

例 9 某柱基础如图所示,荷载 $P=340\text{kN}$,$M=87.2\text{kN}\cdot\text{m}$,埋深 $d=1.5\text{m}$,基底 $a=2\text{m}$,$b=1.6\text{m}$,地面以下柱、基础及基础上填土平均容量 $\gamma=20\text{kN/m}^3$,试计算基底边缘压应力,并绘出其分布图。

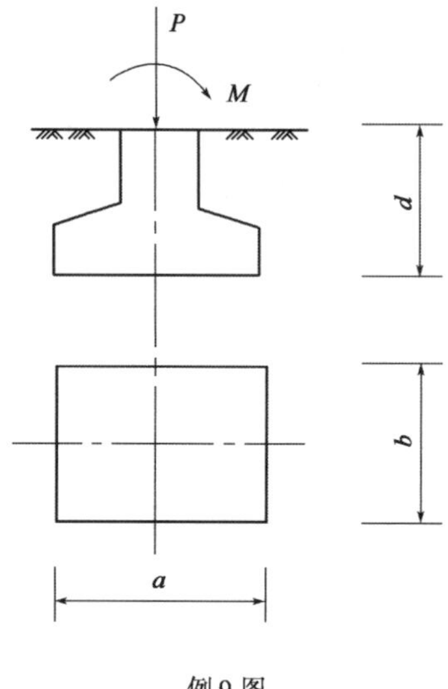

例 9 图

分析

作用于基底中心的竖向力为：

$$N = P + (2 \times 1.6 \times 1.5 \times 20) = 340 + 96 = 436\text{kN}$$

偏心距离为：

$$e = \frac{M}{N} = \frac{87.2}{436} = 0.2\text{m}$$

则基底边缘压应力为：

$$p_{\min}^{\max} = \frac{N}{ab}\left|1 \pm \frac{6e}{b}\right| = \frac{436}{2 \times 1.6}\left(1 \pm \frac{6 \times 0.2}{2}\right)$$

$$= 136.25 \times (1 \pm 0.6) = {}^{218}_{54.5}\text{kPa}$$

基底应力分布见下图：

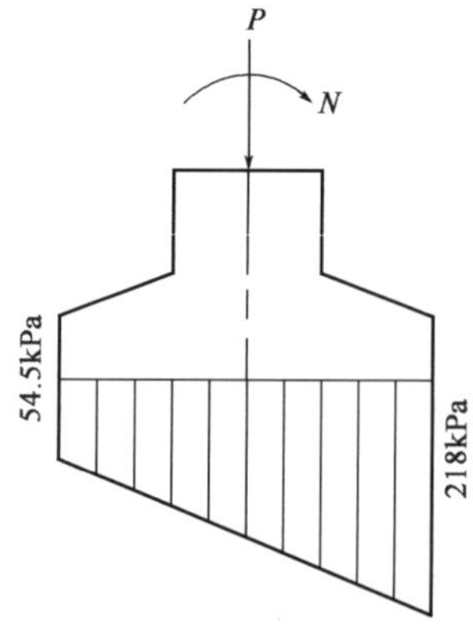

例 9 解图

自测模拟

（第1~4题为单选题）

1. 下列哪一项属于轻型桥台？（　　）

(A)双柱式桥台　　(B)实体埋置式桥台

(C)八字式桥台　　(D)U形桥台

2. 跨径大而墩的高度小的连续刚构桥常采用柔性墩来适应桥梁的纵向变形，下列哪一项最合适？（　　）

(A)实体重力式墩　　(B)水平抗推刚度较小的桥墩

(C)水平抗推刚度较大的桥墩　　(D)对主梁嵌固作用大的桥墩

3. 对于坡桥，宜将固定支座布置在高程为下列哪一项的墩台上？（　　）

(A)相对较高　　(B)相对较低

(C)相对平均　　(D)随便

4. 桥跨下部结构的含义为下列哪一项？

(A)墩台与基础　　(B)墩台与支座

(C)承台与基础　　(D)支座与基础

参考答案

1. A　2. B　3. B　4. A

第五节　涵　　洞

依据规范

《公路桥涵设计通用规范》(JTG D60—2015)

《公路钢筋混凝土及预应力混凝土桥涵设计规范》(JTG 3362—2018)

《公路涵洞设计细则》(JTG/T D65-04—2007)

《公路桥涵地基与基础设计规范》(JTG D63—2007)

《公路圬工桥涵设计规范》(JTG D61—2005)

重点知识

一、掌握涵洞布置原则

1. 涵洞平面布设原则

(1)应根据沿线地形、地质、水文等条件,结合路线排水系统,适应农田排灌,经济合理地布设涵洞。

(2)在跨越排水沟槽处,通过农田排灌渠道处、平原区路线通过较长的低洼或泥沼地带、傍山沿溪线暴雨时径流易集中地带以及边沟排水需要时,均应设置涵洞。当地形条件许可,经过技术、经济比较,可并沟设涵。

(3)涵洞位置和方向的布设,宜与水流方向一致,避免因涵洞布设不当,引起上游水位壅高,淹没农田、村庄和路基,引起下游流速过大,加剧冲蚀沟岸及路基。

(4)涵洞的设置应综合考虑施工、养护、维修的要求,降低建设和养护费用。

(5)沿线涵洞布设密度应根据地形、地貌、水文及农田排灌等自然条件确定,但考虑路基施工压实方便,其涵洞间距不宜小于50m。

2. 涵洞立面布设原则

(1)应根据实际地形、地质及水文等条件进行涵洞立面布设,确保涵洞基础稳定,涵底不冲不淤。

(2)山岭重丘地区河沟纵坡较陡,水流流速较大,涵洞立面布设应根据地形地质情况,设置缓坡涵或陡坡涵。

(3)平原微丘地区河沟纵坡较平缓,水流流速较小,设在天然河床上的涵洞,其铺砌顶面高程及坡度应与天然沟底纵坡基本一致。

二、掌握涵洞的结构设计

1. 一般规定

(1)公路涵洞结构设计应符合《公路桥涵设计通用规范》(JTG D60—2015)中作用及其组合《公路钢筋混凝土及预应力混凝土桥涵设计规范》(JTG 3362—2018)和《公路圬工桥涵设计规范》(JTG D61—2005)中承载能力极限状态和正常使用极限状态设计的规定。

(2)按承载能力极限状态设计时,应采用下列表达式:

$$\gamma_0 S \leqslant R(f_d, a_d) \tag{4-5-1}$$

式中:γ_0——结构重要性系数,取用0.9;

S——作用效应组合设计值,宜按《公路桥涵设计通用规范》(JTG D60—2015)的规定计算;

R——构件承载力设计值函数;

f_d——材料强度设计值;

a_d——几何参数设计值,可采用几何参数标准值 a_k,即设计文件规定值。

(3)当圆管涵满足下列条件时,可认为刚性管涵,此时,作用组合时采用的土压力分项系数宜乘以1.1的系数。

$$\frac{E}{E_s}\left(\frac{t}{r}\right)^3 \geq 1 \tag{4-5-2}$$

式中：E——涵洞结构材料的弹性模量(MPa)；

E_s——回填土的压缩模量(MPa)；

t——管壁厚度(m)；

r——管的平均半径(m)。

2. 作用

(1)公路涵洞的设计应采用车辆荷载。车辆荷载的纵、平尺寸如图4-5-1所示，主要技术指标见表4-5-1。重型车辆少的四级公路的桥涵，车辆荷载效应可乘以0.7的折减系数；应考虑车辆荷载的多车道作用及车辆荷载的传递和分布；除填料厚度(包括路面厚度)大于或等于0.5m的拱涵不计冲击力外，涵洞结构的冲击系数取用0.3。

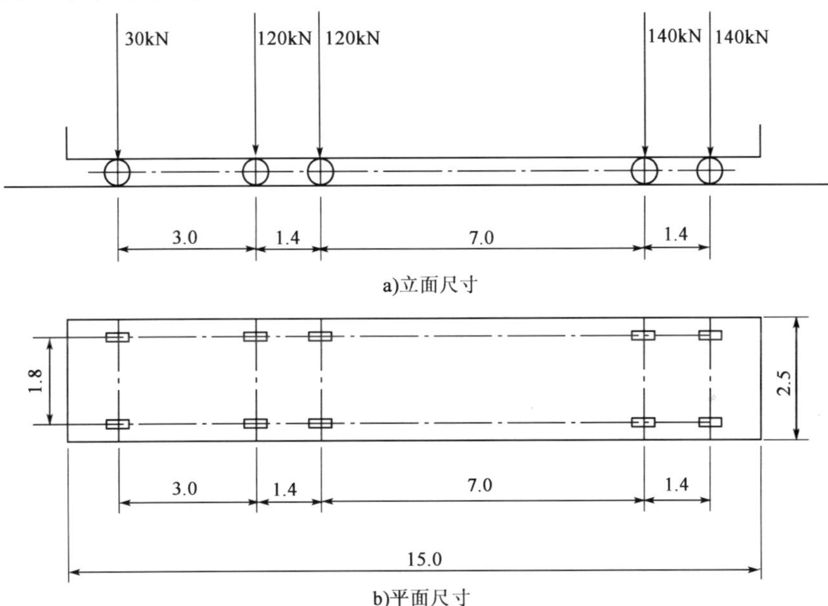

图4-5-1　车辆荷载的纵、平尺寸(尺寸单位：m)

车辆荷载的主要技术指标　　表4-5-1

项　目	单位	技术指标	项　目	单位	技术指标
车辆重力标准值	kN	550	轮距	m	1.8
前轴重力标准值	kN	30	前轮着地宽度及长度	m	0.3×0.2
中轴重力标准值	kN	2×120	中、后轮着地宽度及长度	m	0.6×0.2
后轴重力标准值	kN	2×140	车辆外形尺寸(长×宽)	m	15×2.5
轴距	m	3+1.4+7+1.4	—	—	—

(2)土的重力及土侧压力的计算。

①静土压力标准值的计算公式。

$$e = \xi\gamma h \tag{4-5-3}$$

$$E = \frac{1}{2}\xi\gamma H^2 \tag{4-5-4}$$

$$\xi = 1 - \sin\varphi \tag{4-5-5}$$

式中：e——任一高度 h 处的静土压力强度（kPa）；

ξ——压实土的静土压力系数；

γ——土的重力密度（kN/m^3）；

h——填土顶面至计算点的高度（m）；

φ——土的内摩擦角（°）；

H——填土顶面至基底高度（m）；

E——高度 H 范围内单位宽度的静土压力标准值（kN/m）。

在验算抗倾覆和抗滑动稳定时，墩、台前侧地面以下不受冲刷部分的侧压力可按静土压力计算。

②主动土压力标准值的计算公式。

a. 当土层特性无变化且无车辆荷载时，作用在涵台前后的主动土压力标准值可按下式计算：

$$E = \frac{1}{2}B\mu\gamma H^2 \tag{4-5-6}$$

$$\mu = \frac{\cos^2(\varphi - \alpha)}{\cos^2\alpha\cos(\alpha + \delta)\left[1 + \sqrt{\dfrac{\sin(\varphi + \delta)\sin(\varphi - \beta)}{\sin(\alpha + \delta)\sin(\alpha - \delta)}}\right]} \tag{4-5-7}$$

式中：E——主动土压力标准值（kN）；

γ——土的重力密度（kN/m^3）；

B——涵台的计算宽度（m）；

H——计算土层高度（m）；主动土压力的着力点自计算土层底面算起，$C = H/3$；

φ——土的内摩擦角（°）；

β——填土表面与水平面的夹角（°）；当计算台后的主动土压力时，β 按图 4-5-2a）取正值；当计算台前的主动土压力时，β 按图 4-5-2b）取负值；

α——涵台背与竖直面的夹角（°）；俯台背按图 4-5-2 为正值；反之为负值；

δ——台背与填土间的摩擦角（°），可取 $\delta = \varphi/2$。

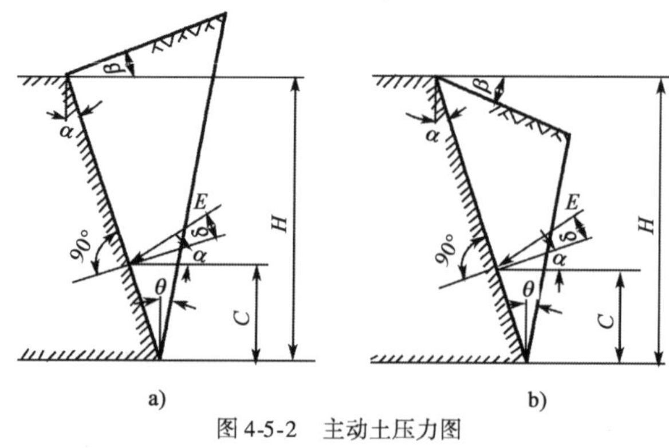

图 4-5-2　主动土压力图

b. 当土层特性无变化且有车辆荷载时，作用在涵台后的主动土压力标准值在 $\beta=0°$ 可按下式计算：

$$E = \frac{1}{2}B\mu\gamma H(H + 2h) \tag{4-5-8}$$

式中：h——车辆荷载的等代均土层厚度(m)；

其他符号意义同前。

主动土压力的着力点自计算土层底面算起，$C = \frac{H}{3} \times \frac{H+3h}{H+2h}$。

c. 当 $\beta=0°$ 时，破坏棱体破裂面与竖直线间夹角 θ 的正切值可按下式计算：

$$\begin{cases}\tan\theta = -\tan w + \sqrt{(\cot\varphi + \tan w)(\tan w - \tan\alpha)} \\ w = \alpha + \delta + \varphi\end{cases} \tag{4-5-9}$$

式中符号意义和单位同前。

③填土的重力对涵洞的竖向和水平压力强度的计算公式。

竖向压力强度 $$q_{\mathrm{v}} = K\gamma h \tag{4-5-10}$$

水平压力强度 $$q_{\mathrm{H}} = \lambda\gamma h \tag{4-5-11}$$

式中：γ——土的重力密度(kN/m^3)；

h——计算截面至路面顶的高度(m)；

λ——侧压系数，按 $\lambda = \tan^2(45° - \varphi/2)$ 计算；

φ——土的内摩擦角(°)；

K——系数，见表4-5-2，对经久压实路堤，提取1.0。

系　数　*K*　　表4-5-2

h/D	0.1	0.5	1	2	3	4
K	1.04	1.20	1.40	1.45	1.50	1.45
h/D	5	6	7	8	9	≥10
K	1.40	1.35	1.30	1.25	1.20	1.15

注：1. D-涵洞的外形宽度(m)。对于圆管涵系指外直径。

2. 新填土的涵洞应分别按路堤为新填土和经久压实土两种情况计算，取不利者设计。

(3)车辆荷载引起的土压力采用车辆荷载加载。

车辆荷载在涵台后填土的破坏棱体上引起的土侧压力，可按下式换算成等代均布土层厚度 h(m)计算。

$$h = \frac{\sum G}{Bl_0\gamma} \tag{4-5-12}$$

式中：γ——土的重力密度(kN/m^3)；

$\sum G$——布置在 $B \times l_0$ 面积内的车轮的总重力(kN)；

l_0——涵台后填土的破坏棱体长度(m)；

B——涵台横向全宽(m)。

计算涵洞顶上车辆荷载引起的竖向土压力时，车轮按其着地面积的边缘向下作30°角分布，当几个车轮的土压力扩散线相重叠时，扩散面积以最外边的扩散线为准。施加于涵洞上的温度等作用应按《公路桥涵设计通用规范》(JTG D60—2015)中的规定取用。

3. 涵身上部的计算

1)圆管涵

(1)混凝土圆管涵的设计可仅考虑车辆荷载、圆管涵自重和填土产生的等效荷载的作用组合。管壁环向压力和径向剪力可不计算,仅考虑弯矩作用效应。

(2)车辆荷载和填土在截面上的弯矩作用效应 M 可按下式计算:

$$M = 0.137qR^2(1-\lambda) \tag{4-5-13}$$

式中:q——土车辆荷载和填土产生的等效荷载的垂直压力(kPa);

R——圆管涵管壁内外径的平均半径(m);

λ——侧压系数,按 $\lambda = \tan^2(45° - \varphi/2)$ 计算;

φ——土的内摩擦角(°)。

(3)圆管涵自重在截面上的弯矩作用效应 M_z 可按下式计算:

$$M_z = 0.369\gamma tR^2 \tag{4-5-14}$$

式中:γ——土的重力密度(kN/m³);

t——管壁厚度(m);

R——圆管涵管壁内外径的平均半径(m)。

(4)混凝土圆管涵结构应按《公路钢筋混凝土及预应力混凝土桥涵设计规范》(JTG D62—2012)的规定进行承载能力极限状态的承载能力(强度)和正常使用极限状态下的裂缝宽度的验算。

2)正交盖板涵

(1)盖板的两端铰接支撑在台身上端,台身下端与基础固接。盖板可按两端简支的板计算,可不考虑涵台传来的水平力。当涵洞结构无支撑梁时,宜以净跨径加板厚度作为计算跨径计算弯沉效应,并以净跨径为计算跨径计算剪力效应。

(2)板的长度与宽度之比大于或等于2时,可按简支单向板计算。

(3)正交盖板涵的设计可仅考虑车辆荷载、盖板涵自重和填土产生的等效荷载的作用效应组合。

(4)正交盖板涵结构应按《公路钢筋混凝土及预应力混凝土桥涵设计规范》(JTG D62—2012)的规定进行承载能力极限状态的承载能力(正截面强度和斜截面强度)和正常使用极限状态下的裂缝宽度、刚度(挠度)的验算。

(5)钢筋混凝土正交盖板涵应符合《公路钢筋混凝土及预应力混凝土桥涵设计规范》(JTG D62—2012)中最小钢筋配筋率的规定。

(6)正交盖板涵尚应按相关标准的规定进行附属结构的验算。

3)斜交盖板涵

(1)盖板的两端铰接支撑在台身上端,台身下端与基础固结。盖板可按两端简支的斜板计算,可不考虑涵台传来的水平力。

(2)简支斜板的单宽最大弯矩效应可为简支正板的单宽最大弯矩应乘以折减系数 K_α,可不考虑板与板之间的横向联系。

$$M' = K_{\alpha} M \tag{4-5-15}$$

式中：M'——斜板的单宽最大弯矩效应(kN · m)；

K_{α}——弯矩效应折减系数，可依 γ 按《公路涵洞设计细则》(JTG D65-04—2007)表9.3.3-1取用；

$$\gamma = 5.8 \frac{I}{J}\left(\frac{b}{l_a}\right)^2 \tag{4-5-16}$$

式中：I——截面惯性矩(m^4)；

b——矩形截面的宽度(m)；

J——截面扇性惯性矩(m^4)，按下式计算：

$$J = cbt^3 \tag{4-5-17}$$

t——矩形截面的厚度(高度)；

c——矩形截面的抗扭刚度系数，可按《公路涵洞设计细则》(JTG D65-04—2007)表9.3.3-2取用。

(3)涵洞顶上的车辆荷载引起的垂直土压力计算与正交盖板相同。

(4)斜交盖板涵的设计可仅考虑车辆荷载、盖板涵自重和填土产生的等效荷载作用效应组合。

(5)斜交盖板涵结构应按《公路钢筋混凝土及预应力混凝土桥涵设计规范》(JTG 3362—2018)的规定进行承载能力极限状态的承载能力(正截面强度和斜截面强度)和正常使用极限状态下的裂缝宽度、刚度(挠度)的验算。

(6)钢筋混凝土斜交盖板涵结构应符合《公路钢筋混凝土及预应力混凝土桥涵设计规范》(JTG 3362—2018)的最小钢筋配筋率的规定。单宽范围内垂直于主筋方向或者平行于简支边方向布置的分布钢筋数量应同时满足下述要求：

$$F_s \geqslant 113.1 \times \left(2 - \frac{\alpha}{90}\right) \tag{4-5-18}$$

式中：F_s——单宽范围内分布钢筋的面积(mm^2)；

α——斜交夹角(°)，即自由边与简支边的夹角。

(7)斜交盖板涵结构应按相关标准的规定进行附属结构的验算。

4)箱涵

(1)钢筋混凝土箱涵可按矩形框架设计、计算，框架的轴线以构件混凝土断面的重心轴线为准。进行超静定结构内力效应分析时，可按全截面考虑。

(2)箱涵的顶板、底板和侧墙可按偏心受压构件设计、配筋。

(3)箱涵体内外的温度变化值可按±(10~15℃)考虑，底板、侧板分期浇筑时，混凝土收缩的影响可按降温10℃考虑。

(4)斜交盖板涵的设计可仅考虑车辆荷载、盖板涵自重和填土产生的等效荷载作用效应组合。

(5)箱涵结构的顶板、底板和侧板应按《公路钢筋混凝土及预应力混凝土桥涵设计规范》(JTG 3362—2018)的规定进行承载能力极限状态的承载能力(正截面强度和斜截面强度)和正常使用极限状态下的裂缝宽度、刚度(挠度)的验算。

(6)钢筋混凝土斜交盖板涵结构应符合《公路钢筋混凝土及预应力混凝土桥涵设计规范》(JTG 3362—2018)的最小钢筋配筋率的规定。

(7)钢筋混凝土箱涵的设计应检算涵底的地基承载力,并满足相关的要求。

5)拱涵

(1)拱涵的拱圈宜按无铰拱计算,其矢跨比不宜小于1/4,拱涵可不考虑曲率、剪切变形、弹性压缩、温度作用效应和混合收缩效应。

(2)整体式涵洞基础底面地基土的承压应力,可按涵长根据不同的填土高度分段计算。

(3)圬工拱涵的主拱圈高度 h 可按下列公式计算确定:

$$h = 1.5m\sqrt[3]{l_0} \tag{4-5-19}$$

$$h = 0.06 + 13.7\sqrt{R_1 + l_0/2} \tag{4-5-20}$$

式中:h——主拱圈高度(m);

l_0——圆弧拱净跨径(m);

R_1——拱腹线半径(m);

m——系数,一般为4.5~6,取值随矢跨比减小而增大。

计算跨径
$$l = l_0 + h\sin\varphi_0 \tag{4-5-21}$$

计算矢高
$$f = f_0 + \frac{h}{2} - \frac{h}{2}\cos\varphi_0 \tag{4-5-22}$$

计算半径
$$R_0 = \frac{l_0}{2\sin\varphi_0} = \frac{f}{1 - \cos\varphi_0} \tag{4-5-23}$$

以上三式中:φ_0——拱脚至圆心的连线与垂线的交角(半圆心角)(°);

f——计算矢高(m);

f_0——净矢高(m);

其余符号意义同前。

(4)拱涵的拱圈应按《公路圬工桥涵设计规范》(JTG D61—2005)的规定进行承载力极限状态的承载能力(正截面强度)、稳定性验算。

4.涵台的计算

1)盖板涵涵台

(1)应按《公路圬工桥涵设计规范》(JTG D61—2005)的规定,将涵台上部盖板与涵底支撑梁或固定基础作为涵台的上下支撑点,涵台作为上下端简支的竖梁,验算墙身污工在竖直荷载和水平压力作用下的承载能力(强度和稳定性),并应符合相关规范的规定。

(2)应按《公路圬工桥涵设计规范》(JTG D61—2005)的规定,将涵台(轻型)身、一字墙(当一字墙和涵台结成整体时)和基础视为弹性地基上的短梁,验算涵台在轴线方向竖直平面内弯曲承载能力,并应符合相关规范的规定。

(3)应按有关规范的要求,验算涵台下地基土的承载力。

2)拱涵涵台

(1)拱涵涵台的设计和验算应考虑恒载与全孔或半孔车辆荷载及其单侧水平推力的组合

状况。

(2)拱涵涵台的应按偏心受压构件验算台墙的承载能力((正截面强度和稳定性)。抗倾覆和抗滑动的稳定系数应不低于1.3。

(3)应按有关规范的要求,验算涵台下地基土的承载能力。

5.涵洞口构造的计算

(1)八字墙设计应符合《公路桥涵设计通用规范》(JTG D60—2015)、《公路圬工桥涵设计规范》(JTG D61—2005)和《公路桥涵地基与基础设计规范》(JTG D63—2007),分别抗滑动稳定性、抗倾覆稳定性、基底应力、基底偏心距和墙身强度。

(2)八字墙可按独立墙计算。

(3)一字墙(端墙)宜作为挡土墙按现行公路桥涵设计规范分别验算其强度和应力。

三、熟悉涵洞的类型、构造与选型

1.涵洞的类型

1)按建筑材料

按建筑材料,涵洞分为石涵、混凝土涵、钢筋混凝土涵、钢波纹管涵等,其中,砖涵、石涵、混凝土涵等称为圬工涵。石涵是指以石料为主要承重结构的盖板涵或拱涵,是公路上的常见涵洞形式,但等级公路上石盖板涵已经不再采用,石拱涵常见。混凝土涵是指用混凝土来建造主要承重结构的涵洞,分为四铰管涵、圆管涵、盖板涵、拱涵。钢筋混凝土涵指用钢筋混凝土来建造主要承重结构的涵洞,是高等级公路涵洞的常用形式。分为钢筋混凝土管涵、盖板涵、箱涵和拱涵。其他材料涵洞主要包括陶瓷管或瓦管涵、缸瓦管涵、石灰三合土管涵、石灰三合土拱涵、铸铁管涵、波纹管涵等也在极少数情况下采用。

2)按洞身构造形式

按洞身构造形式分类,涵洞分为管涵、盖板涵、拱涵、箱涵等。常见的涵洞适用跨径应符合表4-5-3规定。

各类涵洞适宜跨径　　表4-5-3

构造形式	通用跨径(或直径)(cm)	构造形式	通用跨径(或直径)(cm)
圆管涵	75、100、125、150、200	石盖板温	75、100、125
钢筋混凝盖板涵	150、200、250、300、400、500	倒虹吸温	75、100、125、150
拱涵	150、200、250、300、400、500	钢波纹管酒	150、200、250、300、400、500
箱涵	150、200、250、300、400、500		

3)按填土高度分类

按填土高度分类,涵洞分为明涵、暗涵。当涵洞洞顶填土高度小于0.5m时称为明涵,适用于低填方和挖方路段。当涵洞洞顶填土高度大于或等于0.5m时称为暗涵,适用于高填方路段。

4)按水力性质分类

按水力性质,涵洞分为无压力式涵、半压力式涵、压力式涵、倒虹吸管等,其中,无压力式涵指进口水流深度(并非涵前积水深度)小于洞口深度,在涵洞全长范围内水面可不接触洞顶,即具有自由水面。半压力式涵是指进口水深虽大于洞口高度,但水仅在进水口处可充满洞口,而在涵洞全长范围内的其余部分都具有自由水面。通常在涵洞尺寸受路基高度或其他因素限制时采用。压力式涵是指进口水深大于进水口高度,在涵洞全长范围内都充满水流,无自由水面。在深沟高路堤或允许壅水但并不危害农田时采用。倒虹吸管是指在路基填土不高,路线两侧水深都高于进出水口,特别在农田灌溉方面必须设置涵洞时采用,倒虹吸管进出水口必须设置竖井(包括防淤沉淀井),要求不渗漏。

2. 涵洞的构造

1)洞身构造

(1)圆管涵

①管身宜由钢筋混凝土构成,应配双层钢筋。

②基础形式应视地基条件而定。当在地质较软弱地基上时,可采用混凝土或浆砌片石基础;当在砂砾、卵石、碎石及密实均匀的黏土或砂土地基上时,可采用砂砾石垫层基础;当在岩石地基上时,可采用垫层混凝土。基础顶面应进行八字斜面包角,其支撑角不应小于120°。

③接口宜为平接,可分为刚性、半刚性、柔性接口等,根据受力条件、施工方法及水文地质情况来选择接口形式。

当为柔性接口时,宜采用承插式钢筋混凝土圆管涵,其接口处应设O形橡胶圈。

④管身周围应设防水层,以防渗水侵蚀,可采用沥青或厚200mm的塑性黏土等。

⑤当管涵较长设计有沉降缝时,沉降缝应贯穿整个洞身断面,其方向应与洞身轴线垂直。

(2)盖板涵

①盖板分石盖板、钢筋混凝土盖板等。

②盖板两端应与涵台顶紧,并设锚栓连接,采用C20小石子混凝土填满捣实空隙。

③涵台基础及支撑梁由浆砌(片)石或混凝土构成。涵底铺砌宜为水泥砂浆砌片石。

④沿涵身长度方向应每隔4~6m设一道沉降缝,具体位置应根据地基土变化情况和填土高度而定。在地基土质发生变化、基础埋深不同或地基压力发生较大变化以及填挖交界处,均应设置沉降缝。当采用填石抬高基础时,其沉降缝间距不宜大于4m。沉降缝应贯穿整个洞身断面,其方向应与板的跨径方向一致。

⑤在各式钢筋混凝土涵洞的洞身及端墙、基础顶面以上等部位,凡被土掩埋部分的表面均应设防水层。

(3)拱涵

①拱涵分石拱涵、混凝土拱涵等。

②拱圈由石料、混凝土等构成。拱圈宜采用等截面圆弧拱。

③护拱由石灰砂浆或水泥砂浆砌片石构成。

④拱上侧墙和涵底铺砌可采用水泥砂浆砌片石构成。

⑤涵台以为圬工结构,视地地基土情况,可采用整体式或分离式基础。

⑥拱背及台背宜设防水层,通过泄水孔或盲沟等排水设施导出积水。沉降缝的设置同盖板涵,其方向应与洞身轴线垂直。

(4)箱涵

①涵身宜采用钢筋混凝土整体闭合式框架结构,其横截面可为长方形或正方形。内壁在

角处宜设倒角并配防劈裂钢筋。

②翼墙采用一字式钢筋混凝土薄壁结构时，应与洞身连成整体；采用八字式翼墙时，翼墙与洞身间应设沉降缝。

③涵身地步宜为混凝土和砂砾垫层上下两层。在洞口两端2m范围内应将基底埋入冰冻线以下不小于0.25m。

④在涵身中部应设置沉降缝一道。当涵身长度超过20m时，可视具体情况每隔6m左右再设沉降缝。

(5)倒虹吸管涵

①倒虹吸管涵主要由进口段、水平段和出口段组成。进口段由进水河沟、沉淀池、进水井等组成。水平段是倒虹吸的主体，由基础、管身、接缝等组成。出口段由出水井、出水河沟等组成。

②管身宜为钢筋混凝土圆管，管身基础由级配砂石垫层和混凝土基础构成。管身接缝宜为钢丝网抹带接口或环带接口。

③进出水井宜由混凝土构成，也可由水泥砂浆砌片石构成。竖井上应设置活多的钢筋混凝土顶盖。沉淀池宜由浆砌块、片石构成。基础由混凝土和砂砾垫层构成。进出口河沟一定范围内应做铺砌加固。

(6)钢波纹管涵

①管身由薄钢板压成波纹后，卷制成管节构成。整体式波纹管采用法兰连接；分片拼装式波纹管采用钢板搭接，并用高强螺栓连接。

②钢波纹管涵地基或基础应均匀坚固，其地基或基础的最小厚度与宽度应符合表4-5-4的规定。

③钢波纹管管节内外面和紧固连接螺栓或铆钉，应进行热镀锌防腐处理。

④管身楔形部分应采用砂类土、砾类土回填。管顶填土应在管两侧保持对称均匀、分层摊铺、逐层压实，层厚度宜为150~250mm，其压实度不应小于96%。

钢波纹管涵地基或基础的最小厚度与宽度　　表4-5-4

<table>
<tr><th colspan="2">地质条件</th><th>基础最小厚度</th><th>基础宽</th></tr>
<tr><td>优质土地基</td><td colspan="3">可直接将地基作为基础</td></tr>
<tr><td rowspan="3">一般性土质地基</td><td>管径 $D<900$mm</td><td>200mm</td><td rowspan="3">$2D$</td></tr>
<tr><td>管径 $D=900\sim2000$mm</td><td>300mm</td></tr>
<tr><td>管径 $D>2000$mm</td><td>$0.20D$</td></tr>
<tr><td>岩石地基</td><td colspan="2">200~400mm，但当填土高度大于5m时，填土每增高1.0m，其厚度增加40mm</td><td>$2D$</td></tr>
<tr><td>软土地基</td><td colspan="2">$(0.3\sim0.5)D$ 或500mm以上</td><td>$(2\sim3)D$</td></tr>
</table>

2)洞口构造

(1)八字墙洞口

正八字式洞口由敞开斜置八字墙构成如图4-5-3a)所示，敞开角宜采用30°，且左右翼墙对称；适用于河沟平坦顺直，无明显沟槽，且沟底与涵底差变化不大的情况。当八字墙与路中线垂直时，称直墙式洞口，如图 4-5-3b）所示；适用于涵洞跨径与沟宽基本一致，无需集纳和扩散水流或仅为疏通两侧农田灌溉时的情况。八字墙墙身由块（片）石砌筑，有条件时可做料石或混凝土预制镶面。

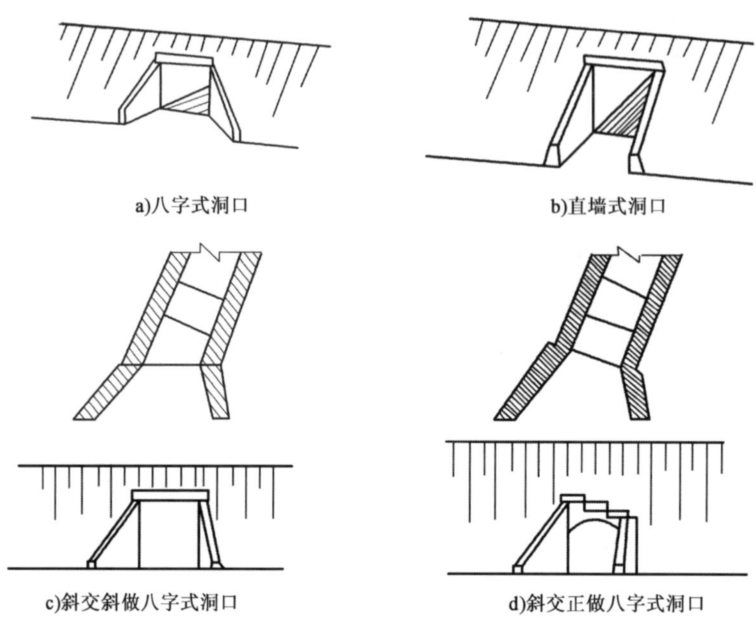

a)八字式洞口　b)直墙式洞口　c)斜交斜做八字式洞口　d)斜交正做八字式洞口

图 4-5-3　八字式洞口

当地形和水流条件要求涵洞与路线斜交时，应做斜八字墙洞口如图 4-5-3c）、d）所示，分斜交斜做或斜交正做，洞口建筑应作特殊设计。

（2）一字墙式（端墙式）洞口

一字墙式洞口采用涵台两侧垂直涵洞轴线部分挡住路堤边坡的矮墙（端墙），墙外侧可用砌石椭圆锥坡、天然土坡、砌石护坡或挡土墙与天然沟槽、渠道和路基相连接，构成多种形式的一字墙式洞口如图 4-5-4a）、b）、c）所示，适用于沟床稳定、土质坚实的河沟以及流速较小的人工渠道或不易冲刷的岩石河沟。

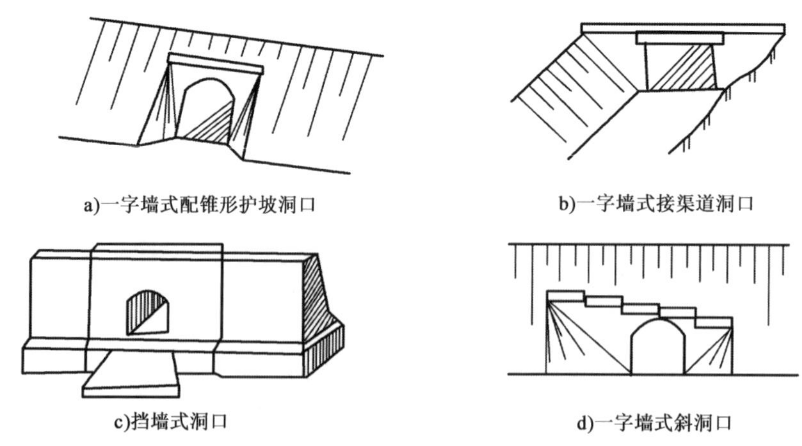

a)一字墙式配锥形护坡洞口　b)一字墙式接渠道洞口　c)挡墙式洞口　d)一字墙式斜洞口

图 4-5-4　一字墙式洞口

当涵洞与路线斜交时,锥坡洞口宜采用斜交正做洞口如图 4-5-4d)所示,其端墙可做成斜坡式或台阶式。

(3)扭坡式洞口

扭坡式洞口与渠道之间由一段变化坡度的过渡带沟成如图 4-5-5 所示,适用于盖板涵、箱涵、拱涵洞身与人工灌溉渠道的连接。进口收缩过渡带长度宜为渠道水深的 4 ~ 6 倍,出口扩散段还应适当增长。

(4)平头式洞口

平头式洞口常用于钢筋混凝土圆管涵和钢波纹管涵,需制作特殊的洞口管节如图 4-5-6 所示,适用于水流通过涵洞挤束不大和流速较小的情况。

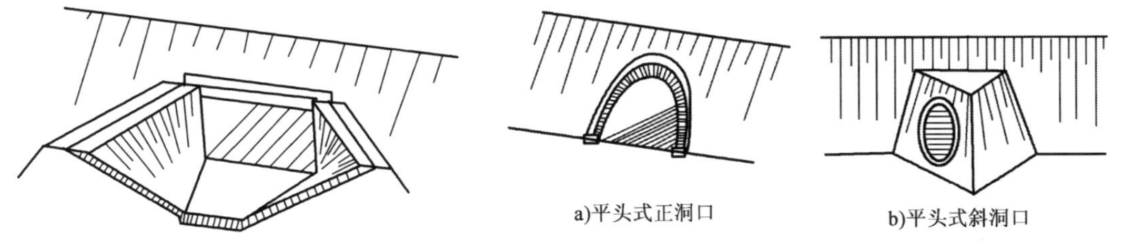

a)平头式正洞口　　b)平头式斜洞口

图 4-5-5　扭坡式洞口　　图 4-5-6　平头式洞口

(5)走廊式洞口

走廊式洞口由两道平行翼墙在前端展开成八字形或圆曲线形沟成如图 4-5-7 所示,可使涵前的壅水水位在涵洞部分提前收缩跌落,降低无压力式涵洞的计算高度后提高涵内计算水深,增大涵洞的宣泄能力;适用于高路堤的情况。

(6)流线型洞口

流线型洞口由进水口端节在立面上升高形成流线型沟成如图 4-5-8 所示,平面也可以做成流线型,使涵长方向涵洞净空符合水流进洞收缩的诗句情况。流线型洞口应用于压力式涵洞时,可使洞内满流;应用于无压力式涵洞时,可增大涵前水深,提高涵洞的宣泄能力。其适用于高路堤或路幅较宽、涵身较长的涵洞。

图 4-5-7　走廊式洞口

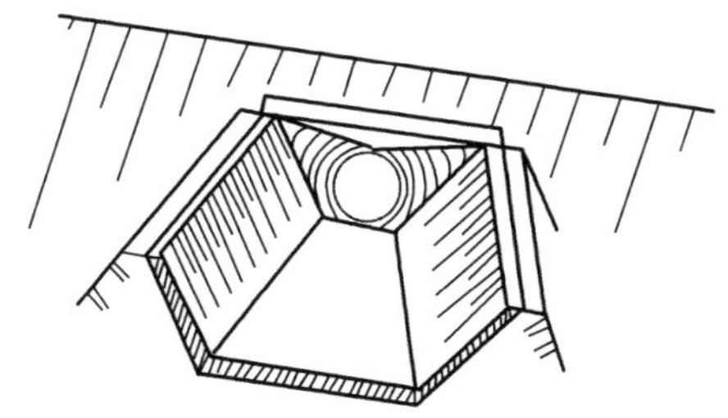

图 4-5-8　流线型洞口

(7)跌水井式洞口

跌水井式洞口主要有边沟跌水井与一字墙式跌水井洞口两种,如图 4-5-9 所示,沟跌水井用于内侧有挖方边沟涵洞的洞口,一字墙式跌水井用于陡坡沟槽跌水。跌水井式洞口适用于河沟纵坡大于 50% 或路基不能满足涵洞建筑高度要求、涵洞进口开挖大以及天然沟槽与洞口高差大时,以解决路基边沟或天然沟槽与涵洞进口的连接。

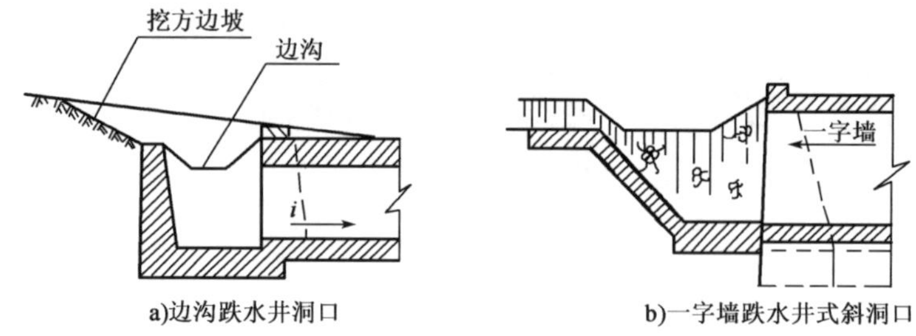

图 4-5-9　跌水井式洞口

3)进出水口沟床加固及防护

(1)在涵洞上、下游河沟和路基边坡一定范围内,宜采取冲刷防护措施。当沟底纵坡小于或等于 15% 时,可铺砌到上、下游翼墙端部,并应在上、下游铺砌端部设置截水墙。其埋置深度不小于台身或翼墙基础深度。

(2)进水口沟床加固及防护。

①当河沟纵坡小于 10%,河沟顺直,且土质和流速许可时,可对进口采用干砌片石铺砌加固。

②当河沟纵坡为 10% ~50% 时,除岩石沟槽外,沟底和沟槽侧向边坡以及路基边沟均须采取人工铺砌加固。加固类型由水流流速确定。当采用缓坡涵进口时,涵前沟底纵坡较陡,涵身纵坡较缓,应在进口段设置缓坡段,其长度为 1 ~2 倍的涵洞孔径。当采用陡坡涵进口时,涵身纵坡较大,水流呈急流状态,涵底坡度与涵前沟底纵坡基本平顺衔接,可不设缓坡段,只做人工铺砌加固。

③当河沟纵坡大于 50% 时,流速很大,进口处宜设置跌水井,可用急流槽与天然河沟连接。急流槽底每隔 1.5 ~2.0m 宜设一防滑墙。为减缓槽内流速,可在槽底增设人工加糙设施。

④为便于检查、养护、清淤,涵洞可设置养护阶梯。

(3)出水洞口沟床加固及防护。

①在河沟纵坡小于 3% 的缓坡涵洞中,当出水流速小于土壤的允许冲刷流速时,下游洞口河床可不作处理;当出水口流速大于或等于土壤的允许冲刷流速时,下游洞口沟床应铺砌片石进行加固或设置挑坎防护。

②在河沟纵坡小于或等于 15% 的缓坡涵洞中,出水口流速较小时,可对下游河床进行一般的铺砌加固,并在铺砌末端设置截水墙。其埋置深度不小于洞身或翼墙基础深度。截水墙外做干砌片石加固。出口流速较大时,采用延长铺砌石块或混凝土块,同时设深埋的截水墙。其深度应大于铺砌末端冲刷深度 0.1 ~0.25m。

③在河沟纵坡大于 15% 的陡坡涵洞中,其洞口末端应视河沟的地质、地形和水力条件,采用出口阶梯、急流槽、导流槽、跌水、消力池、消力槛、人工加糙等特殊加固消能设施。

3. 涵洞的选型

(1)当地形、地质和水文等自然条件许可,上游积水、下游冲刷不影响农田房舍的安全时,应优先采用涵洞。

(2)沟床平缓的排沟,能满足通过设计流量时,应优先选用涵洞。

(3)当涵洞控制线路高度或纵坡较大时,应优先采用盖板涵。

(4)在缺石、缺水、平坦地区,采用预制施工有利于加快施工速度时,优先采用钢筋混凝土涵洞。

(5)路堑高度不能满足设置渡槽的净空要求时,宜采用倒虹吸涵洞。

一年温差变化较大地区,宜选用静定结构的涵洞,如简支盖板涵、三脚拱涵,以克服温度引起的附加内力。

考点分析

涵洞是保障公路或铁路跨越沟或河或山谷等平顺安全连接的主要带状物,更重要的是河流横穿路基的重要排水通道之一,其排水和输沙抗淤能力直接影响到涵洞及路基安全稳定性。按《公路工程技术标准》(JTG B01—2014)对涵洞规定为总跨径 <8m,单孔标准跨径 L_0 <5m 称为涵洞。涵洞布置原则、涵洞的结构设计及涵洞的类型、构造与选型等是本节的重点。本节应掌握涵洞布置原则和涵洞的结构设计,熟悉涵洞的类型、构造与选型。

例题解析

圬工拱涵算例设计资料

计算荷载:公路—Ⅰ级。车道数:双车道。净跨径:$L_0=4\text{m}$。净矢高:$f_0=1.33\text{m}$。

净矢跨比:$\dfrac{f_0}{L_0}=\dfrac{1}{3}$。填土厚度:$H=3.9\text{m}$。材料:C30 钢筋混凝土拱圈,M5 砂浆砌 MU30 片石涵台。材料重度:圬工 $\gamma_3=22\text{kN/m}^3$,填料 $\gamma_2=19\text{kN/m}^3$,填土 $\gamma_1=18\text{kN/m}^3$。土的内摩擦角:$\varphi=30°$,基底置于中密粗砂上:$[\sigma_0]=400\text{kPa}$。结构尺寸如图所示。该拱涵采用无脚拱,施工时温度 $t_1=30℃$。该地区年冬季最低气温 $t_2=-40℃$。涵洞修成后第二年春天拱顶处出现横向裂缝,试分析病害产生的原因,并给出避免裂缝的合理建议。

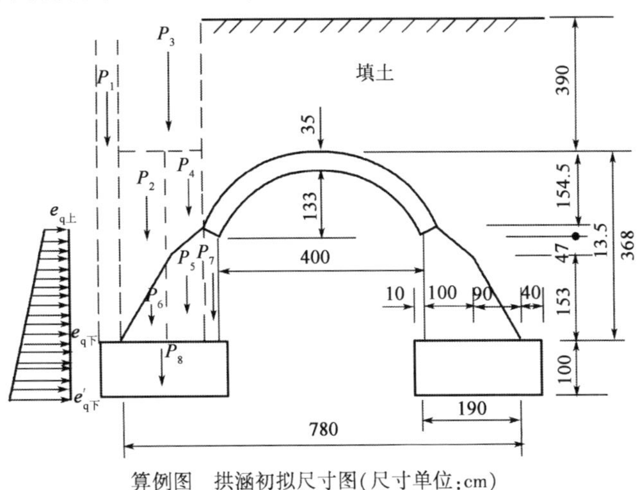

算例图 拱涵初拟尺寸图(尺寸单位:cm)

分析

按等截面板拱设计。

(1)拱圈尺寸

拱圈厚度按下式初拟:

$$t = 1.37\sqrt{R_0 + \frac{L_0}{2}} + 6$$

式中:R_0——拱腹线半径, $R_0 = \frac{L_0}{2\sin\varphi_0}$;

φ_0——拱脚至圆心的边线与垂线交角。

$$R_0 = \frac{200^2 + 133^2}{2 \times 133}2.13\text{m}$$

$$\varphi_0 = \arctan\frac{200}{216 - 133}67.38°$$

$$t = 1.37 \times \sqrt{216 + \frac{400}{2}} + 6 = 34\text{cm}$$

取 $t = 35\text{cm}, \sin\varphi_0 = 0.923, \cos\varphi_0 = 0.385$。

计算跨径:

$$L = L_0 + t \cdot \sin\varphi_0 = 4 + 0.35 \times 0.923 = 4.32\text{m}$$

计算半径:

$$R = \frac{L}{2\sin\varphi_0} = 0.5416 \times 4.32 = 2.34\text{m}$$

计算矢高:

$$f = R(1 - \cos\varphi_0) = 2.34 \times (1 - 0.385) = 1.44\text{m}$$

(2)受力计算

取单位宽度 $B = 1\text{m}$ 计算

$$g_1 = \gamma_1 h_d = 18 \times 3.9 = 70.2\text{kN/m}^2$$

$$g_2 = \gamma_2\left(f + \frac{d}{2} - \frac{d}{2\cos\varphi_0}\right) = 22.1\text{kN/m}^2$$

$$g_3 = \gamma_1 d = 22 \times 0.35 = 7.7\text{kN/m}^2$$

查《拱桥》(上)(公路桥涵设计手册,顾懋清等主编,人民交通出版社)P237 可知,恒载水平产生的水平推力为:

$$\begin{aligned} H &= (c_1g_1 + c_2g_2 + c_3g_3)R \\ &= (0.7 \times 70.2 + 0.08355 \times 22.1 + 0.76543 \times 7.7) \times 2.16 \\ &= 122.86\text{kN} \end{aligned}$$

恒载在拱顶处产生的弯矩:

$$\begin{aligned} Z &= (B_1g_1 + B_2g_2 + B_3g_3)R_2 \\ &= (0.174526 \times 70.2 + 0.014473 \times 22.1 + 0.185236 \times 7.7) \times 2.162 \\ &= 65.3\text{kN} \cdot \text{m} \end{aligned}$$

考察拱顶截面,其截面抗弯截面模量:

$$W = \frac{1 \times h_d^2}{6} = \frac{1 \times 0.35^2}{6} = 0.02\text{m}^3$$

拱圈弹性中心距拱顶的距离:

$$y_s = \partial R = 0.215074 \times 2.16 = 0.4656$$

作用在拱顶截面的恒载弯矩:

$$M = Z - Hy_s = 65.3 - 122.86 \times 0.4656 = 8.224\text{kN} \cdot \text{m}$$

恒载作用下拱顶截面下缘的应力:

$$\sigma_z = \frac{H}{A} - \frac{M}{W} = \frac{122.86}{1 \times 0.35} - \frac{8.224}{0.02} = -60.17\text{kPa} \approx -0.06\text{MPa}$$

而立拱圈采用 C30 混凝土,材料设计可以抵抗的拉应力为:

$[\sigma] = 1.39\text{MPa}$, $\sigma_z \leqslant [\sigma]$ 恒载作用下拱顶截面下缘的应力满足规范要求,不会开裂,所以刚修建此涵洞时不会出现受力裂缝。

但是,该地区冬季气温降到 -40℃,考虑温降 70℃作用产生的水平力:

$$H_t = \beta \frac{EI\Delta t\partial}{L^2}$$

其中材料弹性模量 $E = 3.0 \times 10^7\text{kPa}$;

单位宽度截面惯性矩:

$$I = \frac{1 \times 0.35^3}{12}0.0035729\text{m}^4$$

$\Delta t = -70°;\partial = 1.2 \times 10^{-5};L = 4.32;\beta = 26.7$

$$H_t = 26.7 \times \frac{3 \times 10^7 \times 0.0035729 \times (-70) \times 1.2 \times 10^{-5}}{4.32^2} = 26.7 \times \frac{90.037}{4.32^2} = -128.8\text{kN}$$

温降 70℃作用拱顶处产生的弯矩:

$M_t = H_t \cdot y_s = 128.8 \times 0.4656 = 59.97\text{kN} \cdot \text{m}$(截面下缘受拉为“+”)

所以温降作用下拱顶截面下缘产生的应力:

$$\sigma_t = -\frac{128.8}{1 \times 0.35} - \frac{59.97}{0.02} = -3366\text{kPa} = -3.37\text{MPa}$$

$$\sigma_z + \sigma_t = -0.06 - 3.37 = -3.43\text{MPa} > [\sigma] \quad (\text{“}-\text{”为受拉})$$

所以在经历了冬季后温降作用下拱顶出现了超限制的拉应力,必然开裂。

建议:该地区的涵洞应做成静力涵洞,如三铰拱涵或盖板涵,则温差产生的应力 $\sigma_t = 0$ 。

自测模拟

(第 1 ~3 题为单选题,第 4 题为多选题)

1. 圆管涵基础在亚黏土或砂砾石地基上,常采用砂砾石或级配碎石做垫层基础,其厚度常为以下哪一项?　(　　)

(A)90cm　　(B)60cm　　(C)30cm　　(D)10cm

2. 我国新疆地区某高速公路上大量采用了钢筋混凝土无铰拱涵，涵洞均在6～8月份完成，第二年春天检查时发现涵洞均出现了相同的病害：从拱顶向拱脚有多条横向裂缝。出现这种病害的原因主要是以下哪项？（　　）

(A)施工时地基承载力不符合设计要求

(B)温度差太大，温降在拱顶产生正弯矩及拉力，导致拱腹开裂

(C)冬天的大雪冻裂了拱圈

(D)施工单位偷工减料，拱圈没有布置钢筋

3. 对于需要集纳水流或扩散水流处，涵洞洞口常采用哪一种形式？（　　）

(A)八字式　(B)端墙式

(C)跌水井式　(D)扭坡式

4. 按建筑材料可以把涵洞分为哪几种？（　　）

(A)石拱涵　(B)盖板涵

(C)圬工涵　(D)钢筋混凝土涵

参考答案

1. C　2. B　3. A　4. CD

第六节　桥涵水文

依据规范

《公路工程水文勘测设计规范》(JTG C30—2015)

重点知识

一、了解桥涵水文特征

1. 河流特征

1)河流的形成和分段

降落在地面上的水在重力的作用下，沿着陆地表面上的曲线形成凹地流动，依其大小可分为江、河、溪、沟等，其间并无精确分界，统称为河流。河流流经的谷地称为河谷，河谷底部有水流的部分称为河床。受重力作用沿河床流动的水流，称为河川径流(沿河床一定方向和路径

运动的水流)。

一般天然河流按照河谷和河床情况、冲淤程度、水情变化等特点,分为河源、上游、中游、下游和河口五段。

2)河流的基本特征

(1)河流断面

河流的横断面:指与水流方向相垂直的断面(垂直于水流方向的剖面)。横断面根据形状的不同(是否有边滩)又可分为单式断面和复式断面两种。

河流纵断面:河流中沿水流方向各横断面最大水深点的连线,称为中(深)泓线,沿河流中泓线的铅垂断面(剖面)称为河流纵断面,它描述河床的沿程变化。

(2)河流长度

一般天然河流,从河源到河口沿中泓线量测的距离,称为河流长度。近似的河流长度,可依据实测 1:50000 ~ 1:100000 的河道地形图,沿着中泓线用分规或其他方法直接量得,但所得河长常比实际值小,因为地形图不能反映河道较小的弯道变化,故需作修正。

3)流域

降落到地面上的水,被高地、山岭分隔而汇集到不同的河流中,这些汇集水流的区域,称为某河流的流域(或汇水区)。流域分水线包围的平面投影面积,称为流域面积,常用符号 F 表示,单位为 km^2。

4)流域特征

流域是河水补给的源地,流域的特征直接影响河川径流的形成和变化过程。流域特征一般分为两类,即几何特征与自然地理特征。

(1)几何特征

流域面积 F:流域是河流供水的区域,如其他条件相同,则流域面积的大小决定着汇集的水量多少,多以一般河流的水量总是从河源到河口越往下游越丰富。在相同的自然地理条件下,流域面积越大,径流量就越大,而且流域对径流变化的调节作用也越大,因而洪水涨落比较平缓;流域面积越小,则径流量越小,洪水涨落较为急剧。

(2)自然地理特征

包括流域的地理位置和地形,流域的气候条件,流域的植物覆盖,流域的土壤、地质构造,流域的湖泊率、沼泽率,以及河网密度。

5)河流分类

(1)根据河流气候分类:北方河流、南方河流。

(2)根据径流年内分配分类:雨水补给、雨雪混合补给、冰雪混合补给。

(3)根据多种指标分类:山区河流、平原河流、半山区河流。

(4)根据我国河流特点,也可把河段分为七种类型:峡谷型河段、稳定型河段、次稳定型河段、变迁型河段、游荡型河段、宽滩型河段、冲积漫流型河段。

2. 径流特征

径流指降落到流域表面上的降水,在重力的作用下,由地面与地下流入河槽,最后流出流域出口断面的水流。径流按其对河流的补给方式可分为地面径流和地下径流。地面径流是指经由流域地表面汇入河槽而流过出流断面的径流。地下径流是指以地下水形式补给河流的径流。

1)径流形成过程

流域上自降水开始到水量流出河流出口断面为止的整个物理过程,称为径流形成过程。

(1)降水过程

径流是由降水引起的,降水是径流形成的主要因素,降水的特征不同,它所形成的洪水的特性也不同,常把降水狭义地看作降雨。降水要素(特征)主要有:

①降水量:指一定时段内降落在某一面积上的总水量,以 mm 计。

②降水历时:指一场降水从开始到结束持续的时间,以 min 或 h 计。

③降水强度:简称雨强,指单位时间内的降水量,以 mm/min 或 mm/h 计。

(2)流域蓄渗过程

流域中的降水并不全部直接产生径流,而是首先损耗于:①植物截留;②下渗、填洼;③蒸发。

(3)坡面漫流过程

流域蓄渗过程完成以后,剩余雨水沿着坡面流动,称为坡面漫流。客观上,坡面漫流的过程也有入渗、降雨和蒸发过程伴随着,这是一个复杂的过程。

(4)河槽集流

坡面上的雨水经过坡面漫流注入河网,汇入河槽,并沿着河槽向下游流动到达出口断面。

2)影响径流的主要自然因素

(1)气候因素

气象气候因素中的降水(雨)和蒸发是影响径流的最重要因素。

(2)下垫面因素

①地形:流域地形特征,如地面高程、坡度、切割程度等,直接影响汇流过程。

②土壤和地质:主要是通过入渗和地下水埋藏条件而影响径流。

③植被与湖沼:主要是通过对入渗、蒸发及降水的影响而影响径流。

④湖沼:通过多流域需水量的调节作用,影响径流的变化。

⑤流域形状和面积:不仅影响径流量的大小,而且还影响径流的过程及其变化。

(3)人类活动

人类活动对径流的影响,包括量和质两个方面。对量的影响,主要是通过工程措施和农林措施对水循环过程的干扰,以改变蒸发与径流的比例,地面径流和地下径流的比例,如修建水利工程、跨流域调水等。对质的影响,主要是人类活动和生产活动对水资源的污染。

二、熟悉桥涵水文的资料搜集与整理

1. 水文资料的搜集

1)水文资料的来源

水文资料的来源主要有三方面,即水文站观测资料、洪水调查资料和文献考证资料。

(1)水文站观测资料

水文站观测资料是在一定时期内连续实测的资料,能较为真实地反映客观实际,是水文分析计算的主要依据。一般应搜集桥位附近水文站历史实测最大流量及其相应的水位、流速、糙率、水面比降等实测资料，并应了解水文站的设站历史、测设方法和设备、测流断面和河段情况以及水文站所掌握的水文调查资料。

(2)洪水调查资料

水文站的数量和观测年限总是有限的，不能满足实际工作的需要，因而不能单纯依靠水文站观测资料进行水文分析计算。对于缺乏水文站观测资料的河流，洪水调查是搜集水文资料的基本方法，对于有长期观测资料的河流，洪水调查资料也是重要的补充，可以提高水文分析和计算的精度。洪水调查是桥位勘测不能缺少的工作。

洪水调查工作主要是在桥位上、下游调查历史上各次较大洪水的水位，确定洪水比降和河床糙率，推算相应的历史洪水流量，作为水文分析和计算的依据；同时，调查桥位附近河道的冲淤变形及河床演变，作为确定历史洪水计算断面(水文断面)和桥梁墩台天然冲刷深度的依据。

(3)文献考证资料

我国很多历史文献，如地方志(省志、府志、县志)、河志及其他历史档案等，都有洪水和干旱的灾情记载。历史文献记载多为灾情的一般描述，缺少洪水数量方面的资料，但是，可以利用文献记载的灾情严重程度、灾区范围和洪水深度等，与调查或实测的洪水泛滥情况对比分析，估计历史洪水流量的数值范围或大小顺序，为水文分析和计算提供一定的依据。

2)水文调查与勘测

水文调查与勘测的目的是了解河流的水文情况，为水文分析和计算提供基础资料。应根据工程设计要求和所在区域条件采用相应的方法，其主要内容应满足工程水文分析和计算的需要，收集和调查的资料应作可靠性评价，勘测精度应符合规定。水文调查与勘测的主要内容有：补充收集桥位区的水文和气象资料、水文调查、水文勘测、洪水观测、调查与勘测资料的整理。

(1)水文调查

对于缺乏水文观测资料的河流，水文调查是获取桥涵设计中所需水文资料常用的方法。对有实测资料的河流，水文调查也是获得补充资料的方法。

根据《公路工程水文勘测设计规范》(JTG C30—2015)(以下简称《规范》，水文调查的内容主要有：汇水区概况调查、桥位河段调查、洪水调查、冰凌调查、涉河工程调查等。

①汇水区概况调查

汇水区概况调查应按《规范》绘制沿线水系图，核实低洼内涝区、分(滞)洪区的分布及主要水利工程位置和形式，并从地形图上量绘沿线各汇水区面积、长度、宽度、坡度等特征值及主要水利工程控制的汇水面积，调查岩溶、泉水、泥石流等的分布和规模，土壤类型、地貌、地形、植被情况等特征资料以及各汇水区内对工程设计有影响的水利规划、编制单位及实施时间。

②桥位河段调查

a. 收集河段历年变迁的图纸和资料，调查河弯发展及滩槽稳定情况。

b. 调查支流、分流、急滩、卡口、滑坡、塌岸和自然壅水等现象。

c. 调查水流泛滥宽度、河岸稳定程度、河床冲淤变化、上游泥沙来源、历史上淤积高度和下切深度、河道整治方案及实施时间;通过调查确定河段的稳定程度和变形特征,并分析预估演变发展的趋势。

d. 调查河堤设计标准、河道安全泄洪量及相应水位、航道等级、最低和最高通航水位、通航孔数,高、中、低水位的上、下行航线位置,筏运、漂浮物类型及尺寸。

e. 根据河床形态、泥沙组成、岸壁及植被情况,确定河床各部分洪水糙率。

③洪水调查

调查可靠的洪水水位并确定其发生的年代,在形态调查法的水力计算中,有着非常重要的意义。所谓形态调查法,即利用洪水调查资料,并通过河道地形、纵横断面、洪痕高程及位置等形态资料的测量,再按水力学方法推算历史洪峰流量的方法,它又称为洪水调查方法。

通常是对历史洪水位和多年平均洪水位进行调查。历史洪水位是指历史上特大年洪峰流量时所对应的洪水位;多年平均洪水位是指多年来年洪峰流量的平均值所对应的洪水位。

a. 访问调查:在桥位附近或洪水调查点的河流两岸上、下游一段范围内,通过访问群众,寻找洪水留下的各种痕迹(简称洪痕),加以辨认确定洪水位。

b. 洪痕调查:洪痕位置应由目击者亲自指划,同一洪痕需由几个人确认,同一次洪水至少要调查 3 ~ 5 个洪痕。在确认洪痕时,应注意留存洪痕的标志物有无变动,所反映的洪水位有无受到波浪、漂浮物、水流横向环流引起的水拱、决堤等影响,这些将影响洪痕的可靠程度。

④其他调查

其他调查主要有冰凌调查和既有涉河工程调查。

冰凌调查只在严寒地区有冰情的河段上进行,包括调查历年封冻及开河时间、最高和最低流冰水位、冰块尺寸、流冰速度和密度、冰塞和冰坝现象、历史上凌汛水害情况以及上、下游建筑物对流冰的影响。

既有涉河工程调查包括桥位河段上既有桥梁和跨河管缆、河段堤坝、码头、上下游水库等沿河工业、交通、农田、水利、环保等部门的各种涉河工程设施。随着国民经济的发展,涉河工程不断增加,这直接影响桥梁布设和设计工作。桥位河段上必须认真进行既有涉河工程调查,特别是对这些工程的水文资料和防洪标准要进行调查。

(2)水文勘测

水文勘测的主要内容有水文断面测绘、河段比降测绘、河床质测定、冰凌观测等。

①水文断面

水文断面的选择:水文断面应尽可能与流向垂直,宜选在洪痕分布较多、河段顺直、岸坡稳定、床面冲淤变化不大、泛滥宽度较小、断面比较规则、河槽在平面上无过大扩散或收缩、河床纵坡无急剧变化和无局部死水回流及壅水影响的地方。

当桥位断面符合以上条件时,桥位断面可作为一个水文断面。大中桥桥位上、下游可各选一个水文断面。对河面不宽的中桥,可只选一个。当用形态调查法推求设计流量,而可靠的洪水调查点与桥位有一定距离时,可根据具体情况在洪水调查河段选 2 ~ 3 个水文断面,以便互相推算校核。

②河段比降

a. 河段比降的测绘：河段比降的测绘范围不小于水文断面下游1倍河宽，水文断面上游2倍河宽；测绘的内容包括河床比降线、测时水面比降线、历次洪水比降线、水文断面及桥位断面位置。

b. 洪水比降的确定：洪水比降是指某次洪水时中泓线上的水面纵坡度。

③河床质测定

河床质测定应根据地质勘探资料确定河床断面各层河床质的类别、性质和平均粒径。对表层河床质，可按《公路土工试验规程》(JTG E40—2007)规定，采集扰动土样，进行颗粒分析或液、塑限试验确定。河槽内的土样采集数量，小桥涵不少于1个，中桥不少于2个，大、特桥不少于3个，河滩内的采集数量，视土质分布情况取1~2个。

④冰凌观测

冰凌观测的内容为冰厚、冰温、冰块尺寸、流动速度和方向、冰层面积、沿水流方向的长度、冰层下的水流流速、水面比降、风速、风向、气温变化率以及冰压力计算所需的其他内容。观测期不宜少于一个凌期，每隔五日观测一次。

2. 水文调查与勘测的成果整理

水文调查与勘测是一项复杂的工作，要求勘测设计人员深入现场，边调查、边勘测、边核实、边整理。

工作结束后要提交如下的整理资料：水文资料，如水位、流量观测资料，水文要素相关曲线等；洪水调查资料，如历史洪峰流量推算和水文要素计算成果表，调查河段洪痕分布图，洪水比降图等；气象资料，主要是桥位河段附近气象台站的气温、降水、风速、风向及流域暴雨资料；文献资料，应编制历史洪水文献摘录汇总表。

对有特殊要求的特大桥及河道情况复杂的不稳定河段上的大、中桥，可根据工程需要提出桥位河段的河道调查报告。

三、熟悉桥涵水文的计算

1. 河流比降(‰)的计算

任意河段两端(水面或河底)的高差ΔH称为落差。河段比降：单位河长的落差称为河流纵比降或河流比降，简称比降，用小数或千分数表示。河流比降有水面比降及河底比降。

某一河段比降，可按下式计算：

$$i = \frac{H_2 - H_1}{l} = \frac{\Delta H}{l} \tag{4-6-1}$$

式中：i——河段的比降；

H_1、H_2——分别为河段下游端和上游端的高程(水面或河底的高程)(m)；

l——河段长度(m)；

ΔH——落差，以水面落差计算的i为水面比降，以河底落差计算的i为河底比降。

河流比降自河源向河口逐渐减小，沿程各河段的比降都不相同。河底比降的沿程变化，是不均匀的，可近似看作分段均匀，呈折线形，全河流比降用平均比降 $\bar{i}$(‰)表示。

2. 径流的度量单位和表示方法

1)流量 Q(m^3/s)

单位时间内流过断面的水体体积，常用单位为 m^3/s。把瞬时流量按时间求平均值，可得到某时段的平均流量，如日平均流量、月平均流量、年平均流量和多年平均流量等。

2)径流总量 W(m^3)

某时段 T 内流过断面的总径流体积，常用单位为 m^3、亿 m^3 或 km^3 等。

$$W = Q \times T \tag{4-6-2}$$

3)径流深 Y(mm)

径流总量平均分布在流域面上的水深，常用单位为 mm。

$$y = \frac{W}{1000F} \tag{4-6-3}$$

4)径流模数 M($L/s \cdot km^2$)

单位流域面积上所"产生"的"流量"，常用单位为 $L/(s \cdot km^2)$，计算式：

$$M = \frac{1000Q}{F} \tag{4-6-4}$$

5)径流系数 α

某时段所形成径流深 Y(mm)与降水量 X(mm)的比值，以小数或百分数表示，其计算式为：

$$\alpha = \frac{Y}{X} \tag{4-6-5}$$

6)蒸发量 Z(mm)

用水量平衡法根据降水量和径流深来求蒸发量：

$$Z = X - Y \tag{4-6-6}$$

3. 流速的测算

1)水位观测

(1)水位定义：是指河流、湖泊、水库及海洋等水体的自由水面的高程，以 m 计。

(2)基面：目前，我国统一规定用青岛验潮站的黄海平均海平面作为水准基面。

(3)观测设备：通常用水尺和自记水位计。

(4)观测内容：基本水尺和比降水尺的水位。

2)流速测量

天然河流过水断面上各点的流速分布并不一致，一般是由河岸向河心、河底向水面逐渐增大。流速测量方法有流速仪法和浮标法两种。

(1)流速仪测流速

流速仪是一种专门测定水流速度的仪器，常用的流速仪有旋杯式和旋桨式两种，测得流速为点流速。

$$v = a + bn \tag{4-6-7}$$

式中：a——仪器所测定的试验常数，相当于流速仪开始转动时的流速(m/s)；

b——流速仪系数，具体由仪器说明书鉴定而得；

n——旋杯或旋桨在一定时间内的转速，即由流速仪计数器上读数推算得到的每秒旋杯（桨）所转圈数。

采用流速仪测流速时，应在测流断面上布置适当数量的测深垂线，从测深垂线中选出一部分作为测速垂线。测出各条垂线的水深和起点距，再沿测速垂线布置若干测点，用流速仪逐点测出流速，并计算各测速垂线的垂线平均流速 v_{mi}。可按各测速垂线上的测点数目，用下式计算：

$$\begin{cases} \text{五点法：} v_m = \dfrac{1}{10}(v_{0.0} + 3v_{0.2} + 3v_{0.6} + 2v_{0.8} + v_{1.0}) \\ \text{三点法：} v_m = \dfrac{1}{3}(v_{0.2} + v_{0.6} + v_{0.8}) \\ \text{二点法：} v_m = \dfrac{1}{2}(v_{0.2} + v_{0.8}) \\ \text{一点法：} v_m = v_{0.6} \end{cases} \tag{4-6-8}$$

式中：v_m——垂线平均流速(m/s)；

$v_{0.0}$、$v_{1.0}$——水面及河底的测点实测流速(m/s)；

$v_{0.2}$、$v_{0.6}$、$v_{0.8}$——水面以下 0.2、0.6、0.8 倍垂线水深处测点的实测流速(m/s)，水深均由水面垂直向下计算。

测速垂线的分布、垂线上测速点分布根据相关规范执行。

（2）浮标法测流速

凡能漂浮在水面上的物体都可以制成浮标，例如芦苇、木板、植物杆等。浮标测流的主要工作是观测浮标漂移速度，测量水道横断面，以此来推估断面流量。由于用浮标法测量得到的是一般水面流速，其值比垂线平均流速大，因此计算出的断面流量比实际流量大，称虚流量，用 Q_f 表示；应乘以浮标系数 $K_f = 0.8 \sim 0.9$，才得到实际流量，即 $Q = Q_f \cdot K_f$。

3）流量测算

流量测算需先测过水断面，再测流速分布，而后才能计算流速及流量。河流中流量与水位具有一定的关系，某一水位下可测得相应的过水面积及流速分布，并可计算出相应于此水位下的流量。流量的测算可按下列步骤进行：

（1）断面测算

先测水位，再沿水面宽度取若干点测水深，由此可得河底高程，连接各测深点，即可绘出过水断面；通过地形测量，还可绘出河谷地形图。测量其水深的垂线称为测深垂线，最少测深垂线数 n 按相关规范选取。

（2）流速测算

按前面所述方法先测量点流速及计算垂线平均流速 v_{mi}，然后计算两相邻测速垂线间的算术平均值流速 v_i（称为部分面积平均流速）。岸边或死水边的部分面积平均流速，可由相邻垂线平均流速适当折减，按式(4-6-9)计算，其中死水边 $\alpha = 0.6$，斜坡岸边 $\alpha = 0.7$，不平整陡坡岸边 $\alpha = 0.8$，光滑陡岸 $\alpha = 0.9$。中间部分的部分面积平均流速按式(4-6-10)计算

$$v_i = \alpha v_{mi} \tag{4-6-9}$$

$$v_i = \frac{1}{2}(v_{mi-1} + v_{mi}) \tag{4-6-10}$$

(3)流量及其他水力要素计算

计算通过各部分面积的流量 Q_i(称为部分流量):

$$Q_i = A_i v_i \tag{4-6-11}$$

全断面流量面积 A、流量 Q 及断面平均流速 v、水面宽度 B 分别如下:

$$Q = \sum_{i=1}^{n} Q_i \tag{4-6-12}$$

$$A = \sum A_i \tag{4-6-13}$$

$$v = \frac{Q}{A} \tag{4-6-14}$$

$$h = \frac{A}{B} \tag{4-6-15}$$

(4)流向测定

流向测定的目的,是全面观察水流在桥位区的变化情况,并通过图解法确定水流总流向与桥轴线之法向的交角,即可确定桥位是正交还是斜交。流向一般采用浮标施测,有条件的可采用流向仪、流向器施测。当采用浮标观测流向时可与浮标测速同时进行,施测时应选择在无风或风力较小的天气进行。

用浮标法测流向的方法是:首先用经纬仪或平板仪观测确定每一浮标在某时段内通过桥位断面先后所处的不同位置,可得出桥位断面上该浮标在此流线上的流速方向;然后在桥位断面上计算每个浮标所代表的部分过水面积和部分流量;再根据每个浮标的部分流量大小及方向,进行矢量合成,最后确定总流向。

(5)水位—流量关系曲线

河流中的流量随水位变化,表明水位和流量有密切的关系。在断面形状、河床糙率和水面比降不变的条件下,过水面积 A 和断面平均流速 v 都是水位 H 的函数,即 $A = f_1(H)$,$v = f_2(H)$;而流量 $Q = Av$,所以流量也是水位的函数,即 $Q = f(H)$。以水位为纵坐标,流量为横坐标,将相应的水位和流量点绘在坐标纸上,通过点群中心的曲线即为水位—流量关系曲线。为了相互校核,可将 $Q = f(H)$、$A = f_1(H)$、$v = f_2(H)$ 三条曲线绘在同一张坐标纸上。

4)形态调查法流速、流量的确定

根据水文断面处比较可靠的洪水位,可按均匀流谢才—满宁公式计算流速和流量。若是单式断面,可用式(4-6-16)、式(4-6-17)计算全断面的平均流速和流量;若是复式断面,可以用式(4-6-16)分别计算左、右河滩与河槽各过水断面的平均流速,然后用式(4-6-18)计算全断面的流量。复式断面的全断面平均流速是用式(4-6-17)反算,此时的 A 为全断面的过水面积:

$$v = \frac{1}{n} R^{\frac{2}{3}} I^{\frac{1}{2}} \tag{4-6-16}$$

$$Q = vA \tag{4-6-17}$$

$$Q = v_c A_c + \sum v_t A_t \tag{4-6-18}$$

4. 设计洪水分析与计算

1) 河川水文现象特性及分析方法

河川水文现象特性：周期性、地区性、随机性。

河川水文现象的分析方法：成因分析法、地区归纳法、水文统计法。

2) 水文统计的基本概念

(1) 累积频率与重现期

累积频率：等量或超量(等于或大于)值出现的次数与总次数的比值，称为该特征值的累积频率。在水文计算中，等于和大于某一数值的水文要素特征值(流量、水位等)出现的次数与总次数的比值，称为该特征值的累积频率，以符号 P 表示。

重现期：等量或超量随机变量在多年观测期中平均多少年或多少次可能再现的时距，称为重现期，简称多少年一遇或多少次一遇用 T 表示，以年为单位。

重现期与累积频率的关系为：

$$T(x \geqslant x_i) = \frac{1}{p(x \geqslant x_i)} \tag{4-6-19}$$

$$T(x \leqslant x_i) = \frac{1}{1 - p(x \geqslant x_i)} \tag{4-6-20}$$

对洪水而言 :$p \leqslant 50\%$

$$T = \frac{1}{p} \tag{4-6-21}$$

对枯水而言:$p \geqslant 50\%$

$$T = \frac{1}{1 - p} \tag{4-6-22}$$

(2) 设计洪水频率

设计洪水频率：桥涵工程中，以一定的洪水累积频率来作为设计标准，称为设计洪水频率(设计洪水频率根据规范来选取)。

设计洪水流量：与设计频率对应的洪水流量。

3) 利用实测流量系列推求设计流量

(1) 资料的审查

用于分析与计算的洪水资料必须进行：可靠性、一致性、代表性、独立性的审查。

(2) 资料的整理

①经相关分析插补延长后，具有 20 年以上的观测资料时，按连续系列推求规定频率的流量。

②具有连续或不连续 20 年以上观测资料 ，同时还具有洪水调查(或文献考证)资料时，按不连续系列推算规定频率的流量。

③无观测(或较少)资料时，可通过形态调查法根据调查的历史洪水推算设计流量。也可根据水文要素的分布规律，用经验公式和等值线图推算设计流量。

(3) 系列的插补、延长和转换

①相关分析法

年最大流量系列之间变量的统计相关，一般采用直线相关分析。相关分析的内容包括判定变量间是否存在相关关系，若存在，计算其相关系数，以判断相关的密切程度；确定变量间的数量关系——回归方程或相关线；根据自变量的值，预报或延长、插补倚变量的值，并对该估值进行误差分析。为了保证插补和延长的流量资料具有一定的精度，要求两系列相对应的流量资料不宜过少（至少10对以上），插补和延长年数不宜超过已有对应资料的实测年限，外延部分最好不要超过实测范围的30%～50%。

以 x_i, y_i 分别表示两个相关系列中随机变量的对应值，n 表示其对应值的个数，根据最小二乘法的原理：

y 倚 x 的相关直线为：

$$y - \bar{y} = r\frac{\sigma_y}{\sigma_x}(x - \bar{x}) \tag{4-6-23}$$

x 倚 y 的相关直线为：

$$x - \bar{x} = r\frac{\sigma_x}{\sigma_y}(y - \bar{y}) \tag{4-6-24}$$

$$r = \frac{\sum_{i=1}^{n}(x_i - \bar{x})(y_i - \bar{y})}{\sqrt{\sum_{i=1}^{n}(x_i - \bar{x})^2\sum_{i=1}^{n}(y_i - \bar{y})^2}} = \frac{\sum_{i=1}^{n}(K_{xi} - 1)(K_{yi} - 1)}{\sqrt{\sum_{i=1}^{n}(K_{xi} - 1)^2\sum_{i=1}^{n}(K_{yi} - 1)^2}} \tag{4-6-25}$$

式中：$\bar{x}$、$\bar{y}$——分别为系列 x、y 的均值；

σ_x、σ_y——分别为系列 x、y 的均方差；

r——相关系数。

相关系数 r 的性质有：

两变量之间存在着直线函数关系，为完全相关时，此时，相关系数 $r=\pm1$；

若两个变量之间不存在直线相关，则为零相关，此时，相关系数 $r=0$；

当相关系数 r 介于0和 ±1 之间时，表明两变量之间存在着直线相关，为统计相关，只有相关系数足够大时，才能表明相关程度密切。因为，在桥涵水文计算中，采用 r 绝对值大于等于0.8，即以0.8作为相关系数的最低界限值。

②面积比拟法

位于同一河流的上、下游，当满足桥位水文计算断面的汇水面积与水文站的汇水面积之差小于水文站汇水面积的20%，且不大于1000km^2，汇水区的暴雨分布较均匀，区间无分洪、滞洪时，可按下式计算桥位断面的流量。

$$Q_{桥} = Q_{水}\left(\frac{F_{桥}}{F_{水}}\right)^n \tag{4-6-26}$$

式中：$Q_{桥}$、$F_{桥}$——桥位水文计算断面的洪水流量（m^3/s）和汇水面积（km^2）；

$Q_{水}$、$F_{水}$——水文断面的实测最大洪水流量（m^3/s）和汇水面积（km^2）；

n——面积指数，按地区经验值取用，一般为0.5～0.8。

③水位与流量关系曲线法

当实测洪水位系列长于实测洪水流量系列，或缺测洪水流量年份有实测洪水位资料时，宜建立实测水位与流量关系曲线。

(4)根据观测资料推求设计流量

进行水文分析计算时，实测洪水流量系列不宜少于20年，且应有历史洪水调查和考证成果。

历史洪水一般为特大洪水，实测系列中也可能有特大洪水，特大洪水指比一般洪水大得多的稀遇洪水，相应的流量 Q_N。资料中存在特大洪水时，样本系列为非简单随机样本，必须对特大洪水进行处理。处理的目的是提高代表性，构成连续系列。

①Q_N 发生的三种情况：
- 实测系列之内——由观测得到；
- 实测系列之外——由调查或考证得到；
- 一部分在实测之内，一部分在实测之外。

②处理内容有：
- 经验频率的计算
  - p_N——特大洪水的频率；
  - p_n——一般洪水的频率；
- 处理后统计参数 $\overline{Q}_N$，C_{vN}，C_{sN}的计算。

a. 经验频率的计算

对连续系列，可按式(4-6-27)估算：

$$p=\frac{m}{n+1}\times 100\% \tag{4-6-27}$$

式中：p——实测系列洪峰流量的经验频率(%)；

m——实测洪峰流量系列按递减(从大到小)排序的序位；

n——实测洪峰流量系列项数(年数)。

对不连续系列，经验频率估算有两种方法。

设调查及实测(包括空位)的总年数为 N 年，连续实测期为 n 年，共有 a 次特大洪水，其中有1次发生在实测期，$a-1$ 次是历史特大洪水。

分别处理法：

一般洪水频率
$$p_m=\frac{m}{n+1}\times 100\% \tag{4-6-28}$$

特大洪水频率
$$p_M=\frac{M}{N+1}\times 100\% \tag{4-6-29}$$

统一处理法：

特大洪水频率
$$p_M=\frac{M}{N+1}\times 100\% \tag{4-6-30}$$

一般洪水频率
$$p_m=\left[\frac{a}{N+1}+(1-\frac{a}{N+1})\frac{m-l}{n-l+1}\right]\times 100\% \tag{4-6-31}$$

式中：p_m——实测系列第 m 项的经验频率；

m——实测系列一般洪水由大到小排列的序号 $m=1+1,\cdots,n$；

p_M——特大洪水第 M 序号的经验频率 $M=1,\cdots,a$；

N——自最远的调查考证年份至今的年数。

b. 皮尔逊Ⅲ型曲线

在水文统计法中，大多采用皮尔逊Ⅲ型（P-Ⅲ）曲线，作为近似于水文现象总体的理论频率曲线线型。在实际计算中，通常是根据样本，选择与经验频率点群配合最好的 P-Ⅲ型曲线作为总体的理论频率曲线，用以满足实际水文计算的需要。方程为：

$$x_P = (\Phi C_v + 1)\bar{x} = K_P \bar{x} \tag{4-6-32}$$

式中：x_P——频率为 P 的随机变量；

Φ——离均系数，$\Phi = \frac{K_P - 1}{C_v} = \frac{x_P - \bar{x}}{C_v \bar{x}} = \frac{x_P - \bar{x}}{\sigma} = f(P, C_s)$，这是频率 P 和偏态系数 C_s 的函数，为了便于实际应用，制成离均系数 Φ 值表，可供查阅；

K_P——模比系数，$K_P = \frac{x_P}{\bar{x}} = \Phi C_v + 1$，可根据拟定的比值 C_s/C_v 制成模比系数 K_P 值表，可查阅《公路桥涵设计手册 · 桥位设计》等书。

对于年最大流量系列，公式（4-6-32）可写成：

$$Q_P = (\Phi C_v + 1)\overline{Q} = K_P \overline{Q} \tag{4-6-33}$$

式中：Q_P——频率为 P 的洪峰流量（m^3/s）；

$\overline{Q}$——平均流量（m^3/s）。

c. 统计参数

一个随机变量系列的频率密度曲线和频率分布曲线的形状和方程，可以用几个数值特征值来反应，这些数值特征值称为统计参数。水文计算中常用的统计参数有系列均值 $\bar{x}$、变差系数 C_v、偏态系数 C_s。

d. 设计流量的推算步骤

求矩适线法（目估适线法）步骤如下：

a）计算经验累积频率，绘制经验点。

将流量系列降序排列（从大到小），计算经验频率，在几率格纸上绘制经验点据（频率横坐标，变量纵坐标）。

b）初选理论频率曲线的三参数。

利用矩法公式计算 $\bar{x}$、C_v，并在 $C_s = (2 \sim 4)C_v$ 范围内假定 C_s，作为理论频率曲线三参数的初选值。理论频率曲线选 P-Ⅲ型。

c）适线法选定三参数。

根据初估的三参数，计算 x_P，在同一张坐标纸上绘制第一条理论线，观察理论线与经验点据配合的情况，若不理想，调整参数值，一般主要调整 C_s，也可适当调整 $\bar{x}$、C_v，进行反复 3 次左右适线，选定与经验点配合最好的理论线。

d）根据三参数推算规定频率的设计流量。

用选定理论频率曲线的三参数，推算规定频率的设计流量，即 $Q_p = \overline{Q}(1 + Cv\Phi_p)$，其中，$\Phi_p$ 为频率 $p\%$ 时的离均系数。

5. 桥位断面处的设计流量与水位

水文断面包括水文站实测断面、洪水调查处断面，桥位断面指路线轴线与水流正交时的断面。如果水文断面与桥位断面不在同一处,则需将在水文断面获得的设计流量和设计水位转移至桥位断面。

1)设计流量的转移

(1)若水文断面处与桥位断面处的流域面积差满足$|(F'-F)/F|\leqslant 5\%$时,则水文断面处的流量Q'_p可直接作为桥位断面处的设计流量,即$Q_p=Q'_p$。

(2)若水文断面处与桥位断面处的流域面积差大于5%,小于20%时,可按下式进行计算:

$$Q_p=\left(\frac{F}{F'}\right)^n Q'_p \tag{4-6-34}$$

式中:F'、Q'_p——水文断面处的流域面积和规定频率的设计流量;

F、Q_p——桥位断面处的流域面积和规定频率的设计流量;

n——面积指数,一般取0.5~0.7。

(3)若水文断面处与桥位断面处的流域面积差>20%时,上式计算的结果误差较大,应结合实际情况,分析后慎用。

2)设计水位的转移

(1)在水文断面处与桥位断面处的流域面积相差不超过5%时,可利用水文断面处规定频率的设计流量Q'_p所对应的水位H'_p,通过洪水比降法推算桥位断面的设计水位。

$$H_p=H'_p\pm I\cdot L \tag{4-6-35}$$

式中:I——洪水比降,以小数计,当水文断面在桥位断面上游时,取负号;反之,当桥位在上游时,取正号;

L——水文断面至桥位断面沿河流中泓线的水平距离。

(2)根据桥位处实测断面水文资料,绘制水位—流量关系曲线,利用已知设计流量用形态断面法反推设计水位。同时应结合上下游的历史洪水位和河段洪水比降调查资料进行分析修正。

(3)当桥位上下游有卡口、人工建筑物等对水位有影响时,可利用河段水面曲线计算法推算桥位断面处的设计水位。

考点分析

根据大纲规定,熟悉河流的概念及表征河流特征的指标;熟悉流域概念及表征流域特征指标;了解降水概念及表征降水特征的指标;掌握径流的概念、径流形成过程、影响因素、径流的表示方法及度量单位。

了解水文资料的来源;熟悉水位的概念、观测设备及观测原理、使用基面;掌握流速仪法测算断面流量的原理及步骤;了解水文调查与勘测内容及成果整理。

熟悉河川水文现象的特性及分析方法;掌握概率、频率概念,它们之间区别及联系;熟悉样本、总体概念;了解分布密度及分布函数概念及关系;掌握累积频率、重现期的概念及两者之间关系;掌握设计洪水频率、设计洪水流量概念;了解洪水资料审查;熟悉系列插补、延长和转换的方法;掌握经验频率曲线的绘制步骤;掌握求矩适线法的绘制步骤;掌握 P-Ⅲ型曲线方程及应用;掌握特大洪水的概念、考虑特大洪水后频率及统计参数的计算;了解如何根据水文断面处的设计水位与设计流量,推求桥位断面处设计水位与设计流量。

例题解析

例 1 某闭合流域多年平均降水量为 950mm,多年平均径流深为 450mm,则多年平均年蒸发量是以下哪一项? ( )

(A)450mm (B)500mm

(C)950mm (D)1400mm

分析

闭合流域多年平均水量平衡方程 $\bar{X}-\bar{Y}-\bar{Z}=0$,可知本题选 B。

例 2 在水文频率计算中,我国一般选配皮尔逊Ⅲ型曲线,原因是以下哪一项? ( )

(A)已从理论上证明它符合水文统计规律

(B)已制成该线型的 Φ 值表供查用,使用方便

(C)已制成该线型的 k_p 值表供查用,使用方便

(D)经验表明该线型能与我国大多数地区水文变量的频率分布配合良好

分析

目前规范规定线型为皮尔逊Ⅲ型曲线,并没有从理论上证明,只是经验表明该线型能与我国大多数地区水文变量的频率分布配合良好。故本题选 D。

例 3 用配线法进行频率计算时,判断配线是否良好所遵循的原则是以下哪一项? ( )

(A)抽样误差最小的原则

(B)统计参数误差最小的原则

(C)理论频率曲线与经验频率点据配合最好的原则

(D)设计值偏于安全的原则

分析

配线法也叫适线法,是一种优选参数的方法,优选的原则是理论频率曲线与经验频率点据配合最好。故本题选 C。

例 4 相关分析在水文分析计算中主要作用是以下哪一项? ( )

(A)推求设计值 (B)推求频率曲线

(C)计算相关系数　　(D)插补、延长水文系列

分析

相关分析的目的插补.延长水文系列。故本题选 D。

例 5　某河段上、下断面的河底高程分别为 725mm 和 425mm，河段长 120km，则该河段的河道纵比降为以下哪一项？（　）

(A)0.25　　(B)2.5

(C)2.5%　　(D)2.5‰

分析

比降的概念，单位长度的落差为比降。故本题选 D。

例 6　根据某山区年平均径流深 R(mm)及流域平均高度 H(m)的观测数据，计算后得到均值 $\bar{R}=697.9$mm，$\bar{H}=328.6$m；均方差 $\sigma_R=251.2$，$\sigma_H=169.9$；相关系数 $r=0.97$，已知流域平均高程 $H=360$m，此处的年平均径流深 R 为以下哪一项？（　）

(A)226.6mm　　(B)742.9mm

(C)697.9mm　　(D)864.8mm

分析

$\sigma_R=251.2$，$\sigma_H=169.9$，$r=0.97$，计算回归系数：

$$R_{R/H}=r\frac{\sigma_R}{\sigma_H}=0.97\times\frac{251.2}{169.9}=1.4342$$

又知，$\bar{R}=697.9$mm，$\bar{H}=328.6$m，则 R 倚 H 的回归方程：

$$\begin{aligned}R&=\bar{R}+R_{R/H}(H-\bar{H})=697.9+1.4342(H-328.6)\\&=226.6+1.4342H\end{aligned}$$

由此得年平均径流深：

$$R=226.6+1.4342\ H=226.6+1.4342\times360=742.9\text{mm}$$

故本题选 B。

例 7　某站年径流系列符合 P-Ⅲ型分布，已知该系列的 $\bar{R}=650$mm，$\sigma=195$mm，$C_s=2C_v$，试结合下表计算设计保证率 $P=90\%$ 时的设计年径流深。（　）

P-Ⅲ型曲线离均系数 Φ 值表($P=90\%$)　　例 7 表

C_s	0.2	0.3	0.4	0.5	0.6
Φ	−1.26	−1.24	−1.23	−1.22	−1.20

(A)404.4mm　　(B)412.1mm

(C)408.2mm　　(D)416mm

分析

$$C_v = \frac{\sigma}{\bar{R}} = \frac{195}{650} = 0.3$$

$$C_s = 2C_v = 0.6, \text{则}\ \Phi = -1.20$$

$$R = \bar{R}(1 + C_v\phi) = 650 \times (1 - 1.20 \times 0.3) = 416\text{mm}$$

故本题选 D。

自测模拟

（第 1 ~3 题为单选题）

1. 影响河川径流的因素中，对径流影响最大的是以下哪一项？（ ）

(A)降水　(B)蒸发　(C)地形　(D)地质

2. 洪水频率计算中，特大洪水处理的内容主要是以下哪一项？（ ）

(A)插补展延洪水资料　(B)代表性分析

(C)经验频率和重现期计算　(D)选择设计标准

3. 某流域面积为 500km^2，多年平均流量为 7.5m^3/s，换算成多年平均径流深为多少？（ ）

(A)473mm　(B)500mm　(C)805mm　(D)887.7mm

参考答案

1. A　2. C　3. A

第七节　桥位选择与布置

依据规范

《公路桥涵设计通用规范》(JTG D60—2015)

重点知识

一、熟悉桥位选择的一般规定

桥涵位布置的规定详见《公路桥涵设计通用规范》(JTG D60—2015)，一般规定有：

(1)桥位选择应对可能的桥位方案进行调查和勘测,经全面分析论证,确定推荐方案;

(2)桥位选择应从整体布局考虑,做好同相关规划的协调配合;

(3)高速公路、一级公路的特大、大、中桥桥位线形应符合路线布设要求,一般公路上的桥位,应桥、路综合考虑,注意位于弯、坡、斜处的桥梁设计和施工的难度;

(4)应对水文、工程地质和技术复杂的特大桥桥位,应根据河流的形态特征、水文、工程地质、通航要求和施工条件以及地方工农业发展规划等,在较大范围内作全面的技术、经济比较;

(5)跨河位置、布孔方案等应征求水利、航运等部门的意见。

二、熟悉桥位选择的要求和特点

1.一般地区桥位选择的要求

一般地区桥位选择在水文、地形地貌、工程地质和通航等方面的要求见表4-7-1。

一般地区桥位选择的要求　　表4-7-1

水文方面	(1)应选择在河道顺直、稳定、滩地较高、较窄且河槽能通过大部分设计流量的河段上。不宜选在不稳定的河汊、河床冲淤严重、水流汇合口、急弯、卡口、古河道以及易形成流冰、流木阻塞的河段上。 (2)应注意河道的演变和避免因建桥对天然河道的影响。 (3)桥位轴线宜与中、高洪水位时的流向正交;如不可能,当斜角大于5°时,则应在孔径和基础设计时考虑其影响。 (4)桥位与水流斜交,应避免在引道上游形成水袋;若不可避免时,应采取相应措施
地形地貌方面	(1)应尽量选在两岸有山嘴或高地等河岸稳固便于接线的较开阔的河段。 (2)上、下游不应有山嘴、石梁、沙洲等,以免影响水流畅通。 (3)应尽量避免地面、地下有重要设施拆迁。 (4)应考虑施工场地布置、材料运输等方面的要求
地质方面	(1)应选在基岩和坚硬土层外露或埋藏较浅、地质条件简单、地基稳定处。 (2)不宜选在活动性断层、滑坡、泥石流、强岩溶等不良地质的地段
通航方面	(1)应选在通航比较稳定、顺直且具有足够通航水深的河段上,如航道不稳定,应考虑河道变迁的影响。 (2)应离开险滩、浅滩、急弯、卡口、汇流口和水工设施、码头、港口作业区和船舶锚地。其离开的距离参照有关规范规定。 (3)在通航期内,桥轴线应与主流正交,如斜交时,桥轴线的法线与主流交角不宜大于5°,否则应增大通航孔的跨径

2.各类河段桥位选择的要求和特点

各类河段桥位选择的要求和特点见表4-7-2。

各类河段桥位选择的要求和特点　　表4-7-2

河　段	桥位选择的要求和特点
山区峡谷河段	桥孔不得压缩水流,宜选在可以一孔跨越处;否则,宜选在水深较浅、流速较缓的开阔河段上
平原顺直微弯河段	宜选在河槽与河谷方向一致、河槽流量较大处;桥轴线宜与河岸线正交;墩台基础深度必须考虑河槽内边滩下移的影响
平原弯曲河段	一般应选在主槽流向和河流的总趋势一致的、比较长的河段上
平原分汊河段	一般应选在分汊点以上;若江心洲稳定,可选在江心洲或洲尾两汊深泓线汇合点以下

续上表

河　段	桥位选择的要求和特点
平原宽滩河段	宜选在河滩地势较高、河槽居中、稳定、顺直和滩槽流量比较小的河段上；当滩、槽流量比较大且滩内汊流距主槽较远时，宜选在河滩地势有利于分流的河段上，采用一河多桥方案；如桥位上游有村镇，宜选在村镇的上游
平原游荡河段	宜选在两岸土质较好或有固定依托的稳定河段上
山前变迁河段	宜选在两岸与河槽相对比较稳定的束窄河段上；若必须跨越扩散段时，应选在摆动范围比较小的河段上，桥轴线宜与洪水总趋势正交
山前冲积漫流河段	宜选在上游狭窄段或下游收缩段上；如必须通过中游扩散段时，宜采用一河多桥方案，且使各桥桥位大致在同一等高线上
潮汐河口河段	应避开涌潮区段和滩岸、凹岸多变区段；潮汐河段上游段的桥位、桥孔设计可按天然状态下的设计方法进行；位于潮汐河段下游段和中间段的桥梁，桥孔长度可按天然状态下桥孔净长度，再加大5% ~15%来考虑

3. 特殊地区桥位选择的要求和特点

特殊地区桥位选择的要求和特点见表4-7-3。

特殊地区桥位选择的要求和特点　　表4-7-3

地区	桥位选择的要求和特点
泥石流地区	在强烈泥石流地区，桥位应采取绕避方案；对于一般泥石流沟，应选在沟床固定、主流稳定、水流顺直处，宜与主流正交；不应选在沟床纵坡由陡变缓，断面扩大和缩小及弯道处；路线通过泥石流堆积扇群时，应避开扇腰、扇顶部位，而宜选在扇缘及其尾部；线路应沿等高线定线，桥梁分散设置；路线通过泥石流堆积扇群时，宜在各沟山口建桥或切各扇缘设桥
岩溶地区	尽量避开岩溶发育严重地区，在岩溶轻微处选择桥位；尽量选在岩层完整、洞穴顶板较厚处；线路通过岩溶地区构造破碎带时，应避开破碎带或尽量使桥位垂直破碎带(或以较小斜交角)通过，必须避开巨大洞室和大竖井；不宜选在可溶岩层与非可溶岩层的接触带，应选在非可溶岩层上；不宜选在岩溶丘陵压峰间谷地的漏斗、落水溶洞、溶泉、地下通道及暗河露头处；暗河范围内不宜建桥
水库地区	应考虑因修建水库而引起的河流状态的变化及可能产生的各种不利因素；在水库上游回水影响范围，桥位宜选在库面较窄、岸坡稳定、泥沙沉积较少的地段；在封冻地区，桥位不应选在回水末端，容易形成冰坝的地段；在水坝下游，桥位应离开坝址有相当距离，必须考虑坝下集中冲刷的影响
黄土地区	应选在沟岸较低、冲沟较窄、抗冲性强、较为稳定处，并应注意沟底冲刷和沟岸保护；应避开黄土陷穴、溶洞和陷穴易于崩解、潜蚀、顶冲以及发育不稳定地段
地震地区	按《公路工程抗震规范》(JTG B02—2013)有关规定处理

考 点 分 析

熟悉桥涵位布置的一般规定；熟悉一般地区桥位选择在水文、地形地貌、工程地质和通航等方面的要求；熟悉各类河段桥位选择的要求和特点；了解特殊地区桥位选择的要求和特点。

例题解析

例1 下列关于桥涵布置原则的一般规定,以下哪一项是不正确的? ( )

(A)桥位选择应从国民经济发展和国防需要出发,并考虑与铁路、水运、航运、市政等方面的规划尽可能互相协调配合

(B)一般公路上的特大桥、大桥、中桥桥位线形,一般应符合路线布设规定

(C)跨越每一河沟、排灌渠道和每一汇水区,原则上都应布设桥涵

(D)桥轴线一般应为轴线,若采用曲线时,其各种技术指标应符合路线布设的规定

分析

桥涵位布置的规定详见《公路桥涵设计通用规范》(JTG D60—2015),A选项中桥位选择需要从国民经济、国防需要出发,并考虑铁路、水运等各方面协调配合;BD选项中线形的布设原则,规范中均有规定。故本题选C。

例2 桥位选择在水文方面有哪些要求? ( )

(A)应选择在稳定的古河道河段上

(B)应选择在狭窄的河道以避免桥梁过长

(C)桥位轴线宜与中、高洪水位时的流向正交

(D)桥位与水流斜交,应避免在引道上游形成水袋;若不可避免时,应采取相应措施

分析

根据"一般地区桥位选择的要求",桥位不宜选择在古河道上;桥位不宜选择在卡口河段,应保证河槽能通过大部分设计流量;故而故本题选CD。

自测模拟

(第1~2题为多选题)

1. 桥位选择在地质方面有哪些要求? ( )

(A)应选在基岩和坚硬土层外露处

(B)应选在岩层埋藏较浅、地质条件简单、地基稳定处

(C)应选在活动性断层处

(D)不宜选在泥石流、强岩溶等不良地质的地段

2. 平原宽滩河段桥位选择的要求和特点有哪些? ( )

(A)宜选在河滩地势较低、河槽居中的河段上

(B)当流量比较大且滩内汊流距主槽较远时,宜选在河滩地势有利于分流的河段上

(C)宜选在稳定、顺直和滩槽流量比较小的河段上

(D)如桥位上游有村镇,宜选在村镇的上游

参考答案

1. AB　　2. BCD

第八节　大中桥桥孔设计

依据规范

《公路工程水文勘测设计规范》(JTG C30—2015)

重点知识

一、熟悉桥孔设计应考虑的因素

影响桥孔设计的因素很多,桥孔设计首先应满足排洪和输沙的要求,即保证设计洪水以内的各级洪水及其所挟带的泥沙能从桥下顺利通过,并满足通航、流水、流木及其他漂浮物通过。从安全和经济两方面着眼,同时应考虑桥孔长度、桥前壅水和桥下冲刷的相互影响。还应考虑桥位上下游已建或拟建的水利工程、通航码头和管线等引起的河床演变对桥孔的影响。

建桥后引起的桥前壅水高度、流势变化和河床变形,应在安全允许范围之内。跨越河口、海湾及海岛之间的桥梁,必须保证在潮汐、海浪、风暴潮、海流及河底泥沙运动等各种海洋水文条件影响下,正常使用和满足通航的要求。

二、熟悉按设计洪水流量和桥位河段的特性进行设计计算

1. 桥孔最小净长 L_j 的计算

沿着设计水位的水面线,两桥台前缘之间(埋入式桥台则为两桥台护坡坡面之间)的水面宽度,称为桥孔长度 L。扣除全部桥墩宽度(仍沿原水面线)后,则称为桥孔净长 L_j。

《公路工程水文勘测设计规范》(JTG C30—2015)中规定,对于峡谷性河段上的桥梁,仅要求按地形布置桥孔,一般可不作桥孔长度计算;对其他各类河段上的桥梁,可按以下公式计算桥孔最小净长 L_j。

(1)开阔、顺直微弯、分汊、弯曲河段及滩、槽可分的不稳定河段,按下式计算:

$$L_j = K\left(\frac{Q_P}{Q_c}\right)^n B_c \tag{4-8-1}$$

式中:L_j——最小桥孔净长(m);

Q_P——设计流量(m^3/s);

Q_c——设计水位下天然河槽流量(m^3/s);

B_c——天然河槽宽度(m);

K、n——系数和指数,其值按表4-8-1采用。

K、n 值表　　表4-8-1

河段类型	K	n
开阔、顺直微弯河段	0.84	0.90
分汊、弯曲河段	0.95	0.87
滩、槽可分的不稳定河段	0.69	1.59

(2)宽滩河段,按下式计算:

$$L_j = \frac{Q_P}{\beta q_c} \tag{4-8-2}$$

$$\beta = 1.19\left(\frac{Q_c}{Q_t}\right)^{0.10} \tag{4-8-3}$$

式中:q_c——河槽平均单宽流量(m^2/s);

β——水流压缩系数;

Q_t——河滩流量(m^3/s)。

(3)滩、槽难分的不稳定河段,按下式计算:

$$L_j = C_P \cdot B_c \tag{4-8-4}$$

$$B_c = 16.07\left(\frac{\overline{Q}^{0.24}}{\overline{d}^{0.3}}\right) \tag{4-8-5}$$

$$C_P = \left(\frac{Q_P}{Q_{2\%}}\right)^{0.33} \tag{4-8-6}$$

式中:B_c——基本河槽宽度(m);

$\overline{Q}$——年最大流量平均值(m^3/s);

$\overline{d}$——河床泥沙平均粒径(m);

C_P——洪水频率系数;

$Q_{2\%}$——频率为2%的洪水流量(m^3/s)。

(4)桥孔设计长度,除应满足上述公式计算的最小净长外,尚应结合桥位地形、桥前壅水、冲刷深度、河床地质等情况,做出不同桥长的技术经济比较,综合论证后确定。

2. 桥孔布设

从河流和水文的角度考虑,必须针对河段特点布设桥孔,但公路勘测设计时,桥孔布设还要和路线方案及公路平、纵断面设计统一考虑。

(1)桥孔布设应与天然河流断面流量分配相适应。在稳定性河段上,左右河滩桥孔长度之比应近似与左右河滩流量之比相当;在次稳定和不稳定河段上,桥孔布设必须考虑河床变形和流量分布变化趋势的影响。桥孔一般不压缩河槽,可适当压缩河滩。

(2)在内河通航的河段上,通航孔布设应符合《内河通航标准》(GBJ50139—2014)的规定，并应充分考虑河床演变和不同水位所引起的航道变化。通航海轮桥梁的桥孔布设应符合《通航海轮桥梁通航标准》(JTJ 311—1997)的规定。

(3)河流中泓线上不宜布设桥墩，在断层、陷穴、溶洞、滑坡等不良地质地段也不宜布设桥墩。

(4)在有流冰、流木的河段上，桥孔应适当放大。

(5)山区河流的桥孔布设宜符合以下要求：

①峡谷河段：一般宜单孔跨越峡谷急流。桥面高程根据设计洪水位，结合两岸地形和路线等条件确定。

②开阔河段：可适当压缩河滩。河滩路堤宜与洪水主流流向正交，否则应增设调治工程。

(6)平原河流的桥孔布设应符合以下要求：

①顺直微弯河段：桥孔和墩台布设应考虑河槽内边滩下移，主槽在河槽内摆动的影响。

②弯曲(蜿蜒)河段：通过河床演变调查，预测河弯发展和深泓变化，考虑河槽凹岸水流集中冲刷发展和凸岸淤积等对桥孔及墩台的影响。

③分汊河段：在滩槽较稳定的分汊河段上，若多年流量分配基本稳定，可考虑布设一河多桥。桥孔布设应预计各汊流流量分配比例的变化，设置同流量分配相对应的导流构造物。

④宽滩河段：可根据桥位上下游主流趋势及深泓线摆动范围布设桥孔，允许对河滩有适当压缩，但应注意壅水对上游的影响。若河汊稳定又不宜导入桥孔时，可考虑修建一河多桥。

⑤游荡河段：桥孔不宜过多压缩河床，应结合当地治理规划，辅以调治工程，在深泓线可能摆动的范围内，不宜设置桥墩。

(7)山前区河流桥孔布设应符合以下要求：

①冲积漫流河段：宜在河流上游狭窄段或下游收缩段跨越。若在河床宽阔、水流具有显著分支处跨越，可采用一河多桥方案，并应在各桥间采用相应的分流和防护措施。桥下净空应考虑河床淤积影响。

②变迁性河段：允许桥孔较大地压缩河滩，但要辅以适当的调治工程。桥轴线应与河岸线或洪水总趋势正交，河滩路堤不宜设置小桥和涵洞。当采用一河多桥方案，则应堵截邻近主河槽的支汊。

考点分析

熟悉桥孔设计应考虑的因素；熟悉桥孔最小净长的概念及计算公式；熟悉桥孔布设的要求；熟悉结合桥位河段地形、地质、河段类型、桥梁上部结构、墩台基础形式、设计流量、天然流量、河槽宽度等信息，进行桥孔最小净长的计算及桥孔布设。

例题解析

例1 在流速较大的山区峡谷河段建桥时，桥孔的布置方式一般采用哪一种？（　　）

(A)一孔跨越　　　　(B)多孔跨越
(C)拱桥形式　　　　(D)简支梁桥

分析

峡谷河段一般宜单孔跨越峡谷急流。桥面高程根据设计洪水位,结合两岸地形和路线等条件确定。故本题选 A。

例 2　桥孔设计时首先应满足的要求是哪一项?　(　　)

(A)保证通航安全　　　　(B)保证设计洪水安全通过
(C)保证桥下河床不发生淤积　　　　(D)保证流冰、流木的安全通过

分析

桥孔布设应满足的要求有:①满足排洪和输沙的要求,即保证设计洪水以内的各级洪水及其所挟带的泥沙能从桥下顺利通过,并满足通航、流水、流木及其他漂浮物通过。②从安全和经济两方面着眼,同时应考虑桥孔长度、桥前壅水和桥下冲刷的相互影响。还应考虑桥位上下游已建或拟建的水利工程、通航码头和管线等引起的河床演变对桥孔的影响。故本题选 B。

例 3　南方某地区桥位地处分叉、弯曲河段,已知设计水位下天然河槽流量 $Q_c = 1958\text{m}^3/\text{s}$、设计流量 $Q_p = 3468\text{m}^3/\text{s}$、天然河槽宽度 $B_c = 80\text{m}$、桥梁上部结构拟采用标准跨径为 13m 的钢筋混凝土简支梁,净跨径 $L_0 = 11.8\text{m}$,梁高 1m(包括桥面铺装层),下部为单排双柱钻孔桩墩,墩径 $d = 1.2\text{m}$,采用 U 形桥台,台长 6m。全桥长最小是多少?　(　　)

(A)100m　　(B)124.97m　　(C)154.8m　　(D)166.8m

分析

根据桥位地处分叉、弯曲河段,选择计算公式,查表得 $K = 0.95$,$n = 0.87$。所以最小桥孔长度 $L_j = K\left(\dfrac{Q_P}{Q_c}\right)^n B_c = 0.95 \times \left(\dfrac{3468}{1958}\right)^{0.87} \times 80 = 124.97\text{m}$。

套用标准跨径,采用 12 孔方案,即两桥台前缘之间的距离为:

$$L_d = 11.8 \times 12 + 1.2 \times 11 = 154.8\text{m}$$

桥梁两端桥台台尾间的距离,也即全桥长:

$$L'_d = 154.8 + 2 \times 6 = 166.8\text{m}$$

故本题选 D。

自测模拟

(第 1 题为单选题,第 2 题为多选题)

1. 设计水位时,两桥台前缘之间的水面宽度称之为什么?　(　　)

(A)桥梁长度　　(B)桥孔长度
(C)桥孔净长　　(D)断面宽度

2. 桥孔设计应考虑的因素有哪几项?　　(　　)
(A)设计流量及水位　　(B)通航要求
(C)流冰流木　　(D)船只冲撞

参考答案

1. B　　2. ABC

第九节　墩台冲刷计算及基础埋深

依据规范

《公路工程水文勘测设计规范》(JTG C30—2015)

重点知识

一、熟悉一般冲刷的计算公式

1. 非黏性土河床一般冲刷

旧版《公路工程水文勘测设计规范》(JTG C30—2002)对64-2计算式予以简化,形成64-2简化式。同样,新版规范对64-1计算式进行了修正,形成64-1修正式。

1)河槽部分

(1)64-2简化式:

$$h_p = 1.04 \times \left(A\frac{Q_2}{Q_c}\right)^{0.90}\left[\frac{B_c}{(1-\lambda)\mu B_2}\right]^{0.66} \cdot h_{cm} \tag{4-9-1}$$

式中:h_p——桥下一般冲刷后的最大水深(m);

Q_2——桥下河槽部分通过的设计流量(m^3/s),当桥下河槽能扩宽至全桥(桥孔压缩水流很大,且河滩土质易冲刷)时,$Q_2 = Q_P$;当桥下河槽不能扩宽时,$Q_2 = \frac{Q_c}{Q_c + Q''_t}Q_P$;

Q_c——天然状态下河槽流量(m^3/s);

Q''_t——天然状态下桥下河滩部分通过的流量(m^3/s);

B_2——建桥后桥下断面河槽宽度(m),一般情况下$B_2 = L$(两桥台前缘间的桥孔长度);

只有当桥孔压缩部分河滩，而桥下河槽又不能扩宽时，$B_2=B_c$；

B_c——天然状态下河槽宽度(m)；

λ——设计水位下，桥墩阻水总面积与过水面积的比值；

μ——桥墩水流侧向压缩系数，按规范表确定；

h_{cm}——桥下河槽最大水深(m)；

A——单宽流量集中系数，对变迁、游荡、宽滩河段，当 $A>1.8$ 时，其值可采用1.8。

(2)64-1修正式：

$$h_P=\left[\frac{A\dfrac{Q_2}{\mu B'_c}\left(\dfrac{h_{cm}}{\bar{h}_c}\right)^{\frac{5}{3}}}{E\bar{d}_c^{\frac{1}{6}}}\right]^{\frac{3}{5}} \tag{4-9-2}$$

式中：B'_c——桥下河槽部分桥孔过水净宽(m)，当桥下河槽扩宽至全桥时即为全桥桥孔过水净宽，即 $B'_c=L_j$；

$\bar{h}_c$——桥下冲刷前河槽平均水深(m)；

$\bar{d}_c$——河槽泥沙平均粒径(mm)；

E——与汛期含沙量有关的系数，按规范表选用。

2)河滩部分

$$h_P=\left[\frac{\dfrac{Q'_t}{\mu B'_t}\left(\dfrac{h_{tm}}{\bar{h}'_t}\right)^{\frac{5}{3}}}{v_{H1}}\right]^{\frac{5}{6}} \tag{4-9-3}$$

式中：Q'_t——桥下河滩部分通过的设计流量(m^3/s)；

$$Q'_t=\frac{Q''_t}{Q_c+Q''_t}Q_P$$

h_{tm}——桥下河滩最大水深(m)；

$\bar{h}'_t$——桥下河滩平均水深(m)；

B'_t——河滩部分桥孔净长(m)；

v_{H1}——河滩水深1m时非黏性土不冲刷流速(m/s)，按规范规定选用。

2. 黏性土河床的一般冲刷

1)河槽部分

$$h_P=\left[\frac{A\dfrac{Q_2}{\mu B'_c}\left(\dfrac{h_{cm}}{\bar{h}_c}\right)^{\frac{5}{3}}}{0.33\left(\dfrac{1}{I_L}\right)}\right]^{\frac{5}{8}} \tag{4-9-4}$$

式中：A——单宽流量集中系数，取 $A=1.0\sim1.2$；

I_L——冲刷坑范围内黏性土液性指数，适用范围为0.16～0.19；

其他符号意义同前。

2)河滩部分

$$h_P=\left[\frac{\frac{Q'_t}{\mu B'_t}\left(\frac{h_{tm}}{\bar{h}'_t}\right)^{\frac{5}{3}}}{0.33\left(\frac{1}{I_L}\right)}\right]^{\frac{6}{7}} \tag{4-9-5}$$

式中符号意义同前。

二、熟悉墩台局部冲刷

流向桥墩的水流受到桥墩阻挡,桥墩周围的水流结构发生急剧变化,水流的绕流使流线严重弯曲,床面附近形成螺旋形水流,剧烈淘刷桥墩周围,特别是迎水面的河床泥沙,形成冲刷坑的现象,称为局部冲刷。《公路工程水文勘测设计规范》(JTG C30—2015)用原65-2式。

1. 非黏性土河床的桥墩局部冲刷

65-2式

当 $v \leq v_0$ 时,

$$h_b=K_\xi K_{\eta2}B_1^{0.6}h_P^{0.15}\left(\frac{v-v'_0}{v_0}\right) \tag{4-9-6}$$

当 $v>v_0$ 时,

$$h_b=K_\xi K_{\eta2}B_1^{0.6}h_P^{0.15}\left(\frac{v-v'_0}{v_0}\right)^{n_2} \tag{4-9-7}$$

式中:h_b——桥墩局部冲刷深度(m);

K_ξ——墩形系数,根据相关文献选取;

B_1——桥墩计算宽度(m),根据相关文献选取;

$K_{\eta2}$——河床颗粒影响系数,$K_{\eta2}=\frac{0.0023}{\bar{d}^{2.2}}+0.375\bar{d}^{0.24}$;

h_P——一般冲刷后的最大水深(m);

$\bar{d}$——河床泥沙平均粒径(mm);

v——一般冲刷后墩前行近流速(m/s);

v_0——河床泥沙起动流速(m/s),$v_0=0.28(\bar{d}+0.7)^{0.5}$;

v'_0——墩前泥沙起冲流速(m/s),$v'_0=0.12(\bar{d}+0.5)^{0.55}$;

n_2——指数,$n_2=\left(\frac{v_0}{v}\right)^{0.23+0.19\lg\bar{d}}$。

2. 黏性土河床桥墩的局部冲刷

当 $\frac{h_P}{B_1}\leq 2.5$ 时,

$$h_b=0.83K_\xi B_1^{0.6}I_L^{1.25}v \tag{4-9-8}$$

当 $\frac{h_P}{B_1}>2.5$ 时,

$$h_b=0.55K_\xi B_1^{0.6}h_P^{0.1}I_L^{1.0}v \tag{4-9-9}$$

式中:I_L——冲刷坑范围内黏性土液性指数,适用范围为0.16~1.48;

其他符号意义同前。

三、熟悉墩台基底最小埋置深度的确定

为了确定桥下最低冲刷线和墩台基底最小埋置深度，应根据桥位河段具体情况，取河床自然演变冲刷、一般冲刷和局部冲刷的不利组合，作为确定墩台基础埋深的依据，同时应符合《公路桥涵地基与基础设计规范》（JTG D63—2007）的有关规定。

考点分析

熟悉桥梁墩台的冲刷包括哪几部分；了解一般冲刷的计算公式；了解局部冲刷的计算公式；了解如何确定桥下最低冲刷线及墩台基底最小埋置深度。

例题解析

例 1　桥下断面一般冲刷现象是由于下列哪项原因引起的结果？（　　）

（A）河床自然演变　　（B）暴雨、泥石流等自然灾害

（C）水流受墩台阻挡，在墩台附近发生冲刷　　（D）桥孔压缩了水流过水断面

分析

略。本题选 D。

例 2　桥下河床因建桥而引起的冲刷有哪些？（　　）

（A）自然演变冲刷　　（B）一般冲刷

（C）局部冲刷　　（D）动床冲刷

分析

略。本题选 BC。

自测模拟

（第 1 题为单选题，第 2 题为多选题）

1. 影响桥梁墩台局部冲刷深度的关键因素是以下哪个选项？（　　）

（A）泥沙粒径　　（B）墩台形状

（C）桥下水深　　（D）桥前流速

2. 目前我国用于非黏性土河床桥墩局部冲刷的计算公式有哪几个？（　　）

(A)64-1 修正式　　(B)64-2 简化式

(C)65-1 修正式　　(D)65-2 公式

参考答案

1. D　　2. CD

第五章 隧道工程

考试大纲

5 隧道工程

5.1 概述

5.1.1 熟悉隧道在道路建设中的作用和分类。

5.1.2 了解盾构、顶管、沉管、明挖隧道的特点和用途；隧道勘测设计阶段的划分、工作内容及要求。

5.2 山岭隧道

5.2.1 掌握隧道选址的原则和要求；隧道平面设计、纵断面设计、横断面设计的基本要求和方法；隧道洞口位置的选择原则；喷锚支护的基本原理和基本原则、喷锚支护类型的选择。

5.2.2 熟悉隧道洞门各部位结构要求；隧道衬砌结构构造要求；隧道防排水设计的原则和洞内、外防排水系统的布置要求；特殊地质地段的辅助工程措施设计原则。

5.2.3 了解隧道洞门结构计算原则和计算方法；各种隧道洞门的类型及适用条件。

5.2.4 了解隧道围岩、围岩分级；作用在隧道上的各种荷载和围岩压力确定方法；隧道结构设计的方法和各类计算模型的特点及适用条件；现场监控量测的意义、监控量测设计的内容和方法。

5.2.5 了解隧道运营通风、照明的主要要求和标准。

复习笔记

第一节　概　　述

依据规范

《公路隧道设计规范》(JTG D70/2—2014)
《公路隧道施工技术规范》(JTG F60—2009)
《公路隧道设计细则》(JTG/T D70—2010)
《公路隧道养护技术规范》(JTG H12—2015)
《盾构法隧道施工与验收规范》(GB 50446—2008)

重点知识

一、熟悉公路隧道的作用和分类

公路隧道是指专门用于公路运输的地下结构工程。在公路交通建设中采用隧道方案具有改善道路线形、缩短运营里程、避免不良地质灾害等作用。随着现代化公路的发展,隧道在公路建设中,尤其在山区公路建设中起着越来越重要的作用。

公路隧道按其长度可分为四类,见表 5-1-1。

公路隧道长度分类　　表 5-1-1

分类	特长隧道	长隧道	中隧道	短隧道
长度 L(m)	$L>3000$	$3000\geqslant L>1000$	$1000\geqslant L>500$	$L\leqslant 500$

注:隧道长度是指两端洞门墙墙面与路面的交线同路线中线交点间的距离。

从修建隧道的施工方法来看,又可将公路隧道划分为:钻爆法施工隧道、机械法开挖隧道、明挖隧道、顶管隧道、沉管隧道、盾构隧道等。若按隧道内轮廓形状划分,隧道可分为:矩形隧道、直墙拱形隧道和曲墙隧道。此外,还可按构造形式将隧道划分为:连拱隧道、分离式隧道和小间距隧道。

二、了解公路隧道的修建方法

我国目前所建成的公路隧道绝大部分是采用钻爆法(矿山法)施工的隧道。随着科技的发展,传统隧道修建技术在不断完善和发展的同时,出现了各种新的隧道修建技术,如盾构法、沉管隧道、明挖隧道等。

1. 盾构法

如图 5-1-1 所示,盾构法是现阶段在水底、软弱地层中修建交通隧道和地铁以及各种用途管道时广泛采用的施工方法之一。盾构法是使用“盾构”机械,在围岩中推进,一边防止土砂崩塌,一边在其内部进行开挖、衬砌作业修造隧道的方法。“盾构”机械实质上是一种可以掩护隧道施工人员在地下安全作业的掘进机器。

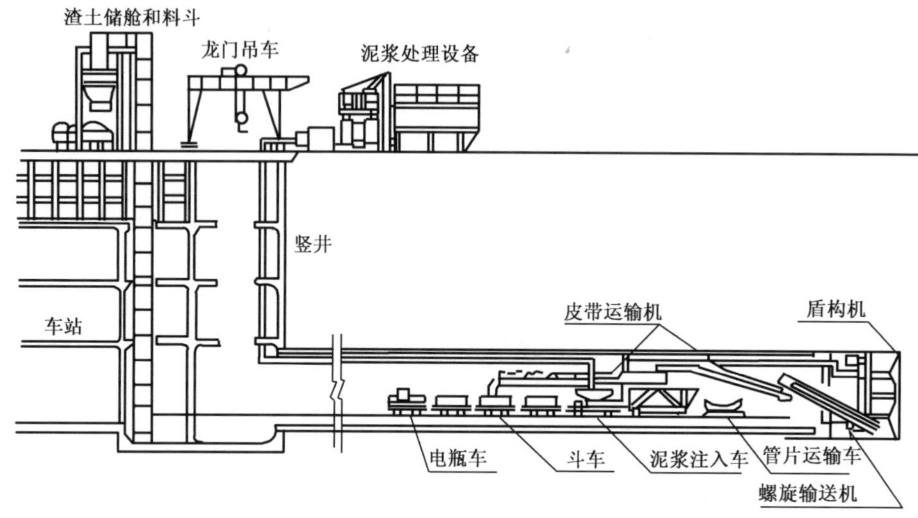

图 5-1-1 盾构作业流程

用盾构法修建的隧道称为盾构隧道,盾构按其功能不同又有普通盾构、机械化盾构、压匀盾构及加压泥水盾构等多种。

采用盾构修建隧道具有以下优点:

(1)在盾构设备的掩护下进行地下开挖与衬砌支护作业,能保证施工安全。

(2)施工时振动和噪声小,对施工区域环境及附近居民干扰小。

(3)可控制地表沉陷,减少对地下管线及地表建筑物的影响。

(4)地下施工不会影响地表交通,水下施工不会影响航道通航。

(5)机械化程度高,施工人员少,易管理。

(6)施工不受气候条件影响。

当然,采用盾构法施工时也存在以下主要问题:

(1)当覆土较浅时,开挖面稳定甚为困难,而在水下施工时,需采取措施保证安全。

(2)曲率半径较小的曲线段施工比较困难。

(3)采用气压法施工,施工条件较差,劳动保护条件要求高。

(4)在饱和含水层中,对拼装衬砌整体结构防水技术要求高。

(5)不能完全防止盾构施工地区的地表沉降,只能采取严密措施将沉陷控制在最小限度。

2. 沉管隧道

沉管隧道是在水底预先挖好沟槽,把在陆上其他地点预制的适当长度的管体,两端用临时封墙密封,制成以后用拖轮拖运到隧址指定位置上,待管段定位就绪后,往管段中注水加载,使之下沉,然后将沉设完毕的管段在水下连接起来,覆土回填,完成隧道。它是修建水底隧道常用的施工方法。

沉管法施工水下隧道具有以下主要特点:

(1)与其他水下隧道施工法相比,因能够设置在不妨碍通航的深度下,故隧道全长可以缩短。

(2)隧道管段是预制的,质量好,水密性高。

(3)因有浮力作用在隧道上,所以视相对密度小,对地层承载力的要求不大。

(4)特别适应较宽的断面形式。

(5)因采用预制方式施工,效率高,工期短,但在挖掘沟槽时,会出现妨碍水面交通和弃渣处理等问题。

3. 明挖隧道

山区隧道工程的洞口地段和洞身覆盖过薄地段,暗挖施工地层不能形成稳定的自然拱,常采用明挖方式修建洞身衬砌,从地表面向下开挖,在预定位置修筑结构物,然后在外部回填土石来掩盖和防护衬砌,这种类似隧道的结构称为明洞。

明洞在山区道路建设中一般用于以下几方面:

(1)防护隧道洞口。当隧道洞口正面或侧面山坡高陡,为了根除落石塌方病害,一般要延长洞身修建明洞,以保证运营安全,如图 5-1-2 所示。

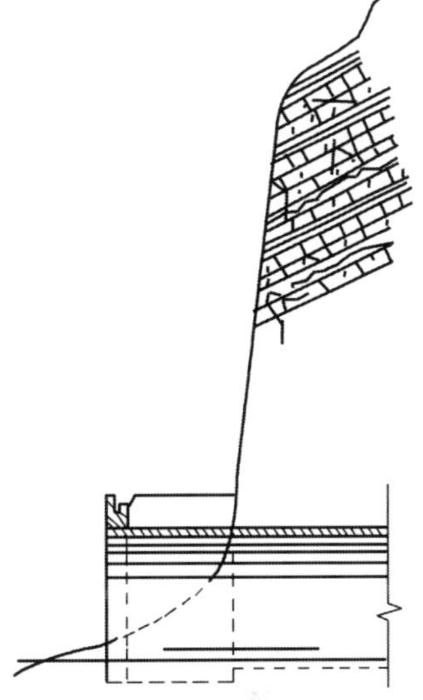

图 5-1-2 用明洞防治危岩落石

(2)对一些自然山坡洞口开挖后可能产生顺层滑动,以及洞口地层稳定性差、洞顶覆盖薄等不利地段,一般均在洞口设置一段明洞,利用洞顶回填支撑山坡。

(3)防治路堑病害。对边坡防护工程量大的路堑或半路堑,从根治剥蚀、落石、塌坍、流泥等病害出发,常采用明洞工程。

(4)用作引跨建筑物。如对横跨路线路堑的铁路、公路桥跨,或较为宽阔的沟谷渡槽。图 5-1-3 为跨越铁路的钢筋混凝土明洞渡槽。

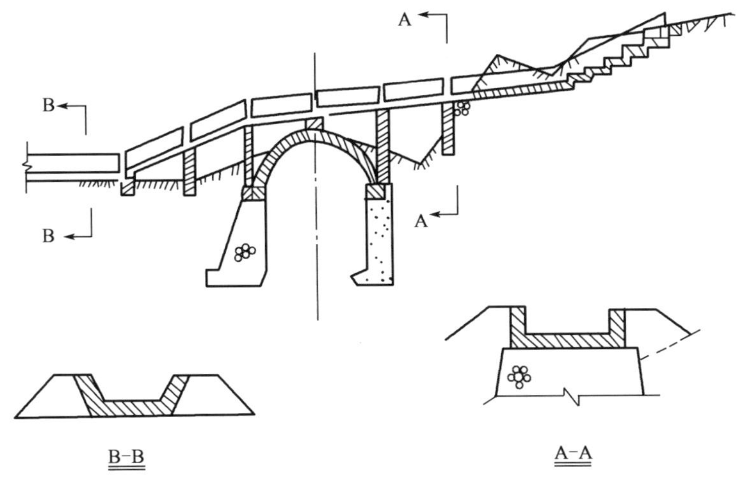

图 5-1-3 用明洞作渡槽

明挖法也应用在城市建设的许多方面,如地铁车站、地下车库、地下商场、过街地道等。

明挖法多用于埋深小于40m的场合。随着埋深的增加,明挖法的投资、工期都将增大,因此,采用明挖法时要进行充分的比较。

三、了解隧道勘察设计的内容及文件组成

隧道的设计通常要经过可行性研究、初步设计、施工图设计三个阶段。公路隧道勘察阶段的划分应与公路隧道设计阶段相适应,一般分为可行性研究勘察(踏勘)、初步勘察(初勘)与详细勘察(详勘)三个阶段。

1. 可行性研究勘察

公路隧道可行性研究按其工作深度分为预可行性研究和工程可行性研究。在预可行性研究中,主要侧重于收集与研究已有文献资料,而在工程可行性研究中,需在分析已有资料的基础上,通过踏勘,对各个可能方案做实地调查,并对不良地质地段等重要工点进行必要的勘探,大致查明地质情况。

2. 初步勘察

初步勘察是在批准的工程可行性研究报告推荐建设方案的基础上,在初步选定的路线内进行勘察,其任务是满足初步设计对资料的要求。根据工程地质条件,优选路线方案,在路线基本走向范围内,对可能作为隧道线位的区间进行初勘,重点勘察不良地质地段,以明确隧道能否通过或如何通过,提供编制初步设计所需的全部工程地质资料。

3. 详细勘察

详细勘察的目的是根据已批准的初步设计文件中所确定的修建原则、设计方案、技术指标等设计资料,通过详细工程地质勘察,为线位布设和编制施工图设计提供完整的工程地质资料。其任务是在初勘的基础上,进行补充校对,进一步查明沿线的工程地质条件,以及重点工程与不良地质区段的工程地质特征,为确定隧道位置的施工图设计提供详细的工程地质资料,以满足施工图设计的要求。

公路隧道勘察设计的成果是相应的设计文件,应按交通运输部现行的《公路工程基本建设项目设计文件编制办法》(2015)交公路发和《公路勘测规范》(JTG C10—2007)的要求进行。勘测结束后应提出隧道勘测报告,其中一般应有以下内容:

(1)隧道勘测说明书;

(2)隧道线路方案平面图,比较方案(两条以上)应绘入图内,并附有方案比较说明、采用方案的理由;

(3)隧道线路地质平面图,图中还应绘出推荐方案;

(4)隧道纵断面图;

(5)隧道洞口地形平面图;

(6)洞口纵横断面图;

(7)辅助坑道及运营通风风道工程所需地形纵断面图;

(8)明洞纵横断面图;

(9)对于长大隧道(2000m以上)和地质复杂的隧道等,还应分工点编写隧道工点说明,长

大隧道或复杂的隧道应将工程地质及水文地质调查成果附于说明书之后。

较长隧道的施工图设计一般应包括如下内容：

(1)隧道平面图；

(2)隧道纵断面图；

(3)隧道进出口平面图；

(4)隧道进出口洞门设计图；

(5)隧道衬砌结构设计图；

(6)隧道防排水设计图；

(7)辅助坑道结构设计图；

(8)运营通风系统的结构设计图；

(9)运营照明系统的设计图；

(10)监控与管理系统的结构设计图；

(11)附属建筑物的结构设计图。

在整个施工图设计文件中应有隧道设计说明书，对隧道概况、设计意图及原则、施工方法及注意事项等做概括说明。中小隧道的设计内容酌减。

考点分析

我国各大城市都在大兴地铁建设，其中地铁隧道和车站的开挖为施工的关键点。我国地铁主要是在土质地基中开挖，盾构法是一种安全可靠、缩短工期的先进方法。但其设备较大，结构复杂，进场很费时，更适合于长、大、直的隧道。而一般的弯段、进出口、变断面等情况就要采用人工开挖。其中矿山法就是边挖边支撑的人工开挖方法，浅埋暗挖法也属于这种方法。对于闹市区的车站，明挖影响太大，也可采用预注浆加固的暗挖法进行，或者采用盖挖(逆筑法)。沉管法隧道由于造价高，在经济发达地区和江河水下隧道修建中可以考虑，目前修建较少。

隧道的勘测设计，对其几个阶段的划分、工作内容及要求做了解即可。

针对以上分析，本部分出现案例分析的比例并不高，多以选择题为主。

例题解析

例1 某公路隧道长度为420m，按长度划分属于哪一种？ (　　)

(A)长隧道　　(B)短隧道

(C)中隧道　　(D)特长隧道

分析

根据现行《公路隧道设计规范》(JTG D70—2004)，公路隧道按其长度可分为四类，具体见表5-1-1。该公路隧道长度420m<500m，属于短隧道。故本题选B。

例 2 公路隧道按照几何形状进行划分,下列不属于此类划分的是哪一项? ( )

(A)圆形隧道 (B)矩形隧道

(C)马蹄形隧道 (D)盾构隧道

分析

前三项属于几何形状划分,盾构隧道属于施工方法分类。故本题选 D。

例 3 公路隧道洞口段设置明洞,下列哪一项可能是明洞结构所不具备的? ( )

(A)防护隧道洞口 (B)防治路堑病害

(C)确保隧道采光充分 (D)用作引跨建筑物

分析

明洞在山区道路建设中一般用于以下几方面:

(1)防护隧道洞口。当隧道洞口正面或侧面山坡高陡,为了根除落石塌方病害,一般要延长洞身修建明洞,以保证运营安全。

(2)对一些自然山坡洞口开挖后可能产生顺层滑动,以及洞口地层稳定性差、洞顶覆盖薄等不利地段,一般均在洞口设置一段明洞,利用洞顶回填支撑山坡。

(3)防治路堑病害。对边坡防护工程量大的路堑或半路堑,从根治剥蚀、落石、塌坍、流泥等病害出发,常采用明洞工程。

(4)用作引跨建筑物。如对横跨路线路堑的铁路、公路桥跨,或较为宽阔的沟谷渡槽。故本题选 C。

例 4 公路隧道勘察阶段的划分应与公路隧道设计阶段相适应,一般分为哪几个阶段? ( )

(A)可行性研究勘察 (B)初步勘察

(C)详细勘察 (D)水文勘察

分析

隧道的设计通常要经过可行性研究、初步设计、施工图设计三个阶段。公路隧道勘察阶段的划分应与公路隧道设计阶段相适应,一般分为可行性研究勘察(踏勘)、初步勘察(初勘)与详细勘察(详勘)三个阶段。后面两个选项是勘察工作中的具体项目。故本题选 ABC。

例 5 某公路隧道设计长度为 2122m,按交通运输部现行的《公路工程基本建设项目设计文件编制办法》(2015)和《公路勘测规范》(JTG C10—2007)的要求进行,其勘察文件中可不包含? ( )

(A)隧道平、纵断面图 (B)洞口平面地形图和洞口纵横断面图

(C)隧道设计说明 (D)隧道防排水设计图

分析

本题主要考察隧道勘测文件的主要内容有哪些，具体内容详见现行《公路基本建设工程设计项目文件编制办法》和《公路勘测规范》(JTG C10—2007)。故本题选 CD。

自测模拟

(第 1 ~3 题为单选题，第 4、5 题为多选题)

1. 关于城市地铁施工设计方案，下面哪种做法是不正确的？ ( )

(A)城区内区间的隧道线路宜采用暗挖

(B)郊区的车站可采用明挖

(C)在城市市区道路下的车站可采用盖挖逆筑法

(D)竖井施工可采用暗挖

2. 某公路隧道长度为 2420m，按照长度划分属于哪一种隧道？ ( )

(A)长隧道　(B)短隧道

(C)中隧道　(D)特长隧道

3. 公路隧道按照使用功能进行划分，下列不属于此类划分的是哪一种？ ( )

(A)铁路隧道　(B)公路隧道

(C)水运隧道　(D)沉管隧道

4. 在岩质公路隧道勘察设计中，从实测的围岩纵波波速和横波波速可以求得围岩的下列哪些指标？ ( )

(A)动弹性模量　(B)动切性模量

(C)动压缩模量　(D)动泊松比

5. 当进行隧道设计时，针对地质勘察单位提供的隧道勘察文件，设计人员要予以高度重视的洞段是下列哪几段？ ( )

(A)隧洞进出口段

(B)缓倾角围岩段

(C)隧洞上覆岩体最厚的洞段深埋隧洞

(D)围岩中存在节理裂隙的洞段

参考答案

1. D　2. A　3. D　4. AD　5. AD

第二节　山岭隧道

依据规范

《公路隧道设计规范》(JTD D70—2004)

重点知识

一、隧道几何设计

隧道几何设计主要是指隧道平面设计、纵断面设计、横断面设计三个方面。

1.隧道的平面设计

隧道作为公路路线的组成部分,其平面线形设计应满足现行《公路路线设计规范》(JTG D20—2017)的要求。由于隧道的维护和运营及救灾条件与洞外道路相比要求更高、难度也更大,因此,隧道在平面设计时应提高线形设计标准,原则上说隧道的平面线形应尽量采用直线,避免采用曲线;当设为曲线时,应尽可能采用不设超高的平曲线,并尽量避免在隧道内设加宽的平曲线。隧道不设超高的圆曲线最小半径应符合表5-2-1的规定。当由于特殊条件限制隧道平面线形设计为需设超高的曲线时,其超高值不宜大于4.0%,技术指标应符合现行《公路路线设计规范》(JTG D20—2017)的有关规定。此外,隧道的停车视距与会车视距还应符合表5-2-2的规定。

不设超高的圆曲线最小半径(单位:m)　　表5-2-1

路拱＼设计速度(km/h)	120	100	80	60	40	30	20
≤2.0%	5500	4000	2500	1500	600	350	150
>2.0%	7500	5250	3500	1900	800	450	200

公路停车视距与会车视距　　表5-2-2

公路等级	高速公路、一级公路				二、三、四级公路				
设计速度(km/h)	120	100	80	60	80	60	40	30	20
停车视距(m)	210	160	110	75	110	75	40	30	20
会车视距(m)	—	—	—	—	220	150	80	60	40

对于高速公路、一级公路的隧道,应设计为上、下行分离的独立双洞。分离式独立双洞的最小净距,按对两洞结构彼此不产生有害影响的原则,结合隧道平面线形、围岩地质条件、断面形状和尺寸、施工方法等因素确定,一般情况可按表5-2-3取值。一座分离式双洞隧道,可按其围岩代表级别确定两洞最小净距。

分离式独立双洞间的最小净距 表 5-2-3

围岩级别	Ⅰ	Ⅱ	Ⅲ	Ⅳ	Ⅴ	Ⅵ
最小净距(m)	B	$1.5B$	$2.0B$	$2.5B$	$3.5B$	$4.0B$

注:B 为隧道开挖断面的宽度。

当桥隧相连、隧道相连、地形条件限制等特殊地段隧道净距不能满足表 5-2-3 的要求时,在经充分技术论证和比较,并制订可靠技术保障措施及确保工程质量的基础上,也可采取小净距隧道或连拱隧道形式。

2. 隧道的纵断面设计

隧道内的纵面线形设计应综合考虑行车安全性、营运通风规模、施工作业效率和排水要求。隧道内的纵坡形式主要有单向坡和双向坡(人字坡),一般宜采用单向坡;对地下水发育的长隧道、特长隧道可采用双向坡。纵坡变更的凸形竖曲线和凹形竖曲线的最小半径和最小长度应符合表 5-2-4 的规定。通常隧道内纵坡的变换不宜过大、过频,以保证行车安全视距和舒适性。

隧道内竖曲线最小半径和最小长度 表 5-2-4

设计速度(km/h)		120	100	80	60	40	30	20
凸形竖曲线半径(m)	一般值	17000	10000	4500	2000	700	400	200
	极限值	11000	6500	3000	1400	450	250	100
凹形竖曲线半径(m)	一般值	6000	4500	3000	1500	700	400	200
	极限值	4000	3000	2000	1000	450	250	100
竖曲线长度(m)		100	85	70	50	35	25	20

隧道内纵坡坡率一般不宜小于 0.3%,也不宜大于 3%,受地形等条件限制时,高速公路、一级公路的中、短隧道纵坡坡率可适当加大,但不宜大于 4%,短于 100m 的隧道纵坡可与该公路隧道外路线的指标相同。当采用较大纵坡时,必须对行车安全性、通风设备和运营费用、施工效率的影响等作充分的技术经济综合论证。

3. 隧道的横断面设计

公路隧道横断面设计内容包括以下两个方面:其一是根据道路等级确定隧道建筑限界,其二是确定净空断面大小及隧道内轮廓形状和几何尺寸。

1)隧道建筑限界设计

所谓隧道建筑限界,是指为保证隧道内各种交通的正常运行与安全,而规定在一定宽度和高度范围内不得有任何部件侵入的空间限界(图 5-2-1、图 5-2-2)。各级公路隧道建筑限界基本宽度应按表 5-2-5 执行,并符合以下规定:

公路隧道建筑限界横断面组成最小宽度 表 5-2-5

公路等级	设计速度(km/h)	车道宽度 W(m)	侧向宽度 L(m)		余宽 C(m)	人行道 R(m)	检修道 J(m)		隧道建筑限界净宽(m)		
			左侧 L_L	右侧 L_R			左侧	右侧	设检修道	设人行道	不设检修道、人行道
高速公路、一级公路	120	3.75×2	0.75	1.25			0.75	0.75	11.00		
	100	3.75×2	0.50	1.00			0.75	0.75	10.50		
	80	3.75×2	0.50	0.75			0.75	0.75	10.25		
	60	3.50×2	0.50	0.75			0.75	0.75	9.75		

续上表

公路等级	设计速度(km/h)	车道宽度 W(m)	侧向宽度 L(m)		余宽 C(m)	人行道 R(m)	检修道 J(m)		隧道建筑限界净宽(m)		
			左侧 L_L	右侧 L_R			左侧	右侧	设检修道	设人行道	不设检修道、人行道
二、三、四级公路	80	3.75×2	0.75	0.75		1.00				11.00	
	60	3.50×2	0.50	0.50		1.00				10.00	
	40	3.50×2	0.25	0.25		0.75				9.00	
	30	3.25×2	0.25	0.25	0.25						7.50
	20	3.00×2	0.25	0.25	0.25						7.00

注：1. 三车道隧道除增加车道数外，其他宽度同表；增加车道的宽度不得小于3.5m。

2. 连拱隧道的左侧可不设检修道或人行道，但应设50cm（120km/h与100km/h时）或25cm（80km/h与60km/h时）的余宽。

3. 设计速度120km/h，两侧检修道宽度均不宜小于1.0m；设计速度100km/h，右侧检修道宽度不宜小于1.0m。

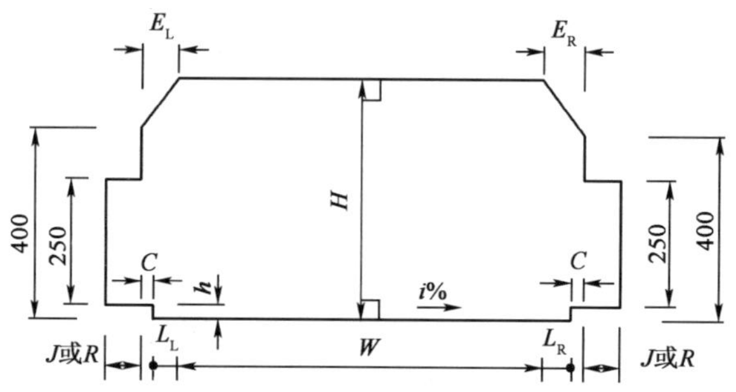

图5-2-1 公路隧道建筑限界（尺寸单位：cm）

H-建筑限界高度；W-行车道宽度；L_L-左侧向宽度；L_R-右侧向宽度；C-余宽；J-检修道宽度；R-人行道宽度；h-检修道或人行道的高度；E_L-建筑限界左顶角宽度，$E_L = L_R$；E_R-建筑限界右顶角宽度，当 $L_R \leqslant 1$m 时，$E_R = L_R$，当 $L_R > 1$m 时，$E_R = 1$m

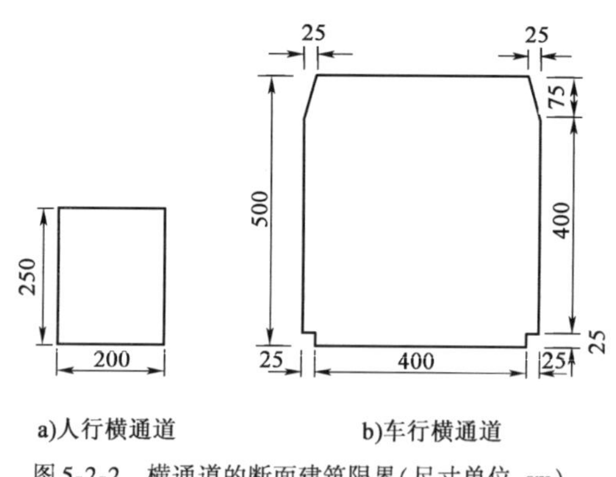

图5-2-2 横通道的断面建筑限界（尺寸单位：cm）

（1）建筑限界高度，高速公路、一级公路、二级公路取5.0m，三、四级公路取4.5m。

（2）当设置检修道或人行道时，不设余宽；当不设置检修道或人行道时，应设不小于25cm的余宽。

（3）隧道路面横坡，当隧道为单向交通时，应取单面坡；当隧道为双向交通时，可取双面坡。坡度应根据隧道长度，平、纵线形等因素综合分析确定，一般可采用1.50%~2.00%。

(4)当路面采用单面坡时,建筑限界底边线与路面重合;当采用双面坡时,建筑限界底边线应水平置于路面最高处。

高速公路和一级公路隧道内应设置检修道。其他等级公路隧道,应根据隧道所在地区的行人密度、隧道长度、交通量及交通安全等因素确定人行道的设置。检修道或人行道宜双侧设置;检修道或人行道的宽度按表5-2-5规定选取。检修道或人行道的高度可按20~80cm取值,并综合考虑以下因素:

(1)检修人员步行时的安全。

(2)紧急情况时,驾乘人员拿取消防设备方便。

(3)满足其下放置电缆、给水管等的空间尺寸要求。

长、特长隧道应在行车方向的右侧设置紧急停车带。双向行车隧道,其紧急停车带应双侧交错设置。紧急停车带的宽度,包含右侧向宽度应取3.5m,长度应取40m,其中有效长度不得小于30m。紧急停车带的设置间距不宜大于750m。停车带的路面横坡,长隧道可取水平,特长隧道可取0.5%~1.0%或水平。紧急停车带建筑限界的构成如图5-2-3所示。不设检修道、人行道的隧道,可不设紧急停车带,但应按500m间距交错设置行人避车洞。

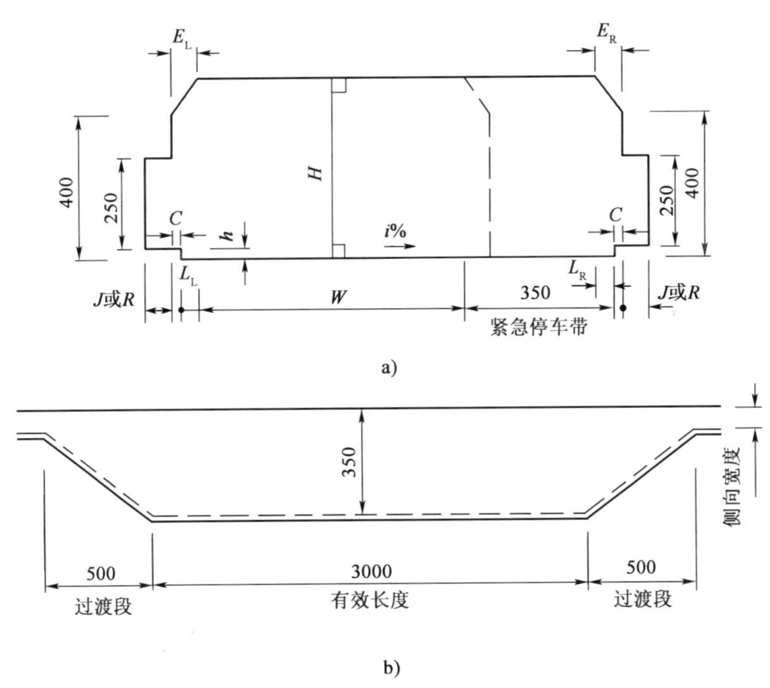

图5-2-3 紧急停车带建筑限界(尺寸单位:cm)

2)净空断面大小、隧道内轮廓形状和几何尺寸设计

在进行净空断面大小、隧道内轮廓形状和几何尺寸设计时,除应符合隧道建筑限界的规定外,还应综合考虑洞内路面、排水设施、装饰的需要,为通风、照明、消防、监控、营运管理等设施提供安装空间,并根据围岩性质、围岩变形、施工方法等因素产生的预留富余量,来确定内轮廓形状及尺寸,以达到安全、经济、合理的目的。

一般山岭道路隧道的内轮廓形状主要为单心圆、三心圆、直墙拱形(包括圆弧拱、三心圆拱）。城市内的浅埋地道多采用矩形断面，而水下公路隧道按施工方法不同有圆形（盾构施工）、矩形（沉埋法施工）等。

一般来说，对于Ⅰ～Ⅲ级坚硬完整围岩，当地质情况是以垂直为主、侧向压力较小时，宜选用曲率较小的边墙（甚至直墙）和曲率较大的顶拱；而对Ⅳ～Ⅵ级软弱破碎围岩来说，由于隧道承受的侧向压力较大，则宜选用曲率较大的边墙。然而，对于一座隧道，特别是长度较长的隧道，其所穿越的围岩有多种类别，如果为每种围岩都设计一种内轮廓，一座隧道的内轮廓形状将五花八门，既影响美观，也会使施工模板变换频繁而不便于施工，故《公路隧道设计规范》（JTG D70—2004）要求，对于公路等级和设计速度相同的同一条公路上的隧道断面宜采用相同的内轮廓。因此，实际设计内轮廓形状时，通常是以隧道中占整条隧道长度比例最大的那一类围岩的物理力学性质为主要的设计对象来考虑，而对其他长度比例较小的围岩类别，则是通过调整支护参数以加强或减弱支护强度来满足支护要求。

常见的山岭隧道内轮廓形状是以三心圆为基本内轮廓形状，其他形状如单心圆、直墙拱形及五心圆都可看做是由其演化而来（图5-2-4）。内轮廓设计是通常先将内轮廓拟定为三心圆形式，再根据隧道限界，综合考虑设备、通风、受力条件等因素调整 R_1、R_2、α、β 等相关尺寸进行优化。例如，当围岩软弱破碎且水平侧向压力较大时，可适当减小 R_2 以增加左右侧墙的曲率；反之，当围岩坚硬完整且水平侧向压力较小时，可通过适当增大 R_2 以减小左右侧墙的曲率。如此经多方案反复比较和计算，使所设计的内轮廓最终达到安全、合理、经济的目的。

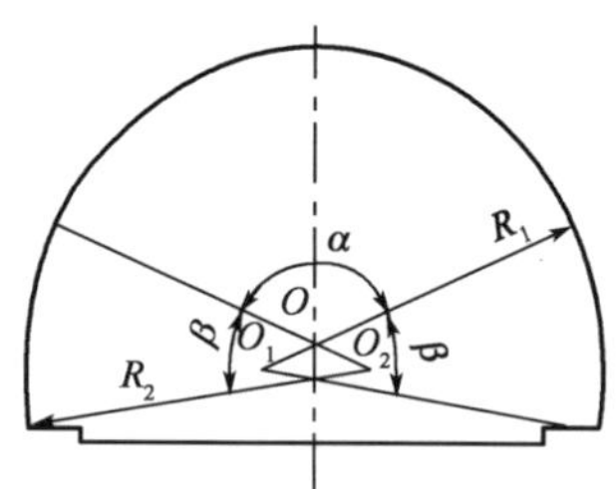

a）三心圆为隧道最基本内轮廓形状

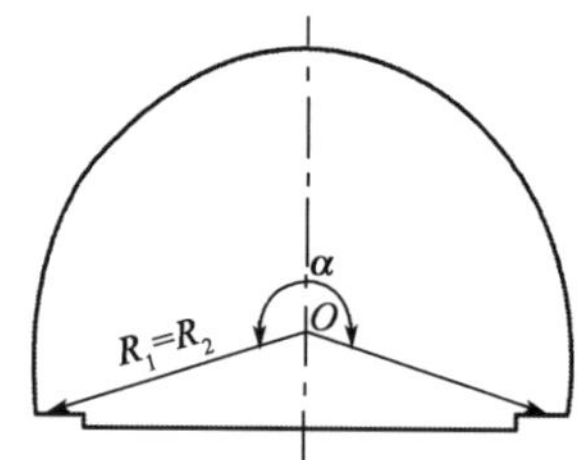

b）当 $R_1=R_2$ 时，退化为单心圆内轮廓

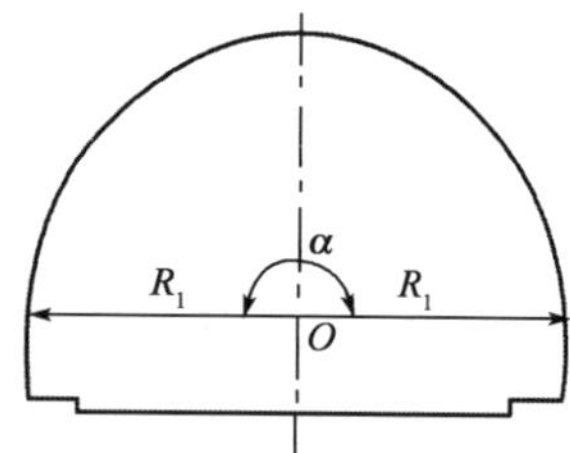

c）当 $R_2=\infty$ 时退化为直墙拱形内轮廓

图5-2-4　公路隧道内轮廓形状及演化

二、隧道洞门与明洞设计

1. 隧道洞门设计

隧道洞门是隧道洞口用圬工砌筑并加以建筑装饰的支挡结构物。洞门的作用在于支挡洞口正面仰坡和路堑边坡，拦截仰坡上方的少量剥落、掉块，保持边坡、仰坡的稳定，并将坡面汇水引离隧道，保证洞口路线的安全。洞门还是隧道唯一的外露部分，对它进行适当的建筑艺术处理，可起到美化环境的作用。

（1）隧道洞口位置的选择原则

洞口位置应根据地形、地质、水文等条件着重考虑边坡及仰坡的稳定，隧道工作者在实践中发现确定隧道位置宜早进洞、晚出洞。可让隧道稍长些，避免开挖高边坡路堑，这也有利于保护自然环境。当然,“早进晚出”并不是说盲目地把隧道定得越长越好,而是应当着重从安全和环保方面来考虑问题。在一般情况下,这一指导思想是符合实际的。根据我国实践经验,在不同地形、地质条件下,确定隧道洞门位置时应考虑以下原则:

①要避开不良地质地段,如滑坡、崩塌、岩堆、危岩落石、泥石流等处。

②当洞口位于沟谷内时,应尽量避免设置在汇水区的中央,洞口要选在沟的一侧。

③位于悬崖陡壁下的洞口,一般不宜切削原山坡,当坡面及岩顶稳定,无危石存在,可贴壁进洞。否则应延伸洞口设置明洞。

④漫坡浅埋段洞口位置,应结合路堑地质、少占农田、弃渣、填方利用、排水条件及有利施工等因素综合分析确定。

⑤早进晚出的原则,具体落实在对洞口边坡、仰坡开挖高度的控制上,设计时大体按表 5-2-6值掌握。

⑥洞口的线路走向应尽量和该处地形等高线正交,这样可不造成一侧开挖面畸高,同时应注意避免另侧岩壁过薄,产生偏压危害。

⑦洞口最好有一方开阔平缓场所,用作施工基地。如果桥隧相连,洞口位置还要考虑相关工程的需要。

洞口边坡、仰坡控制高度 表 5-2-6

围岩分级	Ⅰ~Ⅱ			Ⅲ		Ⅳ			Ⅴ~Ⅵ	
边坡、仰坡坡率	贴壁	1:0.3	1:0.5	1:0.5	1:0.75	1:0.75	1:1	1:1.25	1:1.25	1:1.5
高度(m)	15	20	25	20	25	15	18	20	15	18

(2)隧道洞门的类型及适用条件

隧道洞门的形式很多,从构造形式上大致可分为:端墙式、翼墙式、台阶式、柱式、削竹式、喇叭口式等。各种隧道洞门和明洞门的形式及特点见表 5-2-7、表 5-2-8。

常见隧道洞门形式及适用条件 表 5-2-7

基本形式	使用条件	洞门形式
端墙式	端墙式洞门俗称一字式洞门,适用于自然山坡陡峻,洞口地形开阔,岩层较为坚硬完整,山体压力很小,开挖坡度 1:0.3~1:0.5 的洞口地段。这种洞门具有结构简单、工程量小、施工简便的优点,在岩层较好时使用最为经济。唯洞门顶排水条件稍差,若横向山坡一侧较低时,宜开挖沟槽横向引排	
柱式	柱式洞门是从端墙式洞门发展而来的。当岩层有较大主动侧压力时,如采用端墙式洞门,则过于安全、浪费圬工,为此,区别受力大小,设计成横向不等厚、最厚部位即呈柱形的柱式洞门。柱式洞门运用于洞口地形较陡,有较大侧压力的地段,或洞口处地位狭窄,设置翼墙无良好基础时,其仰坡开挖坡度为0.75。此外,在城市、风景区,采用柱式洞门较为雄伟美观	

续上表

基本形式	使用条件	洞门形式
翼墙式	翼墙式洞门是在端墙式洞门的两侧或一侧加设翼墙(挡墙)而成。翼墙起支撑端墙及保持路堑边坡稳定的作用,同时对减少洞口开挖高度和压缩端墙宽度均为有利。由于翼墙与端墙有很大一部分面积相接触,设计时考虑其共同作用,可节省大量圬工,且能增加洞门的抗滑和抗倾覆稳定性。因此,当地质条件较差,仰坡、边坡较缓时,通常均采用翼墙式洞门	
台阶式	傍山隧道洞口,地面横坡较陡,为了适应地形,减少开挖,多采用如右图所示的台阶式洞门,亦称偏压隧道门。它在靠山侧通常设置挡墙,以降低边坡开挖高度,并压缩端墙宽度。低山坡一侧,如地质较差,地面较高,也可采用矮挡墙。选用台阶式洞门时,通常需要根据洞口地形地质条件,与采用明洞作技术经济比较	

常见隧道洞门形式及适用条件 表 5-2-8

基本形式	适用条件及特点	洞门形式
削竹式	洞口地形开阔的浅埋隧道可设计成削竹式明洞,这种洞门形式结构简洁、美观,并能与周围环境相互协调	
喇叭口式	适用于地形、地质条件较好,洞口周围开阔,积雪地带易吹入雪的情况。模型板、配筋费事,耗资大;对车辆行驶的影响小;与周围环境相互协调	

(3)隧道洞门的构造要求

①洞口仰坡坡脚至洞门墙背的水平距离不宜小于1.5m,洞门端墙与仰坡之间水沟的沟底至衬砌拱顶外缘的高度不小于1.0m,洞门墙顶高出仰坡脚不小于0.5m。

②洞门墙应根据实际需要设置伸缩缝、沉降缝和泄水孔;洞门墙的厚度可按计算或结合其他工程类比确定。

③洞门墙基础必须置于稳固地基上,应视地形及地质条件,埋置足够的深度,保证洞门的稳定。基底埋入土质地基的深度不应小于1.0m,嵌入岩石地基的深度不应小于0.5m;基底高

程应在最大冻结线以下不小于0.25m;地基为冻胀土层时,应进行防冻胀处理。基底埋置深度应大于墙边各种沟、槽基底的埋置深度。

④松软地基上的基础,可采取加固基础措施。

⑤洞门结构应满足抗震要求。

2. 隧道明洞设计

(1)明洞的适用条件

①浅埋隧道,洞顶覆盖层较薄,难以用暗挖法施工者。

②受塌方、落石、泥石流等不良地质条件危害的隧道洞口或路堑地段。

③作为与公路、铁路、河沟等立体交叉的一种方法。

明洞常位于隧道两端洞口或傍山隧道,在某些情况下,当隧道中部穿过断层或其他破碎地层而离地表又不太深时,明洞可位于隧道中部,根据实际情况,亦有可能整个隧道均用明挖法修建。总之,浅埋、地质不良地段是采用明洞的基本条件。因此,大多数明洞均建于地质不良之处。

(2)明洞的类型

按结构形式不同,明洞可分为拱形明洞及棚式明洞两类。

①拱形明洞。

拱形明洞衬砌由拱圈、边墙组成(有时亦设仰拱),由于其内部净空与隧道一般洞身衬砌断面尺寸一致,有利于与暗挖法施工的隧道衬砌相连接,当在隧道两端洞口(或中部)以明洞形式接长或用明洞防坍塌、抗滑以支承路堑边坡时,常采用此种类型。根据地形、地质条件,拱形明洞一般可分为表5-2-9所示的四种形式。

拱形明洞形式与适用条件　　表5-2-9

类型	图形	适用条件
路堑对称	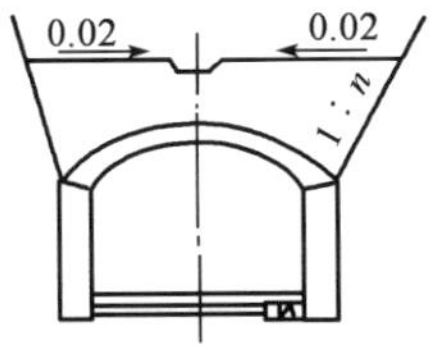 0.02　0.02　1:n	洞顶地面平缓、两侧路堑地质条件基本相同,边坡有落石、坍塌等不良现象,洞顶覆盖较薄,难以用暗挖法修建隧道的情况
路堑偏压型	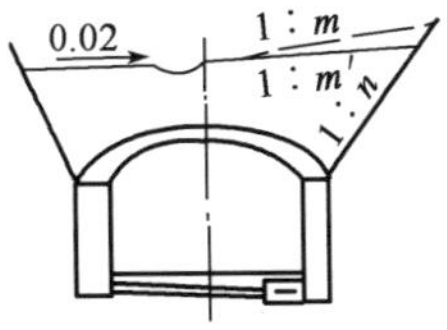 0.02　1:m　1:m′　1:n	洞顶地面倾斜,路堑边坡一侧较低,明洞边墙顶以下部位为挖方,有坍塌、落石、泥石流等不良地质现象
半路堑偏压型	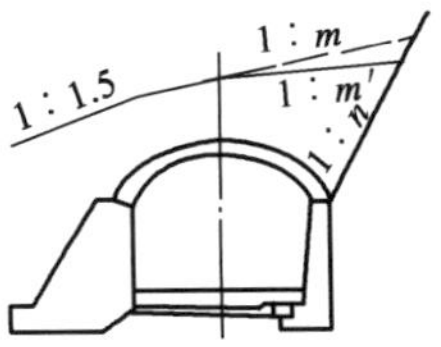 1:1.5　1:m　1:m′　1:n	适用于半路堑,靠山侧边坡较高,有坍塌、落石或泥石流等不良地质现象,而外侧地面较为宽敞和稳定,填土坡面线能与地面相交,以平衡山侧压力者

续上表

类　型	图　　形	适用条件
半路堑单压型		适用于山侧边坡或原山坡有坍塌、掉块和落石情况，但外侧地形陡峻，无法填土，须设置耳墙

表5-2-9中的各式拱形明洞，内净空与隧道内净空尺寸一致。边墙一般情况采用直墙，当墙背侧压力较大时，采用曲墙。由于内外墙基础相对位移对内力影响较大，故对地基的要求较高，当地层松软时，采用带仰拱的曲墙式衬砌。

②棚式明洞。

棚式明洞简称棚洞(图5-2-5)，一般在下列情况下适用：a)山体侧压力不大，坡面表层为风化破碎的岩体，有危岩落石和掉块现象；b)受地形条件限制，外侧地面狭窄、陡峻，受结构宽度限制，难以修建拱形明洞的隧道洞口；c)隧道傍山进洞，避免对自然山体的大刷、大挖，保护环境。

a)

b)

c)

图5-2-5　棚洞

棚洞结构的整体性较差，只能防止掉块、落石，运营中还要注意维修养护，在有较多、较大塌方或可能引起山体滑移的地段，不能采用。

棚洞为内(外)侧支承建筑物和钢筋混凝土拱(盖)板拼装结构。棚洞顶部外层设防水层并回填一定厚度的土石坡面，使落石向外侧滚落。采用拼装结构的棚洞按其外侧所设构造的形式可分为墙式、钢架式及柱式棚洞。还有一种不设外侧支承建筑物的棚洞，称为悬臂式棚洞。

三、围岩分级与隧道衬砌

1.围岩分级

围岩分级是正确进行隧道或其他地下洞室设计、施工的基础，因而一个完善的、符合工程实践的围岩分级，对于改善隧道或其他地下洞室的结构设计、发展新的施工工艺、降低工程造价等都有十分重要的意义。

1)分级指标

公路隧道与其他地下工程相比，具有自身的一些特点，如长度大，但断面形状、尺寸的变化小,隧道位置受路线方案的控制,局部地质条件不易选择,因而地质条件变化幅度大,甚至要在较差的地质条件下进行隧道建设。从公路隧道的特点出发,围岩分级主要考虑以下几个方面:

(1)强调岩体地质特征的完整性和稳定性,避免单一的岩石强度指标的方法。

(2)分级指标应采用定性和定量指标相结合的方式。

(3)明确工程目的和内容,并提出相应的措施。

(4)分级应简明,便于使用。

(5)应考虑吸收其他围岩分级的优点,并尽量和我国其他通常围岩分级一致。

由于影响公路隧道围岩稳定性的诸因素,应该考虑的指标也是多方面的。但在实际工作中,由于测试指标的困难,出于有的影响因素不易用定量的指标加以表示,或者由于工程的要求不同,在两个分级中要全面地反映所有的影响因素,考虑许多指标,不仅困难,从当前学科发展的技术状况来看,也是不现实的。因此,实际围岩分级主要考虑如下几个方面的指标:

(1)围岩的结构特征和完整状态;

(2)岩石的物理力学性质;

(3)地下水影响;

(4)构造应力影响;

(5)主要软弱结构面产状影响。

2)分级综合评判方法

公路隧道围岩分级综合评判方法通常采用两步分级,并按以下顺序进行。

(1)根据岩石的坚硬程度和岩体完整程度两个基本因素的定性特征和定量的岩体基本质量指标 BQ,综合进行初步分级。

$$BQ = 90 + 3R_C + 250K_V \tag{5-2-1}$$

式中:BQ——岩体基本质量指标;

R_C——岩石单轴饱和抗压强度;

K_V——岩体完整性指数。

使用式(5-2-1)时,应遵守下列限制条件:

①当 $R_C > 90K_V + 30$ 时,应以 $R_C = 90K_V + 30$ 和 K_V 代入计算 BQ 值;

②当 $K_V > 0.04R_C + 0.4$ 时,应以 $K_V = 0.04R_C + 0.4$ 和 R_C 代入计算 BQ 值。

(2)对围岩进行详细定级时,应在岩体基本质量分级基础上考虑地下水、主要软弱结构面产状、构造应力因素的影响,修正岩体基本质量指标值。

围岩基本质量指标修正值$[BQ]$可按式(5-2-2)计算:

$$[BQ] = BQ - 100(K_1 + K_2 + K_3) \tag{5-2-2}$$

式中:$[BQ]$——围岩基本质量指标修整值;

BQ——围岩基本质量指标;

K_1——地下水影响修正系数;

K_2——主要软弱结构面产状影响修正系数;

K_3——初始应力状态修正系数。

根据围岩基本质量指标 BQ(或围岩基本质量指标修正值[BQ])的数值范围,可将公路隧道围岩分为6级,具体见表5-2-10。

公路隧道围岩分级 表5-2-10

围岩级别	围岩或土体主要定性特征	围岩基本质量指标(BQ)或修正的围岩基本质量指标[BQ]
Ⅰ	坚硬岩,岩体完整,巨整体状或巨厚层状结构	>550
Ⅱ	坚硬岩,岩体较完整,块状或厚层状结构	550~451
	较坚硬岩,岩体完整,块状整体结构	
Ⅲ	坚硬岩,岩体较破碎,巨块(石)碎(石)状镶嵌结构	450~351
	硬岩或较软硬岩层,岩体较完整,块状体或中厚层结构	
Ⅳ	坚硬岩,岩体破碎,碎裂结构	350~251
	坚硬岩,岩体破碎,碎裂结构	
	较软岩或软硬岩互层,且以软岩为主,岩体较完整~较破碎,中薄层状结构	
	土体:①压密或成岩作用的黏性土及砂性土; ②黄土(Q_1、Q_2); ③一般钙质、铁质胶结的碎石土、卵石土、大块石土	
Ⅴ	较软岩,岩体破碎;软岩,岩体较破碎~破碎;极破碎各类岩体,碎、裂状松散结构	≤250
	一般第四系的半干硬~硬塑的黏性土及稍湿~潮湿的碎石土,卵石土、圆砾、角砾土及黄土(Q_3·Q_4)。非黏性土呈松散结构、黏性土及黄土呈松软结构	
Ⅵ	软塑状黏性土及潮湿、饱和粉细砂层、软土等	

注:本表不适用于特殊条件的围岩分级,如膨胀性围岩、多年冻土等。

2. 作用在隧道上的荷载

1)作用在隧道上的荷载类型及荷载组合的基本要求

作用在隧道上的荷载主要有永久荷载、可变荷载和偶然荷载(表5-2-11)。设计隧道结构时,在隧道结构上可能同时出现的荷载,应按承载能力和满足正常使用要求的检验分别进行组合,并按最不利组合进行设计。

对于表5-2-11所列之外的其他特殊荷载,在荷载计算与组合时应作特殊处理。

隧道荷载分类 表5-2-11

编　号	荷载分类	荷载名称
1	永久荷载	围岩压力
2		土压力
3		结构自重力
4		结构附加恒载
5		混凝土收缩和徐变的影响力
6		水压力

续上表

编　号	荷载分类		荷载名称
7	可变荷载	基本可变荷载	公路车辆荷载，人群荷载
8			立交公路车辆荷载及其所产生的冲击力、土压力
9			立交铁路列车活载及其所产生的冲击力、土压力
10		其他可变荷载	立交渡槽流水压力
11			温度变化的影响力
12			冻胀力
13			施工荷载
14	偶然荷载		落石冲击力
15			地震力

注：编号1～10为主要荷载；编号11、12、14为附加荷载；编号13、15为特殊荷载。

2）永久荷载

（1）深埋隧道围岩压力

深埋隧道围岩压力应按围岩物理力学性质分析确定。一般来说，Ⅰ～Ⅳ级围岩中深埋隧道的围岩压力为主要形变压力，其围岩压力可按释放荷载计算。关于释放荷载的计算方法，参考《公路隧道设计规范》（JTG D70—2004）附录D的公式确定。

Ⅳ～Ⅵ级围岩中深埋隧道的围岩压力通常表现为松散荷载，其垂直均布压力及水平均布压力可按下列公式计算。

垂直均布压力按式（5-2-3）计算。

$$q=\gamma h \tag{5-2-3}$$

$$h=0.45\times 2^{S-1}\omega$$

式中：q——垂直均布压力（kN/m^2）；

γ——围岩重度（kN/m^3）；

S——围岩级别；

ω——宽度影响系数，$\omega=1+i(B-5)$；

B——隧道宽度（m）；

i——B每增减1m时的围岩压力增减率，以$B=5m$的围岩垂直均布压力为准，当$B<5m$时，取$i=0.2$；$B>5m$时，取$i=0.1$。

水平均布压力按表5-2-12的规定确定。

围岩水平均布压力　　表5-2-12

围岩级别	Ⅰ、Ⅱ	Ⅲ	Ⅳ	Ⅴ	Ⅵ
水平均布压力	0	$<0.15q$	$(0.15\sim0.3)q$	$(0.3\sim0.5)q$	$(0.5\sim1.0)q$

注：应用式（5-2-3）及表5-2-12时，必须同时具备下列条件：

1. $H/B<1.7$，H为隧道开挖高度（m），B为隧道开挖宽度（m）；
2. 不产生显著偏压及膨胀力的一般围岩。

(2)浅埋隧道围岩压力

①按荷载等效高度,结合地质条件和施工方法等因素确定隧道是否属于浅埋隧道:

$$H_p = (2 \sim 2.5)\ h_q \tag{5-2-4}$$

式中:H_p——浅埋隧道分解深度(m);

h_q——荷载等效高度(m),计算公式为

$$h_q = q/\gamma$$

其中:q——按式(5-2-3)计算的深埋垂直均布压力(kN/m^2);

γ——围岩重度(kN/m^3)。

对钻爆法施工的隧道,H_p 取值按围岩级别不同,Ⅰ~Ⅲ级围岩取 $H_p = 2.5h_q$,Ⅳ~Ⅵ级围岩取 $H_p = 2h_q$。

②浅埋隧道围岩压力计算:

a. 当隧道埋深 $H \leqslant h_q$ 时,荷载可视为上覆岩土的垂直均布压力:

$$q = \gamma H \tag{5-2-5}$$

式中:q——垂直均布压力(kN/m^2);

γ——上覆岩土重度(kN/m^3);

H——隧道埋深,即洞顶至地面的距离(m)。

此时侧向压力 e 也按均布压力考虑:

$$e = \gamma\left(H + \frac{1}{2H_t}\right)\tan^2(45° - \phi_c) \tag{5-2-6}$$

式中:e——侧向均布压力(kN/m^2);

ϕ_c——围岩计算摩擦角(°),其值可按表 5-2-13 取值;

H_t——隧道高度(m)。

围岩计算摩擦角　　表 5-2-13

围岩级别	Ⅰ	Ⅱ	Ⅲ	Ⅳ	Ⅴ	Ⅵ
围岩计算摩擦角(°)	>60	56~60	39~50	27~39	20~27	<20

b. 当隧道埋深 $h_q < H \leqslant H_p$ 时,作用在支护结构上的换算均布压力 $q_{浅}$(图 5-2-6)为:

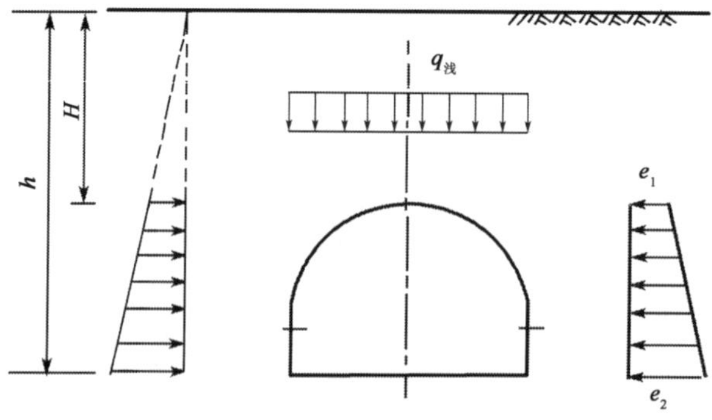

图 5-2-6　浅埋隧道围岩压力计算

$$q_{浅} = \gamma H\left(1 - H\lambda \frac{\tan\theta}{B_t}\right) \tag{5-2-7}$$

式中：$q_{浅}$——作用在支护结构上的换算均布压力（kN/m^2）；

B_t——隧道开挖宽度（m）。

作用在支护结构上的水平侧压力为：

$$\begin{cases} e_1 = \gamma H\lambda \\ e_2 = \gamma h\lambda \end{cases} \tag{5-2-8}$$

若将侧压力视为均布压力，则有：

$$e = 0.5(e_1 + e_2) \tag{5-2-9}$$

隧道采用明挖施工时，明洞荷载计算可参考《公路隧道设计规范》（JTG D70—2004）附录E的公式确定。

当隧道可能产生偏压时，应根据偏压的状态和程度采取相应的治理措施，当预期不能消除偏压影响时，应在荷载组合与分布中加以考虑。作用于隧道衬砌上的偏压力，应视地形、地质条件以及围岩的覆盖厚度确定。偏压隧道的围岩压力计算方法可参考《公路隧道设计规范》（JTG D70—2004）附录F的公式确定。

此外，作用于洞门墙墙背的主动土压力可按库仑理论计算，当墙背仰斜或直立时，土压力采用水平方向，其值可按《公路隧道设计规范》（JTG D70—2004）附录H确定。

（3）其他永久荷载

隧道结构自重可按结构设计尺寸及材料标准重度计算，结构附加恒载一般应按实际情况计算。

3）可变荷载

（1）明洞上公路车辆荷载及其所产生的冲击力、土压力，应按照现行《公路桥涵设计通用规范》（JTG D60—2004）的有关规定计算。

（2）明洞上立交铁路列车活载及其所产生的冲击力、土压力，应按照现行《铁路桥涵设计基本规范》（TB 10002.1—2005）的有关规定计算。

（3）变形受约束的结构，应考虑温度变化和混凝土收缩徐变对结构的影响。

（4）最冷月份平均气温低于－15℃地区的隧道应考虑冻胀力，冻胀力可根据当地的自然条件、围岩冬季含水率及排水条件等通过研究确定。

（5）施工荷载应根据施工阶段、施工方法和施工条件确定。

4）偶然荷载

（1）当有落石危害需检算冲击力时，可通过现场调查或有关计算验证。

（2）地震荷载应按现行《公路工程抗震规范》（JTG B02—2013）的规定计算确定。

3. 道路隧道衬砌结构类型

隧道的衬砌类型，大体上分为以下几种。

（1）半衬砌。只做拱圈、不做边墙的衬砌称为半衬砌。岩层较坚硬、整体性较好时，可采用半衬砌。图5-2-7a）为半衬砌示意图，图5-2-7b）、c）表示落地拱。

（2）厚拱薄墙衬砌。拱脚较厚、边墙较薄的衬砌称为厚拱薄墙衬砌。对水平压力较小的洞室可采用厚拱薄墙衬砌，如图5-2-8所示。

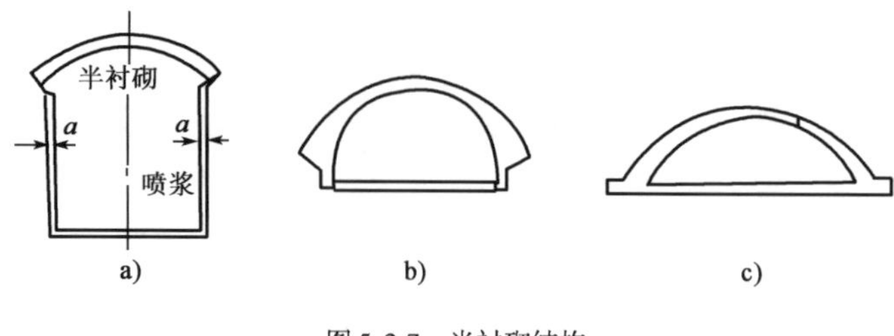

图 5-2-7　半衬砌结构

图 5-2-8　厚拱薄墙衬砌

(3)直墙拱形衬砌。由拱圈、竖直边墙和底板(或仰拱)组成,是最为普遍采用的一种结构形式,如图 5-2-9 所示。

(4)曲墙拱形衬砌。由拱圈、曲墙和底板(或仰拱)组成,如图 5-2-10 所示。围岩具有较大的垂直压力和水平压力时,可采用曲墙拱形衬砌。遇洞室底部地层软弱或为膨胀性地层时,应采用底部结构为仰供的曲墙拱形衬砌,将整个衬砌围成封闭形式,以加大结构的整体刚度。

(5)离壁式衬砌。离壁式衬砌一般指拱圈和边墙与岩壁相隔离,其间空隙不做回填,仅拱脚处局部扩大延伸与岩壁顶紧的衬砌,如图 5-2-11 所示。

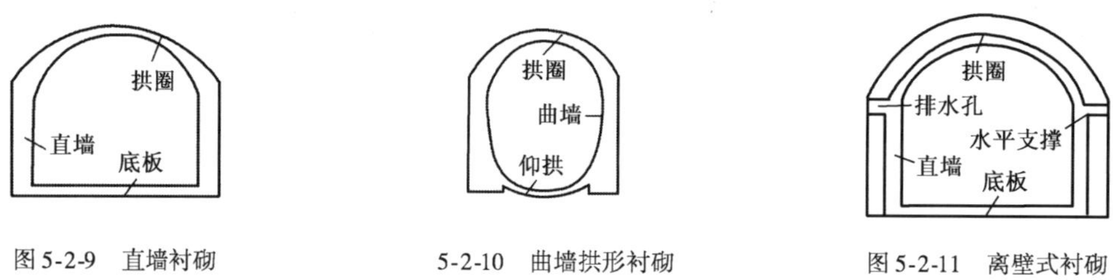

图 5-2-9　直墙衬砌　　5-2-10　曲墙拱形衬砌　　图 5-2-11　离壁式衬砌

(6)喷锚衬砌。喷锚衬砌是指由喷混凝土、钢筋网喷混凝土、锚杆喷混凝土或锚杆钢筋网喷混凝土、钢纤维喷混凝土等构成的衬砌,有时作为初期支护与混凝土衬砌形成复合式衬砌,如图 5-2-12 所示。

(7)装配式衬砌。由预制构件在洞内拼装而成的衬砌称为装配式衬砌,如图 5-2-13 所示。

(8)复合式衬砌。分两次修筑、中间加设薄膜防水层的衬砌称为复合式衬砌,如图 5-2-14 所示。复合式衬砌的外层常为锚喷支护,内层常为混凝土整体式衬砌。

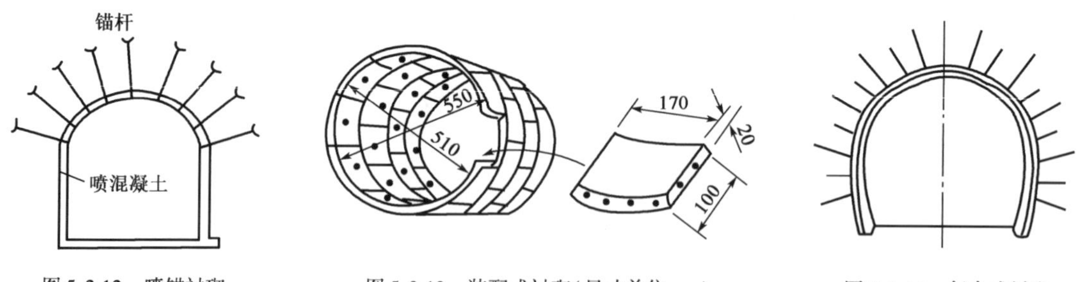

图 5-2-12　喷锚衬砌　　图 5-2-13　装配式衬砌(尺寸单位:cm)　　图 5-2-14　复合式衬砌

4. 隧道衬砌结构构造要求

(1)隧道建筑物各部结构的截面最小厚度应大于表 5-2-14 中的数值。

截面最小厚度(单位:cm) 表5-2-14

建筑材料种类	隧道和明洞衬砌			洞门端墙、翼墙和洞口挡土墙
	拱圈	边墙	仰拱	
混凝土	20	20	20	30
片石混凝土		50	50	50
浆砌混凝土		30		30
浆砌片石		50		50

(2)钢筋混凝土构件中受力钢筋的混凝土保护层最小厚度应符合表5-2-15的规定。

混凝土保护层最小厚度(单位:cm) 表5-2-15

构件厚度	保护层最小厚度		构件厚度	保护层最小厚度	
	非侵蚀性环境	侵蚀性环境		非侵蚀性环境	侵蚀性环境
<15	根据情况确定	根据情况确定	31~50	3.5	4
15~30	3	3.5	>50	4	4.5

注:1.明洞和洞门均采用表中非侵蚀性环境栏内的数值。

2.有防火要求时,保护层最小厚度应按相应规范考虑。

(3)钢筋混凝土结构构件中纵向受力钢筋的截面最小配筋率应符合表5-2-16的规定。

钢筋混凝土结构构件中纵向受力钢筋的截面最小配筋率(单位:%) 表5-2-16

受力类型	最小配筋率					
受压构件	全部纵向钢筋	0.6				
	一侧纵向钢筋	0.2				
受弯构件、偏心受拉、轴心受拉构件一侧的受拉钢筋	钢筋种类	混凝土强度等级				
		C20	C25	C30	C35	C40
	HPB235	0.25	0.25	0.30	0.35	0.40
	HPB335	0.20	0.20	0.20	0.25	0.30

注:1.受压构件全部纵向钢筋最小配筋率,当采用HRB400钢筋时,应按表中规定减小0.1。

2.偏心受控构件中的受压钢筋,应按受压构件一侧纵向钢筋考虑。

3.受压构件的全部纵向钢筋和一侧纵向钢筋的配筋率以及轴心受拉构件和小偏心受拉构件一侧受拉钢筋的配筋率应按构件的全截面面积计算;受弯构件、大偏心受拉构件一侧受拉钢筋的配筋率应按全截面面积扣除受压翼缘面积后的截面面积计算。

4.当钢筋沿构件截面周边布置时,"一侧纵向钢筋"是指沿受力方向两个对边中的一边布置的纵向钢筋。

5.整体式衬砌结构计算模型和计算方法

1)道路隧道衬砌结构计算模型

地下结构的设计方法应根据工程对象、规模、地质条件、施工方法等加以选定。目前采用的地下结构设计方法可以归纳为以下四种:

(1)以参照过去隧道工程实践经验进行类比为主的经验设计法;

(2)以现场量测和实验室试验为主的实用设计方法,例如以洞周位移量测值为基础的收敛—约束法;

(3)作用—反作用模型,即荷载—结构模型,例如弹性地基圆环计算和弹性地基框架计算等计算法;

(4)连续介质模型、包括解析法和数值法,数值计算法目前主要是有限单元法。

每种设计模型或方法各有其适用的场合,也各有自身的局限性。由于地下结构的设计受各种复杂因素的影响,因此经验设计法往往占据一定的位置。即使内力分析采用了比较严密的理论,其计算结果往往也需要用经验类比来判断和补充。以测试为主的实用设计方法常为现场人员欢迎,因为它能提供更加直观的感受,以更确切地估计地层和地下结构的稳定性和安全程度。工程技术人员在设计地下结构时,往往要同时进行多种设计方法的比较,以获得较为经济合理的设计。

2)整体式隧道衬砌结构计算方法

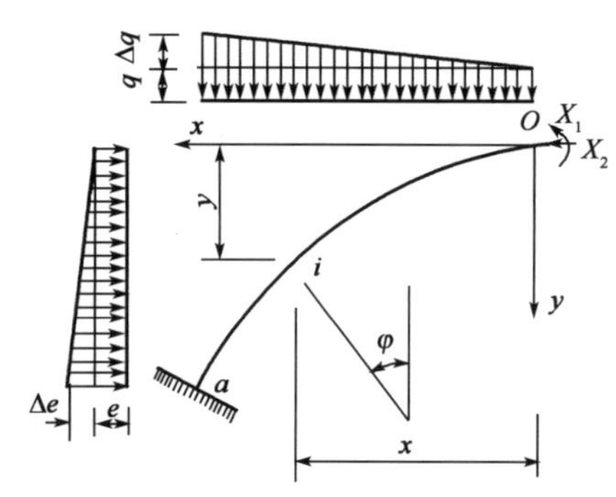

图 5-2-15 半衬砌的计算图式

图 5-2-15 为半衬砌的计算图式,简化为拱圈弹性支承在岩层上的无铰拱,采用结构力学方法进行计算。

3)衬砌结构截面强度的校核

在计算衬砌各个截面的内力后,还应进行强度检算。现行规范规定:对隧道衬砌和明洞衬砌都应按破坏阶段检算构件截面强度,根据材料的极限强度计算出衬砌截面的极限承载力 N_j,使其与实际产生的截面内力 N(轴向力)相比得出各截面的实际强度安全系数 K。然后与《公路隧道设计规范》(JTD D70—2004)规定的强度安全系数(具体规定见表 5-2-17、表 5-2-18)比较,看是否满足要求。强度安全系数用公式表示,即

$$K=\frac{N_j}{N}\geqslant K_g \tag{5-2-10}$$

式中:K_g——《公路隧道设计规范》(JTG D70—2004)规定的强度安全系数(规定见表 5-2-17、表 5-2-18)。

混凝土和砌体结构的强度安全系数 表 5-2-17

破坏原因 圬工种类及荷载组合	混凝土		砌体	
	永久荷载 + 基本可变荷载	永久荷载 + 基本可变荷载 + 其他可变荷载	永久荷载 + 基本可变荷载	永久荷载 + 基本可变荷载 + 其他可变荷载
混凝土或砌体达到抗压极限强度	2.4	2.0	2.7	2.3
混凝土达到抗拉极限强度	3.6	3.0		

钢筋混凝土结构的强度安全系数 表 5-2-18

破坏原因 \ 荷载组合	永久荷载	永久荷载 + 基本可变荷载 + 其他可变荷载
钢筋达到计算强度或混凝土达到抗压抗剪极限强度	2.0	1.7
混凝土达到抗拉极限强度	2.4	2.0

除检算截面的强度外,《公路隧道设计规范》(JTG D70—2004)还对轴向力的偏心距有所限制,要求混凝土构件的偏心距不应大于 0.45 倍的截面厚度,砌体的不应大于 0.3 倍截面厚度;基底偏心距,对岩石地基应不大于 1/4 墙底厚度,土质地基不应大于 1/6 墙底厚度。计算表明,对

混凝土矩形截面构件，当偏心距 $e_0<0.2h$ 时，是抗压强度控制其承载能力，按式(5-2-11)检算抗压强度；当偏心距 $e_0>0.2h$ 时，是抗拉强度控制其承载能力，按式(5-2-12)检算抗拉强度。

对石砌体矩形截面结构，只要检算其抗压强度就可以了。

由于隧道衬砌截面上有弯矩和轴向力作用，故隧道衬砌和拱形明洞都属于偏心受压构件，当衬砌材料为混凝土衬砌体圬工时，其矩形截面中心及偏心受压构件的抗压强度按式(5-2-11)计算：

$$KN \leqslant \phi\alpha R_a bh \tag{5-2-11}$$

式中：K——安全系数；

R_a——混凝土或砌体的抗压极限强度；

N——轴向力(kN)；

b——截面宽度(m)；

h——截面厚度(m)；

ϕ——构件纵向弯曲系数，对于贴壁式隧道衬砌、明洞拱圈及墙材紧密回填的边墙，可取 $\phi=1$，对于其他构件应根据其长细比按表5-2-19采用；

α——轴向力的偏心影响系数，按表5-2-20采用。

混凝土及砌体构件的纵向弯曲系数　　表5-2-19

H/h	<4	4	6	8	10	12	14	16
纵向弯曲系数 ϕ	1.00	0.98	0.96	0.91	0.86	0.82	0.77	0.72
H/h	18	20	22	24	26	28	30	
纵向弯曲系数 ϕ	0.68	0.63	0.59	0.55	0.51	0.47	0.44	

注：1. H 为构件的高度，h 为截面短边的边长(当轴心受压时)或弯矩作用平面内的截面边长(当偏心受压时)。

2. 当 H/h 为表列数值的中间值时，ϕ 可按内插法求得。

偏心影响系数　　表5-2-20

e_0/h	α	e_0/h	α	e_0/h	α	e_0/h	α	e_0/h	α
0.00	1.000	0.10	0.954	0.20	0.750	0.30	0.480	0.40	0.236
0.02	1.000	0.12	0.923	0.22	0.698	0.32	0.426	0.42	0.199
0.04	1.000	0.14	0.886	0.24	0.645	0.34	0.374	0.44	0.170
0.06	0.996	0.16	0.845	0.26	0.59	0.36	0.324	0.46	0.142
0.08	0.979	0.18	0.799	0.28	0.535	0.38	0.278	0.48	0.123

注：1. 表中 e_0 为轴向力偏心距。

2. 表中 $\alpha=1.000+0.648(e_0/h)-12.569(e_0/h)^2+15.444(e_0/h)^3$。

按抗裂要求，混凝土矩形截面偏心受压构件的抗拉强度按式(5-2-12)计算：

$$KN \leqslant \phi\frac{1.75R_1 bd}{\dfrac{6e_0}{h}-1} \tag{5-2-12}$$

式中：R_1——混凝土或砌体的抗拉极限强度；

其他符号意义同前。

四、隧道喷锚支护

1. 隧道喷锚支护的基本原理

隧道喷锚支护是以喷射混凝上、锚杆为主要支护手段,通过对围岩的监控量测指导设计与施工,使围岩成为支护体系的一部分,合理地利用围岩的自承能力,以保持围岩稳定的隧道修建方法。人们在长期实践中早已注意到,许多天然洞穴和人工开挖的坑道虽然未支护,也能长期保持稳定,这说明围岩自身具有一定的承载能力。奥地利学者 L. V. Rabcewicz 总结前人在隧道工程中累积的经验后提出一套隧道设计、施工的方法——新奥地利隧道施工法(简称新奥法)。20 世纪 60 年代,新奥法取得专利并在世界各国得到了广泛应用。我国从 20 世纪 60 年代开始研究和推广该技术,目前已成功推广应用到地下铁道、矿山坑道、地下厂房、公路、水工隧洞等地下工程中。

喷射混凝土和锚杆是新奥法的主要支护手段,此外还可辅以金属网和轻型钢拱架。与传统支护方式不同的是,采用喷锚支护可以主动加固围岩、改善围岩的应力状态;在允许围岩变形"卸压"的同时限制围岩产生有害变形。

2. 隧道喷锚支护的基本原则

喷射混凝土和锚杆支护是新奥法的主要支护手段,不能将其误解为只是在隧道中采用一种支护形式或一种隧道施工方法,而是一种新的隧道设计与施工的理念和原理。它是应用岩体力学的理论,以维护和利用围岩的自承能力为基点,采用锚杆和喷射混凝土为主要支护手段,及时地进行支护、控制围岩的变形和松弛,使围岩成为支护体系的组成部分,并通过对围岩和支护的量测监控来指导隧道设计施工的原理。其主要原理可以归纳为以下 6 条基本原则。

(1)隧道支护和围岩是整体化的结构物,围岩是承载结构的一部分,因此,应合理地利用围岩的自承能力,保持围岩稳定。

(2)以喷射混凝土、锚杆为主要支护手段,及时支护和封闭围岩,尽量避免出现二向应力状态,松动范围愈小愈好,以保护和发挥围岩的强度和承载能力,使围岩成为支护体系的重要组成部分。

(3)开挖作业应减少对围岩的扰动,尽量采用大断面开挖,减少围岩应力多次分布的危害,并保持隧道开挖轮廓圆顺,避免应力集中。

(4)施工中必须对围岩和支护进行观察、量测,根据量测结果及时修改初期支护参数或施工方法,合理安排施工程序,实现动态化设计。

(5)二次衬砌原则上在围岩和初期支护变形基本稳定后进行,但遇软弱围岩,特别是洞口段时,衬砌则要紧跟。

(6)在软弱围岩地段,支护应及早闭合。围岩特别软弱时,上半断面开挖完做好初期支护后,应增设临时仰拱,开挖到隧底后应及时施作仰拱。

以上原则是运用新奥法原理制定隧道开挖方法的基本指导思想。这 6 条原则相互联系,缺一不可。

实际上,新奥法的核心原则只有一条,那就是保护围岩,调动和发挥围岩的自承能力。从这一核心原则出发,可以根据隧道工程具体条件灵活地选择开挖方法、爆破技术、支护形式、支护施作时机和辅助工法(例如地层注浆)。

3. 喷锚支护的一般原理

新奥法的主要支护手段是喷射混凝土和锚杆,此外还可辅以金属网和轻型钢拱架。与以往传统支护方式不同的是,采用喷锚支护可以主动加固围岩、改善围岩的应力状态;在允许围岩变形"卸压"的同时限制围岩产生有害变形。喷射混凝土和锚杆支护的主要作用原理和效果见表5-2-21、表5-2-22。

喷射混凝土的主要作用原理和效果　　表5-2-21

喷射混凝土的作用效果	概　念　图
1)支承围岩 由于喷层能与围岩密贴和黏结,并给围岩表面以抗力和剪力,从而使围岩处于三向受力的有利状态,防止围岩强度恶化,此外,喷层本身的抗冲切能力可阻止不稳定块体的塌滑	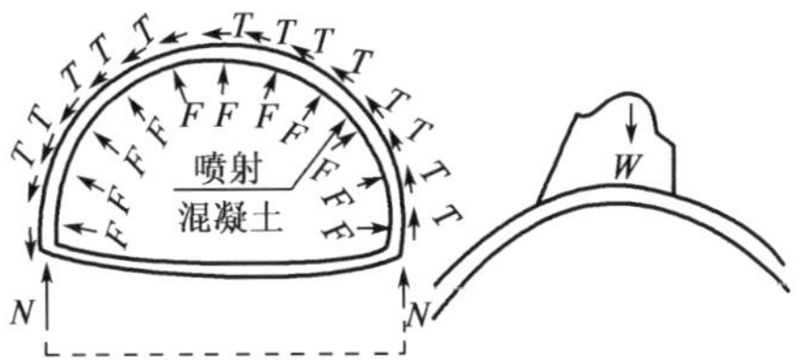 喷射混凝土　T　F　N　W
2)卸载作用 由于喷层属于柔性,能有控制地使围岩在不出现有害变形的前提下,进入一定程度的塑性,从而使围岩卸载。同时喷层的柔性也能使喷层中的弯曲应减小,有利于混凝土承载力的发挥	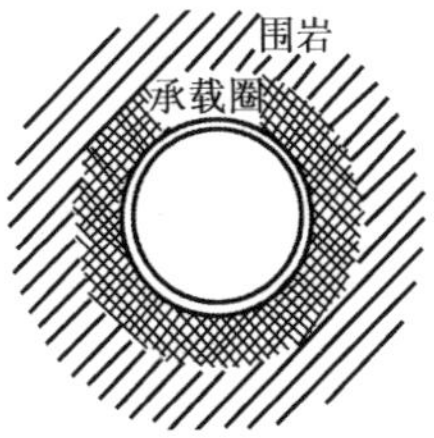 围岩　承载圈
3)填平补强围岩 喷射混凝土可射入围岩张开的裂隙,填充表面凹坑,使裂隙分割的岩块层面粘联在一起,保持岩块间的咬合、镶嵌作用,提高其间的黏结力、摩阻力,有利于防止围岩松动	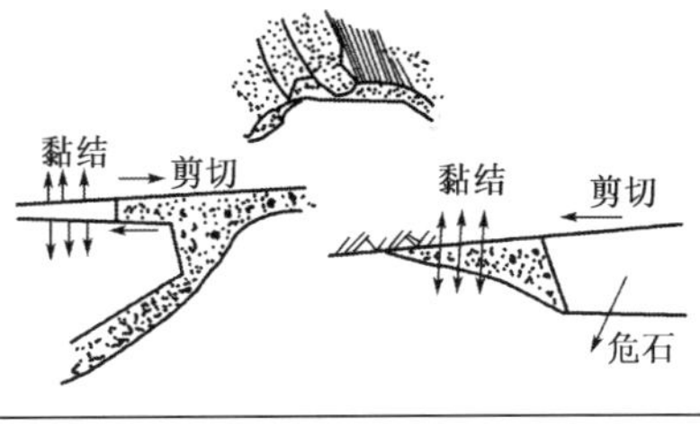 黏结　剪切　危石
4)覆盖围岩表面 喷层直接粘贴岩面,形成防风化和止水的防护层,并阻止节理围岩中的填充物流失	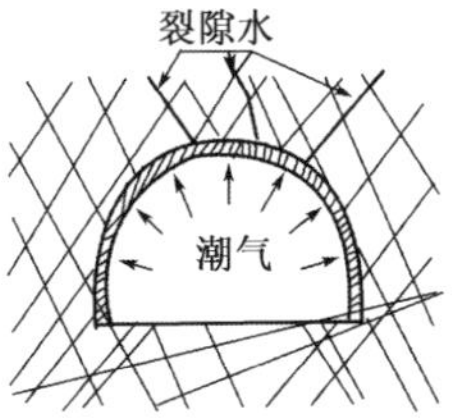 裂隙水　潮气
5)阻止围岩松动 喷层能紧跟掘进工程及时支护,早期强度高,因而能及时向围岩提供抗力,阻止围岩松动	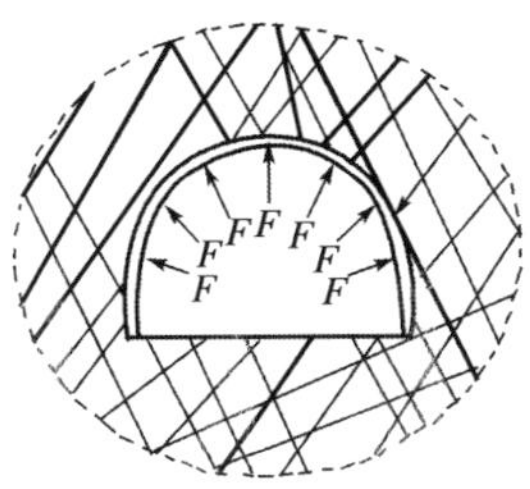 F

续上表

喷射混凝土的作用效果	概　念　图
6)分配外力 通过喷层把外力传递给锚杆、网架等,使支护结构受力均匀	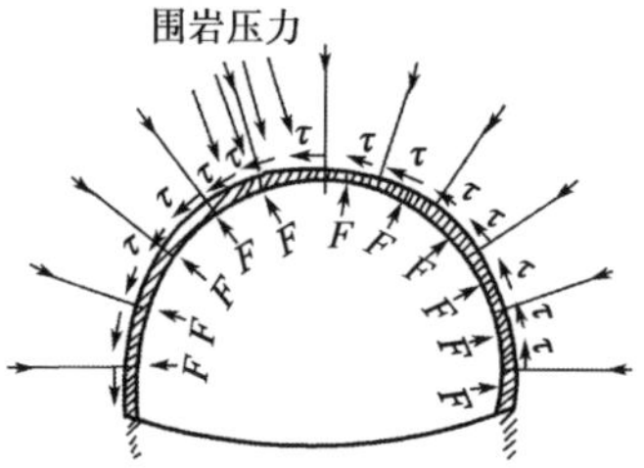 围岩压力 τ F

锚杆的主要作用原理和效果　　表 5-2-22

锚杆的作用效果	概　念　图
1)支承围岩 锚杆能限制约束围岩变形,并向围岩施加压力,从而使处于二轴应力状态的洞室内表面附近的围岩保持三轴应力状态,制止围岩强度的恶化	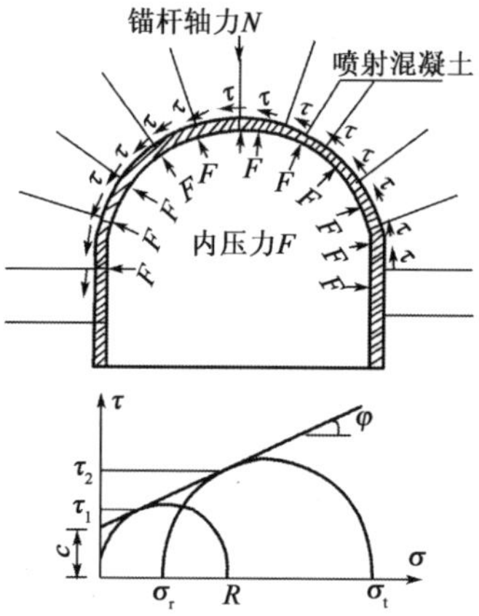 锚杆轴力N 喷射混凝土 内压力F τ φ τ_2 τ_1 c σ σ_r R σ_t
2)加固围岩 由于系统锚杆的加固作用,使围岩中,尤其是松动区的节理裂隙、破裂面等得以联结,因而增大了锚固区围岩的强度(c、φ 值)。锚杆对加固节理发育的岩体和围岩松动区是十分有效的	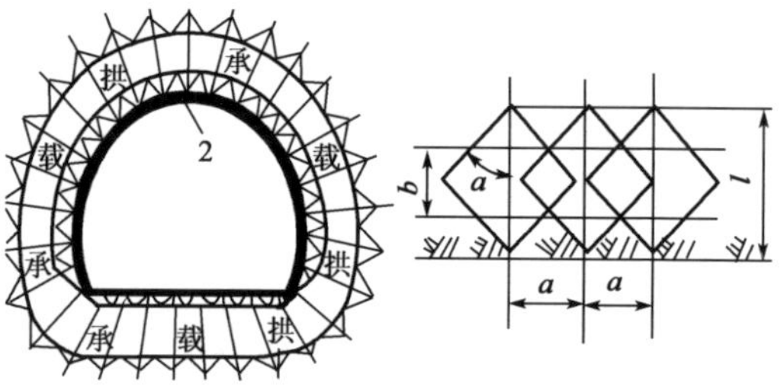 承载拱 2 a b l
3)提高层间摩阻力,形成"组合梁" 对于水平或缓倾斜的层状的围岩,用锚杆群能把数层岩层连在一起,增大层理间摩阻力。从结构力学观点来看,就是形成"组合梁"	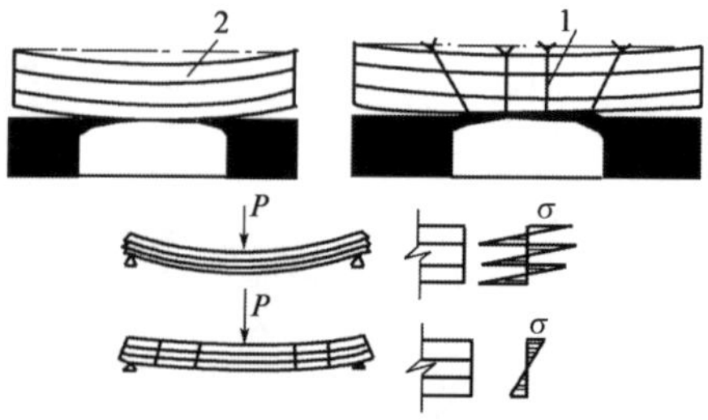 2 1 P σ

续上表

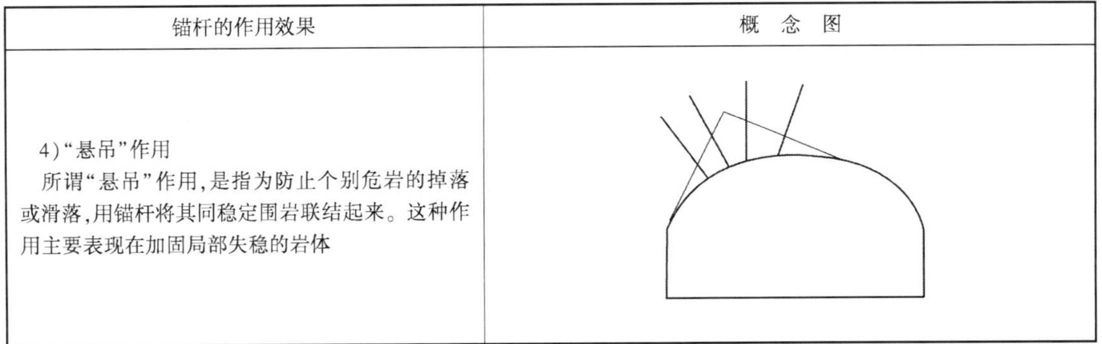

锚杆的作用效果	概 念 图
4)“悬吊”作用 所谓“悬吊”作用，是指为防止个别危岩的掉落或滑落，用锚杆将其同稳定围岩联结起来。这种作用主要表现在加固局部失稳的岩体	

4. 锚杆支护类型选择与支护参数设计

(1)预设计以工程类比为主，设计时通过把本工程的地质条件与类似的已建工程进行充分分析对比，确定出本工程的预选设计方案。一般公路隧道复合式衬砌支护参数在预设计时可参考表5-2-23和表5-2-24的衬砌参数。对地质复杂、大跨度、超浅埋和有特殊要求的隧道，应在做充分的地质调查资料的基础上，通过数值模拟进行检算。

两车道隧道复合式衬砌的设计参数 表5-2-23

围岩级别	初期支护							二次衬砌厚度(cm)	
	喷射混凝土厚度(cm)		锚杆			钢筋网	钢架	拱、墙混凝土	仰拱混凝土
	拱部、边墙	仰拱	位置	长度(m)	间距(m)				
Ⅰ	5	—	局部	2.0	—	—	—	30	—
Ⅱ	5~8	—	局部	2.0~2.5	—	—	—	30	—
Ⅲ	8~12	—	拱、墙	2.0~3.0	1.0~1.5	局部 @25×25	—	35	—
Ⅳ	12~15	—	拱、墙	2.5~2.0	1.0~1.2	拱、墙 @25×25	拱、墙	35	35
Ⅴ	15~25	—	拱、墙	3.0~4.0	0.8~1.2	拱、墙 @20×20	拱、墙、仰拱	45	45
Ⅵ	通过试验、计算确定								

预选设计方案通常包括以下内容：

①隧道断面形状和尺寸；

②开挖的方式、方法、主要机械设备；

③初期支护的结构和设计参数；

④二次衬砌结构参数和构筑时机；

⑤施工程序、一次掘进长度；

⑥监控量测计划；

⑦复杂地质区段必须采用的和可能采用的预支护、预加固、排水等辅助施工方法及机械

设备。

(2)对重要隧道,制订设计方案应当分阶段进行。第一阶段,把已建工程的客观条件和经验与本工程的客观条件相比较,应用工程类比法制订预选设计施方案。第二阶段,先通过施工试验段验证预选方案是否可行,然后再制订工程实施设计方案。

(3)制订围岩监控量测方案。通过对隧道围岩动态的量测工作监控设计施工全过程,并根据量测反馈信息在需要时修改和变更实施设计方案。

三车道隧道复合式衬砌的设计参数　　表 5-2-24

围岩级别	初期支护							二次衬砌厚度(cm)	
	喷射混凝土厚度(cm)		锚杆			钢筋网	钢架	拱、墙混凝土	仰拱混凝土
	拱部、边墙	仰拱	位置	长度(m)	间距(m)				
Ⅰ	8	—	局部	2.5	—	局部	—	35	—
Ⅱ	8~10	—	局部	2.5~3.5	—	局部	—	40	—
Ⅲ	10~15	—	拱、墙	3.0~3.5	1.0~1.5	拱、墙 @25×25	拱、墙	45	45
Ⅳ	15~20	—	拱、墙	3.0~4.0	0.8~1.0	拱、墙 @20×20	拱、墙、仰拱	50、钢筋混凝土	50
Ⅴ	20~30	—	拱、墙	3.5~5.0	0.5~1.0	拱、墙(双层) @20×20	拱、墙、仰拱	60、钢筋混凝土	60、钢筋混凝土
Ⅵ	通过试验、计算确定								

注:有地下水时,可取最大值;无地下水时,可取小值。采用钢架时,宜选用格栅钢架。

五、隧道防排水

1. 隧道防排水的基本原则和基本要求

1)隧道防排水的基本原则

隧道防排水应遵循"防、排、截、堵结合,因地制宜,综合治理"的原则,保证隧道结构物和营运设备的正常使用和行车安全。隧道防排水设计应对地表水、地下水妥善处理,洞内外应形成一个完整通畅的防排水系统。

2)隧道防排水的基本要求

(1)高速公路、一级公路、二级公路隧道防排水应满足下列要求:

①拱部、边墙、路面、设备箱洞不渗水;

②有冻害地段的隧道衬砌背后不积水,排冰沟不冻结;

③车行、人行横通道等服务通道拱部不滴水,边境不淌水。

(2)三级公路、四级公路隧道应做到:

①拱部、边墙不滴水,路面不积水,设备箱洞不渗水;

②有冻害地段的隧道衬砌背后不积水,排水沟不冻结。

(3)当采取防排水工程措施时,应注意保护自然环境。当隧道内渗漏水引起地表水减少,影响居民生产、生活用水时,应对围岩采取堵水措施,减少地下水的渗漏。

2. 隧道防排水的基本方法和措施

1)隧道防水措施

(1)洞外防水措施

当隧道地表沟谷、坑洼积水、渗水对隧道有影响时,宜采用疏导、勾补、铺砌和填平等处治措施。废弃的坑穴、钻孔等应填实封闭。应采取措施防止或减少隧道附近的水库、池沼、溪流、井泉水、地下水渗入隧道。

(2)洞内防水措施

①隧道采用复合式衬砌时,在初期支护与二次衬砌之间应设置防水板及无纺布。防水板应采用易于焊接的防水卷材,厚度≥1.0mm,接缝搭接长度≥100mm。所采用的无纺布密度要求≥300g/m^2。

②隧道二次衬砌应满足抗渗要求。混凝土的抗渗等级,有冻害地段及最冷月份平均气温低于-15℃的地区不低于P8,其余地区不低于P6。

③隧道二次衬砌的施工缝、沉降缝、伸缩缝是防渗漏水的薄弱环节。设计时常采用不同止水带、止水条等结构防水材料和构造形式。图5-2-16为二次衬砌施工缝、沉降缝的主要构造形式。

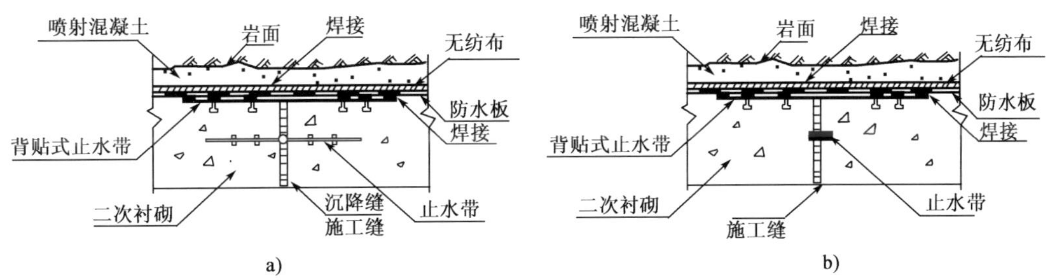

图5-2-16　二次衬砌施工缝、沉降缝的主要构造形式

④有侵蚀性地下水时,应针对侵蚀类型,采用抗侵蚀混凝土,压注抗侵蚀浆液,或铺设抗侵蚀防水层。

⑤对于围岩破碎、涌水易坍塌地段,可采用向围岩内预注浆进行堵水加固。

⑥当隧道位于常水位以下,又不宜排泄时,隧道衬砌应采用抗水压衬砌。

2)隧道排水措施

(1)隧道内排水应符合下列既定:

①路面两侧应设纵向排水沟,引排营运清洗水、消防水和其他废水。

②隧道纵向排水坡宜与隧道纵坡一致。

③路侧边沟可设置为为开口式明沟(图5-2-17)或暗沟(图5-2-18),当边沟为路沟时,应设沉沙池、滤水篦,其间距宜为25~30m。

④检修道或人行道的道面应考虑排水,可酌情设0.5%~1.5%的横坡,亦可在墙脚与检修道交角处设宽50mm、深30mm的纵向凹槽,以利道面清洁排水。

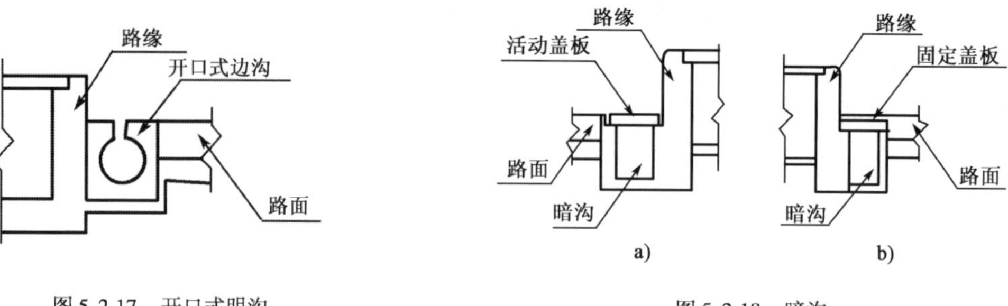

图 5-2-17 开口式明沟

图 5-2-18 暗沟

(2)路面结构底部排水设施的设置要求：

①路面结构下宜设纵向中心水沟(管)，引排地下水，中心水沟(管)断面面积应通过水力计算确定。

②中心水沟(管)(图 5-2-19)纵向应按间距 50m 设沉沙池，并根据需要设检查井。

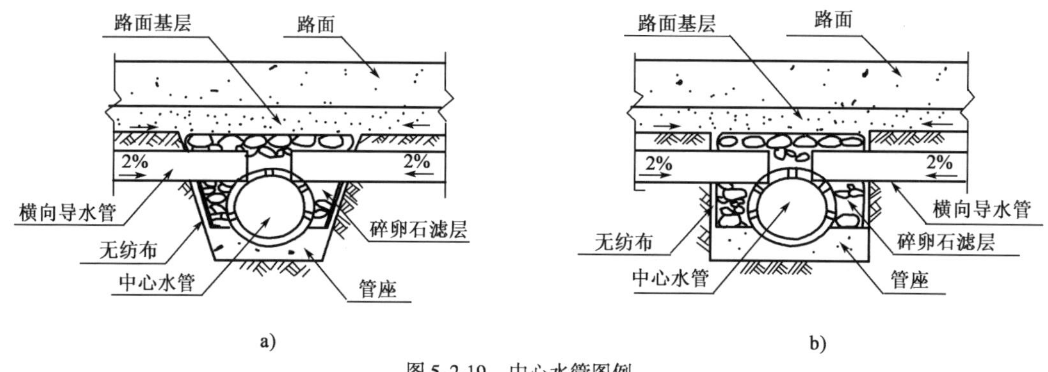

图 5-2-19 中心水管图例

③隧道应设横向导水管，以连接中心水沟(管)与衬砌墙背排水盲管；横向导水管的直径不宜小于 100mm，横向坡度应≥2%，其纵向间距应根据地下水量确定，一般可按 30～50m 设置；当不设隧底中心水沟(管)时，横向导水管的纵向间距不宜小于 10m。

④路面底部应设不小于 1.5% 的横向排水纵坡。

⑤寒冷和严寒地区有地下水的隧道，最冷月份平均温度低于 -10℃时，应采用深埋中心水沟；最冷月份平均气温低于 -25℃时，应在隧道下设防寒泄水隧洞。

(3)隧道衬砌外排水设施(图 5-2-20)设置要求：

①在衬砌两侧边墙背后底部应设沿隧道的纵向排水盲管(沟)，其孔径不应小于 80mm。

②沿衬砌背后环向应设置导向盲管，其纵向间距应≤20m，遇水量较大时，环向盲管应加密，对有集中水处，应单独设竖向盲管，盲管的直径应≥50mm。

③环向盲管、竖向盲管应与边墙底部的纵向排水盲管(沟)连通；纵向排水盲管(沟)应与横向导水管连通，以形成完整的纵横向排水系统；环向盲管、竖向盲管、纵向排水盲管应用无纺布包裹。

④当地下水发育，含水层明显，又有长期充分补给来源时，可利用辅助坑道排水或设置泄水洞等截、排水设施。

⑤当洞内水质有侵蚀时，应采取适当措施，防止排水造成环境污染。

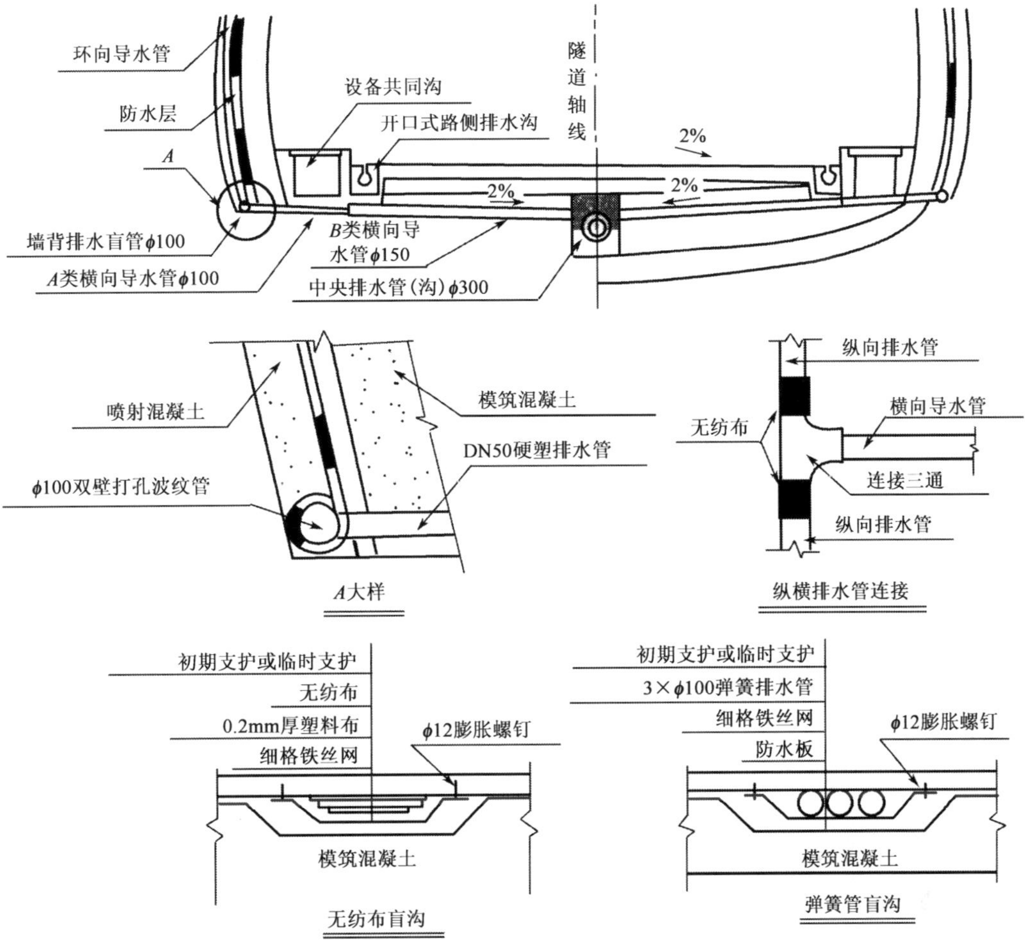

环向导水管
防水层
A
墙背排水盲管ϕ100
A类横向导水管ϕ100
设备共同沟
开口式路侧排水沟
隧道轴线
2%
2%
2%
B类横向导水管ϕ150
中央排水管(沟)ϕ300

喷射混凝土
ϕ100双壁打孔波纹管
模筑混凝土
DN50硬塑排水管
A大样

纵向排水管
无纺布
横向导水管
连接三通
纵向排水管
纵横排水管连接

初期支护或临时支护
无纺布
0.2mm厚塑料布
细格铁丝网
ϕ12膨胀螺钉
模筑混凝土
无纺布盲沟

初期支护或临时支护
3×ϕ100弹簧排水管
细格铁丝网
防水板
ϕ12膨胀螺钉
模筑混凝土
弹簧管盲沟

图 5-2-20 衬砌背后排水措施

3.洞口与明洞防排水

(1)隧道、辅助坑道的洞口及及明洞应设置截水沟(图 5-2-21)和排水沟,洞口边坡、仰坡应采取防护措施,防止地表水的下渗和冲刷。

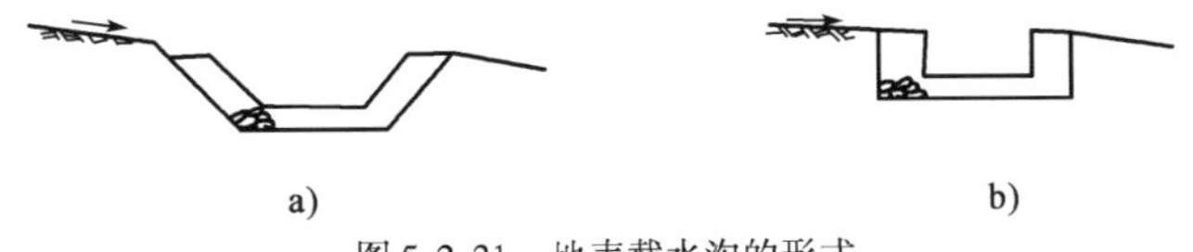

图 5-2-21 地表截水沟的形式

(2)为防止洞外水流入隧道内,可在洞口外设置反向排水边沟或采取截流措施。

(3)明洞防排水要求如下:

①明洞顶部应设置必要的截、排水系统。

②回填土表面宜铺设隔水层,并与边坡搭接良好。

③靠山侧边墙底或边墙后宜设置纵向和竖向盲沟,将水引至边墙泄水孔排出。

④砌外缘应敷设外贴式防水层。

⑤明洞与隧道接头处应做好防水处理，明洞混凝土浇筑应严格按新旧混凝土施工规则要求施作，明洞防水层应往隧道方向延伸一定长度，并做好仰坡脚与明洞填土的搭接。

考点分析

1）影响洞室围岩稳定的主要因素

地下洞室、隧道的不同部位，岩体结构面与隧道方向的不同关系，地下工程中水的影响等，判断哪种情况更危险。

2）围岩分类及支护、加固的设计方法

与注册岩土工程师考试类似，具体的工程设计项目可不涉及，但可出与围岩分级有关案例题，是依据现行的各种勘察、设计规范定量地计算后判断。围岩的支护、加固主要是锚杆的计算。

3）新奥法的施工理念和技术要点

“新奥法是设计、施工一体化的现代先进理论方法，它应用岩体力学的理论，通过对隧道围岩变形的量测、监控，采用新型的支护结构，尽量利用围岩自承能力指导隧道设计和施工的方法。”这一论述讲出了新奥法的基本原理。目前现行的隧道设计基本上都是基于这一理论进行的，关于新奥法的知识题都可以通过以上论述的内涵回答。

4）隧道开挖前后隧道的监控量测

隧道施工监控量测是新奥法隧道设计与施工中的重要环节，也是确保工程质量的重要措施，同时是对于判断围岩和衬砌的稳定性、保证施工安全、指导施工顺序、进行施工管理、提供设计信息的主要手段。设计中监控量测方案可包含隧道施工监控量测的必测项目与选测项目，以及各种测试项目的测试目的、测量方法与仪器设备、测试频率；各种测试项目的测点布置与传感器埋设要求等，并可以根据隧道的特点具体要求监控量测项目。

5）掌握隧道设计的基本要素

设计过程中，对隧道选址的原则和要求；隧道平面设计、纵断面设计、横断面设计的基本要求和方法；隧道洞口设计的基本要求和方法；隧道洞口位置的选择原则、锚喷支护的基本原理和基本原则、锚喷支护类型的选择等内容应该牢固掌握。熟悉隧道洞门各部位结构要求；隧道衬砌结构构造要求；隧道防排水设计的原则和洞内、洞外防排水系统的布置要求；特殊地质地段的辅助工程措施设计原则。了解隧道洞门结构计算原则和计算方法；各种隧道洞门的类型及适用条件。了解隧道围岩、围岩分级的概念；作用在隧道上的各种荷载和围岩压力确定方法；隧道结构设计的方法和各类计算模型的特点及适用条件。

例题解析

例1 关于隧道新奥法的设计施工，下列哪个说法是正确的？（　　）

（A）支护体系设计时不考虑围岩的自承能力

（B）支护体系设计时应考虑围岩的自承能力

(C)隧道开挖后经监测围岩充分松动变形后再衬砌支护

(D)隧道开挖后经监测围岩压力充分释放后再衬砌支护

分析

新奥法的特点是在开挖面附近及时施作紧贴于围岩的薄层柔性喷射混凝土和锚杆支护,以便控制围岩的变形和应力释放。共同作用使围岩应力重分布,达到新的平衡。故本题选B。

例2　关于傍山隧道的设计,下列哪一项的说法是错误的?　　(　　)

(A)傍山隧道一般埋藏较浅,山坡亦常有滑坡、松散堆积、泥石流等不良地质现象,地质情况较为复杂

(B)为保持山体稳定和避免偏压产生,隧道位置宜往山体内侧靠,做到宁外勿里

(C)要考虑河岸冲刷对山体和洞身稳定的影响

(D)线路沿山嘴绕行难以长期保证运营安全时,应"裁弯取直"以长隧道通过

分析

傍山隧道的主要特点之一就是产生比较明显的偏压,因此应在可能的条件下向山体内靠,做到宁里勿外。故本题选B。其他几个选项在设计中均应考虑。

例3　设计隧道衬砌断面主要解决的问题是以下哪个选项?　　(　　)

(A)净空、建筑限界和跨度　　(B)内轮廓线、轴线和净空

(C)内轮廓线、轴线和厚度　　(D)净空、轴线和厚度

分析

衬砌断面设计:主要解决内轮廓线、轴线和厚度三个问题。故本题选C。

例4　越岭隧道平面位置选择设计时,下列哪一个因素是不需要考虑的?　　(　　)

(A)采用纵坡较小为好

(B)优选考虑在路线总方向上或其附近的低垭口,展线好,隧道较短

(C)虽远离线路总方向,但垭口两侧有良好的展线条件

(D)工程地质和水文地质条件良好的垭口

分析

隧道作为公路路线的组成部分,其平面线形设计应满足现行《公路路线设计规范》(JTG D20—2006)的要求。由于隧道的维护和运营及救灾条件与洞外道路相比要求更高、难度也更大,因此,隧道在平面设计时应提高线形设计标准,原则上说隧道的平面线形应尽量采用直线,避免采用曲线;当设为曲线时,应尽可能采用不设超高的平曲线,并尽量避免在隧道内设加宽的平曲线。越岭隧道平面位置选择设计时,除考虑以上因素外,尚需考虑:优选考虑在路线总方向上或其附近的低垭口,展线好,隧道较短;虽远离线路总方向,但垭口两侧有良好的展线条

件;工程地质和水文地质条件良好的垭口。故本题选 A。

例 5 隧道施工量测方案设计中,力学测试项目包含下列哪几项? ( )

(A)锚杆强度量测 (B)钢支撑压力量测

(C)衬砌应力量测 (D)围岩压力、衬砌压力

分析

隧道施工监控量测,分为必测项目和选测项目。必测项目包括:洞内外观察、周边收敛、拱顶下沉、地表下沉;选测项目包括:钢架内力及外力、岩体内部位移、围岩压力、两层支护间压力、锚杆轴力、支护衬砌应力、围岩弹性波速、爆破震动、渗水压力、水流量、地表下沉。

力学参数的设计属于选测项目,主要包含:锚杆轴力、钢支撑压力、衬砌应力、围岩压力、衬砌压力等隧道监控量测的内容。故本题选 BCD。

自测模拟

(第 1 ~3 题为单选题)

1. 隧道洞口位置的选择中,下列说法错误的是哪一项? ( )

(A)洞口应该尽量避免不良地质现象,设置在山体稳定的地方

(B)洞口不宜设置在沟谷低洼处或汇水沟处

(C)隧道洞口应尽量不破坏山体的稳定性,以确保施工和运营安全

(D)隧道洞口的埋深较浅,对地面建筑物不会有很大影响

2. 在下列围岩级别地段,隧道宜设置曲线形的仰拱为哪一项? ( )

(A)Ⅲ级及以下 (B)Ⅳ级 (C)Ⅳ级及以下 (D)Ⅱ级

3. 对于影响洞室稳定性围岩压力的因素,下列选项正确的是哪一项? ( )

(A)一般情况下岩体的完整性和软弱结构面的分布比岩石强度影响更大

(B)支护结构形式和刚度对围岩压力的影响与支护时间无关

(C)洞室埋深越大,围岩压力越大

(D)地下水的活动状况有时对洞室稳定性有显著影响

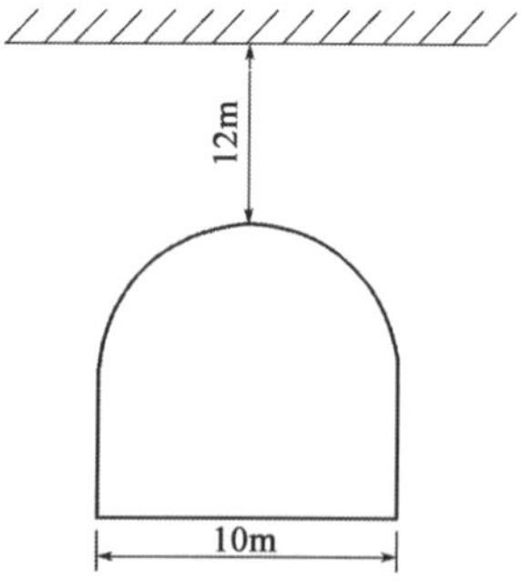

4. 某公路隧道通过Ⅲ级围岩,采用矿山法施工,开挖尺寸如图所示,围岩重度 $\gamma = 22\text{kN/m}^3$,计算摩擦角 $\varphi = 50°$,隧道埋深 $H = 12\text{m}$。

(1)从埋置深度来看,该隧道属于哪种类型? ( )

(A)深埋隧道 (B)浅埋隧道

(2)该隧道的竖向围岩压力为下列哪一项? ( )

(A)102.96kN/m (B)51.48kN/m

题 4 图

参考答案

1.D 2.C 3.D 4.(1)A;(2)B

第三节 隧道通风、照明与救援设施

依据规范

《公路隧道设计规范》(JTG D70—2004)
《公路隧道设计规范 第二册 交通工程与附属设施》(JTG D70/2—2014)
《公路隧道照明设计细则》(JTG/T D70/2-01—2014)
《公路隧道通风设计细则》(JTG/T D70/2-02—2014)
《公路交通安全设施设计规范》(JTG D81—2017)
《公路隧道交通工程设计规范》(JTG/T D71—2004)

重点知识

一、隧道营运通风

1.隧道营运通风的目的和要求

车辆在隧道中行驶的过程中,会排放出大量的有害气体(如 CO、CO_2、$N0_2$、SO_2 及烟雾等),一方面致使洞内空气恶化,不仅会影响驾乘人员的舒适感,还会对其身体健康造成损害,另一方面洞内大量烟雾使能见度降低,给行车安全带来直接威胁。因此,通风的目的就是:对有害气体(主要是 CO)进行稀释,保证隧洞内卫生条件;对烟雾进行稀释,保证隧洞内行车安全;对异味进行稀释,提高隧道内行车的舒适性。

我国《公路隧道通风设计细则》(JTG/T D70/2-02—2014)规定了隧道中有害气体和烟雾浓度以及风速应达到的标准。

采用全横向通风方式与半横向通风方式时,CO 设计浓度可按表 5-3-1 取值;采用纵向通风时,CO 设计浓度可按表 5-3-1 所列各值提高 50ppm 取值。交通阻滞(隧道内各车道均以怠速行驶,平均车速为 10km/h)时,阻滞段的平均 CO 设计浓度可取 150ppm。阻滞段的计算长度不宜大于 1km。

CO 设计浓度 δ 表 5-3-1

隧道长度(m)	≤1000	>3000
δ(ppm)	150	100

注:隧道长度为 1000~3000m 时,可按插入法取值。

人车混合通行的隧道的长度不宜超过2000m，其CO设计浓度应不大于70ppm。

隧道中的烟雾设计浓度当采用钠灯光源时，应按表5-3-2取值。当采用荧光灯光源时，烟雾设计浓度应提高一级。

烟雾设计浓度 δ 表5-3-2

计算行车速度(km/h)	100	80	60	40
δ(m^{-1})	0.0065	0.0070	0.0075	0.0090

当烟雾浓度达到0.012m^{-1}时，应按采取交通管制等措施考虑。

此外，在隧道内进行养护维修时，应按现场实际烟雾浓度不大于0.0035m^{-1}考虑。

为增加洞内行车的舒适感，隧道内应不间断通风换气，以稀释洞内异味；其换气频率一般不低于3次/h；对于交通量较小或特长隧道，可采用1～2次/h。采用纵向通风的隧道，隧道内换气风速不应低于1.5m/s。

通风设计时必须考虑火灾对策，长度大于1500m且交通量大的隧道应考虑排烟措施。火灾时的排烟风速可按2～3m/s取值。

隧道内所采用的分级要求在环境温度250℃情况下，可靠运行时间不小于60min。

2. 隧道营运通风方式的选择

隧道通风方式按送风形态、空气流动状态、送风原理等划分可分为自然通风和机械通风两种方式。机械通风又可分为纵向式通风、半横向式通风和横向式通风，如图5-3-1所示。

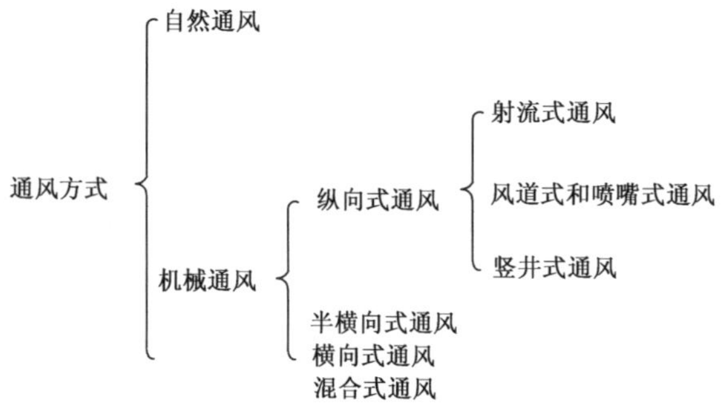

图5-3-1 隧道通风方式种类

隧道选择哪一种通风方式，应根据隧道长度、车流量的大小、纵坡坡率、海拔高度、车辆组成、设计时速等因素综合比选来确定。其中隧道长度、车流量的大小是影响隧道通风方式的主要因素。

1)自然通风

这种透风方式不设置专门的通风设备，是利用存在于洞口间的自然压力差或汽车行驶时活塞作用产生的交通风力，达到通风目的。自然通风方式一般只适用于短隧道，且车流量较小的情况。下列经验公式可作为选择自然通风的判据：

$$\begin{cases} LN \geqslant 6 \times 10^5 & (\text{双向行车}) \\ LN \geqslant 2 \times 10^6 & (\text{单向行车}) \end{cases} \tag{5-3-1}$$

式中：L——隧道长度(m)；

N——车流量(辆/日)。

当 L 与 N 的乘积大于 6×10^{5}(双向行车)或 2×10^{6}(单向行车)时，必须考虑机械通风。采用交通风进行通风的隧道，其风流在出口处或多或少地要受自然风的影响。单向交通的隧道，如果风是从出口吹进隧道内部，则会对交通风的速度起削减作用。由于交通风的作用较自然风大，因此单向交通隧道即使隧道相当长，也有足够的通风能力。由于各种风的方向和参数的差异，在自然风方向、隧道内风向以及交通方向之间存在着不同的组合方式。

2)射流式纵向通风

纵向式通风是从一个洞口直接引进新鲜空气，由另一洞口排出污染空气的方式。射流式纵向通风是将射流式风机设置于车道的吊顶部，吸入隧道内的部分空气，并以30m/s左右的速度喷射吹出，用以升压，使空气加速，达到通风的目的，见图5-3-2。射流式风机可根据需要，沿隧道纵向以适当间隔吊设数组。隧道内沿纵向流动的空气速度，可以认为从入口到出口都是匀速的。此种通风方式，空气的污染浓度由入口向出口方向呈直线增加。射流式通风经济，设备费用少，但噪声较大，洞内发生火灾时救援较困难。

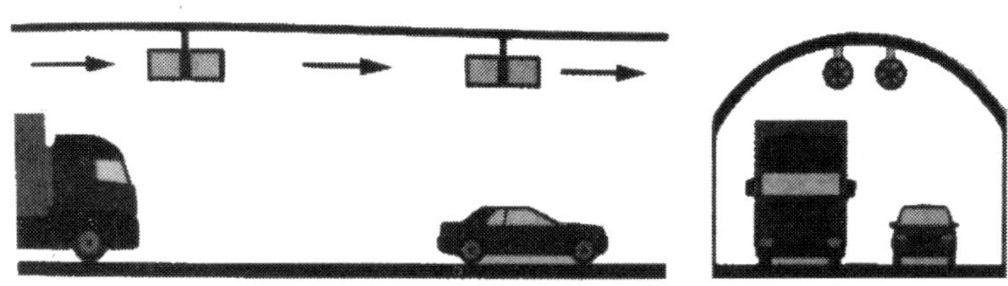

图5-3-2 射流式纵向通风设置形式

当隧道长度较长时，可以采用分段射流通风，即在洞身设置竖井，将长隧道分成若干段，形成竖井式纵向通风。

3)横向式通风

横向式通风，如图5-3-3所示。风在隧道的横断面方向流动，一般不发生纵向流动，因此有害气体的浓度在隧道轴线方向的分布均匀。该通风方式有利于控制火灾和处理雾霾，是通风能力最大的通风系统。由于这种通风系统需要建双向通风管道，占用较多的隧道面积，造价

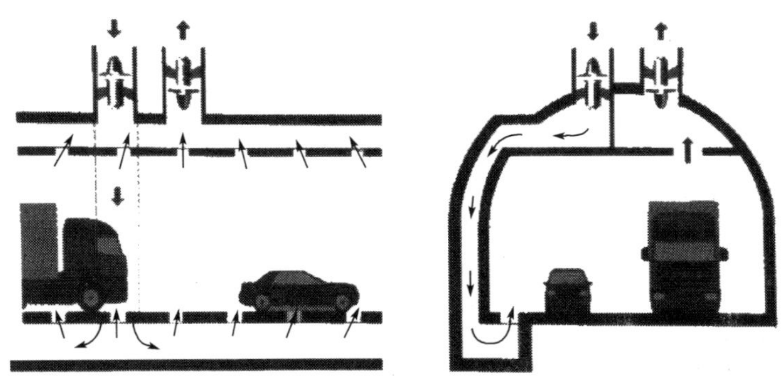

图5-3-3 横向式通风设置形式

最高,通常只有对交通量特别大、安全性要求特别高的重要公路隧道才采用这种通风方式。

4)半横向式通风

半横向式通风(图5-3-4),可使隧道内的污染浓度大体上接近一致。送风式半横向通风是半横向通风的标准形式,新鲜空气经送风机直接吹向汽车的排气孔高度附近,将排气直接稀释,这对后车很有利。如果有行人时,人可以吸到最新鲜的空气。污染空气是在隧道上部扩散,经过两端洞门排出洞外。半横向式通风,因仅设置排风道或送风道,所以较横向通风更为经济。

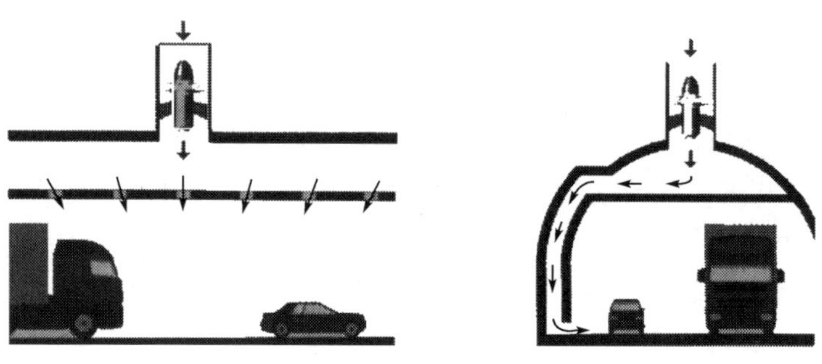

图5-3-4　半横向式通风设置形式

5)混合式通风

根据隧道的具体条件和特殊需要,由竖井与上述各种通风方式组合成为最合理的通风系统。隧道各主要通风方式的特点见表5-3-3。

隧道各主要通风方式的特点　　表5-3-3

<table>
<tr><td colspan="2">通风方式</td><td colspan="4">纵向式通风</td><td colspan="2">半横向式通风</td><td>全横向式通风</td></tr>
<tr><td colspan="2">代表形式</td><td>射流风机式</td><td>洞口集中送入式</td><td>洞口集中排出式</td><td>竖井送排式</td><td>送风半横向式</td><td>排风半横向式</td><td>全横向式</td></tr>
<tr><td colspan="2">基本特征</td><td colspan="4">受迫气流沿隧道纵向流动</td><td colspan="2">由隧道通风道送风或排风,由洞口沿隧道纵向排风或抽风</td><td rowspan="2">按照上排下送的方式分别设送排风道,通风风流在隧道内作横向流动</td></tr>
<tr><td colspan="2">形式特征</td><td>由射流风机群升压</td><td>由喷口送风升压</td><td>洞口两端进风、中间集中排风</td><td>由喷口送风升压</td><td>由送风道送风</td><td>由送风道排风</td></tr>
<tr><td colspan="2">排烟效果</td><td>不好</td><td>不好</td><td>一般</td><td>一般</td><td>较好</td><td>较好</td><td>有效排烟</td></tr>
<tr><td colspan="2">工程造价</td><td>低</td><td>一般</td><td>一般</td><td>一般</td><td>较高</td><td>较高</td><td>高</td></tr>
<tr><td colspan="2">技术难度</td><td>不难</td><td>一般</td><td>一般</td><td>稍难</td><td>稍难</td><td>稍难</td><td>难</td></tr>
<tr><td colspan="2">运营维护</td><td>费用低</td><td>一般</td><td>一般</td><td>一般</td><td>较高</td><td>较高</td><td>费用高</td></tr>
<tr><td rowspan="2">适用长度</td><td>单向交通</td><td>2500m</td><td>2500m</td><td>2000m</td><td>不限</td><td>3000m</td><td>3000m</td><td>不限</td></tr>
<tr><td>双向交通</td><td>1500m 左右</td><td>1500m 左右</td><td>3000m 左右</td><td></td><td>3000m 左右</td><td>3000m 左右</td><td>不限</td></tr>
</table>

二、隧道照明

1.隧道照明的目的与评价照明质量的主要指标

1)隧道照明的目的

汽车驾驶员在白天从明亮的环境接近、进入和通过隧道过程中,由于人眼对光线亮度“适应的滞后现象”,将发生种种特殊的视觉问题。如由于隧道内、外的亮度差别极大,所以,从隧道外部去看照明很不充分的隧道入口会看到黑洞(长隧道)及黑框(短隧道)现象。而当汽车穿过较暗的隧道接近出口时,由于通过出口看到的外部亮度极高,出口看上去是个亮洞,出现极强的眩光,驾驶员在这种极强的眩光效应下会感到十分不舒服。因此,对长度大于100m的公路隧道一般应设电光照明,以利行车安全。

2)评价隧道照明质量的指标

衡量隧道照明的主要指标为路面亮度和路面亮度的均匀度,而亮度的均匀度又分为路面亮度总均匀度(U_0)和路面亮度纵向均匀度(U_1)。表5-3-4、表5-3-5给出了隧道照明设计对路面亮度总均匀度(U_0)和路面亮度纵向均匀度(U_1)的要求。

路面亮度总均匀度 U_0 表5-3-4

设计交通量 N(辆/h)		U_0
双车道单向交通	双车道双向交通	
>2400	>1300	0.4
≤700	≤360	0.3

注:当交通量在其中间值时,可按插入法取值。

路面亮度纵向均匀度 U_1 表5-3-5

设计交通量 N(辆/h)		U_1
双车道单向交通	双车道双向交通	
>2400	>1300	0.6~0.7
≤700	≤360	0.5

注:当交通量在其中间值时,可按插入法取值。

2.隧道照明段落划分及各段亮度标准

由于电光照明成本是昂贵的,一条长100m的隧道,按照理论的方法设计照明设施,其照明成本与隧道总成本比经常是很高的,这就要求能找到一种成本低、安全,又有保证的办法。

一种可行的方法就是将隧道划分若干照明区段,根据现场调查确定洞外亮度、设计车速、交通方式、车流量、空气透过率等,然后确定中间段所需亮度水平。按视觉适应规律、洞外与中间段亮度差以及亮度递减速率沿行车方向将隧道分为入口段、若干过渡段、中间段以及出口段。《公路隧道设计规范》(JTG D70—2004)对相应各段的长度和亮度标准水平作出了具体规定。

1)入口段照明

隧道入口段亮度可按式(5-3-2)计算。

$$L_{th}=k\cdot L_{20}(S) \tag{5-3-2}$$

式中:L_{th}——入口段亮度(cd/m^2);

k——入口段亮度折减系数,可按表 5-3-6 取值;

$L_{20}(S)$——洞外亮度(cd/m^2)。

入口段亮度折减系数 k 表 5-3-6

设计交通量 N(辆/h)		k			
		计算行车速度 v_t(km/h)			
双车道单向交通	双车道双向交通	100	80	60	40
≥2400	≥1300	0.045	0.035	0.022	0.012
≤700	≤360	0.035	0.025	0.015	0.010

注:当交通量在其中间值时,可按插入法取值。

2)过渡段照明

过渡段由 TR_1、TR_2、TR_3 三个照明段组成,与之对应的亮度可按表 5-3-7 取值。

过 渡 段 亮 度 表 5-3-7

照明段	TR_1	TR_2	TR_3
亮度	$L_{tr1}=0.3L_{th}$	$L_{tr2}=0.1L_{th}$	$L_{tr3}=0.035L_{th}$

各过渡段的长度可按表 5-3-8 取值。

过渡段的长度 D_{tr} 表 5-3-8

计算行车速度 v_t(km/h)	D_{tr1}(m)	D_{tr2}(m)	D_{tr3}(m)
100	106	111	167
80	72	89	133
60	44	67	100
40	26	44	67

3)中间段照明

隧道中间段亮度可按表 5-3-9 取值。

中间段亮度(单位:cd/m^2) 表 5-3-9

计算行车速度 v_t(km/h)	双车道单向交通 $N>2400$ 辆/h 或双车道双向交通 $N>1300$ 辆/h	双车道单向交通 $N\leq700$ 辆/h 或双车道双向交通 $N\leq360$ 辆/h
100	9.0	4.0
80	4.5	2.0
60	2.5	1.5
40	1.5	1.5

单向交通 700 辆/h $<N\leq$2400 辆/h,双向交通 360 辆/h $<N\leq$1300 辆/h,且通过隧道的行车时间超过 135s 时,可按表 5-3-9 的 80% 的取值。

对于人车混合通行的隧道,其中间段亮度不得低于 2.5cd/m^2。隧道内紧急停车带宜采用荧光灯光源,其照明度应大于 7cd/m^2,隧道内连接通道亮度大于 2cd/m^2。

4)出口段照明

(1)在单向交通隧道中,应设置出口段照明;出口段长度宜取 60m,亮度宜取中间段亮度的5倍。

(2)在双向交通隧道中,可不设出口段照明。

3. 照明灯具的要求和照明控制方法

1)隧道照明光源选择要求

隧道照明多选择效率高及透雾性能较好的高压钠灯。对于短隧道、柴油车较少的城镇附近隧道、应急停车带、人行横洞、车行横洞可选用显色指数较高的荧光灯,同时还要求光源使用寿命应不小于10000h。

就照明灯具来说,应满足以下技术要求。

(1)防护等级应不低于IP65(IP65的含义是:防尘达到6级,无尘埃进入;防水达到5级,任何方向喷水无有害影响)。

(2)应具有适合公路隧道特点的防眩装置。

(3)灯具配件安装应易于操作,便于更换灯泡和附件,并能调整安装角度。

(4)零部件应具有良好的防腐性能。

2)隧道内灯具的布置要求

(1)灯具不得侵入隧道建筑界限。

(2)隧道两侧墙面2m高度范围内,宜铺设反射率不小于0.7的墙面材料。

(3)灯具布设应满足闪烁频率低于2.5Hz或高于15Hz的要求。

(4)中间段灯具的平面布置形式可采用单光带布置、两侧交错布置或两侧对称布置。

3)隧道照明控制

隧道照明控制应根据洞外亮度和交通量变化分级调整入口段、过渡段、出口段的照明亮度。入口段、过渡段、出口段照明亮度调整可按表5-3-10和表5-3-11取值。

白天调光 表5-3-10

分级		亮度	分级		亮度
Ⅰ	晴天	$L_{20}(S)$	Ⅲ	阴天	$0.25L_{20}(S)$
Ⅱ	云天	$0.5L_{20}(S)$	Ⅳ	重阴	$0.13L_{20}(S)$

夜间调光 表5-3-11

分级	亮度	分级	亮度
交通量较大	与L_{in}相等	交通量较小	$0.5L_{in}$,但不小于1cd/m^2

三、隧道消防与救援设施

1. 隧道消防的原则与消防设施设置标准

隧道工程的消防设计、消防专项工程施工及验收、运营消防安全管理等,必须贯彻"预防为主,防消结合"的方针,消防设计应针对隧道的火灾特点,立足于自防自救,采用相应的防火措施,做到安全适用、经济合理、技术先进。

隧道防火等级根据公路等级、隧道长度和交通量划分为Ⅰ级、Ⅱ级、Ⅲ级3个等级,并应符合表5-3-12的规定。

隧道防火等级划分标准 表 5-3-12

交通量(辆/日)	隧道长度 L(m)	防火等级	公路等级	车道数
5000 ~ 7500	$1000 < L \leq 2000$	Ⅲ级	二级公路	双向交通双车道
	$2000 < L \leq 3000$	Ⅱ级		
	$L > 3000$	Ⅰ级		
7500 ~ 10000	$1000 < L \leq 1500$	Ⅲ级		
	$1500 < L \leq 2000$	Ⅱ级		
	$L > 2000$	Ⅰ级		
10000 ~ 15000	$1000 < L \leq 3000$	Ⅱ级		
	$L > 3000$	Ⅰ级		
15000 ~ 20000	$500 < L \leq 1000$	Ⅲ级	一级公路	四车道
	$1000 < L \leq 2500$	Ⅱ级		
	$L > 2500$	Ⅰ级		
20000 ~ 30000	$500 < L \leq 750$	Ⅲ级		
	$750 < L \leq 2000$	Ⅱ级		
	$L > 2000$	Ⅰ级		
25000 ~ 40000	$500 < L \leq 750$	Ⅲ级		六车道
	$750 < L \leq 1500$	Ⅱ级		
	$L > 1500$	Ⅰ级		
40000 ~ 55000	$500 < L \leq 1000$	Ⅱ级		
	$L > 1000$	Ⅰ级		
25000 ~ 40000	$500 < L \leq 750$	Ⅲ级	高速公路	四车道
	$750 < L \leq 1500$	Ⅱ级		
	$L > 1500$	Ⅰ级		
40000 ~ 55000	$300 < L \leq 1000$	Ⅱ级		
	$L > 1000$	Ⅰ级		
45000 ~ 60000	$500 < L \leq 1000$	Ⅱ级		六车道
	$L > 1000$	Ⅰ级		
60000 ~ 80000	$500 < L \leq 1000$	Ⅱ级		
	$L > 1000$	Ⅰ级		
60000 ~ 100000	$L > 500$	Ⅰ级		八车道
备注	交通量是指年度隧道单洞平均日交通量，二级公路按照各种汽车折合成中型载重汽车，一级公路和高速公路按照各种汽车折合成小型载重汽车			

隧道内应设置消防应急设施；其应急设施种类、数量应根据该隧道的防火等级划分标准合理配置，并不应低于表 5-3-13 的规定。对于纵坡大于 4%、平曲线半径小于 250m 的隧道，其消防应急设施的设置应在所确定的隧道等级基础上提高一级设置。

隧道内消防应急设施的设置表 表 5-3-13

隧道防火等级 \ 消防应急设施			Ⅰ	Ⅱ	Ⅲ	备注
火灾报警设备		紧急电话	●	●	▲	不设置管理所的隧道可不设置
		手动报警按钮	●	●	▲	不设置管理所的隧道可不设置
		火灾探测器	●	●	▲	不设置管理所的隧道可不设置
		声光警报装置	隧道中未设置有线广播的疏散通道上必须设置			
灭火设备		灭火器	●	●		
		室内消火栓	●	●	▲	不设置管理所的隧道可不设置
		水成膜泡沫灭火装置	●	●	▲	与室内消火栓配合设置
		室外消火栓	●	●	▲	设置室内消火栓的隧道应设置
疏散避难救援设施	疏散指示标志	安全出口标志	在疏散通道的安全出口处设置			
		横洞指示标志	在行人、行车横洞前设置			
		疏散指示标志	●	●	▲	长度不超过1000m的隧道可不设置
	疏散避难救援设施排烟设备	(1)长度大于500m的相邻双孔隧道间宜设置行人横洞,长度大于或等于1500m的相邻双孔隧道间应设置行车横洞和行人横洞; (2)长度大于或等于4000m的双向交通隧道,应设置专用避难疏散通道;长度为3000~4000m,且设计交通量超过10000辆/日的双向交通隧道宜设置独立避难间; (3)长度大于1500m的二级公路隧道和长度超过1000m的其他公路隧道应设置机械防烟排烟系统; (4)专用避难疏散通道和独立避难间应设置独立的机械防烟排烟设施; (5)隧道内设置的附属用房应设置防排烟设施和安全疏散通道				
其他设施		有线广播设备	●	●	▲	设有火灾报警系统的隧道应设置
		应急照明	●	●	▲	不设置管理所的隧道可不设置

注:●表示应设置,▲表示按照备注要求设置。

2. 消防设施在隧道中的设置要求

各种消防设施在隧道内设置的位置和间距见表 5-3-14。

消防设施在隧道内设置的位置和间距 表 5-3-14

设施的种类		设置位置	设置间距	设置高度
报警设施	手动报警器	侧墙单侧	50m	检修道面上或者车道面上1.5m
	自动报警器	原则上安装在侧墙单侧		
	紧急电话	将电话机装入侧墙上设置的电话箱内	200m	检修道面上1.5m
紧急警报设施	警报显示板	隧道洞口附近、隧道内紧急停车带		
消防设施	灭火器	以两个灭火器为一组,装入侧墙上设置的储藏箱内,与消火栓放置在一处	50m	
	消火栓	侧墙单侧	50m	
	给水栓	隧道两洞口附近,隧道内紧急停车带		
	喷水雾装置	侧墙单侧	4~5m	车道面上3.7m左右

续上表

设施的种类			设 置 位 置	设置间距	设 置 高 度
其他设备	避难设施			750m 左右	
	紧急停车带		原则上在行驶车道侧	750m 左右	
	导向设施	显示板	避难联络通道附近及中间侧墙		车道面上 1.5m
		有线广播	侧墙上方	50m 左右	
		无线广播	侧墙两侧的上方	隧道全长	
	ITV 摄像机		原则上在行驶车道侧(检查员通道上方)顺行行驶车辆方向	150 ~ 200m	检查员通道面上 2.5m
	紧急照明设施		侧墙上方或者吊顶部位		

注:1. 手动报警器与消水栓、灭火器设置在同一箱内,安装位置不一定是 1.5m。

2. 在隧道内,为了隔断噪声,准确地联络,需要在侧墙上开孔口,在孔口处设置电话箱。

3. 在双孔隧道中,避难联络通道和紧急停车带应相对设置。

3. 隧道安全疏散设施

(1)隧道行人横洞、行车横洞平时主要作为巡查、维修、养护的联络道使用,并可作为隧道局部检修时车辆转换方向、并道的过渡通道使用;火灾和其他紧急情况下,横洞的主要作用是疏导交通、临时避难,以及作为人车安全疏散、灭火及抢险救援通道使用。横洞的设置间距和设置应按《公路隧道交通工程设计规范》(JTG/T D71—2004)第 8.4.1 ~ 8.4.4 条的要求执行。

(2)隧道的检修道应作为火灾时人员安全疏散通道使用。检修道上不应设置妨碍安全疏散的障碍物或设施、设备。此外,隧道内设置电缆沟、排水沟等不得影响车辆和人员安全疏散。

(3)如果隧道设置专用避难疏散通道,专用避难疏散通道的设置应符合下列规定:

①隧道与专用避难疏散通道之间应设置前室;专用避难疏散通道直接通往室外的出口不应少于两个,并应设置在不同方向上。

②专用避难疏散通道的承重结构体耐火极限应与隧道的相同;其前室隔墙、顶板的建筑构件耐火极限不应低于 2.0h。

③专用避难疏散通道及其前室的净宽度不应小于 2.00m,净空高度不应低于 2.50m,前室的净面积不应小于 $10m^2$;通往专用避难疏散通道及其前室的门均应采用甲级防火门。

4. 火灾探测与报警设施

1)火灾探测器

隧道内火灾探测的选择应符合下列规定:

(1)应具备抗烟尘、尾气、汽车灯光、自然光等干扰的能力。

(2)应有较强的机械强度和抗腐蚀能力。

(3)在被尘埃等污染,或在自然风速、环境温度发生突然变化等情况下,不应影响其探测灵敏度。

(4)火灾探测器响应时间不应超过 60s;隧道内应采用隧道专用火焰探测器、适用于隧道的缆式感温火灾探测器、光纤感温探测器以及其他适合隧道使用的探测器。

(5)自然风速(变化)较大、建筑净空尺寸较大的隧道不应采用揽式定温探测器。

(6)隧道火灾探测器的设置宜根据其类型,合理设置在隧道建筑限界外。其安装位置、设置间距和安装要求应以满足隧道内最不利点的响应时间为设计原则,探测器在探测区域内应没有探测盲点。

2)火灾自动报警系统

(1)火灾自动报警系统应采用经国家消防电子产品质量认证或国家法定消防电子产品检测机构型式检验合格的产品。

(2)隧道火灾自动报警系统的防护等级不应低于 IP65。

(3)对设备选型时应考虑隧道的使用特点,选择抗干扰能力强、报警速度快、运行维护方便的产品。

3)手动报警按钮

手动报警按钮的设置应符合下列规定:

(1)隧道内附属用房的疏散通道上应设置手动报警按钮,其设置间距不应大于 30m。

(2)隧道内设置的手动报警按钮,其设置间距不应大于 50m。

(3)手动报警按钮应安装在隧道侧壁上或安装在附属用房疏散通道墙面上,其底边距人员所能到达的地面高度宜为 1.3～1.5m。

4)其他报警、显示设施

(1)紧急报警电话。紧急报警电话应与消防对讲电话系统合并设置,宜选择供电室电话总机或对讲通信电话设备;系统应由紧急电话控制器、紧急电话分机以及传输介质等组成。隧道出入口宜各设置一台紧急电话分机;隧道内紧急电话分机的设置间距不宜大于 200m。紧急电话控制器应设置在消防控制室或中央控制室内。

(2)火灾应急广播系统。火灾应急广播系统扬声器功率应为 5～50W,频率范围应为 80～10000Hz。当扬声器的频率为 400Hz 时,其频率特性为 0dB,当其频率为 200～5000Hz 时,其频率特性应为 ±2dB,当其频率为 150～10000Hz 时,其频率特性应为 ±3dB。当扬声器的频率为 400Hz 时,其非线性失真应小于 4%。扬声器应设置在行车方向左侧横洞前的侧壁上,宜安装在横洞指示标志上方;专用避难疏散通道前室外的扬声器应设置在安全出口标志上方。

(3)可变信息情报板。火灾时,可变信息情报板应作为显示火灾以及相应交通控制信息的文字提示警报装置使用,其设置除应满足交通控制设施设计要求外,还应能显示火灾信息、禁止通行以及为配合车辆疏散和灭火救援确定的相应交通控制措施等信息。此外,隧道内的可变信息情报板应能显示火灾信息和相应位置的疏散要求。

5.隧道灭火设施

1)灭火器的选择与配置

隧道内应针对汽车油箱火灾、货物火灾等按消防有关要求设置可扑灭各类火灾的灭火器,包括干粉灭火器(手提式)和泡沫灭火器(机械手)。灭火器箱应采用嵌墙型开门式灭火箱,安装于隧道两侧壁上,两侧交叉布置,单侧间距不超过 100m。灭火器应成组配置在灭火器箱内,每个灭火箱内的灭火器数量不得少于 2 具,不宜多于 5 具。灭火器箱上应有明显的反光标志,宜具备箱门启闭信号反馈功能。

2)消火栓系统

(1)消火栓的选择和性能要求

隧道内应采用双口双阀室内消火栓,并应符合下列规定:

①隧道内的任何部位应有两个消火栓的水枪充实水柱能同时到达。消火栓的水枪充实水

柱应通过水力计算确定，但不应小于13m。

②消火栓箱应安装在隧道侧壁上，其箱底距路面高度应为1.5m，应采用双开门暗装消水栓箱。

③消火栓箱设置间距不应大于50m，应设置明显的电光标志；宜具有箱门启闭信号反馈功能。

④距隧道出入口最近的消火栓应设置压力显示装置。

⑤消火栓应采用同一规格型号，消火栓栓口直径应为65mm，水带长度不应超过30m，水枪喷嘴直径不应小于19mm，并应选用多功能水枪。

⑥消水栓栓口距检修道地面高度宜为1.10m，栓口出水方向宜与隧道侧壁垂直。

⑦消水栓栓口的出水压力应确保喷雾水枪充分雾化。

⑧当消水栓栓口的出水压力大于0.50MPa时，消火栓处应设减压装置；消火栓栓口的静水压力大于0.80MPa时，应在给水管道的相应管段上设置静压减压装置。

⑨临时高压给水系统的每个消火栓箱内应设置一个直接启动消防水泵的按钮。

(2)消火栓的设置要求

隧道每个出入口外应设置室外消火栓；双向交通隧道宜在隧道中部的适当位置设置一个室外消防栓。消火栓宜选择地上式，当采用地下式消火栓时，应有明显标志。

(3)消防给水管道

隧道消防给水管网应布置成环状。环状管网的进水管不应少于两根，当其中一根发生故障时，其余进水管应能保证消防用水量和水压的要求。给水管道应采用阀门分成若干独立段，每段内消火栓的数量不宜超过5个，阀门宜采用有启闭信号反馈功能的信号阀门。

消防给水管道的直径应经水力计算确定。管道宜敷设在检修道下的管沟内，管道敷设应有可靠的固定措施。

考点分析

本部分的考试主要是了解隧道运营通风、照明的主要要求和标准，以选择题为主，出案例分析的可能性不大。

例题解析

例1 关于隧道通风设计，主要是为了满足隧道运行的哪种目的？（　　）

(A)卫生条件和行车安全　　(B)医疗条件和卫生条件

(C)卫生条件和行人安全　　(D)行车安全和救援方便

分析

车辆在隧道内行驶的过程中，会排放出大量的有害气体(如CO、CO_2、NO_2、SO_2及烟雾等)，一方面致使洞内空气恶化，不仅会影响驾乘人员的舒适感，还会对其身体健康造成损害，另一方面洞内大量烟雾使能见度降低，给行车安全带来直接威胁。因此，通风的目的就是：对有害气体（主要是CO）进行稀释，保证隧洞内卫生条件；对烟雾进行稀释，保证隧洞内行车安全；对异味进行稀释，提高隧道内行车的舒适性。故本题选A。

例2　某正常通行公路隧道长1500m，设计通风时CO设计浓度可以取以下哪个数值？　（　　）

（A）150ppm　　（B）130ppm

（C）115ppm　　（D）100ppm

分析

根据现行的《公路隧道通风设计细则》（JTG/T D70/2-02—2014）5.3.1条，对于正常通行的隧道，其CO设计浓度应按下表取值。

CO设计浓度δ　　例2表

隧道长度（m）	≤1000	>3000
δ（ppm）	150	100

注：隧道长度为1000～3000m时，可按插入法取值。

该隧道长度1000m<1500m<3000m，采用内插法可得到CO设计浓度最高可取133ppm，所以可取130ppm。故本题选B。

例3　某山区公路隧道，常年多雾，交通中重车比例较重，选择照明光源时应优选以下哪种光源？　（　　）

（A）高压钠灯　　（B）荧光灯

（C）LED灯　　（D）白炽灯

分析

隧道照明多选择效率高及透雾性能较好的高压钠灯。对于短隧道、柴油车较少的城镇附近隧道、应急停车带、人行横洞、车行横洞可选用显色指数较高的荧光灯，同时还要求光源使用寿命应不小于10000h。根据该隧道的特点可知，需要优先选用效率高及透雾性能较好的高压钠灯。故本题选A。

例4　隧道通风设计时，确定隧道通风方式的主要因素有哪些？　（　　）

（A）隧道长度　　（B）车流量的大小

（C）纵坡坡率　　（D）海拔高度

分析

隧道应选择哪一种通风方式应根据隧道长度、车流量的大小、纵坡坡率、海拔高度、车辆组成、设计时速等因素综合比选来确定。其中隧道长度、车流量的大小是影响隧道通风方式的主要要因素。故本题选 AB。

自测模拟

(第 1 ~3 题为单选题,第 4、5 题为多选题)

1. 在附属设施设计中,从通风效果和灾害救援的角度来看: ( )
   (A)半横向通风优于全横向通风
   (B)在单向交通隧道中参与纵向式通风最好
   (C)纵向式通风优于半横向式通风
   (D)全横向式通风最好

2. 对单向行驶的高速公路隧道,其车流量 N 与隧道长度 L 的乘积满足( )时,可采用自然通风。
   (A)$LN \geqslant 2.0 \times 10^5$　　(B)$LN < 2.0 \times 10^5$
   (C)$LN > 2.0 \times 10^5$　　(D)$LN \leqslant 2.0 \times 10^5$

3. 属于隧道内照明质量的是下列哪一项? ( )
   ①路面平均亮度;②路面亮度均匀度;③眩光限制;④隧道平面线形;⑤诱导性。
   (A)①②③④⑤　　(B)①②④⑤
   (C)①③④⑤　　(D)①②③⑤

4. 公路隧道照明设计,按照《公路隧道设计规范》(JTG D70—2004)一般划分为哪几个段落? ( )
   (A)入口段　　(B)若干过渡段
   (C)中间段　　(D)出口段

5. 在进行隧道的通风设计时,计算需风量的依据有哪些? ( )
   (A)稀释 CO 浓度　　(B)稀释烟雾浓度
   (C)稀释 CH_4 浓度　　(D)稀释粉尘浓度

参考答案

1. D　2. B　3. D　4. ABCD　5. AB

第六章　交 叉 工 程

考试大纲

6　交叉工程

6.1　一般要求

6.1.1　掌握路线交叉的分类。

6.1.2　熟悉路线交叉类型选择的主要依据。

6.2　服务水平与通行能力

6.2.1　熟悉年平均日交通量和设计小时交通量的应用及换算方法。

6.2.2　熟悉基本路段、匝道的设计通行能力。

6.3　平面交叉

6.3.1　掌握公路平面交叉的交通管理方式及选择要点。(城市道路:平面交叉交通组织方式及交叉分类。)

6.3.2　熟悉公路平面交叉渠化设计要点。(城市道路:进、出口车道设计要点。)

6.4　立体交叉

6.4.1　掌握公路立体交叉分类及各级公路选择立交的依据。(城市道路:立体交叉分类及选型要点。)

6.4.2　掌握公路互通式立体交叉间距规定。(城市道路:快速路主线上相邻出入口间距。)

6.4.3　掌握互通式立体交叉一致性设计和车道平衡设计原则等。

6.4.4　熟悉公路(城市道路)互通式立体交叉常用形式及方案选择要点。

6.4.5　了解公路(城市道路)互通式立体交叉连接部设计要点。

6.5　公路与铁路、乡村道路及管线交叉

6.5.1　熟悉公路与铁路(城市道路与轨道交通线路)的交叉形式及设计要点。

6.5.2　了解公路与乡村道路、公路(城市道路)与管线等的交叉设计要点。

复习笔记

第一节　概　　述

依据规范

《公路工程技术标准》(JTG B01—2014)

《城市道路工程设计规范》(CJJ 37—2012)(2016 年版)

《公路路线设计规范》(JTG D20—2017)

重点知识

在道路路网中,道路纵横交织,形成大量的交叉工程。道路交叉工程有平面交叉和立体交叉。

当道路与道路(或其他线形工程)在同一平面上相互交叉并有一共同构筑面时称为平面交叉(平面交叉口)。车辆只有在交叉口处,才可变换行驶方向,因此交叉口的存在,提高了道路的交通灵活性和可达性,从而增加了路网的活力,完善了其交通功能,是道路交通的咽喉。

立体交叉是相交道路在不同平面上的交叉,它能保证相交道路上的车流连续不断地通过交叉口而不互相产生干扰。立体交叉能克服平面交叉口中所存在的通行能力低、行车延误大、行车速度慢、安全性差的缺点。

一、掌握路线交叉的分类

1.平面交叉口的分类

平面交叉根据相交道路的条件和交通管制方式的不同,有多种形式。

1)按相交道路的条数分类

(1)三路交叉:从交叉口向外分成三条道路,多为一条道路终止后,连接另一条贯通道路,如图 6-1-1a)所示,或三条道路汇集于一点形成,如图 6-1-1b)所示。

(2)四路交叉:从交叉口向外分成四条道路,多为两条道路交叉贯通形成,如图 6-1-1c)所示。

(3)五路交叉:从交叉口向外分成五条道路,如图 6-1-1g)所示。

2)按交叉形式分类

(1)T 形交叉:相交道路交角为 90°或在 90° ±15°范围内的三路交叉,如图 6-1-1a)所示。

(2)Y 形交叉:夹角小于 75°或大于 105°的三路交叉,如图 6-1-1b)所示。

(3)十字交叉:相交道路夹角 90°或在 90° ±15°范围内的四路交叉,如图 6-1-3c)所示。

(4)X 形交叉:相交道路交角小于 75°或大于 105°的四路交叉,如图 6-1-1d)所示。

(5)错位交叉:从相反方向终止于一条贯通道路而形成两个距离很近的 T 形交叉组成的交叉,如图 6-1-1h)所示。

(6)斜交错位交叉:由两个 Y 形交叉组成的错位交叉,如图 6-1-1j)所示。

(7)折角式交叉:十字交叉中有一交角小于75°,如图6-1-1e)所示。

(8)环形交叉:在交叉口中央设置较大的圆形或其他形状中心岛,绕岛车辆一律按逆时针方向行驶的交叉形式,如图6-1-1i)所示。

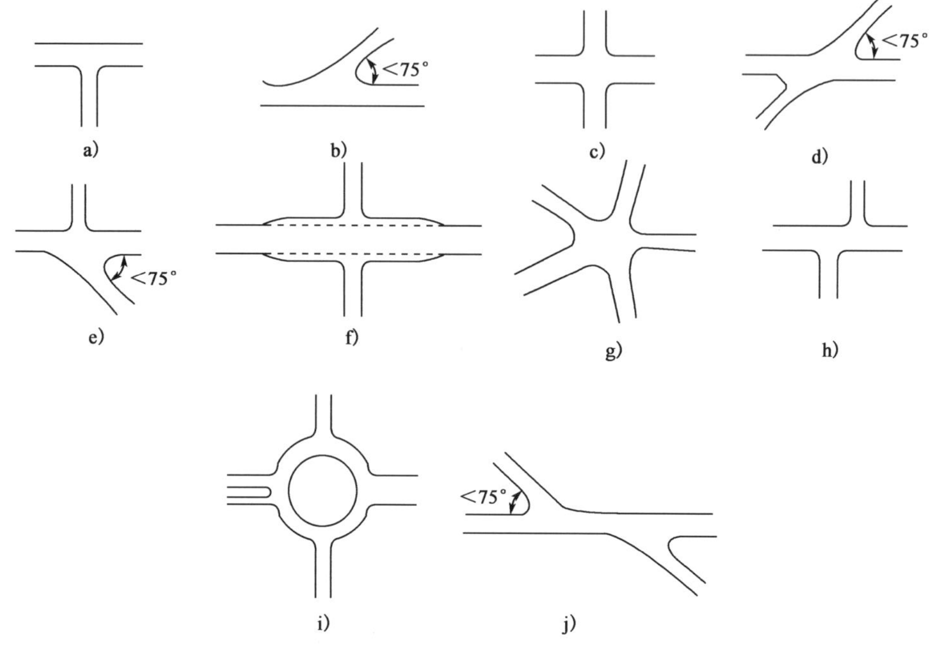

图6-1-1　平面交叉的类型

3)按渠化交通的程度分类

(1)简单交叉:由道路相交而直接形成,只在交叉角处将道路边缘做成圆弧形。

(2)拓宽路口式交叉:将交叉口连接部的道路拓宽而成的交叉形式。

(3)渠化交叉:在交叉口处,通过交通岛、交通标志和地面标线,控制和疏导交通路径而形成的交叉形式。

4)按交通组织方式分类

城市道路平面交叉口应按交通组织方式分类,并应符合下列规定。

(1)平A类:信号控制交叉口。

平A1类:交通信号控制,进出口道展宽交叉口;

平A2类:交通信号控制,进出口道不展宽交叉口。

(2)平B类:无信号控制交叉口。

平B1类:支路只准右转通行的交叉口;

平B2:类:减速让行或停车让行标志管制交叉口;

平B3:类:全无管制交叉口。

(3)平C类:环形交叉口。

公路平面交叉按交通管理方式分为主路优先、无优先交叉和信号交叉三种,应根据相交公路的公路功能、技术等级、交通量等确定所采用的方式。

2. 立体交叉的分类

1)按主线与相交道路的跨越方式分类

立体交叉按主线与相交道路的跨越方式分为上跨式和下穿式,如图6-1-2所示。

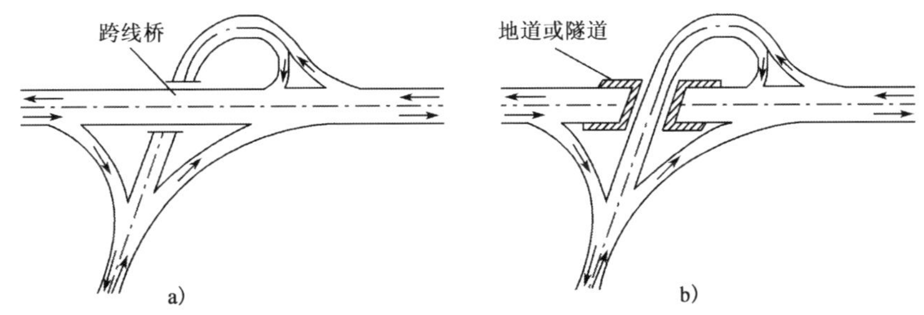

图6-1-2　上跨式和下穿式立体交叉

(1)上跨式:通常以原地面为参照,用跨线桥从相交道路的上方跨过的交叉形式。其优点是施工方便、工期较短、造价较低、与地下管线干扰小、排水易处理;其缺点是占地较大、跨线桥影响视线和周围景观、引道较长或纵坡较大、不利于非机动车辆的行驶。

(2)下穿式:是利用地道或隧道从相交道路的下方穿过的交叉形式。其优点是占地较少、立面易处理、下穿构造物对视线和周围景观影响小;其缺点是对地下管线干扰较大、排水困难、施工周期较长、造价较高、养护和管理费用大。

2)按立体交叉的交通功能分类

立体交叉按其交通功能划分为分离式立体交叉和互通式立体交叉两大类。

(1)分离式立体交叉:仅设跨线构造物(跨线桥或地道)一座,使相交道路在空间上分离,上、下道路间无匝道连接的交叉形式,如图6-1-3所示。这种类型的立体交叉,结构简单,占地少,造价低,其作用是保证直行车辆的畅通,但相交道路的车辆不能转弯行驶。适用于高速公路或城市快速路与铁路或次要道路之间的交叉。

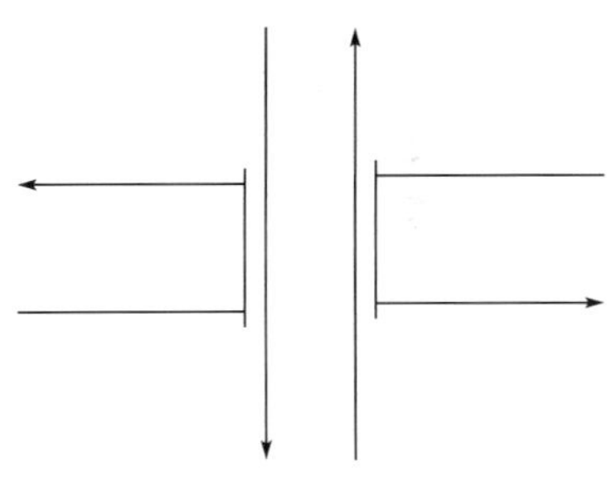

图6-1-3　分离式立体交叉

(2)互通式立体交叉:不仅设跨线构造物使相交道路在空间上分离,而且上、下道路之间采用相互连通的交叉方式。这种类型的交叉可使车辆转弯行驶,全部或部分消灭了冲突点,各方向行车干扰小,行车安全、迅速,通行能力大。与分离式立交相比,其结构复杂,构造物多,占地大,造价高。互通式立体交叉按方向连通程度可分为完全互通型和不完全互通型立体交叉;按交通流线的交叉方式,可分为完全立体交叉型和平面交叉型互通立体交叉。

①完全立体交叉型互通立体交叉:相交道路的车流轨迹线全部在空间分离的交叉,也称为完全互通式立体交叉。其匝道数与转弯方向数相等,各转弯方向都有专用匝道,无冲突点,行车安全、迅速,通行能力大,但占地面积大、造价高。适用于高速道路之间或高速道路与其他交通量大的高等级道路相交。其代表形式有喇叭形(图6-1-4)、叶形(图6-1-5)、梨形(图6-1-6)、Y形(图6-1-7)、完全苜蓿叶形(图6-1-8)、变形苜蓿叶形(图6-1-9)、X形(图6-1-10)、涡轮形(图6-1-11)等。

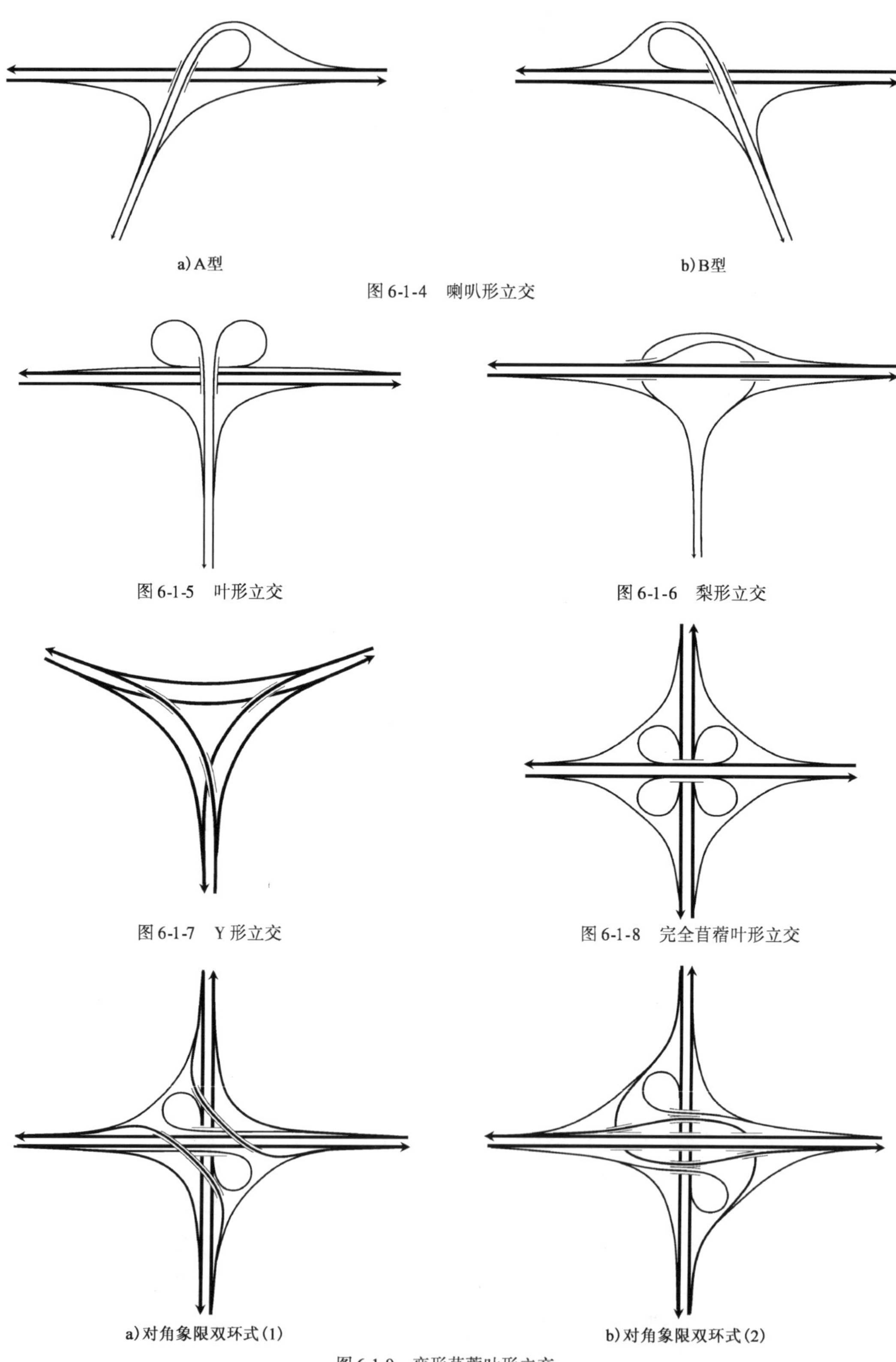

图 6-1-4 喇叭形立交

图 6-1-5 叶形立交

图 6-1-6 梨形立交

图 6-1-7 Y 形立交

图 6-1-8 完全苜蓿叶形立交

图 6-1-9 变形苜蓿叶形立交

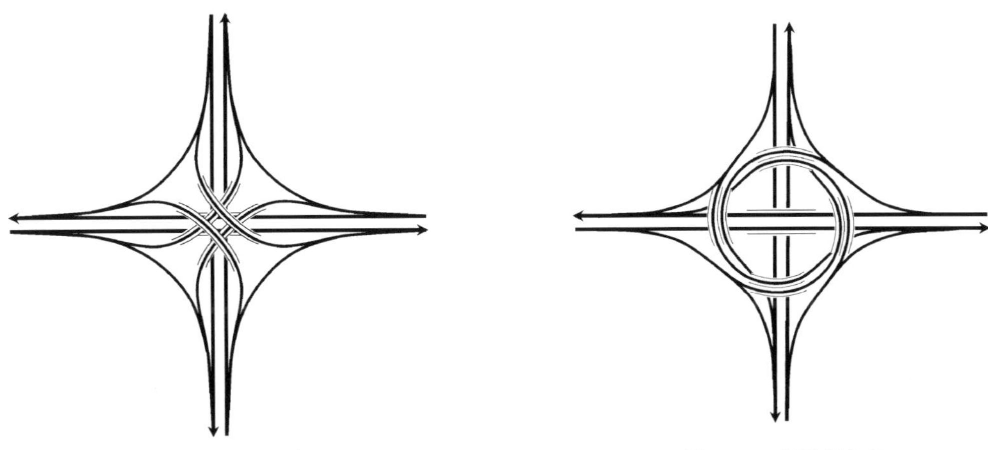

图 6-1-10　X 形立交　　图 6-1-11　涡轮形立交

②平面交叉型互通立体交叉：相交道路的车流轨迹线之间存在平面交叉时的立体交叉。一般用于主要道路与次要道路相交，当个别方向的交通量很小或分期修改，或用地受限、无设置匝道收费站要求时，在满足通行能力的条件下可采用。代表形式有四岔单喇叭形（图 6-1-12）、菱形（图 6-1-13）、部分苜蓿叶形（图 6-1-14）、环形（图 6-1-15）等。

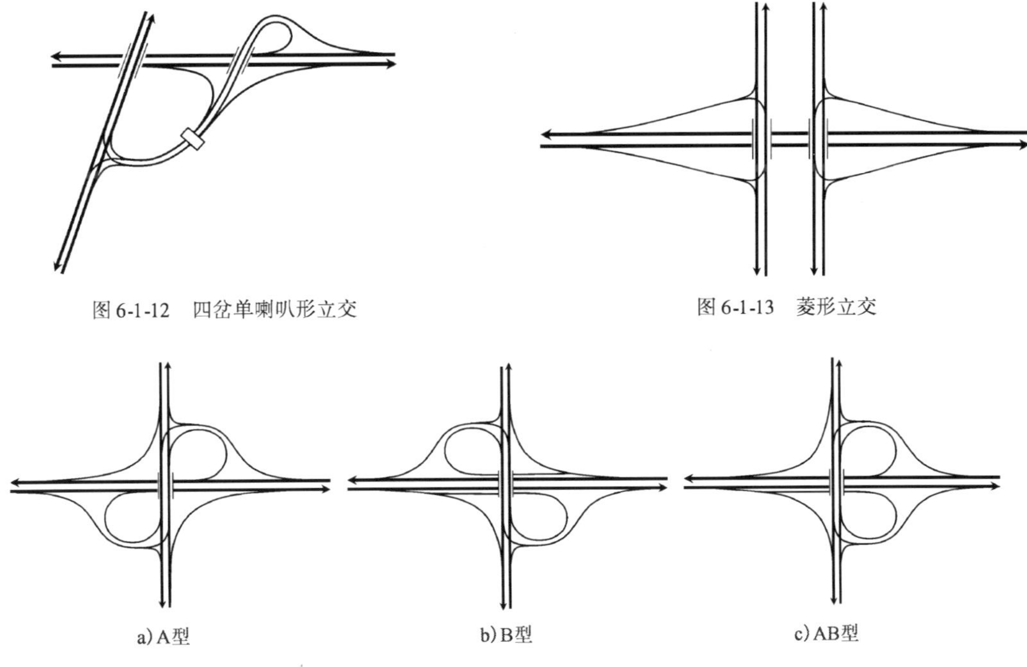

图 6-1-12　四岔单喇叭形立交　　图 6-1-13　菱形立交

a）A型　b）B型　c）AB型

图 6-1-14　部分苜蓿叶形立交

3）按相交道路的条数分类

①三路立体交叉，由三条道路交汇于一处的立体交叉，通常是 T 形或 Y 形；

②四路立体交叉，由四条道路交汇于一处的立体交叉，通常是十字形或 X 形；

③多路立体交叉，由五条及五条以上道路交汇于一处的立体交叉。

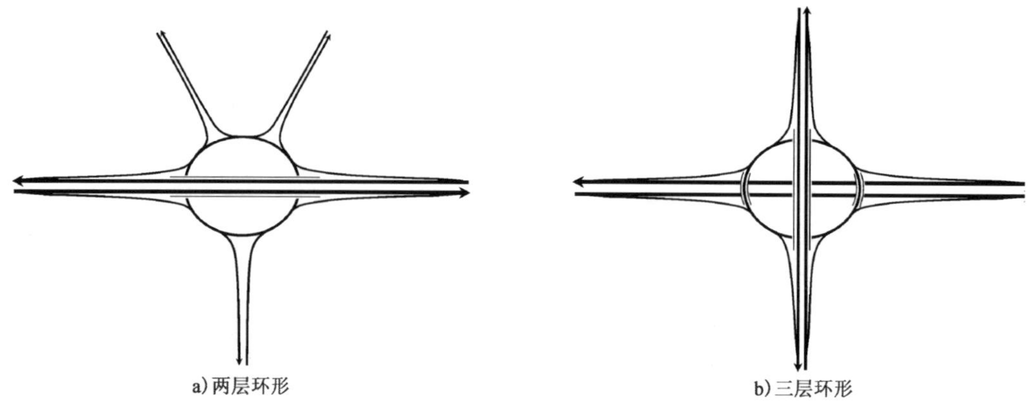

图 6-1-15 环形立交

4)按立交层次数分类

①双层式立体交叉;

②三层式立体交叉;

③多层式立体交叉。

5)按立交几何形状分类

①T 形立体交叉,如喇叭形、子叶式立体交叉等;

②Y 形立体交叉,如定向 Y 形立体交叉;

③十字形立体交叉,如菱形、苜蓿叶形、定向形立体交叉等。

6)按用途分类

①公路立体交叉,指城镇范围以外的立体交叉;

②城市道路立体交叉,指城镇范围以内的立体交叉;

③铁路立体交叉,指道路与铁路的立体交叉;

④人行立体交叉,供行人(有时含非机动车)横跨道路的人行天桥或人行地道。

7)城市道路立体交叉的分类

城市道路立体交叉口应根据相交道路等级、直行及转向(主要是左转)车流行驶特征、非机动车对机动车干扰等分类,主要类型及交通流行驶特征宜符合表 6-1-1 的规定,分类应符合下列规定。

城市道路立体交叉口类型及交通流行驶特征 表 6-1-1

立体交叉口类型	主线直行车流行驶特征	转向车流行驶特征	非机动车及行人干扰情况
立 A 类 (枢纽立交)	连续快速行驶	较少交织、无平面交叉	机非分行,无干扰
立 B 类 (一般立交)	主要道路连续快速行驶,次要道路存在交织或平面交叉	部分转向交通存在交织或平面交叉	主要道路机非分行,无干扰;次要道路机非混行,有干扰
立 C 类 (分离式立交)	连续行驶	不提供转向功能	—

(1)立 A 类:枢纽立交。

立 A_1 类:主要形式为全定向、喇叭形、组合式全互通立交;

立 A_2 类:主要形式为喇叭形、苜蓿叶形、半定向、定向或半定向组合的全互通立交。

(2)立 B 类:一般立交。

主要形式为喇叭形、苜蓿叶形、环形、菱形、迂回式、组合式全互通或半互通立交。

(3)立 C 类:分离式立交。

二、熟悉交叉类型选择的主要依据

1. 平面交叉类型的选择

1)平面交叉口的选型

城市道路平面交叉口的选用类型,应符合表 6-1-2 的规定。

平面交叉口选型　　表 6-1-2

平面交叉口类型	选　　型	
	推荐形式	可选形式
主干路—主干路	平 A_1 类	—
主干路—次干路	平 A_1 类	—
主干路—支路	平 B_1 类	平 A_1 类
次干路—次干路	平 A_1 类	—
次干路—支路	平 B_2 类	平 A_1 类或平 B_1 类
支路—支路	平 B_2 类或平 B_3 类	平 C 类或平 A_2 类

2)常用平面交叉的形式及特点

平面交叉口的形式取决于道路网的规划和周围地形、用地的情况,以及设计速度、直行和转弯交通量、交通性质和交通组织等。在具体设计中,常因交通量、交通性质以及不同的交通组织方式,把交叉口设计成各具交通特点的形式,可归纳为加铺转角式、分道转弯式、扩宽路口式及环形交叉四类。

(1)加铺转角式:交叉口用适当半径的单圆曲线或复曲线平顺连接相交道路的路基和路面,如图 6-1-16 所示,a)为十字形、b)为 T 形、c)为 X 形、d)为 Y 形,适用于车速低,交通量小,转弯车辆少的三、四级公路或地方道路,若斜交不大时,也可用于转弯交通量较小的主要道路与次要道路交叉。

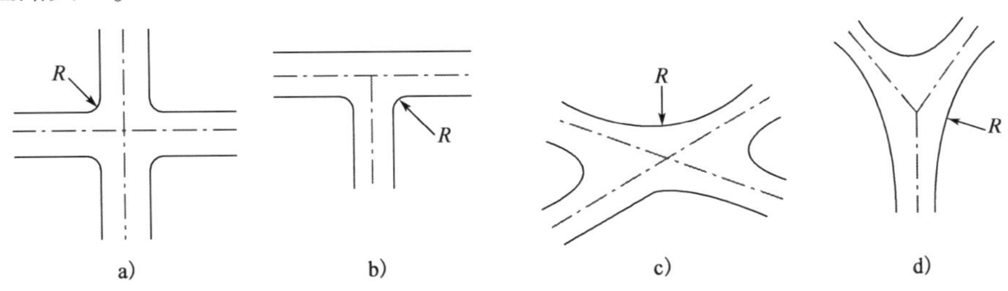

图 6-1-16　加铺转角式交叉口

(2)分道转弯式:通过设置导流岛、分隔岛及划分车道等措施,使单向右转或双向左、右转车流以较大半径分道行驶的平面交叉,如图 6-1-17 所示,适用于车速较高,转弯车辆较多的一般道路。

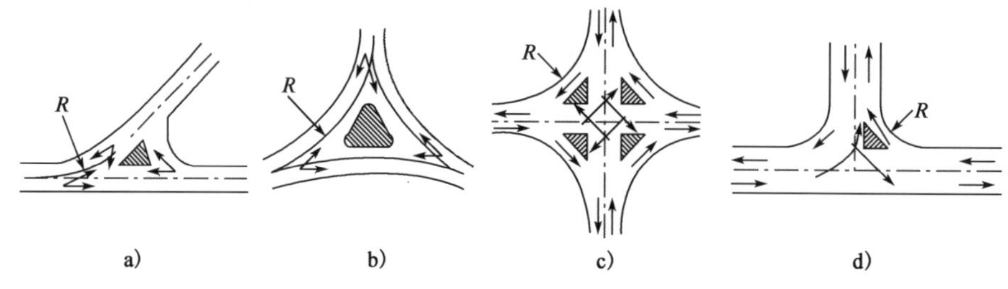

图 6-1-17 分道转弯式交叉口

(3)扩宽路口式:为使转弯车辆不影响其他车辆的正常行驶,在交叉口连接部增设变速车道和转弯车道的平面交叉。这种交叉可以单增右转或左转车道,也可以同时增设左、右转弯车道,如图 6-1-18 所示,适用于交通量较大、转弯车辆较多的一级公路、二级公路和城市主干路。设计时主要解决扩宽的车道数和位置,同时也要满足视距和转角曲线半径的要求。

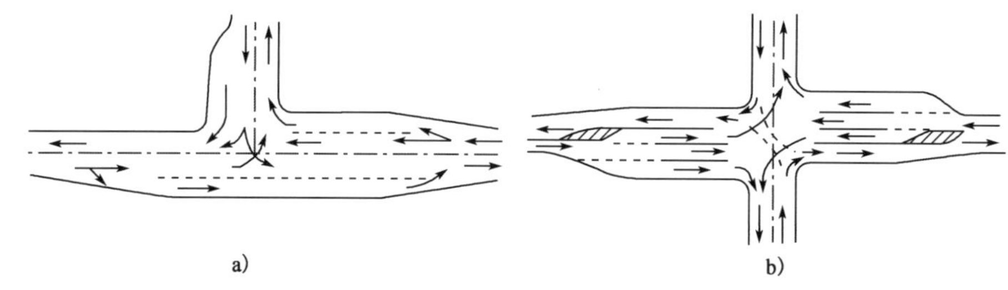

图 6-1-18 扩宽路口式

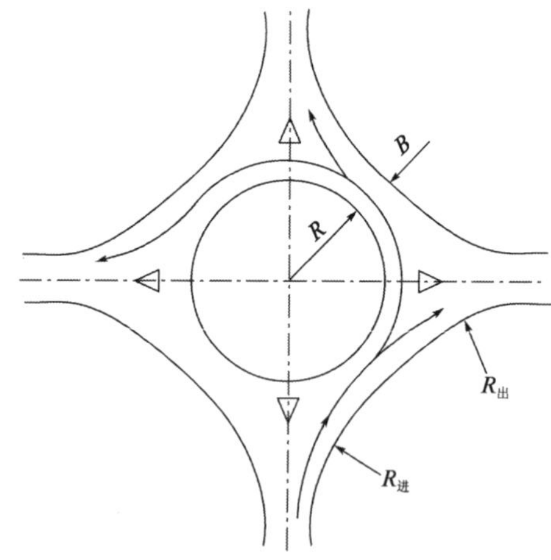

图 6-1-19 环形交叉

(4)环形交叉:在交叉口中央设置中心岛,用环道组织渠化交通,使进入环道的所有车辆一律按逆时针方向绕岛单向行驶,直至所要去的路口离岛驶出的平面交叉,俗称转盘,如图 6-1-19所示,适用于多条道路相交或转弯交通量较大,且地形较平坦的交叉口。在快速道路和交通量大的干线道路、有大量非机动车和行人交通的道路、位于斜坡较大地形的道路以及桥头引道上均不宜采用。

2. 立体交叉类型的选择

立体交叉的形式很多,它们各具特色,分别适用于不同的场合。对于分离式立体交叉,因其形式固定、结构简单,故不作介绍。而互通式立体交叉,根据匝道的布置不同,会形成许多不同形式的立体交叉。下面仅对常用互通式立体交叉类型的选择进行介绍。

1)影响立体交叉形式选择的因素

影响立体交叉形式选择的因素可概括为道路、交通、环境及自然条件,具体内容如图6-1-20所示。

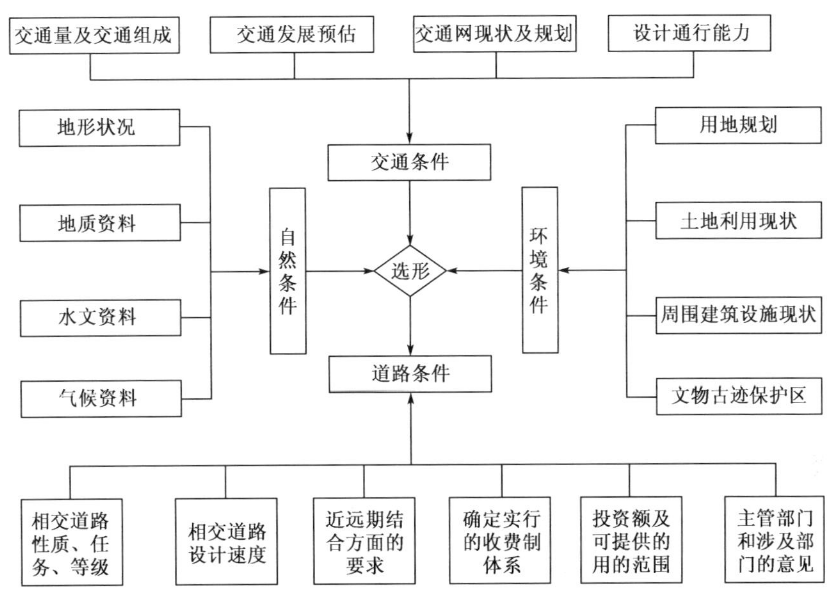

图6-1-20 影响立体交叉形式的基本因素

2)公路互通式立交的类型选择

公路互通式立体交叉选型,应综合考虑相交公路的功能、等级、匝道设计速度、地形、地物、用地条件、交通量、造价以及是否设置收费站等因素确定。

(1)两条干线或功能类似的高速公路相交时,应采用设计速度较高的能使转弯车流保持良好自由流的各种直连式匝道;非干线公路间的枢纽互通式立体交叉宜用直连式。当左转弯交通量较小时,可采用设计速度较低的直连式(或半直连式)匝道,或部分环形匝道的涡轮形(或混合式)。

(2)高速公路与一级公路相交或两条一级公路相交时,可采用混合式。当转弯交通量不大且不致因交织困难而干扰直行车流时,允许在较次要公路的一方设置相邻象限的环形匝道。

(3)两条一级公路相交时,宜采用有附加右转弯匝道的部分苜蓿叶形、苜蓿叶形、环形或混合式。

(4)高速公路同一级公路或交通量大的二级公路相交,且设置收费站时,宜采用双喇叭形。

(5)高速公路与交通量小的二级公路相交时,宜采用在被交公路上设置平面交叉的旁置式单喇叭形、部分苜蓿叶形。匝道上不设收费站时,宜采用菱形。

(6)一级公路与二、三、四级公路相交,因交通转换而设置互通式立体交叉时,宜采用菱形、部分苜蓿叶形。在特殊情况下,也可采用单象限形。

(7)因地形有利而设互通式立体交叉时,可采用匝道布置简单的单象限形或菱形。

(8)路网密度较高的地区,可利用路网结点转换交通时,可将某些立体交叉设计成仅为部分交通转换提供往返匝道的非全互通的立体交叉。

3)城市道路立体交叉类型选择

城市道路立体交叉类型选择应根据交叉口在道路网中的地位、作用、相交道路的等级,并应结合交通需求和控制条件确定,并应符合表6-1-3的规定。

立体交叉选型　　表6-1-3

立体交叉口类型	选型	
	推荐形式	可选形式
快速路—快速路	立A_1类	—
快速路—主干路	立B类	立A_2类、立C类
快速路—次干路	立C类	立B类
快速路—支路	—	立C类
主干路—主干路	—	立B类

注:当城市道路与公路相交时,高速公路按快速路、一级公路按主干路、二级和三级公路按次干路、四级公路按支路,确定与公路相交的城市道路交叉口类型。

3. 常用三路立体交叉的形式及特点

1)三路全互通式立体交叉

(1)喇叭形立体交叉

喇叭形立体交叉是由一个环圈式匝道(转向约为270°)和一个半定向匝道来实现车辆左转弯的全互通式立体交叉。喇叭形立交可分为A式和B式,经环圈式左转匝道驶入主线(或正线)为A式,驶出时为B式。

①优点:除环圈式匝道以外,其他匝道都能为转弯车辆提供较高速度的半定向运行;线形和结构简单且造型美观,行车方向容易辨别;没有冲突点和交织,通行能力大,行车安全;只需一座跨线构造物,投资较省。

②缺点:环圈式匝道上行车速度低,线形较差,若采用较高的计算行车速度时,占地较大,左转弯车辆绕行距离较长。

③适用性:喇叭形立体交叉适用于高速道路与一般道路相交的T形交叉。匝道适应的交通量较小,计算行车速度小于等于50km/h。布设时宜将环圈式匝道设在交通量小的方向上,主线转弯交通量大时宜采用A式,反之可采用B式。通常情况下,一般道路上跨时,转弯交通的视野开阔,下穿时宜斜交或弯穿。

(2)定向Y形立体交叉

定向Y形立交是用两条左转弯直接或半直接定向匝道旋转约90°连通左转弯车流,用两条外环匝道连通右转弯车流,从而使T形交叉组成完全互通式立交。

①优点:对转弯车辆能提供直接、无阻的定向运行,行车速度高,通行能力大;转弯行驶路径短捷,运行流畅,方向明确;正线外侧不需占用过多土地。

②缺点:正线双向行车道之间必须有足够距离,以满足匝道纵断面布置的要求;当正线单向有两条以上车道时左侧车道为超车道或快车道,使得左转弯车辆由左侧车道快速分离或由

左侧车道快速汇入困难;需要跨线构造物多,占地较大,造价较高。

③适用性:定向Y形立体交叉适用于各方向交通量都很大的高速道路之间的交叉,当正线双向为分离式断面,且相距一定宽度时较为适宜,特别是当正线外侧有障碍物,无法采用喇叭形时最为适宜。设计定向Y形立交时,正线双向行车道之间在交叉范围所拉开的距离,必须满足左转匝道纵坡和桥下净空要求,在正线设计时就应充分考虑立交布设的要求。

(3)子叶式立体交叉

子叶式立体交叉是用两个环圈式匝道来实现车辆左转的全互通式立体交叉。

①优点:只需一座跨线构造物,造价较低;匝道对称布置呈叶状,造型美观。

②缺点:环圈式左转匝道线形较差,运行条件不如喇叭式好;左转弯车辆绕行距离较长;正线上存在交织运行。

③适用性:子叶式立体交叉的适用性与喇叭形立交相近,多用于苜蓿叶一般互通式立体交叉的前期工程,布设时以使主线下穿为宜。

2)三路部分互通式立体交叉

三路部分互通式立体交叉一般有匝道平交型和主线平交型两种,如图6-1-21所示,它将左转匝道之间相交叉的部位或将某一左转方向与正线交叉的部位做成平面交叉。

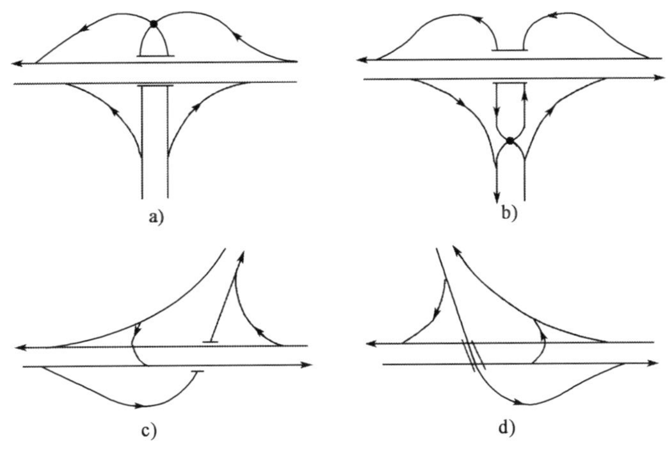

图6-1-21　三路部分互通式立体交叉

①优点:主要行车方向线形好;形式简单,仅需一座跨线构造物,造价较低;占地较少,使用地面积减少。

②缺点:正线某一行车方向与左转匝道或左转匝道之间的相交处为平面交叉;平面交叉口处的视认性和安全性受到一定影响。

③适用性:这种形式立体交叉在用地允许的情况下尽量不要采用,仅限于城市道路立体交叉拆迁数量较大、用地限制较严、主干路与主干路(或次干路)相交叉时考虑采用。布设时宜将平面交叉处高程设在地面高程,以利车辆进出,并使平面交叉位置与跨线构造物保持一定距离,以满足停车视距的要求。

3)三路交织型立体交叉

三路交织型立体交叉,如图6-1-22所示,它是在半定向左转弯匝道之间通过交织的方式,来实现转弯运行。其中图a)为左转弯车辆之间交织运行,直行车辆直通;图b)为左转弯车辆交织运行,外侧直行车辆绕行。三路环形立交的正线车辆不参与交织运行。

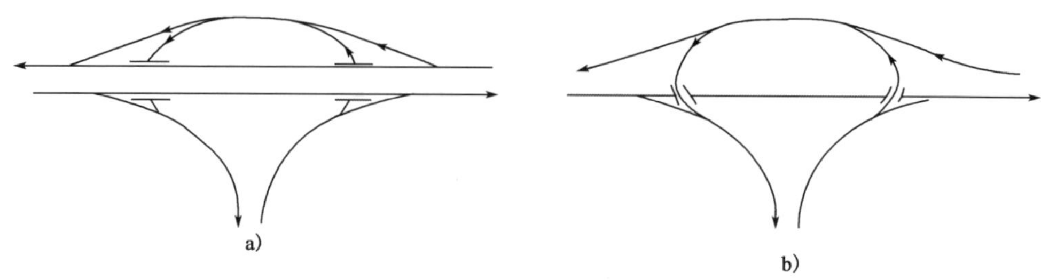

图6-1-22　三路交织型立体交叉

①优点:转弯行驶方向明确,交通组织方便,不需要信号控制;除了图b)外侧直行车辆略有绕行外,能保证正线交通快速畅通;结构紧凑,占地较少。

②缺点:存在交织运行,限制了通行能力和行车速度;左转绕行距离较长;需要两座双向双层式或两座单向双层式跨线构造物。

③适用性:这种立交适用于主要道路与次要道路相交叉的中等交通量情况。布设时直行方向宜直通,并将交织路段设在地面一层。主要道路采用上跨式还是下穿式,应根据地形、地质、排水等条件综合考虑。

4.常用四路立体交叉的形式及特点

1)四路全互通式立体交叉

(1)苜蓿叶式立体交叉

苜蓿叶式立体交叉,是最常用的四路互通式立体交叉形式之一,它通过四个对称的环圈式左转匝道来实现各方向左转弯车辆的运行。

①优点:交通运行连续而自然;无冲突点,无须设信号控制;可由部分苜蓿叶式立体交叉分期修建而成;仅需一座跨线构造物,造价较低。

②缺点:左转弯车辆绕行距离较长,立体交叉占地较大;环圈式左转匝道线形差,行车速度低;上、下线左转匝道出入口之间存在交织运行,限制了立体交叉的通行能力;正线上为双重出口,其中左转匝道出口在跨线构造物之后,使标志变得复杂;为设置附加的交织车道或变速车道,使跨线构造物长度增加。

③适用性:多用于高速公路与一般道路或等级较高道路之间的立体交叉,而在城市内受用地的限制很难采用。因其形式美观,如果在城市外围的环路上采用,加之适当地绿化,也较为合适。

布设时视具体条件,环圈式匝道可采用单曲线、多心复曲线、方形或压扁形等。当正线的交通量较大时,为了消除正线上的交织,保证正线交通流畅,避免双重出口而使标志简化,提高立体交叉的通行能力和行车安全,常在正线的外侧加设集散车道,成为带集散车道的苜蓿叶式立体交叉。

(2)X形立体交叉

X形立体交叉,又称半定向式立体交叉,是全互通式立交的最高级形式之一。

①优点:各转弯方向车辆运行都有专用匝道,自由流畅,转向明确;单一的出口或入口,便于车辆运行和简化标志;无交织,无冲突点,行车安全;适应车速高,通行能力大。

②缺点:层多桥长,造价高;占地面积大,在城区很难实现。

③适用性:X形立交适用于高速道路之间相互交叉的情况,在市区等用地和建筑物限制较严的地区很难设置,多用于高速公路之间、市区外围的高速道路之间的交叉。

(3)定向式立体交叉

定向式立体交叉,它是由定向左转匝道组成的一种高级的全互通式立体交叉。布设时,在满足桥下最小净空要求的情况下,合理利用空间高差变化、正线双向行车道之间拉开的距离,以满足纵坡和跨越对向行车道时净空的要求,同时应保证正线和匝道平面线形的连续性。

①优点:匝道转弯半径大,行车方向明确,路径短捷;能为转弯车辆提供高速的定向运行,通行能力大;无冲突点,行车安全。

②缺点:存在左侧分离和左侧汇入的困难;正线双向行车道之间必须拉开足够距离,直行车辆略有绕行;跨线构造物数量多,层次高,占地面积大,造价高。

③适用性:定向式立交适用于高速道路之间相互交叉的情况。由于它存在左出和左进的问题,只有在交通量大、车速高的情况下考虑采用。

(4)涡轮式立体交叉

涡轮式立体交叉,是由四条半定向式左转匝道组成的一种高级全互通式立体交叉。

①优点:匝道平曲线半径较大,适应车速较高;车辆进出正线安全通畅;无冲突,无交织,通行能力较大;规模宏伟,造型美观。

②缺点:左转弯车辆绕行距离较长,营运费用较大;需建两层式跨线构造物五座,造价较高;占地面积大。

③适用性:涡轮式立体交叉适用于高速道路之间相互交叉。

(5)组合式立体交叉

组合式立体交叉是根据交通量并结合地形、地物限制条件,采用两种或两种以上不同形式左转匝道组合而成的立体交叉,一般只具有一个轴向或斜线对称性。由于组合式立体交叉是因交通量、地形或地物的制约而形成的,所以,其立体交叉形式是多种多样的。正线双向在立体交叉范围不拉开距离的情况下,组合式立体交叉多数是由环圈式左转匝道与半定向左转匝道组合而成。

①一个环圈式匝道型,如图6-1-23所示,这种立体交叉适用于一个方向左转弯交通量比较小的情况,该方向可采用环圈式左转匝道,其余三个左转方向可采用回绕程度不同的半定向匝道。布设时,还应考虑某个象限地形或地物的限制条件,在受限较严的象限可以不设左转匝道,而只设右转匝道。

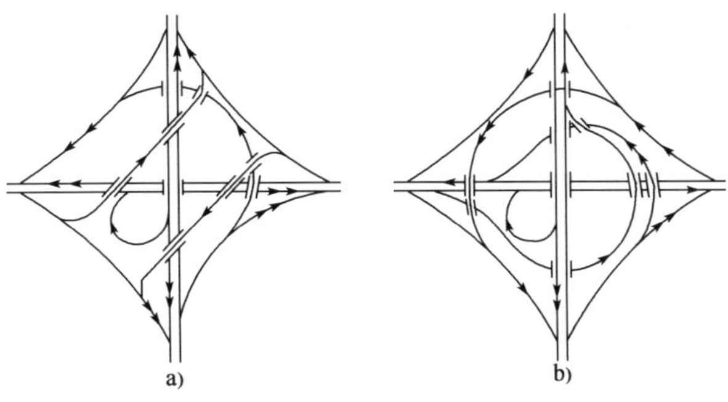

图6-1-23　一个环圈式匝道

②两个环圈式匝道型,如图6-1-24所示,这种类型的立体交叉适用于两个方向左转弯交通量比较小的情况。布设时,将环圈式匝道设于交通量较小的左转方向,另两个左转方向采用回绕程度不同的半定向匝道。另外,环圈式匝道可布设在同侧或对角象限,视交通量较小的方向而定。

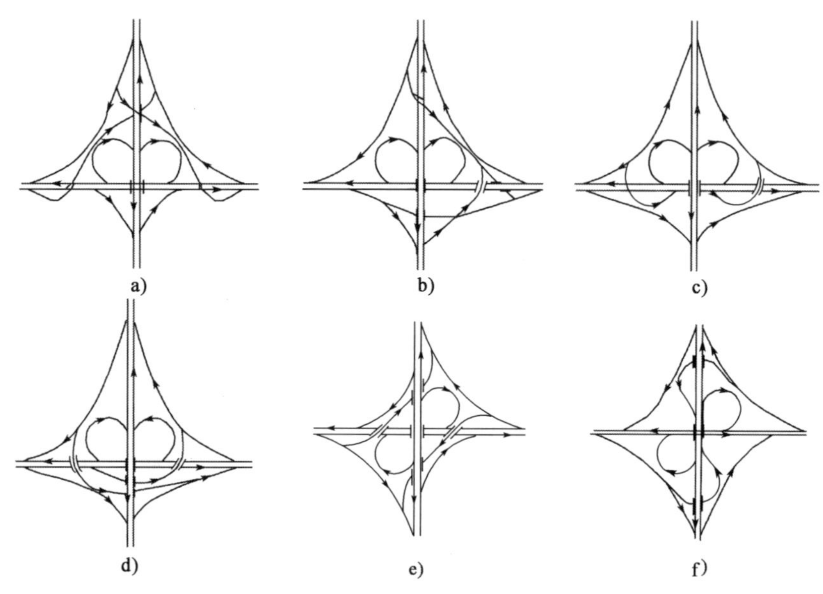

图6-1-24　两个环圈式匝道

③三个环圈式匝道型,如图6-1-25所示,这种立体交叉适用于一个方向左转弯交通量比较大,而其余三个方向交通量比较小的情况。布设时,左转交通量较大的方向采用半定向匝道。

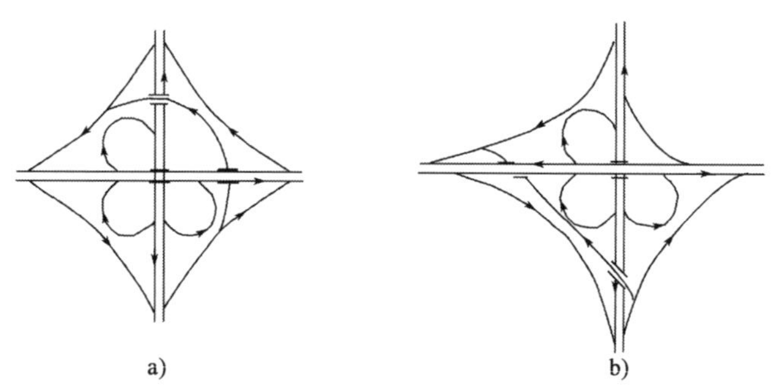

图6-1-25　三个环圈式匝道

④无环圈式匝道型,如图6-1-26所示,适用于相交道路等级较高,左转弯交通量比较大的情况。布设时,合理选用半定向匝道形式,充分利用空间高度,尽量减少占地面积和降低建筑高度。

2)四路部分互通式立体交叉

四路部分互通式立体交叉是在次要道路上或匝道上存在平面冲突点或部分转弯方向不设专用匝道的立体交叉,一般多用于主要道路与次要道路相交,也可用于地物限制较严或分期修建的情况。四路部分互通式立体交叉的代表形式主要有菱形立体交叉和部分苜蓿叶式立体交叉等。

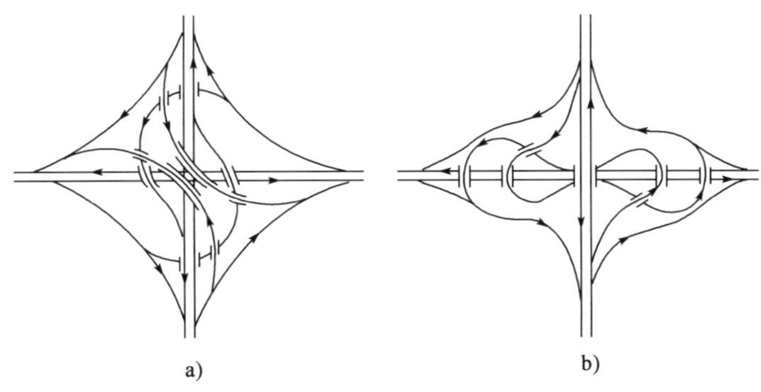

图 6-1-26　无环圈式匝道

(1)菱形立体交叉

菱形立体交叉是只设右转和左转公用的匝道,使主要道路与次要道路连接,在跨线构造物两侧的次要道路上为平面交叉口。布设时应将平面交叉设在次要道路上。主要道路采用上跨式或下穿式应视地形和排水条件而定,一般以下穿为宜。次要道路上可通过渠化或设置交通信号等措施组织交通。

①优点:能保证主线直行车辆快速畅通;主线上具有高标准的单一进出口,交通标志简单;主线下穿时匝道坡度便于驶出车辆减速和驶入车辆加速;形式简单,仅需一座跨线构造物,用地和工程费用小。

②缺点:次线与匝道连接处为平面交叉,影响了通行能力和行车安全;次线在上层时,可能存在视认性差、错路运行或行车等待等问题。

③适用性:菱形立体交叉多用于城市道路的主要道路与次要道路相交且用地困难的情况,而公路上多为收费立体交叉。

(2)部分苜蓿叶式立体交叉

部分苜蓿叶式立体交叉是相对于全苜蓿叶式立体交叉而言,在部分左转弯方向不设环圈式左转匝道,而在次要道路上以一平面交叉的方式实现左转弯运行的立体交叉。

①优点:可保证主要道路直行车辆快速通畅;单一的驶出方式简化了主要道路上的交通标志;仅需一座跨线构造物,用地和工程费用较小;便于分期修建,远期可扩建为全苜蓿叶式立体交叉;大部分形式在主要道路上都消除了交织运行。

②缺点:次要道路上存在平面冲突点,影响通行能力和行车安全;次要道路上可能有停车等待和错路运行现象;有时次要道路平面交叉口需设信号控制,当出口匝道储存能力不足时,往往会影响主要道路的交通。

③适用性:当主要道路与次要道路相交时可采用部分苜蓿叶式立交。布设时应使转弯车辆的出入尽可能少妨碍主要道路的交通,平面交叉口应布设在次要道路上,必要时,在次要道路上组织渠化交通或设置信号控制。当跨线构造物前后有两个连续出口或入口时,宜在主要道路外侧设置集散车道以简化出入口。

3）四路交织型立体交叉

四路交织型立体交叉的代表形式是环形立交。此外，按交织段的位置可分为匝道交织型、次要道路交织型以及主要道路交织型。

①优点：能保证主要道路快速畅通，转弯行驶方向明确；无冲突点，行车较安全，交通组织方便；结构紧凑，占地较少。

②缺点：存在交织运行，通行能力受到环道交织能力的限制；车速受到中心岛半径的影响，速度较低；构造物较多，工程费用较高；左转弯车辆绕行距离长。

③适用性：环形立交多用于城市道路立交，而公路上由于收费的影响一般不采用。视具体情况可采用两层、三层或四层式，其中，两层式用于主要道路与次要道路相交，三层式和四层式可用于相交道路上直行车辆较多，车速较高的快速路、主干路、环城道路之间的交叉，或用于市区机动车与非机动车分离行驶的情况。

三、熟悉现行标准、规范中有关路线设计的内容及其主要技术指标的规定（交叉部分）

1. 平面交叉口的设计依据

1）设计速度

交叉口的交通岛、附加车道和转角曲线等各部分几何尺寸均取决于设计速度。交叉口的设计速度与路段设计速度密切相关，二者速差大时会因减速过大而影响行车安全，速差小而路段车速又高时仍有行车危险，对环形交叉又有用地过大和左转绕行过长等问题。

交叉口范围直行交通的设计速度，原则上应与路段设计速度相同。两相交公路等级相同或交通量相近时，平面交叉范围内直行交通的设计速度可适当降低，但不得低于路段的70%。当主要公路与次要公路相交时，次要公路一方由于为保证交叉正交等原因，而需要在交叉范围内改线或不得已而采用较低的线形指标时，可适当降低设计速度。

转弯交通的设计速度，应根据相交公路的设计速度、交通量、交通类型和交通管理方式等因素合理确定，或按变速行驶需要而定。交叉范围车辆变速行驶的加、减速度见表6-1-4。

交叉范围车辆变速行驶的加、减速度值（m/s^2） 表6-1-4

道路类别		加速度	减速度
城市道路		1.5	3.0
公路	主要公路	1.0	2.5
	次要公路	1.5	3.0

平面交叉右转弯车道的设计速度不宜大于40km/h；左转弯车道的设计速度不宜大于20km/h。

我国《城市道路工程设计规范》（CJJ 37—2012）规定：平面交叉口内的设计速度应按各级道路设计速度的0.5～0.7倍计算。直行车取大值，转弯车取小值。

2）设计车辆

公路平面交叉口采用的设计车辆为小客车、大型客车、铰接客车、载重汽车、铰接列车（或铰接车),城市道路平面交叉口采用的设计车辆为小客车、大型车、铰接车。平面交叉转弯曲线的线形和路幅宽度应以设计车辆转弯时的行驶轨迹作为设计控制,其转弯时的行驶轨迹与行驶速度有关。

各级公路应根据对应设计车辆的行迹进行转弯设计。平面交叉的转弯设计中采用载重汽车的行迹进行设计控制(转弯曲线的内缘半径);必要时,应根据铰接列车等设计车辆的行迹对转弯路面的加宽、转向净空等进行检验。左转弯曲线应采用载重汽车的行迹控制设计,转弯设计速度宜采用5~15km/h,转弯轮迹曲线见图6-1-27。大型车比例很少或条件受限的公路,可采用5km/h速度时载重汽车的行迹控制设计,但左转弯内缘曲线的最小半径不应小于12.5m。设置分隔的右转弯车道时,其转弯设计速度不宜大于40 km/h;当主要公路设计速度小于或等于60km/h时,其右转弯设计速度不宜低于其50%。公路技术等级低、交通量不大时,可不设右转弯专用行车道。

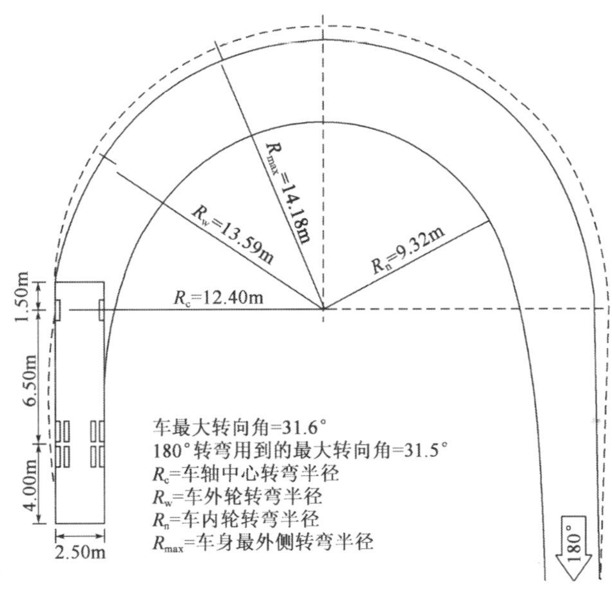

图6-1-27　载重汽车最小转弯半径

城市道路的平面交叉口应根据道路与交通的性质、交通组成等情况,选择合适的设计车辆的转弯行驶轨迹作为设计控制。

3)设计交通量

在平面交叉设计中,多数情况下采用相交道路设计小时交通量作为交叉口设计交通量,并根据实测的转弯车辆比率决定各路口的左转、右转和直行交通量。对缺乏观测资料和新建的交叉口,可参照条件相似交叉口的交通量观测值类推确定。平面交叉口设计年限不一定等于道路设计年限,其值应根据相交道路交通量的发展趋势和交通组织方式决定,因为有时道路未达到设计年限,其交通量已较大,一般形式的平面交叉已无法适应,这时需作特殊处理或修立体交叉。在决定设计交通量时,还应考虑其他影响通行能力的因素,如车辆种类、自行车及行人交通等。

4)通行能力

平面交叉口设计,必须使其设计服务水平下的通行能力满足交叉口的设计交通量的要求,而且不同的交通管制方式,交叉口的通行能力不一样,计算方法也不同,相关内容参见交通工程有关文献。

2.立体交叉的设计依据

立体交叉的设计依据是多方面的,其形式设计主要是依据立体交叉所在地的道路、交通、环境、自然等条件确定的。立体交叉匝道的设计主要是以设计速度、设计交通量与通行能力等为依据的。匝道的设计速度和设计交通量是确定匝道平纵线形指标和匝道横断面几何尺寸的主要依据,而匝道的通行能力则是检验匝道适应交通的能力。

1)设计速度

(1)设计速度的规定

互通式立体交叉范围内主线设计速度应采用基本路段的设计速度。

互通式立体交叉匝道的设计速度主要是根据转弯交通量的大小以及用地和投资费用等条件确定的。如果匝道的设计速度能和正线一样,即使是采用正线设计速度中较低者,车辆运行也是顺畅的。但是,由于地形、用地和投资费用等的限制,匝道的设计速度总是低于正线的。但降低值不能过大,以免车辆在离开或进入正线时产生急剧的减速或加速,导致行车危险和不顺畅。期望值以接近主线(正线中设计速度较高者)平均行驶速度为宜。当受用地或其他条件限制时,匝道的设计速度可适当降低,一般为主线设计速度的50%~70%。

公路和城市道路互通式立体交叉匝道设计速度的规定见表6-1-5。公路互通式立体交叉中,右转弯匝道、直连式或半直连式左转弯匝道宜采用上限或中间值。

公路、城市道路互通式立体交叉匝道设计速度(单位:km/h) 表6-1-5

类别	匝道类型	直连式	半直连式	环形匝道
公路	枢纽互通式立交	80、70、60、50	80、70、60、50、40	40
	一般互通式立交	60、50、40	60、50、40	40、35、30
城市道路	A类、B类、C类	80、70、60、50、40、35、30、25、20		

(2)选用匝道设计速度时应注意以下几点:

①满足最佳车速要求。匝道采用较主线低的车速不一定意味着会降低立体交叉的通行能力,因为车速高时由于制动距离增加而使车头间距变大,使通行能力降低。所以,为保证行车安全及通行能力要求,并考虑用地及行驶条件,匝道设计速度宜接近最大通行能力时的车速,即最佳车速。一般最佳车速为40~50km/h。

②按匝道的不同形式选用。同一座立体交叉各条匝道的设计速度可不同,原则上应根据匝道的形式选用。右转匝道应尽量采用上限或中间值;直接式左转匝道宜采用上限或中间值;半直接式宜采用中间或接近中间值;环圈式匝道宜采用低值,匝道设计速度为50km/h时,只有在交通量较小或很小时,方能采用环圈式匝道。

③接近收费站或平面交叉的末端,匝道设计速度可酌情降低。

④适应分、合流处车辆行驶的需要。匝道与主线分、合流处,设计中所考虑的行驶速度应不小于主线设计速度的70%。

⑤匝道设计速度采用较低值时，匝道中接近分、合流鼻端处应考虑一定长度的适应较高速度的预加速或连续减速的路段。

⑥考虑匝道的交通组织。双向无分隔带的匝道应取同一设计速度；双向独立的匝道依交通量的不同而分别选用。

2）设计交通量

匝道的设计交通量是指远景设计年限的交通量。立体交叉设计的年平均日交通量应采用主线交通量预测年限或立体交叉建成通车后第20年的预测交通量。

匝道设计交通量是确定匝道类型、设计速度、车道数、几何形状、部分互通式或完全互通式以及是否分期修建等的基本依据。设计交通量是根据正线设计年限的年平均日交通量，结合交通调查资料推算出各转弯方向的交通量而得。

如果推算出的各转弯方向交通量，为年平均日交通量，则按式（6-1-1）计算设计小时交通量。

$$DHV = ADT \times K \tag{6-1-1}$$

式中：DHV——各转弯行驶方向的单向设计小时交通量（pcu/h）；

ADT——各转弯行驶方向的单向平均日交通量（pcu/h）；

K——高峰小时系数，一般应通过实际调查确定；我国目前尚未针对高速公路运行进行调查，参考中交公路规划设计院对一般公路的研究，K值大约在0.095～0.135之间。

3）设计通行能力

匝道的通行能力取决于匝道本身和出、入口处的通行能力，以三者之中最小者作为控制值。通常出口和入口的通行能力与匝道本身通行能力相比甚小，故匝道的通行能力主要受出、入口处通行能力的控制，并受主线通行能力、车道数、规划交通量等因素的影响。当设计服务水平采用四级时，匝道基本路段单车道和双车道的设计通行能力最大值分别为1500pcu/h和2900pcu/h。

考点分析

根据大纲的规定，本节要求“掌握路线交叉的分类。掌握交叉类型选择的主要依据。掌握路线交叉设计的主要控制要素。”

这一节主要是基本概念的考查，对于路线交叉的组成及分类和路线交叉的设计依据，既要掌握平面交叉和立体交叉的分类，又要掌握公路和城市道路的分类，需正确地选用相应的规范。对于交叉类型的选择需熟练地掌握各种交叉类型的优点和缺点，这在道路工程设计中，是作为道路工程师的基本能力，必须熟练掌握。

例题解析

例1　以下不属于公路路线交叉的是哪个选项？　（　　）

（A）公路与乡村道路交叉　　（B）公路与管线等交叉

（C）公路与航道交叉　　（D）动物通道

分析

《公路工程技术标准》(JTG B01—2014)将路线交叉分为公路与公路平面交叉、公路与公路立体交叉、公路与铁路交叉、公路与乡村道路交叉、公路与管线等交叉、动物通道。公路一般以桥梁上跨或隧道下穿通航水域,不属于路线交叉。故本题选 C。

例 2 不符合设置立体交叉规定的是哪个选项? ( )

(A)一级公路同交通量大的其他公路交叉应采用立体交叉

(B)二级公路之间的交叉,直行交通量大时应采用立体交叉

(C)高速公路与各级公路相交必须采用立体交叉

(D)二级公路与三级公路交叉,有条件的地点宜采用立体交叉

分析

《公路路线设计规范》(JTG D20—2017)11.1.1 规定,公路与公路立体交叉分为互通式立体交叉和分离式立体交叉,设置立体交叉应符合下列规定:

①高速公路与各级公路相交必须采用立体交叉。

②一级公路同交通量大的其他公路交叉应采用立体交叉。

③二级、三级公路间的交叉,直行交通量大时或有条件的地点宜采用立体交叉。

这里需注意规范“必须、应、宜、可”的用词界定。故本题选 B。

例 3 公路立体交叉设计控制要素包括哪几个? ( )

(A)设计车辆　　(B)视距

(C)建筑限界　　(D)技术等级

分析

《公路立体交叉设计细则》(JTG/T D21—2014)4.1.1 规定,公路立体交叉设计的控制要素应包括设计车辆、设计速度、视距、交通量、服务水平和建筑限界等。故本题选 ABC。

例 4 当四岔交叉集中设置匝道收费站,且被交叉公路侧采用平面交叉不能满足设计通行能力时,互通式立体交叉可选用哪些类型? ( )

(A)单喇叭形　　(B)喇叭 + 平交

(C)双喇叭形　　(D)喇叭 + T 形

分析

《公路立体交叉设计细则》(JTG/T D21—2014)6.4.4 规定,当四岔交叉集中设置匝道收费站时,可选用四岔喇叭形,分为两种情况:一是当被交叉公路侧采用平面交叉满足设计通行能力时,可选用四岔单喇叭形;二是当被交叉公路侧采用平面交叉不能满足设计通行能力时,可选用双喇叭形或喇叭 + T 形。故本题选 CD。

例 5　公路平面交叉按不同的交通管理方式划分为哪几类?　(　　)

(A)主路优先交叉　(B)停车让行交叉

(C)信号交叉　(D)喇叭 + T 形

分析

《公路路线设计规范》(JTG D20—2017)10.1.3 规定,平面交叉根据相交公路的功能、等级、交通量等可分别采用主路优先交叉、无优先交叉或信号交叉三种不同的交通管理方式。故本题选 ABC。

例 6　图中所示匝道属于哪种形式?　(　　)

(A)直连式　(B)内转弯半直连式

(C)外转弯半直连式　(D)左出右进半直连式

分析

《公路立体交叉设计细则》(JTG/T D21—2014)6.3.1 规定,匝道可分为直连式、半直连式和环形等基本形式。直连式匝道是指右转时右出右进,左转时左出左进的匝道。故本题选 A。

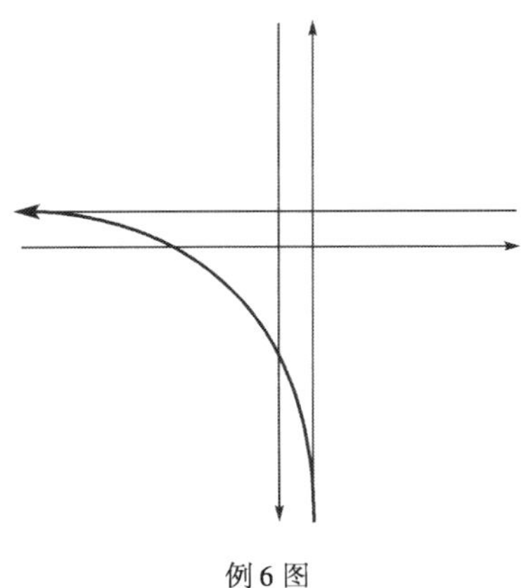

例 6 图

自 测 模 拟

(第 1 ~4 题为单选题,第 5 题为多选题)

1. 城市道路立体交叉范围内,主路设计速度选用正确的是哪个选项?　(　　)

(A)宜为主路的 0.4 ~0.7 倍　(B)应为路段的 0.4 ~0.7 倍

(C)宜与路段一致　(D)应与路段一致

2. 当城市道路与公路相交时,高速公路应按照哪种级别的城市道路,确定与城市道路交叉

口的类型？（ ）

(A)快速路　(B)主干路

(C)次干路　(D)支路

3. 枢纽互通式立体交叉环形匝道的设计速度应选用下列哪个速度？（ ）

(A)30km/h　(B)40km/h

(C)50km/h　(D)60km/h

4. 城市主干路与主干路平交时，推荐选用的平面交叉形式是哪种？（ ）

(A)平 A_1 类　(B)平 B_1 类

(C)平 B_2 类　(D)平 C 类

5. 公路平面交叉控制要素包括哪几个选项？（ ）

(A)相交公路的功能　(B)技术等级

(C)经济与环境因素　(D)交叉区域地形、地貌条件

参考答案

1. D　2. A　3. B　4. A　5. ABD

第二节　服务水平与通行能力

依据规范

《公路路线设计规范》(JTG D20—2017)

《城市道路工程设计规范》(CJJ 37—2012)(2016 年版)

重点知识

一、熟悉年平均日交通量和设计小时交通量的应用及换算方法

服务水平是用路者在不同的交通流状况下，所能得到的速度、舒适性、经济性等方面的服务程度，亦即公路在某种交通条件下为驾驶者和乘客所能提供的运行服务质量。服务水平通常由速度、交通密度、行驶自由度、交通中断情况、舒适性和便利程度等来描述和衡量。

服务水平划分，是为了说明交通负荷状况，以交通流状态为划分条件，定性地描述交通流从自由流、稳定流到饱和流和强制流的变化阶段。交叉口是用车辆延误来描述其服务水平的。

1. 平面交叉口服务水平

信号交叉口服务水平是根据车辆在信号交叉口受阻情况确定的，一般情况下采用控制延误作为服务水平分级标准。控制延误包括由于信号灯引起的停车延误以及车辆停止和起动经历的减、加速延误。根据实际调查内容的不同，也可选择采用交通负荷系数和排队长度进行分级，使用时可根据情况灵活选择合理适用的指标。

信号交叉口服务水平分级应符合表 6-2-1 的规定，新建道路应按三级服务水平设计。

信号交叉口服务水平 表 6-2-1

指标 \ 服务水平	一级	二级	三级	四级
控制延误(s/veh)	<30	30～50	50～60	>60
负荷度	<0.6	0.6～0.8	0.8～0.9	>0.9
排队长度(m)	<30	30～80	80～100	>100

2. 立体交叉服务水平

1)城市道路立体交叉服务水平的分级

城市道路立体交叉主线及其匝道的服务水平可划分为四个等级，服务水平标准分级应符合表 6-2-2 的规定。

立体交叉服务水平 表 6-2-2

等级		交通运行特征	(服务交通量/可能通行能力)比率 α						
			设计速度(km/h)						
			100	80	60	50	40	30	20
Ⅰ	$Ⅰ_1$	自由流，行车自由度大	0.33	0.29	0.26	0.24	—	—	—
	$Ⅰ_2$	自由流，行车自由度适中	0.56	0.50	0.43	0.40	0.37	—	—
Ⅱ	$Ⅱ_1$	接近自由流，变换车道或超车自由度受到一定限制	0.76	0.69	0.62	0.58	0.55	0.51	—
	$Ⅱ_2$	行车自由度受限，车速有所下降	0.91	0.82	0.75	0.71	0.67	0.63	0.59
Ⅲ		饱和车流，行车没有自由度	1.00						
Ⅳ		拥塞状况，强制车流	无意义						

2)城市道路立体交叉服务水平的选用

立 A_1、立 A_2 类立体交叉宜采用服务水平 $Ⅱ_1$ 级，立 B 类立体交叉服务水平可采用且 $Ⅱ_2$ 级。一般匝道服务水平宜采用 $Ⅱ_2$ 级，定向匝道服务水平宜采用 $Ⅱ_1$ 级。对个别线形受限制的立 A_2、立 B 类立交的匝道，经论证确有困难时，可采用Ⅲ级。

3. 设计小时交通量的计算

公路设计小时交通量宜采用年第 30 位小时交通量，也可根据当地公路小时交通量的变化特征，采用年第20~40位小时之间最为经济合理时位的交通量。

高速公路和一级公路设计交通量预测年限为20年；二级公路、三级公路设计交通量预测年限为15年。高速公路、一级公路的通行能力和服务水平分析评价应分方向进行，二级公路、三级公路应按双向整体交通流进行。

1）高速公路、一级公路设计小时交通量

高速公路、一级公路的设计小时交通量（$DDHV$）按下式计算：

$$DDHV = AADT \times D \times K \tag{6-2-1}$$

式中：$DDHV$——单向设计小时交通量（veh/h）；

$AADT$——预测年度的年平均日交通量（veh/d）；

D——方向不均系数（%），宜取50%~60%，也可根据当地交通量观测资料确定；

K——设计小时交通量系数（%），为选定时位的小时交通量与年平均日交通量的比值。分为近郊和城间两大类别，取值范围8%~17.5%，具体取值见《公路路线设计规范》（JTG D20—2017）表3.3.4。

2）二级、三级公路设计小时交通量

二级公路、三级公路的设计小时交通量（DHV）按下式计算：

$$DHV = AADT \times K \tag{6-2-2}$$

式中：DHV——设计小时交通量（veh/h）；

$AADT$——预测年度的年平均日交通量（veh/d）；

K——设计小时交通量系数（%），定义同上。

关于设计小时交通量的计算，这里要注意的是：

（1）高速公路、一级公路是分方向进行计算的，而二级、三级公路是按双向整体进行计算的。

（2）设计小时交通量的单位是“veh/h”即“辆自然车/小时”。

（3）K值在取值时要注意公路项目所处地区是属于近郊还是城间。

二、熟悉基本路段、匝道的设计通行能力

1. 平面交叉通行能力

道路的通行能力是指在一定的道路、交通状态和环境下，单位时间内一条车行道或道路的某一断面上能通过的最大车辆数或行人数量（辆/h，人/h）。平面交叉的通行能力则是指通过此交叉口所有相交车流（或人流）的最大交通量。通行能力分析的主要目的是估算已知设施在规定的运行质量条件下所能适应的最大交通量。平面交叉口的通行能力与交叉口面积、几何形状、进口车道数、交通组织和管理方式密切相关。通常按管理控制方式分为：信号控制交叉口、无信号控制而采用暂时停车让行方式交叉口以及自行调节运行的环形交叉口。

1）公路平面交叉的通行能力

（1）二级公路、三级公路的路段和一级公路、二级干线公路的平面交叉，应进行通行能力和服务水平的分析与评价。

（2）二级集散公路、三级公路的平面交叉，宜进行通行能力和服务水平的分析与评价。

公路平面交叉口通行能力和服务水平的分析与评价参照交通部推荐标准《公路通行能力

分析细则》。

2)城市道路平面交叉的通行能力

(1)主干路的路段和与主干路、次干路相交的平面交叉口,应进行通行能力和服务水平分析。

(2)次干路、支路的路段及其平面交叉口,宜进行通行能力和服务水平分析。

(3)快速路应根据交通流行驶特征分为基本路段、分合流区和交织区,应分别采用相应的通行能力和服务水平。

(4)其他等级道路根据交通流特性和交通管理方式,可分为路段、信号交叉口、无信号交叉口等,应分别采用相应的通行能力和服务水平。

城市道路的通行能力分析,具体的分析方法和内容,可参阅美国《道路通行能力手册》中的相关内容。

2. 互通立体交叉的通行能力

立体交叉是主线与匝道共同组成的为不同方向车辆提供服务的道路交通设施,由于这种结构的特殊性,可以认为立体交叉通行能力应该从以下几个方面分别予以考虑:

①立体交叉主线通行能力;

②立体交叉匝道通行能力;

③立体交叉进口道通行能力;

④立体交叉总通行能力。

上述四个方面的通行能力是相辅相成、相互制约、相互协调的。一般情况下,当主线和匝道的通行能力大于预测的流向流量时,总通行能力至多与各进口道通行能力之和相等;当为某流向流量服务的行车道出现饱和时,必然会影响到总通行能力,这时总通行能力小于各进口道通行能力之和。同时,匝道通行能力受到主线与匝道结合部位的合流区、分流区或冲突区车流的影响。

1)公路立交主线通行能力

主线通行能力主要取决于主线本身的道路条件和交通条件。

这里主要介绍高速公路、一级公路的路段通行能力,其他等级公路的路段通行能力见《公路路线设计规范》(JTG D20—2017)。

高速公路、一级公路一条车道设计服务水平下的最大服务交通量见表 6-2-3 和表 6-2-4。

高速公路一条车道设计服务水平下的最大服务交通量　　表 6-2-3

设计速度(km/h)	120	100	80
二级服务水平的最大服务交通量[pcu/(h·ln)]	1200	1150	1100
三级服务水平的最大服务交通量[pcu/(h·ln)]	1650	1600	1500

一级公路一条车道设计服务水平下的最大服务交通量　　表 6-2-4

设计速度(km/h)	100	80	60
三级服务水平的最大服务交通量[pcu/(h·ln)]	1400	1250	1100
四级服务水平的最大服务交通量[pcu/(h·ln)]	1800	1600	1450

高速公路、一级公路路段的设计通行能力按公式(6-2-3)计算:

$$C_d = MSF_i \times f_{HV} \times f_p \times f_f \tag{6-2-3}$$

式中：C_d——设计通行能力[veh/(h·ln)]；

MSF_i——设计服务水平下最大服务交通量[pcu/(h·ln)]；

f_{HV}——交通组成修正系数，按公式(6-2-4)计算；

$$f_{HV} = \frac{1}{1+\sum P_i(E_i-1)} \tag{6-2-4}$$

P_i——车型 i 的交通量占总交通量的百分比；

f_f——路侧干扰修正系数，高速公路取1.0，一级公路路侧干扰等级按表6-2-5确定，路侧干扰修正系数按表6-2-6选用；

E_i——车型 i 的折算系数，按表6-2-7选取；

f_p——驾驶人总体特征修正系数，通过调查确定，通常在0.95～1.00之间。

路侧干扰等级 表6-2-5

路侧干扰等级		典型状况描述
1	轻微干扰	公路条件符合标准、交通状况基本正常、各类路侧干扰因素很少
2	较轻干扰	公路设施两侧为农田，有少量自行车、行人出行或横穿公路
3	中等干扰	公路穿过村镇或路侧偶有停车，被交支路有少量车辆出入
4	严重干扰	公路交通流中有较多的非机动车混合行驶
5	非常严重干扰	路侧设有集市、摊位，交通管理或交通秩序很差

路侧干扰修正系数 表6-2-6

路侧干扰等级	1	2	3	4	5
修正系数	0.98	0.95	0.90	0.85	0.80

高速公路、一级公路路段车辆折算系数 表6-2-7

汽车代表车型	交通量[pcu/(h·ln)]	设计速度(km/h)		
		120	100	≤80
中型车	≤800	1.5	1.5	2.0
	800～1200	2.0	2.5	3.0
	1200～1600	2.5	3.0	4.0
	>1600	1.5	2.0	2.5
大型车	≤800	2.0	2.5	3.0
	800～1200	3.5	4.0	5.0
	1200～1600	4.5	5.0	6.0
	>1600	2.5	3.0	4.0
汽车列车	≤800	3.0	4.0	5.0
	800～1200	4.5	5.0	7.0
	1200～1600	6.0	7.0	9.0
	>1600	3.5	4.5	6.0

2)公路互通式立体交叉通行能力

(1)互通式立体交叉匝道、分合流区和交织区的通行能力应分别进行计算确定。

(2)互通式立体交叉设置收费站时,其匝道通行能力应根据该收费站的通行能力确定;不设收费站时,应根据匝道与被交公路连接处的平面交叉的通行能力确定。

(3)互通式立体交叉分合流区的通行能力应根据设计速度、主线外侧两车道流量、匝道流量、变速车道长度等因素确定。

(4)互通式立体交叉交织区的通行能力应根据设计速度、车道数、交织区构型、交织流量比和交织段长度等因素确定。

(5)当设计服务水平采用四级时,匝道基本路段单车道和双车道的设计通行能力可由表6-2-8取值。

匝道基本路段的设计通行能力　　表6-2-8

匝道设计速度(km/h)		80	70	60	50	40	35	30
设计通行能力(pcu/h)	单车道	1500	1400	1300	1200	1000	900	800
	双车道	2900	2600	2300	2000	1700	1500	1300

路线规范中对分合流区、交织区和收费站等处的通行能力分析与评价仅作了定性的规定,其量化的分析方法和内容,参照交交通部推荐标准《公路通行能力分析细则》。

3)城市道路立体交叉通行能力

城市道路立体交叉通行能力分为可能通行能力和设计通行能力,设计通行能力等于可能通行能力(N_p)乘以α(即服务交通量与可能通行能力的比率)。

立体交叉主线一条车道可能通行能力可采用表6-2-9的数值。

主线一条车道可能通行能力　　表6-2-9

设计速度(km/h)	40	50	60	70	80	100	120
可能通行能力(pcu/h)	2020	2050	1950	1870	1800	1760	1720

立体交叉匝道一条车道可能通行能力可采用表6-2-10的数值。

匝道一条车道可能通行能力　　表6-2-10

设计速度(km/h)	20～25	30	40	50	60
可能通行能力(pcu/h)	1550 (1400～1250)	1650 (1550～1450)	1700	1730	1750

注:括号内为机非立体交叉(其直行非机动车流量为1000～2000辆/h),考虑非机动车影响时的取值。当非机动车流量<1000辆/h时,可在括号内上限值与机非分行值之间内插求得;当流量为3000～5000辆/h时,每增加1000辆/h,括号内下限值应再降低7%。

若当地有可靠的平均车头时距观测值,也可由下式计算主线或匝道一条车道的可能通行能力:

$$N_p = \frac{3600}{t_i} \tag{6-2-5}$$

式中:N_p——一条车道可能通行能力(pcu/h);

t_i——连续小客车车流平均车头时距(s/pcu)。

4)不同形成的立体交叉的通行能力

立体交叉设计通行能力应为组成该立体交叉的主线直行车道、转向匝道设计通行能力的组合值,与服务水平采用等级相关。

(1)苜蓿叶立体交叉设计通行能力

①直行车道无附加车道情况:

$$N=(n_1-2)N_{S1}+(n_2-2)N_{S2}+4N_R \tag{6-2-6}$$

式中:N——立交总的设计能行能力(pcu/h);

N_{S1}、N_{S2}——立交两条相交道路各自一条直行车道设计通行能力(pcu/h);

n_1、n_2——立交两条相交道路各自进入立交的车道条数;

N_R——一条匝道设计通行能力(pcu/h)。

②直行车道设有附加车道情况:

$$N=n_1N_{S1}+n_2N_{S2} \tag{6-2-7}$$

(2)环形立体交叉设计通行能力

①一方向直行车道穿越(或跨越)环道时(无附加车道):

$$N=(m-2)N_{S1}+N_r \tag{6-2-8}$$

式中:m——穿越(或跨越)环道的直行车道车道数;

N_{S1}——穿越(或跨越)环道的直行车道一条车道设计通行能力(pcu/h);

N_r——环道设计通行能力(pcu/h)。

机非分行的环道设计通行能力取2000~2700pcu/h,车道为四条时,取上限值,车道为三条时,取下限值。

②两方向直行车道分别上跨、下穿环道时(无附加车道):

$$N=(n_1-2)N_{S1}+(n_2-2)N_{S2}+N_r \tag{6-2-9}$$

③一方向直行车道穿越(或跨越)环道时(有附加车道):

$$N=n_1N_{S1}+N_r \tag{6-2-10}$$

④两方向直行车道分别上跨、下穿环道时(有附加车道):

$$N=n_1N_{S1}+n_2N_{S2} \tag{6-2-11}$$

(3)喇叭形立体交叉设计通行能力

①无附加车道(A、B面进入立交的直行车道无附加车道):

$$N=(n-m_1)N_S+m_1N_R \tag{6-2-12}$$

式中:n——直行车道数;

m_1——C面进口车道数;

N_S——一条直行车道设计通行能力(pcu/h);

N_R——一条匝道设计通行能力(pcu/h)。

②有附加车道(C面进口车道数大于A、B面附加车道数):

$$N=(n-m_1-m_2)N_S+(m_1-m_2)N_S \tag{6-2-13}$$

式中:m_2——附加车道数。

③有附加车道(C面进口车道数小于或等于A、B面附加车道数):

$$N=nN_S \tag{6-2-14}$$

城市道路的路段、分合流区、交织区段及互通式立体交叉的匝道,应分别进行通行能力分析,具体的分析方法和内容,可参阅美国《道路通行能力手册》中的相关内容。

考点分析

根据大纲的规定,本节要求"掌握道路交叉的交通分析。掌握道路交叉服务水平的分级以及路线交叉服务水平的选用。掌握立体交叉匝道基本路段的设计通行能力。了解平面交叉通行能力分析方法。"

这一节道路交叉的交通分析主要是基本概念的考查。交叉口的服务水平主要考查城市道路的内容。现行规范仅对平面交叉口修正系数做了量化的规定,对公路交叉通行能力做了定性的规定,其量化的分析方法和内容,规范建议参阅交通运输部公路科学研究院编制的《公路通行能力手册》及其配套的通行能力分析程序。城市道路平面交叉的通行能力分析,现行规范也仅做了定性的规定,具体的分析方法和内容,可参阅美国《道路通行能力手册》中的相关内容。城市道路立体交叉的通行能力分析规范做了具体的规定,是本节需要主要掌握的内容。

例题解析

例 1 用来评价无信号控制公路平面交叉口服务水平的是下面哪个参数? ( )

(A)车流密度 (B)延误率 (C)延误指数 (D)延误

分析

《公路路线设计规范》(JTG D20—2017)3.2.1 条文说明规定,评价平面交叉(无信号控制)服务水平的主要参数是延误,收费站是用延误指数,40km/h 的二级,三级公路路段用延误率来进行评价服务水平的。故本题选 D。

例 2 公路规划和设计中,对通行能力和服务水平的分析和评价规定正确的是哪一项? ( )

(A)高速公路、一级公路的路段和互通式立体交叉的匝道及其交织区段必须分别进行通行能力的分析、评价

(B)二级公路和一级公路的平面交叉,必须进行通行能力与服务水平的分析、评价

(C)三级公路的路段和一级公路的平面交叉,宜进行通行能力与服务水平的分析、评价

(D)二级公路、三级公路的立体交叉,根据其重要程度宜进行通行能力与服务水平的分析、评价

分析

《公路路线设计规范》(JTG D20—2017)3.1.1 规定:①高速公路、一级公路的路段和互通式立体交叉的匝道、分合流区段、交织区及收费站等设施必须进行通行能力和服务水平的分

析、评价;②二级公路、三级公路的路段和一级公路、二级干线公路的平面交叉,应进行通行能力和服务水平的分析、评价;③二级集散公路、三级公路的平面交叉,宜进行通行能力和服务水平的分析与评价。故本题选 A。

例 3 公路平面交叉设计采用的服务水平等级是哪一级? ( )

(A)一级 (B)二级 (C)三级 (D)四级

分析

《公路路线设计规范》(JTG D20—2017)3.2.1 条文说明规定,二级公路、三级公路和平面交叉采用四级服务水平设计。新规范对服务水平分级由原先的四级服务水平改为了六级服务水平。故本题选 D。

例 4 已知西南地区某城间高速公路预测年度的年平均日交通量为 40000veh/d,方向不均匀系数为 50%,该高速公路单向设计小时交通量最接近下列哪个选项? ( )

(A)1800 (B)2400 (C)2600 (D)5200

分析

《公路路线设计规范》(JTG D20—2017)3.3.2 规定,高速公路、一级公路的设计小时交通量($DDHV$)应按下式计算:

$$DDHV = AADT \times D \times K$$

式中:$DDHV$——单向设计小时交通量(veh/h);

$AADT$——预测年度的年平均日交通量(veh/d);

D——方向不均系数(%);

K——设计小时交通量系数(%),为选定时位的小时交通量与年平均日交通量的比例。

因为是西南城间高速,根据《公路路线设计规范》(JTG D20—2017)表 3.3.4 可知,设计小时交通量系数 K 为 13%,所以 $DDHV = 40000 \times 50\% \times 13\% = 2600$(veh/h)。故本题选 C。

例 5 某喇叭形立交的一个右转匝道预测年限的年平均日交通量是 10000pcu/d,设计小时系数为 0.10。该匝道设计速度为 60km/h,长度为 400m。该匝道横断面宜选择哪种类型? ( )

(A)对向分隔式双车道匝道

(B)双车道匝道(无紧急停车带,且变速车道为单车道)

(C)双车道匝道(无紧急停车带,且变速车道为双车道)

(D)双车道匝道(有紧急停车带)

分析

右转匝道设计小时交通量 $DDHV = 10000 \times 0.10 = 1000$pcu/h。匝道设计速度 60km/h,匝

道长度为400m,根据《公路立体交叉设计细则》(JTG/T D21—2014)表7.3.1中关于匝道标准横断面的选择条件可知,在匝道设计速度为60km/h时,若400pcu/h≤匝道设计小时交通量≤1300pcu/h,且匝道长度>350m,应选用无紧急停车带的双车道匝道,且变速车道为单车道。故本题选B。

例6 城市道路信号控制平面交叉口服务水平的评价包括哪几个指标? ( )

(A)控制延误 (B)负荷度 V/C (C)交通量 (D)排队长度

分析

《城市道路工程设计规范》(CJJ 37—2012)表6.3规定,信号交叉口服务水平分为四级,评价指标包括控制延误、负荷度 V/C 和排队长度三个指标。故本题选ABD。

自测模拟

(第1~4题为单选题,第5题为多选题)

1.某设计速度为80km/h的干线一级公路,在设计服务水平下路段上一条车道的最大服务交通量最接近下列哪个值? ( )

(A)1250pcu/h (B)1250pcu/(h·ln)

(C)1600 pcu/h (D)1600 pcu/(h·ln)

2.城市立 A_2 类立交宜采用哪一级的服务水平,城市立B类立交可采用哪一级服务水平? ( )

(A) $Ⅰ_2$,$Ⅱ_1$ (B) $Ⅰ_2$,$Ⅱ_2$

(C) $Ⅱ_1$,$Ⅱ_2$ (D) $Ⅱ_2$,$Ⅱ_2$

3.城市道路信号交叉口对应服务水平下的排队长度在哪个数值范围内? ( )

(A)70~90m (B)80~100m

(C)90~100m (D)>100m

4.公路互通式立体交叉的匝道不设收费站时,其匝道通行能力根据什么因素确定? ( )

(A)匝道的通行能力

(B)分合流区段的通行能力

(C)交织区的通行能力

(D)匝道与被交公路连接处平面交叉的通行能力

5.互通式立体交叉交织区通行能力的确定与哪些因素有关。 ( )

(A)设计速度　　(B)车道数
(C)交织区构型　　(D)立交类型

参考答案
1. B　2. C　3. B　4. D　5. ABC

第三节　平 面 交 叉

依据规范

《公路路线设计规范》(JTG D20—2017)
《城市道路交叉口设计规程》(CJJ 152—2010)
《城市道路工程设计规范》(CJJ 37—2012)(2016 年版)

重 点 知 识

一、掌握公路平面交叉的交通管理方式及选择要点(城市道路:平面交叉交通组织方式及交叉分类)

1. 公路平面交叉交通管理方式

平面交叉根据相交公路的功能、等级、交通量等可分别采用主路优先交叉、无优先交叉或信号交叉三种不同的交通管理方式。

(1)公路功能、等级、交通量有明显差别的两条公路相交,或交通量较大的 T 形交叉,应采用主路优先交叉的交通管理方式。

(2)相交两条公路的等级均低且交通量较小时,应采用无优先交叉的交通管理方式。

(3)下述交叉应采用信号交叉交通管理方式:

①两条交通量均大,且功能、等级相同的公路相交,难以用“主路优先”的规则管理时;

②两相交公路虽有主次之别,但交通量均较大(主要公路双向交通量大于或等于 750 辆/h,次要公路单向交通量大于或等于 300 辆/h),采用“主路优先”交通管理方式会出现较频繁的交通事故和过分的交通延误时;

③主要公路交通量相当大(主要公路双向交通量大于或等于 900 辆/h),而次要公路尽管交通量不大,但采用“主路优先”交通管理方式,次要公路上的车辆由于难以遇到可供驶入的主流间隙而引起不可接受的交通延误,或出现冒险驶入长度不足的主流间隙而危及安全时;

④两相交公路的交通量虽未达到上述程度,但由于有相当数量的行人和非机动车穿越交叉而引起交通延误,甚至造成阻塞或交通事故时;

⑤环形交叉的入口因交通量大而出现过多的交通延误时；

⑥位于城镇路段的平面交叉。

2. 城市道路平面交叉交通组织方式

(1)平面交叉口机动车设计交通量应区分直行及左右转交通量。确定进口道车道数等平面设计参数时，应采用高峰小时内信号周期平均到达车辆数。当确定渠化及信号相位方案时，应当用信号配时时段的高峰小时内高峰15min的到达车辆数。

(2)平面交叉口非机动车设计交通量的确定方法与机动车相同。平面交叉口行人过街设计交通量应采用高峰小时内的信号周期平均到达量。

(3)应根据交通量、相交道路等级、交叉口所处的区域位置及用地条件合理确定交叉口的通行能力和服务水平。

(4)应根据道路网、交通流量与流向及用地条件等进行交通组织设计。交通组织设计应遵循人车分隔、机非分隔、各行其道；以人为本、公交优先；安全畅通、减少延误的原则。

(5)平面交叉口可采用机动车左、直、右转专用车道、非机动车右转专用车道、进口道展宽、进口道中线偏移、压缩进口道中央分隔带宽度、机动车左转超前候驶、行人二次过街、交通信号控制相位方案、交通标志标线、交通分隔与导流设施等方法和措施来提高通行能力。

(6)全无管制及让行交叉口进口道必须布设行人横道线，并设让行标志。视距不能改善的全无管制交叉口应改为停车让行交叉口或布设限速标志。

(7)让行交叉口次要道路进口道宜展宽成两条车道，一条右转车道，一条直左混行车道(四岔交叉口)或左转车道(三岔交叉口)。主要道路进口道不设停止线，车道条数可与路段一样。当两条车道时，四岔交叉口可分别设直右、直左混行车道，三岔交叉口可分别设直行车道、直行与转弯混行车道；当三条车道时，四岔交叉口可分别设直右、直行、直左混行车道，三岔交叉口可分别设两条直行车道、一条直行与转弯混行车道。

(8)信号控制交叉口应根据交通流量、流向确定进口道车道数。进口道车道数应大于上游路段的车道数，有条件时宜分设各流向的专用车道，并应满足其交通量所需的车道数要求。

(9)平面交叉口一条进口车道的宽度宜为3.25m，困难情况下最小宽度可取3.0m；当改建交叉口用地受到限制时，一条进口车道的最小宽度可取2.80m。转角导流交通岛右侧右转专用车道应按设计速度及转弯半径大小设置车道加宽。

(10)当高峰15min内每信号周期左转车平均流量达2辆时，宜设左转专用车道；当每信号周期左转车平均流量达10辆，或需要的左转专用车道长度达90m时，宜设两条左转专用车道。左转交通量特别大且进口道上游路段车道数为四条或四条以上时，可设三条左转专用车道。

二、了解各线形要素主要技术指标的规定与运用(平面交叉部分)

1. 平面交叉的视距设计

1)视距三角形

为保证交叉口行车安全，驾驶员在进入交叉口前的一定距离内，应能看到相交道路上的行车情况，以便能及时采取措施顺利驶过或安全停车。这段必要的距离应该大于或等于停车视距 S_s。由相交道路上的停车视距所构成的三角形称为视距三角形。在该范围内不能有任何阻挡驾驶员视线的障碍物,如图 6-3-1 所示。

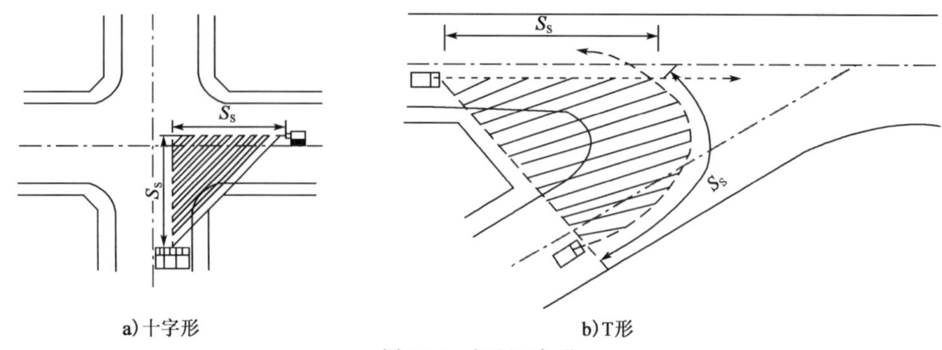

图 6-3-1　视距三角形

条件受限不能保证由停车视距构成的视距三角形时,应保证主要道路的安全交叉停车视距和次要道路至主要道路边车道中线 5 ~7m 所组成的视距三角形,如图 6-3-2 所示。公路安全交叉停车视距值的规定见表 6-3-1。城市道路安全交叉停车视距值的规定见表 6-3-2。

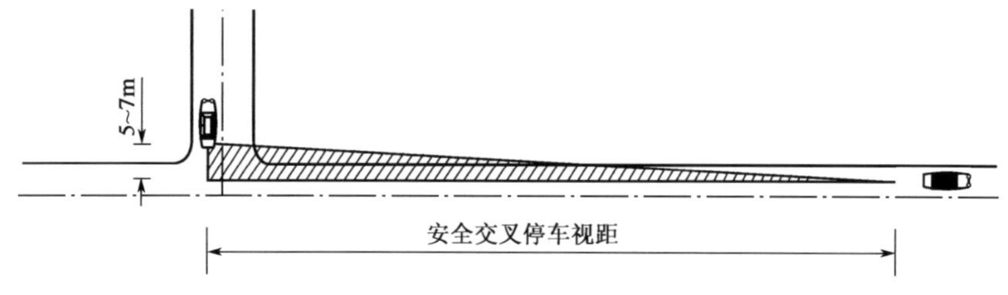

图 6-3-2　安全交叉停车视距三角形

公路安全交叉停车视距　　表 6-3-1

设计速度(km/h)	100	80	60	40	30	20
停车视距(m)	160	110	75	40	30	20
安全交叉停车视距(m)	250	175	115	70	55	35

城市道路安全交叉停车视距　　表 6-3-2

交叉口直行车设计速度(km/h)	60	50	45	40	35	30	25	20	15	10
安全停车视距 S_s(m)	75	60	50	40	35	30	25	20	15	10

对于信号交叉口,进口道的车辆受信号控制,速度低且直接冲突少,信号交叉口的视距,只要满足任意一条车道路口停车线前第一辆车的驾驶员看到相邻路口第一辆车即可,如图 6-3-3 所示。

2)识别距离

为保证车辆安全顺利通过交叉口,应使驾驶员在交叉口之前的一定距离能识别交叉口的存在及交通信号和交通标志等,这一距离称为识别距离。该识别距离随交通管制条件而异。

(1)无信号控制交叉口

对无信号控制的交叉口,多是等级低、交通量小及车速不高的次要交叉口,识别距离可采用各相交道路的停车视距。

(2)有信号控制交叉口

对有信号控制交叉口,识别距离应使正常行驶的驾驶员能看清交通信号和显示内容,有足够时间制动减速直至停车,但这种制动停车并非紧急制动,识别距离可用式(6-3-1)计算。

$$S_S = \frac{v}{3.6}t + \frac{v^2}{26a} \tag{6-3-1}$$

式中:S_S——交叉口的识别距离(m);

v——路段设计速度(km/h);

a——减速度(m/s^2),取 $a = 2m/s^2$;

t——识别时间(s)。

识别时间 t 包括驾驶员的反应时间和制动生效时间。在公路上识别时间可取10s;在城市道路上因交叉口较多,驾驶员对其存在已有思想准备,识别时间可取6s。

(3)停车标志控制交叉口

对停车标志控制的交叉口,一般为主要道路与次要道路交叉,主次关系明确,且对标志的识别要比对信号容易,可采用式(6-3-1)及识别时间为2s计算。信号控制及停车标志控制交叉口的识别距离见表6-3-3,在此范围内不应有任何障碍物。

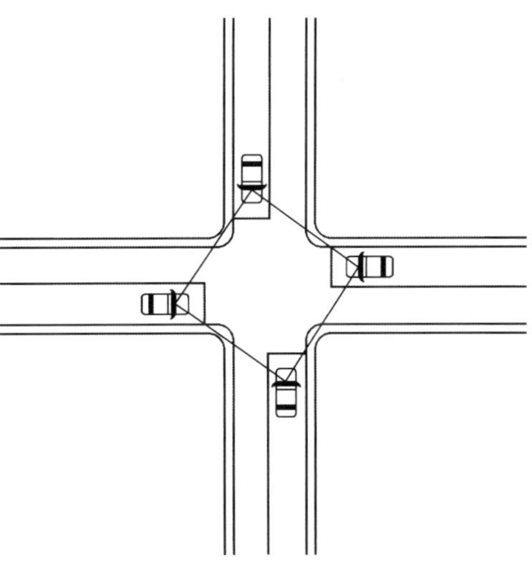

图6-3-3　信号交叉通视三角区

交叉口的识别距离　　表6-3-3

设计速度(km/h)	信号控制交叉口				停车标志控制交叉口	
	公　路		城市道路		计算值	采用值
	计算值	采用值	计算值	采用值		
80	348	350	—	—	—	—
60	237	240	171	170	104	105
40	143	140	99	100	54	55
30	102	100	68	70	35	35
20	64	60	42	40	19	20

2. 平面交叉处道路的平面设计

1)平面交叉的扭正设计

平面交叉范围内两相交道路应正交或者接近正交,平面线形宜为直线或大半径曲线,尽量避免采用需设超高的圆曲线半径。但由于进口曲线、地形特征以及周围用地的开发等条件限制,难以做到正交时,则应保证斜交不小于70°,改建交叉特殊情况下可达到60°,否则应进行平面交叉的扭正设计。图6-3-4列出了五种斜交的扭正方法。

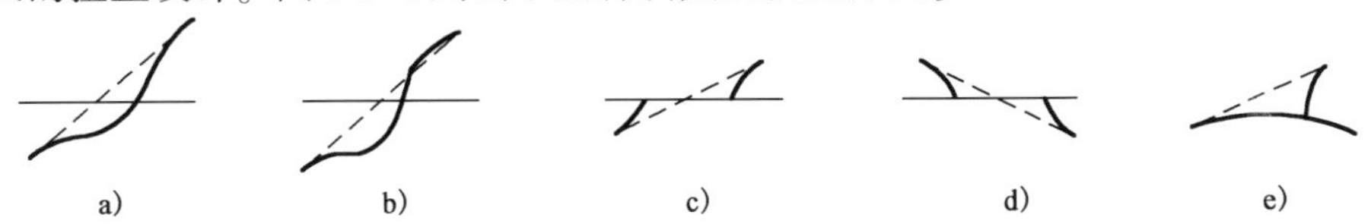

图6-3-4　平面交叉斜交扭正示意图

①图 6-3-4a)和 b)是对一条交叉道路的扭正改线,一般对功能等级较低的道路进行改造,使其垂直交叉。该方法的缺点是次要道路的重新定线所增加的几个曲线段,会成为危险路段,应与减速措施和前置警告标志相结合。

②图 6-3-4c)和 d)是将斜交改为错位交叉。错位交叉是指两个相距很近的反向 T 形交叉相连接的交叉形式。其中,c)为逆错位,其中次要道路的改线,提供了右连续进入,而穿越的车辆离开主路时,必须左转弯重新进入次路,对主路的干扰较大,只用于与中、小交通量的次要道路交叉。d)为顺错位,次路线形的连续性比 c)好,因为穿越的车辆等待主路直行车辆的间隙安全左转进入主路后,只需右转弯重新进入次路,对主路上的直行交通干扰较小。若次路交通量较大时,需要的交织段较长,设计中应尽量避免采用错位交叉。

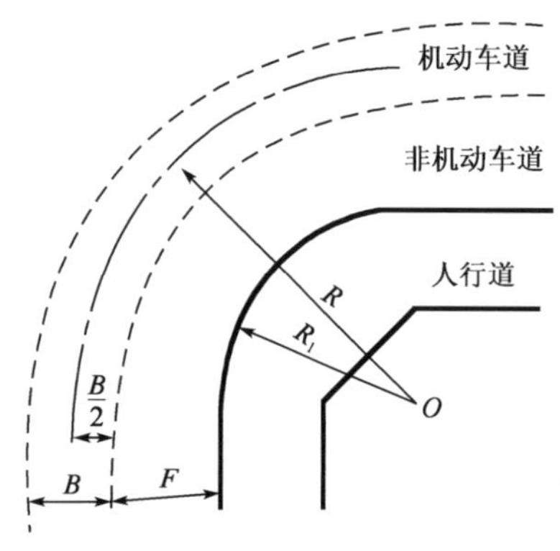

图 6-3-5　转弯半径计算图示

③图 6-3-4e)为道路曲线斜交的处理措施,该交叉口是曲线与其一条切线相交而成的。这种改线能改善交叉处的视线,但给转弯车辆带来的反向超高,影响了车辆行驶的平顺性(尤其当圆曲线超高较大时),因此应设置足够的超高过渡段,最彻底的解决方法是避免在具有超高的曲线设置交叉口。

2)平面交叉的转弯设计

为保证右转车辆能够以一定速度顺利转弯,交叉口转角处的缘石或行车道边缘应做成圆曲线或复曲线,圆曲线的半径 R_1 称为转角半径,如图 6-3-5 所示。

在未考虑机动车道加宽的情况下,转角半径 R_1 为:

$$R_1 = R - \left(\frac{B}{2} + F\right) \tag{6-3-2}$$

式中:B——机动车道宽度(m),一般采用 3.5m;

F——转弯处的非机动车道宽度(m),无非机动车道时,$F=0$;

R——右转车道中心线半径(m)。

$$R = \frac{v_1^2}{127(\mu \pm i_h)} \tag{6-3-3}$$

式中:v_1——右转弯设计速度(km/h),可取道路设计速度的 0.5~0.7 倍,计算时可用 0.6 倍;

μ——横向力系数,在 0.15~0.20 之间取值;

i_h——交叉口路面横坡度,一般采用 2%。

(1)城市道路的缘石转角最小半径

城市道路单、双幅路交叉口的缘石转角最小半径见表 6-3-4,三、四幅路交叉口的缘石转角最小半径应满足非机动车行车要求。非机动车(多指自行车)转角最小半径宜大于 3m,一般最小半径为 5m,在条件允许时应尽量采用较大转角半径,利于行车和交通发展的需求。

交叉口缘石转角最小半径　　表 6-3-4

右转弯设计速度(km/h)	30	25	20	15
无非机动车道路缘石推荐半径(m)	25	20	15	10

注:有非机动车道时,推荐转弯半径可减去非机动车道及机非分隔带的宽度。

(2)各级公路平面交叉的转弯最小半径

载重汽车在各种转弯速度情况下,路面内缘的最小圆曲线半径应根据转弯速度按表6-3-5确定。

转角曲线路面内缘最小半径　　表6-3-5

速度(km/h)	≤15	20	25	30	40	50	60	70
最小半径(m)	15	20(15)	25(20)	30	45	60	75	90
最小超高(%)	2	2	2	2	3	4	5	6
最大超高(%)	一般值:6,绝对值:8							

转弯路面边缘线形应符合车辆转弯时的行迹,其设计应符合下列规定:

①渠化平面交叉的右转弯车道,其内侧路面边缘应采用三心圆复曲线,见图6-3-6,相应半径 R_1 和 R_2 的取值见表6-3-6;左转弯内侧路面边缘以一单圆曲线来控制分隔岛端的边缘线。

②当按铰接列车设计时,路面边缘可采用符合转弯行迹的复曲线。

③非渠化平面交叉的转弯路面边缘可采用半径15m的圆曲线。

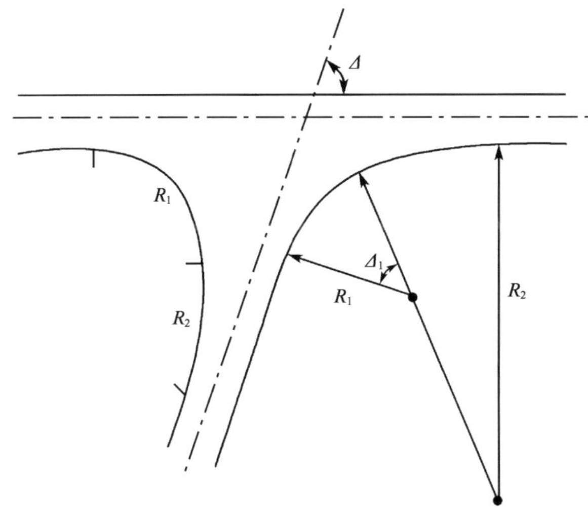

图6-3-6　以鞍式列车控制设计时简单交叉口的转弯设计

R_1、R_2 的取值　　表6-3-6

Δ(°)	R_1	R_2	$Δ_1$	Δ(°)	R_1	R_2	$Δ_1$
70~74	18	80	53°30′~58°50′	92~99	15	80	76°00′~83°00′
75~84	17	80	58°55′~68°00′	100~110	14	90	84°00′~95°00′
85~91	16	80	69°00′~75°00′				

三、熟悉公路平面交叉渠化设计要点

1.渠化的作用

渠化交通在一定条件下可以有效提高道路通行能力,减少交通事故,对解决畸形交叉口的交通问题较为有效,如图 6-3-7 所示。

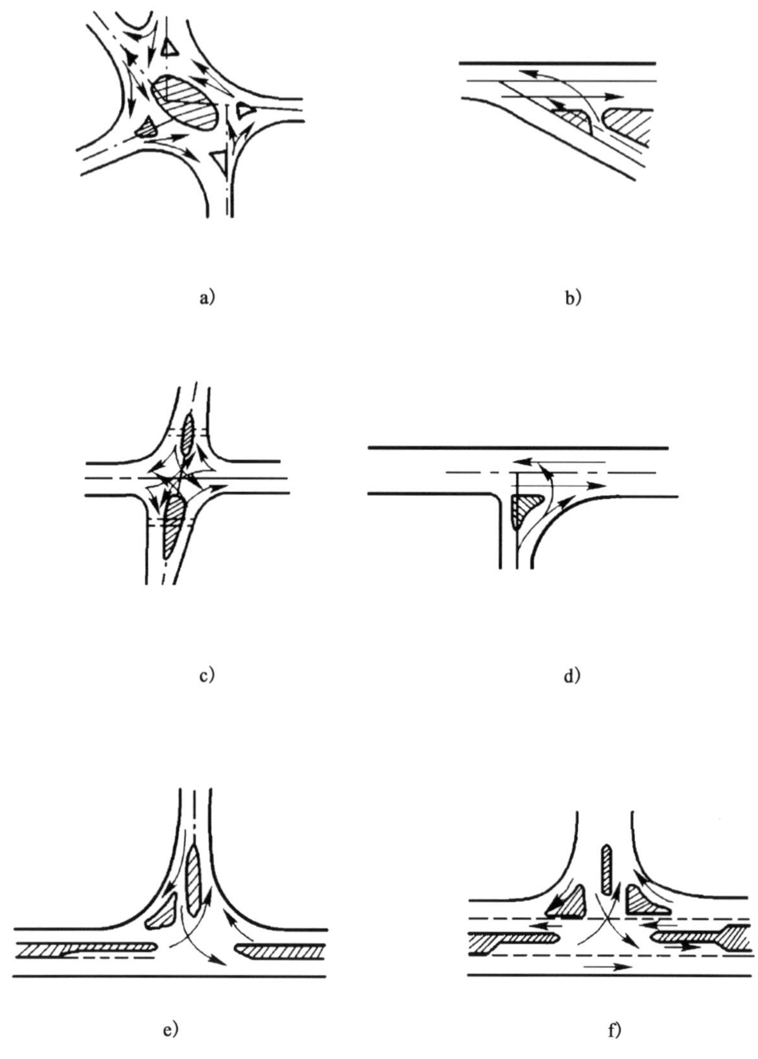

图 6-3-7　渠化交通

2. 交通岛设计

1)交通岛的类型

为控制车辆行驶方向和保障行人安全,在车道之间设置的岛状设施称为交通岛。交通岛是组织渠化交通的主要设施,构造可以缘石围砌或画线做成隐形结构等形式,所以按不同的结构类型可分为实体岛、隐形岛和浅碟岛三种。

公路平面交叉中将交通岛分为导流岛(分隔同向车流)和分隔岛(分隔对向车流)两种。城市道路平面交叉中将交通岛分为导流岛和安全岛,导流岛是指设置在交叉口进出口的岛形小岛,用来将车流引向规定的行进方向,安全岛是指设置在交叉口车行道中间,供行人横穿道路暂时避车的小岛。

2)交通岛一般设计要点

交通岛的形状为直线与圆曲线的组合图。交通岛按其构造分为用缘石围成而高出周围行车道路面的实体岛、路面上用标线画出的隐形岛和无缘石的浅碟式岛三种。各种交通岛的面积在城区不小于 $5m^2$,其他地区不小于 $7m^2$。

①当被交通岛分隔的行车道有不少于两条的车道或虽为一条车道但设有避绕故障车辆加宽时应采用实体岛,岛缘宜采用斜式缘石或半可越式缘石。岛缘与车道边线间应有 0.3 ~ 0.5m宽的路缘带。

②岛的面积较小或不需要或不宜采用强行分隔时,宜采用隐形岛。

③岛的面积很大或可不依赖缘石导向(如速度较高的右转车道的导流岛),可采用设宽度不小于 0.5m 路缘带的行车道围成的浅碟式岛。

④夜间交通量较大且交通岛复杂的渠式交叉应设置照明。

⑤不具备设置照明条件时,应采用反光路标勾出岛界轮廓。路缘线、隐形岛的所有标线,迎流岛端缘石的立面上,均应采用反光涂料。

3)分隔岛设计要点

分隔岛的宽度见表 6-3-7。交通岛的边缘线形取决于相邻车道的路缘线形,直行车道边缘的岛缘线应根据缘石构造做不同值的偏移,交通岛迎车流一端的边应偏移且圆滑化。

分隔岛的宽度　　表 6-3-7

用　途	宽度(m)	用　途	宽度(m)
设置标志	1.2	左转车道及剩余分隔带	4.3 ~ 5.5
个别行人避险以及今后可能设信号	1.8	标线式左转弯分隔带	至少为车道宽度
多车道公路的信号交叉中较多行人的道路避险	2.4	二次等候左转或穿越	7m 或设计车辆长度

①交叉中主要道路上的分隔岛如图 6-3-8 所示,设计参数见表 6-3-8。

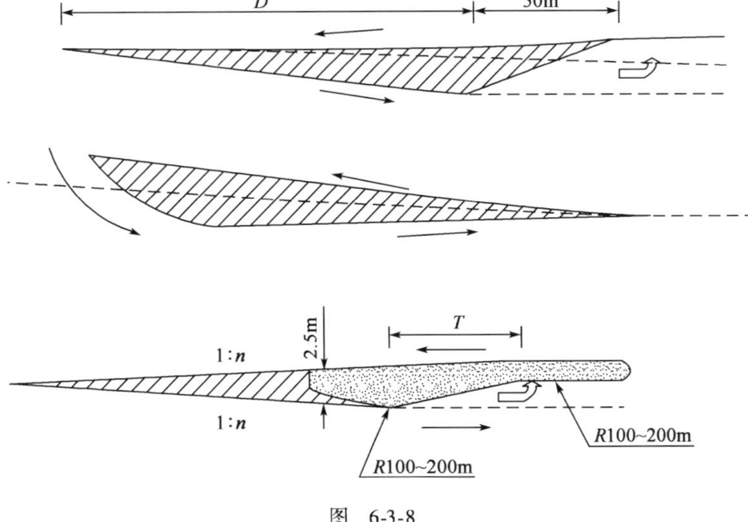

图 6-3-8

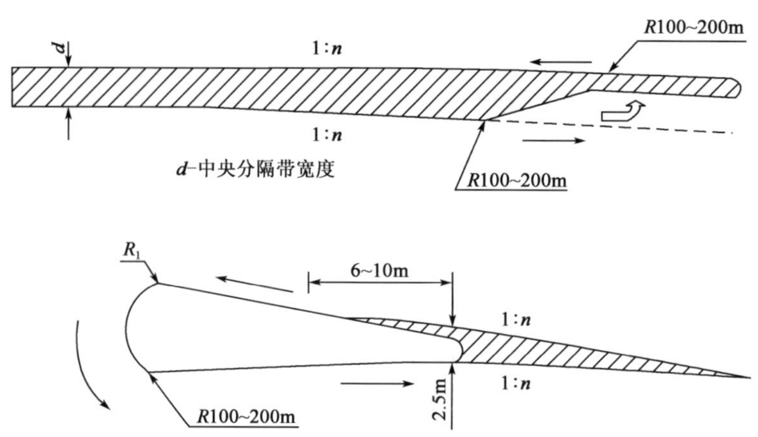

图 6-3-8　交叉中主要道路上的分隔岛

主要道路上分隔岛的设计参数　　表 6-3-8

设计速度(km/h)	40	50	60	80
渐变参数 n	15	20	25	30
D	40	50	60	80
T	40	45	55	70

②次要道路或支路上的分隔岛如图 6-3-9 所示,设计参数见表 6-3-9,图中 R_2 一般等于 R_1,但有时需要变动,以保证岛端至主要公路行车道边缘底距离为 2 ~4m 和岛底宽度为 2 ~5m。

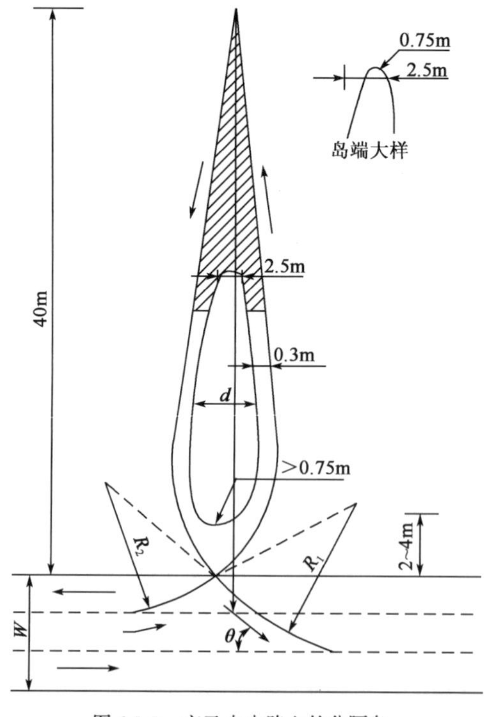

图 6-3-9　交叉中支路上的分隔岛

支路上分隔岛的设计参数　　表 6-3-9

θ(°)	70	80	90	100	110
d(m)	1.5	2.0	2.5	2.0	1.5
W(m)	≤10	11	≥14	—	—
R_1(m)	12	14	20	—	—

4)导流岛设计要点

转角导流岛的形状和岛端退后量如图 6-3-10 所示,岛端圆弧半径见表 6-3-10,缘石后退量见表 6-3-11。表 6-3-11 中,栏式路缘石为具有一定形状和高度,能够阻碍车辆驶离路面的界石;半可越式路缘石为在紧急情况下车辆可以驶过或在特殊情况下对车辆无损害的一种路缘石;可越式路缘石为车辆可以驶过且对车辆无损害的一种路缘石。导流岛端部内移距在主要道路一侧按 1/20 ~ 1/10 过渡,次要道路一侧为 1/10 ~ 1/5。

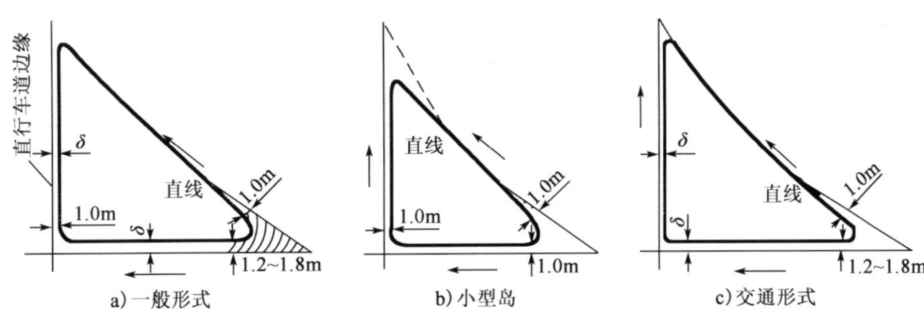

图 6-3-10　转角导流岛的形状和岛端后退量

岛 端 圆 弧 半 径　　表 6-3-10

岛端形状及车流方向				
半径(m)	0.3	0.6	0.6	1.0

缘 石 后 退 量　　表 6-3-11

缘 石 类 型	δ(m)
栏式	0.6
半可越式	0.3
可越式	0

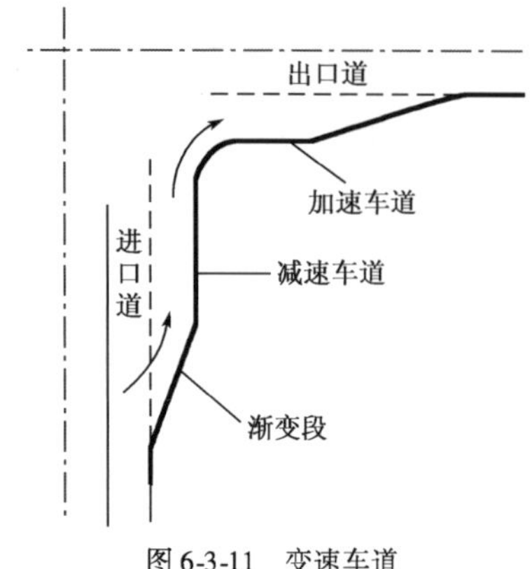

图 6-3-11　变速车道

3. 附加车道布设

平面交叉范围内设置的附加车道有变速车道和转弯车道两种。

1) 变速车道布设

平面交叉在需要加速合流和减速分流处，应设置加速或减速的变速车道(图 6-3-11)。变速车道的线形应满足车辆在合流、分流和变速行驶过程中，各处对车速的要求。变速车道的宽度为 3.0 ~ 3.5m。公路变速车道长度，应根据公路等级、使用性质、速度变化范围、车辆特性和纵坡等因素经计算确定，一般情况下可采用表 6-3-12 所列值，变速车道渐变段长度见表 6-3-13。

变速车道长度　　表 6-3-12

公路类型	设计速度(km/h)	减速车道长度(m) ($a = -2.5\text{m/s}^2$)			加速车道长度(m) ($a = 1.0\text{m/s}^2$)		
		至 0	至 20	至 40	从 0	从 20	从 40
主要公路	100	100	95	70	250	230	190
	80	60	50	32	140	120	80
	60	40	30	20	100	80	40
	40	20	10	—	40	20	—
次要公路	80	45	40	25	90	80	50
	60	30	20	10	65	55	25
	40	15	10	—	25	15	—
	30	10	—	—	10	—	—

注：表列变速车道长度不包括渐变段的长度。

渐变段长度　　表 6-3-13

设计速度(km/h)	100	80	60	40
渐变段长度(m)	60	50	40	30

注：当整个变速车道为一渐变段时，其长度可按减速时为 1.0m/s 和加速时为 0.6m/s 的车辆行驶时交换车速的侧移率进行计算。

2) 转弯车道布设

(1) 右转弯车道布设要点

①主要公路设计速度大于或等于 60km/h 时，应在主要公路上增设减速分流车道和加速汇流车道。

②两条一级公路相交或一级公路与交通量大的二级公路相交时，其右转弯运行应设置经渠化分隔的右转弯车道。

③一级公路、二级公路的平面交叉中，符合下列情况之一者应设置右转弯车道：

a. 斜交角接近于70°的锐角象限；

b. 交通量较大，右转弯交通会引起不合理的交通延误时；

c. 右转弯车流中重车比例较大时；

d. 右转弯行驶速度大于30km/h时；

e. 互通式立体交叉连接线中的平面交叉右转弯交通量较大时。

(2)左转弯车道布设要点

①四车道公路除左转交通量很小且对直行交通不造成阻碍或延误者外，均应在平面交叉范围内设置左转弯车道。

②二级公路符合下列情况之一者，应设置左转弯车道：

a. 与高速公路或一级公路互通式立体交叉连接线相交的平面交叉；

b. 非机动车较多且未设置慢车道的平面交叉；

c. 左转弯交通会引起交通拥阻或交通事故时。

(3)左转弯车道，应由渐变段、减速段和等候段组成。

(4)左转弯等候段长度应不小于30m。当左转弯交通量很小时，可不考虑等候长度。

4. 公路平面交叉的渠化设计要点

相交公路等级较高或交通量较大的平面交叉，应采用由分隔岛、导流岛来指定各向车流行驶路径的渠化交叉。

(1)主要公路为二级公路的T形交叉，当直行交通量不大，而与次要公路间的转弯交通量占相当比例时，可采用图6-3-12a)所示的只在次要公路上设分隔岛的渠化T形交叉。当主要公路的直行交通量较大时，则采用图6-3-12b)所示的在主要公路和次要公路上均设分隔岛的渠化T形交叉。

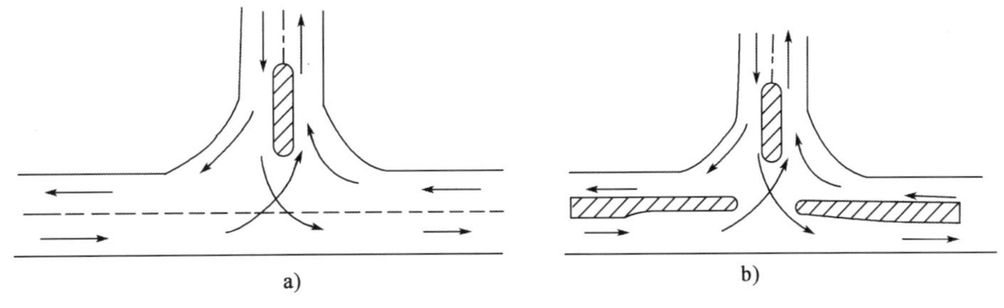

图6-3-12　只设分隔岛的T形交叉

(2)主要公路为四车道公路，或设计速度≥60km/h且有相当比例转弯交通量的二级公路，或是与互通式立交直接沟通的双车道公路的T形交叉应采用图6-3-13c)所示的设置导流岛的渠化T形交叉。当主要公路为双车道公路时，应根据左、右转弯交通量的平衡与否而选用图6-3-13a)、b)、c)所示的某种渠化布置方式，主要公路上的分隔岛宜为隐形岛。当主要公路为四车道时，应采用图6-3-13d)所示的渠化布置形式，次要公路上的导流岛可根据左、右转弯交通量情况采用图6-3-13a)、b)所示的变通处理；主要公路上的分隔岛应为实体岛。

(3)主要公路为四车道公路以及设计速度为80km/h的双车道公路，或虽然设计速度为60km/h，但属于区域干线的双车道公路，其上的十字交叉应采用图6-3-14所示的渠化交叉。

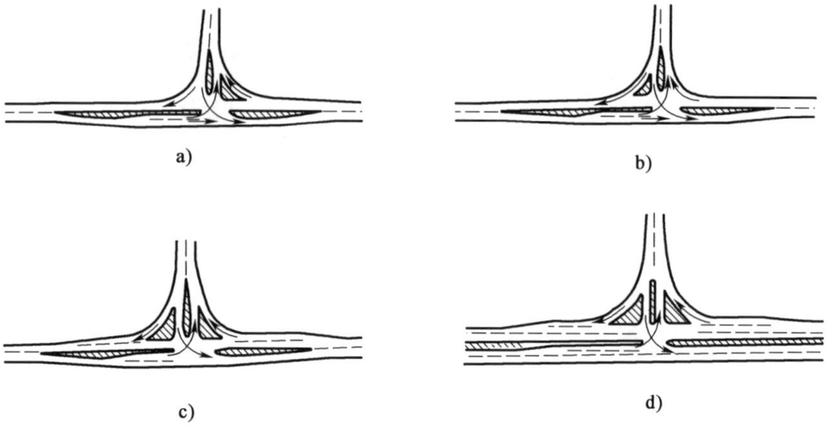

a)　b)　c)　d)

图 6-3-13　设导流岛的 T 形交叉

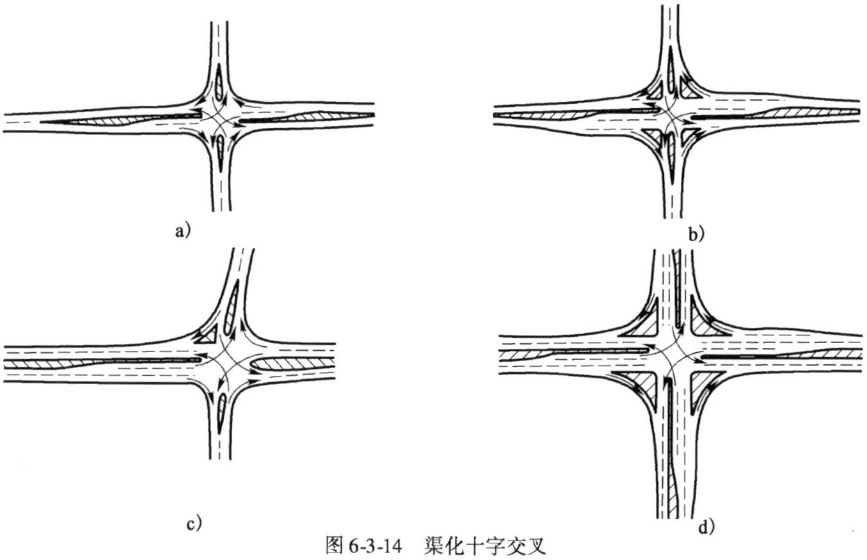

a)　b)　c)　d)

图 6-3-14　渠化十字交叉

(4)当主要公路为四车道公路,或虽为双车道公路,但交叉所在的局部路段为四车道,次要公路为双车道公路且转弯交通量不平衡时,可采用图 6-3-14c)所示的十字交叉形式;若转弯交通量较大且各向转弯较平衡时,则应按图 6-3-14b)那样布置完善的渠化岛。

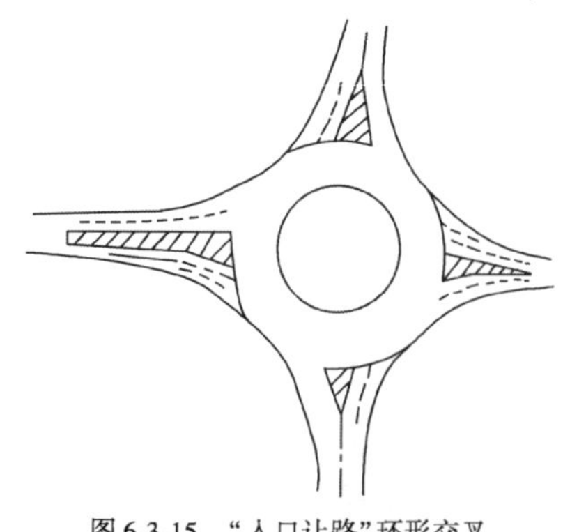

图 6-3-15　“入口让路”环形交叉

(5)双车道、四车道公路或四车道以上公路相交,或其中之一为四车道以上的公路时,应按图 6-3-14d)所示布置完善的渠化岛和转弯车道,而且还应设置足够相数和合适配时的信号系统。

(6)环形交叉。环形交叉适用于交通量适中,经过验算后出、入口间的距离能满足交织长度的要求,或按“入口让路”规则(非交织原理)设计能满足交通量需要的 3 ~5 岔的交叉。

①环形交叉宜采用图 6-3-15 所示的适应“入口让

路”的行驶规则形式；

②“入口让路”环形交叉适用于一条四车道公路和一条双车道公路相交的交叉以及两条高峰小时不明显的四车道公路相交的交叉。

四、熟悉纵断面的设计方法和步骤(平面交叉口的竖向设计)

交叉口立面设计(也称竖向设计)的目的是合理确定交叉口范围内相交道路共同构筑面上各个点的设计高程。统一解决行车、排水、建筑艺术三方面在立面位置上的要求,使相交道路在交叉口处形成一个平顺的面,以保证行车顺适、排水通畅,并与周围建筑物的地面高程协调。

1. 交叉口立面设计的原则

交叉口立面设计一般遵循如下原则。

(1)相同等级道路相交时,一般维持各自的纵坡不变,而改变它们的横坡度。通常是改变纵坡较小道路的横断面形状,将路脊线(路拱顶点的连线)逐渐向纵坡较大道路的行车道边线移动,使其横断面的横坡度与纵坡较大道路的纵坡一致。

(2)主要道路与次要道路相交时,主要道路的纵、横断面均维持不变,而将次要道路双坡横断面,逐渐过渡到与主要道路纵坡相一致的单坡横断面,以保证主要道路的交通便利。

(3)设计时应至少有一条道路的纵坡方向背离交叉口,以利于排水。如遇特殊地形,所有道路纵坡方向都向着交叉口时。必须在交叉口内设置雨水口和排水管道,以保证排水要求。

(4)交叉口范围布置雨水口时,一条道路的雨水不应流过交叉口的人行横道,或流入另一条道路,也不能使交叉口内产生积水。所以,雨水口应设在人行横道之前或低洼处。

(5)交叉口纵坡度宜不大于2%,困难情况下应不大于3%。

(6)交叉口立面设计高程应与周围建筑物的地坪高程协调一致。

2. 交叉口立面设计的基本类型

交叉口立面设计的形式,主要取决于交叉范围相交道路的纵坡、横坡及地形。以十字形交叉口为例,按其所处地形及相交道路纵坡方向,可划分为六种基本类型,如图6-3-16所示。

(1)处于凸形地形上,相交道路的纵坡方向均背离交叉口[图6-3-16a)]。设计时使交叉口的纵坡与相交道路的纵坡一致,适当调整一下接近交叉口的路段横坡,让雨水流向交叉口四个转角的街沟或路基外排除,交叉口内不需设置雨水口。

(2)处于凹形地形上,相交道路的纵坡方向都指向交叉口[图6-3-16b)]。这种形式地面水都向交叉口集中,排水比较困难,应尽量避免。若因地形限制,必要时应设置地下排水管道排水,为防止雨水汇集到交叉口中心,应适当改变相交道路的纵坡,以抬高交叉口中心高程,并在转角设置雨水口。最好在相交道路纵坡设计时,应将一条主要道路的变坡点设在远离交叉口的地方,保证有一条道路的纵坡方向能背离交叉口。

(3)处于分水线地形上,有三条道路纵坡方向背离一条指向交叉口[图6-3-16c)]。设计时应将纵坡指向交叉口的道路路脊线在交叉口处分为三个方向,相交道路的横断面不变,并在纵坡指向交叉口道路的人行横道线外设雨水口,防止雨水流入交叉口内。

(4)处于谷线地形上,有三条道路纵坡方向指向交叉口而一条背离[图6-3-16d)]。设计时,与谷线相交的道路进入交叉口之前,在纵断面上产生转折而形成过街横沟,不利于行车,应尽量使纵坡转折点离交叉口远一些,并在该处插入竖曲线。纵坡指向交叉口的人行横道线外应设置雨水口。

(5)处于斜坡地形上,相邻两条道路纵坡指向交叉口而另两条背离[图6-3-16e]。设计时,相交道路的纵坡均不变,而将两条道路的横坡在进入交叉口前逐渐向相交道路的纵坡方向变化,使交叉口上形成一个单向倾斜面。在纵坡指向交叉口道路的人行横道线外设雨水口。

(6)处于马鞍形地形上,相对两条道路纵坡指向交叉口而另两条背离[图6-3-16f)]。设计时,相交道路纵、横坡都可按自然地形在交叉口内适当调整,并在纵坡指向交叉口的道路两侧设置雨水口。

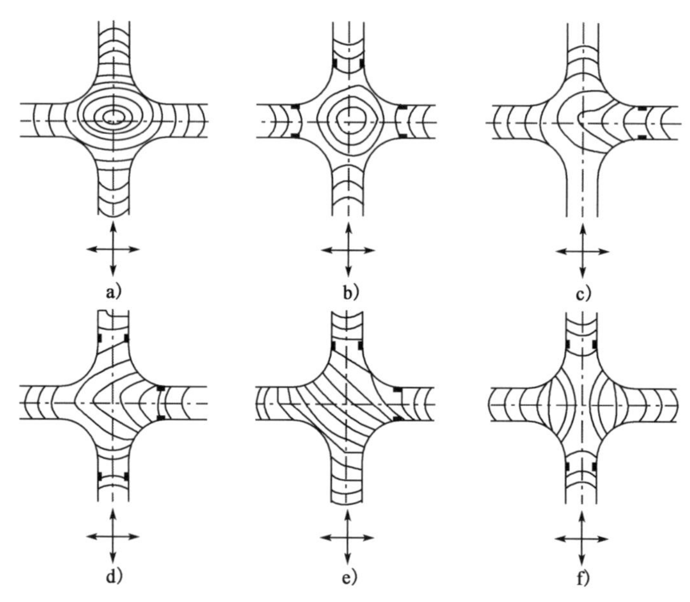

图6-3-16 交叉口立面设计的基本形式

以上为几个典型十字形交叉口立面设计形式,对于其他不同形式的交叉口,立面设计的要求和原则是一样的。另外,立面设计的使用效果与相交道路纵坡方向的组合有很大关系,因此,如要获得交叉口理想的立面设计,应在道路纵断面设计时,就考虑交叉口立面设计的要求,为其创造良好的条件。

3. 交叉口立面设计的方法

目前对于简单的沥青路面交叉口,通常采用特征断面法;对于水泥混凝土路面交叉口和大型、复杂的沥青路面交叉口,一般采用高程图法。

1)特征断面的确定和特征点高程的计算

交叉口的特征断面与选定的路脊线密切相关。路脊线应根据相交道路的等级和交叉角等要求而定,既要考虑行车平顺,又要考虑整个交叉口的均衡美观。

(1)相同(或相近)等级的道路相交时的特征断面

相同(或相近)等级的道路相交,立面设计时一般维持各自的纵坡不变,而改变它们的横坡。对于X形交叉口和交叉口大于75°的T形交叉口,路脊线通常是对向行车轨迹的分界线,即行车道的中心线;对于斜交过大的T形交叉口(或称Y形交叉口),其路中心线不宜作为路脊线,应加以调整。

(2)主要道路与次要道路相交时的特征断面

主要道路与次要道路相交时,主要道路的纵横断面均维持不变,而将次要道路的双坡横断面,逐渐过渡到与主要道路纵坡相一致的单坡横断面,此时,路脊线的交点 O 移到次要道路路脊线与主要道路路面边线的交点 O_1(或 O_2)处,如图6-3-17、图6-3-18所示。为适应主要道路的横断面,应适当调整次要道路的纵断面,紧接主要道路处的纵坡最好是根据主要道路的横坡、纵坡及主要道路与次要道路的交叉角计算得到的综合值(与合成坡度类似)。

(3)渠化右转弯车道的特征断面

对于渠化的右转弯车道或右转弯附加路面,由于右转弯曲线一般需要设置超高,其特征断面位置的确定和高程的计算与上述方法不同。渠化的右转弯车道上特征断面的位置,取决于右转弯曲线超高过渡段的起、终点位置以及与相交道路的连接。通常右转弯车道上宽度和横坡的变化处为特征断面位置。

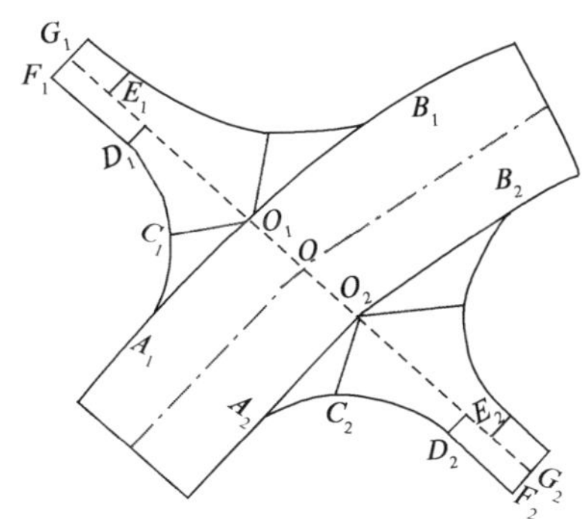

图6-3-17　主次道路相交的四路交叉口的特征断面

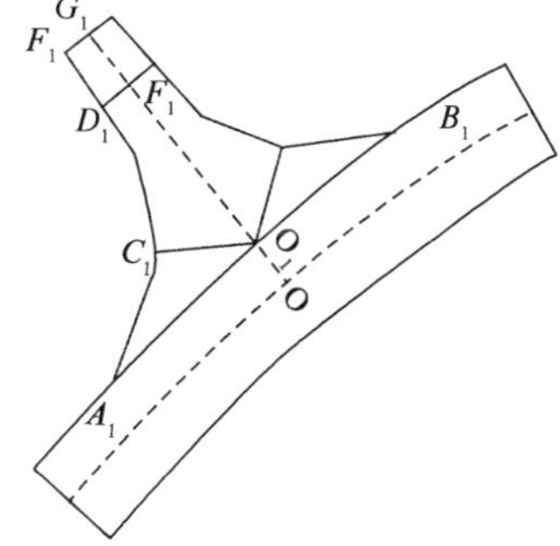

图6-3-18　主次道路相交的三路交叉口的特征断面

渠化右转弯车道上各处高程和横坡应满足右转弯车道与相交道路的平顺连接、右转弯曲线设置超高以及整个交叉范围内路面排水和视觉的需要。右转弯车道上高程的计算以右转弯车道左路缘线作为设计控制。当以左路缘线高程控制设计导致右转弯车道曲线内缘出现影响视觉的“下陷”(当超高较大时)或造成边沟设计困难时,在不妨碍路面排水的前提下,应适当调整左路缘线的高程。

右转弯车道或右转弯附加路面应按表6-3-5设置超高。导流岛岛边长度较短(<30m)的转弯车道无法设置超高过渡,或者右转弯附加路面存在排水困难、路容不美观及与直行车道路面衔接困难等问题而无法设置应有的或最大超高时,可适当减小超高值,但不能低于表中的最小值。

2)交叉口设计高程的加密

对于简单的沥青路面交叉口,采用特征断面法提供交叉口特征断面的定位里程、尺寸和设计高程,由此构成交叉口高程控制。对于水泥混凝土路面交叉口和大型、复杂的沥青路面交叉口,采用简单的特征断面法不能完整表达交叉口的立面,必须加密交叉口范围内的设计高程,即采用高程图法。加密设计高程,常用的方法是增加计算辅助线,采用高程计算线网,高程计算线网主要采用圆心法、等分法。若计算机辅助设计平面交叉,采用曲面模型(如双线性孔斯曲面)进行立面设计。

考点分析

平面交叉口是道路交通的重要组成部分,也是交通中的瓶颈,如果设计不当,极易引发交通延误和交通事故。本节介绍了平面交叉规划要点,交叉口的视距及平面线形设计,交通渠化设计,以及竖向设计等内容。交叉口设计组成复杂,涉及面广,是今后道路设计和研究的重点问题。

例题解析

例 1 两条公路平面相交,主要公路双向交通量 580 辆/h,次要公路单向交通量160 辆/h,有较多数量的行人和非机动车穿越而经常引发交通事故,此平面交口应采用的交通管理方式是哪一种? ( )

(A)主路优先交叉　　(B)无优先交叉

(C)信号交叉　　(D)无信号交叉

分析

《公路路线设计规范》(JTG D20—2017)10.1.3 规定,两相交公路的交通量虽然未达到设置信号控制的程度,但由于有相当数量的行人和非机动车穿越交叉而引起交通延误,甚至造成阻塞或交通事故时,应采用信号交叉管理方式。故本题选 C。

例 2 某公路设计速度 100km/h,直行交通量较大,右转弯减速车道为等宽车道,车速 20km/h,设计应采用的减速变速车道长度为多少? ( )

(A)155m　　(B)95m

(C)160m　　(D)150m

分析

《公路路线设计规范》(JTG D20—2017)10.5.3 规定,参照表 10.5.3-1,减速车道长度为 95m。另外,根据 10.5.3 第 2 条规定,减速车道为等宽车道时,应增加渐变段长度 60m。故本题选 A。

例 3 城市道路主干线与次干线、主干线与支路平面交叉的推荐形式分别为什么类型? ( )

(A)平 A_1 类;平 A_2 类　　(B)平 A_1 类;平 B_1 类

(C)平 A_2 类;平 A_2 类　　(D)平 A_2 类;平 B_1 类

分析

《城市道路工程设计规范》(CJJ 37—2012)7.2.2 规定了不同等级城市道路间平面交叉的推荐形式。故本题选 B。

例 4　路段设计速度 60km/h 的公路平面交叉,其引道视距最接近下列哪个数值?　　(　　)

(A) 75m　　(B) 85m

(C) 90m　　(D) 95m

分析

公路平面交叉口的引道视距在数值上等于停车视距。而停车视距由两部分组成:①驾驶员在反应时间内行驶的距离;②开始制动到刹车停止所行驶的距离,即制动距离。另外,应增加安全距离 5~10m。通常按下式计算:

$$S_{停} = \frac{v}{3.6}t + \frac{(v/3.6)^2}{2gf_1}$$

式中:f_1——纵向摩阻系数,依据车速及路面状况而定;

t——驾驶者反应时间,取 2.5s(判断时间 1.5s、运行时间 1.0s)。

查《公路路线设计规范》(JTG D20—2017)条文说明表 7-3,f_1 取 0.33,t 取 2.5,速度 v 取行驶速度 54km/h,计算如下:

$$S_{停} = \frac{v}{3.6}t + \frac{(v/3.6)^2}{2gf_1} = \frac{54}{3.6} \times 2.5 + \frac{(54/3.6)^2}{2 \times 9.8 \times 0.33} = 73.2\ \text{m}$$

故本题选 A。值得注意的是,这里是按设计速度进行计算的,如果按运行速度进行计算,v 值应该取 60km/h。

例 5　新建公路与低等级既有公路斜交角很小时,应如何改善?　　(　　)

(A)改变新建公路线型,使交角大于 70°

(B)局部改移次要公路引道,使交角大于 45°

(C)局部改移次要公路引道,使交角大于 70°

(D)如果交叉角度不小于 45°,则不需要改善

分析

《公路路线设计规范》(JTG D20—2017)10.2.1 规定,新建公路与等级较低的既有公路交角小于 70°时,应过次要公路在交叉前后一定范围内实施局部改线。故本题选 C。

例 6　某城市主干路道路平面交叉口在东向西进口道设置一条右转专用道,已知路段设

计速度为60km/h，高峰15min内每信号周期右转车的排队车辆数为8辆，直行排队车辆数为5辆，展宽右转专用道的长度最接近于下列哪个数值？（　　）

(A)100m　　(B)107m　　(C)110m　　(D)115m

分析

根据《城市道路交叉口设计规程》(CJJ 152—2010)4.2.13的规定，展宽右转专用道的长度包括渐变段长度 L_t 和展宽段长度 L_d。

渐变段长度按车辆以70%路段设计车速行驶3s横移一条车道时来计算确定，且不小于30～35m。$L_t = 60 \times 0.7 \times 3/3.6 = 35$m。

展宽段长度 L_d 应保证右转车不受相邻候驶车辆排队长度的影响，且满足信号周期内右转车的排队车辆数。$L_d = 9 \times 8 = 72$m

所以展宽右转专用道的长度为107m。故本题选B。

例7　交叉口竖向设计时，确定标高计算线网的方法有哪几种？（　　）

(A)方格网法　　(B)圆心法　　(C)等分法　　(D)三角网法

分析

《城市道路交叉口设计规程》(CJJ 152—2010)条文说明4.3.5、4.3.6规定，交叉口竖向设计宜采用等高线法，其标高计算线网的确定有方格网法、圆心法、等分法、平行线法的几种。故本题选ABC。

例8　交通岛按结构类型可分为哪几种？（　　）

(A)导流岛　　(B)实体岛　　(C)隐形岛　　(D)浅碟岛

分析

《公路路线设计规范》(JTG D20—2017)条文说明10.5.4规定，将交通岛按结构类型而分为实体岛、隐形岛和浅碟岛三种，并规定了一般情况下的使用情形。故本题选BCD。

自测模拟

（第1～5题为单选题，第6、7题为多选题）

1. 城市道路平面交叉按交通组织方式可以分为哪几类？（　　）

(A)渠化、部分渠化、非渠化

(B)设置专用左转车道、实行交通管制、变左转为右转

(C)信号控制交叉、无信号控制交叉、环形交叉口

(D)信号控制交叉、主路优先交叉、无优先交叉

2. 设计速度60km/h的城市道路主干路在平面交叉中直行车辆设计速度取值最为合理的是下列哪个选项？（ ）

(A)20km/h　(B)30km/h　(C)40km/h　(D)50km/h

3. 在公路平面交叉设计中，当直行车辆的通行能力有较大富裕且行驶速度较低，或条件受限制而难以设置足够长度的加速车道时，可采用较短的渐变式加速车道，此时其长度应不短于哪个数值？（ ）

(A)60m　(B)50m　(C)40m　(D)30m

4. 渠化平面交叉的右转弯车道，其内侧路面边缘应采用哪种曲线？（ ）

(A)三心圆复曲线　(B)双心圆复曲线

(C)单圆曲线　(D)卵形曲线

5. 城市道路信号控制交叉口设计时，当高峰15min内每信号周期内左转车平均流量达12辆，宜设多少条左转专用车道？（ ）

(A)1　(B)2　(C)3　(D)4

6. 在交叉口进口道设置左转专用车道时，可采用哪些方法？（ ）

(A)压缩进口道　(B)压缩中央分隔带

(C)道路中线偏移　(D)压缩人行道

7. 公路平面交叉设计中，交通岛按功能可分为哪几类？（ ）

(A)导流岛　(B)分割岛　(C)实体岛　(D)隐形岛

参考答案

1. C　2. C　3. B　4. A　5. B　6. ABC　7. AB

第四节　立体交叉

依据规范

《公路路线设计规范》(JTG D20—2017)

《城市道路交叉口设计规程》(CJJ 152—2010)

《城市道路工程设计规范》(CJJ 37—2012)(2016年版)

《公路立体交叉设计细则》(JTG/T D21—2014)

《公路工程技术标准》(JTG B01—2014)

重点知识

一、掌握立交设置与立交间距

1. 立交设置依据及条件

1)设置依据

道路网规划;满足交通需求;减少交通事故,改善交通状况;技术上合理可行;用地及拆迁可能;经济效益可观;地形、地质条件允许。

2)设置条件

(1)公路立体交叉的设置条件

高速公路与其他公路相交,必须采用立体交叉;一级公路同交通量大的其他公路交叉,宜采用立体交叉;二级、三级公路间的交叉,直行交通量大时或有条件的地点宜采用立体交叉。

公路与公路立体交叉分为互通式立体交叉和分离式立体交叉。

符合下列条件者应设置互通式立体交叉:

①高速公路间及其同一级公路相交处。

②高速公路、一级公路同通往县级以上城市、重要的政治或经济中心的主要公路相交处。

③高速公路、一级公路同通往重要工矿区、港口、机场、车站和游览胜地等的主要公路相交处。

④高速公路同通往重要交通源的公路相交而使该公路成为其支线时。

⑤两条具干线功能的一级公路相交时。

⑥一级公路上,当平面交叉的通行能力不能满足交通需求或出现频繁的交通事故时。

⑦由于地形或场地条件等原因设置互通式立体交叉的综合效益大于设置平面交叉时。

符合下列条件者应设置分离式立体交叉:

①高速公路同其他各级公路交叉,除因交通转换而设置互通式立体交叉外,均须设置分离式立体交叉。

②具干线功能的一级公路同其他各级公路的交叉,除因交通转换需要而设互通式立体交叉外,为减少平面交叉且相交的公路又不能截断时,应采用分离式立体交叉。

③二、三、四级公路间的交叉,直行交通量很大或地形条件适宜且不考虑交通转换时,可设置分离式立体交叉。

(2)城市道路立体交叉的设置条件

①高速公路与城市各级道路相交时,必须采用立体交叉。

②快速路与快速路交叉,必须采用立体交叉;快速路与主干路交叉,应采用立体交叉。

③进入主干路与主干路交叉口的现有交通量超过4000~6000pcu/h,相交道路为四条车道以上且对平面交叉口采取改善措施、调整交通组织均难收效时,可设置立体交叉,并妥善解决设置立体交叉后对邻近平面交叉口的影响。

④两条主干路交叉或主干路与其他道路交叉,当地形适宜修建立体交叉,经技术经济比较确为合理时,可设置立体交叉。

⑤道路跨河或跨铁路时,可利用桥梁边孔修建道路与道路的立体交叉。

2. 立交间距

在一条道路上或一个区域内,立交之间以及立交与其他设施之间应有适当的距离,以使立交分布均衡,功能发挥得当,相互间无干扰,获得技术上、经济上的合理性。

1)立交间距的影响因素

(1)互通式立交间距主要取决于交通密度。合理的立交间距应能够均匀地分散交通,使各条相交道路的交通量分配与道路的等级相适应,并使相邻立交所担负的交通量保持平衡。因此,确定立交间距时应以交通调查和交通规划为基础,满足路段和结点设计交通量的要求。

(2)相邻立交之间,车辆进出必须有足够的交织段长度。如图6-4-1所示,交织路段是前一个立交匝道的合流点(或分流点)到后一个立交匝道的分流点(或合流点)之间的距离。相邻立交的最小交织段长度与交通量大小和设计车速有关。日本有关资料显示,该交织长度一般为250~500m,最小为150~200m。

(3)相邻立交的间距所需要的最小长度应满足匝道几何布置的要求。相邻立交时间及间距所需要的最小几何长度如图6-4-2所示。

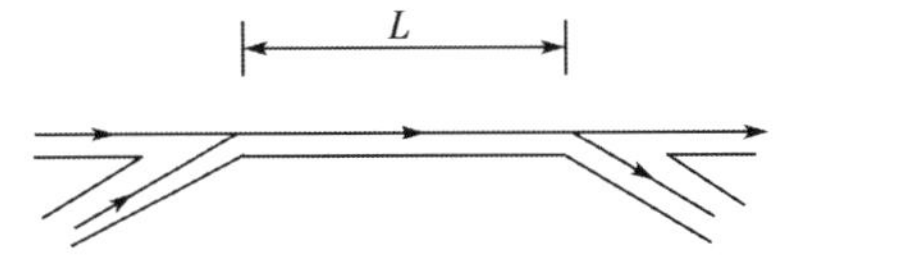

图6-4-1 立交间的交织路段图

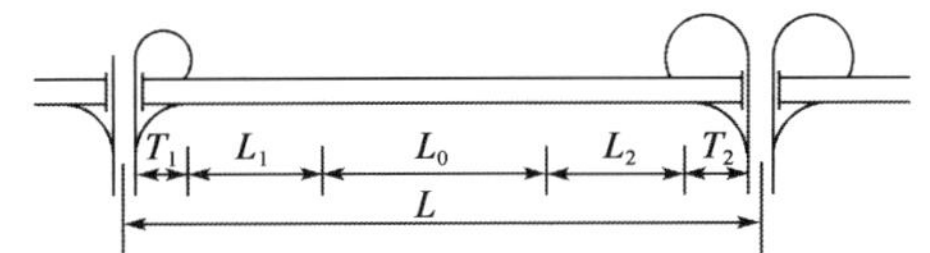

图6-4-2 立交间的最小几何长度

$$L = T_1 + T_2 + L_1 + L_2 + L_0 \tag{6-4-1}$$

式中:T_1、T_2——相邻两立交匝道布置所需的最小切线长度,与立交的交角及匝道转弯半径有关;

L_1、L_2——相邻两立交进、出口所需要的加减速车道长度(包括斜端长度);

L_0——相邻两立交间所需要最小净距,与所需的最小交织路段长度、设置标志信号所需要最小长度有关。

(4)标志和信号布置要求。在相邻立交之间,为了预告前方的出口,必须设置指示标志,一般规定为2km(相当于以100km/h设计车速行驶1.2min的距离)。为不使标志重叠,郊外的公路立交间距为4km以上,市区为2.5km以上。另外,由于互通式立交的预告标志与沿线的服务设施(如服务区、休息设施、停车区、加油站等)有关,因此相邻立交间距还与这些设施的位置有关,应考虑其最小距离的要求。

(5)驾驶员驾驶顺适的要求。互通式立交,尤其是多层次的立交,其线形变换频繁,纵坡起伏很大,若两立交相邻太近,会对车辆运行、驾驶操作及景观不利。

(6)经济的要求。立交间距过小,布置过多,则造价高,不经济,且不如连续的高架路经济合理。

2)公路立交间距的规定

(1)高速公路上互通式立体交叉的间距

①大城市、重要工业园区附近的平均间距宜为5～10km，其他地区宜为15～25km。

②相邻互通式立体交叉的最小间距不宜小于4km。

因路网结构或其他特殊情况限制，经论证相邻互通式立体交叉的间距需适当减小时，加速车道渐变段终点至下一个互通式立体交叉的减速车道渐变段起点间的距离不应小于1000m；小于1000m且经论证必须设置时，应将二者合并为复合式互通立体交叉。

③相邻互通式立体交叉的间距不宜大于30km，西部荒漠戈壁、草原地区和人口稀疏的山区可增大至40km；超过时，应设置与主线立体分离的U形转弯设施。

(2)非高速公路互通式立体交叉的最小间距

可参照上述规定执行。条件受限时，经过交织段的通行能力验算后可适当减小间距。

(3)互通式立体交叉与相邻的其他有出入口的设施或隧道之间的距离

①互通式立体交叉与服务区、停车区、客运汽车停靠站之间的距离应能满足设置出口预告标志的需要。条件受限制时，间距可适当减小，但上一入口终点至下一个出口起点的距离不应小于1000m；小于1000m且经论证必须设置时，应按复合式互通式立体交叉的方式处理。

②隧道出口与前方互通式立体交叉间的距离，应满足设置出口预告标志的需要；条件受限制时，隧道出口至前方互通式立体交叉减速车道渐变段起点的距离不应小于1000m，否则应在隧道入口前或隧道内设置预告标志。

③互通式立体交叉加速车道渐变段终点至前方隧道进口的距离(以m计)以不小于设计速度(以km/h计)的1倍长度为宜。

3)城市道路立交间距的规定

立交出入口间距应能保证主路交通不受分、合流交通的干扰，并应为分、合流交通加、减速及转换车道提供安全可靠的条件。立交出入口间距不足时，应设置集散车道。

二、了解各线形要素主要技术指标的规定与运用(互通立体交叉主线设计)

1. 主线线形设计要求和技术标准

1)主线线形设计要求

(1)主线设计应满足立交的易识别性，保证足够的行车视距，使主线上行驶的驾驶员从较远处看清立交，有充裕的时间注意立交出入车辆及出入口位置。为此，立交应尽可能布置在通视良好的直线或大半径的曲线路段，并位于大半径的凹形竖曲线中。

(2)为了满足立交主线上车辆行驶的要求，以及进出口车辆行驶的安全、便利，在主线设计的同时，还应综合考虑其他交通措施，如变速车道、集散道路、导流岛、方向岛等。分、合流处主线右侧，一般要求设置变速车道、辅道，以减少合流、分流对主线的交通影响，条件允许时还应设置导流岛等设施，以改善主线的行驶条件。

(3)在线形设计中，原则上匝道线形应服从主线线形的要求，在保证主线线形的前提下，主线和匝道综合考虑，为匝道设计创造较好的条件，便于进、出口连接。

(4)主线线形应满足标准要求，在条件允许下用较高的技术指标。相交主线力求正交，并在直线或大半径的曲线段相交，这样可减小桥跨或地道长度，避免斜、弯桥，利于设计、施工和运营。路线必须斜交时，其交角一般不小于45°。

(5)力求主线纵坡平缓,注意排水问题。互通式立交区主线陡下坡不利于流出车辆的减速,而主线陡上坡则不利于流入车辆的加速。此外,陡坡处主线与匝道、主线与变速车道的连接竖向处理困难。因此,纵面设计应尽可能采用缓坡。纵面设计还要注意满足下线排水的要求,这一点在平原区尤为重要。采用自流排水方式时,应尽量使主线的下线最低点高出雨水管或排水沟出口,尽量减小水流的汇集范围,减少汇流量。

(6)处理好跨线构造物与道路的连贯性,避免平面、纵面和横断面的突变。

(7)保证相交路线有足够的跨越高度,满足行车及行车视距条件以及桥下净空要求。

2)主线线形设计技术标准

互通式立交范围内,主线线形的主要技术指标见表6-4-1。

互通式立体交叉范围内主线线形指标　　表6-4-1

设计速度(km/h)			120	100	80	60
最小圆曲线半径(m)		一般值	2000	1500	1100	500
		极限值	1500	1000	700	350
最小竖曲线半径(m)	凸形	一般值	45000	25000	12000	6000
		极限值	23000	15000	6000	3000
	凹形	一般值	16000	12000	8000	4000
		极限值	12000	8000	4000	2000
最大纵坡(%)		一般值	2	2	3	4.5(4)
		最大值	2	3	4(3.5)	5.5(4.5)

注:当主要公路以较大的下坡进入互通式立体交叉且所接的减速道为下坡,同时后随的匝道线形指标较低时,主要公路的纵坡不得大于括号内的值。

(1)平曲线半径。立交主线平曲线半径以主线横坡值来控制,一般以主线横坡不大于3%为宜。考虑到地形状况、行驶条件、经济情况等方面,若主线车速较低时,将允许临界横坡值增加1%,而计算出表6-4-1中所规定的极限值。

(2)竖曲线半径。立交区主线凸形竖曲线半径按保证普通视距的2倍条件而确定标准值。若由于地形等限制,则按保证普通视距的1.5倍的条件来确定特殊值。立交区主线凹形竖曲线半径一般不受视距考虑,其标准值按缓和冲击需要的最小半径的4倍取值,极限值允许将其减小到2倍左右。

(3)主线的最大纵坡值均比一般公路小。

3)视距标准

(1)分流端识别视距

主线分流鼻端之前应保证判断出口所需的识别视距。识别视距应大于表6-4-2的规定;条件受限制时,识别视距应大于1.25倍的主线停车视距。

识 别 视 距　　表6-4-2

设计速度(km/h)	120	100	80	60
识别视距(m)	350~460	290~380	230~300	170~240

注:当驾驶员需接收的信息较多时,宜采用较大(接近高限)值。

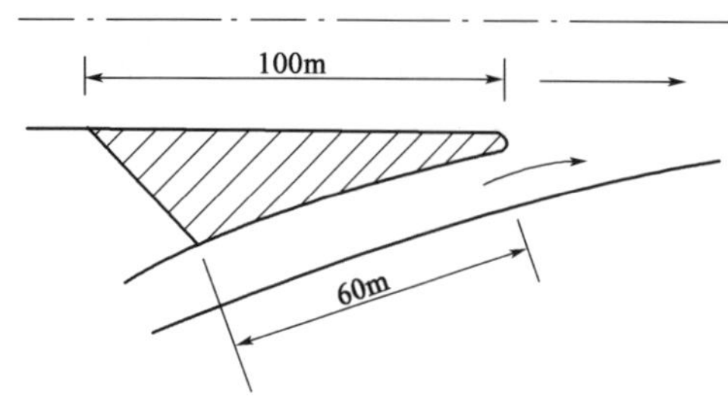

图 6-4-3　立交主线汇流鼻端的通视三角区

(2)汇流端视距

匝道与主线汇流鼻端前应有足够的行车视距,以确保匝道车流安全汇入。规范规定,匝道与主线间应具有如图 6-4-3 所示的视距三角区的通视范围。

(3)主线分流出口视距要求

匝道出口位置应明显,易于识别,宜将出口设置在跨线桥前。当设置在跨线桥后时,匝道出口至跨线桥的距离不应小于 150m。

2. 主线线形设计要点

1)主线平面线形设计

立交主线平面线形设计的主要任务是确定两条路线交叉点的位置、交叉角度以及主线的曲线要素(圆曲线半径、缓和曲线长度或参数 A),交叉点的位置和交叉角度一般在立交规划中确定。主线线形设计方法与一般道路相同,考虑立交主线的交通特征,主线平面设计应注意以下几点:

(1)尽量采用直线或大半径的曲线,避免使用小半径的曲线,以便进、出口连接和匝道、集散道路的设置。

(2)立交桥跨主线宜采用直线,避免设置曲线桥,以便于桥梁设计和施工。不得已采用曲线桥时,应尽可能使相交路线走向沿曲线桥的圆心方向。

(3)在考虑交叉角、交点位置及确定线形要素时,应先满足主要道路的线形要求,尽可能为主线创造较好的行车和车辆出入的条件。

对于非机动车道的平面线形,当非机动车道与主线平行布置时,其平面线形与主线一致;独立布置的非机动车道平面线形由直线和圆曲线组成,其缘石圆曲线最小半径为 5m。兼有辅助功能的非机动车道,其圆曲线最小半径采用机动车道技术指标的最小值。

2)主线纵断面线形设计

(1)最大纵坡。

在城市道路立交主线设计时,机动车道最大纵坡应符合表 6-4-3 的规定。

机动车道最大纵坡度　　表 6-4-3

设计速度(km/h)	100	80	60	50	40
最大纵坡度推荐(%)	3	4	5	5.5	6
最大纵坡度限制(%)	5	6	7		8

注:1. 机动车最大纵坡应采用小于或等于最大纵坡度推荐值;受地形条件或特殊情况限制时,方可采用最大纵坡限制值。

2. 山区城市设计速度为 40km/h 的道路,经技术经济论证,最大纵坡可增加 1%。

3. 越岭路线连续上坡(或下坡)路段地形相对高差为 200 ~ 500m 时,平均纵坡不应大于 5.5%;地形相对高差大于 500m 时,平均纵坡不应大于 5%,且连续 3km 路段的平均纵坡不应大于 5.5%。

4. 海拔 3000m 以上高原城市道路的最大纵坡推荐值可按表列值减小 1%,最大纵坡折减后若小于 4%,则仍采用 4%。

5. 冰冻积雪地区快速路最大纵坡不得超过 4%,其他道路不得超过 6%。

(2)纵坡长度。

机动车道纵坡长度应符合下列规定:

道路纵坡最小长度应符合表 6-4-4 规定,且应大于相邻两个竖曲线切线长度之和。

纵坡坡段最小长度 表 6-4-4

设计速度(km/h)	100	80	60	50	40	30	20
坡段最小长度(m)	250	200	150	140	110	85	60

当道路纵坡度大于表 6-4-3 所列推荐值时,可按表 6-4-5 的规定限制坡长。当道路纵坡度超过 5% ,坡长超过表 6-4-5 的规定时,应设纵坡缓和段,缓和段的纵坡度不应大于 3%,其长度应符合表 6-4-4 最小坡长的规定。

纵坡限制坡长 表 6-4-5

设计速度(km/h)	100			80			60			50			40	
纵坡度(%)	4	4.5	5	5	5.5	6	6	6.5	7	6	6.5	7	6.5	7
纵坡限制坡长(m)	700	600	500	600	500	400	400	350	300	350	300	250	300	250

在公路中,不同纵坡的最大坡长应符合表 6-4-6 的规定。

不同纵坡的最大坡长(单位:m) 表 6-4-6

纵坡坡度(%)	设计速度(km/h)						
	120	100	80	60	40	30	20
3	900	1000	1100	1200	—	—	—
4	700	800	900	1000	1100	1100	1200
5	—	600	700	800	900	900	1000
6	—	—	500	600	700	700	800
7	—	—	—	—	500	500	600
8	—	—	—	—	300	300	400
9	—	—	—	—	—	200	300
10	—	—	—	—	—	—	200

(3)非机动车道纵断面线形。

非机动车道纵坡度宜小于 2.5% ,最大纵坡度为 3.5% ;纵坡度大于或等于 2.5% 时,应按表 6-4-7 规定控制坡长。

非机动车道限制坡长(单位:m) 表 6-4-7

车种 纵坡度	自行车	三轮车、平板车
3.5%	150	—
3%	200	100
2.5%	300	150

非机动车道变坡点处应设竖曲线,竖曲线最小半径为 500m。

(4)立交主线纵断面线形设计方法与一般道路纵断面线形设计方法相同,除满足一般纵面设计的要求外,还应注意以下几点:

①注意满足控制高程的要求。立交交叉点的控制高程包括上线、下线的高程,是立交纵面设计的基本依据,是在立交规划中已经确定的,设计时应作为纵面设计的"死点"控制。

②当需调整立交上线或下线的高程时,应注意保证相交路线有足够的跨越高度。

③主线进出口处的高程应与匝道设计通盘考虑,一般是先定主线高程,再控制匝道。但当匝道布设困难、展线长度很紧时,也可以先定匝道进出口高程,控制主线纵断面设计。在主线与匝道相互交叉时,要注意处理好主线与匝道空间的关系,通常将这些点位的高程标注在主线纵断面上,作为主线纵面设计的参考点。

④跨线桥下凹形竖曲线上方的净空高度应满足鞍式列车有效净空的要求,应使有效净空高度大于规定的净空高度。

三、了解各线形要素主要技术指标的规定与运用(互通立体交叉匝道设计)

匝道设计依据主要有:互通式立体交叉的类型及主线的线形指标、匝道设计速度、设计交通量、通行能力。互通式立体交叉的类型是确定匝道设计速度的主要依据,主线的线形指标决定匝道的端部设计,匝道的设计速度和设计交通量是确定匝道平、纵线形指标和横断面几何尺寸的主要依据,而匝道的通行能力则是检验匝道适应交通的能力。

1. 匝道的组成和分类

1)匝道组成

一条转弯匝道通常由3部分组成,即驶出道口部分、中间匝道路段部分和驶入道口部分,如图6-4-4所示。其中,驶出道口和驶入道口又统称为匝道的端部。

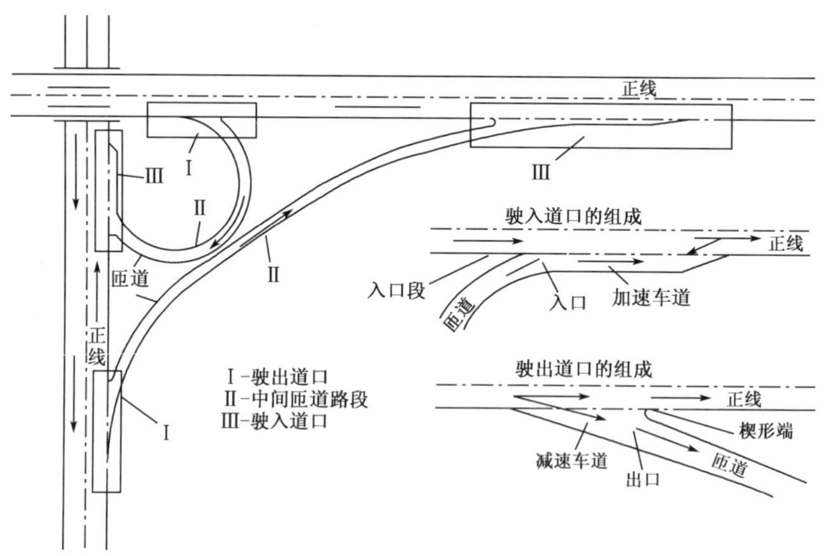

图6-4-4 匝道的组成

(1)驶出道口:驶出道口是由减速车道、出口和楔形端三部分组成。需要指出的是当不设减速车道时,出口是指由正线驶出进入匝道的道口,当设减速车道时,出口特指正线与匝道的分岔口。

(2)中间匝道路段:中间匝道路段为匝道的主体,其组成单一。匝道有时是用土方填筑的路堤道路,有时又可能是路堑或高架桥道路,应视具体情况而定。

(3)驶入道口:驶入道口是由入口端、入口和加速车道三部分组成。同样,当不设加速车道时,入口是指由匝道驶出进入正线的道口;而当设加速车道时,入口特指匝道与正线的汇合口。

匝道出入口有控制式(如红绿灯)和畅通式两种。对于一些次要道路的出入口,交通受限制,采用控制式。对于高速公路和其他主要干道的出入口,通常采用畅通式。

驶出口的位置必须明显,使驾驶员易识别,最好设置在立交构造物前,以便车辆及早识别、顺利驶出;驶入口则应位于构造物之后,这样驾驶员视线不受构造物影响,视野开阔,有利于驾驶员伺机汇入主线,安全行车。

2)匝道的分类

(1)按车流方向分右转匝道和左转匝道

①右转匝道:是指为了实施右转行驶,从主线车行道驶离的匝道形式。考虑到右转车分流安全,绝大多数右转匝道都是按照右转车辆从主线右侧驶离主线的形式来实现的。如图6-4-5所示为三种常用右转匝道的布置情况。

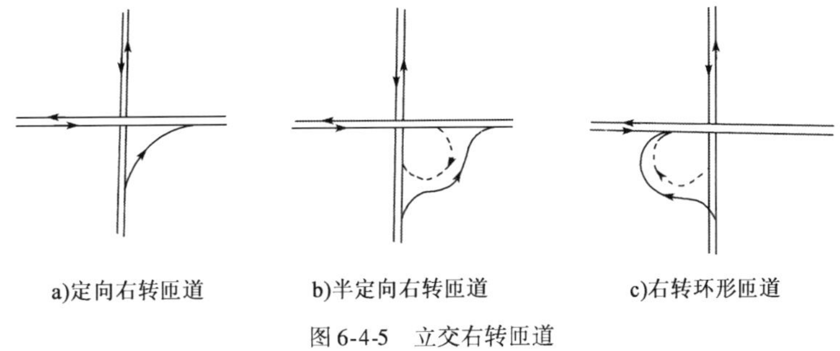

a)定向右转匝道　b)半定向右转匝道　c)右转环形匝道

图6-4-5　立交右转匝道

a. 定向右转匝道:直接实施右转。

b. 半定向右转匝道(迂回定向匝道):为减少占地,沿环形左转匝道迂回右转。

c. 右转环形匝道:并入左转环形匝道实施右转。

②左转匝道:一般可根据匝道的交通量大小、服务水平高低依次选用左转环形匝道、半定向匝道和定向匝道三种形式,如图6-4-6所示。

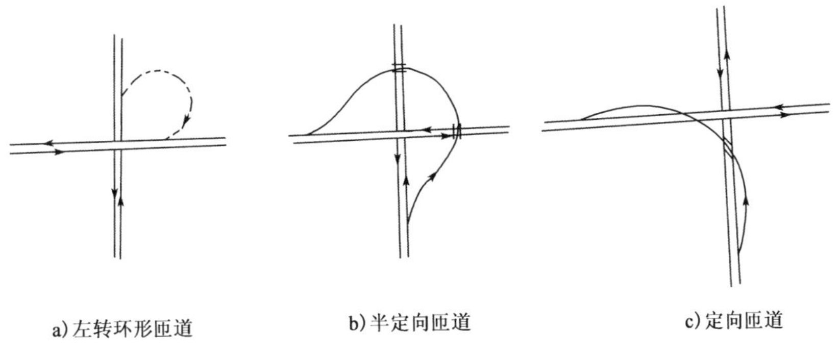

a)左转环形匝道　b)半定向匝道　c)定向匝道

图6-4-6　左转立交匝道

a. 左转环形匝道：为了实施左转行驶，从主线车行道右侧驶离主线后，大约向右转 270°构成环形左转弯的匝道，是苜蓿叶形立交典型的左转匝道布置形式。

b. 半定向匝道（迂回定向匝道）：为了实施左转行驶，从主线车行道右侧驶离主线后，前进方向大致不变，跨过相应道路然后向左转的匝道形式。

c. 定向匝道：为了实施左转行驶，从主线车行道右侧驶离主线（一般驶出偏离角度较小，并在交叉点的左侧），在干道上直接实施左转的匝道形式。

(2) 按匝道横断面的车道类型分类

互通式立体交叉的匝道按横断面车道的类型，可划分为四类，如图 6-4-7 所示。

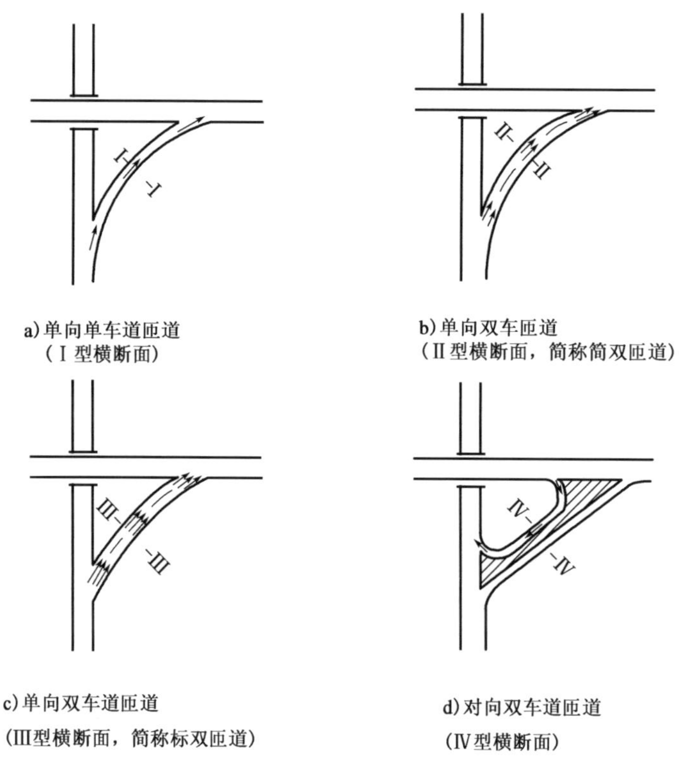

图 6-4-7　按匝道横断面车道类型分类

(3) 按线形分定向匝道、半定向匝道、左转环形匝道、右转环形匝道

所谓定向匝道，其实是一种对其转向车流流线的定性描述，也称为“直接匝道”，其含义是转向车流能够按照其转向方向，实现快速、捷径地变换行车方向。

严格意义上的左转定向应该是“左出左进”形式，即匝道设计保证左转车流从主线的左侧（快速车道）驶离主线，然后从被交道路主线左侧（快速车道）驶入主线。由于车辆是快速分流和快速合流，因此对这种匝道的几何线形要求很高，否则难以实现车辆的安全转向。几何线形标准高，意味着匝道规模相对增大，工程造价也会随之上涨，半定向（或称定向变形）左转匝道也就应运而生，如图 6-4-8 所示。需要说明的是，这类左侧车道驶入（出）的匝道在快速路上应该慎重采用。

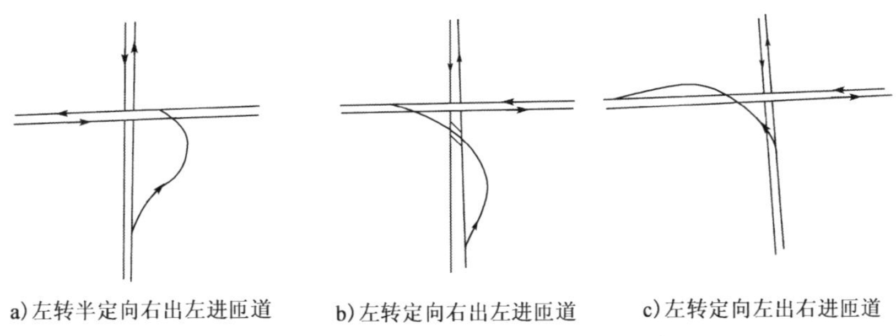

a)左转半定向右出左进匝道　　b)左转定向右出左进匝道　　c)左转定向左出右进匝道

图 6-4-8　定向变形匝道

(4)喇叭形立交环形匝道

作为市郊、远郊收费道路的互通式立交,通常多采用喇叭形互通式立交,其环形匝道可分为进口匝道(A 型)、出口匝道(B 型),如图 6-4-9 所示。考虑行车安全,环形匝道设计车速应不大于 40km/h。

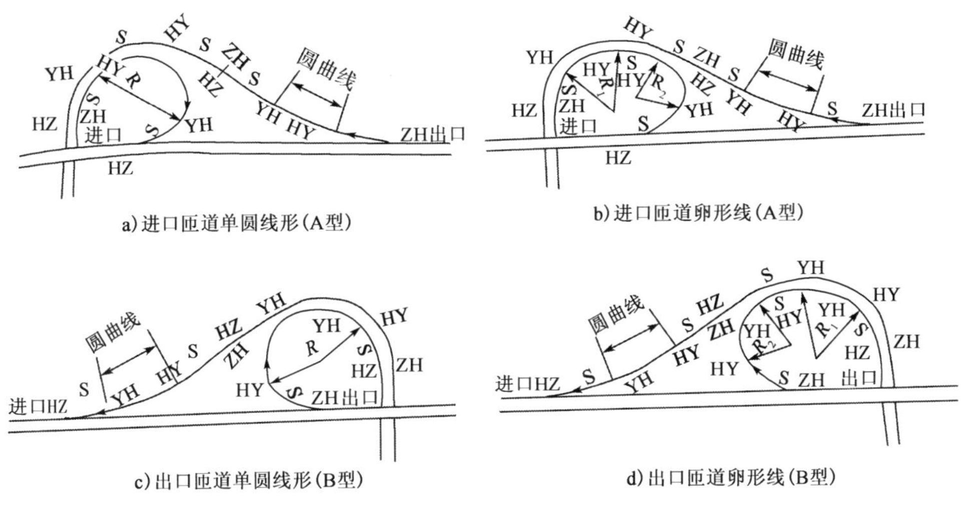

a)进口匝道单圆线形(A型)　　b)进口匝道卵形线(A型)

c)出口匝道单圆线形(B型)　　d)出口匝道卵形线(B型)

图 6-4-9　喇叭形立交环形匝道

进口匝道尽量采用单圆线形,环形匝道单圆半径一般宜采用 60 ~ 40m。

当受场地限制半径小于 40m 的推荐下限值时,环形匝道常采用卵形线,大圆和小圆半径之比应在 1.5 以下。

出口匝道采用卵形线,线形美观顺适,大圆和小圆半径之比应在 2 ~ 2.5 以下,环形匝道半径大于 60m 也可采用单圆线形。

(5)立交的环道

作为市区受用地制约的交叉口,尤其是五岔和五岔以上的交叉口,采用环形互通式立交有一定优势,是一种可选用的形式,但应慎重分析环形交叉的通行能力和设计交通量等交通特性。

2. 匝道的设计标准

1)设计速度

(1)标准

公路立交和城市道路立交匝道设计速度的规定见表6-1-4。对于城市道路立交匝道设计速度宜为主线设计速度的50% ~70%,定向匝道、半定向匝道取上限,一般匝道取下限。

(2)选用注意问题

选用匝道设计速度时,应注意以下几点:

①满足最佳车速要求

匝道设计速度宜接近最大通行能力时的车速,即最佳车速。

②按匝道的不同形式选用

同一座立交每条匝道的设计速度应不同,原则上应根据匝道的形式选用。右转匝道宜采用上限或中间值,定向式左转匝道宜采用上限或接近上限值,半定向式宜采用中间或接近中间值,环道式宜采用下限值。

③适应出、入口行驶状态需要

驶出匝道分流鼻端的设计速度不能小于主线设计速度的50% ~60%;驶入匝道与加速车道连接处的设计速度应保证车辆驶至加速车道末端的速度能达到主线设计速度的70%;接近收费站或次要道路的匝道末端,设计速度可酌情降低。

④考虑匝道的交通组织

双向分隔带的匝道应取同一设计速度,双向独立的匝道根据交通量的不同可分别选用。

2)匝道平面线形指标

(1)匝道圆曲线半径

匝道圆曲线半径的大小取决于匝道的设计速度,同时考虑经济性、安全性和舒适性。公路立体交叉匝道圆曲线最小半径的规定见表6-4-8。通常应选用大于一般值的半径,当受地形条件或其他特殊情况限制时,方可采用极限值。冰冻积雪地区不得采用极限值。

公路立体交叉匝道圆曲线最小半径 表6-4-8

匝道设计速度(km/h)		80	70	60	50	40	35	30
圆曲线最小半径(m)	一般值	280	210	150	100	60	40	30
	极限值	230	175	120	80	50	35	25

城市道路立体交叉圆曲线最小半径的规定见表6-4-9。应选用时宜采用大于或等于表6-4-9所列超高=2%的最小半径,有条件的地方可采用不设超高的最小半径。

城市道路立交匝道圆曲线最小半径(单位:m) 表6-4-9

匝道设计速度(km/h)	80	70	60	50	40	35	30	25	20
积雪冰冻地区	—	—	240	150	90	70	50	35	25

续上表

一般地区	不设超高	420	300	200	130	80	60	45	30	20
	$i_{max}=0.02$	315	230	160	105	65	50	35	25	20
	$i_{max}=0.04$	280	205	145	95	60	45	35	25	15
	$i_{max}=0.06$	255	185	130	90	55	40	30	25	15

注:不设缓和曲线的匝道圆曲线极限最小半径与不设超高情况相同。积雪冰冻地区超高不大于4%。

(2)匝道回旋线参数

匝道缓和曲线形式采用回旋线。匝道及其端部应设回旋线时,其参数及长度宜不小表6-4-10的规定。

匝道回旋线参数及长度　　表6-4-10

匝道设计速度(km/h)	80	70	60	50	40	35	30
回旋线参数 A(m)	140	100	70	50	35	30	20
回旋线长度(m)	70	60	50	40	35	30	25

回旋线长度应不小于超高过渡所需的长度,其参数以 $A\leqslant1.5R$ 为宜。反向曲线间两个回旋线,其参数宜相等或相近。相差较大时,大小两参数之比不宜大于1.5。径向衔接的复曲线,其大小半径之比不应大于1.5,否则应设回旋线。

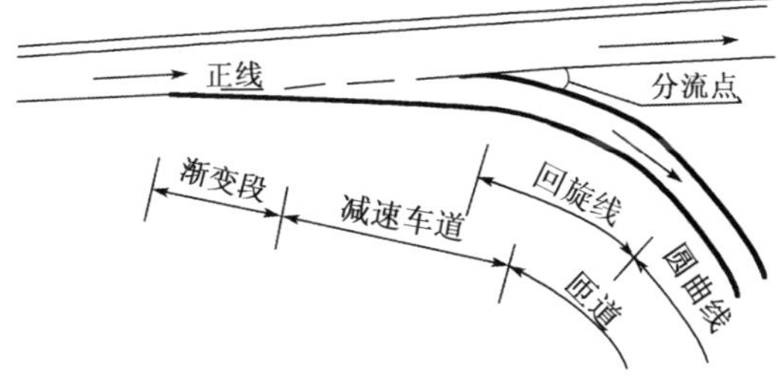

图6-4-10　分流点处匝道曲率半径和曲率过渡

(3)分流点处匝道最小曲率半径

驶出匝道的分流处,因从正线分离后行驶速度较高,应具有较大的曲率半径,并使其后的变化相适应,如图6-4-10所示。

在分流点处,匝道最小曲率半径规定见表6-4-11。

分流鼻处匝道平曲线最小曲率半径　　表6-4-11

主线设计速度(km/h)		120		100	80	60
分流鼻处的设计速度(km/h)		80	70	65	60	55
最小曲率半径(m)	一般值	450	350	300	250	200
	极限值	400	300	250	200	150

3)匝道的纵面线形指标

(1)匝道最大纵坡

匝道因受上下线高程的限制,为克服高差、节省用地和减少拆迁,并考虑匝道上车速较低,匝道纵坡一般比正线纵坡大。公路立体交叉匝道最大纵坡见表6-4-12。

公路立体交叉匝道最大纵坡 表 6-4-12

匝道设计速度(km/h)			80、70	60、50	40、35、30
最大纵坡(%)	出口匝道	上坡	3	4	5
		下坡	3	3	4
	入口匝道	上坡	3	3	4
		下坡	3	4	5

当地形困难或用地紧张时可增大 1%;非冰冻积雪地区在特殊困难情况下可增加 2%。

城市道路立体交叉匝道的最大纵坡不应大于表 6-4-13 的规定。若机动车与非机动车在同一匝道上混行时,考虑非机动车的行车要求,最大纵坡应按非机动车车行道的规定,一般不宜大于 3%。

城市道路立体交叉匝道最大纵坡 表 6-4-13

匝道设计速度(km/h)	80	70	60	50	≤40
一般地区	5	5.5	6	7	8
积雪冰冻地区	4		4	4	4

(2)匝道竖曲线最小半径及最小长度

匝道各设计速度对应的竖曲线最小半径及最小长度,如表 6-4-14 所示。

匝道竖曲线最小半径及最小长度 表 6-4-14

匝道设计速度(km/h)			80	70	60	50	40	35	30
竖曲线最小半径(m)	凸形	一般值	4500	3500	2000	1600	900	700	500
		极限值	3000	2000	1400	800	450	350	250
	凹形	一般值	3000	2000	1500	1400	900	700	400
		极限值	2000	1500	1000	700	450	350	300
竖曲线最小长度(m)		一般值	100	90	70	60	40	35	30
		极限值	75	60	50	40	35	30	25

设计时应尽量采用大于或等于一般值的竖曲线半径,特殊困难时可适当减小,但不得低于表 6-4-17 所列极限值。

4)匝道横断面及加宽

(1)匝道横断面

匝道横断面由车道、路缘带、硬路肩和土路肩组成,匝道横断面类型如图 6-4-11 所示。

单向匝道横断面类型及变速车道的车道数选择应符合下列规定:

①匝道横断面类型及变速车道的车道数宜根据匝道设计速度、设计小时交通量和匝道长度选取。

②当匝道设计小时交通量小于单车道设计通行能力,但匝道采用双车道时,变速车道宜取单车道。

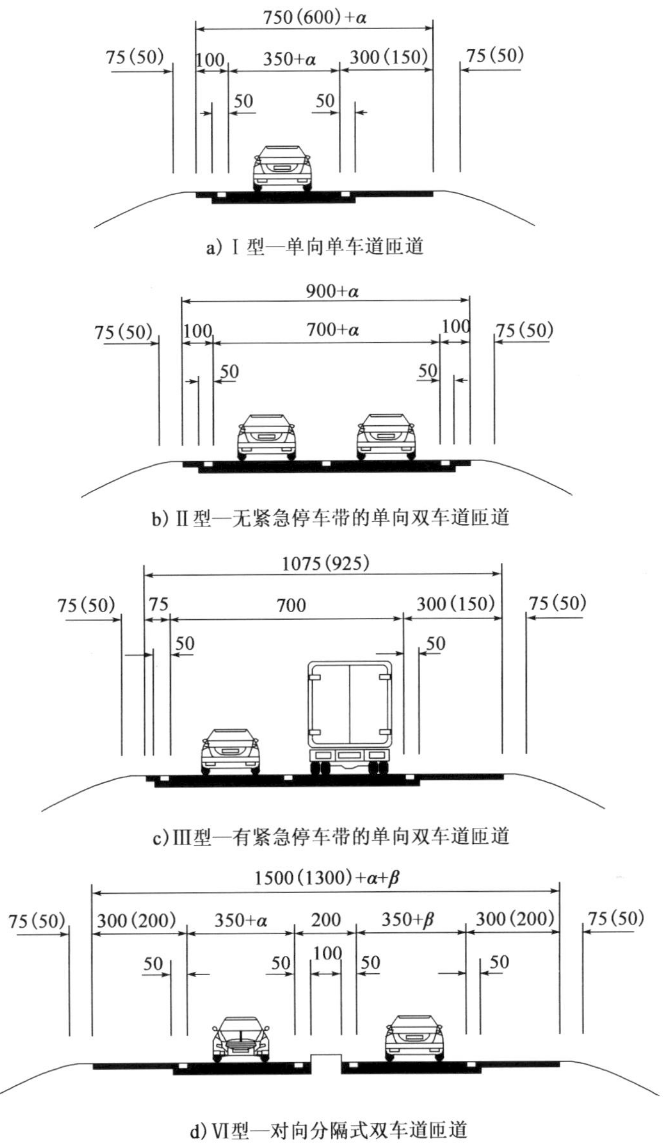

图 6-4-11　匝道横断面的基本类型(单位尺寸:cm)

注:α、β 不包括曲线上的加宽值。

③当匝道设计小时交通量大于或等于单车道设计通行能力时,变速车道宜取双车道。

④当减速车道上游或加速车道下游的主线设计小时交通量接近主线设计通行能力时,应对分、合流区通行能力进行验算,当不能满足设计通行能力时,宜增加变速车道长度或车道数,必要时,可调整横断面类型。

(2)匝道各组成部分的宽度

①车道宽度为 3.5m。当匝道设计速度大于 60km/h 时,车道宽度可采用 3.75m。

②路缘带宽度应采用0.50m。

③设紧急停车带的单向双车道匝道,左侧硬路肩宽度宜采用0.75m;其余匝道应采用1.00m。

④当设紧急停车带时,右侧硬路肩宽度宜采用3.00m,条件受限时可适当减小,但单向单车道和单向双车道匝道不应小于1.50m,对向分隔式双车道匝道不应小于2.00m;当不设紧急停车带时,可采用1.00m。

⑤路肩的宽度为0.75m;当条件受限不设路侧护栏时可采用0.5m。

⑥中央分隔带宽度不应小于1.00m。

(3)匝道的加宽及其过渡

匝道圆曲线的加宽值应根据匝道类型、路面标准宽度、通行条件所需宽度、圆曲线半径确定。当采用一般通行条件时,可按表6-4-15所示数值采用,圆曲线上路面的加宽一般设置在圆曲线内侧,加宽的过渡可按照正线加宽的方式进行。

匝道圆曲线路段路面加宽值 表6-4-15

匝道圆曲线半径 R(m)				路面加宽值(m)
单向单车道(Ⅰ型)	无紧急停车带的单向双车道(Ⅱ型)	对向分隔式双车道(Ⅳ型)		
		曲线内侧车道	曲线外侧车道	
—	—	$25 \leqslant R < 26$	—	3.50
—	$25 \leqslant R < 26$	$26 \leqslant R < 27$	—	3.25
—	$26 \leqslant R < 27$	$27 \leqslant R < 28$	—	3.00
—	$27 \leqslant R < 28$	$28 \leqslant R < 30$	—	2.75
—	$28 \leqslant R < 30$	$30 \leqslant R < 32$	$25 \leqslant R < 26$	2.50
$25 \leqslant R < 27$	$30 \leqslant R < 31$	$32 \leqslant R < 35$	$26 \leqslant R < 29$	2.25
$27 \leqslant R < 29$	$31 \leqslant R < 33$	$35 \leqslant R < 38$	$29 \leqslant R < 32$	2.00
$29 \leqslant R < 32$	$33 \leqslant R < 35$	$38 \leqslant R < 42$	$32 \leqslant R < 36$	1.75
$32 \leqslant R < 35$	$35 \leqslant R < 37$	$42 \leqslant R < 46$	$36 \leqslant R < 40$	1.50
$35 \leqslant R < 38$	$37 \leqslant R < 39$	$46 \leqslant R < 53$	$40 \leqslant R < 46$	1.25
$38 \leqslant R < 43$	$39 \leqslant R < 42$	$53 \leqslant R < 60$	$46 \leqslant R < 55$	1.00
$43 \leqslant R < 50$	$42 \leqslant R < 46$	$60 \leqslant R < 73$	$55 \leqslant R < 67$	0.75
$50 \leqslant R < 58$	$46 \leqslant R < 50$	$73 \leqslant R < 92$	$67 \leqslant R < 85$	0.50
$58 \leqslant R < 70$	$50 \leqslant R < 55$	$92 \leqslant R < 123$	$85 \leqslant R < 117$	0.25
$R \geqslant 70$	$R \geqslant 55$	$R \geqslant 123$	$R \geqslant 117$	0

注:Ⅳ型匝道的圆曲线半径为中央分隔带中心线半径,其余为车道中心线半径。

5)匝道的超高及其过渡

(1)超高值

匝道上的圆曲线应根据规定要求设置必要的超高,超高值应根据匝道设计速度、圆曲线半径、最大超高按表6-4-16选取。

匝道圆曲线路段超高值　　表 6-4-16

匝道设计速度(km/h)	80		70		60		50		40		35		30		超高(%)
最大超高(%)	8	6	8	6	8	6	8	6	8	6	8	6	8	6	
圆曲线半径 R(m)	$230 \le R < 290$	—	$175 \le R < 240$	—	$120 \le R < 160$	—	$80 \le R < 100$	—	$50 \le R < 60$	—	$35 \le R < 40$	—	$25 \le R < 30$	—	8
	$290 \le R < 390$	—	$240 \le R < 320$	—	$160 \le R < 220$	—	$100 \le R < 140$	—	$60 \le R < 90$	—	$40 \le R < 60$	—	$30 \le R < 40$	—	7
	$390 \le R < 510$	$230 \le R < 290$	$320 \le R < 420$	$175 \le R < 230$	$220 \le R < 300$	$120 \le R < 160$	$140 \le R < 200$	$80 \le R < 100$	$90 \le R < 130$	$50 \le R < 70$	$60 \le R < 90$	$35 \le R < 50$	$40 \le R < 60$	$25 \le R < 30$	6
	$510 \le R < 660$	$290 \le R < 430$	$420 \le R < 560$	$230 \le R < 360$	$300 \le R < 400$	$160 \le R < 250$	$200 \le R < 270$	$100 \le R < 160$	$130 \le R < 180$	$70 \le R < 100$	$90 \le R < 130$	$50 \le R < 70$	$60 \le R < 90$	$30 \le R < 50$	5
	$660 \le R < 900$	$430 \le R < 660$	$560 \le R < 770$	$360 \le R < 560$	$400 \le R < 560$	$250 \le R < 400$	$270 \le R < 380$	$160 \le R < 260$	$180 \le R < 260$	$100 \le R < 170$	$130 \le R < 190$	$70 \le R < 120$	$90 \le R < 130$	$50 \le R < 80$	4
	$900 \le R < 1330$	$660 \le R < 1050$	$770 \le R < 1130$	$560 \le R < 910$	$560 \le R < 830$	$400 \le R < 670$	$380 \le R < 570$	$260 \le R < 460$	$260 \le R < 400$	$170 \le R < 320$	$190 \le R < 290$	$120 \le R < 230$	$130 \le R < 210$	$80 \le R < 160$	3
	$1330 \le R < 2500$	$1050 \le R < 2500$	$1130 \le R < 2000$	$910 \le R < 2000$	$830 \le R < 1500$	$670 \le R < 1500$	$570 \le R < 1000$	$460 \le R < 1000$	$400 \le R < 600$	$320 \le R < 600$	$290 \le R < 500$	$230 \le R < 500$	$210 \le R < 350$	$160 \le R < 350$	2

(2)超高过渡段

匝道超高过度段的超高过渡可采用绕车道中心旋转、绕左侧路缘带外边缘旋转的方式。匝道超高渐变率不应大于表 6-4-17 的规定。当匝道超高过渡段位于凹形竖曲线底部或纵坡小于 0.5% 的路段时,在横坡接近水平状态的排水困难路段,超高渐变率不应小于表 6-4-18 的规定。

匝道超高最大渐变率　　表 6-4-17

旋转轴位置		车道中心		左侧路缘带外边缘	
匝道横断面类型		单向单车道 对向分隔式双车道	单向双车道 对向非分隔双车道	单向单车道 对向分隔式双车道	单向双车道 对向非分隔双车道
匝道设计速度(km/h)	80	1/250	1/200	1/200	1/150
	70	1/240	1/190	1/175	1/140
	60	1/225	1/175	1/150	1/125
	50	1/200	1/150	1/125	1/100
	≤40	1/150	1/150	1/100	1/100

排水困难路段匝道超高最小渐变率　　表 6-4-18

匝道横断面类型		单向单车道 对向分隔式双车道	单向双车道 对向非分隔双车道
旋转轴位置	车道中心	1/800	1/500
	左侧路缘带外边线	1/500	1/300

匝道超高过渡应平顺和缓,不产生扭曲突变。超高过渡方式可根据实际条件,采用以行车道中线或以左路缘带外边线旋转,沿超高过渡段逐渐变化,直致达到圆曲线内的全超高。

(3)超高设置方式

超高过渡段设置方法视匝道平面线形而定,设回旋线时,超高过渡在回旋线的全长或部分范围内进行;无回旋线时,可将所需过渡段长度的1/3~1/2插入圆曲线,其余设在直线上;两圆曲线径向连接时,可将过渡段的各半分别置于两圆曲线内。

6)匝道的视距

互通式立体交叉区域应有良好的通视条件,保证必要的识别视距和停车视距。

(1)识别视距

为使驾驶员及时发现互通式立体交叉的出口,按规定行驶驶离主线,防止误行,避免撞击分流鼻,保证行驶安全,互通式立体交叉的引道上应保证对出口位置的判断视距,这一视距应为"识别视距"。

主线分流鼻之前应保证判断出口所需的识别视距大于表6-4-19的规定。条件受限制时,识别视距应大于1.25倍的主线停车视距。

识别视距　　表6-4-19

正线设计速度(km/h)	120	100	80	60
识别视距(m)	350~460	290~380	230~300	170~240

(2)停车视距

单向单车道匝道主要满足停车视距;对向双车道匝道一般快、慢车分道行驶,可不考虑超车视距;双向双车道匝道一般应设中间隔离设施,也不存在会车和超车问题。所以,匝道全长范围内应满足停车视距要求。匝道停车视距不小于表6-4-20所列数值,积雪冰冻地区应不小于表中括号内数值。

匝道停车视距　　表6-4-20

匝道设计速度(km/h)	80	70	60	50	40	35	30
停车视距(m)	110(135)	95(120)	75(100)	65(70)	40(45)	35	30

3. 匝道平面线形设计

1)一般要求

(1)匝道平面线形应与汽车行驶速度由高到低再到高逐渐变化的过程相适应。

(2)匝道平面线形应与交通量相适应,转弯交通量大的匝道应采用较高的平面线形指标,行车路径应尽量短捷。

(3)分、合流处的匝道应具有良好的平面线形和通视条件,分流处应比合流处具有更高的平面线形指标。

(4)直接式匝道纵断面起伏时,凸形竖曲线前后的平面线形应一致,或具有良好的线形诱导,严禁在小半径凸形竖曲线后接反向平曲线。

(5)应尽量避免不必要的反弯。

2)匝道平面线形要素

匝道平面线形要素仍是直线、圆曲线及缓和曲线。因匝道通常较短,难以争取到较长直线,故多以曲线为主。

匝道圆曲线半径的大小,在考虑立体交叉的形式、匝道的布设、用地规模、拆迁数量和工程造价等条件下,应与匝道设计速度、超高值以及行车安全和舒适性相适应。一般应采用较大的圆曲线半径,大于一般值和较小的超高值,当受地形条件或其他特殊情况限制时,方可采用极限值。若采用较小半径的单曲线或环形左转匝道,除圆曲线半径满足极限值规定外,还应有足够的匝道长度,以保证曲率的缓和过渡和上、下线的展线长度要求。

对以曲线为主的匝道,平面线形设计中应以回旋线作为主要的线形要素加以灵活应用。直线与圆曲线、圆曲线与圆曲线(同向曲线或反向曲线)之间均应以适当的回旋线平顺连接。回旋线的参数和长度,以及相邻回旋线参数的比值应满足设计规范要求。一般应尽量采用较大的回旋线参数或较长的回旋线长度,只有在条件受限时方可采用最小值。

3)匝道平面线形的布设

根据汽车在匝道上的行驶特性及匝道平面线形的构成,不同形式的匝道,平面线形的布设会有所差异。

(1)右转匝道和直接式左转匝道,一般宜采用单曲线或多心复曲线、同向曲线、卵形曲线。

(2)半直接式左转匝道,其平面线形可由反向曲线与单曲线或卵形曲线等组合而成。

(3)环形左转匝道,简单的平面线形是采用单曲线,它设计简便,但与匝道上车速的变化不适应。最好采用曲率半径由大到小再到大的水滴形或卵形曲线,以满足车速变化要求,但设计计算比较复杂。另外,考虑减少占地和造价,环形匝道常采用较小的圆曲线半径。

4. 匝道纵断面线形设计

1)一般要求

(1)匝道同正线连接处,纵断面线形应连续,避免线形的突变,尽量同正线保持基本一致。

(2)匝道纵坡应平缓,并避免不必要的反坡。

(3)出口匝道宜为上坡匝道,以使车辆自然减速。

(4)上坡加速或下坡减速的匝道,应尽量采用较缓的纵坡,避免采用最大纵坡,以保证行车的畅通和安全。

(5)匝道中设收费站时,邻接收费广场的路段,其纵坡应平缓,不得以较大的下坡紧接收费广场。

(6)匝道及端部纵坡变化处应采用较大半径的竖曲线。分、合流点及其附近凸形竖曲线的半径还应满足识别视距的要求,以看清前方的路况。

2)匝道纵断面线形

匝道纵断面线形多受其两端相连接正线的高程、纵坡大小及坡向限制,当匝道跨越匝道或正线时,还要受跨线处高程的控制。不同形式的匝道,纵断面的布设会有所差异。

右转匝道纵断面线形常由一个以上竖曲线组合而成,但纵坡较小,起伏不大,竖曲线半径较大。左转匝道一般由反向或同向竖曲线组成,反向竖曲线的上端多为凸形,下端多为凹形,中间宜插入直坡段,也可直接连接;同向竖曲线宜加大半径,连成一个竖曲线或复合竖曲线。

匝道纵坡设计应尽量平缓,最好一次起伏,避免多次变坡。出口处竖曲线半径应尽可能大一些,以便误行或其他原因要倒车时不致造成危险或引起阻塞。入口附近的纵断面线形必须有同正线一致的平行区段,以看清正线,安全驶入。

5. 匝道平、纵线形组合设计

匝道平、纵线形组合设计的基本要求是使匝道立体线形平顺无扭曲,视野开阔,行车安全舒适,视觉美观,并与正线衔接处及周围环境协调配合。平、纵线形组合设计的原则和要点与正线基本相同,但应注意出、入口处平、纵组合的处理。

在出口处,若是越过凸形竖曲线以下坡驶入匝道时,坡顶之后的平曲线不应突然出现在驾驶员眼前,应将凸形竖曲线加长以增大视距,使驾驶员能及早发现平曲线的起点和方向,并有足够的安全运行时间。在入口处,若由匝道上坡驶入正线时,应使连接正线的匝道(一般长度至少为60m)纵断面与邻近正线基本一致,以保证通视三角区要求。

四、互通式立体交叉连接部设计要点

端部是指匝道两端分别与正线相连接的道口,它包括出入口、变速车道及辅助车道等。两端的道口和中间部分匝道共同组成一条完整的匝道。从主要道路(简称主线)出入的道口都应是自由流畅式,而次要道路(次线)上的道口有时则是有或无信号控制的平面交叉口。端部设计的一般原则是:出入顺适、安全,线形与正线协调一致;出入口应视认方便;正线与匝道通视良好。

1. 变速车道设计

在匝道与正线连接的路段,为适应车辆变速行驶的需要,而不致影响正线交通所设置的附加车道称为变速车道。变速车道包括减速车道和加速车道。车辆由正线驶入匝道时减速所需的附加车道称为减速车道;车辆从匝道驶入正线时加速所需的附加车道称为加速车道。

1)变速车道的形式及其适用条件

变速车道分为平行式与直接式两种,如图6-4-12所示。

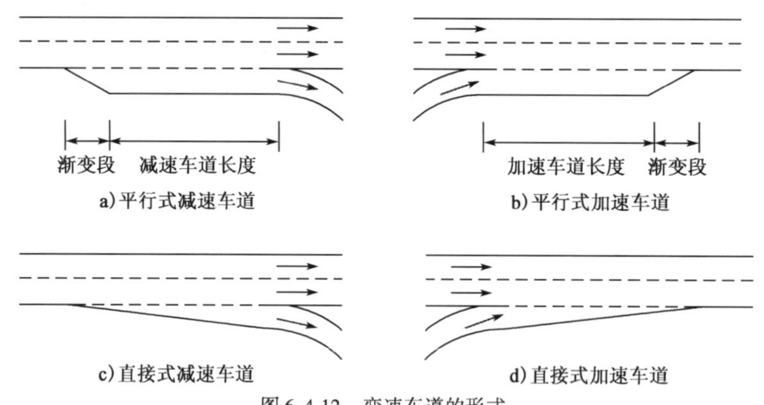

图6-4-12 变速车道的形式

(1)平行式

平行式是指具有一定宽度的车道与主线车道平行,在其端部做成斜锥形(渐变段)与主线相连接。其特点是:车道划分明确,行车容易辨认,但车辆出入须按S形行驶,即行驶在反向曲线上,对行车不利,尤其在短的变速车道上,出入车辆因来不及转动方向盘,易偏离行车道。

(2)直接式

直接式亦称定向式。直接式变速车道不设平行于主线的路段,由出、入口处主线渐变加宽,逐渐变成一个附加的车道与匝道相连接,整个变速车道全段均为斜锥形状。其特点是:与平行式变速车道相比较,线形顺适圆滑,与进出匝道转弯车辆的行驶轨迹较吻合,车速能充分利用,对行车有利;但变速车道起点位置不易识别,易使行车方向混淆,设计时至少约500m前就要让驾驶员识别三角端部。为此,应采用不同颜色的路面或地面画线予以区分,明显提醒驾驶员进、出口位置,以更利于行车。

(3)适用条件

①一般情况下,原则上加速车道采用平行式,减速车道采用直接式。

②当需要的减速车道很长,采用直接式使得三角段变的细长而难以布置时,则宜采用平行式。

③当主线交通量很小,匝道上车流汇入较容易,所需要的加速车道长度很短时,可用直接式。

④当变速车道为双车道时,加、减速车道均采用直接式。

⑤道路的设计车速低于80km/h,主线采用半径较小的尖锐曲线时,采用平行式变速车道较为有利,不宜使用直接式。

⑥减速车道接环形匝道时,不宜采用平行式。

2)变速车道的横断面

变速车道横断面由左侧路缘带(与正线车道共用)、行车道、右路肩(含右侧路缘带)组成,各组成部分宽度如图6-4-13所示。城市道路可不设右路肩,但应保留路缘带。

3)变速车道长度设计

变速车道长度为加速或减速车道长度与渐变段长度之和,如图6-4-14所示。

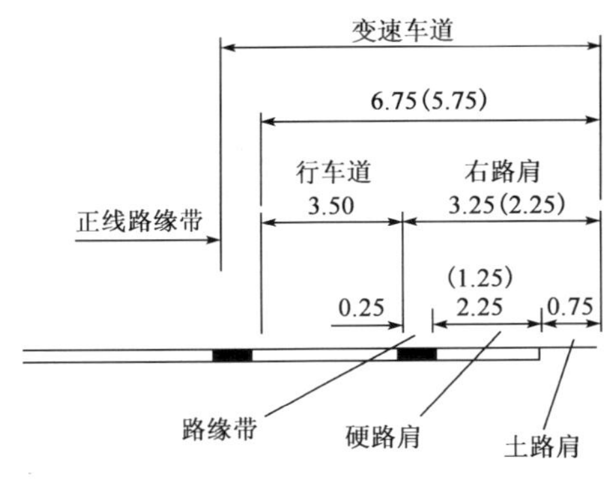

图6-4-13 变速车道的宽度(尺寸单位:m)

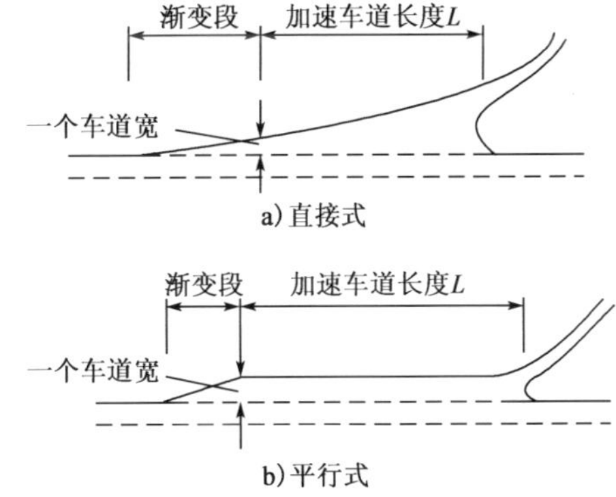

图6-4-14 变速车道的长度

(1)加、减速车道的长度。

加、减速车道长度是指渐变段车道宽度达一个车道宽度的位置与分流或合流鼻端之间的距离。计算公式为:

$$L=\frac{v_1^2-v_2^2}{26\alpha} \tag{6-4-2}$$

式中:v_1——正线平均行驶速度(km/h);

v_2——匝道平均行驶速度(km/h);

α——汽车平均加(减)速度(m/s^2),加速时取0.8~1.2m/s^2;减速时取2~3m/s^2。

(2)渐变段长度。

渐变段长度是渐变段车道宽度达一个车道宽度的位置至正线之间的渐变长度。渐变段长度和渐变率可按表6-4-21查用。

变速车道各路段最小长度及出、入口最大渐变率 表6-4-21

变速车道类别		主线设计速度(km/h)	变速车道长度 L_1 (m)	渐变段长度 L_2 (m)	出、入口渐变率	辅助车道长度 L_3 (m)	全长 L (m)
减速车道	单车道	120	145	100	1/25	—	245
		100	125	90	1/22.5	—	215
		80	110	80	1/20	—	190
		60	95	70	1/17.5	—	165
	双车道	120	225	90	1/22.5	300	615
		100	190	80	1/20	250	520
		80	170	70	1/17.5	200	440
		60	140	60	1/15	180	380
加速车道	单车道	120	230	90(180)	1/45	—	320(410)
		100	200	80(160)	1/40	—	280(360)
		80	180	70(160)	1/40	—	250(340)
		60	155	60(140)	1/35	—	215(295)
	双车道	120	400	180	1/45	400	980
		100	350	160	1/40	350	860
		80	310	150	1/37.5	300	760
		60	270	140	1/35	250	660

注:括号内数值为直接式单车道加速车道的渐变段长度或全长,平行式采用括号外的值。

(3)下坡路段的减速车道和上坡路段的加速车道,其长度应按表6-4-22中的修正系数予以修正。

坡道上变速车道长度的修正系数 表6-4-22

主线平均坡度(%)	$i \leq 2$	$2 < i \leq 3$	$3 < i \leq 4$	$i > 4$
下坡减速车道修正系数	1.00	1.10	1.20	1.30
上坡加速车道修正系数	1.00	1.20	1.30	1.40

(4)符合下列情况者宜增长变速车道。

①主线设计速度小于或等于100km/h,且匝道的线形指标又不高时,宜采用高一个设计速度档次的变速车道长度。

②主线、匝道的预测交通量接近通行能力,或载重车和大型客车比例较高时,宜增长变速道。

(5)城市道路变速车道长度为加速或减速车道长度与过渡段长度之和,变速车道长度及出、入口渐变率见表6-4-23。

变速车道长度及出、入口渐变率　　表 6-4-23

主线设计速度(km/h)		120	100	80	60	50	40
除宽度缓和部分外的减速车道规定长度(m)	1 车道	100	90	80	70	50	30
	2 车道	150	130	110	90	—	—
除宽度缓和部分外的加速车道规定长度(m)	1 车道	200	180	160	120	90	50
	2 车道	300	260	220	160	—	—
宽度缓和路段长度(m)	1 车道	70	60	50	45	40	40
出口角度	1 车道	1/25		1/20	1/15		
	2 车道						
入口角度	1 车道	1/40		1/30	1/20		
	2 车道						

4) 主线为曲线时变速车道的线形

(1) 平行式变速车道

平行式变速车道与主线相依部分应采用与主线相同的曲率。

平行式变速车道同匝道的连接段的线形:当为同向曲线时,线形分岔点 CP 以外宜采用卵形回旋线或复合回旋线,如图 6-4-15a)、b)所示;当为反向曲线时,则 CP 以外宜采用 S 形回旋线,如图 6-4-15c)所示;当主线的圆曲线半径大于 2000m 时,可采用完整的回旋线。

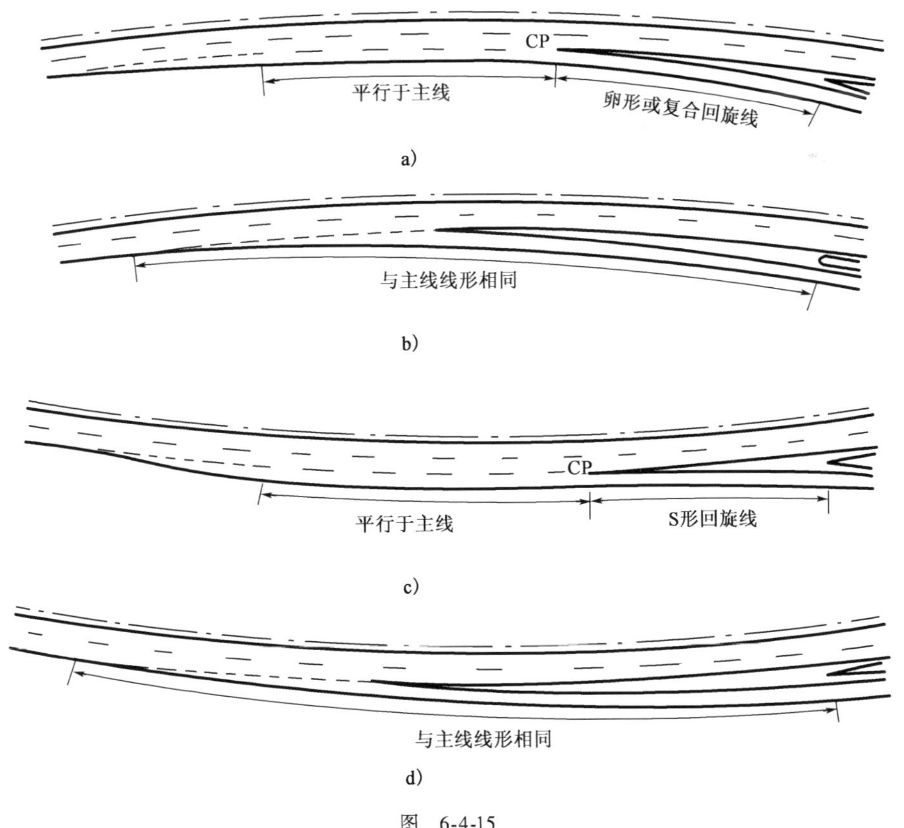

图 6-4-15

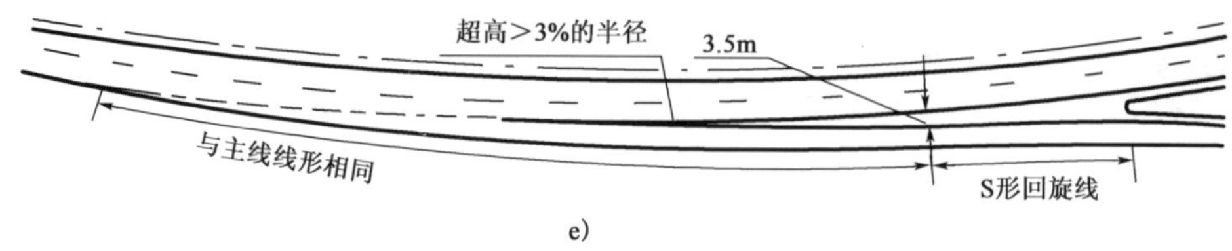

e)

图 6-4-15　曲线上变速车道的线形

(2)直接式变速车道

直接式变速车道直至分、汇流鼻的全长范围内应用与主线相同的线形,当主线为设置大于3%超高时可在外侧加入反向的S形回旋线使之顺接,如图6-4-15e)所示。

2. 出入口设计

1)一般要求

匝道出入口端部指匝道与主线分、合流的端部,又叫鼻端。鼻端处车辆要分流或合流,行车复杂,且易发生碰撞(出口鼻端),因此是匝道细部设计的重要内容。设计时应注意满足以下要求:

(1)流入匝道端部设计要点

①流入楔形端的流入角度应尽量小一些,与主线最好有一定长度的能够相互通视的平行部分。为此,应该使主线的纵坡与匝道的纵坡在距楔形端较远之前取得一致。为保证主线与匝道互相通视,利于匝道车流安全汇入主线,应清除主线离楔形端100m,匝道离楔形端60m范围内一切障碍物。

②流入部分最好不设在使速度降低的上坡路段。

③整个三角区都应当铺砌。为了诱导驾驶员严格按车道行驶,除标出匝道两边的车道线外,三角区的构造与颜色应与行车道路面有所不同。

④由于流入匝道行车方向明确,一般驾驶员不会弄错行驶方向,因而,流入楔形端一般不需设置缩进间距。

(2)流出匝道端部设计要点

①主线路肩较窄时,分流楔形端部,为给弄错方向、误入匝道的直行车辆提供返回空间必须设置缩进间距,并考虑减速车道的形状及形式。

②流出鼻端是易发生车辆碰撞护栏的地点,因此端部应缩进、后退,并设置防碰的安全设施(如防撞桶等),流出端应有足够的视距,并容易识别,避免产生不良的视线诱导,造成车辆误行。

2)端部设计

互通式立体交叉的出入口除高速匝道外,应设置在主线行车道的右侧。在分流鼻两侧,应在行车道边缘设置偏置加宽,如图6-4-16所示。

偏置加宽值和分流鼻端圆弧半径规定见表6-4-24。分流鼻处的加宽路面收敛到正常路面的过渡长度 Z_1 和 Z_2,应不小于依据表6-4-25渐变率计算的值。

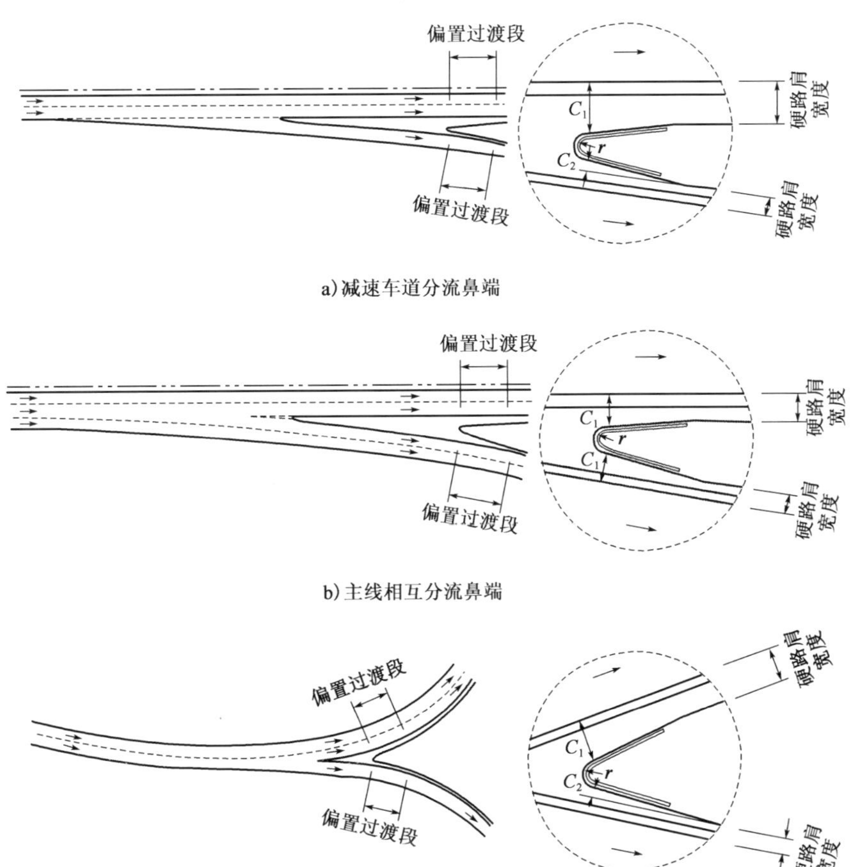

图6-4-16 分流鼻端构造示意图

C_1-偏置值;C_2-偏置加宽值;r-鼻端圆弧半径

分流鼻端最小偏置值及偏置加宽值 表6-4-24

分 流 类 型	最小偏置值 C_1(m)	最小偏置加宽值 C_2(m)
减速车道分流	3.0	0.6
主线相互分流	1.8	—
匝道相互分流	2.5	0.6

分流鼻端偏置过渡段最大渐变率 表6-4-25

设计速度(km/h)	120	100	80	60	≤40
最大渐变率	1/12	1/11	1/10	1/8	1/7

分流鼻位于桥梁等构造物上时,自分流鼻端处之后应预留安装防撞垫等缓冲设施的位置,即分流鼻端处后方(行驶的前进方向)6~10m的区域应铺设桥面系统,并安装护栏,如图6-4-17所示。

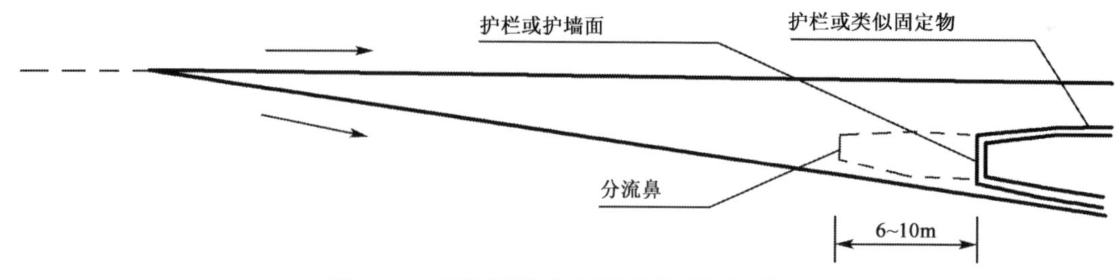

图 6-4-17 分流鼻端处之后的防撞缓冲设施预留区

3. 辅助车道

在高速公路、一级公路和城市快速路的全长或较长路段内,必须保持一定的基本车道数,同时,在正线与匝道的分、合流处必须保持车道数目的平衡,二者之间是通过辅助车道来协调的。

1)基本车道数

基本车道数是指一条道路或某一区段内,根据交通量和通行能力的要求所必需的一定数量的车道数。基本车道数在相当长的路段内不应变动,不应通过互通式立交而改变基本车道数。目的是防止因修建立交形成交通瓶颈,导致立体交叉的交通功能难以发挥。

2)车道平衡原则

立体交叉处正线的车流量必然会因分、合流的存在而发生变化,分流减少,合流增大。为适应这种车流量的变化,保证车流畅通和工程经济,在分、合流处前后的车道数应保持平衡。车道平衡的原则为:

(1)两条车流合流以后正线上的车道数应不少于合流前交汇道路上所有车道数总和减一。

(2)正线上车道数应不少于分流后分岔道路的所有车道数总和减一。

(3)正线上的车道数每次减少不应多于一条。

如图 6-4-18 所示,根据车道平衡原则,分、合流处应按车道数平衡公式进行计算,以检验车道数是否平衡。

3)辅助车道的设置

在分、合流处,既要保持车道数平衡,又要保证基本车道数,如果二者发生矛盾时,可通过在分流点前与合流点后的正线上增设辅助车道的办法来解决。辅助车道如图 6-4-19 所示。

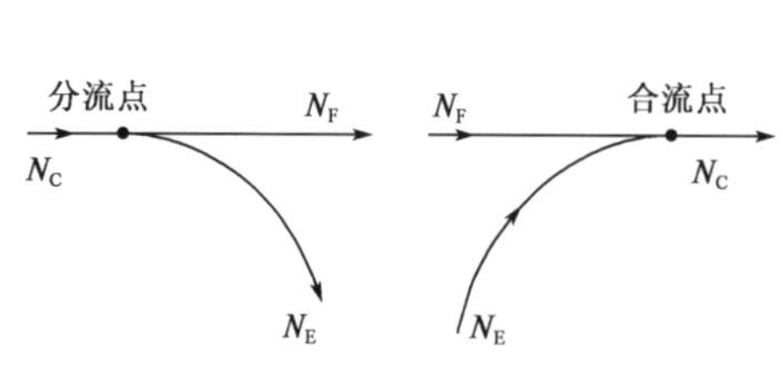

图 6-4-18 分、合流处车道数平衡

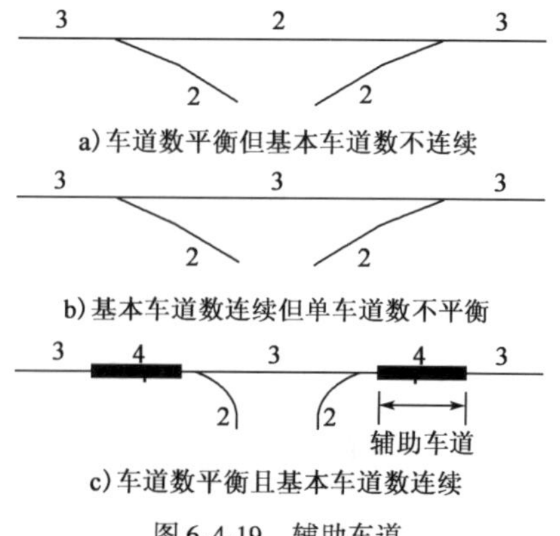

图 6-4-19 辅助车道

在基本车道数连续的条件下，一般单车道匝道也能满足车道数平衡的要求，而设置双车道匝道时车道数不平衡，应增设辅助车道。

辅助车道的长度按正线的设计速度规定，见表 6-4-26。

辅助车道的长度　　表 6-4-26

主线设计速度(km/h)			120	100	80
辅助车道长度(m)	入口		400	350	300
	出口	一般值	580	510	440
		最小值	300	250	300
渐变段长度(m)	入口		180	160	140
	出口		90	80	70

当互通式立体交叉入口与下一个互通式立体交叉出口均设有或其中之一设有辅助车道时，若入口终点至出口起点的距离小于 1000m，则应增长辅助车道而将两者贯通。当交通量大，交织运行比例较高，且增加车道的成本不高时，即使此间距达 2000m，也宜采用贯通的辅助车道。

辅助车道的宽度与正线车道相同，且与正线车道间不设路缘带。辅助车道右侧的硬路肩，其宽度一般与正线路段的硬路肩相同，用地或其他条件受限制时可减窄，但不得小于 1.50m。

考 点 分 析

本节主要内容包括立体交叉的设置和立交间距，立交主线设计、匝道设计及端部设计。大纲要求掌握互通式立体交叉一致性设计和车道平衡设计原则等；匝道视距和匝道线形指标等相关规定；匝道及其连接部设计要点。重点考查对立体交叉概念的认识和理解。

例 题 解 析

例 1　5 路交叉的完全互通型立体交叉应有多少条交通流线？　(　　)

(A)25　　(B)24　　(C)20　　(D)18

分析

完全互通型立体交叉交通流线数目与交叉岔数具有如下关系：$N = n(n-1)$，n 表示交叉岔数。所以 5 路交叉的完全互通型立体交叉应有 $5\times(5-1)=20$ 条交通流线。故本题选 C。

例 2　在城市道路立交中，不属于立 A_2 类立交主要形式的是哪个选项？　(　　)

(A)全定向　　(B)半定向　　(C)喇叭形　　(D)苜蓿叶形

分析

《城市道路工程设计规范》(CJJ 37—2012)7.3.1 规定，立 A_2 类立交主要形式包括喇叭形、苜蓿叶形、半定向、组合式全互通立交。全定向是立 A_1 类立交的主要形式。故本题选 A。

例 3 当三岔交叉各左转弯交通量大小相当,且主线侧用地受限时,可采用哪种类型的立交形式? ( )

(A)叶形 (B)喇叭形 (C)梨形 (D)半苜蓿叶形

分析

《公路立体交叉设计细则》(JTG/T D21—2014)6.4.5 规定,当三岔交叉各左转弯交通量大小相当,且主线侧用地受限时,可采用梨形。故本题选 C。

立体交叉形式的选择是一个非常重要的知识点,还需注意细则中其他立交选形的特点。

例 4 从一致性设计原则考虑,下列设计中哪个属于良好的设计方案。 ( )

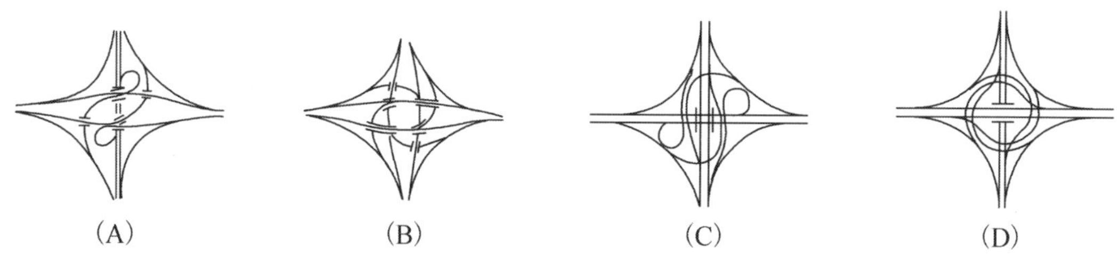

分析

《公路立体交叉设计细则》(JTG/T D21—2014)6.3.5 规定,短距离内连续分流和连续合流容易造成驾驶人误判或对主线直行交通流造成影。另外,5.6.2 规定,次交通流应采用一致的分流方向,不应采用左、右侧交替分流的方式。故本题选 C。

例 5 根据高速公路互通式立体交叉基本车道数和车道数平衡的原则,图中 a、b、c、d、e 段的车道数满足车道数平衡原则的是哪个选项? ( )

(A)$a=4,b=2,c=4,d=2,e=2$(a、c 段包含辅助车道)

(B)$a=3,b=3,c=3,d=2,e=1$(a、c 段为基本路段)

(C)$a=4,b=3,c=4,d=2,e=2$(a、c 段包含辅助车道)

(D)$a=4,b=3,c=4,d=1,e=1$(a、c 段为基本路段)

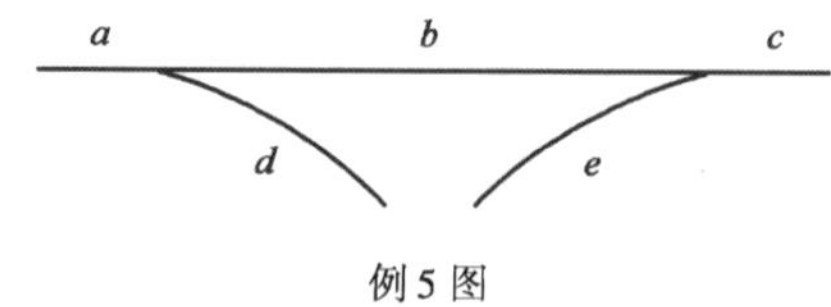

例 5 图

分析

车道数平衡原则见《公路路线设计规范》(JTG D20—2017)11.4、《公路立体交叉设计细则》(JTG/T D21—2014)5.8 的规定。A 选项中,a 与 b 之间车道数减少了 2,虽然满足 $N_c \geq N_F + N_E - 1$,但不满足两个相邻路段间相邻车道数变化不得大于 1 的规定,A 错误;B 选项 a、b、c 之间虽然满足基本车道数连续,但不满足车道数平衡,B 错误;C 选项既满足基本车道数连续,又满足车道数平衡,C 正确;D 选项中 a、c 为基本路段,所以不满足基本车道数连续,D 错误。故本题选 C。

例 6 互通式立体交叉加速车道渐变段终点至前方隧道进口的距离(以 m 计)以不小于设计速度(以 km/h 计)的多少倍长度为宜? ( )

(A)1 (B)1.25 (C)1.5 (D)2

分析

《公路路线设计规范》(JTG D20—2017)11.1.6 规定,互通式立体交叉加速车道渐变段终点至前方隧道进口的距离(以 m 计)以不小于设计速度(以 km/h 计)的 1 倍长度为宜。故本题选 A。

例 7 如图所示,设计速度为 80km/h 的城市道路干道上先驶出后驶入的相邻匝道口距离的一般值要求为多少? ( )

(A)220m (B)210m (C)165m (D)110m

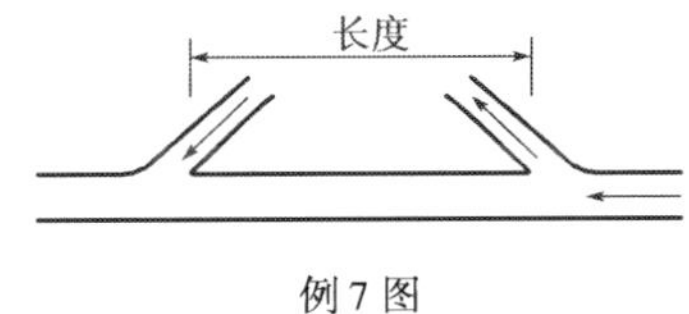

例 7 图

分析

《城市道路交叉口设计规程》(CJJ 152—2010)5.3.5 第 6 点可知,城市道路干道上先驶入后驶出的匝道口最小间距一般值为 0.5 倍的相邻匝道口最小净距 L,设计速度为 80km/h 的先驶出后驶入的匝道口最小净距 L 的一般值为 220m。故本题选 D。

例 8 关于喇叭形互通式立体交叉,说法正确的是哪个选项? ( )

(A)经环形右转匝道驶入主线为 A 型,安全性较好

(B)经环形右转匝道驶入主线为 A 型,安全性较差

(C)经环形左转匝道驶出主线为 B 型,安全性较好

(D)经环形左转匝道驶出主线为 B 型,安全性较差

分析

经环形左转匝道驶入正线(或主线)为 A 型,驶出时为 B 型;主线驶出后接半径较小的环形匝道,容易因减速不足而导致发生侧翻事故,安全性较差。故本题选 D。

例 9 已知某公路立体交叉主线设计速度为 120km/h，匝道基本路段设计速度为 80km/h，分流鼻端匝道凸型竖曲线最小半径一般值应为多少？ （ ）

(A)2000m (B)3000m

(C)3500m (D)4500m

分析

根据《公路立体交叉设计细则》(JTG/T D21—2014)8.4.5 中规定，在分流鼻端附近，当按匝道基本路段设计速度选取的竖曲线最小半径大于规范表 8.4.5 中值时，应按匝道设计速度取值，查《公路立体交叉设计细则》(JTG/T D21—2014)表 8.3.3 可知。故本题选 D。

例 10 设计速度为 40km/h 的标准双向路拱横坡(横坡 2%)匝道，匝道圆曲线最小半径最接近哪个值？ （ ）

(A)80m (B)65m (C)60m (D)55m

分析

由《城市道路交叉口设计规程》(CJJ 152—2010)5.3.2 条文说明可知，驶入标准双向路拱横坡匝道(此时 $i_{max} = -0.02$)，极限横向摩阻力系数容许的最小半径为不设超高匝道圆曲线最小半径。根据表 5.3.4-1，可知 $\mu = 0.18$，根据 $R_{min} = V^2/[127 \times (u_{max} + i_{max})]$，可求得 $R_{min} = 78.74$，最接近 80m。故本题选 A。

例 11 某公路互通立交主线设计速度 100km/h，在计算直接式单车道减速车道、平行式单车道加速车道长度时，下列哪些设计符合基本要求？ （ ）

(A)下坡纵坡 3%，减速车道 140m，渐变段长度 90m

(B)下坡纵坡 3%，加速车道 200m，渐变段长度 80m

(C)上坡纵坡 4%，减速车道 130m，渐变段长度 95m

(D)上坡纵坡 4%，加速车道 240m，渐变段长度 90m

分析

《公路立体交叉设计细则》(JTG/T D21—2014)10.2.6 规定，当变速车道位于纵坡大于 2% 的路段时，应按表 10.2.6 规定的系数对变速车道的长度进行修正。根据选项 A、B、C、D 可知，只有下坡减速车道和上坡加速车道时需要修正。B、C 不需要修正，且满足长度要求；下坡 3% 减速车道长度应大于或等于 $125 \times 1.1 = 137.5$m，A 满足长度要求；上坡 4% 加速车道长度应大于或等于 $200 \times 1.3 = 260$m，D 不满足长度要求。故本题选 ABC。

例 12 关于城市道路互通立交匝道，下列哪些说法是正确的？ （ ）

(A)匝道平曲线可由一条圆曲线和两条缓和曲线组成，也可由两条缓和曲线直接衔接

(B)匝道平曲线内侧宜采用视距包络线作为视距界限

(C)匝道纵断面线形应平缓，不宜采用断背纵坡线

(D)设计速度条件下,当匝道平曲线半径引起的离心力不能由正常路拱横坡和正常轮胎摩阻力所平衡时,应设置反向横坡

分析

由《城市道路交叉口设计规程》(CJJ 152—2010)5.3可知:设计速度条件下,当匝道平曲线半径引起的离心力不能由正常路拱横坡和正常轮胎摩阻力所平衡时,应取消反向横坡,应采用单向路拱和设置超高横坡,D选项错误。故本题选ABC。

自测模拟

(第1~9题为单选题,第10~13题为多选题)

1.由一条高速公路分成两条高速公路的分岔部,应采用哪种方式设计?(　　)

(A)主线分岔设计　　(B)匝道分岔设计

(C)主线合流设计　　(D)匝道合流设计

2.当B型部分苜蓿叶形的两平面交叉间距较小时,被交叉公路在两平面交叉之间有什么规定?(　　)

(A)增加两个左转附加车道宽度

(B)增加一个左转附加车道宽度

(C)增加两个右转附加车道宽度

(D)增加一个右转附加车道宽度

3.图为某城市道路双车道匝道平行式入口,汇流点是图示中的哪一点?(　　)

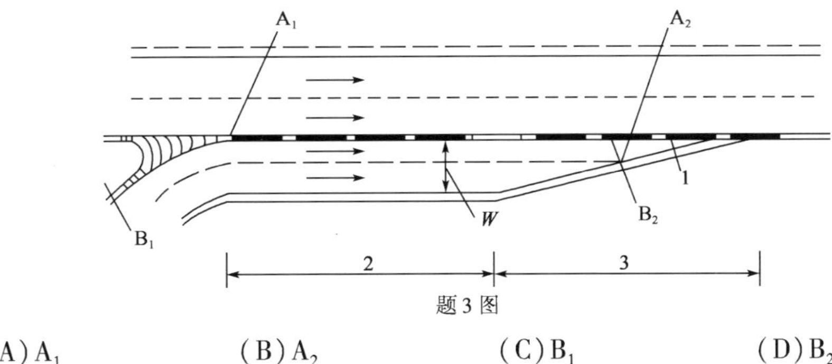

题3图

(A)A_1　　(B)A_2　　(C)B_1　　(D)B_2

4.公路互通立交汇流鼻前的通视三角区中,主线与匝道距汇流鼻端的长度分别为多少?(　　)

(A)100m和50m　　(B)100m和60m

(C)120m和60m　　(D)120m和80m

5.某一般互通式立体交叉主线设计速度为100km/h,其匝道上的相邻出口之间的最小距

离要求是多少？ ( )

(A)150m (B)160m (C)180m (D)200m

6. 当四岔交叉各左转弯交通量大小相当且均小于 1500pcu/h 时，可采用哪种立交形式？ ( )

(A)左转弯匝道均为迂回形半直连式的涡轮形
(B)左转弯匝道均为内转弯直连式的涡轮形
(C)左转弯匝道均为内转弯半直连式的涡轮形
(D)左转弯匝道均为外转弯半直连式的涡轮形

7. 哪个选项的立交形式均属于城市道路一般互通式立体交叉？ ( )

(A)喇叭形、苜蓿叶形、半定向 (B)喇叭形、环形、全定向
(C)苜蓿叶形、环形、菱形 (D)苜蓿叶形、半定向、全定向

8. 公路匝道基本路段应采用哪一类视距？ ( )

(A)停车视距 (B)会车视距
(C)超车视距 (D)识别视距

9. 当公路立交匝道出口设置在跨线桥后时，匝道出口至跨线桥的距离不应小于多少？ ( )

(A)100m (B)150m (C)200m (D)250m

10. 公路立交匝道中径相衔接的复曲线，其大小半径之比应满足哪些要求？ ( )

(A)小于 1.5 (B)等于 1.5
(C)大于 1.5 (D)大于 1.5 时，应设置回旋线

11. 公路立交主线为曲线，平行式变速车道同匝道的连接段为同向曲线时，线形分岔点 CP 以外宜采用哪些曲线形式？ ( )

(A)卵形回旋线 (B)S 形回旋线
(C)复合回旋线 (D)完整的回旋线

12. 关于公路互通式立交出入口形式的说法，正确的是哪几项？ ( )

(A)出入口的形式分为直接式或平行式两种
(B)直接式出入口出入路线顺畅、驾驶操作单一、方便
(C)平行式出入口的渐变段有一线形转折，因而驾驶操作有些别扭
(D)平行式出入口不容易辨别，对出口识别不利

13. 关于设置集散车道和辅助车道的说法，正确的是哪几项？ ( )

(A)高速公路保持基本车道数连续的路段,当互通式立体交叉的匝道车道数大于1时,出、入口应增设集散车道

(B)复合式互通式立体交叉的交织段可采用辅助车道将两处互通式立体交叉的相邻出入口直接连通

(C)复合式互通式立体交叉的交织段可采用与主线分隔的集散车道将主线一侧的所有出口和入口连通

(D)匝道与集散连接部宜按匝道相互分合流设计

参考答案

1. A　2. A　3. A　4. B　5. B　6. D　7. C　8. A　9. B　10. ABD
11. AC　12. ABC　13. BCD

第五节　道路与铁路、乡村道路及管线交叉

依据规范

《公路工程技术标准》(JTG B01—2014)
《城市道路工程设计规范》(CJJ 37—2012)(2016年版)
《公路路线设计规范》(JTG D20—2017)
《城市道路交叉口设计规程》(CJJ 152—2010)

重点知识

一、熟悉道路与铁路交叉

1. 道路与铁路平面交叉

1)设置位置

道路与铁路平面交叉(道口)的位置,宜选在双方均为直线的地段,或平、纵线形技术指标高且通视良好的地段。不得设置在铁路站场、道岔、桥头、隧道洞口及调车作业的地段附近。

2)设计要点

(1)道路与铁路平面交叉道口处宜为正交。公路与铁路必须斜交时,交叉角度应大于45°;城市道路与铁路斜交时,交叉角宜大于60°,特殊困难时,应大于45°,且道口应符合侧向瞭望视距的规定。道路与铁路平交时,应优先设置自动信号控制或有人值守道口。

(2)道路与铁路平面交叉时,道路线形应为直线。直线段从最外侧钢轨外缘算起应大于或等于50m。

(3)相交道路的纵断面设计,道口两侧应设置平台,自最外侧钢轨外缘到最近竖曲线切点间的平台应符合下列规定:

①道口平台的长度视道路上坡或下坡和通行车辆种类而定。当为上坡时,缓坡段的长度(从钢轨外侧边缘至竖曲线距离)一般为16m,若通行铰接车或拖挂车则应为20m;当为下坡时,缓坡段长度至少为18m,通行铰接车最好为25m,并应满足设计速度的要求。

②平台纵坡度应小于或等于0.5%。

③紧接道口平台两端的道路纵坡度不应大于表6-5-1规定的数值。

紧接道口平台两端的道路纵坡度(%) 表6-5-1

道路类型	机动车与非机动车混合车道	机动车道
一般值	2.5	3.0
限制值	3.5	5.0

(4)相交道路横断面设计。

道口铺面宽度不应小于相交道路车行道和人行道宽度之和。困难条件下,人行道部分铺面宽度可按高峰小时人流量确定。但每侧宽度不得小于1.5m。特殊情况还应符合下列规定:

①利用边沟排水的道路,道口宽度应与道路路基同宽。

②当道口宽度超过20m,不能采用标准栏木时,应与铁路有关部门协商处理。有困难时可局部变更道路横断面形式以增加栏木支撑点,但不得压缩各种车行道与人行道宽度。断面变更处两端应按规定设过渡段。

③道口铺面沿道路方向的铺砌长度应延伸至最外侧钢轨外0.5~2.0m。

(5)道口铺面高程应等于轨面高程。

道口处有两股或两股以上铁路线时,不宜有轨面高程差。困难条件下两线轨面高程差不应大于10cm;线间距大于5m的并肩道口中,相邻两线轨面高程形成的道路纵坡度不应大于2%。

(6)平面视距。

平面交叉的道口应设置在汽车瞭望视距不小于表6-5-2规定值的地点,瞭望视距为汽车驾驶员在距道口相当于该级公路停车视距并不小于50m处,能看到两侧铁路上火车的范围。受地形等条件限制汽车在距铁路最外侧轨距5m处停车后,汽车驾驶员的侧向瞭望视距小于表6-5-2中数值规定的交叉口必须设置看守。

汽车瞭望视距 表6-5-2

路段旅客列车设计行车速度(km/h)	120	100	80
汽车瞭望视距(m)	400	340	270

在无人看守或未设自动信号的道口,为了行车安全,应保证各级道路的停车视距要求,并且在距离交叉口不得小于50m的范围内就能看到两侧不小于表6-5-2规定距离以外的火车。在视距三角形范围内(图6-5-1),所有一切障碍物都必须清除干净,以保持良好的通视条件。

(7)道口路面。

道口处铁路钢轨两侧20m的范围内(包括钢轨之间),道路应铺砌坚固又易于翻修的路面,如预制混凝石块、条石等,并与轨顶同高。对于通行电气机车或其他通有电路的钢轨,为避免电路发生短路和触电危险,进口路面应高出钢轨顶面约2cm。

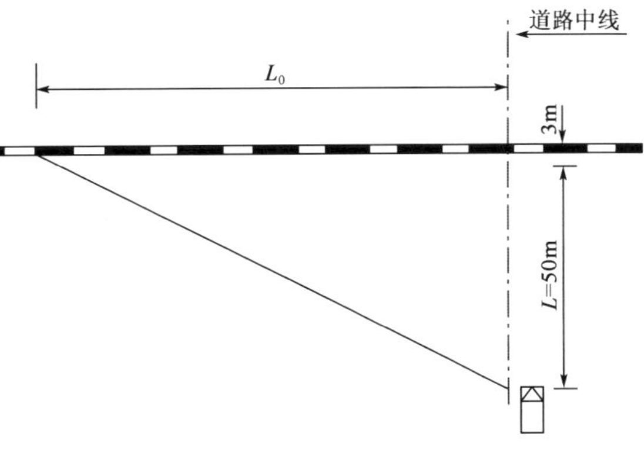

图6-5-1　视距三角形

2. 道路与铁路立体交叉

1)设置条件

一般根据道路与铁路的等级、交通量(年客货量)、安全、经济等因素综合确定是采用平面交叉还是立体交叉。原则上优先考虑设置立体交叉。道路与铁路交叉时,新建项目应首选立体交叉;高速公路、一级公路和城市快速路与铁路交叉时,必须设置立体交叉。其他各级道路与铁路交叉,符合下列情况之一者,应设置立体交叉。

(1)行驶有轨电车或无轨电车的道路与铁路交叉时。

(2)主干路、次干路、支路与铁路交叉,当道口交通量大或铁路调车作业繁忙时。

(3)各级道路与旅客列车设计行车速度大于或等于120km/h的铁路交叉。

(4)当受地形等条件限制,采用平面交叉危及行车安全时。

(5)道路与铁路交叉,机动车交通量不大,但非机动车和行人流量较大时,可设置人行立体交叉或非机动车与行人合用的立体交叉。

(6)各级道路与城市轨道交通线路交叉时,必须设置立体交叉。

2)道路与轨道交通立体交叉的建筑限界规定

(1)道路下穿时,道路的建筑限界应符合《城市道路交叉口设计规程》(CJJ 152—2010)第3.4节的要求。

(2)道路上跨时,轨道交通的建筑限界应符合现行铁路和城市轨道交通建筑限界标准的要求。

3)设计要求

道路与铁路立体交叉范围内的平、纵面线形,应分别符合道路与铁路路线设计的有关要求,并注意以下平、纵面设计要点。

(1)公路与铁路立体交叉宜选在双方线形均为直线的地段,或平、纵线形技术指标高且通视良好的地段。

(2)公路与铁路立体交叉,以正交为宜。受地形条件或其他特殊情况限制必须斜交时,应结合公路、铁路的线形条件,尽量设置较大的交叉角度。

(3)高速公路、一级公路与铁路交叉,在考虑铁路对立交桥设置要求的同时,其立交位置应符合该路段公路平、纵线形设计总体布局,使线形连续、均衡、顺适,不得在该局部地段降低技术指标。

(4)公路与铁路立体交叉的改建工程,应根据公路网规划确定公路技术等级、交叉位置等。由于改善交叉角或移位而改线时,其路线的平、纵技术指标不得低于相衔接路段的一般值,更不得采用相应公路技术等级的最小值。

(5)公路与铁路立体交叉的公路引道范围内,不得设置公路平面交叉。

(6)公路与铁路立体交叉范围内的公路视距要求为:高速公路、一级公路应满足停车视距;二级、三级、四级公路应满足会车视距。

4)设计要点

(1)道路上跨铁路时的设计要点

①公路跨线桥的跨径与净高必须符合 1435mm 标准轨距铁路建筑限界的规定。

②道路跨线桥的跨径与布孔应根据地形、地质、桥下净空、铁路排水体系、沿铁路敷设的专用管线位置等综合确定。

③道路上跨电气化铁路时,其跨线桥结构形式应按不中断电力输送的施工工艺与方法确定,避免危及道路施工和铁路行车的安全。

④公路跨线桥及其引道的排水系统应自成体系排除。跨线桥桥面雨水不得直接排至铁路建筑限界范围内。

⑤四车道及其以上的道路上跨铁路时,考虑到公路、铁路弯、坡、斜及超高的因素,应对跨线桥四个周边的铁路建筑限界予以检核。

⑥公路跨越铁路跨线桥应设防撞护栏和防落网。

(2)铁路上跨道路时的设计要点

①铁路跨线桥的跨径与净高必须符合道路建筑限界的规定。

②铁路在跨越二、三、四级公路时,严禁在行车道上设置中墩;铁路跨越四车道高速公路时,不得在中间带设置中墩;铁路跨越六车道及其以上高速公路时,若须在中间带设置中墩时,中墩两侧必须设防撞护栏,并留足设置防撞护栏和护栏缓冲变形的安全距离。

③铁路跨线桥所跨越的宽度应包括该路段道路标准横断面宽度及其附属的变速车道、爬坡车道、边沟等的宽度。

④铁路跨线桥的跨径与布孔应留有足够的侧向余宽,不得将墩、台设置在道路排水沟以内,并满足道路视距和对前方道路识别的要求,不能满足时应设置边孔。

⑤铁路跨越公路时,其铁路跨线桥应设置防落网。

⑥铁路跨线桥及其引道的排水系统应自成体系排除,跨线桥桥面雨水不得直接排至道路建筑限界范围内。

二、了解道路与乡村道路交叉

乡村道路泛指位于村镇之间供机动车、非机动车及行人通行的非等级道路。乡村道路分为机动车通行道路和非机动车与行人通行道路两类,其中前一类又可分为通行汽车道路和通行农机的机耕道路两种。与乡村道路交叉主要是对公路而言,城市道路一般不与其交叉。

1. 交叉间距

各级道路与乡村道路交叉,其间距应对地方道路现状和规划及经济发展进行认真调查后确定。一般应根据公路等级对交叉有所控制,充分考虑沿线土地开发、群众生产和生活需要,兼顾交叉对道路通行能力、服务水平和投资的影响,确定合适的交叉间距。

高速公路、一级公路与乡村道路交叉时,其间距应根据路线总体设计而定,必要时合并相邻乡村道路,减少交叉数量。在乡村道路密集地区,当道路交通量较大时,可采取设置分隔带和辅道等必要措施,减少交叉的数量及隔离非机动车交通,以提高公路的通行能力和服务水平。

2. 交叉形式

(1)高速公路与乡村道路相交叉必须设置通道或天桥;一级公路与乡村道路相交叉宜设置通道或天桥;二级、三级公路与乡村道路相交叉应设置平面交叉,四级公路与乡村道路相交宜设置平面交叉,地形条件有利或公路交通量大时宜设置通道或天桥;二级、三级、四级公路与乡村道路相交时,应对其交叉范围一定长度的路段进行改造,使其达到四级公路的标准;二级及二级以上公路位于城镇或人口稠密的村落或学校附近时,宜设置专供行人横向通道的人行地道或人行天桥。

(2)乡村道路与公路相交,符合下列情况者应对乡村道路进行改线。改线段的平、纵技术指标不应低于原有乡村道路,并不得采用四级公路的极限值。

①交叉角小于60°。

②按规划或交叉总体设计对交叉予以合并或调整交叉位置。

③交叉处的地形、地质、视距或原乡村道路平面线形不适宜设置交叉。

④改造原平面交叉其工程量增加较大。

3. 平面交叉设计要点

(1)平面交叉以正交为宜。当必须斜交时,其交叉的锐角应不小于70°;受地形条件或其他特殊情况限制时,应不小于60°。

(2)交叉处公路两侧的乡村道路直线长度应都不小于20m。

(3)交叉处公路两侧的乡村道路应分别设置不小于10m的水平段或缓坡段,缓坡段的纵坡应不大于2%。紧接水平段或缓坡段的纵坡不应大于3%,困难地段不应大于6%。

(4)平面交叉处应使驭手或驾驶员在距交叉处20m时,能看到两侧二、三级公路停车视距并不小于50m范围内的汽车,如图6-5-2所示。视线范围内不得有障碍物。

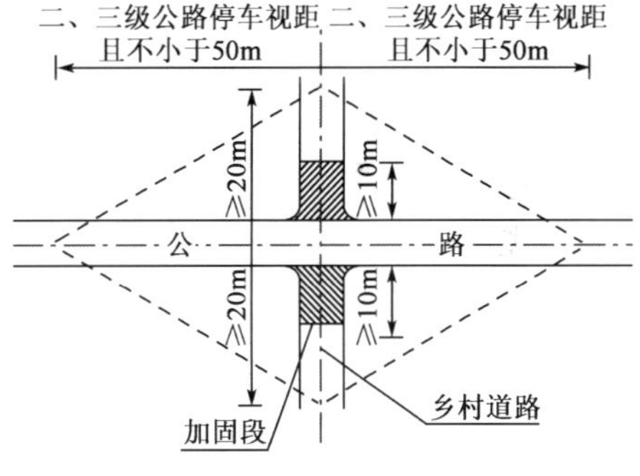

图6-5-2 乡村道路平面交叉视距三角形和加固段

(5)经常有履带耕作机械通行时,交叉范围内的公路路面、路肩应进行加固。公路路基边缘外侧的乡村道路应各有不小于10m的加固段。

4. 立体交叉设计要点

道路与乡村道路的立体交叉,即通道或天桥,应根据地形及公路纵断面设计等情况而定。平原地区一般以乡村道路下穿主要公路为宜,即采用通道;丘陵区和山区则结合地形和公路纵断面设计,合理确定上跨或下穿方式,采用天桥或通道。当条件适宜时,亦可利用平时无水或流量很小的桥涵作通道,并作相应的工程处理。

1)通道设计要点

(1)通道的间隔以400m左右为宜,农业机械化程度高的地区间隔宜适当加大。

(2)通道的交叉角以垂直为宜。必须斜交时,其交叉的锐角应不小于60°;受地形条件或其他特殊情况限制时,应不小于45°。

(3)通道处的乡村道路平面线形宜为直线,其两侧的直线长度应不小于20m。

(4)通道处的乡村道路纵面线形应为直坡,宜不大于3%,构造物不应设于凹形竖曲线底部。通道应采用自流排水方式做好排水设计。

(5)通道的净空包括净高和净宽。通道的净高按通行种类,农用汽车、拖拉机和畜力车、行人分别不小于3.2m、2.7m、2.2m。通道的净宽按交通量和通行农业机械类型选用大于或等于4m 的宽度;通道过长或敷设排水渠时,视情况增宽;人行通道的净宽应大于或等于4m。

2)天桥设计要点

(1)主要公路为路堑地段或地形条件有利时可设置天桥,并以垂直交叉为宜,其主要技术指标参照四级公路相关标准执行,桥面净宽应不小于4.5m。

(2)天桥的车道荷载等级应采用公路-Ⅱ级。为防止超载车辆通行,应设置标志等设施。

(3)跨越高速公路 、一级公路的天桥,应设防撞护栏和防落网。

(4)天桥的桥面雨水不得直接排至公路路面。

(5)人行天桥的净宽应不小于3m。

三、了解道路与管线交叉

不论城市或乡村,常有各种管线,从道路上空跨过或从路面下穿过或利用交叉口跨线桥通过,形成道路与各种管线交叉的问题。为保证道路交通安全和不损坏道路设施,也为了保护各种管线得到正常的使用,对道路管线的交叉应有合理的设计布置。

当道路与管线交叉时应尽量正交,必须斜交时交叉角不宜小于45°,各种管线均不得侵入道路建筑限界,也不得妨碍公路交通安全和损害公路设施。

1.道路与架空送电线路交叉

为确保行车安全和架空送电线路的正常使用,架空送电线路须按行业规范合理布置,并满足最小净空高度要求。公路与架空输电线路相交,以正交为宜,必须斜交时,其交叉的锐角应大45°。公路从架空输电线路下穿过时,应从导线最大弧垂点与杆塔间通过,并且输电线路导线与公路交叉处距离路面不小于表6-5-3 的规定。

架空输电线路导线与路面的最小垂直距离 表6-5-3

架空输电线路标称电压(kV)	35~110	154~220	330	500	750	1000		±800 直流
						单回路	双回路 逆相序	
与路面最小垂直距离(m)	7.0	8.0	9.0	14.0	19.5	27.0	25.0	21.5

2. 道路与地下管线交叉

道路与地下管线交叉时,应以地下管网规划为依据,并应近远期结合,对各种管线综合考虑,合理确定其位置与高程。

重要平面交叉、立体交叉、广场或水泥混凝土等刚性路面下,应预埋过街管或预留沟,其结构强度应满足道路施工荷载和路面行车荷载的要求。

(1)埋式电缆:埋式电缆有电力和电信电缆两种。

对埋式电力电缆应该用管道保护,管顶到路面基底的深度应不小于1.0m。对埋式电信电缆,二级以上公路应用管道保护,管顶到路面基底的深度一般不小于1.0m,受限制时应不小于0.8m;三、四级公路不需管道保护,缆顶到路面基底不小于0.8m,受限制时应不小于0.7m。埋式电缆距排水沟底应不小于0.5m。

(2)地下管道:公路与原油、天然气输送管道交叉时,应取垂直交叉。必须斜交时,交叉锐角不应小于60°。

公路与原油、天然气输送管道接近时,油、气管道防护带外缘距公路用地范围外侧边缘线之间必须留足表6-5-4规定的安全距离。

公路与油、气管道接近时安全距离 表6-5-4

管道	高速公路 一级公路	二、三、四级公路		
		路基	大、中桥	小桥
输油管道(m)	100	10	100	50
输气管道(m)	100	20	100	50

3. 道路与渠道交叉

无论是地上渡槽或渠道,与道路都宜正交,必须斜交时其交叉锐角应不小于45°。

上跨道路的渡槽底面距路面高度应大于等于5m,渡槽墩台应与车行道部分保持足够的安全距离。下穿的渠道按涵洞要求设计。

考点分析

道路与铁路、乡村道路及管线交叉是交叉工程的重要组成部分,本节大纲要求掌握道路与铁路交叉的设置条件和设置要点,道路与乡村道路交叉形式和设计要点,及道路与管线的交叉设计要点。重点考查规范规定的相关内容的理解和掌握,内容相对比较集中。

例题解析

例1 公路与铁路平面交叉时,交叉角度最小应大于多少度? ( )

(A)30° (B)45° (C)60° (D)70°

分析

根据《公路工程技术标准》(JTG B01—2014)9.3.5规定,公路、铁路平面相交时,宜为正交;必须斜交时,交叉角度应大于45°。故本题选B。

例2 公路与乡村道路交叉的通道净空包括净高和净宽,其中通行拖拉机和畜力车时净

高要求是多少？（　　）

（A）≥2.7m　　（B）>2.7m　　（C）≥3.2m　　（D）>3.2m

分析

《公路路线设计规范》（JTG D20—2017）12.4.4 规定，通行通行拖拉机和畜力车时净高要求≥2.7m；通行农用汽车时净高要求≥3.2m。故本题选 A。

例 3　公路从 220kV 的架空送电线路下穿时，应从导线最大弧垂与杆塔间通过，架空送电线路距路面的最小垂直距离是多少？（　　）

（A）7m　　（B）8m　　（C）9m　　（D）14m

分析

由《公路路线设计规范》（JTG D20—2017）12.5.2 可知，当架空数显线路标称电压为 154～220kV 时，距路面最小垂直距离为 8m。故本题选 B。

例 4　当铁路上跨公路时，可以在路幅范围内设置中墩的公路是哪个选项？（　　）

（A）四车道一级公路　　（B）二级公路

（C）六车道一级公路　　（D）四车道高速公路

分析

《公路路线设计规范》（JTG D20—2017）10.1.3 规定，铁路跨越二级公路、三级公路、四级公路时，严禁在行车道上设置中墩。铁路跨越四车道高速公路、一级公路时，不得在中间带设置中墩。铁路跨越六车道及以上高速公路、一级公路时，必须在中间带设置中墩时，中墩两侧必须设防撞护栏，并留足设置防撞护栏和护栏缓冲变形的安全距离。故本题选 C。

例 5　城市各级道路与哪种类型的城市轨道交通交叉，可不设置立体交叉？（　　）

（A）轻轨　　（B）单轨

（C）有轨电车　　（D）地铁

分析

《城市道路工程设计规范》（CJJ 37—2012）8.2.2 条文说明规定，因城市轨道交通行车间隔时间短，车流密集，为了保证轨道与道路的通行安全，要求城市各级道路与除有轨电车外的城市轨道交通路线交叉时，必须设置立体交叉。故本题选 C。

例 6　在无人值守或设置自动信号的平交道口，路段旅客列车设计行车速度为 80km/h 时，机动车驾驶员侧向的最小瞭望视距是多少？（　　）

（A）340m　　（B）270m　　（C）240m　　（D）190m

分析

根据《城市道路工程设计规范》(CJJ 37—2012)8.3.4 规定,本题选 B。

例 7 关于公路与铁路立体交叉范围内的公路视距要求,哪些公路只需满足停车视距的要求? ( )

(A)高速公路 (B)一级公路 (C)二级公路 (D)专用公路

分析

《公路路线设计规范》(JTG D20—2017)12.2.4 规定,公路与铁路立体交叉范围内的公路视距要求为:高速公路、一级公路应满足停车视距;二级、三级、四级公路应满足会车视距。故本题选 AB。

例 8 关于管线与各级公路交叉的要求,哪些说法是正确的? ( )

(A)与高速公路、一级公路相交时,应设置地下通道(涵)或套管

(B)与高速公路、一级公路相交时,必须设置地下专用通道

(C)与二级、三级、四级公路相交时可设置保护套管等措施

(D)与二级、三级、四级公路相交时应设置保护套管等措施

分析

《公路路线设计规范》(JTG D20—2017)12.5.6 条文说明规定:本次修订在原《标准》(2014)对应修订成果的基础上,综合考虑当前管道施工工艺和技术的发展(主要是顶管法施工工艺),无论是管道施工期间,还是后期检查与维护,均无需开挖公路路基,对公路正常通行影响小等情况,明确要求管线与高速公路、一级公路交叉时可采用专用通道(涵)或套管等方式。故本题选 AD。

自测模拟

(第 1~3 题为单选题,第 4 题为多选题)

1. 公路与铁路平面交叉时,道口两侧水平路段的纵坡度的限制值是多少? ( )

(A)2.0% (B)2.5%

(C)3.0% (D)3.5%

2. 一级公路于铁路立体交叉范围内的公路应满足的视距要求是哪一项? ( )

(A)停车视距 (B)会车视距

(C)错车视距 (D)超车视距

3. 城市道路桥梁上应禁止敷设哪种管线? ( )

(A)压力大于0.4MPa的煤气管线和10kV以上的高压电缆
(B)压力大于0.5MPa的煤气管线和10kV以上的高压电缆
(C)压力大于0.4MPa的煤气管线和35kV以上的高压电缆
(D)压力大于0.5MPa的煤气管线和35kV以上的高压电缆

4.公路与乡村道路交叉时,关于平面交叉设计的说法,正确有哪几项? (　　)
(A)交叉处公路两侧的乡村道路直线长度应各不小于20m
(B)交叉处公路两侧的乡村道路设置缓坡段的纵坡应不大于2%
(C)受地形条件限制时,交叉角度应不小于60°
(D)交叉范围内的路肩必须进行加固

参考答案

1.C　2.A　3.A　4.ABC

第七章　交通工程及沿线设施

7　交通工程及沿线设施

7.1　一般规定

7.1.1　了解交通工程概况，研究范围、内容和目的。

7.2　交通安全设施

7.2.1　掌握交通安全设施的种类、作用和设置条件。

7.2.2　熟悉道路交通标志、标线、防护设施及其他附属设施的内容、作用、分类和设置原则。

7.2.3　熟悉城市道路交通安全设施的种类、作用和设置方法。

7.3　服务设施

7.3.1　掌握服务设施的种类、作用和设置条件。

7.3.2　掌握城市广场、停车场设计。

7.4　管理设施

7.4.1　掌握管理设施的种类、作用和设置条件。

复习笔记

第一节　概　　述

依据规范

《公路工程技术标准》(JTG B01—2014)

10.1　一般规定

《城市道路工程设计规范》(CJJ 37—2012)

14.1　一般规定

14.2　交通安全设施

14.3　交通管理设施

重点知识

一、了解公路交通工程及沿线设施的概况

1. 公路交通工程及沿线设施设计的一般规定

(1)交通工程及沿线设施的建设规模与标准应根据公路网规划、公路的功能、等级、交通量、运营条件等综合论证确定。

(2)交通工程及沿线设施的总体设计应符合公路总体设计的要求,相互匹配,协调统一,充分发挥公路的整体效益。

(3)交通工程及沿线设施应按照“保障安全、提供服务、利于管理”的原则进行设计。

2. 公路交通工程及沿线设施设计主要内容

公路交通工程及沿线设施包括交通安全设施、服务设施和管理设施三种,各项设施应按统筹规划、总体设计的原则配置,并应结合交通量的增长与技术发展状况等逐步补充、完善。

二、了解城市道路交通设施的概况

1. 城市道路交通设施的作用

城市道路交通设施的作用在于组织、管理、指导交通的运行,向机动车与非机动车的驾驶人员提示运行路线的环境条件,指示在具体情况下对运行操纵状态的限制,以保障交通安全、通畅、迅速地行驶。交通设施应针对城市道路布局、交通情况、道路现状,并根据国家规定的交通管理规则采取的运行管理措施,选择设置适当的设施。各种设施应互相配合使用。

2. 城市道路交通设施的组成

城市道路交通设施包括道路交通安全设施、道路交通管理设施、公共交通设施和公共停车

场和城市广场。道路交通安全设施包括标志、标线、隔离和防护设施；道路交通管理设施包括信息采集、交通异常自动判断、交通监视、诱导、主线及匝道控制、信息处理及发布等措施。城市道路交通设施的主要组成如图 7-1-1 所示。

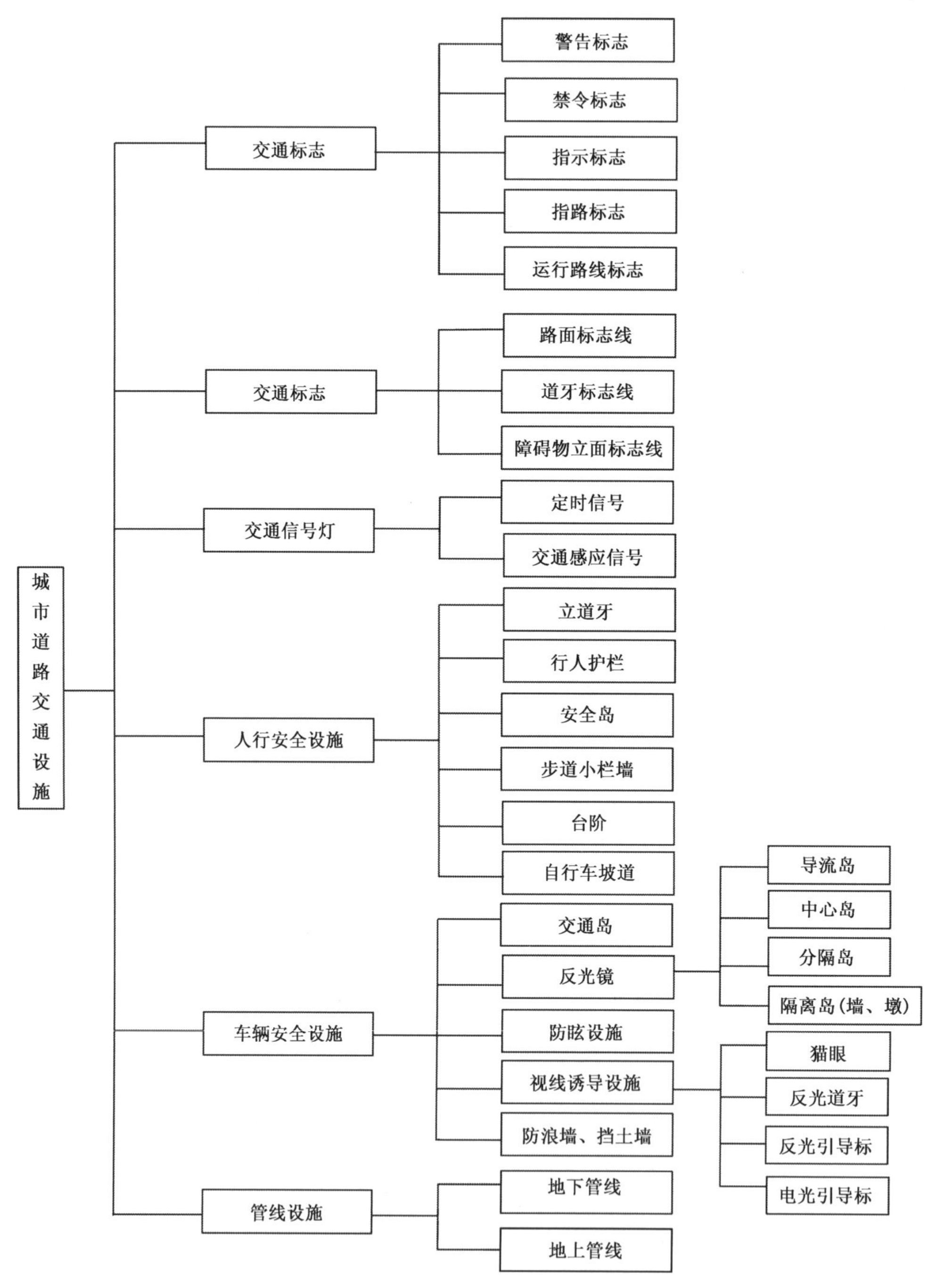

图 7-1-1　城市道路交通设施的组成图

3. 城市道路交通安全及管理设施的等级与适用范围

城市道路交通安全及管理设施的等级与适用范围见表 7-1-1。

城市道路交通安全及管理设施的等级与适用范围　　表 7-1-1

交通安全和管理设施等级	适用范围
A	快速路、中、长、特长隧道及特大型桥梁
B	主干路
C	次干路
D	支路

考点分析

公路交通工程及沿线设施和城市道路交通设施是道路的重要组成部分，了解设施的组成、内容等基础知识是本节的重点。

例题解析

例 1　关于公路交通工程及沿线设施的设计，下列哪个说法是错误的？　（　　）

(A)确定某公路交通工程及沿线设施的建设规模与标准时，应考虑该公路的功能、等级、交通量、运营条件，而与公路网规划无关

(B)交通工程及沿线设施工总体设计应符合公路总体设计的要求

(C)交通工程及沿线设施的设计应遵循“保障安全、提供服务、利于管理”的原则

(D)进行公路交通工程及沿线设施的配置，最重要的是做好前期的总体规划设计

分析

交通工程及沿线设施的建设规模与标准应根据公路网规划、公路的功能、等级、交通量、运营条件等综合论证确定。故本题选 A。

例 2　在城市道路设计中不需要考虑设置下列哪一项交通设施？　（　　）

(A)地下管线　　(B)挡土墙

(C)动物通道　　(D)安全岛

分析

城市道路交通设施包括交通标志、交通标线、交通信号灯、人行安全设施、车辆安全设施和管线设施。地下管线属于管线设施，挡土墙属于车辆安全设施，安全岛属于人行安全设施，动物通道属于公路交通设施。故本题选 C。

自测模拟

（第1题为单选题，第2、3题为多选题）

1. 我国城市道路交通安全及管理设施分为如下4个等级，在设计中、长隧道时应将其交通安全及管理设施确定为哪一个等级？（　　）

(A)A级　　(B)B级　　(C)C级　　(D)D级

2. A级城市道路交通设施适用于哪些项目？（　　）

(A)快速路　　(B)主干路　　(C)特大桥　　(D)中隧道

3. 公路交通安全设施设计时，应以哪些成果为基础，从公路使用者的角度出发，优先设置主动引导设施，根据需要设置被动防护设施？（　　）

(A)交通安全综合分析　　(B)施工安全风险评估结论

(C)交通安全评价结论　　(D)工程造价

参考答案

1. A　　2. ACD　　3. AC

第二节　交通安全设施

依据规范

《公路工程技术标准》(JTG B01—2014)

10.2　交通安全设施

《城市道路工程设计规范》(CJJ 37—2012)(2016年版)

14.2　交通安全设施

《高速公路交通工程及沿线设施设计通用规范》(JTG D80—2006)

5.2　标志

5.3　标线

5.4　视线诱导标

5.5　隔离栅

5.7　防眩板

5.8　护栏

《公路交通安全设施设计规范》(JTG D81—2017)

《公路交通安全设施设计细则》(JTG/T D81—2017)

4 交通标志
5 交通标线
6 护栏和栏杆
7 视线诱导设施
8 隔离栅
10 防眩设施

《道路交通标志与标线》(GB 5768.2—2009)

3.12 支撑方式
4.1 一般规定
5.1 一般规定
6.1 一般规定
7.1 一般规定
8.1 一般规定

重点知识

交通安全设施是道路的基础设施之一,是为保证行车与行人安全,充分发挥道路作用,在道路沿线所设置的交通标志、标线、防护、隔离、视线诱导等设施的总称。它起到了减轻事故严重度,排除各种纵、横向干扰,提高道路服务水平,提供视线诱导,增强道路景观等重要作用。

一、熟悉公路交通安全设施的设置

1.一般规定

(1)公路交通安全设施必须与公路土建工程同时设计,同时施工,同时投入生产和使用。

(2)公路交通安全设施的总体设计应在重复收集项目及所在路网规划、技术规定、设计图纸和交通安全评价结论,以及现场调研的基础上进行。

(3)公路改扩建交通安全设施的总体设计还应包括项目和路网特征分析、设计目标、设置规模、结构设计标准、设计协调与界面划分等内容。公路改扩建交通安全设施的总体设计还应根据既有公路调查与综合分析的结论,包括既有设施的再利用方案和临时交通安全设施的设计方案等。

2.设置规模

(1)主要干线公路应根据本规范的规定设置系统、完善的交通标志、标线、视线诱导设施、隔离栅、必须的防落网和防眩设施;桥梁与高路堤路段必须设置路侧护栏;整体式断面中间带宽度小于或等于12m时,必须连续设置中央分隔带护栏;不同形式的护栏连接时,应进行过渡段设计;中央分隔带开口处必须设施开口护栏;出口分流三角段应设置防撞垫。

(2)次要干线公路应根据规范的规定设置完善的交通标志、标线、视线诱导设施,以及必须的隔离栅、防落网;桥梁与高路堤路段必须设置路侧护栏;一级公路整体式断面中间带宽度小于或等于12m时,必须连续设置中央分隔带护栏;不同形式的护栏连接时,应进行过渡段设计;高速公路中央分隔带开口处必须设置开口护栏;一级公路应根据需要设置防眩设置。

(3)主要集散公路应根据规范的规定设置较完善的交通标志、标线及必须的视线诱导设施、隔离栅;桥梁与高路堤路段必须设置路侧护栏;一级公路整体式断面中间带应设置保障行车安全的隔离设施。

(4)次要集散公路应根据规范的规定设置较完善的交通标志、标线及必须的视线诱导设施;桥梁与高路堤路段应设置路侧护栏。

(5)支线公路应根据规范的规定设置交通标志,在视距不良、急弯、陡坡等路段应设置交通标线及必须的视线诱导设施;路侧有不满足计算净区宽度要求的悬崖、深谷、深沟、江河湖海等路段应设置路侧护栏。

(6)公路连续长、陡下坡路段,应根据规范的规定并结合交通安全综合分析的结果论证是否设置避险车道。设置避险车道时,应设置配套的交通标志、标线及隔离、防护、缓冲等设施。

(7)风、雪等危及公路行车安全的路段,应根据规范的规定设置防风栅、防雪栅、积雪标杆等交通安全设施;根据运营管理和交通管理需求,可根据规范的规定设置限高架、减速丘、凸面镜等交通安全设施。

二、熟悉道路交通标志的设置

1. 道路交通标志的主要作用

1)控制和疏导交通

交通标志对道路和桥梁上的交通流起着调节、控制和疏导的作用。另外,它还是实施交通组织的重要的必备设施。

2)维护交通秩序

道路交通标志提醒车辆和行人在通行上所应注意的问题,指导其正确的交通行为,这对维护交通秩序、确保交通安全和畅通起着重要的作用。

3)提供交通信息

交通标志能预告行人和车辆驾驶人员前方某一桥梁、某一路段和某一地点的地理或环境状况,警告人们注意危险,以便提前采取相应的防范措施。

4)指引行进方向

交通标志可以明确地表达的方向和地名、沿途主要城镇村庄以及旅游胜地、名胜古迹和距离。减小路用者因路线不明而产生犹豫、疑虑、焦躁和烦恼等情绪,减少不必要的减速或停车与驻足。

5)执行法规的依据

交通标志既是交通参与或者进行合法交通活动的依据,又是执法人员纠正交通违章、处理交通事故、制定事故责任的依据。

2. 交通标志的分类

交通标志的分类如图 7-2-1 所示。

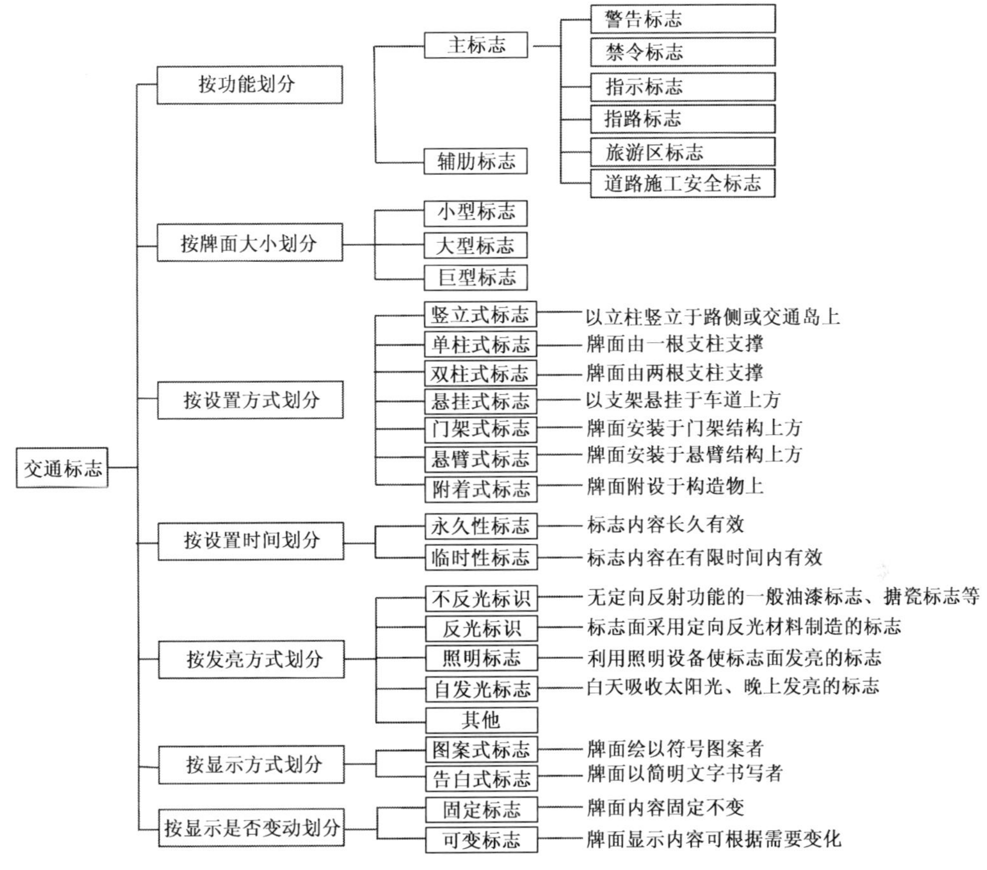

图 7-2-1 交通标志分类图

3. 交通标志的设置原则

(1)道路标志的设置应通盘考虑,整体布局。标志布设应做到连贯性、一致性,给道路使用者提供全面的资讯,满足各种道路交通信息的需要。

(2)道路标志的设置,应确保行驶的安全、快捷、通畅。标志的布设应以完全不熟悉周围路网体系的外地驾驶员为对象,通过标志的引导,能顺利、快捷地抵达目的地,不允许发生错向行驶。

(3)道路标志的位置应根据标志的类别分别计算确定,应充分考虑道路使用者对标志感知、识别、理解、行动的特性,根据速度和反应时间确定合适的设置地点。

(4)道路附属设施(如:上跨桥、照明设施、监控设施等)及路上构造物(如:电杆、电话、消火栓、广告牌、门架等)对标志视认性的影响要给予高度重视。在标志布设时要随时注意上述设施对标志板面的遮挡,以免影响标志的视认性。对行道树及中央带绿篱,在枝叶生长茂密季节,必须注意枝叶对标志视认性的影响。

(5)道路标志具有交通管理功能,具有法律效力,应根据交通管理法规及有关标准,正确、合理地设置交通标志,尽力避免由于标志设置不当对交通流造成不利影响或给管理上带来麻烦。

(6)道路标志的设置不得侵占建筑限界,保证侧向余宽。标志牌不应侵占人行道有效宽度和净空高度。

4. 交通标志的支撑方式

交通标志的支撑方式有柱式、悬臂式、门架式、附着式等4种。

1)柱式的设置要求及适用范围

(1)柱式一般有单柱式、多柱式。柱式标志内边缘不得侵入道路建筑界限,一般距车行道或人行道的外侧边缘或土路肩不小于25cm。

(2)标志板下缘距路面的高度一般为150~250cm。设置在小型车比例较大的城市道路时,下缘距地面的高度可根据实际情况减小,但不宜小于120cm。设置在有行人、非机动车的路侧时,设置高度应大于180cm。

(3)单柱式适用于中、小型尺寸的警告、禁令、指示标志和小型指路标志。

(4)多柱式适用于长方形的指示或指路标志。

2)悬臂式的适用范围

(1)柱式安装有困难。

(2)道路较宽、交通量较大、外侧车道大型车辆阻挡内侧车道小型车辆视线。

(3)视距或视线受限制。

(4)景观上有要求。

3)门架式的适用范围

(1)多车道道路(同向三车道以上)需要分别指示各车道去向。

(2)交通量较大、外侧车道大型车辆阻挡内侧车道小型车辆视线。

(3)交通流在较高运行速度下发生交织、分流和合流的路段。

(4)受空间限制,柱式、悬臂式安装有困难。

(5)出口匝道在行车方向的左侧。

(6)景观上有要求。

4)附着式的设置要点

(1)标志附着安装在上跨桥和附近的构造物上。按附着板面所处位置不同分车行道上方附着式、路侧附着式两种。

(2)标志下缘离地面的高度应大于该道路规定的净空高度。

5. 交通标志的设置位置

(1)禁令、指示标志应设置在禁止、限制或遵循路段开始的位置。部分禁令、指示标志开始路段的路口前适当位置应设置相应的指路标志提示,使被限制车辆能够提前绕道行驶。指路标志设置位置应符合每一指路标志的具体规定。

(2)警告标志设置的前置距离见表7-2-1。

警告标志设置的前置距离表 表7-2-1

速度(km/h)	减速到下列速度(km/h)											
	条件A	条件B										
	0	10	20	30	40	50	60	70	80	90	100	110
40	*	*	*	*								
50	*	*	*	*	*							
60	30	*	*	*	*							
70	50	40	30	*	*	*	*					

续上表

速度(km/h)	减速到下列速度(km/h)											
	条件 A	条件 B										
	0	10	20	30	40	50	60	70	80	90	100	110
80	80	60	55	50	40	30	*	*				
90	110	90	80	70	60	40	*	*	*			
100	130	120	115	110	100	90	70	60	40	*		
110	170	160	150	140	130	120	110	90	70	50	*	
120	200	190	185	180	170	160	140	130	110	90	60	40

注:条件 A——道路使用者有可能停车后通过警告地点,典型的标志如注意信号灯标志、交叉口警告标志、铁路道口标志等。

条件 B——道路使用者应减速后通过警告地点,典型标志如急转弯标志、连续弯路标志、陡坡标志等。

*——不提供具体建议值,视当地具体条件定。

6.警告标志设置的一般要求

(1)警告标志的颜色为黄底、黑边、黑图形。“注意信号灯”标志的图形为红、黄、绿、黑四色。“叉形符号”、“斜杠符号”为白底红图形。

(2)警告标志的形状为等边三角形或矩形,三角形的顶角朝上。

7.禁令标志设置的一般要求

(1)禁令标志设置于禁止、限制及相应解除开始路段的起点附近。

(2)对于车辆如未提前绕行则无法通行的禁令标志设置的路段,应在进入禁令路段的路口前或适当位置设置相应的预告或绕行标志。

(3)除特别说明外,禁令标志上不允许附加图形、文字。

(4)禁令标志的颜色,除个别标志外,为白底、红圈,红杠,黑图形。圆形压杠。

(5)禁令标志的形状为圆形,但“停车让行标志”为八角形,“减速让行标志”为顶角向下的倒等边三角形。

8.指示标志设置的一般要求

(1)指示标志的颜色,除个别标志外,为蓝底、白图形。

(2)指示标志的形状分为圆形、长方形和正方形。

(3)指示标志设置于指示开始路段的起点附近。

(4)有时间、车种等规定时,应用辅助标志说明。除特别说明外,指示标志上不允许附加图形。附加图形时,原指示标志的图形位置不变。

9.指路标志设置的一般要求

(1)指路标志的颜色,除特别说明外,一般道路指路标志为蓝底、白图形、白边框、蓝色衬边;高速公路和城市快速路指路标志为绿色、白图形、白边框、绿色衬边。

(2)指路标志的形状,除个别标志外,为长方形和正方形。

(3)指路标志信息依据重要程度、道路等级、服务功能等因素分层:

①A 层信息:指高速公路、国道、城市快速路,直辖市、省会、自治区首府等控制性城市,及其他本区域内相对重要的信息。

②B 层信息:指省道、城市主干路,县及县级市,及其他本区域内相对较重要的信息。

③C 层信息:指县道、乡道、城市次干路、支路,乡、镇、村,及其他本区域内的一般信息。

④根据地区特点,可继续下分。

(4)指路标志信息选用应遵循以下原则:

①关联、有序;

②便于不熟悉路网的道路使用者顺利到达目的地;

③信息量适中:一块指路标志版面中,各方向指示的目的地信息数量之和不宜超过 6 个;一般道路交叉口预告标志和交叉路口告知标志版面中,同一方向指示的目的地信息数量不应超过 2 个,同一方向需选取两个信息时,应在一行或两行内按照信息由近及远的顺序由左至右或由上至下排列。

10. 旅游区标志设置的一般要求

(1)旅游区标志的颜色为棕底、白字(图形)、白边框、棕色衬边。

(2)旅游区标志的形状为矩形。

三、熟悉道路交通标线的设置

1. 交通标线的主要作用

1)实行交通分离

可实行车辆与行人的分离,机动车与非机动车的分离。在机动车中,实行大型车与小型车的分离,上行车与下行车的分离,转弯车与直行车的分离等。此类标记为车行道中心线、车道分界线、导向车道线、人行横道线和导向箭头等。

2)渠化交叉路口交通

可在平交路口组织渠化交通,引导行人和各种车辆按标线所示位置、方向、路线行进,以疏导交通流,减少冲突点,控制冲突角,提高路口的通行能力,保障交通安全。此类标记如导流标线、中心圈、左转弯导向线、停车线、减速(或停车)让行线等。

3)提示前方路况,保障交通安全

可将前方道路状况和特点明显化,并将其主要方面突现出来,以引起驾驶人员的特别注意。同时起到了指引作用和警示作用,利于确保行车安全。此类标记如路面文字标记、导向箭头、立面标记、车行道边缘线、突起路标和路边线轮廓标等。

4)守法和执法的依据

既是交通行为规范的具体化和形象化,又可以其为据对交通违章与交通事故进行公正的处理,既是遵守交通法规的依据,又是执行交通法规的依据。

2. 交通标线的分类

交通标线的分类如图 7-2-2 所示。

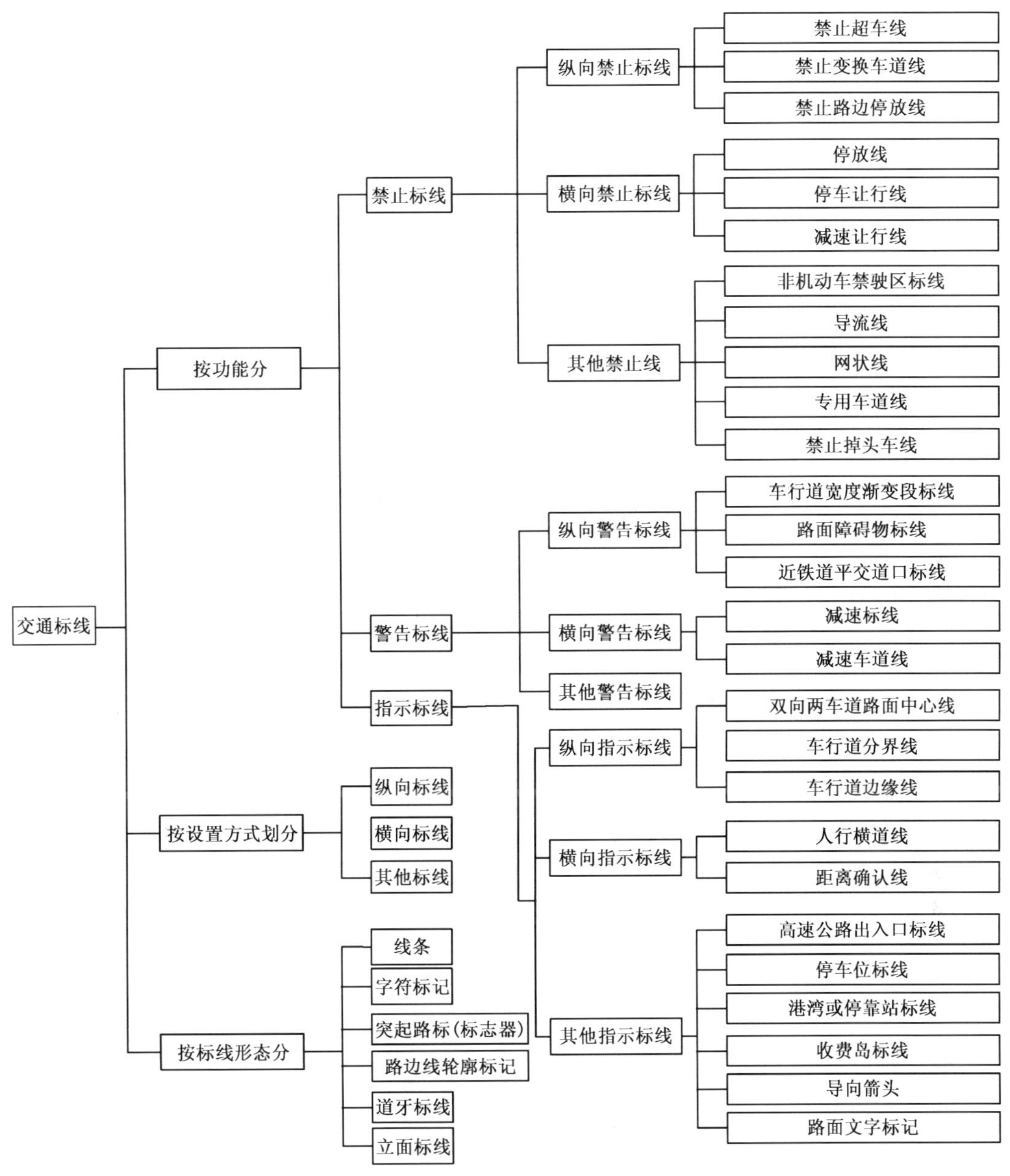

图 7-2-2　交通标线分类图

3. 交通标线的设置条件

高速公路、一级公路、二级公路和城市快速道路与干道,应按标准规定设置交通标线,其他道路可根据需要设置。为优先解决混合交通问题,在一般道路上,可优先考虑设置机动车道和非机动车道的分界线。

4. 交通标线的使用要求和规定

交通标线的使用要求和规定见表 7-2-2。

交通标线的使用要求和规定　　表 7-2-2

交通标线	使用要求和规定
行车道中心线	用来分隔对向行驶的交通流。一般设在车行道中线上,但也不限于一定设在道路的几何中心线上。凡路面宽度可划二条机动车道的双向行驶的道路,原则上应划中心线
中心单虚线	表示在安全的情况下,车辆在超车和向左转弯时,可以越线行驶。凡上下行方向各只有一条或两条车道(一条机动车道和一条非机动车道)的道路,一般均应划中心虚线
中心单实线	表示不准车辆跨线超车,或压线行驶。凡上下行方向各只有一条或两条车道(一条机动车道和一条非机动车道)的道路,在视距受限制的竖曲线、平曲线、车行道宽度渐变路段、交叉口驶入段、接近人行横道线的路段及禁止超车的路段,均应划中心单实线
中心双实线	为二条平行的实线。表示严格禁止车辆跨线超车或压线行驶。凡上下行方向各有两条或两条以上机动车道而没有设置中央分隔带的道路,应划中心双实线
中心虚实线	为一条实线和一条与其平行的虚线。表示实线一侧禁止车辆越线超车或向左转弯,虚线一侧准许车辆越线超车或向左转弯。双向通行的三条机动车道道路,以及需要实行单侧禁止超越的路段,应划中心虚实线
车道分界线	是一条用来分隔同向行驶的交通流的虚线。凡同一行驶方向的车行道有两条或两条以上车道时,应划车道分界线。划有导向车道的平面交叉路口,应划导向车道线(单实线),表示不准车辆变更车道
车道边缘线	用来表示车行道的边线。高速公路、一级公路和城市快速道路,应在路缘带内侧划实线边缘线。二级公路视线受限制的路段和划有中心单实线的路段,应划实线边缘线。其他路段可不划,或划虚线边缘线
停止线	表示车辆等候放行信号,或停车让行的停车位置。由交通信号控制和设有停车让行标志的交叉路口,均应设置停止线。停止线为一条实线,双向行驶的路口,停止线应与车行道中心线连接。单向行驶的路口,其长度应横跨整个路面
减速让行线	与"减速让行"标志共同使用。减速让行线为二条平行的虚线。双向行驶的路口,其长度应与车行道中心线连接;单向行驶的路口,其长度应横跨整个路面
人行横道线	表示准许行人横穿车行道的标线。人行横道线的设置,应根据行人横穿道路的实际需要确定。视距受限制的路段及急弯、陡坡等危险路段和车行道宽度渐变路段,不应设置人行横道线
导流线	表示车辆需按规定的路线行驶,不得压线或越线行驶。导流线主要用于过宽、不规则或行驶条件比较复杂的交叉路口,可根据交叉路口的实际情况进行设计。导流线一般为倾斜的平行实线。中心圈为圆圈实线,设在平面交叉路的中心。用以区分车辆大、小转弯,但不得压线行驶
车行道宽度渐变段标线	表示车行道宽度变化,车道数增减。车行道宽度渐变段标线的颜色,应与中心线的颜色一致。渐变段的长度一般应由路线设计时确定。渐变段前的一段中心线应划实线。在靠宽度缩窄的一侧需划实线边缘线

四、熟悉护栏的设置

1. 护栏的功能

护栏具有防止失控车辆越过中央分隔带或在路侧比较危险的路段冲出路基而发生二次事故,吸收能量,减轻事故车辆及人员的损伤程度和诱导视线等功能。

2. 护栏的分类及适用条件

1)护栏的分类及功能见表 7-2-3。

护栏的分类表　　表 7-2-3

护栏类型	结构类型及功能
波形梁护栏	属于半刚性结构,具有较强的吸收碰撞能量的能力,具有较好的视线诱导功能,能与道路线形相协调,外形美观,损坏处容易更换
缆索护栏	属柔性结构,车辆碰撞时缆索在弹性范围内工作,可以重复使用,容易修复。立柱间距比较灵活,受不均匀沉降的影响小。但施工复杂,端部立柱损坏修理困难,不适合在小半径曲线路段使用;同时它的视线诱导性较差,架设长度短时不经济
混凝土护栏	属于刚性结构,防止车辆越出路(桥)外的效果好,维修费用很低。但乘客的安全感和瞭望的舒适性较差,并有较强的行驶压迫感

2)护栏的适用条件见表 7-2-4。

各类护栏适用条件表　　表 7-2-4

设置地点 / 护栏形式	小半径弯道	需要诱导的地方	要求美观的地方	冬天积雪处	窄中央分隔带	估计有不均匀沉降的路段	需要耐腐蚀的地方	长直线路段
波形梁护栏	☆	☆	○	○	○		○	○
管梁护栏	○		○	○			○	○
箱梁护栏			○	○	☆		○	○
缆索护栏			☆	☆		☆	○	☆
混凝土护栏		○					☆	○

注:☆为最好的护栏形式;○为一般适用的护栏形式。

3. 护栏的设置条件

公路实际净区宽度与计算净区宽度不同时,应在交通安全综合分析的基础上,按照驶出路外或驶入对向车行道事故的风险确定是否设置护栏。事故严重程度和运行速度、路侧条件有关,可分成低、中、高三个等级。

(1)路侧计算净区宽度范围内有高速铁路、高速公路、高压输电线塔、危险品储藏仓库等设施时,事故严重程度等级为高,必须设置护栏。

(2)路侧计算净区宽度范围内有下列情况时,事故严重程度等级为中,应设置护栏:

①二级及二级以上公路边坡坡度和路堤高度在图 7-2-3 的 I 区、II 区阴影范围之内的路段,三级、四级公路路侧有深度 30m 以上的悬崖、深谷、深沟等的路段。

②有江、河、湖、海、沼泽等水深 1.5m 以上水域的路段。

③有 I 级铁路、一级公路等。

④高速公路、一级公路路外设有车辆不能安全越过的照明灯、摄像机、交通标志、声屏障、上跨桥梁的桥墩或桥台、隧道入口处的检修道或洞门等设施的路段。

(3)路侧计算净区宽度范围内有下列情况时,事故严重程度等级为低,宜设置护栏:

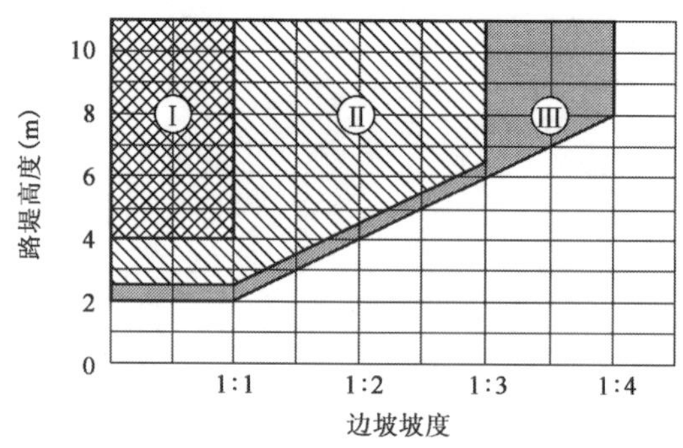

图 7-2-3　边坡坡度、路堤高度与设置护栏的关系

①二级及二级以上公路边坡坡度和路堤高度在图 7-2-3 的Ⅲ区阴影范围之内的路段，三级、四级公路边坡坡度和路堤高度在图 7-2-3 的Ⅰ区阴影范围之内的路段。

②二级及二级以上公路路侧边沟无盖板、车辆无法安全越过的挖方路段。

③高出路面或开挖的边坡坡面有 30cm 以上的混凝土砌体或大孤石等障碍物。

④出口匝道的三角地带有障碍物。

(4)高速公路和作为干线的一级公路，整体式断面中间带宽度小于或等于 12m，或者 12m 宽度范围内有障碍物时，必须设置中央分隔带护栏。中央分隔带事故严重程度可根据下列条件确定：

①中央分隔带宽度小于 2. 5m 且采用整体式护栏形式时，事故严重程度等级为高。

②符合下列条件时，事故严重程度等级为中：

a. 对双向 6 车道高速公路，或未设置左侧硬路肩的双向 8 车道及以上高速公路，中央分隔带宽度小于 2. 5m 并采用分设式护栏形式，同时中央分隔带内设有车辆不能安全穿越的障碍物的路段。

b. 对双向 6 车道及以上一级公路，中央分隔带宽度小于 2. 5m 并采用分设式护栏形式，同时中央分隔带内设有车辆不能安全穿越的障碍物的路段。

c. 不符合本条以上规定的条件时，事故严重程度为低。

(5)作为集散的一级公路，整体式断面中间带应设置保障行车安全的隔离设施。根据交通安全综合分析结果，可考虑是否设置中央分隔带护栏。

(6)高速公路和一级公路采用分离式断面时、行车方向左侧应按路侧护栏设置。一级公路平面交叉两端设置中央分隔带护栏和绿化设施时，不得影响通视三角区停车视距。

(7)桥梁护栏和栏杆：

①各等级公路桥梁必须设置路侧护栏。

②高速公路、作为次要干线的一级公路桥梁必须设置中央分隔带护栏，作为主要集散的一级公路桥梁应设置中央分隔带护栏。

③设计速度小于或等于 60km/h 的公路桥梁设置人行道(自行车道)时，可通过路缘石将人行道(自行车道)和车行道进行分离；设计速度大于 60km/h 的公路桥梁设置人行道(自行车道)时，应通过桥梁护栏将人行道(自行车道)与车行道进行隔离。

五、熟悉隔离栅的设置

1. 隔离栅的设置原则

(1)除符合下列条件之一的路段外,高速公路、需要控制出入的一级公路沿线两侧必须连续设置隔离栅,其他公路可根据需要设置:

①路侧有水面宽度超过6m且深度超过1.5m的水渠、池塘、湖泊等天然屏障路段。

②高度大于1.5m的路肩挡土墙或砌石等陡坎的填方路段。

③桥梁、隧道等构造物,除桥头、洞口需与路基隔离栅连接以外的路段。

④挖方高度超过20m且坡度大于70°的路段。

(2)隔离栅遇跨径小于2m的涵洞时可直接跨越,跨越处应进行围封。

(3)隔离栅的中心线可沿公路用地范围界限以内20~50cnn处设置。

(4)在进出高速公路、需要控制出入的一级公路的适当位置可设置便于开启的隔离栅活动门。

(5)高速公路、需要控制出入的一级公路在行人、动物无法误入分离式路基内侧中间区域时,可仅在分离式路基外侧设置隔离栅;在行人、动物可误入分离式路基内侧中间区域的条件下,应在分离式路基内侧需要的位置设置隔离栅。

(6)隔离栅的网孔尺寸可根据公路沿线动物的体型进行选择,最小网孔不宜小于50mm×50mm。

(7)隔离栅的结构设计应考虑风荷载作用下自身的强度和刚度。

2. 隔离栅的设置要求及要点

(1)隔离栅应根据地形进行设置,隔离栅顶部距地面的高度以1.5~1.8m为宜,靠近城镇区域的隔离栅高度可取高限值;在动物身高不超过50cm等人烟稀少的荒漠地区,经交通安全综合分析后隔离栅高度可降低1.3~1.5m。

(2)受地形限制、隔离栅前后不能连续设置时,可自然断开,并以此处作为隔离栅的端部。

(3)隔离栅所采用的钢构件均应采用热浸镀锌、锌铝合金涂层、浸塑以及双涂层等方法进行防腐处理。

(4)隔离栅改变方向处应做拐角设计。

六、熟悉视线诱导设施的设置

1. 视线诱导设施的类型

视线诱导标按功能可分为轮廓标、分流或汇流诱导标、线形诱导标。其中线形诱导标又可分为指示性线形诱导标和警告性线形诱导标。按其设置方式可分为直埋式和附着式两种。

2. 视线诱导设施的功能

轮廓标用以指示道路线形轮廓;分汇流诱导标用以指示交通流分合;线形诱导标用以指示或警告改变行驶方向。它们以不同的侧重点来诱导驾驶员的视线,使行车更趋安全、舒适。

3. 视线诱导设施的设置条件

1）轮廓标

（1）高速公路、一级公路的主线及其互通式立体交叉、服务区、停车区等处的进出匝道和连接道及避险车道应全线连续设置轮廓标，中央分隔带开口路段应连续设置轮廓标。二级及二级以下公路的视距不良路段、设计速度大于或等于 60km/h 的路段、车道数或车行道宽度有变化的路段及连续急弯陡坡路段宜设置轮廓标，其他路段视需要可设置轮廓标。

（2）隧道侧壁应设置双向轮廓标。隧道内设有高出路面的检修道时，在检修道顶部靠近车行道方向的端部或检修道侧壁应增设轮廓标。

（3）轮廓标应在公路前进方向左、右侧对称设置。高速公路、一级公路，按行车方向配置白色反射体的轮廓标应安装于公路右侧，配置黄色反射体的轮廓标应安装于中央分隔带。二级及二级以下公路，按行车方向配置的左右两侧的轮廓标均为白色。避险车道轮廓标颜色为红色。隧道路段、二级及二级以下公路，轮廓标宜设置为双面反光形式。

2）分汇流诱导标设置条件

分流、汇流诱导标应设置在交通流交织运行的互通式立交、服务区、停车区、公共汽车停靠站的进、出口出现分合流的地方。分流诱导标设在分流端部前方适当地点；汇流诱导标设在合流端部前方适当地点。

3）线形诱导标设置条件

（1）指示性线形诱导标应设置在一般最小半径或通视较差、对行车安全不利的曲线外侧。

（2）警告性线形诱导标应设置在公路局部施工或维修作业等需临时改变行车方向的路段。

七、熟悉防眩设施的设置

1. 防眩设施的分类

防眩设施的分类如图 7-2-4 所示。

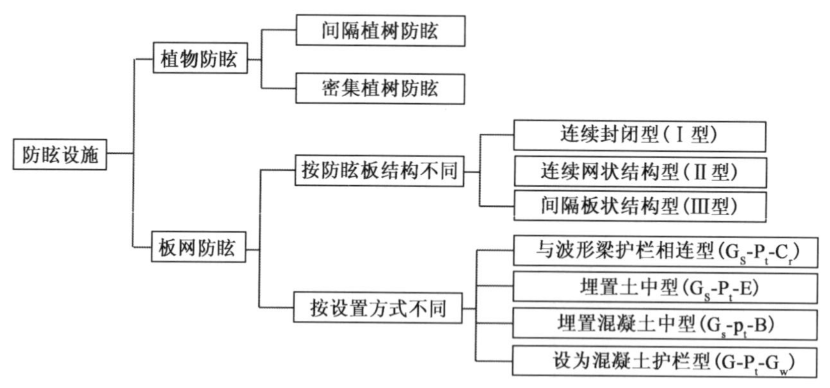

图 7-2-4 防眩设施的分类图

2. 防眩设施的设置原则

（1）高速公路、一级公路中央分隔带宽度小于 9m 且符合下列条件之一者，宜设置防眩设施：

①夜间交通量较大，且交通量中，大型货车和大型客车自然交通量之和所占比例大于或等于15%的路段。

②设置超高的圆曲线路段。

③凹形竖曲线半径等于或接近于现行标准规定的最小半径值的路段。

④公路路基横断面为分离式断面，上下车行道高差小于或等于2m时。

⑤与相邻公路、铁路或交叉公路、铁路有严重眩光影响的路段。

⑥连拱隧道进出口附近。

(2)非控制出入的一级公路平面交叉、中央分隔带开口两侧各100m(设计速度80km/h)或60m(设计速度60km/h)范围内可逐渐降低防眩设施的高度，由正常高度逐步过渡到开口处的0高度，否则不应设置防眩设施。穿村镇路段不宜设置防眩设施。

(3)公路沿线有连续照明设施的路段，可不设置防眩设施。

(4)在干旱地区，中央分隔带宽度小于3m的路段不宜采用植树防眩。

(5)防眩设施连续设置时应符合下列规定：

①应避免在两段防眩设施中间留有短距离不设置防眩设施的间隙。

②各结构段应相互独立，每一结构段的长度不宜大于12m。

③结构形式、设置高度、设置位置发生变化时应设置渐变过渡段，过渡段长度以50m为宜。

3.防眩设施的设置的一般要求

(1)防眩设施应按部分遮光原理设计，直线路段遮光角不小于8°，平、竖曲线路段遮光角为8°~15°，计算防眩设施的眩光距离采用120m。

(2)防眩设施设置时不得影响公路的停车视距，所用材料不得反光。

(3)高速公路、一级公路宜采用防眩板和植树两种方式交替设置进行防眩。在进行技术经济论证后，也可采用其他的防眩形式。对中央分隔带有隔离要求的路段可采用防眩网，积雪严重的路段可采用防眩板。

(4)中央分隔带护栏间距小于树冠直径时，或植树对中央分隔带通信管道有影响时，以及寒冷地区、干旱、半干旱地区路基填料采用水稳性差的材料时，不宜采用植树防眩。

(5)在竖曲线路段，当竖曲线半径小于现行标准所规定的一般最小半径时，应根据竖曲线路段前后纵坡的大小计算防眩没施的高度是否满足遮光要求。防眩设施的高度不宜超过2m。

(6)在平曲线段或竖曲线段设置防眩网时，单片长度不宜大于2.5m。

八、熟悉城市道路交通安全设施的设置

1.城市道路交通安全设施的分类及功能

城市道路交通安全设施的分类及功能见表7-2-5。

城市道路安全设施类型及功能表　　表 7-2-5

类型		主要功能
行车安全措施	道牙石(路缘石)	防止车辆驶出路面,冲上人行道或路外
	行人护栏	防止行人任意横穿道路,确保行人安全
	行人安全岛	避免过街行人受车碰撞
	人行天桥或地道	使人与车完全分离,避免人车冲突
车辆安全措施	安全岛	渠化交通,引导车辆行驶,避免或减少车辆冲突
	防护栏	防止车辆驶出路外,增强行车安全
	分隔带	分隔对向和同向车辆,减少或避免碰撞
	防眩设施	防止驾驶员受车灯直射眩目,增强行车安全
	反光导标	夜间或气候恶劣时诱导车辆行驶,起视线诱导作用
	其他	如道路照明、交通岗亭、交通岗台、路口中心标志灯、铁路道口闪光灯、反光镜等

2. 城市道路主要交通安全设施的设置要点

1)人行护栏布设条件及要点

(1)在城市街道的交叉路口范围内,各交叉路的人行横道之间,沿道牙设立栏杆或金属链、网等护栏,用以限制行人任意穿行。必要时设立范围应延续到路口停车线的位置,在人行横道处不设,留出供行人横过的断口。如路口因交通管理布置,使人行横道在路口内互相搭接时,应自人行横道边设立至停车线的位置,必要时可再延长。

(2)街道较窄而行人又较多时,可沿全街道两侧设立护栏,只在规定的人行横道处断口,允许行人横穿道路。但在此种情况下,人行横道处需要有明显的标志,以使行人便于识认。

(3)不设信号灯管制的路口为避免行人穿行路口,必要时亦应设护栏,其范围至少应在相邻的道路口人行横道之间安设。

(4)封闭式的环岛交叉口(中心岛禁止行人进入),可根据具体必要情况,考虑是否需要设行人护栏。需要时,应沿环道外围安装,并伸入各交叉路的人行横道处。

(5)开放式的环岛交叉口中心岛周围及环岛外围步道上均须设护栏,以限制行人任意横穿环岛。

(6)滨河环湖道路临水侧若为垂直岸壁时,应设护栏以防止行人失坠。为坡岸时应视坡度缓急及高度考虑是否需要设立。护栏的形式亦应视需要做成起拦阻作用或只起提示警惕作用。

2)人行横道安全岛设置要点

(1)设于宽路面的人行横道处,在车行道的中心线位置上,以使行人过街有安全处所以避车辆,避免行人横过的距离过长,易发生事故。

(2)安全岛的有效长度应不小于或等于人行横道的宽度。安全岛的宽度应根据车流状态数量(与路口交通管制方法有关),可能停留的行人量,结合人行横道宽度估计确定,但亦不宜过宽,以免影响车行道上车辆行驶及车道线的宽度分配。一般可考虑 1.2 ~ 2.0m 为宜。

(3)安全岛的构造可分为固定式及移动式两种。

3)隔离墩

隔离墩是用以区分路面各部分使用界限的设施，与路面标线中若干种标线的意义和作用相同。但由于突出是路面上的设施，故在效果上较标线更具有强制遵循的作用。一般用作隔离上下行交通的中央分隔带、隔离机动车与非机动车的分车带。隔离墩用混凝土或花岗石制成，悬以铁链或用钢管、钢筋等连接，可按需要移动位置。

4)反光柱

反光柱的用途为：夜间增强路界标志，用于城郊道路的平曲线部分、分车带或分车岛端部，以及其他须加强路界标志地段。丘陵山区道路可与标柱护栏结合设立。路段设置的间隔可按5m左右一根安装，横断面位置与标柱相同。用作分车标志应设于分车带、分车岛、导流岛等的端部。

5)反光道牙

反光道牙的作用为提高道路边缘在夜间的能见度，有助于车辆安全行驶，与立道牙结合使用，每隔10m左右设反光道1～2m。用于需要提高能见度的道路或路段，以及环形交叉口和有分车带的路口。

九、熟悉其他交通安全设施的设置要点

其他交通安全设施的设置要点见表7-2-6。

其他交通安全设施的设置要点表　　表7-2-6

<table>
<tr><th colspan="2">设施名称</th><th>设置要点</th></tr>
<tr><td colspan="2">防落物网</td><td>①上跨饮用水水源保护区、铁路、高速公路、需要控制出入的一级公路的车行或人行构造物两侧均应设置防落物网。
②公路跨越通航河流、交通量较大的其他公路时，应设置防落物网。
③需要设置防落物网的桥梁采用分离式结构时，应在桥梁内侧设置防落物网。</td></tr>
<tr><td rowspan="2">防雪设施</td><td>防雪林</td><td>①防雪林要由许多窄而密的“小林带”构成纵横交错的整体——防雪林网。林网内，不得产生风蚀，才能有效地防风储雪。
②“小林带”是由多种适合当地、防风(枝条茂密)、抗寒、耐旱的乔木、灌木间作而成，一般株、行距为0.5～0.8m，带宽为2～4m(即4～6行)。“小林带”之间的纵、横间距视风力及树高而定。防雪林的总宽度，由风雪流的移雪数量确定，一般为80～150m。
③防雪林距路堤坡脚为30～50m，防雪林的纵向走向与路线平行</td></tr>
<tr><td>防雪篱(栅)</td><td>①防雪篱、防雪栅栏均垂直于风雪流的主风向设置，依据移雪量的多少确定设两道或多道。它们至路堤坡脚的距离，与它们的高度和风雪流的速度有关，一般为20～30m。
②防雪篱，可用树枝、竹条(竿)、芦苇、农作物的各种秸秆制作，防雪篱的高度视材料的长短可为1.5～2.5m，防雪篱的透风度应为30%～60%。
③防雪栏，可用钢、木、塑料、钢筋混凝土等材料制作，一般高度为1.8～3.0m，其透风度为50%时效果较好</td></tr>
<tr><td colspan="2">防风栅</td><td>风害严重地区高速公路设置，并同时设置风标</td></tr>
</table>

考点分析

道路交通安全设施是交通工程及沿线设施的重点。本节的基本概念包括各类道路交通安全设施的种类和作用,而高速公路和城市快速路交通安全设施(如标志、标线、护栏、防眩等)的设置条件和一般要求是本节的重点。

例题解析

例1 在进行道路交通标志的布设时,设计者应以下列哪一类路用者为假想对象? ( )

(A)具有中等驾驶水平的驾驶员

(B)完全不熟悉周围路网体系的外地驾驶员

(C)经统计分析得到的可能会做出危险驾驶行为的驾驶员

(D)经统计分析得到的可能会做出错误判断的乘客

分析

道路标志的布设应以完全不熟悉周围路网体系的外地驾驶员为对象,通过标志的引导,能顺利、快捷地抵达目的地,不允许发生错向行驶。而驾驶员的驾驶水平、危险驾驶行为是路线和道路结构设计的参考依据。故本题选B。

例2 下列不属于交通标线的作用的是哪一项? ( )

(A)引导车辆前进方向　　(B)提高路口通行能力

(C)提示前方道路状况　　(D)警告前方交通危险

分析

交通标线的主要作用有实行交通分离、渠化交叉路口交通、提示前方路况,保障交通安全和守法、执法的依据。而"警告前方交通危险"是交通标志的主要作用之一。故本题选D。

例3 某三块板城市道路设计时未考虑设置中央分隔带,为严格禁止车辆跨线超车或压线行驶,应该在道路中心设置的交通标线是哪一种? ( )

(A)中心单虚线　　(B)中心双实线

(C)中心单实线　　(D)中心虚实线

分析

中心双实线为二条平行的实线。表示严格禁止车辆跨线超车或压线行驶。凡上下行方向各有两条或两条以上机动车道而没有设置中央分隔带的道路,应划中心双实线。故本题选B。

例4 某公路设计速度100km/h,平均日交通量约为4000veh/d,在弯道半径为500m的填方路段上,其计算净区宽度最接近下列哪个选项? ( )

(A)4.5m (B)8.2m (C)12.4m (D)15.6m

分析

根据《公路交通安全设施设计规范》(JTG D81—2017)附录A净区宽度计算方法,计算可得填方曲线段净区宽度。

由附录A可知,设计速度100km/h,平均日交通量为4000veh/d所对应的填方直线段计算净区宽度约为8.2m,由图7-5可知半径500m的曲线段计算净区宽度调整系数F_c约为1.51。曲线段计算净区宽度=相同路基类型对应的直线段计算净区宽度×调整系数F_c=8.2m×1.51=12.382m。故本题选C。

例5 路侧计算净区范围内出现下列哪种情况时,事故严重程度等级为中,应设置路侧护栏? ( )

(A)有水深2m沿河路段

(B)二级公路路侧边沟无盖板、车辆无法安全越过的挖方路段

(C)三级公路路侧有深度约35m深谷的路段

(D)高速公路出口匝道三角地带有障碍物

分析

路侧计算净区宽度范围内有下列情况时,事故严重程度等级为中:

①二级及二级以上公路边坡坡度和路堤高度在Ⅰ区、Ⅱ区阴影范围之内的路段,三级、四级公路路侧有深度30m以上的悬崖、深谷、深沟等的路段。

②有江、河、湖、海、沼泽等水深1.5m以上水域的路段。

③有Ⅰ级铁路、一级公路等。

④高速公路、一级公路路外设有车辆不能安全越过的照明灯、摄像机、交通标志、声屏障、上跨桥梁的桥墩或桥台、隧道入口处的检修道或洞门等设施的路段。

故本题选AC。

例6 在哪些情况下,交通标志应采用悬臂式或门架式等悬空支撑方式? ( )

(A)单向两条或两条以上车道

(B)车道变换频繁的路段

(C)交通标志设置较为密集的路段

(D)交通量达到设计通行能力,或小型车所占比例很大

分析

合理选择交通标志的支撑结构,是保证交通标志视认性、有效性的基础。A选项错误,应为单向三条或三条以上车道;D选项错误,应为交通量达到设计通行能力,或大型车辆所占比例很

大。具体内容见《公路交通安全设施设计规范》(JTG D81—2017)4.5.2 条规定。故本题选 BC。

例 7 轮廓标应按行车方向设置,下列哪些选项是正确设置公路轮廓标的做法? ( )

(A)高速公路、一级公路右侧安装黄色反射体的轮廓标

(B)高速公路、一级公路左侧安装白色反射体的轮廓标

(C)三级公路左右两侧均安装白色反射体的轮廓标

(D)避险车道左右两侧安装红色反射体的轮廓标

分析

《公路交通安全设施设计规范》(JTG D81—2017)7.2.1 规定了关于轮廓标的设置原则。轮廓标应在公路前进方向左右侧对称设置。高速公路、一级公路,按行车方向配置白色反射体的轮廓标应安装于公路右侧,配置黄色反射体的轮廓标应安装于中央分隔带,故选项 A、B 错。二级及二级以下公路,按行车方向配置的左右两侧轮廓标均为白色,故选项 C 正确。避险车道轮廓标颜色为红色,故选项 D 对。隧道路段、二级及二级以下公路,轮廓标宜设置为双面反光形式。故本题选项 CD。

例 8 当城市交通安全设施等级为 C 级时,应配置较完善的标志、标线、隔离和防护设施,下列哪些说法是正确的? ( )

(A)桥梁与高填方路段应设置路侧护栏

(B)平面交叉口进行完善的渠化设计后,可不设置交通信号灯

(C)主、次干路无分隔设施路段必须施画路面中心线

(D)主干路应连续设置中间分隔设施

分析

《城市道路工程设计规范》(CJJ 37—2012)14.2.3 关于城市交通安全设施等级为 C 级时,应配置较完善的标志、标线、隔离和防护设施,并应符合下列规定:

①主干路宜连续设置中间分隔设施。

②主、次干路无分隔设施的路段必须施画路面中心线。

③桥梁与高路堤应设置路侧护栏。

④平面交叉口应进行交通渠化,并应设置交通信号灯;宜设置行人和机动车、非机动车分隔设施。

选项 B、D 错误,故本题选 AC。

自测模拟

(第 1 ~4 题为单选题,第 5 ~7 题为多选题)

1. 关于交通安全设施说法正确的是哪个选项? ( )

(A)交通标志的设计应遵循功能性、系统性、一致性、协调性的原则

(B)高速公路一般路段车行道边缘线的线宽为10cm或15cm
(C)为了尽可能保障行车安全,护栏设置得越多越好
(D)合流诱导标和线性诱导标均属于指路标志

2. 一级公路(需要控制出入)的交通工程及沿线设施设计,在确定隔离栅设置位置时,下列哪种情况可不设置隔离栅? ( )

(A)路侧有池塘的路段 (B)桥隧相接段
(C)路侧有挡土墙的路段 (D)挖方路段

3. 关于交通标志的规定,哪些选项是正确的? ( )

(A)在条件受限时,解除限速标志、解除禁止超车标志、会车让行标志可设置在同一支撑结构上
(B)选择限速值时,应根据路段的具体情况,在交通安全分析的基础上,可选用小于设计速度的限速值
(C)在高速公路上若其他标志过多,为避免重复设置,立体交叉行驶路线标志可代替立交的出口预告和出口标志
(D)路侧标志应尽可能与公路中线垂直或成一定角度,限制速度标志在特殊情况下可设置成50°

4. 城市交通安全设施等级分为A、B、C、D四级,其中B级的适用范围哪一项? ( )

(A)城市快速路
(B)交通性主干路、次干路
(C)集散性、服务性的主干路、次干路
(D)次干路与支路的连接线

5. 关于桥梁中央分隔带护栏的设置,哪些规定是正确的? ( )

(A)作为干线公路的二级公路桥梁必须设置
(B)作为干线的一级公路桥梁必须设置
(C)所有一级公路桥梁必须设置路侧护栏
(D)高速公路桥梁必须设置

6. 某一级公路中央分隔带宽度小于9m,哪些路段宜设置防眩设施? ( )

(A)穿越村镇的路段
(B)连拱隧道进出口附近
(C)公路路基横断面为分离式断面,上下行车道高差小于或等于2m时
(D)沿线有连续照明设施的路段

7. 关于避险车道的设置,哪些选项的说法是正确的? ( )

(A)避险车道应具有较好的视认性,识别视距是指车辆距引道入口的距离

(B)避险车道制动床的长度主要根据失控车辆的驶入速度、纵坡、坡床材料确定

(C)避险车道制动床集料厚度不应低于1000mm,且应在20~40m长的距离内从制动床入口处的75mm深度逐渐过渡到完整厚度

(D)制动床两侧应设置轮廓标,救援车道右侧可不设置轮廓标

参考答案

1.A　2.B　3.B　4.B　5.BD　6.BC　7.BD

第三节　服务设施

依据规范

《公路工程技术标准》(JTG B01—2014)

10.3　服务设施

《高速公路交通工程及沿线设施设计通用规范》(JTG D80—2006)

6　服务设施

《城市道路工程设计规范》(CJJ 37—2012)

11.2　公共停车场

11.3　城市广场

重点知识

服务设施包括服务区、停车区和客运汽车停靠站。服务区是指为满足乘客、车辆基本所需而设的服务设施,包括停车场、公共厕所、餐厅、加油站、维修点、商场、宾馆等设施。停车区是为了满足驾驶员心理、生理上的需求,以解除长途驾驶造成的疲劳和紧张而设置的最小限度的服务设施。公路服务设施应根据交通量的大小、路段长短、沿线景观、地形条件选择合理的位置并确定其功能和规模。

一、掌握服务区的主要功能及组成

1.服务区的主要功能

(1)缓解驾驶员连续行驶的疲劳和紧张,以及满足其他一些生理上的需要,给汽车加油、加水,或者适当地满足检查等需要的休息设施,从而保证安全。

(2)提供给驾乘人员直接与社会联系的场所,接受社会服务。

2.服务设施的组成

服务设施的组成如图7-3-1所示。

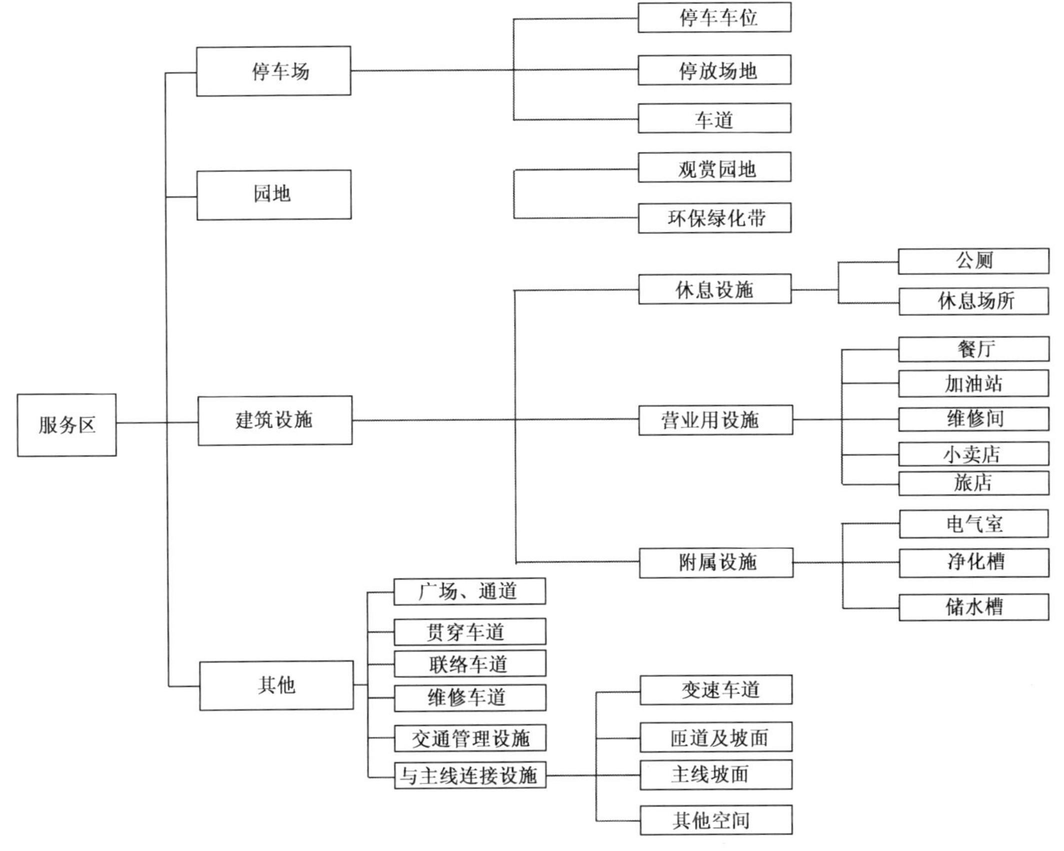

图 7-3-1　服务设施的组成图

二、掌握服务区的设置

1.服务区布设的一般要求

(1)高速公路应设置服务区,作为干线的一、二级公路宜设置服务区。服务区的平均间距不宜大于50km;当沿线城镇分布稀疏,水、电等供给困难时,可增大服务区间距。

(2)高速公路服务区应设置停车场、加油站、车辆维修站、公共厕所、室内外休息区、餐饮、商品零售点等设施。根据公路环境和需求可设置人员住宿、车辆加水的设施。

(3)作为干线的一、二级公路服务区宜设置停车场、加油站、公共厕所、室外休息点等设施。有条件时可设置餐饮、商品零售点、车辆加水等设施。

2.服务区内主要设施的布设要求

1)车辆维修站

(1)汽车维修站应与加油站并排布置,便于提高共用通信设备、浴室、盥洗室及室外场地的利用率。但是,一定要注意按照消防规范进行设计。

(2)汽车维修站与加油站分开布置。驾驶员进入服务区后先维修车辆,然后休息,临走时再去加油。这样,使用顺当,而且较安全,不用采取特殊的消防措施。

2)餐厅及商店等

餐厅、宾馆、商店、小卖部、办公用房等宜设在同栋综合服务楼内,以方便旅客,减少人流和车流的交叉,提高安全性。

3)公厕及其他

(1)公共厕所宜靠近大型车辆停车场,便于大批旅客使用。厕所同时要靠近餐厅和商店。

(2)其他给排水设施、供电设施、垃圾处理设施等应尽量设在较隐蔽的地方。

三、掌握城市广场设计要点

1.城市广场的类型

城市广场按其性质、用途,可分为公共活动广场、集散广场、交通广场、纪念性广场与商业广场等五类。

2.城市广场设计要求

1)总体要求

广场设计应按高峰时间人流量、车流量确定场地面积,按人、车分流的原则,合理布置人流、车流的进出通道,公共交通停靠站及停车等设施。

2)竖向设计

(1)应根据平面布置、地形、周围主要建筑物及道路高程、排水等要求进行,并兼顾广场整体布置的美观。

(2)广场设计坡度宜为0.3% ~3.0%。地形困难时,可建成阶梯式。

(3)与广场相连接的道路纵坡宜为0.5% ~2.0%。困难时纵坡不应大于7.0%,积雪及寒冷地区不应大于5.0%。

(4)出入口处应设置纵坡小于或等于2.0%的缓坡段。

3)各类广场的设计要求

(1)公共活动广场有集会功能时,应按集会的人数计算需用场地,并对大量人流迅速集散的交通组织以及与其相适应的各类车辆停放场地进行合理布置和设计。

(2)集散广场应根据高峰时间人流和车辆的多少、公共建筑物主要出入口的位置,结合地形,合理布置车辆与人群的进出通道、停车场地、步行活动地带等。

(3)交通广场包括桥头广场、环形交通广场等,应处理好广场与所衔接道路的交通,合理确定交通组织方式和广场平面布置,减少不同流向人车的相互干扰,必要时设人行天桥或人行地道。

(4)纪念性广场应以纪念性建筑物为主体,结合地形布置绿化与供瞻仰、游览活动的铺装场地。为保持环境安静,应另辟停车场地,避免导入车流。

(5)商业广场应以人行活动为主,合理布置商业贸易建筑、人流活动区。广场的人流进出口应与周围公共交通站协调,合理解决人流与车流的干扰。

四、掌握停车场设计要点

1.机动车停车场设计的要点

(1)出入口不宜设在主干路上,可设在次干路或支路上,并应远离交叉口;不得设在人行横道、公共交通停靠站及桥隧引道处。

(2)停车场出入口位置及数量应根据停车容量及交通组织确定,且不应少于2个,其净距宜大于30m。

(3)停车场出入口应有良好的通视条件,视距三角形范围内的障碍物应清除。进出口净宽,单向通行的不应小于5m,双向通行的不应小于7m。

(4)停车场的竖向设计应结合排水,坡度宜为0.3%~4.0%。

2.路边停车的设置要求

1)设置路边停车与道路宽度关系

若道路车行道宽度小于表7-3-1所示禁止停放的最小宽度时,不得在路边设置停车位。

设置路边停车场与道路宽度关系表　　表7-3-1

道路类别		道路宽度	停车状况
街(路)道	双向道路	12m以上	容许双侧停车
		8~12m	容许单侧停车
		不足8m	禁止停车
	单向道路	9m以上	容许双侧停车
		6~9m	容许单侧停车
		不足6m	禁止停车
巷弄		9m以上	容许双侧停车
		6~9m	容许单侧停车
		不足6m	禁止停车

2)路边停车场布置要求(表7-3-2)

路边停车场布置要求　　表7-3-2

类　型	说　明
沿缘石线停车	通常设置在与主要干道相交的次要道路上; 沿缘石线停车比较普遍,但占用了车行道的面积
港湾式停车	在道路一侧或两侧有足够宽度的绿带内做成港湾式的停车道
分隔带中停车	当机动车道与非机动车道之间有较宽的分隔带时,可利用其地位布置停车道; 在分隔带中设置停车,用地紧凑,但出入停车场时交通有一定干扰
港湾式路边集中停车	当路边有较大空地,停车量又较大时,可考虑这种形式

3.路外停车场的设计要点

(1)建造停车场应能容纳常用的较大车辆。较大型车辆的全长为5.8m,全宽为2m,车门开启时在车身全宽外突出1m。

(2)坡道角必须不大于7°。前进角的限值为14°,而相应的退出角的限值为9°。

(3)停车位至少应为2.75m宽,如果场地不太受限制,可用3m宽。

(4)在设计停车场地时,端部停车位宽度应比一般停车位宽30cm,尤其是受到建筑物或其他障碍物或车道约束时。在建筑物下面的停车位宽度应为3.35m,净高应为2.1m。

(5)停车场应该是接近于水平的。中央车道中间可以起拱,以1%的坡度向路边排水,这样可使车道雨后不积水或冬天不结冰。

4.非机动车停车场的主要设计规定

(1)出入口不宜少于2个。出入口宽度宜为2.5~3.5m。场内停车区应分组安排,每组场地长度宜为15~20m。

(2)坡度宜为0.3%~4.0%。停车区宜有车棚、存车支架等设施。

考点分析

服务区是高速公路所特有的服务设施,应着重掌握其布设要点。而广场和停车场则是城市道路的重要服务设施,应在重点掌握其设置要求的基础上熟悉部分设计要点。

例题解析

例1 设计一条干线一级公路的服务区时,不需要考虑设置的设施是哪一项? ( )

(A)停车场 (B)加油站

(C)商品零售点 (D)宾馆

分析

作为干线的一、二级公路服务区宜设置停车场、加油站、公共厕所、室外休息点等设施。有条件时可设置餐饮、商品零售点、车辆加水等设施。而人员住宿的设施是高速公路服务区根据公路环境和需求可以考虑设置的。故本题选D。

例2 我国东北某城市欲建一座纪念性广场,该广场拟与市政道路相连接。该广场的连接道路在竖向设计时纵坡坡度最大可以取多少? ( )

(A)2.0% (B)3.0%

(C)5.0% (D)7.0%

分析

与广场相连接的道路纵坡宜为0.5%~2.0%。困难时纵坡不应大于7.0%,题中东北某城市属于积雪及寒冷地区,不应大于5.0%。故本题选C。

例3 机动车停车场的进出口净宽,单向通行的和双向通行的分别不应小于多少? ( )

(A)3.5m,6.5m (B)4.5m,6.5m

(C)5m,7m　　　　(D)5m,7.5m

分析

机动车停车场的进出口净宽,单向通行的不应小于5m,双向通行的不应小于7m。故本题选C。

例4　布置在火车站前面,且人流、车流集散停留较多的广场属于哪一类广场?　(　　)

(A)公共活动广场　　　　(B)集散广场

(C)交通广场　　　　(D)商业广场

分析

《城市道路工程设计规范》(CJJ 37—2012)11.3.2条文说明规定,集散广场为布置在火车站、港口码头、飞机场、体育馆以及展览馆等大型公共建筑物前面的广场,是人流、车流集散停留较多的广场。故本题选B。

例5　公路服务设施包括哪些?　(　　)

(A)服务区　　　　(B)停车区

(C)监控设施　　　　(D)客运汽车停靠站

分析

根据《公路工程技术标准》(JTG B01—2014)10.3.1,服务设施包括服务区、停车区和客运汽车站。监控设施属于管理设施。故本题选ABD。

自测模拟

(第1~3题为单选题,第4题为多选题)

1.服务区初期停车场、餐饮等设施的建筑面积可按第几年的预测交通量进行设计?

(　　)

(A)5年　　(B)10年　　(C)15年　　(D)20年

2.关于服务区的规定,说法正确的是哪个选项?　(　　)

(A)服务区与停车区之间的平均间距不宜大于50km

(B)服务区的布设可采用分离式或集中式

(C)服务区用地面积包含服务区出入口加减速车道的用地

(D)客运停靠站不可与服务区结合设置

3.客运停靠站范围内主线的最大纵坡,在地形特别困难时应不大于多少?　(　　)

(A)2%　　(B)3%　　(C)3.5%　　(D)4%

4. 对于机动车停车场出入口位置的确定,下列哪些选项的说法是正确的?　　(　　)
(A)不宜设在次干路上,并应远离交叉口
(B)不得设在人行横道处
(C)距人行天桥的梯道口不应小于 50m
(D)不得设在公交车站处

参考答案
1. B　2. B　3. B　4. BCD

第四节　管 理 设 施

依据规范

《公路工程技术标准》(JTG B01—2014)
10.4　管理设施
《高速公路交通工程及沿线设施设计通用规范》(JTG D80—2006)
7　管理设施

重 点 知 识

一、掌握公路监控设施的设置

1. 公路监控设施的功能及组成

1)功能

公路监控系统主要具备实时收集道路状况、交通流信息、气象信息及相关设备状态等信息,监视道路交通状况,控制与调节交通流,疏导交通,减少交通事故,保证行车安全等功能。

2)组成

监控系统按其功能可分为十个子系统:交通信号监控系统、视频监视系统、紧急电话系统、火灾报警系统、隧道通风控制系统、隧道照明控制系统、供配电监控系统、调度指令电话系统、有线广播系统、专用车辆监视系统。

2. 公路监控设施的分级、设置及适用范围

公路监控设施的分级、设置及适用范围见表 7-4-1。

公路监控设施的分级、设置及适用范围表　　表 7-4-1

项　目	分级	设 施 设 置	适 用 范 围
监控设施分级	A	应全线设置视频监视、动态信息发布及交通诱导设施，结合收费站、特大桥、隧道前、互通式立交、服务区等重点或有特殊需求路段，设置交通事件检测、交通量检测、环境信息检测、匝道控制设施。实现全线的全程监控、动态信息发布和交通诱导	高速公路（全程监控）
	B	应在收费站、特大桥、隧道前、互通式立交、服务区等重点或有特殊需求路段，设置视频监视、交通事件检测、交通量检测、环境信息检测、匝道控制、动态信息发布及交通诱导设施。实现全线的重点监控、动态信息发布和交通诱导	高速公路（分段监控）
	C	宜在特大桥、服务区、客运汽车停靠站、公路平面交叉口等重点或有特殊需求路段，设置视频监视、交通事件检测、交通量检测、动态信息发布及交通诱导设施	干线一级、二级公路
	D	可在特大桥、加油站、客运汽车停靠站、主要公路平面交叉口等重点或有特殊需求路段，设置交通量检测、现场交通信息提示及交通诱导设施	集散公路、支线公路

二、掌握公路收费设施的设置

1. 收费系统的分类

收费系统的分类如图 7-4-1 所示。

2. 收费制式的适用条件

收费制式的适用条件见表 7-4-2。

收费制式的适用条件表　　表 7-4-2

收费制式		内　　容
均一式收费	定义	收费站设在主线或者匝道入(出)口，按车型一次性征收固定通行费，车辆缴费上路后，可以在公路上自由行驶，不受阻拦地在任何出口驶离收费公路
	适用条件	比较适合于道路总里程较短，出入口(互通式立交)多而且密集，车辆之间行驶的里程差距不大(30～40km 以下)，交通量很大的都市收费公路和短途城市间收费公路；或受到用地的严格限制、需要很高处理效率的收费站和互通立交
开放式收费	定义	又称栅栏式收费系统或路障式收费系统。收费站建在收费公路的主线上，各个出入口不再设站，这样车辆可以自由进出，不受控制，收费公路对外界呈“开放”状态
	适用条件	适用于里程较短或互通立交稀少的高速公路以及收费桥梁、隧道和非封闭的收费道路等
封闭式收费	定义	收费站建在收费公路的所有出入口处，其中起终点的出入口收费站一般建在主线上，称一线起点(或终点)收费站，其广场形式与开放式相似。车辆进出收费公路都要经过收费站并受控制，但在公路内部则可以自由行驶，高速公路对外界环境呈“封闭”状态，根据车型和行驶里程两个因素计价收费
	适用条件	一般适用于道路里程较长，互通立交较多，以及车辆的行驶里程差距较大的封闭式道路。目前我国所建的高速公路，大部分是城市间的高速公路，因而大都选择封闭式收费系统
混合式收费	定义	是结合均一式和开放式两者的优点的混合形式，收费站设在全线所有入口处，这点和均一式一样；另外在相邻区段之间设主线路障式收费站，这又与开放式相似。各入口收费站收取的通行费允许车辆在本区段内自由行驶；主线收费站收取的通行费则允许跨区段车辆在下一区段内自由行驶。混合式系统采用单一因素(车型)的收费标准，但各站(尤其是主线各站)因控制里程不等可以选用不同的费率
	适用条件	一般适用于跨接两个或两个以上大中城市或经济区，其互通立交都比较密集地分布在城市或经济区，而在两个城市(经济区)之间相当长的距离则不设或很少设互通立交，因而在互通式立交密集路段的所有(或部分)入口(或出口)匝道设置收费站，采用均一式，而在城市间设置主线收费站，采用开放式

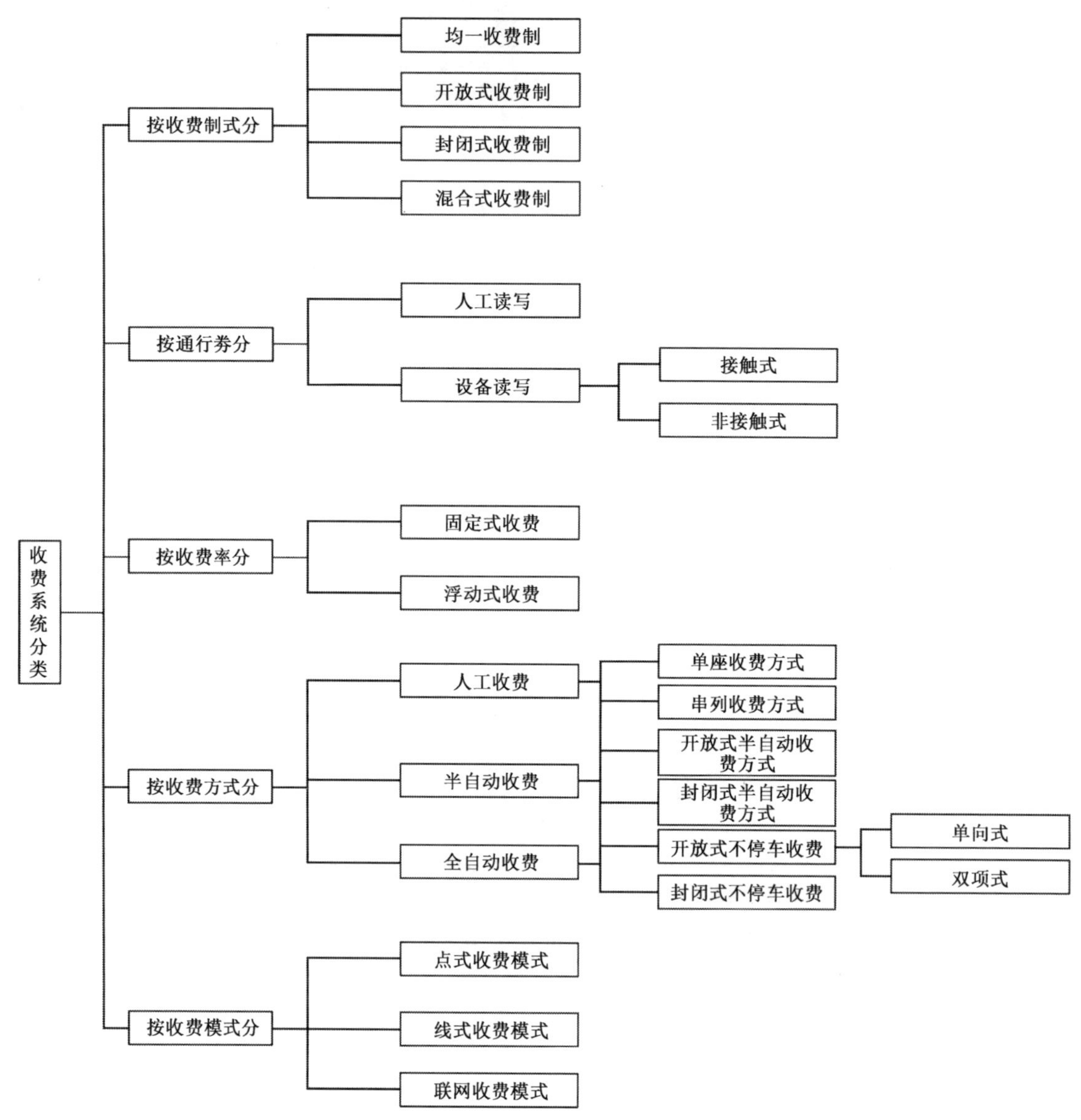

图 7-4-1　收费系统的分类图

3. 收费设施的设计原则

(1)应满足收费作用功能的要求。所有设施,无论是土建设施还是机电设施,都必须直接或间接为道路收费服务。

(2)应形成一个完整的收费系统,保证每一辆通过该道路的车辆,能够按车型、车种及其实际行驶的里程收费。

(3)应同其他道路设施的设计相结合,形成一个协调的道路设施整体。

(4)应根据该道路的观测交通量和预测量,确定收费车道数和收费站规模,并选择合适的收费制式、收费方式,保证收费车辆尽快通过,避免由于收费系统的设立,导致交通阻塞以造成不必要的延误。

(5)应经多方案设计,优化比选,以寻求最佳方案,做到既满足功能,达到一定服务水平,又节省投资。

(6)应充分考虑如何有效防止作弊。

4.立交区收费站的布设要求

(1)立交区布设收费站最常见的立交形式是单喇叭形、双喇叭形、单Y形、Y形+喇叭形等,能将匝道出入交通量集中到某车道(或某公共行驶路段)、便于交通控制和集中收费管理。

(2)立交区收费站收费口数量应充分满足进出交通量要求。在考虑收费站的平面位置时,应充分考虑从收费站出口到连接道路的距离,其收费口的宽度应考虑各种车辆车身宽度和行驶的要求,避免由于交叉点处滞留的车辆过多或过站太慢而使匝道和主线行车受到影响。

(3)立交收费站设计时,除要满足行车和收费功能要求外,主体建筑形式要力求简洁、新颖、活泼、别具一格;色彩要力求鲜艳、明快、醒目,以吸引驾驶员和乘客的注意力,成为高速公路上一个亮丽的风景点。

(4)立交收费站的设置不应破坏立交整体风格和造型,避免喧宾夺主,同时收费通道的布置要便于收费人员和管理人员的进入。

(5)收费站及其前后区域,地形应开阔、平坦、明朗,线形良好,其一切设施不应有碍正常的行车、车辆加速或减速。各种交通标志和提示应醒目、明确,电子设备计量准确,信号显示无误,正确引导驾驶人员进入收费区、缴费、离开收费区驶入目标方向。

5.收费广场的组成及设计原则

1)收费广场的组成

收费广场是指从主线(或匝道)末端进入收费区起到收费区结束进入主线(或匝道)之间的车辆通行部分。由行车广场、收费车道、收费岛、收费进出口等部分组成。

2)收费广场的设计原则

(1)不得成为安全方面的障碍。

(2)不应成为交通的“瓶颈”。

(3)应尽量设置在平坦且为直线的路段上,保证车辆停车和起动安全、容易、收费方便,同时,要给收费作业人员提供一个安全舒适的环境。

(4)要适应收费业务和交通管理业务的要求。一般应在收费制式和系统方案(包括设备)确定之后,按其工艺要求进行一次设计、分期施工,做好土建预留、预埋工作,并留有扩展余地。

三、掌握高速公路通信设施的设置

1.通信系统的功能

高速公路通信目的在于支持高速公路管理、监控和收费等业务的传送,是提高高速公路管理水平和安全保障能力的支撑网络。

(1)为高速公路日常运营管理、事故处理、救护、养护、收费等部门提供可靠的通信手段。

(2)为收费、监控、会议电视和管理信息(办公自动化)等系统的数据、图像和语音提供传输通道。

(3)通过紧急电话、广播等为道路使用者提供紧急呼救求援和帮助等服务。

2. 通信系统的组成

通信系统包括光纤数字传输系统、数字程控交换系统、紧急电话系统、有线广播系统等几个子系统。主要由主干线传输、业务电话、指令电话、紧急电话、数据传输、图像传输、通信电源、通信管道等9个部分组成。

3. 通信系统的设计原则

(1)符合现有技术规范标准和政策,统一规划、分期实施、逐步完善,充分满足高速公路网络管理与安全保障需要。

(2)技术选择上有适当超前意识与持续发展思想,既要考虑高速公路管理部门的经济承受能力,又要考虑到新生业务和技术的发展。

(3)通信系统应具有可升级性、兼容性和冗余性,即能满足近期联网通信的实际需要,又能为未来发展预留业务接口与扩展空间。

(4)充分考虑整个网络的先进性与经济性,所采用的设备应具有成熟可靠、标准统一和操作性强的特点、以便于维护和更换,达到降低运输成本的目的。

四、熟悉道路照明设施的设计要点

1. 照明设施设计的一般程序

照明设施设计的一般程序见表7-4-3。

照明设施设计的一般程序 表7-4-3

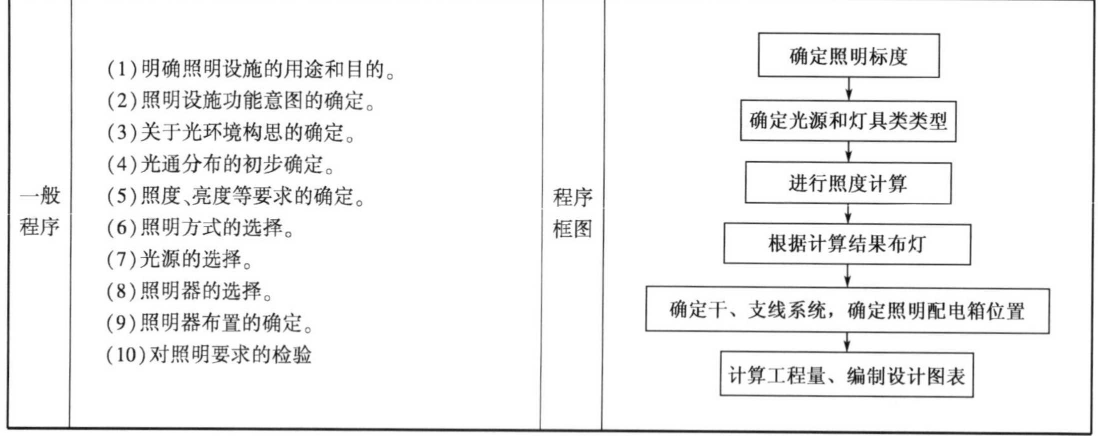

一般程序	(1)明确照明设施的用途和目的。 (2)照明设施功能意图的确定。 (3)关于光环境构思的确定。 (4)光通分布的初步确定。 (5)照度、亮度等要求的确定。 (6)照明方式的选择。 (7)光源的选择。 (8)照明器的选择。 (9)照明器布置的确定。 (10)对照明要求的检验	程序框图	确定照明标度 ↓ 确定光源和灯具类类型 ↓ 进行照度计算 ↓ 根据计算结果布灯 ↓ 确定干、支线系统，确定照明配电箱位置 ↓ 计算工程量、编制设计图表

2. 照明设施的设计要求

照明设施的设计要求见表7-4-4。

照明设施的设计要求 表7-4-4

道路条件	要求及规定
一般路段	(1)应采用常规照明方式。 (2)在树木多、遮光严重的道路或楼群区难于安装灯杆的狭窄街道可采用横向悬索布置方式。 (3)采用常规照明方式时,各种几何参数及其间的关系应符合标准的要求。 (4)路面宽阔的快速路、主干路必要时可采用高杆照明,并应符合标准的要求
曲线路段	(1)半径等于或大于1000m的曲线路段,其照明可按直线路段处理。 (2)半径小于1000m的曲线路段,灯具应沿曲线外侧布置并应减小灯具的间距,半径越小间距应该越小,一般控制为直路段的0.5~0.75倍,悬挑长度也应该缩短。 在反向曲线路段上,宜在固定的一侧设置灯具,发生视线障碍时可在曲线外侧增设附加灯具。 (3)若曲线路段路面较宽需采用双侧布灯时,宜采用对称布置。 (4)转弯处的灯具不得安装在直线路段灯具的延长线上。 (5)急转弯处安装的灯具应能给车辆、缘石、护栏以及周围环境提供充足照明
平面交叉	(1)交叉路口的照明水平应高于通向路口的每一条道路的照明水平,并应有充足的环境照明。 (2)交叉路口可采用与交叉道路光色不同的光源、外形不同的灯具、不同的安装高度或不同的布灯方式。 (3)十字形交叉路口的照明可视交叉道路的具体情况分别采用单侧布置,交错布置或对称布置等布灯方式。大型交叉路口必要时可另行安装附加灯杆、灯具。有较大的交通岛时可在岛上设灯,有条件时也可采用高杆照明。 (4)T形交叉路口应在道路尽端设灯。 (5)环形交叉路口的照明应能充分显现环岛、交通岛和缘石,采用常规照明时宜将灯具设在环道路的外侧。通向每条道路的出入口的照明应适当加强。若环岛的直径很大,可在环岛上设置高杆灯,但要仔细选择灯具,确保车行道亮度高于环岛亮度
立体交叉	(1)应为驾驶员提供良好的诱导性。 (2)不但应照明道路本身,而且应提供不产生干扰眩光的环境照明。 (3)在交叉口、出入口、曲线路段、坡道等交通复杂路段的照明应适当加强。 (4)小型立交可采用常规照明,但不宜设置太多的光源灯具。采用常规照明时,平面交叉、曲线路段、坡道、上跨道路和下穿地道等的照明符合有关标准规定的要求,并应使各个部分的照明互相协调。 (5)大型立体交叉宜优先采用高杆照明,采用高杆照明时应符合高杆照明要求
桥梁	(1)中小型桥梁照明应与其连接的道路照明一致。 若桥面的宽度小于与其连接的路面宽度,则桥梁的栏杆、缘石应有足够的垂直照度,在桥梁的入口处应设灯。 (2)大型桥梁和其有艺术、历史价值的中小型桥梁的照明应进行专门设计,既应满足功能要求,又应顾及艺术效果,并与桥梁的风格相协调。 (3)桥梁照明应防止眩光,必要时应采用严格控光灯具。 (4)不宜采用栏杆照明方式
道路及铁路交叉	(1)交叉口应有足够的照明使驾驶员在停车视距以外便能发现道口、火车,及交叉口附近的车辆、行人及其他障碍物。 (2)交叉口的照明方向和照明水平应能识别装设在垂直面或路面上的信号和标志。灯光颜色不得和信号颜色混淆。 (3)交叉口轨道两侧各3m范围内,路面亮度(或照度)水平应高于所在道路的水平,而且要有一定的均匀度

续上表

道路条件	要求及规定
过渡段	有照明设施而且平均亮度高于1.0cd/m^2 的道路(或路段)和无照明设施的道路(或路段)相连接、车辆行驶速度又容许高于50km/h时,应设置适应路段即增设过渡照明
植树道路	(1)新建的道路应满足道路照明功能要求。绿化时,路灯部门和园林绿化部门应充分协商,合理选择树种,确定适宜的种植位置,以便消除或尽量减少日后树木对道路照明的影响。 (2)扩建和改建的道路,影响照明的树木宜移植或砍伐,确保照明效果。 (3)在现有的树木严重影响道路照明的路段可通过下列途径加以解决: ①适当修剪枝叶,以消除或减少其对光线的遮挡; ②改变灯具的安装方式,采用横向悬索布灯或延长悬挑长度; ③减少灯具的间距,降低安装高度; ④若只是局部地段受到树木的影响,可只对该地段的灯具安装高度、间距、横向位置进行适当调整。纵向间距的调整范围控制在与平均间距相差20%以内,但不应同时改变相邻的两个灯具间距

考点分析

管理设施包括监控、收费、通信、供配电、照明和管理养护等设施。掌握管理设施特别是高速公路的管理设施种类、作用和设置条件,是本节的重点。

例题解析

例1 公路照明设计工作的主要内容包括:①确定光源和灯具类;②进行照度计算;③确定照明标度;④计算工程量、编制设计图表;⑤确定干、支线系统,确定照明配电箱位置;⑥根据计算结果布灯。其正确的设计程序应该是下列哪一项? ( )

(A)①②③④⑤⑥　　(B)③①②④⑤⑥

(C)①②③⑥④⑤　　(D)③①②⑥⑤④

分析

根据照明设施设计的一般程序(表7-4-3)可知,本题选D。

例2 在现有的树木严重影响道路照明的路段不能通过下列哪一种途径加以解决? ( )

(A)适当修剪枝叶,以消除或减少其对光线的遮挡

(B)改变灯具的安装方式,采用横向悬索布灯或延长悬挑长度

(C)减少灯具的间距,降低安装高度

(D)架设高杆照明

分析

在现有的树木严重影响道路照明的路段解决的途径有:①适当修剪枝叶,以消除或减少其

对光线的遮挡;②改变灯具的安装方式,采用横向悬索布灯或延长悬挑长度;③减少灯具的间距,降低安装高度;④若只是局部地段受到树木的影响,可只对该地段的灯具安装高度、间距、横向位置进行适当调整。纵向间距的调整范围控制在与平均间距相差20%以内,但不应同时改变相邻的两个灯具间距。故本题选D。

例3　在设计高速公路某一立交(上跨一条一级公路)及其收费站时,设计人员拟定了以下4项措施,其中合理的措施有哪几项?　(　　)

(A)拟选用双喇叭形或Y形+喇叭形立交形式

(B)立交区收费站收费口数量应充分满足进出交通量要求

(C)立交收费站主体建筑形式与立交整体风格和造型要形成较大差异,力求简洁、新颖、活泼、别具一格,色彩要力求鲜艳、明快、醒目

(D)收费口的宽度应考虑该高速公路设计车辆的几何尺寸要求

分析

该收费站位于高速公路和一级公路形成的立交上,苜蓿叶形、单Y形、单喇叭形立交都不能将匝道出入交通量集中到某车道(或某公共行驶路段),不便于交通控制和集中收费管理。

立交收费站设计时,除要满足行车和收费功能要求外,主体建筑形式要力求简洁、新颖、活泼、别具一格;色彩要力求鲜艳、明快、醒目,以吸引驾驶员和乘客的注意力,成为高速公路上一个亮丽的风景点。但立交收费站的设置不应破坏立交整体风格和造型,避免喧宾夺主。故本题选AB。

例4　某高速公路主线上需要设置路障式收费广场,在设计中可以考虑的采取的正确设计措施有哪几个?　(　　)

(A)应在2km、1km和500m以外设立醒目的预告标志

(B)尽量将收费广场设置在凹形曲线底部以利于通视

(C)在收费广场车辆行驶范围内,不应出现任何障碍物

(D)应在收费岛前方设置缓冲物

分析

收费广场不得成为安全方面的障碍。互通立交匝道上的收费广场不能影响主线上的交通;若在高速公路主线上设置路障式收费广场,应在2km、1km和500m以外设立醒目的预告标志。另外,应尽量避免将收费广场设置在容易超速的凹形曲线底部;在收费广场车辆行驶范围内,除收费岛及前方缓冲物之外不应出现任何障碍物。故本题选ACD。

例5　由于受地形限制,设计匝道收费广场时发现出口到连接道路的距离较短,为了防止在设计收费广场时造成交通的"瓶颈",以下哪些设计措施不能解决这一问题?　(　　)

(A)设计足够的收费车道数和停车空间供交通高峰期使用

(B)准确计算高峰期间的车辆驻留容量和交叉口通行容量,确保满足80%通行能力

(C)应尽量将收费广场设置在平坦且为直线的路段上

(D)应为收费作业人员设计一个安全舒适的收费室

分析

无论什么原因,收费广场都不应成为交通的“瓶颈”。为此,收费广场要备有足够的收费车道数和停车空间供交通高峰期使用。此外,如果从匝道收费广场出口到连接道路的距离较短,则可能由于交叉口的交通不畅使滞留车辆越过收费广场而影响主线交通,所以高峰期间的车辆驻留容量和交叉口通行容量都应是充足的。故本题选 BCD。

自测模拟

(第 1 ~4 题为单选题,第 5 题为多选题)

1. 某高速公路在收费站、特大桥、隧道前、互通式立交、服务区等重点或有特殊需求路段,设置视频监视、交通事件检测、交通量检测、环境信息检测、匝道控制、动态信息发布及交通诱导设施,实现全线的重点监控、动态信息发布和交通诱导。这属于哪一级监控设施? ( )

(A)A 级　　(B)B 级

(C)C 级　　(D)D 级

2. 某条高速公路设计里程为 340.5km,全线有 11 座立交,3 条隧道,5 座大桥。该高速公路适于采用哪一种收费制式? ( )

(A)均一式　　(B)开放式

(C)封闭式　　(D)混合式

3. 在一条高速公路收费系统的设计中,对于封闭式半自动收费系统必须在道路的起、讫点以及道路所有互通立交的出入口匝道上设立收费车道,安装收费设备。并通过光纤电缆或其他通信方式将车道设备、收费站设备和收费中心设备连接成一个计算机网络系统的做法,是为了满足收费系统设计的哪一项原则?

(A)应满足收费作用功能的要求的原则

(B)应形成一个完整的收费系统,保证每一辆通过该道路的车辆,能够按车型、车种及其实际行驶的里程收费的原则

(C)应同其他道路设施的设计相结合,形成一个协调的道路设施整体的原则

(D)应充分考虑如何有效防止作弊的原则

4. 下列哪一项不属于高速公路通信设施设置的功能? ( )

(A)用于支持高速公路管理系统　　(B)用于支持高速公路收费系统

(C)用于支持高速公路监控系统　　(D)用于支持驾乘人员通信畅通

5. 在道路上可以采用高杆照明的地点有以下哪些? ( )

(A)路面宽阔的快速路、主干路的直线路段

(B)半径小于1000m的曲线路段
(C)大型互通式立体交叉
(D)现有的树木严重影响道路照明的路段

参考答案

1.B　2.C　3.C　4.D　5.AC

第八章　道路工程施工组织与概预算

考试大纲

8　道路工程施工组织与概预算

8.1　道路施工组织

8.1.1　了解施工组织设计文件编制原则;机械化施工组织设计内容和特点;材料供应计划编制方法。

8.1.2　了解道路建设内容及程序;道路施工程序;道路施工组织调查。

8.2　道路工程概预算

8.2.1　熟悉定额的种类和应用方法;概预算各部分费用计算。

8.2.2　了解概预算编制依据、费用与文件组成;概预算所需资料的调查方法。

复习笔记

第一节 道路施工组织

依据规范

《公路工程基本建设项目设计文件编制办法》(交公路发〔2007〕358 号)

《公路工程基本建设项目设计文件图表示例》(交公路发〔2007〕358 号)

《公路路基施工技术规范》(JTG F10—2006)

《公路路面基层施工技术细则》(JTG/T F20—2015)

《公路桥涵施工技术规范》(JTG/T F50—2011)

《公路工程施工安全技术规范》(JTG F90—2015)

重点知识

一、了解公路建设内容及程序

1. 公路建设的内容

公路建设的内容按其任务与分工不同可以分为以下三方面。

1)公路工程的小修、保养

公路工程构造物在长期使用过程中,通过定期和不定期的维修保养,减小因受到行车和自然因素的作用而不断产生的损坏,保证正常使用,保持运输生产不间断地进行,使原有生产能力得到维持。

2)公路工程大、中修与技术改造

公路工程使用到一定年限某些组成部分就会丧失功能,这时就需要进行大、中修这种固定资产的更新,一般与公路的技术改造相结合进行的(如局部改线,改造不符合标准路段,提高路面等级等)。通过大、中修与技术改造来提高公路的通行能力,实现固定资产简单再生产和部分扩大再生产。

3)公路工程基本建设

公路基本建设活动的内容构成主要有建筑安装工程(建筑工程,如路基、路面、桥梁、隧道、防护工程、沿线设施等;设备安装工程,如高速公路、大型桥梁所需各种机械、设备、仪器的安装、测试等),设备、工具、器具的购置和其他基本建设工作(如勘察、设计及与之有关的调查和技术研究工作,征用土地、青苗补偿和安置补助工作等)三个方面。

2. 公路建设的程序

公路建设的程序如图 8-1-1 所示。

二、掌握道路施工组织的任务

(1)确定开工前必须完成的各项准备工作。

(2)计算工程数量、合理部署施工力量,确定劳动力、机械台班、各种材料、构件等的需要量和供应方案。

(3)确定施工方案,选择施工机具。

(4)安排施工顺序,编制施工进度计划。

(5)确定工地上的设备停放场、料场、仓库、办公室、预制场地等的平面布置。

(6)制定确保工程质量及完成生产的有效技术措施。

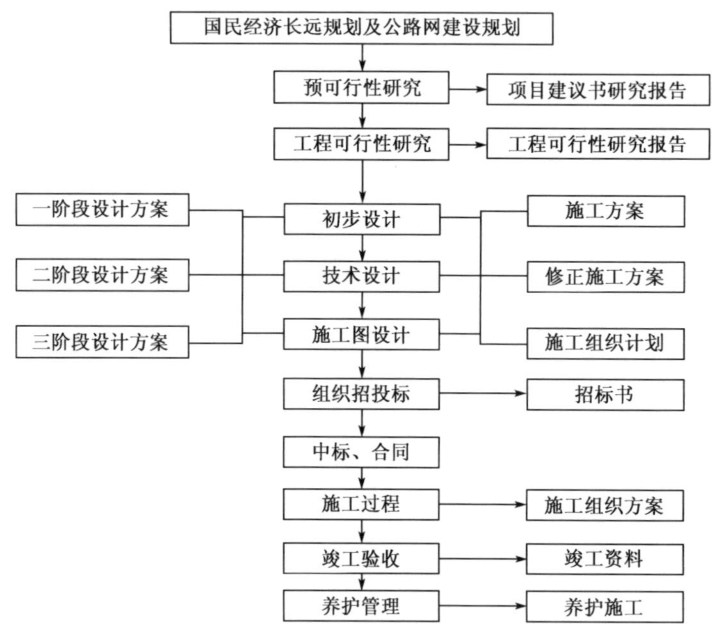

图 8-1-1　公路建设的程序图

三、了解道路施工组织调查

1.现场勘查

在设计阶段,是由外业勘测中勘测队的调查组来完成对路线、桥位、大型土石方地段、材料采集加工场地等处的现场勘测调查。其内容如下:

(1)施工现场及沿线的地形地貌。对于公路沿线,大、中型桥位,附属加工等施工现场,应结合勘察测绘平面图进行定性的描述。

(2)施工现场的地上障碍及地下埋设物。

2.资料收集

1)施工单位和施工组织方式

明确施工单位,事先考察施工单位的施工能力(即可投入的人力、机械、设备及其他施工手段)。对实行招标、投标的工程,在设计阶段一般不能明确施工单位,设计单位应从设计角度出发,提出最为合理的意见,作为编制概预算的依据。

2）气象资料

应与工程所在地气象部门联系，抄录工程所在地的气温、季风、雨量、积雪、冻深、雨季等有关资料。

3）水文地质资料

可向工程所在地的水文地质部门或向本测量队的桥涵组、地质组抄录一些主要内容，包括：地质构造、土质类别、地基土承载能力、地震等级；地下水位、水量、水质、洪水位。

4）技术经济情况

（1）施工现场（沿线）附近可以利用的场地，可供租用或支援的房屋情况。

（2）对工程所需的外购材料应列表详细调查，并由提供材料的单位盖章证明。

（3）加工料的料场、加工场位置、供应数量、运距等情况。

（4）当地能够雇用或支援建设的劳动力数量以及技术水平。

5）运输情况

应分别了解施工单位自办运输及可提供的运力（指可能参加施工运输的运力，包括汽车、拖拉机、畜力车等）状况，应对筑路材料的运输途径、转运情况、运杂费标准等进行调查。除车辆调查外，尚应对施工便道情况进行调查。

6）供水、供电、通信情况

了解施工用水水源、供水量、水压、输水管道长度。了解供电线路的电容量、电压、可供施工用的用电量及接线位置，可临时供电线路和变电设备的要求等。通过调查确定施工动力类别的构成。

7）生活供应与其他

了解粮、煤、副食品供应地点；调查医疗保健情况等。

四、了解道路施工程序

施工程序包括接受施工任务、签订工程合同、施工准备工作、组织施工和竣工验收等各个阶段。

1. 签订工程承包合同

施工企业接受施工任务通常有三种方式：一是上级主管单位统一接受任务，安排计划下达；二是经主管部门同意，自行对外接受的任务；三是参加投标，中标而得的任务。

接受施工任务，是以签订工程合同加以肯定的。建筑安装企业，凡接受工程项目，都必须同建设单位签订工程合同，明确各自的经济技术责任。合同一经签订，即具有法律效力，双方要严格履行合同。

2. 施工准备工作

1）技术准备

（1）熟悉、核对设计文件、图纸及有关资料。

（2）补充调查资料。

（3）编制实施性施工组织设计、施工预算。

（4）组织人员进场，做好后勤准备工作。

2）施工现场准备

依据设计文件及已编制的实施性施工组织设计，做好施工现场准备工作。

(1)开始测出占地范围和征用土地、拆迁房屋、电信设备等各种障碍物。

(2)平整场地、做好施工放样。

(3)修建便桥、便道、搭盖工棚,大型临时设施(预制场、机修厂、沥青加工场、混凝土搅拌站等)的修建。

(4)料场布置,供水、供电设备等的安装。

(5)各种施工物资资源的调查与准备,包括建筑材料、构件、施工机械及机具设备、工具等的货源安排、进场的堆放、入库、保管及安全工作。

(6)建立工地试验室,进行各种建筑材料和土质的试验,为施工提供可靠依据。

(7)施工机构设置、施工队伍集结、进场及开工前的政治思想工作及安全技术教育。

3. 组织施工

施工单位做好施工准备并报请批准后,才能进行正式组织施工。施工时要严格按照施工图纸进行,如需变动,应事先取得建设单位或监理工程师同意。要按照施工组织设计确定的施工顺序、施工方法以及进度要求,科学地、合理地组织施工,而且对施工过程要注意全面质量管理及成本控制。

组织施工时应具有以下基本文件:①设计文件;②施工规范和技术操作规程;③各种定额;④施工图预算;⑤施工组织设计;⑥公路工程质量检验评定标准和施工验收规范。

4. 竣工验收

所有建设项目和单位工程都要按照设计文件所规定的内容全部建完,完工后以批准的设计文件为依据,根据国家有关规定,评定质量等级,进行竣工验收,并经监理工程师签认。

五、掌握施工组织一般方法

1. 施工组织设计的分类

施工组织设计按所起作用的不同分为两大类:一类是属于设计文件的组成部分,其中按设计阶段之不同,可分为两阶段设计中初步设计阶段的“施工方案”,三阶段设计中技术设计阶段的“修正施工方案”和两阶段设计或三阶段设计中的施工图阶段的“施工组织计划”;另一类是属于指导施工的技术经济文件,即“实施性施工组织设计”或称为施工组织设计,其中又可分为“施工组织总设计”、“单位工程施工组织设计”和“分部分项工程施工组织设计”。

2. 编制施工组织设计的原则

1)严格执行基本建设程序和施工程序

要严格遵守合同签订的或上级下达的施工期限,按照基建程序和施工程序的要求,保质保量完成施工任务。对工期较长的大型工程项目,可根据施工情况,合理组织力量,确保重点,分期分批进行安排。

2)科学地安排施工顺序

按照公路工程施工的客观规律安排施工程序,可将整个过程划分为几个阶段,例如施工准备、基础工程、主体结构工程、路面工程、附属结构物工程等。在各个施工阶段之间合理搭接、衔接紧凑,在保证质量的基础上,尽可能缩短工期,加快建设速度。

3)采用先进的施工技术和设备

在条件允许的情况下,尽可能采用先进的施工技术,不断提高施工机械化、预制装配化程度,减轻劳动强度,提高劳动生产率。

4)应用科学的计划方法制定最合理的施工组织方案

根据工程特点和工期要求,因地制宜地采用快速施工,尽可能采用流水作业施工方法,组织连续、均衡且有节奏的施工,保证人力、物力充分发挥作用。对于复杂的工程,应用网络计划技术找出最佳的施工组织方案。

5)落实季节性施工的措施,确保全年连续施工

恰当地安排冬、雨季施工项目,增加全年连续施工日数,应把那些确有必要而又不因冬、雨季施工而带来技术复杂和造价提高的工程列入冬、雨季施工,全面平衡人工、材料的需用量,提高施工的均衡性。

6)确保工程质量和施工安全

贯彻施工技术规范、操作规程,提出确保工程质量的技术措施和施工安全措施,尤其是采用国内外先进的施工新技术和本单位较生疏的新工艺时更应注意。

7)节约基建费用,降低工程成本

合理布置施工平面图,节约施工用地;充分利用已有设施,尽量减少临时性设施费用;尽量利用当地资源,减少物质运输量;尽量避免材料二次搬运,正确选择运输工具,以节约能源,降低运输成本,提高经济效益。

3. 编制施工组织设计的程序

编制施工组织设计的程序如图 8-1-2 所示。

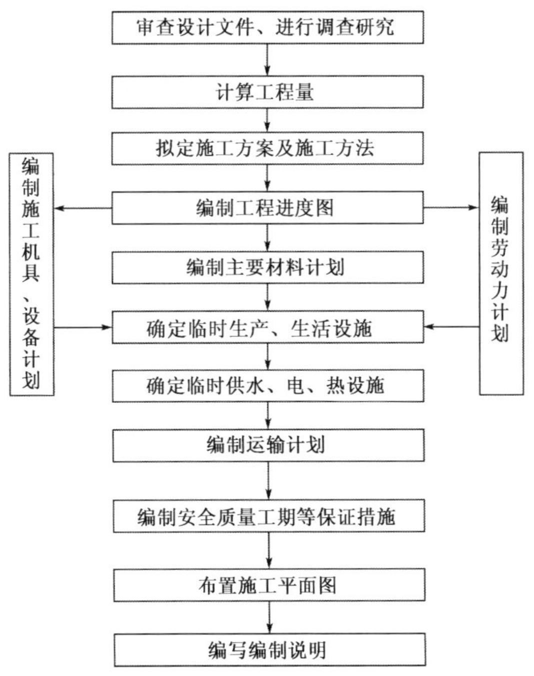

图 8-1-2　施工组织设计的编制程序图

六、掌握施工作业方式及其特点

1.顺序作业

顺序作业指按工艺流程和施工程序(步骤)确定的先后顺序进行施工操作。其主要特点如下。

(1)没有充分利用工作面进行施工,(总)工期较长。

(2)每天投入施工的劳动力、材料和机具的种类比较少,有利于资源供应的组织工作。

(3)施工现场的组织、管理比较简单。

(4)不强调分工协作,若由一个作业队完成全部施工任务,不能实现专业化生产,不利于提高劳动生产率;若按工艺专业化原则成立专业作业队(班组),各专业队是间歇作业,不能连续作业,材料供应也是间歇供应,劳动力和材料的使用可能不均衡。

2.平行作业

平行作业即是对于线形工程的作业面很长,根据工程或技术的需要,可划分为几段(或几个点),分别同时按先后程序组织施工的作业方式。其主要特点如下。

(1)充分利用了工作面进行施工,(总)工期较短。

(2)每天同时投入施工的劳动力、材料和机具数量较大,材料供应特别集中,所需作业班组很多,影响资源供应的组织工作。

(3)如果各工作面之间需共用某种资源时,施工现场的组织管理比较复杂,协调工作量大。

(4)不强调分工协作,各作业单位都是间歇作业,此点与顺序作业法相同。

3.流水作业

以施工专业化为基础,将不同工程对象的同一施工工序交给专业施工队(组)执行,各专业队(组)在统一计划安排下,依次在各个作业面上完成指定的操作。其主要特点如下。

(1)必须按工艺专业化原则成立专业作业队(班组),实现了专业化生产,有利于提高劳动生产率,保证工程质量。

(2)专业化作业队能够连续作业,相邻作业队的施工时间能最大限度地搭接。

(3)尽可能地利用了工作面进行施工,工期比较短。

(4)每天投入的资源量较为均衡,有利于资源供应的组织工作。

(5)需要较强的组织管理能力。

4.作业方式的综合运用

(1)平行流水作业法:在平行作业法的基础上,按照流水作业法的原则组织施工,以达到适当缩短工期,使劳动力、材料、机具需要量保持均衡的目的。

(2)平行顺序作业法:用增加施工力量的方法来达到缩短工期的目的。它使顺序作业法和平行作业法之缺点更加突出,故仅适用于突击性施工情况。

(3)立体交叉平行流水作业法:在平行流水作业法的原则上,采用上、下、左、右全面施工的方法。它可以充分利用工作面来有效地缩短工期,一般适用于工序繁多、工程特别集中的大型构造物的施工,如大桥、立体交叉、隧道等工程量大,工作面狭窄,工期短的情况。

七、掌握施工组织设计文件内容

施工组织设计文件按组成不同，分类如下：

1）施工方案

（1）施工方案说明。

（2）人工、主要材料及机具、设备安排表。

（3）工程概略进度图（根据劳动力、施工期限、施工条件以及施工方案进行概略安排）。

（4）临时工程一览表。

2）修正施工方案

采用三阶段设计的工程，在技术设计阶段应提出修正的施工方案。修正施工方案应根据初步设计的审批意见和需要进一步解决的问题进行编制。修正施工方案解决问题的深度和提交文件的内容，介于施工方案和施工组织计划之间。

3）施工组织计划

不论采用几阶段设计，在施工图阶段都应编制施工组织计划，其内容如下。

（1）说明

①初步设计（或技术设计）审批意见的执行情况。

②施工组织、施工期限，主要工程的施工方法、工期、进度及措施。

③劳动力计划及主要施工机具的使用安排。

④主要材料供应、运输方案及临时工程安排。

⑤对缺水、风沙、高原、严寒等地区以及冬季、雨季施工所采取的措施。

⑥施工准备工作的意见（如拆迁、用地、修建便道、便桥、临时房屋、架设临时电力、电讯设施等）。

（2）工程进度图（包括劳动力计划安排）。

（3）主要材料计划表（包括型号、规格及数量）。

（4）主要施工机具、设备计划表。

（5）临时工程表（包括通往工地、料场、仓库等的便道、便桥及电力、电讯设施等）。

（6）重点工程施工场地布置图，绘出仓库、工棚、便道、便桥、运输路线、构件预制场地、沥青（或水泥）混凝土拌和场地、材料堆放场地等工程和生活设施的位置。

（7）重点工程施工进度图。

八、熟悉机械化施工组织设计内容和特点

1. 机械化施工组织设计的任务

机械化施工组织设计的关键是在公路工程施工组织设计的原则范围内，或配合其他各方面组织的完成，以机械化施工本身的特点降低外界影响因素，如天气变化和材料供应等，使机械化施工的作业效率更加提高，保证机械作业的最大使用率，从而缩短工期、增效减亏。机械化施工组织设计的主要任务具体如下。

（1）合理选用机械，力求最大限度地发挥机械的效能。

（2）针对不同的施工方案和施工条件，确保机械组合的最佳配备。

（3）进行机械化施工平面组织设计，合理布设机位和运行线路，避免机械运行与操作冲

突,保证施工顺畅和安全。

(4)制定合理的机械维修及保养计划,提高设备利用率,保证机械化施工的连续性。

(5)核定机械作业量,确定机械种类和需要量,安排机械使用计划及作业调配计划。

(6)合理进行关键工作的施工组织计划,力求提高生产率,缩短作业工期。

2. 机械化施工组织设计的内容

机械化施工组织设计的具体内容对整个工程项目而言,分机械化施工总体计划和分部分项工程计划。

1)机械化施工总体计划内容

(1)确定施工计划总工期。

(2)重点工程的机械施工方案和方法。

(3)机械化施工的步骤和操作规程、相关的机械管理人员。

(4)机械最佳配置、各季度计划台班数量。

(5)机械施工平面设置与机械占地布设。

(6)确定机械施工的总体进度计划。

2)机械化施工分部分项工程计划内容

(1)分部分项工程日进度计划图表。

(2)工程项目机械配合施工的安排计划(施工方法、机械种类)。

(3)机械施工技术、安全保证措施。

(4)机械检修、保养计划和措施。

(5)机械的临时占地布设和现场平面组织措施。

3. 机械化施工组织特点

机械化施工有两种形式,即单机作业和综合机械化作业。无论采用哪种方式作业,机械化施工组织都具有以下特点。

(1)施工机械能够完成人力不及或具有一定风险的施工作业。

(2)施工机械可从根本上改变劳动条件,提高生产率。

(3)施工机械可大幅度提高劳动生产率。

(4)施工机械具有机动灵活的特点,可以长时间连续作业。机械化作业的活动范围大,有效工作半径长,移动方便、迅速,可以针对作业量较大的施工任务长时间连续作业,还能适应流动性大的施工。

九、熟悉材料供应计划编制方法

材料供应计划即各类材料的实际进场计划,是项目材料管理部门组织材料采购、加工订货、运输、仓储等材料管理工作的行动指南,是根据施工进度和材料的现场加工周期所提出的最晚进场计划。材料采购供应计划主要有年度采购供应计划、季度采购供应计划、月采购供应计划;如果计划期内有任务变化,还应该编制变更计划。

1. 材料供应量的测算

$$材料供应量 = 材料需用量 + 期末储备量 - 期初库存量 \tag{8-1-1}$$

式中,期末储备量主要是由供应方式和现场条件决定,一般情况可按下列公式计算:

某项材料储备量 = 某项材料的日需用量 ×（该项材料的供应间隔天数 + 运输天数 + 入库检验天数 + 生产前准备天数）　　(8-1-2)

2. 材料供应计划的编制原则

(1)实行配套供应,对各分部分项工程所需的材料品种、数量、规格、时间及地点,组织配套供应,不能缺项,不能颠倒。

(2)实行承包责任制,明确供求双方的责任与义务,以及奖惩规定,签订材料供应合同,以确保施工项目顺利进行。

(3)材料供应计划在执行过程中,如遇到设计修改、生产或施工工艺变更时,应作相应的调整和修订,但必须有书面依据,要制订相应的措施,并及时通告有关部门,要妥善处理并积极解决材料的余缺,以避免和减少损失。

3. 材料供应计划的编制要求

(1)A 类物资供应计划:应当由项目物资部经理根据月度申请计划和施工现场、加工场地、加工周期和供应周期分别报出。供应计划一式二份,公司物资部计划责任师一份,交各专业责任师按计划时间要求供应到指定地点。

(2)B 类物资的供应计划:应当由项目物资部经理根据审批的申请计划和工程部门提供的现场实际使用时间、供应周期直接编制。

(3)C 类物资在进场前按物资供应周期直接编制采购计划进场。

4. 材料供应计划的编制内容

材料供应计划的编制,要注意从数量、品种、时间等方面进行平衡,以达到配套供应、均衡施工。计划中要明确物资的类别、名称、品种(型号)、规格、数量、进场时间、交货地点、验收人和编制日期、编制依据、送达日期、编制人、审核人、审批人。

在材料供应计划执行过程中,应定期或不定期地进行检查,以便及时发现问题及时处理解决。检查的主要内容包括:供应计划落实的情况、材料采购情况、订货合同执行情况、主要材料的消耗情况、主要材料的储备及周转情况等。

考点分析

本节主要内容包括:公路工程建设的基本程序和施工作业方式的分类及特点;施工组织设计的作用、分类、编制程序与主要内容。要求在了解上述施工组织设计的基本知识的基础上重点掌握机械和材料的施工组织的内容与特点。难点是掌握施工作业方式的类型及特点等相关知识。

例题解析

例 1　公路大、中修工程和改建工程一般采用几阶段设计?　　(　　)

(A)一阶段设计　　(B)两阶段设计　　(C)三阶段设计　　(D)四阶段设计

分析

公路基本建设项目，一般采用两阶段设计，对于技术简单、方案明确的小型建设项目，可采用一阶段设计。故本题选 A。

例2 施工组织设计的基本内容中，用于指导施工过程的进行并控制施工节点的是哪一项？ （ ）

(A)工程项目概况　　(B)各种资源需求计划

(C)施工进度计划　　(D)施工总平面布置图

分析

工程项目概况不属于施工组织设计的基本内容，其他 3 个选项都是施工组织设计的基本内容，但只有施工进度计划能反映工作时间和工作间的逻辑关系，也就能控制施工节点。故本题选 C。

例3 编制施工组织设计过程中，当确定了施工的总体部署之后，应进行的工作为哪一项？ （ ）

(A)编制施工总进度计划　　(B)计算主要工种的工作量

(C)编制资源需求量计划　　(D)拟定项目施工方案

分析

计算主要工种的工作量是在确定施工的总体部署之前，没有施工方案，就不能编制进度计划，没有进度计划，就无从确定资源需求。故本题选 D。

例4 某流水施工过程，施工段 $m=4$，施工过程 $n=6$，施工层 $r=3$，则流水步距的个数为哪一项？ （ ）

(A)6 个　　(B)5 个　　(C)4 个　　(D)3 个

分析

流水步距的个数 = 施工过程数 -1，$6-1=5$。故本题选 B。

例5 编制施工组织设计过程中，当确定了施工的总体部署之后，应进行的工作为哪一项？ （ ）

(A)编制施工总进度计划　　(B)计算主要工种的工作量

(C)编制资源需求量计划　　(D)拟定项目施工方案

分析

计算主要工种的工作量是在确定施工的总体部署之前，没有施工方案，就不能编制进度计划，没有进度计划，就无从确定资源需求。故本题选 D。

例 6　某流水施工组织中，$m=4$，$n=3$，$t_A=2$ 天，$t_B=8$ 天，$t_C=4$ 天，在资源充足的条件下适宜哪一种组织方式？（　　）

(A)固定节拍流水　(B)成倍节拍流水　(C)分别流水　(D)无节拍流水

分析

由于施工过程 A、B、C 的流水节拍彼此不相等，分别为 2、8、4，有互成倍数的关系，所以可以组织成倍节拍流水。故本题选 B。

例 7　施工组织设施中的施工平面布置图的内容一般包括以下哪些选项？（　　）

(A)原有地形地物　(B)距离施工现场较远的城镇

(C)安全消防设施　(D)施工排水临时设施

分析

距离施工现场较远的城镇与现场施工没有太多关联，因此，B 不属于施工平面布置图的内容。故本题选 ACD。

例 8　公路施工进度计划的表示方法有哪些（　　）

(A)网络图　(B)横道图　(C)垂直图　(D)直方图

分析

直方图主要用于工程质量控制，其他 3 个选项都是进度计划的表示方法。故本题选 ABC。

自 测 模 拟

（第 1～4 题为单选题，第 5 题为多选题）

1. 多跨桥梁的桥梁基础由于受到专业设备数量的限制，不宜配备多台，因此只能采用的施工作业方式是哪一种？（　　）

(A)顺序作业法　(B)平行作业法　(C)流水作业法　(D)垂直作业法

2. 单位工程施工组织设计的主持编制者为以下哪一个？（　　）

(A)项目负责人　(B)项目技术负责人　(C)项目技术员　(D)项目施工员

3. 某工程由 A、B、C 三个施工过程组成，有两个施工层，现划分为四个施工段，流水节拍均为 3d，组织流水施工，该项目工期为多少天？（　　）

(A)10 天　(B)20 天　(C)30 天　(D)40 天

4. 既是施工组织设计的组成部分，也是编制各项资源需求和进场计划依据的是哪一项？（ ）

(A)施工总体部署 (B)施工总平面布置图
(C)施工进度计划 (D)材料运输计划

5. 流水作业的参数包括下列哪几项？（ ）

(A)空间参数 (B)工艺参数 (C)时间参数 (D)分段参数

参考答案

1. C 2. A 3. C 4. B 5. ABC

第二节 道路工程概预算

依据规范

《公路工程基本建设项目概算编制办法》(JTG B06—2007)
《公路工程概算定额》(JTG/T B06-01—2007)
《公路工程预算定额》(JTG/T B06-02—2007)
《公路工程机械台班费用定额》(JTG/T B06-03—2007)

重点知识

一、了解概预算的编制依据

公路工程概预算的编制前应全面了解工程所在地的建设条件，掌握各种基础资料，正确引用规定的定额、取费标准和材料及设备价格。在编制时严格按照国家的方针、政策和有关制度，符合公路设计规范和施工技术规范。编制的主要依据如下。

(1)法令性文件。系指编制概预算中所必须遵循的国家、交通运输部和地方主管部门颁布的有关法令性文件或规定等。

(2)设计资料。概算文件应根据建设项目的初步设计(或扩大初步设计)编制；修正概算文件应根据技术设计编制；施工图预算则根据施工图设计编制。

(3)概预算定额，概算指标，取费标准，材料、设备预算价格等资料。概算文件应根据概算定额(或指标)、施工管理费定额、其他直接费和间接费标准、计划利润率、税金、施工技术装备费、材料、设备预算价格等资料进行编制。施工图预算应根据国家或主管部门编制的公路工程预算定额或其他专用定额、省(区)编制的补充定额、施工管理费及其他费用标准、计划利润率、施工技术装备费、综合税率、材料设备预算价格等进行编制。

(4)施工组织设计资料。包括:工程中的开竣工日期、施工方案、主要工程项目的进度要求、材料开采与堆放地点,大型临时设施的规模、建设地点和施工方法等。

(5)当地物资、劳力、动力等资源可以利用的情况。

(6)施工单位的施工能力及潜力。编制概算时,施工单位尚未明确,可按中等施工能力考虑。施工图预算,若已明确施工单位,就应根据施工单位的管理与技术水平,确定新工艺、新技术采用的可能程度,明确施工单位可以提供的施工机具、劳力、设备以及外部协作关系。

(7)当地自然条件及其变化规律。如气温、雨季、冬季、洪水季节及规律,风雪、冰冻、地质、水源等。

(8)其他工程及沿线设施。如旧有建筑物的拆迁,与水利、电信、铁路的干扰及解决措施,清除场地、管理养护及服务设施等。

二、熟悉定额概念、种类及应用方法

1.定额概念

定额是企业在生产经营活动过程中,在一定的条件下,对人力、物力、财力的使用和消耗,经过科学的测定、分析、计算,确定一些合理的数学指标,作为管理和生产所应遵守或达到的标准,属于计价依据的主要内容之一。定额按计价依据的作用分工程定额和费用定额两部分。公路工程定额指《公路工程预算定额》、《公路工程概算定额》及《公路工程估算指标》等;公路工程费用定额是指《公路工程机械台班费用定额》、《公路基本建设工程概算、预算编制办法》和《公路工程基本建设工程估算编制办法》中规定的各项费用定额和费率。

2.定额种类

(1)按定额反映的实物消耗内容分类(图 8-2-1)。

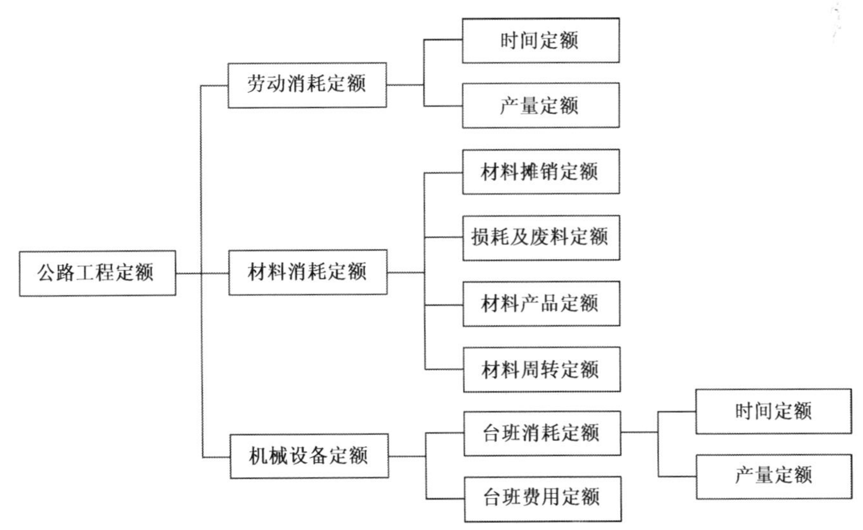

图 8-2-1　按定额反映的实物消耗内容分类图

(2)按使用要求分类(图 8-2-2)。

(3)按编制单位和执行定额的范围不同分类。

工程建设定额可分为全国统一定额、行业统一定额、地区统一定额、企业定额和补充定额五种。

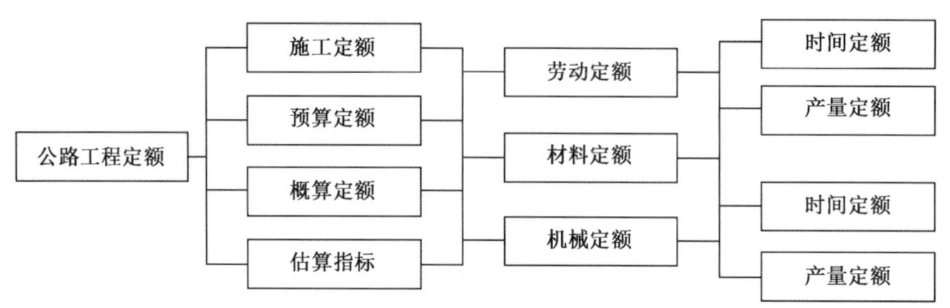

图 8-2-2　定额按使用要求分类

(4)按专业不同分类。各个不同专业都分别有相应的主管部门颁发的在本系统使用的定额，如：建筑安装工程定额、设备安装工程定额、给排水工程定额、公路工程定额、铁路工程定额、水利水电工程定额、水运工程定额、井巷工程定额等。

3. 定额的应用

1)预算定额的应用

现行的《公路工程预算定额》(JTG/T B06-02—2007)共分为上、下两册。内容包括路基工程、路面工程、隧道工程、桥涵工程、防护工程、交通工程及沿线设施、临时工程、材料采集及加工、材料运输等九章及附录。

《公路工程预算定额》的组成部分包括：颁发定额的文件、总说明、总目录、各类工程的章说明、节说明、定额表和附录 7 部分。《公路工程预算定额》的应用包括以下 3 种方法。

(1)直接套用：当设计要求、结构形式、施工工艺、施工机械等与定额条件完全相符合时，可直接套用定额。在应用定额编制预算文件时，绝大多数项目属于直接套用定额这种情况。应用时可特别关注预算定额中的总说明、各章节说明、定额表的附注及工程内容等。

(2)换算：当设计要求与定额条件不完全相符时则不可直接套用定额，应根据定额的规定进行换算。一般包括以下几种情况：

①就地浇筑钢筋混凝土梁用的支架及拱圈用的拱盔、支架，如确因施工安排达不到规定的周转次数时，可根据具体情况进行换算并按规定计算回收，其余工程一般不予抽换。

②设计采用的混凝土及砂浆强度等级或水泥强度等级与定额所列强度等级不同时，可按配合比表进行换算。但实际施工配合比材料用量与定额配合比表用量不同时，除配合比表中允许换算者外，均不得调整。

③钢筋工程中，当设计用光圆钢筋和带肋钢筋的比例与定额比例不同时，可进行换算。

④施工中必须使用特殊机械时，可按具体情况进行换算。

(3)补充：当设计要求与预算定额条件完全不相符，或由于设计采用新材料、新工艺，在定额中无这类项目时，即属于定额缺项时，可编制补充定额。凡有近似定额可以套用的，均不允许编制补充定额，但也不能随意套用工程内容不同和差异较大的定额作为计价依据，这是编制补充定额必须遵守的一条基本原则。编制补充定项一般采用两种方法：一是按照本章预算定额的编制方法，计算人工、各种材料及机械台班消耗指标，经有关人员讨论后确定；二是人工、机械及其他材料消耗量套用相近项目的定额计算，材料(主要材料)按施工图设计进行计算或测定。

2)概算定额的套用

现行的《公路工程概算定额》(JTG/T B06-01—2007)共分为上、下两册。内容包括路基工程、路面工程、隧道工程、涵洞工程、桥梁工程、交通工程及沿线设施、临时工程等七章。

《公路工程概算定额》的组成部分包括:颁发定额的文件、总说明、总目录、各类工程的章说明、节说明和定额表6部分。与《公路工程预算定额》类似,《公路工程概算定额》的应用方法可分为定额的直接套用,定额的换算和定额的补充。

三、熟悉公路概预算费用组成与计算

1. 公路概预算费用组成

公路概预算费用组成如图8-2-3所示。

2. 公路概预算费用计算

1)直接费中其他工程费和间接费

需依据不同的工程类别分别确定计算费率进行计算。公路工程项目工程类别划分如下:

(1)人工土方。系指人工施工的路基、改河等土方工程,以及人工施工的砍树、挖根、除草、平整场地、挖盖山土等工程项目,并适用于无路面的便道工程。

(2)机械土方。系指机械施工的路基、改河等土方工程,以及机械施工的砍树、挖根、除草等工程项目。

(3)汽车运输。系指汽车、拖拉机、机动翻斗车等运送的路基、改河土(石)方、路面基层和面层混合料、水泥混凝土及预制构件、绿化苗木等。

(4)人工石方。系指人工施工的路基、改河等石方工程,以及人工施工的挖盖山石项目。

(5)机械石方。系指机械施工的路基、改河等石方工程(机械打眼即属机械施工)。

(6)高级路面。系指沥青混凝土路面、厂拌沥青碎石路面和水泥混凝土路面的面层。

(7)其他路面。系指除高级路面以外的其他路面面层,各等级路面的基层、底基层、垫层、透层、封层,采用结合料稳定的路基和软土等特殊路基处理等工程,以及有路面的便道工程。

(8)构造物Ⅰ。系指无夜间施工的桥梁、涵洞、防护(包括绿化)及其他工程,交通工程及沿线设施工程(设备安装及金属标志牌、防撞钢护栏、防眩板(网)、隔离栅、防护网除外),以及临时工程中的便桥、电力电信线路、轨道铺设等工程项目。

(9)构造物Ⅱ。系指有夜间施工的桥梁工程。

(10)构造物Ⅲ。系指商品混凝土(包括沥青混凝土和水泥混凝土)的浇筑和外购构件及设备的安装工程。商品混凝土和外购构件及设备的费用不作为其他工程费和间接费的计算基数。

(11)技术复杂大桥。系指单孔跨径在120m以上(含120m)和基础水深在10m以上(包括10m)的大桥主桥部分的基础、下部和上部工程。

(12)隧道。系指隧道工程的洞门及洞内土建工程。

(13)钢材及钢结构。系指钢桥及钢吊桥的上部构造,钢沉井、钢围堰、钢套箱及钢护筒等基础工程,钢索塔、钢锚箱,钢筋及预应力钢材,模数式及橡胶板式伸缩缝,钢盆式橡胶支座,四氟板式橡胶支座,金属标志牌、防撞钢护栏、防眩板(网)、隔离栅、防护网等工程项目。

购买路基填料的费用不作为其他工程费和间接费的计算基数。

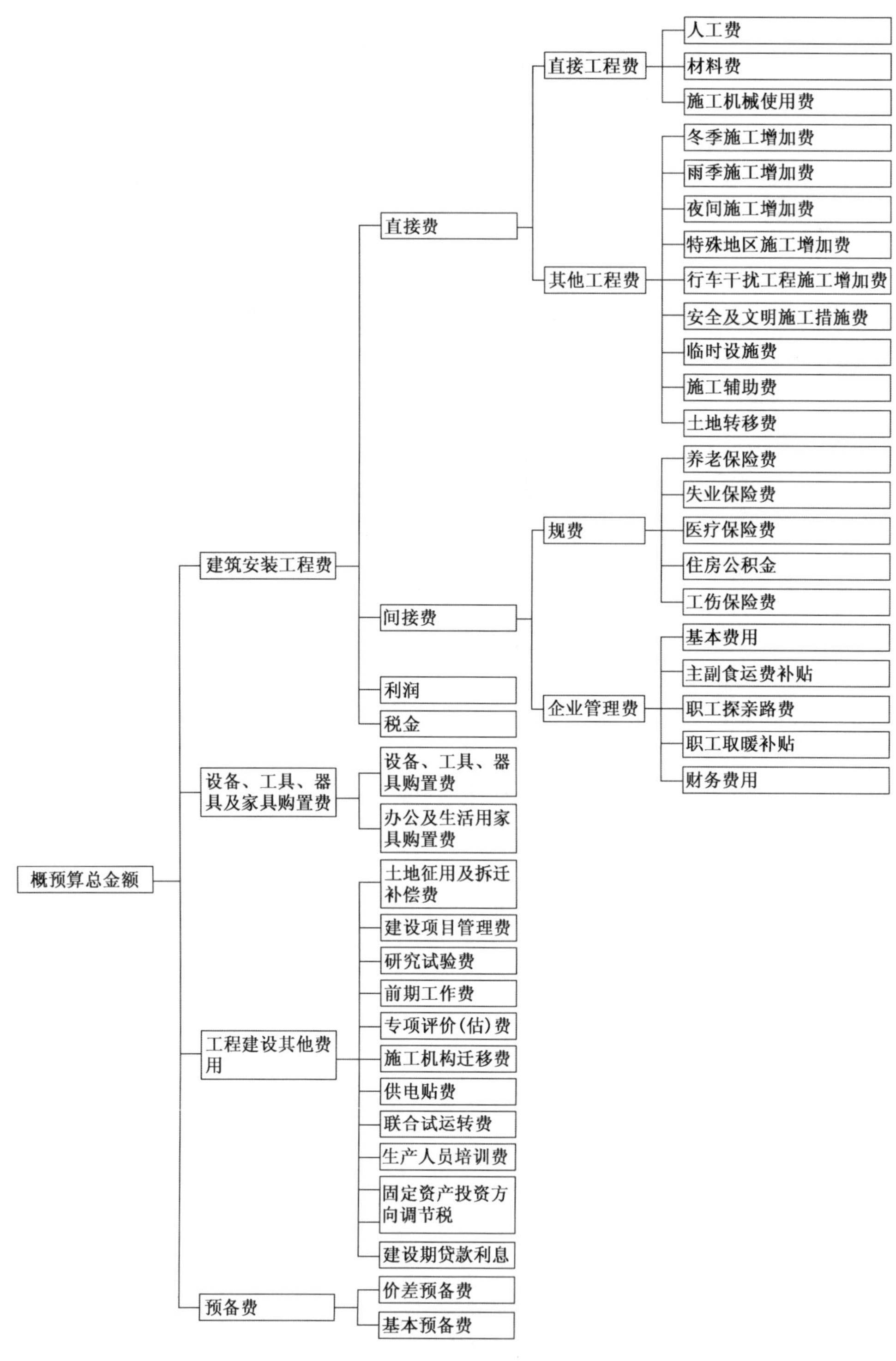

图 8-2-3　公路概预算费用组成图

2）直接费

直接费由直接工程费和其他工程费组成。

（1）直接工程费指施工过程中耗费的构成工程实体和有助于工程形成的各项费用，包括人工费、材料费、施工机械使用费。

①人工费：系指直接从事建筑安装工程施工的生产工人开支的各项费用，包括基本工资、工资性补贴、生产工人辅助工资、职工福利费。

②材料费：系指施工过程中耗用的构成工程实体的原材料、辅助材料、构（配）件、零件、半成品、成品的用量和周转材料的摊销量，按工程所在地的材料预算价格计算的费用。

③施工机械使用费：系指使用施工机械作业所发生的施工机械使用费及机械安、拆和进出场费用。

（2）其他工程费。

其他工程费指直接工程费以外施工过程中发生的直接用于工程的费用。

①冬季施工增加费以各类工程的直接工程费之和为计算基数，即：

$$冬季施工增加费=\sum各类工程的直接工程费\times冬季施工增加费费率(\%) \quad (8\text{-}2\text{-}1)$$

为简化计算过程，冬季施工增加费采用全年平均摊销的方法，即不论是否在冬季施工，均按规定的取费标准计取。一条线路穿过两个以上的气温区时，可分段计算或按各区的工程量比例求得全线的平均增加率，计算冬季施工增加费。

②雨季施工增加费以各类工程的直接工程费之和为计算基数，即：

$$雨季施工增加费=\sum各类工程的直接工程费\times雨季施工增加费费率(\%) \quad (8\text{-}2\text{-}2)$$

根据各类工程的特点选定各雨量区和雨季区的取费标准，采用全年平均摊销的方法，即不论是否在雨季施工，均按规定的取费标准计取雨季施工增加费。一条线路通过不同的雨量区和雨季区时，应分别计算雨季施工措施费或按工程量比例求得平均的增加率，计算全线雨季施工增加费。室内管道及设备安装工程不计雨季施工增加费。

③夜间施工增加费。必须在夜间连续施工而发生的工效降低、夜班津贴以及有关照明设施（包括所需照明设施的安拆、摊销、维修及油燃料、电）等增加的费用。夜间施工增加费按夜间施工工程项目的直接工程费之和为计算基数，即：

$$夜间施工增加费=\sum夜间施工工程项目的直接工程费\times夜间施工增加费费率(\%) \quad (8\text{-}2\text{-}3)$$

④特殊地区施工增加费

a. 高原地区施工增加费。系指在海拔 1500m 以上地区施工，由于受气候、气压的影响致使人工、机械效率降低而增加的费用。高原地区施工增加费以各类工程人工费和施工机械使用费之和为计算基数，即：

$$\begin{aligned}高原地区施工增加费=&\sum(各类工程人工费+施工机械使用费)\times\\&高原地区施工增加费费率(\%)\end{aligned} \quad (8\text{-}2\text{-}4)$$

一条线路通过两个以上（含两个）不同的海拔高度分区时，应分别计算高原地区施工增加费或按工程量比例求得平均的增加率，计算全线高原地区施工增加费。

b.风沙地区施工增加费。包括防风、防沙及气候影响的措施费，人工、机械效率降低增加的费用，以及积沙、风蚀的清理修复等费用。风沙地区施工增加费以各类工程人工费和施工机械使用费之和为计算基数，即：

$$\text{风沙地区施工增加费} = \sum(\text{各类工程人工费} + \text{施工机械使用费}) \times \text{风沙地区施工增加费费率}(\%) \tag{8-2-5}$$

一条线路穿过两个以上不同风沙区时，按路线长度经过不同的风沙区加权计算项目全线风沙地区施工增加费。

c.沿海地区工程施工增加费。以构造物Ⅱ、构造物Ⅲ、技术复杂大桥、钢材及钢结构四种工程类别的直接工程费之和为计算基数，即：

$$\text{沿海地区工程施工增加费} = \sum\text{各类工程的直接工程费} \times \text{沿海地区工程施工增加费费率}(\%) \tag{8-2-6}$$

⑤行车干扰工程施工增加费以受行车影响部分的工程项目的人工费和施工机械使用费之和为计算基数，即：

$$\text{行车干扰工程施工增加费} = \sum(\text{受行车影响部分的工程项目的人工费} + \text{施工机械使用费}) \times \text{行车干扰工程施工增加费费率}(\%) \tag{8-2-7}$$

⑥安全及文明施工措施费。不包括施工期间为保证交通安全而设置的临时安全设施和标准、标牌的费用，需要时，应根据设计要求计算。安全及文明施工措施费以各类工程的直接工程费之和为计算基数，即：

$$\text{安全及文明施工措施费} = \sum\text{各类工程的直接工程费} \times \text{安全及文明施工措施费费率}(\%) \tag{8-2-8}$$

⑦临时设施费。系指施工企业为进行建筑安装工程施工所必需的生活和生产用的临时建筑物、构筑物和其他临时设施的费用等，但不包括概、预算定额中临时工程在内。其费用内容主要包括临时设施的搭设、维修、拆除费或摊销费。临时设施费以各类工程的直接工程费之和为计算基数，即：

$$\text{临时设施费} = \sum\text{各类工程的直接工程费} \times \text{临时设施费费率}(\%) \tag{8-2-9}$$

⑧施工辅助费。施工辅助费包括生产工具用具使用费、检验试验费和工程定位复测、工程点交、场地清理等费用。

生产工具用具使用费系指施工所需不属于固定资产的生产工具、检验、试验用具等的购置、摊销和维修费，以及支付给工人自备工具的补贴费。检验试验费系指施工企业对建筑材料、构件和建筑安装工程进行一般鉴定、检查所发生的费用。

施工辅助费以各类工程的直接工程费之和为计算基数，即：

$$\text{施工辅助费} = \sum\text{各类工程的直接工程费} \times \text{施工辅助费费率}(\%) \tag{8-2-10}$$

⑨工地转移费。系指施工企业根据建设任务的需要，由已竣工的工地或后方基地迁至新